中国民法

主　编　温世扬
撰稿人　温世扬(第一、二编)
　　　　陆　剑(第三编)
　　　　杨　巍(第四编第一、三分编)
　　　　李　俊(第四编第二分编)
　　　　黄　芬(第五编)
　　　　刘征峰(第六编)
　　　　张永兵(第七编)
　　　　武亦文(第八编)

图书在版编目(CIP)数据

中国民法/温世扬主编. —北京：北京大学出版社,2023.8
ISBN 978-7-301-32941-2

Ⅰ.①中… Ⅱ.①温… Ⅲ.①民法—中国—高等学校—教材 Ⅳ.①D923

中国版本图书馆 CIP 数据核字(2022)第 054152 号

书　　　名	中国民法 ZHONGGUO MINFA
著作责任者	温世扬　主　编
责 任 编 辑	郭薇薇　向秋枫
标 准 书 号	ISBN 978-7-301-32941-2
出 版 发 行	北京大学出版社
地　　　址	北京市海淀区成府路 205 号　100871
网　　　址	http://www.pup.cn
新 浪 微 博	@北京大学出版社　@北大出版社法律图书
电 子 信 箱	编辑部：law@pup.cn　总编室：zpup@pup.cn
电　　　话	邮购部 010-62752015　发行部 010-62750672　编辑部 010-62752027
印 刷 者	北京圣夫亚美印刷有限公司
经 销 者	新华书店
	730 毫米×1020 毫米　16 开本　52.5 印张　1094 千字 2023 年 8 月第 1 版　2023 年 8 月第 1 次印刷
定　　　价	118.00 元

未经许可，不得以任何方式复制或抄袭本书之部分或全部内容。
版权所有，侵权必究
举报电话：010-62752024　电子信箱：fd@pup.cn
图书如有印装质量问题，请与出版部联系，电话：010-62756370

前　言

　　法治中国,民法为基。举世瞩目的《中华人民共和国民法典》(以下简称《民法典》)于 2020 年 5 月 28 日经第十三届全国人民代表大会第三次会议审议通过,自 2021 年 1 月 1 日起施行。2020 年 5 月 29 日,中共中央总书记、国家主席、中央军委主席习近平在主持中共十九届中央政治局第二十次集体学习时发表题为"充分认识颁布实施民法典重大意义,依法更好保障人民合法权益"的重要讲话。总书记指出,民法典在中国特色社会主义法律体系中具有重要地位,是一部固根本、稳预期、利长远的基础性法律,对推进全面依法治国、加快建设社会主义法治国家,对发展社会主义市场经济、巩固社会主义基本经济制度,对坚持以人民为中心的发展思想、依法维护人民权益、推动我国人权事业发展,对推进国家治理体系和治理能力现代化,都具有重大意义。

　　作为中华人民共和国第一部以法典命名的法律,《民法典》的颁布与实施,开启了我国民商事法治的新时代,为我国民法学研究提供了更为丰富的实证法资源,也对我国民法教学体系和内容的完善提出了新的要求。就终极目标而言,决策部门期冀法学界以《民法典》为依托,构建中国特色的民法学学科体系、学术体系、话语体系;就现实需求而言,法学教育从业者须根据《民法典》调整、完善民法课程的教学体系和内容。对《民法典》的研究和教学,契合党的二十大精神,也是贯彻落实习近平法治思想的要求。本书的编写,即主要着眼于前述现实需求。

　　《民法典》颁布后,法学界和法律实务界释法热情高涨,各种"释义""评注""解读"类出版物如雨后春笋般面世。此类著述大多卷帙浩繁、内容宏富,洋洋数百万言,令人"望而生畏"。这是《民法典》自身体系宏大、法理深厚、制度丰富、规则繁杂使然。我们认为,若能删繁就简,取其精要,汇于一册,亦不失为阐释《民法典》的另一种方式。本书力求呈现以下特色:

　　一是聚焦中国民法。《民法典》虽以近代潘德克顿民法为渊薮,但经过苏俄民法的影响、本土法治的探索,形成了自己的体系和制度特色,如七编体系的构造、总则体例的改造、用益物权类型的重构、传统债法的拆分、人格权的彰显等。本书基本依循《民法典》的体系和内容,结合法条与司法解释,按编排序,逐章阐析,力求展现中国现行民法的全貌。

　　二是体现"要义"风格。民法理论源远流长、博大精深,《民法典》条文十余万言,相关行政法规、司法解释、审判指导意见及指导案例更是洋洋大观。本书不求内容专深，不重学术探讨，唯求言简意赅，向习法者阐述民法基本原理，解析《民法典》诸编各项制度的主要规则，兼及相关司法解释的规定，希望能够发挥"一册在手，民法全有"的功用。

本书各编作者均为在武汉大学、中南财经政法大学等单位从事民法教学与研究工作多年的高校教师，具有较高的民法理论素养和丰富的教学经验，为合作完成本书编写作出了较大努力。由于《民法典》及相关司法解释新规较多，作者理解难谓完全确当，敬请读者不吝指正，以便后续修订。

温世扬
2023 年 4 月于武汉

目 录

第一编　民法绪论

003 | 第一章　民法的概念与地位

003　第一节　民法的概念及调整对象
　　　一、"民法"的语源 /003　　二、民法的含义 /004
　　　三、民法的调整对象 /005

006　第二节　民法的沿革与体例
　　　一、民法的沿革 /006　　二、民法典的编纂体例 /008

009　第三节　民法的性质与地位
　　　一、民法的性质 /009　　二、民法的地位 /011
　　　三、民法与宪法及邻近法律部门的关系 /012

014 | 第二章　民事法律关系

014　第一节　民事法律关系的概念及其意义
　　　一、民事法律关系的概念和特征 /014
　　　二、民事法律关系理论的意义 /015

016　第二节　民事法律关系的要素
　　　一、民事法律关系的主体 /016　　二、民事法律关系的客体 /017
　　　三、民事法律关系的内容 /023

023　第三节　民事法律关系的变动
　　　一、概述 /023
　　　二、民事法律关系的变动原因——法律事实 /024
　　　三、民事法律关系的变动依据——民法规范 /025

第二编 民法总则

029 | 第一章 基本规定

 029 第一节 民法的基本原则
   一、民法基本原则的概念和功能 /029
   二、民事权益受法律保护原则 /030
   三、平等原则 /031   四、自愿原则 /031
   五、公平原则 /032   六、诚实信用原则 /032
   七、不得违反法律与公序良俗原则 /033
   八、有利于节约资源、保护生态环境原则 /034

 034 第二节 民法的渊源
   一、民法渊源概述 /034 二、我国民法的渊源 /035

 038 第三节 民法的适用
   一、民法的适用范围 /038 二、民法的适用规则 /039

042 | 第二章 自然人

 042 第一节 自然人的民事权利能力和民事行为能力
   一、自然人的概念 /042
   二、自然人的民事权利能力 /043
   三、自然人的民事行为能力 /046

 049 第二节 监护
   一、监护的概念和类型 /049 二、监护的设立与终止 /051
   三、监护人的职责 /054
   四、监护人资格的撤销与恢复 /056

 058 第三节 宣告失踪和宣告死亡
   一、宣告失踪 /058   二、宣告死亡 /060

 062 第四节 个体工商户、农村承包经营户
   一、个体工商户、农村承包经营户的概念和法律地位 /062
   二、个体工商户、农村承包经营户的债务承担 /064

065 | 第三章 法人

 065 第一节 法人的概念和分类

一、法人的概念与本质 /065　　二、法人的分类 /068

073　第二节　法人的民事能力

一、法人的民事权利能力 /073　　二、法人的民事行为能力 /073

三、法人的民事责任能力 /074

075　第三节　法人机关与分支机构

一、法人机关 /075　　二、法人的法定代表人 /076

三、法人分支机构 /077

078　第四节　法人的设立、变更和终止

一、法人的设立 /078　　二、法人的变更 /082

三、法人的终止与清算 /083

085　第五节　法人的财产与责任

一、法人的财产 /085　　二、法人的民事责任 /086

088 | 第四章　非法人组织

088　第一节　非法人组织概述

一、非法人组织的概念和类型 /088

二、非法人组织的设立与解散 /091

三、非法人组织的民事能力与责任 /093

094　第二节　合伙

一、合伙的概念和法律地位 /094

二、合伙的分类 /096　　三、合伙的设立 /096

四、合伙事务的决定与执行 /098

五、合伙财产、损益分配与债务承担 /100

六、入伙、退伙与合伙终止 /103

106 | 第五章　民事权利、民事义务与民事责任

106　第一节　民事权利的概念和类型

一、民事权利的概念 /106　　二、民事权利的类型 /106

112　第二节　民事权利的取得、消灭、行使和保护

一、民事权利的取得与消灭 /112

二、民事权利的行使 /113　　三、民事权利的保护 /114

116　第三节　民事义务与民事责任

一、民事义务 /116　　二、民事责任 /117

122 | 第六章 民事法律行为

122　第一节　民事法律行为的概念和分类
一、民事法律行为的概念 /122　　二、民事法律行为的分类 /127

130　第二节　民事法律行为的成立和生效
一、民事法律行为的成立 /130　　二、民事法律行为的生效 /133

134　第三节　意思表示
一、意思表示的概念和类型 /134
二、意思表示的生效 /138
三、意思表示的撤回和撤销 /141
四、意思表示的解释 /141

144　第四节　无效、可撤销与效力未定的民事法律行为
一、无效民事法律行为 /144　　二、可撤销民事法律行为 /149
三、效力未定的民事法律行为 /155
四、民事法律行为无效、被撤销及确定不生效的法律后果 /157

159　第五节　附条件和附期限的民事法律行为
一、民事法律行为的附条件和附期限 /159
二、附条件的民事法律行为 /159
三、附期限的民事法律行为 /161

163 | 第七章 代理

163　第一节　代理概述
一、代理的概念和特征 /163　　二、代理关系 /164
三、代理与类似概念 /165　　四、代理的分类 /166
五、代理的终止 /167

169　第二节　代理权
一、代理权的性质和概念 /169　　二、代理权的发生原因 /170
三、代理权的限制和滥用 /172

173　第三节　无权代理
一、无权代理概述 /173　　二、狭义无权代理 /174
三、表见代理 /176

178 | 第八章 诉讼时效和期间

178　第一节　时效概述

　　　　　一、时效的概念和功能 /178
　　　　　二、时效的类型和立法模式 /178
180 ｜第二节　诉讼时效
　　　　　一、诉讼时效概述 /180　　　　二、诉讼时效的适用对象 /181
　　　　　三、诉讼时效期间 /184　　　　四、诉讼时效的效力 /193
196 ｜第三节　期间
　　　　　一、期间的概念和意义 /196　　二、期间的分类 /196
　　　　　三、期间的计算 /197

第三编　物　　权

201 ｜第一章　物权与物权法概述

201 ｜第一节　物权概述
　　　　　一、物权的概念和特征 /201
　　　　　二、物权的种类和效力 /201
204 ｜第二节　物权法的基本原则
　　　　　一、公有财产和私有财产的平等保护原则 /204
　　　　　二、物权法定原则 /204　　　　三、物权公示与公信原则 /206

208 ｜第二章　物权的变动

208 ｜第一节　物权变动概述
208 ｜第二节　物权变动的原因
　　　　　一、基于民事法律行为的物权变动 /208
　　　　　二、非基于民事法律行为的物权变动 /211
214 ｜第三节　物权变动的公示
　　　　　一、不动产登记 /214　　　　二、动产交付 /220

223 ｜第三章　物权的保护

223 ｜第一节　物权确认请求权
　　　　　一、物权确认请求权的概念和性质 /223
　　　　　二、物权确认请求权的行使 /223
224 ｜第二节　物权请求权

　　　　一、物权请求权的概念和特征 /224
　　　　二、物权请求权的性质和行使 /224
　　　　三、物权请求权与侵权请求权的区别与适用 /225
　　　　四、物权请求权的具体内容 /226
　　　　五、物权请求权是否适用诉讼时效 /227

228 | 第四章　所有权的一般规定

　　228　第一节　所有权的概念和特征
　　　　一、所有权的概念 /228　　　二、所有权的特征 /228
　　229　第二节　所有权的权能及限制
　　　　一、所有权的权能 /229　　　二、所有权的限制 /229
　　　　三、征收 /230　　　　　　　四、征用 /231

232 | 第五章　国家、集体和私人所有权

　　232　第一节　国家所有权
　　　　一、国家所有权的概念和特征 /232
　　　　二、国家所有权的保护 /233
　　233　第二节　集体所有权
　　　　一、集体所有权概念和特征 /233
　　　　二、集体所有权的行使规则 /234
　　　　三、集体所有权的保护规则 /235
　　235　第三节　私人所有权
　　　　一、私人所有权的概念 /235　　二、法人所有权 /235

236 | 第六章　业主的建筑物区分所有权

　　236　第一节　业主的建筑物区分所有权的概念和特征
　　　　一、业主的建筑物区分所有权的概念 /236
　　　　二、业主的建筑物区分所有权的特征 /236
　　237　第二节　业主的建筑物区分所有权的内容
　　　　一、专有部分的单独所有权 /237
　　　　二、共有部分的共有权 /237
　　　　三、区分所有权人的管理权(成员权) /238
　　240　第三节　业主的建筑物区分所有权的行使与保护

一、"住改商"规则 /240

二、知情权、收益权等业主权益 /240

三、物业管理 /240

四、业主大会和业主委员会的法律地位 /241

242 | 第七章 相邻关系

242 第一节 相邻关系的概念和处理原则

一、相邻关系的概念和特征 /242

二、相邻关系的处理原则 /242

243 第二节 相邻关系的主要类型

一、相邻用水、流水、截水、排水关系 /243

二、相邻土地使用关系 /243　　三、相邻管线安设关系 /243

四、相邻通风、采光和日照关系 /244

五、相邻排污关系 /244

六、相邻不动产安全维护关系 /245

七、相邻不动产损害防免关系 /245

246 | 第八章 共有

246 第一节 共有的概念和类型

一、共有的概念和特征 /246　　二、共有的类型 /246

三、准共有 /246

247 第二节 按份共有

一、按份共有的概念和特征 /247

二、按份共有的内部关系 /247

三、按份共有的外部关系 /249　　四、共有物的分割 /249

五、按份共有人与承租人优先购买权的竞合 /251

251 第三节 共同共有

一、共同共有的概念和特征 /251

二、共同共有的内外部关系 /252

三、共同共有的类型 /253

254 | 第九章 所有权取得的特别规定

254 第一节 善意取得

一、善意取得的概念和构成要件 /254
           二、善意取得的效力 /258　　三、担保物权的善意取得 /258
   259 | 第二节　拾得遗失物
           一、拾得遗失物的概念与构成要件 /259
           二、拾得人的权利与义务 /259
           三、拾得人侵占遗失物的法律效果 /260
           四、拾得漂流物、发现埋藏物或者隐藏物 /260

   261 | 第三节　添附

263 | 第十章　用益物权的一般规定

   263 | 第一节　用益物权的概念和特征
           一、用益物权的概念 /263　　二、用益物权的特征 /263
   264 | 第二节　准用益物权
           一、准用益物权的概念和特征 /264
           二、准用益物权的类型 /264

266 | 第十一章　土地承包经营权

   266 | 第一节　土地承包经营权的概念和特征
   267 | 第二节　土地承包经营权的取得
           一、基于民事法律行为取得 /267
           二、基于民事法律行为外的原因取得 /267
   267 | 第三节　承包人的权利与义务
           一、承包人的权利 /267　　二、承包人的义务 /268
   268 | 第四节　发包人的权利与义务
           一、发包人的权利 /268　　二、发包人的义务 /269
   269 | 第五节　土地承包经营权流转与土地经营权
           一、土地承包经营权的流转 /269
           二、土地经营权 /270

271 | 第十二章　建设用地使用权

   271 | 第一节　建设用地使用权概念和特征
   271 | 第二节　建设用地使用权的设立与期限

　　　　一、建设用地使用权的设立 /271
　　　　二、出让取得建设用地使用权的期限 /273
273　第三节　建设用地使用权的内容
　　　　一、建设用地使用权人的权利 /273
　　　　二、建设用地使用权人的义务 /274
274　第四节　建设用地使用权的流转
　　　　一、流转方式与公示 /274
　　　　二、建设用地使用权转让的条件 /274
　　　　三、房地产一并处分规则 /275
275　第五节　建设用地使用权的消灭
　　　　一、存续期限届满 /275
　　　　二、因公共利益需要而提前收回 /275
　　　　三、因土地闲置而收回 /276
　　　　四、因停止使用等原因而收回 /276

277 | 第十三章　宅基地使用权

277　第一节　宅基地使用权的概念和特征
277　第二节　宅基地使用权的内容
　　　　一、宅基地使用权人的权利 /277
　　　　二、宅基地使用权人的义务 /278
278　第三节　宅基地使用权的取得与消灭
　　　　一、宅基地使用权的取得 /278
　　　　二、宅基地使用权的消灭 /278

280 | 第十四章　地役权

280　第一节　地役权的概念和特征
281　第二节　地役权的内容
　　　　一、地役权人的权利 /281　　二、地役权人的义务 /281
282　第三节　地役权的取得与消灭
　　　　一、地役权的取得 /282　　二、地役权的消灭 /282

283 | 第十五章 居住权

283 第一节 居住权的概念和特征
　　一、居住权的概念与功能 /283　　二、居住权的特征 /284

284 第二节 居住权的内容及其设立与消灭
　　一、居住权的内容 /284　　二、居住权的设立与消灭 /284

286 | 第十六章 担保物权概述

286 第一节 担保物权的概念和类型
　　一、担保物权的概念 /286　　二、担保物权的类型 /286

288 第二节 担保物权的特征和属性
　　一、担保物权的特征 /288　　二、担保物权的法律属性 /289

290 第三节 担保物权的共通规则
　　一、人保与物保的关系 /290
　　二、主合同与担保合同的关系 /291
　　三、流押（流质）契约之禁止 /291
　　四、担保范围 /292　　五、反担保 /293
　　六、担保物权的消灭 /293

294 | 第十七章 抵押权

294 第一节 抵押权的概念和特征
　　一、抵押权的概念 /294　　二、抵押权的特征 /294

295 第二节 抵押权的设立
　　一、抵押权的标的 /295　　二、抵押合同 /296
　　三、抵押登记 /296　　四、法定抵押权 /298

299 第三节 抵押权的效力
　　一、抵押权效力所及标的物的范围 /299
　　二、抵押人的权利 /300　　三、抵押权人的权利 /302
　　四、动产抵押与"正常经营活动买受人"规则 /304

305 第四节 抵押权的实现
　　一、抵押权实现的条件 /305　　二、抵押权实现的方法 /305
　　三、实现担保物权的非诉程序 /305
　　四、抵押权的实现与主债权诉讼时效 /306

307 | 第五节 特殊抵押权
　　一、共同抵押权 /307　　二、最高额抵押权 /308
　　三、动产浮动抵押权 /309

311 | 第十八章 质权

311 | 第一节 质权的概念和特征
　　一、质权的概念 /311　　二、质权的特征 /311
312 | 第二节 动产质权
　　一、动产质权的设立 /312
　　二、动产质权当事人的权利与义务 /313
316 | 第三节 权利质权
　　一、权利质权的客体 /316　　二、权利质权的设立 /316

318 | 第十九章 留置权

318 | 第一节 留置权的概念和适用范围
　　一、留置权的概念 /318　　二、留置权的特征 /318
　　三、留置权的适用范围 /319
319 | 第二节 留置权的成立
　　一、留置权成立的积极要件 /319
　　二、留置权成立的消极条件 /320
　　三、商事留置权的成立 /321
321 | 第三节 留置权的效力与实现
　　一、留置权人的权利 /321　　二、留置权人的义务 /322
　　三、留置权的效力范围 /322　　四、留置权的实现 /322
323 | 第四节 留置权的消灭

324 | 第二十章 担保物权的竞存

324 | 第一节 抵押权与质权的竞存
324 | 第二节 抵押权、质权与留置权的竞存
325 | 第三节 购买价金抵押权优先效力规则

327 | 第二十一章 占有

327 | 第一节 占有的概念与特征

　　　　一、占有的概念 /327　　　　二、占有的特征 /327
328　第二节　占有的种类
　　　　一、概述 /328　　　　　　二、占有的主要分类 /328
329　第三节　占有人与回复请求权人的权利义务规则
　　　　一、概述 /329
　　　　二、恶意占有人的赔偿责任 /330
　　　　三、占有物返还与费用负担 /330
　　　　四、占有物灭失的利益返还与损害赔偿 /330
331　第四节　占有的效力
　　　　一、占有的推定效力 /331　　二、占有的保护效力 /331

第四编　合　同

第一分编　合同总论

335 | 第一章　债与合同

335　第一节　债与合同概述
　　　　一、债的概念 /335　　　　二、债的特征 /335
　　　　三、债权 /336　　　　　　四、债务 /338
339　第二节　合同的概念和特征
　　　　一、合同的概念 /339　　　二、合同的特征 /340
340　第三节　合同的分类
　　　　一、有名合同与无名合同 /340
　　　　二、双务合同与单务合同 /341
　　　　三、有偿合同与无偿合同 /341
　　　　四、诺成合同与实践合同 /342
　　　　五、一时的合同与继续性合同 /342
　　　　六、为订约人自己利益订立的合同与为第三人利益订立的
　　　　　　合同 /343
　　　　七、确定合同与射幸合同 /343
　　　　八、预约合同与本合同 /344

345 | 第二章　合同的成立

345　第一节　合同成立概述
　　一、合同成立的概念 /345　　二、合同的成立要件 /345
　　三、合同成立的方式 /346

347　第二节　要约
　　一、要约的概念和要件 /347　　二、要约邀请 /348
　　三、要约的撤回与撤销 /349　　四、要约的失效 /350

351　第三节　承诺
　　一、承诺的概念和要件 /351　　二、承诺的形式 /352
　　三、承诺迟延和承诺的撤回 /353

354　第四节　合同成立的时间和地点
　　一、合同成立的时间 /354　　二、合同成立的地点 /354

355　第五节　合同条款
　　一、合同条款的种类 /355　　二、合同条款的解释 /355
　　三、格式条款 /356

358　第六节　缔约过失责任
　　一、缔约过失责任的概念和要件 /358
　　二、缔约过失责任的类型 /359
　　三、缔约过失责任的内容 /359

361 | 第三章　合同的效力

361　第一节　合同效力概述
　　一、合同效力的概念 /361　　二、合同的有效要件 /361
　　三、合同的生效要件 /362

363　第二节　效力存在瑕疵的合同
　　一、无效合同 /363　　二、可撤销合同 /364
　　三、效力未定合同 /365

366 | 第四章　合同的履行

366　第一节　合同履行的原则
　　一、全面履行原则 /366　　二、协作履行原则 /366
　　三、保护生态、经济合理原则 /367

368　第二节　合同履行的规则

一、合同条款没有约定或者约定不明的履行规则 /368
二、电子合同的交付时间规则 /368
三、政府定价或政府指导价调整时的履行规则 /369
四、金钱之债的履行规则 /369
五、选择之债的履行规则 /369
六、按份之债的履行规则 /369
七、连带之债的履行规则 /370
八、债务人向第三人履行债务规则 /370
九、第三人向债权人履行债务规则 /371
十、因债权人原因致使履行困难的履行规则 /371
十一、债务人提前履行规则 /372
十二、债务人部分履行规则 /372
十三、情势变更规则 /373

374 | 第三节 双务合同履行中的抗辩权
一、同时履行抗辩权 /374　　二、先履行抗辩权 /376
三、不安抗辩权 /377

380 | 第五章 合同的保全

380 | 第一节 债权人代位权
一、债权人代位权的概念和成立要件 /380
二、债权人代位权的行使 /381
三、债权人代位权行使的效力 /382

383 | 第二节 债权人撤销权
一、债权人撤销权的概念和成立要件 /383
二、债权人撤销权的行使 /385
三、债权人撤销权行使的效力 /386

387 | 第六章 合同的变更和转让

387 | 第一节 合同变更
一、合同变更的概念 /387　　二、合同变更的要件 /387
三、合同变更的效力 /388

389 | 第二节 债权让与

一、债权让与的概念 /389

二、债权让与合同的生效要件 /389

三、债权让与的对内效力 /390　　四、债权让与的对外效力 /391

393 | 第三节　债务承担

一、债务承担的概念 /393　　二、免责的债务承担 /393

三、并存的债务承担 /394

395 | 第四节　合同权利义务的概括移转

一、合同权利义务概括移转的概念 /395

二、合同权利义务概括移转的类型 /396

三、合同权利义务概括移转的效力 /396

397 | 第七章　合同的权利义务终止

397 | 第一节　清偿

一、清偿的概念和性质 /397　　二、清偿抵充 /397

398 | 第二节　合同解除

一、合同解除的概念和意义 /398

二、合同解除的要件 /399　　三、合同解除的效力 /401

402 | 第三节　抵销

一、抵销的概念 /402　　二、法定抵销 /403

三、合意抵销 /404

405 | 第四节　提存

一、提存的概念 /405　　二、提存的要件 /405

三、提存的方式 /406　　四、提存的效力 /406

408 | 第五节　免除

一、免除的概念 /408　　二、免除的要件 /408

三、免除的方式 /408　　四、免除的效力 /409

409 | 第六节　混同

一、混同的概念 /409　　二、混同的原因 /409

三、混同的效力 /410

411 | 第八章　违约责任

411 | 第一节　违约责任概述

　　　　一、违约责任的概念和特征 /411
　　　　二、违约责任的归责原则 /412
413　第二节　违约责任的形式
　　　　一、违约金 /413　　　　二、损害赔偿 /414
　　　　三、强制履行 /416　　四、标的物瑕疵的补正 /418
　　　　五、减价 /419　　　　六、定金责任 /419
420　第三节　违约责任的免责事由
　　　　一、法定免责事由 /420
　　　　二、约定免责事由(免责条款) /422

第二分编　典型合同

423 | **第九章　买卖合同**

423　第一节　买卖合同概述
　　　　一、买卖合同的概念和特征 /423
424　第二节　买卖双方的权利与义务
　　　　一、出卖人的义务 /424　　二、买受人的义务 /425
426　第三节　买卖合同的风险负担
　　　　一、风险负担及其移转规定 /427
　　　　二、风险负担及其移转规则的具体适用 /427
　　　　三、例外规则 /427
428　第四节　特种买卖合同
　　　　一、分期付款买卖 /428　　二、凭样品买卖 /428
　　　　三、试用买卖 /429　　　　四、保留所有权买卖 /429

431 | **第十章　供用电、水、气、热力合同**

431　第一节　供用电、水、气、热力合同概述
　　　　一、供用电、水、气、热力合同的概念 /431
　　　　二、供用电、水、气、热力合同的特征 /431
432　第二节　供用电合同
　　　　一、供用电合同的概念 /432　　二、供用电合同的内容 /432
　　　　三、供用电合同的效力 /433

435 | 第十一章　赠与合同

- 435　第一节　赠与合同概述
- 435　第二节　赠与合同的效力
  - 一、赠与人的义务 /435　　二、赠与人的责任 /435
- 436　第三节　赠与合同的终止
  - 一、赠与人的任意撤销权 /436　　二、赠与合同的法定撤销 /436
  - 三、不再履行赠与义务 /436

437 | 第十二章　借款合同

- 437　第一节　借款合同概述
  - 一、借款合同的概念和特征 /437
  - 二、借款合同的分类 /438
- 438　第二节　借款合同的订立
  - 一、如实告知义务 /438　　二、禁止高利放贷 /438
- 439　第三节　借款合同的效力
  - 一、贷款人的权利与义务 /439　　二、借款人的权利与义务 /439

441 | 第十三章　保证合同

- 441　第一节　保证合同概述
- 442　第二节　保证合同的内容
  - 一、保证人资格 /442　　二、保证范围 /442
  - 三、保证方式 /443　　四、保证期间 /445
- 445　第三节　保证的法律效力
  - 一、主合同变动对保证责任的影响 /445
  - 二、保证人的追偿权、代位权和抗辩权 /446
  - 三、保证合同无效后的法律效果 /447

448 | 第十四章　租赁合同

- 448　第一节　租赁合同概述
- 448　第二节　租赁双方的义务
  - 一、出租人的义务 /448　　二、承租人的义务 /449
- 449　第三节　租赁合同的特别规则

　　　　　一、租赁合同的解除权 /449　　二、买卖不破租赁 /450
　　　　　三、转租 /451
　　　　　四、房屋承租人的优先购买权 /451
　　　　　五、租赁合同中的风险负担 /452

453 | 第十五章　融资租赁合同

　　453　　第一节　融资租赁合同概述
　　　　　一、融资租赁合同的概念 /453
　　　　　二、融资租赁合同的特征 /453
　　454　　第二节　融资租赁合同的权利义务内容
　　　　　一、出卖人的权利义务 /454　　二、出租人的权利义务 /454
　　　　　三、承租人的权利义务 /456

458 | 第十六章　保理合同

　　458　　第一节　保理合同概述
　　　　　一、保理合同的概念 /458　　二、保理合同的特征 /458
　　459　　第二节　保理合同的效力
　　　　　一、保理当事人的权利和义务 /459
　　　　　二、虚构应收账款对保理合同效力的影响 /460
　　　　　三、约定金钱债权不得转让的效力 /460
　　　　　四、应收账款的转让通知 /460
　　461　　第三节　保理的类型及特殊规则
　　　　　一、有追索权保理和无追索权保理 /461
　　　　　二、公开保理和隐蔽保理 /462
　　　　　三、融资保理、管理或催收保理、付款担保保理 /463
　　463　　第四节　双重保理的清偿顺序
　　　　　一、应收账款转让登记时的双重保理受偿顺序 /463
　　　　　二、应收账款转让未登记时的双重保理受偿顺序 /464

465 | 第十七章　承揽合同

　　465　　第一节　承揽合同概述
　　　　　一、承揽合同的概念和特征 /465
　　　　　二、承揽合同的种类 /466

466 第二节 承揽合同的效力
　　一、对于承揽人的效力 /466　　二、对于定作人的效力 /469
470 第三节 承揽合同中的风险负担
　　一、定作材料意外毁损灭失的风险负担 /470
　　二、工作成果的风险负担 /470
470 第四节 承揽合同的终止
　　一、因约定或者协议而终止 /470
　　二、因解除而终止 /470

471 | 第十八章　建设工程合同

471 第一节 建设工程合同概述
471 第二节 建设工程合同的订立与分类
　　一、建设工程勘察、设计合同 /472
　　二、建设工程施工合同 /472
　　三、建设工程监理合同 /473
473 第三节 建设工程合同的一般效力
　　一、承包人的义务 /473　　二、发包人的义务 /474

477 | 第十九章　运输合同

477 第一节 运输合同概述
　　一、运输合同的概念和特征 /477
　　二、运输合同的分类 /477
478 第二节 旅客运输合同
　　一、旅客运输合同的成立 /478　　二、旅客运输合同的效力 /478
479 第三节 货物运输合同
　　一、托运人的权利和义务 /480　　二、承运人的权利和义务 /480
　　三、收货人的权利和义务 /481
482 第四节 多式联运合同

483 | 第二十章　技术合同

483 第一节 技术开发合同

　　　　一、委托开发合同当事人的义务 /483
　　　　二、合作开发合同当事人的义务 /483
　　　　三、技术开发合同的风险负担 /484
　　　　四、技术成果的归属 /484
485　第二节　技术转让合同和技术许可合同
　　　　一、技术转让和许可合同的效力 /485
　　　　二、后续改进技术成果的权益分配 /486
486　第三节　技术咨询合同和技术服务合同
　　　　一、技术咨询合同中双方当事人的主要义务 /486
　　　　二、技术服务合同中双方当事人的主要义务 /487
　　　　三、新技术成果的归属和风险负担 /487

489 | 第二十一章　保管合同

489　第一节　保管合同概述
　　　　一、保管合同的概念 /489　　二、保管合同的特征 /489
　　　　三、消费保管合同 /489
490　第二节　保管合同的效力
　　　　一、保管人的义务 /490　　二、寄存人的义务 /491
492　第三节　保管合同的终止

493 | 第二十二章　仓储合同

493　第一节　仓储合同概述
494　第二节　仓储合同双方的权利和义务
　　　　一、仓管人的权利和义务 /494
　　　　二、存货人的权利和义务 /496

497 | 第二十三章　委托合同

497　第一节　委托合同概述
　　　　一、委托合同的法律特征 /497
　　　　二、委托与委托合同的类型 /497
　　　　三、委托合同的识别 /499
499　第二节　委托合同中的主要义务

　　　　一、受托人的义务 /499　　　　二、委托人的义务 /501

502　第三节　隐名代理与间接代理

　　　　一、隐名代理 /502　　　　二、间接代理 /502

502　第四节　委托合同的终止

　　　　一、委托合同终止的原因 /502

　　　　二、委托合同例外不终止时的法律后果 /503

504 | 第二十四章　物业服务合同

504　第一节　物业服务合同概述

　　　　一、物业服务合同的概念和法律性质 /504

　　　　二、物业服务合同的法律特征 /505

　　　　三、物业服务合同的分类 /506

507　第二节　物业服务合同的订立

　　　　一、物业服务合同当事人 /507

　　　　二、物业服务合同主要内容 /507

508　第三节　物业服务合同的履行

　　　　一、物业服务人的主要义务 /508

　　　　二、业主的主要义务 /509

　　　　三、物业费的催缴与抗辩 /510

510　第四节　物业服务合同的终止

　　　　一、物业服务合同中的解聘和续聘 /510

　　　　二、物业服务合同终止后的后合同义务 /511

513 | 第二十五章　行纪合同

513　第一节　行纪合同概述

　　　　一、行纪合同的概念和特征 /513

　　　　二、行纪合同与其他合同的区别 /514

514　第二节　行纪合同当事人的权利与义务

　　　　一、委托人的主要义务 /514

　　　　二、行纪人的权利和义务 /515

518 | 第二十六章　中介合同

518　第一节　中介合同概述

519　第二节　中介合同当事人的主要义务
　　　　一、中介人的主要义务 /519　　二、委托人的主要义务 /520

522 | 第二十七章　合伙合同

522　第一节　合伙合同概述
　　　　一、合伙合同的概念 /522　　二、合伙合同的法律特征 /522
523　第二节　合伙合同的效力
　　　　一、合伙人的出资义务 /523　　二、合伙的财产关系 /524
　　　　三、合伙事务执行 /525
　　　　四、合伙利润分配和亏损承担办法 /525
　　　　五、合伙债务 /526
526　第三节　合伙合同的解除与终止
　　　　一、合伙合同的解除 /526　　二、合伙合同的终止 /527

第三分编　准　合　同

528 | 第二十八章　无因管理

528　第一节　无因管理概述
　　　　一、无因管理的概念和性质 /528
　　　　二、无因管理制度的功能 /529
529　第二节　无因管理的构成要件
　　　　一、管理他人事务 /529
　　　　二、管理人具有为他人利益而管理的意思 /530
　　　　三、管理人没有法定或约定义务 /531
531　第三节　无因管理之债的效力
　　　　一、无因管理之债的主体 /531　　二、无因管理之债的客体 /531
　　　　三、无因管理之债的内容 /531

534 | 第二十九章　不当得利

534　第一节　不当得利概述
　　　　一、不当得利的概念和性质 /534
　　　　二、不当得利制度的功能 /534
535　第二节　不当得利的构成要件和类型

　　　　一、不当得利的构成要件 /535
　　　　二、不当得利的类型 /536
538　第三节　不当得利之债的效力
　　　　一、不当得利之债的主体 /538
　　　　二、不当得利之债的客体 /538
　　　　三、不当得利之债的内容 /538

第五编　人　格　权

543 | 第一章　人格权总论

543　第一节　人格权和人格权法概述
　　　　一、人格权的概念和特征 /543
　　　　二、人格权和其他权利的区别 /544
　　　　三、人格权的分类 /545
　　　　四、人格权立法概述 /547
549　第二节　一般人格权
　　　　一、德国法上的一般人格权 /549
　　　　二、我国法上的一般人格权 /549
551　第三节　人格权的内容
　　　　一、人格权内容概述 /551
　　　　二、人格权中的精神利益 /552
　　　　三、人格权中的财产利益 /552

555 | 第二章　具体人格权

555　第一节　生命权、身体权、健康权
　　　　一、生命权 /555　　　　二、身体权 /556
　　　　三、健康权 /557
558　第二节　姓名权
　　　　一、姓名权的概念和特征 /558
　　　　二、姓名权的内容 /559
　　　　三、对笔名、艺名、网名等身份符号的保护 /560
560　第三节　名称权

　　　　一、名称权的概念和特征 /560
　　　　二、名称权的内容 /561
561　第四节　肖像权
　　　　一、肖像权的概念和特征 /561　　二、肖像权的内容 /562
　　　　三、肖像权与近似权利之间的关系 /563
　　　　四、肖像的合理使用 /563　　五、肖像的许可使用 /564
564　第五节　名誉权、荣誉权
　　　　一、名誉权的概念和特征 /564
　　　　二、名誉权与相近概念的区别 /565
　　　　三、侵害名誉权的认定 /566　　四、荣誉权 /568
568　第六节　隐私权
　　　　一、隐私和隐私权的概念 /568
　　　　二、隐私权与其他权利的关系 /570
　　　　三、隐私权的内容 /571　　四、侵害隐私权行为 /571
571　第七节　个人信息保护
　　　　一、个人信息保护概述 /571
　　　　二、个人信息的概念和特征 /572
　　　　三、个人信息的分类 /573
　　　　四、个人信息保护与隐私权的联系与区别 /573
　　　　五、个人信息的权益内容 /574
　　　　六、个人信息处理者的义务 /575

577 ｜第三章　人格权的保护

577　第一节　人格权请求权
　　　　一、人格权请求权的概念 /577
　　　　二、人格权请求权的成立要件 /577
　　　　三、人格权请求权的内容 /579
579　第二节　人格权侵权损害赔偿
　　　　一、人格权侵权损害赔偿的概述 /579
　　　　二、人格权侵权损害赔偿的内容 /580
581　第三节　死者人格利益的保护

一、自然人死亡后人格利益的称谓 /581
二、死者人格利益保护的请求权主体 /582
三、侵害死者人格利益的情形 /582

第六编　婚　姻　家　庭

585 | 第一章　导论

585　第一节　家庭和家庭法
　　一、家庭的含义 /585
　　二、家庭法的含义、性质及其在民法典中的地位 /585
588　第二节　家庭法的基本原则
　　一、概述 /588　　　　　　　二、婚姻自由原则 /588
　　三、一夫一妻原则 /589　　　四、男女平等原则 /589
　　五、保护妇女、未成年人和老年人合法权益 /590
590　第三节　亲属
　　一、概述 /590　　　　　　　二、亲属的类型 /591
　　三、亲等 /591　　　　　　　四、近亲属与家庭成员 /592

593 | 第二章　结婚

593　第一节　婚姻的概念
594　第二节　结婚行为
　　一、婚约 /594　　　　　　　二、婚姻的成立 /595
595　第三节　结婚的条件
　　一、结婚的主体条件 /595　　二、结婚的形式条件 /596
598　第四节　无效和可撤销婚姻
　　一、无效婚姻 /598　　　　　二、可撤销婚姻 /599
　　三、婚姻被确认无效或者被撤销的法律后果 /601

603 | 第三章　婚姻的人身效力

603　第一节　夫妻人身方面权利义务的性质
604　第二节　夫妻具体的人身权利义务

　　　　一、同居义务 /604　　　　二、忠实义务 /605
　　　　三、人身方面的扶养义务 /605　　四、合作和体谅义务 /606

607 | 第四章　婚姻的财产效力

　　607　第一节　扶养费给付
　　　　一、扶养费给付的要件 /607　　二、扶养费的确定 /609
　　610　第二节　家事代理
　　　　一、概述 /610　　　　　　　　二、家庭日常生活需要 /610
　　　　三、日常家事代理权的对外效力与对内效力 /611
　　　　四、日常家事代理权的限制 /611
　　　　五、日常家事代理中的"表见代理" /612
　　613　第三节　法定夫妻财产制
　　　　一、概述 /613　　　　　　　　二、财产性质的划分 /613
　　　　三、夫妻对共同财产的权利 /617
　　　　四、债务性质的划分 /618
　　　　五、债务的责任财产范围及内部追偿 /620
　　620　第四节　约定夫妻财产制
　　　　一、概述 /620　　　　　　　　二、夫妻财产约定的内容 /621
　　　　三、夫妻财产约定的形式 /621　　四、夫妻财产约定的时间 /621
　　　　五、夫妻财产约定的效力 /622

623 | 第五章　婚姻关系的终止

　　623　第一节　概述
　　624　第二节　协议离婚
　　　　一、协议离婚的实质要件 /624　　二、协议离婚的程序 /625
　　625　第三节　诉讼离婚
　　　　一、概述 /625　　　　　　　　二、判决离婚的原因 /626
　　　　三、诉讼离婚的特别限制 /628　　四、诉讼离婚的程序 /628
　　629　第四节　婚姻关系终止的法律效力
　　　　一、身份关系终止 /629　　　　二、夫妻财产制终止 /630
　　　　三、离婚补偿请求 /632　　　　四、离婚帮助请求 /632
　　　　五、离婚损害赔偿请求 /632

634 | 第六章 父母子女关系和其他家庭关系

- **634** 第一节 父母子女关系
  - 一、自然血缘中的母亲 /634
  - 二、基于婚姻关系的父亲 /634
  - 三、非婚生情形中的父亲 /635
  - 四、基于抚养教育事实所形成的父母子女关系 /635
- **636** 第二节 其他家庭关系
  - 一、祖父母、外祖父母与孙子女、外孙子女之间的扶养 /636
  - 二、兄弟姐妹之间的扶养 /637

639 | 第七章 收养

- **639** 第一节 概述
- **639** 第二节 收养的成立
  - 一、被收养人 /639
  - 二、送养人 /640
  - 三、收养人 /641
  - 四、收养协议 /642
- **643** 第三节 收养的程序
  - 一、登记机关 /643
  - 二、登记程序 /643
- **644** 第四节 收养的效力
  - 一、亲属关系 /644
  - 二、养子女的姓名 /645
- **645** 第五节 收养关系的解除
  - 一、解除形式 /645
  - 二、收养关系解除的法律效果 /646

647 | 第八章 父母子女间的权利义务

- **647** 第一节 概述
- **648** 第二节 父母与未成年子女间的权利义务
  - 一、父母对未成年子女的抚养 /648
  - 二、父母的教育和保护义务 /650
  - 三、父母的姓名决定权 /651
  - 四、父母的探望权 /652
  - 五、父母的住所决定权和子女返还请求权 /652
- **652** 第三节 父母与成年子女间的权利义务
  - 一、父母对不能独立生活的成年子女的义务 /652
  - 二、成年子女对父母的赡养、扶助和保护义务 /653

第七编 继 承

657 | 第一章 继承和继承法概述

657　第一节　继承概述
　　一、继承的概念 /657　　二、继承的本质 /657
　　三、继承的方式与顺序 /657　　四、继承的开始 /658
658　第二节　继承法概述
　　一、继承法的概念和性质 /658
　　二、我国继承法的基本原则 /659
660　第三节　继承法律关系
　　一、继承法律关系概述 /660　　二、继承人 /661
　　三、继承权 /662　　四、遗产 /666

669 | 第二章 法定继承

669　第一节　法定继承概述
　　一、法定继承的概念和性质 /669
　　二、法定继承的适用范围 /669
669　第二节　法定继承人的范围和顺序
　　一、法定继承人的范围 /669　　二、法定继承人的顺序 /671
671　第三节　代位继承与转继承
　　一、代位继承 /671　　二、转继承 /673

675 | 第三章 遗嘱继承和遗赠

675　第一节　遗嘱
　　一、遗嘱概述 /675　　二、遗嘱的效力 /676
　　三、遗嘱的类型 /678　　四、遗嘱的撤回与变更 /679
　　五、遗嘱的执行 /680
680　第二节　遗嘱继承
　　一、遗嘱继承的概念和特征 /680
　　二、遗嘱自由原则 /681　　三、遗嘱继承的适用条件 /681
681　第三节　遗赠

一、遗赠的概念和特征 /681　　二、遗赠的适用条件 /682

三、遗赠的效力 /683

683 | 第四节　遗赠扶养协议

一、遗赠扶养协议的概念与特征 /683

二、遗赠扶养协议的效力 /684

685 | 第四章　遗产的处理

一、遗产的管理 /685　　二、遗产的分割 /687

三、酌情分得遗产权 /688　　四、无人承受遗产的处理 /689

第八编　侵权责任

693 | 第一章　侵权责任与侵权责任法概述

693　第一节　侵权责任的概念和分类

一、侵权责任的概念和特征 /693

二、侵权责任与侵权行为之债 /693

三、侵权责任的分类 /694

696　第二节　我国侵权责任法的沿革

一、从改革开放到《民法通则》的颁布 /696

二、从《民法通则》到《侵权责任法》/697

三、从《侵权责任法》到《民法典》侵权责任编 /697

698　第三节　侵权责任法的功能

一、侵权责任法功能概述 /698

二、我国侵权责任法的功能 /699

700　第四节　侵权责任法的保护范围

一、侵权责任法保护范围概述 /700

二、民事权利与民事利益 /701

703 | 第二章　侵权责任的归责原则

703　第一节　侵权责任归责原则概述

一、侵权责任归责原则的含义 /703

二、我国侵权责任的归责事由与归责原则 /703

705 第二节　过错责任原则

一、过错责任原则的概念和特点 /705

二、过错责任原则的适用 /706　　三、过错推定责任 /706

707 第三节　无过错责任

一、无过错责任的概念和特点 /707

二、无过错责任的理论基础 /707

三、无过错责任的适用 /708

708 第四节　公平责任

一、公平责任的概念 /708　　二、公平责任的适用规则 /709

三、公平责任的适用范围 /709

710 | 第三章　侵权责任的构成要件

710 第一节　侵权责任构成要件概述

一、一般侵权责任的构成要件 /710

二、特殊侵权责任的构成要件 /711

711 第二节　民事权益侵害与损害

一、加害行为 /711　　二、民事权益被侵害 /713

三、损害 /713

715 第三节　因果关系

一、因果关系的概念和特征 /715

二、责任成立的因果关系与责任范围的因果关系 /715

三、因果关系的判断 /716　　四、复数因果关系 /717

五、不作为侵权的因果关系 /718

719 第四节　过错

一、过错的概念和性质 /719　　二、过错的形式 /719

三、过错的判断标准 /720

722 | 第四章　数人侵权的侵权责任

722 第一节　共同加害行为

一、共同加害行为概述 /722

二、共同加害行为的构成要件 /723

三、共同加害行为的责任承担 /723

724 第二节　共同危险行为

　　　　一、共同危险行为的概念 /724
　　　　二、共同危险行为的构成要件 /724
　　　　三、共同危险行为的责任承担 /725

725　　第三节　教唆、帮助行为
　　　　一、教唆、帮助行为的概念 /725
　　　　二、教唆、帮助行为的构成要件 /725
　　　　三、教唆、帮助行为的责任承担 /727

727　　第四节　无意思联络的数人侵权行为
　　　　一、无意思联络的数人侵权行为的概念 /727
　　　　二、无意思联络数人侵权行为的构成要件 /728
　　　　三、无意思联络数人侵权行为的责任承担 /729

730 | 第五章　侵权责任的免除和减轻事由

730　　第一节　受害人过错
　　　　一、受害人过错的概念 /730　　二、受害人过错的适用 /730

730　　第二节　受害人故意
　　　　一、受害人故意的概念 /730
　　　　二、受害人故意的适用 /731

731　　第三节　第三人过错
　　　　一、第三人过错的概念 /731　　二、第三人过错的适用 /731

732　　第四节　自甘风险
　　　　一、自甘风险的概念 /732
　　　　二、自甘风险与受害人同意 /732
　　　　三、自甘风险的适用 /733

734　　第五节　自助行为
　　　　一、自助行为的概念 /734　　二、自助行为的适用条件 /734
　　　　三、措施不当的侵权责任 /734

735 | 第六章　侵权责任的承担方式

735　　第一节　侵权责任承担方式概述

　　　　　一、侵权责任承担方式的含义 /735
　　　　　二、侵权责任的主要承担方式 /735
　　　　　三、侵权责任承担方式的适用 /736
737　　第二节　财产损害赔偿
　　　　　一、财产损害赔偿的概念 /737
　　　　　二、人身伤亡的财产损害赔偿 /738
　　　　　三、侵害其他人身权益的财产损害赔偿 /739
　　　　　四、侵害财产性权益的财产损害赔偿 /739
740　　第三节　非财产损害赔偿
　　　　　一、非财产损害的概念 /740
　　　　　二、精神损害赔偿适用范围 /740
　　　　　三、精神损害赔偿数额的确定 /741
741　　第四节　惩罚性赔偿
　　　　　一、惩罚性赔偿的概念 /741　　二、惩罚性赔偿的适用 /742

743 | 第七章　监护人责任

743　　第一节　监护人责任的概念和特征
　　　　　一、监护人责任的概念 /743　　二、监护人责任的特征 /743
744　　第二节　监护人责任的构成要件
　　　　　一、存在监护关系 /744
　　　　　二、被监护人造成他人损害 /744
　　　　　三、因果关系 /745
745　　第三节　监护人责任的承担与减轻
　　　　　一、监护人和被监护人之间的责任承担 /745
　　　　　二、监护人与受托人之间的责任承担 /745
　　　　　三、监护人责任的减轻 /746

747 | 第八章　用人者责任

747　　第一节　用人者责任概述
　　　　　一、用人者责任的概念和类型 /747
　　　　　二、用人者责任的特征 /748
　　　　　三、用人者责任的归责原则 /748

749   第二节　用人者责任的构成要件

　　一、侵权行为人是工作人员、提供劳务一方 /749

　　二、工作人员、提供劳务一方因执行工作任务或者提供劳务造成损害 /750

750   第三节　用人者责任的承担

　　一、用人单位的责任承担 /750　　二、劳务派遣的责任承担 /750

　　三、接受劳务一方的责任承担 /750

　　四、工作人员、提供劳务一方的责任承担 /750

751   第四节　提供劳务一方受害的侵权责任

　　一、用人单位的工作人员遭受损害 /751

　　二、提供劳务一方遭受损害 /751

751   第五节　定作人责任

　　一、定作人责任的概念 /751

　　二、定作人责任的构成要件 /752

　　三、定作人责任的承担 /752

753 ｜第九章　网络侵权责任

753   第一节　网络侵权责任的概念

753   第二节　通知规则下的网络侵权责任

　　一、通知规则下网络侵权责任的概念 /753

　　二、通知规则下网络侵权责任的构成要件 /754

　　三、反通知规则 /755

　　四、通知规则下网络侵权责任的承担 /755

　　五、错误通知的侵权责任 /756

756   第三节　知道规则下的网络侵权责任

　　一、知道规则下网络侵权责任的概念 /756

　　二、知道规则下网络侵权责任的构成要件 /756

　　三、知道规则下网络侵权责任的承担 /757

758 ｜第十章　违反安全保障义务的侵权责任

758   第一节　违反安全保障义务侵权责任概述

　　一、违反安全保障义务侵权责任的概念 /758

　　二、安全保障义务的性质和特征 /758

759	第二节　违反安全保障义务侵权责任的构成要件
	一、责任主体为安全保障义务人 /759
	二、安全保障义务主体没有尽到保障义务 /759
	三、他人遭受损害 /759
	四、他人遭受的损害和未尽安全保障义务之间存在因果关系 /759
760	第三节　违反安全保障义务的责任承担
	一、自己责任 /760　　　二、补充责任 /760

761 ｜第十一章　教育机构的侵权责任

761	第一节　教育机构侵权责任概述
	一、教育机构侵权责任的概念 /761
	二、教育机构侵权责任的特征 /761
762	第二节　教育机构侵权责任的构成要件
	一、受害人为无民事行为能力人或限制民事行为能力人 /762
	二、受害人在幼儿园、学校或其他教育机构学习、生活期间遭受人身损害 /762
	三、教育机构未尽到教育、管理职责 /762
763	第三节　教育机构侵权责任的承担
	一、自己责任 /763　　　二、补充责任 /763

764 ｜第十二章　产品责任

764	第一节　产品责任概述
	一、产品责任的概念 /764　　　二、产品责任的性质 /764
	三、产品责任的归责原则 /764
765	第二节　产品责任的构成要件
	一、产品存在缺陷 /765
	二、缺陷产品造成受害人民事权益的损害 /766
	三、产品缺陷与受害人的损害之间存在因果关系 /766
766	第三节　产品责任的承担与免责
	一、产品责任的承担主体 /766　　　二、产品责任的承担方式 /767
	三、产品责任的免责事由 /767

768 | 第十三章 机动车交通事故责任

- 768　第一节　机动车交通事故责任概述
  - 一、机动车交通事故责任的概念 /768
  - 二、机动车交通事故责任的归责原则 /768
- 769　第二节　机动车交通事故责任的构成要件
  - 一、致害物为机动车 /769
  - 二、致害原因为道路交通事故 /769
  - 三、他人因机动车交通事故遭受损害 /769
- 769　第三节　机动车交通事故责任的承担
  - 一、责任主体 /769
  - 二、保险责任与侵权责任 /771

772 | 第十四章 医疗损害责任

- 772　第一节　医疗损害责任概述
  - 一、医疗损害责任的概念 /772
  - 二、医疗损害责任的归责原则 /772
- 773　第二节　医疗损害责任的构成要件与免责事由
  - 一、医疗损害责任的构成要件 /773
  - 二、医疗损害责任的免责事由 /775

776 | 第十五章 环境污染和生态破坏责任

- 776　第一节　环境污染和生态破坏责任概述
  - 一、环境污染和生态破坏责任的概念 /776
  - 二、环境污染和生态破坏责任的归责原则 /776
- 776　第二节　环境污染和生态破坏责任的构成要件
  - 一、行为人实施了污染环境、破坏生态的行为 /776
  - 二、受害人因环境污染、生态破坏遭受损害 /777
  - 三、侵害行为与损害之间存在因果关系 /777
- 777　第三节　环境污染和生态破坏责任的承担
  - 一、责任主体 /777
  - 二、数人承担责任 /778
  - 三、环境污染和生态破坏责任的惩罚性赔偿责任 /778
  - 四、生态环境修复责任 /779
  - 五、环境损害公益诉讼 /779

780 | 第十六章 高度危险责任

780 第一节 高度危险责任概述
一、高度危险责任的概念 /780　二、高度危险责任的分类 /780
三、高度危险责任的构成要件 /780
四、高度危险责任的赔偿限额 /780

781 第二节 民用核事故致害责任
一、民用核事故致害责任的概念 /781
二、民用核事故致害责任的构成要件 /781
三、民用核事故致害责任的承担 /781
四、民用核事故致害责任的免责事由 /782

782 第三节 民用航空器致害责任
一、民用航空器致害责任的概念 /782
二、民用航空器致害责任的构成要件 /782
三、民用航空器致害责任的承担 /783
四、民用航空器致害责任的免责事由 /783

783 第四节 高度危险物致害责任
一、高度危险物致害责任的概念 /783
二、高度危险物致害责任的构成要件 /783
三、高度危险物致害责任的承担 /784
四、高度危险物致害责任的减轻与免除事由 /785

785 第五节 高度危险活动致害责任
一、高度危险活动致害责任的概念 /785
二、高度危险活动致害责任的构成要件 /785
三、高度危险活动致害责任的承担 /786
四、高度危险活动致害责任的减轻与免除事由 /786

786 第六节 高度危险区域致害责任
一、高度危险区域致害责任的概念 /786
二、高度危险区域致害责任的构成要件 /786
三、高度危险区域致害责任的承担 /787

788 | 第十七章 饲养动物损害责任

788 第一节 饲养动物损害责任概述

一、饲养动物损害责任的概念 /788
二、饲养动物损害责任的归责原则 /788

788　第二节　饲养动物损害责任的构成要件
一、致人损害的动物是饲养动物 /788
二、饲养的动物造成了他人的损害 /789

789　第三节　饲养动物损害责任的承担与减免事由
一、责任承担 /789　　二、责任减轻或免除事由 /790

791 | 第十八章　建筑物和物件损害责任

791　第一节　建筑物和物件损害责任概述

791　第二节　建筑物、构筑物或者其他设施倒塌致害责任
一、建筑物、构筑物或者其他设施倒塌致害责任的概念 /791
二、建筑物、构筑物或者其他设施倒塌致害责任的归责原则 /791
三、建筑物、构筑物或者其他设施倒塌致害责任的构成要件 /792
四、建筑物、构筑物或者其他设施倒塌致害责任的承担 /792

793　第三节　建筑物、构筑物或者其他设施及其搁置物、悬挂物脱落、坠落致害责任
一、建筑物、构筑物或者其他设施及其搁置物、悬挂物脱落、坠落致害责任的概念 /793
二、建筑物、构筑物或者其他设施及其搁置物、悬挂物脱落、坠落致害责任的构成要件 /793
三、建筑物、构筑物或者其他设施及其搁置物、悬挂物脱落、坠落致害责任的承担 /794

794　第四节　建筑物中抛掷物品或者建筑物上坠落物品致害责任
一、建筑物中抛掷物品或者建筑物上坠落物品致害责任的概念 /794
二、建筑物中抛掷物品或者建筑物上坠落物品致害责任的构成要件 /795
三、建筑物中抛掷物品或者建筑物上坠落物品致害责任的承担 /795

795　第五节　堆放物倒塌、滚落或者滑落致害责任

一、堆放物倒塌、滚落或者滑落致害责任的概念 /795
　　　二、堆放物倒塌、滚落或者滑落致害责任的构成要件 /796
　　　三、堆放物倒塌、滚落或者滑落致害责任的承担 /796
　第六节　公共道路堆放、倾倒、遗撒妨碍通行的物品致害责任
　　　一、公共道路堆放、倾倒、遗撒妨碍通行的物品致害责任的概念 /796
　　　二、公共道路堆放、倾倒、遗撒妨碍通行的物品致害责任的归责原则 /796
　　　三、公共道路堆放、倾倒、遗撒妨碍通行的物品致害责任的构成要件和责任承担 /797
　第七节　林木折断、倾倒或果实坠落致害责任
　　　一、林木折断、倾倒或果实坠落致害责任的概念 /797
　　　二、林木折断、倾倒或果实坠落致害责任的构成要件与责任承担 /798
　第八节　地下施工及地下设施致害责任
　　　一、地下施工及地下设施致害责任的概念 /798
　　　二、地下施工及地下设施致害责任的归责原则 /798
　　　三、地下施工及地下设施致害责任的构成要件与责任承担 /798

第一编 民法绪论

<< 第一章 民法的概念与地位
<< 第二章 民事法律关系

第一章 民法的概念与地位

第一节 民法的概念及调整对象

一、"民法"的语源

"民法一语,典籍无所本,清季变法,抄自东瀛。"①"民法"并非汉语中固有的法律用语,而是清末西法东渐之际由日文之汉字转译而来。日本之"民法"译自欧陆国家立法,其渊源则可追溯至罗马法。

1. 古罗马之"市民法"。古罗马时代,市民法(Ius Civile)并非指一个具体的法律部门,而是适用于罗马市民的法律规范的统称。市民法由优士丁尼《民法大全》集其大成,由《法典》《学说汇纂》《法学阶梯》《新律》构成。其中,《法学阶梯》包括人、物、诉讼三个部分,其内容除近代意义上的民法规范外,也包含法的一般理论、刑法规范。②

2. 近代欧洲之"民法"。作为部门法的民法,是近代欧洲大陆法典化运动的产物,其产生与注释法学派对罗马市民法的诠释及欧洲"罗马法复兴"运动直接相关。③以注释法学为先导,法国、德国等相继构建了民法这一法律部门(本义即市民法,法语为 droit civil,意大利语为 diritto civile,德语为 bürgerliches recht),并先后编纂了民法典。④

3. 日本之"民法"(みんぽう)。日文中的汉字"民法"系由学者津田真道于1863年自荷兰语 burgerlyk(本义为市民法,译者略称为民法)移译而来,并于1890年起草《日本帝国民法》时成为正式法律用语。⑤

4. 中国清末之"民律"。20世纪初,清廷任命沈家本等为修订法律大臣,实行法制变革,接受聘请参与其事的日本学者松冈义正等遂从日本引入"民法"一词并编纂法典,但被译为"民律",于1911年完成《大清民律草案》,但未及颁行清廷即告

---

① 梅仲协:《民法要义》,中国政法大学出版社1998年版,第14页。
② 参见徐国栋:《民法总论》,高等教育出版社2007年版,第24—27页。
③ 15、16世纪末欧洲向近代转化时期出现的文艺复兴(Renaissance)、宗教改革(Religion Reformation)、罗马法复兴(Revival of Roman Law),合称"3R运动"。
④ 第一部部门法意义上的民法典是1756年的《巴伐利亚民法典》。
⑤ 参见郑玉波:《民法概要》(修订第十一版),黄宗乐修订,台湾三民书局2008年版,第9页。

覆亡。

5. 中华民国时期之"民法"。中华民国成立后，北洋政府曾分编起草《民国民律草案》，并于1926年全部完成，但未公布施行。南京国民政府成立后，于1929年开始民法典的起草工作（立法院设民法起草委员会，采用"民法"用语），自总则编（1929年5月23日公布，10月10日施行）至亲属、继承编（1930年12月26日公布，1931年5月5日施行），相继完成各编立法程序，形成《中华民国民法》。

6. 中华人民共和国之"民法"。1949年中华人民共和国成立后，废除了中华民国时期的"六法全书"，《中华民国民法》也被废止，但"民法"作为部门法之称谓仍被沿用（如《中华人民共和国民法通则》），"民法学"也是法学的重要分支学科。

二、民法的含义

民法一语，有实质意义与形式意义两种含义。

实质意义上的民法，或称广义的民法，是指以各种私人利益关系为调整对象的法律规范之总称，即涉及私人利益之法。罗马市民法有公法与私法之分，私法即"调整公民个人之间的关系，为个人利益确定条件和限度，涉及个人福利"之法。① 大陆法系各国继受了这一传统，其民法在实质意义上即"私人利益关系之法"。无论古今中外，不分法系，实质意义上的民法均不可或缺。例如，中国古代户、婚之律，当属民法范畴；英美法系国家或地区的合同法、侵权法等判例法系统，也可称之为民法。《中华人民共和国民法典》（以下简称《民法典》）制定前，我国先后颁行的《中华人民共和国婚姻法》（以下简称《婚姻法》）、《中华人民共和国继承法》（以下简称《继承法》）、《中华人民共和国民法通则》（以下简称《民法通则》）、《中华人民共和国担保法》（以下简称《担保法》）、《中华人民共和国合同法》（以下简称《合同法》）、《中华人民共和国物权法》（以下简称《物权法》）、《中华人民共和国侵权责任法》（以下简称《侵权责任法》）等，均属实质意义上的民法。

形式意义上的民法，也称狭义的民法，是指被命名为民法典的制定法文件。形式意义上的民法是大陆法系国家崇尚法律形式理性、实行部门法法典化的结果，甚至被视为民法的唯一渊源，而英美法系则无此传统。② 1756年《巴伐利亚民法典》开创了民法法典化的先例，1804年《法国民法典》、1900年《德国民法典》、1907年《瑞士民法典》、1992年《荷兰民法典》等，均为民法典的范例。我国在1949年前曾有过形式意义上的民法（即《中华民国民法》），中华人民共和国成立后，先后于1954年、1962年、1979年、1998年四次开展民法典编纂，但均无果而终；2020年5月，《民法典》编纂完

---

① 〔意〕彼德罗·彭梵得：《罗马法教科书》，黄风译，中国政法大学出版社1992年版，第9页。
② 在实行联邦制的英美法系国家，也有个别州（省）由于历史原因实行民法法典化，如美国路易斯安那州、加拿大魁北克省。

成,标志着我国民法进入了"实质民法"与"形式民法"并存的时代。

三、民法的调整对象

从历史维度看,各国法制大体经历了从"诸法合体"到"六法"(部门法)分立的演进过程,法律的部门化是现代法治的标志之一。法律部门区分的主要依据,在于各自调整对象(所调整的社会关系)之不同,明确民法的调整对象,是理解民法概念的关键。

关于我国民法的调整对象,在《民法通则》颁行前曾有过热烈的学术讨论。① 《民法通则》第2条规定,中华人民共和国民法调整平等主体的公民之间、法人之间、公民和法人之间的财产关系和人身关系。《民法典》第2条规定,民法调整平等主体的自然人、法人和非法人组织之间的人身关系和财产关系。这一规定,揭示了我国民法调整对象的特征和范围,也厘清了民法与邻近法律部门(如行政法、经济法)的关系。

(一)平等主体间的人身关系

人身关系是人格关系和身份关系的统称,是指基于特定的人格或身份而形成的、以人格或身份利益为内容的社会关系。人(自然人)既有生物属性,也有社会属性。人作为社会之成员,其人格独立与尊严应受到彼此之间的尊重与保护,由此形成人格关系;作为家庭成员,对特定亲属享有一定的身份利益,由此形成身份关系。人格关系、身份关系本质上均属于平等主体之间的社会关系,因此被纳入民法的调整范围,形成人身权(人格权、身份权)制度。

(二)平等主体间的财产关系

平等主体,即民事主体,《民法通则》规定为公民、法人,《民法典》规定为自然人、法人、非法人组织。此外,国家也可以作为民事主体参与某些领域的民事活动,享有权利(如土地所有权)或承担义务(如国债偿还义务)。上述民事主体作为现代社会中的"人",出于自身生存与发展的需要,不可避免地要参与各种社会关系。

财产关系,是指具有经济内容的社会关系。财产,是具有经济价值的事物。财产既包括物质资料(如土地、工业产品),也包括非物质财产(知识产品,如作品、发明成果);在信息时代和互联网时代,个人信息、数据、网络虚拟物也具有财产属性(《民法典》第111条、第127条)。

财产关系范围极广,并非全由民法调整,民法调整的是民事主体之间(平等主体之间)的财产关系;如果财产关系的一方不是以民事主体身份参与其中,则不属民法的调整范围。例如,国家行政机关依法征收税款,审判机关依法没收被认定犯罪者的个人财产,虽属财产关系,但分别由行政法(税法)和刑法调整。民法调整的财产关系具有以下特征:(1)主体平等,即财产关系参与者身份平等,互不隶属,不存在命令与

---

① 参见孙莹:《我国民法调整对象的继受与变迁》,法律出版社2012年版,第172—182页。

服从的关系;(2)意志自由,即财产关系参与者可以自主参与某一财产关系(如订立合同)或处分其财产(如放弃侵权赔偿请求权),另一方不得予以强制。此外,现代社会的财产一般具有商品属性,故民法调整的财产关系主要表现为商品经济关系,此种财产关系也是现代社会关系的经济基础。

平等主体之间的财产关系,依其状态可分为静态的财产归属、支配关系和动态的财产流转关系。静态的财产归属、支配关系反映的是特定财产的归属或支配状态,即财产由谁拥有或支配、拥有或支配财产可以行使哪些权利等;动态的财产流转关系反映的是特定财产在民事主体之间的运动状态,如买卖、赠与、继承、给付赔偿金等。经由民法调整,不同类型的财产关系被纳入了不同的法律制度,如有体物的归属和支配关系属于物权法范畴,知识产品的归属和支配关系属于知识产权法范畴,商品买卖、侵权赔偿、遗产继承关系分别由合同法、侵权责任法、继承法调整。

民法调整的人身关系与财产关系具有"主体平等"的共同属性,其实体内容则大相径庭。财产关系以经济利益为实体内容,人身关系则不直接体现经济利益,而是体现人的精神利益(人格尊严、亲属情感)。因此,人身关系(人身权)一般具有专属性,不可剥夺或转让。当然,人身关系也可能与财产关系产生关联,如某些人格要素(姓名、肖像等)可以依法许可他人有偿使用,对人格权的侵害可以通过精神损害赔偿予以救济等。

第二节　民法的沿革与体例

一、民法的沿革

(一) 古代民法

实质意义上的民法历史悠久,无论东、西方国家,古代均已存在调整私人间利益关系的法律规范。公元前18世纪古巴比伦王国的《汉穆拉比法典》被认为是世界上最早的成文法典,其中民事部分占据主要地位。古印度的《摩奴法典》,也包含所有权、契约、婚姻家庭等民事法律规范。而对近代民法影响最大的古代民法的典范,则非罗马法莫属。

罗马法原指罗马国家自形成至消亡的各个时期所颁行的全部法律。从历史沿革看,罗马法以共和国时期颁布的《十二铜表法》为成文法的产生标志,以帝政时期东罗马皇帝优士丁尼主持编纂的《国法大全》(又名《民法大全》,包括《法典》《学说汇编》《法学阶梯》《新律》四个部分)为集大成者。从内容上看,罗马有公法与私法之分,私法即近代意义上的民法,是罗马法的主体部分。由优士丁尼钦定的《法学总论》(又名《法学阶梯》)确立了私法的三分法体系:(1)人法,包括人格、婚姻、监护等;(2)物法,包括物的分类、所有权的取得和变更、契约之债、私犯、继承等;(3)诉讼法,包括对物的诉讼、对人的诉讼。罗马法的这一逻辑体系及其内容构造,对后世立法产生了深远影响。

(二) 近代民法

近代民法肇源于12世纪欧洲的罗马法复兴运动,产生于资产阶级政治制度确立初期,反映了自由资本主义经济生活条件,其突出表现是民法在欧洲各国的法典化,如1804年颁布的《法国民法典》、1900年施行的《德国民法典》。其中,在拿破仑直接领导下制定的《法国民法典》被誉为近代民法的典范,《德国民法典》则诞生于两个时代的交接点上,具有近代民法的属性与现代民法的印记。

近代民法以自然法学和个人主义思想为指导,彰显了人格平等、私权(所有权)绝对、契约自由、过错责任等立法理念,对资本主义经济和政治的稳定和发展产生了重大影响。

(三) 现代民法

20世纪以降,西方各国经济与政治条件发生了深刻变化,民法为了因应这种变化,在立法理念和具体制度上也出现了一些修正,主要表现在以下几个方面:(1) 具体的人格(如对劳动者、消费者权益的特殊保护);(2) 对所有权的限制(如对土地所有权的公法管制);(3) 对私法自治或契约自由的限制(如对格式合同的特殊规制);(4) 社会责任(如无过错责任的确立)。① 实际上,现代民法相较近代民法并不存在时间上清晰的分水岭,只是在理念和制度上对近代民法的扬弃。

(四) 中国民法的发展

中国古代及近代,诸法合体,民刑不分,既无"民法"之用语,也无形式意义上的民法。但自秦汉以后,历代律例中均不乏民法规范,《唐律》标志着中国古代民法已形成自己的体系。② 明、清法制,大略如此。20世纪初清政府编纂《大清民律草案》,开启了民法典编纂的历史,继而由南京国民党政府完成了中国历史上第一部民法典。

中华人民共和国成立后,废除了国民党政府的"六法全书",于1950年颁布施行第一部民事单行法《婚姻法》,并于1954年第一次组织起草民法典,1956年完成民法典草案,后由于"反右"等政治运动的冲击,民法典起草工作中断。1962年,开始第二次民法典起草工作,1964年完成草案,但未待完成后续立法程序即发生"文化大革命"。此后十余年,法制建设和民法典起草工作处于停顿状态。

"文化大革命"结束后,国家恢复法制建设,于1979年第三次组织起草民法典,1982年完成《中华人民共和国民法草案(第四稿)》。由于当时的政治、经济局势和认识分歧,该草案最终未能付诸表决。此后,立法机关搁置了民法典起草工作,于1985年颁布《继承法》,并在民法草案的基础上于1986年颁布了具有民事基本法性质的

---

① 参见梁慧星:《从近代民法到现代民法——二十世纪民法回顾》,载《中外法学》1997年第2期。
② 参见李志敏:《中国古代民法》,法律出版社1988年版,第1页。

《民法通则》，后陆续颁布《中华人民共和国收养法》（以下简称《收养法》，1991）、《担保法》（1995）等单行民事法律。

1998年，立法机关决定重启民法典编纂工作，计划采取分编审议通过的方式完成。1999年，《合同法》通过。2002年，立法机关根据有关领导指示加快了民法典的起草，并于2002年12月完成《中华人民共和国民法（草案）》后提交审议，后被搁置，继续采取制定单行法的立法模式。其后，《物权法》（2007）、《侵权责任法》（2009）先后颁布施行。

2014年10月23日通过的中共十八届四中全会《中共中央关于全面推进依法治国若干重大问题的决定》提出"加强市场法律制度建设，编纂民法典"。根据这一政治决策，国家立法机关再次启动了民法典编纂立法项目（第五次民法典编纂）。[1] 根据立法规划，民法典编纂分两步走：第一步是编纂民法典总则编，第二步是编纂民法典分则各编。《中华人民共和国民法总则》（已失效，以下简称《民法总则》）自2015年开始起草，于2017年3月的全国人民代表大会审议通过，2017年10月1日起施行；物权编、合同编、侵权责任编、婚姻家庭编、继承编自2016年开始起草（后加入人格权编），于2020年5月的全国人民代表大会审议通过，并与修订后的《民法总则》合编为《民法典》。

二、民法典的编纂体例

民法典的编纂始于近代，以欧洲大陆国家为先驱，并产生了对世界各国影响深远的两种编纂体例。

（一）法学阶梯式

法学阶梯式又称罗马式或法国式，即以罗马法中《法学阶梯》为基础编纂的民法典（将诉讼法排除在外），其典型代表为1804年《法国民法典》。《法国民法典》由三编组成：第一编"人"，包括权利的享有与丧失、身份证书、住所、失踪、结婚、离婚、血缘关系、收养、亲权、监护等；第二编"财产及对所有权的各种限制"，包括财产的分类、所有权、用益权、使用权、居住权、役权及地役权等；第三编"取得财产的各种方法"，包括继承、生前赠与及遗嘱、契约或合意之债的一般规定、非合意之债、夫妻财产契约及夫妻财产制、买卖及其他契约类型、和解、仲裁、质押、优先权及抵押权、强制执行及债权人之间的顺位、时效及占有等。由此，《法国民法典》缔造了由"人法""财产法""财产取得法"组成的三编制体例。[2]

《法国民法典》具有结构简明、用语通俗等特点，是大陆法系民法典的典范，对欧

---

[1] 此次民法典编纂工作由全国人大常委会法制工作委员会牵头，最高人民法院、最高人民检察院、国务院法制办、中国社会科学院、中国法学会五个机构参与。
[2] 晚近以来，《法国民法典》在体例上出现了变化，现行《法国民法典》分为"人""财产及对所有权的各种限制""取得财产的各种方法""担保"等编。

洲各国(如西班牙、葡萄牙、瑞士)民法产生了深远影响,而且随着法国和在其影响下制定本国民法典的国家的扩张,其影响又延伸到美洲、非洲和亚洲。

(二) 学说汇编式

学说汇编式又称潘德克顿式或德国式,即以罗马法中《学说汇编》为基础编纂的民法典("潘德克顿"是罗马《民法大全》中《学说汇编》的音译),以《德国民法典》为典范。《德国民法典》采用德国法学家温德沙伊德(Bernhard Windscheid,1817—1892)等通过对《学说汇编》的研究而创建的"五编制"民法理论体系(潘德克顿法学),设总则、债之关系法、物权法、亲属法、继承法五编,首创了总则—分则的民法典编纂体例及物权—债权二分的财产法体系。

《德国民法典》吸收了潘德克顿法学的成果,采用了"提取公因式"的立法技术,逻辑严密、概念严谨,成为民法发展史上的里程碑和20世纪民法典编纂的样板。除欧洲部分国家(如苏俄)外,《德国民法典》成为《日本民法典》的直接样板,并经由日本传入中国,成为《大清民律草案》《中华民国民法》的渊源。

中华人民共和国的民法典编纂,既参考了德国式的体例,也体现了自身的特色。1956年12月完成的民法草案以1922年《苏俄民法典》为蓝本,分为总则、所有权、债、继承四编,亲属法(婚姻法)未纳入民法典。1964年7月完成的民法草案(试拟稿)分为总则、财产的所有、财产的流转三编,将亲属、继承排除在法典之外。第三次民法起草阶段,1982年5月完成的民法草案(第四稿)主要参考了1964年《苏俄民法典》和1978年《匈牙利民法典》,分为八编:民法的任务和基本原则;民事主体;财产所有权;合同;智力成果权;财产继承;民事责任;其他规定("智力成果权"入典和"民事责任"独立成编堪称特色)。第四次民法起草阶段,2002年12月完成的民法草案分为九编:总则;物权法;合同法;人格权法;婚姻法;收养法;继承法;侵权行为法;涉外民事关系的法律适用法(亲属法"回归"、人格权法独立成编和涉外民事关系的法律适用法入典均值得关注)。在2015年启动第五次民法典编纂工作后,立法机关确立了民法典由总则编和各分编组成的基本架构,分编中原定包括合同编、物权编、侵权责任编、婚姻家庭编和继承编等,后加入人格权编,最终形成了"总则"加"分则(六编)"的法典结构。

第三节 民法的性质与地位

一、民法的性质

(一) 民法为私法

私法与公法作为实证法的一种学理分类源自罗马法,后为西方各国普遍继受,成为法律最基本的分类。尽管关于私法与公法的区分标准存在种种学说,如利益说(认为规定国家之事者为公法,规定私人利益者为私法)、意思说(认为规定权力者与服从者间之意思者为公法,规定对等主体间之意思者为私法)、主体说(认为公法之主体至少有一方为国家或公权力行使者,私法主体则为法律地位平等之自然人或团体),但从一般意义上说,公法即关于国家权力与服从关系之法(如刑法、行政法),私法乃私人间权利与利益之法。私法与公法的区分的主要意义在于,在明确二者调整对象的基础上确立不同的立法理念和调整方法,如公法的价值取向在于限制公权力,"法无授权不可为",私法的价值取向在于保障私人权益,"法不禁止即自由"。因受苏联民法理论影响,中国法学界曾长期否认公法与私法之分,但晚近已有所转变,"民法是私法"已成为学界共识。这是因为,民法所调整的平等主体间的财产关系和人身关系,正是没有公权力主体参与、不具有权力与服从关系的私人利益关系。

区分私法与公法,并明确民法的私法属性,有助于树立正确的立法理念与价值取向:(1) 私权优位。现代社会系市民社会(由个人为主体参与的社会)和政治社会(由国家参与的社会,即政治国家)的复合体,市民社会是政治国家的基础,政治国家以市民社会为依归,国家权力由市民社会主体(公民)所赋予,并以保障人民利益、促进社会福祉为最高宗旨;故在私法与公法、私权与公权的关系上,应以私法为本,公法为末,私权优位,公权谦抑。在我国民法中,这一点也得到了体现。如《民法典》第187条规定,民事主体因同一行为应当承担民事责任、行政责任和刑事责任的,承担行政责任或者刑事责任不影响承担民事责任;民事主体的财产不足以支付的,优先用于承担民事责任。(2) 私法自治。民法作为私法,应彰显私法自治的理念,即任由民事主体自主确定其财产关系和人身关系,并自主行使民事权利、履行民事义务,国家原则上不直接干预,仅在当事人发生权益纠纷且不能自行解决时才作为裁判者进行"二次性"的干预。我国民法通过确立自愿原则(《民法典》第5条)、婚姻自由原则(《民法典》第1041条第2款)、遗嘱自由原则(《民法典》第1133条)等,充分体现了私法自治的理念。

需要指出的是,民法具有私法的基本属性,但其并不完全排斥公法规范对民事关系的适用,或直接掺入民事立法中,前者如以法律、行政法规的强制性规定(公法规范)作为民事法律行为效力的判定依据(《民法典》第153条第1款),后者如授权国家机关对民事权利采取行政措施(如《民法典》物权编中的一些管理性规定)。上述现象表明私法与公法之间存在相互渗透与交叉之处(有学者称为"私法公法化"),但不能成为否定两者区别的理由。

(二) 民法为实体法

法律有实体法与程序法之分。实体法是指规定法律主体的实体性权利义务(如公民纳税义务、企业为劳动者提供劳动保障的义务)的法律,程序法乃规定犯罪追究或纠纷解决程序(包括刑事诉讼程序、民事诉讼程序、民商事仲裁程序等)及其参与人在此类程序中的权利义务的法律。民法调整平等主体之间的财产关系和人身关系,确立民事主体之间的权利与义务(如债权与债务),因而属于实体法(但民法中也包含少量程序性规定,如抵押权实现程序)。与民法对应的程序法是民事诉讼法和仲裁法。

一般认为,实体法与程序法的关系是主法与助法的关系。但程序法也有其独立价值和不可替代的功能,程序正义是法律正义的应有之意。就民法而言,一方面,当民事权利受到侵害时,权利人须依据程序法请求救济(如侵权赔偿);另一方面,通过特定的法律程序,也可以对民事权利的归属予以确认(如确认所有权)。

(三) 民法以任意性规范为主导

法律规范依其适用是否具有强制性,分为强制性规范和任意性规范。强制性规范是指法律主体必须遵守、不得任意排除其适用的规范,其又分为义务性规范(当为)和禁止性规范(禁为);任意性规范是指法律主体既可遵守、也可以依自身意志排除其适用的规范。一般而言,公法规范为强制性规范,私法规范为任意性规范。民法规范以任意性规范为主导,是私法自治的内在要求。民法规范的主要功能是为民事主体确立行为模式,使其明确行为后果,并根据自身利益自主实施其行为,故多为任意性规范(如合同法中的缔约方式规范)。但是,为了保障民事主体的选择不损害他人利益或者公序良俗,民法中也有一些强制性规范(如物权法中的相邻关系规范)。

(四) 民法规范兼具行为规范和裁判规范属性

法律规范依其功用可分为行为规范和裁判规范,行为规范即对法律主体行为的指引或要求(可以、应当或不得实施何种行为),裁判规范即法院或仲裁机构裁判案件所应遵循或援引的规则。一般而言,刑法规范均属裁判规范,而"民法乃吾人日常生活上行为之准则,以不特定之一般人民为规律对象,易言之,民法属于'行为规范';惟对于此种规范,如不遵守,而个人相互间惹起纷争时,当然得向法院诉请裁判,此时法院即应以民法为其裁判之准绳,于是民法亦为法官之'裁判规范'"[①]。民法规范既是民事主体的行为准则,也是民事案件的裁判依据,因此兼具行为规范和裁判规范属性。

二、民法的地位

民法在法律体系中的地位,是由民法所调整的社会关系决定的。

民法是市场经济的基本法。民法调整平等主体间的财产关系(包括财产归属和财产流转关系),体现了商品生产和交换关系的一般条件(社会分工、身份独立、交换自由),故民法是商品经济—市场经济的基本法。具体而言,民法通过确立自然人、法人、非法人组织的民事主体地位(民事主体制度),赋予其拥有独立财产并参与市场交易的资格;通过明确各类有体物和无形财产的归属(物权、知识产权制度),确立商品

[①] 郑玉波:《民法概要》(修订第十一版),黄宗乐修订,台湾三民书局2008年版,第11页。

生产与交换的前提并为财富创造提供激励;通过明确合同等民事法律行为制度,为市场活动提供行为规范;通过违约责任、侵权责任等民事责任制度,为市场主体的权益和市场秩序提供保障。故此,中共十八届四中全会《中共中央关于全面推进依法治国若干重大问题的决定》将"编纂民法典"与"加强市场法律制度建设"相提并论。

民法是人权保障的基本法。人权保障是当代各国法制的重要使命和共同追求。人权本非民法概念,但民法对于人权保障至关重要。人权既具有公法属性,也具有私权效力,民法上的人格权和财产权均属人权范畴,民事权利能力(主体资格)和民事权利是自然人实现基本人权的基础。民法通过对自然人民事权利能力和人格权的确认与保护,为国际社会公认的生命权、自决权、安全权、基本自由权甚至环境权等基本人权提供基础性保障。我国《民法典》设立了人格保护的一般规定(第109条),宣示了具体人格权的类型(第110条),并通过独立设置人格权编对各种人格权的行使和保护作出全面规定,体现了21世纪人格权暨人权保护立法的新高度。

三、民法与宪法及邻近法律部门的关系

(一)民法与宪法

宪法是规定国家基本政治、经济制度和公民基本权利义务的根本大法。宪法的出现虽晚于民法,但在现代法律体系中,二者之间的关系是基本法与部门法、上位法与下位法的关系。民法与宪法关系密切。民法的制定与解释须以宪法为指引,不得违背宪法基本原则与精神(但宪法规定不能直接作为民事案件裁判规则);同时,宪法确立的一些基本制度、基本权利也在民法中得到具体表达与实现(如通过所有权制度体现所有制,通过人格权制度保护人身自由与人格尊严)。

(二)民法与商法

商法是调整商事关系的法律规范体系。商法起源于欧洲中世纪商事习惯法(商人法),后世出现了商法典及各种单行法,如公司法、破产法、保险法、票据法、海商法、证券法等。商法的调整对象为商人之间的商业财产关系,本质上仍属于民事关系,但此类财产关系(商事关系)又具有专业性、重复性、营利性等特点,有别于普通民事关系,因此商法与民法的关系实质上是特别法与普通法的关系,商法在适用主体(商人)、调整方法(注重交易形式)、国际化程度等方面均有别于普通民法。正因如此,各国在处理民法与商法关系的立法模式上出现了分野。一种为"民商分立"模式,即在民法典之外另行编纂商法典,与民法典共同构成私法体系,如法国、德国、西班牙、葡萄牙、日本、韩国等;另一种为"民商合一"模式,即将商法的内容纳入民法典,如瑞士、意大利等。从历史维度看,"民商分立"是欧洲法典化时代各国普遍采取的立法模式,"民商合一"则是20世纪民商事立法的一般取向(如意大利就经历了由"民商分立"到"民商合一"的转变)。我国自清末以来,即采取"民法典+商事特别法"的"民商合一"立法模式,中华人民共和国成立后也秉持这一传统,以民法典作为民、商事关系的

基本法,并通过制定公司法、保险法、海商法、证券法、票据法、破产法、信托法等单行法律调整各类商事关系。

(三) 民法与经济法

经济法是国家为防止市场失灵而对具有全局性和社会公共性的经济关系实行调节的法律规范的总称,包括反不正当竞争法、反垄断法、预算法、税收法等法律制度。经济法是晚近出现的法律部门,与行政法关系密切,与民法之间也曾存在"调整对象"之争。随着《民法通则》的通过,二者的关系基本得到厘清,即"民法主要调整平等主体之间的财产关系,即横向的财产、经济关系。政府对经济的管理,国家和企业之间以及企业内部等纵向经济关系或者行政管理关系,不是平等主体之间的经济关系,主要由有关经济法、行政法调整"①。从调整对象和调整方法看,经济法具有较为浓厚的公法色彩。

(四) 民法与劳动法

劳动法是调整劳动关系及与此相关的劳动保险、劳动福利等社会关系的法律规范的总称。劳动关系的基础是劳动合同关系,其本属于平等主体之间财产关系的范畴,但现代各国普遍推行劳工人权保护的立法政策,对劳动关系实行适度干预,对劳动者的解约权、取得报酬权、休息权、劳动安全与卫生保障权、享受社会保险和福利权等作出专门规定,从而使劳动合同有别于一般民事合同(雇佣合同),劳动法也成为介于私法与公法之间的"社会法"部门,但民法(合同法)的一般规则对劳动合同关系仍具有普通法的意义。

---

① 参见王汉斌在第六届全国人大第四次会议上所作《关于〈中华人民共和国民法通则(草案)〉的说明》。

第二章　民事法律关系

第一节　民事法律关系的概念及其意义

一、民事法律关系的概念和特征

民事法律关系，是民事主体之间基于民法规范而形成的以民事权利义务为内容的社会关系。对此定义，可从以下几个方面加以说明：

1. 民事法律关系是法律关系的一种。社会关系纷繁复杂，言之难尽，但各种社会关系通常都受一定规则调整，如交友有分寸，宗教有戒律，政党有纪律。社会关系若由法律调整，则形成法律上的权利义务关系，称为法律关系，如行政机关与行政相对人之间的行政法律关系、法院与民事诉讼参与人之间的诉讼法律关系等；若非由法律调整，则不属于法律关系，如同学关系、同乡关系等。民事法律关系，是法律关系的一种类型。

2. 民事法律关系是民法调整平等主体间财产关系和人身关系的结果。平等主体间财产关系和人身关系通过民法调整，方能形成民事法律关系。例如，买卖原本是一种市场交易的基本方式，经由民法（合同法）调整遂成为合同法律关系；两性以共同生活为目的之结合，经由民法（婚姻法）调整，成为婚姻法律关系。

3. 民事法律关系基于一定的法律事实而形成。民事法律关系可从规范意义和事实意义两个层面予以理解。① 规范意义上的民事法律关系，是立法者将循环往复发生的某一种社会关系予以抽象而构建的民事法律关系模型；事实意义上的民事法律关系，则是在存在规范意义上的民事法律关系的前提下，由于发生了民法规定的法律事实而产生的法律后果，如因租赁（行为）而产生的租赁合同关系，因结婚（行为）而形成的婚姻关系，因饲养动物致人损害（事件）而产生的侵权赔偿关系，因自然人死亡（事件）而发生的继承关系。任何民事法律关系的发生（及变更、消灭），均须以一定法律事实为基础，仅有民法规范不足以形成。

4. 民事法律关系是以权利义务为内容的社会关系。民事法律关系与其他法律关系一样，以法律上的权利义务即民事权利和民事义务为其内容。民事法律关系主体

---

① 参见刘凯湘：《民法总论》（第三版），北京大学出版社2011年版，第51页。

(当事人)或一方仅享有权利、另一方仅负有义务,或双方互享权利、互负义务。这种权利义务关系,即民事主体在法律上的自由或约束,由国家强制力保障其实现。需强调的是,民法以权利为本位,民事权利是民事法律关系内容的核心,权利的实现是民事法律关系的根本目的。因此可以说,民事法律关系理论也就是民事权利理论。

作为法律关系的一种,民事法律关系具有法律关系的一般属性(如思想意志性、强力保障性),但由民法的性质所决定,民事法律关系又具有未见于其他法律关系的显著特征:

一是主体地位的平等性。在民法调整的社会关系中,商品是天生的平等派,人身关系也发生于平等主体之间。因此,民事法律关系主体在法律地位上完全平等,不存在行政隶属关系或人身依附关系。此点与行政法律关系、诉讼法律关系中国家机关与行政相对人、诉讼当事人之间地位的不平等性形成鲜明对比。

二是权利义务的对等性。民事法律关系中,当事人的权利与义务通常呈现为一种双边对等关系,包括形式上的对等性(双方互享权利、互负义务)和内容上的对等性(双方权利义务在数量或价值上大体对等,即等价性),此点在合同法等债法领域尤为突出。而其他法律部门之法律关系则往往呈现出不对等性(单边性)的特点,如税收法律关系。

三是法律关系变动的任意性。民事法律关系的变动是民事法律关系成立、变更、终止的概称。所谓任意性,是指民事法律关系的成立、变更、终止主要由民事主体自主决定,国家原则上不加以干预。无论是财产关系还是人身关系,无论是物权关系还是债权关系,民法在立法层面和司法层面均应允许当事人享有广泛的自主决定空间(民法以任意性规范为主体是前者的主要表现,确立民事诉讼中的处分原则是后者的主要表现)。民事法律关系变动的任意性是私法自治的具体表现,有别于公法关系的强制性。

四是权利救济的补偿性。法律关系如果遭受破坏(权益遭受损害),相关法律将提供救济。在民事法律关系中,对民事权益的损害以填补损害或恢复原状为主要目的,对过错方的惩戒居于次要地位,此点也与行政、税收等法律关系中的救济手段(行政处罚)判然有别。

二、民事法律关系理论的意义

民事法律关系理论是潘德克顿法学的重要成果,是民法理论的支柱和民法的基本工具,无论对于民法理论体系的构建,还是民法典(尤其是民法总则)的编纂,抑或民事案件的裁判,都具有极其重要的意义。

其一,民事法律关系理论是民法理论及民法立法体系的逻辑基础。就民法理论(民法学)体系而言,民事法律关系是潘德克顿法学的基本概念,民法学的主要内容就是以民事法律关系(民事权利)为中心展开的,包括民事权利的一般理论、权利主体理论、财产权理论、人身权理论等。就民事立法而言,民事法律关系(民事权利)是大陆法系国家和地区民法典编纂的理论基础和逻辑依据,其中民法总则反映了民事法律关系的一般构造(权利主体、权利客体、权利变动、权利保护),民法分则是民事权利的具体化(物权、债权、亲属权、继承权等)。

其二,民事法律关系理论是民事司法实践与法律适用的基本工具。民事司法的过程,实际上就是司法者对事实上的民事法律关系予以判定及矫正的过程。针对具体的民事案件,裁判者需要结合案件事实与法律规范,从"请求权基础"出发审查当事人的主张,为此就必须运用民事法律关系理论对相关事实予以判定(是否存在及存在何种民事法律关系),进而结合案情适用相应的法律规范,对当事人的主张作出裁断。

第二节　民事法律关系的要素

一、民事法律关系的主体

民事法律关系的主体简称民事主体,是指参与民事法律关系、享有权利和承担义务的"人"。民事法律关系作为一种特殊的社会关系,只能发生于一定的社会成员之间,因此主体是民事法律关系不可或缺的构成要素。

民事法律关系主体资格的取得应具备以下两个条件:一是须为适于享有民事权利、承担民事义务的社会存在,二是得到民法认可。因此,古代社会的奴隶不享有民事主体资格,动物不能成为民事法律关系主体,人工智能(如机器人)也不能自动取得民事主体资格。

自然人、法人是世界各国普遍承认的民事法律关系主体。此外,我国《民法典》还将非法人组织作为民事法律关系主体的一种独立类型。国家作为政治实体,在特定情形下也可以成为民事法律关系主体。

民事法律关系的主体可作如下类型区分:(1)权利主体与义务主体。多数情况下,民事法律关系主体具有权利主体和义务主体的双重身份(如买卖合同中的买方和卖方),但民事法律关系也存在一方仅为权利主体、另一方仅为义务主体的情形(如赠与合同中的受赠人和赠与人)。在任何民事法律关系中,权利主体都是特定的,而义务主体则存在特定和不特定两种情形(前者如合同关系,后者如所有权关系)。(2)单一主体与多数主体。民事法律关系主体可以是单一的,也可以是多数(二人以上)的,由此形成单一主体—单一主体、单一主体—多数主体、多数主体—多数主体等几种主体结合状态。

二、民事法律关系的客体

民事法律关系的客体,也称民事权利客体或权利标的,是指民事法律关系中民事权利和民事义务共同指向的对象(事物)。民事法律关系的客体具有以下特征:一是效益性,即承载一定的财产利益或精神利益;二是法定性,即得到法律认可。

不同类型的民事法律关系(民事权利),在客体方面也有所不同。归纳而言,民事法律关系客体主要有以下几类:

(一) 物

1. 物的概念及意义

民法上的物,是指存在于人身之外,能满足权利主体利益需要,并能为权利主体支配和利用的物质实体。作为民事权利客体的物,具有以下特征,从而有别于一般物理学意义上物(物质)的概念:

(1) 有体之物。民法上的物,必须具有一定的"体态",即物理学意义上的物质形态,从而将精神创造物(知识产品)排除在外。需指出的是,"有体"不等于"有形"。有体物以"有形物"(固态、液态、气态)为常态,如矗立之楼宇、行驶之汽车、馆藏之书画、食用之酒水等,也可以"无形物"的状态存在,如电、磁、热等物理学上的"能"等。

(2) 身外之物。人的身体也属于生物学意义上的物,但在人类废除奴隶制后,一切自然人均成为权利主体,人的身体被赋予人格的内涵,对他人身体的支配与利用为各国法律所禁止,因此民法上的物仅限于人身之外的物质实体。需要指出的是,具有人格意义、被排除于物的范畴之外的应当是具有生命的、整体意义上的人体,这就意味着:其一,脱离于躯体的血液及人体器官(如肝、肾、心脏、骨髓、角膜等),并不具有人格属性,故可以成为民事法律关系之客体,但其又不同于一般的物,在取得、使用、交易等方面应遵守公序良俗原则并受到法律的特别规制;其二,人类尸体(遗骸)因无生命而失去人格意义,法理上应纳入物的范畴,但也不能等闲视之,其支配(如祭奠)与利用(如医学解剖)应受公序良俗原则和特别法规制。

(3) 可控之物。民法上的物是民事主体能够控制和支配的物。唯有如此,才能就该物享有权利,其作为民事法律关系客体才具有实际意义(如月球之土地,在现阶段就不具备民法上的价值)。控制和支配,即对物加以占有、使用或处分。随着科技的进步,人类能够控制与支配之物的范围逐渐扩大,当前已呈现出由有形物到无形物、由实体物到虚拟物的多元格局。

(4) 有用之物。民法上的物是具有一定效用、能够满足民事主体物质或精神方面的需要之物。有的物主要满足人类的物质需要(如房屋、食品),有的物主要满足人类的精神需求(如文物古玩);有的物具有普遍意义上的效用(如衣物、电器),有的物仅对于特定人具有价值(如亲人的遗物)。一般而言,万物皆有其效用,故任何物皆可成为民事法律关系的客体。

"物"与"财产"一词在我国立法上曾被混用(如《民法通则》有"财产所有权"之用语),其实二者并非同一概念:前者指的是权利初始客体上的物质实体,后者则意指各种具有金钱价值的权利,包括对"物"的权利(如所有权),也包括对"人"的权利(如债权)。换言之,在"财产"上并无一种独立的权利存在。财产可以成为买卖等债权行为的标的(物)及民事责任的标的(责任财产),但其构成部分的移转应就个别权利(如所有权、债权、商标权)采取不同的方式进行。①

物质资料是人类赖以生存的基本条件,对物质利益的追求也是人类社会得以进步的重要动力。自罗马法以来,"物法"就是民法的基本内容之一,物在财产法律关系中更是居于突出地位。物权法律关系,就是关于物的支配和利用的权利义务关系,即以物为权利客体的法律关系。债的法律关系以债务人的给付为客体,但常以物为给付的对象,即标的物,如买卖、赠与、租赁、保管、运输、承揽等合同关系,莫不如此。在亲属、继承等法律制度中,物也是财产权(如夫妻共有权、继承权)的主要客体。因此,物是民事法律关系(民事权利)最普遍、最重要的客体。

2. 物的分类

(1) 不动产与动产

根据物能否移动及如果移动是否会损害其价值,可将物分为不动产与动产。凡在空间上居于固定位置,依其性质不能移动、否则将损害其价值之物,为不动产;若能正常移动并且不因此损害其价值之物,即为动产。立法上一般对不动产予以定义,主要包括土地及地上定着物,如房屋、未砍伐的林木、未收割的农作物等(现代民法将地上及地下空间也纳入不动产范畴);不动产以外之林林总总,概属动产。机动车、船舶、飞行器等运输工具本属动产,但有的立法者出于一定的政策考量,对此采取类似于不动产的调整手段,故有"准不动产"之谓。

不动产与动产之分在民法上具有重大意义,主要体现在物权法中:二者采取不同的物权公示方法(不动产为登记,动产为交付);在所有权取得方式的适用上存在差别(如先占取得仅适用于动产、征收仅适用于不动产);在他物权适用上存在差异(如用益物权一般不适用于动产,质权、留置权不适用于不动产)。因此,不动产与动产区分成为大陆法系物权体系的基石。除民法外,在民事诉讼管辖规则、涉外民事关系的准据法适用等方面,不动产与动产之分也具有重要意义。

(2) 流通物与限制流通物

这是根据物能否流通及流通范围是否受到法律限制对其所作的分类。流通物又称融通物,是指法律允许其在民事主体间自由流转的物。限制流通物是指其流转受到法律、行政法规限制或者完全禁止的物,主要包括:专属于国家所有的不动产,如我国法律规定专属于国家所有的矿产资源、水资源等;非专属于国家所有,但其流转受

---

① 参见王泽鉴:《民法总则》(增订版),中国政法大学出版社 2001 年版,第 235 页。

到限制或禁止的不动产,如土地、森林、草原、滩涂、水面等;基于维护公共安全和社会秩序的需要而限制其流通的动产,如枪支、弹药、毒品、麻醉药品等;基于维护国家金融秩序的需要而限制流通的金银制品;基于民族文化保护需要而限制流通的文物;基于公序良俗而限制流通的物品(如淫秽书刊、邪教用品);等等。

将物区分为流通物与限制流通物,有助于通过标的物的可流通程度对相关民事法律行为的效力作出正确判定。

(3) 特定物与种类物

特定物与种类物,是根据物是否具有独特属性及可替代性而作的区分。特定物,是指自身具有独特属性、不能以他物替代之物,即世间独一无二之物。房屋等不动产皆为特定物,文物、书画手稿、定制义齿等动产亦为特定物。种类物是指具有共同属性,可以通过品种、规格或度量衡予以确定并可以相互替代之物,如相同品牌、型号的汽车,相同标号的水泥、燃油等。但特定物与种类物的区分并非绝对,特定物固然不能成为种类物,种类物通过当事人的特别指定则可转化为特定物(如从一批稻谷中选出之种稻)。

特定物与种类物之区分,在财产法律关系中具有重要意义。物权的客体只能是特定物。在债的关系中,特定物与种类物的适用范围有所不同,如租赁关系中的租赁物必须是特定物,而消费借贷关系的标的物只能是种类物;就标的物交付前意外灭失的法律后果而言,如系特定物,可免除义务人的交付义务(承担损失赔偿责任),如系种类物则不发生交付义务之免除。

(4) 可分物与不可分物

根据物能否进行分割而不损害其效用和价值,可将物分为可分物与不可分物,前者如煤炭、粮食等,后者如牲畜、瓷器等。

区分可分物与不可分物的主要意义在于,在共有关系终止时,对可分物可以采取实物分割的方法予以分割(如多层房屋),对不可分物则只能采取价值分割的方法;在多数人之债中,标的物若为可分物,可以成立按份债权债务关系,若为不可分物则只能成立连带之债。

(5) 主物与从物

主物与从物是根据同归于一人的两个独立存在、组合使用的物之间在效用上的主从关系所作的区分。二物之中,起主要作用的是主物,起辅助和配合作用的是从物。船与桨、车与钥匙、电脑与鼠标之间,即属于主物与从物关系。主物与从物之区分,应把握从物"非主物之成分,常助主物之效用"这一特征:其一,从物为独立之物,物的组成部分(如房屋之门窗、汽车之轮胎)不是从物;其二,从物为附从之物,即附从于主物而常助其发挥效用之物,若二物并行发挥同一效用(如列车之机车与车厢),或仅暂时助其发挥效用(如房中之家具),则不成立主物与从物关系。

明确物的主从关系的主要意义,在于确定物的支配与利用关系的效力范围。"主物之处分及于从物"是各国民法共同认可的规则,无论是主物的物权变动(如买卖)还是债权性利用(如使用借贷),抑或主物的分割,除当事人另有约定外,其效力均及于从物。我国《民法典》第320条也规定,主物转让的,从物随之转让,但当事人另有约定的除外。

(6) 原物与孳息

两物之间若存在衍生关系,可分别称为原物与孳息。原物是指产生孳息的本体物,孳息为原物所滋生之物。孳息物中,基于原物的自然属性所产生之物称为天然孳息,如动物之产出(幼仔、牛奶、鸡蛋等)、植物之果实;原物基于法律关系所产生的收益称为法定孳息,如存款利息、房屋租金、股本金之股息等。

原物与孳息的分类,主要意义在于确定孳息的归属。对此各国民法多采"原物主义",即除法律另有规定或当事人另有约定外,孳息归原物所有人所有。我国《民法典》第321条规定,天然孳息,由所有权人取得;既有所有权人又有用益物权人的,由用益物权人取得。法定孳息,当事人有约定的,按照约定取得,没有约定或者约定不明的,按照交易习惯取得。

(7) 单一物、合成物与集合物

根据物理形态的不同,可将物分类为单一物、合成物与集合物。单一物是指独立成为一体而不可分解的,如一匹马、一只花瓶;合成物是指由若干原本独立之物作为部件组合而成之物,如房屋、汽车、钻戒;集合物(或聚合物)指观念上或交易上视为一物的多个独立物的聚合体,如某图书馆的全部藏书、某工厂的全部设备等。

区分单一物、合成物与集合物的主要意义在于,它们在物权法上的地位有所不同。就物权设立而言,对于单一物,物权应存在于物的全部,其一部分不得成为物权客体;对于合成物,其重要成分不得单独成为物权客体(如房屋的栋梁),非重要成分则可(如汽车的轮胎);对于集合物,原则上各物应分别作为物权客体,但有时也可以整体作为一个物权客体(如外国法上的财团抵押)。就共有物分割方式而言,原则上单一物不适用实物分割,集合物应允许实物分割,合成物则应以某部分是否构成物的"重要成分"作为分割方法的考量因素。

3. 几种特殊的物

(1) 货币

货币是商品经济社会充当一般等价物的特殊商品。在民法意义上,货币具备民事法律关系客体(物)的基本属性,属动产、种类物范畴,但其具有一般动产、种类物所不具备的特殊功能。其一,货币既是所有权的客体,又是债的关系中不可或缺的标的物,如买卖合同中的价款、借款合同中的款项、租赁合同中的租金,以及违约方承担的违约金、赔偿金等违约责任,都是以货币为标的物。其二,由于货币具有高度流通性和可替代性,对货币的占有应一般性地被赋予权利推定效力,适用"占有与所有一致"

规则,即"谁占有、谁所有",丧失占有即丧失货币的所有权。① 因此,存款人将现金存入银行后该现金所有权即属于银行,存款人对银行仅享有债权请求权;货币非基于所有权人意志而丧失占有(如遗失)时,所有权人不能行使返还原物请求权。其三,基于货币的特殊种类物属性,金钱债务的履行不适用"客观履行不能"规则。

(2) 有价证券

有价证券是指设定并证明某项财产权利的书面凭证。根据有价证券所代表的财产权利的性质,可将其分为:代表一定金钱债权的有价证券,包括票据(汇票、本票、支票)和债券(政府债券和企业债券);代表一定物权的有价证券,包括提单和仓单;代表股东权利的有价证券,即股票。

有价证券是市场经济发展中产生的一种特殊动产,具有如下法律特征:其一,权利的依附性。有价证券具有"权""券"不分的特点,即有价证券直接代表一定的财产权利,证券上记载的权利与证券本身不能分离,权利人行使权利必须提示证券,离开证券便不能主张权利。其二,义务的单向性。有价证券所载义务人见券即应履行义务,无权主张对待给付。其三,权利转让的便捷性。有价证券权利人可以通过证券交付、背书等方式转让其权利,义务人不得以权利人变更(未通知本方)为由拒绝履行义务,以此维护有价证券的流通性。

(3) 具有人格象征意义的物

具有人格象征意义的物,是指承载一定人格利益、如其灭失造成的精神痛苦无法通过替代物补救的特定物。② 具有人格象征意义的物之概念在我国肇源于司法解释中关于"具有人格象征意义的特定纪念物品"可适用精神损害赔偿的规定。③《民法典》第1183条第2款称之为"具有人身意义的特定物",有学者则称之为"人格物"。④ 通常认为,家宅、家谱、婚戒、家庭相册、私人日记、宠物、亲人骨灰及墓地等,均属于人格物。具有人格象征意义的物的概念的确立,对于精神损害赔偿制度的适用、遗产的处理与分配、家宅的保护等具有指导意义。⑤

(二) 非物质产品

非物质产品也称知识产品,是指人类通过脑力劳动或经营性活动等创造的非物质性成果。由于其不具有民法上"物"的物理学(有体物)属性,此类成果(可称为"无

---

① 该规则的适用也存在例外,如以封金形式设定质权的货币、某些专用资金账户(如保证金账户)中的款项等。
② 有学者称之为"人格财产",其相反概念为"可替代财产"。参见徐国栋:《民法总论》,高等教育出版社2007年版,第185—186页。
③ 原《最高人民法院关于确定民事侵权精神损害赔偿责任若干问题的解释》(法释〔2001〕7号)第4条规定,具有人格象征意义的特定纪念物品,因侵权行为而永久性灭失或者毁损,物品所有人以侵权为由,向人民法院起诉请求赔偿精神损害的,人民法院应当依法予以受理。该条现已被新解释第1条所取代。
④ 参见冷传莉:《论民法中的人格物》,法律出版社2011年版,第60页。
⑤ 参见徐国栋:《民法总论》,高等教育出版社2007年版,第187—188页。

体物")被传统民法(物权法)排除于调整范围之外,逐渐形成了以知识产权法为核心的"无形财产权"法律体系。① 非物质产品主要有以下几种类型:

1. 创造性成果,包括各类作品、作品的传播媒介、工业技术等。此类创造性成果是著作权、著作邻接权、计算机软件权、专利权(含发明专利权、实用新型专利权、外观设计专利权)、集成电路布图设计权、商业秘密权(含技术秘密权、经营秘密权)、植物新品种权等的客体,一定程度的创造性是其取得法律保护的必要条件。

2. 经营性标识,包括商标、商号、产地标记等。可区别性是此类客体的主要特征,其功能在于标示产品或服务的来源及品质,法律保护的目的即是防止他人对此类标记的仿冒,维护市场竞争秩序。

3. 数据、网络虚拟物。数据也称数据信息,其内涵与外延尚无定论,多指各种数据库。根据欧盟《关于数据库法律保护的指令》第1条的规定,数据库是指经系统或有序的安排,并可以通过电子或其他手段单独访问的独立作品、数据或其他材料的集合。网络虚拟物,是指在互联网环境下通过游戏装备、虚拟货币、网店等形式表现出来的计算机信息系统数据。对数据、网络虚拟物的保护是互联网时代的要求,但各国在保护程度和保护模式上存在差异。我国至今无关于数据、网络虚拟物保护的专门立法,对二者的权利客体属性与权利性质也未形成共识。有鉴于此,《民法典》第127条规定,法律对数据、网络虚拟财产的保护有规定的,依照其规定。这一规定,从基本法层面承认了数据、网络虚拟物的权利客体地位。

(三) 行为

行为作为民事法律关系的客体主要体现于债的关系中,即以"给付"为统称的债务人履行义务的活动,如交付财物、完成工作、提供劳务等。

(四) 人身利益

人身利益即权利主体基于其人格或身份而应当享有的利益。作为人格权客体的人格利益,包括生命、健康、身体、姓名、肖像、名誉、隐私等具体人格利益(或人格要素),以及基于"人身自由、人格尊严"而享有的其他人格利益(前者受具体人格权制度保护,后者受人格权保护的一般条款保护)。作为身份权客体的身份利益,主要包括配偶之间和父母子女之间的身份利益(前者如同居利益,后者如探视利益)。一般而言,人身利益不具有财产内容和可让与性,但某些人格标识(如姓名、肖像)具有一定的"物"的属性,因而存在"商品化"(授权他人依法有偿使用)的可能性。

(五) 个人信息

个人信息,是指以电子或者其他方式记录的能够单独或者与其他信息结合识别自然人个人身份的各种信息,包括但不限于自然人的姓名、出生日期、身份证件号码、

---

① 参见吴汉东:《无形财产权的若干理论问题》,载《法学研究》1997年第4期。

个人生物识别信息、住址、电话号码、电子邮箱、健康信息、行踪信息等。[①] 对个人信息（或称个人数据）的法律保护，是当代各国立法面临的新课题，各国保护模式不一。《民法典》第111条对个人信息的法律保护作了宣示性规定，但对于"个人信息"能否独立作为某类民事权利（"个人信息权"）的客体，我国立法态度不明，学界也未形成共识。本书认为，个人信息总体上应纳入人格权制度的保护范围，但应当厘清姓名权、隐私权等具体人格权与其他个人信息权益的关系。

三、民事法律关系的内容

民事法律关系的内容，即民事法律关系主体享有的权利和承担的义务。民事权利和民事义务是民事法律关系的核心和实质要素。其中，民事权利决定着民事法律关系的性质，民事义务的内容则由民事权利决定，二者呈现为对立统一的关系，共同构成民事法律关系的内容。例如在所有权法律关系中，权利主体（所有人）对其所有物享有占有、使用、收益、处分的权利，义务主体（所有人以外之人）则负有不妨碍所有人行使其权利的不作为义务；在债的法律关系中，权利主体（债权人）享有请求义务主体（债务人）为特定行为（给付）的权利，债务人则负有相应的义务（详见第二编第五章"民事权利、民事义务与民事责任"）。

第三节　民事法律关系的变动

一、概述

民事法律关系的变动，是指民事法律关系的发生、变更及消灭。从一般意义上说，民事法律关系的变动就是民事权利的变动。

民事法律关系的发生，是指因一定客观情况的存在或发生，民事主体之间依法形成某种民事法律关系，如通过缔约行为成立合同关系、通过善意取得享有所有权等。

民事法律关系的变更，是指因一定客观情况的存在或发生，使业已存在的民事法律关系依法发生某种变化，包括主体变更（如债权转让、债务承担）、客体变更（如抵押物部分灭失、债的部分免除）和内容变更（如债务履行期限、地点变更）。

民事法律关系的消灭，是指因一定客观情况的存在或发生，使业已存在的民事法律关系依法归于终结。民事法律关系的消灭有绝对消灭与相对消灭之分，绝对消灭是指民事法律关系所涉权利义务彻底不复存在（如所有权标的物的灭失，债务全部履行），相对消灭即民事法律关系主体变更。

---

① 《民法典》第1034条第2款。

二、民事法律关系的变动原因——法律事实

法律事实也称民事法律事实,是指依民法规范能够引起民事法律关系变动的客观情况。其特征有二:一是客观性。法律事实必须是一种能够被感知的客观存在,人的思维活动和内心情感不能成为法律事实。二是法效性。法律事实是具有法律意义、能够引起一定民法上后果的客观现象,即依据民法规范能够引起民事法律关系的产生、变更或消灭。例如,某人在咖啡厅购买咖啡,即与经营者之间形成民事法律关系(买卖关系);若在好友家品尝咖啡,则不能与之形成民事法律关系。二者的区别在于,前者(买卖行为)受到民法调整,后者(情谊行为)则不属于民法的调整对象。

法律事实根据其是否与民事主体的主观意志有关,可以分为行为与非行为事实两大类。

(一) 行为

行为是指能够引起民事法律关系变动的民事主体有意识的活动(言语或动作)。作为法律事实的行为,应当是民事主体在其主观意志支配下的自觉行动,非自觉状态下的言语或动作(如梦呓)不属于行为范畴(但醉酒之人所为仍属行为)。

行为是普遍、最重要的法律事实,可依不同标准作如下分类:

1. 适法行为与违法行为。适法行为是指法律所容许的行为,包括合法行为和其他不为法律所禁止的行为。合法行为即符合民法规范的行为。其他不为法律所禁止的行为包括法律容忍行为和放任行为,前者如拾得遗失物行为,后者如正当防卫、紧急避险行为。违法行为是指违反民法规范的行为,包括侵权行为、违约行为、缔约过失行为等。

2. 表示行为与非表示行为(事实行为)。表示行为是指行为人需要将其内心意思表示于外部方能产生法律效果的行为,可分为法律行为与准法律行为。法律行为(我国称民事法律行为)是指以意思表示为要素并因意思表示而发生民法效果的行为,是行为中最重要的法律事实,如缔结合同、委托授权、订立遗嘱等;准法律行为是指虽有意思表示,但其效果并非基于行为人的意思表示而发生,而是直接依据法律规定发生的行为,如催告、通知、宽恕表示等。所谓事实行为,是指行为人并无追求民法效果的意思,但依据民法规范仍能够引起一定法律效果的行为,可以分为:(1) 仅有行为意识而无法效意识的行为,如艺术创作、产品加工等;(2) 有占有意思的行为,如一般占有、拾得遗失物等;(3) 有独立的意思因素的行为,如无因管理、正当防卫、紧急避险等。①

3. 民事法律行为与行政行为、司法行为

除民事法律行为能够引起民事法律关系变动并作为主要的行为类法律事实外,

---

① 参见龙卫球:《民法总论》(第二版),中国法制出版社 2002 年版,第 157—158 页。

一些行政行为、司法行为也可成为法律事实,前者如不动产登记机关、婚姻登记机关的登记行为,后者如人民法院关于共有物分割、合同解除的生效判决(还包括仲裁机构的裁决等准司法行为)。

(二) 非行为事实

非行为事实也称自然事实,是指与民事主体的意志无关的客观情况,可分为事件和状态。事件是指某种客观情况的发生(具体的自然事实),有的事件与人有关(包括由人的行为所引发),如人的出生或死亡、混同、战争、罢工等;有的与人无关,如自然灾害、动物病亡、天然孳息的分离等。状态是指某种客观情况的持续(抽象的自然事实),有的与人有关(如年龄、下落不明、故意与过失、善意与恶意),有的与人无关,如时间经过、不动产相邻等。

法律事实是民事法律关系变动的法律要件。引起民事法律关系变动的法律事实有时是单一的,如合同的订立;有时则需要数个法律事实结合才能产生民法效果,如遗嘱继承关系的发生即是被继承人生前立下有效遗嘱与被继承人死亡两个法律事实结合的结果。

三、民事法律关系的变动依据——民法规范

某一法律事实之所以能够引起民事法律关系的变动,归根到底是一定的民法规范决定的。

民法规范大部分属于任意规范,当事人可依自己的意志排除其适用。但民法也有少量强制规范(包括强行规范和禁止规范,如《民法典》第37条关于"依法负担被监护人抚养费、赡养费、扶养费的父母、子女、配偶等,被人民法院撤销监护人资格后,应当继续履行负担的义务"的规定,《民法典》第111条关于"不得非法收集、使用、加工、传输他人个人信息,不得非法买卖、提供或者公开他人个人信息"的规定);或半强制性规范(如《民法典》第705条第1款关于"租赁期限不得超过二十年。超过二十年的,超过部分无效"的规定)。①

民法规范在制定法中需通过民法法条得到表达。民法法条可分为完全法条与不完全法条。② 完全法条是指结构完整、可以独立发挥规范功能的法条,由"构成要件"和"法律效果"所构成(如果存在特定的构成要件,就会发生特定的法律效果)。如《民法典》第147条规定的"基于重大误解实施的民事法律行为,行为人有权请求人民法院或者仲裁机构予以撤销"就是一个完全法条。不完全法条即结构不完整、不能独立发挥规范功能的法条,只有与其他法条相结合,才能产生规范效果。不完全法条的

---

① 有学者认为,民法规范中还有"倡导性规范""授权第三人规范"等类型。参见王轶:《民法典的规范类型及其配置关系》,载《清华法学》2014年第6期。
② 也有学者称为完全规范与不完全规范。参见朱庆育:《民法总论》,北京大学出版社2013年版,第46—47页。

存在是民法立法技术(法条结构简明化)的要求,主要有以下几类:(1)说明性法条,又可分为描述性法条与填补性法条。前者旨在描述其他法条中的概念或类型,定义性法条是其典型,例如《民法典》第133条关于民事法律行为定义的规定;后者旨在对其他法条的概念或类型进一步具体化,例如《民法典》第115条关于物的类型的规定。(2)限制性法条,即对其他法律规范的构成要件(用语含义)予以限制的法条,例如《民法典》第196条关于不适用诉讼时效的请求权类型的规定。(3)引用性法条。也称参引性法条,是指对其构成要件或法律效果不作直接规定,而是指示参照适用其他法条的法条,例如《民法典》第127条关于数据、网络虚拟财产保护的规定。(4)拟制性法条。构成要件不同而在法律效果上等同对待,此类法条称为拟制性法条(通常使用"视为"之用语),例如《民法典》第18条第2款关于"十六周岁以上的未成年人,以自己的劳动收入为主要生活来源的,视为完全民事行为能力人"的规定。(5)推定性法条。推定是指根据某一事实的存在而作出的与之相关的另一事实存在或不存在的假定。推定性法条可分为事实推定法条与权利推定法条,前者如《民法典》第1222条关于医疗机构过错推定的规定,后者如《民法典》第217条关于不动产物权推定的规定。(6)解释性、补充性法条,即对当事人意思表示的含义作出解释或对其意思表示的缺失予以补充的法条,前者如《民法典》第734条第1款:"租赁期限届满,承租人继续使用租赁物,出租人没有提出异议的,原租赁合同继续有效,但是租赁期限为不定期。"后者如《民法典》第301条关于共有物处分或重大修缮的规定、第511条关于当事人对合同内容约定不明时如何确定合同内容(标的物质量、价款或报酬、履行地点与期限、履行方式与费用负担等)的规定。

第二编　民 法 总 则

<< 第一章　基本规定
<< 第二章　自然人
<< 第三章　法人
<< 第四章　非法人组织
<< 第五章　民事权利、民事义务与民事责任
<< 第六章　民事法律行为
<< 第七章　代理
<< 第八章　诉讼时效和期间

第一章 基 本 规 定

第一节 民法的基本原则

一、民法基本原则的概念和功能

民法基本原则,是指对民法各项制度和全部规范具有普遍效力或指导意义的根本性准则。作为法律原则,民法基本原则尽管可以以法条的形式宣示,但其不是一般意义上的民法规范(规则),而是"规则之原本"或民法规则的基础,蕴含了民法的一般价值或法律思想。具体而言,民法基本原则具有以下特性:(1)抽象性。民法基本原则通常以抽象的词句表达,其用语具有高度概括性,如"公平"。(2)模糊性。民法基本原则的概念内涵具有一定的伸缩性,因时而异,如"公序良俗"。(3)普适性。民法基本原则并非仅适用于民法的某一制度或某一类法律关系,而是对民法的各项制度和全部规范具有普遍指导意义。

民法基本原则及其理论并非源自传统(西方)民法及其理论,但其作为一种客观存在的法律元素在近代甚至古代民法中就已存在。一般认为,人格平等、私权神圣、契约自由、过错责任等是西方传统民法的基本原则(以《法国民法典》为代表)。而我国(主要受苏联影响)则将民法基本原则作为一个重要的民法理论命题和立法用语,《民法通则》即将第一章命名为"基本原则"。

民法基本原则作为民法价值的具体表达,主要具有以下功能:(1)立法准则功能。民法基本原则是民事立法的指导方针,无论是民法典的编纂,还是民事特别法的制定,都必须以民法基本原则为指引,在制度构建和规则设计上贯彻民法基本原则的精神。例如,民法的自愿原则,在合同法、婚姻法、继承法等法律制度中都得到了充分体现(合同自由、婚姻自由、遗嘱自由)。(2)司法准则功能。司法机关(仲裁机构)审理民事纠纷,应以民法基本原则为指导,对民法规则予以理解与适用,并在民法对某些社会关系未作具体规定的情况下,以民法基本原则作为填补法律漏洞的工具。例如,在法律对网络虚拟财产的保护未作具体规定的情况下,可以援引"民事权益受法律保护原则"对相关民事纠纷作出裁判。(3)行为准则功能。民法基本原则虽非一般意义上的行为规范,但体现了民法对民事活动的基本要求,对民事主体的民事活动具有指导意义,在民法对有关问题的规定尚不完善的情况下尤其如此。例如,民法确立了"有利于节约资源、保护生态环境原则",就是对民事活动的一般要求(《民法典》中对其他民法基本原则的规定也多以"民事主体从事民事活动"为前缀)。民法基本原则的以上功能,也意味着其对民法研究具有重要指导意义,无论是民事立法论还是民法解释论,都不能偏离民法基本原则之精神。

二、民事权益受法律保护原则

《民法典》第 3 条规定:"民事主体的人身权利、财产权利以及其他合法权益受法律保护,任何组织或者个人不得侵犯。"该条确立了民事权益受法律保护的原则。

民法是私法,即私人权利之法,对私权(民事权利)的确认和保护是各国民法的基本任务。有的国家在民法典中对此作了一般规定,如《法国民法典》第 9 条第 1 款规定:"任何人均享有私生活受尊重的权利";更多的国家则是通过具体民法制度确认和保障民事权利,如《德国民法典》第 823 条第 1 款规定:"故意或过失地不法侵害他人的生命、身体、健康、自由、所有权或其他权利的人,有义务向该他人赔偿因此发生的损害。"我国民事立法也把对民事权益的保护置于首要地位,不但在立法目的条款中予以揭示(《民法通则》第 1 条、《民法典》第 1 条),而且将其作为民法的基本原则(《民法通则》第 5 条、《民法典》第 3 条),这既体现了我国宪法保障公民人身、财产权利的要求,也彰显了我国民法的"权利法"性质。

民事权益受法律保护原则的内涵主要包括以下几个方面:(1)明确保护范围。受民法保护的民事权益,既包括民法规定的各种人身权利、财产权利,也包括其他合法民事权益(例如对占有的保护、对非典型人格利益的保护)。(2)申明保护立场。民事权益"受法律保护"意味着除民法担负着保护民事权益的首要任务外,其他法律部门(如行政法、刑法、环境法、诉讼法等)也负有保障民事权益、制裁侵害民事权益行为的职能。(3)强调民事权益的不可侵性。"任何组织或者个人不得侵犯",意味着法律不但禁止民事主体对他人民事权益的侵害,也禁止公权力机关对民事权益的不法侵害,否则应承担法律责任(如国家赔偿责任)。

民事权益受法律保护原则在我国民法总则和民法分则各项制度中都得到充分体现。就《民法典》总则编而言,一方面通过"民事权利"一章(第五章)对民事主体可以享有的各类民事权利(人格权、身份权、物权、债权、知识产权、继承权、股权等)作了列举式规定,并就民事权利的取得、行使作了一般规定;另一方面,通过"民事责任"一章(第八章)对民事责任的承担方式、免责事由、责任竞合、民事责任的优先执行等作出了规定,为民事权益的保护提供了一般依据。就《民法典》各分编而言,物权、合同、人格权、婚姻家庭、继承等编对各类民事权益的取得和实现作了具体规定,而侵权责任编则为受侵害的民事权益提供全面的救济。

三、平等原则

《民法典》第 4 条规定,民事主体在民事活动中的法律地位一律平等。该条确立了平等原则。平等原则反映了民法所调整的社会关系的本质特征,是民法各项制度据以建立和实施的思想基础和行动指南。

平等原则的基本含义,是民事主体身份平等,具体而言,包括以下几个方面:(1)自然人权利能力平等。自然人不论其民族、种族、性别、年龄、宗教信仰、政治面貌、文化程度、财产状况等有何差异,也不论其精神、身体是否健全,权利能力一律平等。即使是被依法剥夺政治权利的人,也并不丧失民事权利能力,其权利能力范围也是相同的。(2)法律地位平等。在具体的民事法律关系中,民事主体尽管类别不同(如自然人与法人、国企与私企),"级别"不同(如官员与平民、央企与地方国企),经济实力不同(如跨国公司与普通消费者),但在法律地位上是平等的,在民事法律关系的设立、变更和消灭上必须平等协商,不允许一方利用其行政权力或经济实力强迫另一方违背自己的真实意愿进行民事活动。(3)权利义务对等。平等原则还要求,在民事法律关系中,当事人之间的权利与义务应当是对等的,原则上不允许一方只享有权利而不承担义务或只承担义务而不享有权利,在反映商品交换关系的合同关系中尤其如此。(4)平等受法律保护。民法对所有民事主体给予一视同仁的保护,不存在不受保护的主体,也不存在受特殊保护的主体,而且对于同一类民事权利适用同样的保护手段,不允许实行差别待遇。例如,国家所有权、集体所有权、私人所有权虽然主体不同,但在民法保护方面是平等的,"某类财产特殊保护"之说在民法上是不成立的。

民事主体法律地位平等,并不意味着民事主体在具体民事法律关系中享有的民事权利和承担的民事义务必须均等。例如,继承人的继承权平等,不等于各继承人实际分得的遗产完全相同(被继承人可以通过遗嘱对遗产进行非等额分配)。法律地位平等是指民事主体相互独立,互不隶属,机会平等,并受法律同等保护。

四、自愿原则

《民法典》第 5 条规定,民事主体从事民事活动,应当遵循自愿原则,按照自己的意思设立、变更、终止民事法律关系。

自愿原则也称意思自治原则(后者表述更为准确),是指民事主体在民事活动中享有广泛的意志和行为自由,可以根据自己的自主意愿设立、变更、终止民事法律关系,不受外来意志的干预。具体含义包括:(1)自主决定。民事主体有权自主决定是否从事某种民事活动,自主决定参与民事活动的对象、内容、方式,自由处分自己的财产(如抛弃所有权、遗赠财产),自主决定民事纠纷的解决方式(如约定管辖)等,无论是公权力机关还是其他民事主体均不得加以非法干预或限制,即所谓"法无明文禁止即自由"。自主决定也意味着,一般情况下当事人的约定应优先适用,民法规范多具有任意性,仅发挥补充性作用(即"当事人另有约定的除外")。(2)表达真意。民事法律行为以"意思表示真实"为有效要件(《民法典》第143条第2项),对违背当事人真实意愿的民事法律行为(如受欺诈、受胁迫、重大误解行为),民法给予否定性评价,将其纳入无效或可撤销的民事法律行为的范畴。(3)自己责任。意思自治蕴含"自己责任"思想,即民事主体应对其自主选择产生的后果负责,除承受民事权利义务外,如因故意或过失对他人造成损害,应承担法律责任(过错责任原则)。

自愿原则反映了民事活动的本质特征,是市场经济条件下实现社会资源市场配置的保障性原则。在《民法典》总则编中,"民事法律行为"制度将自愿原则应用于民事法律行为的效力评价标准,使其精神得到集中体现。在民法分则中,各项制度贯彻自愿原则的强度有所不同(如物权法通过"物权法定"原则对物权设立自由加以限制,继承法对遗嘱继承有"特留份"的限制性规定,而合同法则最大限度地尊重当事人的行为自由,即合同自由),但其基本精神仍必须得到体现。

五、公平原则

《民法典》第6条规定:"民事主体从事民事活动,应当遵循公平原则,合理确定各方的权利和义务。"该条是对公平原则的宣示。

公平原则的基本含义是:民事活动和民事法律关系应以当事人之间的利益均衡作为价值判断标准,使其符合社会普遍认同的公平观念。具体而言,公平原则要求:(1)民事活动应遵循公平理念。民事主体享有的权利与承担的义务应具有对应性,交易对价应公平合理(等价有偿),不能在当事人间出现利益的明显失衡。(2)权利义务分配应符合公平要求。民法将公平原则作为民事活动的目的性评价标准,对于利益严重失衡的民事法律关系可以进行适当干预。(3)民事权利救济应体现公平观念。民事权利受到侵害的,应在风险公平分配理念指导下确立归责原则、责任主体、损害赔偿范围等。

公平原则是法律之公平价值的民法表述,重在对民事法律关系的内容与结果的控制,在民法各项制度中均得到体现。如《民法典》总则编对显失公平的民事法律行为作了一般性的效力评价(第151条),合同编对格式条款的内容予以控制(第497条)并确立了"情势变更"规则(第533条),侵权责任编则确立了"完全赔偿"原则(第1179条、第1182条)并规定了"公平责任"(第1186条)。由于"公平"含义的模糊性,公平原则及相关法律规则的适用存在较大的自由裁量空间,为此需要正确处理公平原则与自愿原则的相辅相成关系(后者应居于优先地位)。

六、诚实信用原则

《民法典》第7条规定:"民事主体从事民事活动,应当遵循诚信原则,秉持诚实,恪守承诺。"该条宣示了诚实信用原则。

诚实信用原则的基本内涵是诚实不欺、信守承诺,具体可从以下三个方面理解:(1) 善意。善意是诚实信用的基础,它要求民事主体在民事交往中心存善念,彼此关照,在谋求自己利益时顾及他人利益,不存损人利己之心,行使权利无害他人,履行义务尽心尽力,力求"各得其所"。(2) 诚实。诚实即不欺,要求民事主体如实披露涉及双方利益的交易信息,不隐瞒,不欺诈,使民事法律关系建立在当事人真实意思的基础上。(3) 守信。民事活动(尤其合同关系)当事人应讲求信誉,恪守承诺,全面、适当地履行自己所承担的义务,不毁约,不违约,使双方的预期利益得以实现。

诚实信用原则是文明社会一般道德准则(也是我国传统诚信文化)对民事活动的基本要求,是社会主义核心价值观(诚信)的体现,也是各国民法普遍确立的"帝王规则"。诚实信用原则既是民事活动的行为准则,也是司法机关填补当事人意思表示漏洞、平衡当事人利益的重要工具。我国《民法典》关于民事权利的行使(第132条)、意思表示解释(第142条)、民事法律行为的效力(第146条、第148条)等具体条款的规定,是诚实信用原则的直接体现。民法分则中,诚实信用原则也通过合同法上的附随义务(《民法典》第509条)与"情势变更"(《民法典》第533条)等规则得到体现。

七、不得违反法律与公序良俗原则

《民法典》第8条规定:"民事主体从事民事活动,不得违反法律,不得违背公序良俗。"该条规定,是对《民法通则》第6条、第7条的整合与改进[①],可简称守法与公序良俗原则。[②] 其中,"公序良俗"是我国民法首次作为立法用语。

不得违反法律与公序良俗原则的内容包括不得违反法律和不得违背公序良俗两个方面:(1) 不得违反法律,是指不得违反法律、行政法规的强制性规定。根据意思自治原则,对于任意性规定,民事主体可通过意思表示排除其适用,不构成违法。(2) 不得违背公序良俗,即不得违背公共秩序和善良风俗。公共秩序(也称社会公共利益、公共政策),是指国家与社会的存在及其发展所需要的一般秩序,包括政治秩序、经济秩序、文化秩序等。对公共秩序的维护,主要通过法律、行政法规对具体妨害公共秩序行为的规制来实现,因此危害公共秩序通常也违反了法律、行政法规的强制性规定(我国刑法中专门设置了"危害国家安全罪""破坏社会主义市场经济秩序罪""妨害社会管理秩序罪"等犯罪类型,《中华人民共和国治安管理处罚法》也有此类规定);但法律、行政法规的规定难免有所遗漏或滞后,因此需要借助"公共秩序"对此类行为予以一般性规制,弥补法律强制性规定之不足。善良风俗,是指社会成员所普遍

---

① 《民法通则》第6条:"民事活动必须遵守法律,法律没有规定的,应当遵守国家政策。"《民法通则》第7条:"民事活动应当尊重社会公德,不得损害社会公共利益,扰乱社会经济秩序。"
② 参见李适时主编:《中华人民共和国民法总则释义》,法律出版社2017年版,第27页。

认可与遵循的道德准则,包括特定时代社会普遍认可的伦理道德(如救死扶伤),以及特定地区民众普遍信守的风俗习惯(如丧葬习惯)。法律是成文的道德,道德是心中的法律。与公共秩序一样,在法律规定有所缺失的情况下,社会道德准则应作为民事活动的指南,违背善良风俗的行为亦为法律所不许。公共秩序与善良风俗分别体现了国家、社会层面的价值理念与世俗民间层面的道德观念,共同发挥辅助法律对民事活动予以必要规制的作用。

八、有利于节约资源、保护生态环境原则

《民法典》第9条规定:"民事主体从事民事活动,应当有利于节约资源、保护生态环境。"这一规定,将国家倡导的"绿色发展"理念转化为民法基本原则(简称"绿色原则"),是中国民事立法的创举。

"绿色原则"包含节约资源和保护生态环境两个方面内容。节约资源即有效利用资源,实现资源效益的最大化,因此要求民事主体注重物质资源的持续、可循环利用,既追求物尽其用,又避免铺张浪费和竭泽而渔式的获取资源行为。保护生态环境,即维护生态系统的动态平衡和自然环境的安全洁净,预防和制止污染环境、破坏生态的行为。

有利于节约资源、保护生态环境原则是一项倡导性原则(其条文表述为"应当有利于"),对民事活动不具有效力评价功能(若相关民事活动违反法律强制性规定或违背公序良俗,则超出该原则作用范畴),节约资源、保护生态环境的职能主要由民法以外的法律部门[如《中华人民共和国环境保护法》(以下简称《环境保护法》)、《中华人民共和国循环经济促进法》等]承担,但该原则对民法相关制度仍具有指导意义,如物权法中所有权和用益物权的行使规则(例如对有毒物品、电子垃圾抛弃行为的规制)、侵权责任法中污染环境和破坏生态环境责任的归责原则及责任形式的确立等。

第二节 民法的渊源

一、民法渊源概述

法律的渊源又称法源,是指法的创制形式,亦即法律规范的存在形式。民法的渊源,即民法规范借以存在的具体形式。

在法学理论上,法的渊源通常有以下分类:(1)习惯法与成文法。前者是指不以文字记载而具有法律效力的行为(裁判)规范,是法的初始发展时期的基本形态;后者是指以文字表现的法律规范,是现代法的一般存在形态。(2)制定法与判例法。这是成文法的两种不同形态。制定法是指立法机关创制的成文法,判例法是指在具体案件中创设的、对本法院和下级法院具有拘束力、作为审理同类案件法律依据的裁判规则。由于历史传统、政治体制等原因,民法的渊源在世界各国呈现出不同的体例:

一是大陆法系与英美法系之别。英美法系虽无民法之名,但也有相应的民事法律制度(如财产法、合同法、侵权行为法)。与大陆法系以制定法(如民法典)为民法的主要渊源不同,英美法系的民事法律制度主要以判例的形式存在,以"遵循先例"的方式得到适用。但大陆法系与英美法系在法律渊源方面的传统差异自进入20世纪后有逐渐淡化的趋势,大陆法系国家(地区)日益重视判例的指导作用,英美法系国家(地区)则将制定法作为判例法的重要补充(如英国的《财产法》,美国的《统一合伙法》《统一商法典》)。我国虽不承认判例的法律渊源地位,但司法机关(最高人民法院)通过实行案例指导制度、发布案例公报等方式发挥典型案例裁判规则的指导作用,保障法律适用的正确性与统一性。①

二是一元制与多元制之别。所谓一元制,是指只承认制定法为民法的唯一渊源,不承认民法有其他表现形式。一元制以《法国民法典》为代表,该法第5条规定:"审判者对于其审理的案件不得以确立一般规则的方式进行判决。"《法国民法典》作此规定,是立法者奉行理性主义(认为立法者可以制定完美无缺的法律)和"三权分立"(法官不能造法)的结果。所谓多元制,是指除制定法(直接渊源)外,还承认民法的其他渊源(间接渊源)。例如《瑞士民法典》第1条第2款、第3款规定:"2. 如本法无相应的规定,法官应依据习惯法进行裁判;如无习惯法,法官应依据自己作为立法者所提出的规则裁判。3. 法官在前款情形下提出的规则,应以公认的法理和判例为依据。"由此,《瑞士民法典》确立了由制定法、习惯法、法理、判例构成的多元(多层次)民法渊源体系。这一体例,为众多国家(地区)立法所采纳,如《西班牙民法典》规定的法律渊源包括法律、惯例和法的基本原则,《意大利民法典》将法律、条例、行业规则、惯例作为法律渊源,我国台湾地区在民法渊源上也采取了法律、习惯、法理依次适用的多元制体例。

二、我国民法的渊源

我国民法深受大陆法系传统的影响,在法律渊源上则采取了具有中国特色的"二元制"体例。《民法通则》第6条曾规定:"民事活动必须遵守法律,法律没有规定的,应当遵守国家政策。"《民法典》第10条则规定:"处理民事纠纷,应当依照法律;法律没有规定的,可以适用习惯,但是不得违背公序良俗。"随着《民法通则》的废止,"国家政策"被摈除于民法渊源之外,法律和习惯成为民法的两种渊源(法理或法的基本原则未获得法源地位)。

(一) 法律

法律有广义、狭义之分,广义的法律包括不同层级的制定法文件,狭义的法律仅

---

① 《最高人民法院关于案例指导工作的规定》第7条规定:"最高人民法院发布的指导性案例,各级人民法院审判类似案例时应当参照。"

指全国人大及其常委会制定的通常以"法"命名的制定法文件。民法渊源意义上的法律是广义的法律，主要有以下几种类型：(1) 民事法律。民事法律是指全国人大及全国人大常委会制定和颁布的民事立法文件，是最重要、适用最广的民法渊源。民事法律有民事基本法与民事特别法之分，民事基本法即《民法典》，民事特别法则涉及知识产权、商事领域的众多单行法律，如《中华人民共和国著作权法》(以下简称《著作权法》)、《中华人民共和国公司法》(以下简称《公司法》)，以及其他部门法(如经济法、环境与资源保护法)中的民事法律规范。此外，全国人大常委会对法律所作的立法解释也是民法的渊源，如《全国人民代表大会常务委员会关于〈中华人民共和国民法通则〉第九十九条第一款、〈中华人民共和国婚姻法〉第二十二条的解释》(2014年11月1日通过，已失效)。(2) 行政法规。行政法规是指国务院根据宪法和法律，按照法定程序制定的有关行使行政权力、履行行政职责的规范性文件，一般以条例、办法、实施细则、规定等形式作成。行政法规总体上具有行政法属性，但其中也不乏民事关系方面的规定，如《不动产登记暂行条例》《婚姻登记条例》《计算机软件保护条例》等。(3) 最高人民法院司法解释。最高人民法院司法解释也称审判解释(另一种司法解释为检察解释)，是指最高人民法院对审判工作中具体适用法律问题所作的解释。《全国人民代表大会常务委员会关于加强法律解释工作的决议》第2条规定："凡属于法院审判工作中具体应用法律、法令的问题，由最高人民法院进行解释。"根据《最高人民法院关于司法解释工作的规定》(法发〔2021〕20号)，司法解释应当根据法律和有关立法精神，结合审判工作实际需要制定，经审判委员会讨论通过后公布施行。司法解释的形式分为"解释""规定""规则""批复"和"决定"五种。最高人民法院司法解释是民法的重要渊源，一些重要民事法律实施一定时期后，最高人民法院根据司法实践需要通常都会制定相应的司法解释，如《最高人民法院关于适用〈中华人民共和国民法典〉时间效力的若干规定》《最高人民法院关于适用〈中华人民共和国民法典〉物权编的解释(一)》(以下简称《物权编司法解释(一)》)、《最高人民法院关于适用〈中华人民共和国民法典〉有关担保制度的解释》(以下简称《担保制度司法解释》)、《最高人民法院关于适用〈中华人民共和国民法典〉婚姻家庭编的解释(一)》(以下简称《婚姻家庭编司法解释(一)》)、《最高人民法院关于适用〈中华人民共和国民法典〉继承编的解释(一)》(以下简称《继承编司法解释(一)》)等。(4) 地方性法规、自治条例和单行条例。地方性法规是省、自治区、直辖市以及省级人民政府所在地的市和国务院批准的设区的市以及其他有立法权的地方人民代表大会及其常务委员会，根据宪法、立法法等法律和行政法规的规定，结合本地区的实际情况制定的、不得与宪法、法律和行政法规相抵触的规范性文件。自治条例是指民族自治地方的人民代表大会根据宪法和法律的规定，结合当地民族自治地区的政治、经济和文化特点制定的管理自治地方事务的综合性法规。单行条例是指民族自治地方的人民代表大会及其常委会在自治权范围内结合本民族地区的特点,就某一方面具体事项制定的法规。地方性法规、自治条例和单行条例中涉及民事关系的规定,即为民法的渊源,但在适用范围上具有地域局限性。

需要指出的是,宪法并不是民法的直接渊源。宪法是国家根本大法,其对国家政治制度、经济制度、公民基本权利与义务的规定是各部门确立相关法律制度的依据,民法的各项制度及其规则构建也必须以宪法为依据(如物权编关于国家所有权、集体所有权的规定,人格权法编关于人格权保护的规定等)。但本书认为,宪法规定并非一般意义上的民事活动的行为规范,也不能直接作为民事案件的裁判依据①,因此不宜将宪法作为民法的直接渊源。

(二) 习惯

习惯,是指存在于制定法体系之外、为某一社群之成员普遍确信和遵循的行为规范。习惯是特定地区、特定人群(民族)在长期生活实践中形成的,在某一领域具有共识性、权威性的行为范式,多涉及民事关系,即民事习惯,如婚嫁、丧葬、财产取得、交易方式、债务履行、损害赔偿等习惯。② 根据罗马法传统,习惯成为法的渊源,需具备长期稳定、普遍确认、民众在观念上认为其具有法律拘束力等要件。③ 习惯作为民法的渊源在比较法上早有先例(如瑞士、日本民法),我国《民法典》编纂前,《物权法》、《合同法》等单行民事法律中也不乏将习惯(交易惯例)作为裁判依据的规定(如《物权法》第85条关于相邻关系的规定,《合同法》第61条关于合同履行的规定),而《民法典》则将习惯作为民法的一般渊源,实现了立法上的突破。

习惯作为民法渊源,须满足以下条件:(1) 法律没有规定。习惯与法律同为民法渊源,但二者在适用上有先后之分,"有法律者依法律,无法律者依习惯",只要法律对某一事项有明确规定,便无适用习惯之余地;习惯在民法渊源中居于次要地位,发挥补充作用,这是各国民法对习惯的基本定位。这里所说的法律,也是广义的法律,包括民事法律、行政法规、最高人民法院司法解释、地方性法规等。(2) 内容不得违背公序良俗。这是民事习惯作为民法渊源的实体性要件。民事习惯名目繁多、内容芜

---

① 在"齐玉苓诉陈晓琪等以侵犯姓名权的手段侵犯宪法保护的公民受教育的基本权利纠纷案"中,最高人民法院曾于2001年8月13日作出批复(法释〔2001〕25号),认定"陈晓琪等以侵犯姓名权的手段,侵犯了齐玉苓依宪法规定所享有的受教育的基本权利,并造成了具体的损害后果,应承担相应的民事责任"。山东省高院依据《宪法》第46条和最高人民法院批复支持了原告的诉讼请求。该案被称为"中国宪法司法化第一案"。后因争议较大,前述司法解释于2008年12月24日被废止(法释〔2008〕15号)。
② 例如,广西金秀瑶族"石牌习惯法"中就包含种类繁多的民事规范。参见高其才:《习惯法的当代传承与弘扬——来自广西金秀的田野考察报告》,载《法商研究》2017年第5期。
③ 参见朱庆育:《民法总论》,北京大学出版社2013年版,第40页。

杂,既有良规美俗,也有陈规陋习(如允许买卖婚姻、不许寡妇改嫁等);在民事习惯的适用过程中,裁判者应对其内容予以审查,若该习惯违背公序良俗,即不得适用,从而保持民法渊源内在品格的一致性。

第三节　民法的适用

一、民法的适用范围

民法的适用范围,也称民法的效力范围,是指民法在何时、何地,对何人具有法律效力,包括民法在时间上的适用范围、民法在空间上的适用范围和民法对人的适用范围。

(一)民法在时间上的适用范围

民法在时间上的适用范围,是指民法规范何时生效、何时失效以及对生效前的民事关系是否适用(有无溯及力)。

民法的生效(施行)时间由制定者根据实际需要作出规定,具体存在两种情形:一种是自公布之日起生效,如《中华人民共和国中外合作经营企业法》(以下简称《中外合作经营企业法》,已失效)第28条规定:"本法自公布之日起施行。"另一种是公布后的特定时日生效,此属常见做法,如《民法通则》于1986年4月12日通过并公布,1987年1月1日起施行;《民法总则》于2017年3月15日通过并公布,2017年10月1日起施行;《民法典》于2020年5月28日通过并公布,2021年1月1日起施行。

民法的失效主要包括两种情形:一是因明令废止而失效。包括由有权机关颁布专门决议宣布某一法律失效,如2009年《全国人民代表大会常务委员会关于废止部分法律的决定》废止了8个法律文件,其中包括《华侨申请使用国有的荒山荒地条例》;以及在新法中明确规定废止旧法,如《民法典》第1260条规定:"本法自2021年1月1日起施行。《中华人民共和国婚姻法》、《中华人民共和国继承法》、《中华人民共和国民法通则》、《中华人民共和国收养法》、《中华人民共和国担保法》、《中华人民共和国合同法》、《中华人民共和国物权法》、《中华人民共和国侵权责任法》、《中华人民共和国民法总则》同时废止。"或者在新法中宣告旧法中与本法规定不一致者无效,如《物权法》第178条规定:"担保法与本法的规定不一致的,适用本法。"二是因新法的实施而自然失效。若新法与旧法规定的是同一事项,即使新法没有明文废止旧法,根据"新法优于旧法"的法律适用原则,旧法的相关规定也自然失去效力。

法不溯及既往是法治的基本原则之一,民法也不例外。民法原则上只适用于生效后的民事关系,对生效前的民事关系不具有溯及力,但也存在例外。如《最高人民法院关于贯彻执行〈中华人民共和国民法通则〉若干问题的意见(试行)》(以下简称

《民通意见》,已失效)第 196 条规定:"1987 年 1 月 1 日以后受理的案件,如果民事行为发生在 1987 年以前,适用民事行为发生时的法律、政策,当时的法律、政策没有具体规定的,可以比照民法通则处理。"《最高人民法院关于适用〈中华人民共和国民法典〉时间效力的若干规定》第 8 条规定:"民法典施行前成立的合同,适用当时的法律、司法解释的规定。合同无效而适用民法典的规定合同有效的,适用民法典的相关规定。"

(二) 民法在空间上的适用范围

民法在空间上的适用范围,即民法适用的地域范围。对此,《民法典》第 12 条规定:"中华人民共和国领域内的民事活动,适用中华人民共和国法律。法律另有规定的,依照其规定。"这一规定表明,我国民法原则上适用于我国领土、领海、领空及根据国际法视为我国领域的驻外使领馆等我国领域内的一切民事关系。这里有两点需要说明:其一,只有法律、行政法规、最高人民法院司法解释等全国性民法规范才具有适用于我国一切领域的效力,地方性民法规范只能在其制定机关所管辖的行政区域范围内发生效力。其二,法律对民法的地域效力另有规定的,依照其规定。例如,由于我国实行"一国两制",香港特别行政区、澳门特别行政区实行高度自治,享有立法权、独立的司法权和终审权,我国民法并不适用于上述地区。此外,根据《中华人民共和国涉外民事关系法律适用法》(以下简称《涉外民事关系法律适用法》),发生于我国领域内的涉外民事关系,并不当然适用我国法律(如该法第 11 条规定,自然人的民事权利能力,适用经常居所地法律)。

(三) 民法对人的适用范围

民法对人的适用范围,是指民法规范对哪些人可以适用。比较法上,民法对人的适用有属人主义与属地主体两种体例,我国民法采以属地主义为主的折中主义(《民法典》第 12 条)。具体而言:(1) 我国自然人、法人等民事主体在我国领域内发生的民事关系,除法律另有规定的外,均应适用我国民法;(2) 外国公民、法人和无国籍人在我国领域内发生的民事关系,原则上应适用我国民法,但依我国法律和我国缔结的国际条约或依照国际惯例应当适用当事人本国法的除外(如《涉外民事关系法律适用法》第 22 条规定,结婚手续,符合婚姻缔结地法律、一方当事人经常居所地法律或者国籍国法律的,均为有效);(3) 我国自然人、法人等民事主体在我国领域外发生的民事关系,依我国法律和我国缔结的国际条约或依照国际惯例应当适用当事人本国法的,应适用我国民法。

二、民法的适用规则

民法的适用,是指法院或仲裁机构在审理民事案件过程中,根据已查明的案件事实,引用民法规范对案件作出裁判的过程。民法规范是民法适用这一"三段论"式逻辑演绎过程的大前提(案件事实是小前提,裁判结果是结论),正确引用民法规范,即确立民法规范的适用规则,对于民事案件的公正裁判至关重要。民法的适用规则主要有以下几项:

(一) 特别法优于普通法

民法根据其适用范围即法律规范的效力范围不同,可分为普通法和特别法。就空间效力而言,适用于全国的民法规范为普通法,适用于特定地区的民法规范为特别法;就对人效力而言,适用于一切民事主体的民法规范为普通法,适用于特定民事主体的民法规范为特别法;就规范事项而言,适用于一般民事关系的民法规范为普通法,适用于特别民事关系的民法规范为特别法。在我国,《民法典》是民法的普通法(此前《民法通则》是民事普通法),其余单行民事法律[如《公司法》《中华人民共和国保险法》(以下简称《保险法》)]则为民事特别法。就法律的位阶而言,民事普通法应高于民事特别法,因此特别法的规定不得与普通法相抵触;但在此前提下,若对同一事项特别法有特别规定,则应适用特别法的特别规定而非普通法的一般规定。对此问题,《民法典》第11条专门作了规定:"其他法律对民事关系有特别规定的,依照其规定。"例如,《民法典》对法人制度作了一般性规定,但公司法人应优先适用《公司法》的规定;《民法典》规定一般诉讼时效期间为3年(《民法典》第188条第1款),但就保险金请求权而言,其诉讼时效期间应优先适用《保险法》第26条的规定(人寿保险的保险金请求权诉讼时效期间为5年,非人寿保险的保险金请求权诉讼时效期间为2年)。

特别法优于普通法的规则,在同一法律文件中体现为特别规定优于一般规定。如《民法典》第188条第2款规定:"诉讼时效期间自权利人知道或者应当知道权利受到损害以及义务人之日起计算",此为一般规定;《民法典》第191条规定:"未成年人遭受性侵害的损害赔偿请求权的诉讼时效期间,自受害人年满十八周岁之日起计算",此为特别规定,应优先适用。

(二) 后法优于前法

对同一事项,如果存在前后两部民事法律都有规定可以适用但其规则存在差异,应适用实施在后的法律规定(前后两部法律之间不存在特别法与普通法的关系)。例如,在《民法典》颁布实施前,《物权法》与《担保法》在担保物权的某些事项上采取了不同的规则(如"人保"与"物保"并存时的责任承担规则),应适用实施在后的《物权法》的相关规定(《物权法》第176条)。

(三) 国际条约优于国内法

这是我国立法基于"条约必须信守"这一国际法准则对涉外民商事关系法律适用所采取的立场。《民法通则》第142条第2款曾规定:"中华人民共和国缔结或者参加的国际条约同中华人民共和国的民事法律有不同规定的,适用国际条约的规定,但中华人民共和国声明保留的条款除外。"《民法典》对此未作规定,但在商事特别法中有此类规定,如《中华人民共和国海商法》(以下简称《海商法》)第268条第1款规定:"中华人民共和国缔结或者参加的国际条约同本法有不同规定的,适用国际条约的规定;但是,中华人民共和国声明保留的条款除外。"《中华人民共和国民用航空法》(以下简称《民用航空法》)也有类似规定(第184条第1款)。

第二章 自 然 人

第一节 自然人的民事权利能力和民事行为能力

一、自然人的概念

(一) 自然人的含义

自然人,是指具有人类自然生命形式的民事主体。这一定义,揭示了作为民事主体的自然人的以下属性[①]:

一是生物属性,即自然人是基于自然生理规律而产生并生存的生物意义上的人。传统上,自然人系基于男女两性的结合与生育而产生,但随着现代科学技术的发展,自然人的产生方式已不再单一化,试管婴儿、人工授精、他人代孕等方式也能"造人",甚至有出现"克隆人"的可能,由此给各国民事立法带来了新的课题。

二是社会属性,即自然人作为能够进行创造性思维和情感交流的万物之灵,聚群而居,结成人类社会乃至建立国家,成为社会的一分子。

三是法律属性,即并非所有具有自然属性和社会属性的人都能当然成为民事主体(在罗马法中,奴隶只能作为权利客体),自然人是法律对人类个体(生物人)权利主体地位的一般性拟制或认可,是世界法制文明进化(主要受个人主义思想影响)的成果。[②]

(二) 自然人与公民

公民是指具有特定国家国籍、依据该国宪法和法律享有权利和承担义务的自然人。公民与自然人虽存在联系,但二者并非同一概念:前者是宪法概念,后者是民法概念;一国之公民皆自然人,但并非所有在一国领域内的自然人都是该国公民(除该国公民外还有外国人、无国籍人)。我国立法受苏联的影响,长期不承认公法与私法的划分,在《民法通则》中曾将"自然人"与"公民"混同使用。此种用法后来遭到广泛诟病,立法机关也认识到这一问题,因此在《合同法》等后续民事立法中已不再使用"公民"这一概念,《民法典》也以"自然人"作为一类民事主体的称谓。

[①] 参见刘凯湘:《民法总论》(第三版),北京大学出版社2011年版,第101页。
[②] 随着人工智能技术的发展,"机器人"能否取得民事主体资格成为一个新的法律问题。

二、自然人的民事权利能力

（一）自然人民事权利能力的概念和特点

自然人的民事权利能力，是指自然人依法取得的作为民事主体享有民事权利、承担民事义务的资格。如上文所述，自然人既有生物属性和社会属性，又有法律属性，民事权利能力就是自然人法律属性的体现，是自然人具有民事主体资格的内在要素，也是自然人获享法律上人格的标志。①

民事权利能力的概念始创于近代。在罗马法上，完全的权利主体需要具备自由权、市民权、家长权三种资格，彼时并无民事权利能力这一抽象用语。"权利能力"是近代德国法学创造的概念，《奥地利民法典》首先采用，但各国民法称谓不完全相同（《德国民法典》《瑞士民法典》称为"权利能力"，《日本民法典》称为"私权的享有"），我国自《民法通则》起即采用"民事权利能力"的称谓。

民事权利能力作为自然人成为民事主体的资格，具有以下特征：

1. 复合性。民事权利能力作为一种民事主体的法律资格，意味着自然人可以参与各种民事法律关系，享有权利和承担义务，因此其不但是享有民事权利的资格，也是承担民事义务的资格，不能仅享有民事权利而不承担民事义务，民事权利能力的内容具有复合性。

2. 平等性。民事权利能力制度的宗旨就是一般性地赋予生物人民事主体地位，使人人得以享有民事权利、承担民事义务，因此平等性是民事权利能力的应有之意，即任何自然人都无差别地具有民事权利能力。立法上对自然人民事权利能力平等性的表达有两种方式：一是直接宣示，如《瑞士民法典》第11条规定："（1）人都有权利能力。（2）在法律范围内，人人都有平等的权利能力及义务能力。"二是通过权利能力无条件取得的规定间接宣示，如《德国民法典》第1条规定："人的权利能力，始于出生的完成。"我国采取的是直接宣示的立法模式："自然人的民事权利能力一律平等。"（《民法典》第14条）。②

3. 固有性。民事权利能力的固有性，是指其与特定的自然人不可分离。首先，民事权利能力不可剥夺。罗马法上曾有"人格减等"制度，即罗马人的主体资格（权利能力）有等级之分，个体的权利能力范围也可能因某些条件的变化而发生增减，"人格大减等"则意味着主体资格的消灭。近代民法不但宣示了民事权利能力的平等性（普遍性），而且承认民事权利能力的终生拥有性，除自然终止外，不因其他任何原因而丧失，包括公法上的剥夺或限制，故自然人即使遭受刑事处罚乃至被剥夺政治权利，其

---

① 在民法意义上，自然人的"权利能力"与"人格"并无本质区别。
② 有的民事权利能力（即所谓特别权利能力，如结婚、订立劳动合同）仅赋予符合特定条件（达到法定年龄）的自然人，与民事权利能力的平等性并不矛盾。

民事权利能力也不受影响。其次,民事权利能力不可转让、抛弃、继承。民事权利能力与自然人的生命相伴而生,与其主体资格互为表里,自然人不得自主"处分"(转让、抛弃),也不得由他人继承(人皆有之,转让、继承毫无意义)。

自然人的民事权利能力与其享有的民事权利既有内在联系,又有不同内涵。其一,民事权利能力是一种资格,即自然人取得民事权利的前提;民事权利是自然人在具体的民事法律关系中享有的利益,是民事权利能力具体实现的结果。其二,民事权利能力是法律赋予的,其取得与自然人的意志无关,民事权利则是在具体民事法律关系中享有的,一些民事权利的取得体现了当事人的意志。其三,民事权利能力与自然人的人身不可分离,不得剥夺、限制、转让、抛弃、继承,民事权利(尤其财产权利)则可以依法处分。

(二) 自然人民事权利能力的取得(开始)

依各国通例,所有自然人均具有民事权利能力,其取得条件为自然人的出生,即自然人自出生时起具有民事权利能力。我国《民法典》也秉承这一立场,沿袭《民法通则》的做法,于第13条规定:"自然人从出生时起到死亡时止,具有民事权利能力,依法享有民事权利,承担民事义务。"

自然人的出生,是指胎儿脱离母体成为独立生命体的事实,属于法律事实中事件的范畴。出生的要件有二:一为"出",即与母体分离(自然分娩或剖腹生产);二为"生",即具有生命,而非死胎。

自然人出生时间的认定关系到其权利能力的有无,具有重要的法律意义。对此,学术上有种种不同见解,如阵痛说、露出说、独立呼吸说等。① 本书认为,出生时间应以胎儿完全脱离母体的时间为标准。关于自然人出生时间的证明,我国民法在总结司法实践经验的基础上作了如下规定:自然人的出生时间,以出生证明记载的时间为准;没有出生证明的,以户籍登记或者其他有效身份登记记载的时间为准。有其他证据足以推翻以上记载时间的,以该证据证明的时间为准(《民法典》第15条)。

母腹中的胎儿并非生物意义上的"人",故不能被一般性地赋予民事权利能力。为保护胎儿这种"未来之人"的利益,现代各国民法主要存在以下几种立法模式:一种是"总括保护"模式,即凡涉及胎儿利益事项,将胎儿视为已出生,赋予其权利能力。这种模式源自罗马法,《瑞士民法典》第31条第2款规定:"子女,只要其出生时尚生存,出生前即具有权利能力。"二是"个别保护"模式,即列举规定某些情形下视胎儿为有权利能力。如《德国民法典》第1923条第2款规定:"在继承开始时尚未生存,但已被孕育成胎儿的人,视为在继承开始前已出生。"法国、日本民法也采取这一模式。三是"绝对否认"模式,即不承认胎儿具有民事权利能力。1964年《苏俄民法典》采取了这一模式。我国原《民法通则》也不承认胎儿具有权利能力,但在某些情形下由法律

---

① 参见王利明:《民法总则研究》(第二版),中国人民大学出版社2012年版,第220页。

另行规定对胎儿利益予以保护,如原《继承法》第 28 条规定:"遗产分割时,应当保留胎儿的继承份额。胎儿出生时是死体的,保留的份额按照法定继承办理。"为了进一步加强对胎儿利益的民法保护,彰显以人为本的立法理念,《民法典》第 16 条对此问题采取了"总括保护"的立场:"涉及遗产继承、接受赠与等胎儿利益保护的,胎儿视为具有民事权利能力。但是,胎儿娩出时为死体的,其民事权利能力自始不存在。"根据这一规定:(1) 胎儿的民事权利能力是一种法律拟制,不同于自然人的民事权利能力;(2) 对胎儿民事权利能力的法律拟制仅适用于涉及遗产继承、接受赠与等胎儿利益保护情形("等"主要涉及胎儿健康因他人侵害孕妇健康权而受损害之情形);(3) 对胎儿民事权利能力的法律拟制以胎儿娩出时为活体为条件,若为死体,则其业已取得的民事权益将自始不存在(继承、受赠财产应予返还)。

（三）自然人民事权利能力的终止

《民法典》第 13 条规定,自然人的民事权利能力终于死亡,死亡是自然人民事权利能力终止的唯一原因。

民法上的死亡,包括自然死亡和宣告死亡。自然死亡也称生理死亡,是指自然人生命的终结。宣告死亡,是指法院依法定程序对失踪状态达到一定期间的自然人所作的一种死亡推定。自然死亡与宣告死亡在法律后果上有相同之处,但后者所导致的法律后果(财产关系、身份关系的变动)具有可回复性,因此宣告死亡并不产生自然人民事权利能力实质上归于消灭的法律后果。

自然人死亡时间的确定具有重要的法律意义,继承的开始(遗产的移转)、婚姻关系的消灭等都与自然人的死亡时间直接相关。就自然死亡的认定标准而言,应采用医学上公认的死亡标准,现代医学多以脑死亡作为人的死亡标准,多数国家和地区也采用这一标准。就自然死亡时间的认定(证明)而言,我国民法在总结司法实践经验的基础上作了如下规定:自然人的死亡时间,以死亡证明记载的时间为准;没有死亡证明的,以户籍登记或者其他有效身份登记记载的时间为准。有其他证据足以推翻以上记载时间的,以该证据证明的时间为准(《民法典》第 15 条)。此外,对于数个相互存在继承关系的自然人共同遇难而不能确定死亡先后时间的情形,《民法典》第 1121 条第 2 款规定:"相互有继承关系的数人在同一事件中死亡,难以确定死亡时间的,推定没有其他继承人的人先死亡。都有其他继承人,辈份不同的,推定长辈先死亡;辈份相同的,推定同时死亡,相互不发生继承。"自然人被宣告死亡的,以法院宣告判决生效之时为死亡时间。

自然人的民事权利能力因自然人的死亡而终止,其民事主体资格不复存在,但民法基于公序良俗和亲属利益的考量,可以对死者的某些人格利益予以特殊保护。我国对死者人格利益的保护经历了由个案实践(如天津市高级人民法院审理的"荷花女"名誉权纠纷案)到司法解释①,进而由民事基本法作出明确规定的演变历程(《民法典》第185条对侵害英雄烈士等的姓名、肖像、名誉、荣誉,损害社会公共利益的民事责任作了规定,第994条对死者人格利益保护作了一般规定)。

三、自然人的民事行为能力

(一) 自然人民事行为能力的概念

自然人的民事行为能力,是指自然人能够以自己的行为独立参加民事法律关系,取得、行使民事权利和设定、履行民事义务的资格。民法设立自然人行为能力制度的宗旨,主要在于保护意思能力不健全者的民事权益,维护交易安全。

自然人的民事行为能力具有以下特征:(1) 法定性。自然人的民事行为能力与自然人的民事权利能力一样都是法律赋予的一种资格,判断行为能力有无及其类型划分的标准由法律统一规定,不能由当事人自行确定,民事行为能力也不能被其他民事主体及公权力机关限制或剥夺。(2) 差异性。与自然人的民事权利能力的平等享有不同,自然人的民事行为能力因不同年龄和智力状况而呈现出差异性,即个体之间存在有行为能力与无行为能力、完全行为能力与限制行为能力的差别。(3) 可变性。同一自然人,因年龄和智力的变化,其行为能力状态可以发生变化,包括随着年龄增长由无行为能力人到限制行为能力人、完全行为能力人的(必然)变化,以及完全行为能力人因不能辨认或者不能完全辨认自己行为而被依法认定为无行为能力人或者限制行为能力人的变化。

自然人的民事行为能力与民事权利能力既有紧密联系,又有不同含义。一方面,民事权利能力是民事行为能力的必要条件,无权利能力必无行为能力;另一方面,民事权利能力是一种"有"的资格,其取得以自然人的出生为唯一条件,具有平等性、固有性等特征,而民事行为能力是一种"为"的资格,具有差异性、可变性,有权利能力未必就有行为能力。

自然人的民事行为能力与意思能力、民事责任能力两个概念密切相关。意思能力又称识别能力,是指自然人判断自己行为的性质和后果并作出真实意思表示的能力,包括认识力、预期力和表示力。意思能力是自然人民事行为能力的生理和心理基础及认定依据,但二者也有一定区别:意思能力着重指自然人的生理、心理状态和辨别自己行为的性质、后果的能力,而民事行为能力除具备上述能力外,还要达到法定

---

① 原《最高人民法院关于确定民事侵权精神损害赔偿责任若干问题的解释》(已被修正)第3条规定:"自然人死亡后,其近亲属因下列侵权行为遭受精神痛苦,向人民法院起诉请求赔偿精神损害的,人民法院应当依法予以受理:(一) 以侮辱、诽谤、贬损、丑化或者违反社会公共利益、社会公德的其他方式,侵害死者姓名、肖像、名誉、荣誉;(二) 非法披露、利用死者隐私,或者以违反社会公共利益、社会公德的其他方式侵害死者隐私;(三) 非法利用、损害遗体、遗骨,或者以违反社会公共利益、社会公德的其他方式侵害遗体、遗骨。"

年龄,有意思能力者未必就有民事行为能力。自然人的民事责任能力,也称为不法行为的能力,是指自然人对民事违法行为(主要指侵权行为)承担民事责任的能力。民事责任能力和民事行为能力均以意思能力为要素,二者具有同根性,故德国法学上有"广义行为能力"的概念。[1] 总体而言,自然人的民事责任能力状况一般与民事行为能力状况是一致的,但也存在例外:一种情况是有行为能力但无责任能力,如《民法典》第1190条第1款规定:"完全民事行为能力人对自己的行为暂时没有意识或者失去控制造成他人损害有过错的,应当承担侵权责任;没有过错的,根据行为人的经济状况对受害人适当补偿。"(该款后句之规定,体现了完全民事行为能力人在特定条件下不具有民事责任能力的立法精神)。另一种情况是无行为能力但有责任能力,如《民法典》第1188条第2款规定:"有财产的无民事行为能力人、限制民事行为能力人造成他人损害的,从本人财产中支付赔偿费用;不足部分,由监护人赔偿。"

(二) 自然人民事行为能力的划分

各国民法对自然人民事行为能力的划分均以自然人意思能力的状况为基础。一般情况下,自然人的意思能力是随着年龄的增长而逐步提高的,于是年龄便成为各国民法划分自然人民事行为能力的主要标准。同时,自然人的意思能力也可能因患精神病、智力减退等原因而受到不同程度的影响,故在年龄之外还应以自然人意思能力的实际状况作为划分民事行为能力的补充标准。在此基础上,各国民法对自然人民事行为能力有"两分法"和"三分法"两种体例。对此,我国民法采取了"三分法",即根据自然人的年龄与其意思能力的实际状况,将自然人的民事行为能力划分为完全民事行为能力、限制民事行为能力与无民事行为能力三个层次。

1. 完全民事行为能力

完全民事行为能力,是指自然人能够通过自己的行为独立实施民事法律行为,取得民事权利和承担民事义务的资格。《民法典》第18条第1款规定:"成年人为完全民事行为能力人,可以独立实施民事法律行为。"在我国,年满18周岁的自然人为成年人(《民法典》第17条),具有完全民事行为能力。

考虑到我国法律规定16周岁为自然人的就业年龄及达到该年龄的自然人的意思能力状况,我国民法对完全民事行为能力人的范围作了一定的扩张,《民法典》第18条第2款规定:"十六周岁以上的未成年人,以自己的劳动收入为主要生活来源的,视为完全民事行为能力人。"这一规定系对原《民法通则》第11条第2款的承袭。对此,原《民通意见》第2条规定:"十六周岁以上不满十八周岁的公民,能够以自己的劳动取得收入,并能维持当地群众一般生活水平的,可以认定为以自己的劳动收入为主要生活来源的完全民事行为能力人。"

---

[1] 参见龙卫球:《民法总论》(第二版),中国法制出版社2002年版,第239页。

2. 限制民事行为能力

限制民事行为能力也称不完全民事行为能力，是指自然人只能独立实施法律限定的民事法律行为的资格。我国民法规定的限制民事行为能力人包括两类自然人：一类是 8 周岁以上的未成年人（《民法典》第 19 条）①，一类是不能完全辨认自己行为的成年人（《民法典》第 22 条）。②

限制民事行为能力因其意思能力有所欠缺，可以（且只能）独立实施纯获利益的民事法律行为或者与其年龄、智力、精神健康状况相适应的民事法律行为，其他民事法律行为须由其法定代理人（监护人）代理或者经其法定代理人同意、追认，否则应认定为无效（《民法典》第 19 条、第 22 条、第 145 条第 1 款）。所谓纯获利益的民事法律行为，指仅取得财产利益而不为自己设定义务的行为，如接受奖励、接受赠与等行为；无偿行为若设定义务（如借用行为），即不在此列。所谓与其年龄、智力、精神健康状况相适应的民事法律行为，应根据行为人的年龄、智力、精神健康状况，结合行为的性质、法律后果予以判定。《民通意见》（已失效）第 3 条、第 4 条规定，10 周岁以上的未成年人进行的民事活动是否与其年龄、智力状况相适应，可以从行为与本人生活相关联的程度、本人的智力能否理解其行为，并预见相应的行为后果，以及行为标的数额等方面认定；不能完全辨认自己行为的精神病人进行的民事活动，是否与其精神健康状态相适应，可以从行为与本人生活相关联的程度、本人的精神状态能否理解其行为，并预见相应的行为后果，以及行为标的数额等方面认定。

3. 无民事行为能力

无民事行为能力，即不具有独立实施民事法律行为的资格。我国民法规定的无民事行为能力人包括两类自然人：一类是不满 8 周岁的未成年人（《民法典》第 20 条）；一类是不能辨认自己行为的成年人及 8 周岁以上未成年人（《民法典》第 21 条）。③

无民事行为能力原则上应由其法定代理人（监护人）代理实施民事法律行为，而不能独立实施（《民法典》第 20 条、第 21 条）。关于其是否能够独立实施纯获利益的民事法律行为或者与其年龄、智力、精神健康状况相适应的民事法律行为，我国民法未作规定。本书认为，从行为能力制度维护行为能力欠缺者利益的立法宗旨及现实生活需要的考量，对于无民事行为能力人实施的纯获利益的民事法律行为或者与其年龄、智力、精神健康状况相适应的民事法律行为（如购买日用物品、乘坐公共交通工具等涉及金额较小的行为），不宜一概否认其效力。司法实践中，对此规定也曾作出

---

① 《民法通则》第 12 条第 1 款规定 10 周岁以上的未成年人为限制民事行为能力人，《民法典》降低了这一年龄标准。
② 《民法通则》第 13 条第 2 款规定不能完全辨认自己行为的精神病人为限制民事行为能力人，《民法典》扩大了限制民事行为能力的成年人的范围。
③ 《民法通则》第 13 条第 1 款规定不能辨认自己行为的精神病人为无民事行为能力人，《民法典》扩大了无民事行为能力的成年人及 8 周岁以上未成年人的范围。

扩张性解释。①

（三）自然人无民事行为能力和限制民事行为能力的认定

自然人的民事行为能力具有法定性，不得任意剥夺和限制，但在成年人因患精神病等原因而不能辨认或者不能完全辨认自己的行为的情况下，为维护本人和利害关系人的利益，有必要通过法定程序对其行为能力作出"减等"的认定。为此，我国民法设立了自然人无民事行为能力和限制民事行为能力的认定（《民法通则》称为"宣告"）制度。《民法典》第24条第1款规定："不能辨认或者不能完全辨认自己行为的成年人，其利害关系人或者有关组织，可以向人民法院申请认定该成年人为无民事行为能力人或者限制民事行为能力人。"据此，认定自然人无民事行为能力和限制民事行为能力须具备以下条件：(1) 须经利害关系人或有关组织申请。利害关系人的范围，具体包括被申请人的配偶、父母、子女、兄弟姐妹、祖父母、外祖父母、孙子女、外孙子女以及其他与被申请人有民事权利义务关系的人。有关组织，包括居民委员会、村民委员会、学校、医疗机构、妇女联合会、残疾人联合会、依法设立的老年人组织、民政部门等(《民法典》第24条第3款）。(2) 被申请人为不能辨认或者不能完全辨认自己行为的成年人。前者应申请认定为无民事行为能力人，后者应申请认定为限制民事行为能力人。被申请人是否不能辨认或者不能完全辨认自己的行为，应根据医师等专业人员的诊断、鉴定意见认定。(3) 由人民法院认定。除人民法院外，任何组织和个人均无权认定自然人为无民事行为能力人或者限制民事行为能力人。

成年人在被人民法院认定为无民事行为能力人或者限制民事行为能力人之后，其意思能力可能因精神病治愈等原因而得到恢复。对此，《民法典》第24条第2款规定："被人民法院认定为无民事行为能力人或者限制民事行为能力人的，经本人、利害关系人或者有关组织申请，人民法院可以根据其智力、精神健康恢复的状况，认定该成年人恢复为限制民事行为能力人或者完全民事行为能力人。"此种恢复认定，在程序要件上与"减等"认定一致。

第二节 监 护

一、监护的概念和类型

（一）监护的概念

监护是对无行为能力和限制行为能力的自然人的人身、财产及其他合法权益实行监督和保护的民事法律制度。担负监督、保护职责的自然人或组织称为监护人，受到监督和保护的自然人称为被监护人。监护制度体现了民法对于"弱者"的人文关

---

① 《民通意见》第6条规定："无民事行为能力人、限制民事行为能力人接受奖励、赠与、报酬，他人不得以行为人无民事行为能力、限制民事行为能力为由，主张以上行为无效。"

怀,对于保障无民事行为能力人和限制民事行为能力人的人身、财产及其他合法权益,维护利害关系人的合法权益,维护正常的民事法律关系和社会秩序,具有重要意义。

监护制度起源于罗马法。罗马法上,为未成年人设立的监护人称为保护人,为成年人设立的监护人称为照管人。至近代民法,保护人和照管人之区分被摒弃,统称为监护人。在一些大陆法系国家,存在监护(权)与亲权之分(亲权是指父母对未成年子女在人身和财产方面的管教和保护的权利,属身份权范畴),我国《民法通则》未对二者加以区分,建立了统一的监护制度。《民法通则》实施三十余年后,《民法典》在监护的适用对象、设立方式等方面作了较大幅度的细化和改进。

监护制度在大陆法系国家多被纳入亲属法的范畴,体现了其家庭共济性质,我国民法也以"父母对未成年子女负有抚养、教育和保护的义务。成年子女对父母负有赡养、扶助和保护的义务"作为法定监护制度的基础(《民法典》第26条)。但随着社会的进步,监护在现代民法中已不再被视为一种私人事务,监护制度也带有一定的公法色彩。

监护对于监护人而言是一种权利抑或义务、责任,学术上有不同见解。"权利说"认为,监护是一种权利,属于自然人身份权的范畴,如此定性有利于监护人积极、主动地实施监护行为,排除他人对监护事务的干涉。[1] "权利义务结合说"认为,监护的含义就是对于法律上由于年龄或精神健康原因而不能自我保护的人给予监督和保护的、由民法所赋予的必要的权利和义务,具有权利和义务的双重属性。[2] "职责说"认为,设立监护制度的目的,在于弥补被监护人民事行为能力之欠缺,着眼点在于保护被监护人之合法权益,而非为监护人自身之利益,我国《民法典》也明文规定监护为职责(《民法典》第35条第1款规定:"监护人应当按照最有利于被监护人的原则履行监护职责。监护人除为维护被监护人利益外,不得处分被监护人的财产。")因此,监护既非权利,也不是义务,而是一种法律赋予的职责。[3] 比较而言,"职责说"更为符合监护制度的本质。

(二) 监护的类型

依据不同标准,可以对监护作如下分类:(1) 未成年人监护与成年人监护。这是从监护对象(被监护人)的角度所作的分类,二者在监护人的范围和监护的设立方式等方面存在差别。(2) 法定监护、遗嘱监护、指定监护与意定监护。这是依监护的设立方式所作的分类。法定监护是监护设立的主要方式,遗嘱监护、指定监护是法定监

---

[1] 参见李由义主编:《民法学》,北京大学出版社1988年版,第573—574页。
[2] 参见佟柔主编:《中国民法》,法律出版社1990年版,第75页。
[3] 参见梁慧星:《民法总论》(第五版),法律出版社2017年版,第106页。

护的补充,意定监护是成年人监护的一种特殊设立方式。① (3)个人监护与机构监护。这是依监护人的不同类别所作的划分。个人监护(包括共同监护)居于主导地位,机构监护具有补充作用。

二、监护的设立与终止

(一) 监护的设立

1. 未成年人监护

《民法典》第27条第1款规定:"父母是未成年子女的监护人。"这是我国民法的一贯立场(如《民法通则》第16条)。依此规定,自然人一旦出生,其父母即成为监护人。在收养情形下,养父母因收养成立而成为养子女的监护人。将父母规定为第一顺位监护人,符合人伦常情和未成年人的最大利益。作为未成年子女的监护人,既是父母的排他性特权,也是其不可推卸的责任,只有父母(均已)丧失监护能力,才能由他人担任未成年人的监护人。夫妻离婚后,未与未成年子女共同生活的一方并不丧失监护人资格(但其对该子女有犯罪行为、虐待行为或者对子女明显不利的,人民法院认为可以取消的除外)。②

为了体现父母子女关系的特殊性,更好地维护被监护人利益,我国民法借鉴国外立法经验,设立了遗嘱监护制度。《民法典》第29条规定:"被监护人的父母担任监护人的,可以通过遗嘱指定监护人。"对此规定,应从以下几个方面理解:(1)遗嘱监护仅适用于父母担任监护人的情形;(2)遗嘱监护不仅适用于父母担任未成年子女监护人的情形,也适用于父母担任成年子女监护人的情形;(3)对遗嘱指定的监护人范围和人数未作限制,但以遗嘱生效后被指定方具有监护能力并同意担任监护人为条件;(4)遗嘱监护相对于法定监护具有优先地位,即可排除被监护人父母之后顺位者担任监护人。

《民法典》第27条第2款规定:"未成年人的父母已经死亡或者没有监护能力的,由下列有监护能力的人按顺序担任监护人:(一)祖父母、外祖父母;(二)兄、姐;(三)其他愿意担任监护人的个人或者组织,但是须经未成年人住所地的居民委员会、村民委员会或者民政部门同意。"依此规定,只有在未成年人的父母均已死亡或者没有监护能力(如被宣告为无民事行为能力人或限制民事行为能力人)的情况下,才能由其他有监护能力的自然人或者组织按顺序担任监护人。其中,祖父母、外祖父母、兄、姐担任未成年人的监护人属其法定义务,不得无故推诿;个人或者组织担任未成年人的监护人,除应具有监护能力外,还须出于其自愿,并经未成年人住所地的居

---

① 《民通意见》(已失效)第22条规定:"监护人可以将监护职责部分或者全部委托给他人。因被监护人的侵权行为需要承担民事责任的,应当由监护人承担,但另有约定的除外;被委托人确有过错的,负连带责任。"实践中存在的"委托监护"只是监护事务的委托,并非监护职责的转移。

② 《民通意见》(已失效)第21条。

民委员会、村民委员会或者民政部门同意。

《民法典》第32条规定:"没有依法具有监护资格的人的,监护人由民政部门担任,也可以由具备履行监护职责条件的被监护人住所地的居民委员会、村民委员会担任。"这一具有中国特色的"机构监护"制度,为无民事行为能力和限制民事行为能力人人身、财产权益的维护提供了"兜底"式的法律保障。

2. 成年人监护

成年人监护制度的建立,是我国民法在《民法通则》所设立的"精神病人监护"制度基础上实现的重大立法进步,它使受监护制度保护的成年人范围由成年精神病人扩展到其他因年老等原因而"失智"(不能辨认或者不能完全辨认自己行为)的成年人,使其制度功能得到更大程度的发挥。根据《民法典》的规定,成年人监护有法定监护和意定监护两种类型。

(1) 法定监护。《民法典》第28条规定:"无民事行为能力或者限制民事行为能力的成年人,由下列有监护能力的人按顺序担任监护人:(一)配偶;(二)父母、子女;(三)其他近亲属;(四)其他愿意担任监护人的个人或者组织,但是须经被监护人住所地的居民委员会、村民委员会或者民政部门同意。"根据《民法典》第32条的规定,无民事行为能力或者限制民事行为能力的成年人没有依法具有监护资格的人担任监护人的,监护人由民政部门担任,也可以由具备履行监护职责条件的被监护人住所地的居民委员会、村民委员会担任。

(2) 意定监护。意定监护也可称为委托监护,是指具有完全民事行为能力的成年人委托他人在自己丧失或者部分丧失民事行为能力时作为其监护人履行监护职责的制度。《民法典》第33条规定:"具有完全民事行为能力的成年人,可以与其近亲属、其他愿意担任监护人的个人或者组织事先协商,以书面形式确定自己的监护人,在自己丧失或者部分丧失民事行为能力时,由该监护人履行监护职责。"面对我国人口老龄化的趋势,传统的法定监护制度已经难以满足现实的需要,为此《中华人民共和国老年人权益保障法》(以下简称《老年人权益保障法》)第26条开创了我国意定监护的先例:"具备完全民事行为能力的老年人,可以在近亲属或者其他与自己关系密切、愿意承担监护责任的个人、组织中协商确定自己的监护人。监护人在老年人丧失或者部分丧失民事行为能力时,依法承担监护责任。老年人未事先确定监护人的,其丧失或者部分丧失民事行为能力时,依照有关法律的规定确定监护人。"《民法典》立足我国实际情况,借鉴国外立法例,将意定监护的适用范围确定为所有具有完全行为能力的成年人,充分体现了民事主体的意思自治,是一项重大的立法创新。

意定监护制度的要义是:(1) 预订协议。意定监护是具有完全民事行为能力的自然人对自己将来监护事务作出的安排,其依据是该自然人与其近亲属、其他愿意担任监护人的个人或者组织经协商订立的书面协议。其他愿意担任监护人的个人或组织与自然人订立此等协议,无须如同法定监护那样"经被监护人住所地的居民委员会、村民委员会或者民政部门同意"。(2) 附条件生效。在意定监护情况下,自然人在与他人订立监护协议时是具有完全民事行为能力的自然人,因此意定监护协议并非自成立时生效,而是在"该成年人丧失或者部分丧失民事行为能力"(经法定程序被认定为无民事行为能力人或限制民事行为能力人)时生效,协商确定的监护人方能履行监护职责。① 换言之,若前述情形未发生,则意定监护协议不生效。(3) 优先适用。在成年人经法定程序被认定为无民事行为能力人或限制民事行为能力人的情况下,若无意定监护协议,自应依《民法典》第28条确定其监护人(即适用法定监护);如事先立有意定监护协议,则应依监护协议确定监护人,亦即排除法定监护的适用。

3. 监护人的确定和指定

监护人的确定,是指在依法具有监护资格的人中确定由何人担任监护人、履行监护职责。对此,我国民法确立了两项规则:(1) 依序确定,即按照法律规定的顺序确定未成年人和成年人的监护人(《民法典》第27条、第28条),依法具有监护资格的人不得"越位"担任监护人;(2) 协议确定,也称协议监护,即通过协商确定监护人。《民法典》第30条规定:"依法具有监护资格的人之间可以协议确定监护人。协议确定监护人应当尊重被监护人的真实意愿。"依此规定,协议监护应遵循以下要求:其一,协议主体是依法具有监护资格的人,即《民法典》第27条、第28条规定的具有监护资格的个人或组织。但有监护能力的未成年人的父母对其子女负有不可推卸的监护职责,应被排除于协议主体之外;换言之,对于未成年人,协议监护仅适用于其父母死亡或丧失监护能力,由父母之外具有监护资格和监护能力的人协商确定监护人的情形。其二,协议监护属于法定监护的范畴,协议确定的监护人必须从具有监护资格的人之中产生(且只能在协议主体之间产生),不得在此范围之外确定监护人。其三,协议监护应遵循监护人顺位的规定,非经先顺位监护人同意,后顺位监护人不能成为协议确定的监护人。其四,协议确定监护人应当尊重被监护人的真实意愿。被监护人虽为无民事行为能力人或限制民事行为能力人,但仍有一定的认知能力和表达能力;鉴于协议确定监护人对被监护人利益影响重大,故监护人的确定应探询和尊重被监护人的真实意愿,对其强烈要求或排斥某人担任监护人之意愿,尤其应当充分考量。

监护人的指定,是指在对监护人的确定产生争议时由特定主体(指定人)在具有监护资格的个人或单位之中选定监护人的制度。对此,《民法典》第31条作了具体规定,其主要内容包括:(1) 指定的前提是"对监护人的确定有争议",包括具有监护资格的人争当监护人和相互推诿不愿担任监护人所发生的争议。因对监护人的确定发生争议致使被监护人的人身权利、财产权利以及其他合法权益处于无人保护状态的,在指定监护人前,由被监护人住所地的居民委员会、村民委员会、法律规定的有关组织或者民政部门担任临时监护人(即"临时监护")。(2) 指定的途径有二:一是由被

---

① 基于意定监护协议的人身利益属性,应赋予委托方在协议生效前的任意撤销权。

监护人住所地的居民委员会、村民委员会或者民政部门指定监护人(修改了《民法通则》规定的由未成年人的父母所在单位和成年被监护人所在单位指定监护人的内容,将民政部门列入指定人范围),有关当事人对指定不服的,可以向人民法院申请指定监护人;二是有关当事人直接向人民法院申请指定监护人(修改了《民法通则》对诉前指定程序的规定)。(3)指定人应当尊重被监护人的真实意愿,按照最有利于被监护人的原则在依法具有监护资格的人中指定监护人。指定监护人应当在具有监护资格的人中选定,可不受监护人顺位的限制,但应以被监护人的真实意愿(主观因素)和最有利于被监护人原则(客观因素)作为指定监护人的基本依据。(4)指定监护的效力。监护人被指定后,不得擅自变更;擅自变更的,不免除被指定的监护人的责任。具有监护资格的人被指定为监护人后,应履行监护职责,不得推卸,不得擅自变更;如因主客观原因需变更监护人,仍应经原指定人决定。

(二)监护的终止

监护关系之存续,须满足两个基本条件:一是被监护人一方需要监护(具有必要性);二是监护人一方具有监护能力(具有可能性)。否则,监护关系将终止。根据《民法典》第39条的规定,有下列情形之一的,监护关系终止:(1)被监护人取得或者恢复完全民事行为能力;(2)监护人丧失监护能力;(3)被监护人或者监护人死亡;(4)人民法院认定监护关系终止的其他情形(如监护人被人民法院剥夺监护资格)。在监护关系因监护人一方原因(如死亡、丧失监护能力、被撤销监护人资格)而终止的情况下,被监护人仍需要监护的,应当依法另行确定监护人。

三、监护人的职责

(一)监护职责的内容

《民法典》第34条第1款规定:"监护人的职责是代理被监护人实施民事法律行为,保护被监护人的人身权利、财产权利以及其他合法权益等。"具体而言,监护人的职责主要包括以下几个方面:

1. 权益保护。对被监护人权益的保护是监护人的基本职责,主要包括两个方面:一是保护被监护人的人身安全,防止与排除其生命、健康等人格权益遭受他人的不法侵害。被监护人由于智力、精神健康方面的原因,对自己的人身安全和其他人格权益缺乏应有的自我保护能力,监护人应当采取适当措施,保护被监护人的人身安全和身心健康,预防与排除不法侵害。对此,《中华人民共和国未成年人保护法》(以下简称《未成年人保护法》)设专章对未成年人的父母和其他监护人的监护职责作了具体规定。二是保护被监护人的财产权益。对于被监护人的财产,监护人负有保护与管理之责,既要防止他人的不法侵害,又要妥善管理与使用,尽量避免和降低被监护人财产使用和处分的风险;监护人应当将自己的财产与被监护人的财产予以区分管理,不可混为一体;不得自己决定通过赠与、买卖等方式接受被监护人的财产;非为被监护人利益,不得转让、出售、出借被监护人的财产,更不得将其赠与他人(包括公益捐赠)。

2. 事务代理。《民法典》第23条规定:"无民事行为能力、限制民事行为能力人的监护人是其法定代理人。"监护制度的首要目的就在于弥补被监护人民事行为能力的不足,监护人作为被监护人的法定代理人,可以以被监护人的名义进行民事活动,实现其民事权益。监护人对被监护人的事务代理主要体现在两个方面:一是代理被监护人实施民事法律行为,如代理被监护人购买房产、订立演出合同等。如果被监护人的生活、教育等开支是由监护人自己承担的,则监护人无须以代理人的身份实施相关民事法律行为;只有在被监护人有自己的独立财产且以该财产进行民事活动,以及订立以被监护人为履约主体的有偿演出合同、被监护人作为继承人参与遗产分配等情形下,监护人才有必要以被监护人的名义实施民事法律行为。二是代理被监护人参加民事诉讼。当被监护人的人身或财产权益受到侵害时,监护人应当代理被监护人提起诉讼,并以法定代理人身份参加诉讼活动,行使诉讼权利,履行诉讼义务。当被监护人因损害他人人身或财产权益而成为民事诉讼的被告时,监护人也应当以法定代理人的身份代理被监护人应诉,参加民事诉讼。根据我国《民事诉讼法》的规定,监护人作为法定代理人参加诉讼时,可以委托1至2人作为其诉讼代理人(《民事诉讼法》第61条第1款)。

3. 教育与管束。对于未成年人,监护人特别是父母除满足其日常生活需要外,还应当在道德品质、生活知识与技能方面对其进行教育与管束,帮助未成年人健康成长,防止其实施侵害他人合法权益、危害社会的行为。对于成年的被监护人,监护人也负有照顾、监督与管束之责,应采取积极措施为其医治疾病,并对其失智行为加以必要的约束,防止致害行为。

(二) 监护职责的履行

1. 履行监护职责的原则。监护人履行监护职责,应当遵循以下两项原则(《民法典》第35条):一是最有利于被监护人原则。监护人履行监护职责,无论是权益保护、事务代理还是教育与管束,在实施具体履责行为时,均应当权衡各方面因素,择优而为,选择最有利于被监护人的方案或方式(如未成年人教育安排、精神病人治疗与护理方案、被监护人财产管理方案)。至于何为"最有利于被监护人",应依社会一般观念予以判定。《民法典》第35条第1款特别规定:"监护人除为维护被监护人利益外,不得处分被监护人的财产。"二是尊重被监护人意愿原则。未成年人的监护人履行监护职责,在作出与被监护人利益有关的决定时,应当根据被监护人的年龄和智力状况,尊重被监护人的真实意愿(《民法典》第35条第2款)。成年人的监护人履行监护职责,应当最大限度地尊重被监护人的真实意愿,保障并协助被监护人实施与其智力、精神健康状况相适应的民事法律行为。对被监护人有能力独立处理的事务,监护人不得干涉(《民法典》第35条第3款)。

2. 履行监护职责所产生的权利。《民法典》第 34 条第 2 款规定:"监护人依法履行监护职责产生的权利,受法律保护。"所谓依法履行监护职责所产生的权利,是指监护人在履行监护职责过程中所享有的权利,例如对被监护人医疗方案的知情同意权、对被监护人财产的管理与处分权、对被监护人民事与诉讼事务的法定代理权等。上述权利均为监护人履行监护职责所必需,任何单位和个人不得剥夺,也不得对其行使加以干预。

3. 不履行监护职责的责任。《民法典》第 34 条第 3 款规定:"监护人不履行监护职责或者侵害被监护人合法权益的,应当承担法律责任。"监护人在监护关系中的民事责任主要包括以下几种情形:一是监护人不履行(怠于履行或不当履行)监护职责,致使被监护人的人身、财产权益受到损害的,应承担民事责任;二是监护人侵害被监护人合法权益的,应承担民事责任;三是监护人应对被监护人对他人造成的侵权损害承担民事责任(《民法典》第 1188 条)。

《民法典》第 34 条第 4 款规定,因发生突发事件等紧急情况,监护人暂时无法履行监护职责,被监护人的生活处于无人照料状态的,被监护人住所地的居民委员会、村民委员会或者民政部门应当为被监护人安排必要的临时生活照料措施。该规定并未赋予被监护人住所地的居民委员会、村民委员会或者民政部门监护人地位,仅使其担负在突发重大疫情等紧急事件、监护人暂时无法履行监护职责的情形下对被监护人实施必要救助的义务。

四、监护人资格的撤销与恢复

(一) 监护人资格的撤销

1. 监护人资格的撤销事由与程序

监护人资格的撤销,是指人民法院根据有关个人或者组织的申请,基于特定事由,撤销某个人或组织监护人资格并为被监护人另行指定监护人的司法行为。对此,《民法典》在《民法通则》(第 18 条第 3 款)、《未成年人保护法》(第 108 条)等法律和有关司法解释的基础上作了较为系统的规定。

根据《民法典》第 36 条第 1 款的规定,监护人有下列情形之一的,其监护人资格可以依法被撤销:(1) 实施严重损害被监护人身心健康的行为(如虐待、遗弃等);(2) 怠于履行监护职责,或者无法履行监护职责并且拒绝将监护职责部分或者全部委托给他人,导致被监护人处于危困状态(如因沾染吸毒、赌博等恶习而怠于履行监护职责,使被监护人处于无人照管、衣食无着的危困状态);(3) 实施严重侵害被监护人合法权益的其他行为(如利用未成年人实施犯罪行为)。

监护人资格的撤销须遵循以下程序:(1) 有关个人或者组织提出撤销申请。有关个人和组织包括:其他依法具有监护资格的人、居民委员会、村民委员会、学校、医疗机构、妇女联合会、残疾人联合会、未成年人保护组织、依法设立的老年人组织、民政部门等。上述个人和民政部门以外的组织未及时向人民法院申请撤销监护人资格的,民政部门应当向人民法院申请(《民法典》第 36 条第 2 款、第 3 款)。申请人范围之广及由民政部门申请的保障性(兜底性)规定,体现了保护被监护人利益的"公益"属性。(2) 人民法院作出撤销决定。人民法院对有关个人或者组织提出的撤销申请及相关证据进行审查,查明确有法律规定的撤销事由的,应作出撤销被申请人监护人资格的决定。为了切实保护被监护人的人身、财产权益,法律规定人民法院在决定撤销监护人的监护资格的同时,负有两项义务:一是安排必要的临时监护措施,如为了避免原监护人对被监护人继续实施加害行为,或在查明被监护人的人身权利、财产权利以及其他合法权益处于无人保护状态后,指定被监护人住所地的居民委员会、村民委员会、法律规定的有关组织或者民政部门担任临时监护人(《民法典》第 31 条第 3 款);二是依据最有利于被监护人的原则依法为其指定新的监护人。

2. 监护人资格撤销后法定义务的存续

《民法典》第 37 条规定:"依法负担被监护人抚养费、赡养费、扶养费的父母、子女、配偶等,被人民法院撤销监护人资格后,应当继续履行负担的义务。"根据我国婚姻法的有关规定,父母、子女之间互负抚养、赡养义务,夫妻之间互负扶养义务,祖父母、外祖父母与孙子女、外孙子女之间互负抚养、赡养义务,兄、姐与弟、妹之间互负扶养义务。特定亲属之间的抚养、赡养、扶养义务具有法定性,既非基于监护关系的成立而产生,也不因监护关系的终止而免除。因此,对被监护人负有上述义务的人即使被依法撤销监护资格,也仍应继续履行其法定义务。

(二) 监护人资格的恢复

监护人的监护资格被依法撤销后,如果确有悔改表现,且有继续担任监护人的意愿和能力,如其申请恢复监护人资格,在符合最有利于被监护人原则和尊重被监护人真实意愿原则的前提下,不宜一概予以否定。对此,我国司法实践中已经进行了一定的探索。①《民法典》第 38 条在总结司法实践经验的基础上对监护人资格的恢复作了新的规定。

1. 适用对象。《民法典》对监护人资格恢复的适用对象作了较为严格的限制。其一,只有被监护人的父母或子女被撤销监护人资格后可能恢复监护人资格,其他被依法撤销监护人资格的个人或单位不得恢复。法律作此限制,是考虑父母与子女间具有最为亲密的关系,允许其恢复监护人资格符合最有利于被监护人原则。其二,监护人资格的恢复不适用于曾对被监护人实施故意犯罪行为之人(至于其监护人资格是否因对被监护人实施故意犯罪行为而被撤销,在所不问)。《最高人民法院、最高人

---

① 《最高人民法院、最高人民检察院、公安部、民政部关于依法处理监护人侵害未成年人权益行为若干问题的意见》第 40 条第 1 款规定:"人民法院经审理认为申请人确有悔改表现并且适宜担任监护人的,可以判决恢复其监护人资格,原指定监护人的监护人资格终止。"

民检察院、公安部、民政部关于依法处理监护人侵害未成年人权益行为若干问题的意见》第40条第2款规定:"申请人具有下列情形之一的,一般不得判决恢复其监护人资格:(一)性侵害、出卖未成年人的;(二)虐待、遗弃未成年人六个月以上、多次遗弃未成年人,并且造成重伤以上严重后果的;(三)因监护侵害行为被判处五年有期徒刑以上刑罚的。"《民法典》对此类除外情形作了扩张,规定只要对被监护人实施了故意犯罪行为,即不可恢复监护资格,盖因对被监护人实施故意犯罪表明行为人主观恶性和社会危害性较大,改正难度也较大,故被排除在外。

2. 恢复条件。根据《民法典》的规定,恢复监护人资格须符合以下条件:其一,尊重被监护人真实意愿,这是恢复申请人监护人资格的前提条件。申请恢复监护人资格者多是曾对被监护人身心健康或其他合法权益造成损害之人,双方在情感上也可能发生隔阂,因此人民法院在受理其申请后应征询和尊重被监护人意见,若其明确表示反对,则不宜作出恢复决定。其二,申请人被撤销监护人资格后确有悔改表现,这是恢复其监护人资格的核心条件。所谓"确有悔改表现",是指申请人通过实际行动表明其已对自己侵害被监护人的行为表示悔改,且重蹈覆辙的可能性极小。其三,参酌其他相关情况。即使符合上述两项条件,人民法院仍应"视情况"即综合考虑各方面情况决定是否恢复申请人监护人资格。例如,考虑到申请人尚在服刑阶段,由指定监护人继续履行监护职责对被监护人学习与生活更为有利,人民法院即可作出暂不恢复申请人监护资格的决定。

3. 恢复程序与法律后果。恢复监护人资格须经被撤销资格者本人申请,由人民法院决定。人民法院作出恢复申请人监护人资格的决定一经生效,先前指定的监护人与被监护人之间的监护关系即告终止。

第三节 宣告失踪和宣告死亡

一、宣告失踪

(一)宣告失踪的概念

宣告失踪,是指自然人下落不明达到法定期限,经利害关系人申请,由人民法院宣告其为失踪人,并为其设立财产代管人的法律制度。

由于走失、隐匿、自然灾害等主客观原因,自然人离开其住所而下落不明之事常有发生。如历时已久仍无音讯,甚至生死未卜,与此人相关的民事法律关系(如婚姻关系、债务关系)就会处于不确定状态。为了终止这种不确定状态,既保护失踪人本人利益,又保护利害关系人利益,进而维护社会经济秩序的稳定,各国民法均设立了针对自然人失踪的宣告制度。对此主要有三种立法例:其一是单一的失踪宣告制,以《法国民法典》为代表;其二是单一的死亡宣告制,以《德国民法典》为代表;其三是失踪宣告与死亡宣告并行的双重宣告制,以《苏俄民法典》为代表。受苏联民法的影响,我国《民法通则》采取的是双重宣告制,《民法典》也承袭了这一体例,分别对宣告失踪、宣告死亡作了规定。

(二)宣告失踪的条件

根据《民法典》第40条的规定,宣告失踪应具备下列条件:

1. 自然人下落不明满2年。所谓下落不明,是指自然人离开其最后居住地后失去音讯、利害关系人不知其所在(通常也意味着生死不明)的事实状态。下落不明满2年,是指下落不明的状态持续存在已满2年(若其在2年内重现,后又不知下落,即2年期间应重新起算)。根据《民法典》第41条的规定,自然人下落不明的时间从其失去音讯之日起计算;战争期间下落不明的,下落不明的时间自战争结束之日或者有关机关确定的下落不明之日起计算。

2. 经利害关系人申请。自然人下落不明满2年的,唯有其利害关系人具有申请宣告其失踪的法律资格,且未经申请不得宣告。利害关系人,具体包括被申请宣告失踪人的配偶、父母、子女、兄弟姐妹、祖父母、外祖父母、孙子女、外孙子女以及其他与被申请人有民事权利义务关系的人。上述利害关系人提出宣告失踪的申请没有顺序限制,也无权阻止他人提出申请。

3. 由人民法院依法定程序宣告。人民法院是唯一有权宣告自然人失踪的国家机关。宣告自然人失踪案件由被宣告失踪人住所地的基层人民法院管辖(住所地与居住地不一致的,由最后居住地的基层人民法院管辖),人民法院审理宣告失踪的案件,依据民事诉讼法规定的特别程序进行(《民事诉讼法》第190—193条)。具体而言,人民法院受理失踪宣告案件后,应当查明被宣告失踪人的财产,指定临时管理人或者采取诉讼保全措施,发出寻找失踪人的公告(公告期为3个月)。公告期届满后,被宣告失踪人失踪的事实得到确认,即应作出宣告失踪的判决,同时指定失踪人的财产代管人。

(三)宣告失踪的法律后果

宣告失踪的主要法律后果是为失踪人设定财产代管人,对其财产实行代管。

1. 财产代管人。根据《民法典》第42条的规定,失踪人的财产由其配偶、成年子女、父母或者其他愿意担任财产代管人的人代管。代管有争议,或者没有前款规定的人,或者前款规定的人无代管能力的,由人民法院指定的人代管。人民法院指定失踪人的财产代管人,应当根据有利于保护失踪人财产的原则指定。无民事行为能力人、限制民事行为能力人失踪的,其监护人即为财产代管人。

2. 财产代管职责与责任。根据《民法典》第43条的规定,失踪人财产代管人的主要职责是:妥善管理失踪人的财产(包括收取应得款项),维护其财产权益;从失踪人的财产中支付失踪人所欠税款、债务和应付的其他费用(包括赡养费、扶养费、抚育费和因代管财产所需的管理费等必要的费用)。财产代管人因故意或者重大过失造成失踪人财产损失的,应当承担赔偿责任。

3. 财产代管人的变更。根据《民法典》第44条的规定,财产代管人的变更有两种情形:一是财产代管人不履行代管职责、侵害失踪人财产权益或者丧失代管能力的,失踪人的利害关系人可以向人民法院申请变更财产代管人;二是财产代管人有正当理由的,可以向人民法院申请变更财产代管人。人民法院变更财产代管人的,变更后的财产代管人有权要求原财产代管人及时移交有关财产并报告财产代管情况。

(四)失踪宣告的撤销

失踪宣告的前提条件和事实依据是自然人下落不明,若这一条件不复存在,则失踪宣告失去存续理由。因此,《民法典》第45条第1款规定:"失踪人重新出现,经本人或者利害关系人申请,人民法院应当撤销失踪宣告。"依此规定,撤销失踪宣告以失踪人重新出现(或获知其下落)、本人或者利害关系人提出撤销申请为条件,由原宣告失踪法院依据民事诉讼法规定的特别程序经查证属实后作出新判决,撤销原判决(《民事诉讼法》第193条)。失踪人重新出现后(无论原失踪宣告是否被撤销),有权要求财产代管人及时移交有关财产并报告财产代管情况(《民法典》第45条第2款)。

二、宣告死亡

(一)宣告死亡的概念

宣告死亡,是指自然人下落不明达到法定期限,经利害关系人申请,由人民法院宣告其死亡,并使其产生相应法律效果的制度。

宣告死亡与宣告失踪在条件和程序上有相似之处(自然人下落不明达到法定期限、经利害关系人申请、由人民法院宣告),但二者在我国民法上是独立、并存的制度。[①] 二者的区别主要表现在:就目的而言,宣告死亡是为了终结失踪人所涉各类民事法律关系,重在维护利害关系人权益,宣告失踪则是为了消除失踪人财产关系的不稳定状态,重在维护失踪人权益;就条件而言,宣告死亡与宣告失踪在下落不明的法定期限、法院公告期限等方面存在差异;就法律后果而言,宣告死亡产生与自然死亡基本相同的法律后果,宣告失踪则仅产生对失踪人财产实行代管的法律后果。

(二)宣告死亡的条件

1. 自然人下落不明达到法定期限。《民法典》第46条规定:"自然人有下列情形之一的,利害关系人可以向人民法院申请宣告该自然人死亡:(一)下落不明满四年;(二)因意外事件,下落不明满二年。因意外事件下落不明,经有关机关证明该自然

[①] 《民通意见》(已失效)第29条规定:"宣告失踪不是宣告死亡的必须程序。公民下落不明,符合申请宣告死亡的条件,利害关系人可以不经申请宣告失踪而直接申请宣告死亡。但利害关系人只申请宣告失踪的,应当宣告失踪;同一顺序的利害关系人,有的申请宣告死亡,有的不同意宣告死亡,则应当宣告死亡。"

人不可能生存的,申请宣告死亡不受二年时间的限制。"其中,4年为宣告死亡的普通期限,2年为特别期限,2年以下属法律关于宣告死亡期限的特别规定(参见《民事诉讼法》第191条)。自然人下落不明的起算时间,与宣告失踪相同(《民法典》第41条)。

2. 经利害关系人申请。有权申请宣告自然人死亡的利害关系人范围与申请宣告失踪的利害关系人范围相同。《民通意见》第25条规定了申请宣告死亡的利害关系人的顺序,即:(1)配偶;(2)父母、子女;(3)兄弟姐妹、祖父母、外祖父母、孙子女、外孙子女;(4)其他有民事权利义务关系的人(申请撤销死亡宣告不受上列顺序限制)。《民法典》对此未作规定,意即对申请人不作顺序限制,但借鉴了《民通意见》第29条的部分内容:"对同一自然人,有的利害关系人申请宣告死亡,有的利害关系人申请宣告失踪,符合本法规定的宣告死亡条件的,人民法院应当宣告死亡。"(《民法典》第47条)

3. 由人民法院依法定程序宣告。宣告自然人死亡案件的管辖法院与宣告失踪案件相同,人民法院审理宣告死亡的案件也适用民事诉讼法规定的特别程序。人民法院受理宣告死亡案件后,应发出寻找失踪人的公告,公告期间为1年;因意外事故下落不明,经有关机关证明其不可能生存的,公告期间为3个月(《民事诉讼法》第192条第1款)。公告期间届满失踪人仍下落不明的,人民法院应作出宣告死亡的判决;若认定失踪人下落不明的主张不能成立,或者公告期内失踪人重新出现或已获知其下落,则应驳回宣告死亡之申请(《民事诉讼法》第192条第2款)。被宣告死亡的人,人民法院宣告死亡的判决作出之日视为其死亡的日期;因意外事件下落不明宣告死亡的,意外事件发生之日视为其死亡的日期(《民法典》第48条)。

(三) 宣告死亡的法律后果

宣告死亡是人民法院对失踪人作出的"视为"其死亡(不是"推定"其死亡)[①]的司法确认,产生与自然死亡相同的法律效果,即以被宣告死亡人原住所地为中心的、被宣告死亡人所涉的民事法律关系归于消灭。具体而言:

1. 人身关系。自然人被宣告死亡意味着其主体资格消灭,所涉身份关系也归于消灭;婚姻关系消灭,其配偶可与他人结婚(《民法典》第51条)[②];父母关系、子女关系等身份关系也归于消灭。至于其人格利益,在其重新出现前只能作为"死者人格利益"(如死者名誉、隐私)得到法律保护。

2. 财产关系。自然人被宣告死亡的,其所涉财产关系也将发生变动或终结。其一,其财产将作为遗产,依继承法由遗嘱继承人或法定继承人继承,或移转于受遗赠

---

① 二者的区别在于利害关系人是否有可能不待撤销死亡宣告,通过证明其生存从而否定因其被宣告死亡所产生的法律后果,如保险金给付。
② 此种消灭仅对被宣告人的配偶发生效力,其本人若在被宣告死亡期间在他处与他人结婚,仍构成重婚。

人;没有继承人和受遗赠人的,归国家所有(用于公益事业)或归被宣告死亡者生前所在的集体所有制组织所有(《民法典》第1160条)。

(四)死亡宣告的撤销

被宣告死亡的人如果在其住所地重新出现或者确知其仍然生存,宣告死亡的事实基础即不复存在。对此,《民法典》第50条规定:"被宣告死亡的人重新出现,经本人或者利害关系人申请,人民法院应当撤销死亡宣告。"[1]《民事诉讼法》第193条对此也作了程序性规定(经本人或者利害关系人申请,由人民法院作出新判决,撤销原判决)。

死亡宣告被撤销,意味着被宣告者"死而复生",对因其被宣告死亡而产生的法律后果(民事法律关系)将产生影响和冲击。对此,《民法典》在总结《民法通则》(第25条)、《民通意见》(第37—40条)的立法和实践经验的基础上作了规定:

1. 婚姻关系。死亡宣告被撤销的,婚姻关系自撤销死亡宣告之日起自行恢复,但是其配偶再婚或者向婚姻登记机关书面声明不愿意恢复的除外(《民法典》第51条)。法律之所以规定被宣告死亡人的婚姻关系自死亡宣告之日起消灭,主要是考虑到其配偶的婚姻自由;若死亡宣告被撤销后其配偶并未再婚[2],则表明其婚姻基础仍然存在,故法律规定其婚姻关系自行恢复;但为了体现对其配偶婚姻自主权的尊重,《民法典》改变了《民法通则》所采取的宽泛型"自行恢复"立场,将"其配偶向婚姻登记机关书面声明不愿恢复"排除在外(该书面声明无须婚姻登记机关同意和作登记)。

2. 收养关系。被宣告死亡的人在被宣告死亡期间,其子女被他人依法收养的,在死亡宣告被撤销后,不得以未经本人同意为由主张收养关系无效(《民法典》第52条)。若经当事人同意解除收养关系,则另当别论。

3. 财产关系。(1)继承人或受遗赠人的返还和补偿义务。被撤销死亡宣告的人有权请求依照继承法取得其财产的民事主体返还财产。无法返还的,应当给予适当补偿(《民法典》第53条第1款)。若其财产经继承人或受遗赠人由第三人合法取得(无论有偿或无偿),则被撤销死亡宣告的人无权请求第三人返还。(2)利害关系人的返还与赔偿责任。利害关系人隐瞒真实情况,致使他人被宣告死亡而取得其财产的,除应当返还财产外,还应当对由此造成的损失承担赔偿责任(《民法典》第53条第2款)。

第四节 个体工商户、农村承包经营户

一、个体工商户、农村承包经营户的概念和法律地位

(一)个体工商户的概念

《民法典》第54条规定:"自然人从事工商业经营,经依法登记,为个体工商户。

---

[1] 对该条中的"重新出现"应作扩张解释,包括确知其仍然生存。
[2] 《民通意见》(已失效)第37条规定,其配偶再婚后又离婚或者再婚后配偶又死亡的,不得认定夫妻关系自行恢复。

个体工商户可以起字号。"据此,所谓个体工商户,是指经依法登记从事工商业经营的自然人。个体工商户具有以下特征:

1. 属自然人主体范畴。个体工商户是自然人以其个人或家庭财产为经营资本从事个体经营的法律形式,虽以"户"为称谓,但本质上仍属于自然人这一类民事主体范畴(我国民法未一般性承认家与户的独立民事主体地位)。

2. 经依法登记而成立。自然人经个人经营者本人或家庭成员中主持经营者提出申请,由工商行政管理部门登记,领取个体工商户营业执照,方可取得个体工商户资格(2011年公布实施的《个体工商户条例》对个体工商户的登记机关、登记申请、登记事项等作了具体规定)。

3. 从事工商业经营。个体工商户为从事工商业经营而设立的市场交易主体,具有商事主体属性。个体工商户的经营范围应从广义上的"工商业经营"理解,即只要不属于法律、行政法规禁止个体经营者从事的市场经济活动,个体工商户均可以开展经营。

4. 以自己的名义进行民事活动。个体工商户可以起字号,经核准登记后使用。有字号的个体工商户可以以字号进行民事活动;没有字号的,以户的名义(即工商行政管理部门登记的经营者的名义)进行民事活动。

(二) 农村承包经营户的概念

《民法典》第55条规定:"农村集体经济组织的成员,依法取得农村土地承包经营权,从事家庭承包经营的,为农村承包经营户。"农村承包经营户具有以下特征:

1. 属自然人主体范畴。农村承包经营户是农村集体经济组织(农民集体)成员以户为单位对集体土地进行承包经营的一种主体形式,由于我国民法未一般性承认农户的独立民事主体地位,故其仍属于自然人这一民事主体范畴。

2. 依法取得土地承包经营权。农村承包经营户的产生,以农村集体经济组织(农民集体)成员依法取得土地承包经营权为必要条件。土地承包经营权是我国物权法上的一种用益物权,根据我国《民法典》《中华人民共和国农村土地承包法》(以下简称《农村土地承包法》)的规定,承包集体土地须与土地所有人订立土地承包合同,土地承包经营权自土地承包合同生效时设立(《民法典》第333条第1款)。

3. 从事家庭承包经营。根据《农村土地承包法》的规定,农村土地承包可以采取两种承包方式:一是家庭承包,即由农村集体经济组织内部的农户承包;二是其他方式的承包,即对不宜采取家庭承包方式的荒山、荒沟、荒丘、荒滩等农村集体土地,采取招标、拍卖、公开协商等方式由农民集体成员或农民集体组织以外的经营者承包。农村承包经营户,仅限于对农村集体土地从事家庭承包的农村集体经济组织成员(农户)。至于其经营范围,《民法通则》规定为"按照承包合同规定从事商品经营"(《民法通则》第27条),《民法典》则泛称为"家庭承包经营"(《民法典》第55条),体现了尊重农村承包经营户自主经营权(法无禁止即可为)的立法理念。

(三) 个体工商户、农村承包经营户的法律地位

个体工商户、农村承包经营户(简称"两户")是《民法通则》(已失效)创设的立法用语(规定于"自然人"一章)。赋予"两户"特殊法律地位,对于解放我国被"一大二公"思想长期禁锢的生产力、促进城乡经济的发展具有一定的历史意义。对于个体工商户的法律地位,学术界存在"自然人说""非法人组织说""自然人(一人经营者)或合伙(二人以上经营者)说"等不同认识[1];对于农村承包经营户,也存在"自然人说""非法人组织说"和"家庭合伙说"等不同见解。[2]《民法典》起草过程中,关于"两户"制度的存废也存在不同主张。[3] 考虑到个体工商户数量庞大(截至2016年年底达5929万户),在经济生活中仍扮演重要角色;农村承包经营户是我国农村实行家庭承包为基础、统分结合的双重经营体制的重要载体之一,其主体资格问题直接涉及2.3亿农户的权益,立法机关保留了对"两户"的规定,且仍将其放置于"自然人"一章,作为自然人主体的特殊法律形态。

二、个体工商户、农村承包经营户的债务承担

根据《民法典》第56条第1款的规定,个体工商户的债务承担应区分三种情形处理:(1) 个人经营的,以个人财产承担。如夫妻一方从事个体经营,经营收入属于夫妻共同财产的,其债务也应以夫妻共同财产清偿(《民通意见》第43条)。[4] (2) 家庭经营的,以家庭财产承担。所谓家庭经营,既包括个体工商户登记为家庭经营且参加经营的家庭成员已备案的情形,也包括登记为个人经营、实际为家庭成员共同经营的情形。所谓家庭财产,应包括参加经营的家庭成员的共同财产及其个人财产。(3) 无法区分个人经营或家庭经营的,以家庭财产承担。例如,个体工商户系以个人名义登记,但以家庭共有财产投资,或者收益由家庭成员共同享有,即可认定为"无法区分,"经营所生债务应由家庭共有财产承担(《民通意见》第42条)。

根据《民法典》第56条第2款的规定,农村承包经营户的债务,以从事农村土地承包经营的农户财产承担;事实上由农户部分成员经营的,以该部分成员的财产承担。该规定对《民法通则》第29条"个人经营的,以个人财产承担;家庭经营的,以家庭财产承担"之规定作了修订,使农村承包经营户的债务承担规则部分有别于个体工商户,即原则上由农户的财产(包括农户成员共同财产及其个人财产)承担,但考虑到有的农户成员因存在分门立户、异地就业等而完全不参与家庭承包经营的情况,《民法典》作出了由农户中实际从事经营的部分成员的财产承担(连带责任)的特别规定。

---

[1] 参见王利明主编:《中华人民共和国民法总则详解》(上册),中国法制出版社2017年版,第231页。
[2] 同上书,第235页。
[3] 参见李适时主编:《中华人民共和国民法总则释义》,法律出版社2017年版,第142—143页;王利明主编:《中华人民共和国民法总则详解》(上册),中国法制出版社2017年版,第234页。
[4] 如果夫妻双方通过约定采取分别财产制且债权人知道的,则仍以经营者个人财产承担。

第三章 法　　人

第一节　法人的概念和分类

一、法人的概念与本质

（一）法人的概念和特征

法人是自然人之外的另一类重要民事主体，但其作为法律概念则出现较晚。罗马法时期，已开始承认国家和地方政府及教堂、寺院、慈善团体享有独立的人格，与其成员相分离，此为社团的起源。① 但此时法人制度尚处于萌芽状态。一般认为，现代法人理论始创于 19 世纪的德国，由萨维尼首倡，海泽（Georg Arnold Heise）在 1807 年首版的《供学说汇纂讲授之用的普通民法体系纲要》一书中将"法人"（Juristische Person）作为民法的一个抽象概念使用，意指与生理人（Physische Person）对称的权利主体。② 《德国民法典》在《普鲁士一般邦法》的基础上将法人作为独立的一类权利主体作了系统规定，开创了现代法人制度的先河。我国也在《民法通则》中对法人制度作了规定，并将法人概念广泛使用于各种单行民事法律中，《民法典》则对法人制度作了改造和完善。

《民法典》第 57 条规定："法人是具有民事权利能力和民事行为能力，依法独立享有民事权利和承担民事义务的组织。"这一定义沿袭了《民法通则》的表述，揭示了法人的以下特征：

1. 法人是社会组织。这是法人与自然人在外观形态上的根本区别（个人与组织之别）。所谓社会组织，是指人们为了实现一定的宗旨、按一定方式设立的组织体。一般而言，社会组织是自然人的集合体，但某些财产的集合体也被民法纳入社会组织的范畴，可依法取得法人资格。因此，法人是由自然人或者财产的集合而成立的社会组织。

2. 法人是具有民事权利能力和民事行为能力的社会组织。这是法人的本质特征，意味着法人可以像自然人一样，作为民事主体以自己的名义参与民事法律关系，

---

① 参见周枏：《罗马法原论》（上册），商务印书馆 1994 年版，第 268 页。
② 参见朱庆育：《民法总论》，北京大学出版社 2013 年版，第 406 页。

享有民事权利并承担民事义务。社会组织林林总总,只有具有民事权利能力和民事行为能力的社会组织才能被称为法人。当然,社会组织必须具备一定条件、经过一定程序才能取得法人资格,具有民事权利能力和民事行为能力。

3. 法人是依法独立享有民事权利承担民事义务的组织。这一特征意味着,法人是具有独立法律人格的社会组织,从而有别于可以自己名义参与民事法律关系、但不具有独立人格的社会组织(非法人组织)。法人的独立人格主要表现在以下几个方面:(1)独立的组织。法人作为一种独立的社会组织,具有健全的组织机构,不依附于其他个人或组织。一方面,法人与其成员(自然人)的主体资格相互独立,不因其成员的增减或部分成员的存亡而影响其存续;另一方面,法人不依附于其他社会组织,具有独立的主体地位。(2)独立的财产。法人的独立财产,即由法人自主支配的财产,既独立于(社团)法人成员的财产和(财团)捐助人的其他财产,也独立于其他组织的财产。(3)独立的责任。在独立组织、独立财产的基础上,法人以自己的名义进行民事活动,享有民事权利,承担民事义务,并以法人的全部财产独立承担民事责任,其成员的财产、捐助人的其他财产不属于法人的责任财产。

法人制度的创立,即赋予社会组织(团体)法律人格、将其拟制为民法上的"人",是民事主体制度的重大发展,既有历史必然性,也有巨大的现实意义。首先,赋予社会组织(团体)法律人格是承认并发挥其作用的必要条件。自然人生而成为民事权利主体,可依其行为能力从事各种民事活动,满足自身的生活需要。随着社会经济的发展,自然人为共同的目的、事业而结成各类社会组织(团体)日显必要和普遍,各类社会组织(团体)以自己的名义参与民事活动、享有民事权利并承担民事义务是社会经济生活的必然要求。若不赋予社会组织(团体)以民事主体资格,则无法妥当处理团体与成员、此团体与彼团体的利益关系并对其行为予以规制,交易安全也不能得到保障。其次,赋予社会组织(团体)法律人格是方便和鼓励交易的制度保障。一方面,社会组织(特别是营利性团体)被赋予独立法律人格后,能够以自己的名义而无须以成员名义参与民事活动,使交易更为便捷,法律关系更为明晰;另一方面,法人独立责任(投资人"有限责任")的制度设计对营利性团体的投资者具有激励作用(免除其以出资以外财产为团体债务承担责任的后顾之忧),加之营利法人特殊的治理结构,使其具有个体经营、合伙经营无法比拟的优势。① 除此之外,对财产的集合赋予法律人格(财团法人),使其具有独自的法律生命,也是确保其稳定存续、促进公益事业发展的客观要求。因此,世界各国莫不将法人制度作为一项重要的法律制度。

(二) 法人的本质

法人的本质,即法人究竟为何物,何以与自然人一样成为可以享有民事权利并承

---

① 合伙也具有团体性,且具有简便灵活的优点,对于现代经济发展贡献甚巨。但合伙仍系基于契约而成立,与各当事人的人格、信用与财产有密切关系,仍未脱离个人因素,仅适用于较小规模的目的事业。

担民事义务的主体,是19世纪德国法学上最具争议的问题,且这种认识分歧一直存在,对各国立法也产生了一定影响。

关于法人本质的学说争议,首先有"法人否定说"与"法人肯定说"之争。"法人否定说"认为,社会生活中除个人及财产外,别无其他权利主体存在,法人不过是为一定目的而存在的无主体财产(目的财产说),或以享有法人财产利益之人为其实质主体(受益人主体说),或以实际管理法人财产之人为法人的本体(管理人主体说)。①"法人肯定说"主张团体可以取得法律人格,又有"法人拟制说"与"法人实在说"之争。②

1. 法人拟制说

19世纪受康德哲学思想(个人本位主体)影响的德国法学家在法律上持唯个人主体论,认为只有伦理上自由的人才当然具有法律人格,法律上权利的基础是自然法上与生俱来的天赋权利,唯有伦理的或生物意义上的人能够取得这些权利。据此,以萨维尼为代表的德国法学家提出了"法人拟制说"。该说认为,法律可以承认法人概念,但必须将其与自然人从根本上区别开来,不能将二者同等对待,只有自然人才是法律上真正的主体,团体人格并不是基于法人的本质产生的,而是法律所拟制的,即法人之为主体,取得人格,是法律规定就某种团体类比自然人拟制的结果,是"纯粹的拟制物"。法人仅仅是一种观念上的整体,所以不具有意思属性和意思能力,也不具有行为能力,其参加民事活动,必须由依法任命的一个或数个自然人来代表,此即法人代表机构。同时,法人不具有自然人的人格属性和身份属性,不能承受自然人那样的人格、身份法律关系。

2. 法人实在说

19世纪末期的德国,国家主体和共同体主义学说得到重视,拉德布鲁赫、基尔克等法学家均主张团体和个人一样是社会的组成部分,具有近似甚至超越个人的实体价值。这种思想表现在法律上,必然主张主体的二元性,认为那些具有实体特点的团体,一如伦理上自由的人,同样具有法律人格,从而与萨维尼等提出的"法人拟制说"形成了对立。依法人实在说,法人作为权利主体不是法律拟制的结果,而是因为社会现实存在像自然人一样坚固而独立的实体——共同体或团体(组织体说)。法人并非观念上的整体,而是有其内在统一性,有不同于个人意思总和的团体意思,本质上是与自然人一样的有机体(有机体说)。这种主张法人为有机体的观点,在后世各国得到广泛赞同。

"法人拟制说"与"法人实在说",各国立法各有取舍。《德国民法典》对此采取了一种中间立场,一方面没有直接规定法人具有意思能力(采拟制说),另一方面在法人

---

① 参见梁慧星:《民法总论》(第五版),法律出版社2017年版,第119—120页。
② 参见龙卫球:《民法总论》(第二版),中国法制出版社2002年版,第320—327页。

对外关系上又将法人与其机关视为一体(采实在说)。《日本民法典》与《德国民法典》基本采相同立场,但学术上多采"法人实在说"。《瑞士民法典》及我国台湾地区"民法"则明确采取"法人实在说"。我国《民法通则》和《民法典》均以"法人实在说"为法人制度的理论基础(如明确宣示法人具有民事行为能力,并规定法人对其法定代表人的职务行为承担民事责任)。

本书认为,当代社会人们已不可能离开团体而生活,承认团体的法律人格乃时代和实践之所需,故"法人实在说"对于法人本质之解释具有更强的说服力。但需指出的是,承认团体的法律人格并不意味着法人与自然人具有完全相同的人格属性,尤其在人格尊严及具体人格、身份权益的保护方面。

二、法人的分类

(一) 传统民法的法人分类

1. 公法人与私法人

公法人与私法人是根据法人设立的法律依据对法人所作的区分。依公法设立的法人为公法人,典型者如国家机关法人;依私法设立的法人为私法人,典型者如公司法人。除设立依据外,公法人与私法人在设立目的和功能方面也存在差异(公法人的设立是为了行使公权力,如行政、司法、监察权力,私法人则无此功能)。

民法本属私法,之所以将公法上的组织体纳入法人的范畴,是因为其在担负公法上职能的同时,亦得以民事主体身份参与某些民事法律关系(如政府发行公债,国家机关购买办公用品、依法承担侵权责任等),此时其就应与其他民事主体居于平等法律地位。是故,公法人可谓法人制度的"副产品",唯有私法人才是纯粹的民事主体。

2. 社团法人与财团法人

这是根据法人设立基础之不同对私法人所作分类。社团法人,是指以自然人(社员)的集合为基础设立的法人,其典型如公司法人、合作社法人;财团法人,是指以一定目的财产即财产的集合体为基础而设立的法人,其典型如基金会法人、慈善团体法人、宗教场所法人等。社团法人与财团法人的主要区别在于:(1) 设立目的不同。社团法人既可基于营利目的设立,也可基于公益目的设立,财团法人只能从事公益目的的事业。(2) 成立基础不同。如上所述,社团法人以"人合"即社员为成立与存续的基础,财团法人则以"财合"为成立与存续的基础(社团法人须有一定财产,财团法人须有管理人,但其对于法人成立与存续的意义大为不同)。(3) 设立人的地位不同。社团法人的发起人在设立后即成为社员(如股东),依法享有社员权,而财团法人的设立人于法人成立后即与法人并不存在法律关系,对法人财产和事务不享有支配、管理权。(4) 设立行为性质不同。社团法人的设立行为为共同法律行为、生前行为,财团法人的设立行为多为单方法律行为,可以是死因行为。(5) 法人机关的不同。社团法人须有意思机关即权力机关(如股东大会)决定法人重大事务,故称自律法人;财团法人唯需依设立人的意思运行,无须意思机关,通常仅设管理机关,故称他律法人。

我国民法未采纳社团法人与财团法人的法人分类(《民法通则》仅对"社会团体法人"作了规定),实践中也存在难分社团法人与财团法人的情形。如我国的非公司制国有企业,从设立基础、设立目的方面考察应属于社团法人,但从其设立程序、设立人地位、法人机关方面考察则近似财团法人;由国家出资设立的大学应属于财团法人,而一些私立(民办)大学则难以称为财团法人。

3. 营利法人、公益法人与中间法人

这是根据法人设立目的之不同对社团法人所作分类(财团法人皆以公益为目的,故无须如此分类)。营利法人,是指以营利为目的并将所得利益分配给其成员(社员)的法人,其典型是公司法人等企业法人。公益法人,以公益事业为目的的法人,如医院、研究机构、学术团体等。中间法人,是指既非为公益目的,也非为营利目的而设立的法人,如商会、行业协会、校友会、合作社等。

营利法人与公益法人的主要区别在于:(1)设立方式不同。营利法人的设立一般采准则主义,特殊情形采许可主义,公益法人的设立则相反。(2)组织形式不同。营利法人只能采取社团法人的形式,公益法人则存在社团法人和财团法人两种形式。(3)行为能力范围不同。营利法人可以从事各种营利性事业并在其成员之间进行利益分配,公益法人则不得从事营利性事业,即使从事某种营利性活动,所得利益也只能归属于法人团体而不得在其成员之间进行分配。

营利法人、公益法人与中间法人之分在我国民法中并未得到完全采纳,但无论是《民法通则》还是《民法典》,都在一定程度上采取了这种以法人设立目的与功能为依据的法人分类方式。

(二) 中国民法对法人的分类

当代中国的法人制度由《民法通则》所创立,对法人的分类也具有鲜明的中国特色。

《民法通则》第三章将法人分为"企业法人"(第二节)和"机关、事业单位和社会团体法人"(第三节)两大类。企业法人依其投资主体可分为全民所有制企业法人、集体所有制企业法人、私营企业法人(有限责任公司)、外商投资企业法人,依其是否采取公司形式分为公司法人与非公司法人;国家机关法人主要指国家行政机关和国家司法机关;事业单位法人(也称国有事业单位)是指国家为了社会公益目的,由国家机关举办或者其他组织利用国有资产举办的,从事教育、科技、文化、卫生等活动的社会服务组织,如学校、医院、文艺团体、科研机构、新闻机构等;社会团体法人是指由自然人或单位自愿组成,为实现会员共同意愿,按照其章程开展活动,非以营利为目的的社会组织,包括各种学会、协会、联合会、研究会、联谊会、商会等。《民法通则》的法人分类,反映了一定历史时期我国对营利性组织(企业)和非营利性组织(机关、事业单位和社会团体)实行分类管理的立法理念,但模糊了不同法人在设立基础(社团与财团)、设立目的(营利性与公益性)方面的界限。

随着我国经济社会的发展,新的组织形式不断出现,法人形态发生了较大变化,《民法通则》关于企业法人、机关法人、事业单位法人和社会团体法人的分类已难以适应新的情况,有必要进行调整完善。在《民法典》起草过程中,关于法人的分类,学界提出了两种建议方案:一种是按照传统民法理论并借鉴国外立法例,分为社团法人和财团法人(此为学界主流观点);二是沿用《民法通则》的思路略加修改,分为营利法人与非营利法人。考虑到《民法通则》采取的法人分类已深入人心及机关、事业单位、一人公司难以纳入"社团"概念等因素,《民法典》遵循《民法通则》关于法人分类的基本思路,并适应社会组织改革发展要求,按照法人设立目的和功能等方面的不同,将法人分为营利法人、非营利法人和特别法人三类(总则编第三章第二节、第三节、第四节)。① 这一分类,部分回应了传统民法上法人分类(尤其是社团法人与财团法人之分)在中国的适用困境,堪称立法上的创举。

1. 营利法人

《民法典》第76条规定:"以取得利润并分配给股东等出资人为目的成立的法人,为营利法人。营利法人包括有限责任公司、股份有限公司和其他企业法人等。"根据这一规定,营利法人的本质特征是"营利性",即其设立目的在于通过从事生产经营活动获取利润并将其分配给出资人。② 营利法人可分为:(1) 公司法人,包括股份有限公司和有限责任公司(包括一人有限责任公司和国有独资公司);(2) 非公司企业法人,包括全民所有制企业法人、集体所有制企业法人、外商投资企业法人;(3) 非企业营利法人,即企业法人外依法取得法人资格的营利性机构(如医疗机构)。

营利法人是市场经济的主要参与者,也是法人制度的立法重点。对营利法人的民法调整,既要保障投资人权益,也要维护债权人利益;既要保障法人的营业自由,也要使其承担社会责任。为此,《民法典》对营利法人作了以下规定:(1) 设立营利法人应当依法制定法人章程(《民法典》第79条);(2) 营利法人应当设权力机构、执行机构、监督机构,并设法定代表人(《民法典》第80条、第81条、第82条);(3) 营利法人的出资人对其滥用出资人权利对法人或者其他出资人造成的损失应当依法承担民事责任(《民法典》第83条第1款);(4) 营利法人的出资人滥用法人独立地位和出资人有限责任,逃避债务,严重损害法人债权人利益的,应当对法人债务承担连带责任(《民法典》第83条第2款);(5) 营利法人的控股出资人、实际控制人、董事、监事、高

---

① 引自李建国副委员长2017年3月在第十二届全国人民代表大会第五次会议上所作《关于〈中华人民共和国民法总则(草案)〉的说明》。
② 营利法人与《民法通则》所称"企业法人"在外延上具有高度重合性。

级管理人员利用关联关系给法人造成损失的,应当承担赔偿责任(《民法典》第 84 条);(6) 营利法人的权力机构、执行机构作出决议违反法律、行政法规、法人章程的,营利法人的出资人可以请求人民法院撤销该决议,但营利法人依据该决议与善意相对人形成的民事法律关系不受影响(《民法典》第 85 条);(7) 营利法人从事经营活动,应当遵守商业道德,维护交易安全,接受政府和社会的监督,承担社会责任(《民法典》第 86 条)。

2. 非营利法人

《民法典》第 87 条规定:"为公益目的或者其他非营利目的成立,不向出资人、设立人或者会员分配所取得利润的法人,为非营利法人。非营利法人包括事业单位、社会团体、基金会、社会服务机构等。"根据这一规定,非营利法人具有以下特征:(1) 基于公益目的或其他非营利目的而设立,前者如慈善基金,后者如学术团体;(2) 不以营利为目的。此类法人一般不得从事经营活动,即使从事法律许可的经营行为,也不得向出资人、设立人或者会员分配所取得的利润。其中,为公益目的成立的非营利法人终止时,不得向出资人、设立人或者会员分配剩余财产(《民法典》第 95 条)。

非营利法人的主要类型包括事业单位法人、社会团体法人、基金会法人、社会服务机构法人等。其中,事业单位法人、社会团体法人在《民法通则》中已作规定,基金会法人、社会服务机构法人则是《民法典》新增规定。基金会法人,是指利用自然人、法人或者其他组织捐赠的财产,以从事公益事业为目的,依法登记而成立的非营利性法人,属于财团法人范畴,如中国残疾人福利基金会、宋庆龄儿童基金会、中华环境保护基金会等。社会服务机构法人,原称民办非企业单位、民办事业单位或民间非营利组织(《民法典》采用了《中华人民共和国慈善法》的称谓),是指企业事业单位、社会团体和其他社会力量以及公民个人利用非国有资产举办的,从事非营利性社会服务活动的社会组织,如非营利性的民办学校、福利院等。此外《民法典》第 92 条还确立了"捐助法人"概念,具体包括两种情形:一是具备法人条件,为公益目的以捐助财产设立的基金会、社会服务机构;二是具备法人条件、依法设立的宗教活动场所(如寺院、教堂、道观等,非指宗教团体)。关于捐助法人,《民法典》作了以下规定:(1) 捐助法人应当依法制定法人章程(《民法典》第 93 条第 1 款);(2) 捐助法人应当设立决策机构、执行机构和监督机构,理事长等负责人按照法人章程规定担任法定代表人(《民法典》第 93 条第 2 款、第 3 款);(3) 捐助人对其捐助财产的适用、管理情况享有知情权(《民法典》第 94 条第 1 款);(4) 对捐助法人作出的违反法律、行政法规、法人章程的决定,捐助人等利害关系人或者主管机关有权请求人民法院撤销,但捐助法人依据该决议与善意相对人形成的民事法律关系不受影响(《民法典》第 94 条第 2 款)。

3. 特别法人

《民法典》第 96 条规定:"本节规定的机关法人、农村集体经济组织法人、城镇农村的合作经济组织法人、基层群众性自治组织法人,为特别法人。"特别法人也是《民法典》独创的概念,其内涵并不明确,只是营利法人、非营利法人之外其他法人组织的统称。《民法典》之所以将特别法人作为一种独立的法人类型,是因为立法者考虑到一些法人组织在设立、变更、终止等方面具有特殊性,难以纳入营利法人和非营利法人的范围。[①]

《民法典》规定的特别法人包括以下几类:(1) 机关法人。机关法人即依法享有国家权力,并因行使职权的需要而具有相应的民事权利能力和民事行为能力的国家机关,包括权力机关法人、行政机关法人、司法机关法人、军事机关法人等。[②] (2) 农村集体经济组织法人。农村集体经济组织是指利用农村集体土地或其他集体财产成立的从事农业经营等活动的经济组织,包括乡镇集体经济组织、村集体经济组织、村民小组集体经济组织。赋予农村集体经济组织法人地位,体现了保障其代表农民集体行使集体土地和其他集体财产所有权、自主开展经营活动的立法宗旨。但根据《民法典》的规定,农村集体经济组织并非当然具有法人地位,而是"依法取得法人资格";同时,法律、行政法规对农村集体经济组织有规定的,依照其规定(《民法典》第 99 条)。农村集体经济组织法人与其他企业法人存在诸多差异,如作为法人财产的集体土地所有权不得转让、不能对其进行破产清算等。(3) 城镇农村的合作经济组织法人。城镇农村的合作经济组织是指城镇劳动者在互助互惠的基础上,自愿联合、共同出资、共同经营、共享收益的经济组织(合作社),包括生产合作社、流通合作社、信用合作社、服务合作社等。关于合作社的法律地位,《民法通则》未作规定,后随着合作经济组织的发展产生了专门立法,如《中华人民共和国农民专业合作社法》(以下简称《农民专业合作社法》)。《民法典》规定,城镇农村的合作经济组织依法取得法人资格;法律、行政法规对城镇农村的合作经济组织有规定的,依照其规定(《民法典》第 100 条)。(4) 基层群众性自治组织法人。基层群众性自治组织,是指居民、村民依法成立的自我管理、自我教育、自我服务的社会组织,主要指居民委员会和村民委员会。对此,我国已颁行《中华人民共和国城市居民委员会组织法》(以下简称《城市居民委员会组织法》)、《中华人民共和国村民委员会组织法》(以下简称《村民委员会组织法》)分别作了规定,《民法典》进一步明确规定,居民委员会、村民委员会具有基层群众性自治组织法人资格,可以从事为履行职能所需要的民事活动;同时规定未设立村集体经济

---

① 参见李适时主编:《中华人民共和国民法总则释义》,法律出版社 2017 年版,第 299 页。
② 有学者认为机关法人不包括立法机关。参见刘凯湘:《民法总论》(第三版),北京大学出版社 2011 年版,第 190 页。

组织的,村民委员会可以依法代行村集体经济组织的职能(《民法典》第101条)。

第二节 法人的民事能力

一、法人的民事权利能力

法人的民事权利能力,是指法律赋予的法人以自己的名义享有民事权利、承担民事义务的资格。法人的民事权利能力从法人成立时产生,到法人终止时消灭(《民法典》第59条)。

法人的民事权利能力与自然人的民事权利能力具有相同内涵,都是其法律人格的体现。但由于法人作为社会组织并不具有自然人所具有的生理与伦理属性,不同类型法人的设立宗旨也各有不同,因此,法人的民事权利能力具有受限制性和差异性的特点:

1. 法人的民事权利能力受法人的自然属性的限制。因法人不是生物体,故其不具有自然人基于自然属性而被赋予的权利能力,如生命权、健康权、肖像权等人格权之权利能力,婚姻、收养、继承等身份方面的权利能力。

2. 法人的民事权利能力受法人目的的限制。法人是为了实现一定目的而设立的社会组织,其目的通常由法律、行政法规或法人章程规定,并由此决定了法人的目的事业范围(如企业法人的经营范围),其权利能力范围也应与其目的事业范围相一致,如机关法人只能从事其履行法定职权所必需的民事活动,不得实施营利性行为。①

3. 法人的民事权利能力范围互有差异。正因为法人的民事权利能力受其目的限制,不同类型(乃至同一类型)法人的权利能力范围也各不相同。如《中华人民共和国合伙企业法》(以下简称《合伙企业法》)第3条规定,国有独资公司、国有企业、上市公司以及公益性的事业单位、社会团体不得成为合伙企业的普通合伙人。而自然人在民事权利能力范围上并无受限制之说,因而不存在差别。

二、法人的民事行为能力

法人的民事行为能力,即法人通过自己的行为取得民事权利并承担民事义务的资格。关于法人有无民事行为能力,各国民法因对法人本质的不同认识而采取了不同主张,采"法人拟制说"者对法人的民事行为能力不作规定(如德国民法),采"法人实在说"者则承认法人有民事行为能力(如瑞士民法)。我国《民法典》在《民法通则》

---

① 关于法人目的限制的性质,有权利能力限制说、行为能力限制说、代表权限制说、内部责任说等学说观点,其探讨意义在于判定法人目的外行为是否有效(如采权利能力限制说应认定为无效,采行为能力限制说则否)。对此我国立法经历了由严至宽的立场变迁,《民法典》第61条第3款体现了"代表权限制说"的立法思想。参见梁慧星:《民法总论》(第五版),法律出版社2017年版,第129—130页。

的基础上,对法人的民事行为能力予以明确认可(《民法典》第 57 条、第 59 条,第 61 条第 2 款)。

与自然人的民事行为能力相比较,法人的民事行为能力也有自身特点:

1. 民事行为能力的产生与消灭。法人的民事行为能力和民事权利能力同时于法人成立时产生,到法人终止时消灭,有民事权利能力即有民事行为能力。而自然人的民事行为能力和民事权利能力在产生和消灭时间上并不一致,其民事行为能力后于民事权利能力取得,且可能先于民事权利能力丧失(依法被宣告为无民事行为能力人),未取得或丧失行为能力并不影响其权利能力的存续。

2. 民事行为能力的范围。法人的民事行为能力和民事权利能力在范围上具有一致性,法人的目的决定了其民事权利能力范围,同时也是其民事行为能力范围,因而不同类型法人的民事行为能力范围是不同的。① 但就同一法人而言,其行为能力范围应具有恒定性,不存在完全行为能力与限制行为能力之分。

3. 民事行为能力的实现。行为能力以意思能力为基础,自然人的民事行为能力由其自身意思能力决定,即以自己的行为实现;法人作为社会组织,其意思是一种团体意思,只能通过一定的形式由特定自然人的意思形成和实现。法人机关和法定代表人就是形成和执行法人团体意思的机构,是法人民事行为能力赖以实现的必要条件。

三、法人的民事责任能力

法人的民事责任能力,是指法人以自己的名义独立承担民事责任的能力(资格)。因其以法人能否实施侵权行为并为此承担民事责任为主要考量标准,故也称为侵权行为能力或不法行为能力。

法人有无民事责任能力,与其有无民事行为能力一样,因对法人本质的不同认识而存在不同主张。根据法人拟制说,法人本身无意思能力,也就无责任能力;或认为法人的法定代表人实质为法人的代理人,而违法行为是不可代理的。根据法人实在说,法人有意思能力,也就有责任能力;法人法定代表人的行为即为法人之行为,侵权行为也不例外。我国民法对法人民事责任能力一贯采取肯定态度(《民法通则》第 43 条、第 121 条),《民法典》也沿袭了这一立场(《民法典》第 62 条、第 176 条)。法人的民事责任能力与其民事权利能力、民事行为能力同时产生,同时消灭。

关于法人(尤其是企业法人)民事责任能力的判定标准,即法人承担民事责任的范围与限度,我国司法实践中曾有不同认识。(1) 经营活动说。此说主要以《民法通

---

① 也有人认为法人的目的事业范围决定其权利能力范围,业务范围决定其行为能力范围,故法人超越业务范围而未超越目的事业范围的行为并非当然无效。参见刘凯湘:《民法总论》(第三版),北京大学出版社 2011 年版,第 202 页。

则》第43条规定为依据:"企业法人对它的法定代表人和其他工作人员的经营活动,承担民事责任。"此说将企业法人法定代表人和其他工作人员的经营活动一概视为企业法人行为而主张由法人承担民事责任,忽视了其经营活动可能属于个人行为的情况,因而有失偏颇。(2)法人名义说。此说主要以《民通意见》第58条规定为依据:"企业法人的法定代表人或其他工作人员,以法人名义从事的经营活动,给他人造成经济损失的,企业法人应当承担民事责任。"该说以"法人名义"对经营活动说的限缩值得肯定,但却未能注意行为人是否有权以法人名义实施相关行为及该行为的实质内容,故也存在缺陷。(3)执行职务说。此说认为,只有法人的法定代表人或其他工作人员以法人名义实施的执行职务的行为,才是法人的行为,由法人承担民事责任。该说可从《最高人民法院关于适用〈中华人民共和国民事诉讼法〉若干问题的意见》(已失效)第42条的规定中得到印证,即:"法人或者其他组织的工作人员因职务行为或者授权行为发生的诉讼,该法人或其组织为当事人。"该说较为合理地确立了区分法人行为与其法定代表人或工作人员个人行为的标准,故《民法典》第62条第1款规定:"法定代表人因执行职务造成他人损害的,由法人承担民事责任。"至于何为"执行职务"行为,应结合行为人身份、所用名义、行为外观等因素综合判定。

第三节 法人机关与分支机构

一、法人机关

法人机关,是指根据法律、行政法规或者法人章程规定,于法人成立时产生,以法人的名义对内管理法人的事务,对外代表法人进行民事活动的集体或个人。法人机关对于法人人格的维持与目的事业的实现至为重要,我国民法对一些法人(如营利法人)的必设机关也有强制性要求。

法人机关具有以下法律特征:

1. 法人机关是法人意思的形成、表示和实现者。基于法人实在说,法人具有民事行为能力和民事责任能力,也就具有意思能力,但作为组织体本身并无思维能力,其意思的形成、表示和实现需经由某一个(或数个)由自然人组成或担任的机构完成,此类法人意思的形成、表示和实现机构即为法人机关。

2. 法人机关是法人的有机组成部分。法人机关根据法律、行政法规或者法人章程规定与法人同时产生。作为法人意思的形成、表示和实现机构,法人机关犹如自然人之大脑、五官与四肢,是法人的有机组成部分。因此,法人机关不具有独立人格,不能独立于法人之外而存在,法人也不能没有法人机关而存续。

3. 法人机关是法人的领导或代表机构。法人机关对内是法人事务的决策和管理机构,是法人的领导者;对外代表法人参与民事活动,其以法人名义执行职务的行为即为法人行为,无须法人(意思机关)特别授权,由此产生的民事法律后果均由法人承受。即使法人机关的行为超越了法人章程规定的目的事业范围或法人授权范围,只要相对人为善意,该行为仍属有效而由法人承担其后果(《民法典》第61条第3款)。

4. 法人机关由自然人集体或个人担任。由自然人集体担任的法人机关称为合议制机关,如公司的股东会、董事会、监事会,社会团体的理事会。为了追求公平与效率的平衡,一些民事特别法对法人合议制机关的组成、议事规则等作出专门规定(如我国《公司法》规定,有限责任公司董事会成员为3人至13人,股份有限公司董事会成员为5人至19人)。由自然人个人担任的法人机关称为独任制机关,如行政机关、司法机关的首长,公司的执行董事等。

根据其职能的不同,可以将法人机关分为意思机关、执行机关和监督机关。意思机关即形成法人意思的机关,也称法人的权力机关,如公司的股东大会和股东会。意思机关只是法人内部的意思形成机关,如作出股东会决议,并不对外作出意思表示。执行机关即对法人的意思机关所形成的意思具体进行贯彻执行、实现法人意思的机关,如有限责任公司和股份有限公司的董事会或执行董事。一般而言,执行机关如为合议制机关,其所有成员都有代表法人的权力,但我国实行的是法人对外代表的一元制,只有法定代表人或其授权代表才能对外代表法人。监督机关即对法人执行机关的业务活动进行专门监督的机关,如有限责任公司和股份有限公司的监事会或监事。监督机关仅限于内部监督,不享有对外代表法人的权力。《民法典》第80条、第81条、第82条分别对营利法人的"权力机构""执行机构""监督机构"的设立及其职权作了规定("权力机构"和"执行机构"为营利法人必设机关)。

二、法人的法定代表人

《民法典》第61条第1款规定:"依照法律或者法人章程的规定,代表法人从事民事活动的负责人,为法人的法定代表人。"法定代表人是我国法人制度中独有的概念(自《民法通则》第38条开始使用),西方国家法人制度中只有法人机关的概念,法人的执行机关及其成员(如公司董事会及其董事)均有对外代表法人的资格。与法人机关一样,关于法人法定代表人的法律地位也因对法人性质的不同理解而存在"代理说"与"代表说"两种见解,我国民法采法人实在说,对法定代表人也应采"代表说"。

根据《民法典》及其他相关法律的规定,法人的法定代表人具有以下法律特征:

1. 法定代表人是法人机关之一。法定代表人是法律或者法人章程规定的法人机关之一。前者如《农民专业合作社法》第33条第1款规定,农民专业合作社设理事长一名,可以设理事会。理事长为本社的法定代表人。后者如《公司法》第13条规定,公司法定代表人依照公司章程的规定,由董事长、执行董事或者经理担任,并依法登记。① 作为法人机关,法定代表人的行为就是法人本身的行为,法定代表人的更换不影响其先前行为的效力,即新的法定代表人不能否认前任法定代表人所实施民事法律行为的效力。

2. 法定代表人是法人的代表机关。在法人中,只有法定代表人才具有对外当然代表法人的法律资格,其以法人名义对外从事民事活动无须法人另行授权,所产生的法律后果均由法人承受;即使其行为"越权"即超越代表权的限制,后果也可能由法人单独承受。对此,《民法典》第 61 条第 2 款、第 3 款规定:"法定代表人以法人名义从事的民事活动,其法律后果由法人承受。法人章程或者法人权力机构对法定代表人代表权的限制,不得对抗善意相对人。"法定代表人因执行职务造成他人损害的,法人也应承担民事责任(《民法典》第 62 条第 1 款)。

3. 法定代表人是法人的独任制机关。关于法定代表人的人数,《民法典》并无明确规定,但法理上一般将"代表法人从事民事活动的负责人"解释为一人,特别法(如《农民专业合作社法》《公司法》)及司法实践[如《最高人民法院关于适用〈中华人民共和国民事诉讼法〉的解释》(以下简称《民诉法解释》)]中也采取了独任制的立场。

三、法人分支机构

《民法典》第 74 条第 1 款规定:"法人可以依法设立分支机构。法律、行政法规规定分支机构应当登记的,依照其规定。"法人分支机构,是法人为了实现其目的事业,在其住所外一定区域设立的业务拓展机构。如《公司法》第 14 条第 1 款规定,公司可以设立分公司;《中华人民共和国商业银行法》(以下简称《商业银行法》)第 19 条第 1 款规定,商业银行根据业务需要可以在中华人民共和国境内外设立分支机构;《保险法》第 74 条第 1 款规定,保险公司可以在中华人民共和国境内设立分支机构;等等。法人的分支机构具有以下法律特征:

1. 依法设立。根据《民法典》的规定,法人分支机构必须依法设立,相关法律、行政法规对不同类型法人分支机构的设立作了规定。如《公司法》第 14 条第 1 款规定,设立分公司应当向公司登记机关申请登记,领取营业执照;《商业银行法》第 19 条第 1 款规定,商业银行设立分支机构必须国务院银行业监督管理机构审查批准;《基金会管理条例》第 12 条第 1 款、第 2 款规定,基金会拟设立分支机构、代表机构的,应当向原登记管理机关提出登记申请,由登记管理机关作出准予或者不予登记的决定。②

---

① 2022 年《最高人民法院关于适用〈中华人民共和国民事诉讼法〉的解释》第 50 条第 1 款规定:"法人的法定代表人以依法登记的为准,但法律另有规定的除外。依法不需要办理登记的法人,以其正职负责人为法定代表人;没有正职负责人的,以其主持工作的副职负责人为法定代表人。"
② 2013 年 11 月 8 日,《国务院关于取消和下放一批行政审批项目的决定》取消了民政部对全国性社会团体分支机构、代表机构设立登记、变更登记和注销登记的行政审批项目。

2. 以自己的名义从事民事活动。法人分支机构具有自己的名称、组织机构和场所,并以自己的名义对外开展法人的业务活动。《基金会管理条例》第12条第3款规定:"基金会分支机构、基金会代表机构设立登记的事项包括:名称、住所、公益活动的业务范围和负责人。"为此,法人分支机构应占有、使用一定的财产或经费,但其并非财产的所有人。法人分支机构对外从事民事活动,其范围应以法人权利能力范围为限,但根据《担保法》(已失效)第10条的规定,企业法人分支机构不得为保证人,分支机构有法人书面授权的,可在授权范围内提供保证。

3. 不能独立承担民事责任。法人分支机构虽以自己的名义从事民事活动,但其并非独立的民事主体,其占有、使用(经营管理)的财产是法人财产的一部分,因此,法人分支机构并不具有独立的民事责任能力,其从事民事活动所产生的民事责任由法人承担。对此,《民法典》第74条第2款前句作了明确规定,其他相关法律也有同样规定。例如,《公司法》第14条第1款规定,分公司不具有法律人格,其民事责任由公司承担;《商业银行法》第22条第2款规定,商业银行分支机构不具有法人资格,在总行授权范围内依法开展业务,其民事责任由总行承担。但考虑到一些法人分支机构在组织上、财产上具有相对独立性及为了便利诉讼与执行,我国《民事诉讼法》规定,依法设立并领取营业执照的法人分支机构可以作为"其他组织"成为民事诉讼的当事人(《民诉法解释》第52条第5项);实体法上,也对法人分支机构所负民事责任的承担作了规定:"也可以先以该分支机构管理的财产承担,不足以承担的,由法人承担。"(《民法典》第74条第2款后句)①

基于上述法律特征,法人分支机构属于《民法典》规定的"非法人组织",具有独立的民事主体地位。

第四节 法人的设立、变更和终止

一、法人的设立

(一) 法人的成立与设立

法人的成立,是指社会组织取得民事权利能力和民事行为能力,即取得法人资格的法律事实。法人的成立,是法律对社会组织法人资格的认可。社会组织法人欲取得法人资格,不但应具备法律规定的条件,而且须践行一定的设立行为。

《民法典》第58条第1款、第2款规定:"法人应当依法成立。法人应当有自己的

---

① 2000年《最高人民法院关于适用〈中华人民共和国担保法〉若干问题的解释》(已失效)第17条第2款、第3款规定:"企业法人的分支机构经法人书面授权提供保证的,如果法人的书面授权范围不明,法人的分支机构应当对保证合同约定的全部债务承担保证责任。企业法人的分支机构经营管理的财产不足以承担保证责任的,由企业法人承担民事责任。"

名称、组织机构、住所、财产或者经费。法人成立的具体条件和程序,依照法律、行政法规的规定。"上述规定确立了"法人成立法定原则"①,并对法人成立的一般条件作了规定(对《民法通则》第37条作了修正)②:(1) 名称。法人的名称是法人区别于其成员及其他民事主体人格的重要标志,也是其对外从事民事活动、享有权利与承担义务的必备条件,任何类型的每一个法人都必须拥有自己独有的名称,并享有名称权。法人名称的使用,应遵守相关法律、法规或部门规章(如《社会团体登记管理条例》《企业名称登记管理规定》)的规定。(2) 组织机构。法人的组织机构是对内管理法人事务、对外代表法人从事民事活动的机构的总称。有一定的组织机构是法人区别于自然人的重要标志,也是法人的团体意思得以形成、表示和实现的必要条件。(3) 住所。法人的住所是指法人从事目的事业活动的主要场所。③ 根据《民法典》第63条的规定,法人以其主要办事机构所在地为住所。法律要求法人与自然人一样有其住所,对保障交易安全、确立诉讼管辖等具有重要意义。(4) 财产或者经费。法人的财产或经费("财产"主要针对营利法人而言,"经费"主要针对非营利法人和特别法人而言),是其参与民事活动的物质基础,也是其承担民事责任的物质条件,无论其来源如何,必要的(自己的)财产或经费对于任何类型的法人而言都是成立的必要条件。除上述一般条件外,法人成立的具体条件应由相关法律、行政法规作出规定。如《公司法》第23条规定:"设立有限责任公司,应当具备下列条件:(一) 股东符合法定人数;(二) 有符合公司章程规定的全体股东认缴的出资额;(三) 股东共同制定公司章程;(四) 有公司名称,建立符合有限责任公司要求的组织机构;(五) 有公司住所。"《保险法》第69条第1款规定:"设立保险公司,其注册资本的最低限额为人民币二亿元。"

  法人的设立,是指依照法律规定的条件和程序,为创设法人组织而实施的连续性准备行为。法人的设立与法人的成立是两个相互关联而又具有不同内涵的概念,二者的区别主要表现在:(1) 性质不同。法人的设立是为了创设法人而实施的一系列准备行为,是法人成立的前置阶段,既包括为此而实施的各种民事法律行为(如订立出资协议、筹集资金、租赁场所、招收员工等),也包含非民事法律行为意义上的行为(如拟写、报送申办材料)。法人的成立是法人设立行为的最终结果,类似于自然人的出生,属于民事法律事实中"事件"的范畴。(2) 条件不同。法人的设立一般应具备设立人(符合行为能力、设立资格、人数等方面要求)、设立基础(符合法人类型法定原则要求)和设立行为等要件,而法人的成立条件则包括法人的名称、组织机构、住所、

---

① 《民法通则》第37条将"依法成立"作为法人成立的一项条件,存在规范逻辑问题。
② 《民法通则》第37条所规定法人条件中的"能够独立承担民事责任",实为法人成立的结果,即法人具有民事责任能力。
③ 法人的住所不同于法人的场所,后者还包括法人于主要场所之外从事活动的其他地点及分支机构所在地。

财产或者经费等。因此,法人的设立并不能当然导致法人成立。(3)效力不同。法人的设立存在有效设立(法人成立)与无效设立(法人不成立)两种可能的结果。因法人在设立阶段尚不具有主体资格,因设立行为所产生的债权债务本应由设立人享有或承担,只有在法人成立的情况下,设立人为设立法人所从事民事活动的法律后果才由法人承受(《民法典》第75条第1款)。法人成立后,其所从事民事活动的法律后果即与设立人无涉,概由法人承担。

(二) 法人的设立方式

法人的设立方式,因不同历史时期、不同国家和不同法人类型而存在差异,我国也对不同类型法人采取了不同的设立方式。

从比较法上看,法人的设立主要存在以下几种立法例(也称设立原则):(1)自由设立主义。自由设立主义也称放任主义,是指国家对法人的设立采取放任立场,不加以限制或干预。这一设立原则盛行于欧洲中世纪商事公司发展时期,现今已鲜有国家采用,但西方各国对营利性法人的设立所采取的放任立场仍与之一脉相承。(2)特许设立主义。特许设立主义是指法人的设立须经特别立法或最高统治者许可的设立原则,其曾在近代英国、法国实行过,当代各国民法对私法人已极少采用,但对公法人仍普遍适用。在我国民法中,对国家机关法人和某些国有事业单位法人采取的就是特许设立(直接设立)方式。(3)许可设立主义。许可设立主义又称核准主义,是指除法律对各类法人的成立条件作出规定外,法人的设立还须经过行政机关的审核与批准(许可)。此种设立方式在西方国家主要适用于财团法人和公益法人,在我国则得到较为广泛的适用。(4)准则主义。准则主义也称登记主义,是指只要具备法律规定的法人成立条件,就可直接向登记机关进行法人登记的法人设立模式。这是世界各国普遍采用的法人设立方式,我国对营利法人也主要采取此种设立方式。

我国民法及相关法律根据法人的不同类型,规定采取不同的设立方式:

1. 营利法人。营利法人主要指企业法人,包括公司法人和非公司企业法人。对于公司法人的设立,《公司法》第6条前两款规定,设立公司,应当依法向公司登记机关申请设立登记。符合本法规定的设立条件的,由公司登记机关分别登记为有限责任公司或者股份有限公司;不符合本法规定的设立条件的,不得登记为有限责任公司或者股份有限公司。法律、行政法规规定设立公司必须报经批准的,应当在公司登记前依法办理批准手续。据此,我国对公司法人的设立采取的是以准则主义为主、以许可主义为辅的立法模式。对于非公司企业法人的设立,我国现行立法采取了许可主义的立法模式。

2. 非营利法人。(1)事业单位法人和社会团体法人。对非营利法人中的事业单位法人和社会团体法人的成立,我国民法采取了"二分法"的立场:一是通过设立行为设立,即具备法人条件的事业单位和社会团体,经依法登记成立,取得法人资格;二是通过法律规定或行政命令而直接设立,即依法不需要办理法人登记的,从成立之日起,具有事业单位或社会团体法人资格(《民法典》第88条、第90条)。就前一种情形而言,我国民法似乎采取"准则主义"立场,但在行政法规上则体现为"许可主义",如《事业单位登记管理暂行条例》第6条、第7条规定,申请事业单位法人登记,应当具备"经审批机关批准设立"这一条件,并提交审批机关的批准文件。就后一种情形而言,实际上是采取"特许主义"的设立方式(如中国证券监督管理委员会就是根据国务院行政命令设立的国务院直属事业单位)。(2)捐助法人。根据《基金会管理条例》第8条、第9条、第11条的规定,基金会法人的设立采取准则主义方式,即具备条件者经申请及登记而成立。根据《民办非企业单位登记管理暂行条例》第8条、第9条及《宗教事务条例》第21条的规定,社会服务机构和宗教场所法人的设立采取许可主义,经主管机关审批后方可申请登记。

3. 特别法人。(1)有独立经费的机关和承担行政职能的法定机构从成立之日起,具有机关法人资格,即机关法人采取特许设立方式设立,无须进行法人登记(《民法典》第97条)。(2)农村集体经济组织及城镇农村合作经济组织依法取得法人资格,其设立方式应由特别法作出规定(《民法典》第99条、第100条)。(3)基层群众性自治组织法人。居民委员会、村民委员会具有基层群众性自治组织法人资格(《民法典》第101条第1款)。居民委员会、村民委员会分别依据《城市居民委员会组织法》《村民委员会组织法》而设立,自成立时起即取得法人资格,属于特许设立法人。

从设立行为的角度看,我国法人的设立方式可分为以下几种:(1)命令设立,即通过立法或行政命令设立,主要适用于国家机关、事业单位和全民所有制企业法人及基层群众性自治组织法人;(2)发起设立,即由发起人认购法人应发行的全部股份的设立方式,主要适用于有限责任公司和股份有限公司;(3)募集设立,即法人用发行的股份向社会公开募集的设立方式,主要适用于股份有限公司;(4)捐助设立,即由自然人或其他法人募足法人成立所需资金的设立方式,主要适用于基金会法人。

(三)法人设立的债务承担

法人的设立过程中,设立人为法人设立常须实施民事法律行为并由此形成债权债务关系,此债权债务应由设立人还是成立后的法人承受?其结论与对设立中法人(或称筹备中法人,尤指筹备中公司)法律地位的认识有关。德国通说认为,设立中社团与之后取得权利能力的社团具有同一性,筹备中法人形成的法律关系应直接移转于成立后的法人("同体说")。我国立法在《民法典》前对此未作规定,学界多倾向"有限同体说",即在赞同"同体说"的同时,主张只有筹备中法人所为筹备必要行为所产生的法律关系才能直接移转于成立后的法人。[1]《民法典》第75条在吸收上述理论的基础上,区别不同情形作了规定:(1)设立人为设立法人从事的民事活动,其法律后果由法人承受;(2)法人未成立的,其法律后果由设立人承受,设立人为二人以

---

[1] 参见龙卫球:《民法总论》(第二版),中国法制出版社2002年版,第389—392页。

上的,享有连带债权,承担连带债务(按照合伙关系处理);(3)设立人为设立法人以自己的名义从事民事活动产生的民事责任,第三人有权选择请求法人或者设立人承担(按照间接代理关系处理)。对此,《公司法》第94条也规定:"股份有限公司的发起人应当承担下列责任:(一)公司不能成立时,对设立行为所产生的债务和费用负连带责任;(二)公司不能成立时,对认股人已缴纳的股款,负返还股款并加算银行同期存款利息的连带责任;(三)在公司设立过程中,由于发起人的过失致使公司利益受到损害的,应当对公司承担赔偿责任。"①

二、法人的变更

法人的变更有广义与狭义之分。广义的法人变更是指法人在其存续期内发生的组织体(合并与分立)、活动宗旨、业务范围等方面的变化;狭义的法人变更是指不涉及法人组织体的变化,如法定代表人、住所地的变动。《民法典》从广义上对法人的变更作了规定,主要包括以下几种情形:

(一) 法人的合并

法人的合并是指两个以上的法人不经清算程序而归并为一个法人的法律事实。法人合并适用于各类法人,如因机构改革发生的机关法人的合并、因市场竞争而发生的企业法人的合并等。

法人合并的方式有两种②:(1)新设合并。也称创设合并,是指两个以上的法人合并为一个新的法人,原有的法人主体资格消灭的法人合并形式,如甲公司与乙公司合并,成立丙公司。这种合并导致法人人格的变化,合并后的法人与合并前的法人不是同一民事主体。(2)吸收合并,也称存续合并,是指一个或数个法人归并到另一个现存法人之中,前者的法人主体资格消灭而后者主体资格仍然存续。企业兼并采取的就是这种合并形式,如甲公司并入乙公司。

对法人合并的民法规制主要包括两个方面:(1)登记义务。因法人合并而导致法人登记事项发生变化的,应依法办理注销登记、设立登记或变更登记,因未登记而导致法人的实际情况与登记的事项不一致的,不得对抗善意相对人(《民法典》第65条)。(2)权利义务的概括承受。法人合并的,其权利和义务由合并后的法人享有和承担(《民法典》第67条第1款)。③

(二) 法人的分立

法人的分立,是指一个法人分成两个或两个以上的法人。与法人合并对应,法人

---

① 2020年《最高人民法院关于适用〈中华人民共和国公司法〉若干问题的规定(三)》第2—5条对公司发起人责任作了进一步规定。
② 《公司法》第172条规定:"公司合并可以采取吸收合并或者新设合并。一个公司吸收其他公司为吸收合并,被吸收的公司解散。两个以上公司合并设立一个新的公司为新设合并,合并各方解散。"
③ 《公司法》第174条规定:"公司合并时,合并各方的债权、债务,应当由合并后存续的公司或者新设的公司承继。"

分立也存在两种方式:(1)新设分立。也称创设分立,即一个法人分解为两个以上法人,原法人主体资格消灭,如甲公司分立为乙公司、丙公司。(2)派生分立,也称存续分立,即从一个法人中分立出一个或数个新的法人,原法人主体资格仍然存续,如从甲公司中分立出乙公司。

法人分立与法人合并一样,应根据法人登记事项的变化办理相应登记,因未登记而导致法人的实际情况与登记的事项不一致的,不得对抗善意相对人(《民法典》第65条)。在法律后果方面,法人分立的,其权利和义务由分立后的法人享有连带债权,承担连带债务,但是债权人和债务人另有约定的除外(《民法典》第67条第2款)。[①]

(三)法人其他重要事项的变更

法人其他重要事项的变更,是指除合并、分立外在活动宗旨、业务范围等重要事项上发生的变更,也可理解为法人登记事项的变更。对此,我国民法规定,法人存续期间登记事项发生变化的,应当依法向登记机关申请变更登记;法人的实际情况与登记的事项不一致的,不得对抗善意相对人(《民法典》第64条、第65条)。[②]

三、法人的终止与清算

(一)法人的终止

法人终止也称法人的消灭,是指法人基于某一原因经法定程序而丧失民事主体资格,不再具有民事权利能力和民事行为能力。民法对法人终止的调整,主要表现在终止原因和终止程序两个方面。换言之,除因合并、分立而解散法人无须清算外,法人出现终止事由后其主体资格并不立即消灭,必须经清算及注销登记后方告终止。

《民法通则》第45条对企业法人的终止原因作了规定,《民法典》第68条在此基础上规定,有下列原因之一并依法完成清算、注销登记的,法人终止:

1. 法人解散。法人解散是指法人组织基于其内部或外部原因而解体,分为任意解散和法定解散(强制解散)。《民法典》第69条对法人解散的具体情形作了规定:(1)法人章程规定的存续期间届满或者法人章程规定的其他解散事由出现;(2)法人的权力机构决议解散;(3)因法人合并或者分立需要解散;(4)法人依法被吊销营业执照、登记证书,被责令关闭或者被撤销;(5)法律规定的其他情形(如法院判令解散)。上述解散情形中,(1)(2)项属于任意解散事由,(3)(4)(5)项为法定解散事由。

[①]《公司法》第176条规定:"公司分立前的债务由分立后的公司承担连带责任。但是,公司在分立前与债权人就债务清偿达成的书面协议另有约定的除外。"

[②]《企业法人登记管理条例》(已失效)第17条规定:"企业法人改变名称、住所、经营场所、法定代表人、经济性质、经营范围、经营方式、注册资金、经营期限,以及增设或者撤销分支机构,应当申请办理变更登记。"

2. 法人被宣告破产。企业法人不能清偿到期债务,并且资产不足以清偿全部债务或者明显缺乏清偿能力的,经其法定代表人、主管部门或债权人等提出申请,可由人民法院宣告该企业法人破产并对其财产进行破产清算;破产程序终结后,其法人资格经注销登记而消灭。

3. 法律规定的其他原因。除上述主要原因外,如法律对某类法人的终止原因有特别规定,应从其规定。

(二) 法人的清算

1. 法人清算的概念和类型

法人清算,是指特定主体依法清理将终止的法人的财产,了结其债权债务关系,从而使该法人归于消灭的连续行为。对营利法人而言,清算是其终止前的必经程序,一些非营利法人和特别法人(如城镇农村合作经济组织法人)也须经过清算才能终止。我国法律规定,法人解散的,除合并或者分立的情形外,清算义务人应当及时组成清算组进行清算;法人被宣告破产的,依法进行破产清算并完成法人注销登记时,法人终止(《民法典》第70条第1款、第73条)。

根据清算对象和程序的不同,法人清算可分为破产清算与非破产清算(或称一般清算、解散清算)。破产清算的对象是营利法人(企业法人),前提条件是法人被法院依法宣告破产,适用《中华人民共和国企业破产法》(以下简称《企业破产法》)规定的清算程序;非破产清算的对象包括营利法人和其他法人,前提条件是法人依法解散(是否资不抵债在所不问),适用民法规定的一般清算程序。

2. 法人在清算期间的法律地位

法人在解散或被宣告破产、进入清算程序后至终止前的清算期间,被称为清算法人。关于清算法人的法律地位,学理上有不同见解:(1) 清算法人说。此说认为,清算中的法人因解散或被宣告破产而不再具有民事权利能力和民事行为能力,但尚需实施一系列清算行为,故法律应专为法人清算的目的而创设一个不同于原法人的新法人,即清算法人。此说为德国、瑞士民法所采(《德国民法典》第48条、《瑞士民法典》第58条第2款)。(2) 同一人格说(同体说)。此说认为,法人解散或被宣告破产后至清算终结前,在清算的必要范围内仍然视为存在,清算人并不是独立的权利主体。此说为日本民法所采(《日本民法典》第73条)。我国民法学界以同一人格说为通说,《民法典》第72条第1款也采取了这一立场:"清算期间法人存续,但是不得从事与清算无关的活动。"

3. 清算义务人、清算人及其职责

清算义务人,是指在法人解散后有义务启动清算程序以使法人终止的人(《企业破产法》第7条第3款称为"依法负有清算责任的人")。清算义务人的主要义务是

"及时组成清算组进行清算";清算义务人未及时履行清算义务,造成损害的,应当承担民事责任;主管机关或者利害关系人可以申请人民法院指定有关人员组成清算组进行清算(《民法典》第70条第1款、第3款)。清算义务人的担当主体依以下规则确定(《民法典》第70条第2款):(1)法人的董事、理事等执行机构或者决策机构的成员为清算义务人。上述人员作为法人机关的成员,对法人负有忠实义务和善管义务,理应担当清算义务。(2)法律、行政法规对清算义务人另有规定的,依照其规定。例如,民办学校被审批机关依法撤销的,由审批机关组织清算(《中华人民共和国民办教育促进法》第58条第2款);商业银行因吊销经营许可证被撤销的,国务院银行业监督管理机构应当依法及时组织成立清算组进行清算(《商业银行法》第70条)。

清算人,是指负责法人清算活动的自然人或组织。清算人因法人清算原因的不同而存在两种类型:其一是清算义务人自行确定的清算人(包括自己担任清算人),主要适用于法人自愿解散的情形;其二是由主管机关或法院确定清算人,主要适用于法人被撤销、被宣告破产的情形。

法人的清算程序和清算组职权,依照有关法律的规定;没有规定的,参照适用公司法律的有关规定(《民法典》第71条)。对于非公司法人的清算,相关法律、法规均作了原则性规定;对于公司清算,《公司法》第184条规定,清算组在清算期间行使下列职权:(1)清理公司财产,分别编制资产负债表和财产清单;(2)通知、公告债权人;(3)处理与清算有关的公司未了结的业务;(4)清缴所欠税款以及清算过程中产生的税款;(5)清理债权、债务;(6)处理公司清偿债务后的剩余财产;(7)代表公司参与民事诉讼活动。此外,《公司法》还对公司清算人的其他职责及责任作了规定(第185—189条)。

第五节　法人的财产与责任

一、法人的财产

法人的财产,是指由法人所独立享有的各种财产权利(积极财产)的总称。法人的财产,既是法人成立的重要条件,也是其参与民事活动尤其是承担民事义务和民事责任的物质基础。法人财产具有以下法律特征:

1. 独立性。独立性是法人财产的本质性要求,它是指法人财产只属于法人,既不再是法人创办人或发起人的财产,也不是法人成员(如股东)的财产,更不能与其他民事主体的财产相互混淆。这种独立性,在营利法人的资产负债表中清晰可辨。

2. 排他性。法人对其财产享有自主支配权,即"法人财产权",不受其他民事主体的控制与干预。但一些非营利法人和特别法人对法人财产的处置须受相关法律、行政法规的规制。

3. 复合性。法人财产包含法人享有的各种财产权利,如所有权、用益物权等对物的权利(有形财产),各种合同与非合同债权,以及专利权、商标权、商号权、商誉等无形财产。

法人财产包括法人成员出资形成的财产及法人经营所取得的收益,以及财政拨款、社会捐助款项等。关于法人财产权的性质,我国学界曾针对公司等企业法人提出"经营权说""所有权说""综合权利说"等观点,借以说明股东(投资者)权利与公司财产权的关系。本书认为,法人财产是复合概念,包含各种财产权利,故统称为"法人财产权",以"综合权利说"定性较为适当;仅就有体物(不动产及动产)而言,基于法人独立人格、独立财产、独立责任的要求,法人对其享有所有权应不存疑义,且不因法人类型的不同而有异。

二、法人的民事责任

(一) 法人民事责任的概念和特点

法人的民事责任,是指法人作为民事主体对其行为应承担的法律责任。此处的民事责任应从广义上理解,即除违约、侵权责任外,还包括法人应承担的债务。根据我国民法的规定,法人的民事责任包括法人对其法定代表人及其他工作人员的职务行为承担的民事责任(《民法典》第62条第1款、第170条)、法人对其分支机构的行为承担的民事责任(《民法典》第74条第2款)、法人对其委托代理人的代理行为承担的民事责任(《民法典》第162条)。

《民法典》第60条规定:"法人以其全部财产独立承担民事责任。"《公司法》第3条规定:"公司以其全部财产对公司的债务承担责任。有限责任公司的股东以其认缴的出资额为限对公司承担责任;股份有限公司的股东以其认购的股份为限对公司承担责任。"上述规定,揭示了法人民事责任的"独立性"这一显著特点,具体表现在:

1. 法人独立承担民事责任。法人作为独立的民事主体,应对且仅对自己及被授权人的行为承担民事责任,其发起人和成员无须为法人的行为承担民事责任。

2. 法人以其全部财产承担民事责任。法人一经成立,即以其全部财产为责任财产。同时,法人也只能以其全部财产为限承担民事责任。如法人资不抵债、无法清偿到期债务,只能依照破产程序宣告破产,以其现有全部财产按比例清偿债务。

3. 成员对法人债务承担"有限责任"。基于法人人格的独立性,法律将法人的出资人的出资与其未出资财产予以区隔,规定出资人仅以其认缴的出资额或认购的股份作为法人的责任财产,即公司法上"以其认缴的出资额(或认购的股份)为限对公司承担责任"。出资人(股东)"有限责任""有限责任公司"及"股份有限公司"之称谓也由此而来。实际上，出资人对法人的出资已属于法人财产，其"有限责任"无论是对公司还是对第三人而言均非严格意义上的民事责任。

(二) 法人人格否认制度

法人的独立责任与法人成员的"有限责任"使法人成员(投资人)得以免受法人债权人的直接追索，营利法人遂成为现代社会最为重要的经济组织形态，有限责任公司、股份有限公司也成为市场经济的主导力量。但在激烈的市场竞争中，也出现了公司股东或其他投资人滥用法人制度的这一优势，在"有限责任"的庇护下为自己谋取不当利益、损害公司债权人利益的情况。为解决这一问题，最先在英美法系国家出现了"揭开公司面纱"的判例和理论，继而在大陆法系国家也创立了"直索责任"制度，旨在修正股东"有限责任"制度的不足，保护公司债权人的合法利益，维护交易安全。我国《公司法》于2005年修订时对此作了规定，开创了以成文法确立法人人格否认制度的先例。① 在总结公司法及其实践经验的基础上，《民法典》确立了营利法人的人格否认制度："营利法人的出资人不得滥用法人独立地位和出资人有限责任损害法人债权人的利益。滥用法人独立地位和出资人有限责任，逃避债务，严重损害法人债权人的利益的，应当对法人债务承担连带责任。"(《民法典》第83条第2款)

法人人格否认制度，是指在具体的民事法律关系中，基于特殊事由，否认法人的独立人格，要求法人成员对法人债务承担连带责任的制度。根据《民法典》《公司法》的相关规定，法人人格否认制度的适用条件包括：(1) 股东实施了滥用公司法人独立地位和股东有限责任的行为。其行为主要表现为：公司存在资本显著不足(如股东未缴纳或缴足出资，或股东在公司设立后抽逃出资，致使公司资本低于该类公司法定资本最低限额)；股东与公司人格高度混同(持续、广泛存在财产混同、业务混同、人事混同、场所混同等情形)，即"法人人格形骸化"；股东对公司进行不正当支配和控制(如股东利用关联交易，非法隐匿、转移公司财产)。(2) 逃避债务，即股东实施滥用公司法人独立地位和股东有限责任的行为系以逃避公司债务为目的，并导致公司不能履行到期债务。(3) 严重损害公司债权人利益，即股东的行为导致公司责任财产严重不足，基本无清偿债务的可能。

关于法人人格否认制度，有以下几点需要说明：其一，此项制度在我国仅适用于营利法人，而不是普遍适用；其二，此项制度仅在具体法律关系中"否认"法人人格，即个案否认，而不是根本否认法人人格；其三，此项制度须经债权人主张而适用，法院和仲裁机构不得主动适用。

---

① 《公司法》第20条第3款规定："公司股东滥用公司法人独立地位和股东有限责任，逃避债务，严重损害公司债权人利益的，应当对公司债务承担连带责任。"第63条规定："一人有限责任公司的股东不能证明公司财产独立于股东自己的财产的，应当对公司债务承担连带责任。"

第四章 非法人组织

第一节 非法人组织概述

一、非法人组织的概念和类型

(一) 非法人组织的概念

非法人组织,是指不具有法人资格,但能够依法以自己的名义从事民事活动的组织(《民法典》第102条第1款)。非法人组织是《民法典》于自然人和法人两类基本民事主体之外确立的另一类民事主体,其"第三主体"地位的确认及称谓的确定经历了较长时间的探索与讨论。

前已述及,从比较法上看,民事主体的形态经历了由单一的自然人到自然人、法人并立的演进过程,法人制度直到19世纪末才在《德国民法典》中得到正式确立。对那些未取得法人资格的包括营利性组织在内的社会组织(社团),各国民法起初并不承认其独立主体地位。第二次世界大战后,随着西方各国经济的复兴和民主政治的发展,非法人组织的价值越来越受到重视,民法理论界对其法律地位的认识也发生了转变,并对司法实践和立法产生了影响。首先是通过判例确认非法人组织的诉讼主体地位(起诉与应诉能力),继而进一步确认非法人组织的权利能力。如德国实务虽原则上坚持非法人组织不具有权利能力,但对那些完全符合法人条件的非法人组织,或者鼓励其补正登记,或者致力于在可能的范围内对其适用关于社团法人的规定,并承认工会以及雇主联合会具有完全当事人能力;在日本,司法判例中也承认未经登记的非营利社团具有权利主体资格。①

我国立法对非法人组织民事主体地位的确认,大致经历了由诉讼主体到权利主体、由特别法确认到基本法确认的发展过程。《民法通则》起草过程中,对合伙是否应被赋予独立主体地位曾有过讨论,因意见不一,《民法通则》仅在"自然人"一章中对个人合伙作了规定。此后,为了回应实践的要求,"其他组织"的诉讼主体地位乃至权利主体地位在一些特别法中得到承认,前者如《民事诉讼法》(第3条),后者如《合同法》(第2条第1款)、《担保法》(第7条)、《著作权法》(第2条第1款)、《商标法》(第4条第1款)。《中华人民共和国中外合资经营企业法》(以下简称《中外合资经

---

① 参见龙卫球:《民法总论》(第二版),中国法制出版社2002年版,第411—413页。

营企业法》,已失效)、《中外合作经营企业法》(已失效)、《合伙企业法》《中华人民共和国个人独资企业法》(以下简称《个人独资企业法》)的先后颁行,进一步彰显了承认合伙企业、个人独资企业及未取得中国法人资格的中外合资经营企业、中外合作经营企业诉讼主体乃至权利主体地位的立法方向。在对非法人组织民事主体地位问题已取得较广泛共识的基础上,《民法典》将其作为民事主体的一种独立类型。

关于不具有法人资格的社会组织(社团)作为民事主体的称谓,不同国家或地区存在差异:德国称为"无权利能力社团",日本称为"非法人社团"及"非法人财团",我国台湾地区称为"非法人团体"。① 我国在《民法典》之前的立法中多称为"其他组织",在《民法典》起草过程中也有采用"其他组织"及"非法人团体"等称谓的建议,立法最终采用"非法人组织"称谓,较为准确地反映了此类主体的特征。

(二)非法人组织的特征

非法人组织作为民事主体的一种类型,与自然人、法人相比,具有如下特征:

1. "组织"特征。非法人组织与法人一样是一种社会组织,既非一般意义的自然人,也不仅仅是自然人之间的合同关系,而是一个相对稳定的组织体。即使非法人组织的成员是单一的(如个人独资公司),其对外开展民事活动也是以该组织而不是其成员的名义进行。作为一种社会组织,非法人组织具有以下特点:(1)非法人组织以其成员(如合伙人)为成立基础,不存在以财产集合为基础的非法人组织。(2)非法人组织须依法设立,经过批准或登记等程序而成立,具体设立条件和程序由相关法律、行政法规规定。(3)非法人组织有"自己"的财产。出于民事法律关系明晰化、交易便利化的需要,法律应认可非法人组织所经营管理的财产具有相对独立性,使其对该财产享有一定程度的支配权,《民法典》称之为"非法人组织的财产"。如《合伙企业法》第20条规定,合伙人的出资、以合伙企业名义取得的收益和依法取得的其他财产,均为合伙企业的财产。(4)非法人组织有一定的名称、组织机构和场所。非法人组织的名称和场所是其对外开展民事活动的身份标志和主要基地,通常应实行登记管理。对非法人组织的组织机构和代表人的设置,主要实行意思自治,法律一般不像对营利法人那样作强制性规定。

2. "非法人"特征。非法人组织虽与法人同为民事主体,同样具有民事权利能力和民事行为能力,能够依法以自己名义从事民事活动,享有民事权利,承担民事义务;但由于非法人组织所支配管理的财产实质上仍属于其成员的财产(单独所有或共有),并非其自身的独立财产,因此非法人组织不能独立承担民事责任,这也是非法人组织与法人之间的显著差别。对此,《民法典》第104条规定:"非法人组织的财产不足以清偿债务的,其出资人或者设立人承担无限责任。法律另有规定的,依照其规定。"

非法人组织尽管与法人存在诸多区别,但二者均为组织体,在构造上具有同质

---

① 参见梅仲协:《民法要义》,中国政法大学出版社1998年版,第74页。

性,因此《民法典》第 108 条规定:"非法人组织除适用本章规定外,参照适用本编第三章第一节的有关规定。"此类可参照适用的规定主要包括:关于法人民事权利能力和民事行为能力同时产生、同时消灭的规定(《民法典》第 59 条);关于法定代表人以法人名义从事民事活动的法律后果归属和越权行为效力的规定(《民法典》第 61 条第 2 款、第 3 款);关于法定代表人因执行职务造成他人损害的民事责任承担的规定(《民法典》第 62 条);关于法人登记的规定(《民法典》第 64—66 条);关于法人合并、分立后其权利义务承担的规定(《民法典》第 67 条);关于法人清算的规定(《民法典》第 70—72 条);关于法人设立人责任的规定(《民法典》第 75 条)。

(三) 非法人组织的类型

《民法典》第 102 条第 2 款规定:"非法人组织包括个人独资企业、合伙企业、不具有法人资格的专业服务机构等。"该条对非法人组织的类型作了不完全列举式规定。

1. 个人独资企业。根据《个人独资企业法》第 2 条的规定,个人独资企业,是指依照该法在中国境内设立,由一个自然人投资,财产为投资人个人所有,投资人以其个人财产对企业债务承担无限责任的经营实体。个人独资企业虽为一种营利性组织,但其成员仅为一人,因此属于非法人组织的特殊形态。

2. 合伙企业。根据《合伙企业法》第 2 条第 1 款的规定,合伙企业,是指自然人、法人和其他组织依照该法在中国境内设立的普通合伙企业和有限合伙企业。合伙企业具备组织体的基本属性,是典型的非法人组织。

3. 不具有法人资格的专业服务机构。此类非法人组织的共同特点是提供专业服务,其典型是合伙制会计师事务所和合伙制律师事务所。根据《中华人民共和国注册会计师法》(以下简称《注册会计师法》)第 23 条的规定,会计师事务所可以由注册会计师合伙设立;合伙设立的会计师事务所的债务,由合伙人按照出资比例或者协议的约定,以各自的财产承担责任。合伙人对会计师事务所的债务承担连带责任。该法第 24 条规定,会计师事务所符合一定条件的可以是负有限责任的法人。根据我国现行律师管理体制,律师事务所可以由律师合伙设立、律师个人设立或者由国家出资设立。《中华人民共和国律师法》(以下简称《律师法》)第 15 条规定,设立合伙律师事务所,除应当符合该法第 14 条规定的条件外,还应当有 3 名以上合伙人,设立人应当是具有 3 年以上执业经历的律师;合伙律师事务所可以采用普通合伙或者特殊的普通合伙形式设立;合伙律师事务所的合伙人按照合伙形式对该律师事务所的债务依法承担责任。该法第 16 条规定,设立个人律师事务所,除应当符合该法第 14 条规定的条件外,设立人还应当是具有 5 年以上执业经历的律师。设立人对律师事务所的债务承担无限责任。由此可见,合伙律师事务所、个人律师事务所均具有非法人组织的属性。而国家出资设立的律师事务所,则"以该律师事务所的全部资产对其债务承担责任"(《律师法》第 20 条),因而不属于非法人组织。

4. 其他非法人组织。如未取得中国法人资格的中外合资经营企业和中外合作经营企业、不具备法人条件的乡镇企业、法人分支机构、设立中的法人等。①

二、非法人组织的设立与解散

（一）非法人组织设立

如同法人一样，社会组织欲取得非法人组织的资格或法律地位，必须具备一定的成立条件，同时践行一定的设立行为(程序)。

1. 成立条件。某一社会组织欲成为非法人组织，一般应具备以下条件：(1) 具有一定的目的事业。非法人组织的目的事业与法人的目的事业并无实质差异，既可以是营利性的目的事业(如商业贸易)，也可以是非营利性的目的事业(如法律服务)。(2) 有自己的名称。非法人组织须以自己即组织体的名义而不是以其成员名义经营目的事业及从事民事活动，其成员以个人名义实施的法律行为不能当然由非法人组织承担后果。(3) 有一定的财产或经费。拥有一定数量的财产或经费是非法人组织经营目的事业及从事民事活动的必要条件，对于营利性非法人组织而言尤其如此。非法人组织的财产或经费虽然主要来自设立人的出资，非法人组织并不享有所有权，但通常由其统一支配和管理，具有一定的独立性，其成员在非法人组织存续期间不得抽回或要求分割。(4) 有代表人或管理人。法人应有自己的组织机构作为其团体意思的形成与执行者，非法人组织作为组织体也有类似要求，即设立代表人或管理人，对外代表非法人组织从事民事活动。非法人组织的代表人或管理人的设立主要实行意思自治，法律一般不对此(如同对营利性法人那样)作强制性规定。

2. 登记与批准。《民法典》第 103 条规定："非法人组织应当依照法律的规定登记。设立非法人组织，法律、行政法规规定须经有关机关批准的，依照其规定。"依此规定，登记与批准对于非法人组织的设立具有重要意义。(1) 非法人组织应当依照法律的规定登记。登记虽然不是非法人组织成立的实质条件(即不能一概否认未登记非法人组织的存在)，但无论是从非法人组织自身从事民事活动(如办理土地使用权和房屋所有权登记)的需要考虑，还是从明晰民事法律关系、维护交易安全及便利民事诉讼的要求考量，从立法上对非法人组织的设立程序作统一要求(即要求登记)均有其积极意义。一些单行法律对相关非法人组织的设立登记已作了规定。例如，《合伙企业法》第 9 条第 1 款规定："申请设立合伙企业，应当向企业登记机关提交登记申请书、合伙协议书、合伙人身份证明等文件。"《个人独资企业法》第 9 条第 1 款规定："申请设立个人独资企业，应当由投资人或者其委托的代理人向个人独资企业所在地的登记机关提交设立申请书、投资人身份证明、生产经营场所使用证明等文件。"(2) 法律、行政法规规定设立非法人组织须经有关机关批准的，依照其规定。有的非法人组织须经有关机关批准后才能设立，如《律师法》第 18 条、《注册会计师法》第 25

---

① 关于业主委员会是否属于非法人组织，学界存在不同观点。

条规定律师事务所、会计师事务所的设立须经有关机关批准。有的非法人组织的设立一般不需要经有关机关批准，但经营范围若属于依法需要批准项目，也须经批准后设立。如《合伙企业法》第9条第2款规定："合伙企业的经营范围中有属于法律、行政法规规定在登记前须经批准的项目的，该项经营业务应当依法经过批准，并在登记时提交批准文件。"需要指出的是，批准只是立法基于管理的需要对某些非法人组织设立设置的前置条件或程序，登记才是非法人组织成立的一般认定依据。

（二）非法人组织的解散与清算

1. 解散。非法人组织的解散是非法人组织终止即丧失民事主体资格的原因。非法人组织解散的事由可分为任意解散事由和强制解散事由两类，具体包括以下情形（《民法典》第106条）：（1）基于章程规定，即章程规定的存续期间届满或者章程规定的其他解散事由出现。这也是《公司法》第180条第1项规定的公司解散事由，实际上是非法人组织基于其设立人或出资人在设立时预先设定的期限或条件而解散。因章程并非所有非法人组织的必备文件，故对《民法典》第106条所称"章程"应作扩张解释，即包括非法人组织章程、合伙协议在内的非法人组织自治性文件。对合伙企业而言，合伙期限届满后尚需"合伙人决定不再经营"方可解散（《合伙企业法》第85条第1项）。（2）基于组织成员决定，即出资人或者设立人决定解散。非法人组织皆由自然人自愿结合而设立，存续期间若其出资人或设立人认为其目的事业已经实现或无法实现，或基于其他原因（如企业经营困难）而不愿其继续存续，自可作出解散该组织的决定，"合伙人决定不再经营"即属此类。（3）基于法律规定，即法律规定的其他事由，如《合伙企业法》第85条第4项"合伙人已不具备法定人数满三十天"、第6项"依法被吊销营业执照、责令关闭或者被撤销"的规定，《个人独资企业法》第26条第2项"投资人死亡或者被宣告死亡，无继承人或者继承人决定放弃继承"、第3项"被依法吊销营业执照"的规定等。

2. 清算。非法人组织依法解散后，应当依法进行清算（《民法典》第107条）。与法人一样，清算是非法人组织民事主体资格消灭的必经程序，但《民法典》对其清算规则（包括清算义务人与清算人、清算程序与职责）并未作出统一规定。对此，在法律适用上可作如下解释：其一，特别法对非法人组织清算有规定的，适用其规定。例如，《合伙企业法》第86—90条对合伙企业的清算作了规定，《个人独资企业法》第27条、第29条、第30条、第32条对个人独资企业的清算作了规定。其二，特别法未作规定的，非法人组织的清算参照适用法人清算的规定（《民法典》第108条）。例如，《民法典》关于法人清算义务人及其责任、清算期间法人权利能力范围（不得从事与清算无关的活动）的规定，对非法人组织清算均具有参照适用价值。

三、非法人组织的民事能力与责任

(一) 非法人组织的民事能力

非法人组织作为民事主体,具有民事权利能力和民事行为能力,且与法人的民事权利能力和民事行为能力具有共同特点,如民事权利能力与民事行为能力同时产生同时终止、民事权利能力和民事行为能力范围各有不同等(参见本书第二编第五章第二节)。非法人组织作为组织体,其民事行为能力也必须借助一定的自然人来实现,即通过自然人代表其从事民事活动,作出意思表示和受领意思表示。该自然人即非法人组织的代表人。对此,《合伙企业法》第26条第2款规定,按照合伙协议的约定或者经全体合伙人决定,可以委托一个或者数个合伙人对外代表合伙企业,执行合伙事务。《民法典》第105条对此也作了一般规定:"非法人组织可以确定一人或者数人代表该组织从事民事活动。"

非法人组织的代表人与法人的法定代表人具有相似法律地位,但有其自身特点:(1)设立的非强制性。是否确定代表人是非法人组织的意思自治事项而不是法律的强制性规定。因此,如果非法人组织确定了代表人,即由该代表人代表非法人组织从事民事活动;如果未确定代表人,则其所有成员均可代表非法人组织从事民事活动。《合伙企业法》第26条第1款规定,合伙人对执行合伙事务享有同等的权利,这意味着每一位合伙人均可代表合伙企业从事民事活动,并由合伙企业承担法律后果。(2)人数的非限定性。对法人的法定代表人,我国立法采取独任主义,即限定为一人;而非法人组织的代表人则不受这一限制,可以是一人或数人(《合伙企业法》第26条第2款),但特别法规定为一人的,应从其规定。

(二) 非法人组织的财产责任

非法人组织虽被赋予民事主体资格,但其对"自己"的财产并不享有完全的支配权(所有权),本质上仍属于其出资人或者设立人的财产,因此非法人组织也不具有实质意义上的民事责任能力,只能作为其出资人或者设立人民事责任的名义承担者。因此,《民法典》第104条规定:"非法人组织的财产不足以清偿债务的,其出资人或者设立人承担无限责任。法律另有规定的,依照其规定。"具体而言:

1. 非法人组织的债务首先应当由非法人组织的财产清偿。非法人组织作为独立民事主体,其从事民事活动所生债务由该组织的财产清偿既是理所当然,也便利可行。因此,《合伙企业法》第38条规定,合伙企业对其债务,应先以其全部财产进行清偿。《民法典》第104条也确立了这一清偿规则。

2. 非法人组织的财产不足以清偿债务的,其出资人或者设立人承担无限责任。出资人或设立人的无限责任,是非法人组织与法人组织在民事责任承担方面的显著区别。法人以其全部财产独立承担民事责任,其设立人或出资人仅承担"有限责任"(出资后不再承担责任),仅以营利法人出资人在"法人人格否认"情形下对法人债务承担连带责任为例外;而非法人组织因其财产并非完全独立,也无实质意义上的责任能力,因此在所涉债务首先由非法人组织的财产清偿的前提下,若非法人组织的财产不足以清偿债务,其出资人或者设立人应就其不足部分承担无限责任,即以其个人全部财产对该不足部分承担清偿责任。出资人或者设立人若为二人以上的,应对该部分债务承担连带清偿责任,债权人有权选择出资人或者设立人中的一人或数人承担全部清偿责任。

3. 法律对非法人组织的债务清偿另有规定的,依照其规定。"非法人组织的债务首先应当由非法人组织的财产清偿、出资人或者设立人对不足部分承担无限责任"是非法人组织的债务清偿的一般规则,如果法律对此有特别规定,则应从其规定。例如,根据《合伙企业法》第2条第3款的规定,有限合伙企业的有限合伙人以其认缴的出资额为限对合伙企业债务承担责任。

第二节 合 伙

一、合伙的概念和法律地位

(一) 合伙的概念

合伙作为一个法律概念,可从两个不同角度予以理解:从民事法律行为的角度而言,合伙是两个以上的民事主体达成的共同出资、共同经营、共负盈亏的协议,即合伙协议;从民事主体的角度而言,合伙是两个以上的民事主体结成的共同出资、共同经营、共负盈亏的组织体。两者的区别在于,合伙协议主要由合同法调整,合伙组织则属于民法总则中民事主体制度的范畴。本节所称合伙,是指两个以上的民事主体根据合伙协议而结成的共同出资、共同经营、共负盈亏的营利性组织。

(二) 合伙的法律特征

合伙作为一种由两个以上民事主体结成的联合体,既不同于自然人,也不同于法人,具有以下法律特征:

1. 以合伙协议为成立基础。与公司法人以章程作为成立基础不同,合伙的成立基础是合伙人之间订立的确定彼此权利和义务的合意,即合伙协议。根据《民法通则》(已失效)第31条、《合伙企业法》第4条的规定,合伙协议应以书面形式订立,但在特定条件下没有书面合伙协议也可以认定合伙关系成立。① 合伙协议是合伙组织的内部法律文件,仅对合伙人具有约束力而不得对抗第三人。

2. 合伙人共同出资、共同经营。合伙是以合伙人的出资为财产基础并由合伙人共同经营目的事业的社会组织,即出资者与经营者身份统一的组织。出资是合伙人

---

① 《民通意见》(已失效)第50条规定:"当事人之间没有书面合伙协议,又未经工商行政管理部门核准登记,但具备合伙的其他条件,又有两个以上无利害关系人证明有口头合伙协议的,人民法院可以认定为合伙关系。"

的基本义务,也是其取得合伙人资格的前提。合伙人的出资形式较之公司股东出资(现金、实物、土地使用权、知识产权)更为灵活多样,劳务、技术、管理经验等均可作为合伙出资形式(但有限合伙企业的有限合伙人须以财产出资)。普通合伙人共同经营是合伙区别于公司的一个重要特征(公司股东不一定参与公司经营管理),也是合伙组织人合性(合伙人之间基于高度信任关系而共同经营目的事业)的体现。① 反观公司等法人组织,则以资合型为主导,不体现出资人之间的高度信任关系。

3. 合伙人共负盈亏、共担风险。在共同出资、共同经营的基础上,合伙人可按各自出资比例或合伙协议的约定分享合伙经营所获盈利,并在合伙财产不足以清偿合伙债务时以其个人财产承担清偿责任,即承担无限责任;且任何一个合伙人都有义务清偿合伙财产不足以清偿部分的全部合伙债务,即承担连带责任(有限合伙人除外)。合伙人对合伙债务的无限、连带责任,与公司等法人组织出资人的"有限责任"形成了鲜明对照。

(三) 合伙的法律地位

合伙作为一种经营形式古已有之,罗马法中对合伙财产、合伙损益分配、合伙人的财产责任、合伙的解散等已有较为详尽的规定。中世纪以降,随着商品经济的发展,合伙经营的方式日益普遍,合伙的团体性质也得到增强,并且没有因为近代公司制度的兴起而退出历史舞台,至今在世界各国仍得到法律认可并在经济体系中发挥重要作用。我国《民法通则》颁行之际,合伙经营方兴未艾,虽有学者主张将合伙确立为"第三主体"②,但对其法律地位认识尚不深刻和统一,因而《民法通则》仅分别在"自然人"和"法人"两章中对"个人合伙"和"联营(合伙型)"作了规定,并未赋予合伙以独立的民事主体资格。随着我国社会主义市场经济的建立和发展,包括合伙组织在内的各类市场主体均不断发展壮大,为了对其设立和经营活动予以规范,我国立法机关于1997年2月23日审议通过了《合伙企业法》,自1997年8月1日起施行(2006年8月27日对该法进行了修订)。《合伙企业法》的颁布实施,实际上赋予了合伙企业民事主体地位。《民法典》起草过程中,对是否赋予合伙民事主体地位仍存在不同主张,立法机关最终采取了折中立场,即并未一般性地承认合伙的民事主体地位,但对合伙企业的"非法人组织"地位予以确认。据此,如合伙未采取企业形式,则不宜认定为非法人组织。③ 因此,下文对合伙的讨论主要以合伙企业为对象。

---

① 根据《民通意见》(已失效)第46条的规定,公民按照协议提供资金或者实物,并约定参与合伙盈余分配,但不参与合伙经营、劳动的,视为合伙人。根据《合伙企业法》第68条第1款的规定,有限合伙企业的有限合伙人不执行合伙事务。
② 参见方流芳:《合伙的法律地位及其比较法分析》,载《中国法学》1986年第1期。
③ 实务上,非企业型合伙登记属于个体工商户登记范畴。

二、合伙的分类

(一) 民事合伙与商事合伙

在大陆法系实行民商分立的国家(如法国、德国、日本等),民法典和商法典(或商事单行法)中均对合伙予以规定,因此有民事合伙与商事合伙之分。民事合伙一般被作为一种契约关系规定于债法中,即民事主体以契约为纽带结成并对外承担无限连带责任的组合体。民事合伙是一种契约性的共同体,不一定以营利为目的,不必有字号、商业账簿并进行工商登记,合伙事务的执行一般须以全体合伙人名义为之,各合伙人是合伙债权债务的承受者,并由全体合伙人对合伙债务承担无限连带责任;商事合伙则是一种主体性的组织体,一般以营利为目的,需要有字号、商业账簿并进行商事登记,合伙事务的执行一般实行代理制或代表制,合伙组织以自己名义从事民事活动的法律后果首先由组织体承担,合伙人仅在合伙组织不能清偿到期债务时承担无限连带责任(有限合伙人承担有限责任)。我国虽采取民商合一的立法体例,但立法上也从契约关系(民事合伙)和市场主体(商事合伙)两个方面对合伙予以调整,前者体现为《民法典》合同编第二十七章对"合伙合同"的规定,后者体现为《合伙企业法》对合伙企业的规定。

(二) 普通合伙与有限合伙

以合伙人是否均参与管理合伙事务并对合伙债务承担无限连带责任为标准,可将合伙分为普通合伙与有限合伙。普通合伙即具有合伙一般特征、所有合伙人共同管理合伙事务并对合伙债务承担无限连带责任的合伙组织。有限合伙是指由1名以上普通合伙人和1名以上有限合伙人组成的合伙组织,普通合伙人参与合伙事务管理并对合伙债务承担无限连带责任,有限合伙人不参与合伙事务管理且仅以出资为限对合伙债务承担"责任"。有限合伙制度最早出现于英美法中,独特的制度构造及与普通合伙、公司经营方式相比所具有的特有优势,使其广受投资者欢迎,英国和美国先后都制定了有限合伙法,美国《统一有限合伙法》尤具典范意义。我国《合伙企业法》也对有限合伙予以肯认,并从设立条件、合伙事务管理、出资方式、责任承担、合伙人交易权限、合伙财产份额流转、合伙利润分配等方面对普通合伙和有限合伙作了不同规定。

三、合伙的设立

一般而言,合伙基于合伙人之间订立的合伙协议而成立。但就合伙企业而言,其设立条件和程序应遵循《合伙企业法》的规定。

(一) 普通合伙企业的设立条件

根据《合伙企业法》第14条的规定,设立合伙企业应当具备下列条件:

1. 有2个以上合伙人。合伙企业须由2个以上的自然人或法人作为合伙人设

立,但对其人数上限法律未作规定。合伙人的具体条件和限制主要有以下几个方面:
(1)合伙人为自然人的,应当具有完全民事行为能力。由于普通合伙企业的合伙人均享有参与执行合伙事务的权利并须对合伙债务承担无限连带责任,出于保护无民事行为能力和限制民事行为能力人利益及维护合伙企业利益的考虑,不允许其作为合伙人参与设立合伙企业。但根据《合伙企业法》第48条第2款的规定,合伙企业存续期间普通合伙人被依法认定为无民事行为能力人或者限制民事行为能力人的,经其他合伙人一致同意,可以依法转为有限合伙人,普通合伙企业依法转为有限合伙企业。其他合伙人未能一致同意的,该无民事行为能力或者限制民事行为能力的合伙人退伙。(2)法律、行政法规禁止从事营利性活动的自然人不得成为合伙企业的合伙人。如根据我国《中华人民共和国公务员法》(以下简称《公务员法》)《中华人民共和国法官法》《中华人民共和国检察官法》《中华人民共和国人民警察法》的规定,公务员、法官、检察官、人民警察均不得从事或者参与营利性活动,故不得成为合伙企业的合伙人。(3)国有独资公司、国有企业、上市公司及公益性事业单位和社会团体不得成为合伙企业的普通合伙人。为了防止国有资产流失,维护上市公司中小股东利益和社会公共利益,《合伙企业法》第3条对上述企业、事业单位、社会团体成为普通合伙人作了禁止性规定。

2. 有书面合伙协议。合伙协议是合伙设立不可或缺的基础性法律文件。根据《合伙企业法》第4条的规定,合伙协议依法由全体合伙人协商一致、以书面形式订立。可见,合伙协议属于民事法律行为中的共同行为、诺成行为、要式行为,也需要满足民事法律行为的有效要件。根据《合伙企业法》第18条的规定,合伙协议应当载明下列事项:(1)合伙企业的名称和主要经营场所的地点;(2)合伙目的和合伙经营范围;(3)合伙人的姓名或者名称、住所;(4)合伙人的出资方式、数额和缴付期限;(5)利润分配、亏损分担方式;(6)合伙事务的执行;(7)入伙与退伙;(8)争议解决办法;(9)合伙企业的解散与清算;(10)违约责任。合伙协议经全体合伙人签名、盖章后生效。

3. 有合伙人认缴或者实际缴付的出资。合伙人的出资是合伙企业设立的财产基础。合伙人可以用货币、实物、土地使用权、知识产权或者其他财产权利出资,也可以用劳务出资。合伙人以实物、知识产权、土地使用权或者其他财产权利出资,需要评估作价的,可以由全体合伙人协商确定,也可以由全体合伙人委托法定评估机构评估。合伙人以劳务出资的,其评估办法由全体合伙人协商确定,并在合伙协议中载明。以非货币财产出资的,依照法律、行政法规的规定,需要办理财产权转移手续的,应当依法办理。

4. 有合伙企业的名称和生产经营场所。合伙企业欲以自己的名义从事民事活动,必须有自己的名称,且普通合伙企业的名称中应当标明"普通合伙"字样以使他人知晓其性质。合伙企业的生产经营场所是其成立后经营目的事业的中心地点,对于确定债务履行地、诉讼管辖地、法律文书送达地等具有重要意义。合伙企业一般只有一个生产经营场所,即在企业登记机关登记的营业地点。

5. 法律、行政法规规定的其他条件。若法律、行政法规对某类合伙企业的设立规定了其他条件(如其所从事的经营项目须经有关主管机关批准),应遵守其规定。

(二)有限合伙企业设立的特殊条件

有限合伙企业的设立,除须符合普通合伙企业设立的一般条件外,还应满足法律规定的特殊条件。

1. 有限合伙企业由2个以上50个以下合伙人设立(法律另有规定的除外),有限合伙企业至少应当有一个普通合伙人。根据《合伙企业法》第75条的规定,有限合伙企业仅剩有限合伙人的,应当解散;有限合伙企业仅剩普通合伙人的,转为普通合伙企业。上述要求,体现了合伙企业的人合性和有限合伙企业合伙人的二元性。

2. 根据《合伙企业法》第63条的规定,有限合伙企业的合伙协议除须符合对普通合伙企业合伙协议的规定外,还应当载明下列事项:(1)普通合伙人和有限合伙人的姓名或者名称、住所;(2)执行事务合伙人应具备的条件和选择程序;(3)执行事务合伙人权限与违约处理办法;(4)执行事务合伙人的除名条件和更换程序;(5)有限合伙人入伙、退伙的条件、程序以及相关责任;(6)有限合伙人和普通合伙人相互转变程序。

3. 有限合伙人可以用货币、实物、知识产权、土地使用权或者其他财产权利作价出资,但不得以劳务出资。有限合伙企业登记事项中应当载明有限合伙人的姓名或者名称及认缴的出资数额。

4. 合伙企业名称中须注明"有限合伙"字样。

(三)合伙企业的设立程序

我国立法对合伙企业的设立采取准则主义,合伙企业经申请—核准登记而成立。设立合伙企业,应由全体合伙人指定的代表或共同委托的代理人向工商行政管理机关申请设立登记。申请设立合伙企业,应向登记机关提交全体合伙人签署的设立登记申请书、全体合伙人的身份证明、全体合伙人指定的代表或共同委托的代理人的委托书、合伙协议、出资权属证明、经营场所证明等文件。登记机关应自收到申请人提交所需的全部文件之日起30日内作出核准登记或者不核准登记的决定。核准登记的,签发营业执照,合伙企业即告成立。

四、合伙事务的决定与执行

(一)普通合伙企业合伙事务的决定与执行

1. 合伙事务的决定。根据《合伙企业法》第31条的规定,合伙事务由合伙人共同决定,除合伙协议另有约定外,合伙企业的下列事项应当经全体合伙人一致同意:(1)改变合伙企业的名称;(2)改变合伙企业的经营范围、主要经营场所的地点;

(3) 处分合伙企业的不动产;(4) 转让或者处分合伙企业的知识产权和其他财产权利;(5) 以合伙企业名义为他人提供担保;(6) 聘任合伙人以外的人担任合伙企业的经营管理人员。

2. 合伙事务的执行方式及后果。普通合伙企业的合伙人对执行合伙事务享有同等的权利,合伙事务的执行方式由合伙人共同决定,具体包括以下几种:(1) 由全体合伙人共同执行,即各合伙人均有合伙事务的执行权。合伙人分别执行合伙事务的,执行事务合伙人可以对其他合伙人执行的事务提出异议。提出异议时,应当暂停该项事务的执行。如果发生争议,应按合伙协议约定的表决办法决定;合伙协议未约定或者约定不明确的,实行合伙人一人一票并经全体合伙人过半数通过的表决办法。(2) 委托一名或数名合伙人执行。按照合伙协议的约定或者经全体合伙人决定,可以委托一个或者数个合伙人对外代表合伙企业,执行合伙事务。作为合伙人的法人、非法人组织执行合伙事务的,由其委派的代表执行。在此情况下,其他合伙人不再执行合伙事务,但有权监督执行事务合伙人执行合伙事务的情况。由一个或者数个合伙人执行合伙事务的,执行事务合伙人应当定期向其他合伙人报告事务执行情况以及合伙企业的经营和财务状况。受委托执行合伙事务的合伙人不按照合伙协议或者全体合伙人的决定执行事务的,其他合伙人可以决定撤销该委托。(3) 聘任合伙人之外的人执行。合伙企业可以聘任合伙人以外的人为经营管理人员,被聘任的合伙企业的经营管理人员应当在合伙企业授权范围内履行职务。被聘任的合伙企业的经营管理人员,超越合伙企业授权范围履行职务,或者在履行职务过程中因故意或者重大过失给合伙企业造成损失的,应依法承担赔偿责任。合伙事务执行人执行合伙事务所产生的收益归合伙企业,所产生的费用、亏损及债务与责任由合伙企业承担。

3. 合伙人对企业的忠实义务。根据《合伙企业法》第32条的规定,合伙企业存续期间合伙人不得自营或者同他人合作经营与本合伙企业相竞争的业务;除合伙协议另有约定或者经全体合伙人一致同意外,合伙人不得同本合伙企业进行交易;合伙人不得从事损害本合伙企业利益的活动。

4. 善意第三人保护。根据《合伙企业法》第37条的规定,合伙企业对合伙人执行合伙事务以及对外代表合伙企业权利的限制,不得对抗善意第三人。合伙协议、聘任协议等对合伙事务执行及代表权限的约定仅对合伙人、受聘人具有约束力,交易相对人并无查知义务,故在其超越权限情形下适用表见代表规则。

(二) 有限合伙企业合伙事务的执行

1. 合伙事务的执行人。根据《合伙企业法》第68条的规定,有限合伙企业由普通合伙人执行合伙事务,有限合伙人不执行合伙事务,不得对外代表有限合伙企业。有限合伙人有权通过下列行为参与合伙事务管理,但不视为执行合伙事务:(1) 参与决定普通合伙人入伙、退伙;(2) 对企业的经营管理提出建议;(3) 参与选择承办有限合伙企业审计业务的会计师事务所;(4)获取经审计的有限合伙企业财务会计报告;(5)对涉及自身利益的情况,查阅有限合伙企业财务会计账簿等财务资料;(6)在有限合伙企业中的利益受到侵害时,向有责任的合伙人主张权利或者提起诉讼;(7)执行事务合伙人怠于行使权利时,督促其行使权利或者为了本企业的利益以自己的名义提起诉讼;(8)依法为本企业提供担保。

2. 关联交易与同业竞争。根据《合伙企业法》第70条、第71条的规定,有限合伙人可以同本有限合伙企业进行交易,但是合伙协议另有约定的除外。有限合伙人可以自营或者同他人合作经营与本有限合伙企业相竞争的业务,但是合伙协议另有约定的除外。之所以允许有限合伙人从事关联交易与同业竞争,主要是因为有限合伙人并不参与合伙事务的执行,与合伙企业之间发生不公平交易或竞争的可能性与普通合伙人相比较小。

3. 有限合伙人的无权代理与表见代理的法律后果。根据《合伙企业法》第76条的规定,有限合伙人未经授权以有限合伙企业名义与他人进行交易,给有限合伙企业或者其他合伙人造成损失的,该有限合伙人应当承担赔偿责任;第三人有理由相信有限合伙人为普通合伙人并与其交易的,该有限合伙人对该笔交易承担与普通合伙人同样的责任(此为"表见普通合伙")。

五、合伙财产、损益分配与债务承担

(一)合伙财产

1. 合伙财产的构成。《合伙企业法》第20条规定:"合伙人的出资、以合伙企业名义取得的收益和依法取得的其他财产,均为合伙企业的财产。"据此,合伙企业财产主要由三部分构成:一是合伙人的出资部分,包括货币、实物、土地使用权、知识产权等财产;二是以合伙企业名义取得的收益,即合伙企业通过从事经营活动积累的财产,如经营所获得的利润及以此购置的不动产和动产;三是合伙企业依法取得的其他财产,如接受赠与的财产。上述财产也可以概括为两个部分,即合伙人的出资财产和合伙企业积累的财产。

2. 合伙财产的性质。关于合伙财产的性质(亦即归属),学界认识不一,主要有按份共有说[1]、共同共有说[2]、区分说等观点,区分说为通说。[3] 该说认为,应当区分合

---

[1] 《合伙企业法》第22条第1款规定:"除合伙协议另有约定外,合伙人向合伙人以外的人转让其在企业中的全部或者部分财产份额时,须经其他合伙人一致同意。"
[2] 《合伙企业法》第21条第1款规定:"合伙人在合伙企业清算前,不得请求分割合伙企业的财产;但是,本法另有规定的除外。"
[3] 《民法通则》(已失效)第32条规定:"合伙人投入的财产,由合伙人统一管理和使用。合伙经营积累的财产,归合伙人共有。"

伙人出资财产与合伙积累财产而分别认定其性质:对合伙人出资部分的财产,应根据合伙协议的约定、投入财产的种类等确定其归属(如现金、其他种类物投入合伙后应归合伙人共有,而土地使用权、知识产权、信用等出资后并不改变其权利归属);合伙积累的财产,应归合伙人共有。对于合伙人共有部分财产的共有性质,也有"按份共有说"和"共同共有说"两种见解。本书认为,从合伙人对共有财产的权利、义务和责任等方面分析,采"按份共有说"较为恰当,即合伙人按照各自出资份额和比例对合伙财产中的共有部分享有权利和承担义务(此点在有限合伙企业中尤其明显)。

3. 合伙财产的保全。为了保障合伙组织目的事业的实现,维护交易安全,对合伙财产的处分须加以一定的限制,此即合伙财产的保全规则。根据《合伙企业法》第 21 条、第 22 条、第 23 条、第 25 条、第 41 条的规定,合伙财产的保全规则主要有以下几项:(1) 分割请求的禁止。合伙人在合伙企业清算前,不得请求分割合伙企业的财产,但法律有规定的除外。但合伙人在合伙企业清算前私自转移或者处分合伙企业财产的,合伙企业不得以此对抗善意第三人。(2) 份额处分的限制。除合伙协议另有约定外,合伙人向合伙人以外的人转让其在合伙企业中的全部或者部分财产份额时,须经其他合伙人一致同意。合伙人向合伙人以外的人转让其在合伙企业中的财产份额的,在同等条件下,其他合伙人有优先购买权,但合伙协议另有约定的除外。合伙人以其在合伙企业中的财产份额出质的,须经其他合伙人一致同意;未经其他合伙人一致同意,其行为无效,由此给善意第三人造成损失的,由行为人依法承担赔偿责任。(3) 合伙人债权人权利的限制。合伙人发生与合伙企业无关的债务,相关债权人不得以其债权抵销其对合伙企业的债务;也不得代位行使合伙人在合伙企业中的权利。

(二) 合伙损益分配

1. 一般规则。根据《合伙企业法》第 33 条的规定,合伙企业的利润分配、亏损分担,按照合伙协议的约定办理;合伙协议未约定或者约定不明确的,由合伙人协商决定;协商不成的,由合伙人按照实缴出资比例分配、分担;无法确定出资比例的,由合伙人平均分配、分担。合伙协议不得约定将全部利润分配给部分合伙人或者由部分合伙人承担全部亏损。

2. 有限合伙的例外规定。有限合伙企业的利润分配与亏损分担,应适用上述一般规则。但根据《合伙企业法》第 69 条的规定,有限合伙企业不得将全部利润分配给部分合伙人,但是合伙协议另有约定的除外。据此,有限合伙协议可约定将全部利润分配给部分合伙人。

(三) 合伙债务的承担

1. 合伙债务与合伙人个人债务的区分。合伙债务是指合伙关系存续期间合伙组织在从事民事活动过程中对第三人所承担的债务,通常为合伙人在执行合伙事务过程中对他人所负债务。合伙债务可因合同、侵权行为、不当得利、无因管理等原因而发生。合伙债务与合伙人个人债务应予以区分,而不能相互替代,合伙人发生与合伙企业无关的债务(即个人债务),相关债权人不得以其债权抵销其对合伙企业的债务(《合伙企业法》第41条),反之亦然。合伙人的个人债务应由其自有财产(即合伙财产之外的个人财产)承担,但根据《合伙企业法》第42条的规定,合伙人的自有财产不足清偿其与合伙企业无关的债务的,该合伙人可以以其从合伙企业中分取的收益用于清偿;债权人也可以依法请求人民法院强制执行该合伙人在合伙企业中的财产份额(及合伙出资财产中的个人财产)用于清偿(人民法院强制执行合伙人的财产份额时,应当通知全体合伙人,其他合伙人有优先购买权;其他合伙人未购买,又不同意将该财产份额转让给他人的,应依法为该合伙人办理退伙结算,或者办理削减该合伙人相应财产份额的结算)。如果合伙债务与合伙人个人债务同时存在,合伙与合伙人均陷入资不抵债境地,在二者的清偿顺序上,英美等国采取"双重优先规则"(dual priorities),即合伙企业财产首先用于偿还合伙企业债务,有剩余再分配给各合伙人用于清偿个人债务;合伙人的个人财产则首先用于偿还其个人债务,剩余的再用于清偿合伙企业的债务。我国法律对此未作规定,但在司法实践中已得到采用。[①]

2. 普通合伙人对合伙债务的责任。根据《民法通则》(已失效)第35条的规定,合伙的债务,由合伙人按照出资比例或者协议的约定,由各自的财产承担清偿责任,合伙人对合伙的债务承担连带责任,法律另有规定的除外。《合伙企业法》第38条、第39条规定,合伙企业对其债务,应先以其全部财产进行清偿;合伙企业不能清偿到期债务的,合伙人承担无限连带责任。根据上述规定,普通合伙人对合伙债务的责任性质为补充责任、无限责任、连带责任(补偿责任是无限责任、连带责任的前提)。补充责任,即合伙人仅在合伙财产不足以清偿合伙债务时对该不足部分承担清偿责任,因此合伙人对合伙债务的债权人享有先诉抗辩权;无限责任,即合伙人应以其全部个人财产而不是以对合伙的出资或在合伙财产中的共有份额为限,对合伙债务承担补充责任[②];连带责任,即每一个合伙人对合伙债务均负有全部清偿义务,合伙的债权人有权向任何一个、数个或全体合伙人提出清偿债务的请求;已经履行了清偿义务的合伙人,可就其给付中超过自己应承担的部分向其他合伙人追偿(《合伙企业法》第40条)。

除上述一般规定外,我国法律对特殊普通合伙企业中合伙人对合伙债务的承担作了特别规定。所谓特殊普通合伙企业,是指以利用专业知识和专门技能为客户提

[①] 最高人民法院《关于审理联营合同纠纷案件若干问题的解答》(已失效)第9条第1项第2点规定:"联营体是合伙经营组织的,可先以联营体的财产清偿联营债务。联营体的财产不足以抵债的,由联营各方按照联营合同约定的债务承担比例,以各自所有或经营管理的财产承担民事责任;合同未约定债务承担比例,联营各方又协商不成的,按照出资比例或盈余分配比例确认联营各方应承担的责任。"
[②] 《民通意见》(已失效)第57条规定,合伙人以个人财产出资的,以合伙人的个人财产承担;合伙人以其家庭共有财产出资的,以其家庭共有财产承担;合伙人以个人财产出资,合伙的盈余分配所用于其家庭成员生活的,应先以合伙人的个人财产承担,不足部分以合伙人的家庭共有财产承担。

供有偿服务为目的而设立的专业服务型合伙企业。特殊普通合伙企业的特殊之处,主要就体现在其责任承担规则上。根据《合伙企业法》第57条第1款、第58条的规定,特殊普通合伙企业的一个合伙人或者数个合伙人在执业活动中因故意或者重大过失造成合伙企业债务的,应当承担无限责任或者无限连带责任,其他合伙人以其在合伙企业中的财产份额为限承担责任。以合伙企业财产对外承担责任后,因故意或者重大过失造成合伙企业债务的合伙人应当按照合伙协议的约定对给合伙企业造成的损失承担赔偿责任。

3. 有限合伙人对合伙债务的责任。根据《合伙企业法》的规定,有限合伙人以其认缴的出资额为限对合伙企业债务承担责任(并非债法意义上的清偿责任)。因此,有限合伙人对合伙债务无须承担补充责任,也就谈不上连带责任。

六、入伙、退伙与合伙终止

(一) 入伙

所谓入伙,是指在合伙存续期间非合伙人加入合伙、成为合伙人的法律事实。

入伙作为一种入伙人与原合伙人之间的多方民事法律行为,须经各方意思表示一致方能成立。根据《合伙企业法》第43条第1款的规定,新合伙人入伙,除合伙协议另有约定外,应当经全体合伙人一致同意,并依法订立书面入伙协议。其中,全体合伙人一致同意接纳新合伙人是入伙的先决条件,原合伙人与新合伙人订立书面入伙协议是入伙的法定方式,新合伙人自入伙协议生效时起取得合伙人资格。

根据《合伙企业法》第44条的规定,入伙的法律后果主要是:(1) 入伙后,新合伙人与原合伙人享有同等权利,承担同等责任。此为任意性规定,入伙协议另有约定的,从其约定。(2) 新合伙人(普通合伙人)对入伙前合伙企业的债务承担无限连带责任。此为强制性规定,入伙协议中不得约定排除。

(二) 退伙

退伙是合伙人在合伙存续期间退出合伙组织、丧失合伙人资格的法律事实。在合伙人仅为二人时,任何一人退出合伙均导致合伙解散,故不属于退伙。根据其原因的不同,退伙可分为自愿退伙、当然退伙和除名退伙,有限合伙人还有特殊的退伙事由。

1. 自愿退伙。自愿退伙也称声明退伙,是指合伙人基于自身意愿而向其他合伙人作出退伙的意思表示。根据《合伙企业法》第45—47条的规定,合伙协议约定合伙期限的,在合伙企业存续期间,有下列情形之一的,合伙人可以退伙:(1) 合伙协议约定的退伙事由出现;(2) 经全体合伙人一致同意;(3) 发生合伙人难以继续参加合伙的事由;(4) 其他合伙人严重违反合伙协议约定的义务。合伙协议未约定合伙期限的,合伙人在不给合伙企业事务执行造成不利影响的情况下,可以退伙,但应当提前30日通知其他合伙人。合伙人违反上述规定退伙的,应当赔偿由此给合伙企业造成的损失。

2. 当然退伙。当然退伙是指合伙人基于法定事由而当然丧失合伙人资格,退伙事由实际发生之日为退伙生效日。根据《合伙企业法》第48条的规定,合伙人有下列情形之一的,当然退伙:(1) 作为合伙人的自然人死亡或者被依法宣告死亡;(2) 个人丧失偿债能力;(3) 作为合伙人的法人或者其他组织依法被吊销营业执照、责令关闭、撤销,或者被宣告破产;(4) 法律规定或者合伙协议约定合伙人必须具有相关资格而丧失该资格;(5) 合伙人在合伙企业中的全部财产份额被人民法院强制执行。合伙人被依法认定为无民事行为能力人或者限制民事行为能力人的,经其他合伙人一致同意,可以依法转为有限合伙人,普通合伙企业依法转为有限合伙企业。其他合伙人未能一致同意的,该无民事行为能力或者限制民事行为能力的合伙人退伙。根据《合伙企业法》第50条第1款的规定,合伙人死亡或者被依法宣告死亡的,对该合伙人在合伙企业中的财产份额享有合法继承权的继承人,按照合伙协议的约定或者经全体合伙人一致同意,从继承开始之日起,取得该合伙企业的合伙人资格。

3. 除名退伙。除名退伙又称开除退伙或强制退伙,是指在合伙人出现法定事由时由其他合伙人决议取消其合伙人资格。根据《合伙企业法》第49条的规定,合伙人有下列情形之一的,经其他合伙人一致同意,可以决议将其除名:(1) 未履行出资义务;(2) 因故意或者重大过失给合伙企业造成损失;(3) 执行合伙事务时有不正当行为;(4) 发生合伙协议约定的事由。对合伙人的除名决议应当书面通知被除名人。被除名人接到除名通知之日,除名生效,被除名人退伙。被除名人对除名决议有异议的,可以自接到除名通知之日起30日内,向人民法院起诉。

4. 有限合伙人的退伙。根据《合伙企业法》第78条的规定,有限合伙人的当然退伙事由包括:(1) 作为合伙人的自然人死亡或者被依法宣告死亡;(2) 作为合伙人的法人或者其他组织依法被吊销营业执照、责令关闭、撤销,或者被宣告破产;(3) 法律规定或者合伙协议约定合伙人必须具有相关资格而丧失该资格;(4) 合伙人在合伙企业中的全部财产份额被人民法院强制执行。值得注意的是,其一,"个人丧失偿债能力"并非有限合伙人的当然退伙事由;其二,根据《合伙企业法》第79条的规定,作为有限合伙人的自然人在有限合伙企业存续期间丧失民事行为能力的,其他合伙人不得因此要求其退伙;其三,根据《合伙企业法》第80条的规定,作为有限合伙人的自然人死亡、被依法宣告死亡或者作为有限合伙人的法人及其他组织终止时,其继承人或者权利承受人可以依法取得该有限合伙人在有限合伙企业中的资格。

5. 退伙的法律后果。根据《合伙企业法》第51—54条的规定,退伙的法律后果主要有以下几个方面:(1) 财产结算与份额退还。合伙人退伙,其他合伙人应当与该退伙人按照退伙时的合伙企业财产状况进行结算,退还退伙人的财产份额。退伙人对给合伙企业造成的损失负有赔偿责任的,相应扣减其应当赔偿的数额。退伙时有未了结的合伙企业事务的,待该事务了结后进行结算。退伙人在合伙企业中财产份额的退还办法,由合伙协议约定或者由全体合伙人决定,可以退还货币,也可以退还实物。(2) 合伙债务的清偿。普通合伙人对基于其退伙前的原因发生的合伙企业债务,承担无限连带责任。(3) 合伙亏损的分担。合伙人退伙时,合伙企业财产少于合伙企业债务的,退伙人应当依照合伙协议或者出资比例分担亏损。

(三) 合伙的解散与清算

1. 合伙的解散。合伙的解散,是指合伙因某一法定事由而终止活动的法律事实。根据《合伙企业法》第85条的规定,合伙企业有下列情形之一的,应当解散:(1) 合伙期限届满,合伙人决定不再经营;(2) 合伙协议约定的解散事由出现;(3) 全体合伙人决定解散;(4) 合伙人已不具备法定人数满30天;(5) 合伙协议约定的合伙目的已经实现或者无法实现;(6) 依法被吊销营业执照、责令关闭或者被撤销;(7) 法律、行政法规规定的其他原因。

2. 合伙的清算。与营利法人一样,合伙解散后其主体资格并不立即消灭,而应进行清算。(1) 清算人。根据《合伙企业法》第86条的规定,清算人由全体合伙人担任;经全体合伙人过半数同意,可以自合伙企业解散事由出现后15日内指定一个或者数个合伙人,或者委托第三人,担任清算人。自合伙企业解散事由出现之日起15日内未确定清算人的,合伙人或者其他利害关系人可以申请人民法院指定清算人。(2) 清算人职责。根据《合伙企业法》第87条的规定,清算人在清算期间执行下列事务:清理合伙企业财产,分别编制资产负债表和财产清单;处理与清算有关的合伙企业未了结事务;清缴所欠税款;清理债权、债务;处理合伙企业清偿债务后的剩余财产;代表合伙企业参加诉讼或者仲裁活动。(3) 合伙在清算期间的法律地位。根据《合伙企业法》第88条第3款的规定,清算期间,合伙企业存续,但不得开展与清算无关的经营活动。(4) 剩余财产分配。根据《合伙企业法》第89条的规定,合伙企业财产在支付清算费用和职工工资、社会保险费用、法定补偿金以及缴纳所欠税款、清偿债务后的剩余财产,依照合伙协议或出资比例进行分配。(5) 注销登记与原债务承担。根据《合伙企业法》第90条、第91条的规定,清算结束,清算人应当编制清算报告,经全体合伙人签名、盖章后,在15日内向企业登记机关报送清算报告,申请办理合伙企业注销登记。合伙企业注销后,原普通合伙人对合伙企业存续期间的债务仍应承担无限连带责任。

第五章　民事权利、民事义务与民事责任

第一节　民事权利的概念和类型

一、民事权利的概念

权利(本章专指民事权利)是私法的核心概念,是"对法律生活多样性的最后抽象"。① 权利的一般理论是德国潘德克顿法学的重要成果②,但学界对于权利的概念则存在不同见解,最具影响的是"意志说"和"利益说"。"意志说"为萨维尼、温德沙伊德等所主张,认为权利是个人意志自由活动或个人意志所能支配的范围;"利益说"为耶林所倡导,认为权利是法律所保护的利益。由于"意志说"和"利益说"各有侧重但并不矛盾,故后世学者将二者加以折中并形成通说,认为权利是旨在维护特定利益的意志支配力。③

综合以上诸说,本书认为,权利是法律赋予民事主体旨在维护特定利益的意志支配力(意志自由)。申言之:第一,权利源于法律。权利是由法律确认的,离开法律的权利主张(如"自然权利""天赋人权")只是一种主观要求,不具有客观的法律效力,因此权利是一种"法力"。在西方法学中,权利和法律多以同一用语表达,因此有"法律为客观的权利,权利为主观的法律"之说。第二,权利的目的是利益。享有权利,意味着主体实际享有的一定利益(如物权上的利益是支配标的物,债权上的利益是特定人为特定给付)。离开利益,权利将徒有其名。第三,权利是一种意志自由。享有权利,意味着主体为享有或取得特定的利益可以为一定行为(如物权),或者请求义务主体为一定行为或不为一定行为(如债权)。

二、民事权利的类型

(一) 民事权利的学理分类

1. 财产权与非财产权(人身权)

以民事权利所体现的利益为标准(目的标准或客体标准),民事权利可分为财产

---

① 〔德〕迪特尔·梅迪库斯:《德国民法总论》,邵建东译,法律出版社2000年版,第62页。
② 德国法学家温德沙伊德在1862年首版的《学说汇纂教科书》中单设"权利的一般理论"一编。
③ 参见朱庆育:《民法总论》,北京大学出版社2013年版,第489页。

权与非财产权(人身权)。

财产权是指以财产利益或物质利益为客体的权利。财产权是民事主体取得和实现财产利益、满足自身生存和发展的物质需要的法律途径。财产权具有如下特征：(1) 以物质利益为客体。财产权所包含的物质利益,既包括对"物"(动产和不动产、有体物和无体物)的占有、使用和收益(如物权、知识产权),也包括请求他人为一定的行为以实现自己的财产利益(如债权)。(2) 具有非专属性、可转让性和个体差异性。财产权并非民事主体与生俱来的权利,而是通过法律行为或其他法律手段(如继承)取得并可以自主转让,因此财产权的实际享有在各个民事主体之间存在差异(即贫富差异),这是市场经济社会的必然状态。

非财产权(人身权)是指以人格和身份利益为客体的权利。其中,以人格利益(如生命、健康、名誉、隐私)为客体者称为人格权,以身份利益(如配偶、父母子女)为客体者称为身份权。人身权具有如下特征：(1) 以精神利益为客体。人身权所体现的主要是权利人的精神利益,如人格尊严、亲属情感,而不是物质利益,无法进行经济评价,人格权尤为突出(但这并不妨碍以经济补偿方式对侵害人身权造成的非财产损害予以救济)。(2) 具有专属性、不可转让性和无差异性。人身权多直接基于法律规定而享有,且专属于权利人享有,不可转让、继承,在实际享有上也呈现平等性和普遍性,尤其人格权的享有在同类主体中不存在个体差异。

对于一项具体的民事权利而言,财产权与非财产权之间并不总是非此即彼、相互排斥的,有的民事权利就兼具财产利益和人身(身份)利益内容,可称为混合型(或复合型)权利。例如,著作权中的署名权属于身份权,报酬权则为财产权;社员权作为社团法人成员(股东等)所享有的权利,也兼有财产权和非财产权的内容,前者如盈利分配请求权,后者如表决权、知情权等。此外,继承权也兼具财产权和身份权属性。

2. 绝对权与相对权

以民事权利效力所及即义务主体的范围为标准,民事权利可分为绝对权与相对权。

绝对权也称对世权,是指其效力及于所有人,任何人均负有特定义务的权利。其特点有二：一是义务主体的普遍性或不特定性,即权利人以外之人均为义务主体;二是义务内容的消极性,即义务主体负有尊重或容忍该项权利的不作为义务。所有权和其他物权是典型的绝对权,人格权、知识产权也具有绝对权属性。

相对权也称对人权,是指其效力仅及于特定人的权利。其特点表现为：一是义务主体的特定性,权利人只能向特定主体主张权利;二是义务内容的综合性,可以是作为义务,也可以是不作为义务。相对权的典型是基于债权所享有的或所有权等绝对权产生的请求权,但相对权并非等同于请求权,形成权、抗辩权也属于相对权。

在民事权利体系中,也存在绝对权与相对权发生混合的情形。例如,相对权有时可以被赋予一定的对世效力,如预告登记后的不动产物权变动请求权、适用"买卖不破租赁"规则的租赁权等。另如,配偶权既有对人权性质,也有一定的对世权效力。

绝对权与相对权的区分可追溯至罗马法上的"对物诉讼"与"对人诉讼"之分,对近代民法(尤其是德国民法)体系的构建影响甚巨,物权与债权之分就是这种区分的立法反映,二者在保护模式(如侵权保护)上也存在显著差异。尽管随着"债权不可侵"理论的倡导,绝对权与相对权的分类意义有所弱化,但这种分类毕竟提供了一种从基本构造和实现方法角度考察民事权利的思维方法,对于民事立法和实践仍具有理论指导意义。

3. 支配权、请求权、抗辩权与形成权

以民事权利的作用或实现方式为标准,可将民事权利区分为支配权、请求权、抗辩权与形成权。

支配权是指直接支配权利客体的权利。支配权的客体可以是有体物(物权),也可以是无体的知识产品(知识产权)。① 支配权具有如下特点:(1) 自足性。权利人仅凭自己的意志,通过对权利客体的占有、使用、收益、处分等即可实现作为权利内容的利益,无须义务人的积极行为协助,因此与支配权相对应的义务是一种不作为义务。(2) 对世性。支配权的义务主体是不特定的,任何人均负有尊重、容忍权利人享有和行使支配权的义务,因此支配权属于绝对权(对世权)。(3) 排他性。一般而言,支配权具有排除他人对标的物为同一支配的效力,例如所有权就是典型的排他性权利(一物之上不能同时成立两个所有权)。此外,有的支配权之间还存在顺序(效力)上的优先与劣后之分,如抵押权。

请求权是指要求他人为特定行为(作为)或不为特定行为(不作为)的权利。请求权包括作为基础性权利的请求权(即债权请求权)和由某项基础性权利派生的请求权(物权请求权、知识产权请求权、人格权请求权以及因债权派生的请求权等)。请求权具有以下特征:(1) 非自足性。与支配权相反,请求权不能凭权利人意志自行实现,而需要通过义务人的相应行为(作为或不作为)配合实现。(2) 相对性。请求权是权利人对特定的义务人享有的权利,权利人只能向该义务人要求为一定行为或不为一定行为,不得向他人主张。(3) 平等性。请求权不具有排他性,也无优先劣后之分,同一内容的请求权可以并存(如不同的买受人请求交付同一标的物)且彼此平等。(4) 非公示性。就支配权而言,基于其对世性和排他性,法律规定某些支配权(如物权、专利权、商标权)的变动须进行公示。而请求权作为相对权,一般而言不关涉第三人利益,故法律对其不作公示要求。

抗辩权是指对抗其他权利、阻止其效力的权利。抗辩权主要是对抗请求权的权利,但不以请求权为限,例如对抵销权行使的抗辩就属于对形成权的抗辩(或称准抗辩权)。依其具体作用的不同,抗辩权可分为两类:一类是延迟性抗辩权(也称一时抗

---

① 一些著述中将人格权作为支配权的一种。

辩权),即只能暂时阻止请求权效力的抗辩权,如同时履行抗辩权、保证人先诉抗辩权;二是排除性抗辩权(也称永久抗辩权),即可长期阻止请求权行使效力的抗辩权,如诉讼时效抗辩权。抗辩权通常通过诉讼抗辩的方式行使,借以否认原告诉讼请求的正当性,但并非所有的诉讼抗辩都属于实体法上抗辩权的行使。诉讼抗辩可分为权利阻却抗辩(否认请求权的产生,如法律行为无效抗辩)、权利消灭抗辩(否认请求权的存续,如债务已履行抗辩)、权利阻止抗辩(阻碍请求权的实现,如同时履行抗辩)。上述诉讼抗辩中,只有权利阻止抗辩属于实体法上抗辩权的行使。

形成权是指依照权利人单方意思表示即可使民事法律关系产生、变更或终止的权利。民事法律行为制度中的撤销权,代理制度中的催告权和追认权,合同法上的选择权、解除权、抵销权、免除权等均为形成权。与支配权相似,形成权具有"自足性",即仅凭权利人意志即可实现权利效力;不同之处在于,支配权是作用于"物"的权利,形成权是作用于"法律关系"的权利。此外,形成权还具有以下特征:一是伴生性。形成权虽属独立的民事权利,但其通常与某一民事法律关系或某项权利相伴而生,而不是孤立存在。例如,本人对无权代理的追认权以行为人与相对人实施法律行为、形成权利义务关系为前提,债权人的选择权、解除权、抵销权均与债权不可分离。二是多样性。权利人在何种情形下享有形成权、享有何种形成权,多由法律在不同制度中具体地加以规定,因此形成权呈现出多样性和分散性。三是期限性。形成权一般具有一定的存续期间,或基于法律规定,或基于当事人约定。但也存在例外情形,如抵销权、离婚权。形成权种类众多,对其可作如下分类:(1)依其性质,可分为原权性质的形成权与救济权性质的形成权,前者如选择之债中的选择权,后者如对法律行为的撤销权;(2)依其适用对象,可分为财产上的形成权与身份上的形成权,前者如撤销权、追认权、承认权、催告权、解除权、选择权、抵销权、免除权等,后者如对可撤销婚姻的撤销权、离婚权、子女认领权、婚生子女否认权、收养关系解除权等;(3)依其效力,可分为成立或生效形成权(如承租人优先购买权、追认权)、变更形成权(如选择之债中的选择权)、消灭形成权(如撤销权、解除权、离婚权);(4)依其行使方式,可分为单纯形成权与形成诉权,前者依权利人意思表示即可实现(如追认权、抵销权),后者则须通过诉讼方式行使(如撤销权)。

4. 专属权与非专属权

以民事权利是否能与其主体分离为标准,可将其区分为专属权与非专属权。

专属权是指专属于特定主体而不得由他人享有或行使的权利。对专属权还可作进一步分类:(1)人身专属权与财产专属权。前者即人格权和身份权,后者如国家对城市土地、矿产资源的所有权。(2)专属享有权与专属行使权。前者是指只能由权利人享有、不得让与或继承,但可以由他人代为行使的权利,如国家所有权;后者是指不仅专属享有并且不得由他人代为行使的权利,如人格权、身份权、专属性债权等。①专属权本体上不得让与、继承,但侵害专属权所产生的损失赔偿请求权在一定条件下(如赔偿金额已依合同承诺或起诉)可以让与或继承。②

非专属权是指不专属于特定主体、可以与权利人分离(让与、继承)的权利。财产权一般均为非专属权,但也有例外(如城市土地所有权、劳动报酬请求权)。

5. 主权利与从权利

在数个相互关联的权利中,根据各自的不同地位,有主权利与从权利之分。这一分类,仅适用于财产权。

主权利是指在数个相互关联的权利中能够不依赖于其他权利而独立存在的权利。与此对应,以其他权利(主权利)为前提而不能独立存在的权利为从权利。例如,在设有担保的借贷关系中,贷款人对借款人的债权为主权利,而对保证人或担保物的权利则为从权利(前者为保证债权,后者为抵押权、质权等担保物权)。主权利与从权利之间的关系主要体现为两个方面:一是"共存"关系,即各自独立而又"如影随形",既无单独存在的主权利,也无单独存在的从权利;二是"主从"关系,即主权利的成立、有效、变更、转让、消灭对从权利的产生、有效、变更、转让、消灭具有决定性影响。

6. 原权与救济权

以民事权利系原生或派生为标准,民事权利可分为原权与救济权。

原权也称基础权,即原初性的权利,是民事权利的常态,如物权、债权、人格权等。形成权也多属原权。

救济权是指在原权受到侵害或有受侵害之虞时产生的、旨在救助原权的权利。救济权多表现为请求权(如物权请求权、知识产权请求权、人格权请求权、债务不履行责任请求权),也可以形成权的面目出现(如解除权)。救济权与原权一样属于实体权利,也不是原权的从权利,但其本身并无独立存在的价值,而是一种派生性、后发性权利,只有在原权遭受侵害或有受侵害之虞时才能产生和行使。

7. 既得权与期待权

以民事权利的成立要件是否完全具备,可将其分为既得权与期待权。

既得权也称完整权,是指业已具备全部成立要件、已由权利人实际取得(享有)的权利。完整权是民事权利的常态,现实享有的物权、债权、人身权、知识产权等均为既得权。

期待权是指成立要件尚未完全具备、权利人尚未实际取得(享有)的权利。该权

---

① 《最高人民法院关于适用〈中华人民共和国合同法〉若干问题的解释(一)》(已失效)第12条规定:"合同法第七十三条第一款规定的专属于债务人自身的债权,是指基于扶养关系、抚养关系、赡养关系、继承关系产生的给付请求权和劳动报酬、退休金、养老金、抚恤金、安置费、人寿保险、人身伤害赔偿请求权等权利。"

② 参见郑玉波:《民法总则》,中国政法大学出版社2003年版,第71页。

利将来能否实际取得,取决于一定法律事实的出现或不出现。期待权的典型类型包括:附条件、附期限法律行为所设定的权利;继承开始前法定继承人的权利;由既存债权产生的将来债权(如利息债权)等。① 关于期待权的一项基本规则是,若权利人恶意促成或相对人恶意阻碍权利实现,则法律拟制其产生相反效果(如恶意促成条件成就则视为条件不成就)。

(二) 民事权利的法定类型

各国民法中,具体民事权利一般由民法典分则或民事特别法予以规定,如物权编关于各种物权的规定,债法关于债权的规定,继承法关于继承权的规定,公司法关于股权的规定等,而我国则采取了由民事基本法对民事权利作出集中规定的立法模式。

《民法通则》第五章"民事权利"分节规定了以下几类民事权利:(1) 财产所有权和与财产所有权有关的财产权,包括财产所有权、财产继承权、国有土地使用权、土地承包经营权、自然资源使用权与承包经营权、采矿权、全民所有制企业经营权②;(2) 债权,包括合同之债、不当得利之债、无因管理之债③;(3) 知识产权,包括著作权、专利权、商标专用权、发现权、发明权与其他科技成果权;(4) 人身权,包括生命健康权、姓名权与名称权、肖像权、名誉权、荣誉权、婚姻自主权等。

在总结《民法通则》施行以来立法和实践经验的基础上,《民法典》总则编第五章"民事权利"对民事权利的主要类型作了宣示性规定,包括:(1) 人格权(第109—111条),其中第110条规定了生命权、身体权、健康权、姓名权(名称权)、肖像权、名誉权、荣誉权、隐私权、婚姻自主权等具体人格权④;(2) 身份权(第112条);(3) 物权(第114条);(4) 债权(第118—122条),包括合同之债、侵权之债(责任)、无因管理之债、不当得利之债;(5) 知识产权(第123条),包括对作品、发明、实用新型、外观设计、商标、地理标志、商业秘密、集成电路布图设计、植物新品种等客体的权利;(6) 继承权(第124条);(7) 股权和其他投资性权利(第125条)。此外,该章还对法律规定的其他民事权利和利益进行了兜底性确认(第126条),并通过引致性规定为对数据、网络虚拟财产的法律保护提供了依据(第127条)。⑤

除民事普通法中确认的民事权利外,一些由特别法赋予的权利也属于民事权利范畴,如《中华人民共和国消费者权益保护法》(以下简称《消费者权益保护法》)规定的消费者知情权、自主选择权、公平交易权等权利。

---

① 在取得时效制度下,时效完成前占有人的权利也是一种期待权。
② 《物权法》在此基础上确立了我国的物权体系,包括所有权、土地承包经营权、建设用地使用权、宅基地使用权、地役权、抵押权、质权、留置权等具体物权类型。
③ 《民法通则》未将侵权损害赔偿纳入债权范畴。
④ 《民法典》第111条规定"自然人的个人信息受法律保护",但是否将个人信息权作为独立的民事权利或作为一种人格权,学界有不同见解。
⑤ 《民法典》第127条规定:"法律对数据、网络虚拟财产的保护有规定的,依照其规定。"

第二节　民事权利的取得、消灭、行使和保护

一、民事权利的取得与消灭

（一）民事权利的取得

民事权利的取得，即民事权利归属于特定民事主体的法律现象。民事权利类型不一，其取得方式也不尽相同。

1. 原始取得与继受取得。原始取得也称为新生成的权利的取得，是指不以他人既存民事权利为前提而取得民事权利。原始取得适用于各种民事权利，并且是人格权等专属权的唯一取得方式。在他人既存民事权利的基础上创设民事权利，也属于原始取得，如抵押权、质权的设立取得。继受取得又称传来取得，是指由前一权利人处取得既存的民事权利。继受取得可进一步分为特定型继受取得与概括型继受取得：前者是指自他人处取得某项特定权利，如所有权、债权，后者对他人的权利连同其所负义务一并予以继受，如财产继承、公司合并。

2. 依法律规定取得与依法律行为取得。依法律规定取得，是指无须权利主体的任何意思表示，仅根据法律规定即可享有某项民事权利，如人格权、身份权、继承权的取得，财产权的取得也存在这种情况（如因添附取得所有权）。依法律规定取得民事权利包括两种情形：一是自始取得，即只要具备民事主体资格即享有某种民事权利，如人格权；二是自创取得，即通过实施一定的事实行为而取得民事权利，如通过先占无主物而取得所有权。依法律行为取得，即通过实施一定的法律行为取得民事权利，财产权的取得多属此种情形（如买卖、赠与、债权让与）。

3. 自动取得与特许取得。一般情形下，民事权利仅需符合法律规定的实质性要件即可取得，即自动取得（或称依准则取得）；有的民事权利除符合一定实质要件外，尚需得到政府有关管理部门的个别确认，即特许取得，如专利权、商标专用权、采矿权的取得。

（二）民事权利的消灭

民事权利的消灭，即民事权利不复存在，可分为民事权利的绝对消灭与民事权利的相对消灭。绝对消灭是指民事权利本身不复存在，主要包括以下情形：(1) 有存续期限的民事权利因期限届满而消灭，如各种形成权、专利权、商标权的消灭；(2) 支配权因为权利客体的灭失而消灭，如所有权的消灭；(3) 财产权因抛弃而消灭，如抛弃所有权、抛弃继承权；(4) 债权因履行、抵销、混同、提存等而消灭。相对消灭是指权利人因将民事权利移转于他人而丧失其权利，实际上是权利主体的变更，例如所有权转让、债权让与、专利权转让等。

二、民事权利的行使

民事权利的行使,即民事权利的自主实现,也就是权利人通过一定方式实现其民事权利内容的过程。

关于民事权利的行使方式,可以从以下几个层面说明:(1)依民事权利的实现方式,可分为自行实现与义务人配合实现两种情形,前者适用于物权等绝对权,后者适用于债权等相对权。(2)依行使民事权利的行为方式,可分为事实行为方式与法律行为方式,前者如所有权人对标的物的占有、使用、收益及事实上的处分,后者如所有权人抛弃标的物所有权的单方法律行为。(3)依行使民事权利的行为主体,可分为自己行使与代理行使。具有完全民事行为能力的权利人,既可以自己行使其权利,也可以委托他人代为行使权利;无民事行为能力和限制民事行为能力的权利人,由法律规定的代理人代理或协助其行使民事权利。但是,一些专属性民事权利不可由他人代理行使。

民事权利的自主行使是民事主体实现其权利目的的一般条件(作为"积极性权利"的财产权尤其如此)[①],是私法自治的基本要求。因此,《民法典》第 130 条规定:"民事主体按照自己的意愿依法行使民事权利,不受干涉。"但同时,民事权利的行使也应受到相关民法基本原则的调整:其一,民事权利的行使不得违背公序良俗,否则可能受到公权力的管制或制裁;其二,民事权利的行使应当遵循诚信原则,"不得滥用民事权利损害国家利益、社会公共利益或者他人合法权益"(《民法典》第 132 条),即禁止权利滥用。禁止权利滥用原则历史久远,罗马法时代即有"善良生活,不害他人,各得其所""不得不当行使权利"等格言,近代各国民法也普遍继受了这一理念,并在《德国民法典》中以"权利之行使,不得专以损害他人为目的"的规定得到表达。我国在《民法典》之前的民事立法中并无关于禁止权利滥用的一般规定[②],《民法典》第 132 条规定是诚实信用原则的具体(反面)表达,具有重大规范价值。

所谓权利滥用,是指民事主体因不当行使其民事权利而损害国家利益、社会公共利益或者他人合法权益的行为。关于权利滥用的判定,比较法上有主观说与客观说两种主张。前者以权利人行使权利时的主观状态为标准,认为若行使权利有故意滥用的意思,即构成权利滥用;后者以权利行使的客观结果为标准,认为只要行使权利损害了社会利益或他人利益,就构成权利滥用。本书认为,主观说和客观说均有失偏颇,对权利滥用的判定应采取主、客观相结合的标准方为全面。因此,权利滥用的构成应具备下列条件:(1)权利的存在。权利滥用的前提是享有民事权利,无权利则不

---

① 一些"消极性"民事权利(如生命权、健康权、名誉权等人格权)不存在一般意义上的行使问题。
② 2018 年《中华人民共和国宪法》第 51 条规定:"中华人民共和国公民在行使自由和权利的时候,不得损害国家的、社会的、集体的利益和其他公民的合法的自由和权利。"

存在滥用问题。(2) 行使权利的行为。权利人行使权利与否属于权利人的自由,只有行使权利才可能发生权利滥用,不行使权利不属于权利滥用。(3) 对公、私利益的损害。权利的行使未对国家利益、社会公共利益或者他人合法权益造成任何损害的(包括财产权益和人身权益损害),则不能构成权利滥用。(4) 主观过错。权利滥用一般应以权利人故意为主观要件,即权利的行使以损害他人为主要目的。是否以损害他人为主要目的,应就权利人因权利行使所能取得的利益与他人及社会因其权利行使所受损失予以比较衡量后认定,若权利人自己所得利益极少而他人及社会所受损害甚大,即可认定权利行使以损害他人为主要目的。[1] 实践中,权利滥用可表现为在对方应受保护的情况下消极地迟延行使权利、以过度的方式行使权利、以有失礼仪的方式取得权利、权利人自身违约等情形。[2]

权利滥用行为为法律所禁止,因而对权利人产生不利后果,包括:对权利的滥用不得承认其法律效果,相对人可提出抗辩;权利滥用如构成对他人的侵犯,对方可实施正当防卫;权利人对权利滥用所致损害应负赔偿责任;滥用权利侵害他人的状态继续或有侵害之虞时,受害方有权请求排除或防止侵害。[3] 一般而言,权利滥用并不导致权利丧失,只是权利的行使被否认。

三、民事权利的保护

民事权利的保护,是指当民事权利受到侵害或有受侵害之虞时法律对权利人提供一定的救济,包括自力救济和公力救济。

(一) 自力救济

自力救济也称私力救济,是指权利人于权利受侵害时通过自己的行为直接对抗、抵御侵害的救济方式。自力救济是人类法律文明早期盛行的权益保护手段,作为其典型形态的血族复仇在古代东西方国家都曾经存在。但这种救济方式具有"以暴制暴"的特点,不利于社会安定和法律秩序的维护,因此在现代法治社会受到严格限制,只是在某些特别情形下例外地允许其存在,且规定了严格的适用条件。自力救济包括自助行为和自卫行为两种手段,后者包括正当防卫和紧急避险。

1. 自助行为

自助行为是指权利人为保护自己的权利,在紧迫情势下对他人的人身自由加以拘束或对其财产予以扣押、毁损的行为。自助行为因其目的而阻却违法性,行为人对此不承担民事责任。

自助行为是各国民法普遍认可的自力救济方式,但在我国现行立法中尚无规定。

---

[1] 参见黄立:《民法总则》,中国政法大学出版社2002年版,第505—506页。
[2] 参见〔德〕迪特尔·梅迪库斯:《德国民法总论》,邵建东译,法律出版社2000年版,第115—118页。
[3] 参见黄立:《民法总则》,中国政法大学出版社2002年版,第509页。

各国法制上,对自助行为都采取限制态度,规定了严格的适用条件和程序:(1)为保护自己的权利而为。自助行为仅适用于保护自己的民事权利,这是其与正当防卫和紧急避险的重要区别。同时,自助行为所保护的权利以请求权为限,并且只能是既已生效的、具有强制执行效力的请求权,至于何种请求权(债权请求权抑或物权请求权等)则在所不问。(2)出现了危及权利实现的紧迫情形,即自助行为势在必行。这一要件有两层含义:一是义务人一方出现了可能导致请求权无法实现或难以实现的客观情况,如移转财物、意图逃匿等;二是时间紧迫,一时不能得到公权力机关的援助与保护。反过来说,如果不存在权利无法实现的紧迫情形,权利人即应请求公权力机关保护而不可实施自助行为,即使那样会增加权利实现的困难或推延权利实现的时间。(3)不超过保障权利实现的必要限度。何为必要限度,应结合具体情况,根据请求权的内容从行为对象、手段和后果等方面予以判定,例如若扣押财物即可达到目的,即不得对财物加以毁损;若毁损财物即可达到目的,即不得拘束其人身;至于身体伤害,则更为法律所不容。(4)及时请求公权力机关依法处置。例如,权利人实施财产扣押、人身拘束措施后,应及时将扣押的财物或拘束之人移送有关机关并请求依法作出处置。但并非所有的自助行为都必经这一后续程序,如毁损财物、取回财物等行为,事后无须请求有关机关确认或援助。

2. 正当防卫

正当防卫,是指为使自己或他人的民事权益免受现实的不法侵害而实施的防御性行为。正当防卫的结果往往是对不法侵害人的人身或财产造成一定损害,但因其目的正当性,行为人不负赔偿责任。正当防卫一方面是民事责任的免责事由(《民法典》第181条),另一方面也是权利人维护自身民事权利、实行自力救济的重要手段。

正当防卫的成立,应具备以下要件:(1)对自己或他人民事权益的不法侵害现实存在。不法侵害的存在,是正当防卫的前提条件,至于面临不法侵害的是行为人自己的民事权益,抑或他人的民事权益甚至公共利益,则在所不问。[①] 正当防卫只能针对现实存在(正在进行)的不法侵害实施,对先前发生现已结束的侵害或尚未实际发生的侵害不能适用正当防卫。(2)针对不法侵害人实施防卫。正当防卫只能针对不法侵害人本人实施,对其他人实施属于防卫对象错误,不构成正当防卫。(3)防卫措施适当,即不超过制止不法侵害、保护民事权益的必要限度。否则,构成防卫过当,行为人应承担适当的民事责任。正当防卫行为是否超过必要限度,应结合正当防卫人和不法侵害人双方的具体情况及当时的客观条件,主要从"必要性"(防卫措施是否达到制止不法侵害之目的所必须)和"相当性"(防卫措施所造成的损害与所欲避免的损

---

① 也有学者认为,正当防卫不宜适用于对公共利益的不法侵害行为。参见刘凯湘:《民法总论》(第三版),北京大学出版社2011年版,第96页。

害是否大体相当)两个方面予以判定。①

3. 紧急避险

紧急避险,是指当自己或他人的合法权益面临遭受损害的急迫危险时所实施的,为保护该项权益而致人损害的行为。与正当防卫一样,紧急避险是民事责任的免责事由(《民法典》第182条),也是权利人实行自力救济的重要方式,但二者在适用前提和实施对象等方面存在明显差异。

紧急避险的成立,应具备以下要件:(1)发生急迫危险,即自己或他人的生命、身体、自由、财产(或公共财产)面临即将遭受损害的危险,如不立即采取避险措施将发生实际损害(如为防止船舶沉没而抛货入海,为避免火势蔓延而拆除邻人部分房屋)。若非急迫,即使存在危险,也不能实施紧急避险行为。(2)避险行为不能超过必要限度。紧急避险的必要限度,一般通过避险措施所保护利益与所牺牲利益的比较(即避险行为的相当性)予以判定,即只有所保护利益大于所牺牲利益,紧急避险方为正当从而无须担责。一般而言,人身利益大于财产利益,至于财产利益之大小则应视具体情况而定。

(二) 公力救济

民事权利的公力救济,也称民事权利的国家保护,是指民事权利受到侵害时,经权利人请求,由特定的国家机关对民事权利进行保护。公力救济可分为行政救济与司法救济,后者包括民事诉讼、行政诉讼、刑事诉讼(自诉)等司法保护程序,其中民事诉讼是最为普遍和重要的民事权利公力救济方式。就民事诉讼而言,根据当事人请求事项的不同,可分为确认之诉、给付之诉和变更之诉。确认之诉是原告请求法院确认其与被告之间存在或不存在某种法律关系或确认其享有某项民事权利的诉讼,如请求确认自己对某一财产享有所有权之诉;给付之诉是原告请求法院判决被告履行一定给付义务的诉讼,如请求支付价款之诉;变更之诉(也称形成之诉)是原告要求变更或消灭其与被告之间一定法律关系的诉讼,如合同解除之诉、共有财产分割之诉。从广义上说,上述各类民事诉讼均具有保护民事权利的功能,但以给付之诉最为重要。

第三节　民事义务与民事责任

一、民事义务

民事义务,是民法为保障民事权利的实现而对权利主体以外的不特定或特定主体设定的行为拘束。民事义务具有以下特点:(1)拘束性。民事义务是民法对民事

---

① 参见梁慧星:《民法总论》(第五版),法律出版社2017年版,第287页。

主体课以的一种拘束,即对其为一定行为或不为一定行为的要求,具有法律上的强制性,义务的违反将对义务人产生不利后果。(2)利他性。民事义务的目的在于保障民事权利的实现,即以义务人的不利益满足权利人的利益。(3)限定性。民事义务是对义务主体有限度的拘束,其限度与权利人所享有权利的内容相对应,如绝对权的义务人仅负有尊重、容忍等消极义务,相对权的义务人也仅在权利人请求权范围内承担义务。

与民事权利相比,民事义务的分类较为简单,主要有积极义务与消极义务、法定义务与约定义务之分。积极义务也称作为义务,是指以义务主体实施一定行为为内容的义务(如交付工作物、支付价款),债权等相对权所对应的义务多属此类;消极义务也称不作为义务,是指以义务主体不得实施一定行为为内容的义务(如不妨碍权利人行使所有权、容忍相邻方通行),物权等绝对权所对应的义务多属此类;法定义务即由法律直接规定的义务,如法律规定遗失物拾得人的报告、保管等义务;约定义务即由民事主体间通过平等协商确定的义务,如各种合同中约定的义务。除上述分类外,前述关于民事权利的分类也可应用于民事义务,如财产义务与人身义务、绝对义务与相对义务、专属义务与非专属义务、主义务与从义务等。

二、民事责任

(一)民事责任的概念

民事责任,是指民事主体因违反民法上的义务而应承担的法律后果。与其他法律责任(行政责任、刑事责任)一样,民事责任也具有国家强制性与制裁性,但民事责任具有对私性(民事主体一方对另一方的责任)、补偿性(主要发挥补偿功能)与财产性(主要表现为财产责任)等特点。

民事责任与民事义务密不可分,民事责任以民事义务的存在为前提,没有民事义务就没有民事责任,但各国民法对民事责任与民事义务(债务)关系的理解或定位并非完全一致。在罗马法上,对民事责任与民事义务并未加以区分,责任是义务不履行的必然结果,为义务关系所包含。英美法上也未对义务与责任加以区分,责任与权利直接相关,是不履行义务的当然结果。德国普通法时代仍沿袭罗马法思想,如萨维尼认为,债务人自愿履行其债务属于债权的自然进行状态,债务人不履行债务时由债权人强制其履行则属于债权的不自然进行状态。但在日耳曼法上,对民事义务与民事责任却有明确的区分。按照日耳曼法,债务属于法的"当为"(Schuld),不包含法的强制,如欲强制债务人为给付,必须在债务之外另有责任(Haftung)关系的存在。[①] 所谓责任关系,是指债务人当为给付而未为给付或不完全给付时,应服从债权人强制取得的一种关系,它附加于债务关系之上,并使其具有强制力。在这里,责任不是债务的

---

① 参见林诚二:《民法理论与问题研究》,中国政法大学出版社2000年版,第208页。

应有之义,而是与义务相关联的独立概念。这种对义务(债务)与责任的区分,为近现代大陆法系各国民法所普遍接受。① 1964年《苏俄民法典》专设"违反债的责任"一章,规定债务不履行的民事责任。

我国民法沿袭大陆法系及苏联民法传统,承认民事责任与民事义务的区分。《民法通则》对民事义务的规定间接体现于"民事权利"一章中,对民事责任则专设一章予以规定,开创了民事立法体例的先例。《民法典》延续这一做法,于第一编第八章对民事责任作了一般性规定。但无论是《民法通则》还是《民法典》,均留下了一个关于传统民法上"侵权行为之债"与现代民法上"侵权民事责任"关系的学术难题。②

(二) 民事责任的分类

1. 违约责任、侵权责任和其他责任

根据民事责任发生原因的不同,可将其分为违约责任、侵权责任和其他责任。违约责任,是指合同当事人不履行或不完全履行合同义务所应承担的民事责任。违约责任以合同的有效存在为前提,以合同义务的违反(不履行或不完全履行)为基本条件。违约责任不同于广义的"合同责任",后者除违约责任外,还包括缔约过失责任。侵权责任,是指因侵害他人民事权益而应承担的民事责任。侵权责任一般基于行为人违反其对于各种绝对权(如物权、人格权)所负的法定义务(不作为义务)、侵害他人合法权益而产生,在我国集中规定于《民法典》侵权责任编中。其他民事责任,除违约责任、侵权责任外,还可能基于其他原因而产生,如缔约过失责任、不履行不当得利与无因管理债务所应承担的民事责任等。

2. 财产责任与非财产责任

根据民事责任承担方式的具体内容,可将其分为财产责任与非财产责任。财产责任是指以财产给付作为责任承担方式的民事责任,如返还财产、赔偿违约损失、支付违约金等。财产责任是违约责任的基本形态,也是侵权责任的主要形式,侵害财产权自不待言,侵害人格权所产生的财产损失赔偿与精神损害赔偿责任也属于财产责任。非财产责任是指财产给付以外的各种责任承担方式,如停止侵害、消除影响、恢复名誉等。非财产责任主要用以排除不法侵害状态或消除侵害后果,多适用于侵害人格权情形(停止侵害责任方式也适用于侵害物权情形)。

3. 过错责任、无过错责任与"公平责任"

根据民事责任成立依据的不同,民事责任可分为过错责任、无过错责任与"公

---

① 如《法国民法典》第1142条规定:作为或不作为的债务,债务人不履行时,转变为赔偿损害的责任;《德国民法典》第276条规定:债务人应对其故意或过失承担责任;《日本民法典》第412条第1项规定:就债务的履行有确定期限时,债务人自其期限届至时起负迟延责任。
② 《民法通则》在"民事权利"一章的"债权"一节中对侵权行为之债未作规定,似乎意图以侵权民事责任替代侵权行为之债;《民法典》在"民事权利"一章中规定了侵权责任(第120条),"民事责任"一章所规定的民事责任显然也包括侵权责任。本书认为,民事责任与债务不是同一概念,侵权损害直接产生侵权赔偿之债务,债务不履行才能产生侵权责任。

平责任"。过错责任是指以责任方的过错为成立要件的民事责任,有过错才有责任,无过错则无责任,如一般侵权责任、缔约过失责任。在过错的认定上,过错责任可分为由请求人(原告)对责任方过错负举证责任的一般过错责任和实行举证责任倒置的推定过错责任。无过错责任在英美法上也称严格责任,是指不以责任方的过错为构成要件,即使其没有过错也须承担的民事责任,例如违约责任和高度危险作业、环境污染等特殊侵权责任等。① 所谓"公平责任",是指"当事人对造成损害都没有过错的,可以根据实际情况,由当事人分担民事责任"(《民法通则》第132条),或"受害人和行为人对损害的发生都没有过错的,可以根据实际情况,由双方分担损失"(《侵权责任法》第24条)的情形。关于"公平责任"应否作为一项(侵权责任的)归责原则,我国学界长期存在"肯定说"与"否定说"两种观点。②《民法典》侵权责任编采纳了"否定说",仅在"损害赔偿"部分(第二章)规定"受害人和行为人对损害的发生都没有过错的,依照法律的规定由双方分担损失"(第1186条),此为民法公平原则在侵权责任领域的具体运用,并非将"公平责任"作为侵权责任的归责原则。

4. 按份责任与连带责任

根据承担某项民事责任的主体数量,民事责任可分为单独责任与共同责任,共同责任又有按份责任与连带责任之分。按份责任是指共同责任人各自按照自己的份额承担的民事责任,如按份债务不履行的违约责任、按份共有物致人损害的侵权责任。对此,《民法典》第177条规定:"二人以上依法承担按份责任,能够确定责任大小的,各自承担相应的责任;难以确定责任大小的,平均承担责任。"连带责任,是指各共同责任人均须对权利人承担全部责任,亦即权利人有权请求部分责任人承担全部责任的责任形态,例如代理人与被代理人的连带责任、共同侵权人的连带责任等。在连带责任中,部分责任人根据权利人的请求承担全部责任后,有权就超出其内部份额部分向其他共同责任人追偿。对此,《民法典》第178条第1款、第2款规定:"二人以上依法承担连带责任的,权利人有权请求部分或者全部连带责任人承担责任。""连带责任人的责任份额根据各自责任大小确定;难以确定责任大小的,平均承担责任。实际承担责任超过自己责任份额的连带责任人,有权向其他连带责任人追偿。"

(三) 民事责任的一般构成要件和免责事由

民事责任类型多样,原因不一,各种具体民事责任的成立要件与免责事由并不完全相同,但对民事责任的构成要件和免责事由可以进行整体性考察。

---

① 关于我国合同法上的违约责任是否以严格责任为唯一归责原则,学术界有"一元说"和"二元说"两种观点。参见王利明:《合同法研究》(第二卷),中国人民大学出版社2003年版,第418—421页。
② 参见张新宝:《侵权责任法原理》,中国人民大学出版社2005年版,第41—45页。

1. 民事责任的构成要件

从最广泛的意义上说,民事责任的构成要件包括:(1)违法行为。此处所谓违法行为是广义上的,即违反法律保护民事权利意旨的行为,既包括违反法定义务的行为,也包括违反具有法律拘束力的约定义务(合同义务)的行为。如果没有违反民事义务,也就谈不上承担民事责任。(2)损害事实。此为违约责任、侵权责任、缔约过失责任中的损害赔偿责任的构成要件,无损害即无赔偿。民法上的损害是指权益受侵害方所遭受的不利益状态,包括财产损害和非财产损害(如精神损害),二者在赔偿责任的具体成立要件和数额确定等方面存在差异。(3)因果关系。所谓因果关系,即违法行为与民事权益损害之间存在原因与结果之间的内在联系,亦即损害系由违法行为造成,若无违法行为即无损害。(4)行为人过错。此为过错责任的构成要件,意指违法行为人对权益损害(或受侵害)在主观上存在故意或者过失。

2. 民事责任的免责事由

广义上的民事责任免责事由包括法定免责事由和约定免责事由(条件),狭义的免责事由仅指法定免责事由。综合而言,民事责任的法定免责事由主要有以下几种:(1)不可抗力。不可抗力是指不能预见、不能避免且不能克服的客观情况(《民法典》第180条第2款),如地震、台风等自然现象以及战争、政府禁令等社会现象。因不可抗力不能履行民事义务的,不承担民事责任,法律另有规定的除外(《民法典》第180条第1款)。(2)正当防卫。正当防卫既是民事权利的自力救济方式,也是民事责任的免责事由,但正当防卫超过必要的限度、造成不应有损害的,正当防卫人应当承担适当的民事责任(《民法典》第181条第2款)。(3)紧急避险。因紧急避险造成损害的,紧急避险人不承担民事责任(由引起险情发生的人承担民事责任);但紧急避险采取措施不当或者超过必要的限度、造成不应有的损害的,紧急避险人应当承担适当的民事责任(《民法典》第182条第1款、第3款)。(4)紧急救助。《民法典》第184条规定:"因自愿实施紧急救助行为造成受助人损害的,救助人不承担民事责任。"将紧急救助单独作为免责事由,是我国民事立法的创举,其目的在于强化对见义勇为、救死扶伤等救助行为的鼓励和保护。[①] 与正当防卫、紧急避险不同,此类行为可绝对免责,而不适用"超过必要的限度、造成不应有的损害的,行为人应当承担适当的民事责任"的规则。除《民法典》规定的上述免责事由外,民法具体制度中的民事责任免责事由还包括依法执行职务、第三人行为、受害人过错等。

(四)民事责任的承担方式

民事责任的承担方式即民事责任的具体表现形式(责任形式)。《民法通则》第

[①] 参见李适时主编:《中华人民共和国民法总则释义》,法律出版社2017年版,第575页。

134条第1款规定了停止侵害、排除妨碍等10种民事责任主要承担方式;《民法典》第179条第1款在此基础上增列"继续履行",规定了承担民事责任的11种主要方式:(1)停止侵害;(2)排除妨碍;(3)消除危险;(4)返还财产;(5)恢复原状;(6)修理、重作、更换;(7)继续履行;(8)赔偿损失;(9)支付违约金;(10)消除影响、恢复名誉;(11)赔礼道歉。上述责任形式,有的仅适用于违约责任(如修理、重作、更换及继续履行、支付违约金),有的仅适用于侵权责任(如停止侵害、排除妨碍、恢复名誉、赔礼道歉),有的既适用于违约责任也适用于侵权责任、缔约过失责任(如赔偿损失)。根据民事案件的具体情况,上述民事责任方式可以单独适用,也可以合并适用(如违约金与违约损害赔偿同时适用,停止侵害、恢复原状与侵权损害赔偿同时适用)。

第六章　民事法律行为

第一节　民事法律行为的概念和分类

一、民事法律行为的概念

（一）民事法律行为的定义

《民法典》第133条规定："民事法律行为是民事主体通过意思表示设立、变更、终止民事法律关系的行为。"根据这一立法定义，民事法律行为的概念有以下几层含义：

1. 民事法律行为是一种法律事实。民法意义上的法律事实，是指依法能够引起民事权利义务产生、变更和消灭的客观现象。民事法律关系的产生、变更或消灭，是民法适用于一定事实的法律效果，如因缔约行为成立合同关系、因侵害他人身体发生损害赔偿关系、因被继承人死亡发生继承关系、因物的灭失导致所有权消灭等。法律事实，就是民事法律关系产生、变更或消灭的事实要件（民法规范是法律要件）。法律事实可区分为人的行为与行为以外的事实（事实包括事件和状态，前者如人的出生和死亡，后者如达到成年年龄、时间的经过）；人的行为可分为表示行为与非表示行为。表示行为是指表示某种心理状态或意愿的行为，如发布悬赏广告、订立遗嘱；非表示行为（事实行为）即无关行为人心理状态及其表示的行为，如拾得遗失物、加工（添附）等。民事法律行为属表示行为范畴，是一种普遍存在的、重要的法律事实。

2. 民事法律行为是一种表意行为，即以意思表示为要素的行为。意思表示，是指民事主体意欲发生一定法律效果的内心意愿（意思）的外在表达。民事法律行为是民事主体通过意思表示设立、变更、终止民事法律关系的行为，意思表示是民事法律行为的基本外观和核心要素，没有意思表示就没有民事法律行为。因此，意思表示规则是民事法律行为制度的基础，意思表示理论也是民事法律行为理论的核心内容，《民法典》总则编第六章第二节对意思表示作了专门规定（下文对此加以详述）。

3. 民事法律行为是一种设权行为，即以设立、变更、终止民事法律关系为目的的行为。行为是受人的意识支配的活动，民事法律行为则有其特定目的和效果，即设立、变更、终止民事法律关系，这也是民事法律行为区别于违法行为和事实行为的关键。有效的民事法律行为可以实现行为人的意愿（目的）与法律效果的统一，即根据行为人的意思表示产生特定的法律效果，如通过订立合同设立债的关系、通过修改遗嘱变更继承关系、通过解除协议终止合同关系等。无效的民事法律行为也具有这样的目的,只是由于其不具备法律规定的有效要件而不能达到行为人预期的效果而已。

(二) 民事法律行为概念的渊源与沿革

1. 比较法上的"法律行为"

作为日本、中国等亚洲国家现代民法的渊薮,德国民法体系是潘德克顿法学的产物,而法律行为理论则是19世纪德国法律科学的绝对主题。作为法律概念,法律行为一词自18世纪起出现于一些德国法学家的著述中,19世纪后经萨维尼、普赫塔等法学家的阐述而成为德国法学中的基本概念,其含义为"根据行为人的意旨而发生法律效果的行为"。

法律行为概念进入法典,始于1863年《萨克森王国民法典》,1896年公布、1900年施行的《德国民法典》于第一编(民法总则)第三章对法律行为作了专门规定。《德国民法典》第一草案"立法理由"中指出,法律行为是"旨在引发法律效果的私人意思表示,法律效果之所以根据法律制度而产生,是因为行为人有此欲求。法律行为的本质在于,旨在引发法律效果之意志活动,以及通过此等意思而令欲求的法律结构在法律世界中实现之法制话语。"

继《德国民法典》之后,继受潘德克顿法学的欧、亚各国都在民法典(总则)和民法教义中采用法律行为概念,并在民法总则中确立了法律行为制度。

2. 中国法上的"民事法律行为"

中华人民共和国成立前,《中华民国民法》采取了《德国民法典》的立法体例,于第一编(总则)第四章对法律行为作了规定(下设通则、行为能力、意思表示、条件及期限、代理、无效及撤销5节)。关于法律行为的含义,虽法无明文,但学者所下定义基本一致,即法律行为是以意思表示为要素,因意思表示而发生一定私法效果的法律事实。

作为中华人民共和国第一部民事基本法,《民法通则》第四章对"民事法律行为和代理"作了规定,在立法上首次采用了"民事法律行为"用语并作了定义。《民法通则》第54条规定:"民事法律行为是公民或者法人设立、变更、终止民事权利和民事义务的合法行为。"根据这一规定,民事法律行为与传统民法中的法律行为并非同一概念——除在"法律行为"之前冠以"民事"二字外,其内涵也被界定为"合法行为"。与此同时,《民法通则》创设了"民事行为"这一法律术语作为"民事法律行为"的上位概念,将不具备合法性要件的行为纳入"民事行为"范畴,包括"无效民事行为"和"可撤销民事行为"。对这一立法上的创新之举,我国学界虽不乏赞同意见,但多数学者持批评态度,在第四、五次民法典编纂过程中,各种版本的民法典和民法总则学者建议稿都弃之不用,而采用传统的"法律行为"用语。

在《民法典》起草过程中,对于是否继续采用"民事法律行为"概念有不同意见。一种意见认为,应当将《民法通则》的"民事法律行为"改为"法律行为",其主要理由是:(1)"民事法律行为"和"民事行为"的概念不周延,"民事法律行为"限于合法行为,不能涵盖无效行为、可撤销行为和效力待定行为;虽然《民法通则》还创设了一个"民事行为"的概念涵盖无效和可撤销行为,但二者均不能涵盖效力待定的行为。(2)"民事法律行为"和"民事行为"的概念无法体现当事人意思自治的核心内涵,在实践中也无法判定无效和可撤销的民事行为能否适用意思表示的一系列规则。另一种意见认为,《民法通则》采用的"民事法律行为"和"民事行为"概念虽然存在不周延问题,但在实践中问题不大,且"民事法律行为"的用法已约定俗成,建议继续沿用。

最终,《民法典》仍保留了"民事法律行为"的表述,但对其内涵作了调整:一是摒弃了"合法性"这一定义用语,使其既包括有效的法律行为,又包括无效、可撤销和效力待定的法律行为(无效法律行为可能是不合法行为),进而废弃了"民事行为"这一内涵不清的立法用语;二是揭示了"意思表示"这一民事法律行为的核心要素,强调民事法律行为是民事主体通过意思表示设立、变更、终止民事法律关系的行为,从而恢复了法律行为的本来面目。

(三)民事法律行为与相关概念的辨析

1. 民事法律行为与法律行为

如上文所述,法律行为概念是潘德克顿法学的创造,并且是民法的专用术语,这一点在比较法上并无争议。但在我国,随着法学研究的发展,民法学以外的部分学科也借用了这一概念,用以描述相关法律部门中具有法律效果的行为,如行政法上的行政法律行为、诉讼法上的诉讼法律行为等。正如有学者指出的,由此"不难看出民法、民法学在整个法律文化的发展过程中所起的作用,不难看出其他法律部门、法理学科尤其是研究法的一般理论的学科,从民法和民法学中吸取了积极合理的成分"。[1]有的法理学者甚至将法律行为视为"法学的基本范畴和重要论题",试图通过系统研究"法律行为","为各部门法学研究具体法律领域的行为提供一般原理"。[2]正是为了与其他学科的法律行为概念相区分,《民法通则》创造了"民事法律行为"这一概念,并为《民法典》所沿用。但在内涵上,《民法典》中的"民事法律行为"已不同于《民法通则》中的"民事法律行为",而是与传统民法中的"法律行为"具有相同意蕴的概念。

2. 民事法律行为与事实行为

所谓事实行为,是指非通过意思表示而能产生一定法律效果(设立、变更、终止民事法律关系)的适法行为,例如无因管理、拾得遗失物、发现埋藏物等。民事法律行为与事实行为同属法律事实中的行为范畴,均能依法产生一定的法律效果,二者的根本区别在于法律效果产生的依据不同。民事法律行为(有效时)的法律效果根据行为人的意思表示而发生,事实行为的法律效果则与行为人的意志无关,系直接根据法律

---

[1] 佟柔:《中华人民共和国民法通则疑难问题解答》(第一辑),中国政法大学出版社1986年版,第29页。
[2] 张文显:《法学基本范畴研究》,中国政法大学出版社1993年版,第127页。

规定而产生。以无因管理为例,行为人只要实施了符合法律要件的无因管理行为,即依法在行为人(管理人)与受益人之间发生债权债务关系(管理人享有请求受益人偿付管理费用的权利,受益人负有相应的义务),无论其实施管理行为时是否抱有成立此等债权债务关系的目的。民事法律行为属于表意行为,受意思表示规则调整,行为人的行为能力、意思表示的瑕疵等都对行为效力产生影响,因而存在无效、可撤销等问题;而事实行为则不然,行为一旦实施,无论行为人主观意愿如何及有无行为能力,均发生法律规定的效果,不存在行为效力瑕疵问题。

3. 民事法律行为与情谊行为

情谊行为,是指人际交往中那些不产生法律效果的行为,基于此类行为所形成的社会关系称为情谊关系(也称好意施惠关系)。情谊行为主要发生于日常人际交往过程中,例如邀约聚会、结伴同行、投资建议、好意搭载等。情谊行为与民事法律行为的区别在于,它虽然也属于行为范畴,但不受民法调整,因而不产生法律效果。通说认为,判断情谊行为的标准,是行为人是否存在受法律拘束的意思(即成立民事法律关系而使自己承担义务的意愿)。至于行为人有无受法律拘束的意思,则应根据交易中诚实信用的理性人标准,结合客观情势予以判定,其主要依据包括:有偿或无偿;是否产生值得信赖的法益风险;法律上或经济上的重要性等。一般而言,情谊行为并不产生法律上的义务,但在特定条件下可能基于侵权行为法的规定产生损害赔偿责任。例如,帮邻人无偿照看房屋一般不产生法律上的义务,但若是替邻人照看幼儿,则负有对该幼儿的生命、健康与安全的注意义务;友人相约聚餐本身不产生合同关系,但如果进餐时明知对方不胜酒力而力劝其饮酒,则应对因此造成的人身损害承担侵权责任;熟人之间的投资建议一般不承担法律后果,但专业机构的投资建议,如果涉及价值重大的投资决定,则可能被认定为负有法律上的注意义务并因此承担法律责任。

4. 民事法律行为与准法律行为

所谓准法律行为,是指无法效意思的表示行为,即虽有意思表达,但其法律效果并不取决于行为人的意思(法效意思),而是由法律直接规定的行为。由于此类行为与法律行为近似,故而可类推适用(准用)法律行为的某些规范(如行为能力、意思表达的真实性等)。准法律行为可分为两类:一是意思通知,即行为人将含有特定目的的意思(自然目的意思)向相对人表达并因此产生一定的法律效果(其效果并不是来自行为人的目的意思而是基于法律规定)。例如《民法典》第145条第2款、第171条第2款规定,限制民事行为能力人实施的需法定代理人追认的民事法律行为及无权代理行为的相对人可以催告法定代理人或"被代理人"自收到通知之日起30日内予以追认,该催告行为即为意思通知;其目的是让法定代理人或"被代理人"予以追认,其法律效果是开始起算1个月的追认期。二是事实通知,即就某一事实向相对人发出通知。事实通知的行为人既无自然目的意思,也无法效意思,但该通知根据法律规定产生一定的法律效果。例如,《民法典》第 546 条第 1 款规定:债权人转让债权,未通知债务人的,该转让对债务人不发生效力。该通知即为事实通知,其法律效果为债权转让对债务人发生效力。

5. 民事法律行为与民事行为

如上文所述,《民法通则》将民事法律行为界定为"合法行为",同时采用了"民事行为"这一法律术语作为"民事法律行为"的上位概念,将不具备合法性要件的行为纳入"民事行为"范畴,包括"无效民事行为"和"可撤销民事行为"。这一立法举措,源于《民法通则》起草前我国学者对苏联民法学者"法律行为是合法行为"理论的检讨。有学者指出:"用民事行为,可以避免法律行为理论上的缺陷。传统的民法理论将法律行为划归于合法行为一类,与违法行为相并列,同时又将法律行为分为有效的和无效的两种。这种传统的分类,其中有难以自圆其说之处:为什么法律行为属于合法行为又是无效的?我们用民事行为概念也是为了避免上述缺陷。"①《民法通则》采纳了这一观点,以"民事行为"一词涵摄"民事主体为达到一定法律后果的行为"(即表示行为)。由此可见,"民事行为"是《民法通则》基于对法律行为的传统定义加以改造(限定为合法行为)而创设的与传统"法律行为"概念具有同一含义的概念。随着《民法典》对"民事法律行为"概念的"再定义"(与传统"法律行为"同义),"民事行为"概念在《民法通则》失效后将不再成为立法用语,在司法实践中也不宜继续使用。

(四)民事法律行为概念及制度的意义

民事法律行为概念及由此建构的民事法律行为制度,在现代民法上具有极为重要的地位。

其一,民事法律行为是民事主体自主进行民事活动、实现私法自治的工具。所谓私法自治,是指在私法调整(即民事关系)范围内,法律给予当事人广阔的行为自由空间,允许其依自己的意愿塑造与他人之间的法律关系。私法自治是近代以来各国法制的基本原则,我国《民法典》也通过民法基本原则(自愿原则)体现了私法自治的立法理念。私法自治主要是通过民事法律行为制度来实现的,即当事人通过缔结合同、处分遗产等民事法律行为自主决定民事法律关系的内容,从事法律禁止事项以外的各种设权行为。可以说,离开民事法律行为,私法自治就无法实现。

其二,民事法律行为制度是民法调整民事关系的基本手段。民法是行为规范,在维护私法自治的前提下,需要对私法主体的民事活动进行识别,作出肯定或否定的评价。民事法律行为制度正是民法识别和评价民事活动、调整民事关系的基本手段。它通过意思表示规则对行为人的意思能力、意思状态进行规范,为民事法律关系的设立、变更和终止确立一般准则。

其三,民事法律行为制度是民法总则的核心制度之一,充分体现了民法总则的价

---

① 王作堂、魏振瀛、李志敏、朱启超等编:《民法教程》,北京大学出版社 1983 年版,第 80 页。

值。民法总则的主要价值和功能在于,通过"提取公因式"的立法技术,为民法分则及其各项制度提供一般规则。我国《民法典》关于民事主体、民事权利、民事责任、诉讼时效的规定,都具有这一功能,而民事法律行为制度则尤为突出。民事法律行为制度通过确立民事法律行为及意思表示成立与生效、民事法律行为无效与撤销等方面的法律规则,为合同法上的缔约行为、物权法上的物权变动行为、继承法上的遗嘱行为甚至婚姻家庭法上的结婚、收养等行为提供了基础性规范,充分体现了民法总则的功能和价值。

二、民事法律行为的分类

民事法律行为作为民事主体从事民事活动的基本方式,在实践中呈现出不同的形态与类别。依不同标准对其进行立法或学理分类,有助于区分不同类型民事法律行为的成立与生效要件,作出科学的立法安排和准确的法律适用。

（一）单方行为、双方行为或多方行为

民事法律行为依其行为人数及意思表示形态的不同,分为单方行为、双方行为或多方行为。对此,《民法典》从民事法律行为成立的角度分别作了规定(第134条第1款)。

单方行为也称一方行为,是指基于一方的意思表示而成立的民事法律行为。订立遗嘱、抛弃继承权、委托授权、追认无权代理、免除债务等行为,均属于单方行为。单方行为的特点在于,只要行为人一方作出意思表示,民事法律行为即成立并发生效力。对单方行为,还可作如下分类：(1)有相对人的单方行为与无相对人的单方行为。前者必须向特定相对人作出意思表示方能发生效力,如债务免除行为；后者则无须向特定相对人作出意思表示,如订立遗嘱。当然,即使是有相对人的单方行为,相对人是否同意或接受行为人的意思表示,并不影响该单方行为本身发生效力。(2)可任意变更、撤销的单方行为与不可任意变更、撤销的单方行为。前者如订立遗嘱,后者如抛弃继承权行为。

双方行为或多方行为,是指基于双方或多方意思表示一致而成立的民事法律行为。其特点在于：其一,必须有双方或多方就某一事项(民事法律关系的设立、变更或终止)作出意思表示；其二,双方或多方的意思表示必须达成一致,行为才能成立。对双方行为或多方行为,可以根据双方或多方意思表示的内容和目的的不同进一步分为合同行为与共同行为。合同行为是指双方或多方当事人不是因为共同的目标和方向,而是为了各自的目的对向作出意思表示(相向意思表示)并达成一致的行为,如买卖、借贷、租赁等。共同行为是指双方或多方当事人为了某一共同目标而作出方向一致的意思表示(同向意思表示)的行为,如订立公司章程、订立合伙协议、共同捐助、公司清算、遗产分割行为等,《民法典》第134条第2款所称的"决议行为"也属多方民事法律行为。

民事法律行为中,有的只能是单方行为,如订立遗嘱、追认无权代理等;有的只能是双方行为,如买卖、租赁、借贷、委托等;有的行为既可以是单方行为,也可以是双方行为,如保证行为、授权行为、赠与行为、免除债务行为、解除合同行为等。

(二) 财产行为与身份行为

民事法律行为依其所产生法律效果的不同,可分为财产行为与身份行为。

财产行为是指产生财产关系变动效果的民事法律行为。财产行为可进一步区分为负担行为与处分行为。负担行为是指产生某种请求权与法律上的负担(即债权债务关系)的行为,故也称债权行为。此类行为一经生效便产生债务人的给付义务,如买卖合同中买方支付价款的义务。负担行为既可以是单方行为(如捐助行为),也可以是合同行为,如买卖、租赁、借贷等。处分行为是指以变更或消灭既存权利为目的的行为,包括物权行为和准物权行为。物权行为,即变动物权关系的行为,如所有物的抛弃(单方行为)、抵押权的设定(合同行为)。准物权行为是指变动物权之外的其他财产权利的行为,如债权让与、债务承担、知识产权转让等。物权行为是德国民法学上的概念,我国立法并未直接采用。

身份行为是指产生身份关系变动效果的民事法律行为。例如,婚姻法上的结婚、收养法上的收养、继承法上的继承人指定等,均属身份行为。

财产行为与身份行为涉及不同性质的法律关系,在法律调整模式和规则构造上也存在差异。例如,公平与等价有偿原则主要适用于财产关系,故财产关系可适用显失公平规则予以撤销,而婚姻、收养行为则不然;又如,身份行为因涉及人身自由和人格尊严,原则上只能由当事人亲自实施,而财产行为则既可亲自实施也可委托他人代理实施。

(三) 有偿行为与无偿行为

民事法律行为(双方行为)依其所建立的给付关系有无对价,可分为有偿行为与无偿行为。

有偿行为是指一方获得一定的经济利益,同时须向对方支付一定代价的行为,亦即双方互为给付、各因对方给付而取得经济利益的行为,如买卖、租赁、居间等。给付的方式可以是支付金钱,也可以是交付物品、提供劳务等。民法调整的财产关系主要是商品关系,这就决定了有偿行为是民事法律行为(尤其是财产行为)的主要形态。

无偿行为是指一方获得利益而无须支付代价的行为,如赠与、借用、无偿保管、无偿委托等。此类关系不具有商品关系性质,故无偿行为主要发生于具有特定关系(如亲友关系)的自然人之间,不是财产行为的主要形态。

民事法律行为中,有的只能是有偿行为,如买卖、租赁、仓储、行纪等;有的只能是无偿行为,如赠与、借用等;有的行为则既可以是有偿行为也可以是无偿行为,如保管、委托、民间借贷等。对后一类行为,如果行为人未作出有偿或无偿的明确约定,一般应推定为无偿。如《民法典》第680条第2款规定:"借款合同对支付利息没有约定的,视为没有利息。"

有偿行为与无偿行为的区别不仅在于二者的不同内容,在既可以是有偿行为也可以是无偿行为的情形下,当事人的权利义务可能因其有偿或无偿而不同。例如,《民法典》第929条第1款规定:"有偿的委托合同,因受托人的过错造成委托人损失的,委托人可以请求赔偿损失。无偿的委托合同,因受托人的故意或者重大过失造成委托人损失的,委托人可以请求赔偿损失。"可见,无偿委托合同中受托人对于因其一般过失造成的损失不承担赔偿责任。

(四)诺成行为与实践行为

民事法律行为(双方行为)依其生效要件的不同,可分为诺成行为与实践行为。

诺成行为,是指仅以当事人意思表示一致为成立及生效要件的行为。基于意思自治原则,民事法律行为以诺成行为为常态,只要双方当事人意思表示一致行为即告成立并生效,例如买卖、租赁、承揽、委托等。

实践行为又称要物行为,是指除当事人意思表示一致外,尚需一方交付标的物方可生效的行为。在实践行为中,标的物的交付是法律规定的该行为成立或生效的特殊要件,否则即使当事人意思表示一致,对双方也无法律约束力。一般认为,借用、自然人之间的借贷行为均属于实践行为。

区分诺成行为与实践行为的主要意义,在于判断民事法律行为是否生效。例如《民法典》第679条规定:"自然人之间的借款合同,自贷款人提供借款时成立。"据此,自然人之间的借款合同为实践行为,若双方当事人仅达成借款协议而未支付约定款项,则合同虽已成立但未生效,当事人不得主张违约责任。

(五)要式行为与不要式行为

民事法律行为依其是否必须采取一定的方式,可分为要式行为与不要式行为。

要式行为,是指依据法律或行政法规的规定应当采取一定的方式才能生效的行为。所谓方式,包括意思表示的具体形式(如书面形式)以及程序性形式(如主管机关审批同意)。例如《民法典》第400条第1款规定,设立抵押权,当事人应当采用书面形式订立抵押合同;《音像制品管理条例》第26条规定,音像复制单位接受委托复制境外音像制品的,应当经省、自治区、直辖市人民政府出版行政主管部门批准,并持著作权人的授权书依法到著作权行政管理部门登记。

不要式行为,是指法律和行政法规不要求采取特定方式,当事人可自由选择其形式的行为。现代民法奉行方式自由原则,法律一般不对民事法律行为的方式或形式作强制性规定,因此民事法律行为以不要式行为为常态。即使是要式行为,当事人未采取特定形式在特定条件下也不影响其成立和生效。如《民法典》第490条规定:"当事人采用合同书形式订立合同的,自当事人均签名、盖章或者按指印时合同成立。在签名、盖章或者按指印之前,当事人一方已经履行主要义务,对方接受时,该合同成立。法律、行政法规规定或者当事人约定合同应当采用书面形式订立,当事人未采用书面形式但是一方已经履行主要义务,对方接受时,该合同成立。"

(六) 主行为与从行为

民事法律行为依其相互间的依从关系,可分为主行为与从行为。

主行为是指在两个相互关联的民事法律行为中能够独立存在并居于主导地位的行为,从行为则是以其他行为的存在为前提、居于从属地位的行为。借贷行为与担保行为是主行为与从行为关系的典型,其中借款合同是主行为,担保合同(如保证合同、抵押合同)是从行为。从行为是相对于特定的主行为而言的,其本身也可以产生从行为,如保证合同是借款合同的从行为,反担保(保证、抵押等)则是保证合同的从行为。

区分主行为与从行为的主要意义在于判定两个相互关联且存在主从关系的民事法律行为的成立与效力。主行为是能够独立存在和生效的,而从行为的成立和效力则取决于主行为的成立和效力,如果主行为不成立或无效,从行为也不能单独成立和生效。当然,即使主行为有效,从行为也可能基于自身原因而无效,如借款合同有效而保证合同无效。

(七) 独立行为与辅助行为

民事法律行为依其是否具有实质内容,可分为独立行为与辅助行为。

独立行为是指具有实质内容、依行为人独立意思表示即可成立并生效的行为,这是民事法律行为的主要形态。辅助行为又称补足行为,是指不具有实质内容、仅辅助他人行为发生效力(作为其生效要件)的行为,如法定代理人对未成年人的意思表示所作的同意表示、被代理人对代理人超越代理权行为的追认。

(八) 生存行为与死因行为

民事法律行为依其效力是否于行为人生前发生,可分为生存行为与死因行为。

生存行为又称生前行为,是指在行为人生前发生效力的行为,这是民事法律行为的主要形态,各种合同均属此类。死因行为是指以特定自然人的死亡为生效要件,即生前成立、死后生效的行为。遗嘱为典型的死因行为。

第二节 民事法律行为的成立和生效

一、民事法律行为的成立

(一) 民事法律行为的成立要件

民事法律行为的成立,是指民事法律行为产生的客观状态,即某一行为因具备特定要件而成为民事法律行为的事实。民事法律行为的成立既是一种事实判断,也是一种法律判断,即需要满足一定的法律要件。

《民法典》第134条规定:"民事法律行为可以基于双方或者多方的意思表示一致成立,也可以基于单方的意思表示成立。法人、非法人组织依照法律或者章程规定的议事方式和表决程序作出决议的,该决议行为成立。"这一规定,既揭示了民事法律行为的一般成立要件(基本要素),也明确了双方行为或多方行为及决议行为的特殊成立要件。

民事法律行为成立的基本要素有三:(1)主体要素。既是行为,必有主体,民事法律行为也不例外。民事法律行为的主体即民事主体,包括自然人、法人、非法人组织。民事法律行为的成立对民事主体的民事行为能力并无要求,无民事行为能力人、限制民事行为能力人也可实施民事法律行为。(2)标的要素。所谓标的,是指民事法律行为的具体内容,即行为人所追求的法律效果。任何民事法律行为都必须有明确的标的,如合同需明确是买卖、租赁还是承揽,遗嘱需指明遗产由何人继承,否则不能构成一个有法律效果的行为。(3)意思表示要素。意思表示是法律行为成立的核心要素,没有意思表示就没有法律行为。《民法典》第134条第1款也明确了意思表示对于民事法律行为成立的决定性意义。

某些民事法律行为的成立除应具备上述三个基本要素外,还须满足一定的特殊要件的要求。(1)双方或多方民事法律行为,须双方或多方意思表示达成一致方可成立(《民法典》第134条第1款);(2)法人、非法人组织的决议行为,经由法人、非法人组织依照法律或者章程规定的议事方式和表决程序作出决议而成立(《民法典》第134条第2款)。如《公司法》第103条第2款规定:"股东大会作出决议,必须经出席会议的股东所持表决权过半数通过。但是,股东大会作出修改公司章程、增加或者减少注册资本的决议,以及公司合并、分立、解散或者变更公司形式的决议,必须经出席会议的股东所持表决权的三分之二以上通过。"

(二)民事法律行为的形式

民事法律行为的形式,是指行为人所作意思表示的外在表现形式。古代法律采取严格的形式主义,要式行为普遍存在。随着资本主义私法自治、契约自由原则的确立,近代各国立法纷纷放松对法律行为形式的管制,形式自由主义取得了主导地位。对此,我国《民法典》第135条规定:"民事法律行为可以采用书面形式、口头形式或者其他形式;法律、行政法规规定或者当事人约定采用特定形式的,应当采用特定形式。"第469条第1款规定:"当事人订立合同,可以采用书面形式、口头形式或者其他形式。"上述规定,也体现了形式自由为原则、形式强制为例外的立法理念。

民事法律行为的形式可分为明示形式与默示形式,前者包括口头形式和书面形式,后者包括推定形式和沉默形式。

1. 口头形式

口头形式的民事法律行为,是指以口头语言方式进行意思表示的民事法律行为,如当面谈话、电话交谈、当众宣布自己的意思表示等。口头形式的特点是民事法律行为成立迅速简便,但由于缺乏客观记载,一旦发生纠纷则举证困难,因此主要适用于日常生活中自然人之间及自然人与法人、非法人组织之间的及时结清类或小额的交易,如商场购物(买卖)、公交搭乘(运输)、餐厅就餐(服务)等。正因如此,对于某些民事法律行为,法律或行政法规规定不能采取口头形式而应当采取书面形式,如《民法典》第373条第1款规定:"设立地役权,当事人应当采用书面形式订立地役权合同";有的法律行为虽可采取口头形式,但必须符合一定的条件,如《民法典》第1138条规定:"遗嘱人在危急情况下,可以立口头遗嘱。口头遗嘱应当有两个以上见证人在场见证。危急情况消除后,遗嘱人能够以书面或者录音录像形式立遗嘱的,所立的口头遗嘱无效。"

2. 书面形式

书面形式的民事法律行为,是指以书面文字方式进行意思表示的民事法律行为,如书面合同、书面遗嘱、书面通知、书面委托、书面声明等。《民法典》第469条第2款、第3款规定:"书面形式是合同书、信件、电报、电传、传真等可以有形地表现所载内容的形式。以电子数据交换、电子邮件等方式能够有形地表现所载内容,并可以随时调取查用的数据电文,视为书面形式。"在互联网时代,手机短信、微信等也属于数据电文类书面形式。与口头形式相比,书面形式具有表达准确、内容完整、权利义务关系明确、便于保存证据、利于预防和处理争议等优点,因此在民事活动中被广泛采用,甚至被法律、行政法规作为某些民事法律行为(如合同)的必要形式。为了交易的便捷,某些民事法律行为(主要存在于商事领域)采取了定型化的书面形式,如保险合同、航空运输合同、票据行为、证券交易行为等。

3. 推定形式

推定形式的民事法律行为,是指行为人既非通过口头语言、也非通过书面文字,仅通过某种有目的的积极行为将其内心意思表现于外部,他人根据生活常识、交易习惯或相互间的默契可推知其已作出某种意思表示的形式,也称为作为的默示或意思实现。如房屋租期届满后,承租人继续交纳房租,出租人予以受领,即可推知在双方之间成立了新的租赁行为;又如,驾驶人将汽车停放于收费停车场,也可推定其与停车场管理人之间成立了保管合同。推定形式的主要特点在于经由某一积极行为推定意思表示和法律行为的成立,并且这种推定必须具有充分的事实根据。

4. 沉默形式

沉默形式的民事法律行为,是指行为人既非通过口头语言或书面文字、也无积极行为可资推定,在特殊情况下根据法律规定视当事人的沉默为意思表示,由此使民事法律行为成立,也称不作为的默示。沉默形式并不是民事法律行为的普通形式,只有在法律有明确规定或当事人有特别约定的情况下才能适用。如《民法典》第1124条第2款规定,受遗赠人应当在知道受遗赠后60日内,作出接受或者放弃受遗赠的表示。到期没有表示的,视为放弃受遗赠。严格地说,在沉默形式中,当事人并未作出任何意思表示,只是法律推定其"作出了"某一意思表示从而直接规定一定的法律后果。

(三) 民事法律行为的约束力

民事法律行为的约束力,是指民事法律行为成立后对当事人产生的法律约束力(也称形式上的约束力),当事人应当尊重该民事法律行为并不得阻碍其生效,除非法律另有规定或者当事人另有约定,任何一方不得擅自变更或解除民事法律行为(法律关系)。对此,我国立法一贯设有明确规定。《民法通则》第57条规定:"民事法律行为从成立时起具有法律约束力";《民法典》第136条第2款规定:"行为人非依法律规定或者未经对方同意,不得擅自变更或者解除民事法律行为",也体现了这一立法意旨。例如,对于附延缓条件的民事法律行为(合同),在条件成就前行为虽未生效(债权人不能请求债务人履行给付义务),但任何一方均不得擅自解除合同,否则应赔偿对方期待利益的损失。

二、民事法律行为的生效

民事法律行为的生效,是指民事法律行为效力或法律约束力(实质上的约束力)的实际发生,即民事法律关系因民事法律行为而设立、变更或终止。例如,合同生效意味着当事人应依合同约定履行各自的义务,遗嘱生效意味着继承人于继承开始后有权依遗嘱继承遗产。民事法律行为的生效与民事法律行为的成立是两个相互关联的概念,后者是指民事法律行为具有法律约束力的状态,前者是指民事法律行为形成并存在的状态(只具有形式上的约束力);生效以成立为前提,但并非成立的民事法律行为必然生效,成立后还可能未生效、不生效、甚至无效(不可能生效)。

民事法律行为的生效条件,可区分为内在条件与外在条件。内在条件是指民事法律行为自身构成方面的条件,即民事法律行为必须"有效"(依法可以产生法律约束力)。根据《民法典》第143条的规定,法律行为有效的条件包括:当事人具有相应的民事行为能力;意思表示真实;不违反法律、行政法规的强制性规定,不违背公序良俗。外在条件,是指民事法律行为除自身有效外,依据法律、行政法规规定或当事人约定尚需具备的其他生效条件。法律、行政法规规定的生效条件主要有行政审批(如主管部门对采矿权转让合同的审批)和登记(如注册商标转让合同登记)。当事人约定的生效条件(即延缓条件)内容多样,常见的有公证、鉴证、见证等。

关于民事法律行为的生效时间,《民法典》第136条第1款作了规定:"民事法律行为自成立时生效,但是法律另有规定或者当事人另有约定的除外。"据此,民事法律行为的生效时间分为两种情形:一是成立时生效,即生效时间与成立时间一致,这是民事法律行为生效时间的一般规则,如《民法典》第502条第1款规定:"依法成立的合同,自成立时生效,但是法律另有规定或者当事人另有约定的除外。"二是成立后生效,即生效时间与成立时间不一致,包括两种情形:(1) 具备法律、行政法规规定的生效条件后生效,如合同经审批、经登记后生效,遗嘱于立嘱人死亡后生效;(2)当事人约定的延缓条件成就或延缓期限届至后生效,如买卖合同约定合同于卖方开业后生效,租赁合同约定于某一特定日期生效。

第三节 意思表示

一、意思表示的概念和类型

(一)意思表示的概念

意思表示,是指表意人将其达成一定民法上的法律效果的内心意思通过一定的方式表达于外部的行为。意思表示是法律行为的核心要素。18世纪"法律行为"和"意思表示"的概念发轫于德国后,在德国法中就常将"法律行为"和"意思表示"作为同义词使用。如《德国民法典第一草案》的《立法理由书》所述:"一般而言,意思表示和法律行为这两个表述被作为同义词使用。"可见其在民事法律行为制度中的重要地位。虽然如此,我们仍然不能将意思表示等同于民事法律行为,二者依然存在明显的区别。

一是民事法律行为可以仅由一个意思表示构成,如撤销权的行使等单方法律行为;也可以由多个意思表示构成,如双方法律行为和多方法律行为,订立合同和公司章程行为即为适例。而一个意思表示只能是一方的意思表示。

二是二者成立与生效时间不同。意思表示一般完成即成立,民事法律行为则不同。单方法律行为一般于意思表示发出或到达时成立,双方或多方法律行为于意思表示合致时成立,除此之外民事法律行为还可以有特别的成立要件。二者的成立时间不同,生效时间也就不同。

意思表示具有以下特征:

第一,意思表示的表意人具有使民事法律关系发生变动的意图。这是效果意思构成要素在意思表示特征中的具体体现。

第二,意思表示是一个将意思由内到外表示出来的过程。这是表示行为构成要素在意思表示特征中的具体体现。任何内部意思如果不通过一定的方式表达于外部世界,并能够让他人感知,便不具有任何的法律意义。

第三,意思表示可以产生一定的法律效果。意思表示生效是法律行为成立的前提条件。原则上,民事法律行为成立时即生效,我国《民法典》第143条规定了民事法律行为的一般生效要件。意思表示符合法律规定的生效要件的,可以产生与当事人预期相符的法律效果,否则可能产生与当事人预期不相符的法律效果,如无效、可撤销、效力待定等。

(二)意思表示的构成要素

所谓意思表示的构成要素,是指构成某项意思表示所必须具备的事实因素。

通常情况下,表意人的内心意思与客观表示是一致的,但意思和表示因为某种原因不一致的情况也时常发生。意思表示构成要素理论产生的目的,正是要解决"确定哪一意思要素实际上属于'意思表示'的必备要素"以及在意思和表示不一致时如何评判意思表示效力的问题。

民法传统理论认为,意思表示由内在意思和外在表示构成。内在意思包括目的意思、效果意思、表示意识和行为意思四个主观构成要素;外在表示指表示行为这一客观构成要素。意思表示分为内在意思和外在表示两个阶段,这一点在理论上并无争议,有争议者在于主观构成要素中哪些是意思表示的必备事实要素。对此,各家观点分歧较大,有学者主张行为意思和表示行为二要素说。①有学者主张三要素说。三要素说中又有不同观点。有的学者将意思表示的构成要素分为目的意思、效果意思和表示行为三要素。② 还有的学者将其分为效果意思、表示意思和表示行为三要素。③

目前学界以效果意思、表示意思和表示行为三要素说为通说。通说认为,从意思表示的心理过程来看,表意人首先产生动机,然后产生效果意思,随后产生欲将效果意思表示于外的意思,即表示意识,最后通过表示行为表达于外部。动机是产生目的意思的基础,但动机千变万化,不易察觉,且对相对人来说并非均具有重要意义,因此一般认为动机不具有法律上的意义,不是意思表示的构成要素。在意思表示错误理论中,动机错误原则上并不影响意思表示的效力。效果意思,是指行为人欲使其表示内容引起法律上效力的内在意思要素。德国学者弗卢梅认为,应将效果意思和表示行为的内容联系起来理解。例如,在买卖合同情形中,效果意思是买方以特定价格购买买卖物的意思。表示行为属客观要素范畴,指行为人将其内在意思通过一定的方式表现于外部,并能为外部所理解的行为。表示行为必须是有意识的行为,如人在睡眠中的行为或被人胁迫的行为不能成立意思表示。行为意思要素在此意义下可以被表示行为所涵盖,不作为独立的意思表示构成要素。

(三)意思表示的方式

如前述,表示行为是行为人将其内在意思通过一定方式表现于外部,并能被外部所理解的行为。此处的"一定方式"即表示行为的方式,也可称之为意思表示的方式。民法理论上,将意思表示的方式分为明示和默示两种。《民法典》第140条规定:"行为人可以明示或者默示作出意思表示。沉默只有在有法律规定、当事人约定或者符

---

① 王泽鉴:《民法总则》,北京大学出版社2009年版,第266—267页。
② 董安生:《民事法律行为》,中国人民大学出版社2002年版,第165页。
③ 梁慧星:《民法总论》(第二版),法律出版社2004年版,第168—169页。

合当事人之间的交易习惯时,才可以视为意思表示。"

比较法上,各国民法一般不直接规定意思表示的形式,但可从具体规定中推知。如《日本民法典》在租赁合同和雇佣合同的相关条文中,有默示的意思表示的规定;《德国民法典》在合伙和劳务合同的相关条文中,也有相似的规定。《民法典》颁布之前,我国法律并未就意思表示的方式作出统一的规定,但从已失效的《民通意见》《合同法》《最高人民法院关于适用〈中华人民共和国合同法〉若干问题的解释(二)》(以下简称《合同法解释(二)》)的相关规定中,仍然可以推知立法者(解释者)对于意思表示方式分类的态度。如《民通意见》第66条规定的"默示"和"不作为的默示",学理上即对应《民法典》第140条所规定的"默示"和"沉默",《合同法》第22条规定的"通过行为作出承诺"可解释为"默示"。《民法典》第140条对意思表示的方式作出了一般性规定,增强了民法典的体系性。

1. 明示的意思表示

明示的意思表示,是行为人以口头或书面的方式明确向相对人作出的意思表示,如甲当面口头或传真致函向乙表示以5000元购买其手机。以明示方式作出的意思表示表达明确且不易产生歧义和纠纷,是最常见的意思表示方式。

2. 默示的意思表示

默示的意思表示,又称可推断的意思表示,是指行为人虽没有以口头或书面等明示方式作出意思表示,但从其行为可推知其意思表示。这种方式虽不如明示方式那样直接、明确地表达出意思表示的内容,但通过其行为可以推断出行为人作出了一定的意思表示。例如将汽车停在收费的停车场,在超市货架拿走商品于收银台出示并付款。

3. 沉默

无论是明示还是默示,均是通过作为的方式(口头、书面或行为)作出意思表示。意思表示原则上也应以作为的方式为之。与此不同,沉默则表现为纯粹的缄默,即消极的不作为。沉默原则上并不构成意思表示,但不论是民法理论还是各国立法,均认可沉默在一定条件下具有表示价值。

《民法典》颁布之前,《民通意见》第66条将"沉默"称为"不作为的默示"。但"不作为的默示"从语义上分析既属"默示",就仍是通过作为的方式作出意思表示之一种,与"沉默"的"不作为"内涵不相契合,故《民法典》将其修改为"沉默",在术语运用上更为准确。《民法典》第140条第2款规定,沉默在一定条件下可以视为意思表示,具体情形如下:

(1)有法律规定的情形。学理上将此称为"规范化的沉默",即法律为尽早结束法律关系的不确定状态,将沉默者的沉默拟制为意思表示,而不顾及沉默者的真实意愿,也不需要沉默者具有表示意识。例如,《民法典》第145条第2款和171条第2款、《合同法》第171条和第236条、《继承法》第25条第2款的规定,均为规范化的沉默。

（2）当事人约定的情形。例如买卖合同当事人之间预先约定，买方如在收到卖方发出的订立合同的要约7天内没有回复的，视为买方作出了承诺。需注意的是，此种约定需当事人间对沉默的意义取得一致意见，上例中如卖方单方作出的要求未得到买方同意的，则不发生沉默作为意思表示的法律效果。

（3）符合当事人之间的交易习惯的情形。如果当事人之间存在某种交易习惯，这种交易习惯允许将沉默视为具有某种法律效果，则沉默具有意思表示的价值。例如，德国法院判决确认一条习惯法原则，即只要接收人并没有及时提出异议，商人之间的交易中对确认书的缄默视为对它的内容的同意。

（四）意思表示的类型

《民法典》第137—139条主要是关于意思表示生效的规定，但从另一侧面也体现出我国立法对意思表示类型区分的基本态度。

根据不同的标准，意思表示可以划分为不同的类型。《民法典》以意思表示是否有相对人为标准，将意思表示分为有相对人的意思表示与无相对人的意思表示；沿袭《合同法》第23条第2款的规定，以是否以对话形式作出意思表示为依据，将有相对人的意思表示进一步分为对话的意思表示与非对话的意思表示。以上两种区别标准的意义主要在于为不同的意思表示分别规定不同的生效时间。

1. 有相对人的意思表示与无相对人的意思表示

有相对人的意思表示，是指需向相对人作出的意思表示。有相对人的意思表示多存在于双方或多方法律行为的情形中，如合同行为中的要约和承诺；也有可能存在于单方法律行为中，例如撤销权或解除权的行使。撤销权或解除权作为形成权，其行使无须相对人的同意，但撤销或解除法律行为的意思表示必须向相对人作出并送达始能生效。除此之外，实践中还存在向不特定的相对人作出意思表示的情形，例如悬赏广告（也有学者认为悬赏广告属单方行为，其意思表示属无相对人的意思表示）。《民法典》第139条确立了以公告方式作出的意思表示的生效规则，该情形也属于向不特定的相对人作出的意思表示。

无相对人的意思表示，是指无须向相对人作出的意思表示。无相对人的意思表示多存在于单方法律行为中，典型情形有遗嘱、动产所有权的抛弃等。从比较法上看，各国民法典一般不明文规定无相对人的意思表示，但学说上是认可的。《民法典》第138条在我国民事立法历史上首次明确了无相对人意思表示的生效规则。

2. 以对话方式作出的意思表示与以非对话方式作出的意思表示

以对话方式作出的意思表示，是指采取使相对方可以同步受领的方式进行的意思表示，如面对面交谈、电话等方式。以非对话方式作出的意思表示，是指表意人作出意思表示的时间与相对人受领意思表示的时间不同步，二者之间存在时间差。如传真、信函等。依据《民法典》第137条的立法精神，对话方式与非对话方式的根本区别在于是否具备了解的同步性和即时性。依此,电话、视频通话中的对话人可能远隔千里,但因为能即时知道意思表示的内容而可归入以对话方式作出的意思表示之列;又如,因会场或某些场合不适宜交谈,表意人和相对人通过传递纸条作出意思表示,虽未采取约定俗成的对话方式,但因能即时知道意思表示的内容,也可归入以对话方式作出的意思表示之列。

《民法典》第137条第2款第2句和第3句是对以非对话方式作出的采用数据电文形式的意思表示的规定。之所以单独规定,是因为其生效规则与一般的以非对话方式作出的意思表示的生效规则有所不同。我国《中华人民共和国电子签名法》(以下简称《电子签名法》)借鉴联合国《电子商务示范法》第2条关于"数据电文"的定义,规定"数据电文"是指以电子、光学、磁或类似手段生成、发送、接收或存储的信息。《合同法》第11条列举了电报、电传、传真、电子数据交换和电子邮件等数据电文的具体形式,此外,例如QQ、微信等即时通讯同样可以归入数据电文之列。《民法典》第137条第2款第2句规定:"以非对话方式作出的采用数据电文形式的意思表示,相对人指定特定系统接收数据电文的,该数据电文进入该特定系统时生效;未指定特定系统的,相对人知道或者应当知道该数据电文进入其系统时生效";数据电文形式的意思表示在我国法中属于以非对话方式作出的意思表示。

除上述分类外,学理上还有一些分类。如依意思表示是否完整,可分为完整的意思表示与瑕疵的意思表示;依是否以具备法定形式为其特别生效要件,可分为要式的意思表示与不要式的意思表示等。

二、意思表示的生效

意思表示是法律行为的核心要素,意思表示的生效将导致法律行为成立。我国《合同法》以要约和承诺为基本模型对意思表示的发出、送达和生效作出了较详尽的规定,《民法典》总体上沿袭了《合同法》的规定,用三个条文(第137—139条)对意思表示的生效作了规定,以到达主义为原则,发信主义为例外。

(一)意思表示生效的立法体例

学理上,依意思表示形成、传达和知悉的过程,相应地形成了四种不同的评价意思表示生效的理论:作成主义、发出主义、到达主义和了解主义。作成主义以意思表示作出并完成为其生效时点,发出主义以意思表示的发出为其生效时点,到达主义以意思表示到达相对人可控制的领域、存在知悉的可能性时为其生效时点,了解主义以意思表示内容被相对人知悉时为其生效时点。其中,在作成主义下,意思表示的生效并非相对人所能控制,对相对人极为不利。在了解主义下,以相对人主观上是否知悉意思表示的内容作为判断时点,一则不易证明,二则如果相对人拒绝知悉,表意人也将承担极大的风险。相比之下,发出主义和到达主义更能平衡意思表示双方的利益,合理分担风险。基于此,世界各国立法例或采发出主义,或采到达主义。其中英美法系国家多采发出主义,大陆法系国家则以到达主义为主。

(二) 意思表示的发出

意思表示的发出是指表意人已作成使其内心意思表示明确地表示于外的行为。在有相对人的情形,意思表示的发出是意思表示生效的前提条件。意思表示发出的意义在于以下几个方面:一是判断关系到意思表示有效性的表意人的权利能力和行为能力问题,以发出时为准;二是意思表示发出后表意人死亡或丧失行为能力的,对意思表示的效力没有影响;三是意思表示的错误以发出时间为准。

意思表示的发出因有无相对人而有所不同。无相对人时,因无人需要受领意思表示,意思表示无须发出,如法律无特别规定的,完成时即生效。例如抛弃动产所有权的,行为人完成抛弃的行为时意思表示即已生效;又如遗嘱,因《继承法》(已失效)对其生效有特别规定,故遗嘱人立完遗嘱时,遗嘱行为成立,但要待遗嘱人死亡时方才生效。有相对人时,如是以口头方式发出的,表意人面对相对人说出意思表示的内容,使相对人能够听到,表示即告发出。如是以书面方式发出的,例如信件,还需表意人具有将信件投递的行为,意思表示才算发出。以下事例被各类文献多次引用,应予注意:某人将一项意思表示以书信的方式书写完放入信封,填好地址置于桌面,由于犹豫不决,并未投递或告知他人代为投递,但其妻子在清理桌面时误以为是其忘了,于是代为投递。此种情况下,严格来说,表意人没有发出意思表示的意识,意思表示应不成立。但若相对人出于对意思表示的表象的信赖而产生了信赖利益,虽然表意人的意思表示未发出,但其仍要承担对相对人信赖利益的损害赔偿责任。

(三) 意思表示的到达

意思表示的到达,指意思表示已进入相对人的支配范围,置于相对人可以了解的状态。例如某项要约在通常时间内投入了相对人的信箱,则为送达,不问相对人是否亲自收到,也不问相对人是否已经阅知。《合同法》第16条和第26条规定,要约和承诺的生效采到达主义。《民法典》在其基础上进行抽象,规定了以非对话方式作出的意思表示的生效采到达主义,并进一步细化了以对话方式作出的意思表示、数据电文方式作出的意思表示、无相对人的意思表示以及以公告方式作出的意思表示的生效规则。

(四) 意思表示的生效

意思表示生效的时间可以与意思表示发出的时间相同,或者后于发出的时间。也就是说,意思表示既可以于发出时生效也可以于到达时生效,甚至于相对人了解时生效。意思表示何时生效,取决于法律如何分配表意人和相对人之间的风险。

1. 以对话方式作出的意思表示:了解生效

《民法总则(草案)》审议稿曾规定以对话方式作出的意思表示于"了解其内容时生效"。审议过程中有意见提出,以"了解其内容时生效"作为生效时点可能增加意思表示发出人的风险和举证难度,建议修改为"能够合理期待相对人了解其内容时生

第二编 民法总则

效";鉴于"了解"语意不明确,后又修改为"知道",遂形成了现有条文:以对话方式作出的意思表示,相对人知道其内容时生效(《民法典》第 137 条第 1 款)。学理上,在了解主义下,"了解"的含义通常指"实际知悉意思表示"。该条款虽然使用了"知道"而非"了解"的措辞,仍应将"知道其内容"按照"了解主义"通常的内涵,解释为"相对人实际知悉意思表示"为妥。因此可以认为,该规定采"了解主义"。

2. 以非对话方式作出的意思表示:到达生效

《民法典》第 137 条第 2 款沿袭了《合同法》的规定,采到达主义。在到达主义下,表意人应对意思表示的到达负举证责任,法律通过举证责任的分配促使表意人采用更恰当、更易证明的通知方式。

3. 以数据电文形式作出的意思表示:到达生效

《民法典》第 137 条第 2 款第 2 句的规定原则上仍应认为是采到达主义,只是《民法典》根据数据电文的特殊性,借鉴国际立法,在《合同法》规定的基础上作了一定的修正。

《合同法》第 16 条规定:"要约到达受要约人时生效。采用数据电文形式订立合同,收件人指定特定系统接收数据电文的,该数据电文进入该特定系统的时间,视为到达时间;未指定特定系统的,该数据电文进入收件人的任何系统的首次时间,视为到达时间。"《民法典》借鉴了《联合国国际合同使用电子通信公约》,该《公约》规定,此种情况下的意思表示的生效,以相对人了解到的信息进入其任何系统的时间为准。因此,该条中"知道或应当知道"的含义应与《公约》中的"了解"作相同解释。所谓"进入"特定系统的时间,应为在该信息系统内可投入处理的时间,收件人是否能够识读或使用不影响意思表示的生效。

《民法典》第 137 条第 2 款第 3 句规定,当事人对采用数据电文形式的意思表示的生效时间另有约定的,按照其约定(例如,当事人可约定数据电文进入特定系统后某日生效)。

4. 无相对人的意思表示:作成生效

《民法典》第 138 条规定了无相对人的意思表示的生效时间为意思表示完成时。基于其特点,意思表示既无相对人,所以无须发出,更无须送达,意思表示一经完成便生效。《民法典》第 138 条第 2 句"法律另有规定的,依照其规定"的立法目的在于为某些特殊情况预留下立法空间。例如遗嘱,其属于无相对人的意思表示,但法律规定以遗嘱人死亡作为其法定生效要件。

5. 以公告方式作出的意思表示:发出生效

《民法典》第 139 条规定以公告方式作出的意思表示的生效时间以公告发布时为准,理论上采发出主义。比较法上,以公告方式作出的意思表示称为"公示送达",其或是须依民事诉讼法规定的程序进行(如《日本民法典》第 98 条第 3 款、我国台湾地区"民法"第 97 条),或是须经过法定的期间后(如《德国民法典》第 132 条第 2 款),

方可生效。以公告方式作出的意思表示的适用范围限于非因表意人的过错而不知相对人下落或无法获知相对人地址的情况,如表意人知道相对人的下落或地址仍以公告方式作出意思表示的,须相对人同意。但本条并未遵循比较法上的一般做法,根据立法机关相关人士的解释,其"公告方式"既可以是在有关机构的公告栏,也可以是在报纸上刊登公告,只要表意人的意思表示能够通过公告为社会公众知悉,就已送达。

三、意思表示的撤回和撤销

意思表示的撤回,是指意思表示发出后,在尚未到达意思表示的受领人之前,表意人将其意思表示撤回。意思表示的撤回性质上属于意思表示,只是它与被撤回的意思表示的内容正好相反。无相对人的意思表示因于完成时已生效,完成与生效之间并无时间差,故无撤回适用的余地。以对话方式作出的意思表示,因相对人了解意思表示内容具有即时性和同步性,意思表示一经发出即已到达,也无撤回适用的余地。唯有在以非对话方式作出意思表示的情形,基于意思表示发出和到达的不同步性和非即时性,有意思表示撤回适用的余地。与此相适应,意思表示的撤回也采到达主义。

《民法典》第141条第2句规定,撤回意思表示的通知应当在意思表示到达相对人前或与意思表示同时到达相对人。撤回意思表示的通知比意思表示先行到达相对人的,阻却了意思表示的生效,自不待言。撤回意思表示的通知和意思表示同时到达相对人的,即使相对人先行阅读了被撤回的意思表示,该意思表示也不生效。例如,甲向乙杂志社发出订购某杂志一个季度的订购单并将其投递,甲随后发现其妻子已订阅过本季杂志,随后立即以特快专递的方式另行向乙杂志社发出取消订单的通知。订购单和取消订单的通知于同一天到达杂志社的邮箱。此时即使杂志社的销售人员首先阅知了订购单,该订购杂志的意思表示依然不能生效。

意思表示的撤销,是指意思表示在作出并生效后,行为人又作出取消其意思表示的表示。《民法典》没有规定意思表示的撤销。《合同法》第18条和第19条规定了要约原则上可以撤销,但对要约的撤销作出了限制性规定。此外,意思表示的撤销还适用于意思表示错误或不自由的情形。对意思表示(这里主要指要约)的撤销的不同规定,体现出各国对"意思表示的拘束力"这一问题的不同态度。例如德国法原则上不承认要约到达后仍可撤销。

四、意思表示的解释

(一) 意思表示解释的概念和特征

意思表示的解释,是指阐明并确定意思表示内容的活动。意思表示的解释具有以下特征:

一是意思表示解释的对象是当事人已经表示出来的、确定的意思,而非隐藏于当事人内心的意思。

二是意思表示解释的主体是人民法院或者仲裁机构,其他主体对意思表示的"解释"均不具有法律效力。

三是人民法院或仲裁机构对意思表示的解释不是任意的主观解释,而是必须遵循一定的规则进行解释。

在《民法典》立法过程中,对于是应该规定意思表示的解释还是规定民事法律行为的解释曾有过争论。一种意见认为,意思表示只是民事法律行为的一部分,规定民事法律行为的解释制度更有意义。另一种意见认为,有的情况下,只有意思表示,但还不一定构成民事法律行为,即使构成了民事法律行为,意思表示仍是民事法律行为的核心内容和真正解释对象,因此规定意思表示的解释涵盖更广。《民法典》采纳了后一种意见,最终形成了第142条的规定。

(二)意思表示解释的目的和对象

意思表示解释的目的在于阐明意思表示的含义,厘清特定行为是否为意思表示、其内容如何以及是否有漏洞、如何补充等问题。意思表示的构成要素分为内心意思和表示行为,意思表示解释需要阐明的含义究竟是指内心意思的真意还是表示行为所体现的客观意义,是传统学说上至今仍争论不休的问题。"意思主义理论"主张意思表示的解释目的在于探求表意人内心真意;与之相对,"表示主义理论"则主张意思表示的解释目的在于探求表示行为所体现的客观意义。晚近通说认为,意思表示的解释应以表示主义为主,意思主义为辅。

《民法典》立法过程中对是否应区分有相对人的意思表示和无相对人的意思表示的解释规则的争论,就体现了立法者对以上两种理论的取舍。《民法典》第142条规定:"有相对人的意思表示的解释,应当按照所使用的词句,结合相关条款、行为的性质和目的、习惯以及诚信原则,确定意思表示的含义。无相对人的意思表示的解释,不能完全拘泥于所使用的词句,而应当结合相关条款、行为的性质和目的、习惯以及诚信原则,确定行为人的真实意思。"

从条文措辞的语义上看,对有相对人的意思表示的解释应以词句所表示出来的客观意思为主,以表意人的内心真实意思为辅,理论上采表示主义。无相对人的意思表示以"确定行为人的真实意思"为主,理论上采意思主义。其背后的法理在于,前者有相对人,应顾及相对人的信赖利益和理解的可能性;后者无相对人,探求行为人的真意便成为意思表示解释的主要目的。

行为人的内心意思藏于内心,如需被他人所识别,必须通过表示行为表达于外部,内心意思是无法解释也不具有法律意义的。因此,意思表示解释的对象只能是表示行为,其他一切需要加以考虑的情形都不是解释的对象,而只是解释的辅助手段。

(三)意思表示解释的方法

《合同法》第125条规定,当事人对合同条款的理解有争议的,应当按照合同所使用的词句、合同有关条款、合同的目的、交易习惯以及诚实信用原则,确定该条款的真实意思。《民法典》第142条在《合同法》的基础上抽象出意思表示解释的一般规定,并根据不同的情况区分了不同的解释目的和方法。

意思表示的解释方法可分为文义解释、体系解释、目的解释、习惯解释和诚实信用原则解释。《民法典》第142条体现了上述学理分类。

1. 文义解释。任何意思表示均需表现为一定的语言或文字,明示的意思表示固然如此,默示的意思表示和沉默即便形式上不体现为语言或文字,但其最终势必转变为语言或文字才能被人所感知和识别。语言或文字在不同的环境和语境下也常常存在歧义。因此,文义是意思表示解释的首要方法。

2. 体系解释。某一法律行为(如合同)中的条款中所使用的词句并非孤立的,与其他条款之间往往存在一定程度的关联,能够相互印证。因此,在意思表示的解释中,在单纯孤立的词句和条款中无法得到合理解释的情况下,应当借助其他条款作出解释。

3. 目的解释。意思表示的目的体现在效果意思中,并通过表示行为表现于外。但囿于语言文字的模糊性和有限性,基于文义的解释有可能与当事人的目的不相符。此时可以运用目的解释的方法进行意思表示的解释。例如,在德国帝国法院的一个典型案例中,原被告双方在交易中称买卖的是鲨鱼肉,但二人实际上交易的是鲸鱼肉,只是双方均搞错了称谓。帝国法院认为,虽然二人使用的称谓不正确,但表意人欲表示的内容和相对人理解的内容是一致的,学理上将此称为"错误的表示不生影响"原则。此案中,当事人的目的与文义所表达的含义是不一致的,在二者不一致的情况下,可以以目的解释所阐明的含义为准。

4. 习惯解释。所谓习惯,是指在一定地域或行业得到人们普遍确信并遵守的行为规范,包括生活习惯、交易习惯等。在双方法律行为或多方法律行为中,各方意思表示的目的未必完全一致,此时可借助习惯来确定意思表示的客观意义。《合同法解释(二)》第7条第1款曾对"交易习惯"作出如下定义:(1)在交易行为当地或者某一领域、某一行业通常采用并为交易对方订立合同时所知道或应当知道的做法;(2)当事人双方经常使用的习惯做法。在运用习惯进行解释时,应当由当事人对所运用的习惯是否存在以及其内容进行举证。此外,习惯解释的运用,还需以双方同处某一领域或行业,对习惯做法主观上知道或应当知道,或客观上经常使用为条件。例如,一个行外人与行内人进行交易时,如对某一条款产生争议,则不能用行内通用惯例进行解释。

5. 诚实信用原则解释。诚实信用原则是民事活动的基本原则,其适用贯穿于民事活动的整个过程,包括民事法律行为的成立、生效、履行和解释。法律行为所使用的文字词句有疑义时,应以诚信原则确定其正确意思;法律行为内容有漏洞不能妥善规定当事人权利义务时,应依诚信原则补充漏洞。一般而言,意思表示的解释只有在前述解释方法均无法得出公平合理的解释时才能运用诚实信用原则进行解释，否则可能导致自由裁量权的滥用。

第四节　无效、可撤销与效力未定的民事法律行为

一、无效民事法律行为

（一）无效民事法律行为的概念

无效民事法律行为，是指虽已成立但因欠缺有效要件而不具有法律效力，即不能按照行为人的意思表示设立、变更或终止民事法律关系的民事法律行为。无效民事法律行为概念的基本内涵是：

1. 民事法律行为已经成立。对民事法律行为作出有效、无效等效力判定的前提，是民事法律行为的客观存在即业已成立，若某一行为尚未具备民事法律行为的成立要件（如并不具备合同成立要件的合作意向书），则不存在有效与无效问题。

2. 民事法律行为欠缺有效要件。根据《民法典》第143条的规定，民事法律行为有效的条件包括：当事人具有相应的民事行为能力；意思表示真实；不违反法律、行政法规的强制性规定，不违背公序良俗。民事法律行为之所以无效，正因为其欠缺上述一项或数项民事法律行为的有效条件（但欠缺"意思表示真实""不违反法律、行政法规的强制性规定"要件的民事法律行为并非一概无效）。

3. 民事法律行为不能产生行为人所期待的法律后果。民事法律行为欠缺有效要件，并非不能产生任何法律后果（例如合同无效可产生缔约过失责任），只是不能依据行为人意思表示的内容（法效意思）产生其所期待或追求的法律效果（如根据租赁合同约定取得标的物承租权，根据遗嘱内容确立遗嘱继承关系）；对于行为人而言，民事法律行为无效产生的是"事与愿违"的后果。具体而言，民事法律行为的无效有以下几层意义：(1) 自始无效。所谓自始无效，是指民事法律行为自成立时即不具有法律效力，而不仅是将来无效，亦即无效溯及既往。民事法律行为无效溯及既往，既是各国民法的普遍主张（如《德国民法典》第142条第1款、《日本民法典》第121条），也是我国民事立法的一贯立场。我国民法典编纂前，《民法通则》第58条第2款、《合同法》第56条、《婚姻法》第12条等法律都采取了"无效民事法律行为自始无效"的立场，《民法典》第155条也规定："无效的或者被撤销的民事法律行为自始没有法律约束力。"自始无效，意味着民事法律行为一旦无效，当事人之间的权利义务应当通过恢复原状、返还财产、赔偿损失等方式回复到行为实施之前的状态。(2) 当然无效。所谓当然无效，是指民事法律行为只要存在无效事由，即当然产生无效的法律后果，既不需要通过当事人主张，也不需要经过特定程序的确认（如果当事人对其是否无效发生争议，可以向法院或仲裁机构提起民事法律行为无效确认之诉或仲裁请求）。当然

无效,意味着法院或仲裁机构在审理民事案件时若查明某一民事法律行为欠缺有效要件,可在当事人未主张该行为无效的情况下径行作出无效认定。(3)确定无效。确定无效是指民事法律行为一旦无效,即再无发生法律效力的可能,不存在经过补正而生效的问题。除自始、当然、确定无效外,民事法律行为无效也一般意味着绝对无效,即对任何人而言均为无效。

民事法律行为无效依其无效原因是存在于整体还是局部,可分为全部无效与部分无效。部分无效是指无效原因仅存在于民事法律行为的部分内容,该部分内容应被认定为无效的情形。例如,借款合同约定利率高于法定最高利率,则该条款无效;遗嘱处分了其他共有人的财产,则该部分内容无效。民事法律行为部分无效应具备"行为的可分性"要件,也就是说,将无效部分分离出来,还能够使一项有效的民事法律行为继续存在。对于民事法律行为(合同)的部分无效,《民法通则》第60条、《合同法》第56条均作了规定,《民法典》第156条也规定:"民事法律行为部分无效,不影响其他部分效力的,其他部分仍然有效。"该规定中所谓"部分无效不影响其他部分效力"的情形,主要包括:民事法律行为的标的数量(如借款利率)超过国家法律许可的范围;民事法律行为的标的一项或数项无效(如属于禁止流通物);民事法律行为非根本性条款无效(如免责条款无效)。

(二)无效民事法律行为的类型

1. 无民事行为能力人实施的行为

行为人具有民事行为能力是民事法律行为的有效要件之一,故《民法典》第144条规定:"无民事行为能力人实施的民事法律行为无效。"在此,《民法典》未将《民法通则》中作为无效民事行为的"限制民事行为能力人依法不能独立实施的民事行为"纳入无效民事法律行为范围,而是作为效力未定的民事法律行为(经法定代理人追认者有效)。否认无民事行为能力人实施的民事法律行为的效力,是各国民法的一般立场,其主要目的在于维护无民事行为能力人权益。

2. 通谋虚伪行为

《民法典》第146条第1款规定:"行为人与相对人以虚假的意思表示实施的民事法律行为无效。"这是我国民法首次对以虚假意思表示实施的通谋虚伪行为及其效力作出规定。

通谋虚伪行为是意思保留(虚伪行为)的一种类型。在实施法律行为过程中,若行为人基于某些考虑作出有所保留(即与其真实意思不一致)的意思表示,该意思表示所指向的法律效果并非其内心追求的法律效果,称为意思保留或虚伪行为。虚伪行为可分为两种情形:(1)单独虚伪行为,即仅单方作出虚假的意思表示、相对人的意思表示并非虚假的民事法律行为。对于单独虚伪行为的法律效果,我国民法未作规定。在德国法上,若为内心保留(恶意玩笑),意思表示是否有效取决于相对人是否知悉(相对人知悉者无效);若为非诚意表示(善意玩笑,也称戏谑行为),则一般为无效,但相对人的信赖利益应受保护。(2)通谋虚伪行为,即行为人与相对人以通谋的方式实施的虚伪行为,亦即双方出于某种目的经通谋均作出虚假意思表示而成立的民事法律行为。通谋虚伪行为既可以单独存在(例如以逃避债务为目的而实施的赠与行为),也可能以虚假的意思表示掩藏着当事人的某种真实意思表示(如名为赠与,实为买卖),后者称为隐藏行为(或隐匿行为)。《民法典》借鉴各国立法例,对通谋虚伪行为及隐藏行为的效力分别作了规定:通谋虚伪行为一律无效,隐藏行为的效力依照有关法律规定处理(《民法典》第146条第2款)。例如,在名为赠与、实为买卖的行为中,赠与行为无效,买卖行为如果具备民事法律行为的有效要件则为有效;在名为合作开发、实为划拨用地使用权转让的行为中,合作开发行为无效,划拨用地使用权转让行为也可能因为违法而被认定为无效。

3. 违反强制性规定及违背公序良俗行为

《民法典》第153条第1款规定:"违反法律、行政法规的强制性规定的民事法律行为无效。但是,该强制性规定不导致该民事法律行为无效的除外。"第2款规定:"违背公序良俗的民事法律行为无效。"上述无效事由,对应了"不违反法律、行政法规的强制性规定,不违背公序良俗"这一民事法律行为有效要件,也是"民事主体从事民事活动,不得违反法律,不得违背公序良俗"这一民法基本原则的重要体现。

法律的强制性规定和公序良俗体现了法律对国家利益、社会公共利益的严格维护,公序良俗也是事关公共利益和社会公德而必须严格遵循的行为准则,因此,世界主要国家和地区民事立法均将违反法律强制性规定及违背公序良俗作为民事法律行为的无效事由。如《德国民法典》第134条规定,在法律没有相反规定的情况下,违反法律禁止性规定的法律行为无效;第138条第1款规定,违背公序良俗的法律行为无效。《日本民法典》第90条规定,以违背公共秩序或善良风俗事项为目的的法律行为无效。新《荷兰民法典》第三编第40条规定:(1)法律行为或目的违背公共秩序或善良风俗的,无效;(2)除从法律规定的目的中得出其他结论者以外,违反法律强制性规定的法律行为无效。我国台湾地区"民法"第71条规定,法律行为违反强制或禁止之规定者,无效。但其规定并不以之无效者,不在此限。第72条规定,法律行为有悖于公共秩序或善良风俗者,无效。

从比较法上看,民事法律行为违反法律强制性规定并非一律无效。如《德国民法典》第134条、《西班牙民法典》第6.3条、新《荷兰民法典》第三编第40条及我国台湾地区"民法"均有"其规定并不以之无效者除外"的规定。法国、瑞士等国民法典虽无明文但书规定,但在实务操作上皆视强制性规定的目的而定,并非一律无效。具体而言,德国学说将强制性规范区分为处分界限规范与禁止规范。前者是指私法上界定处分权利义务界限的规范(如《德国民法典》第399条、第400条关于特定情形下债权不得让与的规定),此类规范并无真正的"违法"问题,法律行为逾越处分界限者并非无效,而是根本不生效力,如经有权者同意,仍得生效。法律行为违反禁止规范者,仅在能够证明无效确为适当的法律后果时方为无效。《欧洲合同法通则》《欧洲民法典草案》均规定,合同违反强行性规则,强行性规则明文规定违法合同的效力的,从其规定;强行性规则未明文规定违法合同的效力的,法院可认定合同完全有效、一部分无效、全部无效,或变更合同。我国台湾地区学说和实务上将强行法区分为效力规定与取缔规定,前者着重违反行为的法律行为价值,以否认其法律效力为目的;后者着重违反行为的事实行为价值,以禁止其行为为目的。[①] 法律行为只有违反效力规定时方为无效;违反取缔规定者,仅违反一方当事人负公法上的责任,法律行为效力不受影响。

我国民事立法对违反法律强制性规定的民事法律行为效力的规定经历了一个由粗略到细化的发展过程。《民法通则》第58条第1款规定,违反法律或者社会公共利益的民事行为无效。据此,凡民事法律行为内容与法律规定不一致者,该行为即应认定为无效(如某类合同未依法采取书面形式而被认定为无效),由此造成了司法实践中动辄认定民事法律行为无效的状况,限缩了当事人自主开展民事活动的空间。有鉴于此,《合同法》对"违反法律"这一合同无效事由予以限定,于第52条规定"违反法律、行政法规的强制性规定"的合同无效。但这一规定并未对"强制性规定"予以区分,造成了法律适用上的困惑和司法实践中类案不同判的现象(如对未取得商品房预售许可证情况下房屋买卖合同效力的认定)。为统一裁判尺度,《合同法解释(二)》第14条对"强制性规定"作出了限缩性解释:"合同法第五十二条第(五)项规定的'强制性规定',是指效力性强制性规定。"至于何为"效力性强制性规定",该司法解释并未阐明。针对该司法解释,最高人民法院对强制性规定采取了"效力性强制性规定"与"管理性强制性规定"的分类,并提出了对二者予以区分的指导意见。其中,效力性强制性规定有以下两类情形:一类是明文规定无效,如《合同法》第40条规定,具有该法第52条和第53条规定情形的,或者提供格式条款一方免除其责任、加重对方责任、排除对方主要权利的,该条款无效;另一类是强制性规定虽未明文规定行为无效,但若使其有效,将损害国家利益或社会公共利益,因此应认定其无效。如《合同法》第272条第3款规定,禁止承包人将工程分包给不具备相应资质条件的单位,禁止分包单位将其承包的工程再分包,此类建设工程分包合同应认定为无效。管理性强制性规定(或称取缔性强制性规定)可分为三类情形:第一类是对交易一方或双方当事人提出的条件或资质要求,如《中华人民共和国建筑法》(以下简称《建筑法》)规定,禁止建筑施工企业超越本企业资质等级许可的业务范围承揽工程;第二类是为某种行为规定必须履行的特殊程序,如《中华人民共和国招标投标法》规定大型基础设施、

---

① 史尚宽:《民法总论》,中国政法大学出版社2000年版,第330页。

公用事业等关系社会公共利益、公共安全的项目等三类项目订立合同必须经过招标、投标程序;第三类是要求从事某类特殊行为须预先得到行政许可,如融资租赁行政许可。

《民法典》第153条第1款对违反法律、行政法规的强制性规定的民事法律行为的效力采取了"原则无效、例外有效"的立场。由于该款中作为民事法律行为无效例外情形的"该强制性规定不导致该民事法律行为无效"的措辞并不具有明确指向,在有关机关作出有权解释前,我国司法实践中采取的"效力性强制性规定"与"管理性强制性规定"的区分可以作为解释与适用这一规定的参考。

公序良俗属于不确定概念,其内涵与外延具有模糊性,故某一民事法律行为是否违背公序良俗因而应被认定为无效,须结合特定的时代背景,依社会一般观念予以判定。民法学上一般采取类型化研究方式对违背公序良俗行为加以识别,主要类型包括:危害国家政治、经济、治安等秩序行为;危害家庭关系行为;违反性道德行为;不法射幸行为;侵犯人权与人格尊严行为;限制经济自由行为;违反公平竞争秩序行为;违反消费者保护政策行为;等等。

4. 恶意串通行为

《民法典》第154条规定:"行为人与相对人恶意串通,损害他人合法权益的民事法律行为无效。"将恶意串通单独作为民事法律行为的无效事由是我国民事法律行为制度的特色之一,《民法通则》第58条第1款、《合同法》第52条均规定"恶意串通,损害国家、集体或第三人利益的民事行为(合同)无效",《民法典》予以保留,仅在行文上略作修改。

恶意串通行为之所以无效,是因为其侵害了他人民事权益,本质上具有违法性。恶意串通行为的构成要件有二:其一为恶意,即损害他人的故意。恶意串通行为是以损害他人合法权益为主要目的或目的之一的民事法律行为(往往具有损人与利己双重目的),行为人主观上须为故意;若仅因过失而作出意思表示,即使该行为有损于他人,也不构成恶意串通行为。其二为串通,即双方(或多方)通谋。恶意串通行为须为双方或多方(如招标人与投标人、代理人与相对人)行为,且双方(或多方)在损害他人合法权益这一目的上存在通谋(意思联络),基于这一通谋各方作出意思表示、成立民事法律行为,例如国有企业法定代表人与相对人串通低价出卖企业资产,损害国家利益;代理人与相对人串通提高采购价格订立买卖合同,损害被代理人利益。若仅有一方意图损害第三人合法权益而另一方并不知情(例如借款合同的债务人对第三人提供有关主合同的虚假情况以骗取其提供担保,而债权人不知情),则不构成恶意串通。

恶意串通行为与通谋虚伪行为均属双方通谋行为,二者的区别在于:其一,通谋虚伪行为中双方所作出的均非真实意思表示,而恶意串通行为则是双方真实意思表示;其二,通谋虚伪行为未必损害第三人利益,而恶意串通行为则以此为要件。

二、可撤销民事法律行为

(一) 可撤销民事法律行为的概念

可撤销民事法律行为,是指虽已成立,但因欠缺民事法律行为有效要件,法律赋予当事人撤销权,于其行使撤销权后溯及地产生无效的法律效果的民事法律行为。由于此类民事法律行为并非绝对无效,故也称相对无效的法律行为。

可撤销民事法律行为在"民事法律行为已经成立""民事法律行为欠缺有效要件"及"溯及无效"这三点上与无效民事法律行为并无不同,其特点在于:(1) 可撤销民事法律行为欠缺的是"意思表示真实"这一有效要件,而不是其他要件。所谓"意思表示真实",即意思表示无瑕疵。有瑕疵的意思表示,包括意思与表示不一致(如意思表示错误)和意思表示不自由(如因受欺诈、胁迫而作出的意思表示)。(2) 可撤销民事法律行为在被撤销前,对当事人具有法律效力。例如,某一合同虽存在可撤销事由,但在撤销权人行使撤销权之前,相对人仍应依约履行。(3) 可撤销民事法律行为是否被撤销,取决于撤销权人行使撤销权与否。民事法律行为存在可撤销事由,撤销权人可行使撤销权使其效力归于消灭,也可不行使撤销权使其效力得以保持。仅有撤销事由而无撤销行为,法律行为的效力并不消灭。(4) 可撤销民事法律行为须经有权机构撤销。根据我国法律规定,可撤销民事法律行为撤销权的行使必须采取诉讼或仲裁方式,由人民法院或者仲裁机构予以撤销。

我国《民法通则》和《合同法》将"可变更民事行为(合同)"与"可撤销民事行为(合同)"一并予以规定,即基于同一事由,赋予一方当事人"变更权"和"撤销权"两项权利(《民法通则》第59条第1款,《合同法》第54条第1款)。在民法典编纂过程中,立法者认识到"变更权"的设置有过度干预民事活动、违背意思自治原则之弊,因此在民法总则中未作规定。

(二) 可撤销民事法律行为的类型

如上所述,可撤销民事法律行为所欠缺的是"意思表示真实"这一民事法律行为有效要件,因此其撤销事由包括意思与表示不一致和意思表示不自由两类情形。就前者而言,比较法上主要表现为错误,包括意思表达错误和重要的人或物的性质错误(参见《德国民法典》第119条),我国民事立法称之为"基于重大误解实施的民事法律行为";就后者而言,比较法上主要表现为受欺诈的意思表示和受胁迫的意思表示(参见《德国民法典》第123条),我国民事立法则规定了因受欺诈而实施的民事法律行为、因受胁迫而实施的民事法律行为和显失公平的民事法律行为。

1. 因重大误解而实施的民事法律行为

因重大误解而实施的民事法律行为,是指一方当事人对影响民事法律行为效果的重要事项存在错误认识,并基于这一错误认识实施的民事法律行为。"重大误解"是我国民事立法独有的概念,《民法通则》第59条第1款规定,"行为人对行为内容有重大误解的"民事行为,一方有权请求人民法院或者仲裁机关予以变更或撤销;《合同法》第 54 条第 1 款也规定,因重大误解订立的合同,当事人一方有权请求人民法院或者仲裁机关予以变更或撤销。就一般语义而言,我国立法所采用的"误解"不如传统民法中的"错误"准确,但在我国民法典编纂过程中,立法机关认为,重大误解的概念自在《民法通则》中创立以来,实践中一直沿用至今,已经为广大司法实务人员所熟知并掌握,且其内涵经司法解释进一步阐明后与大陆法系的"错误"的内涵比较接近,在裁判实务中未显不当,可以继续维持《民法通则》和《合同法》的规定,故予以保留。

因重大误解而实施的民事法律行为,应从以下几个方面予以认定:(1) 存在重大误解,即行为人对行为的性质、相对人、标的物的质量与数量或价款等重要事项存在错误认识,如将买卖误解为赠与,将名称相似的 B 公司误解为 A 公司、将欧元误解为美元等。此种误解系由行为人或相对人过失所致,并非相对人或第三人故意误导的结果。(2) 存在因果关系,即行为人基于错误认识作出了与其真实意思不一致的意思表示,如行为人本意欲与 A 公司订立合同,但基于误解对 B 公司的要约作出了承诺。此外,有一种观点认为,"行为人在客观上遭受重大损失"也是重大误解的民事法律行为的成立要件。本书认为,这种认识并不符合民法将重大误解作为民事法律行为可撤销事由的立法宗旨,因是否产生重大损失与意思表示瑕疵无关。

2. 因受欺诈而实施的民事法律行为

因受欺诈而实施的民事法律行为,受欺诈方享有撤销权,是世界主要国家和地区民事立法的普遍立场。《德国民法典》第 123 条第 1 款、《日本民法典》第 96 条第 1 款、《韩国民法典》第 110 条第 1 款、我国台湾地区"民法"第 92 条均规定,因欺诈(或胁迫)而作出的意思表示可以撤销(《法国民法典》第 1116 条将欺诈作为合同无效事由)。我国民法典编纂前,《民法通则》和《合同法》均对欺诈作了规定,但二者在其效力规定上有所不同。《民法通则》第 58 条第 1 款规定,一方以欺诈手段使对方在违背真实意思的情况下所为的民事行为无效,《合同法》则区分两种情况作了规定:一方以欺诈手段订立的损害国家利益的合同为无效合同(《合同法》第 52 条);一方以欺诈手段,使对方在违背真实意思的情况下订立的合同为可撤销合同(《合同法》第 54 条第 2 款)。《民法典》在总结国内外立法和司法实践经验的基础上,将因受欺诈而实施的民事法律行为一体规定为可撤销民事法律行为(《民法典》第 148 条),同时对因第三人欺诈而实施的民事法律行为的效力作了规定(《民法典》第 149 条)。

因受相对人欺诈而实施的民事法律行为,应从以下几个方面予以认定:(1) 相对人实施了欺诈行为。所谓欺诈,是指故意向行为人告知有关标的物等方面的虚假信息,或故意隐瞒其应告知的真实情况。前者称为积极欺诈,如故意以假充真、虚构产品功能等;后者称为消极欺诈,如故意隐瞒出卖车辆曾因事故大修、所售房屋系共有财产的事实。无论积极欺诈与消极欺诈,均系故意行为,过失不构成欺诈(如误将赝品当作真品出售)。一般而言,欺诈行为所涉及的应当是与双方欲实施的法律行为有关的重要事实,对行为人利益不产生实质影响的不实陈述(如对食品营养含量的少量标高)不宜作为撤销理由。(2)行为人因欺诈行为陷入错误判断,并基于错误判断作出意思表示。在这一点上,因受欺诈而实施的民事法律行为与因重大误解而实施的民事法律行为相同,均表现为行为人意思表示与内心意思的不一致,且该意思表示与欺诈行为之间存在因果关系。

关于第三人欺诈,《德国民法典》第 123 条第 2 款、《日本民法典》第 96 条第 2 款、《意大利民法典》第 1439 条第 2 款等将其作为法律行为可撤销事由,但在成立要件上有"相对人知道或应当知道"第三人欺诈事实(如德国)与"相对人知道"第三人欺诈事实(如日本)两种立法例。根据《民法典》第 149 条的规定,因受第三人欺诈而实施的民事法律行为,以"对方知道或者应当知道该欺诈行为"作为可撤销要件。在相对人为善意(不知且不应当知道对方因受第三人欺诈而作出意思表示)的情况下,受欺诈方无权请求撤销该民事法律行为。但是,如果该第三人为相对人本就应对其行为负责的人(如代理人、雇员等),则仍可请求撤销。

3. 因受胁迫而实施的民事法律行为

世界主要国家和地区民事立法通常将胁迫与欺诈一并作为可撤销法律行为予以规定,我国《民法通则》和《合同法》也是如此。但与欺诈一样,《民法通则》第 58 条第 1 款规定,一方以胁迫手段使对方在违背真实意思的情况下所为的民事行为无效;《合同法》则规定,一方以胁迫手段订立的损害国家利益的合同为无效合同(第 52 条),一方以胁迫手段使对方在违背真实意思的情况下订立的合同为可撤销合同(《合同法》第 54 条第 2 款)。《民法典》将因受胁迫而实施的民事法律行为一体规定为可撤销民事法律行为,并将"第三人胁迫"纳入调整范围,使该项制度更趋完整(《民法典》第 150 条)。

所谓胁迫,是指行为人以不法施加某一危害相威胁、恐吓,迫使他人作出违背其真实意思的意思表示行为。与受欺诈一样,受胁迫所作出的意思表示也属于意思表示不自由的情形。对因受胁迫而实施的民事法律行为,应从以下几个方面予以认定:(1)胁迫故意。所谓故意,即胁迫方明知其行为性质(威胁、恐吓)及后果(迫使对方作出符合自己意愿的意思表示)而有意为之。(2)胁迫行为。胁迫行为是指以预告某一危害对方思想上施加强制,意图使其产生恐惧心理的行为,凡一切以施加不利后果相威胁、恐吓的行为均属于胁迫。从行为方式上看,胁迫可以是口头的,也可以是书面的;从危害对象看,既可以是行为相对人本人,也可以是其关系密切的亲友;从危害事项看,既可以是对生命、健康、自由、名誉、隐私等人格权益的侵害,也可以是对物权、债权等财产权益的侵害;从危害时间看,既可以是将来的,也可以是即时的。(3)胁迫的不法性。胁迫的不法性可以从以下几个方面判断:一是手段不法,例如以暴力相威胁要求对方订立合同;二是目的不法,例如以告发对方偷税(确有其事)要挟对方为其加工仿冒产品;三是手段与目的的关系(关联性)不法,例如丙以中断对乙的原料供应相威胁,要求乙将产品出售给甲。(4)因果关系。因果关系的存在,是指行为人因受胁迫而陷于心理恐惧,并基于恐惧作出与真实意思不一致的意思表示。因民事主体间的心理素质存在强弱差异,故胁迫所要求的因果关系应结合受胁迫方自身的实际心理状态予以判断,而不存普适性标准。

4. 显失公平的民事法律行为

显失公平的民事法律行为是我国实证法上的特有概念,对其含义可从以下两个方面予以分析。(1)从立法演进看,显失公平的民事法律行为与"乘人之危(危难被乘)的民事法律行为"经历了由分立到统一的过程。《民法通则》第58条第1款规定,一方乘人之危、使对方在违背真实意思的情况下所为的民事行为无效;第59条第1款规定,显失公平的民事行为为可撤销民事行为;《合同法》第54条第1款、第2款则分别规定,在订立合同时显失公平的及一方乘人之危、使对方在违背真实意思的情况下所订立的合同,受损害方有权请求人民法院或者仲裁机构变更或者撤销。由此,形成了民事法律行为(合同)"显失公平"与"乘人之危"的二元格局及《合同法》与《民法通则》对"乘人之危"民事法律行为法律后果的不同立场。这种区分立法模式在司法实践中可能出现事实认定上的难题(司法解释中所称"利用优势或者对方没有经验"与"乘人之危"、"明显违反公平、等价有偿原则"与"严重损害对方利益"往往难以界分),而在二者法律后果相同的情形下则没有多大区分实益。因此,《民法典》制定时,考虑到二者本质上均导致当事人权利义务的明显失衡,将二者统合为一种可撤销民事法律行为:"一方利用对方处于危困状态、缺乏判断能力等情形,致使民事法律行为成立时显失公平的,受损害方有权请求人民法院或者仲裁机构予以撤销。"(第151条)(2)从比较法上看,《民法典》所规定的显失公平的民事法律行为与德国民法及我国台湾地区"民法"等立法例上的"暴利行为"形成对应关系。在德国民法上,暴利行为是违反公序良俗行为的一种特别情形。《德国民法典》第138条第2款规定:"特别是一方利用对方之困境、无经验、欠缺判断能力或者意志显著薄弱,使其对自己或第三人为一项给付提供或实际给予财产利益,而该财产利益与给付显然不相称者,法律行为无效。"据此,暴利行为的成立应具备"给付与对待给付显然不相称"的客观要件和"恶意利用对方之困境、无经验、欠缺判断能力或者意志显著薄弱"这一主观要件。其中,恶意利用是指有意利用对方当事人的困难情境牟取过度收益;困境是指因暂时的急迫窘境(多为经济窘境)而对于特定之物或金钱给付存在迫切需求;无经验是指生活或者交易经验之缺乏;缺乏判断能力是指行为人明显缺乏基于理智考虑而实施法律行为或正确评判双方对待给付与法律行为经济后果之能力;意志显著薄弱是指仅具有微弱的抵御能力。我国台湾地区"民法"也对暴利行为作了规定,但在法律后果方面与德国民法不同(第74条):"法律行为,系乘他人之急迫、轻率或无经验,使其为财产上之给付或为给付之约定,依当时情形显失公平者,法院得因利害关系人之声请,撤销其法律行为或减轻其给付。"

显失公平的民事法律行为在我国民法典中被赋予新的内涵,在构成要件上也与先前立法中的显失公平民事行为不同,而是"乘人之危"与"显失公平"的融合:(1)一方处于危困状态、缺乏判断能力等不利处境。危困主要是指面临急迫的经济窘境(也包括人身方面的危难,如身陷险境、罹患重疾),至于其原因则在所不问,无论是自然灾害,还是经营不善,抑或家庭变故,均可能导致急迫的经济需求。缺乏判断能力,是指行为人由于智力、文化水平、专业知识、社会经验的不足或其他原因(如醉酒)而明显缺乏判断应否实施该法律行为或正确评判双方对待给付是否相称的能力。除此之外,德国民法所规定的"意志显著薄弱"及我国台湾地区"民法"所规定的"轻率"也可纳入这种不利处境范畴。(2)另一方利用对方危困等状态提出双方给付显然不相称的交易条件。首先,另一方主观上须为故意(恶意),即有意利用对方处境牟取不正当利益;其次,另一方客观上利用了对方的危困等不利处境,即"乘人之危"提出不公平交易条件。若一方虽处于危困等不利境地而对方并未利用这一条件而是与其正常交易,或危困方为摆脱困境而主动作出牺牲,要求交易,均不构成显失公平行为。与胁迫不同的是,显失公平行为中的对方当事人并未参与行为人危困等处境的形成,仅仅是恶意利用了这一处境。(3)危困方作出意思表示致使民事法律行为成立时显失公平。这一要件包含行为结果和因果关系两个方面。就行为结果而言,显失公平是指民事法律行为成立时(即以此时为判断时点)双方给付明显不相称、权利义务明显失衡,一方获取超常利益而另一方利益严重受损(如售价远低于市场价格)。就因果关系而言,是指处于危困等处境的一方正是因为此等处境或状况才作出接受对方不公平条件的意思表示从而成立民事法律行为。若行为人即便未遭遇危困等处境仍愿意接受同样条件,则不构成显失公平。

(三)撤销权的行使与消灭

1. 撤销权的性质与归属

撤销权,即民事法律行为的一方当事人得依法定方式使该民事法律行为不具有法律效力的权利。由于此项权利意味着权利人仅以其单方行为即可使业已成立的民事法律关系归于消灭,故撤销权属于形成权。根据《民法典》的规定,对可撤销民事法律行为享有撤销权的是基于重大误解及因受欺诈、受胁迫而实施民事法律行为的一方当事人(误解方、受欺诈方、受胁迫方),以及显失公平民事法律行为的受损害方,其他当事人无撤销权。

2. 撤销权的行使及其效果

作为形成权,撤销权的行使系撤销权人的单方行为,无须相对人表示同意。从比较法上看,根据《德国民法典》《日本民法典》《欧洲民法典草案》《国际商事合同通则》等立法例及我国台湾地区"民法"的相关规定,撤销权的行使仅需撤销权人向相对人作出撤销法律行为的意思表示即可发生效力。而我国民事立法从《民法通则》到《合同法》均规定撤销权人"有权请求人民法院或者仲裁机构予以撤销",即撤销权必须通过民事诉讼或者仲裁方式行使。这一立场,在《民法典》中也得到了继受。

撤销权行使的法律效果,是使该民事法律行为自成立时即不具有法律约束力,即溯及地使其无效。如《德国民法典》第142条、《日本民法典》第121条及我国台湾地区"民法"第114条均规定,可撤销的法律行为被撤销者视为自始无效。我国《民法通则》第59条第2款规定:"被撤销的民事行为从行为开始起无效";《合同法》第56条规定:"无效的合同或者被撤销的合同自始没有法律约束力";《民法典》第155条也规定:"无效的或者被撤销的民事法律行为自始没有法律约束力。"

3. 撤销权的消灭

撤销权未经行使而消灭,有以下两种情形:

一是因除斥期间经过而消灭。为敦促撤销权人及时行使权利,保护相对人利益,维护交易安全与稳定,民法对各种形成权多设有除斥期间,除斥期间经过形成权即归于消灭。就撤销权而言,除斥期间经过,可撤销的民事法律行为即成为完全有效的民事法律行为。关于撤销权的除斥期间,《民法通则》未作规定,《民通意见》第73条第2款规定:"可变更或者可撤销的民事行为,自行为成立时起超过一年当事人才请求变更或撤销的,人民法院不予保护。"《合同法》第55条第1项规定:"具有撤销权的当事人自知道或者应当知道撤销事由之日起一年内没有行使撤销权的,撤销权消灭。"由此可见,《民通意见》和《合同法》均规定撤销权除斥期间为1年,但前者采"客观期间"(自行为成立时起算),后者采"主观期间"(自权利人知道或者应当知道撤销事由之日起算);同时,上述规定未区分不同撤销事由而一概适用1年除斥期间,在立法技术上也有失粗陋。《民法典》第152条借鉴其他国家和地区立法经验,对撤销权除斥期间作了较为具体的规定:(1)撤销权应在权利人知道或者应当知道撤销事由之日起1年内行使,但自民事法律行为发生(成立)之日起5年内没有行使撤销权的,撤销权消灭;(2)因重大误解享有撤销权的,权利人应当在知道或者应当知道撤销事由之日起90日内行使撤销权,否则撤销权消灭;(3)因受胁迫享有撤销权的,权利人应当在胁迫行为终止之日起1年内行使撤销权,否则撤销权消灭。上述规定,体现了一般期间与特殊期间、主观期间与客观期间的综合应用。

二是因抛弃而消灭。撤销权不具有人身属性,权利人可依自己意愿予以处分,既可行使或不行使,也可以于除斥期间经过前抛弃,包括明示抛弃(口头或书面形式明确表示抛弃)和默示抛弃(以自己的行为表明抛弃,如履行合同义务),撤销权因抛弃而消灭。根据《民法典》第152条第1款第3项的规定,撤销权的抛弃应当是在撤销权人知道撤销事由后所作出的意思表示,当事人预先作出的"不可撤销"约定并不导致撤销权消灭。

三、效力未定的民事法律行为

(一) 效力未定民事法律行为的概念

效力未定民事法律行为,也称效力待定的民事法律行为或未决的无效法律行为,是指虽已成立,但其有效或者无效尚未确定,需要由特定利害关系人意思表示(追认)的辅助才能确定其效力的民事法律行为。

效力未定的民事法律行为与可撤销的民事法律行为一样,都欠缺法律规定的一部分有效要件因而不是确定有效或确定无效。二者的区别在于:(1)原因不同。可撤销民事法律行为的原因是因错误、受欺诈、受胁迫等而造成的意思表示不一致或不自由(意思表示瑕疵),效力未定的民事法律行为则主要由于行为人欠缺实施相关行为的资格或权能。(2)效力状态不同。可撤销民事法律行为在被撤销前已经对无撤销权的当事人发生效力,而效力未定的民事法律行为的效力在特定人追认前则处于未决状态,即既非有效(当事人不得请求履行),也非无效(对当事人并不是毫无拘束力,如限制行为能力人不得撤回其意思表示)。(3)效力走向不同。可撤销民事法律行为经撤销而无效,除斥期间内未被撤销则有效;效力未定的民事法律行为经追认而有效,未经追认则无效。(4)决定权人不同。可撤销民事法律行为的撤销权人是该行为的当事人,效力未定的民事法律行为追认权人则是与行为人存在特定利害关系的人。

(二) 效力未定民事法律行为的种类

对于效力未定的民事法律行为,我国民事立法在相关法律制度中主要确立了以下几种类型:

1. 行为能力欠缺行为

我国民事立法对自然人的民事行为能力采取"三分法":完全民事行为能力人可以独立实施民事法律行为,无民事行为能力人由其法定代理人代理实施民事法律行为,而限制民事行为能力人"实施民事法律行为由其法定代理人代理或者经其法定代理人同意、追认;但是,可以独立实施纯获利益的民事法律行为或者与其年龄、智力相适应的民事法律行为"(《民法典》第19条)。"限制民事行为能力人实施的纯获利益的民事法律行为或者与其年龄、智力、精神健康状况相适应的民事法律行为有效;实施的其他民事法律行为经法定代理人同意或者追认后有效。"(《民法典》第145条第1款)因此,限制民事行为能力人实施的超越"纯获利益的民事法律行为或者与其年龄、智力、精神健康状况相适应的民事法律行为"这一行为能力范围的民事法律行为属于效力未定的民事法律行为。

2. 无权代理行为

无权代理行为是指欠缺代理权而以被代理人的名义实施的民事法律行为。此类行为对本人(被代理人)而言,既可能符合其意愿和利益,也可能违背其意愿,故既不能确定为有效,也不宜确定为无效,作为效力未定行为乃合理选择。我国《民法通则》第 66 条第 1 款、《合同法》第 47 条第 1 款对此均作了规定,《民法典》第 171 条第 1 款也规定:"行为人没有代理权、超越代理权或者代理权终止后,仍然实施代理行为,未经被代理人追认的,对被代理人不发生效力。"当然,若构成表见代理,则无权代理行为对被代理人有效。

3. 债务移转行为

债务移转也称债务承担,是指债务人将其全部或部分债务移转给第三人的行为。由于债务移转导致债务履行主体的变化,与债权人利益密切相关,因此不能使其确定有效,而须得到债权人的同意(追认)。对此,我国《民法典》第 551 条第 1 款规定:"债务人将债务的全部或者部分转移给第三人的,应当经债权人同意。"债务移转未经债权人同意的,对债权人不发生效力。

除上述类型外,我国《合同法》第 51 条曾规定:"无处分权的人处分他人财产,经权利人追认或者无处分权的人订立合同后取得处分权的,该合同有效。"该条将无处分人处分他人财产的合同作为效力未定的合同(民事法律行为),其最终是否有效取决于财产权利人是否追认或行为人事后是否取得该财产的处分权。《合同法》颁行后,对该条所涉合同效力存在"效力待定说""无效说"和"完全有效说""相对人善意有效说"等不同解释,由此导致了对此类案件裁判标准的不统一。为此,我国司法解释明确了无权处分他人之物的买卖合同并非效力未定,而是可以认定为有效的①立场。尽管仍有学者主张无权处分行为应属效力未定行为,但从我国《民法典》合同编关于合同的效力的规定看,无权处分已不再纳入合同效力影响因素范畴。

(三) 效力未定民事法律行为的追认与拒绝、催告与撤销

1. 效力未定民事法律行为的追认与拒绝

对效力未定的民事法律行为,特定的利害关系人(限制民事行为能力人的法定代理人、无权代理行为中的被代理人、债务移转行为中的债权人)有权予以追认,也有权予以拒绝。若为追认,则使其有效要件得到补正,该行为自始确定地发生效力;若为拒绝,则该行为自始确定地不发生效力。追认权、拒绝权均属于形成权,依权利人单方意思表示而发生效力。根据《民法典》合同编的相关规定,追认(同意)的意思表示应以明示方式向相对人(而非行为人)作出,拒绝则既可以采取明示方式,也可以以默示/推定的方式认定,即追认权人在相对人催告期内未作表示的,视为拒绝追认(《民法典》第 145 条第 2 款、第 171 条第 2 款、第 551 条第 2 款)。

---

① 原《最高人民法院关于审理买卖合同纠纷案件适用法律问题的解释》(已被修正)(法释〔2012〕8 号)第 3 条规定:"当事人一方以出卖人在缔约时对标的物没有所有权或者处分权为由主张合同无效的,人民法院不予支持。出卖人因未取得所有权或者处分权致使标的物所有权不能转移,买受人要求出卖人承担违约责任或者要求解除合同并主张损害赔偿的,人民法院应予支持。"

2. 相对人的催告权与撤销权

为兼顾效力未定民事法律行为相对人的利益,民法上在赋予利害关系人追认权与拒绝权的同时,赋予相对人催告权与撤销权。

催告权是指相对人在得知其与对方实施的民事法律行为存在效力未定的事实后,将此事实告知追认权人并敦促其在一定期间内作出追认或拒绝的意思表示的权利。催告是一种准法律行为(意思通知),催告权属于形成权。催告权人一般为民事法律行为的相对人,但对于债务移转行为,第三人(债务承担人)也享有催告权(《民法典》第551条第2款)。关于催告追认期限,我国《民法典》规定,对于欠缺行为能力和无权代理行为为30日;对于债务移转行为,催告权人可以催告债权人在合理期限内追认(同意)。

撤销权是指效力未定民事法律行为的相对人撤销其意思表示的权利。此处所谓撤销权实为撤回权,与对意思表示瑕疵民事法律行为的撤销权同为形成权,且其行使均导致民事法律行为确定不生效,但二者在撤销对象和行使方式上存在区别:前者撤销的是一方的意思表示,其行使仅采取通知方式;后者撤销的是一方意思表示存在瑕疵的民事法律行为,其行使须采取诉讼或仲裁方式。根据我国《民法典》的相关规定,相对人撤销权的成立与行使应符合以下条件:(1) 相对人仅于追认权人追认前享有撤销权,效力未定的民事法律行为若经追认则确定地发生效力,相对人无权撤销其意思表示;(2) 相对人须为善意,如其在作出意思表示时已知对方欠缺行为能力或代理权,则不享有撤销权(但享有催告权);(3) 撤销的意思表示须以明示(通知)的方式作出,不适用默示/推定规则。

四、民事法律行为无效、被撤销及确定不生效的法律后果

无效民事法律行为、可撤销民事法律行为、效力未定民事法律行为虽法定事由不同,但民事法律行为无效、被撤销或确定不生效时,在法律效果上并无本质区别,即不发生当事人的意思表示所期待的法律效果,而是根据不同情形产生法律规定的后果。因此,《民法典》第157条在总结《民法通则》(第61条第1款)、《合同法》(第58条)立法经验的基础上,对民事法律行为无效、被撤销及确定不生效的法律后果一并作出了规定:"民事法律行为无效、被撤销或者确定不发生效力后,行为人因该行为取得的财产,应当予以返还;不能返还或者没有必要返还的,应当折价补偿。有过错的一方应当赔偿对方由此所受到的损失;各方都有过错的,应当各自承担相应的责任。法律另有规定的,依照其规定。"根据这一规定,民事法律行为无效、被撤销及确定不生效的,除"无效"所包含的"不得请求履行"这一强制性后果外,主要有以下法律后果:

1. 返还财产

民事法律行为无效、被撤销或确定不生效后,当事人若已根据该法律行为取得对方财产(即合同已实际履行),对方有权请求返还。从性质上看,返还财产是因为取得该财产的法律根据已经丧失,占有该财产构成不当得利,应予返还;从适用条件看,须该财产(原物)仍存在并由当事人占有,但对非善意取得该财产的第三人也可请求返还;从返还内容上看,包括原物返还和孳息返还;从返还形式上看,包括单方返还和双方返还。返还财产的目的,是使当事人的财产关系恢复到民事法律行为实施前的状态,因此无论当事人是否存在过错,都负有返还财产的义务。

2. 折价补偿

折价补偿也称价额返还,是返还财产的替代救济方式,即在不能返还财产或者没有必要返还财产的情形下,以金钱补偿替代财产返还。所谓不能返还,包括事实上的不能和法律上的不能。前者如财产已经灭失,因其为不可替代物(如书画作品),客观上无法返还;后者是指该财产虽仍存在,但请求返还存在法律上的障碍,如财产已由第三人善意取得。所谓没有必要返还,是指财产虽仍存在,但其返还对请求权人已无实际意义,如甲利用乙的危困处境以不公平低价购买乙的全套家具并使用,乙撤销该显失公平行为时已移居国外,在当地已无住房。关于折价补偿的标准,除有国家强制性规定者外,应以同类财物或劳务的市场价格计算。

3. 赔偿损失

民事法律行为无效、被撤销或确定不生效若是由一方或双方过错造成,并因此使对方遭受损失,即发生损失赔偿问题。对此,我国《民法典》第157条沿袭了《民法通则》第61条的规定:"有过错的一方应当赔偿对方由此所受到的损失;各方都有过错的,应当各自承担相应的责任。"就其性质而言,这种赔偿责任属于缔约过失责任范畴,其构成要件包括:(1)过错。无过错则无赔偿。一般而言,无效、可撤销的民事法律行为均存在一方或双方当事人的过错,如通谋虚伪行为、恶意串通行为中的双方故意,欺诈、胁迫、显失公平行为中的一方故意,重大误解行为中的一方过失等。一方有过错的,应当赔偿对方因此所受到的损失;双方都有过错的,应当各自承担相应的责任即互负赔偿责任。(2)损失。赔偿以损失的客观存在为条件,即信赖该民事法律行为有效成立的一方因对方过错而实施一定行为并遭受财产上的损失,如因受欺诈订立合同后支出的履行费用等。

此外,我国民事立法还曾对因恶意串通、损害他人利益而无效的民事法律行为规定了"追缴财产"这一"民事制裁"措施(《民法通则》第61条第2款、《合同法》第59条)。《民法典》虽保留这一无效事由,但对"追缴财产"未作规定,反映了对"民事制裁"认识上的变化。

第五节 附条件和附期限的民事法律行为

一、民事法律行为的附条件和附期限

民事法律行为旨在设立、变更或终止一定的民事法律关系,是私法自治的集中体现。根据私法自治原则,当事人可以依据自己的意愿对民事法律行为的生效与失效等事项作出安排。民事法律行为中这一部分对其效力的发生或终止加以限制的内容,称为民事法律行为的附款。传统民法上,法律行为的附款有两种,即条件和期限。对此,《德国民法典》第158条、第163条,《日本民法典》第127条、第135条,我国台湾地区"民法"第99条、第102条均作了规定。我国民事立法中,《民法通则》仅于第62条规定了附条件的民事法律行为,但《民通意见》第76条补充规定了附期限的民事法律行为;《合同法》第45条第1款、第46条分别对附条件合同和附期限合同作了规定;《民法典》总则编(第六章第四节)对民事法律行为的附条件和附期限作了规定。

二、附条件的民事法律行为

(一)附条件的民事法律行为的概念与适用范围

附条件的民事法律行为,是指当事人以特定条件即将来客观上不确定的事实的发生或不发生作为附款决定其效力的发生或者终止的民事法律行为。民事法律行为可以附条件,但依其性质不得附条件的除外(《民法典》第158条)。例如,为保障票据的流通性,票据行为不得附条件;撤销权、解除权等形成权的行使旨在尽快消除民事法律关系的不确定状态,也不得附加条件。如附加条件违背公序良俗,该类民事法律行为也不得附条件,如婚姻、收养、继承的接受与抛弃、非婚生子女的认领等身份行为。

(二)条件的要求与种类

条件是指将来客观上不确定的事实。民事法律行为所附条件,应符合以下要求:(1)意定性。条件是当事人任意对民事法律行为效力设定的限制,法律规定的限制(如法律规定合同经国家机关批准后生效)并非民事法律行为附款意义上的条件,将此作为条件应视为未附条件。(2)未来性。条件须为尚未发生的事实,已发生的事实不能作为条件。但是,如果某一事实客观上确已发生而当事人因不知情而设为条件(如出版合同约定,如国内市场上有相同内容的图书出版则合同解除,而当事人订立合同时国内市场上已有相同内容的图书出版),仍可认定所附条件有效。(3)不确定性。作为条件的事实须客观上(而非当事人主观认为)可能发生也可能不发生。以必然发生的事实为条件的应视为附期限民事法律行为;以确定不可能发生的事实(不能条件)为条件的,若为生效条件则使法律行为不生效,若为解除条件则视为未附条件。(4) 合法性。作为条件的事实必须是合法的事实,违反法律强制性规定及违背公序良俗的事实不得作为民事法律行为所附条件(如不得故意伤害他人、不得以维持姘居关系作为赠与条件)。某一事实仅具有条件的外观而不符合条件的上述实质要求者,称为非真正条件或虚伪条件,包括法定条件、确定条件、不能条件和不法条件。

条件依不同标准可作如下分类:

1. 延缓条件与解除条件

根据条件的不同功能,可分为延缓条件与解除条件,这是立法上对条件的一般分类。延缓条件又称停止条件或生效条件,是指民事法律行为效力发生的条件。延缓条件成就前,民事法律行为虽已有效成立,但其效力处于停止状态,待条件成就后即发生效力。例如,房屋租赁合同中约定"如出租方办妥出国签证,则合同生效",该条件即为延缓条件。解除条件又称终止条件、失效条件,是指民事法律行为效力终止的条件。解除条件成就前,民事法律行为已经发生效力,待条件成就后即终止效力。例如,房屋租赁合同中约定"如出租方由外地调回本地,则合同失效",该条件即为解除条件。

2. 积极条件与消极条件

根据条件的不同事实状态,可分为积极条件与消极条件。以某一事实的发生作为条件者称为积极条件,如以"通过法律职业资格考试"为赠与生效条件;以某一事实的不发生作为条件者称为消极条件,如以"地铁未开通"作为房屋租赁合同的解除条件。

积极条件、消极条件与延缓条件、解除条件相互交集,形成了积极的延缓条件、消极的延缓条件、积极的解除条件、消极的解除条件四种民事法律行为附条件的具体样态。

3. 偶成条件、随意条件与混合条件

根据条件是否与当事人意思或行为相关,可分为偶成条件、随意条件与混合条件。偶成条件是指与当事人意思完全无关的条件,包括自然现象、社会事件和第三人行为,如台风、股市变化、第三方违约等。随意条件是指依当事人一方意思可决定其成就与否的条件,又可分为纯粹随意条件(仅凭当事人意思即可决定其成就与否的条件,如赠与合同中约定"如受赠人用后不喜此物,则终止合同")与非纯粹随意条件(当事人意思与某种积极事实相结合的条件,如赠与合同中约定"如受赠人考上某大学,则合同生效")。混合条件,是指其成就与否取决于当事人及第三人的意思的条件,如以"与某人结婚""与某人签约"为条件。

(三) 条件的成就与不成就及其效力

条件的成就,即作为条件内容的事实已经实现,积极条件以条件事实的发生为条件成就,消极条件以条件事实的未发生为条件成就。因条件的成就与否决定着民事法律行为的生效或失效,对当事人利益至关重要,因此各国家和地区立法对因条件成就而受有不利益的当事人以不正当行为阻止条件成就的情形予以规制,即拟制条件成就(《德国民法典》第162条、《日本民法典》第130条,我国台湾地区"民法"第101条)。我国《民法典》第159条也规定:"附条件的民事法律行为,当事人为自己的利益不正当地阻止条件成就的,视为条件已经成就。"例如,房屋买卖合同约定以卖方办理继承登记为生效条件,若卖方为阻止合同生效而故意不办理继承登记,则应视为"办理继承登记"的条件已成就。

条件成就的效力,在于决定民事法律行为效力的发生或消灭,即:附生效条件的民事法律行为,自条件成就时生效;附解除条件的民事法律行为,自条件成就时失效(《民法典》第158条)。

条件的不成就,即作为条件内容的事实未能实现,积极条件以条件事实的未发生为条件不成就,消极条件以条件事实的发生为条件不成就。与条件成就一样,民法对因条件不成就而受有不利益的当事人以不正当行为促成条件成就的情形予以规制,即拟制条件不成就。我国《民法典》第159条也规定,附条件的民事法律行为,当事人为自己的利益不正当地促成条件成就的,视为条件不成就。例如,甲与乙约定"若乙通过某一考试,则赠与旅游资费若干",如乙为获得赠与而采取舞弊方法通过该考试,则应视为"通过某一考试"的条件未成就。

条件不成就的效力,在于决定民事法律行为效力的不发生或不消灭,即:附生效条件的民事法律行为,因条件不成就使法律行为效力不发生;附解除条件的民事法律行为,因条件不成就使法律行为效力不消灭。

(四)附条件利益(期待权)的保护

因条件属将来不确定的事实,附条件民事法律行为在所附条件成就或确定不成就前效力是否发生或是否消灭处于不确定状态,在这种状态下,应对因条件的成就或不成就而受利益的一方当事人予以保护,其因条件成就取得某种权利的先行地位,学术上称为期待权。对此,《德国民法典》第160条、第161条分别对"条件成否未定期间的责任"和"条件成否未定期间的处分不生效力"作了规定,我国台湾地区"民法"第100条也规定:"附条件之法律行为当事人,于条件成否未定前,若有损害相对人因条件成就所应得利益的行为者,负损害赔偿之责任。"我国《民法典》对此未作规定,但上述期待权法理与立法例可作为实务之参考。

三、附期限的民事法律行为

(一)附期限的民事法律行为的概念和适用范围

附期限的民事法律行为,是指当事人以一定期限的到来作为附款决定其效力的发生或者终止的民事法律行为。期限,即未来的某一特定时点,可以表现为一定期间的届满,如"三个月后";也可以表现为特定的期日,如"2月15日"。作为民事法律行为的附款,期限也是民事法律行为生效或失效的"条件",与一般意义上的条件不同的是,期限是确定到来的,而条件的成就与否则具有不确定性。因此,附期限民事法律行为也不存在阻止或促成期限到来的问题。作为单纯的自然事实,期限本身也不存在合法与否问题。

民事法律行为可以附期限,但是按照其性质不得附期限的除外(《民法典》第160条)。按照其性质不得附期限的民事法律行为与不得附条件的民事法律行为多有重合,如结婚、收养等身份行为。但有的民事法律行为不得附条件而可以附期限,如票据行为。

(二) 期限的种类和效力

1. 始期与终期

根据期限的作用,立法上一般将期限分为始期与终期。始期(生效期限、延缓期限)即民事法律行为效力发生的期限,终期(终止期限、解除期限)即民事法律行为效力消灭的期限。《民法典》第160条规定:"附生效期限的民事法律行为,自期限届至时生效。附终止期限的民事法律行为,自期限届满时失效。"

2. 确定期限与不确定期限

根据其具体时间是否确定,可将期限分为确定期限与不确定期限。设定时其具体时间可以确定的,为确定期限,如某年某月某日;其具体时间尚不能确定者,为不确定期限,如租赁合同"于双方签字30日后生效"、赠与合同"于某人死亡时解除"。

(三) 附期限利益(期待权)的保护

与附条件民事法律行为一样,附期限的民事法律行为中因期限的到来而受利益的一方当事人享有的期待权应受到法律保护,对此可准用附条件民事法律行为的相关规定(《德国民法典》第163条,我国台湾地区"民法"第102条)。

第七章 代 理

第一节 代理概述

一、代理的概念和特征

(一) 代理的含义

代理是指民事主体以他人的名义实施民事法律行为,由此产生的法律效果直接归属于名义人的法律制度。在代理制度中,以他人的名义实施民事法律行为的人称为代理人;其名义被使用并承受法律效果的人称为被代理人,也称本人;与代理人实施民事法律行为的人称为相对人或第三人。《民法典》第161条第1款规定:"民事主体可以通过代理人实施民事法律行为。"第162条规定:"代理人在代理权限内,以被代理人名义实施的民事法律行为,对被代理人发生效力。"

代理制度与私法自治密切相关。随着商品社会的发展,社会分工的细化,专业化增强,民事主体无法事事亲力亲为,假他人之手达成目的便成为必然选择,代理制度遂应运而生。委托代理便是作为这样一种扩张民事主体私法自治范围的制度而发生其作用。另外,对于限制行为能力人和无行为能力人来说,因其行为能力上的不足,无法亲自实施某些民事法律行为,立法者通过法定代理制度补其不足,保障其参与民事法律关系的可能性。可见,代理是作为民事主体私法自治能力的扩张和补充手段而存在的。另外,对于法人和非法人组织这类法律拟制主体而言,由于其没有自然人的生理构造,无法自己实施民事法律行为,法律创设代理制度(职务代理)和代表制度(法定代表人)以使其能够实施民事法律行为,参与民事法律关系。

(二) 代理的特征

代理具有以下几个特征:

1. 代理的对象是民事法律行为。如上所述,代理是一种扩张或补充民事主体私法自治能力范围的法律制度。民事法律行为是民事主体实现私法自治的工具,代理的对象应是民事法律行为而非其他。需注意者有二:首先,并非所有的民事法律行为均可以代理。如结婚、离婚、遗嘱、继承等有较强人身性质的民事法律行为不能代理,如当事人间约定由被代理人本人亲自实施的民事法律行为,为尊重当事人的意思自治,也不能代理。此外违反法律禁止性规定的行为也不能代理。《民法典》第161条第 2 款规定:"依照法律规定、当事人约定或者民事法律行为的性质,应当由本人亲自实施的民事法律行为,不得代理。"其次,作为例外,为满足现代社会生活和交易的需要,法律也允许代理的对象在一定程度上扩张到准法律行为和某些事实行为,例如,要约邀请、通知、催告、合同履行行为等。

2. 代理人须以被代理人的名义为民事法律行为。这一特征在大陆法学理上被称为代理制度的"显名主义"。原则上,一人如以自己名义从事某一民事法律行为,自己应承担其法律效果。代理关系中,代理人通过"显名"向相对人表示出其代理他人实施民事法律行为的效果意思,据此代理行为的法律效果才得以归属于被代理人("意思表示说")。此外还有一种对显名的宗旨的理解,认为之所以显名,是因为通过明确相对人的行为对象从而使相对人不致蒙受损害("保护相对人说")。[1]《民法典》第162条规定:"代理人在代理权限内,以被代理人名义实施的民事法律行为,对被代理人发生效力。"

3. 代理人须独立作出意思表示或接受意思表示,实施民事法律行为。代理和传达的区别在于代理人须独立作出意思表示或接受意思表示,实施民事法律行为,其意思表示独立于被代理人的意思表示而存在,而传达人只是将被代理人的意思表示送达相对人处,并未自主作出意思表示。

4. 代理人须在代理权限范围内从事民事法律行为。在学理和法律上,可以将代理作有权代理和无权代理的区分。代理人超越代理权限范围实施民事法律行为,代理权将失去其存在依据,成为无权代理行为,从而其法律效果不能归属于被代理人。

5. 代理行为的法律效果归属于被代理人。代理行为的法律效果归属于被代理人意味着民事法律关系的设立、变更、消灭所涉及的权利的享有、义务的履行和责任的承担,均由被代理人负责。

二、代理关系

代理关系是在本人、代理人和相对人(第三人)之间形成的特殊的三方法律关系。代理关系的主体结构由被代理人、代理人和相对人三方构成,具体来说,三方相互之间的权利义务关系又可分为内部关系、外部关系和效果归属关系。

(一) 内部关系

学理上,被代理人与代理人之间的关系称为内部关系。二者之间内部关系的存续,或基于委托、雇佣、合伙等合同关系,或基于监护等法定关系。内部关系的基础是被代理人对代理人的人身信任或法律的直接规定。

(二) 外部关系

外部关系指代理人实施代理行为而与相对人之间发生的权利义务关系,主要指

---

[1] 参见〔日〕山本敬三:《民法讲义 I 总则》(第三版),解亘译,北京大学出版社2012年版,第282页。

构成无权代理时,代理人和相对人之间形成的权利义务关系。

(三) 效果归属关系

效果归属关系指被代理人与相对人的关系。代理人在和相对人实施法律行为时表明了其有代被代理人实施民事法律行为的效果意思(即显名),效果归属关系得以产生。效果归属关系一般情况下(表见代理除外)也正是被代理人与相对人之间意欲发生的民事法律关系。

三、代理与类似概念

(一) 代理与传达

传达是指传达人将本人的意思表示转达给相对人。在意思表示理论中,传达属于承载表意人(本人)表示行为的工具,不具有完整的意思表示的含义。因此,影响意思表示效力的要件对传达人来说没有意义,比如法律并不要求传达人具有完全民事行为能力,限制民事行为能力人和无民事行为能力人也可以成为传达人。与之不同,代理须代理人独立为意思表示和实行民事法律行为,因此法律规定代理人需要有意思能力和相应的民事行为能力,无民事行为能力人不能成为代理人。

(二) 代理与代表

代表在民法上一般指法定代表人代表法人从事民事活动的行为。《民法典》第61条第2款规定:"法定代表人以法人名义从事的民事活动,其法律后果由法人承受。"第62条第1款规定:"法定代表人因执行职务造成他人损害的,由法人承担民事责任。"法定代表人的自然人人格在其代表法人从事民事活动时为法人的人格所"吸收",法律将其行为视为法人的行为。与之不同,代理关系中,代理人以被代理人名义和相对人进行交易时具有独立的法律地位,须独立进行意思表示,独立从事民事法律行为。被代理人和代理人在法律上是两个不同的人格。此外,代表权和代理权的来源也不同。代表人的代表权来自于法律或章程规定,代理权则来源于法律规定或当事人间的约定。

(三) 代理与中介

《民法典》第961条规定:"中介合同是中介人向委托人报告订立合同的机会或者提供订立合同的媒介服务,委托人支付报酬的合同。"中介人并非与委托人的相对人发生交易行为,而仅仅是为委托人提供订立合同的机会或媒介服务,在二者之间斡旋撮合,以促成交易。委托人与相对人是否产生一定的法律效果,仍由委托人依其意思决定。例如房产中介公司为业主提供的中介服务即属于中介性质。而在代理关系中,代理人的代理行为使被代理人与相对人之间直接发生了民事法律关系。

(四) 代理与委托合同

根据《民法典》第919条的规定,委托合同是委托人和受托人约定,由受托人处理委托人事务的合同。委托合同是委托人和受托人之间的合同关系,其成立与生效应适用合同法的规定。委托合同并不必然直接产生受托人对委托人的代理权。代理关系是三方主体关系，且被代理人和代理人之间并不一定存在委托、雇佣或合伙合同等基础关系，代理人代理权形成的直接原因是被代理人的授权行为或法律规定。再者，授权行为作为单方法律行为，其有效成立并不需要代理人作出承诺，只要为法律行为的意思表示到达代理人（内部授权）或相对人（外部授权）即可。当然，代理人有权拒绝代理或辞任。

四、代理的分类

根据不同的分类标准，代理在学理上主要可以进行以下分类：

1. 直接代理与间接代理

根据代理人是否以被代理人的名义从事代理行为，代理可以分为直接代理和间接代理。

直接代理是指由代理人以被代理人的名义从事代理行为，其法律效果直接归属于被代理人的代理。直接代理是代理的一般形态。间接代理是指代理人以自己的名义从事代理行为，代理行为的法律效果首先由代理人承担，再通过代理关系转由被代理人承担的代理。间接代理是代理的特殊形态。

在我国民法上，对间接代理经历了从不承认到承认的过程。《民法通则》关于代理的规定为直接代理，《合同法》第402条和第403条则承认了间接代理。《民法典》总则编只规定了直接代理，但合同编对间接代理作了规定（第925条、第926条）。

2. 法定代理与委托代理

根据代理权来源的不同，可以将代理分为法定代理和委托代理（意定代理）。法定代理指基于法律的直接规定，由法定代理人代被代理人从事民事法律行为的代理。委托代理是指基于被代理人的授权，代理人在代理权限范围内代其实施民事法律行为的代理。法定代理旨在弥补被代理人行为能力的不足，委托代理意在扩张被代理人的私法自治范围，此为二者立法宗旨之不同。我国《民法通则》第64条曾将代理分为法定代理、委托代理和指定代理三类。《民法典》第163条将代理分为法定代理和委托代理两种。[①]

3. 本代理与复代理

根据代理人是否将代理权转给第三人，代理可分为本代理和复代理。本代理是指由法律直接规定或被代理人选任的代理人以被代理人的名义为被代理人实施民事法律行为的代理。复代理，亦称转代理、再代理，是指由代理人选任的复代理人以被

[①] 立法者认为，法定代理和指定代理的分类在学理上有一定的意义，如在代理人的确定上存在不同。但二者的代理权的来源均是法律规定，在法律上和实务上区别意义不大，因此将指定代理纳入法定代理中加以规范。参见李适时主编：《中华人民共和国民法总则释义》，法律出版社2017年版，第510页。

代理人的名义为被代理人实施民事法律行为的代理。复代理是相对于本代理来说的,复代理权来源于本代理权,没有本代理权就无所谓复代理权。代理关系的基础是被代理人和代理人之间的人身信任关系,欲使复代理的法律效果归属于被代理人,须满足法律设定的构成要件——被代理人的同意或追认,否则应由代理人承担相应的法律后果。《民法典》第169条第1款、第3款规定,代理人需要转委托第三人代理的,应当取得被代理人的同意或者追认,否则代理人要对转委托第三人的行为承担责任。但在紧急情况下代理人为维护被代理人利益进行的转委托有效,无须被代理人的同意或追认(第169条第3款)。

在复代理法律关系中,复代理人是被代理人的代理人,而非代理人的代理人。原因在于复代理权来源于本代理权,而本代理权本就为被代理人的利益而设。如果在复代理法律关系中将复代理人作为代理人的代理人,复代理人为代理人的利益实施民事法律行为,便有可能产生被代理人和代理人之间的利益冲突,与代理制度的宗旨不符。因此,在复代理关系中,法律规定代理人无须承担复代理人代理行为的法律效果,而仅承担选任复代理人和指示不当的责任。《民法典》第169条第2款规定:"转委托代理经被代理人同意或者追认的,被代理人可以就代理事务直接指示转委托的第三人,代理人仅就第三人的选任以及对第三人的指示承担责任。"

4. 单独代理与共同代理

根据代理权由一人单独行使或数人共同行使,代理可分为单独代理和共同代理。单独代理指代理权由一人单独行使的代理。共同代理是指代理权由数人共同行使的代理。依《民法典》第166条,共同代理应由数个代理人共同行使代理权,但是当事人另行约定的除外。要注意的是,共同代理中只有一个代理权,只是由数人共同行使,而非有多个代理权由数人分别行使,后者不构成共同代理。例如,被代理人甲分别授权乙、丙代为处理房屋租赁事宜。此例中存在两个代理权,乙和丙分别代理甲租赁房屋,不构成共同代理。

5. 有权代理与无权代理

根据代理人有无代理权,代理可分为有权代理和无权代理。无权代理指代理人无代理权而为代理行为的代理,可分为狭义无权代理和表见代理。狭义无权代理指无代理权而实施代理行为,代理行为的法律效果不归属于被代理人的代理。表见代理指代理人虽无代理权,但存在有代理权的表象,使善意无过失的相对人有理由相信代理人有代理权,代理行为的法律效果归属于被代理人的代理。

五、代理的终止

代理的终止,指代理关系因发生法律规定的事由而终止。代理权的消灭即代表代理关系业已终止,因此学者亦称之为代理权的消灭。代理终止的情形依代理权来源的不同而有所区别,《民法典》第173条和第175条分别规定了委托代理和法定代理终止的法定情形。

（一）委托代理的终止

委托代理的终止原因包括以下几种情形：

1. 代理期间届满或者代理事务完成。在委托代理的情形，如果被代理人授权时限定了代理期间，须尊重被代理人的意愿，代理期间届满代理关系终止，实属当然。代理关系的设立，其目的在于为被代理人的利益完成代理事务，代理事务既已完成，代理关系亦当终止。在约定了代理期间的情形，即便代理期间未届满，代理关系亦应当终止，此乃代理的宗旨使然。

2. 被代理人取消委托或者代理人辞去委托。被代理人取消委托将使委托代理关系终止。其原因在于，委托代理权系基于被代理人对代理人的信任，依其意思经被代理人的单方代理权授予行为而设。无论何时，被代理人均可以通过取消委托的意思表示（另一个单方法律行为）予以撤回，且并不需要代理人的同意。同理，代理人可以在不损害被代理人利益的情况下辞去委托，该辞去委托的行为同样是一个单方法律行为，不需要被代理人同意。

3. 代理人丧失民事行为能力。委托代理制度之宗旨在于扩张被代理人的私法自治范围，若代理人丧失民事行为能力，无法独立作出意思表示或接受意思表示，被代理人设立代理关系的目的便已落空，代理关系自当终止。此处的"丧失民事行为能力"，应当理解为丧失全部民事行为能力，如仅仅丧失部分民事行为能力，代理人仍可为与其民事行为能力相符的民事法律行为，因此不必然导致代理关系的终止。

4. 代理人或被代理人死亡。被代理人和代理人之间的关系构成代理的内部关系，是整个代理关系的基础。代理人死亡的，已无法完成代理事项，代理关系自然终止。一般情况下，被代理人死亡的，代理的法律效果亦无归属对象，代理关系也自然终止。但是，在特殊情况下，法律允许被代理人死亡后代理关系仍然存续，例如在代理人不知道或不应当知道被代理人死亡仍然处理代理事项时，代理关系并不当然终止。此外，被代理人往往因某种利益而设定代理，在被代理人死亡后，便涉及利益的继承问题，因此法律为维护被代理人的继承人的利益，也设定了某些例外情形。

5. 作为代理人或者被代理人的法人、非法人组织终止。作为代理人或被代理人的法人、非法人组织终止的，代理关系自然终止，其法理与代理人或被代理人死亡的法理相同。

（二）委托代理终止的例外

特殊情况下，法律允许在被代理人死亡或作为被代理人的法人、非法人组织终止后，代理关系仍存续，代理行为有效，《民法典》第174条对此作了规定。

1. 代理人不知道并且不应当知道被代理人死亡。在代理人不知道且不应当知道被代理人死亡仍然处理代理事项时，代理关系并不当然终止，其目的是兼顾代理人利益，不使代理人在无归责事由的情况下承担不利的法律后果。

2. 被代理人的继承人予以承认。代理为被代理人的利益而存在,因此当被代理人死亡后,法律允许该种利益发生继承。如果其继承人知道并承认了代理人的代理地位,此时等同于代理基于被代理人继承人的利益而继续存在,代理行为继续有效。

3. 授权中明确代理权在代理事务完成时终止。基于被代理人的授权,代理权在代理事务完成时才终止的,代理行为继续有效。之所以这样规定,一是尊重被代理人的意愿,二是保护代理人和相对人对该授权的合理信赖。

4. 被代理人死亡前已经实施,为了被代理人的继承人的利益继续代理。代理人在被代理人生前已经开始实施代理行为,被代理人死亡后,如果该代理行为对被代理人的继承人有利,则代理行为继续有效。例如,某市房地产价格持续下跌,甲委托丙代为购买某处房产,次日丙即着手联系开发商看房洽谈,三日后甲因病去世,留下孤儿乙,此时丙已以甲的名义与开发商签订了购房合同,此购房合同有效。

(三) 法定代理的终止

法定代理与委托代理的终止原因既有共通之处,也有不同之处,包括以下几种情形:

1. 被代理人取得或者恢复完全民事行为能力。如前所述,法定代理的目的在于弥补无民事行为能力人和限制民事行为能力人的民事行为能力缺陷。当被代理人取得或者恢复完全民事行为能力时,如被代理人年满18岁或精神病痊愈等,此种法定代理自无必要再存在,当然终止。

2. 代理人丧失民事行为能力。法定代理制度之宗旨在于弥补被代理人的民事行为能力之不足,若代理人丧失民事行为能力,无法独立作出意思表示或接受意思表示,被代理人设立代理关系的目的便已落空,代理自当终止,须另行确定法定代理人。

3. 代理人或者被代理人死亡。代理人死亡的,已无法完成代理事项,代理自然终止。被代理人死亡的,代理的法律效果亦无归属对象,代理也自然终止。

4. 法律规定的其他情形。此为兜底条款,以防将来出现立法者始料不及的情况而设,使法律规定更具弹性和生命力。

(四) 代理终止的法律效果

代理终止后代理行为的法律效果不再归属于被代理人,代理人仍以被代理人名义实施民事法律行为的,如无被代理人追认,构成无权代理。委托代理终止后如代理人实施无权代理行为客观上形成了代理权外观,且相对人善意无过失,则构成表见代理,代理行为的法律效果归属于被代理人。

第二节 代 理 权

一、代理权的性质和概念

关于代理权的性质,存在权利说、权力说和资格说等不同见解。权利说认为,代理权是一种独立的民事权利,在性质上与一般的民事权利并无差异。① 权力说认为,代理权在性质上属于一种因授权行为或法律规定所产生的、可以直接改变本人与第三人之间法律关系的权力。② 资格说认为,代理权是基于法律规定或本人之授予而生的一种资格权。其与其他权利不同,仅为一种资格或地位,类似于民事行为能力。③ 上述诸说中,资格说与代理制度的初衷更为契合,即为弥补被代理人的行为能力的不足,通过法律的直接规定或被代理人的授权行为赋予代理人某种资格或地位,将代理人的行为能力嫁接到被代理人身上。据此,代理权可定义为:能使代理人具有代被代理人为民事法律行为,并将法律行为的法律效果归属于被代理人的一种法律资格或地位。

二、代理权的发生原因

(一) 法律的直接规定

因法律的直接规定,法定代理权得以发生。《民法典》第 20 条、第 21 条规定,无民事行为能力人由其法定代理人代理实施民事法律行为。第 19 条规定,限制民事行为能力人除可以独立实施纯获利益的民事法律行为或者与其年龄、智力相适应的民事法律行为外,其他法律行为应由其法定代理人代理或者经其法定代理人同意、追认。

根据我国法律的规定,法定代理权主要有以下几种:

1. 监护人的法定代理权。《民法典》第 23 条规定:"无民事行为能力人、限制民事行为能力人的监护人是其法定代理人。"

2. 失踪人财产代管人的法定代理权。《民法典》第 42 条规定,失踪人的财产由其配偶、成年子女、父母或者其他愿意担任财产代管人的人代管。代管有争议,或者没有上述的人,或者上述人无代管能力的,由人民法院指定的人代管。

3. 清算组的法定代理权。根据《公司法》第 183 条、第 184 条的规定,公司应当在法律规定的期限内成立清算组并组织清算。逾期不成立清算组进行清算的,债权人可以申请人民法院指定有关人员组成清算组进行清算。清算组在清算期间有权代公司实施处理公司财产、与清算有关的公司未结业务以及清理债权债务等民事法律行为。

(二) 被代理人的授权行为

1. 授权行为的独立性

委托代理权基于被代理人的意愿经授权而发生。被代理人之所以授权代理人代

---

① 参见王利明:《民法总则研究》(第三版),中国人民大学出版社 2018 年版,第 621 页。
② 参见梁慧星:《民法总论》(第五版),法律出版社 2017 年版,第 234 页。
③ 参见郑玉波:《民法总则》,中国政法大学出版社 2003 年版,第 401 页;胡长清:《中国民法总论》,中国政法大学出版社 1997 年版,第 303 页。

为法律行为,一般来说以基础关系的存在为前提。如甲委托乙代为出售房屋,甲乙之间存在一个委托合同。甲雇佣乙为其开展业务活动,甲乙之间存在一个雇佣合同。这里的委托合同和雇佣合同便是甲乙之间的基础关系。但实践中无基础关系而由被代理人单独授权或者虽有基础关系却没有授权行为的,也不在少数。如何解释此现象? 对此,1866年德国学者拉邦德首次提出授权行为独立性理论①,学界开始承认代理权授予行为是独立于基础关系的民事法律行为。该学说影响了德国、日本和我国台湾地区等大陆法系国家和地区的立法实践。我国《民法典》编设专章规定代理,并于第165条规定了授权行为的主要形式——授权委托书;与此相对应,将委托合同等基础关系规定于《民法典》合同编。这一立法安排,也体现了对授权行为独立性的肯认。

2. 授权行为的无因性

授权行为的有因或无因问题指的是基础关系的效力是否会影响授权行为的效力的问题。例如,委托合同无效或被撤销后,授权行为是否仍有效? 代理行为的法律后果由谁承担? 采不同的理论,法律效果也有所不同。若否认无因性理论,则委托合同无效或被撤销后,授权行为也无效,此时构成无权代理,代理行为的法律后果由代理人承担。若承认无因性理论,授权行为并不因委托合同无效或被撤销而归于无效,代理人属有权代理,代理行为的法律后果由被代理人承担。有因性与无因性问题的实质在于法政策的取舍。采取保护被代理人的法政策立场的,往往倾向于授权行为有因,相反如采保护相对人的法政策立场的,则倾向于授权行为无因。本书认为,授权行为的独立性,足以表明其与委托合同等基础法律关系无关,既不属于委托合同等基础关系的组成部分,也不受其影响,若以有因说对其进行解释,将有悖于授权行为独立性的本质表述。②

3. 授权行为的法律性质

关于授权行为的法律性质,有"单方行为说""委任契约说""无名契约说"等不同学说。我国多数学者采"单方行为说"③,理由如下:一是若认为授权行为是委任契约,将会混淆授权行为与基础行为的关系。二是将授权行为视为双方行为无必要,被代理人与代理人之间的权利义务关系可以在基础关系中解决。三是如授权行为是双方行为,则在被代理人向相对人进行外部授权的情况下,因代理人和被代理人之间没有合意,无权代理的追认、承认等行为将很难发生。四是"单方行为说"利于实现保护相对人的法政策。授权行为作为单方行为,其有效无须代理人同意,从而推导出授权

---

① 参见〔德〕维尔纳·弗卢梅:《法律行为论》,迟颖译,法律出版社2013年版,第1002页。
② 参见邹海林:《民法总则》,法律出版社2018年版,第385页。
③ 参见朱庆育:《民法总论》(第二版),北京大学出版社2016年版,第340页;王利明:《民法总则研究》(第三版),中国人民大学出版社2018年版,第628页;梁慧星:《民法总论》(第五版),法律出版社2017年版,第238页。

行为有效,代理人与相对人所为法律行为的后果归属于被代理人。

4. 授权行为的方式

《民法典》第135条规定,民事法律行为可以采用书面形式、口头形式或其他形式。另外,根据《民法典》第165条"委托代理授权采用书面形式的"的措辞可知,立法者对其形式采开放态度,书面形式只是授权行为的方式之一。除书面形式和口头形式外,我国民法还认可"其他形式"的授权行为,主要指默示授权,即根据被代理人的行为推定其具有授权的意思的授权行为。例如,代理人乙一直以来均代理被代理人甲处理其房屋出租事宜,代理期间到期后,如甲并未直接以书面或口头的方式授权给乙,而是将房屋钥匙交给乙,此种情况下可认为甲对乙进行了默示授权。

5. 职务代理

《民法典》在《民法通则》的基础上增加规定了一种特殊的代理——职务代理。职务代理,是指根据代理人所担任的职务而产生的代理,即执行法人或者非法人组织工作任务的人员,就其职权范围内事项,以法人或非法人组织的名义实施民事法律行为,无须特别授权,对法人或非法人组织发生效力。职务代理权可能基于被代理人的明示授权而生,也有可能基于被代理人与代理人之间的雇佣合同或劳动合同而默示产生。实质上,职务代理权来源于被代理人的意愿而非法律规定,因此《民法典》将其置于委托代理部分予以规定。

《民法典》第170条第2款规定,法人或非法人组织对执行工作任务的人员职权范围的限制,不能对抗善意相对人。该条规定的"对职权范围的限制"宜理解为:未予以公开的内部限定。如代理人的权限业已以适当方式公开,或依交易习惯或一般社会人的交易常识判断,代理人的代理行为有可能已超出其职权范围时,若相对人未进行核实,则不能认定其为善意相对人。

三、代理权的限制和滥用

(一) 自己代理

自己代理,指代理人以被代理人的名义与自己实施民事法律行为。自己代理行为与一般代理最大的不同之处在于貌似具有代理形式上的三个主体的特征,实质上因代理人一人兼任代理人与相对人两职而只有两个主体。各国立法均对此情形予以特别关注,以防滋生利益冲突,代理人损害被代理人的利益。我国民法上,对自己代理的代理行为的效力进行了减损处理,认为其是一种效力待定的民事法律行为,只有在被代理人事先同意或事后追认的情况下,才成为有效的代理。《民法典》第168条第1款规定:"代理人不得以被代理人的名义与自己实施民事法律行为,但是被代理人同意或者追认的除外。"比较法上,不适用自己代理禁止规则的情形还包括专为义务的履行和被代理人纯获法律利益的行为。[①]

（二）双方代理

双方代理，指代理人既作为被代理人的代理人，也作为相对人的代理人为双方从事同一法律行为。双方代理与自己代理一样，均存在代理人的身份混同，即身兼两职的情况。代理人因身兼两职而难免厚此薄彼或顾此失彼，故法律对双方代理作了与自己代理相同的处理。《民法典》第168条第2款规定："代理人不得以被代理人的名义与自己同时代理的其他人实施民事法律行为，但是被代理的双方同意或者追认的除外。"

（三）代理权的滥用

代理权的滥用是指代理人于实施代理行为时，虽未超越其代理权限，但违反其内部基础关系的义务的行为。所谓滥用，是指虽有代理权但未依其本旨为被代理人利益实施代理行为。代理权的滥用未必影响代理行为的效力，但在代理人与被代理人之间产生损害赔偿关系。

1. 代理人不履行职责，损害被代理人利益

《民法典》第164条第1款规定："代理人不履行或者不完全履行职责，造成被代理人损害的，应当承担民事责任。"这里的"职责"，即代理人基于内部基础关系（如委托合同）所负义务；这里的"民事责任"既可以是侵权责任，也可以是违约责任（在被代理人和代理人间存在基础合同关系的情况下）。

2. 代理人和相对人恶意串通，损害被代理人利益

《民法典》第164条第2款规定："代理人和相对人恶意串通，损害被代理人合法权益的，代理人和相对人应当承担连带责任。"代理人与相对人恶意串通损害被代理人权益的，产生两个法律后果：其一，该民事法律行为无效。根据《民法典》第154条的规定，恶意串通损害他人利益的民事法律行为无效。其二，代理人与相对人承担连带责任。代理本为被代理人利益而设，代理人与相对人恶意串通损害被代理人利益的，对被代理人造成损害的，因二人存在意思联络，应由代理人与相对人对被代理人承担连带责任。

第三节 无权代理

一、无权代理概述

无权代理有广义无权代理和狭义无权代理之分。广义无权代理包含了狭义无权代理和表见代理。狭义无权代理指代理人欠缺代理权仍以被代理人的名义实施代理

[①] 参见朱庆育：《民法总论》（第二版），北京大学出版社2016年版，第341页。

行为而欲使其法律效果归属于被代理人的代理。也就是说，未以被代理人名义实施法律行为固然不构成无权代理，以被代理人名义却无效果意思者(如冒名行为)，亦非无权代理。[①] 通常所说无权代理一般指狭义无权代理(下文所称"无权代理"均指狭义无权代理)，表见代理实质上是无权代理，只是在代理人存在代理权表象的情况下，具有有权代理的效力，适用有权代理规则。

二、狭义无权代理

(一) 无权代理的类型

《民法典》第171条第1款根据其发生原因将无权代理分为如下三类：

1. 自始没有代理权的无权代理。指的是无权代理人自始至终没有得到过被代理人的授权的情形，如乙盗用甲的印章并以甲的名义与丙签订买卖合同。

2. 超越代理权限范围的无权代理。指的是行为人有代理权，但是超越代理权限范围实施了代理行为的情形。如某公司甲仅授予其销售经理乙对外销售产品的代理权，乙却私自以公司的名义为他人提供了担保。

3. 代理权终止的无权代理。该情形指的是行为人有代理权，但代理权因存续期届满、被代理人撤销、代理人辞任或代理事项完成等原因已终止，无权代理人又实施了代理行为的情形。

(二) 无权代理的法律效果

根据《民法典》第171条第1款、第2款的规定，在不同的情况下，无权代理的法律效果可以由效力待定状态向有效或者无效等状态转化。

1. 无权代理是效力待定的民事法律行为

《民法典》第171条第1款规定："行为人没有代理权、超越代理权或者代理权终止后，仍然实施代理行为，未经被代理人追认的，对被代理人不发生效力。"从该款表述可推知，无权代理是一种效力待定而非无效民事法律行为。因为即便代理人是无权代理，无权代理的法律效果对于被代理人来说未必就是不利的，如果法律规定无权代理行为一律无效，无疑是对被代理人意思自治的侵犯。但效力待定的民事法律行为毕竟是一种不平衡的临时状态，最终会因某些法律事实而达到有效或无效的终极状态。

2. 无权代理行为转化为有效的民事法律行为

被代理人如果认为无权代理行为对其有利，可以通过行使追认权，对无权代理行为予以事后认可，从而使效力待定的无权代理行为转化为有效的代理行为。追认权须在相对人行使撤销权之前行使，一旦相对人行使了撤销权，无权代理行为即归于无效，不能再复为有效。

[①] 参见朱庆育：《民法总论》(第二版)，北京大学出版社2016年版，第358—359页。

3. 无权代理行为归于无效

无权代理行为作出后,被代理人可以通过行使拒绝权使无权代理行为归于无效。根据《民法典》第171条第2款的规定,被代理人可以通过两种方式行使拒绝权:一是明示拒绝,在相对人行使催告权之前或者在相对人行使催告权后1个月内,被代理人均可以明确向相对人表示其不使无权代理行为有效的意思;二是沉默,经相对人催告后1个月内未作任何表示的,视为拒绝。

作为当事人一方,相对人可以通过行使撤销权使无权代理行为归于无效。根据上述规定,在被代理人行使追认权之前,如果相对人向被代理人或代理人表示其撤销民事法律行为的意思,则亦可产生使无权代理行为无效的法律效果。撤销权须在被代理人行使追认权之前行使,一旦被代理人行使了追认权,无权代理行为即转化为有效的民事法律行为,除非违反法律强制性规定或违背公序良俗,不能再复为无效。

此外,《民法典》第171条第2款还规定了相对人的另一项重要权利——催告权。相对于作为形成权的撤销权、追认权和拒绝权,催告属于准民事法律行为。在催告行为中虽有催告人的意思,但其法律效果只是引起一个期间的开始,期间届满则视为对方拒绝。因而相对人催告被代理人对无权代理行为进行追认并不直接引发民事法律关系的变动,而必须有待被代理人追认或拒绝(包括沉默),甚或相对人自行撤销。

追认权、撤销权和拒绝权均属于形成权,追认、撤销和拒绝的意思表示到达对方当事人时生效,直接使民事关系发生变动,对双方利益影响甚巨,因此,《民法典》第171条第2款第一句对追认权的行使期限作了限定,规定为在相对人催告后的30日内,如被代理人不行使权利,则发生法律规定的"视为拒绝追认"的法律效果,以使民事法律关系尽快明确。

(三) 无权代理人的责任

1. 无权代理人对相对人的责任

《民法通则》第66条第1款以及《合同法》第48条第1款只规定行为人实施的行为未被追认的,由行为人承担责任,对于其承担何种责任语焉不详。《民法典》第171条第3款对此予以明确:"行为人实施的行为未被追认的,善意相对人有权请求行为人履行债务或者就其受到的损害请求行为人赔偿。但是,赔偿的范围不得超过被代理人追认时相对人所能获得的利益。"

2. 无权代理人和相对人对被代理人的责任

《民法典》第171条第4款规定了无权代理人与有过失相对人的责任:"相对人知道或者应当知道行为人无权代理的,相对人和行为人按照各自的过错承担责任。"本条与《民法典》第164条第2款规定的相对人和代理人恶意串通的民事责任有以下不同之处:一是在第164条第2款下,根据"代理人"的措辞可知代理人是有代理权而滥用代理权,而第171条第4款采用的是"行为人"的表述,可推知行为人是无权代理而非代理权滥用。二是第171条第4款的情形下相对人和行为人之间并无意思联络,在

第 164 条第 2 款的情形下,相对人和行为人之间存在意思联络,因此须承担连带责任。

三、表见代理

(一) 表见代理的概念

表见代理是指行为人无代理权实施代理行为,善意相对人有理由相信代理人有代理权,法律规定由被代理人承担代理行为的法律效果的代理。《民法典》第 172 条规定:"行为人没有代理权、超越代理权或者代理权终止后,仍然实施代理行为,相对人有理由相信行为人有代理权的,代理行为有效。"狭义无权代理与表见代理均属无权代理,但二者在构成要件、制度宗旨和法律效果上均有明显区别。(1)前者于代理人无代理权并实施了无权代理行为的情况下即可构成;后者除无权代理人实施无权代理行为外,还需具有权利(代理资格)外观且相对人主观上为善意无过失方可构成。(2)前者的制度目的在于保护被代理人,后者的制度目的在于保护善意相对人的利益,从而维护交易秩序和安全。(3)前者中代理行为的法律效果由行为人承担,后者中代理行为的法律效果由被代理人承担。

关于表见代理制度的宗旨,主要有"表见法理说"和"交易安全说"两种学说。"表见法理说"认为表见代理之所以使被代理人承担法律效果,皆因蕴含"以做出违反真实的外观的归责性为前提,保护有正当理由依赖该外观之人"[1]的表见法理。"交易安全说"的观点如上所述,认为表见代理的目的在于通过保护善意相对人的利益,维护交易秩序和安全。"交易安全说"为我国通说。

(二) 表见代理的构成要件

1. 行为人无代理权并实施了代理行为。无代理权的情形具体包括《民法典》第 172 条所列举的没有代理权、超越代理权或者代理权终止三种类型。至于有无代理权的判断时点则是以行为人实施代理行为的时间点为准,行为人此前是否有代理权或在当时是否实施其他法律行为的代理权,在所不问。[2] 如果行为人在实施代理行为时有代理权,则构成有权代理。

2. 具有代理权的外观。表见代理的理论基础为权利外观责任理论。代理权外观指的是在客观上存在足以使相对人相信无代理权人具有代理权的权利表象。是否具有权利表象应以善意且无过失的第三人在通常交易条件下,有合理的理由相信无权代理人有代理权为判断标准,而非以被代理人为标准。在何种情况下需要考虑何种因素才能认定存在"外部表象",在实践中通常要考虑是否存在诸如合同书、公章、印鉴等有权代理的客观表象形式要素。有学者归纳影响权利表象形成的因素,认为应当对交易进行的场所、无权代理人与被代理人的关系、无权代理人是否在履行职责、

---

[1] 参见〔日〕山本敬三:《民法讲义 I 总则》(第三版),解亘译,北京大学出版社 2012 年版,第 322 页。
[2] 参见梁慧星:《民法总论》(第五版),法律出版社 2017 年版,第 245 页。

被代理人对无权代理行为的发生所起的作用、无权代理人宣称其有代理权的根据等因素进行综合考量认定。①

3. 相对人有理由相信行为人有代理权。此处的"有理由相信",指相对人对代理权外观产生了合理信赖。对此要件的认定有不同的意见:第一种意见认为只要相对人是善意即可,不需考虑是否有过失;第二种意见认为除相对人是善意之外,还要主观上没有重大过失;第三种意见认为,相对人除善意之外还需无重大过失和一般过失。本书采第三种意见,即相对人实施民事法律行为时善意且无重大过失和一般过失即为产生了合理信赖。"善意"是指相对人在与无权代理人进行交易时,不知道无权代理人无代理权,凭借权利外观误以为无权代理人有代理权并与之进行了交易。例如,乙是甲公司的业务经理,离职后乙并未将盖有甲公司印章的空白合同书交回,甲公司也未索回,后乙在该空白合同书上与相对人丙签订了买卖合同。相对人丙是甲公司重点客户,与甲公司有较多业务往来,但对乙离职的情况并不知情。此例中乙持有甲公司空白合同书的事实即构成了权利外观,相对人丙不知道乙已离职,误以为乙仍有代理权,为善意。"无过失"是指相对人对"不知道无权代理人无代理权"主观上无重大过失和一般过失。如果因为相对人疏忽大意而造成其不知道无权代理人无代理权而与之实施民事法律行为,即不构成表见代理。

在《民法典》第 172 条的立法过程中,曾有意见认为应当增加"被代理人有过错"为表见代理的构成要件之一。立法机关认为,设立表见代理制度的目的是保护交易的安全性,不至于使没有过失的相对人劳而无获,相对人很多情况下难以证明被代理人在行为人实施民事法律行为时是否有过失,这一要求对其有失严苛。② 因此,《民法典》对此未作规定。

(三) 表见代理的法律效果

《民法典》对表见代理法律效果的规定是"代理行为有效",换言之,即是代理行为的法律效果由被代理人承担,相对人对被代理人有履行请求权。

表见代理是法律为保护相对人利益、维护交易安全而将无权代理拟制为有权代理的立法技术。因此,表见代理的法律效果是法律规定的,即代理行为是确定有效的(当然是在无法律规定的无效事由的前提下),而非效力待定。由此推论,被代理人除无拒绝权外,也没有追认权,因为出于保护相对人的立场,代理行为的效力和表见代理的法律效果是否归属于被代理人,应由相对人通过撤销权行使与否来决定。

---

① 参见王利明:《民法总则研究》(第三版),中国人民大学出版社 2018 年版,第 673 页。
② 参见李适时主编:《中华人民共和国民法总则释义》,法律出版社 2017 年版,第 538 页。

第八章 诉讼时效和期间

第一节 时效概述

一、时效的概念和功能

所谓时效,是指一定的事实状态持续一定的期间,产生一定法律上效果的法律制度。

时效制度的功能主要有以下三个方面:

一是避免义务人举证困难。时效期间本身具有作为法定证据或推定事实的意义[1],可以避免义务人被要求二次履行。如无时效限制,权利人便有可能长期不行使权利,而时间越久远,义务人获取证据或者保存证据的难度就越大,义务人的防御负担就更大。

二是维护现行法律秩序。一方面,保护当事人间的现有关系。一定的事实状态长期存在后,当事人的生活都将建立在这个事实状态基础之上,一旦基础被推翻会给当事人带来损害;另一方面,保护不特定第三人的信赖利益。某一事实状态的持续存在会使不特定第三人产生"事实"就是如此的假象,并在此信赖基础上与当事人为法律行为。

三是督促权利人及时行使权利。法律不保护"躺在权利上睡觉"的人,时效制度正是对权利人怠于行使权利的懈怠之罚,有利于督促权利人及时行使权利,加快经济流转。

二、时效的类型和立法模式

(一) 时效的类型

时效按照不同的构成要件和法律效果,可以分为取得时效和消灭时效两种。取得时效,也称占有时效,指占有他人的动产、不动产或者其他财产权,经过一定的期间后取得该动产、不动产或者其他财产权的法律制度。消灭时效,也称诉讼时效,是指权利人不行使权利的法律事实经过一定期间后,产生权利消灭或权利效力减损的法

---

[1] 参见〔日〕山本敬三:《民法讲义Ⅰ总则》(第三版),解亘译,北京大学出版社2012年版,第433页。

律效果的法律制度。

取得时效和消灭时效同属时效概念的子概念,共同构成完整的时效制度。二者均由一定法律事实和法定期间为构成要件,期间届满后产生一定的法律效果。但二者本质上属于不同的法律制度,存在重大差别:(1)起源不同。取得时效源于罗马《十二铜表法》以前的习惯规则,消灭时效起源于罗马裁判官法的出诉期间。(2)构成要件不同。取得时效以存在占有他人的动产、不动产或者其他财产的法律事实和该法律事实持续一定的时间为构成要件,消灭时效以存在权利人不行使权利的法律事实以及该法律事实经过一定的时间为构成要件。(3)法律效果不同。取得时效以时效期间届满后取得所有权或其他财产权为其法律效果,消灭时效以时效期间届满后权利人的权利消灭或者效力减损为其法律效果。(4)法律性质不同。取得时效是所有权取得的方法,消灭时效是对权利进行限制的措施。此种差别也导致了部分国家的民法将二者分别置于民法典的不同部分予以规定,学说上称为分别立法主义。

(二) 时效的立法模式

综观大陆法系各国民法,基于各国家或地区历史传统和文化等差异,对以下两个问题在立法上作出了不同选择,由此形成了两种不同的立法模式。

1. 统一立法模式

统一立法模式的理论基础是中世纪注释法学派的理论主张。该学派从取得时效和消灭时效中抽象出共同的特征,认为二者本质相同,宜作统一规定。《日本民法典》第一编总则中设"时效"一章规定取得时效和消灭时效,体现出统一主义的理论主张。

2. 分别立法模式

分别立法模式以德国历史法学派的理论主张为理论基础。该学派认为在时效问题上注释法学派篡改了罗马法,因此应当回归传统与正统,按罗马法的体例分别予以规定。在分别立法模式中,一般将取得时效置于物权法部分。其中,有认取得时效为所有权的取得方式而规定于物权法的所有权部分的,例如《德国民法典》《瑞士民法典》和我国台湾地区"民法";也有认其为占有的效力而规定于占有部分的,例如《意大利民法典》。对于消灭时效,各国规定亦有不同。有认其为权利的消灭原因规定在民法典总则部分的,例如《德国民法典》;也有认其为债权消灭的原因而规定于债法部分或单独的债法典的,例如《瑞士民法典》。

3. 我国时效立法模式

我国诉讼时效制度最初借鉴《苏联民法典》,该法典只规定了诉讼时效而没有规定取得时效,可称为"单一立法模式"。我国《民法通则》受其影响只规定了诉讼时效,《物权法》也未确立时效取得制度。《民法典》延续了这一立场,仅于总则中对诉讼时效予以规定。但民法理论一般认为,诉讼时效和取得时效二者功能有别,互为补充,需相互配套使用,有诉讼时效而无取得时效在实践中会造成某些问题。例如,依

《民法典》的规定，非经登记的动产的返还财产请求权适用诉讼时效，但在诉讼时效期间届满后一方面所有权人无法再行使返还财产请求权，另一方面占有人又无法通过取得时效取得该动产的所有权，形成动产的无主状态，不利于经济秩序的稳定。

第二节 诉讼时效

一、诉讼时效概述

（一）诉讼时效的概念

所谓诉讼时效，是指权利人不行使权利的法律事实经过一定期间后，产生权利消灭或权利效力减损的法律效果的法律制度。具体产生权利消灭还是效力减损的法律效果，则依不同国家所采的立法模式而有所区别。

诉讼时效制度在大陆法系各国的民法中均有规定，但称谓不尽相同。瑞士、俄罗斯、埃塞俄比亚等国称为"诉讼时效"，德国、日本、意大利等国称为"消灭时效"。我国称为"诉讼时效"。虽称谓不同，实质上均指权利不行使状态经法定期间后该权利归于消灭或其效力被减损的制度，具体法律效果上的差别只是各国基于不同的历史传统和立法习惯在具体解决方案上的差异。

（二）诉讼时效的特征

诉讼时效具有如下特征：

其一，诉讼时效具有法定性和强行性。诉讼时效期间的种类、长短、起算、中止、中断、延长以及法律效果都只能由法律予以规定。规定诉讼时效的法律规范具有强制性规范的属性，不允许当事人通过约定排除其适用，也不允许对其种类、长短、起算、中止、中断、延长以及法律效果进行约定。此外，享有时效利益的一方预先放弃其时效利益也不为法律所许可。《民法典》第197条规定："诉讼时效的期间、计算方法以及中止、中断的事由由法律规定，当事人约定无效。当事人对诉讼时效利益的预先放弃无效。"

其二，权利人的权利因诉讼时效期间届满而消灭或减损。在不同的立法模式下诉讼时效期间的经过产生不同的法律效果，或致实体权利消灭，或致请求权消灭，或致针对请求权的抗辩权产生，或致胜诉权消灭。

其三，时效利益可以由利益享有人（义务人）于诉讼时效期间届满后放弃。时效利益体现为义务人可以不履行所负义务的抗辩权，对于该利益，遵循意思自治原则，在诉讼时效期间届满后利益享有人有权予以处分。

（三）诉讼时效与除斥期间

所谓除斥期间，指的是权利经一定期间内不行使而归于消灭的制度。该"一定期间"既可以是法律规定的期间，也可以是当事人约定的期间。例如，合同当事人约定合同解除权行使期限的,法律并不予以干涉。除斥期间与诉讼时效虽均是对权利进行一定限制的制度,但二者在以下几个方面存有不同:

其一,适用对象。除斥期间的适用对象为形成权,如撤销权、解除权、共有财产分割请求权、领取提存物请求权、抵销权等。诉讼时效的适用对象为请求权,但基于不同的原权利所产生的请求权性质与内容上的差异,在是否适用诉讼时效上非千篇一律,法律中设有许多例外规定(详见下文)。

其二,期间可变性。基于形成权的强大效力,法律对其施加了诸多限制,如不能附加期限或条件等。法律规定除斥期间是不可变期间也是基于上述考虑。《民法典》第199条第1句规定:"法律规定或者当事人约定的撤销权、解除权等权利的存续期间,除法律另有规定外,自权利人知道或者应当知道权利产生之日起计算,不适用有关诉讼时效中止、中断和延长的规定。"而诉讼时效期间是可变期间,可以因法定事由而中止和中断,甚至经当事人申请人民法院决定而延长。

其三,期间届满后的效力。除斥期间届满后的效力,《民法通则》未设规定,《民通意见》第73条第2款规定,可变更或者可撤销的民事行为,自行为成立时起超过1年当事人才请求变更或撤销的,人民法院不予保护,似未严格区分诉讼时效期间届满与除斥期间届满的效力。《合同法》第55条对除斥期间届满的效力予以明确:"有下列情形之一的,撤销权消灭:(一)具有撤销权的当事人自知道或者应当知道撤销事由之日起一年内没有行使撤销权;(二)具有撤销权的当事人知道撤销事由后明确表示或者以自己的行为放弃撤销权。"《民法典》第199条第2句规定:"存续期间届满,撤销权、解除权等权利消灭。"而诉讼时效期间届满则依立法模式之不同,产生不同的法律效果。

其四,法院可否主动援引适用。诉讼时效期间和除斥期间效力届满后法律效果的不同,影响到法院是否有权主动援引期间规定。对于除斥期间来说,因期间届满导致实体权利直接消灭,实体权利既已消灭,其上的诉权亦消灭,因此法院应主动审查除斥期间是否已届满,如已届满则驳回起诉。对于诉讼时效期间来说,期间届满实体权利并不消灭,仅产生由义务人享有的抗辩权,而是否主张抗辩权乃义务人的权利,法院无须主动审查诉讼时效期间是否届满。

二、诉讼时效的适用对象

诉讼时效的适用对象问题包括两个层次:一是诉讼时效应适用于哪种类型的权利,二是诉讼时效应适用于该种权利类型中的哪些具体权利。

(一) 诉讼时效适用于请求权

对于诉讼时效应该适用于哪种类型的权利,比较法上,日本采实体权利主义立法模式,债权和非所有权的财产权为诉讼时效的适用对象,瑞士同采实体权利主义,但时效仅适用于债权。德国采请求权模式,时效的适用对象为请求权。苏联采诉权/胜诉权主义,以诉权/胜诉权为诉讼时效的适用对象。

我国民事立法在此问题上经历了从胜诉权模式到请求权模式的转变。根据《民法通则》第 135 条的规定,请求人民法院保护民事权利的诉讼时效期间为 2 年。学说和司法实务上一般认为《民法通则》采胜诉权主义,期间届满权利减等为自然债权,失去程序法上的强制执行力。2008 年《最高人民法院关于审理民事案件适用诉讼时效制度若干问题的规定》(已被修正,以下简称 2008 年《诉讼时效司法解释》)第 1 条规定,"当事人可以对债权请求权提出诉讼时效抗辩",明确了诉讼时效的适用范围。《民法典》第 188 条虽仍使用和《民法通则》第 135 条基本相同的表述,但《民法典》第 196 条"下列请求权不适用诉讼时效的规定"的表述则表明诉讼时效的适用对象为请求权。2020 年新修正的《诉讼时效司法解释》第 1 条仍延续原有规定,将诉讼时效抗辩的适用对象限定为债权请求权。

(二)诉讼时效适用的具体对象

请求权指权利人得请求特定相对人为或不为一定行为的权利,属第二性权利或救济性权利。除债权本身具有请求权的权能或内容之外,请求权只在物权、人格权、身份权等第一性权利(基础权利、原权利)遭受侵害、妨碍或有妨碍之虞时作为救济性权利发挥其恢复第一性权利圆满状态的作用。请求权对于债权来说具有双重意义:一是作为债权的权能而存在,二是作为保护债权的救济性权利而存在(如继续履行请求权、违约金请求权、损害赔偿请求权等)。因此,理论上可将请求权依其基础权利(原权利)的不同分为物权请求权、债权请求权、人格权请求权和身份权请求权等。其中哪些请求权可以适用诉讼时效,在学说上存有较大争议,比较法上亦有不同的立法例。

1. 债权请求权

诉讼时效适用于债权请求权。适用诉讼时效的债权请求权类型众多,包括基于合同债权的履行请求权、违约金请求权、定金返还请求权、违约损害赔偿请求权,基于侵权行为产生的损害赔偿请求权,基于无因管理的必要费用请求权,基于不当得利的利益返还请求权等。

作为例外,根据 2020 年修改后的《诉讼时效司法解释》第 1 条的规定,以下几类债权请求权不适用诉讼时效。

(1)支付存款本金及利息请求权。一方面,存款与一般借贷不同,存款人将款项存入银行,不仅有将存款予银行的意思,也有托银行代为保管之意,如果存款本金及利息请求权适用诉讼时效,则存款人须于诉讼时效届满前将存款本金及利息提出,与存款人的本意不符。另一方面,对于银行来说,大量吸收存款再行放贷并赚取利差是其经营的主要目的,即使适用诉讼时效,为此目的银行也会抛弃时效利益,随时满足存款人的提款要求。① 因此，支付存款本金及利息请求权不宜适用诉讼时效。

（2）兑付国债、金融债券以及向不特定对象发行的企业债券的本息请求权。国债、金融债券和向不特定对象发行的企业债券具有融资和投资性质，发行范围甚广，此类请求权适用诉讼时效将会降低债权人投资意愿，影响金融秩序的稳定，不利于金融业的健康发展。因此，为鼓励投资人的投资意愿和保障其投资利益，兑付国债、金融债券和企业债券本息请求权不适用诉讼时效。

（3）基于投资关系产生的缴付出资请求权。该种投资关系所生的缴付出资请求权具有投资性质，为保护长期投资，不应受时效限制。②

2. 物权请求权

物权请求权适用诉讼时效问题争议颇大。比较法上，采实体权利主义立法模式的国家认为，作为物权第一性权利的支配权与作为第二性权利的请求权密不可分，因此不能适用诉讼时效，否则将使物权本身"空壳化"。支配权或请求权只能依取得时效的反射效果而消灭。采请求权或实体诉权模式的国家，认为物权请求权与物的支配权虽然都本于物权，但与支配权为不同性质的权利，可以与支配权分离而适用诉讼时效。③

关于物权请求权能否适用诉讼时效，我国学界有肯定说与否定说两种主张。主要争议点表现在三个方面：一是物权请求权的独立性问题，即物权请求权是否独立于物权本身；二是物权请求权的性质问题，即与债权请求权的关系问题；三是物权请求权适用诉讼时效与时效制度的目的契合性问题。从实证法上看，《民法通则》未设明文规定物权请求权的诉讼时效适用，2008年《诉讼时效司法解释》也只规定"可以"对债权请求权提出诉讼时效抗辩，并未排除物权请求权适用诉讼时效的可能性。《侵权责任法》将《民法通则》的民事责任方式未加区分并基本全部纳入侵权责任方式，使这一问题更为复杂。《民法典》施行后，这一争议基本消除。该法第196条第1项、第2项规定：停止侵害、排除妨碍、消除危险、不动产返还请求权和登记动产的返还财产请求权不适用诉讼时效。立法机关的理由是，上述物权请求权的功能在于排除对物权权能的障碍，回复权利人对权利客体的支配，如果允许适用诉讼时效将会发生必须容忍他人对其行使物权进行侵害的结果。④ 对于返还财产请求权，则一分为二：不动产和登记的动产的返还原物请求权不适用诉讼时效，因为如果允许其适用诉讼时效，则登记的公信力将受到极大冲击；其余动产的返还财产请求权应当适用诉讼时效。

3. 基于相邻关系的请求权

相邻关系制度的目的在于保障发挥物的效用，因此停止侵害请求权、排除妨害请

---

① 参见李开国：《民法总论》，华中科技大学出版社2013年版，第280页。
② 参见王利明：《民法总则研究》（第三版），中国人民大学出版社2018年版，第772页。
③ 参见李开国：《民法总论》，华中科技大学出版社2013年版，第275页。
④ 参见李适时主编：《中华人民共和国民法总则释义》，法律出版社2017年版，第623页。

求权、消除危险请求权不适用诉讼时效,但不动产相邻关系上的损害赔偿请求权作为债权请求权应当适用诉讼时效。

4. 人格权请求权

根据《民法典》第 995 条第 2 款的规定,对与人格权作为固有权紧密相关、无财产给付内容的人格权请求权,包括停止侵害、排除妨碍、消除危险、消除影响、恢复名誉、赔礼道歉请求权,不适用诉讼时效。人格权受到侵害后产生的损害赔偿请求权,本质上属于债权请求权,应适用诉讼时效。

5. 身份权请求权

依《民法典》第 196 条第 3 项的规定:赡养费、抚养费和扶养费请求权不适用诉讼时效。理由在于赡养费、抚养费和扶养费请求权人一般为老、幼、病、弱、残,基于对弱者的特别保护,法律将上述三种请求权排除在诉讼时效的适用对象之外。举轻明重,既然上述基于身份关系的财产性请求权不适用诉讼时效,那么比财产更重要的身份性请求权亦不应适用诉讼时效。① 例如,身份关系密切相关的夫妻同居请求权、离婚请求权等无财产给付内容的请求权不适用诉讼时效。而非纯粹身份关系的有财产给付内容的请求权,如夫妻间的损害赔偿请求权,应适用诉讼时效。

三、诉讼时效期间

(一) 诉讼时效期间的类型

《民法典》第 188 条规定:"向人民法院请求保护民事权利的诉讼时效期间为三年。法律另有规定的,依照其规定。诉讼时效期间自权利人知道或者应当知道权利受到损害以及义务人之日起计算。法律另有规定的,依照其规定。但是,自权利受到损害之日起超过二十年的,人民法院不予保护;有特殊情况的,人民法院可以根据权利人的申请决定延长。"据此,诉讼时效期间分为普通诉讼时效期间、最长诉讼时效期间和特别诉讼时效期间。

1. 普通诉讼时效期间

普通诉讼时效期间是指一般情况下请求权普遍适用的诉讼时效期间。普通诉讼时效期间是可变期间,遇有法定事由可以中止和中断。《民法通则》第 135 条规定普通诉讼时效期间为 2 年。《民法典》的编纂过程中,立法者认为 2 年的诉讼时效期间过短,不利于保护权利人,将我国普通诉讼时效期间延长至 3 年。但与大陆法系各国或地区相比,我国普通诉讼时效期间仍然偏短。比如,法国的普通时效期间为 5 年,荷兰 20 年,日本为 10 年或 20 年,我国台湾地区为 15 年,奥地利为 30 年。

---

① 参见朱晓喆:《诉讼时效制度的价值基础与规范表达——〈民法总则〉第九章评释》,载《中外法学》2017 年第 3 期。

2. 最长诉讼时效期间

最长诉讼时效期间是指不适用时效中止、中断规定的终结性诉讼时效期间。《民法典》保留了《民法通则》20年的最长诉讼时效期间的规定。大陆法系主要国家民法中也有类似制度，但规定的期间长度不一。比如，法国和德国为30年，荷兰一般为30年，针对特定权利甚至长达75年。

最长诉讼时效期间的作用主要有两点：一是作为普通诉讼时效期间的限制。普通诉讼时效期间是可变期间，可以中止和中断，如果在行使权利的客观障碍长时间得不到排除或者中断次数过多的情况下，理论上普通诉讼时效期间是可以无限长的，这与诉讼时效制度的设立目的相悖。此时最长诉讼时效就起到限制普通诉讼时效期间的作用。二是作为普通诉讼时效期间的补充。普通诉讼时效期间的起算点是"权利人知道或应当知道权利遭受侵害及义务人"，因此在以下两种情况下普通诉讼时效期间不能起算：一是权利人不知道或不应当知道权利受侵害，二是权利人知道或应当知道权利遭受侵害但不知道义务人。最长诉讼时效期间就是在这个意义上成为普通诉讼时效的补充，使诉讼时效期间仍然自权利受侵害之日开始计算，弥补了起算点采主观标准下对义务人的利益保障不周的弊端。

最长诉讼时效期间和普通诉讼时效期间存在以下差异：一是期间长度不同，前者为20年，后者为3年；二是起算点不同，前者从权利受侵害之日起算，后者人从权利人知道或应当知道权利受侵害及义务人之日起算；三是期间可变性不同，前者为不变期间，不能中止也不能中断，后者为可变期间，可中止也可中断；四是在是否可延长上不同。前者可以经申请由法院决定延长，后者不能延长。基于以上特点，有学者认为最长诉讼时效期间应属于除斥期间[1]；有学者认为最长诉讼时效期间是最长权利保护期间[2]；有学者认为，虽其期间固定但从其法律效果来看并不导致权利消灭，与普通诉讼时效期间无异，因此应属诉讼时效期间。[3] 本书采第三种学说。

3. 特别诉讼时效期间

特别诉讼时效期间是指民事特别法所规定的诉讼时效期间。《民法典》第188条第1款第2句是引致条款，为民事特别法规定特别诉讼时效期间预留下接口。各民事特别法具体对特别诉讼时效期间作了规定。例如，《民法典》第594条针对国际货物买卖合同和技术进出口合同规定了4年的诉讼时效期间；《保险法》第26条第2款针对人寿保险金请求权规定了5年的诉讼时效期间；《海商法》第257—265条针对不同类型的海事纠纷，设定了90日、1年、2年、3年不等的特别诉讼时效期间以及不同的起算点。适用上，应遵循特别法优先的法理，优先适用《民法典》合同编、《保险

---

[1] 参见佟柔主编：《中国民法学·民法总则》，中国人民公安大学出版社1990年版，第318—321页。
[2] 参见彭万林主编：《民法学》（第七版），中国政法大学出版社2011年版，第132页；郭明瑞主编：《民法》，高等教育出版社2003年版，第136页。
[3] 参见王利明：《民法总则研究》（第三版），中国人民大学出版社2018年版，第777页。

法》《海商法》等民商事特别法规定的诉讼时效期间。

（二）诉讼时效期间的起算

《民法典》第 188 条第 2 款规定："诉讼时效期间自权利人知道或者应当知道权利受到损害以及义务人之日起计算。法律另有规定的，依照其规定。但是，自权利受到损害之日起超过二十年的，人民法院不予保护；有特殊情况的，人民法院可以根据权利人的申请决定延长。"我国诉讼时效期间有两种起算方式，一是普通诉讼时效期间自权利人知道或应当知道权利受到损害以及义务人之日起计算，二是最长诉讼时效期间自权利受到损害之日起计算。前者称为主观标准，后者称为客观标准。采主观标准的起算点往往会后于采客观标准的起算点，所以立法技术上将期间起算与期间长短二者相互配合使用。期间起算采主观标准的，往往配合以较短的时效期间；相反期间起算采客观标准的，则往往配合以较长的时效期间。比如，我国期间起算采主观标准，诉讼时效期间仅为 3 年，我国台湾地区期间起算采客观标准，则诉讼时效期间长达 15 年。

1. 诉讼时效期间起算的一般规则

《民法典》第 188 条第 2 款规定，诉讼时效期间自权利人知道或者应当知道权利受到损害以及义务人之日起计算，其要义为：

其一，与《民法通则》不同，对于普通诉讼时效期间的起算，《民法典》增加了权利人知道或应当知道"义务人"的规定。因为在权利人知道或应当知道其权利受到损害后，如果尚不知道义务人，则权利人无法行使其权利。也就是说普通诉讼时效期间的起算应同时满足"知道或应当知道权利受到损害"与"知道或应当知道义务人"两个条件。

其二，关于"应当知道义务人"，有观点认为应采一般过失标准，即只要权利人尽到合理注意即可"知道"却因过失而"不知道"的，即为"应当知道"；另有观点认为，应借鉴《德国民法典》的规定采重大过失标准，权利人因重大过失而"不知道"时认定为"应当知道"，只因一般过失而"不知道"的，不属于"应当知道"。① 本书采后说。

其三，关于"知道义务人"，应以"足以提起诉讼"的标准予以认定。权利人所知道的关于义务人的信息足以提起针对义务人的诉讼的，即为"知道义务人"。一般而言，权利人至少应当知道义务人的姓名和住址。②

2. 诉讼时效期间起算的特别规则

我国诉讼时效期间起算的特别规则，主要规定在《民法典》《诉讼时效司法解释》和民事特别法等法律和司法解释中。在特别规则体系中，法律针对不同请求权的性质设立了与一般规则不同的期间起算方式。

---

① 参见朱庆育：《民法总论》（第二版），北京大学出版社 2016 年版，第 555 页。
② 参见王利明主编：《中华人民共和国民法总则详解》（下册），中国法制出版社 2017 年版，第 879 页。

(1) 同一债务分期履行。《民法典》第189条规定,当事人约定同一债务分期履行的,诉讼时效期间自最后一期履行期限届满之日起计算。这样规定的原因在于关注债务的整体性,同时避免讼累以及债权债务人之间因频繁主张债权而丧失信任,影响合作关系。与之不同,定期履行债务请求权(如租金请求权、利息请求权)的诉讼时效期间起算点理论上有争议,司法实践中倾向于认为应对每一期债务从该期债务履行期届满之日起分别计算。

(2) 无民事行为能力人或限制民事行为能力人对其法定代理人的请求权。《民法典》第190条规定:"无民事行为能力人或者限制民事行为能力人对其法定代理人的请求权的诉讼时效期间,自该法定代理终止之日起计算。"该种情形下诉讼时效期间自法定代理终止之日起计算,意在保护无民事行为能力人和限制民事行为能力人。因为无民事行为能力人或限制民事行为能力人请求权的行使须通过法定代理人进行,一则对于法定代理人而言属自己代理,允许自己代理有违代理基本法理,二则允许在此间提出请求势必破坏双方的关系,损害无民事行为能力人和限制民事行为能力人的利益,因此在法定代理终止后无民事行为能力人和限制民事行为能力人具有相应行为能力时方才开始计算诉讼时效期间(比较法上,也有将该种情形作为诉讼时效的中止处理)。

(3) 未成年人遭受性侵害的损害赔偿请求权。《民法典》第191条规定:"未成年人遭受性侵害的损害赔偿请求权的诉讼时效期间,自受害人年满十八周岁之日起计算。"之所以对未成年人遭受性侵害的损害赔偿请求权作出特别规定,是考虑到在18周岁前未成年人不具备相应的民事行为能力,而且许多法定代理人担忧行使请求权将害及未成年人的身心健康而选择保持沉默,最后往往导致当未成年人成年后欲行使请求权时时效期间却已过。当然,未成年人年满18周岁前通过法定代理人请求损害赔偿的,不受该规定的限制。

(4) 未约定履行期限的合同。2020年修改后的《诉讼时效司法解释》第4条规定:"未约定履行期限的合同,依照民法典第五百一十条、第五百一十一条的规定,可以确定履行期限的,诉讼时效期间从履行期限届满之日起计算;不能确定履行期限的,诉讼时效期间从债权人要求债务人履行义务的宽限期届满之日起计算,但债务人在债权人第一次向其主张权利之时明确表示不履行义务的,诉讼时效期间从债务人明确表示不履行义务之日起计算。"对此情形,首先应按照合同解释的原则对合同进行解释,能够确定履行期限的,诉讼时效期间的起算时点为履行期限届满之日;如果确定不了履行期限的,从权利人主张义务人履行债务的宽限期届满之日起计算诉讼时效期间。有疑问的是,在不能确定履行期限的情形下,将诉讼时效的起算与否系于权利人是否向义务人主张权利,似与诉讼时效制度督促权利人尽快行使权利的目的背道而驰。对此,有学者主张,即使权利人不主动主张权利,诉讼时效期间也须从权利成立之日起计算,期限为20年。① 这里也体现出了最长诉讼时效期间对普通诉讼时效期间的补充功能。

(5) 合同被撤销后的返还财产、赔偿损失请求权。2020年《诉讼时效司法解释》第5条第2款规定:"合同被撤销,返还财产、赔偿损失请求权的诉讼时效期间从合同被撤销之日起计算。"合同被撤销之日,权利人即知道或应当知道其权利受到损害(享有请求权),故应开始计算诉讼时效期间。

(6) 返还不当得利请求权。2020年《诉讼时效司法解释》第6条规定:"返还不当得利请求权的诉讼时效期间,从当事人一方知道或者应当知道不当得利事实及对方当事人之日起计算。"不当得利一旦发生,受有损失的一方即知道或应当知道其对获得不当利益者享有返还不当得利请求权,若其知道或应当知道对方当事人为何人,诉讼时效期间即应开始计算。

(7) 无因管理必要管理费用请求权和赔偿损失请求权。2020年《诉讼时效司法解释》第7条规定:"管理人因无因管理行为产生的给付必要管理费用、赔偿损失请求权的诉讼时效期间,从无因管理行为结束并且管理人知道或者应当知道本人之日起计算。本人因不当无因管理行为产生的赔偿损失请求权的诉讼时效期间,从其知道或者应当知道管理人及损害事实之日起计算。"对于管理人而言,管理行为一旦结束,即知道或应当知道其对本人享有无因管理行为产生的给付必要管理费用、赔偿损失请求权,故应以该法律事实的发生时点结合"管理人知道或者应当知道本人"的时点作为该请求权诉讼时效期间的起算时点;对于本人而言,其对管理人因不当无因管理行为产生的赔偿损失请求权诉讼时效期间亦自其知道或者应当知道损害事实及管理人之日起计算。

(8) 侵权行为导致的损害赔偿请求权自受害人或权利人知道或应当知道权利被侵害以及侵权人之日起计算诉讼时效期间。人身损害与一般的侵权损害相比有其特殊性,受害人的伤害有可能在受侵害当时立刻显现出来,也有可能当时没有显现日后才发现,这种情况下诉讼时效期间如何起算?对此,《民法典》和2020年《诉讼时效司法解释》未作规定。《民通意见》第168条曾规定,人身损害赔偿的诉讼时效期间,伤害明显的,从受伤害之日起算;伤害当时未曾发现,后经检查确诊并能证明是由侵害引起的,从伤势确诊之日起算。当然,《民法典》施行后对于上述情形,诉讼时效期间还需满足"知道或应当知道侵权人"这一要件才能起算。

(三) 诉讼时效的中止

诉讼时效期间的中止,是指在诉讼时效进行过程中诉讼时效期间因法定事由而暂停计算,待法定事由消除后再继续计算。在遇有客观障碍使权利人无法行使权利时,如果时效继续进行,对权利人明显不公,因此各国民法均规定有诉讼时效中止制

---

① 参见梁慧星:《民法总论》(第五版),法律出版社2017年版,第262页。

度。我国诉讼时效中止的前提条件有二:一是诉讼时效期间的中止只能发生在诉讼时效期间的最后6个月内,二是发生法定事由。

1. 诉讼时效中止的时间限制

比较法上,关于诉讼时效中止的时间限制问题有三种立法例,分别为诉讼时效中止只能在诉讼时效期间的最后阶段发生、诉讼时效中止在整个诉讼时效期间内均可发生和区分不同情况分别规定时效期间停止和时效期间不完成。[1] 我国理论通说和实证法均认为,诉讼时效中止发生在期间的最后阶段内方始具有紧迫性和必要性,故采第一种立法例,《民法通则》和《民法典》均规定诉讼时效中止只能发生在时效期间的最后6个月内,具体包括两种情形:客观障碍发生在最后6个月内或者该客观障碍延续到最后6个月内。

2. 诉讼时效中止的法定事由

《民法通则》第139条规定了诉讼时效的中止并将其法定事由界定为"不可抗力或者其他障碍",但未作具体例示性规定。《民通意见》第172条补充了"无民事行为能力人、限制民事行为能力人没有法定代理人,或者法定代理人死亡、丧失代理权,或者法定代理人本人丧失行为能力"导致诉讼时效中止的情形。2008年《诉讼时效司法解释》(已被修正)第20条规定"其他障碍"包括四种情形:权利被侵害的无民事行为能力人、限制民事行为能力人没有法定代理人,或者法定代理人死亡、丧失代理权、丧失行为能力;继承开始后未确定继承人或者遗产管理人;权利人被义务人或者其他人控制无法主张权利;其他导致权利人不能主张权利的客观情形。《民法典》第194条基本采纳了上述规定:

(1) 不可抗力。不可抗力是指不能预见、不能避免和不能克服的客观情况。不可抗力将造成行使权利的客观障碍,因此导致诉讼时效中止。

(2) 无民事行为能力人或限制民事行为能力人没有法定代理人,或者法定代理人死亡、丧失民事行为能力、丧失代理权。无民事行为能力人或限制民事行为能力人无相应民事行为能力,其没有法定代理人,或者法定代理人死亡、丧失民事行为能力、丧失代理权将导致其无法行使权利,诉讼时效期间因此中止。

(3) 继承开始后未确定继承人或者遗产管理人。继承开始后未确定继承人或者遗产管理人,被继承人的债权债务无行使主体或履行主体,构成债权行使的客观障碍,诉讼时效中止。

(4) 权利人被义务人或者其他人控制。例如,权利人被义务人非法拘禁,或者权利人被依法关押的,均构成权利人行使权利的客观障碍。

(5) 其他导致权利人不能行使请求权的障碍。此为兜底条款,例如:债权人由于与债务人就债权债务相关事宜进行磋商、与债务人之间存在夫妻关系或共同生活关

---

[1] 参见史尚宽:《民法总论》,中国政法大学出版社2000年版,第685—686页。

系等原因而未能行使请求权,均可认定为"不能行使请求权的障碍"。①

3. 诉讼时效中止的法律效果

诉讼时效中止的直接法律效果是诉讼时效期间暂停计算。中止前发生的时效期间已经过且有效并无疑问,但是对于中止事由消失后的期间如何计算,在《民法典》制定过程中曾有争论。有观点认为,依《民法通则》的规定,中止事由消灭之日起时效期间继续计算,在某些情况下会发生权利人在中止事由消除后来不及行使权利的情形。例如,在中止事由消除后诉讼时效期间仅剩一天,权利人便可能没有时间行使权利。所以,建议补足一段时效期间使权利人能够行使权利。② 立法机关采纳了上述建议,并借鉴《俄罗斯民法典》第202条第4款的规定,于《民法典》第194条第2款规定,中止事由消除之日起的时效期间不足6个月的补足6个月。

(四)诉讼时效的中断

1. 诉讼时效中断概述

诉讼时效的中断,是指诉讼时效期间进行过程中,出现了权利人积极行使权利或义务人同意履行义务的法定事由,从而使已经经过的诉讼时效期间归于无效,诉讼时效期间重新计算。既然诉讼时效制度的目的在于督促权利人行使权利,在权利人如法律所愿积极行使权利的情况下,诉讼时效期间便失去了继续计算的基础,应当重新计算。

从一定意义上说,诉讼时效的中止和中断均在于限制诉讼时效制度,平衡权利人和义务人的利益。二者的区别在于以下几个方面:一是发生的时间限制不同。前者须发生在时效期间的最后6个月内;后者无此限制,可以发生在时效期间的任何阶段。二是发生事由不同。前者为阻碍权利人行使权利的客观障碍,不由权利人主观意志所决定;后者与权利人的主观意志有关,表现为权利人积极主动行使权利。三是法律效果不同。前者导致时效暂停计算,已经经过的时效期间仍然有效,中止事由消灭后时效期间补足6个月。时效一经中止,除去中止的期间后总的时效期间大于等于原期间;后者导致已经经过的时效期间归于无效,事由消失之日起时效期间重新计算,如时效发生中断,除去中断的期间后总的时效期间等于原期间。

2. 诉讼时效中断的法定事由

《民法通则》第140条规定了导致诉讼时效中断的三种事由:提起诉讼、当事人一方提出要求和义务人同意履行。《民法典》第195条对上述规定予以完善,规定了四种事由:

(1)权利人向义务人提出履行请求

权利人向义务人主张权利的,除直接向义务人主张权利外,向义务人的保证人、

---

① 参见梁慧星主编:《中国民法典草案建议稿附理由·总则编》,法律出版社2013年版,第416—426页。
② 参见李适时主编:《中华人民共和国民法总则释义》,法律出版社2017年版,第614页。

代理人、财产代管人或者义务人的其他连带债务人主张权利的,均可以认定为权利人向义务人主张权利,导致诉讼时效中断。权利人向义务人仅主张同一债权中部分债权权利的,基于同一债务的整体性特征,诉讼时效中断的效力及于剩余债权,除非权利人明确表示放弃剩余债权(2020年《诉讼时效司法解释》第9条)。权利人转让债权实际上是其积极行使权利的行为,因此亦可导致在债权转让通知到达债务人之日起诉讼时效的中断(2020年《诉讼时效司法解释》第17条第1款)。

依2020年《诉讼时效司法解释》第8条第1款,权利人提出履行要求的具体情形有:当事人一方直接向对方当事人送交主张权利文书,对方当事人在文书上签字、盖章或者虽未签字、盖章但能够以其他方式证明该文书到达对方当事人的;当事人一方以发送信件或者数据电文方式主张权利,信件或者数据电文到达或者应当到达对方当事人的;当事人一方为金融机构,依照法律规定或者当事人约定从对方当事人账户中扣收欠款本息的;当事人一方下落不明,对方当事人在国家级或者下落不明的当事人一方住所地的省级有影响的媒体上刊登具有主张权利内容的公告的,但法律和司法解释另有特别规定的,适用其规定。在中断时点的判断上,一般情况下以权利人履行请求的通知"到达"对方的时点为中断时点,无法送达的经一定的公告程序则产生到达的效力。在权利人向义务人提出履行请求的情形,依《民法典》第195条,时效中断时起诉讼时效期间立即开始重新计算。

(2) 义务人同意履行义务

义务人同意履行义务的,发生与权利人主张权利同样的效果,使时效中断。诉讼时效制度意在督促权利人行使权利,义务人同意履行义务何以导致时效中断?一般认为,其理由是当事人之间的权利义务关系因同意履行而再次明确稳定。[①]

关于"义务人同意履行义务"具体情形的认定,2020年《诉讼时效司法解释》第14条作了规定:"义务人作出分期履行、部分履行、提供担保、请求延期履行、制定清偿债务计划等承诺或者行为的,应当认定为民法典第一百九十五条规定的'义务人同意履行义务'。"我国法上的"同意履行义务",在传统大陆民法多采"承认"的表述。通说认为,只要义务人承认债务存在即为承诺履行,导致诉讼时效中断。

(3) 权利人提起诉讼或者申请仲裁

诉讼或仲裁均为解决民事权利争议的司法手段,权利人提起诉讼或者申请仲裁是比提出履行要求更为强烈的权利主张行为,因此具有中断时效的效力。权利人提起反诉、刑事附带民事诉讼或代位权诉讼均属于这里的"提起诉讼"(2020年《诉讼时效司法解释》第16条)。

在诉讼时效期间重新计算起算点的确定上,"提起诉讼或者申请仲裁"与权利人

[①] 参见王利明:《民法总论》(第二版),中国人民大学出版社2015年版,第353页;李适时主编:《中华人民共和国民法总则释义》,法律出版社2017年版,第619页。

"提出履行请求"不同。因为诉讼或仲裁程序均须经一定时间才能完结,所以《民法典》第195条规定,在提起诉讼或者申请仲裁情况下,诉讼时效自相关程序终结时起重新计算。

(4) 与提起诉讼或者申请仲裁具有同等效力的其他情形

根据2020年《诉讼时效司法解释》第11—13条的规定,申请支付令、申请破产、申报破产债权、为主张权利而申请宣告义务人失踪或死亡、申请诉前财产保全、诉前临时禁令等诉前措施、申请强制执行、申请追加当事人或者被通知参加诉讼、在诉讼中主张抵销,向人民调解委员会以及其他依法有权解决相关民事纠纷的国家机关、事业单位、社会团体等社会组织提出保护相应民事权利的请求,向公安机关、人民检察院、人民法院报案或者控告,请求保护其民事权利的,均属于与提起诉讼具有同等效力的情形。上述行为均系权利人向相关有权解决民事纠纷的组织请求解决其与义务人间民事纠纷的行为,在性质上均属积极主动行使权利的行为,因此法律认定其与提起诉讼和申请仲裁具有同等效力。

关于中断和重新计算时点的认定,应自权利人提交申请、提出解决纠纷请求、报案、控告时起时效中断,并自相关程序终结之时起重新计算。具体而言,权利人向公安机关、人民检察院、人民法院报案或者控告,请求保护其民事权利,上述机关决定不立案、撤销案件、不起诉的,诉讼时效期间从权利人知道或者应当知道不立案、撤销案件、不起诉之日起重新计算;刑事案件进入审理阶段,诉讼时效期间从刑事裁判文书生效之日起重新计算(2020年《诉讼时效司法解释》第13条第2款)。

3. 诉讼时效中断的法律效果

诉讼时效中断,已经经过的诉讼时效期间均归于无效,诉讼时效期间于中断时或相关程序终结时起重新计算。

(五) 诉讼时效期间的延长

在诉讼时效期间的延长问题上,《民法典》对《民法通则》作了两处变动。

1. 诉讼时效期间延长的适用对象

《民法通则》第137条规定:"诉讼时效期间从知道或者应当知道权利被侵害时起计算。但是,从权利被侵害之日起超过二十年的,人民法院不予保护。有特殊情况的,人民法院可以延长诉讼时效期间。"该条对诉讼时效期间的延长用单独的一句予以规定,依文义解释,诉讼时效期间的延长应可以适用于普通诉讼时效期间和最长诉讼时效期间。反观《民法典》第188条,第1款规定普通诉讼时效期间,第2款第3句单独规定最长诉讼时效期间以及期间的延长。因此应当解释为在《民法典》的语境下,诉讼时效期间的延长只能适用于最长诉讼时效期间。

2. 诉讼时效期间延长的适用前提

《民法典》修改了《民法通则》关于诉讼时效期间的延长的适用前提,规定最长诉讼时效期间的延长必须先由权利人申请,法院再综合考量是否存在"特殊情况"从而决定是否延长最长诉讼时效期间。也就是说,即使存在"特殊情况",如果没有权利人的申请,法院也不能主动延长最长诉讼时效期间。

四、诉讼时效的效力

(一) 诉讼时效效力的立法模式

诉讼时效的效力是指诉讼时效期间届满的法律效果。各国民法规定不尽相同,总的来说有以下四种立法模式:

1. 实体权利消灭主义

此种模式以实体权利为时效适用对象,相应的诉讼时效的效力为诉讼时效期间届满后导致实体权利消灭。该模式以《日本民法典》为代表,该法典第167条规定,债权因10年间不行使而消灭;债权或所有权以外的财产权,因20年间不行使而消灭。

2. 诉权消灭主义

此种模式以诉权为时效适用对象,时效届满后实体权利上的诉权消灭,实体权利成为"裸权"或"自然债",不再受到法律的保护。该模式以《法国民法典》为代表,该法典第2262条规定,一切物权或债权的诉权,均经30年的时效而消灭。《苏俄民法典》第44条规定,起诉权,逾法律规定之期间而消灭。

3. 胜诉权消灭主义

此种模式以苏联法学家顾尔维奇的二元诉权论为理论基础。该理论将诉权分为程序意义上的起诉权和实体意义上的胜诉权,时效期间届满实体权利和程序意义上的起诉权并不消灭,消灭的只是胜诉权。我国《民法通则》受苏联民法学理论影响采胜诉权消灭主义。其第135条规定,向人民法院请求保护民事权利的诉讼时效期间为2年,法律另有规定的除外。1992年《最高人民法院关于适用〈中华人民共和国民事诉讼法〉若干问题的意见》(已失效)第153条规定:"当事人超过诉讼时效期间起诉的,人民法院应予受理。受理后查明无中止、中断、延长事由的,判决驳回其诉讼请求。"

4. 抗辩权发生主义

此种模式以请求权为时效适用对象,时效届满后实体权利和请求权并不消灭,但产生由义务人享有的抗辩权。该模式以《德国民法典》为代表,该法典第214条第1款规定,在消灭时效完成后,债务人有权拒绝履行给付。

与其他立法模式相比,抗辩权发生主义立法模式更符合诚实信用原则和意思自治原则。在实体权利消灭主义立法模式下,时效届满后义务人自愿履行的,权利人构成不当得利,义务人可以要求其返还,显然有悖于诚信。时效届满后义务人放弃时效利益自愿履行义务而权利人又接受的,体现了双方的意愿,法律不应干涉。因此,抗辩权发生主义立法模式已日渐成为诉讼时效立法的主流模式。

（二）我国立法模式的选择及诉讼时效的效力

一般认为，我国《民法通则》采胜诉权消灭主义的立法模式。2008年《诉讼时效司法解释》(已被修正)发布后司法实践中方始明确诉讼时效期间届满是一种"抗辩"。2015年《民诉法解释》(已被修正)第219条也体现了这种立法上的变化："当事人超过诉讼时效期间起诉的，人民法院应予受理。受理后对方当事人提出诉讼时效抗辩，人民法院经审理认为抗辩事由成立的，判决驳回原告的诉讼请求。"《民法典》在立法层面确立了我国诉讼时效效力采抗辩权发生主义。该法第192条规定："诉讼时效期间届满的，义务人可以提出不履行义务的抗辩。诉讼时效期间届满后，义务人同意履行的，不得以诉讼时效期间届满为由抗辩；义务人已经自愿履行的，不得请求返还。"

基于上述规定，在我国现行法下诉讼时效的直接效力是：诉讼时效期间届满，权利人的实体权、请求权和诉权并不消灭，但义务人享有可以对抗权利人请求权的抗辩权。如果义务人选择行使抗辩权，权利人的实体权利减等为自然权利，不具有法律强制性。义务人选择不行使抗辩权会产生两种法律效果：一是义务人已经自愿履行的，因为权利人的权利并未消灭，接受履行有合法原因，不构成不当得利，义务人履行后不得请求返还；二是义务人同意履行的，法律认为其已放弃时效利益，再以时效抗辩权予以抗辩的，法院将不予认可。

（三）诉讼时效规定的援引

时效规定不能由法院主动援引，是罗马法诉讼时效制度的重要原则。大陆法系国家的时效立法大多坚持这一原则，但苏联东欧社会主义国家否定了这一罗马法原则。在诉权消灭主义立法模式下，时效届满后诉权消灭，法院对于权利人的起诉只进行程序性审查。这个过程实际上就是法院在主动援引诉讼时效规定查明起诉人（权利人）是否有超过诉讼时效期间事由的过程，如果发现已经超过诉讼时效期间法院将驳回起诉。在胜诉权消灭主义立法模式下，虽然法院不得因超过诉讼时效期间而驳回起诉，但在进入实体审理阶段后，有无超过诉讼时效期间仍由法院主动查明，如有则驳回诉讼请求。我国1992年《最高人民法院关于适用〈中华人民共和国民事诉讼法〉若干问题的意见》(已失效)第153条就是采胜诉权消灭说的典型规定。

对此问题，学说上有"职权主义说"和"当事人主义说"两种观点。前者认为诉讼时效规定应由法院主动援引，后者认为是否援引诉讼时效规定是当事人的自由，当事人不主张的，法院不能主动援引。我国《民法通则》受苏联法学影响，在诉讼时效的效力问题上采胜诉权消灭主义，在时效规定的援引问题上采"职权主义"，而《民法典》在2008年《诉讼时效司法解释》(已被修正)相关规定的基础上，基于抗辩权发生的诉讼时效效力主张改采"当事人主义"，第193条规定："人民法院不得主动适用诉讼时效的规定。"2020年《诉讼时效司法解释》第2条进一步规定："当事人未提出诉讼时效抗辩，人民法院不应对诉讼时效问题进行释明。"

（四）时效利益的放弃

1. 放弃时效利益的概念

时效利益的放弃是指在诉讼时效期间届满后义务人表明放弃其时效利益的行为。至于义务人放弃时效利益的具体方式，法律没有作出规定，解释论上应认为明示、默示或书面、口头均可。为了防止权利人利用其优势地位强迫义务人放弃时效利益，法律不允许义务人于诉讼时效期间届满之前预先放弃时效利益。因此，《民法典》第 197 条第 2 款规定："当事人对诉讼时效利益的预先放弃无效。"该规定体现了诉讼时效的强行性特征。但事后（诉讼时效期间届满后）放弃时效利益，是义务人自由处分财产利益的行为，法律不应予以干涉。

从法律性质上看，时效利益的放弃是利益享有人的单方法律行为，无须征得对方当事人的同意，于放弃时效利益的意思表示到达相对人时即生效。放弃时效利益的成立和生效要以行为人具备相应的民事行为能力为前提。

2. 放弃时效利益的情形

根据《民法典》第 192 条第 2 款和 2020 年《诉讼时效司法解释》第 19 条第 1 款的规定，义务人放弃时效利益的情形有"自愿履行"和"同意履行"两种：

（1）自愿履行。自愿履行是指义务人已实施了相应的义务履行行为，债权债务关系因履行而消灭，权利人也无须再返还财产。《民通意见》第 171 条规定："过了诉讼时效期间，义务人履行义务后，又以超过诉讼时效为由翻悔的，不予支持。"《民法典》第 192 条第 2 款规定，义务人已经自愿履行的，不得请求返还。

（2）同意履行。同意履行即义务人承诺继续履行义务。义务人作出同意履行的意思表示即表明其放弃了时效利益，具体方式上有单方允诺和与债权人签订和解协议或还债协议等。从法律性质上看，义务人单方允诺同意履行的，依《民法典》第 192 条第 2 款的规定，视为义务人放弃抗辩权，权利人的权利恢复其法律强制性。例如，义务人在权利人发出的催收到期贷款通知单签字或者盖章、债务人向债权人发出确认债务的询证函等行为均属于这里的义务人单方允诺同意履行。双方当事人就原债务达成新的协议（如和解协议、还款协议），也属于义务人放弃时效利益的情形（2020 年《诉讼时效司法解释》第 19 条第 2 款）。

至于意思表示瑕疵规则能否适用于放弃时效利益，法律未作规定。有学者认为为缓和法律与道德的紧张关系，除权利人有暴力胁迫的行为之外，应作有利于权利人的解释，义务人不能予以撤销[①]；也有的认为，义务人无论是因不知时效届满还是因受到欺诈或胁迫而放弃时效利益的，均可撤销。[②] 本书认为，既然放弃时效利益是单方法律行为，那么适用意思表示瑕疵规则应无疑问。

---

① 参见李开国：《民法总论》，华中科技大学出版社 2013 年版，第 299 页。
② 参见朱庆育：《民法总论》（第二版），北京大学出版社 2016 年版，第 543 页。

3. 放弃时效利益的法律效果

放弃时效利益会引起一定的法律效果。对于义务人而言,诉讼时效期间届满的法律效果是享有时效利益,有权拒绝权利人的履行请求。该利益可以主张也可以放弃。如义务人不主张,而是同意履行或自愿履行债务,亦不得事后反悔重新主张时效利益或请求权利人返还。对于权利人而言,诉讼时效期间届满的法律效果是其权利不再具有法律强制性,但该权利并未消灭,如义务人同意履行或自愿履行债务,权利人接受履行并不构成不当得利。

第三节 期 间

一、期间的概念和意义

（一）期间的概念

期间是指具有法律意义的一段时间,包含始期和终期。始期和终期均指某一不可分的时间点,称为期日。期间即两个期日之间的时间段。

（二）期间的意义

期间属于法律事实的范畴。法律规定或当事人之间约定一定的期间,旨在赋予期间一定的法律意义,期间的经过会导致一定的法律效果。不导致某种法律效果的某段时间不是具有法律意义的期间。例如,甲告知其妻其将于3天后出差。该3天的期间不能引起某种法律效果也不具有法律意义,因此是自然事实而非法律事实,不是本书所指的期间。

具体来说,期间具有以下法律意义:

1. 期间对主体资格的影响。如《民法典》第46条规定的利害关系人申请宣告自然人死亡的期间。该期间的经过将导致法院宣告该自然人死亡。

2. 期间可以引起民事法律关系变动。如《民法典》第160条规定,附生效期限的民事法律行为,自期限届至时生效。附终止期限的民事法律行为,自期限届满时失效。

3. 期间可以作为权利行使或义务履行的期限。如合同当事人约定的履行期限,履行期限届至,义务人才须履行义务,权利人方可行使权利。

4. 期间可能对权利的存续和效力产生影响。如《民法典》第199条规定的撤销权和解除权因除斥期间经过而消灭。《民法典》第192条规定的诉讼时效期间的经过使权利人的权利效力减损。

二、期间的分类

按照不同的标准,可以对期间进行不同的分类:

1. 法定期间、约定期间和指定期间

法定期间是指由法律规定的期间。例如除斥期间、诉讼时效期间、利害关系人申请宣告自然人死亡的期间等均为法定期间。

约定期间是指由当事人约定的期间。例如当事人约定的债务履行期间、合同生效期间、合同失效期间,保险合同中的保险责任期间等均为约定期间。

指定期间是指人民法院指定的期间。例如举证期间。

2. 可变期间和不可变期间

可变期间是指期间的长短可以发生变化的期间。典型的如诉讼时效期间,可以发生中止、中断。

不可变期间是指期间的长短不可以发生变化的期间。典型的如除斥期间,不允许发生中止、中断和延长。

三、期间的计算

（一）期间的计算单位

《民法典》第 200 条规定:"民法所称的期间按照公历年、月、日、小时计算。"此条承继自原《民法通则》第 154 条第 1 款。依此,我国民法期间的计算单位为公历年、月、日和小时四种。以年、月为计算单位的期间采公历计算法,以日、小时为计算单位的期间采自然计算法。① 公历计算法,指按照日历所定日、星期、月、年进行计算的方法。② 例如一日即 0 时至 24 时,一星期即星期一至星期日(亦有惯例为星期日至下个星期六),一月即 1 日至月末日,一年即 1 月 1 日至 12 月 31 日。自然计算法,指按实际时间精确计算的方法。③ 例如一日为 24 小时,一星期为 7 日,一月为 30 日,一年为 365 日。

（二）期间的起算

《民法典》第 201 条规定:"按照年、月、日计算期间的,开始的当日不计入,自下一日开始计算。按照小时计算期间的,自法律规定或者当事人约定的时间开始计算。"该条在《民法通则》第 154 条第 2 款基础上进行了完善,增加了允许当事人进行约定的规定。

依期间的起算单位不同而起算标准亦有不同。如按照年、月、日计算期间的,开始的当日不计入,自下一日开始计算。例如,当事人于 2018 年 1 月 1 日约定 7 日的交货期间,则应从 1 月 2 日起算至 1 月 8 日止;于 2018 年 2 月 15 日约定 3 个月的交货期,则应从 2 月 16 日起算至 5 月 15 日止;于 2018 年 4 月 3 日约定 2 年的交货期,则应

---

① 参见李适时主编:《中华人民共和国民法总则释义》,法律出版社 2017 年版,第 634 页。
② 参见梁慧星:《民法总论》(第五版),法律出版社 2017 年版,第 269 页。
③ 同上。

从 4 月 4 日起算至 2020 年 4 月 3 日止。如按小时计算期间的,自法律规定或者当事人约定的时间开始计算。例如,当事人于 9 时 30 分约定 3 个小时的期间,则应从 9 时 30 分起算至 12 时 30 分止。如其于 9 时 30 分约定从 10 时 0 分开始计算 3 小时的期间,则应从 10 时 0 分起至 13 时 0 分止。

(三) 期间的截止

《民法典》第 202 条前半句规定,"按照年、月计算期间的,到期月的对应日为期间的最后一日"。例如,当事人于 2017 年 3 月 31 日约定 2 个月的交货期,应从 4 月 1 日起算至 5 月 31 日止。第 202 条后半句规定,"没有对应日的,月末日为期间的最后一日"。例如,当事人于 2018 年 3 月 31 日约定 1 个月的交货期,因为到期月为 2018 年 4 月,2018 年 4 月没有对应日,所以期间应从 2018 年 4 月 1 日起算至 2018 年 4 月 30 日止。

《民法典》第 203 条规定:"期间的最后一日是法定休假日的,以法定休假日结束的次日为期间的最后一日。期间的最后一日的截止时间为二十四时;有业务时间的,停止业务活动的时间为截止时间。"根据《中华人民共和国劳动法》和《全国年节及纪念日放假办法》相关规定,法定休假日是指元旦、春节、国际劳动节、国庆节、清明节、端午节、中秋节以及双休日。例如,当事人于某年 1 月 1 日约定 1 个月的交货期,则本应从 1 月 2 日起算至 2 月 1 日止,假设 2 月 1 日为周六,则截止时间为 2 月 3 日 24 时。如交货方停止业务活动的时间为每日 22 时整,则截止时间为 2 月 3 日 22 时。

第三编 物　　权

<< 第一章　物权与物权法概述
<< 第二章　物权的变动
<< 第三章　物权的保护
<< 第四章　所有权的一般规定
<< 第五章　国家、集体和私人所有权
<< 第六章　业主的建筑物区分所有权
<< 第七章　相邻关系
<< 第八章　共有
<< 第九章　所有权取得的特别规定
<< 第十章　用益物权的一般规定
<< 第十一章　土地承包经营权
<< 第十二章　建设用地使用权
<< 第十三章　宅基地使用权
<< 第十四章　地役权
<< 第十五章　居住权
<< 第十六章　担保物权概述
<< 第十七章　抵押权
<< 第十八章　质权
<< 第十九章　留置权
<< 第二十章　担保物权的竞存
<< 第二十一章　占有

第一章 物权与物权法概述

第一节 物权概述

一、物权的概念和特征

物权这一概念在罗马法中并不存在,是由中世纪注释法学家在对罗马法文献进行研究的基础上总结出来的。在立法上,物权一词始见于1794年《普鲁士一般邦法》和1811年《奥地利民法典》。《民法典》第114条第1款规定:"民事主体依法享有物权。"物权是权利人依法对特定的物享有直接支配和排他的权利,包括所有权、用益物权和担保物权。据此,物权的核心要素为:权利人、特定的物、直接支配(事实上和法律上的控制)和排他性(排除其他不相容权利的成立及对支配行为的不法干涉)。物权这一理念是德国潘德克顿法学的产物,物权的本质是对物的支配权,即权利人对特定之物的"意思独断"。①

物权的特征为:第一,物权是权利人直接支配特定物的权利。物权的主体是指特定的权利人,物权的客体必须是特定的物。第二,物权的本质在于权利人直接享受物的利益的支配性权利。物权本质上是权利人对物的支配权,指权利主体在不借助于他人协助的情况下,仅仅依靠自己的意思即可实现对标的物管领和处分的权利。这也是物债二分的关键因素,债权作为请求权,权利主体只有借助于义务人的行为才能实现其权利。第三,物权是排他的权利。物权的排他性表明法律不允许同一客体之上有不能两立的物权存在。

二、物权的种类和效力

(一)物权的种类

根据物权支配力范围的不同,可以将其区分为完全物权与定限物权。完全物权即所有权,它是对物的使用价值与交换价值为全面支配的物权。定限物权是指在特定范围内对其标的物加以支配的物权,所有权以外的物权均为定限物权。定限物权成立于他人的物之上,所以也称作"他物权",即对他人之物的物权。定限物权依其所

---

① 参见孙宪忠:《中国物权法总论》(第四版),法律出版社2018年版,第55页。

支配内容的不同,可进一步区分为用益物权与担保物权。

《民法典》规定的物权种类包括所有权、用益物权、担保物权。作为支配权的所有权是指在法律限制范围内,对于所有物永久、全面与整体支配的物权,具体表现为对物的使用价值和交换价值进行全面支配。《民法典》第240条规定:"所有权人对自己的不动产或者动产,依法享有占有、使用、收益和处分的权利。"

用益物权是支配他人财产的使用价值,即对他人的不动产或者动产进行占有、使用、收益的权利。《民法典》第323条规定:"用益物权人对他人所有的不动产或者动产,依法享有占有、使用和收益的权利。"《民法典》规定了土地承包经营权、土地经营权、建设用地使用权、宅基地使用权、地役权和居住权六种用益物权。

担保物权是支配他人财产的交换价值,即从财产的拍卖或变价中获得优先清偿的权利。《民法典》第386条规定:"担保物权人在债务人不履行到期债务或者发生当事人约定的实现担保物权的情形,依法享有就担保财产优先受偿的权利,但是法律另有规定的除外。"《民法典》规定了抵押权、质权和留置权三种担保物权。

占有本身并不是物权,是占有人对物的事实上的控制和管领。《民法典》只是对占有事实赋予一定的法律效力,以维护社会秩序。

(二) 物权的效力

物权的效力,是指法律赋予物权的强制性作用力或保障力,主要表现在四个方面:排他效力、追及效力、优先效力及物权请求权。

1. 排他效力

物权的排他效力由物权的支配性质所生,是指同一标的物上不能同时成立两个以上内容互不兼容的物权。如在同一标的物上,不得同时并立两个所有权;同一标的物上不得存在同以占有为内容的两个及两个以上的定限物权,如同一土地上不得设立两个宅基地使用权。就担保物权而言,因其是对物的交换价值的支配,多个抵押权可以同时存在于一个标的物上,其效力依设定顺位的先后而定。

物权的排他效力亦有强弱之分,所有权最强,同一标的物上绝不容许两个以上的所有权;以占有标的物为内容的定限物权次之,如在标的物上设立建设用地使用权后,该物上不能有同以占有为内容的其他定限物权存在;不以占有标的物为内容的定限物权最弱,如在同一不动产上可以成立数个抵押权,在同一动产上可以同时成立抵押权、质权或留置权。

2. 追及效力

物权的追及效力是指物权成立后,其标的物不论辗转入何人之手,物权人均可追及物之所在,而直接支配其物的效力。① 关于物权的追及效力是否独立,有不同见解。

---

① 参见王泽鉴:《民法物权》(第二版),北京大学出版社2010年版,第50页。

有人认为,物权的追及效力可包含于物权的优先效力和物权请求权中。① 也有学者认为,物权的追及效力在实际效果上确有可能与物权请求权重叠,但因其功能和适用范围不同,如物权请求权仅适用于非法占有的情形,"在辗转取得或占有标的物之人,系合法取得或占有之情形下,非认物权有追及的效力,殊难解决问题"②。我国多数学者认为物权的追及效力有其独立存在的价值,特别是在抵押权追及效力问题上。③

物权的追及效力主要表现在以下三种情况:一是所有权的追及效力。当标的物由无处分权人转让给第三人时,除法律另有规定外,所有权人有权向第三人请求返还原物。物权在此种情况下所具有的追及效力属于物权请求权中的返还原物请求权。二是用益物权的追及效力,在设定用益物权后,即使所有权人将标的物所有权转让给第三人,该用益物权不受其影响,用益物权人仍可追及其标的物,向新权利人主张权利。如在某地块上设定的地役权,不因建设用地使用权的转让而受影响。三是担保物权的追及效力。如债权届期未受清偿,则担保物权人有权追及担保物,而无须考虑该担保物的归属情况。如当抵押人擅自转让抵押物给第三人时,抵押权人得追及至抵押物之所在行使抵押权。《民法典》第406条第1款规定:"抵押财产转让的,抵押权不受影响。"

《民法典》为维护交易安全,保护善意第三人的利益,对物权的追及效力设有若干限制,如不动产登记错误时,与名义登记人进行交易的善意第三人受登记公信力的法律保护,真实权利人对善意第三人无追及力,此即《民法典》第311条确立的善意取得制度。

3. 优先效力

物权的优先效力主要体现为对内和对外的优先性。对内的优先性是指物权相互间的优先效力。在所有权和他物权之间,他物权人可在一定范围内支配标的物,当然优先于所有权。④ 如土地承包经营权人可以优先于所有权人使用土地。在用益物权和担保物权以及数个担保物权之间,一般遵循"时间在先,权利在先"规则。如《民法典》第414条规定:"同一财产向两个以上债权人抵押的,拍卖、变卖抵押财产所得的价款依照下列规定清偿:(一)抵押权已经登记的,按照登记的时间先后确定清偿顺序;(二)抵押权已经登记的先于未登记的受偿;(三)抵押权未登记的,按照债权比例清偿。其他可以登记的担保物权,清偿顺序参照适用前款规定。"但亦有例外,如《民法典》第456条规定:"同一动产上已经设立抵押权或者质权,该动产又被留置的,留置权人优先受偿。"

对外的优先性是指无论物权成立先后,均具有优先于债权的效力。所有权的优

---

① 参见谢在全:《民法物权论》(上册),中国政法大学出版社1999年版,第36页。
② 姚瑞光:《民法物权论》,中国政法大学出版社2011年版,第8页。
③ 参见申卫星:《物权法原理》(第二版),中国人民大学出版社2016年版,第97页。
④ 参见王泽鉴:《民法物权》(第二版),北京大学出版社2010年版,第49页。

先性以"一物二卖"最为明显。担保物权的优先性主要体现为担保物权不论发生先后,除法律有特别规定的,均优先于债权受清偿。法律的特别规定如《民法典》第725条确立的"买卖不破租赁"规则,即租赁物在承租人依据租赁合同占有期限内发生所有权变动的,不影响租赁合同的效力;如基于公益和社会政策的适当考量,《企业破产法》第132条规定破产人在该法公布之日前所欠的工资等职工债权优先于抵押权等担保物权受偿,但发生在该法公布后的职工债权不得在担保权人之前受偿。

4. 物权请求权

物权请求权是指物权人在其物受到侵害或有可能受到侵害时,可以请求回复物权圆满状态或防止侵害的权利。该问题将在"物权的保护"一章详述。

第二节 物权法的基本原则

物权法的基本原则是反映物权的本质、规律和立法指导思想,对物权法的制定、解释和适用均有指导意义的根本准则。《民法典》物权编确立了三项物权法的基本原则,即平等保护原则、物权法定原则和物权公示公信原则。

一、公有财产和私有财产的平等保护原则

物权法律制度中的平等保护原则主要指公有财产和私有财产的一体保护。平等保护原则是我国宪法所确立的社会主义基本经济制度的固有内涵。《物权法》(已失效)第一次以基本法的形式在法律上宣告可以把私人财产置于和国家、集体的财产同等的地位,从而奠定了我国法治的财产法基础,体现了实定法对民生的关注和对民事主体财产利益的保护。确立平等保护原则也是出于鼓励人们创造财富、促进社会财富增长的需要。[①]《民法典》第113条规定:"民事主体的财产权利受法律平等保护。"该条明确规定一切财产权的平等保护原则,虽与民法基本原则中的平等原则有所重叠,但对我国国情具有特别针对性。[②]《民法典》第206条第3款规定:"国家实行社会主义市场经济,保障一切市场主体的平等法律地位和发展权利。"该条明确了公有财产和私有财产的法律地位平等和适用规则的平等。《民法典》第207条规定:"国家、集体、私人的物权和其他权利人的物权受法律平等保护,任何组织或者个人不得侵犯。"该条确立了各类民事主体物权的平等保护原则。

二、物权法定原则

现代意义的物权类型封闭原则起源于潘德克顿学派的"物权法自治性观念",首

[①] 参见王利明:《物权法》,中国人民大学出版社2015年版,第26—27页。
[②] 参见李宇:《民法总则要义:规范释论与判解集注》,法律出版社2017年版,第359页。

次立法见于《日本民法典》第175条。《民法典》第116条规定:"物权的种类和内容,由法律规定。"物权法定原则是指物权的种类与内容必须由法律明文规定,不允许当事人自由创设物权和改变物权的内容。基于物权法定原则,立法者垄断了对物权种类和内容的供给。

物权种类法定是指物权的具体类型必须由法律明确确认,法律之外的规范性文件不得创设物权,当事人亦不得创设法律所不承认的新类型物权。物权种类法定既不允许当事人任意创设法定物权之外的新种类物权,也不允许当事人通过约定改变现有的法律规定的物权类型。

物权内容法定是指物权的内容必须要由法律规定,当事人不得创设与法定物权内容不符的物权,也不得基于其合意自由决定物权的内容;强调当事人不得作出与法律关于物权内容的强行性规定不符的约定。

一般认为,物权法定仅限于类型法定和内容法定,不得作更宽泛的理解,物权的效力、物权取得或变动方式均不属于物权法定范畴。凡权利之效力,法律设有规定,非独物权为然。物权取得方式,并不限于法律明文规定的情形,如先占等,法律虽未规定,仍不失为物权取得方式。①

采取物权法定原则的理由是:第一,物权具有绝对性,效力强大,不能由当事人任意创设。如果允许当事人任意创设具有对抗第三人效力的物权,则第三人若不知道该物权的存在及其内容,将可能严重损害第三人的合法权益。第二,有利于构建合理的物权体系,符合物尽其用的效益原则。第三,有利于维护物权的对世性,结合公示制度来确保交易安全和便捷。

物权法定之"法"系指全国人民代表大会及其常委会制定的法律。司法解释仅可对审判实务中具体运用法律问题作出解答,不得超越法律规定创设物权。

违反物权法定的法律后果是:第一,当事人违反物权法定原则的创设行为,法律有明文规定其效果的,从其规定。如《民法典》第399条规定,学校、幼儿园、医疗机构等以公益为目的成立的非营利法人的教育设施、医疗卫生设施和其他公益设施不得抵押。若有人以学校、幼儿园、医疗机构等以公益为目的成立的非营利法人的教育设施、医疗卫生设施和其他公益设施设定抵押的,则会因违反了法律的禁止性规定而无效。第二,如果当事人创设的物权内容部分违反禁止性规范,该部分无效,其他部分仍可有效。如《农村土地承包法》第38条第3项规定,设定物权性的土地经营权,其流转期限不得超过承包期的剩余期限。如果违反该规定,则该部分无效。第三,当事人约定成立"物权"但违反物权法定原则的,具备其他法律行为要件的,可发生该法律行为的效力。如邻居之间约定了作为"物权"的房屋优先购买权,虽不能产生物权的效力,但可产生债的效力。

---

① 参见李宇:《民法总则要义:规范释论与判解集注》,法律出版社2017年版,第362页。

由于实定法上的物权类型有限,且《民法典》为民事基本法,修改不易,遇有实践中所急需的物权类型,往往无法及时修法予以增订,产生制度供给不足的问题。我国实行严格的物权法定主义,限制了当事人之间的自治,不能满足现代经济社会发展对于交易架构,特别是对于担保物权的需求。有鉴于此,学说上形成了物权法定无视说、习惯法包含说、习惯法物权有限承认说和物权法定缓和说。① 我国台湾地区"民法"采纳了"习惯法物权有限承认说"。其第 757 条修正为:"物权除法或习惯外,不得创设。"立法理由是:为确保交易安全及以所有权之完全性为基础所建立之物权体系及其特性,物权法定主义仍有维持之必要,然未免过于僵化,妨碍社会之发展,若新物权秩序法律未及补充时,自应许习惯予以填补,故习惯形成新物权,若明确合理,无违物权法定主义存立之旨趣,能依一定之公示方法予以公示者,法律应予承认,以促进社会之经济发展,并维护法秩序之安定。②

三、物权公示与公信原则

《民法典》第 208 条规定:"不动产物权的设立、变更、转让和消灭,应当依照法律规定登记。动产物权的设立和转让,应当依照法律规定交付。"物权公示原则是指物权的发生、变动和消灭必须以某种方式"公开表示"出来,使公众能够知晓。物权公示原则主要解决两个问题:第一,物权人享有物权、物权的内容变更或者物权的消灭以什么方式确定;第二,由于物权是排他的"绝对权""对世权",要求成千上万的义务人负有不作为的义务,因此,必须让不特定义务人清楚地知道谁是权利人。不动产的公示方法为登记,动产的公示方法为交付,部分权利的公示方法也为登记,如《民法典》第 445 条第 1 款规定:"以应收账款出质的,质权自办理出质登记时设立。"物权公示原则通过特定方法使市场交易者的第三人明晰权利归属和权利状态,有利于维护交易安全,有利于减少交易成本并提高物的利用效率。

物权公信原则是指对于通过法定的公示方法即登记和交付所公示出来的权利状态,相对人有合理的理由相信其为真实的权利状态,并与权利人进行了交易,这种信赖应受法律保护。如在动产物权中,信赖占有这一权利外观的善意受让人,可受到《民法典》第 311 条规定的善意取得制度的保护。物权公示具有权利推定的效力,如在不动产物权中,不动产登记簿上记载的权利人就被推定为真实权利人。《民法典》第 216 条第 1 款规定:"不动产登记簿是物权归属和内容的根据。"第 217 条规定:"不动产权属证书是权利人享有该不动产物权的证明。不动产权属证书记载的事项,应当与不动产登记簿一致;记载不一致的,除有证据证明不动产登记簿确有错误外,以不动产登记簿为准。"

---

① 参见谢在全:《民法物权论》(上册),中国政法大学出版社 1999 年版,第 46—47 页。
② 参见王泽鉴:《民法物权》(第二版),北京大学出版社 2010 年版,第 36 页。

作为一种拟制事实,登记表彰的权利状态并不总能反映真实不动产物权关系。物权归属争议中,赋予登记以终局证明效力,既为登记制度功能所不能承受之重,也有违诉讼证据规则。[①]《物权编司法解释(一)》第2条规定:"当事人有证据证明不动产登记簿的记载与真实权利状态不符、其为该不动产物权的真实权利人,请求确认其享有物权的,应予支持。"据此,法律赋予不动产登记簿权利推定效力,不动产登记簿上记载的权利人免除了就其为真实权利人进一步举证的义务。这就要求请求确权方对证明不动产登记簿的记载与真实权利状态不符,其为该不动产物权的真实权利人负担举证证明责任。不动产登记簿属于《民事诉讼法》第66条中的第2项"书证"——公文书证。《民诉法解释》第114条规定:"国家机关或者其他依法具有社会管理职能的组织,在其职权范围内制作的文书所记载的事项推定为真实,但有相反证据足以推翻的除外。必要时,人民法院可以要求制作文书的机关或者组织对文书的真实性予以说明。"否定不动产登记簿证明力的证据应达到"具有高度可能性"程度。[②]

[①] 参见杜万华主编:《最高人民法院物权法司法解释(一)理解与适用》,人民法院出版社2016年版,第58页。
[②] 同上书,第70—71页。

第二章 物权的变动

第一节 物权变动概述

物权的变动,也称物权的得丧变更,是物权的设立、变更和消灭的总称。物权的设立,即特定物的物权归属于特定权利主体的事实状态。从权利人的角度而言,物权的设立又称物权的取得,物权的取得包括原始取得和继受取得。物权的原始取得是指不以他人的权利及意思表示为依据而直接依据法律规定初次取得物权的方式,如以先占、劳动、添附、征收等方式取得物权。原始取得与他人的权利无涉,因此在法律效果上,物权客体上原存的一切负担均因原始取得而消灭,原来的物权人不得对物权客体主张任何权利。物权的继受取得是指以他人的权利及意思为依据而取得物权,如因买卖、赠与、继承等方式取得物权。继受取得因其权利是继受而来,且权利人不得将大于其所有的权利让与他人,因此在法律效果上,物权客体上的一切负担均继续存在。

物权的变更有广义和狭义之分。广义的物权变更包括物权主体的更迭和客体、内容的部分改变;狭义的物权变更仅指物权客体、内容方面的部分变化。物权的消灭,是指某一物权因一定的法律事实而不复存在,可分为绝对消灭和相对消灭。物权的绝对消灭是指物权本身归于消灭,标的物不再归属于任何权利主体;物权的相对消灭是指原主体丧失某一物权而由新的权利主体取得,实质上是物权主体的变更。

第二节 物权变动的原因

物权变动的原因分为民事法律行为和非民事法律行为两大类。当事人设立、变更、终止物权的民事法律行为,是物权变动最普遍和最重要的原因。

一、基于民事法律行为的物权变动

(一)物权变动的三种立法模式

买卖合同的目的在于取得标的物所有权和价金,只有一方当事人取得价金,另一方当事人取得标的物所有权,合同目的方才达成。如何帮助当事人实现该目的,法律制度设计上有三种方案:

第一,债权意思主义,即买卖合同成立生效时,买卖标的物所有权移转至买受人,而不需要有其他的意思表示。此种物权变动模式称为债权意思主义的立法例,即仅凭当事人的债权合意即发生物权变动效力。如依法国民法和日本民法,买卖合同有效成立时,标的物所有权即行转移,但非经登记(不动产)或交付(动产)不得对抗善意第三人。

第二,物权形式主义,即买卖合同中,除交付标的物外,转移所有权还需独立于买卖合同以外的另一个民事法律行为,该民事法律行为以移转所有权为内容,以发生所有权移转为其法律效果,即严格区分负担行为与处分行为。负担行为为债权行为,所有权移转行为为物权行为,物权行为是独立于债权行为以外的法律行为,此原则称为物权行为独立性原则。此种物权变动模式称为物权形式主义的立法例。德国和我国台湾地区采用该立法例。负担行为与处分行为的区分,最具意义的是产生了物权行为理论,该理论由区分原则和抽象原则两部分组成。区分原则是指因履行债法义务而变动物权时,变动物权的法律行为与设定债法义务的法律行为相互分离,彼此独立。后者称为债权行为,前者称为物权行为。抽象原则是指所有权转让的有效性不依赖于债权合同的有效性。通常认为,抽象原则由德国民法首创,被视为德国民法的"标签"。德国民法学界则将抽象的所有权转让理论视为20世纪民法中的重大发现之一。①

第三,债权形式主义,指所有权的取得,虽然不需要有其他的意思表示,即不需另有物权变动的合意,但出卖人需将标的物现实交付(动产)或过户(不动产)于买受人。此种物权变动模式称为债权形式主义的立法例,即仅凭当事人的债权合意并不能发生物权变动,还需登记或交付方可发生物权变动,登记或交付等公示方法为物权变动的成立或生效要件。瑞士、奥地利采取该立法例。

物权变动模式	债权合意	物权行为	生效要件	公示效力	立法例
债权意思主义	有	无	债权合意	对抗要件	法国、日本和意大利
物权形式主义	有	独立且无因	债权合意+物权合意+交付或登记	生效要件	德国、我国台湾地区
债权形式主义	有	无	债权合意+交付或登记	生效要件	瑞士、奥地利

(二)我国立法的规定

通说认为,我国在物权变动上采用了以债权形式主义为原则,债权意思主义为例外的立法例。

---

① 参见郝丽燕:《所有权转让的抽象性研究》,法律出版社2019年版,第3页。

其一，物权变动以债权形式主义为原则，即基于法律行为的不动产物权变动欲发生相应的法律效果，除依据当事人间的合同之外，不动产的物权变动必须进行登记，动产的物权变动则必须进行交付。登记和交付被学界通说解释为单纯的法律事实。《民法典》第 209 条规定："不动产物权的设立、变更、转让和消灭，经依法登记，发生效力；未经登记，不发生效力，但是法律另有规定的除外。"第 224 条规定："动产物权的设立和转让，自交付时发生效力，但是法律另有规定的除外。"这两个条文奠定了我国基于法律行为的物权变动的债权形式主义的基础。《民法典》明确采用了"区分原则"，即对债的效力与物权变动的效力进行区分，买卖等债权行为仅发生债的效力，物权变动必须借助于登记或交付。《民法典》第 215 条规定："当事人之间订立有关设立、变更、转让和消灭不动产物权的合同，除法律另有规定或者当事人另有约定外，自合同成立时生效；未办理物权登记的，不影响合同效力。"

其二，在某些特殊情形下，物权变动采债权意思主义，登记与否只是对抗要件。如《民法典》第 335 条关于土地承包经营权互换、转让的登记的规定，即"土地承包经营权互换、转让的，当事人可以向登记机构申请登记；未经登记，不得对抗善意第三人"。关于地役权的设立，《民法典》第 374 条规定："地役权自地役权合同生效时设立。当事人要求登记的，可以向登记机构申请地役权登记；未经登记，不得对抗善意第三人。"另如动产抵押权的设立，《民法典》第 403 条规定："以动产抵押的，抵押权自抵押合同生效时设立；未经登记，不得对抗善意第三人。"

（三）关于物权行为

物权行为是指以物权的得丧变更为直接内容（或目的）的法律行为。[①] 在德国法上，财产法上的法律行为分为负担行为和处分行为。负担行为是以发生债权债务为其内容的民事法律行为，包括单方行为和合同；处分行为是指直接使某种权利发生、变更或消灭的民事法律行为，包括物权行为和准物权行为。德国学说认为，负担行为与处分行为之别，是民法上的任督二脉。[②] 德国民法承认物权行为的独立性和无因性，前者指物权行为独立于债权行为而存在，后者指物权行为效力不受原因行为（债权行为）效力影响。

关于我国物权法中是否采纳物权行为独立性与无因性原则，多数学者认为：基于买卖、互易、赠与、设定担保等债权行为而生的物权变动，无须另有一个独立的物权行为，所谓转移物权的合意实际上是学者虚构的产物，在现实的交易中不可能存在独立于债权合意之外的转移物权的合意；使物权发生变动的意思表示，在观念上虽有独立存在的价值，但可纳入债权行为之中，与成立债权债务关系的意思一并表示，不必将其独立化为一个法律行为；我国民法已规定善意取得制度，保护交易中的善意第三

---

① 参见王泽鉴：《民法物权》（第二版），北京大学出版社 2010 年版，第 62 页。
② 参见王泽鉴：《民法总则》，北京大学出版社 2009 年版，第 243 页。

人,无须引入物权行为无因性理论。

关于原因行为与物权变动的关系问题,我国实定法经历了从《合同法》到《民法典》规定的演变。《合同法》第51条规定:"无处分权的人处分他人财产,经权利人追认或者无处分权的人订立合同后取得处分权的,该合同有效。"第132条第1款规定:"出卖的标的物,应当属于出卖人所有或者出卖人有权处分。"在此,立法并未区分负担行为和处分行为。关于出卖他人之物情形下无处分权人所订立合同的效力,学理上形成了"合同无效说""效力待定说"和"完全有效说"三种观点。[1]《合同法解释(二)》第15条规定,出卖人就同一标的物订立多重买卖合同,合同均不具有《合同法》第52条规定的无效情形,买受人因不能按照合同约定取得标的物所有权,请求追究出卖人违约责任的,人民法院应予支持。2012年《最高人民法院关于审理买卖合同纠纷案件适用法律问题的解释》(已被修正,以下简称2012年《买卖合同司法解释》)第3条规定:"当事人一方以出卖人在缔约时对标的物没有所有权或者处分权为由主张合同无效的,人民法院不予支持。出卖人因未取得所有权或者处分权致使标的物所有权不能转移,买受人要求出卖人承担违约责任或者要求解除合同并主张损害赔偿的,人民法院应予支持。"据此,上述司法解释对出卖他人之物情形下无处分权人所订立合同的效力采用了"完全有效说",即出卖他人之物的合同应当认定为有效;但该被出卖之标的物所有权是否发生移转,则处于效力待定状态。上述司法解释并未采纳德国民法中物权行为无因性理论,而是遵循《物权法》第15条所确立的"原因行为与物权变动结果"区分原则。《民法典》承继了上述理论界和实务界的通说,即不承认物权行为及其无因性,但认可"原因行为与物权变动结果"区分原则。

二、非基于民事法律行为的物权变动

(一)概述

非基于民事法律行为的物权变动是指因法律规定的原因导致物权的产生、变更和消灭。此类物权变动具有如下特点:其一,必须依据法律的规定。基于民事法律行为的物权变动是物权变动的常态,非基于民事法律行为的物权变动属于例外情况,必须基于法律的直接规定。其二,必须有特定法律事实的发生。征收等特定行为或事件是法律所限定的特殊事实,具有法律的明定性。其三,不以登记为物权变动的生效要件,可以直接依据法律的规定发生物权变动的效力。

(二)具体类型

1. 依据公权力发生的物权变动

《民法典》第229条规定:"因人民法院、仲裁机构的法律文书或者人民政府的征

---

[1] 参见最高人民法院民事审判第二庭编著:《最高人民法院关于买卖合同司法解释理解与适用》,人民法院出版社2016年版,第72页。

收决定等,导致物权设立、变更、转让或者消灭的,自法律文书或者征收决定等生效时发生效力。"依据公权力发生的物权变动,又称为"法定物权变动"。①

司法实践中,法律文书导致物权变动制度的适用困境体现在:从法律文书的形式来看,引起物权变动的法律文书是否仅指法院判决和仲裁裁决,法院作出的裁定、调解书,仲裁委作出的调解书能否直接变动物权? 从法律文书的性质来看,引起物权变动的法律文书是否仅限于形成性文书,确认性和给付性文书能否引起物权变动? 形成性文书主要包括哪些类型?② 对此,《物权编司法解释(一)》第 7 条规定,人民法院、仲裁机构在分割共有不动产或者动产等案件中作出并依法生效的改变原有物权关系的判决书、裁决书、调解书,以及人民法院在执行程序中作出的拍卖成交裁定书、变卖成交裁定书、以物抵债裁定书,应当认定为《民法典》第 229 条所称导致物权设立、变更、转让或者消灭的人民法院、仲裁机构的法律文书。该条对《民法典》第 229 条进行了目的性限缩解释,目的在于防止实践中不当扩大化适用《民法典》第 229 条,损害相关权利人的合法权益。根据该条规定,引起物权变动的法律文书从类型上看包括判决书、裁决书和调解书,从性质上看仅限于形成性文书。给付性文书旨在确认原告针对被告的权利,并命令被告向原告给付。给付判决并没有使既存法律关系发生改变,只是经由法院裁判实现当事人间既存法律关系,具有执行力而不具有直接变更权利义务关系的形成力。确认性文书旨在确认某种法律关系是否存在。物权确认之诉是对权利支配状态的确认。就不动产登记而言,确认之诉对应的是更正登记,而非转移登记。只有转移登记才会引起物权变动,故确认性裁判不能引起物权变动。③

分割共有不动产或者动产等案件属于不完全列举,也包括在其他形成之诉中所形成的改变原物权关系的生效法律文书,主要包括法院作出的撤销合同或宣告合同无效的判决、法院应债权人之请求作出的撤销债务人诈害债权行为的判决和法院作出的分割共有物的判决。④

执行程序中的拍卖成交裁定书、变卖成交裁定书之所以能直接导致物权变动,是由强制拍卖、变卖的性质决定的。通说认为,强制拍卖、变卖在性质上属于产生私法上权利变动后果的公法行为。⑤ 据此作出的裁定应为形成裁定,具有形成力。《民诉法解释》第 491 条规定:"拍卖成交或者依法定程序裁定以物抵债的,标的物所有权自拍卖成交裁定或者抵债裁定送达买受人或者接受抵偿物的债权人时转移。"执行程序中的以物抵债裁定书,该以物抵债应属于强制抵债方式,据此作出的裁定应为形成裁

---

① 参见孙宪忠:《中国物权法总论》(第四版),法律出版社 2018 年版,第 362 页。
② 参见杜万华主编:《最高人民法院物权法司法解释(一)理解与适用》,人民法院出版社 2016 年版,第 204 页。
③ 同上书,第 212—217 页。
④ 参见程啸:《不动产登记法研究》(第二版),法律出版社 2018 年版,第 43 页。
⑤ 参见肖建国主编:《民事执行法》,中国人民大学出版社 2014 年版,第 235 页。

定,具有形成力。《民诉法解释》第 490 条规定:"被执行人的财产无法拍卖或者变卖的,经申请执行人同意,且不损害其他债权人合法权益和社会公共利益的,人民法院可以将该项财产作价后交付申请执行人抵偿债务,或者交付申请执行人管理;申请执行人拒绝接收或者管理的,退回被执行人。"

2. 因继承发生的物权变动

《民法典》第 230 条规定:"因继承取得物权的,自继承开始时发生效力。"所谓继承开始时即被继承人死亡时,死亡包括事实死亡也包括宣告死亡。《物权法》第 29 条中曾将受遗赠与继承并列,作为非基于民事法律行为取得物权的类型。但实际上,遗赠属于民事法律行为,受遗赠发生的物权变动,仍属于依据民事法律行为发生的物权变动。

3. 因事实行为发生的物权变动

《民法典》第 231 条规定:"因合法建造、拆除房屋等事实行为设立或者消灭物权的,自事实行为成就时发生效力。"该条主要解决合法建造的事实行为成就时,该不动产在没有办理登记之前,在法律上应当如何确定其归属的问题,不能因为未办登记或未及时办理登记,而使该财产成为无主财产。合法建造的认定应考量建房是否取得合法手续,包括完成特定的审批手续、取得合法的土地权利、符合规划要求;取得建设用地规划许可证和建设工程规划许可证,关于两证的相关强制性规定在司法实践中被认为属于效力性强制性规范。[①] 对于事实行为成就,即房屋建造、房屋拆除的认定应依照一般社会观念判断。

(三)非基于民事法律行为的物权变动与不动产登记

《民法典》第 232 条规定:"处分依照本节规定享有的不动产物权,依照法律规定需要办理登记的,未经登记,不发生物权效力。"《物权编司法解释(一)》第 8 条规定,依据《民法典》第 229 条至第 231 条规定享有物权,但尚未完成动产交付或者不动产登记的权利人,依据《民法典》第 235 条至第 238 条的规定,请求保护其物权的,应予支持。根据上述规定,非基于法律行为发生的物权变动,只要发生法律规定的事实,就会发生物权变动。非基于法律行为取得的物权,权利人虽未办理登记或者交付,仍可享有物权请求权。但是物权人处分该物权时,依照法律规定需要办理登记的,未经登记,不发生物权效力。该规定强制物权人在处分物权时,必须办理登记手续,主要是基于维护交易秩序和交易安全的考量。

[①] 参见杜万华主编:《最高人民法院物权法司法解释(一)理解与适用》,人民法院出版社 2016 年版,第 233—244 页。

第三节　物权变动的公示

一、不动产登记

（一）不动产登记的概念与特征

《不动产登记暂行条例》第 2 条规定,不动产登记是指不动产登记机构依法将不动产权利归属和其他法定事项记载于不动产登记簿的行为。不动产登记包含两层含义:一是登记的过程或程序,二是登记簿上的记载所产生的效果。① 不动产登记的主要功能在于保护权利人的物权,维护不动产交易安全,也有利于国家对不动产进行管理、征收赋税和进行宏观调控。② 《民法典》第 209 条规定:"不动产物权的设立、变更、转让和消灭,经依法登记,发生效力;未经登记,不发生效力,但是法律另有规定的除外。依法属于国家所有的自然资源,所有权可以不登记。"第 210 条规定:"不动产登记,由不动产所在地的登记机构办理。国家对不动产实行统一登记制度。统一登记的范围、登记机构和登记办法,由法律、行政法规规定。"据此,不动产登记是由当事人和登记机构共同参与,由登记机构依法进行的国家行政事务,不动产登记机构将应登记的事项记载于不动产登记簿。③

（二）不动产登记的效力

不动产登记的效力,有登记要件和登记对抗两种立法模式。

登记要件模式是指以登记作为不动产物权变动的生效要件,仅依当事人的合意不发生不动产物权变动的效果。不动产物权的设立、变更、转让和消灭,原则上应当按照法律进行登记。不动产物权以登记作为公示方法,是为了使物权法律关系更加清晰,以及保障交易安全。

登记对抗模式是指当事人之间的合意即可产生物权变动,但未经登记,不得对抗善意第三人。主张登记对抗主义的理由主要是:第一,充分体现意思自治这一民法基本原则;第二,更加符合我国登记制度尚不完备的国情;第三,有利于降低交易成本,加速财产流转。反对的理由除了逻辑构造上的问题外,主要是就交易安全保护而言,登记对抗主义不及登记要件主义。④

在我国,采用登记对抗模式的主要有船舶、航空器、机动车等特殊动产的物权变动(《民法典》第 225 条)和动产抵押权的设立(《民法典》第 403 条)。在不动产物权变动领域主要有土地承包经营权的转让、互换(《民法典》第 335 条)、土地经营权的设

---

① 参见常鹏翱:《不动产登记法》,社会科学文献出版社 2011 年版,第 6 页。
② 参见程啸:《不动产登记法研究》(第二版),法律出版社 2018 年版,第 62—63 页。
③ 参见冉克平:《物权法总论》,法律出版社 2015 年版,第 336 页。
④ 参见龙俊:《民法中的意思自治与信赖保护》,中国政法大学出版社 2016 年版,第 17 页。

立(《民法典》第341条)和地役权的设立(《民法典》第374条)。但有学者认为登记对抗模式人为制造了法律适用的困境,既不利于维护当事人的合法权益,也不利于有效解决纠纷。①

《民法典》第214条规定:"不动产物权的设立、变更、转让和消灭,依照法律规定应当登记的,自记载于不动产登记簿时发生效力。"第215条规定:"当事人之间订立有关设立、变更、转让和消灭不动产物权的合同,除法律另有规定或者当事人另有约定外,自合同成立时生效;未办理物权登记的,不影响合同效力。"一般认为,《民法典》第214条和第215条确立了区分原则,即区分合同效力和不动产登记所引发的物权变动效力。未办理不动产物权登记的,不影响合同效力,当事人负有依据有效合同继续办理登记的义务,在办理登记之前,不动产物权无法变动。

(三) 不动产登记机关的审查等义务

《民法典》第213条规定:"登记机构不得有下列行为:(一) 要求对不动产进行评估;(二) 以年检等名义进行重复登记;(三) 超出登记职责范围的其他行为。"《民法典》第223条规定:"不动产登记费按件收取,不得按照不动产的面积、体积或者价款的比例收取。"不动产登记机关对于当事人提交的材料以形式审查为原则,实质审查为例外。《民法典》第211条规定:"当事人申请登记,应当根据不同登记事项提供权属证明和不动产界址、面积等必要材料。"第212条规定:"登记机构应当履行下列职责:(一) 查验申请人提供的权属证明和其他必要材料;(二) 就有关登记事项询问申请人;(三) 如实、及时登记有关事项;(四) 法律、行政法规规定的其他职责。申请登记的不动产的有关情况需要进一步证明的,登记机构可以要求申请人补充材料,必要时可以实地查看。"

《不动产登记暂行条例》第19条确立了不动产登记机构的实地查看义务。属于下列情形之一的,不动产登记机构可以对申请登记的不动产进行实地查看:(1) 房屋等建筑物、构筑物所有权首次登记;(2) 在建建筑物抵押权登记;(3) 因不动产灭失导致的注销登记;(4) 不动产登记机构认为需要实地查看的其他情形。对可能存在权属争议,或者可能涉及他人利害关系的登记申请,不动产登记机构可以对申请人、利害关系人或者有关单位进行调查。不动产登记机构进行实地查看或者调查时,申请人、被调查人应当予以配合。

(四) 不动产登记机构的赔偿责任

《民法典》第222条规定:"当事人提供虚假材料申请登记,造成他人损害的,应当承担赔偿责任。因登记错误,造成他人损害的,登记机构应当承担赔偿责任。登记机构赔偿后,可以向造成登记错误的人追偿。"据此,不动产登记赔偿责任具有以下特征:一是因虚假登记与违法登记而产生的民事责任。虚假登记是指当事人以虚假的

---

① 参见程啸:《不动产登记法研究》(第二版),法律出版社2018年版,第19页。

申请材料向不动产登记机构申请的登记。违法登记是指登记机构没有尽到应有的审查职责将本不应登记的事项进行了登记。① 二是责任主体是不动产登记机构与申请不动产登记的当事人。三是责任形式主要表现为侵权责任。

关于不动产登记机构赔偿责任的性质是属于民事责任还是国家赔偿范畴,学界存有不同意见。比较法上,多数国家规定为国家赔偿责任。在我国法上的争议主要源于民事赔偿责任和行政赔偿责任在归责原则和赔偿范围方面的差异。不可否认,将不动产登记机构赔偿责任界定为民事责任对受害人较为有利,从归责原则上看,可以采用无过错责任;从责任范围来讲,可以完全赔偿,赔偿范围包括直接损失和间接损失;从不动产登记机构与当事人的关系来看,可以适用多数人侵权责任的相关规定。《担保制度司法解释》第48条规定:"当事人申请办理抵押登记手续时,因登记机构的过错致使其不能办理抵押登记,当事人请求登记机构承担赔偿责任的,人民法院依法予以支持。"

(五) 不动产登记簿

《民法典》第216条规定:"不动产登记簿是物权归属和内容的根据。不动产登记簿由登记机构管理。"第217条规定:"不动产权属证书是权利人享有该不动产物权的证明。不动产权属证书记载的事项,应当与不动产登记簿一致;记载不一致的,除有证据证明不动产登记簿确有错误外,以不动产登记簿为准。"第218条规定:"权利人、利害关系人可以申请查询、复制不动产登记资料,登记机构应当提供。"第219条规定:"利害关系人不得公开、非法使用权利人的不动产登记资料。"《民法典》第219条为新增规定,从而向查询、复制不动产登记资料的不动产物权利害关系人施加了一项保密义务。

(六) 不动产登记的类型

不动产登记依其原因可分为变动登记与特殊登记。变动登记即对不动产物权设立、变更、消灭的登记,包括:不动产首次登记,是指不动产权利第一次记载于不动产登记簿,如实践中的总登记和初始登记;变更登记,主要针对不动产权利人的姓名、名称或者不动产坐落等发生变化的情形;转移登记,主要针对不动产权属发生转移的情形,如买卖、继承、赠与、以不动产作价入股等;注销登记,适用于不动产权利灭失的情形。特殊登记主要包括更正登记、异议登记和预告登记。

1. 更正登记

更正登记是指不动产登记簿存在错误时,登记机构依权利人、利害关系人的申请或依职权消除该错误而进行的登记。《民法典》第220条第1款规定:"权利人、利害关系人认为不动产登记簿记载的事项错误的,可以申请更正登记。不动产登记簿记载的权利人书面同意更正或者有证据证明登记确有错误的,登记机构应当予以更

---

① 参见程啸:《不动产登记法研究》(第二版),法律出版社2018年版,第882页。

正。"《不动产登记暂行条例实施细则》第 79 条第 1 款规定,权利人、利害关系人认为不动产登记簿记载的事项有错误的,可以申请更正登记。第 80 条第 1 款、第 3 款规定,不动产权利人或者利害关系人申请更正登记,不动产登记机构认为不动产登记簿记载确有错误的,应当予以更正;但在错误登记之后已经办理了涉及不动产权利处分的登记、预告登记和查封登记的除外。不动产登记簿记载无误的,不动产登记机构不予更正,并书面通知申请人。第 81 条规定,不动产登记机构发现不动产登记簿记载的事项错误,应当通知当事人在 30 个工作日内办理更正登记。当事人逾期不办理的,不动产登记机构应当在公告 15 个工作日后,依法予以更正;但在错误登记之后已经办理了涉及不动产权利处分的登记、预告登记和查封登记的除外。

2. 异议登记

异议登记是指利害关系人对不动产登记簿记载的物权归属等事项有异议的,通过登记其异议以保护其权利。异议登记的主要制度价值在于保护真正的权利人,并警示交易的第三人,阻断登记公信力。《民法典》第 220 条第 2 款规定:"不动产登记簿记载的权利人不同意更正的,利害关系人可以申请异议登记。登记机构予以异议登记,申请人自异议登记之日起十五日内不提起诉讼的,异议登记失效。异议登记不当,造成权利人损害的,权利人可以向申请人请求损害赔偿。"

《不动产登记暂行条例实施细则》第 82 条第 1 款规定,利害关系人认为不动产登记簿记载的事项错误,权利人不同意更正的,利害关系人可以申请异议登记。第 83 条规定,不动产登记机构受理异议登记申请的,应当将异议事项记载于不动产登记簿,并向申请人出具异议登记证明。异议登记申请人应当在异议登记之日起 15 日内,提交人民法院受理通知书、仲裁委员会受理通知书等提起诉讼、申请仲裁的材料;逾期不提交的,异议登记失效。异议登记失效后,申请人就同一事项以同一理由再次申请异议登记的,不动产登记机构不予受理。第 84 条规定,异议登记期间,不动产登记簿上记载的权利人以及第三人因处分权利申请登记的,不动产登记机构应当书面告知申请人该权利已经存在异议登记的有关事项。申请人申请继续办理的,应当予以办理,但申请人应当提供知悉异议登记存在并自担风险的书面承诺。据此,我国法上的异议登记的程序是:利害关系人认为不动产登记簿记载的事项错误,而权利人不同意更正,异议登记被记载之后申请人应当在 15 日内向法院提起诉讼。

异议登记记载于不动产登记簿上,并不等于说登记簿的记载一定存在错误,它仅仅表明有人认为登记簿的记载存在错误,从而通过此种登记公示提醒他人注意可能存在的法律风险。异议登记是一种临时性保护措施,异议登记被记载之后申请人应当在 15 日内向法院提起诉讼,逾期不起诉的,异议登记失去效力。如异议登记申请人在此期间提起了诉讼,则异议登记继续保持其效力,直至法院作出生效判决。如果异议申请人败诉,则申请人或登记簿上的权利人可申请注销异议登记,权利人因此遭受的损失,可以向异议申请人要求损害赔偿;如果异议申请人胜诉,法院判决申请人是真正的不动产权利人,则登记机构可根据生效的法律文书等进行更正登记,异议登记同样失去效力。①

《物权编司法解释(一)》第3条规定,异议登记因《民法典》第220条第2款规定的事由失效后,当事人提起民事诉讼,请求确认物权归属的,应当依法受理。异议登记失效不影响人民法院对案件的实体审理。据此,异议登记只是为非载于登记簿的实体权利人或利害关系人提供一种阻却权利人行使物权处分权的临时性救济措施,其效力是警示他人该物权存在产权不明的交易风险。由于异议登记与确权诉讼的功能、目的不同,相互之间并无逻辑顺序,故异议登记制度并非确认权利的前置程序,异议登记失效也不应该成为利害关系人维护不动产权利的障碍。当事人在异议登记因法定15日期间经过未提起诉讼而失效后仍有权提起确权之诉,法院应予受理。

3. 预告登记

《民法典》第221条规定:"当事人签订买卖房屋的协议或者签订其他不动产物权的协议,为保障将来实现物权,按照约定可以向登记机构申请预告登记。预告登记后,未经预告登记的权利人同意,处分该不动产的,不发生物权效力。预告登记后,债权消灭或者自能够进行不动产登记之日起九十日内未申请登记的,预告登记失效。"《不动产登记暂行条例实施细则》第85条规定,有下列情形之一的,当事人可以按照约定申请不动产预告登记:(1)商品房等不动产预售的;(2)不动产买卖、抵押的;(3)以预购商品房设定抵押权的;(4)法律、行政法规规定的其他情形。不动产登记簿上的预告登记,使一项旨在引起不动产物权变动的债权请求权获得某些物权效力,从而使权利人能够以经过预告登记的债权对抗不特定第三人,从而保障债权的实现。一般而言,预告登记具有以下法律效力:

第一,保全效力。《民法典》第221条第1款规定:"预告登记后,未经预告登记的权利人同意,处分该不动产的,不发生物权效力。"为保障将来实现物权,不动产权利人不得再处分该不动产物权,不动产登记机构也不得再办理不动产物权的变动登记。"不发生物权效力"是指未经预告登记的权利人同意,不动产权利人处分该不动产的,合同仍然有效。但如果不动产权利人因预告登记而无法履行其变动物权的义务,其应当对第三人承担相应的违约责任。②《物权编司法解释(一)》第4条规定,未经预告登记的权利人同意,转让不动产所有权等物权,或者设立建设用地使用权、居住权、地役权、抵押权等其他物权的,应当依照《民法典》第221条第1款的规定,认定其不发生物权效力。为兼顾平衡登记权利人的请求权与限制登记义务人的处分权,该条对不发生物权效力的不动产处分行为进行了限缩性解释,即将其限于未经预告登记

---

① 参见刘家安:《物权法论》(第二版),中国政法大学出版社2015年版,第62—63页。
② 参见王利明:《物权法研究(上)》,中国人民大学出版社2013年版,第359页。

的权利人同意而转移不动产所有权,或者设定建设用地使用权、地役权、抵押权等其他物权的在法律上危及或者妨碍债权如期实现的行为。

第二,顺位效力。由于在我国法上一旦办理预告登记后,登记机构将不再办理物权变动登记,因此,顺位效力在我国没有太大的实在法意义。但也有学者认为:在限制处分的立法模式下,预告登记的顺位效力也具有一定意义。一方面,在多重抵押情形下,即使预告登记义务人再次设定抵押,该抵押权也处于第二顺位。另一方面,尽管法律禁止义务人在预告登记后再次办理处分登记,但如出现错误登记,赋予预告登记权利人顺位优先权利优先的效力,也是一种解决思路。①

第三,破产保护和排除强制执行效力。经预告登记的债权请求权具有类似物权的特征,在债务人被宣告破产或进入强制执行程序后,因预告登记而受保护的债权人仍可向破产管理人请求履行,亦可排除其他债权人强制执行标的物的权利②,排除执行程序中对标的物进行处分的效力。根据《最高人民法院关于人民法院办理执行异议和复议案件若干问题的规定》第30条,不动产预告登记的权利人可以要求法院停止拍卖、变卖等处分措施,这种规定具有合理性。

《担保制度司法解释》第52条对抵押权预告登记的效力作了规定:"当事人办理抵押预告登记后,预告登记权利人请求就抵押财产优先受偿,经审查存在尚未办理建筑物所有权首次登记、预告登记的财产与办理建筑物所有权首次登记时的财产不一致、抵押预告登记已经失效等情形,导致不具备办理抵押登记条件的,人民法院不予支持;经审查已经办理建筑物所有权首次登记,且不存在预告登记失效等情形的,人民法院应予支持,并应当认定抵押权自预告登记之日起设立。当事人办理了抵押预告登记,抵押人破产,经审查抵押财产属于破产财产,预告登记权利人主张就抵押财产优先受偿的,人民法院应当在受理破产申请时抵押财产的价值范围内予以支持,但是在人民法院受理破产申请前一年内,债务人对没有财产担保的债务设立抵押预告登记的除外。"

《民法典》第221条第2款规定:"预告登记后,债权消灭或者自能够进行不动产登记之日起九十日内未申请登记的,预告登记失效。"《不动产登记暂行条例实施细则》第89条规定,预告登记未到期,有下列情形之一的,当事人可以持不动产登记证明、债权消灭或者权利人放弃预告登记的材料,以及法律、行政法规规定的其他必要材料申请注销预告登记:(1)预告登记的权利人放弃预告登记的;(2)债权消灭的;(3)法律、行政法规规定的其他情形。《物权编司法解释(一)》第5条规定,预告登记的买卖不动产物权的协议被认定无效、被撤销,或者预告登记的权利人放弃债权的,应当认定为《民法典》第221条第2款所称的"债权消灭"。当预告登记因债权转让而

---

① 参见王利明:《论民法典物权编中预告登记的法律效力》,载《清华法学》2019年第3期。
② 参见程啸:《不动产登记法研究》,法律出版社2011年版,第549页。

发生转让时,预告登记权利人与债权受让人应当共同办理预告登记变更登记(土地权利)或者转移登记(房屋权利)。在涉及土地权利的预告登记场合,债权转让人与受让人可以持原预告登记证明书、转让协议、已经通知债务人的证明等相关证明材料申请办理。在涉及房屋权利的预告登记场合,债权转让人与受让人提交登记申请书、申请人的身份证明、原预告登记证明书、主债权发生移转的证明材料等申请办理。

二、动产交付

(一) 交付的概念与效力

登记的公示方法虽然具有明确性等优势,但其主要适用于不动产;对于动产而言,由于其具有可移动性和价值较低等特点,以登记作为物权变动的公示方法代价太大,交付便成为动产物权的一般公示方法。所谓交付,即物的直接占有的移转,亦即一方按照民事法律行为要求将物的直接占有移转给另一方的法律事实。《民法典》第224条规定:"动产物权的设立和转让,自交付时发生效力,但是法律另有规定的除外。"该条表明,我国在动产物权变动上以交付要件主义为原则,即动产未经交付,不发生物权变动的效果。

(二) 交付的类型

交付通常是指现实交付,即出让人将物实际移转占有。在现实交付之外,还存在观念交付,具体包括:简易交付、指示交付和占有改定。

简易交付是指由于受让人已因在先的法律事实而占有动产,现实的交付已无必要,为满足动产物权变动需交付动产的法律要求,将当事人间的让与合意视为交付,直接发生动产物权变动的效力。《民法典》第226条规定:"动产物权设立和转让前,权利人已经占有该动产的,物权自民事法律行为生效时发生效力。"

指示交付是指间接占有人就其所有之物设立或转让物权时,可通过将针对直接占有人的返还请求权让与受让人以替代交付。《民法典》第227条规定:"动产物权设立和转让前,第三人占有该动产的,负有交付义务的人可以通过转让请求第三人返还原物的权利代替交付。"

占有改定是指通过使受让人取得对动产的间接占有,同时让与人对其所让与的动产成立直接占有的方式实现物权变动。《民法典》第228条规定:"动产物权转让时,当事人又约定由出让人继续占有该动产的,物权自该约定生效时发生效力。"从学理上解释,该约定必须是构成一项独立的合同,如租赁合同、借用合同或保管合同,受让人取得间接占有方能构成占有改定[①],即需因某种法律关系之存在,让与人有暂行占有其物之必要者。唯法律仅认具体的改定为有效,倘当事人只约定让与人为受让

---

① 参见刘家安:《物权法论》(第二版),中国政法大学出版社2015年版,第66页。

人而为占有,则系一种抽象的改定。抽象的改定,足使所有权之移转,罹于无效。①

(三)船舶、航空器等特殊动产物权的变动

《民法典》第 225 条规定:"船舶、航空器和机动车等的物权的设立、变更、转让和消灭,未经登记,不得对抗善意第三人。"根据该条文,产生的争议是机动车等特殊动产的物权变动效力究竟是从交付时还是合同生效时起发生。多数说认为:虽然船舶、航空器和机动车等物权的变动采取的是登记对抗主义,但不能因此否定交付是这些动产物权变动的生效要件。《民法典》第 224 条强调了动产物权的设立和转让自交付时发生效力,单纯的合同不发生物权变动,除非法律另有规定,如《民法典》第 403 条规定的动产抵押。至于《民法典》第 225 条,并不是法律对交付作为动产物权变动生效要件的例外规定。在《民法典》第 225 条所确立的特殊动产登记对抗主义之下,一项具有完全对世效力的物权变动通常都是分两个阶段进行的:其一是在登记之前,该项物权变动并不具有完全的对世效力,即不能对善意第三人产生对抗效力;其二是在登记之后,该项物权变动可以产生完全的对世效力,即可对包括善意第三人在内的所有人都产生对抗效力。

我国在物权变动问题上一般采取债权形式主义,只有土地承包经营权和地役权的设立采取了债权意思主义,对于船舶、航空器和机动车的物权变动采取的是交付作为生效要件的模式,而非合同生效时发生物权变动的效力,登记只是对抗要件。当事人在此类特殊动产交付后是否办理移转登记,属于当事人意思自治的范畴,当事人可以自主决定是否为了保证交易安全、防止第三人追夺而去办理所有权移转登记;但未办理所有权移转登记,并不影响所有权的移转。在我国特殊动产登记制度中,与买卖发生物权变动相关的登记主要是注册登记和移转登记。但机动车的注册登记和移转登记均是行政管理手段,并非机动车所有权登记,不进行注册登记或移转登记并不影响买受人获得所有权。总之,机动车等特殊动产登记并不具有设权作用,而仅具有证权作用。②

机动车等特殊动产多重买卖时,究竟是以交付还是以登记作为判断所有权归属的标准,即二者不一致时何者的效力更高?《买卖合同司法解释》第 7 条规定,出卖人就同一船舶、航空器、机动车等特殊动产订立多重买卖合同,在买卖合同均有效的情况下,买受人均要求实际履行合同的,应当按照以下情形分别处理:(1)先行受领交付的买受人请求出卖人履行办理所有权转移登记手续等合同义务的,人民法院应予支持;(2)均未受领交付,先行办理所有权转移登记手续的买受人请求出卖人履行交付标的物等合同义务的,人民法院应予支持;(3)均未受领交付,也未办理所有权转

---

① 参见梅仲协:《民法要义》,中国政法大学出版社 1998 年版,第 520 页。
② 参见最高人民法院民事审判第二庭编著:《最高人民法院关于买卖合同司法解释理解与适用》,人民法院出版社 2016 年版,第 183 页。

移登记手续,依法成立在先合同的买受人请求出卖人履行交付标的物和办理所有权转移登记手续等合同义务的,人民法院应予支持;(4)出卖人将标的物交付给买受人之一,又为其他买受人办理所有权转移登记,已受领交付的买受人请求将标的物所有权登记在自己名下的,人民法院应予支持。该项规定确立了特殊动产物权变动中交付的公示效力优先于登记的公示效力的规则,成为解决特殊动产一物数卖问题的关键性标准。

第三章　物权的保护

第一节　物权确认请求权

一、物权确认请求权的概念和性质

物权确认请求权是指利害关系人在物权归属和内容发生争议时，有权请求有关机关确认物权归属、明确权利内容。《民法典》第234条规定："因物权的归属、内容发生争议的，利害关系人可以请求确认权利。"

尽管《民法典》第234条规定了物权确认请求权，但学界对于其性质到底是实体法上的请求权还是程序上的权利（确认诉权）存在争议，因为"如果认为对于确认之诉无须强制执行，其目的在判决中已实现，无须将其构造为一种实体法上的请求权，而如果将其构造为实体法上的请求权，在逻辑上其又是给付之诉，与我国区分给付之诉、确认之诉的理论与实践又不相符合"。[1] 本书认为，物权确认请求权虽然是保护物权的方法，但不属于物权请求权的范畴，主要理由是物权请求权系基于物权而生的权利，物权的必定存在是物权请求权产生的前提，没有物权便没有物权请求权。[2]

二、物权确认请求权的行使

物权确认请求权的行使主体为利害关系人，包括真正权利人、对物主张权利的人以及与他们具有债权债务关系的人。提起的诉讼是确认之诉的一种形态，具体表现为确认物权归属之诉、确认物权的内容之诉和分割共有财产之诉等。

物权确认请求权的行使条件是"因物权的归属、内容发生争议"。因物权归属发生争议，即对真实权利人到底是谁发生争议；对物权的内容发生争议，如对权利人享有的物权到底是什么类型、有多长期限、支配范围有多大等方面的争议。该请求权一般直接向法院提起，也可向有管辖权的行政部门提起。如建设用地使用权权属的确认，可向自然资源部门提起行政裁决。

《物权编司法解释（一）》第1条规定："因不动产物权的归属，以及作为不动产物

---

[1] 王洪亮：《物上请求权的功能与理论基础》，北京大学出版社2011年版，第16页。
[2] 参见崔建远：《物权法》（第三版），中国人民大学出版社2014年版，第113页。

权登记基础的买卖、赠与、抵押等产生争议，当事人提起民事诉讼的，应当依法受理。当事人已经在行政诉讼中申请一并解决上述民事争议，且人民法院一并审理的除外。"该条是关于审查基础关系或确认不动产物权权属属于民事诉讼受案范围的规定。涉不动产登记争议应区分民事法律关系与行政法律关系，涉不动产登记民事诉讼的诉讼标的为不动产物权的归属或基础法律关系，涉不动产登记行政诉讼的诉讼标的为登记行为本身，法院审查的是登记行为的合法性。

《物权编司法解释（一）》第2条规定："当事人有证据证明不动产登记簿的记载与真实权利状态不符，其为该不动产物权的真实权利人，请求确认其享有物权的，应予支持。"根据《民事案件案由规定》，该条适用的具体案由主要为物权确认纠纷，包括所有权确认纠纷、用益物权确认纠纷和担保物权确认纠纷。但需注意的是，该条不适用于第三人善意取得不动产的情形。在第三人善意取得不动产的情况下，第三人为原始取得，是不动产的真正权利人，也就不存在本条中当事人能提供证据证明不动产登记簿的记载与真实权利状态不符的可能。①

第二节 物权请求权

一、物权请求权的概念和特征

物权请求权指物权人在其物权受到侵害或有可能受到侵害时，可以请求恢复物权圆满状态或防止侵害的权利。

物权请求权的特征为：其一，物权请求权是保护物权的特有方法，是基于物权而产生的，源于物权的支配性特性；其二，物权请求权与物权是不可分离的，物权请求权与物权具有共同的命运；其三，物权请求权主要是为恢复对物的圆满支配状态而存在的。物权请求权的存在以物权的存在为前提，就是在物受到侵害或有要侵害可能时提供的救济方式。

二、物权请求权的性质和行使

关于物权请求权的立法首见于《德国民法典》，在该法典物权编第三章第四节规定了所有权请求权，包括返还请求权（第985条）、除去及不作为请求权（第1004条）。学理上对于物权请求权的性质有不同见解，主要有纯债权说、准债权说、物权作用说和物权派生之请求权说。② 本书认为，物权请求权是以物权为基础的一种相对独立的

---

① 参见杜万华主编：《最高人民法院物权法司法解释（一）理解与适用》，人民法院出版社2016年版，第80—81页。
② 参见谢在全：《民法物权论》（上册），中国政法大学出版社1999年版，第38—39页；申卫星：《物权法原理》（第二版），中国人民大学出版社2016年版，第105—106页。

请求权。物权请求权首先是物权的效力之一,来自物权保护之绝对性,在物权受到侵害或可能受到侵害时,具有排除外来干涉和侵害,确保物权圆满状态之必要。其次,物权请求权是独立的请求权,按照请求权的特征,物权请求权也只能发生在特定当事人之间,也是以要求他人为或不为一定行为为内容,所以在该权利的实现上,准用关于债的履行的规定。① 最后,物权请求权与物权具有共同的命运,物权请求权随着物权的产生而产生,随着物权的转移而转移,物权消灭时物权请求权亦不复存在。

三、物权请求权与侵权请求权的区别与适用

晚近以来,随着侵权责任形式的不断扩张,对"损害"采取了"最广义损害"的概念。《民法典》第179条将停止侵害、排除妨碍、消除危险、返还财产和恢复原状等作为民事责任的承担方式,但停止侵害、排除妨碍、消除危险和返还财产等既可以作为侵权责任的承担方式,同时也是物权请求权的主要内涵,实践中易出现侵权请求权和物权请求权竞合的现象。但两者存在如下区别:第一,功能和目的不同,物权请求权意在恢复物的支配的圆满状态;侵权请求权意在填补受害人的损失。第二,要求相对人承担责任的要件不同,物权请求权的行使根本不考虑行为人的过错。第三,法律对两种请求权保护的期限不同。根据《民法典》第196条的规定,停止侵害、排除妨碍、消除危险等请求权不适用诉讼时效的规定,不动产物权和登记的动产物权的权利人请求返还财产也不适用诉讼时效的规定。

物权请求权与侵权请求权是两种不同的对物权的保护方法,其从不同的角度对物权损害予以不同的救济,两者可以独立适用,也可以结合适用。② 权利受害之救济,大陆法系民法大抵以"排除侵害"与"损害赔偿"为两大支柱,物权请求权和侵权损害赔偿请求权在民事救济理论上确有其关联,适用上有并存的可能。如甲窃取乙之所有物,乙对甲既有所有权返还请求权,亦有损害赔偿请求权,两者可择一而行使,或者一并行使。③ 司法实践中也认为:物权为支配权,不适用诉讼时效的规定,作为物权一部分的返还原物、停止侵害、排除妨碍、消除危险等物权请求权,也不应当因时效届满而灭失。但物权损害赔偿请求权适用诉讼时效规则,当原物灭失的关键性法律事件发生后,物权请求权转化为物权损害赔偿请求权,应当从权利人能够请求法院保护其请求权时开始计算诉讼时效期间。

对物权的侵害,可能导致行为人承担多种法律责任。《民法典》第238条规定:"侵害物权,造成权利人损害的,权利人可以依法请求损害赔偿,也可以依法请求承担其他民事责任。"《民法典》第239条规定:"本章规定的物权保护方式,可以单独适用,

---

① 参见申卫星:《物权法原理》(第二版),中国人民大学出版社2016年版,第106页。
② 参见王利明:《物权法》,中国人民大学出版社2015年版,第39页。
③ 参见谢在全:《民法物权论》(上册),中国政法大学出版社1999年版,第143页。

也可以根据权利被侵害的情形合并适用。"侵害物权,除承担民事责任外,违反行政管理规定的,依法承担行政责任;构成犯罪的,依法追究刑事责任。

四、物权请求权的具体内容

(一) 返还原物请求权

在德国法上,将侵占物返还于权利人是恢复原状的当然之意,而恢复原状又是损害赔偿的原则,在侵权责任意义上,没有单独的"返还财产"责任形式。基于此,德国法上不存在我国民法中返还原物请求权(物权请求权)和返还财产请求权(债权请求权)的纠葛。《民法典》第235条规定:"无权占有不动产或者动产的,权利人可以请求返还原物。"因占有是物权的基本权能,也是物权实现的必要前提。因此,返还原物请求权在物权请求权中具有前提和核心性质的意义。该请求权针对的是无权占有人,即没有法律根据、没有合法原因的占有人。在返还范围上,原物和孳息都应返还。对无权占有人进行主观上善意和恶意的区分,主要涉及的是物权人应否补偿无权占有人所支出的合理费用。

(二) 排除妨害与消除危险请求权

排除妨害请求权和消除危险请求权,有学者称之为物权防御请求权,体现防御性、被动性和保全性的特点。[1]《民法典》第236条规定:"妨害物权或者可能妨害物权的,权利人可以请求排除妨害或者消除危险。"排除妨害的请求权适用于该侵害已经发生的情况;消除危险的请求权适用于妨害虽然尚未发生但是存在发生的现实危险的情况。

(三) 修理、更换、重作和恢复原状请求权

《民法典》第237条规定:"造成不动产或者动产毁损的,权利人可以依法请求修理、重作、更换或者恢复原状。"关于恢复原状请求权是物权请求权还是债权请求权,学理上有不同观点。[2] 传统民法上,损害赔偿方法包括恢复原状与金钱赔偿。恢复原状保护的是受害人的完整利益,也称"维持利益";金钱赔偿保护的是受害人的价值利益,也称"金额利益"。关于两种赔偿方法的适用关系,大陆法系民法中存在恢复原状优先原则、金钱赔偿主义与自由裁量主义三种立法例。[3] 我国民法中许多原本属于恢复原状的内容被剥离出来,成为多类单独的民事责任承担方式,如精神损害时的赔礼道歉,侵占时的返还财产,财物毁坏时的修理、重作、更换,由此,我国民法上"恢复原状"的含义非常狭窄,可理解为:恢复原状就是对受损物品的修复,是专门用于保护财产所有权的一种民事责任方式。据此,《民法典》第237条规定的恢复原状请求权与

---

[1] 参见丁宇翔:《返还原物请求权研究——一种失当物权关系矫正技术的阐释》,法律出版社2019年版,第250页。
[2] 参见冉克平:《物权法总论》,法律出版社2015年版,第502页。
[3] 参见高富平:《物权法原论》(第二版),法律出版社2014年版,第378页。

损害赔偿请求权可以并存,在所有人的财产遭受毁损以后,如果经过修补仍不足以弥补受害人的损失,受害人可以额外要求赔偿。①

在比较法上,德国民法、我国台湾地区"民法"规定,物权请求权并不包括恢复原状请求权,恢复原状通常作为侵权损害赔偿的方式规定于债编。主要理由是从侵害人的角度来看,停止侵害请求权、返还原物请求权、排除妨害请求权和消除危险请求权均属于退出式责任,即侵害者非法入侵物权人的支配领地,必须从该领地中退出,以恢复权利人对物权的圆满支配状态。但恢复原状的目的是填补损害,而非直接打击侵害。有学者据此认为,"修理、更换、重作"仅是违约责任的承担方式,恢复原状仅是侵权责任的承担方式。②

五、物权请求权是否适用诉讼时效

物权请求权旨在保护物权的完整性,依其性质不应适用诉讼时效,否则将使物权受到妨害时无法除去,致物权沦为有名无实之权利。③ 物权请求权的本质是从属性权利而不是独立权利,因此,物权请求权的法律命运应当附属于物权本身。原则上,物权消灭,则物权请求权消灭。物权不消灭,则物权请求权不消灭。

关于物权请求权是否适用诉讼时效,学界争论的焦点是关于返还原物请求权问题。《民法典》第 196 条第 1 项、第 2 项规定,下列请求权不适用诉讼时效的规定:(1)请求停止侵害、排除妨碍、消除危险;(2)不动产物权和登记的动产物权的权利人请求返还财产。停止侵害、排除妨碍、消除危险是所有权和他物权的应有功能,其目的是解决对物权权能的障碍、发挥物的效用,回复权利人对权利客体的支配为目的。如果请求停止侵害、排除妨碍、消除危险的权利适用诉讼时效,将会发生物权人必须容忍他人对其行使物权进行侵害的结果,这对权利人不公平,也违反物权法基本原理。就不动产的返还而言,由于我国不动产物权变动采取登记生效主义,如在不动产登记制度下仍规定已登记的物权人请求返还财产适用诉讼时效,则必然导致时效制度与不动产登记制度的自相矛盾,动摇不动产登记制度的权威。考虑到我国农村地区房屋尚未全部办理不动产登记,为更好地保护农民的房屋产权,明确不论是否登记,不动产物权的权利人请求返还财产均不适用诉讼时效。就动产的返还而言,对于船舶、航空器和机动车等特殊动产的物权变动采取登记对抗主义,如果权利人进行了登记,与不动产登记一样,产生强有力的公示公信效力,登记动产物权的权利人请求返还财产不适用诉讼时效。而一般动产价值小、流动大、易耗损,如果不适用诉讼时效的规定,多年后再提起诉讼,一是年代久远存在举证困难,二是增加诉累,三是不利于矛盾的及时解决。据此,这些普通动产的返还请求权应适用诉讼时效。④

---

① 参见王利明:《物权法》,中国人民大学出版社 2015 年版,第 50 页。
② 参见房绍坤:《物权法的变革与完善》,北京大学出版社 2019 年版,第 72 页。
③ 参见李宇:《民法总则要义:规范释论与判解集注》,法律出版社 2017 年版,第 949 页。
④ 参见张荣顺主编:《中华人民共和国民法总则解读》,中国法制出版社 2017 年版,第 667 页。

第四章 所有权的一般规定

第一节 所有权的概念和特征

一、所有权的概念

依《民法典》第 240 条的规定,所有权是指所有权人对自己的财产依法享有的占有、使用、收益和处分的权利。所有权是典型的物权,或物权的原型。[①] 英国法学家布莱克斯通指出:"没有任何事物像所有权一样,如此普通地激发想象力而又触动人的情怀;也没有任何事物像所有权一样,让一个人对世界外在之物得为主张与行使独断且专断的支配,并完全排除其他个人的权利。"[②]所有权作为民法中的一项重要制度,为市场经济的发展奠定了产权基础,极大地促进了人类的创造力和进取心。所有权是个人利己心之原动力[③],即"有恒产者有恒心"。

二、所有权的特征

所有权的特征表现为:第一,所有权是绝对权,即所有权人是所有物的最高主宰,利用与否、如何利用、如何处分完全由所有权人自主决定,任何其他主体都不能干涉和侵犯。第二,所有权具有排他性,即所有权人在使用、收益和处分物的过程中,有权排除他人干涉或妨碍,自主行使权利。第三,所有权是一种完全物权,即所有权是位于物权权利体系顶端的权利,是涵盖权能最多的权利,是其他物权权利的源泉。第四,所有权具有弹力性,即所有权人可在所有物上设定他物权或以其他方式将所有权的积极权能的一部分让渡给他人,此时所有权只是处于不圆满状态,但并不丧失所有权的本质。第五,所有权具有永久性,包括三个方面的含义:其一,意味着所有权随客体物的存在而存在,随客体物的消灭而消灭;其二,所有权人不因没有行使占有、使用和收益等权能而失去所有权;其三,所有权不受所有权人的生命周期限制,在其死后可以传递给继承人,在此意义上,所有权被认为具有永续存在性。[④]

---

① 王泽鉴:《民法物权》(第二版),北京大学出版社 2010 年版,第 109 页。
② 转引自王泽鉴:《民法物权》(第二版),北京大学出版社 2010 年版,第 111 页。
③ 参见谢在全:《民法物权论》(上册)(第六版),台湾新学林出版股份有限公司 2014 年版,第 112 页。
④ 参见高富平:《物权法原论》(第二版),法律出版社 2014 年版,第 478 页。

第二节　所有权的权能及限制

一、所有权的权能

所有权的内容,是指所有权人在法律规定的范围内,对于其所有的不动产或者动产可以行使的权能。《民法典》第240条规定:"所有权人对自己的不动产或者动产,依法享有占有、使用、收益和处分的权利。"

所有权的积极权能为占有、使用、收益和处分四项权能。占有是指主体对于物基于占有的意思进行实际管理和控制的事实状态;使用是指民事主体依照物的性能和用途,在不毁损其物或者变更其性质的前提下加以利用;收益是指民事主体通过合法途径获取物所产生的利益;处分是权利人决定所有物事实上和法律上命运的权能。通说认为,处分包括事实上处分和法律上处分。前者是指通过事实行为对所有物加以处置,如加工、改造等;后者是指通过民事法律行为改变所有物的法律状态,如出租、设定他物权、转让等。《民法典》第241条规定:"所有权人有权在自己的不动产或者动产上设立用益物权和担保物权。"处分权能是决定所有物命运的一项权能,最直接地反映了所有人对物的支配,故一向被认为是所有权内容的核心和权利人拥有所有权的根本标志。[1]

所有权的消极权能为排除他人干涉之权能,即当所有权的行使受到他人非法干涉时,所有权人可以基于物权请求权请求行为人停止侵害、排除妨害、消除危险、返还原物和恢复原状,以恢复其对物的支配的圆满状态。

二、所有权的限制

晚近以来,所有权面临"社会化"问题,受到私法和公法上的诸多限制。如《民法典》第132条规定:"民事主体不得滥用民事权利损害国家利益、社会公共利益或者他人合法权益。"该条系关于禁止权利滥用的规定,禁止权利滥用,名为原则,实为例外。权利行使以行使自由为原则,但构成权利滥用时,不受法律保护。[2] 该条所谓权利,包括物权(尤其是所有权)在内。除此之外,所有权在私法上还受到诚信原则、第三人权利和债法上的约束等限制。[3] 公法上对所有权的限制较多,如《中华人民共和国土地管理法》(以下简称《土地管理法》)、《中华人民共和国城乡规划法》对房屋所有权取得、行使等方面的限制,这些限制的目的主要是协调所有权行使与公共秩序、行政管理之间的关系。

---

[1] 参见李双元、温世扬主编:《比较民法学》,武汉大学出版社2016年版,第224页。
[2] 参见李宇:《民法总则要义:规范释论与判解集注》,法律出版社2017年版,第417页。
[3] 参见王泽鉴:《民法物权》(第二版),北京大学出版社2010年版,第115页。

三、征收

征收是指国家作为主权者基于公共利益的需要强行将他人的不动产征为国有。《民法典》第117条规定:"为了公共利益的需要,依照法律规定的权限和程序征收、征用不动产或者动产的,应当给予公平、合理的补偿。"该条确立了征收和征用应当遵循的三个原则:公共利益需要的原则、依照法定程序的原则和依法给予公平、合理补偿的原则。

《民法典》第243条规定:"为了公共利益的需要,依照法律规定的权限和程序可以征收集体所有的土地和组织、个人的房屋以及其他不动产。征收集体所有的土地,应当依法及时足额支付土地补偿费、安置补助费以及农村村民住宅、其他地上附着物和青苗等的补偿费用,并安排被征地农民的社会保障费用,保障被征地农民的生活,维护被征地农民的合法权益。征收组织、个人的房屋以及其他不动产,应当依法给予征收补偿,维护被征收人的合法权益;征收个人住宅的,还应当保障被征收人的居住条件。任何组织或者个人不得贪污、挪用、私分、截留、拖欠征收补偿费等费用。"根据该条规定,在我国,征收的类型包括征收集体所有的土地和征收国有土地上房屋以及其他不动产,《土地管理法》和《国有土地上房屋征收与补偿条例》对此有特别规定。《民法典》第244条规定:"国家对耕地实行特殊保护,严格限制农用地转为建设用地,控制建设用地总量。不得违反法律规定的权限和程序征收集体所有的土地。"

征收的特征表现为:第一,征收必须是基于公共利益的需要。公共利益主要是指国防、公共安全、重大社会利益等事项,不能任意扩张其范围。《土地管理法》第45条第1款规定:"为了公共利益的需要,有下列情形之一,确需征收农民集体所有的土地的,可以依法实施征收:(一) 军事和外交需要用地的;(二) 由政府组织实施的能源、交通、水利、通信、邮政等基础设施建设需要用地的;(三) 由政府组织实施的科技、教育、文化、卫生、体育、生态环境和资源保护、防灾减灾、文物保护、社区综合服务、社会福利、市政公用、优抚安置、英烈保护等公共事业需要用地的;(四) 由政府组织实施的扶贫搬迁、保障性安居工程建设需要用地的;(五) 在土地利用总体规划确定的城镇建设用地范围内,经省级以上人民政府批准由县级以上地方人民政府组织实施的成片开发建设需要用地的;(六) 法律规定为公共利益需要可以征收农民集体所有的土地的其他情形。"第二,征收主体是国家,即国家作为主权者行使其权力,是对财产所有权的一种限制和剥夺。第三,征收是移转不动产所有权的行为,即将集体所有权或私人所有权转变为国家所有权。在我国,主要表现为征收集体所有的土地和征收国有土地上房屋及其他不动产的所有权。第四,征收必须依据法定的权限和程序。《土地管理法》第47条对集体所有的土地征收的程序规定为:"国家征收土地的,依照法定程序批准后,由县级以上地方人民政府予以公告并组织实施。县级以上地方人民政府拟申请征收土地的,应当开展拟征收土地现状调查和社会稳定风险评估,并将征收范围、土地现状、征收目的、补偿标准、安置方式和社会保障等在拟征收土地所在的乡(镇)和村、村民小组范围内公告至少三十日,听取被征地的农村集体经济组织及其成员、村民委员会和其他利害关系人的意见。多数被征地的农村集体经济组织成员认为征地补偿安置方案不符合法律、法规规定的,县级以上地方人民政府应当组织召开听证会,并根据法律、法规的规定和听证会情况修改方案。拟征收土地的所有权人、使用权人应当在公告规定期限内,持不动产权属证明材料办理补偿登记。县级以上地方人民政府应当组织有关部门测算并落实有关费用,保证足额到位,与拟征收土地的所有权人、使用权人就补偿、安置等签订协议;个别确实难以达成协议的,应当在申请征收土地时如实说明。相关前期工作完成后,县级以上地方人民政府方可申请征收土地。"《国有土地上房屋征收与补偿条例》对征收国有土地上房屋的程序也有明确规定。第五,征收必须依法作出公平、合理的补偿。征收是公权力对所有权的一种入侵,国家应当对被征收人的利益进行公平、合理的补偿。《民法典》第117条和《土地管理法》第48条均规定,征收土地和房屋等不动产应当给予公平、合理的补偿。

四、征用

征用是指因抢险、救灾等紧急需要,依照法律规定的权限和程序暂时使用单位、个人的不动产或者动产。《民法典》第245条规定:"因抢险救灾、疫情防控等紧急需要,依照法律规定的权限和程序可以征用组织、个人的不动产或者动产。被征用的不动产或者动产使用后,应当返还被征用人。组织、个人的不动产或者动产被征用或者征用后毁损、灭失的,应当给予补偿。"征用的构成要件为:第一,征用的发生必须出于抢险救灾、疫情防控等紧急需要;第二,征用必须依据法定的权限和程序进行;第三,征用完毕后征用人应当向被征用人进行返还;如果被征用的不动产或者动产毁损、灭失的,应当给予被征用人公平、合理的补偿。

第五章　国家、集体和私人所有权

第一节　国家所有权

一、国家所有权的概念和特征

国家所有权是指国家对依照法律规定属于国家所有,即全民所有的财产享有的占有、使用、收益和处分的权利。它是全民所有制在法律上的表现。

国家所有权具有以下法律特征:

第一,主体的特殊性。在所有权主体方面,国家所有权具有唯一性的特征,即中华人民共和国。《民法典》第 255 条规定:"国家机关对其直接支配的不动产和动产,享有占有、使用以及依照法律和国务院的有关规定处分的权利。"第 256 条规定:"国家举办的事业单位对其直接支配的不动产和动产,享有占有、使用以及依照法律和国务院的有关规定收益、处分的权利。"上述规定将国家机关法人和事业单位法人对其直接支配的不动产和动产的权利归属于国家所有权的范畴,便是"国家统一所有权和唯一所有权"学说的表现之一。

第二,客体的广泛性,某些财产具有国家专有属性。《民法典》第 242 条规定:"法律规定专属于国家所有的不动产和动产,任何组织或者个人不能取得所有权。"第 247 条规定:"矿藏、水流、海域属于国家所有。"第 248 条规定:"无居民海岛属于国家所有,国务院代表国家行使无居民海岛所有权。"第 249 条规定:"城市的土地,属于国家所有。法律规定属于国家所有的农村和城市郊区的土地,属于国家所有。"第 250 条规定:"森林、山岭、草原、荒地、滩涂等自然资源,属于国家所有,但是法律规定属于集体所有的除外。"第 251 条规定:"法律规定属于国家所有的野生动植物资源,属于国家所有。"第 252 条规定:"无线电频谱资源属于国家所有。"第 253 条规定:"法律规定属于国家所有的文物,属于国家所有。"第 254 条规定:"国防资产属于国家所有。铁路、公路、电力设施、电信设施和油气管道等基础设施,依照法律规定为国家所有的,属于国家所有。"

第三,取得方式的多样性。国家具有自己独特的取得所有权的方式,如征税、征收、罚金,取得遗失物、埋藏物和隐藏物。

第四,行使方式的多层次性。《民法典》第 246 条规定:"法律规定属于国家所有的财产,属于国家所有即全民所有。国有财产由国务院代表国家行使所有权。法律另有规定的,依照其规定。"具体行使方式既包括国务院代表国家行使所有权,也包括地方政府和国资监管部门依据其他相关法律代表国家行使所有权。

关于国家机关和事业单位的所有权,《民法典》第255条规定:"国家机关对其直接支配的不动产和动产,享有占有、使用以及依照法律和国务院的有关规定处分的权利。"第256条规定:"国家举办的事业单位对其直接支配的不动产和动产,享有占有、使用以及依照法律和国务院的有关规定收益、处分的权利。"

关于国家出资企业的所有权,《民法典》第257条规定:"国家出资的企业,由国务院、地方人民政府依照法律、行政法规规定分别代表国家履行出资人职责,享有出资人权益。"《物权法》制定时,对于是否承认法人物权(包括法人所有权),存在争议。虽然该法总则部分没有明确出现法人物权这一类型(将法人纳入"私人"范畴),但在具体制度中对法人的物权主体地位是予以承认的。在《民法典》规定的法人类型中,除机关法人能否拥有所有权还存在争议之外,其他三种类型的法人(包括国家出资企业法人)都可以成为所有权主体。①

二、国家所有权的保护

《民法典》对国家所有权的保护从社会一般主体和权利行使主体两个方面作出了原则性规定:

第一,《民法典》第258条规定:"国家所有的财产受法律保护,禁止任何组织或者个人侵占、哄抢、私分、截留、破坏。"

第二,《民法典》第259条规定:"履行国有财产管理、监督职责的机构及其工作人员,应当依法加强对国有财产的管理、监督,促进国有财产保值增值,防止国有财产损失;滥用职权,玩忽职守,造成国有财产损失的,应当依法承担法律责任。违反国有财产管理规定,在企业改制、合并分立、关联交易等过程中,低价转让、合谋私分、擅自担保或者以其他方式造成国有财产损失的,应当依法承担法律责任。"

第二节 集体所有权

一、集体所有权概念和特征

集体所有权是公有制的另一种法律形态,是指劳动群众集体组织或全体成员对其所有的财产依法享有的占有、使用、收益和处分的权利。② 具体包括农村集体和城

---

① 参见孙宪忠:《中国物权法总论》(第四版),法律出版社2018年版,第127—128页。
② 参见韩松:《集体所有制、集体所有权及其实现的企业形式》(修订版),法律出版社2009年版,第2页。

镇集体。《民法典》第263条规定："城镇集体所有的不动产和动产，依照法律、行政法规的规定由本集体享有占有、使用、收益和处分的权利。"关于集体所有权的性质，学界争论较大。集体所有权的主要内涵表现为农村一定社区范围内全体农民集体成员共同直接享有的所有权，是全体成员的集体意志和利益同成员个人意志和利益有机统一的所有权，是成员多数人的共同所有。特殊共同共有、合有、新型总有即总同总有等观点解释的农民集体所有权的本质含义是基本一致的，即一定集体范围内的全体成员，依法按照平等民主、多数决议的原则，形成集体意志，占有、使用、收益和处分归属于全体集体成员的财产的权利。成员个人对集体财产有享受利益的权利，即受益权，但对集体财产无现实的应有份，永远不能请求分割、继承或转让其应有份，其应有份永远属于潜在；于死亡或脱退集体时，其权利即告丧失，不发生应有份的分割、转让或继承问题。①

集体所有权的法律特征为：第一，集体所有权的主体具有多元性与复合性。村民小组农民集体、村农民集体、乡镇农民集体均可为集体所有权的主体。第二，集体所有权的客体，除了法律规定的国家专有财产外，可以是其他任何合法财产。《民法典》第260条规定："集体所有的不动产和动产包括：（一）法律规定属于集体所有的土地和森林、山岭、草原、荒地、滩涂；（二）集体所有的建筑物、生产设施、农田水利设施；（三）集体所有的教育、科学、文化、卫生、体育等设施；（四）集体所有的其他不动产和动产。"第三，行使权利时意志的统一性和行使方式的多层性。《民法典》第262条规定："对于集体所有的土地和森林、山岭、草原、荒地、滩涂等，依照下列规定行使所有权：（一）属于村农民集体所有的，由村集体经济组织或者村民委员会依法代表集体行使所有权；（二）分别属于村内两个以上农民集体所有的，由村内各该集体经济组织或者村民小组依法代表集体行使所有权；（三）属于乡镇农民集体所有的，由乡镇集体经济组织代表集体行使所有权。"

二、集体所有权的行使规则

关于集体所有权的行使规则，《民法典》第261条规定："农民集体所有的不动产和动产，属于本集体成员集体所有。下列事项应当依照法定程序经本集体成员决定：（一）土地承包方案以及将土地发包给本集体以外的组织或者个人承包；（二）个别土地承包经营权人之间承包地的调整；（三）土地补偿费等费用的使用、分配办法；（四）集体出资的企业的所有权变动等事项；（五）法律规定的其他事项。"

《民法典》第264条规定："农村集体经济组织或者村民委员会、村民小组应当依照法律、行政法规以及章程、村规民约向本集体成员公布集体财产的状况。集体成员有权查阅、复制相关资料。"该条要求农村集体经济组织或者村民委员会、村民小组承

---

① 参见韩松、姜战军、张翔：《物权法所有权编》，中国人民大学出版社2007年版，第105页。

担向本集体成员公布集体财产的状况的义务,同时赋予集体成员查阅、复印集体财产账簿的权利,旨在与《村民委员会组织法》第30条的规定保持一致。

三、集体所有权的保护规则

《民法典》第265条第1款规定:"集体所有的财产受法律保护,禁止任何组织或者个人侵占、哄抢、私分、破坏。"第265条第2款规定:"农村集体经济组织、村民委员会或者其负责人作出的决定侵害集体成员合法权益的,受侵害的集体成员可以请求人民法院予以撤销。"关于集体成员诉权,主要有以下两方面内容:其一,每个集体成员都可以针对集体经济组织、村民委员会或者其负责人作出的损害其权益的决定,向法院请求撤销该决定。该条规定的集体经济组织不仅仅包括农村集体经济组织,也包括城镇集体经济组织。其二,提起诉讼的事由,是集体经济组织、村民委员会或者其负责人作出的决定,侵害了该集体成员的合法财产权益。

第三节 私人所有权

一、私人所有权的概念

《民法典》第266条规定:"私人对其合法的收入、房屋、生活用品、生产工具、原材料等不动产和动产享有所有权。"第267条规定:"私人的合法财产受法律保护,禁止任何组织或者个人侵占、哄抢、破坏。"私人所有权,是指国家所有权、集体所有权之外的各类民事主体(自然人、法人、非法人组织)享有的所有权。

二、法人所有权

法人所有权是指法人对特定的不动产或动产享有的所有权。《民法典》第269条规定:"营利法人对其不动产和动产依照法律、行政法规以及章程享有占有、使用、收益和处分的权利。营利法人以外的法人,对其不动产和动产的权利,适用有关法律、行政法规以及章程的规定。"上述规定表明,营利法人(企业法人,包括国家出资设立的企业)对其不动产和动产享有所有权,而营利法人以外的法人(包括非营利法人、特别法人)是否对其占有、使用的不动产和动产享有所有权,则依据有关法律、行政法规以及章程的规定判定。《民法典》第270条规定:"社会团体法人、捐助法人依法所有的不动产和动产,受法律保护。"社会团体法人、捐助法人均属非营利法人,后者包括为公益目的以捐助财产设立的基金会、社会服务机构(民办非企业单位)以及依法设立的宗教活动场所,《民法典》对其法人所有权予以宣示,具有重大现实意义。

第六章　业主的建筑物区分所有权

第一节　业主的建筑物区分所有权的概念和特征

一、业主的建筑物区分所有权的概念

建筑物区分所有权是指在对建筑物进行纵向和横向区分的基础上,由业主所享有的专有部分所有权、共有权和管理权三项权利相结合而组成的一种"复合物权"。1804年《法国民法典》第664条关于楼层所有权的规定,开各国于此领域予以立法规制的先河。《民法典》第271条规定:"业主对建筑物内的住宅、经营性用房等专有部分享有所有权,对专有部分以外的共有部分享有共有和共同管理的权利。"

二、业主的建筑物区分所有权的特征

建筑物区分所有权具有以下特征:

第一,权利主体的特殊性,即权利主体是业主。《最高人民法院关于审理建筑物区分所有权纠纷案件适用法律若干问题的解释》(以下简称《建筑物区分所有权司法解释》)第1条规定,依法登记取得或者依据《民法典》第229—231条规定取得建筑物专有部分所有权的人,应当认定为《民法典》第二编第六章所称的业主。基于与建设单位之间的商品房买卖民事法律行为,已经合法占有建筑物专有部分,但尚未依法办理所有权登记的人,可以认定为《民法典》第二编第六章所称的业主。

第二,权利内容的整体性,即权利人不能对建筑物区分所有权进行分割行使、转让或设定负担等。《民法典》第273条第2款规定:"业主转让建筑物内的住宅、经营性用房,其对共有部分享有的共有和共同管理的权利一并转让。"

第三,虽然权利内容具有复合性,即是由专有部分所有权、共有权和管理权三项权利构成的,但专有部分所有权具有基础性和主导性。其一,处分上的主导性。即业主转让建筑物内的住宅、经营性用房,其对共有部分享有的共有和共同管理的权利一并转让。其二,管理事项决定权的主导性。《民法典》第278条第2款规定,业主共同决定事项,应当由专有部分面积占比2/3以上的业主且人数占比2/3以上的业主参与表决。决定前款第6项至第8项规定的事项,应当经参与表决专有部分面积3/4以上的业主且参与表决人数3/4以上的业主同意。决定前款其他事项,应当经参与表决

专有部分面积过半数的业主且参与表决人数过半数的业主同意。其三,收益及费用负担的主导性。《民法典》第283条规定:"建筑物及其附属设施的费用分摊、收益分配等事项,有约定的,按照约定;没有约定或者约定不明确的,按照业主专有部分面积所占比例确定。"

第二节　业主的建筑物区分所有权的内容

一、专有部分的单独所有权

《民法典》第272条规定:"业主对其建筑物专有部分享有占有、使用、收益和处分的权利。业主行使权利不得危及建筑物的安全,不得损害其他业主的合法权益。"专有部分的单独所有权,简称为专有权,是指区分所有人对其建筑物内的住宅、经营性用房等专有部分所享有的单独所有权。

《建筑物区分所有权司法解释》第2条规定:"建筑区划内符合下列条件的房屋,以及车位、摊位等特定空间,应当认定为民法典第二编第六章所称的专有部分:(一)具有构造上的独立性,能够明确区分;(二)具有利用上的独立性,可以排他使用;(三)能够登记成为特定业主所有权的客体。规划上专属于特定房屋,且建设单位销售时已经根据规划列入该特定房屋买卖合同中的露台等,应当认定为前款所称的专有部分的组成部分。本条第一款所称房屋,包括整栋建筑物。"

二、共有部分的共有权

共有部分的共有权,是指区分所有人依据法律、合同以及区分所有人之间的规约,对建筑物的公用部分、建设用地使用权、小区的公共场所和公共设施等所共同享有的财产权利。《民法典》第273条第1款规定:"业主对建筑物专有部分以外的共有部分,享有权利,承担义务;不得以放弃权利为由不履行义务。"

共有部分的法律特点为:第一,共有部分与专有部分不可分离;第二,区分所有人对共有部分所享有的权利主要是法定的。《建筑物区分所有权司法解释》第4条规定:"业主基于对住宅、经营性用房等专有部分特定使用功能的合理需要,无偿利用屋顶以及与其专有部分相对应的外墙面等共有部分的,不应认定为侵权。但违反法律、法规、管理规约,损害他人合法权益的除外。"

《民法典》第274条规定:"建筑区划内的道路,属于业主共有,但是属于城镇公共道路的除外。建筑区划内的绿地,属于业主共有,但是属于城镇公共绿地或者明示属于个人的除外。建筑区划内的其他公共场所、公用设施和物业服务用房,属于业主共有。"《建筑物区分所有权司法解释》第3条规定:"除法律、行政法规规定的共有部分外,建筑区划内的以下部分,也应当认定为民法典第二编第六章所称的共有部分:

（一）建筑物的基础、承重结构、外墙、屋顶等基本结构部分，通道、楼梯、大堂等公共通行部分，消防、公共照明等附属设施、设备，避难层、设备层或者设备间等结构部分；（二）其他不属于业主专有部分，也不属于市政公用部分或者其他权利人所有的场所及设施等。建筑区划内的土地，依法由业主共同享有建设用地使用权，但属于业主专有的整栋建筑物的规划占地或者城镇公共道路、绿地占地除外。"

《民法典》第 275 条规定："建筑区划内，规划用于停放汽车的车位、车库的归属，由当事人通过出售、附赠或者出租等方式约定。占用业主共有的道路或者其他场地用于停放汽车的车位，属于业主共有。"《民法典》第 276 条规定："建筑区划内，规划用于停放汽车的车位、车库应当首先满足业主的需要。"《建筑物区分所有权司法解释》第 5 条规定，建设单位按照配置比例将车位、车库，以出售、附赠或者出租等方式处分给业主的，应当认定其行为符合《民法典》第 276 条有关"应当首先满足业主的需要"的规定。前款所称配置比例是指规划确定的建筑区划内规划用于停放汽车的车位、车库与房屋套数的比例。第 6 条规定，建筑区划内在规划用于停放汽车的车位之外，占用业主共有道路或者其他场地增设的车位，应当认定为《民法典》第 275 条第 2 款所称的车位。

三、区分所有权人的管理权（成员权）

区分所有权人的管理权，是指业主基于专有部分的所有权享有的对业主的共有财产和共同事务的管理权。关于管理权的内容，《民法典》第 278 条第 1 款规定了业主共同决定的事项："下列事项由业主共同决定：（一）制定和修改业主大会议事规则；（二）制定和修改管理规约；（三）选举业主委员会或者更换业主委员会成员；（四）选聘和解聘物业服务企业或者其他管理人；（五）使用建筑物及其附属设施的维修资金；（六）筹集建筑物及其附属设施的维修资金；（七）改建、重建建筑物及其附属设施；（八）改变共有部分的用途或者利用共有部分从事经营活动；（九）有关共有和共同管理权利的其他重大事项。"

关于业主共同决定事项的表决规则，《民法典》第 278 条第 2 款规定："业主共同决定事项，应当由专有部分面积占比三分之二以上的业主且人数占比三分之二以上的业主参与表决。决定前款第六项至第八项规定的事项，应当经参与表决专有部分面积四分之三以上的业主且参与表决人数四分之三以上的业主同意。决定前款其他事项，应当经参与表决专有部分面积过半数的业主且参与表决人数过半数的业主同意。"《民法典》将表决门槛大幅下调。《物权法》采取的是以专有部分总面积和业主总人数作为基数，分别规定了双重 2/3（绝大多数）和双重 1/2（绝对多数）两档门槛。《民法典》进行了大幅度调整。首先，第 278 条第 2 款第 1 句设定了会议的法定最低人数限制：由专有部分面积占比 2/3 以上的业主且人数占比 2/3 以上的业主参与。其次，第 2 句对第 6—8 项最为重大的事项，设定了门槛：经参与表决专有部分面积 3/4

以上的业主且参与表决人数 3/4 以上的业主同意；由于其基数为"参与表决的专有部分面积和人数"，因此，属于"相对大多数"。其实际门槛为：2/3 * 3/4 = 1/2。再次，对于其他事项，应当经参与表决专有部分面积过半数的业主且参与表决人数过半数的业主同意，其实际门槛为：2/3 * 1/2 = 1/3。《民法典》吸取了《物权法》实施以来因业主弃权或少数业主反对而使业主大会陷入瘫痪，无法有效运行的教训。

《民法典》第 280 条规定："业主大会或者业主委员会的决定，对业主具有法律约束力。业主大会或者业主委员会作出的决定侵害业主合法权益的，受侵害的业主可以请求人民法院予以撤销。"《建筑物区分所有权司法解释》第 12 条规定，业主以业主大会或者业主委员会作出的决定侵害其合法权益或者违反了法律规定的程序为由，依据《民法典》第 280 条第 2 款的规定请求人民法院撤销该决定的，应当在知道或者应当知道业主大会或者业主委员会作出决定之日起 1 年内行使。

在享有管理权的同时，业主作为团体成员也应当承担相应的义务。《民法典》第 286 条规定："业主应当遵守法律、法规以及管理规约，相关行为应当符合节约资源、保护生态环境的要求。对于物业服务企业或者其他管理人执行政府依法实施的应急处置措施和其他管理措施，业主应当依法予以配合。业主大会或者业主委员会，对任意弃置垃圾、排放污染物或者噪声、违反规定饲养动物、违章搭建、侵占通道、拒付物业费等损害他人合法权益的行为，有权依照法律、法规以及管理规约，请求行为人停止侵害、排除妨碍、消除危险、恢复原状、赔偿损失。业主或者其他行为人拒不履行相关义务的，有关当事人可以向有关行政主管部门报告或者投诉，有关行政主管部门应当依法处理。"《建筑物区分所有权司法解释》第 15 条规定，业主或者其他行为人违反法律、法规、国家相关强制性标准、管理规约，或者违反业主大会、业主委员会依法作出的决定，实施下列行为的，可以认定为《民法典》第 286 条第 2 款所称的其他"损害他人合法权益的行为"：(1) 损害房屋承重结构，损害或者违章使用电力、燃气、消防设施，在建筑物内放置危险、放射性物品等危及建筑物安全或者妨碍建筑物正常使用；(2) 违反规定破坏、改变建筑物外墙面的形状、颜色等损害建筑物外观；(3) 违反规定进行房屋装饰装修；(4) 违章加建、改建，侵占、挖掘公共通道、道路、场地或者其他共有部分。

《民法典》第 287 条规定："业主对建设单位、物业服务企业或者其他管理人以及其他业主侵害自己合法权益的行为，有权请求其承担民事责任。"《建筑物区分所有权司法解释》第 14 条规定："建设单位、物业服务企业或者其他管理人等擅自占用、处分业主共有部分，改变其使用功能或者进行经营性活动，权利人请求排除妨害、恢复原状、确认处分行为无效或者赔偿损失的，人民法院应予支持。属于前款所称擅自进行经营性活动的情形，权利人请求建设单位、物业服务企业或者其他管理人等将扣除合理成本之后的收益用于补充专项维修资金或者业主共同决定的其他用途的，人民法院应予支持。行为人对成本的支出及其合理性承担举证责任。"

第三节　业主的建筑物区分所有权的行使与保护

一、"住改商"规则

《民法典》第 279 条规定:"业主不得违反法律、法规以及管理规约,将住宅改变为经营性用房。业主将住宅改变为经营性用房的,除遵守法律、法规以及管理规约外,应当经有利害关系的业主一致同意。"《建筑物区分所有权司法解释》第 10 条规定,业主将住宅改变为经营性用房,未依据《民法典》第 279 条的规定经有利害关系的业主一致同意,有利害关系的业主请求排除妨害、消除危险、恢复原状或者赔偿损失的,人民法院应予支持。将住宅改变为经营性用房的业主以多数有利害关系的业主同意其行为进行抗辩,人民法院不予支持。第 11 条规定,业主将住宅改变为经营性用房,本栋建筑物内的其他业主,应当认定为《民法典》第 279 条所称"有利害关系的业主"。建筑区划内,本栋建筑物之外的业主,主张与自己有利害关系的,应证明其房屋价值、生活质量受到或者可能受到不利影响。

二、知情权、收益权等业主权益

《民法典》第 281 条规定:"建筑物及其附属设施的维修资金,属于业主共有。经业主共同决定,可以用于电梯、屋顶、外墙、无障碍设施等共有部分的维修、更新和改造。建筑物及其附属设施的维修资金的筹集、使用情况应当定期公布。紧急情况下需要维修建筑物及其附属设施的,业主大会或者业主委员会可以依法申请使用建筑物及其附属设施的维修资金。"《建筑物区分所有权司法解释》第 13 条规定,业主请求公布、查阅下列应当向业主公开的情况和资料的,人民法院应予支持:(1) 建筑物及其附属设施的维修资金的筹集、使用情况;(2) 管理规约、业主大会议事规则,以及业主大会或者业主委员会的决定及会议记录;(3) 物业服务合同、共有部分的使用和收益情况;(4) 建筑区划内规划用于停放汽车的车位、车库的处分情况;(5) 其他应当向业主公开的情况和资料。《民法典》第 282 条规定:"建设单位、物业服务企业或者其他管理人等利用业主的共有部分产生的收入,在扣除合理成本之后,属于业主共有。"

三、物业管理

《民法典》第 284 条规定:"业主可以自行管理建筑物及其附属设施,也可以委托物业服务企业或者其他管理人管理。对建设单位聘请的物业服务企业或者其他管理人,业主有权依法更换。"第 285 条规定:"物业服务企业或者其他管理人根据业主的委托,依照本法第三编有关物业服务合同的规定管理建筑区划内的建筑物及其附属设施,接受业主的监督,并及时答复业主对物业服务情况提出的询问。物业服务企业或者其他管理人应当执行政府依法实施的应急处置措施和其他管理措施,积极配合开展相关工作。"

四、业主大会和业主委员会的法律地位

《民法典》第 277 条规定:"业主可以设立业主大会,选举业主委员会。业主大会、业主委员会成立的具体条件和程序,依照法律、法规的规定。地方人民政府有关部门、居民委员会应当对设立业主大会和选举业主委员会给予指导和协助。"业主大会是管理全体业主的共有财产和共同事务的自治组织。《民法典》第 278 条规定了业主大会的职权范围和表决方式。关于业主委员会的法律地位问题,《民法典》并未规定,《物业管理条例》第 15 条规定,业主委员会执行业主大会的决定事项,履行下列职责:(1)召集业主大会会议,报告物业管理的实施情况;(2)代表业主与业主大会选聘的物业服务企业签订物业服务合同;(3)及时了解业主、物业使用人的意见和建议,监督和协助物业服务企业履行物业服务合同;(4)监督管理规约的实施;(5)业主大会赋予的其他职责。第 16 条规定,业主委员会应当自选举产生之日起 30 日内,向物业所在地的区、县人民政府房地产行政主管部门和街道办事处、乡镇人民政府备案。业主委员会委员应当由热心公益事业、责任心强、具有一定组织能力的业主担任。业主委员会主任、副主任在业主委员会成员中推选产生。从实定法上看,业主委员会作为"其他组织"具备诉讼主体资格,但并不是独立的民事主体。有学者认为,业主委员会应当是区分所有权人管理团体的代表机关,依法代表区分所有权人活动,其在职权范围内行为的后果,当然由区分所有权人承担。[①]

---

① 参见韩松、姜战军、张翔:《物权法所有权编》,中国人民大学出版社 2007 年版,第 245 页。

第七章 相邻关系

第一节 相邻关系的概念和处理原则

一、相邻关系的概念和特征

相邻关系是两个以上相邻不动产的所有人或使用人，在对不动产行使占有、使用、收益、处分权利时，因相邻各方应当给予便利和接受限制而发生的权利义务关系。性质上属私法对所有权之规范，且仅以个别之相邻不动产为对象，虽不以直接毗邻为限，然仍以有相连接关系为必要。①

相邻关系的特征表现为：其一，相邻关系发生在两个以上的相邻的不动产所有人或者使用人之间。其二，相邻关系的客体并不是财产本身，而是由行使所有权或者使用权所引起的和邻人有关的经济利益或者其他利益。其三，相邻关系基于民事主体所有或使用的不动产相邻而发生。其四，相邻关系是依据法律规定而产生的，而非基于约定而产生，这是与地役权最大的区别。法院亦认为：出卖人出卖不动产时，其基于相邻关系而在他人不动产上享有的通行等权利不应成为转让标的。即使双方在买卖合同中对该通行权进行了所谓的约定，对第三人也不具有约束力。买受人享有的通行权权源基础同样是相邻关系，而并非是买卖合同的约定。当客观情况发生变化，买受人不再符合相邻关系要件时，第三人得拒绝买受人的通行要求，买受人无权以买卖合同中关于通行权的约定约束第三人。②

二、相邻关系的处理原则

《民法典》第288条规定："不动产的相邻权利人应当按照有利生产、方便生活、团结互助、公平合理的原则，正确处理相邻关系。"第289条规定："法律、法规对处理相邻关系有规定的，依照其规定；法律、法规没有规定的，可以按照当地习惯。"

相邻关系的处理原则为：第一，有利生产。处理相邻关系需注重效率，在造成最小损害和作出补偿的前提下，尽量做到物尽其用。第二，方便生活。不动产权利人在

---

① 参见谢在全：《民法物权论》（上册）（第六版），台湾新学林出版股份有限公司2014年版，第191页。
② 参见"屠福炎诉王义炎相邻通行权纠纷案"，载《最高人民法院公报》2013年第3期。

行使权利的同时应尽量保障相邻关系人基本的居住条件,不给邻人造成不便。第三,团结互助。不动产相邻关系倡导邻里和睦,邻里之间应当团结互助。第四,公平合理。在不动产权利人之间寻求权利保护和限制平衡,真正达到公平合理的结果。

第二节　相邻关系的主要类型

一、相邻用水、流水、截水、排水关系

《民法典》第290条规定:"不动产权利人应当为相邻权利人用水、排水提供必要的便利。对自然流水的利用,应当在不动产的相邻权利人之间合理分配。对自然流水的排放,应当尊重自然流向。"具体而言,此类相邻关系应包括以下内容:

就因用水而发生的相邻关系,不动产权利人应当为相邻权利人用水提供必要的便利,如不动产处于上游的权利人不得擅自改变水的自然流向、拓宽水流的宽度,或者堵截流水,妨害下游权利人的正常用水;相邻权利人需要利用不动产权利人的输水设施时,后者应当提供便利,但相邻权利人应当承担相应费用等。

就因排水而发生的相邻关系,相邻不动产权利人应当相互给予必要的方便。对自然流水的排放,应当尊重水流的自然流向。如不动产位于低地段的权利人不得擅自筑坝拦截自然流水的下泻以造成高地段的不动产权利人排水的困难;相邻权利人需要利用不动产权利人的排水设施时,后者应当允许,但相邻权利人应当承担相应费用。[1]

二、相邻土地使用关系

《民法典》第291条规定:"不动产权利人对相邻权利人因通行等必须利用其土地的,应当提供必要的便利。"该条所称"因通行等必须利用"是指由于土地的坐落状况,其四周不通公路或者存在虽可通过公共道路进入但对不动产权利人极为不便的情形。由于进入土地是对其加以利用的基本前提,因此,在前述情形下,相邻土地权利人不得以排除妨害为由禁止通行。如果仅仅是为了通行方便,以缩短进入自己不动产的时间,则不能成立相邻关系意义上法定的"通行权"。如欲取得通行的权利,须与需要被通行之土地的权利人订立以通行为内容的地役权合同。[2]

三、相邻管线安设关系

《民法典》第292条规定:"不动产权利人因建造、修缮建筑物以及铺设电线、电

---

[1] 尹田:《物权法》,北京大学出版社2013年版,第364页。
[2] 参见刘家安:《物权法论》(第二版),中国政法大学出版社2015年版,第116页。

缆、水管、暖气和燃气管线等必须利用相邻土地、建筑物的,该土地、建筑物的权利人应当提供必要的便利。"具体而言,此类相邻关系应包括以下内容:

因建造、修缮建筑物而必须利用相邻土地或者建筑物,是指权利人实施对其房屋或者其他建筑设施的建造或者修缮时,因自然条件而不得不进入或者临时占用邻人的土地放置建筑材料或者利用其土地或者建筑物搭设脚手架等,对此,相邻权利人应当允许。但对他人土地或者建筑物的利用必须是基于"必须",而非基于方便或者省力省时,同时,利用他人土地或者建筑物必须选择造成最小妨碍和最小损失的方式,并及时恢复原状。如对相邻方土地或者建筑物造成损害的,不动产权利人应予以补偿。

因铺设管线而必须利用相邻土地或者建筑物,是指因铺设电线、电缆、水管、暖气和燃气管线等需要而对相邻土地的地下或者地上空间的利用,以及对建筑物外墙或者附属设施的利用。对此,相邻权利人应当允许,但其利用必须出于必要,如能够利用公共道路或者公共区域铺设管线的,则不得基于节约材料和人力而利用邻人的土地或者建筑物。因铺设管线造成相邻权利人土地或者建筑物损害的,应及时恢复原状,并赔偿有关损失。[1]

四、相邻通风、采光和日照关系

《民法典》第293条规定:"建造建筑物,不得违反国家有关工程建设标准,不得妨碍相邻建筑物的通风、采光和日照。"就建筑物所有人而言,获得适当的通风、光线和日照是其在不动产上的重要利益。如果相邻土地权利人因建筑等原因严重影响其建筑物的通风、采光和光照,则其有权要求予以禁止。建筑物所有人的权利原本应仅局限于其所有的建筑物及其占用的土地之上,而该条规定的获得适当通风、采光和日照的权利将使其产生对邻近不动产权利人的约束,体现了所有权的适度扩张。

目前,我国有关行政机关已经制定了相关工程建设的建设标准以保障邻近建筑物必要的通风、采光和日照。如不动产权利人在建造建筑物时未遵循此标准,则相邻不动产权利人有权主张停止建造、拆除或者经济补偿。当然,为充分利用稀缺的土地资源,建筑物所有人获得通风、采光和日照的权利也仅仅被局限在必要的限度内。[2]

五、相邻排污关系

《民法典》第294条规定:"不动产权利人不得违反国家规定弃置固体废物,排放大气污染物、水污染物、土壤污染物、噪声、光辐射、电磁辐射等有害物质。"在民法理论上,大气污染物、水污染物、噪声、光、电磁辐射等被称为"不可量物",如果上述不可

---

[1] 尹田:《物权法》,北京大学出版社2013年版,第365页。
[2] 刘家安:《物权法论》(第二版),中国政法大学出版社2015年版,第117—118页。

量物的侵入轻微,或依不动产的坐落情况等符合习惯的,则不动产权利人有容忍的义务。但在不可量物侵入超过法定标准或者一定容忍度时,即产生相邻关系的适用。在不可量物的侵入超出合理限度时,相邻权利人有权请求加害人停止侵害、排除妨害以及赔偿损失等。①

六、相邻不动产安全维护关系

《民法典》第 295 条规定:"不动产权利人挖掘土地、建造建筑物、铺设管线以及安装设备等,不得危及相邻不动产的安全。"在土地上施工可能会对相邻的不动产造成损害,如挖掘土地可能会造成邻近建筑物地基的动摇,从而危及其安全。不动产权利人在施工时,应注意避免对相邻不动产造成损害。因施工造成相邻不动产损害的,相邻不动产的权利人可请求施工人停止施工。

另外,如果建筑物或者其他工作物有倾倒的危险从而对邻近的不动产造成潜在的威胁,则不论该危险是由人为原因造成,还是由地震等自然原因造成,相邻不动产权利人都有权要求危险不动产的权利人通过加固或者拆除等方式消除此危险。

七、相邻不动产损害防免关系

《民法典》第 296 条规定:"不动产权利人因用水、排水、通行、铺设管线等利用相邻不动产的,应当尽量避免对相邻的不动产权利人造成损害。"在《民法典》编纂过程中,有意见提出,造成损害的,应当给予赔偿,可以由侵权责任法调整,无须在该条作出特别规定。经研究,2018 年 8 月审议的《民法典》各分编草案删除了"造成损害的,应当给予赔偿"的规定,删除此规定,并非是造成损害无须赔偿,而是如果造成损害,可以依据侵权责任编的规定请求损害赔偿。②

---

① 尹田:《物权法》,北京大学出版社 2013 年版,第 366 页。
② 黄薇主编:《中华人民共和国民法典物权编解读》,中国法制出版社 2020 年版,第 313 页。

第八章 共　　有

第一节　共有的概念和类型

一、共有的概念和特征

共有是指两个以上的民事主体对同一项财产共同享有所有权。共有主体称为共有人,客体称为共有财产。各共有人间形成的权利义务关系,称为共有关系。共有的法律特征为:第一,共有的主体不是单一的,是一个所有权由多人享有,即其主体原则上为复数人,是两个以上的民事主体;第二,共有的客体即共有物是特定的独立物,原则上为单个物。① 第三,在内容方面,共有人对共有物或者按照各自的份额享有权利并承担义务,或者平等地享有权利并承担义务。

二、共有的类型

《民法典》第297条确认了两种共有形式,即按份共有和共同共有,这是两种基本的共有形式。两者的区别在于,共同共有以存在共同关系为前提,而按份共有则无此限制。相比于按份共有,共同共有对共同共有人的限制较多,不利于共有法律关系的简化,也不利于对共有物的管理和处分。正因如此,大陆法系国家和地区的民法通常对产生共同共有的共同关系予以限制。在德国,对于共同共有关系法律上采取"类型强制原则",当事人原则上不得随意创设共同关系以成立共同共有。能够形成共同共有财产关系的,仅限于民法上的合伙、夫妻约定共同财产、共同继承财产以及商法上的无限公司与两合公司。② 《民法典》第308条规定:"共有人对共有的不动产或者动产没有约定为按份共有或者共同共有,或者约定不明确的,除共有人具有家庭关系等外,视为按份共有。"

三、准共有

准共有,是指两个以上的民事主体共同享有所有权以外的财产权。《民法典》第

---

① 参见唐勇:《论共有:按份共有、共同共有及其类型序列》,北京大学出版社2019年版,第33页。
② 参见戴孟勇:《物权法共有制度的反思与重构——关于我国〈物权法〉"共有"章的修改建议》,载《政治与法律》2017年第4期。

310 条规定:"两个以上组织、个人共同享有用益物权、担保物权的,参照适用本章的有关规定。"该条为准共有依据。

所有权以外的财产权在成立准共有时,到底是适用按份共有还是共同共有的规定,应当视具体情况而定。如果数位有家庭关系等共同关系的民事主体共有一财产权时,应准用共同共有的规定,其他则应准用按份共有的规定。准共有的标的只限于所有权以外的财产权,如用益物权、担保物权等,人身权不可以作为准共有的标的。有学者提出准共有的标的物应当是特别的物,而不是权利。①

第二节 按份共有

一、按份共有的概念和特征

按份共有,又称分别共有,是指两个以上共有人按照各自的份额分别对共有财产享有权利和承担义务的一种共有关系。《民法典》第 298 条规定:"按份共有人对共有的不动产或者动产按照其份额享有所有权。"

按份共有的法律特征表现为:第一,各共有人对共有物按照份额享有所有权。第二,各共有人按照各自的份额对共有物享有权利、承担义务。按份共有人的份额决定了其权利义务的范围。共有份额不同,其对共有财产的权利义务也不同。第三,共有人的权利及于共有物的全部。在按份共有中,共有人的权利并不仅限于共有物的某一部分上,或就某一具体部分单独享有所有权,而是各共有人的权利均及于共有财产的全部。

《民法典》第 309 条规定:"按份共有人对共有的不动产或者动产享有的份额,没有约定或者约定不明确的,按照出资额确定;不能确定出资额的,视为等额享有。"

二、按份共有的内部关系

1. 应有份额的处分

(1) 按份共有人对应有份额的处分

按份共有人按照约定对共有财产享有一定的份额。《民法典》第 305 条规定:"按份共有人可以转让其享有的共有的不动产或者动产份额。其他共有人在同等条件下享有优先购买的权利。"该条确立了应有份额自由转让原则,亦规定了其他按份共有人对于转让共有份额同等条件下的优先购买权。关于优先购买权的性质,有期待权说、形成权说、承诺权说、机会权说、要约说、请求权说等。在我国,较为有力的学说为附条件的形成权说,即优先购买权人得依一方的意思表示,形成以义务人出卖与第三

---

① 参见唐勇:《论共有:按份共有、共同共有及其类型序列》,北京大学出版社 2019 年版,第 79 页。

人同样条件为内容的合同,无须义务人的承诺。只是该项形成权附有停止条件,必须待义务人出卖标的物于第三人时,才可以行使。这是一种附条件的权利,一种技术性的、手段性的并附从于基础法律关系的权利。①

《民法典》第306条规定:"按份共有人转让其享有的共有的不动产或者动产份额的,应当将转让条件及时通知其他共有人。其他共有人应当在合理期限内行使优先购买权。两个以上其他共有人主张行使优先购买权的,协商确定各自的购买比例;协商不成,按照转让时各自的共有份额比例行使优先购买权。"该条规定了其他按份共有人的优先购买权行使受到一定的限制,包括形式的限制、同等条件的限制、时间上的限制和人的范围的限制。《物权编司法解释(一)》第9条规定,共有份额的权利主体因继承、遗赠等原因发生变化时,其他按份共有人主张优先购买的,不予支持,但按份共有人之间另有约定的除外。第10条规定,《民法典》第305条所称的"同等条件",应当综合共有份额的转让价格、价款履行方式及期限等因素确定。第11条规定,优先购买权的行使期间,按份共有人之间有约定的,按照约定处理;没有约定或者约定不明的,按照下列情形确定:(1) 转让人向其他按份共有人发出的包含同等条件内容的通知中载明行使期间的,以该期间为准;(2) 通知中未载明行使期间,或者载明的期间短于通知送达之日起15日的,为15日;(3) 转让人未通知的,为其他按份共有人知道或者应当知道最终确定的同等条件之日起15日;(4) 转让人未通知,且无法确定其他按份共有人知道或者应当知道最终确定的同等条件的,为共有份额权属转移之日起6个月。

《物权编司法解释(一)》第12条规定,按份共有人向共有人之外的人转让其份额的,其他按份共有人根据法律、司法解释的规定,请求按照同等条件优先购买该共有份额的,应予支持。其他按份共有人的请求具有下列情形之一的,不予支持:(1) 未在该解释第11条规定的期间内主张优先购买,或者虽主张优先购买,但提出减少转让价款、增加转让人负担等实质性变更要求;(2) 以其优先购买权受到侵害为由,仅请求撤销共有份额转让合同或者认定该合同无效。第13条规定,按份共有人之间转让共有份额,其他按份共有人主张依据《民法典》第305条规定优先购买的,不予支持,但按份共有人之间另有约定的除外。《民法典》第306条第2款规定:"两个以上其他共有人主张行使优先购买权的,协商确定各自的购买比例;协商不成,按照转让时各自的共有份额比例行使优先购买权。"

(2) 共有人对共有物的处分

共有财产属于全体共有人所有,因此,对共有财产的处分,必须取得占份额2/3以上的按份共有人同意。《民法典》第301条规定,处分共有的不动产或者动产以及

---

① 参见杜万华主编:《最高人民法院物权法司法解释(一)理解与适用》,人民法院出版社2016年版,第309—313页。

对共有的不动产或者动产作重大修缮、变更性质或者用途的,应当经占份额2/3以上的按份共有人或者全体共同共有人同意,但是共有人之间另有约定的除外。从学理上看,按份共有人未经其他共有人同意擅自处分共有物的,构成无权处分,亦对其他共有人构成侵权行为。

2. 共有物的管理及费用负担

关于共有物的管理,《民法典》第300条规定:"共有人按照约定管理共有的不动产或者动产;没有约定或者约定不明确的,各共有人都有管理的权利和义务。"第301条规定,对共有物作重大修缮、变更性质或者用途的,应当经占份额2/3以上的按份共有人或者全体共同共有人同意,但是共有人之间另有约定的除外。

关于共有物的管理费用,《民法典》第302条规定:"共有人对共有物的管理费用以及其他负担,有约定的,按照其约定;没有约定或者约定不明确的,按份共有人按照其份额负担,共同共有人共同负担。"

三、按份共有的外部关系

关于共有人对于第三人的权利和义务,《民法典》第307条规定:"因共有的不动产或者动产产生的债权债务,在对外关系上,共有人享有连带债权、承担连带债务,但是法律另有规定或者第三人知道共有人不具有连带债权债务关系的除外;在共有人内部关系上,除共有人另有约定外,按份共有人按照份额享有债权、承担债务,共同共有人共同享有债权、承担债务。偿还债务超过自己应当承担份额的按份共有人,有权向其他共有人追偿。"

四、共有物的分割

关于共有物分割的情形,《民法典》第303条规定:"共有人约定不得分割共有的不动产或者动产,以维持共有关系的,应当按照约定,但是共有人有重大理由需要分割的,可以请求分割;没有约定或者约定不明确的,按份共有人可以随时请求分割,共同共有人在共有的基础丧失或者有重大理由需要分割时可以请求分割。因分割造成其他共有人损害的,应当给予赔偿。"

关于共有物分割的方式,《民法典》第304条第1款规定:"共有人可以协商确定分割方式。达不成协议,共有的不动产或者动产可以分割且不会因分割减损价值的,应当对实物予以分割;难以分割或者因分割会减损价值的,应当对折价或者拍卖、变卖取得的价款予以分割。"具体方式包括:实物分割、变价分割和作价补偿。

关于各按份共有人对其他按份共有人分得的共有物是否应承担瑕疵担保责任,《民法典》第304条第2款规定:"共有人分割所得的不动产或者动产有瑕疵的,其他共有人应当分担损失。"

按份共有人分割共有物的效力自何时起发生,即按份共有人何时能够取得其分得的共有物的所有权,取决于不同的分割方法。在协议分割的情形,因分割系以法律行为使共有物所有权发生变动,所以不动产须于办理分割登记后、动产须于交付时,才能发生分割的效力。在裁判分割的情形,因为法院所作的判决属于形成判决,所以自判决生效之日起就发生分割的效力。①

理论上,对于按份共有物的分割请求权是请求权还是形成权存有争议。② 有学者认为:虽名为请求权,但非请求其他共有人同意为分割行为之权利,盖此项请求权行使之结果,足使其他共有人负有与之协议分割方法之义务,于不能或不为协议时,得以诉请定其分割方法,亦即因共有人一方之意思表示,即足使共有人间发生应依一定方法分割共有物之法律关系,故为形成权。③ 该观点为我国台湾地区的通说。④ 有学者认为:分割请求权是请求权的一种,是从共有权中产生的一种权利,但分割请求权不是形成权,因为共有人行使分割请求权只是请求其他共有人与其一起分割共有财产,该请求权的行使并不能直接导致共有物的分割,而需要通过与其他共有人协商,或者通过裁判来确定。所以,共有人提出分割的请求并不必然发生法律关系的变动。⑤ 折中说认为其兼具形成权和形成诉权双重性质。共有物分割请求权包括两层法律关系:第一,是否分割共有物的法律关系。这层法律关系仅依共有人单方意思表示即可发生,即只要共有人提出分割共有物的请求,其他共有人就应当参与分割共有物,共有人之间即形成依一定方法分割共有物的关系。就此而言,共有物分割请求权具有形成权的性质。第二,以何种方法分割共有物的关系。在第一层法律关系的基础上,若共有人之间不能达成分割协议,则共有人有权诉请法院裁判以某种方式分割共有物,以消灭共有关系。就此而言,共有物分割请求权具有形成诉权的性质。⑥《物权编司法解释(一)》第 7 条规定,人民法院、仲裁机构在分割共有不动产或者动产等案件中作出并依法生效的改变原有物权关系的判决书、裁决书、调解书,以及人民法院在执行程序中作出的拍卖成交裁定书、变卖成交裁定书、以物抵债裁定书,应当认定为《民法典》第 229 条所称导致物权设立、变更、转让或者消灭的人民法院、仲裁机构的法律文书。根据该条规定,在分割共有物的案件中,法院或仲裁委制作的以共有物分割为内容的法律文书,旨在消灭共有人的共有所有权、创设单独所有权,故为形成性法律文书。分割共有物的案件属于形成之诉,其获得的判决属于形成判决。在

---

① 参见戴孟勇:《物权法共有制度的反思与重构——关于我国〈物权法〉"共有"章的修改建议》,载《政治与法律》2017 年第 4 期。
② 参见陈荣传:《共有物分割请求权是否为形成权?》,苏永钦主编:《民法物权争议问题研究》,清华大学出版社 2004 年版,第 188 页。
③ 参见谢在全:《民法物权论》(上册)(第六版),台湾新学林出版股份有限公司 2014 年版,第 395 页。
④ 参见王泽鉴:《民法物权》(第二版),北京大学出版社 2010 年版,第 241 页。
⑤ 参见王利明:《物权法》,中国人民大学出版社 2015 年版,第 202—203 页。
⑥ 参见杜万华主编:《最高人民法院物权法司法解释(一)理解与适用》,人民法院出版社 2016 年版,第 222 页。

裁判分割共有物时,各共有人并非基于法律行为而取得应有部分的单独所有权,而是基于法院的形成判决。

五、按份共有人与承租人优先购买权的竞合

《民法典》第 726 条规定:"出租人出卖租赁房屋的,应当在出卖之前的合理期限内通知承租人,承租人享有以同等条件优先购买的权利",即出租人出卖房屋时,承租人在同等条件下有优先购买的权利。原 2009 年《最高人民法院关于审理城镇房屋租赁合同纠纷案件具体应用法律若干问题的解释》(以下简称 2009 年《城镇房屋租赁合同解释》)第 24 条规定:"具有下列情形之一,承租人主张优先购买房屋的,人民法院不予支持:(一)房屋共有人行使优先购买权的……"有学者认为:虽然此时共有人只是出售共有房屋的份额,并非房屋本身,但从广义上讲,这也是房屋的一部分,故承租人享有优先购买权。在共有人和承租人的优先购买权发生竞合的情况下,鉴于共有人的优先购买权是基于物权而产生的,而承租人的优先购买权是基于债权产生的,所以,共有人的优先购买权优于承租人的优先购买权。[1] 在《民法典》通过之前,主流观点认为共有人与承租人的优先购买权其实并不存在竞合。共有人优先购买权的发生前提是其他共有人出让自己的共有份额,房屋承租人优先购买权的发生前提是出租人出让自己的房屋。申言之,在共有人出让自己的应有份额时,其他共有人依据共有人优先购买权制度可以主张优先购买权,但此时由于不是出让整个共有物(出让整个共有房屋,需要取得占 2/3 以上份额的共有人的同意),并不存在房屋承租人优先购买权的发生前提,故房屋承租人优先购买权似乎根本无从谈起。最高人民法院亦持该种观点。[2] 但根据《民法典》第 305 条和第 726 条的规定,按份共有人对共有物享有优先购买权,在此情况下,共有人与承租人的优先购买权之间存在竞合关系。共有物是共有人的共有物,共有人在对共有物长期的占有和利用过程中,无论从熟悉程度、先期价值角度,还是从生产生活依赖角度看,在共有物出让时,共有人相较于第三人在同等条件下优先取得共有物所有权亦属合情合理。据此,房屋按份共有人的优先购买权应优先于承租人的优先购买权。

第三节 共同共有

一、共同共有的概念和特征

共同共有是指两个以上民事主体依据共有关系对某项财产不分份额地共同享有

---

[1] 参见王利明:《物权法》,中国人民大学出版社 2015 年版,第 194 页。
[2] 杜万华主编:《最高人民法院物权法司法解释(一)理解与适用》,人民法院出版社 2016 年版,第 329 页。

权利并承担义务的关系。《民法典》第299条规定："共同共有人对共有的不动产或者动产共同享有所有权。"

共同共有的特征表现为：第一，共同共有根据共同关系而产生，以共同关系的存在为前提。共同共有中，在各共有人之间必须首先或同时存在一层基础性的法律关系，正因为有了这一层共同关系，对纳入或进入该共同关系的财产，各共有人之间就处于共同共有的状态。因而共同关系的内容，不以对特定物之共同共有为限，对特定物的共同共有，实际上仅是共同关系成立后的附带结果。① 第二，在共同共有关系中，共有财产不分份额。第三，共同共有的各共有人平等地享有权利和承担义务。

二、共同共有的内外部关系

第一，共同共有人对共有财产享有平等的占有、使用权利，共同享用收益。共有财产的处分，除共有人之间另有约定或有法律规定的，须征得全体共有人同意。关于共有人擅自处分共有财产的处理原则，《婚姻家庭编司法解释（一）》第28条规定："一方未经另一方同意出售夫妻共同所有的房屋，第三人善意购买、支付合理对价并已办理不动产登记，另一方主张追回该房屋的，人民法院不予支持。夫妻一方擅自处分共同所有的房屋造成另一方损失，离婚时另一方请求赔偿损失的，人民法院应予支持。"

第二，对共有财产共同承担义务。《民法典》第302条规定："共有人对共有物的管理费用以及其他负担，有约定的，按照其约定；没有约定或者约定不明确的，按份共有人按照其份额负担，共同共有人共同负担。"

第三，《民法典》第307条规定："因共有的不动产或者动产产生的债权债务，在对外关系上，共有人享有连带债权、承担连带债务，但是法律另有规定或者第三人知道共有人不具有连带债权债务关系的除外；在共有人内部关系上，除共有人另有约定外，……共同共有人共同享有债权、承担债务。"

第四，《民法典》第303条规定："共有人约定不得分割共有的不动产或者动产，以维持共有关系的，应当按照约定，但是共有人有重大理由需要分割的，可以请求分割；没有约定或者约定不明确的，按份共有人可以随时请求分割，共同共有人在共有的基础丧失或者有重大理由需要分割时可以请求分割。因分割造成其他共有人损害的，应当给予赔偿。"关于"重大理由"，《民法典》第1066条规定："婚姻关系存续期间，有下列情形之一的，夫妻一方可以向人民法院请求分割共同财产：（一）一方有隐藏、转移、变卖、毁损、挥霍夫妻共同财产或者伪造夫妻共同债务等严重损害夫妻共同财产利益的行为；（二）一方负有法定扶养义务的人患重大疾病需要医治，另一方不同意支付相关医疗费用。"

---

① 参见张双根：《物权法释论》，北京大学出版社2018年版，第109页。

共同共有财产的分割,首先由共有人协商确定。协商达不成协议的:共有的不动产或者动产可以分割并且不会因分割减损价值的,实行实物分割;难以分割或者因分割会减损价值的,应对折价或者拍卖、变卖取得的价款予以分割。

三、共同共有的类型

第一,夫妻共有财产。《民法典》第 1062 条规定,夫妻在婚姻关系存续期间所得的下列财产,归夫妻共同所有:(1) 工资、奖金、劳务报酬;(2) 生产、经营、投资的收益;(3) 知识产权的收益;(4) 继承或者受赠的财产,但该法第 1063 条第 3 项规定的除外;(5) 其他应当归共同所有的财产。夫妻对共同所有的财产,有平等的处理权。

第二,家庭共有财产。家庭成员在家庭共同生活关系存续期间共同创造或共同获得的财产是家庭共有财产,家庭共有属于共同共有。

第三,共同继承的财产。继承开始后、遗产分割前,各继承人对遗产有共同共有权。《民法典》第 1156 条规定:"遗产分割应当有利于生产和生活需要,不损害遗产的效用。不宜分割的遗产,可以采取折价、适当补偿或者共有等方法处理。"

第四,合伙财产。学界对于合伙财产是共同共有还是按份共有存有争议。从退伙、合伙责任的内部承担以及合伙财产的分割和按份共有的相似性来看,将其归类为按份共有似乎更为妥当。尽管合伙也存在共同关系即合伙关系,但合伙关系没有夫妻关系、家庭关系那么紧密,一旦夫妻关系、家庭关系破裂,夫妻、家庭这一组合体也就不存在了,而在合伙关系中,合伙人可以将自己的份额对外转让,也可以请求退伙,此时合伙关系仍然存在。从这个角度看,合伙更类似于"人以物聚"的按份共有形态。①

---

① 参见申卫星:《物权法原理》(第二版),中国人民大学出版社 2016 年版,第 236 页。

第九章 所有权取得的特别规定

第一节 善意取得

一、善意取得的概念和构成要件

善意取得,又称即时取得,是指无权处分他人动产或不动产的占有人或登记权利人将动产或不动产转让时,如果受让人在取得该动产或不动产时出于善意,即可依法取得对该动产或不动产的所有权或其他物权的法律制度(《民法典》第311条)。

善意取得制度虽滥觞于日耳曼法上"以手护手"原则,但该原则主要在于限制所有权追及力,而善意取得制度的根本旨趣在于积极地使受让人取得所有权,而非仅消极地限制原所有权人之回复请求权。① 善意取得制度之所以重要,在于其最能凸显法学之利益衡量与价值判断。善意取得制度随着商品交换应运而生,与所有权的保护调和,旨在促进市场交易便捷与安全、促进经济效率。从法理上看,善意取得的理论基础存在取得时效说、权利授予说、法律特别规定说、占有效力说和权利外像说等观点。② 近年来,学界认为善意取得与民法之表见代理等制度一样,系根植于信赖保护原则之权利外观原则或称为权利外观理论。③

善意取得的构成要件为:

1. 无处分权人处分他人动产或不动产

所谓无处分权人是指非所有权人或法律上无处分权之人。善意取得系无处分权之让与人登记为权利人或占有标的物使人误以为其为有处分权人,并使受让人在善意而受让的情形下仍能取得其权利。④

不动产的无权处分,主要是指发生登记错误的情形下,登记权利人将其不动产转让给他人。不动产登记物权人与真实物权人不一致的情形主要有:登记机关的错误或疏漏,如误将甲所有的登记为乙所有;不动产登记簿以外的法律变动,如甲死亡,由乙办理继承登记,但真正的继承人是丙;不动产物权变动的原因行为被确认无效或被

---

① 参见谢在全:《民法物权论》(上册)(第六版),台湾新学林出版股份有限公司2014年版,第290页。
② 参见韩松、姜战军、张翔:《物权法所有权编》,中国人民大学出版社2007年版,第363—364页。
③ 参见谢在全:《民法物权论》(上册)(第六版),台湾新学林出版股份有限公司2014年版,第291页。
④ 同上书,第294页。

撤销,或未被追认,不动产物权失去其变动的根据;根据法律规定取得不动产物权,但尚未办理过户登记;夫妻共有或家庭共有的场合,不动产登记簿记载的物权人只有部分成员,欠缺其他共有人的信息;出于规避法律或其他考虑,将自己购买的房屋等登记在他人名下,而并无赠与的意思。动产的无权处分,是指动产占有人将其并不享有处分权的动产转让给他人,如共有人、承租人、保管人擅自转让共有动产或租用保管动产。

2. 受让人受让动产或不动产时出于善意

第一,善意的认定。《物权编司法解释(一)》第14条第1款规定:"受让人受让不动产或者动产时,不知道转让人无处分权,且无重大过失的,应当认定受让人为善意。"因此,善意的内容是"非因重大过失不知道转让人无处分权"。所谓"不知道",指"实际上不知道",与之相应,所谓"知道",应指"实际上知道"(明知)。实际上"不知道"并且"无重大过失",构成"善意";明知或因重大过失而不知道,不构成"善意";因"一般过失"而"不知道",应认定为"善意"。从善意的本意上来理解,它是不考虑有无过失的,但出于兼顾所有人利益和交易安全的立法目的,受让人对于出让人是否有处分权利,须负担一定的注意义务。① 在立法例上,《日本民法典》要求善意而且没有过失的情况下始得适用善意取得,《德国民法典》中只将重大过失排除在善意之外。

第二,善意的判断时点。《物权编司法解释(一)》第17条规定,《民法典》第311条第1款第1项所称的"受让人受让该不动产或者动产时",是指依法完成不动产物权转移登记或者动产交付之时。当事人以《民法典》第226条规定的方式交付动产的,转让动产民事法律行为生效时为动产交付之时;当事人以《民法典》第227条规定的方式交付动产的,转让人与受让人之间有关转让返还原物请求权的协议生效时为动产交付之时。法律对不动产、动产物权的设立另有规定的,应当按照法律规定的时间认定权利人是否为善意。具体而言,当事人以《民法典》第226条所规定的简易交付的方式交付动产的,转让动产法律行为生效时为动产交付之时;当事人以《民法典》第227条所规定的指示交付的方式交付动产的,转让人与受让人之间有关转让返还原物请求权的协议生效时为动产交付之时。法律对不动产、动产物权的设立另有规定的,应当按照法律规定的时间认定权利人是否为善意。依据占有改定方式善意取得时,根据《民法典》第228条,物权自该约定生效时发生效力,因此确定受让人是否为善意的时间判断点,也应为转让人与受让人之间上述约定生效的时间。②

第三,善意的举证责任。依据《民法典》第311条第1款,善意是受让人善意取得的要件之一,依据《民诉法解释》第91条就举证责任所采纳的法律要件分类说,该要

---

① 参见王泽鉴:《民法物权》(第二版),北京大学出版社2010年版,第57页。
② 参见杜万华主编:《最高人民法院物权法司法解释(一)理解与适用》,人民法院出版社2016年版,第431页。

件属于法律关系存在(权利取得)的要件,据此,受让人应该就此负有举证责任。实际上,不动产登记簿和动产的占有状态具有初步的推定力,交易参加人只要相信权利公示的正确性,并根据公示状态进行交易,即应推定其为善意。因此,对于其善意之主观状态,无须受让人承担举证责任,而是应由主张其为非善意的原物权人,就受让人受让物权时存在明知或因重大过失而未知转让人无处分权的主观恶意,承担举证责任。

第四,善意的排除。《物权编司法解释(一)》第15条规定,下列五种情形下应当认定不动产受让人知道转让人无处分权:其一,登记簿上存在有效的异议登记。《不动产登记暂行条例实施细则》第84条规定,异议登记期间,不动产登记簿上记载的权利人以及第三人因处分权利申请登记的,不动产登记机构应当书面告知申请人该权利已经存在异议登记的有关事项。申请人申请继续办理的,应当予以办理,但申请人应当提供知悉异议登记存在并自担风险的书面承诺。其二,预告登记有效期内,未经预告登记的权利人同意。《不动产登记暂行条例实施细则》第85条第2款规定,预告登记生效期间,未经预告登记的权利人书面同意,处分该不动产权利申请登记的,不动产登记机构应当不予办理。其三,登记簿上已经记载司法机关或者行政机关依法裁定、决定查封或者以其他形式限制不动产权利的有关事项。《中华人民共和国城市房地产管理法》(以下简称《城市房地产管理法》)第38条第2项规定,司法机关和行政机关依法裁定、决定查封或者以其他形式限制房地产权利的,该房地产不得转让。其四,受让人知道登记簿上记载的权利主体错误。如受让人对借名登记的事实有所了解。其五,受让人知道他人已经依法享有不动产物权。如受让人知道他人已经根据《民法典》第229—231条规定取得不动产物权。

《物权编司法解释(一)》第15条第2款规定:"真实权利人有证据证明不动产受让人应当知道转让人无处分权的,应当认定受让人具有重大过失。"所谓不动产受让人应当知道转让人无处分权,应指根据真实权利人提供的证据,得到法院确认的所有为受让人知道的案件事实,不动产受让人不可能不知道转让人无处分权。《物权编司法解释(一)》第16条规定了动产善意取得中受让人重大过失的认定依据,即受让人受让动产时,交易的对象、场所或者时机等不符合交易习惯的,应当认定受让人具有重大过失。

3. 有偿转让行为

《民法典》第311条要求受让人需通过有偿转让行为取得不动产或动产的所有权。关于转让合同的效力与善意取得之间的关系问题,学界争议较大。有学者认为转让合同有效是善意取得的构成要件之一。① 反对者则认为即使因转让合同无效、被撤销、不予追认出现利益失衡,也可以借助于不当得利返还等制度加以矫正,但不影

---

① 参见王利明、尹飞、程啸:《中国物权法教程》,人民法院出版社2007年版,第150页。

响善意取得制度的适用。① 《物权编司法解释(一)》第 20 条规定,具有下列情形之一,受让人主张依据《民法典》第 311 条规定取得所有权的,不予支持:(1)转让合同被认定无效;(2)转让合同被撤销。

4. 合理的价格

《民法典》第 311 条要求受让人要以合理的价格转让。我国立法之所以将合理价格作为善意取得的独立构成要件,其立法理由有二:一是通过"合理价格"来限缩善意取得途径应为交易行为,从而符合制度本意;二是通过"合理价格"来判断受让人在受让时是否具备善意。② 《物权编司法解释(一)》第 18 条规定,《民法典》第 311 条第 1 款第 2 项所称"合理的价格",应当根据转让标的物的性质、数量以及付款方式等具体情况,参考转让时交易地市场价格以及交易习惯等因素综合认定。

5. 完成法定的公示方法

《民法典》第 311 条要求转让的不动产或动产依照法律规定应当登记的已经登记,不需要登记的已经交付给受让人。

关于采取观念交付方式时能否适用善意取得,实践中争议较大。但从《物权编司法解释(一)》第 17 条的规定来看,其明确肯定了简易交付和指示交付是可以作为动产善意取得中的交付方式的。

对于占有改定是否适用善意取得,虽然司法机关持肯定性的倾向性意见③,但在学界否定说占据主导地位,认为善意取得以限制并排除当事人的约定为规则前提,它依靠公信力来切断前手交易的瑕疵,因此只能产生原始取得的法律效果。与此相反,占有改定以扩展当事人的约定为规则前提,当事人之间约定的法律效果等同于物权变动法定形式,因此它只能产生继受取得的法律效果。换言之,善意取得制度对交易安全的保护是有条件的,即善意取得人不能是占有改定人。如果以占有改定方式善意取得,还会产生一个无法调和的矛盾,即此时的善意变动到底是基于法定原因还是基于法律行为发生。占有改定的成立意味着约定排除法定,当事人的意思自治被充分实现;善意取得的成立意味着法定排除约定,当事人的意思自治被彻底消灭,二者在法理上如水火般不相容。故德国等国家的立法例要求,占有改定中受让人需取得现实交付,方可成立善意取得。

对于特殊动产如何适用善意取得,《物权编司法解释(一)》第 19 条规定,转让人将《民法典》第 225 条规定的船舶、航空器和机动车等交付给受让人的,应当认定符合《民法典》第 311 条第 1 款第 3 项规定的善意取得的条件。据此,登记仅系特殊动产

---

① 参见崔建远:《物权法》(第三版),中国人民大学出版社 2014 年版,第 79 页。
② 参见杜万华主编:《最高人民法院物权法司法解释(一)理解与适用》,人民法院出版社 2016 年版,第 468 页。
③ 同上书,第 431 页。

物权变动具备对抗力之要件,认其所有权可依交付发生善意取得当为合理。①

二、善意取得的效力

1. 原物权人与善意受让人之间

《民法典》第 313 条规定:"善意受让人取得动产后,该动产上的原有权利消灭。但是,善意受让人在受让时知道或者应当知道该权利的除外。"物权善意取得的法律后果是,善意受让人取得所有权,原物权人的权利原则上归于消灭,但善意受让人在受让时知道或者应当知道该权利的除外。需注意的是:能够因善意取得而导致标的物上原有权利消灭的,只能是动产,而不动产上原有权利因登记公示而被知晓,如不动产上设定的抵押权等,因此无法归于消灭。该权利必须是善意受让人在受让时不知道或者不应当知道该动产上存在着的权利,若其受让时知道或应当知道该权利存在,则不能主张权利归于消灭。

2. 原物权人与无处分权人之间

《民法典》第 311 条第 2 款规定:"受让人依据前款规定取得不动产或者动产的所有权的,原所有权人有权向无处分权人请求损害赔偿。"该种损害赔偿责任可能为违约损害赔偿、不当得利或侵权责任,原物权人有权择一行使。双方当事人之间如原有债的关系存在,如租赁、借用等,原物权人有权要求无处分权人承担违约责任。无处分权人处分标的物属侵害原物权人物权的行为,应当承担侵权责任。无处分权人有偿处分标的物,并取得价款,属于不当得利,原物权人有权要求返还价款。

3. 善意受让人与无处分权人之间

善意受让人与无处分权人之间依据转让行为的性质成立法律关系,受让人不能借口善意取得而拒绝负担因原因行为所生的义务。②

三、担保物权的善意取得

根据《民法典》第 311 条第 3 款,当事人善意取得其他物权的,参照适用前两款规定。担保物权善意取得的特殊之处在于:第一,善意取得质权、抵押权,不要求具备"以合理的价格受让"这一要件。因为抵押合同与质押合同均属单务、无偿合同。第二,不动产抵押权的善意取得以办理抵押登记为构成要件;动产抵押权的善意取得并不以"登记"或者"交付"为构成要件。第三,动产质权的善意取得以动产交付为构成要件,但占有改定的交付方式不发生动产质权的善意取得。第四,因留置权系法定担保物权,留置权的善意取得有其特别构造,不以无权处分为前提条件。

---

① 参见杜万华主编:《最高人民法院物权法司法解释(一)理解与适用》,人民法院出版社 2016 年版,第 453 页。
② 参见谢在全:《民法物权论》(上册)(第六版),台湾新学林出版股份有限公司 2014 年版,第 298 页。

第二节　拾得遗失物

一、拾得遗失物的概念与构成要件

拾得遗失物,是指发现他人的遗失物而加以占有的事实行为。其构成要件为:第一,该拾得之物须为遗失物。所谓遗失物,是所有人和合法占有人不慎丢失,不为任何人占有的物。构成遗失物的条件包括:(1)须为他人之动产,不动产依其性质不存在遗失问题;(2)遗失人占有之丧失非出于己意,即遗失人主观上并不想丧失对物的占有,而是由于某种客观原因导致占有的丧失,若丧失占有是出于权利人的本意,则是物的抛弃,该物应属无主物而不是遗失物;(3)须非隐藏之物。第二,须有拾得行为,即发现和占有遗失物。发现遗失物,是指认识遗失物之所在;占有遗失物,是指对于遗失物获得事实上的管领力。

二、拾得人的权利与义务

《民法典》第314条规定:"拾得遗失物,应当返还权利人。拾得人应当及时通知权利人领取,或者送交公安等有关部门。"该条规定了拾得人及时通知和送交有关机关的义务。第315条规定:"有关部门收到遗失物,知道权利人的,应当及时通知其领取;不知道的,应当及时发布招领公告。"在遗失物被失主领取前,有关部门也负有妥善保管的义务。

《民法典》第316条规定:"拾得人在遗失物送交有关部门前,有关部门在遗失物被领取前,应当妥善保管遗失物。因故意或者重大过失致使遗失物毁损、灭失的,应当承担民事责任。"该条规定了拾得人妥善保管遗失物的义务。从学理上看,拾得人还负有返还遗失物的义务。拾得人不履行其返还遗失物之义务的,遗失物的所有权人可行使物权请求权要求拾得人返还遗失物。

《民法典》第317条第1款、第2款规定:"权利人领取遗失物时,应当向拾得人或者有关部门支付保管遗失物等支出的必要费用。权利人悬赏寻找遗失物的,领取遗失物时应当按照承诺履行义务。"该条规定了拾得人有权请求权利人支付保管费用,请求失主按照承诺履行义务。这里的"必要费用"是指拾得人为保管、管理遗失物以及寻找失主等所实际支出的成本,如保管费、饲养走失动物所支出的饲料费等。可以看出,《民法典》关于遗失物的法律规则仍然是以"路不拾遗""拾金不昧"这样的伦理规范为基础。若权利人通过发布悬赏广告的方式寻找遗失物,当拾得人在完成悬赏广告中指定的工作(即送还遗失物)之后,有权向广告发布人要求其所承诺的报酬。不过,此报酬请求权并非拾得遗失物所产生的效力,而是悬赏广告所产生的债的效力。

三、拾得人侵占遗失物的法律效果

《民法典》第 317 条第 3 款规定:"拾得人侵占遗失物的,无权请求保管遗失物等支出的费用,也无权请求权利人按照承诺履行义务。"侵占遗失物是指拾得人以占有遗失物为目的而拒绝返还遗失物。拾得人侵占遗失物既是对权利人物权的侵害也构成不当得利。

《民法典》第 318 条规定:"遗失物自发布招领公告之日起一年内无人认领的,归国家所有。"在《民法典》编纂过程中,有的意见提出,6 个月的时间过短,不利于物归原主,建议延长。2018 年 8 月,提交审议的《民法典》各分编草案将该条中的"六个月"修改为"一年"。① 时间的延长一方面延缓了遗失物的国有化,另一方面带来了更多的物归原主的机会。

另外,在拾得人侵占遗失物的法律效果问题中,遗失物是否适用善意取得也是争议焦点问题。占有脱离物是指非基于所有权人的意思,而脱离所有权人占有之动产标的物,如遗失物、盗赃物等。在民法物权理论上,占有脱离物的善意取得是一个特殊问题,其特殊性在于所有权人对于脱离物占有之丧失,并非基于自身的意思,同时,第三人对于该物的受让,又是基于善意,于是法律需要在所有权人和第三人之间进行利益平衡。导致的结果是第三人对于占有脱离物的善意取得,其构成要件更为严苛。②

盗赃物原则上不适用善意取得制度,主要理由是,对于被盗、被抢的财物,主要通过司法机关依照刑法、刑事诉讼法、治安管理处罚法等有关法律的规定追缴后退回。对于这一过程中如何保护善意受让人的权益、维护交易安全,《民法典》未作规定。

《民法典》第 312 条规定:"所有权人或者其他权利人有权追回遗失物。该遗失物通过转让被他人占有的,权利人有权向无处分权人请求损害赔偿,或者自知道或者应当知道受让人之日起二年内向受让人请求返还原物;但是,受让人通过拍卖或者向具有经营资格的经营者购得该遗失物的,权利人请求返还原物时应当支付受让人所付的费用。权利人向受让人支付所付费用后,有权向无处分权人追偿。"根据该条规定,遗失物不适用善意取得,但在受让人通过拍卖或者向具有经营资格的经营者购得该遗失物情形下,权利人请求返还原物时应当支付受让人所付的费用。

四、拾得漂流物、发现埋藏物或者隐藏物

所有权人不明的漂流物、埋藏物或者隐藏物,是指漂流于水上、埋藏于土地及他物之中,其所有权归属不能判明的动产。拾得漂流物、发现埋藏物或者隐藏物属于事

---

① 黄薇主编:《中华人民共和国民法典物权编解读》,中国法制出版社 2020 年版,第 373 页。
② 参见韩松、姜战军、张翔:《物权法所有权编》,中国人民大学出版社 2007 年版,第 378 页。

实行为。

拾得漂流物、发现埋藏物或者隐藏物的构成要件为：第一，存在漂流、埋藏或隐藏之动产；第二，需为所有权归属不能判明之动产；第三，需拾得漂流物、发现埋藏物或者隐藏物后占有。

《民法典》第319条规定："拾得漂流物、发现埋藏物或者隐藏物的，参照适用拾得遗失物的有关规定。法律另有规定的，依照其规定。"如《中华人民共和国文物保护法》第5条第1款规定："中华人民共和国境内地下、内水和领海中遗存的一切文物，属于国家所有。"第6条规定："属于集体所有和私人所有的纪念建筑物、古建筑和祖传文物以及依法取得的其他文物，其所有权受法律保护。"

第三节 添 附

添附，是指所有人不同的不动产或动产因自然或人为原因结合为一物（合成物、混合物），或在他人之物上施以有益劳作使之成为不同之物（加工物）的法律事实。添附在法律上的效果，主要是一方取得他人的所有权，或一方取得加工改造后的新的财产所有权，故被视为取得所有权的一种特殊方式。

添附主要包括附合、混合和加工三种类型。附合是指两个以上不同所有人的物结合在一起而不能分离，若分离会毁损该物或者花费较大。具体包括动产与动产的附合，动产与不动产的附合。混合是指两个以上的不同所有人的动产互相混杂合并，不能识别。加工，是指在他人之物上附加自己的有价值的劳动，使之成为新的财产。构成加工需具备以下要件：加工的标的物须为动产，加工的标的物须为他人所有，须因加工而制成新物。

《民法典》第322条规定："因加工、附合、混合而产生的物的归属，有约定的，按照约定；没有约定或者约定不明确的，依照法律规定；法律没有规定的，按照充分发挥物的效用以及保护无过错当事人的原则确定。因一方当事人的过错或者确定物的归属造成另一方当事人损害的，应当给予赔偿或者补偿。"

据此，关于添附物所有权之归属，具体规则如下：

其一，当事人有约定的，按照约定。有学者提出：从设置添附制度的国家和地区的立法上看，鲜有将当事人的合意情形适用于添附的；尽管理论上对添附的性质存在不同的认识，但添附为非法律行为则是定论。因此，基于添附导致的物权变动，就只能依基于非法律行为的物权变动规则处理。①

其二，当事人没有约定或者约定不明确的，依照法律规定。对此，《民法典》并未作出明确规定，比较法上则不乏此类规定，如《日本民法典》规定，动产与不动产附合

---

① 参见房绍坤：《物权法的变革与完善》，北京大学出版社2019年版，第195页。

时由不动产所有权人取得合成物的所有权,动产与动产附合时由主动产所有人取得合成物所有权。

其三,法律没有规定的,按照充分发挥物的效用以及保护无过错的当事人的原则确定。关于关系人之间利益之调和与维护问题,实质是因添附而取得添附物所有权之当事人与丧失所有权之当事人之间的利益调和。如因一方当事人的过错或者确定物的归属给另一方当事人造成损失,应当给予赔偿或者补偿。从比较法上看,"过错"并没有被纳入确定添附物所有权归属的考量因素,但一些立法例明确区分行为人的善意和恶意从而确定添附物所有权的归属,即行为人为恶意的,不能取得添附物的所有权。

实践中,应按照附合、混合和加工的类型区分而确定添附物所有权归属。动产与动产附合所形成的物称为合成物。在没有约定又协商不成的情况下,原则上由各个动产的所有权人共有该合成物,其应有部分,按照动产附合时的价值比例确定。如果该附合出于动产所有权人的恶意,则该恶意之人不得取得合成物的所有权或共有权。在动产与动产发生混合的情况下,各个动产所有权人按其动产混合时的价值,共有混合物。如果混合的动产有可视为主物的,该主物所有权人取得混合物的所有权,但在恶意混合场合,恶意的动产所有权人不得取得混合物的所有权或共有权。丧失动产所有权的主体,可基于不当得利或侵权损害赔偿请求救济。在加工的情况下,加工物归材料的所有权人享有,但如果加工物所增加的价值明显高于材料价值的,加工物归加工人所有。不过,恶意加工人不能取得加工物的所有权。加工物所有权如属加工人取得,则加工人系基于法律规定而取得,并非基于他人既存的权利,故属原始取得。①

---

① 参见崔建远:《物权法》(第三版),中国人民大学出版社2014年版,第107页。

第十章　用益物权的一般规定

第一节　用益物权的概念和特征

一、用益物权的概念

《民法典》第323条规定："用益物权人对他人所有的不动产或者动产,依法享有占有、使用和收益的权利。"用益物权的主要功能在于:增进物尽其用的经济效用,即拥有其物者自己不使用,而使他人利用之,以收其利益。简言之,用益物权具有调剂"所有"和"利用"的机能;也可使物的利用关系物权化,巩固当事人之间的法律关系。①

二、用益物权的特征

用益物权的客体以不动产为主,但也包括动产、自然资源等。《民法典》第324条规定:"国家所有或者国家所有由集体使用以及法律规定属于集体所有的自然资源,组织、个人依法可以占有、使用和收益。"第325条规定:"国家实行自然资源有偿使用制度,但是法律另有规定的除外。"虽然《民法典》第323条规定动产可以作为用益物权之客体,但根据物权法定原则,在法律法规未作特别和具体规定之前,实定法上并不存在动产用益物权。

用益物权以对物的直接占有为前提,以对标的物的使用、收益为其主要内容。但用益物权人行使权利也应遵守相关规则,《民法典》第326条第一句规定:"用益物权人行使权利,应当遵守法律有关保护和合理开发利用资源、保护生态环境的规定。"

用益物权是他物权和有期限物权。用益物权是在他人之物上设定的物权,必然涉及所有权人和用益物权人的关系问题,《民法典》第326条第二句规定:"所有权人不得干涉用益物权人行使权利。"用益物权一般受期限限制,例外是宅基地使用权,目前仍为农民集体成员"无偿无期限"使用。

用益物权主要是不动产物权,在涉及征收问题时,用益物权人有权获得相应补偿。《民法典》第327条规定,因不动产或者动产被征收、征用致使用益物权消灭或者

---

① 参见王泽鉴:《民法物权》(第二版),北京大学出版社2010年版,第272页。

影响用益物权行使的,用益物权人有权据该法第 243 条、第 245 条的规定获得相应补偿。

用益物权主要以《民法典》为依据,但也涉及诸多特别法,如《农村土地承包法》对土地承包经营权和土地经营权进行了细致规定。

第二节　准用益物权

一、准用益物权的概念和特征

准用益物权是指自然人、法人或者其他组织依法享有的对特定空间内的自然资源进行开发和利用的权利,包括海域使用权、探矿权、采矿权、取水权、养殖权、捕捞权等。《民法典》第 328 条规定:"依法取得的海域使用权受法律保护。"第 329 条规定:"依法取得的探矿权、采矿权、取水权和使用水域、滩涂从事养殖、捕捞的权利受法律保护。"在《中华人民共和国海域使用管理法》(以下简称《海域使用管理法》)、《中华人民共和国矿产资源法》《中华人民共和国水法》(以下简称《水法》)、《中华人民共和国渔业法》(以下简称《渔业法》)等特别法中对于准用益物权设有明文规定。

准用益物权既符合传统的用益物权的一般属性,如具有绝对性(虽然程度不同)、支配力、对抗效力、物权请求权,奉行物权法定原则等,也具有自身的特性:

第一,权利客体不同。准用益物权的客体是特定空间范围内的海域、矿产资源、水资源和渔业资源,而非土地、房屋等传统不动产。部分权利客体具有一定的复合性,如矿业权的客体由特定的工作区域或矿区与其贮存的局部的矿产资源构成。[①]

第二,支配方式不同。准用益物权的权利人并不直接支配特定的不动产,而只是对某种不动产从事某种特定的开发、利用行为。

第三,在权利设定上,准用益物权的取得往往需要行政许可,权利的内容和期限大多是由行政机关所设定的,公法色彩较为浓厚。

第四,在权利行使方面,准用益物权通常涉及自然资源的开发和利用,准用益物权的行使往往具有较高的技术性,因此对权利人的资质以及权利的行使方式,法律往往加以强制性规定。

二、准用益物权的类型

1. 海域使用权

2001 年颁布的《海域使用管理法》从法律上确立了海域使用权制度。海域使用权是指单位或个人依法取得对国家所有的特定海域的排他性使用权。单位和个人使

---

① 参见崔建远:《准物权研究》(第二版),法律出版社 2012 年版,第 22 页。

用海域必须依法取得海域使用权。海域使用权人通过向海洋行政主管部门申请,或通过招标、拍卖方式取得海域使用权后应当办理登记手续。

2. 矿业权

矿业权是指探采人依法在已经登记的特定矿区或工作区内勘查、开采一定的矿产资源,取得矿石标本、地质资料及其他信息或矿产品,并排除他人干涉的权利。其中,勘探一定的国有矿石资源,取得矿石标本、地质资料及其他信息的权利,称为探矿权;开采一定的国有矿产资源,取得矿产品的权利,称为采矿权。

3. 取水权

取水权是指权利人依法从地表水或地下水引取定量之水的权利。《水法》第7条规定:"国家对水资源依法实行取水许可制度和有偿使用制度。但是,农村集体经济组织及其成员使用本集体经济组织的水塘、水库中的水的除外。"

4. 渔业权

渔业权是指民事主体依据法律规定,在一定水域从事养殖或捕捞水生动植物的权利。《渔业法》第11条确立了养殖权,其规定,国家对水域利用进行统一规划,确定可以用于养殖业的水域和滩涂。单位和个人使用国家规划确定用于养殖业的全民所有的水域、滩涂的,使用者应当向县级以上地方人民政府渔业行政主管部门提出申请,由本级人民政府核发养殖证,许可其使用该水域、滩涂从事养殖生产。集体所有的或者全民所有由农业集体经济组织使用的水域、滩涂,可以由个人或者集体承包,从事养殖生产。第23条第1款规定:"国家对捕捞业实行捕捞许可证制度。"取得捕捞许可证的民事主体则当然取得捕捞权。

第十一章 土地承包经营权

第一节 土地承包经营权的概念和特征

《民法典》第330条规定:"农村集体经济组织实行家庭承包经营为基础、统分结合的双层经营体制。农民集体所有和国家所有由农民集体使用的耕地、林地、草地以及其他用于农业的土地,依法实行土地承包经营制度。"《民法典》第331条规定:"土地承包经营权人依法对其承包经营的耕地、林地、草地等享有占有、使用和收益的权利,有权从事种植业、林业、畜牧业等农业生产。"据此,土地承包经营权是指特定民事主体对农民集体所有和国家所有由农民集体使用的耕地、林地、草地以及其他农业用地享有的占有、使用和收益(从事农业生产)的权利。

土地承包经营权具有如下特征:

第一,土地承包经营权的主体具有特殊性。就发包方而言,《农村土地承包法》第13条规定:"农民集体所有的土地依法属于村农民集体所有的,由村集体经济组织或者村民委员会发包;已经分别属于村内两个以上农村集体经济组织的农民集体所有的,由村内各该农村集体经济组织或者村民小组发包。村集体经济组织或者村民委员会发包的,不得改变村内各集体经济组织农民集体所有的土地的所有权。国家所有依法由农民集体使用的农村土地,由使用该土地的农村集体经济组织、村民委员会或者村民小组发包。"就承包方而言,《农村土地承包法》第16条规定:"家庭承包的承包方是本集体经济组织的农户。"

第二,土地承包经营权的客体是农民集体所有或国家所有的农用地。土地承包经营制度主要适用于农民集体所有的土地,在国家所有土地上设定土地承包经营权的情形主要适用于农垦用地。《民法典》第343条规定:"国家所有的农用地实行承包经营的,参照适用本编的有关规定。"

第三,土地承包经营权的内容是对土地通过农业生产的方式加以利用。承包人是因从事种植业、林业、畜牧业等农业生产,按照承包合同对其承包经营的集体所有或国家所有的耕地、林地、草地等享有占有、使用和收益的用益物权。

第四,承包经营权是有一定期限的权利。《民法典》第332条和《农村土地承包法》第21条规定,耕地的承包期为30年;草地的承包期为30年至50年;林地的承包期为30年至70年。上述规定的承包期限届满,由土地承包经营权人依照农村土地承包的法律规定继续承包。

第五,土地承包经营权的设立采意思主义。《民法典》第 333 条规定:"土地承包经营权自土地承包经营权合同生效时设立。登记机构应当向土地承包经营权人发放土地承包经营权证、林权证等证书,并登记造册,确认土地承包经营权。"

第二节 土地承包经营权的取得

一、基于民事法律行为取得

一是家庭承包,即农民集体成员(农户)作为承包方通过与发包方(集体组织)订立土地承包经营合同而取得土地承包经营权。此为土地承包经营权的一般取得方式。

二是家庭承包以外的其他方式承包,具体适用《农村土地承包法》第 48—53 条关于"四荒地"承包的规则,即发包方将农村土地发包给本集体经济组织以外的单位或者个人承包,应当事先经本集体经济组织成员的村民会议 2/3 以上成员或者 2/3 以上村民代表的同意,并报乡(镇)人民政府批准。由本集体经济组织以外的单位或者个人承包的,应当对承包方的资信情况和经营能力进行审查后,再签订承包合同。以其他方式承包农村土地的,应当签订承包合同,承包方取得土地经营权。当事人的权利和义务、承包期限等,由双方协商确定。以招标、拍卖方式承包的,承包费通过公开竞标、竞价确定;以公开协商等方式承包的,承包费由双方议定。以其他方式承包农村土地,在同等条件下,本集体经济组织成员有权优先承包。

二、基于民事法律行为外的原因取得

家庭承包的,根据《农村土地承包法》第 32 条的规定,"承包人应得的承包收益,依照继承法的规定继承。林地承包的承包人死亡,其继承人可以在承包期内继续承包",即林地承包权可以继承,但耕地或草地等农业用地上的承包经营权不能继承。

对于其他方式的承包,《农村土地承包法》第 54 条规定:"依照本章规定通过招标、拍卖、公开协商等方式取得土地经营权的,该承包人死亡,其应得的承包收益,依照继承法的规定继承;在承包期内,其继承人可以继续承包。"

第三节 承包人的权利与义务

一、承包人的权利

《农村土地承包法》第 17 条规定,承包方享有下列权利:(1)依法享有承包地使

用、收益的权利,有权自主组织生产经营和处置产品;(2) 依法互换、转让土地承包经营权;(3) 依法流转土地经营权;(4) 承包地被依法征收、征用、占用的,有权依法获得相应的补偿;(5) 法律、行政法规规定的其他权利。

《农村土地承包法》第 30 条规定,承包期内,承包方可以自愿将承包地交回发包方。承包方自愿交回承包地的,可以获得合理补偿,但是应当提前半年以书面形式通知发包方。承包方在承包期内交回承包地的,在承包期内不得再要求承包土地。

《民法典》第 338 条规定,承包地被征收的,土地承包经营权人有权依据本法第 243 条的规定获得相应补偿。第 243 条第 2 款规定:"征收集体所有的土地,应当依法及时足额支付土地补偿费、安置补助费以及农村村民住宅、其他地上附着物和青苗等的补偿费用,并安排被征地农民的社会保障费用,保障被征地农民的生活,维护被征地农民的合法权益。"

二、承包人的义务

《农村土地承包法》第 18 条规定,承包方承担下列义务:(1) 维持土地的农业用途,未经依法批准不得用于非农建设;(2) 依法保护和合理利用土地,不得给土地造成永久性损害;(3) 法律、行政法规规定的其他义务。可见,承包方的主要义务是妥善使用承包的土地,消极要求是不得在承包土地上盖房、建窖、建坟;不准进行掠夺性经营。积极要求是根据土地的条件,合理使用、保存、改良土地,提高地力。

第四节 发包人的权利与义务

一、发包人的权利

《农村土地承包法》第 14 条规定,发包方享有下列权利:(1) 发包本集体所有的或者国家所有依法由本集体使用的农村土地;(2) 监督承包方依照承包合同约定的用途合理利用和保护土地;(3) 制止承包方损害承包地和农业资源的行为;(4) 法律、行政法规规定的其他权利。

《民法典》第 336 条规定:"承包期内发包人不得调整承包地。因自然灾害严重毁损承包地等特殊情形,需要适当调整承包的耕地和草地的,应当依照农村土地承包的法律规定办理。"《农村土地承包法》第 28 条规定,承包期内,发包方不得调整承包地。承包期内,因自然灾害严重毁损承包地等特殊情形对个别农户之间承包的耕地和草地需要适当调整的,必须经本集体经济组织成员的村民会议 2/3 以上成员或者 2/3 以上村民代表的同意,并报乡(镇)人民政府和县级人民政府农业农村、林业和草原等主管部门批准。承包合同中约定不得调整的,按照其约定。

《民法典》第 337 条规定:"承包期内发包人不得收回承包地。法律另有规定的,依照其规定。"《农村土地承包法》第 27 条规定:"承包期内,发包方不得收回承包地。国家保护进城农户的土地承包经营权。不得以退出土地承包经营权作为农户进城落户的条件。承包期内,承包农户进城落户的,引导支持其按照自愿有偿原则依法在本集体经济组织内转让土地承包经营权或者将承包地交回发包方,也可以鼓励其流转土地经营权。承包期内,承包方交回承包地或者发包方依法收回承包地时,承包方对其在承包地上投入而提高土地生产能力的,有权获得相应的补偿。"

二、发包人的义务

《农村土地承包法》第 15 条规定,发包方承担下列义务:(1) 维护承包方的土地承包经营权,不得非法变更、解除承包合同;(2) 尊重承包方的生产经营自主权,不得干涉承包方依法进行正常的生产经营活动;(3) 依照承包合同约定为承包方提供生产、技术、信息等服务;(4) 执行县、乡(镇)土地利用总体规划,组织本集体经济组织内的农业基础设施建设;(5) 法律、行政法规规定的其他义务。

第五节 土地承包经营权流转与土地经营权

一、土地承包经营权的流转

土地承包经营权流转是指土地承包经营权的物权性移转,即土地承包经营权通过互换、转让等方式使土地承包经营权主体发生变化。《民法典》第 334 条规定:"土地承包经营权人依照法律规定,有权将土地承包经营权互换、转让。未经依法批准,不得将承包地用于非农建设。"第 335 条规定:"土地承包经营权互换、转让的,当事人可以向登记机构申请登记;未经登记,不得对抗善意第三人。"《农村土地承包法》第 33 条规定:"承包方之间为方便耕种或者各自需要,可以对属于同一集体经济组织的土地的土地承包经营权进行互换,并向发包方备案。"《农村土地承包法》第 34 条规定:"经发包方同意,承包方可以将全部或者部分的土地承包经营权转让给本集体经济组织的其他农户,由该农户同发包方确立新的承包关系,原承包方与发包方在该土地上的承包关系即行终止。"土地承包经营权互换是指土地承包经营权人将自己的土地承包经营权交换给他人行使,自己行使从他人处交换来的土地承包经营权。互换从表面上看是地块的交换,但从性质上看,是由交换承包的土地引起的权利本身的交换。土地承包经营权转让是指土地承包经营权人将其拥有的未到期的土地承包经营权以一定的方式和条件移转给他人的行为。①按照《农村土地承包法》第 34 条的规定,土地承包经营权转让应当经发包方同意,且只能转让给本集体经济组织的其他农

---

① 参见黄薇主编:《中华人民共和国农村土地承包法释义》,法律出版社 2019 年版,第 143 页。

户。土地承包经营权互换、转让的,当事人有权将互换和转让的事项记载于不动产登记簿上,从效力上看,土地承包经营权互换、转让采用的是登记对抗主义,即未经登记不得对抗善意第三人。

二、土地经营权

经过"三权分置"改革,在承包地上最终形成了集体土地所有权——土地承包经营权——土地经营权三层的土地权利架构。2018年修正后的《农村土地承包法》实际上将土地经营权定位为债权和物权的二元化构造,并赋予了当事人选择权:当事人希望获得长期稳定保障的权利,可以就土地经营权申请登记,登记后即可以对抗善意第三人;当事人不希望获得长期的土地经营权的,双方根据合同约定行使权利义务即可。①《民法典》第339条规定:"土地承包经营权人可以自主决定依法采取出租、入股或者其他方式向他人流转土地经营权。"第340条规定:"土地经营权人有权在合同约定的期限内占有农村土地,自主开展农业生产经营并取得收益。"第341条规定:"流转期限为五年以上的土地经营权,自流转合同生效时设立。当事人可以向登记机构申请土地经营权登记;未经登记,不得对抗善意第三人。"根据上述规定,土地经营权的设立方式有出租、入股或者其他方式;流转期限5年以下的土地经营权性质上属于债权,在当事人之间具有法律约束力。流转期限5年以上的土地经营权性质上属于物权,但未经登记不得对抗善意第三人。流转期限5年以上的土地经营权人作为物权人有权在合同约定的期限内占有农村土地,自主开展农业生产经营并取得收益。

作为用益物权的土地经营权可以进行再流转和设定担保。《农村土地承包法》第46条规定:"经承包方书面同意,并向本集体经济组织备案,受让方可以再流转土地经营权。"第47条规定:"承包方可以用承包地的土地经营权向金融机构融资担保,并向发包方备案。受让方通过流转取得的土地经营权,经承包方书面同意并向发包方备案,可以向金融机构融资担保。担保物权自融资担保合同生效时设立。当事人可以向登记机构申请登记;未经登记,不得对抗善意第三人。实现担保物权时,担保物权人有权就土地经营权优先受偿。土地经营权融资担保办法由国务院有关部门规定。"

据此,土地经营权人的主要权利包括:(1)按照合同使用流转的承包地,自主开展生产经营并取得收益。《农村土地承包法》第37条规定:"土地经营权人有权在合同约定的期限内占有农村土地,自主开展农业生产经营并取得收益。"(2)因改善生产条件、提高生产能力获得相应补偿。《农村土地承包法》第43条规定:"经承包方同意,受让方可以依法投资改良土壤,建设农业生产附属、配套设施,并按照合同约定对其投资部分获得合理补偿。"(3)经承包方同意并向发包方备案,可以用土地经营权设定融资担保。(4)经承包方同意并向发包方备案,可以再流转土地经营权等。

---

① 参见黄薇主编:《中华人民共和国农村土地承包法释义》,法律出版社2019年版,第181页。

第十二章 建设用地使用权

第一节 建设用地使用权概念和特征

根据《民法典》第344条的规定,建设用地使用权是指权利人因建筑物、构筑物及其附属设施而依法对国家所有的土地享有占有、使用和收益的用益物权。

建设用地使用权的特征表现为:第一,建设用地使用权是使用他人土地的权利。根据《民法典》第344条的规定,建设用地使用权是存在于国家所有的土地之上的用益物权。第二,建设用地使用权是以建造、保有建筑物、构筑物及其附属设施为目的的权利。享有建设用地使用权的目的在于建造、保有建筑物、构筑物及其附属设施。但是,并非所有的建设用地使用权都必须具备建造这一内容。第三,建设用地使用权的具体权能表现为对土地享有占有、使用和收益等权能。

第二节 建设用地使用权的设立与期限

一、建设用地使用权的设立

《民法典》第347条第1款、第2款规定:"设立建设用地使用权,可以采取出让或者划拨等方式。工业、商业、旅游、娱乐和商品住宅等经营性用地以及同一土地有两个以上意向用地者的,应当采取招标、拍卖等公开竞价的方式出让。"

1. 建设用地使用权划拨

《民法典》第347条第3款规定:"严格限制以划拨方式设立建设用地使用权。"《城市房地产管理法》第23条第1款规定,土地使用权划拨,是指县级人民政府依法批准,在土地使用者缴纳补偿、安置等费用后将该幅土地交付其使用,或者将土地使用权无偿交付给土地使用者使用的行为。《城市房地产管理法》第24条规定,下列建设用地的土地使用权,确属必需的,可以由县级以上人民政府依法批准划拨:(1)国家机关用地和军事用地;(2)城市基础设施用地和公益事业用地;(3)国家重点扶持的能源、交通、水利等项目用地;(4)法律、行政法规规定的其他用地。《城市房地产管理法》第23条第2款规定:"依照本法规定以划拨方式取得土地使用权的,除法律、行政法规另有规定外,没有使用期限的限制。"根据该规定,划拨取得的建设用地使用权是无期限的。

《中华人民共和国城镇国有土地使用权出让和转让暂行条例》(以下简称《城镇国有土地使用权出让和转让暂行条例》)第45条规定,符合下列条件的,经市、县人民政府土地管理部门和房产管理部门批准,其划拨土地使用权和地上建筑物、其他附着物所有权可以转让、出租、抵押:(1) 土地使用者为公司、企业、其他经济组织和个人;(2) 领有国有土地使用证;(3) 具有地上建筑物、其他附着物合法的产权证明;(4) 依照该条例第二章的规定签订土地使用权出让合同,向当地市、县人民政府补交土地使用权出让金或者以转让、出租、抵押所获收益抵交土地使用权出让金。转让、出租、抵押前款划拨土地使用权的,分别依照该条例第三章、第四章和第五章的规定办理。第47条规定,无偿取得划拨土地使用权的土地使用者,因迁移、解散、撤销、破产或者其他原因而停止使用土地的,市、县人民政府应当无偿收回其划拨土地使用权,并可依照该条例的规定予以出让。对划拨土地使用权,市、县人民政府根据城市建设发展需要和城市规划的要求,可以无偿收回,并可依照该条例的规定予以出让。无偿收回划拨土地使用权时,对其地上建筑物、其他附着物,市、县人民政府应当根据实际情况给予适当补偿。

关于划拨建设用地及其上建筑物的抵押问题,《担保制度司法解释》第50条规定,抵押人以划拨建设用地上的建筑物抵押,当事人以该建设用地使用权不能抵押或者未办理批准手续为由主张抵押合同无效或者不生效的,人民法院不予支持。抵押权依法实现时,拍卖、变卖建筑物所得的价款,应当优先用于补缴建设用地使用权出让金。当事人以划拨方式取得的建设用地使用权抵押,抵押人以未办理批准手续为由主张抵押合同无效或者不生效的,人民法院不予支持。已经依法办理抵押登记,抵押权人主张行使抵押权的,人民法院应予支持。抵押权依法实现时所得的价款,参照上述有关规定处理。

2. 建设用地使用权出让

根据《民法典》第347条第2款的规定,建设用地使用权出让具体方式为招标和拍卖。一般应当由市、县土地管理部门发出招标、拍卖公告,通过招标、拍卖程序,签订土地使用权出让合同。主要适用于工业、商业、旅游、娱乐和商品住宅等经营性用地以及同一土地有两个以上意向用地者的情况。

《民法典》第348条规定,通过招标、拍卖、协议等出让方式设立建设用地使用权的,当事人应当采用书面形式订立建设用地使用权出让合同。建设用地使用权出让合同一般包括下列条款:(1) 当事人的名称和住所;(2) 土地界址、面积等;(3) 建筑物、构筑物及其附属设施占用的空间;(4) 土地用途、规划条件;(5) 建设用地使用权期限;(6) 出让金等费用及其支付方式;(7) 解决争议的方法。

《民法典》第349条规定,设立建设用地使用权的,应当向登记机构申请建设用地使用权登记。建设用地使用权自登记时设立。登记机构应当向建设用地使用权人发放权属证书。

二、出让取得建设用地使用权的期限

《城镇国有土地使用权出让和转让暂行条例》第12条规定,土地使用权出让最高年限按下列用途确定:(1)居住用地70年;(2)工业用地50年;(3)教育、科技、文化、卫生、体育用地50年;(4)商业、旅游、娱乐用地40年;(5)综合或者其他用地50年。每一块土地的实际使用年限,在最高年限内,由出让方和受让方双方商定。

《民法典》第359条第1款规定,住宅建设用地使用权期限届满的,自动续期。续期费用的缴纳或者减免,依照法律、行政法规的规定办理。第2款规定,非住宅建设用地使用权期限届满后的续期,依照法律规定办理。该土地上的房屋及其他不动产的归属,有约定的,按照约定;没有约定或者约定不明确的,依照法律、行政法规的规定办理。《城市房地产管理法》第22条规定,土地使用权出让合同约定的使用年限届满,土地使用者需要继续使用土地的,应当至迟于届满前1年申请续期,除根据社会公共利益需要收回该幅土地的,应当予以批准。经批准准予续期的,应当重新签订土地使用权出让合同,依照规定支付土地使用权出让金。土地使用权出让合同约定的使用年限届满,土地使用者未申请续期或者虽申请续期但依照前述规定未获批准的,土地使用权由国家无偿收回。

第三节　建设用地使用权的内容

一、建设用地使用权人的权利

1. 对土地的占有、使用和收益。对土地的占有、使用和收益是建设用地使用权人的最主要权利。对土地的使用应当在设定建设用地使用权的行为所限定的范围内进行,如对房屋的限高;建设用地使用权人可以准用不动产相邻关系的规定。

2. 权利处分。《民法典》第353条规定:"建设用地使用权人有权将建设用地使用权转让、互换、出资、赠与或者抵押,但是法律另有规定的除外。"权利处分的形式主要包括转让、抵押、出租,也包括互换、出资、赠与等其他方式。

《民法典》第354条规定:"建设用地使用权转让、互换、出资、赠与或者抵押的,当事人应当采用书面形式订立相应的合同。使用期限由当事人约定,但是不得超过建设用地使用权的剩余期限。"《民法典》第355条规定:"建设用地使用权转让、互换、出资或者赠与的,应当向登记机构申请变更登记。"

3. 附属行为。建设用地使用权人可以在其土地基范围内进行非建造建筑物或其他构筑物的附属行为,如修筑围墙、种植花木、养殖等。

4. 在建设用地使用权收回时取得地上建筑物、构筑物及其附属设施的补偿。

《民法典》第358条规定:"建设用地使用权期限届满前,因公共利益需要提前收回该土地的,应当依据本法第二百四十三条的规定对该土地上的房屋以及其他不动产给予补偿,并退还相应的出让金。"

二、建设用地使用权人的义务

1. 支付出让金。建设用地使用权人应当向土地所有人支付土地出让金。《民法典》第351条规定:"建设用地使用权人应当依照法律规定以及合同约定支付出让金等费用。"出让金的多少,因土地的位置、建筑物的种类、使用的目的等不同而不同。

2. 按约定条件使用土地。《民法典》第350条规定:"建设用地使用权人应当合理利用土地,不得改变土地用途;需要改变土地用途的,应当依法经有关行政主管部门批准。"我国实行严格的土地用途管制制度,任何土地用途的变更必须依法经有关行政主管部门批准。

3. 恢复土地的原状。建设用地使用权人在其权利消灭时,应当将土地返还给所有权人,原则上应恢复土地的原状。

第四节 建设用地使用权的流转

一、流转方式与公示

《民法典》第353条规定:"建设用地使用权人有权将建设用地使用权转让、互换、出资、赠与或者抵押,但是法律另有规定的除外。"《民法典》第355条规定:"建设用地使用权转让、互换、出资或者赠与的,应当向登记机构申请变更登记。"建设用地使用权作为重要的用益物权,不但其取得需要登记,其流转也需要及时办理变更登记,否则该流转行为无法发生物权变动的效力。

二、建设用地使用权转让的条件

关于建设用地使用权转让的条件,《城市房地产管理法》第38条和第39条从正反两个方面进行了规定。《城市房地产管理法》第38条规定,下列房地产,不得转让:(1)以出让方式取得土地使用权的,不符合该法第39条规定的条件的;(2)司法机关和行政机关依法裁定、决定查封或者以其他形式限制房地产权利的;(3)依法收回土地使用权的;(4)共有房地产,未经其他共有人书面同意的;(5)权属有争议的;(6)未依法登记领取权属证书的;(7)法律、行政法规规定禁止转让的其他情形。

《城市房地产管理法》第39条规定,以出让方式取得土地使用权的,转让房地产时,应当符合下列条件:(1)按照出让合同约定已经支付全部土地使用权出让金,并取得土地使用权证书;(2)按照出让合同约定进行投资开发,属于房屋建设工程的,完成开发投资总额的25%以上,属于成片开发土地的,形成工业用地或者其他建设用地条件。转让房地产时房屋已经建成的,还应当持有房屋所有权证书。一般认为,该条的限制性规定并不影响转让合同的效力,只是影响建设用地使用权的物权变动。

三、房地产一并处分规则

《民法典》第356条和第357条确立了"房地产一并处分"规则。《民法典》第356条规定:"建筑用地使用权转让、互换、出资或者赠与的,附着于该土地上的建筑物、构筑物及其附属设施一并处分。"《民法典》第357条规定:"建筑物、构筑物及其附属设施转让、互换、出资或者赠与的,该建筑物、构筑物及其附属设施占用范围内的建设用地使用权一并处分。"在我国,建筑物等的归属虽然具有相对独立性,但在转让中必须实行"房地一致"原则,以避免出现"空中楼阁"的局面。实现"房随地走",作为该条"房地一致"的方式之一,已经在法律实践和社会生活中被普遍接受。[①]

第五节 建设用地使用权的消灭

一、存续期限届满

《城市房地产管理法》第22条规定,土地使用权出让合同约定的使用年限届满,土地使用者需要继续使用土地的,应当至迟于届满前1年申请续期,除根据社会公共利益需要收回该幅土地的,应当予以批准。经批准准予续期的,应当重新签订土地使用权出让合同,依照规定支付土地使用权出让金。土地使用权出让合同约定的使用年限届满,土地使用者未申请续期或者虽申请续期但依照前述规定未获批准的,土地使用权由国家无偿收回。

二、因公共利益需要而提前收回

《民法典》第358条规定,建设用地使用权期限届满前,因公共利益需要提前收回该土地的,应当依据该法第243条的规定对该土地上的房屋及其他不动产给予补偿,并退还相应的出让金。《土地管理法》第58条第1款第1项和第2款规定,因其他公共利益需要,确需使用土地的,可以收回国有土地使用权,依照该规定收回国有土地使用权的,对土地使用权人应当给予适当补偿。由此可见,同样是关于因公共利益的需要而提前收回建设用地使用权,《民法典》第358条要求对该土地上的房屋及其他不动产给予补偿,并退还相应的出让金。而《土地管理法》第58条只要求对土地使用

---

① 参见全国人大常委会法制工作委员会民法室编:《〈中华人民共和国物权法〉条文说明、立法理由及相关规定》(第二版),北京大学出版社2017年版,第62页。

权人给予适当补偿。两者存在明显的矛盾和冲突,亟待厘清。

三、因土地闲置而收回

《城市房地产管理法》第 26 条规定,以出让方式取得土地使用权进行房地产开发的,必须按照土地使用权出让合同约定的土地用途、动工开发期限开发土地。超过出让合同约定的动工开发日期满 1 年未动工开发的,可以征收相当于土地使用权出让金 20% 以下的土地闲置费;满 2 年未动工开发的,可以无偿收回土地使用权;但是,因不可抗力或者政府、政府有关部门的行为或者动工开发必需的前期工作造成动工开发迟延的除外。

四、因停止使用等原因而收回

《土地管理法》第 58 条规定,有下列情形之一的,由有关人民政府自然资源主管部门报经原批准用地的人民政府或者有批准权的人民政府批准,可以收回国有土地使用权:(1) 为实施城市规划进行旧城区改建以及其他公共利益需要,确需使用土地的;(2) 土地出让等有偿使用合同约定的使用期限届满,土地使用者未申请续期或者申请续期未获批准的;(3) 因单位撤销、迁移等原因,停止使用原划拨的国有土地的;(4) 公路、铁路、机场、矿场等经核准报废的。依照前述第(1)项的规定收回国有土地使用权的,对土地使用权人应当给予适当补偿。

第十三章　宅基地使用权

第一节　宅基地使用权的概念和特征

宅基地使用权是指农民集体成员依法享有的，在集体所有的土地上建造、保有房屋及附属设施的用益物权。《民法典》第362条规定："宅基地使用权人依法对集体所有的土地享有占有和使用的权利，有权依法利用该土地建造住宅及其附属设施。"

宅基地使用权的法律特征是：第一，权利主体的限定性，即限于农民集体成员。第二，权利客体的特定性，仅限于集体所有的土地。第三，土地用途的特定性，只能用作农村村民住宅及其附属设施建设。第四，取得上的无偿性，农民集体成员取得宅基地使用权一般不交纳费用。第五，宅基地使用权没有期限限制，法律没有规定宅基地使用权的使用期限。

第二节　宅基地使用权的内容

一、宅基地使用权人的权利

第一，权利人有权在宅基地上建造房屋和其他附属物，包括在房屋前后种植树木等。农户对于宅基地上建造的房屋和其他附属物等享有所有权。

第二，在转让农村房屋所有权时，有权同时转让宅基地使用权。《土地管理法》第62条第5款规定："农村村民出卖、出租、赠与住宅后，再申请宅基地的，不予批准。"一般认为，村民出卖住宅必须符合一定的条件：一是转让人和受让人必须是同一集体经济组织内部的成员；二是受让人没有住房和宅基地，且符合宅基地申请分配的条件；三是转让行为需征得本集体经济组织的同意。农村村民出租、赠与住宅的对象并不受集体经济组织成员身份的限制。

第三，进城落户的农村村民有权依法自愿有偿退出宅基地，农村集体经济组织及其成员有权盘活利用闲置宅基地和闲置住宅。

第四，宅基地上建筑物或附属物灭失的，不影响宅基地使用权存续。宅基地使用权人有权在宅基地上重新建造房屋，以供居住。

二、宅基地使用权人的义务

《土地管理法》第62条对宅基地使用权人的义务进行了规定,宅基地使用权人负有以下义务:第一,不得非法转让宅基地使用权,如禁止宅基地使用权投资入股或向非本集体成员转让。虽然《土地管理法》第62条只是规定农村村民出卖、出租、赠与住宅后,再申请宅基地的,不予批准。但在国家政策层面,仍要求农民不得对外转让宅基地使用权。第二,接受政府统一规划的义务。农村村民取得宅基地使用权,应当符合乡(镇)土地利用总体规划,不得占用永久基本农田,并尽量使用原有的宅基地和村内空闲地。第三,农村村民一户只能拥有一处宅基地,其宅基地的面积不得超过省、自治区、直辖市规定的标准。第四,根据《土地管理法》确立的土地用途管制的原则,宅基地使用权人应按照土地用途正当使用宅基地,不得将宅基地作为生产资料使用,如将宅基地改为鱼塘等。

第三节　宅基地使用权的取得与消灭

一、宅基地使用权的取得

《民法典》第363条规定:"宅基地使用权的取得、行使和转让,适用土地管理的法律和国家有关规定。"《土地管理法》第62条对此进行了明确规定。根据该规定,宅基地使用权的取得,需要首先由农村集体成员提出申请,由村民(代表)会议讨论同意后报经乡(镇)人民政府审核批准。其中,涉及占用农用地的,需依照《土地管理法》的规定办理农用地转用审批手续。农村村民出卖、出租、赠与住宅后,再申请宅基地的,不予批准。

《土地管理法》第62条特别要求农村村民一户只能拥有一处宅基地,其宅基地的面积不得超过省、自治区、直辖市规定的标准。农村村民建住宅,应当符合乡(镇)土地利用总体规划、村庄规划,不得占用永久基本农田,并尽量使用原有的宅基地和村内空闲地。即在有关部门审批时,应遵循"一户一宅"的原则,符合乡(镇)土地利用总体规划、村庄规划和节约用地、限制面积的原则。

二、宅基地使用权的消灭

宅基地使用权的消灭原因有:第一,宅基地被征收,即集体土地所有权转变为国家所有权,其上的宅基地使用权亦归于消灭,此时应当给予宅基地使用权人以征收补偿价款或置换宅基地。第二,宅基地使用权的抛弃。宅基地使用权人有权对宅基地使用权进行处分,但宅基地使用权人抛弃宅基地使用权的,不得再申请新的宅基地使用权。第三,宅基地灭失。《民法典》第364条规定:"宅基地因自然灾害等原因灭失的,宅基地使用权消灭。对失去宅基地的村民,应当依法重新分配宅基地。"在宅基地灭失的情况下,原宅基地使用权人有权重新申请宅基地使用权。《民法典》第365条规定:"已经登记的宅基地使用权转让或者消灭的,应当及时办理变更登记或者注销登记。"

第十四章 地 役 权

第一节 地役权的概念和特征

《民法典》第372条规定:"地役权人有权按照合同约定,利用他人的不动产,以提高自己的不动产的效益。前款所称他人的不动产为供役地,自己的不动产为需役地。"相邻关系是法定的对相邻不动产人权利的限制,是维护正常生活和生产的最低需要;而地役权则是扩大对他人不动产的利益来提高自己不动产的价值,不能由法律强制,而应由当事人约定。

地役权的特征表现为:

第一,地役权的主体为不动产所有人或使用人。地役权的设立有利于提高不动产的利用效率,实现物尽其用功能。在我国实行土地公有制的背景下,地役权更有其存在价值。需役地所有权或使用权人为地役权人时,地役权从属于需役地所有权或使用权,需役地所有权转让、抵押、消灭,地役权也一并转让、抵押、消灭。供役地所有权或使用权人为他人设定地役权时,被地役权设定负担的是供役地或者说供役地所有权或使用权本身。

第二,地役权的客体为他人的不动产。即存在需役地和供役地两块不动产。供役地既包括他人享有所有权的不动产,也包括他人享有用益物权以及债权性使用的不动产。

第三,地役权为需役地利用之便利而设定,目的在于提高权利人不动产的效益。通说认为,此种利益不以具有经济价值或者财产价值为限,具有精神上或感情上之利益也包括在内,如眺望地役权;且是否具有利益,并不具有客观标准,完全根据当事人的意思来加以判断。

第四,地役权具有从属性和不可分性。地役权的从属性,是指需役地所有权或使用权与地役权具有主从关系,地役权应当依附于需役地所有权或者使用权而存在。《民法典》第380条规定:"地役权不得单独转让。土地承包经营权、建设用地使用权等转让的,地役权一并转让,但是合同另有约定的除外。"第381条规定:"地役权不得单独抵押。土地经营权、建设用地使用权等抵押的,在实现抵押权时,地役权一并转让。"地役权的不可分性,是指地役权为不可分的权利,即地役权不得被分割为两个以上的权利,也不得使其一部分消灭。在需役地分割时,地役权在分割后的地块的利益仍然存续;但如果需役地的地役权的行使,依其性质只关涉需役地一部分的,则分割后地役权仅就需役地的该部分存续。在供役地分割时,地役权仍就分割后的各地块存续;但依地役权的性质,其行使只关涉供役地一部分的,则地役权仅对该部分存续。《民法典》第382条规定:"需役地以及需役地上的土地承包经营权、建设用地使用权等部分转让时,转让部分涉及地役权的,受让人同时享有地役权。"第383条规定:"供役地以及供役地上的土地承包经营权、建设用地使用权等部分转让时,转让部分涉及地役权的,地役权对受让人具有法律约束力。"

第二节 地役权的内容

一、地役权人的权利

其一,在约定的地役权期限内利用供役地。利用方式包括通过积极的行为对供役地加以利用;或以消极不作为的方式限制供役地所有人、使用人对供役地的利用。地役权的内容,通常不会发生冲突,因此地役权具有兼容性,同一标的物上可以容纳多项地役权。地役权有期限性,《民法典》第377条规定:"地役权期限由当事人约定;但是,不得超过土地承包经营权、建设用地使用权等用益物权的剩余期限。"与此相对,根据《民法典》第375条的规定,供役地权利人应当按照合同约定,允许地役权人利用其不动产,不得妨害地役权人行使权利。其二,从事必要的附随行为,设置并保有必要的附属设施。地役权之设立,旨在实现对需役地的便利。由地役权的利用目的所决定,地役权人在行使地役权时,不仅有权按照利用方式、范围行使权利,还有权从事必要的附随行为。地役权人还可以为实现利用目的而在供役地上设置并保有附属设施,如为引水而建造水渠。这种修建附属设施的行为以必要为限,且其必须是为了实现利用目的而为之。

二、地役权人的义务

其一,损害避免。地役权人对供役地的使用应当选择损害最小的地点及方法为之,这样使得通过地役权增加需役地价值的同时,不至于过分损害供役地的效用。地役权人因其行使地役权的行为对供役地造成变动、损害的,应当在事后恢复原状并赔偿损害。《民法典》第376条规定:"地役权人应当按照合同约定的利用目的和方法利用供役地,尽量减少对供役地权利人物权的限制。"其二,维持并允许使用附属设施。地役权人对于为行使地役权而在供役地修建的设施,如电线、管道和道路,应当注意维修,以免供役地人因其设施损坏而受到损害。对于上述设施,在不妨碍地役权行使的限度内,地役权人应允许供役地人使用这些设施。

第三节　地役权的取得与消灭

一、地役权的取得

地役权是通过订立合同的方式设立的。《民法典》第373条规定,设立地役权,当事人应当采用书面形式订立地役权合同。地役权合同一般包括下列条款:(1) 当事人的姓名或者名称和住所;(2) 供役地和需役地的位置;(3) 利用目的和方法;(4) 地役权期限;(5) 费用及其支付方式;(6) 解决争议的方法。《民法典》第374条规定:"地役权自地役权合同生效时设立。当事人要求登记的,可以向登记机构申请地役权登记;未经登记,不得对抗善意第三人。"可见,地役权设立采用登记对抗主义,而非登记生效主义。

二、地役权的消灭

《民法典》第384条规定,地役权人有下列情形之一的,供役地权利人有权解除地役权合同,地役权消灭:(1) 违反法律规定或者合同约定,滥用地役权;(2) 有偿利用供役地,约定的付款期限届满后在合理期限内经两次催告未支付费用。地役权设定后,地役权人与供役地权利人的任何一方都不得擅自解除地役权合同,但如果地役权人违反法律规定或合同约定滥用地役权,法律赋予供役地权利人解除地役权合同的权利。地役权合同通常为有偿,地役权人应当按照合同约定履行付款义务。如果地役权人无正当理由,在约定的付款期限届满后在合理期限内经两次催告未支付费用,表明地役权人没有履行合同的诚意或者根本不可能再履行合同,供役地权利人可以解除地役权合同,地役权随之消灭。第385条规定,已经登记的地役权变更、转让或者消灭的,应当及时办理变更登记或者注销登记。

第十五章 居 住 权

第一节 居住权的概念和特征

一、居住权的概念与功能

《民法典》第366条规定:"居住权人有权按照合同约定,对他人的住宅享有占有、使用的用益物权,以满足生活居住的需要。"据此,居住权是指民事主体依法取得的对他人的住宅进行占有、使用以满足生活居住需要的用益物权。

居住权滥觞于罗马法上的人役权制度,即为了特定人的利益而利用他人所有之物的权利。罗马法中人役权包括用益权、使用权和居住权。用益权的发生有其特殊的历史背景,古罗马时期实行家长制,家庭财产由家长掌握,为保障其他没有财产和没有继承权的家庭成员的生存,罗马法上便设立用益权制度,家长得以遗嘱方式将房屋上的使用权益遗赠给需要其照顾的人,使家庭成员的生活得以保障。用益权最初设置于土地之上,共和晚期就已经将用益权扩展到全部财产,包括建筑物、船舶等。随后,使用权从用益权中分离出来,优士丁尼时期向某人遗赠一项对物居住权成为了一种独立的人役权。[①]《法国民法典》在继受罗马法过程中,既规定了用益权也规定了使用权,使用权为用益权之一种,而居住权则为一种使用权(《法国民法典》第632—636条)。《德国民法典》第1090条规定了限制人役权,其内涵为专为特定之自然人或法人之利益而就他人之土地所设定之役权。第1093条规定,限制人役权亦得以利用建筑物或建筑物之一部分充作住处为其内容。限制性人役权中的一个特殊情形,为物权性的居住权。[②] 可见,自罗马法以降,居住权便被贴上了特定人役权和保障性权利的标签,权利主体限于与所有人具有家庭、亲属等特殊关系的人,并以权利人的生存时间作为权利存续期间,由人役性衍生出不可转让和不得继承等内容。我国的居住权入典也主要是基于政策考量,立法者试图借助居住权制度完善住房保障体系,通过法律的介入缓和经济发展过程中"居者无房"的现象。

[①] 参见〔德〕马克斯·卡泽尔、〔德〕罗尔夫·克努特尔:《罗马私法》,田士永译,法律出版社2018年版,第307页。
[②] 参见〔德〕鲍尔、〔德〕施蒂尔纳:《德国物权法》(上册),张双根译,法律出版社2004年版,第734页。

二、居住权的特征

居住权的目的在于为特定自然人提供生活与养老或生活安置,居住权具有以下特点:

一是人身性,即居住权是为特定自然人生活居住的需要所设定的,具有特定人专属性,进而具有期限性、不可继承性和不可让与性。

二是无对价性,居住权一般为具有某种恩情关系的人之间设定物权利用关系,以无偿为基本特征,具有恩赐或慈善的性质,权利人无须为设定人支付对价,但当事人另有约定的除外。

三是用益物权属性。居住权属于用益物权,一旦设定,居住权人即取得对他人住宅的占有、使用的权利,该权利可以对抗所有权人和第三人。但并非所有居住他人住宅的权利都是居住权。如果当事人之间存在扶养、抚养、赡养、租赁、借用等关系,也同样可能享有居住他人住宅的权利,但由此而享有的权利不具有物权的排他效力,不适用居住权的规定。①

第二节 居住权的内容及其设立与消灭

一、居住权的内容

居住权的基本内容,是对他人住宅的全部或者部分及其附属设施享有占有、使用的权利,以满足生活居住的需要。

《民法典》第 369 条第 1 句规定:"居住权不得转让、继承。"该条规定仍然强调居住权专属于特定自然人,是为满足特定自然人生活居住的需要设立,不得转让或继承,具有较强的人役权属性。

《民法典》第 369 条第 2 句规定:"设立居住权的住宅不得出租,但是当事人另有约定的除外。"根据该条规定,一般情况下,居住权人对设立居住权的住宅不享有收益权,即设立居住权的住宅一般不得出租,但允许当事人作出特别约定。

二、居住权的设立与消灭

居住权主要通过合同方式设立,且以办理不动产登记为必要,采登记生效主义。《民法典》第 367 条规定:"设立居住权,当事人应当采用书面形式订立居住权合同。居住权合同一般包括下列条款:(一)当事人的姓名或者名称和住所;(二)住宅的位置;(三)居住的条件和要求;(四)居住权期限;(五)解决争议的方法。"《民法典》第

---

① 参见黄薇主编:《中华人民共和国民法典物权编解读》,中国法制出版社 2020 年版,第 543 页。

368条规定:"居住权无偿设立,但是当事人另有约定的除外。设立居住权的,应当向登记机构申请居住权登记。居住权自登记时设立。"根据该条规定,当事人签订居住权合同后,当事人需持居住权合同到不动产登记机关申请居住权登记,居住权自登记时设立。

《民法典》第371条规定:"以遗嘱方式设立居住权的,参照适用本章的有关规定。"该条承认通过遗嘱方式设立居住权,其设立方式也适用"登记生效"规则。

《民法典》第370条规定:"居住权期限届满或者居住权人死亡的,居住权消灭。居住权消灭的,应当及时办理注销登记。"当事人约定的期限届满,或者居住权人死亡的,则居住权消灭,不允许当事人作出特别约定。实践中,居住权还会因居住权人抛弃权利、居住权与所有权混同、住宅灭失等原因而消灭。①

---

① 参见钱明星:《关于在我国物权法中设置居住权的几个问题》,载《中国法学》2001年第5期。

第十六章　担保物权概述

第一节　担保物权的概念和类型

一、担保物权的概念

《民法典》第 386 条规定："担保物权人在债务人不履行到期债务或者发生当事人约定的实现担保物权的情形，依法享有就担保财产优先受偿的权利，但是法律另有规定的除外。"第 387 条规定："债权人在借贷、买卖等民事活动中，为保障实现其债权，需要担保的，可以依照本法和其他法律的规定设立担保物权。第三人为债务人向债权人提供担保的，可以要求债务人提供反担保。反担保适用本法和其他法律的规定。"据此，担保物权是指为确保债权的实现而设定的，以直接取得或者支配特定财产的交换价值为内容的权利。《物权法》曾对担保物权作了细致规定，《民法典》对《物权法》进行了修改和完善，并废止了《担保法》，《最高人民法院关于适用〈中华人民共和国担保法〉若干问题的解释》（以下简称《担保法解释》）亦被废止。

二、担保物权的类型

实定法上，典型担保是指符合担保的特性并被法律明确规定为担保方式的保障债权实现的措施。典型担保分为人的担保和物的担保，前者是指保证担保，后者是指担保物权。我国的担保物权种类主要为抵押权、质权和留置权。

非典型担保是指在法律规定的典型担保方式之外，通过扩张责任财产范围或者使责任财产特定化而保证债权人债权实现的其他措施或方式。非典型担保也可分为非典型人保与非典型物保，前者如债务加入、差额补足协议、流动性支持等，后者如所有权保留买卖中出卖人保留的所有权、融资租赁中出租人享有的所有权和有追索权保理中保理人受让的应收账款以及将财产或财产权利形式上转让至债权人名下的让与担保等。①

《担保制度司法解释》第 1 条规定："所有权保留买卖、融资租赁、保理等涉及担保功能发生的纠纷，适用本解释的有关规定。"所有权保留买卖是指在转移所有权的商

---

① 刘保玉：《物权法学》（第二版），中国法制出版社 2022 年版，第 438 页。

品交易中,根据法律或当事人的约定,财产所有人将财产交付给对方而仍然保留该财产的所有权,待对方交付全部金额或满足一定条件时,该财产所有权发生转移的制度。出卖人保留所有权的行为,就成为担保其债权实现的行为,所有权变成了担保物。《民法典》第641条第1款规定:"当事人可以在买卖合同中约定买受人未履行支付价款或者其他义务的,标的物的所有权属于出卖人。"融资租赁担保是指在融资租赁关系中,出租人对租赁物享有所有权,所有权变成了担保物,以实现担保的功能。《民法典》为解决上述两种非典型担保的公示方法问题,采用了未经登记不得对抗善意第三人的处理方法(《民法典》第641条第2款和第745条)。

有追索权的保理是指在债务人破产、无理拖欠或无法偿付应收账款时,保理人可以向债权人反转让应收账款或者要求债权人回购应收账款或归还融资,其不承担坏账担保功能的保理。有追索权保理是保理人仅提供包括融资在内的金融服务,而不承担为债务人核定信用额度和提供坏账担保的义务。无论因何种原因不能收回应收账款,保理人都有权向债权人追索已付融资款项本息,并拒付尚未收回的差额款项,或者要求债权人回购应收账款;保理人也可以向债务人主张应收账款债权。这种保理的保理人更多考量的是债权人的偿付能力和信用状况,故可归入对债权人的授信业务。《民法典》关于保理合同的规定采纳了债权让与担保学说,使其具有了一定的担保功能。

另外,司法实务中的非典型物保形式还有让与担保和买卖型担保。

让与担保是指当事人通过权利让与设定担保,即债务人或第三人将担保标的物所有权转让给债权人,债务履行后,债务人或第三人重新取得所有权;当债务没有得到履行时,标的物所有权将直接归于债权人。也可将让与担保交易解释为以债务清偿作为解除条件的所有权让与合意。我国实定法上不存在以转让担保物所有权来担保债权实现的让与担保制度,但在实践中已得到广泛应用。《全国法院民商事审判工作会议纪要》(以下简称《九民纪要》)第71条事实上肯认了让与担保的物权效力。从其构成要件上看,必须完成财产权利变动的公示,且清偿方式只能是处分型而不能是归属型,即当债务人不履行主债务时,让与担保权人不能直接主张标的物归属于自己,只能将标的物拍卖、变卖、折价并就价款优先受偿。这一规定为《担保制度司法解释》所采纳,其于第68条规定:"债务人或者第三人与债权人约定将财产形式上转移至债权人名下,债务人不履行到期债务,债权人有权对财产折价或者以拍卖、变卖该财产所得价款偿还债务的,人民法院应当认定该约定有效。当事人已经完成财产权利变动的公示,债务人不履行到期债务,债权人请求参照民法典关于担保物权的有关规定就该财产优先受偿的,人民法院应予支持。债务人或者第三人与债权人约定将财产形式上转移至债权人名下,债务人不履行到期债务,财产归债权人所有的,人民法院应当认定该约定无效,但是不影响当事人有关提供担保的意思表示的效力。当事人已经完成财产权利变动的公示,债务人不履行到期债务,债权人请求对该财产享有所有权的,人民法院不予支持;债权人请求参照民法典关于担保物权的规定对财产折价或者以拍卖、变卖该财产所得的价款优先受偿的,人民法院应予支持;债务人履行债务后请求返还财产,或者请求对财产折价或者以拍卖、变卖所得的价款清偿债务的,人民法院应予支持。债务人与债权人约定将财产转移至债权人名下,在一定期间后再由债务人或者其指定的第三人以交易本金加上溢价款回购,债务人到期不履行回购义务,财产归债权人所有的,人民法院应当参照第二款规定处理。回购对象自始不存在的,人民法院应当依照民法典第一百四十六条第二款的规定,按照其实际构成的法律关系处理。"

买卖型担保是指债务人或者第三人为担保债务人的债务,与债权人签订不动产或动产买卖合同作为担保,如果债务人不履行债务,债权人即可主张履行买卖合同的担保方式。实务中,买卖型担保一般都是通过房屋买卖合同设立的,只要此类协议是当事人的真实意思表示,除存在民事法律行为瑕疵的情形外,应认定有效。有争议的是买卖型担保能否构成习惯法上的担保物权,并具有优先受偿的效力。《最高人民法院关于审理民间借贷案件适用法律若干问题的规定》(以下简称《民间借贷司法解释》)第23条规定:"当事人以订立买卖合同作为民间借贷合同的担保,借款到期后借款人不能还款,出借人请求履行买卖合同的,人民法院应当按照民间借贷法律关系审理。当事人根据法庭审理情况变更诉讼请求的,人民法院应当准许。按照民间借贷法律关系审理作出的判决生效后,借款人不履行生效判决确定的金钱债务,出借人可以申请拍卖买卖合同标的物,以偿还债务。就拍卖所得的价款与应偿还借款本息之间的差额,借款人或者出借人有权主张返还或者补偿。"

第二节 担保物权的特征和属性

一、担保物权的特征

担保物权是指债权人以确保债务之清偿为目的,于债务人或第三人所有之物或权利上所成立,以取得担保作用之定限物权。[①] 担保物权的特征表现为:

第一,担保物权以确保主债权的实现为目的,具有从属性。担保物权的本质机能在于通过对特定标的物交换价值的控制,确保当事人之间发生的债权债务关系能够圆满实现。因此,担保物权本身不具有独立存在的价值,其以担保债权的实现为目的。[②]

第二,担保物权是在债务人或第三人的特定财产上设定的权利,是他物权。既然

[①] 参见谢在全:《民法物权论》(下册)(第六版),台湾新学林出版股份有限公司2014年版,第121页。
[②] 参见程啸:《担保物权研究》,中国人民大学出版社2017年版,第3页。

担保物权旨在确保债权的实现,则必须有存在于债权人之外的人,即担保物权设定于债务人或第三人的物或权利上。

第三,担保物权以支配担保物的交换价值为内容。担保物权和用益物权都构成对所有权的限制,属于限制物权,但担保物权人所支配的是担保物的交换价值,用益物权人所支配的是物的使用价值。

二、担保物权的法律属性

通说认为,担保物权具有三大属性,即从属性、不可分性和物上代位性。

从属性是指担保物权以主债的成立为前提,随主债的转移而转移,并随主债的消灭而消灭。具体包括:其一,成立上的从属性,即设立担保物权,应当依照《民法典》和其他法律的规定订立担保合同。担保合同是主债权债务合同的从合同。主债权债务合同无效的,担保合同无效,但是法律另有规定的除外(《民法典》第388条第1款)。其二,移转上的从属性,即债权移转的则担保物权也移转。其三,消灭上的从属性,即主债权消灭的,担保物权也消灭(《民法典》第393条第1项)。《担保制度司法解释》第2条确立了担保效力的从属性,第3条确立了担保范围的从属性:"当事人对担保责任的承担约定专门的违约责任,或者约定的担保责任范围超出债务人应当承担的责任范围,担保人主张仅在债务人应当承担的责任范围内承担责任的,人民法院应予支持。担保人承担的责任超出债务人应当承担的责任范围,担保人向债务人追偿,债务人主张仅在其应当承担的责任范围内承担责任的,人民法院应予支持;担保人请求债权人返还超出部分的,人民法院依法予以支持。"

不可分性是指担保物的各个部分应担保债权的全部,债权人得就担保物的全部行使优先受偿权。《民法典》并没有明确规定担保物权的不可分性,仅在《民法典》第450条规定留置财产为可分物的,留置财产的价值应当相当于债务的金额,被视为留置权的不可分性之缓和。《担保制度司法解释》第38条和第39条对抵押权的不可分性作了规定。

物上代位性是指担保期间,担保财产毁损、灭失或者被征收等,担保物权人可以就获得的保险金、赔偿金或者补偿金等优先受偿。被担保债权的履行期限未届满的,也可以提存该保险金、赔偿金或者补偿金等。因此担保物权乃在对标的物交换价值之直接支配,故此种交换价值于现实化时,无论其原因为何,均应为担保物权效力之所及。[①] 适用条件为担保期间内担保物毁损、灭失或被征收,出现了保险金、赔偿金、补偿金或其他代位物等替代物,担保物权人可以就获得的保险金、赔偿金或补偿金等优先受偿。被担保债权的履行期未届满的,担保物权人也可提存该保险金、赔偿金或者补偿金等。

---

① 参见谢在全:《民法物权论》(下册)(第六版),台湾新学林出版股份有限公司2014年版,第131页。

关于抵押权人对于物上代位物所享有权利的性质,多数学者持担保物权延续说,即担保物灭失的,担保物权仍然延续,认为抵押权代位在抵押物的变形物或代位物上。① 但关于担保物权人如何实现物上代位权,疑义颇多。《担保制度司法解释》第42条规定:"抵押权依法设立后,抵押财产毁损、灭失或者被征收等,抵押权人请求按照原抵押权的顺位就保险金、赔偿金或者补偿金等优先受偿的,人民法院应予支持。给付义务人已经向抵押人给付了保险金、赔偿金或者补偿金,抵押权人请求给付义务人向其给付保险金、赔偿金或者补偿金的,人民法院不予支持,但是给付义务人接到抵押权人要求向其给付的通知后仍然向抵押人给付的除外。抵押权人请求给付义务人向其给付保险金、赔偿金或者补偿金的,人民法院可以通知抵押人作为第三人参加诉讼。"

第三节 担保物权的共通规则

一、人保与物保的关系

《民法典》第392条规定:"被担保的债权既有物的担保又有人的担保的,债务人不履行到期债务或者发生当事人约定的实现担保物权的情形,债权人应当按照约定实现债权;没有约定或者约定不明确,债务人自己提供物的担保的,债权人应当先就该物的担保实现债权;第三人提供物的担保的,债权人可以就物的担保实现债权,也可以请求保证人承担保证责任。提供担保的第三人承担担保责任后,有权向债务人追偿。"该条确立了第三人物保与人保平等规则。

所谓第三人物保与人保平等,在指在第三人物保情形下,物保人和保证人地位平等,债权人有权选择行使物保或者人保权利。如果债权人选择行使物保权利,就担保物的变价清偿债务,多出的部分归物保人;不足的部分,物保人不负责清偿。此时,债权人还可向保证人请求就未清偿的部分履行保证责任。物保人在清偿或者部分清偿债务后,相应地在清偿的范围内取代债权人的地位,有权向债务人追偿。如果债权人选择行使保证,保证人应履行保证责任。保证人承担保证责任后相应地取代债权人的地位,有权向债务人追偿。

保证人或第三物保人在承担责任后,能否向另外一方进行追偿?《物权法》第176条和《民法典》第392条均未肯认混合共同担保人之间的追偿权。有的学者认为肯定混合共同担保追偿权更具合理性,主要理由是:符合公平正义理念;有助于分散风险,从而鼓励担保;有助于防止道德风险;符合域外立法的通行做法。② 《担保制度司法解释》确立了共同担保人之间原则上不能追偿,三种例外情况下可以追偿的规

---

① 参见高圣平:《担保法论》,法律出版社2009年版,第343页。
② 参见王利明:《民法典物权编应规定混合共同担保追偿权》,载《东方法学》2019年第5期。

则。第 13 条规定："同一债务有两个以上第三人提供担保,担保人之间约定相互追偿及分担份额,承担了担保责任的担保人请求其他担保人按照约定分担份额的,人民法院应予支持;担保人之间约定承担连带共同担保,或者约定相互追偿但是未约定分担份额的,各担保人按照比例分担向债务人不能追偿的部分。同一债务有两个以上第三人提供担保,担保人之间未对相互追偿作出约定且未约定承担连带共同担保,但是各担保人在同一份合同书上签字、盖章或者按指印,承担了担保责任的担保人请求其他担保人按照比例分担向债务人不能追偿部分的,人民法院应予支持。除前两款规定的情形外,承担了担保责任的担保人请求其他担保人分担向债务人不能追偿部分的,人民法院不予支持。"

二、主合同与担保合同的关系

就合同效力而言,《民法典》第 388 条第 1 款规定:"担保合同是主债权债务合同的从合同。主债权债务合同无效的,担保合同无效,但是法律另有规定的除外。"

就担保责任而言,《民法典》第 391 条规定:"第三人提供担保,未经其书面同意,债权人允许债务人转移全部或者部分债务的,担保人不再承担相应的担保责任。"

就担保合同无效的法律后果而言,《民法典》第 388 条第 2 款规定:"担保合同被确认无效后,债务人、担保人、债权人有过错的,应当根据其过错各自承担相应的民事责任。"《担保制度司法解释》第 17 条规定,主合同有效而第三人提供的担保合同无效,人民法院应当区分不同情形确定担保人的赔偿责任:(1) 债权人与担保人均有过错的,担保人承担的赔偿责任不应超过债务人不能清偿部分的 1/2;(2) 担保人有过错而债权人无过错的,担保人对债务人不能清偿的部分承担赔偿责任;(3) 债权人有过错而担保人无过错的,担保人不承担赔偿责任。主合同无效导致第三人提供的担保合同无效,担保人无过错的,不承担赔偿责任;担保人有过错的,其承担的赔偿责任不应超过债务人不能清偿部分的 1/3。

三、流押(流质)契约之禁止

流押(流质)契约是指在抵押权(质权)设立时至债务履行期届满前,抵押权人(质权人)和抵押人(出质人)关于在主债权已届清偿期未受清偿时,抵押(质押)财产的所有权即移转为债权人所有的约定。禁止流押(流质)契约之立法不乏先例,其主要目的在于保护债务人,免其因一时之急迫而蒙受重大之不利。但此种禁止规定过于僵化,有时反于债务人有害,更不利于抵押权或质权施行程序之运用,有碍担保物价值之极大化。[1]

《物权法》对流押(流质)契约采取了禁止立场。《民法典》第 401 条规定:"抵押

---

[1] 参见谢在全:《民法物权论》(下册)(第六版),台湾新学林出版股份有限公司 2014 年版,第 297 页。

权人在债务履行期限届满前,与抵押人约定债务人不履行到期债务时抵押财产归债权人所有的,只能依法就抵押财产优先受偿。"第428条规定:"质权人在债务履行期限届满前,与出质人约定债务人不履行到期债务时质押财产归债权人所有的,只能依法就质押财产优先受偿。"抵押或质押合同中上述约定内容无效的,不影响抵押权或质权本身的效力,即依法就抵押或质押财产优先受偿的效力。

我国设置流押(流质)禁止条款的立法目的并不在于禁止当事人通过事前约定的方式取得形式意义上的所有权,而是为了防止担保权人利用其优势地位提前约定担保物的归属,从而获得超额利益,引发不公平的结果。《民法典》明令禁止流押(流质),意味着在履行期限届满前有关债务人不能履行债务时抵押物或质物就归属于债权人的约定,因违反禁止流押(流质)条款而无效。但流押(流质)条款无效,并不意味着整个协议都无效。事实上,协议仍然是部分有效的,其效力表现在,当债务人不履行债务时,债权人可以通过折价、拍卖、变卖抵押物或质物的方式获得清偿,在抵押权或质权已经完成了相应公示的情形下,抵押权人和质权人有权就抵押或质押财产优先受偿。

债务履行期届满后,法律允许以担保财产折价等方式实现担保权,但不得损害其他债权人的利益。《民法典》第410条规定:"债务人不履行到期债务或者发生当事人约定的实现抵押权的情形,抵押权人可以与抵押人协议以抵押财产折价或者以拍卖、变卖该抵押财产所得的价款优先受偿。协议损害其他债权人利益的,其他债权人可以请求人民法院撤销该协议。抵押权人与抵押人未就抵押权实现方式达成协议的,抵押权人可以请求人民法院拍卖、变卖抵押财产。抵押财产折价或者变卖的,应当参照市场价格。"《民法典》第436条第2款、第3款规定:"债务人不履行到期债务或者发生当事人约定的实现质权的情形,质权人可以与出质人协议以质押财产折价,也可以就拍卖、变卖质押财产所得的价款优先受偿。质押财产折价或者变卖的,应当参照市场价格。"

四、担保范围

《民法典》第389条规定:"担保物权的担保范围包括主债权及其利息、违约金、损害赔偿金、保管担保财产和实现担保物权的费用。当事人另有约定的,按照其约定。"该条在适用中的主要争议是当事人在合同中约定的担保范围与在登记机构登记簿上记载甚至是法院生效判决中确定的抵押权人优先受偿的范围不一致的,实现担保物权时究竟以何者为准。对此,《九民纪要》第55条载明:"当事人约定的担保责任的范围大于主债务的,如针对担保责任约定专门的违约责任、担保责任的数额高于主债务、担保责任约定的利息高于主债务利息、担保责任的履行期先于主债务履行期届满,等等,均应当认定大于主债务部分的约定无效,从而使担保责任缩减至主债务的范围。"《担保制度司法解释》对此规定予以采纳,于第47条规定:"不动产登记簿就抵押财产、被担保的债权范围等所作的记载与抵押合同约定不一致的,人民法院应当根据登记簿的记载确定抵押财产、被担保的债权范围等事项。"

五、反担保

《民法典》第387条规定:"债权人在借贷、买卖等民事活动中,为保障实现其债权,需要担保的,可以依照本法和其他法律的规定设立担保物权。第三人为债务人向债权人提供担保的,可以要求债务人提供反担保。反担保适用本法和其他法律的规定。"反担保是指为债务人担保的第三人,为了保障其追偿权的实现,要求债务人提供的担保。在债务清偿期届满,债务人未履行债务时,由第三人承担担保责任后,第三人对其代债务人清偿的债务,有向债务人追偿的权利。当第三人行使追偿权时,有可能因债务人无力偿还而使追偿权落空,为了保证追偿权的实现,第三人在为债务人作担保时,可以要求债务人为其提供担保,这种担保即为反担保。《担保制度司法解释》第19条规定,担保合同无效,承担了赔偿责任的担保人按照反担保合同的约定,在其承担赔偿责任的范围内请求反担保人承担担保责任的,人民法院应予支持。反担保合同无效的,依照该解释第17条的有关规定处理。当事人仅以担保合同无效为由主张反担保合同无效的,人民法院不予支持。

六、担保物权的消灭

《民法典》第393条规定,有下列情形之一的,担保物权消灭:(1)主债权消灭。担保物权为从属于主债权的从权利,主债权消灭,担保物权当然消灭。(2)担保物权实现。所谓担保物权实现,是指在债务人不履行债务或者发生当事人约定的实现担保物权的情形时,债权人就处分担保物所得价款优先受偿。(3)债权人放弃担保物权。担保物权人作为民事权利的享有者当然有权决定放弃其权利,一旦放弃,则担保物权消灭。(4)法律规定担保物权消灭的其他情形。

第十七章 抵 押 权

第一节 抵押权的概念和特征

一、抵押权的概念

根据《民法典》第394条第1款的规定,抵押权是指债权人对于债务人或第三人不移转占有而供担保的不动产及其他财产,在债务人不履行债务或者发生当事人约定的实现抵押权的情形时,依法享有的就该财产变价并优先受偿的担保物权。

抵押权被视为担保之王,其特征表现为:第一,抵押权属于优先受偿性的担保物权。尽管抵押权人并不实际占有抵押物,但其通过法律上的方法如登记等对抵押物的交换价值具有排他的控制力。[1] 抵押权的优先受偿性表现为两个方面:一是相对于普通债权而言,抵押权人有权就出卖抵押物获得的价金优先受偿;二是与其他抵押权人相比,依照抵押权登记的先后顺序不同,债权人受偿的先后顺序也不同。第二,抵押权是由债务人或第三人就其特定物——不动产或动产上设定的担保物权;在我国法上,不动产和动产上均可设定抵押权。第三,抵押权的设立不需移转标的物的占有。这是抵押权的最大的优势所在。设定抵押权并不影响抵押人对抵押物享有的使用、收益和一定的处分权。据此,抵押权被视为最理想的担保物权。

二、抵押权的特征

抵押权具有担保物权的一般特性,即从属性、不可分性和物上代位性。

关于抵押权的从属性,《民法典》第407条规定:"抵押权不得与债权分离而单独转让或者作为其他债权的担保。债权转让的,担保该债权的抵押权一并转让,但是法律另有规定或者当事人另有约定的除外。"

关于抵押权的不可分性,《担保制度司法解释》第38条规定,主债权未受全部清偿,担保物权人主张就担保财产的全部行使担保物权的,人民法院应予支持,但是留置权人行使留置权的,应当依照《民法典》第450条的规定处理。担保财产被分割或者部分转让,担保物权人主张就分割或者转让后的担保财产行使担保物权的,人民法

---

[1] 参见程啸:《担保物权研究》,中国人民大学出版社2017年版,第46—50页。

院应予支持,但是法律或者司法解释另有规定的除外。第 39 条规定,主债权被分割或者部分转让,各债权人主张就其享有的债权份额行使担保物权的,人民法院应予支持,但是法律另有规定或者当事人另有约定的除外。主债务被分割或者部分转移,债务人自己提供物的担保,债权人请求以该担保财产担保全部债务履行的,人民法院应予支持;第三人提供物的担保,主张对未经其书面同意转移的债务不再承担担保责任的,人民法院应予支持。

抵押权的物上代位性,是指抵押权的效力及于抵押财产的代位物。对此,《民法典》第 390 条前句规定:"担保期间,担保财产毁损、灭失或者被征收等,担保物权人可以就获得的保险金、赔偿金或者补偿金等优先受偿。"

第二节 抵押权的设立

一、抵押权的标的

（一）允许抵押的财产

《民法典》第 395 条第 1 款规定,建筑物和其他土地附着物、建设用地使用权、海域使用权、生产设备、原材料、半成品、产品、正在建造的建筑物、船舶、航空器、交通运输工具以及法律、行政法规未禁止抵押的其他财产均可抵押。据此,只要是法律、行政法规未禁止抵押的财产,都可以进行抵押,法律赋予当事人较大的意思自治空间。其中,在建工程抵押是一种较为特殊的抵押,该条规定在建工程可以进行抵押,一方面赋予在建工程以物的属性,另一方面也将在建工程与已经建造完成并办理所有权首次登记的建筑物区分开来,从而将在建工程抵押权作为一项单独的民事物权确立下来。在建工程抵押权作为一种单独的抵押权类型,除当事人在抵押合同中另有约定外,其抵押物范围不仅包括国有建设用地使用权,还包括规划许可范围内已经建造的和尚在建造的建筑物。① 另外,《民法典》第 398 条规定:"乡镇、村企业的建设用地使用权不得单独抵押。以乡镇、村企业的厂房等建筑物抵押的,其占用范围内的建设用地使用权一并抵押。"

（二）禁止抵押的财产

《民法典》第 399 条规定,土地所有权,宅基地、自留地、自留山等集体所有的土地使用权(但法律规定可以抵押的除外),学校、幼儿园、医院等以公益为目的成立的非营利法人的教育设施、医疗卫生设施和其他公益设施,所有权、使用权不明或者有争议的财产,依法被查封、扣押、监管的财产和法律、行政法规规定不得抵押的其他财产

---

① 参见中国应用法学研究所编:《中华人民共和国最高人民法院案例选》(第一辑),法律出版社 2019 年版,第 115—118 页。

不得抵押。《担保制度司法解释》第6条规定,以公益为目的的非营利性学校、幼儿园、医疗机构、养老机构等提供担保的,人民法院应当认定担保合同无效,但是有下列情形之一的除外:(1)在购入或者以融资租赁方式承租教育设施、医疗卫生设施、养老服务设施和其他公益设施时,出卖人、出租人为担保价款或者租金实现而在该公益设施上保留所有权;(2)以教育设施、医疗卫生设施、养老服务设施和其他公益设施以外的不动产、动产或者财产权利设立担保物权。登记为营利法人的学校、幼儿园、医疗机构、养老机构等提供担保,当事人以其不具有担保资格为由主张担保合同无效的,人民法院不予支持。第37条规定,当事人以所有权、使用权不明或者有争议的财产抵押,经审查构成无权处分的,人民法院应当依照《民法典》第311条的规定处理。当事人以依法被查封或者扣押的财产抵押,抵押权人请求行使抵押权,经审查查封或者扣押措施已经解除的,人民法院应予支持。抵押人以抵押权设立时财产被查封或者扣押为由主张抵押合同无效的,人民法院不予支持。以依法被监管的财产抵押的,适用前款规定。第49条规定,以违法的建筑物抵押的,抵押合同无效,但是一审法庭辩论终结前已经办理合法手续的除外。抵押合同无效的法律后果,依照该解释第17条的有关规定处理。当事人以建设用地使用权依法设立抵押,抵押人以土地上存在违法的建筑物为由主张抵押合同无效的,人民法院不予支持。

二、抵押合同

《民法典》第400条规定,设立抵押权,当事人应当采取书面形式订立抵押合同。抵押合同一般包括下列条款:(1)被担保债权的种类和数额;(2)债务人履行债务的期限;(3)抵押财产的名称、数量等情况;(4)担保的范围。如果抵押合同不完全具备前款规定内容的,可以补正。《担保法解释》(已失效)第56条第1款规定:"抵押合同对被担保的主债权种类、抵押财产没有约定或者约定不明,根据主合同和抵押合同不能补正或者无法推定的,抵押不成立。"此规定仍可参照。

三、抵押登记

《民法典》第215条、第402条、第429条确立了合同与物权效力区分原则,即对合同关系与物权变动的效力分别予以判定。除非法律另有规定或合同另有约定,抵押合同一经成立即生效;合同生效后,如一方不依约办理抵押登记的,另一方可依法追究其违约责任。在抵押权登记问题上,我国原则上采取登记要件主义,例外采取登记对抗主义。

(一)登记要件主义

《民法典》第402条规定:"以本法第三百九十五条第一款第一项至第三项规定的财产或者第五项规定的正在建造的建筑物抵押的,应当办理抵押登记。抵押权自登记时设立。"由此可见,登记要件主义的适用范围为:建筑物和其他土地附着物(第

395 条第 1 项)、建设用地使用权(第 395 条第 2 项)、海域使用权(第 395 条第 3 项)和正在建造的建筑物(第 395 条第 5 项)。登记要件主义的理解为:第一,以上述抵押物设立抵押权的应当办理抵押登记;第二,凡是以不动产抵押的,当事人负有登记的义务,当事人不能约定不经登记就设立抵押权;第三,抵押权自登记时设立。抵押合同可在双方之间生效,但只有在抵押登记办理完毕后,债权人才享有抵押权。

《担保制度司法解释》第 46 条规定:"不动产抵押合同生效后未办理抵押登记手续,债权人请求抵押人办理抵押登记手续的,人民法院应予支持。抵押财产因不可归责于抵押人自身的原因灭失或者被征收等导致不能办理抵押登记,债权人请求抵押人在约定的担保范围内承担责任的,人民法院不予支持;但是抵押人已经获得保险金、赔偿金或者补偿金等,债权人请求抵押人在其所获金额范围内承担赔偿责任的,人民法院依法予以支持。因抵押人转让抵押财产或者其他可归责于抵押人自身的原因导致不能办理抵押登记,债权人请求抵押人在约定的担保范围内承担责任的,人民法院依法予以支持,但是不得超过抵押权能够设立时抵押人应当承担的责任范围。"据此,不动产抵押合同依法成立,但未办理抵押登记手续,债权人请求抵押人办理抵押登记手续的,人民法院依法予以支持。因抵押人转让抵押财产或者其他可归责于抵押人自身的原因导致不能办理抵押登记,债权人请求抵押人在约定的担保范围内承担责任的,人民法院依法予以支持,但其范围不得超过抵押权有效设立时抵押人所应当承担的责任。①

(二) 登记对抗主义

登记对抗主义适用于动产抵押,包括动产浮动抵押。《民法典》第 403 条规定:"以动产抵押的,抵押权自抵押合同生效时设立;未经登记,不得对抗善意第三人。"据此,只要当事人之间的动产抵押合同生效,即使没有办理登记,抵押权也可以有效设立;动产抵押合同的生效,不仅发生债的效力,也发生物权设立的效力。凡是设立动产抵押或动产浮动抵押的,当事人可以办理登记,也可以不办理登记,是否办理登记,由当事人自由选择。采取登记对抗主义之理由,一方面在于维持交易上之便捷;另一方面亦能使当事人斟酌情事,决定是否申请登记,以保障自己权益。动产担保交易若不为登记,则不得对抗善意第三人,以保护交易安全。②

登记对抗主义中,何谓未经登记不得对抗的"善意第三人"? 通说认为:所谓第三人应指对同一标的物享有物权之人,债务人之一般债权人并不包括在内。③ 关于动产抵押权未经登记不得对抗善意第三人的规定,《担保制度司法解释》进行了系统的归纳,其第 54 条规定,动产抵押合同订立后未办理抵押登记,动产抵押权的效力按照下

---

① 参见最高人民法院民事审判第二庭编著:《〈全国法院民商事审判工作会议纪要〉理解与适用》,人民法院出版社 2019 年版,第 364 页。
② 参见王泽鉴:《民法学说与判例研究》(第一册)(修订版),中国政法大学出版社 2005 年版,第 225 页。
③ 同上书,第 228 页。

列情形分别处理:(1)抵押人转让抵押财产,受让人占有抵押财产后,抵押权人向受让人请求行使抵押权的,人民法院不予支持,但是抵押权人能够举证证明受让人知道或者应当知道已经订立抵押合同的除外;(2)抵押人将抵押财产出租给他人并移转占有,抵押权人行使抵押权的,租赁关系不受影响,但是抵押权人能够举证证明承租人知道或者应当知道已经订立抵押合同的除外;(3)抵押人的其他债权人向人民法院申请保全或者执行抵押财产,人民法院已经作出财产保全裁定或者采取执行措施,抵押权人主张对抵押财产优先受偿的,人民法院不予支持;(4)抵押人破产,抵押权人主张对抵押财产优先受偿的,人民法院不予支持。

关于抵押登记的效力问题,《民法典》第414条规定,同一财产向两个以上债权人抵押的,拍卖、变卖抵押财产所得的价款依照下列规定清偿:(1)抵押权已经登记的,按照登记的时间先后确定清偿顺序;(2)抵押权已经登记的先于未登记的受偿;(3)抵押权未登记的,按照债权比例清偿。其他可以登记的担保物权,清偿顺序参照适用前述规定。

以抵押权登记的先后顺序为标准清偿债权是世界各国抵押担保制度中的通行规则。抵押权已登记的先于未登记的受偿,是针对动产抵押而言的。动产抵押无论是否办理登记都自抵押合同生效时发生效力,但当事人是否办理抵押登记,在法律效力上是有差别的:办理抵押登记的,抵押权人可以对抗第三人;未登记的,不得对抗善意第三人。这是因为,办理抵押登记的,其他债权人就可以通过查询登记簿知道该财产已经设定抵押的情况,公示性较强;而没有办理抵押登记的,其他债权人一般很难知道该财产是否已经设定了抵押,所以法律给予已登记的抵押权以特别的保护,在清偿顺序上,抵押权已登记的先于未登记的受偿。

抵押权未登记的,按照债权比例清偿,也是针对动产抵押而言的。未经登记的动产抵押权不具有对抗善意第三人的效力,按照这一规定,在同一抵押财产上设定数个抵押权时,各抵押权人互为第三人,如果每一个抵押权都没有办理登记,那么无论各抵押权设立先后,其相互间均不得对抗。因此,各抵押权人对抵押财产拍卖、变卖所得的价款应当享有同等的权利,按照各债权的比例受清偿。①

四、法定抵押权

抵押权的设立一般系基于当事人之间的约定,特定情形下抵押权也可基于法律的规定而设立。《民法典》第397条规定:"以建筑物抵押的,该建筑物占用范围内的建设用地使用权一并抵押。以建设用地使用权抵押的,该土地上的建筑物一并抵押。抵押人未依据前款规定一并抵押的,未抵押的财产视为一并抵押。"即以建筑物抵

---

① 参见全国人大常委会法制工作委员会民法室编著:《中华人民共和国物权法解读》,中国法制出版社2007年版,第432—433页。

的,该建筑物占用范围内的建设用地使用权一并抵押。由于此种抵押不是依抵押权人和抵押人之间的合同而产生,而是依法律的规定而产生的,也不需要登记,因此可称为法定抵押权。① 其制度目的主要在于实现房地一体,因为在实现抵押权时,往往导致抵押财产的转让,因此在设定抵押权时,房屋的所有权和建设用地使用权应一并抵押,只有这样,才能保证实现抵押权时,房屋所有权和建设用地使用权同时转让。②

《民法典》第397条适用的前提是:在进行建设用地使用权抵押登记时,其上的房屋及其他构造物、工作物已经存在,否则应适用《民法典》第417条,即建设用地使用权抵押后,该土地上新增的建筑物不属于抵押财产。就该建设用地使用权实现抵押权时,应当将该土地上新增的建筑物与建设用地使用权一并处分,但是,对于新增建筑物变价所得的价款,抵押权人无权优先受偿。《民法典》第397条第2款规定抵押人未依照前款规定一并抵押的,未抵押的财产视为一并抵押。即使当事人没有按照法律的规定一并抵押,法律也应推定当事人将房地一并设立抵押。这属于不可推翻的推定,无论当事人是否同意。《担保制度司法解释》第51条对此进行了系统规定:"当事人仅以建设用地使用权抵押,债权人主张抵押权的效力及于土地上已有的建筑物以及正在建造的建筑物已完成部分的,人民法院应予支持。债权人主张抵押权的效力及于正在建造的建筑物的续建部分以及新增建筑物的,人民法院不予支持。当事人以正在建造的建筑物抵押,抵押权的效力范围限于已办理抵押登记的部分。当事人按照担保合同的约定,主张抵押权的效力及于续建部分、新增建筑物以及规划中尚未建造的建筑物的,人民法院不予支持。抵押人将建设用地使用权、土地上的建筑物或者正在建造的建筑物分别抵押给不同债权人的,人民法院应当根据抵押登记的时间先后确定清偿顺序。"

第三节 抵押权的效力

一、抵押权效力所及标的物的范围

抵押权效力所及标的物的范围,是指抵押权人实行抵押权时有权依法予以变价的抵押财产的范围。对此,我国法律和相关司法解释作了如下规定:

其一,关于附合物、混合物和加工物。《担保制度司法解释》第41条规定:"抵押权依法设立后,抵押财产被添附,添附物归第三人所有,抵押权人主张抵押权效力及于补偿金的,人民法院应予支持。抵押权依法设立后,抵押财产被添附,抵押人对添

---

① 参见崔建远:《物权:规范与学说——以中国物权法的解释论为中心》(下册),清华大学出版社2011年版,第767页。
② 参见全国人大常委会法制工作委员会民法室编:《〈中华人民共和国物权法〉条文说明、立法理由及相关规定》(第二版),北京大学出版社2017年版,第375页。

附物享有所有权,抵押权人主张抵押权的效力及于添附物的,人民法院应予支持,但是添附导致抵押财产价值增加的,抵押权的效力不及于增加的价值部分。抵押权依法设立后,抵押人与第三人因添附成为添附物的共有人,抵押权人主张抵押权的效力及于抵押人对共有物享有的份额的,人民法院应予支持。"

其二,关于从物。《担保制度司法解释》第40条规定:"从物产生于抵押权依法设立前,抵押权人主张抵押权的效力及于从物的,人民法院应予支持,但是当事人另有约定的除外。从物产生于抵押权依法设立后,抵押权人主张抵押权的效力及于从物的,人民法院不予支持,但是在抵押权实现时可以一并处分。"

其三,关于孳息。《民法典》第412条规定:"债务人不履行到期债务或者发生当事人约定的实现抵押权的情形,致使抵押财产被人民法院依法扣押的,自扣押之日起,抵押权人有权收取该抵押财产的天然孳息或者法定孳息,但是抵押权人未通知应当清偿法定孳息义务人的除外。前款规定的孳息应当先充抵收取孳息的费用。"

二、抵押人的权利

在抵押关系中,抵押人仍有权对抵押物进行占有、使用、收益和处分。除事实处分受限制外,法律上的处分仍能进行。具体包括重复抵押的权利,即抵押人可将一物为他人设立数个抵押权,还包括设立用益物权的权利。以不动产作为抵押物的,抵押人仍可为他人设定用益物权。

1. 抵押物的转让

《物权法》第191条规定:"抵押期间,抵押人经抵押权人同意转让抵押财产的,应当将转让所得的价款向抵押权人提前清偿债务或者提存。转让的价款超过债权数额的部分归抵押人所有,不足部分由债务人清偿。抵押期间,抵押人未经抵押权人同意,不得转让抵押财产,但受让人代为清偿债务消灭抵押权的除外。"一些学者对《物权法》第191条限制不动产抵押物转让提出了质疑,主要理由是立法者没有认识到抵押权本质上仍为物权进而导致未能承认抵押权的追及效力、立法者没有认识到不动产抵押权进行登记公示的作用、在实践中造成"未经抵押权人同意"转让合同效力的争议、以转让价款提前清偿对抵押权人保护不利和提存侵害抵押人的期限利益等问题。①

《民法典》第406条规定:"抵押期间,抵押人可以转让抵押财产。当事人另有约定的,按照其约定。抵押财产转让的,抵押权不受影响。抵押人转让抵押财产的,应当及时通知抵押权人。抵押权人能够证明抵押财产转让可能损害抵押权的,可以请求抵押人将转让所得的价款向抵押权人提前清偿债务或者提存。转让的价款超过债权数额的部分归抵押人所有,不足部分由债务人清偿。"据此,在设定抵押之后,抵押

---

① 参见孙宪忠、徐蓓:《〈物权法〉第191条的缺陷分析和修正方案》,载《清华法学》2017年第2期。

人有权转让抵押财产,但应当通知抵押权人。抵押财产转让的,抵押权不受影响。抵押权人如果能够证明抵押财产转让可能损害抵押权,可以请求抵押人将转让所得的价款向抵押权人提前清偿债务或者提存。该条是对《物权法》第191条的重要改变,承认了抵押权的追及效力,具有重要的理论和实践价值。在抵押权设定之后允许抵押人自由转让,有利于所有权人对抵押财产的充分利用,充分发挥物的使用价值,提高物的利用效率。① 所谓"抵押财产转让的,抵押权不受影响"是指抵押物所有人设定抵押权后,并未丧失其用益权及处分权,仅仅是在事后所设定的权利如居住权影响抵押权时,该权利对抵押权人不生效力,可在拍卖程序中由法院裁定去除并直接处置抵押物。另外,在允许抵押人自由转让抵押财产后,为防止抵押人滥用这一权利,损害抵押权人的合法权益,该条赋予抵押权人在能够证明抵押财产转让可能损害抵押权的情况下,可以要求抵押人将转让所得的价款提前清偿或将抵押财产转让所获得的价款提存的权利。

此外,《担保制度司法解释》第43条对当事人约定禁止或限制抵押物转让的效力作了规定:"当事人约定禁止或者限制转让抵押财产但是未将约定登记,抵押人违反约定转让抵押财产,抵押权人请求确认转让合同无效的,人民法院不予支持;抵押财产已经交付或者登记,抵押权人请求确认转让不发生物权效力的,人民法院不予支持,但是抵押权人有证据证明受让人知道的除外;抵押权人请求抵押人承担违约责任的,人民法院依法予以支持。当事人约定禁止或者限制转让抵押财产且已经将约定登记,抵押人违反约定转让抵押财产,抵押权人请求确认转让合同无效的,人民法院不予支持;抵押财产已经交付或者登记,抵押权人主张转让不发生物权效力的,人民法院应予支持,但是因受让人代替债务人清偿债务导致抵押权消灭的除外。"

2. 抵押物的出租

《民法典》第405条规定:"抵押权设立前,抵押财产已经出租并转移占有的,原租赁关系不受该抵押权的影响。"关于抵押权与租赁权的关系,具体分为两种情况处理:第一,抵押财产已经出租并转移占有,随后对抵押财产进行抵押的,"抵押不破租赁"。该条强调了租赁物的"转移占有"要件,原因在于仅凭租赁合同尚不足以确认租赁关系的真实性及其发生时间,也难以避免有关当事人倒签租赁合同以对抗抵押权的现象。第二,抵押财产先抵押后出租的,在此情况下,若动产抵押权未作登记,则不得对抗租赁权;若抵押权已登记则可以对抗租赁权。《民法典》第405条删除了《物权法》第190条第2句"抵押权设立后抵押财产出租的,该租赁关系不得对抗已登记的抵押权"的规定,并非意味着原规定错误,而是不言自明,故在法律条文中无须强调。②

---

① 参见王利明:《我国民法典物权编的修改与完善》,载《清华法学》2018年第2期。
② 刘保玉:《物权法学》(第二版),中国法制出版社2022年版,第484页。

3. 孳息收取权

《民法典》第412条规定："债务人不履行到期债务或者发生当事人约定的实现抵押权的情形，致使抵押财产被人民法院依法扣押的，自扣押之日起，抵押权人有权收取该抵押财产的天然孳息或者法定孳息，但是抵押权人未通知应当清偿法定孳息义务人的除外。前款规定的孳息应当先充抵收取孳息的费用。"根据该规定，在抵押财产被人民法院依法扣押之日前，抵押人有权收取抵押财产的孳息。

三、抵押权人的权利

1. 抵押物的保全

《民法典》第408条规定："抵押人的行为足以使抵押财产价值减少的，抵押权人有权请求抵押人停止其行为；抵押财产价值减少的，抵押权人有权请求恢复抵押财产的价值，或者提供与减少的价值相应的担保。抵押人不恢复抵押财产的价值，也不提供担保的，抵押权人有权请求债务人提前清偿债务。"一般认为，该条第一句确立了抵押物价值减少防止权；第二句规定了恢复抵押物的价值请求权或补足担保请求权以及提前清偿债务请求权。① 在抵押人不履行恢复抵押物价值或补足担保义务的情况下，债权人可要求债务人提前清偿债务。

2. 抵押权的处分

《民法典》第407条规定："抵押权不得与债权分离而单独转让或者作为其他债权的担保。债权转让的，担保该债权的抵押权一并转让，但是法律另有规定或者当事人另有约定的除外。""法律另有规定"，如《民法典》第421条的规定，最高额抵押担保的债权确定前，部分债权转让的，最高额抵押权不得转让。"当事人另有约定"，既可以是抵押权人在转让债权时，与受让人约定，只转让债权而不转让担保该债权的抵押权；也可以是第三人专为特定的债权人设定抵押的，该第三人与债权人约定，被担保债权的转让未经其同意，抵押权因债权的转让而消灭。②

3. 优先受偿权

《民法典》第410条规定："债务人不履行到期债务或者发生当事人约定的实现抵押权的情形，抵押权人可以与抵押人协议以抵押财产折价或者以拍卖、变卖该抵押财产所得的价款优先受偿。协议损害其他债权人利益的，其他债权人可以请求人民法院撤销该协议。抵押权人与抵押人未就抵押权实现方式达成协议的，抵押权人可以请求人民法院拍卖、变卖抵押财产。抵押财产折价或者变卖的，应当参照市场价格。"《民法典》第413条规定："抵押财产折价或者拍卖、变卖后，其价款超过债权数额的部

---

① 参见丁南：《担保物权释论》，中国政法大学出版社2013年版，第36页。
② 参见最高人民法院民事审判第二庭编著：《〈全国法院民商事审判工作会议纪要〉理解与适用》，人民法院出版社2019年版，第372页。

分归抵押人所有,不足部分由债务人清偿。"

4. 抵押权的顺位

抵押权的顺位指为了担保两个或两个以上的债权,在同一财产上设定多个抵押之后,各个抵押权优先受偿的先后次序。《民法典》第414条规定,同一财产向两个以上债权人抵押的,拍卖、变卖抵押财产所得的价款依照下列规定清偿:(1)抵押权已经登记的,按照登记的时间先后确定清偿顺序;(2)抵押权已经登记的先于未登记的受偿;(3)抵押权未登记的,按照债权比例清偿。其他可以登记的担保物权,清偿顺序参照适用前述规定。由此可见,通常排序规则如下:第一,依登记的先后次序排序,即抵押权已登记的,按照登记的先后顺序清偿。第二,登记对抗主义下抵押权的排序规则为抵押权已登记的先于未登记的受偿。第三,抵押权均未登记的,按照债权比例清偿。

关于抵押权顺位变动,有抵押权顺位固定主义和抵押权顺位升进主义两种模式。抵押权顺位固定主义,指当前一顺位的抵押权所担保的债权因清偿等抵押权实现之外的原因而消灭时,该抵押权不消灭而依然存在,后顺位的抵押权的顺位也无法相应升进。抵押权顺位升进主义,是指前一顺位的抵押权所担保的债权因清偿等非抵押权实现的原因而消灭时,该抵押权也消灭,后顺位的各个抵押权的顺位依次递进。法国、日本和我国台湾地区采用抵押权顺位升进主义,德国、瑞士采纳的是抵押权顺位固定主义。抵押权顺位升进主义主要对于债权的巩固具有益处,也使抵押人能够更方便地为了再融资而就抵押物设定后顺序抵押权。[①]《民法典》第409条采纳的是抵押权顺位升进主义。该条规定:"抵押权人可以放弃抵押权或者抵押权的顺位。抵押权人与抵押人可以协议变更抵押权顺位以及被担保的债权数额等内容。但是,抵押权的变更未经其他抵押权人书面同意的,不得对其他抵押权人产生不利影响。债务人以自己的财产设定抵押,抵押权人放弃该抵押权、抵押权顺位或者变更抵押权的,其他担保人在抵押权人丧失优先受偿权益的范围内免除担保责任,但是其他担保人承诺仍然提供担保的除外。"根据《民法典》第393条第3项的规定,当主债权消灭或债权人放弃担保物权时,担保物权消灭,则后顺位的抵押权取代先顺位的抵押权位置,形成事实上的抵押权顺位升进主义。

抵押权顺位的变更,是指同一抵押物上数个抵押权人将其抵押权顺位互相交换的情形。具体构成要件为:其一,前后顺位的抵押权人就顺位变更事宜达成合意;其二,就抵押权顺位变更事宜办理了变更登记;其三,需经其他利害关系人同意,如果未经其他利害关系人同意,则不得对其产生不利益。抵押权顺位变更只是产生顺位交换的法律效果,对变更当事人之抵押权实现并不发生影响。

抵押权顺位的放弃分为抵押权顺位的相对抛弃和绝对抛弃。抵押权顺位的相对

[①] 参见程啸:《担保物权研究》,中国人民大学出版社2017年版,第362—363页。

抛弃是指抵押权人为特定后次序抵押权人的利益,抛弃其可得优先受偿的分配利益。此时各抵押权人的抵押权归属与次序并无变动,依其原次序计算应分配额,将其所得受分配的金额共同合计后,由抛弃抵押权次序之人,与受抛弃利益的抵押权人并列为同一次序,按各人债权额之比例分配合计总额。抵押权顺位的绝对抛弃是指抵押权人为了全体后顺位抵押权人的利益而将自己的优先受偿利益加以抛弃。就法律效果来看,其一,如果是抵押权顺位的相对抛弃,那么抛弃在先顺位的抵押权人与因抛弃而受利益的在后顺位的抵押权人处于同一顺位,二者在依各自顺位所能获得分配的合计金额中按照各自的债权比例受偿。如果是抵押权顺位的绝对抛弃,那么抛弃顺位的抵押权人由原先的在先顺位状态变为最后顺位。其二,抵押权人无论是对抵押权顺位的绝对抛弃还是相对抛弃,都会影响对同一债权进行担保的其他担保人的利益,因此,除非获得这些担保人的同意,否则他们将在因抵押权顺位的抛弃而加重的负担内免责。①

四、动产抵押权与"正常经营活动买受人"规则

《民法典》第404条规定:"以动产抵押的,不得对抗正常经营活动中已经支付合理价款并取得抵押财产的买受人。"出卖人正常经营活动,是指出卖人的经营活动属于其营业执照明确记载的经营范围,且出卖人持续销售同类商品。

"正常经营活动买受人"规则的适用需符合以下要件:其一,买受的财产是生产设备、原材料、半成品、产品等动产抵押物。其二,受保护的主体必须是正常交易活动中的买受人。主要包括两种情况:一是在存货融资中,买受出卖人在正常经营过程中出售的已设定担保的存货的人;二是市场交易中的消费者。其三,买受人必须已经支付合理价款并取得了抵押财产。②《担保制度司法解释》第56条规定,买受人在出卖人正常经营活动中通过支付合理对价取得已被设立担保物权的动产,担保物权人请求就该动产优先受偿的,人民法院不予支持,但是有下列情形之一的除外:(1)购买商品的数量明显超过一般买受人;(2)购买出卖人的生产设备;(3)订立买卖合同的目的在于担保出卖人或者第三人履行债务;(4)买受人与出卖人存在直接或者间接的控制关系;(5)买受人应当查询抵押登记而未查询的其他情形。前述所称担保物权人,是指已经办理登记的抵押权人、所有权保留买卖的出卖人、融资租赁合同的出租人。

---

① 参见程啸:《担保物权研究》,中国人民大学出版社2017年版,第367页。
② 参见全国人大常委会法制工作委员会民法室编:《〈中华人民共和国物权法〉条文说明、立法理由及相关规定》(第二版),北京大学出版社2017年版,第393页。

第四节　抵押权的实现

一、抵押权实现的条件

《民法典》第410条规定,债务人不履行到期债务或者发生当事人约定的实现抵押权的情形,抵押权人可以与抵押人协议以抵押财产折价或者以拍卖、变卖该抵押财产所得的价款优先受偿。抵押权人与抵押人未就抵押权实现方式达成协议的,抵押权人可以请求人民法院拍卖、变卖抵押财产。抵押财产折价或者变卖的,应当参照市场价格。

据此,抵押权实现的条件是:第一,须抵押权有效存在。第二,债务人不履行到期债务或者发生当事人约定的实现抵押权的情形。第三,抵押权的实行未受到法律上的特别限制。如《企业破产法》第75条第1款规定:"在重整期间,对债务人的特定财产享有的担保权暂停行使。但是,担保物有损坏或者价值明显减少的可能,足以危害担保权人权利的,担保权人可以向人民法院请求恢复行使担保权。"第四,法律有特别规定的,从其规定。《民法典》第418条规定:"以集体所有土地的使用权依法抵押的,实现抵押权后,未经法定程序,不得改变土地所有权的性质和土地用途。"

二、抵押权实现的方法

现代担保物权发展的趋势就是逐渐降低实现担保物权的成本,提高担保物权实现的效率。[①] 根据《民法典》第410条的规定,抵押权人可以与抵押人通过协商方法达成协议,以抵押财产折价、拍卖或变卖所得价款优先受偿。如果一方不执行协议,应当承担相应的违约责任。在协议未履行的情况下,抵押权人可以不再要求法院审理主合同,而直接通过非诉程序作出裁定,然后通过拍卖和变卖等强制执行程序实现抵押权。

三、实现担保物权的非诉程序

《民事诉讼法》第203条规定:"申请实现担保物权,由担保物权人以及其他有权请求实现担保物权的人依照民法典等法律,向担保财产所在地或者担保物权登记地基层人民法院提出。"第204条规定:"人民法院受理申请后,经审查,符合法律规定的,裁定拍卖、变卖担保财产,当事人依据该裁定可以向人民法院申请执行;不符合法律规定的,裁定驳回申请,当事人可以向人民法院提起诉讼。"《民诉法解释》第369条规定:"人民法院应当就主合同的效力、期限、履行情况、担保物权是否有效设立、担

[①] 参见王利明:《我国民法典物权编中担保物权制度的发展与完善》,载《法学评论》2017年第3期。

财产的范围、被担保的债权范围、被担保的债权是否已届清偿期等担保物权实现的条件,以及是否损害他人合法权益等内容进行审查。被申请人或者利害关系人提出异议的,人民法院应当一并审查。"第370条规定,人民法院审查后,按下列情形分别处理:(1)当事人对实现担保物权无实质性争议且实现担保物权条件成就的,裁定准许拍卖、变卖担保财产;(2)当事人对实现担保物权有部分实质性争议的,可以就无争议部分裁定准许拍卖、变卖担保财产;(3)当事人对实现担保物权有实质性争议的,裁定驳回申请,并告知申请人向人民法院提起诉讼。就此问题,《担保制度司法解释》第45条规定,当事人约定当债务人不履行到期债务或者发生当事人约定的实现担保物权的情形,担保物权人有权将担保财产自行拍卖、变卖并就所得的价款优先受偿的,该约定有效。因担保人的原因导致担保物权人无法自行对担保财产进行拍卖、变卖,担保物权人请求担保人承担因此增加的费用的,人民法院应予支持。当事人依照《民事诉讼法》有关"实现担保物权案件"的规定,申请拍卖、变卖担保财产,被申请人以担保合同约定仲裁条款为由主张驳回申请的,人民法院经审查后,应当按照以下情形分别处理:(1)当事人对担保物权无实质性争议且实现担保物权条件已经成就的,应当裁定准许拍卖、变卖担保财产;(2)当事人对实现担保物权有部分实质性争议的,可以就无争议的部分裁定准许拍卖、变卖担保财产,并告知可以就有争议的部分申请仲裁;(3)当事人对实现担保物权有实质性争议的,裁定驳回申请,并告知可以向仲裁机构申请仲裁。债权人以诉讼方式行使担保物权的,应当以债务人和担保人作为共同被告。

四、抵押权的实现与主债权诉讼时效

《民法典》第419条规定:"抵押权人应当在主债权诉讼时效期间行使抵押权;未行使的,人民法院不予保护。"该条中"不予保护"的含义,依赖于对诉讼时效和抵押权性质的分析。

首先,就诉讼时效而言,其以请求权人怠于行使权利持续至法定期间届满的状态为规制对象,目的在于让罹于时效的请求权人承受不利益,以起到促其及时行使权利之作用。依民法理论通说,诉讼时效的适用范围限于债权请求权。而就抵押权而言,其属于支配权,并非请求权,更非债权请求权。

其次,就抵押权而言,其目的在于担保债务的履行,以确保抵押权人对抵押物的价值享有优先受偿的权利。为实现上述目的,抵押权对物之本身必将产生权能上的限制,对物的使用和转让均会发生影响。故此,若对抵押权人行使抵押权的期限不进行限制,将使抵押财产的归属长期处于不稳定状态,不仅不利于保护当事人的合法权益,亦不利于物之使用和流通效能的发挥。此外,如果允许抵押权人在任何时候均可行使抵押权,则意味着在主债权经过诉讼时效且债务人因此取得抗辩权之后,债权人依然可从抵押人处获得利益,进而将抵押人和债务人之间的追偿和抗辩置于困境;换言之,也意味着抵押人将长期处于一种不利益的状态,其义务也具有不确定性,对于抵押人来说亦有失公允。

最后,从权利分类角度分析,在债权与为担保债的履行的抵押权并存时,债权是主权利,抵押权为从权利。在主权利已经丧失国家强制力保护的状态下,抵押物上所负担的抵押权也应消灭,如此方能更好地发挥物的效用,亦符合物权法之担保物权体系的内在逻辑。故《民法典》第419条规定抵押权行使期间的重要目的之一在于促使抵押权人积极地行使抵押权,迅速了结债权债务关系,维系社会经济秩序的稳定。①

对此问题,《担保制度司法解释》第44条第1款规定:"主债权诉讼时效期间届满后,抵押权人主张行使抵押权的,人民法院不予支持;抵押人以主债权诉讼时效期间届满为由,主张不承担担保责任的,人民法院应予支持。主债权诉讼时效期间届满前,债权人仅对债务人提起诉讼,经人民法院判决或者调解后未在民事诉讼法规定的申请执行时效期间内对债务人申请强制执行,其向抵押人主张行使抵押权的,人民法院不予支持。"据此,目前我国法上抵押权在经过诉讼时效后采用的是抵押权消灭主义。《担保制度司法解释》第44条第3款特别规定,以登记作为公示方式的权利质权参照适用抵押权消灭主义的规定。但该规定并不适用于留置权、动产质权和以交付权利凭证作为公示方式的权利质权。《担保制度司法解释》第44条第2款规定:"主债权诉讼时效期间届满后,财产被留置的债务人或者对留置财产享有所有权的第三人请求债权人返还留置财产的,人民法院不予支持;债务人或者第三人请求拍卖、变卖留置财产并以所得价款清偿债务的,人民法院应予支持。"动产质权、以交付权利凭证作为公示方式的权利质权,参照适用上述留置权的规定。

第五节　特殊抵押权

一、共同抵押权

共同抵押权,是为担保同一债权而在数项不动产、动产或权利上设定的抵押权。《民法典》第395条第2款规定:"抵押人可以将前款所列财产一并抵押。"共同抵押权的特征表现为:其一,担保的是同一债权;其二,共同抵押权的标的是两个以上的抵押财产;其三,共同抵押权是由数个抵押权共同担保同一债权。

共同抵押权的效力主要表现为:如果当事人之间限定了各个抵押物的负担债务金额,抵押权人应当按照当事人的约定,就各个抵押物的价金分别依其负担金额受清偿。如果当事人之间未限定各个抵押物的负担债务金额,抵押权人原则上可以任意

---

① 参见"王军诉李睿抵押合同纠纷案",载《最高人民法院公报》2017年第7期。

就设定共同抵押的某个抵押物的价金受偿。关于共同抵押人之间以及对债务人的追偿权问题,应适用《担保制度司法解释》第 13 条和第 18 条之规定。

二、最高额抵押权

1. 最高额抵押权的概念与特征

根据《民法典》第 420 条第 1 款之规定,最高额抵押权是指债务人或第三人与债权人协议在最高债权额限度内,以抵押财产对一定期间内将要发生的债权提供抵押担保,当债务人不履行债务或发生当事人约定的实现抵押权的情形时,抵押权人有权在最高债权额限度内就该担保财产优先受偿的抵押权形式。对于抵押权人和抵押人而言,最高额抵押权均是一种便捷高效的担保方式。

最高额抵押权的特征表现为:第一,为将来的债权而设定的抵押。最高额抵押权一般适用于借款合同等在一定期限内连续发生交易的合同。第二,最高额抵押权所担保的债权,存在最高债权额限度,只有在决算期届满时才能确定其数额。最高额抵押权的主合同债权一般不得转让。第三,最高额抵押权已经失去了普通抵押权从属性中的成立、存续和消灭等三个从属性,只留有优先清偿的从属性。即使最高额抵押权担保的债权消灭,最高额抵押权也不会消灭,而且其限额也不会减少,依然保持其效力。这是最高额抵押权最根本的特征。[1] 因最高额抵押权担保的债权确定后,最高额抵押权成为普通抵押权,故《民法典》第 424 条规定:"最高额抵押权除适用本节规定外,适用本章第一节的有关规定。"

2. 最高额抵押权的转让

根据《民法典》第 421 条的规定,最高额抵押担保的债权确定前,部分债权转让的,最高额抵押权不得转让,但是当事人另有约定的除外,即在最高额抵押权担保的债权确定前,已经实际发生的各种担保债权依一般债权转让的方式进行转让,转让后的债权脱离该抵押担保关系,不再受最高额抵押权的担保。最高额抵押权担保的债权确定后,即转变为一般抵押权,可以按一般抵押权的转让方式转让,即可以与主债权一起转让。当然,当事人可以约定在最高额抵押担保的债权确定前,最高额抵押权随部分债权的转让而转让。

该条中所谓"当事人的约定"主要存有两种情况:其一,部分债权转让的,抵押权也部分转让,原最高额抵押权所担保的债权额随之相应减少。在这种情况下,转让的抵押权需要重新作抵押登记,原最高额抵押权需要作变更登记。其二,部分债权转让的,全部抵押权随之转让,未转让的部分债权成为无担保债权。

---

[1] 参见〔日〕我妻荣:《我妻荣民法讲义Ⅲ 新订担保物权法》,申政武等译,中国法制出版社 2008 年版,第 423—424 页。

3. 最高额抵押权的变更

《民法典》第 422 条规定:"最高额抵押担保的债权确定前,抵押权人与抵押人可以通过协议变更债权确定的期间、债权范围以及最高债权额。但是,变更的内容不得对其他抵押权人产生不利影响。""变更债权确定的期间"是指变更"决算期",即抵押权人与抵押人约定的确定最高额抵押权担保的债权的期间,或者将该期间的终止期日提前或者将该期间的终止期日推后。"债权范围"是指最高额抵押权担保的债权范围。变更"最高债权额"是指将最高债权额限度增加或者减少。上述变更的内容不得对其他抵押权人产生不利影响。

4. 最高额抵押权担保的债权确定

《民法典》第 423 条规定,有下列情形之一的,抵押权人的债权确定:(1) 约定的债权确定期间届满;(2) 没有约定债权确定期间或者约定不明确,抵押权人或者抵押人自最高额抵押权设立之日起满 2 年后请求确定债权;(3) 新的债权不可能发生;(4) 抵押权人知道或者应当知道抵押财产被查封、扣押;(5) 债务人、抵押人被宣告破产或者解散;(6) 法律规定债权确定的其他情形。债权确定的法律效力表现为:第一,只有在特定时间已经发生的主债权属于最高额抵押权担保的范围;第二,最高额抵押担保的债权一经确定,最高额抵押权实际上转变为一般抵押权;第三,一旦债权确定,则最高额抵押权人不得与抵押人约定变更债权确定的期间、债权范围;第四,不动产上的最高额抵押权发生债权确定的,抵押人应当与抵押权人共同申请最高额抵押权的确定登记。[①]

三、动产浮动抵押权

1. 动产浮动抵押权的概念与特征

《民法典》第 396 条规定,经当事人书面协议,企业、个体工商户、农业生产经营者可以将现有的以及将有的生产设备、原材料、半成品、产品抵押,债务人不履行到期债务或者发生当事人约定的实现抵押权的情形,债权人有权就实现抵押权时的动产优先受偿。据此,在动产浮动抵押权的制度设计中,抵押人具有特殊性,仅为企业、个体工商户和农业生产经营者;抵押客体具体特定性,为抵押人的流动资产;抵押权效力具有特殊性,用于抵押的动产是变动不居的。

2. 动产浮动抵押权的登记

《民法典》第 403 条规定:"以动产抵押的,抵押权自抵押合同生效时设立;未经登记,不得对抗善意第三人。"第 404 条规定:"以动产抵押的,不得对抗正常经营活动中已经支付合理价款并取得抵押财产的买受人。"据此,动产浮动抵押权的设立采取登记对抗主义。

---

① 参见程啸:《担保物权研究》,中国人民大学出版社 2017 年版,第 471 页。

3. 抵押财产的确定

抵押财产的确定也称为动产浮动抵押的结晶。《民法典》第 411 条规定，依据《民法典》第 396 条规定设定抵押的，抵押财产自下列情形之一发生时确定：(1) 债务履行期届满，债权未实现；(2) 抵押人被宣告破产或者解散；(3) 当事人约定的实现抵押权的情形；(4) 严重影响债权实现的其他情形。其中，抵押人被宣告破产或者被撤销在英国法上也被称为"自动结晶"，即发生这一事由时，浮动抵押自动变为固定抵押，无论浮动抵押权人是否知道该事由的发生或者有没有实现抵押权，都不影响抵押财产的确定。[①]

4. 动产浮动抵押权的效力

动产浮动抵押权最大的特点在于其抵押权设立时，抵押财产尚不确定，但浮动抵押权的设立及其登记后的对抗效力，并不因抵押权设立及登记时抵押财产是否固定而异。对于完成登记的浮动抵押与动产抵押权的优先效力，只需要考察何者登记在先，而无须考虑浮动抵押财产是否"结晶"的问题。[②] 司法实践中认为，企业将其现有的以及将有的生产设备、原材料、半成品及产品等财产设定浮动抵押后，又将其中的生产设备等部分财产设定了动产抵押，并都办理了抵押登记的，根据《民法典》第 414 条的规定，登记在先的浮动抵押优先于登记在后的动产抵押。

[①] 参见程啸：《担保物权研究》，中国人民大学出版社 2017 年版，第 436 页。
[②] 参见最高人民法院民事审判第二庭编著：《〈全国法院民商事审判工作会议纪要〉理解与适用》，人民法院出版社 2019 年版，第 381 页。

第十八章 质　　权

第一节　质权的概念和特征

一、质权的概念

质权在法制史上发生较抵押权为早,动产质权是消费型融资的主要手段,自古以来,一直占据主导地位。权利质权在投资型或理财型融资中占有一席之地,甚至与抵押权并驾齐驱,成为投资型融资手段之宠儿。[①]《民法典》第425条规定:"为担保债务的履行,债务人或者第三人将其动产出质给债权人占有的,债务人不履行到期债务或者发生当事人约定的实现质权的情形,债权人有权就该动产优先受偿。前款规定的债务人或者第三人为出质人,债权人为质权人,交付的动产为质押财产。"据此,质权是指为了担保债权的履行,债务人或第三人将其动产或权利移交债权人占有,当债务人不履行债务时,债权人有就其占有的财产优先受偿的担保物权。《民法典》第439条规定:"出质人与质权人可以协议设立最高额质权。最高额质权除适用本节有关规定外,参照适用本编第十七章第二节的有关规定。"

二、质权的特征

质权的特征表现为:第一,质权是为了担保债权的实现而产生的担保物权,具有从属性、不可分性和物上代位性等担保物权的基本属性。第二,质权是在债务人或者第三人提供的特定财产或权利上设定的担保物权。第三,质权的标的是动产或可以转让的财产权利。第四,质权是以移转标的物的占有或者登记为生效要件的物权。根据客体的不同,我国法上的质权分为动产质权和权利质权。其中,动产质权的设定以质权人占有质物为成立条件。权利质权的设定以交付权利凭证或者登记为成立要件。第五,动产质权属于兼具留置效力与优先受偿效力的物权。由于动产质权的设定需要转移标的物的占有,因此在债务人履行债务之前,质权人事实上控制着质物,该种控制既是权利的公示,也会对债务人产生心理压力,从而产生与留置权相同的效

---

① 参见谢在全:《民法物权论》(下册)(第六版),台湾新学林出版股份有限公司2014年版,第493页。

果。当然,质权最主要的法律效力仍在于在债务人不履行债务或者发生当事人约定的实现质权的情形,质权人有权将质物变价并从中优先受偿。

第二节 动产质权

一、动产质权的设立

1. 质押合同

《民法典》第 427 条规定,设立质权,当事人应当采取书面形式订立质押合同。质押合同一般包括下列条款:(1)被担保债权的种类和数额;(2)债务人履行债务的期限;(3)质押财产的名称、数量等情况;(4)担保的范围;(5)质押财产交付的时间、方式。

2. 动产质权的设立

《民法典》第 429 条规定:"质权自出质人交付质押财产时设立。"该条规定的"交付"是否应包括观念交付?《担保法解释》第 87 条曾规定:"出质人代质权人占有质物的,质押合同(应为质权)不生效;质权人将质物返还于出质人后,以其质权对抗第三人的,人民法院不予支持。因不可归责于质权人的事由而丧失对质物的占有,质权人可以向不当占有人请求停止侵害、恢复原状、返还质物。"第 88 条曾规定:"出质人以间接占有的财产出质的,质押合同自书面通知送达占有人时视为移交。占有人收到出质通知后,仍接受出质人的指示处分出质财产的,该行为无效。"据此,简易交付和指示交付应可作为质权设立的方式,但对于占有改定,《担保法解释》第 87 条并不认可。一般而言,占有改定需符合两个条件:其一,在让与人与受让人之间必须存在某种具体的法律关系,使让与人具有暂时取得对标的物的直接占有的必要性,如租赁、保管、仓储关系等。其二,让与人已经对物进行了直接占有或间接占有,否则不能发生占有改定。一般认为,出质人不得以占有改定的方式继续占有质物,主要理由为:其一,动产质权以占有作为公示要件,如果出质人代质权人占有质物,则无法使该动产上设立的质权向外界加以公示,势必危害交易安全;其二,由于出质人仍直接占有质物,因而质权人无法对质物加以留置,质权的留置效力丧失殆尽。[①]

3. 质押动产的范围

债务人或第三人可以在可转让的动产上设立质押。《民法典》第 426 条规定:"法律、行政法规禁止转让的动产不得出质。"《担保法解释》第 5 条曾规定:"以法律、法规禁止流通的财产或者不可转让的财产设定担保的,担保合同无效。以法律、法规限制

---

① 参见程啸:《担保物权研究》,中国人民大学出版社 2017 年版,第 498 页。

流通的财产设定担保的,在实现债权时,人民法院应当按照有关法律、法规的规定对该财产进行处理。"

关于金钱质押,《担保制度司法解释》第 70 条规定:"债务人或者第三人为担保债务的履行,设立专门的保证金账户并由债权人实际控制,或者将其资金存入债权人设立的保证金账户,债权人主张就账户内的款项优先受偿的,人民法院应予支持。当事人以保证金账户内的款项浮动为由,主张实际控制该账户的债权人对账户内的款项不享有优先受偿权的,人民法院不予支持。在银行账户下设立的保证金分户,参照前款规定处理。当事人约定的保证金并非为担保债务的履行设立,或者不符合前两款规定的情形,债权人主张就保证金优先受偿的,人民法院不予支持,但是不影响当事人依法律的规定或者按照当事人的约定主张权利。"简言之,只有将金钱加以特定化使之成为特定物,并移交债权人占有作为债权的担保方可成立金钱质押。

在流动质押中,经常由债权人、出质人与监管人订立三方监管协议。司法实践中一般认为,此时应当查明监管人究竟是受债权人的委托还是受出质人的委托监管质物,确定质物是否已经交付债权人,从而判断质权是否有效设立。如果监管人系受债权人的委托监管质物,则其是债权人的直接占有人,应当认定完成了质物交付,质权有效设立。监管人违反监管协议约定,违规向出质人放货、因保管不善导致质物毁损灭失,债权人请求监管人承担违约责任的,人民法院依法予以支持。如果监管人系受出质人委托监管质物,表明质物并未交付债权人,应当认定质权未有效设立。尽管监管协议约定监管人系受债权人的委托监管质物,但有证据证明其并未履行监管职责,质物实际上仍由出质人管领控制的,也应当认定质物并未实际交付,质权未有效设立。此时,债权人可以基于质押合同的约定请求质押人承担违约责任,但其范围不得超过质权有效设立时质押人所应当承担的责任。监管人未履行监管职责的,债权人也可以请求监管人承担违约责任(《担保制度司法解释》第 55 条)。

二、动产质权当事人的权利与义务

1. 质权人的权利与义务

质权人享有以下权利:其一,质权人享有占有质物的权利。其二,质权人享有收取孳息的权利。《民法典》第 430 条规定:"质权人有权收取质押财产的孳息,但是合同另有约定的除外。前款规定的孳息应当先充抵收取孳息的费用。"其三,质权人享有质物保全的权利。《民法典》第 433 条规定:"因不可归责于质权人的事由可能使质押财产毁损或者价值明显减少,足以危害质权人权利的,质权人有权请求出质人提供相应的担保;出质人不提供的,质权人可以拍卖、变卖质押财产,并与出质人协议将拍卖、变卖所得的价款提前清偿债务或者提存。"其四,质权人享有优先受偿权。《民法典》第 436 条第 2 款、第 3 款规定:"债务人不履行到期债务或者发生当事人约定的实现质权的情形,质权人可以与出质人协议以质押财产折价,也可以就拍卖、变卖质押财产所得的价款优先受偿。质押财产折价或者变卖的,应当参照市场价格。"其五,质权人享有处分权。《民法典》第435条规定:"质权人可以放弃质权。债务人以自己的财产出质,质权人放弃该质权的,其他担保人在质权人丧失优先受偿权益的范围内免除担保责任,但是其他担保人承诺仍然提供担保的除外。"其六,质权人享有转质权。转质规定的立法旨趣在于充分发挥质物之担保作用,使质权人因质权设定而投下之融资,得经由转质权之途径,有再度流动之可能,例外地承认质权人有质物转质权,具有促进金融流通之经济机能。①

按照是否经出质人同意,可将质权人的转质分为承诺转质与责任转质。

承诺转质的设立要求为:取得出质人同意、订立转质合同、移转质押财产占有和被担保债权存在。《民法典》第434条规定:"质权人在质权存续期间,未经出质人同意转质,造成质押财产毁损、灭失的,应当承担赔偿责任。"从该条规定看,我国法承认了承诺转质,对责任转质也没有严格禁止,只不过在责任转质的情况下,造成质押财产毁损、灭失的,转质人应当向出质人承担赔偿责任。

承诺转质的效力表现为:质权人得到出质人的承诺而转质,并没有加重质权人的责任。转质权与质权人的质权和被担保债权全然无关,原质权所担保的债权关系中的主债务人不因此受任何拘束,原主债务人可以在债务届满时向质权人清偿,从而使质权消灭,但该消灭对于转质权人的质权不发生影响。转质权的成立不是以原质权为基础,而是基于转质权人与转质人之间的债权债务关系。此时,原出质人只能以第三人的地位向转质权人清偿转质人的债务,以消灭转质权,才能取回质押财产。并且转质权人的质权优先于原质权人的质权。该种优先体现为:一是转质权人对于质权人的债权若已届清偿期,则无论质权人的债权是否届满,转质权人均可直接行使质权并优先受偿。二是质权人的质权因债权届满得到履行,其债权可以消灭,但转质权人的质权不消灭。如质权人征得转质权人同意行使自己的质权,必须从质物变价中扣除对转质权人的担保债权额,仅就其剩余额来满足自己债权之清偿。

责任转质的设立要求为:订立转质合同、移转质物之占有和被担保债权存在。由于责任转质是在原质权的存续期间内设定和存续,责任转质以原质权的范围为限,即转质所担保的债权额不得超过原质权所担保的债权额;转质所担保的债权额超过原质权担保之债权额的,超过部分无效。并且以质权人自己的责任进行的,无论质权人有无过错,都要对质押财产转质所生的一切损害负责。

责任转质的效力表现为:转质人的质权仍然存在,但其实现受到限制。转质人因转质权的设定将其所掌握的质押财产担保价值赋予转质权人,在转质押的担保额范围,受有不得使担保价值消灭的拘束。因此,于该范围内,转质人不得抛弃其债权或

---

① 参见谢在全:《民法物权论》(下册)(第六版),台湾新学林出版股份有限公司2014年版,第476页。

者免除主债务人的债务。只有在原质押所担的债权额超过转质押所担保的债权额时,转质人才得于其超过的范围内接受主债务的清偿。当然,也只有在超过债权额的情况下,转质人才可实现其质权。原质权人将转质的事实通知主债务人后,如果主债务人未经转质权人同意而对原质权人为清偿,则其清偿不得对抗转质权人。转质权人只能于转质人对于主债务人所享有的担保债权额内实现其质权。转质权人的债权虽已届清偿期,但若原质权人对于主债务人的债权尚未届清偿期的,则转质权人不得实现其债权。另外,转质权人的质权相对转质人的原质权有优先受偿的效力。①

质权人负有以下义务:

其一,妥善保管质物的义务。《民法典》第432条规定:"质权人负有妥善保管质押财产的义务;因保管不善致使质押财产毁损、灭失的,应当承担赔偿责任。质权人的行为可能使质押财产毁损、灭失的,出质人可以请求质权人将质押财产提存,或者请求提前清偿债务并返还质押财产。"

其二,不得擅自使用、处分质物的义务。《民法典》第431条规定:"质权人在质权存续期间,未经出质人同意,擅自使用、处分质押财产,造成出质人损害的,应当承担赔偿责任。"

其三,返还质物的义务。《民法典》第436条第1款规定:"债务人履行债务或者出质人提前清偿所担保的债权的,质权人应当返还质押财产。"

2. 出质人的权利与义务

出质人享有以下权利:

其一,质物的收益权。出质人将质物的占有移转给质权人后,无法对质物进行使用和收益,但对于质物的孳息,出质人可以与质权人约定,继续由出质人收取。

其二,质物的处分权。《民法典》第431条规定:"质权人在质权存续期间,未经出质人同意,擅自使用、处分质押财产,造成出质人损害的,应当承担赔偿责任。"虽然出质人转移了质物的占有,但设定质权并不导致出质人丧失对质物的所有权,因此,动产质押后,出质人仍然有权处分该动产,当然,该处分是指法律上的处分。

其三,及时行使质权请求权。《民法典》第437条规定:"出质人可以请求质权人在债务履行期限届满后及时行使质权;质权人不行使的,出质人可以请求人民法院拍卖、变卖质押财产。出质人请求质权人及时行使质权,因质权人怠于行使权利造成出质人损害的,由质权人承担赔偿责任。"

其四,剩余价值归属权。《民法典》第438条规定:"质押财产折价或者拍卖、变卖后,其价款超过债权数额的部分归出质人所有,不足部分由债务人清偿。"

出质人承担的主要义务为:质物有隐蔽瑕疵造成质权人其他财产损害的,应由出质人承担赔偿责任。但是,质权人在质物移交时明知质物有瑕疵而予以接受的除外。

---

① 参见谢在全:《民法物权论》(下册)(第六版),台湾新学林出版股份有限公司2014年版,第481页。

第三节 权利质权

一、权利质权的客体

权利质权是指为了担保债权得到清偿,债务人或者第三人以其所有权以外的可转让的财产权为标的而设定的质权。

作为权利质权的客体,其一,权利质权的标的必须是财产权利。作为担保物权的一类,权利质权也属于价值权,即质权人通过控制作为质权标的物的权利的交换价值而确保债权的实现。其二,必须是可让与的财产权利,据此,权利质权的客体排除了依其性质不可转让的财产权利,依据当事人的约定不得转让的权利以及法律、行政法规规定不得转让的权利。[①] 其三,该财产权利必须是可以公示的,即权利质权的设定需要一定的公示方法,因此,作为权利质权客体的财产权利必须借助一定的方法予以公示。

《民法典》第 440 条规定,债务人或者第三人有权处分的下列权利可以出质:(1) 汇票、本票、支票;(2) 债券、存款单;(3) 仓单、提单;(4) 可以转让的基金份额、股权;(5) 可以转让的注册商标专用权、专利权、著作权等知识产权中的财产权;(6) 现有的以及将有的应收账款;(7) 法律、行政法规规定可以出质的其他财产权利。根据该条规定,可以出质的财产权利范围是非常广泛的,但对于法律、行政法规没有明文列举的财产权利,如商铺租赁权、出租车经营权、银行理财产品、企业银行账户、公用事业收费权、企业排污权等新类型权利能否纳入权利质押的客体范畴,《担保制度司法解释》第 63 条规定:"债权人与担保人订立担保合同,约定以法律、行政法规尚未规定可以担保的财产权利设立担保,当事人主张合同无效的,人民法院不予支持。当事人未在法定的登记机构依法进行登记,主张该担保具有物权效力的,人民法院不予支持。"

二、权利质权的设立

《民法典》第 441 条规定:"以汇票、本票、支票、债券、存款单、仓单、提单出质的,质权自权利凭证交付质权人时设立;没有权利凭证的,质权自办理出质登记时设立。法律另有规定的,依照其规定。"《担保制度司法解释》第 58 条规定:"以汇票出质,当事人以背书记载'质押'字样并在汇票上签章,汇票已经交付质权人的,人民法院应当认定质权自汇票交付质权人时设立。"可见,背书并非票据质权设立的生效要件,以票据设立质权的仍应以交付作为生效要件。

《民法典》第 442 条规定:"汇票、本票、支票、债券、存款单、仓单、提单的兑现日期

---

① 参见程啸:《担保物权研究》,中国人民大学出版社 2017 年版,第 526 页。

或者提货日期先于主债权到期的,质权人可以兑现或者提货,并与出质人协议将兑现的价款或者提取的货物提前清偿债务或者提存。"《担保制度司法解释》第59条规定:"存货人或者仓单持有人在仓单上以背书记载'质押'字样,并经保管人签章,仓单已经交付质权人的,人民法院应当认定质权自仓单交付质权人时设立。没有权利凭证的仓单,依法可以办理出质登记的,仓单质权自办理出质登记时设立。出质人既以仓单出质,又以仓储物设立担保,按照公示的先后确定清偿顺序;难以确定先后的,按照债权比例清偿。保管人为同一货物签发多份仓单,出质人在多份仓单上设立多个质权,按照公示的先后确定清偿顺序;难以确定先后的,按照债权比例受偿。存在第二款、第三款规定的情形,债权人举证证明其损失系由出质人与保管人的共同行为所致,请求出质人与保管人承担连带赔偿责任的,人民法院应予支持。"

《民法典》第443条规定:"以基金份额、股权出质的,质权自办理出质登记时设立。基金份额、股权出质后,不得转让,但是出质人与质权人协商同意的除外。出质人转让基金份额、股权所得的价款,应当向质权人提前清偿债务或者提存。"第444条规定:"以注册商标专用权、专利权、著作权等知识产权中的财产权出质的,质权自办理出质登记时设立。知识产权中的财产权出质后,出质人不得转让或者许可他人使用,但是出质人与质权人协商同意的除外。出质人转让或者许可他人使用出质的知识产权中的财产权所得的价款,应当向质权人提前清偿债务或者提存。"第445条规定:"以应收账款出质的,质权自办理出质登记时设立。应收账款出质后,不得转让,但是出质人与质权人协商同意的除外。出质人转让应收账款所得的价款,应当向质权人提前清偿债务或者提存。"据此,以基金份额、股权、知识产权、应收账款出质的,以办理出质登记作为质权的生效要件;以汇票、支票等有价证券出质的,以交付权利凭证作为质权的生效要件。《担保制度司法解释》第61条规定,以现有的应收账款出质,应收账款债务人向质权人确认应收账款的真实性后,又以应收账款不存在或者已经消灭为由主张不承担责任的,人民法院不予支持。以现有的应收账款出质,应收账款债务人未确认应收账款的真实性,质权人以应收账款债务人为被告,请求就应收账款优先受偿,能够举证证明办理出质登记时应收账款真实存在的,人民法院应予支持;质权人不能举证证明办理出质登记时应收账款真实存在,仅以已经办理出质登记为由,请求就应收账款优先受偿的,人民法院不予支持。以现有的应收账款出质,应收账款债务人已经向应收账款债权人履行了债务,质权人请求应收账款债务人履行债务的,人民法院不予支持,但是应收账款债务人接到质权人要求向其履行的通知后,仍然向应收账款债权人履行的除外。以基础设施和公用事业项目收益权、提供服务或者劳务产生的债权以及其他将有的应收账款出质,当事人为应收账款设立特定账户,发生法定或者约定的质权实现事由时,质权人请求就该特定账户内的款项优先受偿的,人民法院应予支持;特定账户内的款项不足以清偿债务或者未设立特定账户,质权人请求折价或者拍卖、变卖项目收益权等将有的应收账款,并以所得的价款优先受偿的,人民法院依法予以支持。

第十九章 留 置 权

第一节 留置权的概念和适用范围

一、留置权的概念

根据《民法典》第447条第1款的规定,留置权是债权人合法占有债务人的动产,在债务人逾期不履行债务时,债权人有权留置该动产,并就该动产优先受偿的权利。

留置权是一种法定担保物权,当事人不能事先约定,因而无法发挥融资的功能。留置权的法定性表现为:第一,留置权产生的法定性。即只有符合法律规定的设定条件,才能产生留置权,当事人不得通过约定设定留置权。第二,留置权内容的法定性。留置权一般不是通过民事法律行为设立的,其内容无法通过合同来事先约定,只能由法律规定。第三,留置权适用范围的法定性。法律只规定在特定条件下当事人享有留置权,从而限定私力救济的范围。第四,留置权效力的法定性。留置权的标的物、留置权所担保的债权范围,都是基于法律规定,而非当事人的约定。

二、留置权的特征

留置权的特征表现为:第一,留置权是以动产为标的物的担保物权。第二,留置权是债权人留置债务人动产的权利。第三,留置权是具有二次效力的担保物权。留置权人在债务人履行债务之前就留置物享有继续占有的权利,此为留置权的第一次效力;留置权人于债务人超过一定期限不履行债务时,可折价或拍卖、变卖留置物并就所得价款优先受偿,此为留置权的第二次效力。第四,留置权具有从属性、不可分性和物上代位性等担保物权的共同属性,但有学者认为,在物上代位性方面,留置权有其特殊性。留置物若完全变形为他种性质之物,则留置权因留置物占有的彻底消灭而归于消灭,物上代位性无从谈起;不过,若留置物只是遭受了些许损坏,仍为同种之物,则留置权并未消灭,同时其效力及于赔偿金、补偿金或者保险金,表现出物上代位性。[1] 第五,关于留置权是否具有追及效力,学界有不同看法。有学者认为:留置权

---

[1] 参见崔建远:《物权:规范与学说——以中国物权法的解释论为中心》(下册),清华大学出版社2011年版,第938—939页。

是以占有为基础的担保物权,在丧失占有后就消灭了权利本身,留置权人只能基于占有行使返还请求权,而不能基于留置权行使物权请求权,所以留置权不具有追及效力。① 另有学者认为,《担保法解释》第 87 条第 2 款规定,因不可归责于质权人的事由而丧失对质物的占有,质权人可以向不当占有人请求停止侵害、恢复原状、返还质物;第 114 条规定,该解释第 87 条的规定,适用于留置。据此,留置权人在丧失对留置物的占有时,有权根据物权请求权的效力要求留置物的返还。②

三、留置权的适用范围

根据《民法典》第 447 条第 1 款的规定,留置权仅适用于债权人合法占有的债务人的动产,留置权的成立必须以债权人已合法占有债务人的动产为前提。所谓"合法"占有,是指债权人必须基于合法原因而占有债务人的动产,如基于保管合同的约定而取得动产的占有。如果不是合法占有债务人的动产,如债权人以侵权行为占有债务人的动产,则不得留置。《民法典》第 449 条规定:"法律规定或者当事人约定不得留置的动产,不得留置。"债务人在将动产交付债权人占有时,如约定该动产不得留置,则根据意思自治的原则,排除债权人在该物上取得留置权。另外,基于特定的价值判断如公序良俗原则,法律也可能在某些情况下禁止留置。③ 如不得留置抢险救灾物资、遗体、骨灰、身份证件、护照和残疾辅助用品等。

第二节 留置权的成立

一、留置权成立的积极要件

留置权的成立必须具备以下三个要件:

第一,债权人需合法占有债务人的动产,该动产以债务人自己所有为原则,但也可以是第三人的财产。债权人必须是合法占有债务人的财产,任何人非法占有他人的财产的,不能产生留置权。基于合法原因而占有他人的财产通常基于一定合同关系,如保管合同。因其他正当原因而占有他人交付的物、给其造成损害的物品,也属于合法占有。如果是通过强占债务人的与债务无关的物品来迫使其偿还债务,则构成侵权行为,不能发生留置权。

所谓"合法占有"并不一定是有权占有。在我国,留置权的产生既可以基于合同之债,也可以基于无因管理、不当得利和侵权之债。在侵权之债中,债权人对债务人(侵权人)致害之物的占有往往都是无权占有,但这并不影响其就侵权债权对致害物

---

① 参见程啸:《担保物权研究》,中国人民大学出版社 2017 年版,第 589 页。
② 参见刘家安:《物权法论》(第二版),中国政法大学出版社 2015 年版,第 190 页。
③ 同上书,第 188 页。

行使留置权。①《担保制度司法解释》第62条第1款规定："债务人不履行到期债务，债权人因同一法律关系留置合法占有的第三人的动产，并主张就该留置财产优先受偿的，人民法院应予支持。第三人以该留置财产并非债务人的财产为由请求返还的，人民法院不予支持。"主要理由为：其一，债务人可能将第三人的财产交付给留置权人修理或保管，若不能留置，则对债权人极其不利。其二，如果不允许留置第三人的财产，则在留置权发生之后，债务人可能伪造证据，声称标的物属于第三人所有，以对抗债权人的留置。

留置的动产必须具有可转让性。如果留置物不能转让，则留置权人无法拍卖、变卖，其留置权就会落空。

第二，债权需已届清偿期，债务人在债务到期后拒不履行债务。如果债权人的债权未届清偿期，其交付占有标的物的义务已届履行期的，不能行使留置权，但债权人能够证明债务人无支付能力的除外。

第三，债权人占有的债务人的动产与债权属于同一法律关系。"同一法律关系"要求留置的财产必须与产生的债权同属一个法律关系。具体类型为：其一，留置的财产是债权发生的事实之一，如甲拖欠乙的运输费，乙有权扣留其占有的甲的货物。其二，留置的财产是债权发生的基础，如甲踢球撞碎乙的玻璃，乙可以留置该足球。其三，留置的财产与债权的发生之间具有因果关系，如甲看到邻居乙的盆花可能被雨淋，请人搬到家中保存，如果乙拒不支付所付搬运工的搬运费用，则甲可以基于无因管理留置乙的盆花。其四，动产的返还义务与债权属于同一法律关系的内容，如保管人返还保管财产和委托人支付保管费，是基于保管合同关系而产生的。具言之，返还动产的义务是基于特定法律关系产生的，履行债务也是基于该法律关系产生的。

二、留置权成立的消极条件

留置权的成立还须满足以下两个消极条件：

第一，《民法典》第449条规定："法律规定或者当事人约定不得留置的动产，不得留置。"法律规定不得留置的具体情形为：其一，对动产的占有是因侵权行为取得，即非法占有。其二，对动产的留置违反公序良俗原则。主要为留置动产之结果，足以影响社会公共秩序，如战时留置军械；或凭留置动产之结果，足以影响国民之一般道德观念，如留置身份证或考试证等。②

第二，对动产的留置不得与债权人的义务或合同中的特殊约定相抵触，即留置不得违反当事人的约定。留置权可以预先予以排除，多数大陆法系国家的立法例均有

---

① 参见申卫星：《物权法原理》（第二版），中国人民大学出版社2016年版，第173页。
② 参见谢在全：《民法物权论》（下册）（第六版），台湾新学林出版股份有限公司2014年版，第569页。

规定,如德国、日本和瑞士等。① 具体表现为:其一,如果当事人约定某些财产不能留置,则债权人不得留置该财产。其二,如果当事人在合同中就留置权行使的特殊条件有明确约定,则只有在这些特殊条件成就后,才能行使留置权。其三,如果当事人在合同中预先放弃了留置权,则该当事人不得行使留置权。

三、商事留置权的成立

商事留置权指商人间因营业发生的债权债务关系,债权人在其债权未受清偿前,就其占有的债务人的物行使的留置权。商事留置权源于中世纪意大利商人团体习惯法,着重维持商人间之信用,以确保交易安全,故商事留置权成立的条件较民事留置权宽松。② 根据《民法典》第448条,企业与企业之间的留置不要求动产与债权属于同一法律关系。据此,商事留置权的特殊适用条件上排除了"留置的动产必须与债权属于同一法律关系"的要件,其他与民事留置权相同,即企业之间的留置,必须以合法占有他人的动产为前提;企业之间的留置,必须基于合法的营业关系而占有他人的动产;商事留置权的主体仅限于企业,农户或个体工商户等自然人的特殊形态均不得适用。

《担保制度司法解释》对于商事留置权的成立从债权到动产进行了两方面的限制,第62条第2款、第3款规定:"企业之间留置的动产与债权并非同一法律关系,债务人以该债权不属于企业持续经营中发生的债权为由请求债权人返还留置财产的,人民法院应予支持。企业之间留置的动产与债权并非同一法律关系,债权人留置第三人的财产,第三人请求债权人返还留置财产的,人民法院应予支持。"

第三节 留置权的效力与实现

一、留置权人的权利

第一,在债务人不履行债务的情况下,留置权人有权留置标的物并收取留置物的孳息。留置权人收取的孳息,应先冲抵收取孳息的费用。《民法典》第452条规定:"留置权人有权收取留置财产的孳息。前款规定的孳息应当先充抵收取孳息的费用。"

第二,请求偿还必要的保管费用。留置权人对留置物无使用、收益权,且对留置物负有以善良管理人的注意予以保管的义务,其为此所支出的费用有权要求债务人清偿。

---

① 参见曹士兵:《中国担保制度与担保方法》(第四版),中国法制出版社2017年版,第356页。
② 同上书,第349页。

第三,就留置物优先受偿。在债务人拒不偿还款项时,留置权人有权将留置物折价、拍卖或变卖并就所得价款优先受偿。

二、留置权人的义务

第一,妥善保管留置物。《民法典》第 451 条规定:"留置权人负有妥善保管留置财产的义务;因保管不善致使留置财产毁损、灭失的,应当承担赔偿责任。"

第二,返还留置物。在留置权所担保的债权消灭,或者债权虽未消灭,但债务人另行提供担保时,债权人应当返还留置物给债务人。

三、留置权的效力范围

留置权所担保的范围包括原债权、利息(包括迟延利息)、留置权实行费用及因留置物瑕疵造成的损害赔偿请求权。

留置物的范围除留置物本身外,还包括其从物、孳息和代位物。《民法典》第 450 条规定:"留置财产为可分物的,留置财产的价值应当相当于债务的金额。"留置权的不可分性之缓和有助于避免过度担保而造成有失公平之后果,兼顾了对债权人之保障以及留置物所有人之权益。[①]

四、留置权的实现

第一,留置权实现的条件。留置权人必须持续地占有债务人的动产,且债务人经过催告在一定期限内仍然没有履行债务。《民法典》第 453 条第 1 款规定:"留置权人与债务人应当约定留置财产后的债务履行期限;没有约定或者约定不明确的,留置权人应当给债务人六十日以上履行债务的期限,但是鲜活易腐等不易保管的动产除外。"

第二,留置权实现的方法。《民法典》第 454 条规定:"债务人可以请求留置权人在债务履行期限届满后行使留置权;留置权人不行使的,债务人可以请求人民法院拍卖、变卖留置财产。"如果留置权人长期持续占有留置物而不实现其留置权,不符合物尽其用原则,而且在有些情况下,留置财产还会发生自然损耗或贬值,对债务人不利。[②]《民法典》第 453 条规定:"债务人逾期未履行的,留置权人可以与债务人协议以留置财产折价,也可以就拍卖、变卖留置财产所得的价款优先受偿。留置财产折价或者变卖的,应当参照市场价格。"《民法典》第 455 条规定:"留置财产折价或者拍卖、变卖后,其价款超过债权数额的部分归债务人所有,不足部分由债务人清偿。"

[①] 参见申卫星:《物权法原理》(第二版),中国人民大学出版社 2016 年版,第 361 页。
[②] 参见全国人大常委会法制工作委员会民法室编著:《中华人民共和国物权法解读》,中国法制出版社 2007 年版,第 506 页。

第四节　留置权的消灭

留置权的消灭事由,除《民法典》第393条规定的主债权消灭、留置权实现和债权人放弃留置权等担保物权消灭的共通规定之外,还有《民法典》第457条的规定,即留置权人对留置财产丧失占有或留置权人接受债务人另行提供担保的,留置权消灭。关于丧失占有导致留置权消灭的问题,学界有不同的看法。有学者认为:留置权人对留置物的占有应受《民法典》第462条所规定的占有诉权的保护。当对留置物丧失占有系由于他人的侵夺行为所致之时,留置权人可要求占有的恢复,从而可重新获得留置物的占有。此种情况下,留置权不应消灭。另外,留置物被他人无权占有的,留置权人也可依《民法典》第235条要求留置物的返还,因此,留置权显然不应因占有的丧失而消灭。① 立法机关认为,若留置权人非依自己的意愿暂时丧失对留置财产占有的,留置权消灭,但这种消灭并不是终局性的消灭,留置权人可以依占有的返还原物之诉要求非法占有人返还留置物而重新获得留置权。② 据此,《民法典》第457条的表述应限缩解释为留置权人自愿丧失占有,即留置权人主动放弃占有或抛弃留置物,若因非自愿原因丧失占有,如第三人侵夺等,则留置权人仍享有物权请求权。另外,"债务人另行提供担保"应强调另行担保与债权价值相当性,在新的担保物和债权价值相当甚至高于债权价值的情况下,留置权人应当接受。

---

① 参见刘家安:《物权法论》(第二版),中国政法大学出版社2015年版,第189页。
② 参见全国人大常委会法制工作委员会民法室编:《〈中华人民共和国物权法〉条文说明、立法理由及相关规定》(第二版),北京大学出版社2017年版,第475页。

第二十章　担保物权的竞存

第一节　抵押权与质权的竞存

《民法典》第415条规定："同一财产既设立抵押权又设立质权的,拍卖、变卖该财产所得的价款按照登记、交付的时间先后确定清偿顺序。"司法实践中一般认为,同一动产上同时设立质权和抵押权的,应当参照适用《民法典》第414条的规定,根据是否完成公示以及公示先后情况来确定清偿顺序:质权有效设立、抵押权办理了抵押登记的,按照公示先后确定清偿顺序;顺序相同的,按照债权比例清偿;质权有效设立,抵押权未办理抵押登记的,质权优先于抵押权;质权未有效设立,抵押权未办理抵押登记的,因此时抵押权已经有效设立,故抵押权优先受偿。依此观点,即便后设立的质权人明知同一动产上已经存在未登记的抵押权(即非善意)而设立质权,其质权顺位仍然优先于未登记的抵押权。[1]

第二节　抵押权、质权与留置权的竞存

《民法典》第456条规定："同一动产上已经设立抵押权或者质权,该动产又被留置的,留置权人优先受偿。"留置权优先受偿的法理基础在于:第一,留置权人对物的保持、维护、维修和保值的贡献最直接;第二,法定物权的效力原则上优先于意定物权;第三,留置权优先有利于减少交易费用;第四,留置权优先有利于保障工人工资债权的实现;第五,留置权人已经合法占有留置物,应保障其权利实现。[2]

留置权对抵押权或质权的优先效力不受留置权人在留置动产时是善意还是恶意的影响。所谓"善意",是指留置权人对同一动产已存在的抵押权或质权不知情;所谓"恶意",仅指留置权人对同一动产已存在的抵押权或质权知情,不包括恶意串通。留置权优先的法理基础是公平原则,留置权人一般都使被留置动产的价值得以保全,且留置权人的债权与被留置动产的价值相比往往是微不足道的。此种情况下,仅以留

---

[1] 参见最高人民法院民事审判第二庭编著:《〈全国法院民商事审判工作会议纪要〉理解与适用》,人民法院出版社2019年版,第385页。

[2] 参见高圣平:《担保法论》,法律出版社2009年版,第260页。

置权人知道或应当知道该动产上存在抵押权或质权就否定其优先效力,对留置权人而言并不公平。①

关于"留置权优先于抵押权和质权"规则,需注意以下两点:其一,对于抵押人与他人恶意串通,以对抗抵押权的实现为目的而就已抵押的动产虚设留置权或故意发生非必要的留置权的,按照《民法典》第154条的规定,其本身即属无效,不能发生留置权与抵押权竞存的问题。其二,在留置权人自行设立抵押权或质权的情形下,如果经留置物所有权人同意,留置权人为自己的债务而设定抵押权或质权的,存在留置权与抵押权或质权竞存的问题,在此情形下,抵押权或质权的效力应优先于留置权。但留置权人主动放弃对留置物的占有的,在现行法上构成留置权消灭的情形。据此,在留置权人自行放弃占有而设立质权的情况下并不会发生留置权与质权竞存的问题。在未经留置物所有权人同意的情形下,也可能发生后续抵押权人或质权人善意取得抵押权或质权的可能,如果第三人构成善意取得,则抵押权或质权的效力应优先于留置权。

第三节　购买价金抵押权优先效力规则

《物权法》第189条第2款规定了浮动抵押制度中的正常经营活动中买受人不受追及规则,由此确定了已售出的浮动抵押财产上的抵押权与正常经营活动中买受人的所有权之间的关系,但与此规则相辅相成的另一规则,即购买价金抵押权规则却被立法所遗漏。在处理动产抵押权和其他担保物权的关系上,《民法典》新设了购买价金抵押权的优先效力规则。《民法典》第416条规定:"动产抵押担保的主债权是抵押物的价款,标的物交付后十日内办理抵押登记的,该抵押权人优先于抵押物买受人的其他担保物权人受偿,但是留置权人除外。"

购买价金抵押权是指在购买价金担保物上设立的为担保购买价金偿付义务履行的动产抵押权。"购买价金担保物"是指担保由其引起的"购买价金债务"的物品。"购买价金债务"是指债务人因购买担保物的全部或部分而引起的价金债务。"购买价金担保物"与"购买价金债务"共同构成了购买价金担保权的完整意义。购买价金担保物权的典型特征是担保的主债权是标的物的购买价金。只要在交付后10日内进行购买价金抵押权的登记,该购买价金担保权优先于其他依"先登记者优先规则"而取得优先权的担保。设置购买价金担保权的"超级优先效力规则"是"先来后到"规则的重大例外,这一制度设计有利于债务人扩大融资渠道,平衡交易各方利益。

《民法典》第416条中的"动产抵押"既包括浮动抵押,也包括普通动产抵押,但该

---

① 参见全国人大常委会法制工作委员会民法室编:《〈中华人民共和国物权法〉条文说明、立法理由及相关规定》(第二版),北京大学出版社2017年版,第474页。

条主要是解决浮动抵押担保的问题。在浮动抵押合同中，必然存在"嗣后获得财产条约"，约定抵押人嗣后获得的财产当然进入浮动抵押财产，浮动抵押权人对嗣后获得的财产享有抵押权。若仅依据一般的"先登记者优先"的优先顺位规则，一旦债务人的财产上负担浮动抵押权，债务人将难以再从任何人处获得融资，将严重阻碍融资活动的开展并可能使浮动抵押人陷入经济困境，进而影响浮动抵押权人的利益。因此，为平衡"先登记者优先"的优先顺位规则在浮动抵押下造成的权利失衡，便创设了购买价金抵押权优先的例外情形，即购买价金抵押权在规定的宽限期内进行登记便能获得优先于浮动抵押权的优先顺位。

该条所称"办理抵押登记"应解释为提交登记申请，而非取得抵押权登记。如果在宽限期后才登记的，不能成立购买价金抵押权，而只是成立普通抵押权。留置权例外规定的主要理由是留置权人通过承揽等活动维持或增加了担保物的价值，或为保障提供劳务者的生计，或依双务合同特殊性质赋予一方较强的履行对抗效力，且其债权往往金额不大，故其应优于购买价金抵押权。另外，该条所谓交付是否包括现实交付以外的观念交付，尚有讨论空间。

《担保制度司法解释》对购买价金抵押权的适用范围进行了扩张且对其顺序进行了规定。其第57条规定，担保人在设立动产浮动抵押并办理抵押登记后又购入或者以融资租赁方式承租新的动产，下列权利人为担保价款债权或者租金的实现而订立担保合同，并在该动产交付后10日内办理登记，主张其权利优先于在先设立的浮动抵押权的，人民法院应予支持：(1) 在该动产上设立抵押权或者保留所有权的出卖人；(2) 为价款支付提供融资而在该动产上设立抵押权的债权人；(3) 以融资租赁方式出租该动产的出租人。买受人取得动产但未付清价款或者承租人以融资租赁方式占有租赁物但是未付清全部租金，又以标的物为他人设立担保物权，前述所列权利人为担保价款债权或者租金的实现而订立担保合同，并在该动产交付后10日内办理登记，主张其权利优先于买受人为他人设立的担保物权的，人民法院应予支持。同一动产上存在多个价款优先权的，人民法院应当按照登记的时间先后确定清偿顺序。

总之，就动产之上竞存担保权利之间的优先顺位，《民法典》确立了以下规则体系：第一，动产之上竞存的抵押权之间，依其登记先后定其顺位；已登记的优先于未登记的；未登记抵押权之间顺位相同，按债权比例受偿（第414条）。第二，动产抵押权和动产质权之间，按照登记、交付的时间先后定其优先顺位（第415条）。第三，购买价金担保权，如在宽限期内办理登记的，则优先于买受人设立的其他担保物权（第416条）。第四，法定动产担保物权（留置权）优先于约定动产担保物权。

第二十一章 占 有

第一节 占有的概念与特征

一、占有的概念

欧陆民法上的占有制度始自罗马法的 possessio，融合日耳曼法的 Gewere，而成文化于各国民法典。① 占有是指对物的事实上的管领力，即事实上的支配或控制。对物有事实上管领力之人，称为占有人。关于占有，立法例上有认占有为权利者，有认占有为事实者。② 我国理论界多采事实说，《民法典》亦采用这一立场，即占有在法律性质上仅为一项事实或事实关系。所谓事实关系，意味着只要占有人对物获得了事实的管领力或支配力，即构成对物的占有，至于占有人是否有权利来实施占有，并不影响其占有的成立。③

二、占有的特征

占有的特征表现为：第一，占有的标的物仅限于物。占有之标的物以物为限，对于不许占有其物而可行使权利之财产权，仅能成立准占有。④ 第二，占有必须是对物产生了事实上的管领力。这种事实上的管领力表现为：（1）其与物之间具有空间上的结合关系。（2）其与物之间具有一定时间的结合关系，即对物的事实上的支配并非一时一刻之举，而是较为稳定、确定的支配，具有时间上的连续性。第三，其与物之间具有某种法律关系上的结合。占有本为社会观念之产物，随着社会之进展，占有已由直接实力之支配而逐渐扩大至观念之支配，是以对于物之支配已无须亲自为之，若依某种法律关系，利用他人为媒介而管领其物者，仍可成立占有。此种法律关系之设计可分为两类：一是间接占有，例如出质人使质权人占有质物，质权人为直接占有，而出质人对质物则为间接占有；二是依辅助占有人而为占有，例如雇佣他人看管牛。⑤

---

① 参见王泽鉴：《民法物权》（第二版），北京大学出版社 2010 年版，第 409 页。
② 参见姚瑞光：《民法物权论》，中国政法大学出版社 2011 年版，第 251 页。
③ 参见张双根：《物权法释论》，北京大学出版社 2018 年版，第 255 页。
④ 参见谢在全：《民法物权论》（上册）（第六版），台湾新学林出版股份有限公司 2014 年版，第 445 页。
⑤ 同上书，第 454 页。

《民法典》对占有共有五条规定,分为两类规范:一是"所有人与占有人关系"规范(第458—461条),二是占有保护规范(第462条)。①

《民法典》第458条规定:"基于合同关系等产生的占有,有关不动产或者动产的使用、收益、违约责任等,按照合同约定;合同没有约定或者约定不明确的,依照有关法律规定。"根据该条的规定,导致占有发生的法律关系多种多样:一种是有权占有,主要是基于合同等债的关系而产生的占有,例如根据运输或者保管合同,承运人或者保管人对托运或者寄存货物发生的占有;另一种是无权占有,主要发生在占有人对不动产或者动产的占有无正当法律关系,或者原法律关系被撤销或者无效时占有人对占有物的占有的情形,包括误将他人之物认为己有或者借用他人之物到期不还等。对于因有权占有而产生的有关不动产或者动产的使用、收益、违约责任等,应当按照合同约定处理,合同没有约定或者约定不明确时,依照有关法律规定处理。②

第二节 占有的种类

一、概述

关于占有的种类,学理上存在诸多分类。如以占有人是否具有所有的意思为标准,可分为自主占有与他主占有;以与事实占有者之从属关系为标准,可分为自己占有与辅助占有。凡占有人亲自对物进行占有的,称为自己占有;反之,对于其物系基于特定的从属关系,受他人指示而为占有者,称为他主占有。以占有人的人数为标准,可分为单独占有和共同占有。人数仅为一人的占有称为单独占有,数人共同占有一物的称为共同占有。

二、占有的主要分类

在我国民法上具有重要意义的分类为:

第一,以占有是否依据本权作为分类标准,分为有权占有与无权占有。如果占有人与占有物之间存在权利关系,那么占有人依据该权利而对占有物实施的占有,即为有权占有,或称为有本权的占有、合法占有;反之,占有人虽有占有该物的事实关系,但对物并不享有任何的权利时,其占有即为无权占有,或称无本权的占有、非法占有。在占有人与占有物之间存在权利关系时,那么该权利关系即构成占有的权利基础或本权关系。③

---

① 吴香香:《〈物权法〉第245条评注》,载《法学家》2016年第4期。
② 参见全国人大常委会法制工作委员会民法室编:《〈中华人民共和国物权法〉条文说明、立法理由及相关规定》(第二版),北京大学出版社2017年版,第477页。
③ 参见张双根:《物权法释论》,北京大学出版社2018年版,第255页。

第二，以无权占有是否知悉无占有权源为标准，分为善意占有与恶意占有。对于不知道无占有之权利而占有的，为善意占有；反之，对于知道无占有之权利而仍占有的，为恶意占有。就善意占有与恶意占有之认定，德国通说认为，占有人在取得占有时明知或因重大过失而不知其无占有之权利者，构成恶意占有，反之则为善意占有。①

第三，以占有人对物的事实关系程度为标准，分为直接占有与间接占有。凡占有人在事实上直接管领占有物的，为直接占有；自己不直接占有其物，而对于占有其物之人，基于特定之法律关系有返还请求权，因而对其物有间接管领力之占有，为间接占有。需注意者，间接占有不以一层为限，并可发生重叠间接占有。② 据此，占有媒介关系是间接占有得以成立的基础，故亦为间接占有构成上的核心要件。另外，间接占有在构成上，要求间接占有人对直接占有人需拥有一项返还请求权。③ 关于我国法是否承认间接占有，学界尚有争论。④

第三节 占有人与回复请求权人的权利义务规则

一、概述

《民法典》第458—461条解决的是权利人向无权占有人请求返还占有物时，因占有物的毁损、占有物所生的孳息或收益以及占有物所生的费用等而产生的问题。德国学理上将其称为"所有权人-占有人关系"。日本、瑞士和我国台湾地区将之纳入占有制度中，称之为"占有人与回复请求权人的权利义务"。占有人与回复请求权人的关系是指无权占有人在回复请求权人请求返还占有物时所发生的权利和义务关系。所谓回复请求权人是指依其对物的权利可以向占有人要求物的返还的人。如果占有人与回复请求权人之间存在着租赁合同关系、借用合同关系等法律关系，则可依该法律关系界定二者之间的权利义务关系。⑤ 在此关系中，因占有物之损害、孳息以及费用所生的各项请求权，在法律属性上仍分属于侵权法、不当得利法等领域，构成各法定债之关系。因此，"占有人与回复请求权人的权利义务"规则，本质上不过是规定于物权法中的债法特别规范。与债法上一般规范相较，其蕴含使某类当事人处于更有利之地位，或反过来使另一类当事人负更重责任的立法宗旨。各立法例在设置相应规则时，通常将区分善意占有与恶意占有作为制度基础，即优待善意占有人与加重恶意占有人责任。⑥

---

① 参见张双根：《物权法释论》，北京大学出版社2018年版，第216页。
② 参见谢在全：《民法物权论》（上册）（第六版），台湾新学林出版股份有限公司2014年版，第462页。
③ 参见张双根：《物权法释论》，北京大学出版社2018年版，第196页。
④ 参见章正璋：《占有保护疑难问题研究》，中国政法大学出版社2018年版，第49页。
⑤ 参见刘家安：《物权法论》（第二版），中国政法大学出版社2015年版，第205页。
⑥ 参见张双根：《物权法释论》，北京大学出版社2018年版，第227页。

二、恶意占有人的赔偿责任

在有权占有的情况下,如基于租赁等法律关系而占有他人的不动产或者动产时,当事人双方多会对因使用而导致的不动产或者动产的损害赔偿责任作出约定。多数情况下,对于因正常使用而导致不动产或者动产的损耗、折旧等,应由所有权人负担,因为有权占有人所支付的价金包括对不动产或者动产因正常使用而发生损耗的补偿。实践中,在有权占有情况下,被占有的不动产或者动产因使用而产生损害的,其责任确定和解决方法并不复杂。按照交易惯例,如果要把自己的不动产或者动产租给他人使用,事先会收取一定的押金,作为不动产或者动产被他人损坏后的担保。但当这一问题涉及无权占有时,权责的确定就较为棘手。对此,《民法典》第459条规定:"占有人因使用占有的不动产或者动产,致使该不动产或者动产受到损害的,恶意占有人应当承担赔偿责任。"对于恶意占有人的赔偿责任,各国和地区立法均无差异,但对于善意占有人是否要承担赔偿责任,则有分歧。多数国家和地区立法规定善意占有人不承担责任,其理由主要是:法律对占有赋予了权利的推定效力,占有人于占有物上行使的权利,推定其适法有此权利,而善意占有人在使用占有物时被法律推定为物的权利人,具有占有使用的权利,因此,对于使用被占有的物而导致的物的损害,不应负赔偿责任。《民法典》第459条也采取了这一立场。

三、占有物返还与费用负担

《民法典》第460条规定:"不动产或者动产被占有人占有的,权利人可以请求返还原物及其孳息;但是,应当支付善意占有人因维护该不动产或者动产支出的必要费用。"该条主要解决的是:第一,无论是善意占有人还是恶意占有人,原物和孳息是否都必须返还给权利人(回复请求权人)。关于恶意占有人应当返还原物和孳息,域外立法例基本没有争议,域外立法例的主要争论点在于善意占有人是否可保留孳息。第二,返还原物和孳息后,对于无权占有人为维护其占有的不动产或者动产所支出的必要费用,是否可以要求权利人返还。域外立法例关于善意占有人可以保留孳息的规定是同必要费用返还请求权相关的。如瑞士、日本等均规定,如果保留孳息,则善意占有人不得向权利人请求返还其为维护该动产或者不动产而支出的必要费用。我国立法采取了简化和便于操作的做法,即权利人可以请求返还原物和孳息,但应当支付善意占有人因维护该不动产或者动产支出的必要费用。

四、占有物灭失的利益返还与损害赔偿

当占有的不动产或者动产毁损、灭失时,如果占有人和占有返还请求权人之间,有租赁等正当法律关系时(即有权占有的情形下),占有人就其所占有的不动产或者动产所负的责任等,均各依其基础法律关系解决;如果不具备租赁等正当法律关系或

者外形上虽有此类关系但实为无效或者被撤销时,则占有人同占有返还请求权人之间的义务和责任如何确定,不免产生问题。虽然关于占有的不动产或者动产毁损或者灭失后的赔偿责任,可以适用有关侵权行为或不当得利的规定,但仅仅由此规定不足以充分解决问题。因此,《民法典》第461条明确规定:"占有的不动产或者动产毁损、灭失,该不动产或者动产的权利人请求赔偿的,占有人应当将因毁损、灭失取得的保险金、赔偿金或者补偿金等返还给权利人;权利人的损害未得到足够弥补的,恶意占有人还应当赔偿损失。"

第四节　占有的效力

一、占有的推定效力

第一,占有的事实推定效力,即占有状态的推定。具体包括推定占有人是以所有的意思或在占有前后两个时期为自己而占有,有占有证据的,推定其为继续占有。如我国台湾地区"民法"第944条规定:(1)占有人,推定其为以所有之意思、善意、和平及公然占有者;(2)经证明前后两时为占有者,推定前后两时之间,继续占有。占有状态推定之效用,如同占有上权利之推定,发生于对占有状态不能确认之争执或诉讼中,便于法官断案,故而该推定在性质上为可推翻的推定。①

第二,占有的权利推定效力,是指占有人于占有物上所行使之权利,推定其有此权利。法律设占有权利的推定,理由主要是保护占有背后的权利、维护社会秩序、促进交易安全和符合经济原则。② 受权利推定的占有人,免除举证责任,即在产生无实体权利争议时,占有人可以直接援用该推定对抗相对人,无须证明自己是权利人。当然在相对人提出反证时,占有人为推翻该反证,仍需举证。权利的推定,不仅权利人自己可以援用,第三人也可以援用。权利的推定,一般是为占有人的利益,但在特定情况下为其不利益时也可以援用。

二、占有的保护效力

第一,占有自力救济权。占有自力救济权有两种形式:针对正在进行的占有侵害,占有人可以强力抵御,此为占有自力防御权;针对占有侵夺,占有人可立刻以强力取回,此为占有自力取回权。占有自力防御权重在保护占有的事实状态,因此只有直接占有人可以行使,间接占有人无此权利。在我国法上,占有自力防御权是正当防卫的特别情形,占有自力取回权则为自助行为的特别形式。③

第二,占有保护请求权。《民法典》第462条规定:"占有的不动产或者动产被侵

---

① 参见张双根:《物权法释论》,北京大学出版社2018年版,第174页。
② 参见王泽鉴:《民法物权》(第二版),北京大学出版社2010年版,第463—464页。
③ 参见吴香香:《〈物权法〉第245条评注》,载《法学家》2016年第4期。

占的,占有人有权请求返还原物;对妨害占有的行为,占有人有权请求排除妨害或者消除危险;因侵占或者妨害造成损害的,占有人有权依法请求损害赔偿。占有人返还原物的请求权,自侵占发生之日起一年内未行使的,该请求权消灭。"该条确立了占有的不动产或者动产被侵占时,占有人享有的占有物返还请求权、占有排除妨害请求权和消除危险请求权。此三类请求权从性质上属于物上请求权,但占有保护请求权之基础在于对物之占有,系基于物而发生的请求权,其首要属性属于对物关系,因物及人,具有绝对性和事实关系属性,与物权请求权存在显著区别,如请求权基础、立法目的、举证责任、是否适用除斥期间等方面均有不同。① 侵害占有损害赔偿请求权与侵害物权损害赔偿请求权,性质上同属于债权请求权,前者属于占有的保护方法,后者则属于本权的保护方法。

通常情况下,对于占有之侵害往往亦构成对本权之侵害,但是侵害占有与侵害本权并非总是一一对应关系,侵害占有并非总是侵害本权,占有本权也并非全部是侵权法保护的对象,如基于租赁合同产生的债权关系。另外,占有保护与本权保护在保护目的、请求权基础、诉讼程序、举证责任、抗辩事由、诉讼时效等方面存在明显区别。本权诉讼需要举证证明本权之存在与合法,相比之下,占有诉讼则更为简单高效。因此,占有保护与本权保护之间不存在可以同等化处理或者相互替代的问题。②

占有物返还请求权的主体是占有人,无论其占有为直接占有还是间接占有,为自主占有还是他主占有,为有权占有还是无权占有,为善意占有还是恶意占有,均有权主张此项请求权。该请求权所针对的相对人通常就是物的现在占有人。自侵占发生之日起1年内未行使该请求权的,该请求权消灭。此处规定的期间,发生"请求权消灭"的效果,这属于除斥期间而非诉讼时效的效力特点。该请求权因时间经过而消灭的正当性在于:占有状态并不属于终局的权利归属。因此,在特定期间经过后,丧失占有的前占有人即不值得享有独立于占有本权的保护。被侵害的暂时的占有状态,在一定时间经过后,保护必要性即让位于新的占有状态。换言之,该期间限制的正当性在于占有保护的暂时性。因此,应将此时间限制视为除斥期间,否则将导致法律关系长期的不稳定。不过,占有保护请求权罹于除斥期间,并不妨碍享有本权的占有人继续行使基于本权的请求权。③

---

① 参见章正璋:《占有保护疑难问题研究》,中国政法大学出版社2018年版,第15页。
② 同上书,第73—74页。
③ 参见吴香香:《〈物权法〉第245条评注》,载《法学家》2016年第4期。

第四编　合　同

第一分编　合同总论

<< 第一章　债与合同
<< 第二章　合同的成立
<< 第三章　合同的效力
<< 第四章　合同的履行
<< 第五章　合同的保全
<< 第六章　合同的变更和转让
<< 第七章　合同的权利义务终止
<< 第八章　违约责任

第二分编　典型合同

<< 第九章　买卖合同
<< 第十章　供用电、水、气、热力合同
<< 第十一章　赠与合同
<< 第十二章　借款合同
<< 第十三章　保证合同
<< 第十四章　租赁合同
<< 第十五章　融资租赁合同
<< 第十六章　保理合同
<< 第十七章　承揽合同
<< 第十八章　建设工程合同
<< 第十九章　运输合同
<< 第二十章　技术合同
<< 第二十一章　保管合同
<< 第二十二章　仓储合同
<< 第二十三章　委托合同
<< 第二十四章　物业服务合同
<< 第二十五章　行纪合同
<< 第二十六章　中介合同
<< 第二十七章　合伙合同

第三分编　准合同

<< 第二十八章　无因管理
<< 第二十九章　不当得利

第一分编 合同总论

第一章 债与合同

第一节 债与合同概述

一、债的概念

债是指依据法律行为或者法律规定,特定当事人之间可以请求为特定行为(作为、不作为)的财产性民事法律关系。债的概念有广义和狭义之分。狭义债的关系,是指仅一方享有债权,对方负有相应债务的债的关系。广义债的关系,是指由多个狭义债的关系构成的概括性法律关系。各种合同所形成的债的关系,基本上属于广义债的关系。例如买卖合同中,存在移转所有权、交付单证资料、检验标的物、支付价金等多个狭义债的关系,对于其中一些债而言,出卖人是债务人,而对于另一些债而言,买受人是债务人。

《民法典》第118条第2款规定,债的发生原因包括:合同、侵权行为、无因管理、不当得利和法律的其他规定。由于我国《民法典》并未设置"债法总则",因此"合同编通则"的规定不仅适用于合同关系,亦可适用于其他种类的债的关系。《民法典》第468条规定:"非因合同产生的债权债务关系,适用有关该债权债务关系的法律规定;没有规定的,适用本编通则的有关规定,但是根据其性质不能适用的除外。"

二、债的特征

(一)债的主体是特定当事人——债权人和债务人

债权人与债务人均为特定的人,特定债权人一般只能向特定债务人请求履行债务,而不能向第三人主张权利。债的该特征使其与物权等绝对权法律关系相区别。在现代民法上,个别制度突破了债的相对性,使债权人可向债的关系以外的第三人主张权利,例如涉他合同、债权人的代位权和撤销权等。这些制度系基于特别立法目的所作的个别调整,并未动摇绝对权和相对权的基本分类。

(二) 债的客体是债务人应为的特定行为——给付

债的客体又称债的标的,是指在债的关系中债权人的权利和债务人的义务共同指向的对象,即债务人应为的特定行为,学理上称为"给付"。给付具有双重意义,即给付行为和给付效果,不同类型的债要求有所不同。在有些债的关系中,给付仅指给付行为,债务人只要履行其义务,即使未达成预期之给付效果,也不构成债务不履行责任,且不影响债务人获得相应的对价,例如技术开发合同、委托合同等。在另一些债的关系中,既要求债务人完成给付行为,还要求产生特定的给付效果,否则可产生债务不履行责任,例如承揽合同、买卖合同、租赁合同等。在具体债的关系中,给付究竟是指给付行为抑或给付效果,应结合法律规定和合同约定作个别判断。给付的具体形式包括:交付实物、支付金钱、提供劳务、完成工作成果、移转权利、负担某种风险、不作为等。

(三) 债的内容是债权人享有的债权和债务人负有的债务

债的内容是指债权人和债务人在债的关系中所享有的债权和负有的债务。债权和债务是民事权利和民事义务的下位概念。在不同类型的债的关系中,债权和债务的具体内容和表现形式有所不同。

(四) 债是一种财产法律关系

债是一种以财产权变动为内容的法律关系,它不涉及人格关系和身份关系的变动。大多数债的关系是在市场经济中因商品流转而发生,系因交易行为而产生于特定当事人之间的财产法律关系(如各类合同)。另有少数债的关系是基于特定的立法政策和立法目的,对特定当事人之间的财产关系进行调整而形成(如不当得利、无因管理)。

三、债权

债权,是指债权人依据法律规定或合同约定向债务人请求给付并予以保有的权利。

(一) 债权的特征

债权具有以下特征:

1. 债权是请求权

债权人享有债权,意味着债权人有权请求债务人完成一定行为以实现债权人的利益。债权不具有支配的效力,债权人不能依据债权直接支配标的物,更不能直接支配债务人的人身。即使债务人未依债的本旨履行债务,债权人也只能通过公力救济以维护其权益。例如甲乙签订合同买卖一辆轿车,合同生效后,甲即有权要求乙依约交付轿车;如果乙违约未将轿车交付给甲,甲只能要求乙承担违约责任,而不能自行将轿车开走。

2. 债权是相对权(对人权)

在一般场合下,债权人只能向特定的债务人要求履行义务,而不能向债的关系以外的第三人主张权利。债权是相对权(对人权),物权是绝对权(对世权),此为这两种权利又一基本区别。

3. 债权的行使和保护受时间限制

债权人行使债权,须在约定或法定的履行期限内行使,一般场合下不得提前行使。履行期限届满而债务人未履行债务或履行债务不符合约定的,债权人有权要求债务人承担违约责任,该救济权受诉讼时效期间的限制。

4. 债权不具有排他性

在一般场合下,就同一给付成立数个债权的,这数个债权并不因为内容相互冲突而导致无效。例如一物数卖的场合下,在先买受人不能以后订立的合同与自己在先债权相冲突而主张合同无效,对无法取得标的物所有权的买受人,通过追究债务人的违约责任予以救济。债权之所以不像物权那样具有排他性,一方面是因为债权是相对权,一般无须公示而不具有对世性,第三人无从知道债务人是否已经与他人订立了合同,如果否认在后合同的效力则有损交易安全;另一方面,如果否认一物数卖所订合同的效力,会妨碍自由竞争。

5. 债权具有平等性

由于债权是相对权且不具有排他性,就同一给付成立的数个债权的效力处于同一位阶,不受成立先后的影响,此即债权的平等性。债权的平等性具体表现为:(1)在一般场合下,就同一给付成立的数个债权的效力平等,债务人依任意清偿规则履行债务,未受清偿的债权人可请求债务人承担债务不履行责任。(2)在破产程序中,债务人财产不足以清偿全部债务,数个普通债权人依同一顺序按各债权数额的比例分配债务人的财产(《企业破产法》第113条第2款)。

(二) 债权的权能

债权的权能即债权的内容,是指债权人在债的关系中所享有的具体利益。债权包含以下几项权能:

1. 给付请求权能。是指债权人在债的关系中享有请求债务人依债的本旨完成给付行为的权能。例如在买卖合同中,出卖人依给付请求权可请求买受人支付价款(《民法典》第626条)。该权能是债权的核心内容,它决定了该债权的类型和基本效力。

2. 给付受领权能。是指债务人依据法律规定或合同约定履行债务时,债权人享有接受该履行并保有因履行所得利益的权能。例如在债权诉讼时效期间届满而债务人自愿履行的场合下,债权人有权依据给付受领权能接受履行,债务人不得要求债权人返还(《民法典》第192条第2款)。

3. 司法保护请求权能。是指当债务人不履行债务或履行债务不符合约定时,债权人享有通过诉讼或仲裁请求债务人承担民事责任以保护其债权的权能。例如约定的违约金低于造成的损失的,人民法院或者仲裁机构可以根据当事人的请求予以增加(《民法典》第585条第2款)。

4. 自力救济权能。是指当债务人不履行债务或履行债务不符合约定时,债权人享有以诉讼或仲裁以外的途径保护其债权的权能。在现代民法上,以公力救济为原则,以自力救济为例外,债权人行使该权能应以法律有特别规定为限。例如在债权人与债务人互负债务的场合下,债权人可以诉讼外通知的形式行使抵销权(《民法典》第568条)。

5. 处分权能。是指债权人依法定条件改变债权之法律地位的权能。债权人行使处分权能的具体形态包括:债权让与(《民法典》第545条)、免除(《民法典》第575条)、设质(《民法典》第440条)等。

四、债务

债务,是指债务人依据法律规定或合同约定在债的关系中应当履行的义务。债务具有以下特征:

(一)债务具有较强的法律拘束力

一方面,债务人应完成的特定行为通常是积极行为,如交付货物、提供劳务等,不同于物权法律关系之义务人所负之消极不作为义务。另一方面,即使债务人应完成的特定行为是消极行为,也是针对某一类特定行为的不作为,如保密、竞业禁止等,而非单纯的不作为。由于债务形成对债务人较强的拘束,因此在某些场合下法律赋予债务人抗辩权用以对抗债权人之请求权,以实现双方当事人利益的平衡。

(二)债务通常与责任相联系

民事责任是在债务人不履行或不完全履行债务时对债权人提供的公力救济手段,是债务具有强制执行效力的体现。在传统民法中,债的关系中原有的义务被称为原给付义务(第一次义务);因不履行或不完全履行原给付义务而产生的损害赔偿义务被称为次给付义务(第二次义务)。[①] 我国现行法严格区分债务与责任,在此框架下,原给付义务为债务,次给付义务的性质为民事责任。

(三)不同类型债务的功能具有多样性

在各类债务形成的体系中,主给付义务是法律规范调整的核心,它与具有辅助功能的从给付义务、以维护对方人身财产利益为功能的附随义务等共同构成了债的关系上的义务群。在合同之债中,此义务群体现得较为明显,而在不当得利、无因管理等法定之债中,债务的内容主要限于给付义务。

合同债务包括主给付义务、从给付义务和附随义务。主给付义务,是指合同关系

---

① 参见王泽鉴:《债法原理》(第二版),北京大学出版社2013年版,第81—82页。

所固有的,并由此决定合同类型的基本义务。例如在租赁合同中,出租人交付租赁物并保持租赁物用途的义务、承租人支付租金的义务均属主给付义务。从给付义务,是指不具有独立意义,仅具有辅助主给付义务的功能的义务。例如出卖人交付有关单证和资料的义务、托运人提交有关文件的义务、保管人给付保管凭证的义务等。附随义务,是指基于诚实信用原则,随着合同关系的发展逐渐发生的各项义务。附随义务通常不是由当事人约定,而是在合同关系发展的各阶段,基于诚实信用原则的要求逐渐产生,其功能是通过维护对方的人身和财产利益使债权人在债的关系中的利益得到最大化满足。《民法典》第 509 条第 2 款规定:"当事人应当遵循诚信原则,根据合同的性质、目的和交易习惯履行通知、协助、保密等义务。"

在缔约阶段和合同关系消灭后,存在先合同义务和后合同义务。先合同义务,是指当事人在缔约阶段,基于诚实信用原则所负有的各项义务。依据《民法典》第 500 条、第 501 条、第 509 条等规定,先合同义务包括诚信缔约义务、告知义务、保密义务等。后合同义务,是指合同关系消灭后,当事人依据诚实信用原则和交易习惯所负有的各项义务。《民法典》第 558 条规定:"债权债务终止后,当事人应当遵循诚信等原则,根据交易习惯履行通知、协助、保密、旧物回收等义务。"

第二节　合同的概念和特征

一、合同的概念

合同也称契约,是指民事主体之间设立、变更、终止民事法律关系的协议。《民法典》第 464 条规定:"合同是民事主体之间设立、变更、终止民事法律关系的协议。婚姻、收养、监护等有关身份关系的协议,适用有关该身份关系的法律规定;没有规定的,可以根据其性质参照适用本编规定。"依此规定,我国法律中的合同概念可从以下几方面理解:

第一,合同是指民事合同,但不包括身份合同。依该条规定,合同引起"民事法律关系"变动,而并非仅引起"债权债务关系"变动。从文义上而言,系采广义的合同概念。但该条将身份合同从合同概念中排除,即涉及婚姻、收养、监护等身份关系变动的协议应当适用《民法典》婚姻家庭编及其他法律的规定;没有规定的,可以根据其性质参照适用《民法典》合同编规定。

第二,《民法典》合同编调整的核心是债权合同。虽然该条表述上采广义的合同概念,但合同编调整的核心实为债权合同。体现为:其一,在传统民法理论中,合同是债的发生原因之一,《民法典》第 118 条第 2 款亦如此规定。其二,《民法典》合同编规定的有名合同均为债权合同。

第三,《民法典》合同编规定的合同既包括民事合同,也包括商事合同。我国采民商合一制,没有独立的商法典单独规定商事合同,民事合同与商事合同被统一规定于合同编之中。在合同编规定的有名合同中,有不少典型的商事合同,例如供电合同、融资租赁合同、建设工程合同、运输合同、仓储合同、居间合同等;也有单纯的民事合同,例如赠与合同;还有些合同既可以是民事合同,也可以是商事合同,例如买卖合同、借款合同、保管合同、委托合同等。

二、合同的特征

(一) 合同是一种民事法律行为

合同以意思表示为要素,并依意思表示的内容产生相应的法律效果,为典型的民事法律行为,而非事实行为。《民法典》合同编与总则编第六章"民事法律行为"的关系,为特别法与普通法的关系。合同编有具体规定的,适用其规定;合同编没有具体规定的,适用总则编有关民事法律行为的规定。

(二) 合同是双方或多方当事人意思表示一致的民事法律行为

合同是双方法律行为或多方法律行为,双方或多方当事人意思表示一致(合意)是合同成立的核心要件。此特征将合同与单方法律行为区别开来。应注意的是,有些行为既可以单方法律行为为之,也可以合同为之。例如赠与,如果以遗赠的方式实施赠与,为单方法律行为,仅需遗赠人单方意思表示行为即可成立;如果以赠与合同的方式实施赠与,则为双方法律行为,须赠与人的赠与意思表示和受赠人的接受赠与意思表示达成合意,行为方可成立。

(三) 合同主要引起债权债务关系的变动

由于《民法典》合同编调整的核心是债权合同,因此合同主要引起债权债务关系的变动,即设立、变更和终止债权债务关系。设立债权债务关系,是指依有效成立的合同,在当事人之间产生债权债务关系。变更债权债务关系,是指依有效成立的合同,使当事人之间既有的债权债务关系发生变化。终止债权债务关系,是指依有效成立的合同,使当事人之间既有的债权债务关系归于消灭。

第三节 合同的分类

一、有名合同与无名合同

有名合同又称典型合同,是指法律已经赋予特定名称并设有专门规范的合同。有名合同具体包括:《民法典》合同编规定的买卖、租赁等19种有名合同;《民法典》其他各编及其他单行法规定的有名合同,例如抵押合同、保险合同等。无名合同又称非典型合同,是指法律没有赋予特定名称且未设专门规范的合同。无名合同可以弥补法律相对滞后性的不足,通过满足当事人特殊需要使合同自由原则得到更充分的实现。

二者的区别主要是适用的规则不同,有名合同直接适用具体法律规范,无名合同依据《民法典》第467条第1款确立的规则适用:(1)适用"合同编通则"的规定。例如关于合同成立、合同效力、合同履行等规则,当然可适用于无名合同。(2)类推适用,即参照适用合同编或其他法律最相类似合同的规定。

二、双务合同与单务合同

双务合同,是指当事人双方互负对待给付义务的合同,例如买卖、互易、租赁等合同。所谓"对待给付义务",并非指双方所负给付义务在客观价值上完全相等,而是指在交易中两者具有依存关系或称对价关系。单务合同,是指仅有当事人一方负给付义务的合同。例如赠与、借用、保证等合同。

二者的区别:(1)是否适用有关抗辩权不同。在合同履行过程中,同时履行抗辩权、不安抗辩权等适用于双务合同,而不适用于单务合同。(2)风险负担不同。双务合同因不可归责于双方当事人的原因而不能履行时,发生风险负担问题,在不同场合下分别适用交付主义、违约方负担主义、合理分担主义等。单务合同因不可归责于双方当事人的原因而不能履行时,因仅有一方负有给付义务,故不发生对待给付的风险负担问题。(3)合同解除不同。一般法定解除规则主要针对双务合同而设,该规则适用于单务合同无实际意义。

三、有偿合同与无偿合同

有偿合同,是指当事人享有合同权利而必须偿付一定代价的合同。例如买卖、租赁、承揽等合同。所谓"有偿",并不限于金钱的给付,交付实物、提供劳务、转移权利等偿付代价的方式亦属有偿。无偿合同,是指当事人一方享有合同权利而不必偿付任何代价的合同。例如赠与、借用等合同。借款、委托、保管等合同根据当事人是否约定利息、报酬,既可以是有偿合同,也可以是无偿合同。

二者的区别在于:(1)对主体行为能力要求不同。订立有偿合同的当事人原则上应具有完全民事行为能力,限制民事行为能力人未经其法定代理人同意不得订立超越其缔约能力的有偿合同。对于赠与等纯获利益的合同,限制民事行为能力人和无民事行为能力人可独立订立;但如果在无偿合同中受益方负有返还原物义务,则仍需取得法定代理人的同意,例如未成年人借用一辆汽车的合同。(2)当事人注意义务程度不同。有偿合同的债务人所负的注意义务程度较高,无偿合同的债务人所负的注意义务程度较低。例如在无偿保管和无偿委托合同中,保管人和受托人均以重大过失标准承担损害赔偿责任,而有偿合同的违约损害赔偿责任则一般适用无过错责任原则。(3)能否适用有关制度不同。有些法律制度以有偿合同为适用要件或者区分是否有偿而适用不同的条件,前者如善意取得,后者如债权人的撤销权。(4)合同的解释规则不同。对于有偿合同,适用文义解释、目的解释等一般规则进行解释;对于无偿合同,在适用这些规则的基础上,对债务人之债务作从轻解释。(5) 买卖规则的准用不同。对于有偿合同,法律如无特别规定,则准用买卖合同的有关规定(《民法典》第646条);无偿合同不能准用买卖合同的有关规定。

四、诺成合同与实践合同

诺成合同,是指不以交付标的物或完成其他给付为成立要件或生效要件的合同。大多数合同为诺成合同,例如买卖、租赁、委托等合同。实践合同又称要物合同,是指除当事人合意外,还以交付标的物或完成其他给付为成立或生效要件的合同。例如自然人之间的借款合同、保管合同、定金合同、借用合同。实践合同使当事人在交付标的物或完成其他给付之前有机会权衡利弊,慎重决定是否完成该交易行为,故该制度具有一定警示的功能。

二者的区别:(1) 成立要件或生效要件不同。传统民法多将交付标的物规定为实践合同的成立要件,我国法律规定的实践合同有的以交付标的物为成立要件,有的则为生效要件。诺成合同则无此要件。(2) 交付的意义不同。在诺成合同中,债务人交付标的物是履行合同义务的行为,违反此义务即产生违约责任。在实践合同中,交付标的物是合同成立要件或生效要件,当事人不交付的,产生缔约过失责任。(3) 在合同法中的地位不同。诺成合同充分体现了合意对合同成立的意义,此类合同是合同的常态。法律规定实践合同通常是为实现特殊立法目的或保护某些交易中的一方当事人。

五、一时的合同与继续性合同

一时的合同,是指一次给付便使合同内容得以实现的合同,例如买卖、互易、赠与等合同。继续性合同,是指合同内容不是通过一次给付实现,而是通过持续的履行才得以实现的合同,例如租赁、借款、保管、委托、雇佣、合伙等合同。在继续性合同中,时间因素对债的履行具有重要意义,给付效果的实现取决于给付时间的长度。

二者的区别:(1) 履行方式不同。在一时的合同中,债务人完成一次给付便使合同内容得以实现。在继续性合同中,债务人的履行呈持续状态,该状态的存续和维持影响给付效果的实现。(2) 解除权不完全相同。一时的合同贯彻合同严守原则,解除事由较少。继续性合同特别重视信赖基础,当事人之间通常具有某种人身信任关系,所以当信赖基础丧失时,合同关系即难以维持,应允许当事人解除合同。例如委托合同中委托人和受托人的任意解除权,即为此精神的具体体现。(3) 可让与性的强弱不同。在一时的合同中,其债权或债务的转让适用一般规则,其可让与性相对较强。在继续性合同中,由于信赖基础的重要性,其债权或债务的转让存在较多限制。例如承租人不得擅自转租、保管人不得擅自将保管物转交第三人保管、受托人应当亲自处理委托事务等。(4) 违约救济不同。违反一时的合同,适用违约救济的一般规则。违反继续性合同,原则上应区分"个别给付"和"整个合同"予以处理:对个别给付可直接适用违约责任的有关规定;对整体合同而言,解除时不应具有溯及力。(5) 合同消灭是否具有溯及力不同。一时的合同被确认无效、撤销、解除的,其效力溯及至合同成立之时,已经履行的部分应恢复原状。继续性合同消灭时,由于其性质无法恢复原状或不宜恢复原状,故通说认为其消灭的效力仅向将来发生,已经履行的部分不受影响。

六、为订约人自己利益订立的合同与为第三人利益订立的合同

为订约人自己利益订立的合同,是指当事人为自己直接享有合同权利和直接取得利益而订立的合同,合同仅在订约当事人之间产生法律拘束力。为订约人自己利益订立的合同严格遵循合同相对性原则,合同仅在当事人之间具有约束力,绝大多数合同属于此类合同。为第三人利益订立的合同,是指当事人不是为自己的利益设定权利,而是为使第三人直接取得和享有合同利益而订立的合同。例如投保人与保险人订立保险合同,约定受益人为第三人而非投保人。

二者的区别:(1) 订约的目的不同。前者是当事人为自己的直接利益而订立,后者是为第三人的直接利益而订立。(2) 合同的效力范围不同。前者仅对当事人具有约束力;后者在第三人选择接受合同权利的场合下,对第三人也产生一定的约束力。(3) 为第三人利益订立的合同适用一些特殊规则。为平衡各方利益及防范道德风险,法律针对为第三人利益订立的合同设置了一些特殊规则。例如保险合同适用保险利益原则。

七、确定合同与射幸合同

确定合同,是指法律效果在缔约时已经确定的合同。绝大多数合同均属确定合同。射幸合同,是指法律效果在缔约时不能确定,而在合同成立后因偶然事由决定法律效果的合同,例如保险合同、彩票合同、有奖销售合同等。

二者的区别在于:(1) 是否适用等价有偿原则不同。确定合同一般要求等价有偿,如果双方的权利义务过于悬殊,则会导致合同效力存在瑕疵。射幸合同不能仅从双方交付的财产是否等价来衡量合同是否公平。(2) 给付义务的内容不同。在确定合同中,当事人的给付义务是交付财产或提供劳务等。在射幸合同中,一方的给付义务为负担某种风险(如保险合同)或为对方提供某种获益的机会(如彩票合同),而非直接向对方交付确定数额的财产。(3) 受法律限制程度不同。射幸合同具有一定程度的赌博性质,基于公序良俗原则的要求,也为了防范道德风险,法律对射幸合同设置有较多限制规则。例如禁止向未成年人出售彩票和支付奖金、抽奖式的有奖销售的最高奖金额不得超过法定标准等。

八、预约合同与本合同

预约合同,是指当事人约定将来订立一定合同的合同。本合同,是指依据预约合同将来应当订立的合同。例如甲欲向乙借款,乙表示1个月后才有资金,双方便签订预约合同约定1个月后再订立借款的本合同。当事人之所以订立预约合同,通常是因为法律或事实上的原因,导致订立本合同的条件尚未具备,故双方先订立预约合同以确保将来本合同的订立。《民法典》第495条规定:"当事人约定在将来一定期限内订立合同的认购书、订购书、预订书等,构成预约合同。当事人一方不履行预约合同约定的订立合同义务的,对方可以请求其承担预约合同的违约责任。"

二者的区别在于:(1) 订约的目的不同。当事人订立预约合同的目的是将来订立本合同,而非直接受本合同的约束。[1] 当事人订立本合同的目的,则是直接产生具有拘束力的权利与义务。(2) 认定标准不同。当一个合同属于预约合同抑或本合同存在疑义时,应结合当事人意思及合同内容作具体判断。如果当事人已就必要条款达成合意,已无另订合同的必要,应认定为本合同。(3) 违约的后果不同。当事人违反本合同的,适用违约责任的一般规定。当事人违反预约合同的,法律对其违约责任设有特殊规定及限制。[2]

---

[1] 学理及实务对于预约合同的效力存在争议,有"必要磋商说""内容决定说""视为本约说"等观点。参见王利明:《预约合同若干问题研究——我国司法解释相关规定述评》,载《法商研究》2014年第1期;林诚二:《民法债编各论》(上),中国人民大学出版社2007年版,第32页。

[2] 参见"仲崇清诉上海市金轩大邸房地产项目开发有限公司合同纠纷案",载《最高人民法院公报》2008年第4期。

第二章　合同的成立

第一节　合同成立概述

一、合同成立的概念

合同成立,是指当事人就必要条款达成合意而使合同关系得以设立的事实状态。与之相关的概念是合同订立,是指当事人依据一定程序作出意思表示以缔结合同的行为。合同订立与合同成立是就同一现象从不同角度观察所得出的概念,前者侧重于当事人缔结合同的行为,后者侧重于合同被缔结的结果。

二、合同的成立要件

(一)合同的一般成立要件

1. 缔约主体存在双方或多方当事人

合同是双方或多方法律行为,故必须有两个以上的缔约主体。当事人不具有相应的民事行为能力而独立订立合同的,仅影响合同的效力但并不影响合同的成立。故是否具有相应的民事行为能力,并非合同的成立要件。

2. 当事人对合同必要条款达成合意

对于合意的判断标准,现行法原则上采取表示主义,即合意是指双方当事人对合同条款在客观上意思表示达成一致。当事人采用合同书、确认书形式订立合同的,双方完成签字盖章时合同成立。合意内容与当事人内心效果意思不一致时,不影响合同成立,而影响合同效力。一般情况下,当事人对合同必要条款达成合意,合同即可成立。如果当事人特别表示对非必要条款也须达成一致,则对此类条款也须达成合意,合同才能成立。

不合意分为两种情况:(1)明显的不合意,是指当事人明知其意思不一致。在此情形下,合同当然不能成立。例如甲向乙发出要约,表示愿以500万元的价格出售一批钢材,乙回信称对这批钢材只愿出价450万元。(2)隐蔽的不合意,是指当事人不知其内心真实意思不一致,而自信其意思已达成一致。主要包括两种情形:一是当事人的意思表示具有多义性,且无法依合同解释确定其含义;二是当事人经过磋商,均认为合同已经成立,但实际上双方对有关必要条款并未达成合意。对于隐蔽的不合意,由于无法通过客观解释确定当事人的意思,故应认定双方尚未达成合意,合同不能成立。

(二) 合同的特殊成立要件

1. 某些要式合同的特殊成立要件——完成特定形式

对于某些要式合同,法律规定或当事人约定须采用特定形式订立合同才能导致合同成立。例如当事人约定双方签字盖章后一周内须办理公证,自公证完成时合同成立。

2. 某些实践合同的特殊成立要件——交付标的物

对于某些实践合同,法律规定交付标的物为合同的特殊成立要件。例如保管合同、借用合同等。

三、合同成立的方式

(一) 一般情形下合同成立的方式——要约、承诺

《民法典》第471条规定:"当事人订立合同,可以采取要约、承诺方式或者其他方式。"当事人异地订立合同,区分要约、承诺阶段,具有重要法律意义。这种区分的必要性是在可信赖的邮政服务出现和远距离订立合同成为可能之后,才成为现实。① 当事人异地订立合同的场合下,由于双方作出的意思表示存在时间差,故判断何时达成合意及依据谁的意思表示内容达成合意具有重要意义。

(二) 特殊情形下合同成立的方式——其他方式

1. 依据国家下达的指令性任务或者国家订货任务订立合同

为了维护全国经济和市场的稳定,保证国防军工、重点建设以及国家战略储备的需要,对于国家必须掌握的一些重要物资,国家订货方式逐步取代重要物资分配的指令性计划管理。《民法典》第494条第1款规定:"国家根据抢险救灾、疫情防控或者其他需要下达国家订货任务、指令性任务的,有关民事主体之间应当依照有关法律、行政法规规定的权利和义务订立合同。"

2. 交叉要约

交叉要约,是指当事人采取非直接对话的方式,相互不约而同地向对方发出内容相互吻合的要约。例如甲向乙发出要约,表示愿以30万元价格将一幅祖传古画卖给对方,该要约尚未到达乙时,恰巧乙也向甲发出以相同价格购买该幅古画的要约。现行法对交叉要约未作规定,通说认为交叉要约可作为合同成立的特殊方式。

3. 意思实现

意思实现,是指依交易习惯、事件性质或要约人为要约时预先声明,承诺无须通

---

① 参见[德]海因·克茨:《欧洲合同法》(上卷),周忠海等译,法律出版社2001年版,第23页。

知,在相当时期内有可认为承诺的事实时,合同成立的现象。例如要约人以实物发出要约,受要约人拆开包装使用该商品。

第二节 要 约

一、要约的概念和要件

要约也称发价、发盘、出盘、报价等,是指缔约人一方以缔结合同为目的向对方当事人所作出的意思表示。依据《民法典》第472条的规定,要约须具备以下要件:

(一)要约是特定人作出的意思表示

所谓特定人,是指能够被外界客观确定的人,包括要约人本人及其代理人。在某些场合下,明知要约为特定人作出,但不知其具体为何人,亦满足该要件的要求,例如自动售货机的设置。

(二)要约必须是向相对人所作的意思表示

相对人可以是特定人或不特定人。向特定人作出的要约称为特定要约,例如甲公司以信函向乙公司发出要约。向不特定人作出的要约称为公众要约,例如商场标价陈列商品等。

(三)要约是以缔结合同为目的的意思表示

要约人作出要约的直接目的是与相对人订立合同,即只要相对人同意要约的内容,要约人便愿意以此与相对人成立合同关系。如果表意人作出的意思表示只是希望与相对人就缔约事项展开磋商,则虽然表意人具有缔约的最终目的,但该意思表示不构成要约而构成要约邀请。

(四)要约的内容必须具体确定

要约的内容必须具体,是指要约应具备合同的必要条款。要约一旦被受要约人接受,双方即应以要约内容成立合同关系,因此要约应具备成立合同最低限度的内容即必要条款。要约的内容必须确定,是指在要约具备合同必要条款的前提下,对必要条款的表述必须是确定的或者依据某种方法可以确定。例如甲给乙去信,称有一批货物愿以市价卖给乙,但该批"货物"究竟是什么货物则并未说明,且不能通过交易习惯、合同解释等方法确定,则该信函因内容不确定而不构成要约。

(五)要约必须表明经受要约人承诺,要约人即受该意思表示约束

对于该要件可从以下几方面判断:(1)要约人以明示方式表明一旦受要约人承诺,要约人即受该意思表示约束的,应认定具有受拘束的意旨。例如要约人在记载了交易条件的信函上注有"本信函为要约""本信函被认为对发信人具有法律约束力"等字样。(2)要约人未采明示方式的,应依据交易习惯及意思表示解释等方法,对是否具有受拘束的意旨作出判断。(3)要约中不能包含与愿受该意思表示约束相矛盾

的内容。受拘束的意旨意味着一旦受要约人同意，双方即达成合意，要约人没有机会就缔约事项再与对方协商。因此，如果意思表示中含有"正在考虑""初步意向"等字样，通常不构成要约。

二、要约邀请

（一）要约邀请的概念

《民法典》第473条第1款中规定："要约邀请是希望他人向自己发出要约的表示。"其与要约的区别如下：(1) 目的不同。要约的目的是直接与相对人订立合同；要约邀请的目的是邀请对方向自己发出要约。(2) 是否愿受意思表示约束不同。要约必须表明经受要约人承诺，要约人即受该意思表示约束；要约邀请不具有受拘束的意旨。(3) 是否包含合同的必要条款不同。要约的内容必须具体确定，其应包含合同的必要条款；要约邀请不必包含合同的必要条款。(4) 是否具有拘束力不同。要约具有法律拘束力，包括对要约人的拘束力和对受要约人的拘束力；要约邀请不具有拘束力，即使相对人应邀发出要约，要约邀请人也无必须承诺的义务。(5) 法律意义不同。在一般场合下，要约是合同成立的必经程序；要约邀请不是合同成立的必经程序。

（二）几种典型的要约邀请

依据规定，下列情形属于要约邀请。

1. 拍卖公告

拍卖公告的作用是宣传和介绍某项拍卖活动的基本内容，并吸引更多的竞买人参与拍卖活动向拍卖人作出竞买行为，故拍卖公告是要约邀请。拍卖人应当于法定期间发布拍卖公告，拍卖公告应当载明与拍卖有关的事项，并且通过报纸或者其他新闻媒介发布。

2. 招标公告

招标分为公开招标和邀请招标。公开招标是指招标人以招标公告的方式邀请不特定的法人或者其他组织投标。邀请招标，是指招标人以投标邀请书的方式邀请特定的法人或者其他组织投标。招标公告的作用是宣传和介绍某项招标活动的基本内容，并吸引更多的投标人参与竞标活动向招标人作出投标行为，故招标公告是要约邀请。

3. 招股说明书

发起人向社会公开募集股份，必须公告招股说明书，并制作认股书。招股说明书应当附有发起人制定的公司章程，并载明有关法定事项。招股说明书的作用是宣传和介绍本次发行股票的基本情况，并吸引社会公众参与股份认购活动，故招股说明书是要约邀请。

4. 债券募集办法

债券募集办法是已经上市的公司再融资即配股、增发、发债等的募集文件的总称。债券募集办法的作用是宣传和介绍本次债券募集的基本情况,并吸引社会公众参与债券认购活动,故该办法是要约邀请。

5. 基金招募说明书

基金招募说明书是基金发起人为了让投资人了解基金详情,供投资人作出投资决策的法律文件。基金招募说明书的作用是宣传和介绍发行基金的基本情况,并吸引投资者参与基金认购活动,故该说明书是要约邀请。

6. 商业广告和宣传

在一般情况下,商业广告的作用是介绍某种商品或服务,以此激发顾客的购买欲望并作出相应的购买行为,故商业广告是要约邀请。但是在某些场合下,如果商业广告的内容符合要约的要件,尤其是广告人表明愿受该商业广告约束的,则该商业广告应当认定为要约。

7. 寄送的价目表

价目表包含商品的名称、价格、性能等必要条款,也包含价目表寄送者希望交易的意愿。在一般情况下,价目表的寄送行为是为了激发他人购买商品的欲望并因此向寄送者发出交易请求,该行为并不意味着寄送者负有必须依据价目表内容将商品出售给他人的义务。因此,价目表的寄送行为应认定为要约邀请。

三、要约的撤回与撤销

(一) 要约的撤回

要约的撤回,是指在要约生效之前,要约人欲使要约丧失法律效力而取消要约的意思表示。要约的撤回适用《民法典》第141条关于意思表示撤回的规定。因此,撤回要约的通知先于要约到达或与要约同时到达受要约人,方可发生撤回的效果。对于对话式要约,因要约即时到达受要约人,故无法撤回要约;但对话式要约以方言或外语作出的,在受要约人了解要约内容之前,可以撤回要约。以电子邮件等数据电文形式作出的要约,因数据电文的传输速度太快,在现有技术条件下很难撤回要约。对于公众要约,如果是通过报纸、广播、电视等媒体向社会公众以公告方式作出,由于公告一经发布即生效,故无法撤回要约;如果是以商品标价陈列、自动售货机设置等推定行为作出要约,行为完成时要约即生效,也无法撤回要约。

(二) 要约的撤销

要约的撤销,是指在要约生效后,要约人欲使要约丧失法律效力而取消要约的意思表示。要约的撤销针对的是已经生效的要约。该规则的作用是,不允许一方当事人让相对人承担风险而进行投机。

1. 要约撤销的条件

《民法典》第 477 条规定:"撤销要约的意思表示以对话方式作出的,该意思表示的内容应当在受要约人作出承诺之前为受要约人所知道;撤销要约的意思表示以非对话方式作出的,应当在受要约人作出承诺之前到达受要约人。"在购物网站上以电子订单作出的要约,如果存在取消订单的环节,可通过取消订单来撤销要约;如果无法取消订单,则要约无法被撤销。

2. 要约不得撤销的情形

《民法典》第 476 条规定,下列两种情形下要约不得撤销:

(1)要约人以确定承诺期限或者其他形式明示要约不可撤销。如果要约人在要约中确定了承诺期限,在该期限内要约人受要约拘束,无论是特定要约还是公众要约,也无论是对话式要约还是非对话式要约,该要约均不得撤销。所谓以其他形式明示要约不可撤销,是指要约中虽未确定承诺期限,但要约人通过明确的用语表达了该要约不可撤销的意思。例如要约中包含"确定的要约""要约将保持有效性"等用语。

(2)受要约人有理由认为要约是不可撤销的,并已经为履行合同作了合理准备工作。所谓有理由认为要约是不可撤销的,既可源于要约人的行为,也可源于要约本身的性质。例如对某要约的承诺需要受要约人进行费用高昂的前期调查。所谓已经为履行合同作了合理准备工作,是指受要约人基于对要约不可撤销的信赖为履行合同作了一定的准备工作。例如为生产所作的准备、购买或租用材料设备、发生费用等,只要这些行为在有关贸易中被视为正常的或者应是要约人所能预见或知悉的,即可认定为已经为履行合同作了准备工作。①

四、要约的失效

《民法典》第 478 条规定,有下列情形之一的,要约失效:

(一)要约被拒绝

拒绝要约的通知是受要约人以明示的方式向要约人作出的不接受要约的意思表示,该通知到达要约人时生效并同时导致要约失效。该失效事由既适用于确定了承诺期限的要约,也适用于未确定承诺期限的要约。该失效事由一般仅适用于向特定人发出要约的场合,以商品标价陈列等方式向不特定人发出的要约,不因特定人表示拒绝而失效。

(二)要约被依法撤销

要约人依法定条件撤销要约的,要约当然失效。

(三)承诺期限届满,受要约人未作出承诺

要约中确定了承诺期限的,要约人在承诺期限内未收到承诺,承诺期限届满时要

---

① 参见《国际商事合同通则》第 2.1.4 条评注。张玉卿主编:《国际统一私法协会国际商事合同通则 2010》,中国商务出版社 2012 年版,第 133 页。

约即失效。要约中未确定承诺期限的,对于对话式要约,受要约人未即时作出承诺的,要约即失效;对于非对话式要约,要约人在合理期限内未收到承诺,合理期限届满时要约失效。

（四）受要约人对要约的内容作出实质性变更

所谓"实质性变更",是指合同标的、数量、质量、价款或者报酬、履行期限、履行地点和方式、违约责任和解决争议方法等内容的变更。该变更通知的性质为受要约人向原要约人发出的新要约,该通知到达原要约人时,新要约生效且原要约失效。

第三节 承　　诺

一、承诺的概念和要件

承诺是指受要约人接受要约的条件以订立合同的意思表示。承诺须具备以下要件:

（一）承诺必须由受要约人作出

依据要约的实质拘束力,唯有受要约人才具有承诺的资格。受要约人为特定人的,承诺必须由该特定人作出;受要约人为不特定人的,承诺可由该不特定人中的任何人作出。受要约人以外的第三人向要约人作出同意要约内容的意思表示,不构成承诺,而是第三人向要约人作出的要约。

（二）承诺必须向要约人作出

承诺是同意要约的意思表示,该意思表示应向要约人作出才能使双方的意思表示形成合意。受要约人以头口或书面等明示形式作出承诺的,应向要约人发出承诺通知;受要约人以推定行为作出承诺的,应依据交易习惯或要约要求完成该行为。

（三）承诺的内容必须与要约的内容一致

承诺的内容与要约的内容一致,才表明双方就合同内容达成了合意,如果对要约的内容进行扩张、限制或变更,则不构成承诺而构成对要约的拒绝或反要约。承诺与要约内容不一致的,分为以下两种情况处理:(1)受要约人对要约的内容作出实质性变更的。《民法典》第488条规定:"受要约人对要约的内容作出实质性变更的,为新要约。有关合同标的、数量、质量、价款或者报酬、履行期限、履行地点和方式、违约责任和解决争议方法等的变更,是对要约内容的实质性变更。"在此情形下,表明受要约人不愿按照原要约内容与要约人订立合同,并自己提出一个新的要约。(2)承诺对要约的内容作出非实质性变更的。《民法典》第489条规定:"承诺对要约的内容作出非实质性变更的,除要约人及时表示反对或者要约表明承诺不得对要约的内容作出任何变更外,该承诺有效,合同的内容以承诺的内容为准。"依该条规定,承诺对要约内容作出非实质性变更的,如果要约人不同意以变更后内容订立合同,要约人应将反对的意思表示及时通知受要约人。未及时通知的,推定要约人以默示形式同意该变更,从而导致该承诺有效。但如果要约表明不得对要约内容作出任何变更,而受要约人对要约内容作出非实质性变更的,无论要约人是否将反对的意思表示及时通知受要约人,该承诺均非有效。在该承诺有效的前提下,以变更后的内容作为双方当事人合意的内容。

(四)承诺应当在承诺期限内到达要约人

承诺期限可由要约人在要约中预先确定;要约中未确定承诺期限的,则区分对话式要约及非对话式要约分别认定。《民法典》第481条第2款规定,要约没有确定承诺期限的,承诺应当依照下列规定到达:(1)要约以对话方式作出的,应当即时作出承诺;(2)要约以非对话方式作出的,承诺应当在合理期限内到达。

对于承诺期限的起算点,《民法典》第482条规定分三种情形认定:(1)要约以信件或者电报作出的,承诺期限自信件载明的日期或者电报交发之日开始计算。(2)信件未载明日期的,自投寄该信件的邮戳日期开始计算。(3)要约以电话、传真、电子邮件等快速通讯方式作出的,承诺期限自要约到达受要约人时开始计算。

(五)承诺必须表明受要约人决定与要约人订立合同

承诺必须以明示或默示的方式表达受要约人同意以要约条件与要约人订立合同的意思。如果受要约人向要约人所作回复中欠缺该意思或存在相反的意思,则不能构成承诺,例如回复中包含"原则上同意你方条件""初步同意你方条件,可在此基础上进一步磋商"等内容。

二、承诺的形式

(一)承诺的一般形式:通知(明示的承诺)

《民法典》第480条规定:"承诺应当以通知的方式作出;但是,根据交易习惯或者要约表明可以通过行为作出承诺的除外。"在一般场合下,承诺应当以通知的方式作出。通知包括口头形式通知和书面形式通知。

(二)承诺的特殊形式:行为(默示的承诺)

根据交易习惯或者要约表明可以通过行为作出承诺的,受要约人可以通过行为作出承诺,而无须作出通知。

1. 作为(推定行为)可以成为承诺形式

如果根据交易习惯或者要约表明受要约人可以通过某种推定行为作出承诺的,受要约人完成该推定行为即构成承诺。例如顾客往自动售货机投币、受要约人按照要约的要求直接向要约人寄送货物等。

2. 不作为(沉默)原则上不可以成为承诺形式,例外场合下可以成为承诺形式

《民法典》第140条第2款规定:"沉默只有在有法律规定、当事人约定或者符合当事人之间的交易习惯时,才可以视为意思表示。"因此沉默原则上不构成承诺,但依

法律规定、当事人约定或交易习惯沉默构成意思表示的场合下,沉默可以成为承诺形式。

对于承诺的生效时间,《民法典》第484条规定,以通知方式作出的承诺,生效的时间适用《民法典》第137条的规定;承诺不需要通知的,根据交易习惯或者要约的要求作出承诺的行为时生效。

三、承诺迟延和承诺的撤回

(一)承诺迟延

承诺迟延,是指承诺在承诺期限届满后才到达要约人。分为以下两种情况:

1. 必然的迟延

《民法典》第486条规定:"受要约人超过承诺期限发出承诺,或者在承诺期限内发出承诺,按照通常情形不能及时到达要约人的,为新要约;但是,要约人及时通知受要约人该承诺有效的除外。"受要约人超过承诺期限发出承诺,必然导致承诺无法在承诺期限内到达要约人,该迟延的承诺原则上为新要约。由于承诺应当在承诺期限内到达要约人,故受要约人虽在承诺期限内发出承诺,但该承诺在此场合下也必然无法在承诺期限内到达要约人,该迟延的承诺原则上也为新要约。如果要约人收到迟延的承诺后及时通知受要约人该承诺有效,可视为要约人对承诺期限的变更或放弃承诺期限的拘束力,承诺虽已迟延但仍然有效。

2. 非正常迟延

《民法典》第487条规定:"受要约人在承诺期限内发出承诺,按照通常情形能够及时到达要约人,但是因其他原因致使承诺到达要约人时超过承诺期限的,除要约人及时通知受要约人因承诺超过期限不接受该承诺外,该承诺有效。"例如因邮政失误、互联网故障等特殊原因导致本可在承诺期限内正常到达的承诺迟延,为非正常迟延。在此场合下,受要约人原可期待承诺正常到达要约人而使合同成立,并且受要约人对该迟延事实亦不知情且无过错,故该条规定要约人有义务及时通知受要约人因承诺超过期限不接受该承诺。如果要约人怠于履行该义务,该承诺视为未迟延而仍然有效。

(二)承诺的撤回

承诺的撤回,是指在承诺生效之前,承诺人阻止承诺发生法律效力的意思表示。承诺的撤回适用《民法典》第141条关于意思表示撤回的规定。因此,对于口头通知形式的承诺,因承诺即时到达要约人,故无法撤回承诺;但口头承诺以方言或外语作出,在要约人了解承诺内容之前,可以撤回承诺。以电子邮件等数据电文形式作出的承诺,在现有技术条件下很难撤回。以行为作出的承诺,行为完成时或承诺期限届满时承诺生效,故也无法撤回。

第四节　合同成立的时间和地点

一、合同成立的时间

《民法典》第483条规定:"承诺生效时合同成立,但是法律另有规定或者当事人另有约定的除外。"据此,合同成立的时间分为以下两类情形认定:

(一)一般情形下的合同成立时间:承诺生效时

不存在合同特殊成立要件的一般场合下,承诺生效意味着双方就合同内容达成合意,故此时合同成立。

(二)特殊情形下的合同成立时间:法律另有规定或者当事人另有约定

1. 当事人采用合同书形式订立合同

《民法典》第490条规定,当事人采用合同书形式订立合同的,自当事人均签名、盖章或者按指印时合同成立。在签名、盖章或者按指印之前,当事人一方已经履行主要义务,对方接受时,该合同成立。法律、行政法规规定或者当事人约定合同应当采用书面形式订立,当事人未采用书面形式但是一方已经履行主要义务,对方接受时,该合同成立。

2. 当事人采用信件、数据电文等形式订立合同

《民法典》第491条规定,当事人采用信件、数据电文等形式订立合同要求签订确认书的,签订确认书时合同成立。当事人一方通过互联网等信息网络发布的商品或者服务信息符合要约条件的,对方选择该商品或者服务并提交订单成功时合同成立,但是当事人另有约定的除外。

3. 法律有规定或者当事人有约定的其他情形

例如客运合同自承运人向旅客交付客票时成立,但当事人另有约定或者另有交易习惯的除外。又例如保管合同自保管物交付时成立,但当事人另有约定的除外。

二、合同成立的地点

依据《民法典》第492条、第493条的规定,合同成立的地点分为以下两类情形认定:

(一)一般场合下的合同成立地点:承诺生效的地点

不存在合同特殊成立要件的一般场合下,承诺生效意味着双方就合同内容达成合意,故承诺生效的地点为合同成立地点。承诺生效的地点通常是承诺到达的地点。

(二)特殊场合下的合同成立地点:法律另有规定或者当事人另有约定

1. 当事人采用数据电文形式订立合同

《民法典》第492条第2款规定,采用数据电文形式订立合同的,收件人的主营业

地为合同成立的地点;没有主营业地的,其住所地为合同成立的地点。当事人另有约定的,按照其约定。

2. 当事人采用合同书形式订立合同

《民法典》第493条规定,当事人采用合同书形式订立合同的,最后签名、盖章或者按指印的地点为合同成立的地点,但是当事人另有约定的除外。

3. 法律有规定或者当事人有约定的其他情形

保管合同、借用合同等实践合同以交付标的物的地点为合同成立地点,但当事人另有约定的除外。

第五节 合同条款

一、合同条款的种类

(一) 示范性条款

《民法典》第470条规定,合同的内容由当事人约定,一般包括下列条款:(1)当事人的姓名或者名称和住所;(2)标的;(3)数量;(4)质量;(5)价款或者报酬;(6)履行期限、地点和方式;(7)违约责任;(8)解决争议的方法。当事人可以参照各类合同的示范文本订立合同。该条规定的合同条款为示范性条款,其作用是为当事人拟定合同条款提供参照。

(二) 必要条款与非必要条款

必要条款又称主要条款,是指合同成立所必须具备的条款。根据《合同法解释(二)》(已失效)第1条第1款的规定,合同的必要条款包括:当事人名称或者姓名、标的、数量;但法律另有规定或者当事人另有约定的除外。非必要条款,又称非主要条款,是指必要条款以外的其他合同条款。合同欠缺非必要条款,当事人达不成协议的,应当依照《民法典》第511条等有关规定予以确定。

(三) 格式条款与非格式条款

格式条款,是指当事人为了重复使用而预先拟定,并在订立合同时未与对方协商的条款。非格式条款,是指当事人通过个别磋商而拟定的合同条款。

二、合同条款的解释

合同条款的解释,是指针对语义不明、内容相互矛盾的合同条款,运用一定规则加以解释,使条款内容得以明确、补充或修正的行为。合同条款的解释属于法律行为的解释之一种,其根本目的是探求当事人意思表示的内容,并以此来确定合同的内容。《民法典》第466条第1款规定,当事人对合同条款的理解有争议的,应当依据《民法典》第142条第1款的规定,确定争议条款的含义。合同条款的解释规则包括:

文义解释、体系解释、目的解释、交易习惯解释和诚信原则解释等。合同文本采用两种以上文字订立并约定具有同等效力的,对各文本使用的词句推定具有相同含义。各文本使用的词句不一致的,应当根据合同的性质、目的以及诚信原则等予以解释。

三、格式条款

格式条款是当事人为了重复使用而预先拟定,并在订立合同时未与对方协商的条款(《民法典》第 496 条第 1 款)。在现实生活中,格式条款被普遍适用于银行、电信、运输、保险等领域。法律规制格式条款的基本目的是：一方面发挥格式条款的积极效用,以适应现代社会经济生活的需要;另一方面通过设置有关规则平衡双方的利益关系,防止弱势一方当事人的权益受到侵害。

（一）格式条款订入合同的条件

依据《民法典》第 496 条第 2 款的规定,格式条款订入合同应具备以下三个条件：

1. 格式条款的内容应当符合公平原则

由于格式条款由一方预先拟定,且该方通常是居于优势经济地位的企业,格式条款提供方极易为了片面维护自身利益而拟定双方权利义务失衡的条款,因此该条要求"提供格式条款的一方应当遵循公平原则确定当事人之间的权利和义务",以防止不公平的格式条款被订入合同之中。

2. 提示义务

该条要求格式条款提供方"采取合理的方式提示对方注意免除或者减轻其责任等与对方有重大利害关系的条款",即针对有关格式条款履行提示义务。法律设置提示义务的目的在于,通过格式条款提供方履行提示义务的行为,使相对人有机会得知有关重要条款的存在并进一步决定是否订立该合同。对于提示义务的具体要求,参照《合同法解释(二)》(已失效)第 6 条规定,即："提供格式条款的一方对格式条款中免除或者限制其责任的内容,在合同订立时采用足以引起对方注意的文字、符号、字体等特别标识,并按照对方的要求对该格式条款予以说明的,人民法院应当认定符合合同法第三十九条所称'采取合理的方式'。提供格式条款一方对已尽合理提示及说明义务承担举证责任。"[①]

3. 说明义务

说明义务,是指格式条款提供方应当向对方说明、解释有关格式条款的真实含义和法律后果。提示义务的作用在于使对方确知格式条款的存在,说明义务的作用在于使对方理解格式条款的含义,以决定是否以此订立合同。依据《民法典》第 496 条第 2 款的规定,格式条款提供方违反提示义务或者说明义务的后果是"致使对方没有

[①] 参见"刘超捷诉中国移动通信集团江苏有限公司徐州分公司电信服务合同纠纷案",最高人民法院指导案例 64 号。

注意或者理解与其有重大利害关系的条款的,对方可以主张该条款不成为合同的内容"。

(二) 无效格式条款

依据《民法典》第 497 条的规定,无效格式条款包括下列三种情形:

1. 具有《民法典》总则编第六章第三节和第 506 条规定的无效情形

《民法典》总则编第六章规定的民事法律行为的无效情形和《民法典》第 506 条规定的免责条款的无效情形,无论是格式条款还是非格式条款均应适用。

2. 格式条款提供方不合理地免除或者减轻其责任、加重对方责任、限制对方主要权利

该情形包括:(1) 免除格式条款提供方在合同中的核心责任,该责任被免除将导致相对人丧失基本救济手段。例如洗衣店在洗衣须知中载明对顾客衣物污损不予赔偿。(2) 不合理地加重对方的责任,依法律规定或交易习惯对方不应承担此类责任。例如格式条款规定由相对方承担本应由提供方承担的经营风险责任。(3) 限制对方主要权利。例如银行不考虑储户是否存在过错,一概以"凡是通过交易密码发生的一切交易,均应视为持卡人亲自所为,银行不应承担责任"这一格式条款主张免责。[①]

3. 格式条款提供方排除对方主要权利

所谓主要权利,是指当事人依法律规定、交易习惯或合同性质应当享有的权利,此类权利不能通过约定予以排除。例如格式条款约定发生合同纠纷时,对方不得提起诉讼或申请仲裁。

(三) 格式条款的解释

格式条款的含义存在争议时,除适用文义解释、整体解释等一般解释规则外,《民法典》第 498 条还规定了适用于格式条款的特殊解释规则。

1. 通常解释规则

通常解释,是指依据社会普通成员的理解标准对合同条款进行解释。与通常解释相对的是专业解释,即依据特定的专业标准对合同条款进行解释。在一般场合下,普通消费者因欠缺有关专业技术知识,不知专业标准的存在及其具体内容,为防止格式条款提供方利用自身的技术优势和专业知识使得双方的利益关系失衡,对存在歧义的格式条款的解释应当以社会普通成员的理解为标准。

2. 不利解释规则

不利解释,是指对格式条款有两种以上解释的,应当作出不利于提供格式条款一方的解释。不利解释规则渊源于罗马法"有疑义应为表意者不利益之解释"原则,其后被各立法普遍接受,成为保护提供格式条款之相对方的重要规则。该规则的适用

[①] 参见"顾骏诉上海交行储蓄合同纠纷案",载《最高人民法院公报》2005 年第 4 期。

对象是具有两种以上可能含义的格式条款,而并非所有格式条款。如果某格式条款依文义具有确定唯一的含义,则不能适用该规则。

3. 非格式条款优先规则

非格式条款优先,是指合同中同时存在格式条款和非格式条款,且格式条款和非格式条款不一致的,应当采用非格式条款。所谓非格式条款,即个别磋商条款,是指当事人通过个别磋商而拟定的合同条款。非格式条款优先规则的理论基础是合同自由原则和整体解释规则,因为当事人在格式条款之外另行磋商确定的非格式条款才反映了当事人的真实意思,且当两种条款发生抵触时,应依据整体解释规则确定合同条款的含义。

第六节 缔约过失责任

一、缔约过失责任的概念和要件

缔约过失责任,是指缔约人故意或过失违反先合同义务而给对方造成损失时应依法承担的民事责任。在缔约磋商的过程中,当事人为了缔结合同会进行不同程度的准备工作并产生费用,当事人也更容易接触到对方的商业秘密,因此当事人应承担比不作为义务要求更高的注意义务即先合同义务。如果当事人违反先合同义务而给对方造成信赖利益的损失,则应承担缔约过失责任。缔约过失责任应具备以下要件:

(一) 缔约过失责任发生在缔约阶段和合同无效、被撤销、未被追认等场合

所谓缔约阶段,是指在合同成立之前,当事人进行缔约磋商及为缔约作出各项准备工作的时间段。要约生效对要约人和受要约人均产生法律拘束力,双方就缔约磋商进入到具有法律意义的实质性阶段,故应以要约生效的时间为缔约阶段的起点。在合同成立但无效、被撤销、未被追认的场合下,亦可产生缔约过失责任。合同虽因具备成立要件而得以成立,但因当事人违反诚信缔约等义务而导致合同无效、被撤销、未被追认的,该当事人应向受损害的对方当事人承担赔偿责任或其他形式责任。

(二) 一方当事人违反了先合同义务

先合同义务,是指当事人在缔约阶段,基于诚实信用原则所负有的各项义务。先合同义务具体包括:诚信缔约义务、告知义务、保密义务、其他先合同义务(保护义务、通知义务等)。

(三) 另一方当事人受有损失

缔约过失责任的最主要责任形式是损害赔偿,故该责任形式的承担以另一方当事人受有损失为要件。该损失应限于实际发生的财产损失,不包括精神损害。

(四) 违反先合同义务与损失之间具有因果关系

违反先合同义务与损失之间有无因果关系的判断,应采取相当因果关系标准。

二、缔约过失责任的类型

依据《民法典》第 500 条、第 501 条的规定,缔约过失责任包括以下类型:

(一)假借订立合同,恶意进行磋商

所谓"假借订立合同",是指没有真实的订约意图。所谓"恶意进行磋商",是指明知自己无订约意图但为达到某种不正当目的,而进行磋商。行为人是否以直接损害对方利益为目的,不影响"恶意"的认定。该行为具体分为两种:(1)恶意开始磋商,是指行为人自始即欠缺真实的订约意图而基于恶意与对方进行磋商。例如 A 根本无意购买 B 的餐馆,但为了阻止 B 将餐馆卖给竞争对手 C,假意与 B 进行长时间谈判。当 C 买了另一家餐馆时,A 中断了谈判,B 最终以比 C 出价更低的价格将餐馆转让。A 应向 B 偿付差价。[①] (2)恶意继续磋商,是指当事人本具有真实的订约意图,但随着磋商的进展而决意不与对方订立合同,却仍继续与对方进行磋商。例如甲最初想成为乙的销售人员,但甲乘车到乙处后改变主意欲成为乙的竞争对手做同种生意。为了掌握乙的生产及销售信息,甲仍继续与乙磋商并参加培训。在掌握了有关信息后,甲便终止了与乙的磋商。[②]

(二)故意隐瞒与订立合同有关的重要事实或者提供虚假情况

该类型为欺诈缔约产生的缔约过失责任,责任人违反了告知义务。"故意隐瞒与订立合同有关的重要事实"为消极的欺诈;"提供虚假情况"为积极的欺诈。

(三)泄露或不正当使用商业秘密

商业秘密,是指不为公众所知悉、能为权利人带来经济利益、具有实用性并经权利人采取保密措施的技术信息和经营信息。当事人在订立合同过程中知悉的商业秘密,无论合同是否成立,均不得泄露或者不正当地使用。泄露或者不正当地使用该商业秘密给对方造成损失的,应当承担损害赔偿责任。

(四)其他违背诚实信用原则的行为

例如合同无效或被撤销的场合下,有过错的一方应当赔偿对方因此所受到的损失,双方都有过错的,应当各自承担相应的责任。该责任性质亦为缔约过失责任。

三、缔约过失责任的内容

损害赔偿是缔约过失责任的基本责任形式,损害赔偿的范围包括以下两部分:

(一)信赖利益的损失

所谓信赖利益的损失,是指缔约人信赖合同有效成立,但因法定事由导致合同不

[①] 参见《国际商事合同通则》第 2.1.15 条评注。张玉卿主编:《国际统一私法协会国际商事合同通则 2010》,中国商务出版社 2012 年版,第 169 页。
[②] 参见韩世远:《合同法总论》(第四版),法律出版社 2018 年版,第 163 页。

成立、无效、被撤销或未被追认而造成的损失。可从以下几方面说明：

1. 信赖利益的损失是指受损害方的实际损失

参照《合同法解释（二）》（已失效）第 8 条的规定，缔约过失责任的赔偿范围是"由此产生的费用和给相对人造成的实际损失"，具体包括：订约费用（为订约合理支出的交通费、住宿费、鉴定费、咨询费等）；准备履行所支出的费用（为运送标的物或受领标的物合理支出的运输费、租金等）；上述费用的利息损失。

2. 对信赖利益的损失的赔偿原则上不得超过履行利益的损失

受损害方所获赔偿数额不应超过合同有效且得到实际履行的情况下所应获得的全部利益。现行法对此未作规定，但学理及实务上对此持肯定意见。①

3. 信赖利益的损失仅限于财产损失，不包括精神损害

现行法将精神损害赔偿的适用范围仅限于人身权受侵害的侵权赔偿，故信赖利益的损失不包括精神损害。

（二）固有利益的损失

所谓固有利益的损失，是指缔约人在合同利益之外所享有的人身或财产利益因对方违反先合同义务所造成的损失。该损失主要产生于当事人违反保护义务、保密义务等先合同义务而侵害对方人身权、物权、知识产权等绝对权的场合下。在此场合下，往往构成缔约过失责任与侵权责任的竞合。对固有利益的损失的赔偿，不受履行利益损失范围的限制。

---

① 参见最高人民法院（2009）民申字第 504 号驳回再审申请通知书。

第三章 合同的效力

第一节 合同效力概述

一、合同效力的概念

合同效力,是指依法成立的合同生效后所产生的权利义务对当事人乃至第三人的强制力。合同效力的内容是合同约定的权利义务对当事人乃至第三人所具有的强制力,即债务人应当依据债权人的请求履行其合同义务。合同效力的强制力体现为当事人必须依据法律规定或当事人约定履行合同义务,否则应承担违约责任。

二、合同的有效要件

(一)合同的一般有效要件

依据《民法典》第143条对民事法律行为有效要件的规定,合同的一般有效要件如下:

1. 当事人在缔约时有相应的缔约能力

缔约能力,是指当事人能够通过自己的行为独立缔结合同并享有合同权利、承担合同义务的资格。对于自然人、法人和非法人组织的缔约能力,法律要求有所不同,分述如下:

(1)自然人的缔约能力。完全民事行为能力人原则上对一般类型的合同均有缔约能力,但法律对缔约能力有特殊要求的除外。例如对于建设工程承包合同、外贸合同等,未取得相应资质的完全民事行为能力人不具有缔约能力。限制民事行为能力人对纯获利益的合同以及与其年龄、智力、精神健康状况相适应的合同具有缔约能力,可独立订立;对其他合同不具有缔约能力,应由其法定代理人代理或者经其法定代理人同意、追认。无民事行为能力人原则上对任何合同均不具有缔约能力,应由其法定代理人代理实施民事法律行为。

(2)法人和非法人组织的缔约能力。法人和非法人组织原则上对一般类型的合同均有缔约能力,但受到以下几方面的限制:(1)法律对某些有名合同要求当事人具有特殊资质。例如不具有建筑施工企业资质的法人和非法人组织不得作为承包人订立建设工程施工合同[《最高人民法院关于审理建设工程施工合同纠纷案件适用法律问题的解释(一)》(以下简称《建设工程施工合同解释(一)》)第1条]。(2)法律限制某些类型的法人和非法人组织订立某些有名合同。例如机关法人、以公益为目的的非营利法人和非法人组织(《民法典》第683条)。(3)经营范围对缔约能力的影响。《民法典》第505条规定,当事人超越经营范围订立的合同的效力,应当依照总则编第六章第三节和第三编的规定确定,不得仅以超越经营范围确认合同无效。依此规定,经营范围原则上并不限制法人和非法人组织的缔约能力,但法人和非法人组织违反限制经营、特许经营和禁止经营规定订立合同的,则无缔约能力。

2. 当事人的意思表示真实

合同作为一种表意行为,作为其构成要素的意思表示在合意的基础上还需真实,合同的有效性才能够被法律所认可。当事人以口头、书面等法律认可的形式作出的意思表示,如无特殊情形原则上应认定为真实,除非存在法律列举的可认定意思表示瑕疵的情形,否则当事人不得作出意思表示后又借口并非其真实意愿而否认合同的有效性。在当事人利用网络订立电子合同的场合下,对当事人意思表示真实的认定应采更为严格的客观标准以保障交易安全。依《电子签名法》第8条的规定,审查数据电文作为证据的真实性,应当考虑以下因素:(1)生成、储存或者传递数据电文方法的可靠性;(2)保持内容完整性方法的可靠性;(3)用以鉴别发件人方法的可靠性;(4)其他相关因素。

3. 不违反法律、行政法规的强制性规定,不违背公序良俗

是否违反法律、行政法规或公序良俗的具体认定,应从合同的目的、标的、条件和方式等方面考察。目的违法,是指当事人缔结合同的主观目的在法律上或事实上的效果违法,例如当事人订立房屋租赁合同的目的是开设赌场。标的违法,是指标的物是禁止流通物或给付行为被法律所禁止,例如提炼毒品的加工承揽合同、卖身合同等。条件违法,是指附条件合同中所附条件违法,例如赠与合同所附条件为伤害他人人身。方式违法,是指订立合同的方式为法律所禁止,例如以不正当竞争的方式订立集体涨价的合同。

(二) 合同的特殊有效要件

对某些合同,法律可规定其特殊有效要件。例如保险合同之投保人在订立合同时应当对被保险人具有保险利益,否则合同无效(《保险法》第31条第3款)。

三、合同的生效要件

(一) 合同的一般生效要件

《民法典》第502条第1款规定:"依法成立的合同,自成立时生效,但是法律另有规定或者当事人另有约定的除外。"此处的"依法成立",是指合同成立时同时具备合同的有效要件,其有效性被法律所认可。因此,合同的一般生效要件与一般有效要件相同。合同成立时具备一般有效要件的,如无法律特殊规定或当事人特殊约定,合同

即同时生效。

（二）合同的特殊生效要件

1. 约定的特殊生效要件——生效条件成就、生效期限到来

附生效条件的合同,自条件成就时生效;附解除条件的合同,自条件成就时失效。例如甲乙约定,甲赠与一笔金钱给乙作为学费,但以乙考上研究生为生效条件。附生效期限的合同,自期限届至时生效;附终止期限的合同,自期限届满时失效。例如双方约定合同自签字盖章完成之日起1周后生效。

2. 法定的特殊生效要件——法律特别规定

（1）某些要式合同的特殊生效要件——依法办理审批、登记手续。《民法典》第502条第2款规定:"依照法律、行政法规的规定,合同应当办理批准等手续的,依照其规定。未办理批准等手续影响合同生效的,不影响合同中履行报批等义务条款以及相关条款的效力。应当办理申请批准等手续的当事人未履行义务的,对方可以请求其承担违反该义务的责任。"例如专利申请权转让合同和专利权转让合同[《中华人民共和国专利法》(以下简称《专利法》)第10条第3款]等。

（2）某些实践合同的特殊生效要件——交付标的物。《合同法》《担保法》规定自然人之间的借款合同、定金合同以交付标的物为特殊生效要件,但《民法典》改为特殊成立要件。

第二节　效力存在瑕疵的合同

《民法典》第508条规定:"本编对合同的效力没有规定的,适用本法第一编第六章的有关规定。"据此,效力存在瑕疵的合同包括无效合同、可撤销合同和效力未定合同。合同效力存在瑕疵的后果适用总则编第六章的规定,但是不影响合同中有关解决争议方法的条款的效力。

一、无效合同

无效合同,是指已经成立但欠缺法定有效要件,被法律完全否认其有效性的合同。在某些法定情形下因合同严重违反法律的基本价值取向,故其被认定为无效合同。无效合同包括:（1）无民事行为能力人订立的合同(《民法典》第144条)。例如7岁的未成年人订立的房屋租赁合同。（2）行为人与相对人以虚假的意思表示订立的合同(《民法典》第146条第1款)。例如以委托理财合同的形式进行企业间

借贷。① (3) 违反效力性强制性规定的合同(《民法典》第 153 条第 1 款)。例如违反限制非农村集体经济组织成员使用农村集体土地的规定订立的《房屋使用权转让协议》。②《最高人民法院关于适用〈中华人民共和国合同法〉若干问题的解释(一)》(已失效,以下简称《合同法解释(一)》)第 4 条规定,确认合同无效应当以全国人大及其常委会制定的法律和国务院制定的行政法规为依据,不得以地方性法规、行政规章为依据。(4) 违背公序良俗的合同(《民法典》第 153 条第 2 款)。例如借腹生子合同、包养协议。(5) 行为人与相对人恶意串通,损害他人合法权益的合同(《民法典》第 154 条)。例如甲企业为销售劣质商品,向乙企业的采购人员行贿,并与之串通订立合同而损害了乙企业的利益。

二、可撤销合同

可撤销合同,是指已经成立但欠缺法定有效要件,法律允许享有撤销权的当事人通过行使撤销权而使其自始无效的合同。可撤销合同主要是当事人意思表示不真实或不自愿的合同。可撤销合同包括:(1) 基于重大误解订立的合同(《民法典》第 147 条)。例如当事人因缺乏中药知识而误将草乌当作首乌购买。对于重大误解的认定标准,参照《民通意见》第 71 条的规定,即:"行为人因对行为的性质、对方当事人、标的物的品种、质量、规格和数量等的错误认识,使行为的后果与自己的意思相悖,并造成较大损失的,可以认定为重大误解。"(2) 一方以欺诈手段,使对方在违背真实意思的情况下订立的合同(《民法典》第 148 条)。例如商场假冒名牌、以次充好与消费者订立的合同。对于欺诈的认定标准,参照《民通意见》第 68 条的规定,即:"一方当事人故意告知对方虚假情况,或者故意隐瞒真实情况,诱使对方当事人作出错误意思表示的,可以认定为欺诈行为。"另依据《民法典》第 149 条的规定,第三人实施欺诈行为使一方在违背真实意思的情况下订立的合同,对方知道或者应当知道该欺诈行为的,受欺诈方有权请求人民法院或者仲裁机构予以撤销。(3) 一方或者第三人以胁迫手段,使对方在违背真实意思的情况下订立的合同(《民法典》第 150 条)。例如威胁揭发对方隐私迫使对方订立合同。对于胁迫的认定标准,参照《民通意见》第 69 条的规定,即:"以给公民及其亲友的生命健康、荣誉、名誉、财产等造成损害,或者以给法人的荣誉、名誉、财产等造成损害为要挟,迫使对方作出违背真实的意思表示的,可以认定为胁迫行为。"(4) 一方利用对方处于危困状态、缺乏判断能力等情形,致使合同成立时显失公平的(《民法典》第 151 条)。例如甲家人因急病住院而急需医疗费,乙乘

---

① 参见"健桥证券股份有限公司与宝鸡钛业股份有限公司、陕西健桥投资担保有限公司委托理财合同纠纷上诉案",载最高人民法院民事审判第二庭编:《民商事审判指导》(2005 年第 1 辑,总第 7 辑),人民法院出版社 2005 年版,第 330 页以下。
② 参见"吴清方诉厦门市寿石山老年公寓开发建设有限公司合同纠纷案",载最高人民法院中国应用法学研究所编:《人民法院案例选》(2010 年第 1 辑,总第 71 辑),人民法院出版社 2010 年版,第 183 页以下。

机借予高利贷。《民法通则》对显失公平与乘人之危作了区分,《民法典》将这两项规则予以合并。

三、效力未定合同

效力未定合同,又称效力待定合同,是指已经成立但欠缺法定有效要件,其效力能否发生在合同成立时尚未确定,须有权人表示追认才能有效的合同。效力未定合同主要是一方当事人欠缺有关主体资格的合同。效力未定合同包括:(1)限制民事行为能力人超越缔约能力而订立的合同(《民法典》第145条)。例如15岁的中学生订立的房屋买卖合同。(2)无权代理人以被代理人的名义缔结的合同(《民法典》第171条)。例如离职员工仍然以原公司名义与他人订立合同。被代理人行使追认权的规则除适用总则编规定外,《民法典》第503条规定:"无权代理人以被代理人的名义订立合同,被代理人已经开始履行合同义务或者接受相对人履行的,视为对合同的追认。"(3)法人的法定代表人或者非法人组织的负责人超越权限订立的合同,相对人知道或者应当知道其超越权限的。根据《民法典》第504条的规定,对于此类合同,除相对人知道或者应当知道其超越权限外,该代表行为有效,订立的合同对法人或非法人组织发生效力。依据该条的反面解释,相对人知道或者应当知道其超越权限的,该代表行为无效,订立的合同对法人或者非法人组织不当然发生效力。因为相对人明知或应知对方实施无权代表行为,却仍与之订立合同,对该恶意相对人不宜保护。故合同的效果不能当然地归属于被代表的法人或非法人组织,被代表人事后对该合同予以追认的,合同效果归属于被代表人;拒绝追认的,合同无效。

第四章　合同的履行

第一节　合同履行的原则

一、全面履行原则

全面履行原则,又称正确履行原则或适当履行原则,是指当事人应当按照合同约定和法律规定的标的以及质量、数量、履行期限、履行地点、履行方式等要求,全面完成合同义务。《民法典》第509条第1款规定:"当事人应当按照约定全面履行自己的义务。"全面履行原则的具体内容如下:

第一,当事人应当全面履行各类合同义务,具体包括主给付义务、从给付义务和附随义务等。在合同关系中,债务人所负义务由主给付义务、从给付义务和附随义务等构成。这些义务能否得到全面履行,在不同程度上影响债权人之债权能否得以实现以及合同目的能否达成,故债务人或其辅助人必须全面履行各类合同义务而非仅针对某一种或某几种义务进行部分履行。

第二,当事人履行义务在各方面必须适当。当事人不仅应当全面履行各类义务,对各类义务的履行时间、方式等也必须适当。具体包括:履行主体适当、履行标的适当、履行期限适当、履行地点适当、履行方式适当等。当事人的适当履行行为,才符合债的本旨之要求。

第三,当事人无正当理由不得变更或解除合同。全面履行以实际履行为前提,如果当事人无正当理由擅自变更或解除合同,则当然无法完成全面履行。全面履行原则是合同严守原则在履行环节的体现,即要求当事人在合同履行的整个过程中严格按照合同义务的内容和各方面要求履行合同义务。

二、协作履行原则

协作履行原则,是指当事人应当尽力协助对方履行其义务,在合同履行过程中团结互助、相互协作。《民法典》第509条第2款规定:"当事人应当遵循诚信原则,根据合同的性质、目的和交易习惯履行通知、协助、保密等义务。"协作履行原则是诚实信用原则在履行环节的体现。协作履行原则的具体内容如下:

第一,债务人履行合同义务以债权人的某种行为为必要条件的,债权人应当完成该行为以协助债务人履行义务。例如在承揽合同中,定作人应当按照约定提供材料;承揽人发现提供的图纸或技术要求不合理的,应当及时通知定作人。

第二,债权人按照法律规定或合同约定对债务人履行合同义务进行监督的,债务人应当予以配合、协助。例如在借款合同中,贷款人按照约定可以检查、监督借款的使用情况;借款人应当按照约定向贷款人定期提供有关财务会计报表等资料。

第三,债务人履行合同义务时,债权人应当适当地受领给付,以协助债务人完成履行义务的行为。债权人无正当理由拒绝受领或债权人下落不明导致债务人无法履行的,债务人可以将标的物提存,以终止其与债权人之间的债权债务关系。

第四,债务人因故不能履行或不完全履行合同义务时,债权人应当采取适当措施防止损失的扩大;没有采取适当措施致使损失扩大的,不得就扩大的损失要求赔偿。例如在保管合同中,保管物有瑕疵或者按照保管物的性质需要采取特殊保管措施,寄存人对此未告知致使保管人因此受到损失的,保管人应当采取补救措施防止损失扩大,否则就扩大损失不能请求寄存人赔偿。

第五,在某些场合下,债权人或债务人应当履行通知、保密等义务,以协助对方行使合同权利或履行合同义务。例如在买卖合同中,买受人应当在检验期间内将标的物的数量或者质量不符合约定的情形通知出卖人。

三、保护生态、经济合理原则

保护生态、经济合理原则,是指当事人履行合同时,应当避免损害生态环境,并应符合经济效益的要求,以实现合同效益的最大化。《民法典》第509条第3款规定:"当事人在履行合同过程中,应当避免浪费资源、污染环境和破坏生态。"保护生态、经济合理原则是绿色原则在履行环节的体现。保护生态、经济合理原则的具体内容如下:

第一,债权人行使合同权利应当保护生态、经济合理。债权人向债务人主张合同权利时,如果就履行地点、履行期限、履行方式等方面,依据法律规定和合同约定有多种选择均被允许,债权人应采取有利于保护生态且经济合理的选择。如果债权人行使权利给债务人造成额外的负担并且无益于合同目的的实现,债务人应有权拒绝债权人此种请求,或由债权人负担额外费用。例如在债务人提前履行的场合下,如果提前履行不损害债权人利益,则债权人不得拒绝债务人的履行行为。

第二,债务人履行合同义务应当保护生态、经济合理。债务人向债权人履行合同义务时,在法律规定和合同约定的范围内,就履行地点、履行期限、履行方式等方面应采取有利于保护生态且经济合理的选择,以避免造成不必要的损失。例如在行纪合同中,委托物有瑕疵或者容易腐烂、变质的,行纪人不能和委托人及时取得联系的,行纪人可以合理处分委托物。

第二节 合同履行的规则

一、合同条款没有约定或者约定不明的履行规则

该规则适用于合同已经生效且当事人就质量、价款或报酬、履行地点等内容没有约定或约定不明确的情形。依据《民法典》第510条、第511条，该规则具体内容如下：

1. 对没有约定或者约定不明的合同条款，当事人可以协议补充，即当事人双方通过再次磋商，就有关合同内容达成合意，以补充合同欠缺的条款。当事人达成的补充协议构成原合同的组成部分，与原合同具有同等的法律拘束力。

2. 不能达成补充协议的，按照合同相关条款或者交易习惯确定，即运用体系解释、交易习惯解释等方法，确定内容不明的合同条款的含义。

3. 依上述方法仍不能确定的，适用下列规则：（1）质量要求不明确的，按照强制性国家标准履行；没有强制性国家标准的，按照推荐性国家标准履行；没有推荐性国家标准的，按照行业标准履行；没有国家标准、行业标准的，按照通常标准或者符合合同目的的特定标准履行。（2）价款或者报酬不明确的，按照订立合同时履行地的市场价格履行；依法应当执行政府定价或者政府指导价的，依照规定履行。（3）履行地点不明确，给付货币的，在接受货币一方所在地履行；交付不动产的，在不动产所在地履行；其他标的，在履行义务一方所在地履行。（4）履行期限不明确的，债务人可以随时履行，债权人也可以随时请求履行，但是应当给对方必要的准备时间。（5）履行方式不明确的，按照有利于实现合同目的的方式履行。（6）履行费用的负担不明确的，由履行义务一方负担；因债权人原因增加的履行费用，由债权人负担。

二、电子合同的交付时间规则

该规则适用于通过互联网等信息网络订立电子合同的情形。依据《民法典》第512条，该规则具体内容如下：

1. 标的为交付商品并采用快递物流方式交付的，收货人的签收时间为交付时间。

2. 标的为提供服务的，生成的电子凭证或者实物凭证中载明的时间为提供服务时间；前述凭证没有载明时间或者载明时间与实际提供服务时间不一致的，以实际提供服务的时间为准。

3. 标的物为采用在线传输方式交付的，合同标的物进入对方当事人指定的特定系统且能够检索、识别的时间为交付时间。

4. 当事人对交付商品或者提供服务的方式、时间另有约定的，按照其约定。

三、政府定价或政府指导价调整时的履行规则

该规则适用于执行政府定价或者政府指导价且合同约定的交付期限内政府价格调整的情形。依据《民法典》第513条，该规则具体内容如下：

1. 政府价格在合同约定的交付期限内价格调整的，按照交付时的价格计价。在此场合下，当事人双方均未违约，无论政府价格调整导致价格上涨还是下降，均按照交付时的价格计价。

2. 交货方逾期交付标的物的，遇价格上涨时，按照原价格执行；价格下降时，按照新价格执行。在此场合下，交货方为违约方，由其负担政府价格上涨或下降造成的不利后果。

3. 收货方(付款方)逾期提货或逾期付款的，遇价格上涨时，按照新价格执行；价格下降时，按照原价格执行。在此场合下，收货方(付款方)为违约方，由其负担政府价格上涨或下降造成的不利后果。

四、金钱之债的履行规则

该规则适用于以支付金钱为内容的债的情形。依据《民法典》第514条，该规则具体内容如下：

1. 债权人可以请求债务人以实际履行地的法定货币履行。
2. 法律另有规定或者当事人另有约定的除外。

五、选择之债的履行规则

该规则适用于债务标的有多项而债务人只需履行其中一项的情形。依据《民法典》第515条、第516条，该规则具体内容如下：

1. 债务人享有选择权；但是，法律另有规定、当事人另有约定或者另有交易习惯的除外。

2. 享有选择权的当事人在约定期限内或者履行期限届满未作选择，经催告后在合理期限内仍未选择的，选择权转移至对方。

3. 当事人行使选择权应当及时通知对方，通知到达对方时，标的确定。标的确定后不得变更，但是经对方同意的除外。

4. 可选择的标的发生不能履行情形的，享有选择权的当事人不得选择不能履行的标的，但是该不能履行的情形是由对方造成的除外。

六、按份之债的履行规则

该规则适用于按份债权和按份债务的情形。依据《民法典》第517条，该规则具体内容如下：

1. 债权人为二人以上,标的可分,按照份额各自享有债权的,为按份债权。按份债权人依据各自份额分别对债务人行使债权,各按份债权人相互之间不存在追偿关系。

2. 债务人为二人以上,标的可分,按照份额各自负担债务的,为按份债务。按份债权人或者按份债务人的份额难以确定的,视为份额相同。按份债务人依据各自份额分别对债权人履行债务,各按份债务人相互之间不存在追偿关系。例如按份共同保证债务(《担保制度司法解释》第29条第2款)。

七、连带之债的履行规则

该规则适用于连带债权和连带债务的情形。依据《民法典》第518—521条,该规则具体内容如下:

1. 连带债权或者连带债务,由法律规定或者当事人约定。

2. 债权人为二人以上,部分或者全部债权人均可以请求债务人履行债务的,为连带债权。连带债权人之间的份额难以确定的,视为份额相同。实际受领超过自己份额的连带债权人,应当按比例向其他连带债权人返还。连带债权参照适用连带债务的有关规定。

3. 债务人为二人以上,债权人可以请求部分或者全部债务人履行全部债务的,为连带债务。连带债务人之间的份额难以确定的,视为份额相同。实际承担债务超过自己份额的连带债务人,有权就超出部分在其他连带债务人未履行的份额范围内向其追偿,并相应地享有债权人的权利,但是不得损害债权人的利益。其他连带债务人可以向该债务人主张对债权人的抗辩。被追偿的连带债务人不能履行其应分担份额的,其他连带债务人应当在相应范围内按比例分担。

4. 部分连带债务人实施使债务消灭的行为,在不同情形下具有不同效力。包括:(1)部分连带债务人履行、抵销债务或者提存标的物的,其他债务人对债权人的债务在相应范围内消灭;该债务人可以依据《民法典》第519条规定向其他债务人追偿。(2)部分连带债务人的债务被债权人免除的,在该连带债务人应当承担的份额范围内,其他债务人对债权人的债务消灭。(3)部分连带债务人的债务与债权人的债权同归于一人的,在扣除该债务人应当承担的份额后,债权人对其他债务人的债权继续存在。(4)债权人对部分连带债务人的给付受领迟延的,对其他连带债务人发生效力。

八、债务人向第三人履行债务规则

该规则适用于当事人约定由债务人向第三人履行债务的情形。依据《民法典》第522条,该规则具体内容如下:

1. 债务人未向第三人履行债务或者履行债务不符合约定的,应当向债权人承担违约责任。当事人约定由债务人向第三人履行债务的,并不导致债权人的债权移转给第三人,因此基于债的相对性原则,违约责任仍发生在债权人与债务人之间。

2. 法律规定或者当事人约定第三人可以直接请求债务人向其履行债务,第三人未在合理期限内明确拒绝,债务人未向第三人履行债务或者履行债务不符合约定的,第三人可以请求债务人承担违约责任;债务人对债权人的抗辩,可以向第三人主张。例如《保险法》第18条第3款规定,人身保险合同的受益人对保险人享有保险金请求权。

九、第三人向债权人履行债务规则

该规则适用于第三人向债权人履行债务的情形。依据《民法典》第523条、第524条,该规则具体内容如下:

1. 当事人约定由第三人向债权人履行债务,第三人不履行债务或者履行债务不符合约定的,债务人应当向债权人承担违约责任。合同履行本以债务人亲自履行为原则,但在某些场合下,基于方便清偿、节省履行费用等原因,债权人与债务人可以约定由第三人向债权人履行以达成清偿效果。基于债的相对性原则,违约责任仍发生在债权人与债务人之间。

2. 债务人不履行债务,第三人对履行该债务具有合法利益的,第三人有权向债权人代为履行;但是,根据债务性质、按照当事人约定或者依照法律规定只能由债务人履行的除外。债权人接受第三人履行后,其对债务人的债权转让给第三人,但是债务人和第三人另有约定的除外。在此情形下,当事人虽无约定由第三人向债权人履行债务,但为保护特定第三人利益,允许当事人替代清偿。

十、因债权人原因致使履行困难的履行规则

该规则适用于债权人分立、合并或者变更住所没有通知债务人,致使履行债务发生困难的情形。依据《民法典》第529条,该规则具体内容如下:

1. 债务人可以中止履行,即债务人对合同未履行部分暂时停止履行。在此情形下,债务并未消灭,合同关系也未终止,债务人仅暂时不必履行债务。在导致履行困难的原因消除时,债务人应当恢复履行。对于中止履行之前债务人已经履行的部分,仍然发生部分清偿的效果而不受影响。

2. 债务人可以将标的物提存,即债务人依据法定程序和条件向提存机关办理提存手续,以消灭债权债务关系。在此情形下,债权债务关系因提存而归于消灭,债权人不得再请求债务人履行债务,而只能依据提存规则到提存机关领取提存物。

3. 对于中止履行和提存标的物,债务人有权选择。现行法对于上述两种后果未作顺序性规定,由债务人选择加以确定。债务人可以仅中止履行以待导致履行困难的原因消除时再恢复履行;也可以中止履行一段时间后再办理提存;还可以在具备提

存条件时直接办理提存。

十一、债务人提前履行规则

该规则适用于债务人提前履行的情形。所谓提前履行，是指履行期限尚未届至时债务人履行债务。依据《民法典》第530条，该规则具体内容如下：

1. 债权人可以拒绝债务人提前履行债务，但是提前履行不损害债权人利益的除外。（1）债务人提前履行债务损害债权人利益的，债权人可以拒绝受领。所谓损害债权人利益，是指提前履行给债权人造成合同约定以外的损害或给债权人造成额外的费用。例如因履行期限尚未届至，债权人未准备好仓库收货，只能高价租用第三人仓库。因债权人拒绝受领给债务人造成的损失或额外费用，由债务人负担。（2）债务人提前履行债务不损害债权人利益的，债权人应当受领。所谓不损害债权人利益，是指提前履行不影响履行效果的实现，也未给债权人造成合同约定以外的损害或给债权人造成额外的费用。例如买方提前将货款转账给卖方。

2. 债务人提前履行债务给债权人增加的费用，由债务人负担。债权人选择接受债务人提前履行的，提前履行债务给债权人增加的费用，则由债务人负担。给债权人增加的费用，包括提前履行给债权人造成的额外费用、债权人合同利益的减少、债权人的其他损害等。

十二、债务人部分履行规则

该规则适用于债务人部分履行的情形。依据《民法典》第531条，该规则具体内容如下：

1. 债权人可以拒绝债务人部分履行债务，但是部分履行不损害债权人利益的除外。（1）债务人部分履行债务损害债权人利益的，债权人可以拒绝受领。债务人部分履行虽然不符合标的数量的要求，但债权人并非当然有权拒绝，而仅在部分履行损害债权人利益的情形下债权人才有权拒绝受领。例如甲建筑公司向乙水泥厂购买100吨水泥，乙先交付20吨水泥，根本不能满足甲的施工需要。（2）债务人部分履行债务不损害债权人利益的，债权人应当受领。例如甲建筑公司向乙水泥厂购买100吨水泥，乙先交付95吨水泥，已经能够满足甲的施工需要。在此场合下，对债权人并未造成不利影响，基于公平原则及诚实信用原则的要求，债权人不得拒绝债务人的履行行为。

2. 债务人部分履行债务给债权人增加的费用，由债务人负担。债权人选择接受债务人部分履行的，部分履行债务给债权人增加的费用，则由债务人负担。例如因债务人部分履行导致债权人增加的租金费用，由债务人负担。

十三、情势变更规则

情势变更规则,是指合同依法成立后,因不可归责于双方当事人的原因发生了不可预见的情势变更,致使合同的基础丧失或动摇,若继续维持合同效力则显失公平,故允许当事人变更或解除合同的规则。情势变更规则是公平原则在履行环节的体现。在《民法典》颁布之前,《合同法解释(二)》第 26 条及司法实务[①]即已规定该规则。依据《民法典》第 533 条的规定,适用情势变更构造须具备以下要件:

第一,须有情势变更的事实。所谓情势,是指作为合同成立基础的某种客观情况。并非与合同有关的任何事项发生变化均构成情势变更,情势仅指作为合同成立基础的某种客观情况,即该客观情况的变化导致当事人订立合同时的交易基础动摇甚至丧失。所谓变更,是指发生重大变化,即某种客观情况所发生的变化超出了市场波动的正常范围,而达到异常程度。

第二,情势变更发生在合同成立之后,履行完毕之前。如果订立合同时某种客观情况已经发生重大变化而导致双方当事人权利义务显失公平,有可能构成显失公平不能适用情势变更原则;如不具备显失公平的要件,只能由当事人自行负担该损失。如果某种客观情况发生重大变化是在合同履行完毕之后,因此时合同关系已经消灭,不存在变更或解除合同的问题。

第三,情势变更是当事人在订立合同时无法预见的且不可归责于当事人。所谓不可预见,是指当事人在订立合同时无法合理地预见情势变更的发生。对于"合理预见"的标准,应考虑以下几个因素:(1)是否属于市场系统固有的风险。(2)风险类型是否属于社会一般观念上的事先无法预见,风险程度是否远远超出正常人的合理预期。(3)风险是否可以防范和控制。(4)交易性质是否属于通常的"高风险高收益"范围。(5)结合市场的具体情况,在个案中予以判断。[②] 所谓不可归责于当事人,是指某种客观情况发生变化不是由于当事人的原因,该客观情况也不能被当事人所控制。

第四,情势变更不包括商业风险。情势变更是作为合同成立基础的某种客观情况发生了异常变动;商业风险属于商业活动中的固有风险,某种客观情况虽然发生一定程度的变化,但未达到异常的程度,也未动摇合同成立的基础。

第五,继续履行合同对于当事人一方明显不公平。情势变更造成的后果并非当事人不能履行合同义务,而是当事人一方依据原合同内容继续履行将导致双方利益严重失衡,即显失公平。判断是否构成显失公平,应结合双方义务的悬殊程

[①] 参见"成都鹏伟实业有限公司与江西省永修县人民政府、永修县鄱阳湖采砂管理工作领导小组办公室采矿权纠纷案",载《最高人民法院公报》2010 年第 4 期。
[②] 参见《最高人民法院关于当前形势下审理民商事合同纠纷案件若干问题的指导意见》第 3 条。

度、双方获益的比例、一方履行是否特别困难、履行对一方是否具有利益等因素综合判断。

对于适用情势变更规则的法律后果，《民法典》第533条规定："受不利影响的当事人可以与对方重新协商；在合理期限内协商不成的，当事人可以请求人民法院或者仲裁机构变更或者解除合同。人民法院或者仲裁机构应当结合案件的实际情况，根据公平原则变更或者解除合同。"

第三节 双务合同履行中的抗辩权

一、同时履行抗辩权

（一）同时履行抗辩权的概念和适用条件

《民法典》第525条规定，同时履行抗辩权是指在没有履行顺序的双务合同中，当事人双方应当同时履行，一方在对方履行之前有权拒绝其履行要求；一方在对方履行债务不符合约定时，有权拒绝其相应的履行要求。例如在租赁合同中，既未约定也不能确定履行顺序，出租人要求承租人先支付租金的，承租人有权拒绝；承租人要求出租人先交付租赁物的，出租人也有权拒绝。同时履行抗辩权是双务合同牵连性的要求。所谓双务合同的牵连性，是指在双务合同中，双方的对待给付义务具有相互依存、不可分离的关系，即两者在产生、存续和履行上具有牵连性。基于双务合同的牵连性，在没有履行顺序的双务合同中，当事人双方应当同时履行，以维持双方当事人之间的利益平衡。同时履行抗辩权的适用条件如下：

1. 须由同一双务合同产生的两项债务，且互为对价给付

（1）同时履行抗辩权仅适用于双务合同。在买卖、互易、租赁、承揽、雇佣、有偿委托等双务合同中，可适用同时履行抗辩权；在赠与、借用、保证等单务合同中，不适用同时履行抗辩权。（2）双方所负债务须由同一双务合同产生。例如基于同一买卖合同产生的交货义务和付款义务可适用同时履行抗辩权。如果双方基于不同法律关系互负债务，应适用抵销规则而不能适用同时履行抗辩权。（3）须双方所负债务具有对价关系。所谓对价关系，是指双方当事人所为给付在主观上互为条件、互为因果的关系。一般而言，双方当事人的主给付义务具有对价关系；主给付义务与从给付义务原则上不具有对价关系，但如果从给付义务与实现合同目的有密切联系，两者具有对价关系；主给付义务与附随义务不具有对价关系。

2. 须双方所负债务没有先后履行顺序

（1）合同未约定履行期限，也未约定履行顺序，根据交易习惯也不能确定履行顺序。（2）合同约定双方的履行期限为同一期间或同一期日。例如约定买方付款与卖方交货的履行期限均为9月1日至9月10日或者均为9月15日。（3）合同约定双

方的履行期限不同,但有部分期间重合。例如买方付款的履行期限为9月1日至9月10日,卖方交货的履行期限为9月5日至9月15日。在此情形下,双方的履行顺序可以颠倒且不违反履行期限的约定,故也应认定为没有履行顺序。

3. 双方所负债务均已届履行期限

在要件2之情形(2)中,双方履行期限届至时间相同,自该履行期限届至时起,可行使同时履行抗辩权;履行期限届满后,仍可行使。在情形(3)中,双方履行期限届至时间不同,自履行期限起算点在后者届至时起,可行使同时履行抗辩权;履行期限届满后,仍可行使。

4. 须一方未履行债务或者履行债务不符合约定

如果一方已经依法律规定和合同约定履行了债务,其债务因清偿而归于消灭,双务合同本来的债务对立状态已经改变,当然不能适用同时履行抗辩权。一方未履行债务或者履行债务不符合约定,却又请求对方履行债务的,对方才能以同时履行抗辩权予以对抗。未履行债务,包括拒绝履行、迟延履行等情形。

5. 须双方所负债务是可能履行的

行使同时履行抗辩权应当以双方当事人能够履行债务为基本前提。如果一方已经构成不能履行,在对方请求其履行时却能够行使同时履行抗辩权,显然违反诚实信用原则的要求。如果对方构成不能履行,一方应当通过违约责任、免责事由等规则终局地解决双方的债权债务关系,因为在此情形下行使同时履行抗辩权没有实际意义。

(二)同时履行抗辩权的适用效果

1. 行使同时履行抗辩权的当事人有权拒绝相对人的履行请求

(1)一方未履行债务的,对方有权拒绝履行全部债务。在此场合下,由于一方没有履行任何债务,基于双方所负债务的对价关系,对方有权拒绝履行全部债务。(2)一方履行不符合约定的,对方有权拒绝其相应的履行要求。对于《民法典》第525条规定的"相应的履行请求",应结合违约行为形态明确其具体效果。在部分履行的场合下,如果一方受领了对方所作的部分履行,则一方应当向对方作出相应部分的对待给付;就对方未履行的部分,一方有权拒绝履行相应部分的对待给付。在瑕疵给付的场合下,如果买受人就出卖人的瑕疵给付请求其承担修理、更换的责任,在出卖人未承担该责任之前,买受人可就修理、更换所对应的对待给付行使同时履行抗辩权而拒绝支付部分价款。

2. 行使同时履行抗辩权的当事人不构成迟延履行

行使同时履行抗辩权的当事人一方虽然在履行期限内或履行期限届满后拒绝相对人的履行请求,但因其具有正当事由,相对人无权要求行使同时履行抗辩权的当事人承担迟延履行的违约责任。

3. 同时履行抗辩权对抵销的影响

在当事人双方因两个不同的法律关系而相互享有债权的场合下,一方不能以其受同时履行抗辩权限制的债权作为主动债权,向对方主张抵销。但受同时履行抗辩权限制的债权可以作为被动债权,被未受限制的普通债权抵销。

二、先履行抗辩权

(一) 先履行抗辩权的概念和适用条件

根据《民法典》第 526 条的规定,先履行抗辩权是指在有履行顺序的双务合同中,应当先履行一方未履行的,后履行一方有权拒绝其履行请求;先履行一方履行债务不符合约定的,后履行一方有权拒绝其相应的履行要求。例如买卖合同约定出卖人交货后 1 周内买受人付款,出卖人在未交货的情形下要求买受人付款,买受人有权拒绝。先履行抗辩权的适用条件如下:

1. 须由同一双务合同产生两项债务且互为对价给付

该条件与同时履行抗辩权的适用条件 1 的具体内容相同。

2. 须双方所负债务有先后履行顺序

(1) 合同约定双方的履行期限,且一前一后没有重合。又可分为三种情形:① 双方的履行期限均为期日。例如约定卖方 9 月 1 日交货,买方 9 月 5 日付款。② 双方的履行期限均为一段期间。例如约定卖方 9 月 1 日至 9 月 10 日交货,买方 9 月 15 日至 9 月 20 日付款。③ 一方的履行期限为期日,另一方的履行期限为一段期间。例如约定卖方 9 月 1 日交货,买方 9 月 5 日至 9 月 10 日付款。(2) 合同仅约定一方的履行期限,并约定另一方在受领后的某期日或某期间履行。例如约定卖方 9 月 1 日至 9 月 10 日交货,买方收货后一周内付款。(3) 合同未约定履行期限和履行顺序,但根据交易习惯能够确定履行顺序。例如乘客搭乘出租车的客运合同中,依据交易习惯,应当先完成运输行为、后支付运费。

3. 双方所负债务均已届履行期限

在双方的履行期限均未届至的场合下,双方均可依据履行期限的约定拒绝对方要求己方提前履行的请求,而与履行顺序无关,故不存在适用先履行抗辩权的可能。在先履行一方的履行期限已届至而后履行一方的履行期限未届至的场合下,如果先履行一方请求后履行一方履行债务,后履行一方可以依据履行期限的约定拒绝对方的请求,而不考虑先履行一方是否已经履行,故也无适用先履行抗辩权的必要。在双方的履行期限均已届至的场合下,双方均有权请求对方履行债务,且双方的履行行为均构成适当履行,故在此场合下适用先履行抗辩权才有意义。

4. 须对方未履行债务或者履行债务不符合约定

该条件与同时履行抗辩权的适用条件 4 的具体内容基本相同。

5. 须双方所负债务是可能履行的

该条件与同时履行抗辩权的适用条件5的具体内容基本相同。

(二) 先履行抗辩权的适用效果

1. 后履行一方有权拒绝先履行一方的履行请求

(1) 先履行一方未履行的,后履行一方有权拒绝履行全部债务。在此场合下,由于先履行一方没有履行任何债务,基于双方所负债务的对价关系,后履行一方有权拒绝履行全部债务。(2) 先履行一方履行不符合约定的,后履行一方有权拒绝其相应的履行要求。对于《民法典》第526条规定的"相应的履行要求",与第525条关于同时履行抗辩权规定的理解基本相同。

2. 先履行一方采取补救措施、变违约为适当履行的,后履行一方应当恢复履行

先履行抗辩权的性质是延缓的抗辩权,其作用仅能使后履行一方暂时不必履行债务,而不具有否认先履行一方债权有效性的效果。因此,如果先履行一方采取补救措施、变违约为适当履行,后履行一方行使先履行抗辩权的条件便已丧失,后履行一方应当依据先履行一方的请求恢复履行。

3. 先履行抗辩权的行使不影响后履行一方主张违约责任

如果先履行一方已经构成迟延履行、瑕疵给付等违约行为,后履行一方一方面有权行使先履行抗辩权以拒绝履行或拒绝部分履行,另一方面可要求先履行一方承担违约责任。

4. 先履行抗辩权对抵销的影响

在当事人双方因两个不同的法律关系而相互享有债权的场合下,先履行一方不能以其受先履行抗辩权限制的债权作为主动债权,向后履行一方主张抵销。但受先履行抗辩权限制的债权可以作为被动债权,被未受限制的普通债权抵销。

三、不安抗辩权

(一) 不安抗辩权的概念和适用条件

《民法典》第527条、第528条规定,不安抗辩权是指在有履行顺序的双务合同中,先履行一方有确切证据证明后履行一方在缔约后出现足以影响其对待给付的情形的,可以中止履行并在一定条件下可解除合同的权利。例如买卖合同约定出卖人交货后1周内买受人付款,出卖人在交货前发现买受人资信状况恶化且无力清偿到期债务,出卖人有权暂不交货并要求买受人提供担保。不安抗辩权规则的立法目的是保护债务人与所承担的先履行义务的对待给付、对合同相对人的资产状况的特别信赖。债务人因此有权在对待给付被提出或者先给付风险通过提供担保被排除之前

拒绝所负担的给付。① 不安抗辩权的适用条件如下：

1. 须由同一双务合同产生两项债务且互为对价给付

该条件与同时履行抗辩权和先履行抗辩权的适用条件1的具体内容相同。

2. 须双方所负债务有先后履行顺序

该条件与先履行抗辩权的适用条件2的具体内容基本相同。

3. 须先履行一方履行期限已届至，后履行一方履行期限尚未届至

如果先履行一方履行期限尚未届至，其因享有期限利益而当然不必履行债务。即使此时后履行一方发生丧失履行能力的情形，先履行一方也无行使不安抗辩权的可能，因为此时尚未进入履行环节，故不存在"中止履行"的问题。如果后履行一方履行期限已经届至而发生丧失履行能力的情形，因其构成不能履行的现实违约行为，先履行一方可直接要求其承担违约责任而无必要再行使不安抗辩权。在先履行一方履行期限已届至而后履行一方履行期限尚未届至的场合下，因后履行一方有权请求先履行一方履行债务，而先履行一方如果此时履行债务会有得不到对待给付的危险，故此时才有行使不安抗辩权的必要。

4. 须后履行一方有丧失或可能丧失履行债务能力的情形

《民法典》第527条列举了四项具体情形：(1) 经营状况严重恶化。该情形并不考虑债务人对导致经营状况严重恶化是否具有过错。债务人具有过错(例如经营不善)抑或没有过错(例如市场原因)，只要客观上经营状况严重恶化，即构成该情形。债务人经营状况严重恶化须导致其丧失或部分丧失履行债务的能力。如果债务人虽然经营状况严重恶化，但其资产仍然足以履行债务，则债权人不得行使不安抗辩权。(2) 转移财产、抽逃资金，以逃避债务。该项"以逃避债务"之规定，不宜理解为债权人须证明债务人主观上具有逃避债务的故意。因为不安抗辩权制度适用于债务人资信状况恶化的场合，对债务人是否具有主观恶意并无要求。只要债务人实施转移财产、抽逃资金的行为，在客观上导致其丧失或部分丧失履行债务能力的，债权人即可行使不安抗辩权。(3) 丧失商业信誉。债务人丧失商业信誉的常见原因有：因违法经营被吊销营业执照、被注销、被有关部门撤销或者处于歇业状态；作为影响重大案件的责任人被有关部门查处或被媒体曝光等。如果债务人在其他合同关系中有违约行为，一般不宜认定为丧失商业信誉。(4) 有丧失或可能丧失履行债务能力的其他情形。该项为兜底规定，以涵盖上述未列举之具体情形。

5. 须先履行一方有确切证据证明对方有丧失或可能丧失履行债务能力的情形

对于后履行一方有丧失或可能丧失履行债务能力的情形，由先履行一方予以举证。先履行一方没有确切证据中止履行的，应当承担违约责任。

---

① 参见[德]迪尔克·罗歇尔德斯：《德国债法总论》(第7版)，沈小军等译，中国人民大学出版社2014年版，第125页。

（二）不安抗辩权的适用效果

1. 先履行一方可以中止履行

中止履行,是指对尚未履行的债务暂停履行。不安抗辩权的性质是延缓的抗辩权,其作用仅能使先履行一方暂时不必履行债务,而不具有否认对方债权有效性的效果。先履行一方中止履行的,应负有两项义务:① 通知义务。先履行一方行使不安抗辩权中止履行的,应当及时通知对方,使对方得知先履行一方行使不安抗辩权之情况,以防止造成其他不必要的损失。通知的内容包括中止履行的事实、理由及证据等。② 对方提供适当担保时,应当恢复履行的义务。先履行一方通知对方后,如果对方提供了适当担保,先履行一方应当恢复履行,因为此时先履行一方的债权已经得到有效保障,如仍中止履行则不利于交易的完成。对于担保的方式,现行法未作要求,故采取保证、抵押、质押等方式均无不可。只要该担保关系的设定足以保障先履行一方债权的,即为适当。

2. 中止履行后,对方在合理期限内未恢复履行能力并且未提供适当担保的,视为以自己的行为表明不履行合同主要义务,中止履行的一方可以解除合同并可以请求对方承担违约责任

解除合同是行使不安抗辩权的第二层效力,先履行一方行使解除权应具备以下条件:(1) 先履行一方已经中止履行。中止履行是解除合同的前提条件,先履行一方没有直接解除合同的权利,因为如果允许先履行一方直接解除合同,将剥夺后履行一方通过提供适当担保以使先履行一方恢复履行的机会。(2) 后履行一方在合理期限内未恢复履行能力并且未提供适当担保。所谓"未恢复履行能力",是指后履行一方仍然具有《民法典》第527条规定情形,而不具有或不完全具有履行能力。对于合理期限,应当结合合同类型、义务性质、标的额大小等因素加以判断。合理期限应当自后履行一方收到先履行一方的通知之时起算。所谓"未提供适当担保",是指后履行一方得到先履行一方行使不安抗辩权的通知后,未提供担保或者提供的担保不适当。如果先履行一方未履行通知义务,不得以后履行一方未提供适当担保为由解除合同。

第五章　合同的保全

第一节　债权人代位权

一、债权人代位权的概念和成立要件

《民法典》第535条第1款规定,因债务人怠于行使其债权或者与该债权有关的从权利,影响债权人的到期债权实现的,债权人可以向人民法院请求以自己的名义代位行使债务人对相对人的权利,但是该权利专属于债务人自身的除外。依此规定,债权人代位权是指在债务人怠于行使对次债务人的债权而对债权人造成损害的情形下,债权人为保全自己的债权,以自己的名义行使债务人对次债务人之权的权利。例如甲对乙享有10万元债权,乙对丙享有10万元债权,两债权均已到期,因乙不向丙行使债权导致自己无法向甲清偿,甲可直接向丙主张权利。依据《民法典》第535条,债权人代位权的成立要件如下:

（一）债权人对债务人的债权必须合法、确定、已届清偿期

债权合法,是指该债权是被法律认可并保护的债权,而不能是自然债权（例如赌债）或不合法债权（例如买卖禁止流通物的债权）。债权确定,是指债权人和债务人对该债权的内容和效力不存在争议。参照《合同法解释（一）》第18条第2款的规定,两类债权可以被认定为确定的债权:一是债权人和债务人均无异议的债权;二是经司法机关生效裁决确定的债权。债权已届清偿期,是指债务人的履行期限已经届满而仍未履行,即债务人已构成迟延履行。在债务人的履行期限届满之前,债务人享有期限利益而暂时不必履行债务,此时如果允许债权人行使代位权,则构成对债务人的过分干预。但应注意,《民法典》第536条规定了提前行使代位权的例外情形:债权人的债权到期前,债务人的权利存在诉讼时效期间即将届满或者未及时申报破产债权等情形,影响债权人的债权实现的,债权人可以代位向债务人的相对人请求其向债务人履行、向破产管理人申报或者作出其他必要的行为。

（二）债务人对次债务人享有到期债权

首先,债务人对次债务人享有的债权必须具有金钱给付内容。《合同法解释（一）》第13条将该债权限定为"具有金钱给付内容"。依据该规定,债权人代位权的客体仅限于金钱债权,而不包括实物债权、劳务债权、不作为债权等。但《民法典》第

535条的表述为"因债务人怠于行使其债权或者与该债权有关的从权利",可见《民法典》对于可代位的权利的范围有所放宽。其次,债务人对次债务人享有的债权必须已到期。所谓到期,是指该债权的履行期限已届满。在履行期限未届满之前,次债务人享有期限利益而不必履行债务,债务人和债权人均不能强制次债务人作出清偿行为。最后,对专属于债务人自身的债权,无论是否到期,均不得行使代位权。如果债务人对次债务人的债权依权利性质或法律规定具有行使上的专属性,则必须由债务人亲自行使,而不能由债权人代位行使。参照《合同法解释(一)》第12条的规定,专属于债务人自身的债权包括:(1)基于身份关系产生的请求权。包括基于扶养关系、抚养关系、赡养关系、继承关系产生的请求权等。(2)基于劳动关系产生的请求权。包括劳动报酬、退休金、养老金请求权等。(3)人寿保险金。(4)人身伤害赔偿请求权。(5)其他不得扣押的权利。包括抚恤金、安置费请求权等。

(三)债务人对次债务人怠于行使其到期债权

所谓怠于行使,是指债务人能够行使而不行使或不恰当行使其权利。参照《合同法解释(一)》第13条第1款的规定,债务人能够以诉讼方式或者仲裁方式向次债务人主张权利却未主张的,认定为债务人怠于行使权利。换言之,即使债务人不断地以电话通知、催款函、律师函等方式向次债务人主张权利,但只要未提起诉讼或申请仲裁,仍构成怠于行使权利。次债务人不认为债务人有怠于行使其到期债权情况的,应当承担举证责任。

(四)对债权人造成损害

对债权人造成损害,也称为"有保全债权的必要",《民法典》第535条表述为"影响债权人的到期债权实现",《合同法解释(一)》第13条第1款将其解释为"致使债权人的到期债权未能实现"。因为债权人代位权突破了合同相对性,赋予债权人对第三人(次债务人)的权利,故只有在债权人的债权受到现实危险的场合下,债权人才能主张代位权,否则将导致对债务人的过分干涉。例如债权人对债务人享有10万元债权,债务人对次债务人怠于行使10万元到期债权,但债务人此时还拥有100万元,则债权人不得行使代位权。

二、债权人代位权的行使

(一)行使的主体

债务人的各债权人在符合法定条件的情形下均可行使代位权。行使代位权的债权人可以是一人,也可以是数人。两个或者两个以上债权人以同一次债务人为被告提起代位权诉讼的,人民法院可以合并审理。在此场合下,两个或者两个以上债权人作为共同原告。

(二)行使的方式

1. 债权人应当以诉讼的方式行使代位权。现行法规定债权人行使代位权必须采取诉讼方式,而不能以诉讼外方式进行,亦未规定可采仲裁方式。在代位权诉讼中,原告为债权人,被告为次债务人。关于债务人的诉讼地位,《合同法解释(一)》第16条第1款规定:"债权人以次债务人为被告向人民法院提起代位权诉讼,未将债务人列为第三人的,人民法院可以追加债务人为第三人。"《民法典》第535条第3款规定:"相对人对债务人的抗辩,可以向债权人主张。"依该规定,次债务人对于债务人的诉讼时效抗辩权、同时履行抗辩权等,均可向债权人主张。

2. 债权人应当以自己的名义行使代位权。债权人行使代位权是其行使自身享有的权利,而非以债务人的代理人或履行辅助人的身份行使权利,因此债权人应当以自己的名义行使代位权。由于现行法规定债权人行使代位权必须以诉讼方式进行,故债权人以自己的名义行使代位权体现为债权人应当以原告身份提起代位权诉讼。

3. 债权人行使代位权时应尽善良管理人的注意义务。债权人代位权的性质属于广义上的管理权,债权人行使代位权时应尽善良管理人的注意义务,以避免其行使代位权的行为给债务人造成不必要的损害。如果债权人行使代位权时未尽到善良管理人的注意义务,给债务人造成损害,则债权人应对债务人负损害赔偿责任。

(三) 可代位行使的行为类型

债权人行使代位权可以实施的具体行为类型,包括实行行为和保存行为。实行行为是指依据债的本旨使债权得以实现的行为,例如请求清偿、抵销等。保存行为是指不直接导致债权得以实现,仅保存债权的存在或效力的行为,例如中断时效、申报破产债权等。债权人行使代位权时,原则上不得实施处分行为。例如免除债务、延缓履行期限等。

(四) 行使的范围

《民法典》第535条第2款中规定:"代位权的行使范围以债权人的到期债权为限。"参照《合同法解释(一)》第21条的规定,在代位权诉讼中,债权人行使代位权的请求数额超过债务人所负债务额或者超过次债务人对债务人所负债务额的,对超出部分人民法院不予支持。

三、债权人代位权行使的效力

(一) 债务人的处分权受到限制

在债权人行使代位权后,债务人对次债务人所享债权的处分权能即受到一定限制,债务人不得实施将该债权予以转让、放弃或设质等行为。唯其如此,才能使债权人代位权的目的得以实现。如果在债权人行使代位权后,债务人也向次债务人主张权利,应如何处理?参照《合同法解释(一)》第22条的规定,债务人在代位权诉讼中,对超过债权人代位请求数额的债权部分起诉次债务人的,人民法院应当告知其向有管辖权的人民法院另行起诉。债务人的起诉符合法定条件的,人民法院应当受理;受理债务人起诉的人民法院在代位权诉讼裁决发生法律效力以前,应当依法中止。

(二) 诉讼时效中断

债权人提起代位权诉讼的,应当认定对债权人的债权和债务人的债权均发生诉讼时效中断的效力(《诉讼时效司法解释》第 16 条)。如果债权人的债权数额小于债务人对次债务人债权的数额,债权人提起代位权诉讼的,对债务人未被代位行使的债权部分也发生诉讼时效中断的效力。

(三) 有关费用的负担

《民法典》第 535 条第 2 款中规定:"债权人行使代位权的必要费用,由债务人负担。"所谓必要费用,是指债权人行使代位权所支付的律师代理费、差旅费等。在代位权诉讼中,债权人胜诉的,诉讼费由次债务人负担,从实现的债权中优先支付。

(四) 债权人的债权发生直接受偿效果

《民法典》第 537 条规定:"人民法院认定代位权成立的,由债务人的相对人向债权人履行义务,债权人接受履行后,债权人与债务人、债务人与相对人之间相应的权利义务终止。"依此规定,债权人行使代位权可使其债权直接受偿,亦使次债务人对债务人所负债务归于消灭。

第二节 债权人撤销权

一、债权人撤销权的概念和成立要件

《民法典》第 538 条规定:"债务人以放弃其债权、放弃债权担保、无偿转让财产等方式无偿处分财产权益,或者恶意延长其到期债权的履行期限,影响债权人的债权实现的,债权人可以请求人民法院撤销债务人的行为。"依此规定,债权人撤销权是指债权人对债务人危害债权的积极行为,可请求法院予以撤销的权利。例如甲对乙享有 10 万元债权,乙将唯一可供清偿的财产一套房屋赠与给丙,导致甲的债权无法实现的,甲有权撤销该赠与行为。依据《民法典》第 538 条、第 539 条和司法解释的相关规定,债权人撤销权的成立要件如下:

(一) 债权人对债务人享有的债权必须成立于诈害行为之前且合法有效

1. 债权人对债务人享有的债权必须成立于诈害行为之前。债权人撤销权的目的是防止债务人责任财产的不当减少从而保障债权的实现,债务人的责任财产应以债权成立时为标准。在债权人债权成立之前债务人实施的有关行为即使导致其责任财产减少,债权人也不得撤销此类行为。

2. 债权人对债务人享有的债权必须合法有效。如果债权人对债务人享有的债权是自然债权或不合法债权,债权人不能以此债权主张债权人撤销权。债权人所享合法债权的类型,一般是金钱债权或可转化为金钱债权的债权。因债务人实施的诈害行为对其责任财产危害甚大,债权人对债务人享有的债权即使尚未到期或具体数额尚未确定,债权人亦可行使撤销权,此与代位权存在差异。

(二) 债务人实施了诈害行为

1. 无偿行为。具体形态包括:(1) 放弃债权。该行为的性质是免除债务,被放弃债权无论是否到期均可撤销。(2) 放弃债权担保。债权人放弃抵押权、质权、留置权或保证债权,导致作为责任财产的债权效力降低而增加了不能受偿的风险,故可以撤销。(3) 无偿转让财产。例如赠与、遗赠、无息借款等。(4) 恶意延长到期债权的履行期限。债务人虽未放弃债权,但恶意延长到期债权的履行期,导致次债务人不必现实履行债务。

2. 有偿行为。具体形态包括:(1) 以明显不合理的低价转让财产。对于"明显不合理的低价"的判断标准,参照《合同法解释(二)》第 19 条的规定,人民法院应当以交易当地一般经营者的判断,并参考交易当时交易地的物价部门指导价或者市场交易价,结合其他相关因素综合考虑予以确认。转让价格低于交易时交易地的指导价或者市场交易价 70% 的,一般可以视为明显不合理的低价。(2) 以明显不合理的高价受让他人财产。对于"明显不合理的高价"的判断标准,参照《合同法解释(二)》第 19 条的规定,对转让价格高于当地指导价或者市场交易价 30% 的,一般可以视为明显不合理的高价。(3) 为他人的债务提供担保。例如以自己财产为他人设定抵押权、质权等。

3. 不能撤销的行为。下列行为因其性质不能撤销:(1) 事实行为。例如债务人对房屋进行装修,虽可能导致房屋价值降低,但债权人不能撤销。(2) 身份行为。例如债务人结婚、离婚、收养,虽可能影响债权的实现,但债权人不能撤销。(3) 拒绝接受赠与、拒绝他人提供担保、拒绝工作机会以获得报酬的行为。(4) 无偿提供劳务的行为。此类行为并未导致债务人责任财产减少,故不能撤销。(5) 以禁止扣押的财产为标的的行为。例如债务人转让个人生活用品的行为。(6) 不作为。例如债务人在房价很高时未出卖房屋。(7) 准法律行为。例如催告、债权让与通知、为中断时效而作的债务承认等。(8) 有合理对价的转让财产行为。

(三) 对债权人造成损害

所谓对债权人造成损害,是指债务人实施的无偿行为或有偿行为导致其责任财产减少,致使债权人的债权不能获得完全清偿的状态。《民法典》第 538 条、第 539 条表述为"影响债权人的债权实现",即如果债务人处分财产后便不具有足够的财产清偿对债权人所负债务,就可认定该行为对债权人造成损害。

(四) 主观要件

1. 债务人的恶意。所谓债务人的恶意,是指债务人明知或应知其处分财产的行为有害于债权的心理状态,至于债务人是否积极希望以此损害债权人之债权则在所不问。现行法对债务人的恶意未作规定。一般认为,区分债务人实施的无偿行为和有偿行为,对债务人的恶意要求有所不同:(1) 无偿行为,债务人无须具有恶意。债务人实施无偿行为的,因必然导致其责任财产减少,只要在客观上有害于债权,债权人即可行使撤销权。(2) 有偿行为,债务人须具有恶意。对于债务人恶意的证明,应采推定规则,债权人只需举证证明债务人的客观诈害行为而无须举证债务人恶意,债务人不能举证证明其无恶意的即推定其具有恶意。

2. 受益人或受让人的恶意。《民法典》第 538 条、第 539 条规定的"相对人"包括受益人和受让人。受益人是指因债务人无偿行为而取得利益的人;受让人是指因债务人有偿行为而受让财产的人。(1) 无偿行为,受益人无须具有恶意。依《民法典》第 538 条的规定,债权人对债务人实施的无偿行为行使撤销权的,不以受益人知情为条件。(2) 有偿行为,受让人须具有恶意。依《民法典》第 539 条的规定,债权人对债务人实施的有偿行为行使撤销权的,须以受让人知情或应当知情为条件。所谓受让人的恶意,是指受让人明知或应知债务人处分财产的行为有害于债权的心理状态,至于受让人是否具有损害债权人之债权的意图则在所不问。对于受让人恶意的证明,原则上也应采推定规则。因受让人以非正常价格从债务人处取得财产,如果受让人不能举证证明其确不知情,即推定其具有恶意。

二、债权人撤销权的行使

(一) 行使的主体

债务人的各债权人在符合法定条件的情形下均可行使撤销权。行使撤销权的债权人可以是一人,也可以是数人。两个或者两个以上债权人以同一债务人为被告,就同一标的提起撤销权诉讼的,人民法院可以合并审理。在此场合下,两个或者两个以上债权人应作为共同原告。

(二) 行使的方式

1. 债权人应当以诉讼的方式行使撤销权。现行法规定债权人行使撤销权必须采取诉讼方式,而不能以诉讼外方式进行,亦未规定可采仲裁方式。在撤销权诉讼中,原告为债权人,被告为债务人。对于受益人或受让人的诉讼地位,参照《合同法解释(一)》第 24 条的规定,债权人依照《合同法》第 74 条的规定提起撤销权诉讼时只以债务人为被告,未将受益人或者受让人列为第三人的,人民法院可以追加该受益人或者受让人为第三人。

2. 债权人行使撤销权的时间限制。《民法典》第 541 条规定:"撤销权自债权人知道或者应当知道撤销事由之日起一年内行使。自债务人的行为发生之日起五年内没有行使撤销权的,该撤销权消灭。"

(三) 行使的范围

《民法典》第 540 条规定:"撤销权的行使范围以债权人的债权为限。"区分债权人所撤销行为的性质和标的物性质,分述如下:

1. 所撤销行为的标的物是金钱或可分物的,应在债权人享有债权额范围内行使撤销权。例如债权人对债务人享有 50 万元债权,债务人赠与他人 100 万元,债权人只能撤销其中 50 万元的赠与。

2. 所撤销行为的标的物是不可分物的,可就整个标的物行使撤销权。虽然现行法规定代位权和撤销权的行使范围均"以债权人的债权为限",但现行法对撤销权的行使范围没有如《合同法解释(一)》第 21 条之规定。这是因为代位权的客体限于金钱债权,而债权人所撤销行为的标的物则可能是金钱、其他可分物或不可分物。在所撤销行为的标的物是不可分物的场合下,债权人可就整个标的物行使撤销权,而不必受其债权数额的限制。例如债权人对债务人享有 50 万元债权,债务人赠与他人一套价值 100 万元的房屋,债权人可就整个赠与行为予以撤销。

三、债权人撤销权行使的效力

(一)撤销权行使具有溯及力

《民法典》第 542 条规定:"债务人影响债权人的债权实现的行为被撤销的,自始没有法律约束力。"所谓自始没有法律约束力,是指被撤销的行为自成立之时起不具法律效力。受益人或受让人应通过返还财产将其与债务人之间的财产状态恢复到行为成立之前的状态,以实现保全债务人责任财产的目的。

(二)诉讼时效中断

债权人提起撤销权诉讼的,应当认定对债权人的债权发生诉讼时效中断的效力;如果债务人的行为涉及对其债权的处分,债务人的债权也发生诉讼时效中断的效力。

(三)有关费用的负担

《民法典》第 540 条第 2 句规定:"债权人行使撤销权的必要费用,由债务人负担。"所谓必要费用,是指债权人行使撤销权所支付的律师代理费、差旅费等。受益人或受让人有过错的,应当适当分担必要费用。

(四)效果的归属

撤销权诉讼所产生的形成之诉的效果,系直接导致债务人与受益人或受让人之间的行为无效,该效果不存在归属于谁的问题。撤销权诉讼所产生的给付之诉的效果,应区分给付财产的性质而产生不同效果:标的物是金钱的,债权人可以直接受领,并导致债权人对债务人的债权消灭;标的物是实物或其他财产(例如股权、知识产权等)的,债权人原则上不能直接受领,而应由债权人依执行程序受偿。

第六章 合同的变更和转让

第一节 合同变更

一、合同变更的概念

合同变更,是指在合同当事人不变的前提下,合同内容发生变化的现象。合同主体的变化被称为合同转让或债的移转,主要包括债权让与和债务承担。合同变更的要义为:

第一,合同变更制度是合同自由原则和公平原则的体现。合同有效成立后,当事人自身情况的变化可能导致原合同内容不再适应其需要,在此情形下应当允许当事人协商一致变更合同内容,以实现合同自由原则的要求。如果合同有效成立后因情势变更而导致当事人双方权利义务显失公平的,基于公平原则的要求,应当允许对合同内容予以变更。合同变更制度是在坚持合同严守原则的前提下,在某些特殊场合下为实现合同自由原则和公平原则的价值理念而设置的一项制度。

第二,合同变更是对合同的非要素内容予以变更。以变更内容对合同同一性是否产生影响为标准,可分为要素内容变更与非要素内容变更。要素内容变更,是指影响合同性质的重要内容发生变更,导致合同丧失同一性。因要素内容变更使合同丧失同一性,原合同关系不再存在,故不属于合同变更,而为合同更改。例如汽车租赁合同变为汽车买卖合同。非要素内容变更,是指影响合同性质的重要内容以外的内容发生变更,不导致合同丧失同一性。变更前的合同与变更后的合同仍属同一合同,仅部分内容发生变化。例如租赁合同原约定租期为6个月,在合同履行过程中双方协议变更租期为1年。

二、合同变更的要件

(一) 原合同关系有效成立

合同变更是针对既存的合同关系改变其某些合同内容,故原合同关系有效成立是合同变更的前提条件。无效合同自始没有法律约束力,且不能通过补正行为使其转化为有效,因此无效合同也不存在合同变更的问题。《合同法》第54条曾规定可撤销合同可适用裁判变更,但《民法典》施行后其只能适用协议变更。效力未定合同在追认权人行使追认权之前处于效力待定的状态,此时当事人可以协议变更合同,只是合同需要被追认才能有效。

（二）合同内容发生变化

合同内容的变化具体包括以下情形:合同标的物质量、数量的变更;合同价款或报酬的变更;合同履行条件的变更;合同所附条件或期限的变更;合同担保的变更;违约责任的变更;解决争议方法的变更;等等。

（三）合同变更具有合法原因

在裁判变更的场合下,当事人向法院或仲裁机构请求变更合同应具有法定事由,法院或仲裁机构应当依据法律规定及案件事实作出是否变更及如何变更的裁决。在当事人协议变更的场合下,当事人应当达成有效的变更协议。变更协议本身即为一个合同,一般也须经过要约、承诺程序使合同成立,如果存在法定事由,亦可导致变更协议无效或被撤销。《民法典》第544条规定:"当事人对合同变更的内容约定不明确的,推定为未变更。"在此情形下,因当事人就变更内容约定不明而推定为未达成变更协议,但如果当事人能够举证推翻该推定,则应认定变更协议成立。

（四）合同变更须符合法定形式

依据《民法典》第502条的规定,法律、行政法规规定合同变更应当办理批准等手续生效的,应当遵循其规定。

三、合同变更的效力

（一）合同变更对合同权利义务的效力

1. 对合同未变更部分的效力。因合同变更仅对合同的部分内容予以改变,故未变更的部分仍具有法律约束力,该部分包含的主给付义务、从给付义务、附随义务及相关抗辩权原则上仍可主张,但与变更后的合同内容抵触的除外。

2. 对合同被变更部分的效力。被变更的合同内容部分丧失法律约束力,该部分包含的合同义务及相关抗辩权归于消灭。该部分被变更后的相应合同内容所代替,债权人和债务人应当依据变更后的合同内容行使权利和履行义务。

3. 对合同担保的效力。合同变更并不当然导致担保关系消灭,应结合担保种类、担保方式、担保范围等因素,依据法律规定和当事人约定发生相应的法律后果。以保证担保为例,如果合同变更取得保证人书面同意的,保证人对变更后的合同义务仍然承担保证责任。

（二）合同变更原则上无溯及力

合同变更原则上仅向将来发生效力,即无溯及力。在合同变更之前债务人已经履行的债务不因合同变更而丧失法律依据,债务人对合同变更之前已经履行的部分不得请求返还或要求恢复原状,但法律另有规定或者当事人另有约定的除外。

第二节 债权让与

一、债权让与的概念

债权让与,是指在合同内容不变的前提下,让与人与受让人通过让与合同将债权由让与人移转给受让人的现象。转让债权的债权人称为让与人,接受债权的人称为受让人。

第一,债权让与仅导致债权人发生变化,而合同内容和债务人均保持不变。法律允许转让的债权并不仅限于合同债权,其他种类的债权如不当得利债权、无因管理债权等,未被法律禁止转让且依其性质可以转让的,亦可作为债权让与的客体。

第二,债权让与包括债权人转让全部债权和转让部分债权(《民法典》第545条第1款)。全部转让的,由受让人取代原债权人地位成为合同关系的新债权人,原债权人丧失合同当事人地位。部分转让的,受让人加入合同关系中与原债权人共同享有债权,在此场合下,由单一之债变为多数人之债。

第三,债权让与和债权移转不同。债权移转,是指因各种原因导致债权人发生变化的现象。债权移转具体包括:(1)基于法律规定的债权移转。例如继承、法人合并或分立、保险代位权等。(2)基于生效裁决的债权移转。例如《民诉法解释》第499条规定"收取命令",被执行人的债权移转给申请执行人。(3)基于法律行为的债权移转。包括依单方行为的债权移转(例如遗赠)和双方行为的债权移转(例如债权让与合同)。由此可见,债权让与属于债权移转的情形之一,仅指当事人以合同进行债权移转的一种方式。

第四,依据所移转债权的性质划分,债权让与分为普通债权让与和特殊债权让与。普通债权让与所移转的是普通债权,其通常为指名债权或记名债权,适用合同编规定的债权让与规则。特殊债权让与所移转的是特别法规定的债权,适用特别法规定。例如票据权利的转让(适用《中华人民共和国票据法》)、公司债券的转让[适用《中华人民共和国证券法》(以下简称《证券法》)]等。

二、债权让与合同的生效要件

(一)所转让的债权具有可让与性

现行法未正面规定哪些债权可以让与,而是规定了不得让与的债权,除此以外,其他债权原则上皆可让与。依照《民法典》第545条第1款的规定,不得让与的债权有以下三类:

1. 根据债权性质不得转让

具体包括:以人身信任关系为基础的债权(如合伙、雇佣、委托、租赁、借用合同债权);以特定身份为基础的债权(如配偶之间的扶养请求权、父母对成年子女的赡养请求权、退休金请求权、因人身权益受侵害而产生的精神损害赔偿请求权);不作为债权(如保密义务所对应的债权)等。

2. 按照当事人约定不得转让

基于合同自由原则,在不违反法律强制性规定和公序良俗的前提下,当事人可以约定某债权不得让与。当事人可以约定某债权的全部不得让与,也可以仅就一定部分约定不得让与。当事人可以约定在某债权的整个存续期间内均不得让与,也可以约定仅在一定期间内不得让与。对于当事人违反约定转让债权的,《民法典》第545条第2款规定:"当事人约定非金钱债权不得转让的,不得对抗善意第三人。当事人约定金钱债权不得转让的,不得对抗第三人。"

3. 依照法律规定不得转让

基于特定的立法政策和立法目的,法律规定某些债权不得成为债权让与的客体。例如《保险法》第34条第2款规定,按照以死亡为给付保险金条件的合同所签发的保险单,未经被保险人书面同意的不得转让。

(二) 让与人和受让人在缔约时须有相应的缔约能力

让与人和受让人是自然人的,原则上均应具有完全民事行为能力。但如果该债权让与合同是使受让人纯获利益的,受让人无须具有完全民事行为能力。让与人或受让人是法人或非法人组织的,依据法律对所转让债权是否要求特殊资格判断其是否具有相应的缔约能力。

(三) 让与人和受让人就转让债权达成合意且意思表示真实

该意思表示可以是有偿转让债权(买卖、互易),也可以是无偿转让债权(赠与)。如果因欺诈、胁迫、恶意串通等原因导致意思表示存在瑕疵,适用合同无效、可撤销的相关规则确定债权让与合同的效力。如果双方当事人对债权是否转让、是全部转让抑或部分转让,存在约定不明和意思表示不一致,应认定当事人未就债权转让达成合意。

(四) 合同内容不违反法律强制性规定与公序良俗

如果合同相关条款内容违反法律强制性规定或者公序良俗,应认定合同无效(《民法典》第153条)。

(五) 合同形式应当符合法律要求

法律、行政法规规定转让债权应当办理批准等手续生效的,应当遵循其规定(《民法典》第502条)。

三、债权让与的对内效力

(一) 债权由让与人移转给受让人

在转让全部债权的场合下,受让人完全取代让与人的债权人地位,让与人脱离原合同关系。在转让部分债权的场合下,受让人加入原合同关系之中,与让与人共同对债务人享有债权,让与人和受让人享有债权的份额依据债权让与合同确定。

(二) 与债权有关的从权利移转给受让人

《民法典》第547条规定:"债权人转让债权的,受让人取得与债权有关的从权利,但是该从权利专属于债权人自身的除外。受让人取得从权利不因该从权利未办理转移登记手续或者未转移占有而受到影响。"一并移转的从权利包括:担保权(抵押权、质权、保证债权、定金债权等);利息债权、射幸孳息债权;违约金请求权、损害赔偿请求权;请求债务人履行从给付义务和附随义务的权利;等等。

(三) 让与人对所让与债权的瑕疵担保义务

该义务是指让与人就所让与债权,负有保证第三人不向受让人主张任何权利的义务。该义务的性质为权利瑕疵担保义务。该义务的作用是保障受让人从让与人处取得的债权是真实、合法、有效且完整的,除非债权让与合同另有约定。债权让与合同包括有偿和无偿两种情形,让与人所负该义务的具体标准分别参照适用买卖和赠与的相关规则。

四、债权让与的对外效力

(一) 对债务人的债权让与通知

在普通债权让与的场合下,债权让与合同生效与债权移转同时发生,因债权移转不具有公示性,债务人可能对债权让与的事实并不知情,因此如果债权让与合同生效也对债务人直接发生效力显然不公平。因此,《民法典》规定债权让与应当通知债务人。

1. 通知的主体和对象。依《民法典》第546条第1款的规定,通知人是债权人(让与人),包括债权人本人及其代理人。通知的对象是债务人,包括债务人本人、代理人及履行辅助人等。在债务人为多数人的场合下,无论其为按份债务还是连带债务,均应向全体债务人通知。

2. 通知的形式和期限。现行法对债权让与通知的形式未作限定,故口头形式或书面形式通知均无不可。因债权让与通知的性质为事实通知,故其生效时间准用意思表示的生效标准,即原则上自该通知到达债务人时生效。在司法实务中,也认可让与人和受让人共同就债权让与事实在公开广泛发行的报纸上登报通知债务人及担保人的通知形式。①

3. 通知的效力。(1) 通知生效于债务履行期限届至之前且债务人尚未履行的,债务人在通知生效后不得再向让与人作出提前履行行为。(2) 通知生效于债务履行期限届至之后、届满之前且债务人尚未履行的,债务人在通知生效后不得再向让与人

---

① 参见"何荣兰诉海科公司等清偿债务纠纷案",载《最高人民法院公报》2004年第4期。

作出履行行为。(3) 通知生效于债务履行期限届满之后且债务人尚未履行的,债务人应向受让人承担迟延履行的违约责任。(4) 债务人在收到通知之前向让与人作出履行行为,其后才收到通知的,发生清偿效果,受让人无权再请求债务人履行债务或承担违约责任。

4. 未通知的后果。《民法典》第546条第1款规定,未通知的后果是"该转让对债务人不发生效力"。具体分析如下:(1) 未通知不影响债权让与合同的效力以及债权让与行为在让与人和受让人之间的效力。(2) 未通知发生在债务履行期限届至之前,债务人向让与人提前履行的,可依据提前履行规则发生清偿效果。(3) 未通知发生在债务履行期限届至之后、届满之前,债务人向让与人履行的,发生清偿效果。(4) 未通知发生在债务履行期限届满之后且债务人尚未履行的,债务人应向让与人承担迟延履行的违约责任。受让人无权以债权人身份要求债务人承担迟延履行的违约责任。

5. 通知的撤销。《民法典》第546条第2款规定:"债权转让的通知不得撤销,但是经受让人同意的除外。"依此规定,让与人原则上不得撤销债权让与通知,但受让人同意撤销的,让与人可以撤销。

(二) 抗辩的援用

《民法典》第548条规定:"债务人接到债权转让通知后,债务人对让与人的抗辩,可以向受让人主张。"债务人所能援用的既包括法律规定的抗辩权,也包括实体法和程序法上的有关抗辩。具体包括:债权未发生的抗辩(如主张合同不成立、无效、被撤销、被拒绝追认);债权已消灭的抗辩(如主张债权因清偿、抵销、免除、提存等原因已经消灭);拒绝履行抗辩权(如主张同时履行抗辩权、先履行抗辩权、不安抗辩权、诉讼时效抗辩权、先诉抗辩权);程序法上的抗辩(如仲裁条款抗辩、协议管辖抗辩)等。

(三) 抵销权的援用

《民法典》第549条规定,有下列情形之一的,债务人可以向受让人主张抵销:(1) 债务人接到债权转让通知时,债务人对让与人享有债权,且债务人的债权先于转让的债权到期或者同时到期;(2) 债务人的债权与转让的债权是基于同一合同产生。其理由在于,在债权让与发生之前债务人对让与人享有到期债权,债务人本可凭借该债权与让与人享有的债权相抵销,如果因债权让与导致债务人丧失抵销权,对债务人显非公平。

(四) 诉讼时效中断

《诉讼时效司法解释》第17条第1款规定:"债权转让的,应当认定诉讼时效从债权转让通知到达债务人之日起中断。"债权让与并未产生新的债权,被让与债权在转让前后具有同一性,因此债权让与并不导致新的诉讼时效起算,而仅导致诉讼时效中断。

第三节 债务承担

一、债务承担的概念

债务承担,是指在不改变合同内容的前提下,债权人或债务人通过与第三人订立移让债务的协议,将债务全部或部分地移转给第三人的现象。移让债务的人称为原债务人,接受债务的人称为承担人。对此,需明确以下几点:

第一,债务承担仅导致债务人发生变化,而合同内容和债权人均保持不变。法律允许转让的债务并不仅限于合同债务,合同债务以外的债务承担准用合同编关于债务承担的规定。

第二,债务承担包括原债务人转让全部债务和转让部分债务(《民法典》第551条第1款)。全部转让的,由承担人取代原债务人地位成为合同关系的新债务人,原债务人丧失合同当事人地位。部分转让的,原债务人和承担人按照各自的份额对债权人负有债务,在此场合下,由单一之债变为多数人之债。

第三,债务承担与债务移转不同。债务移转,是指因各种原因导致债务人发生变化的现象。债务移转的原因包括:法律规定(例如法人合并或分立)、法律行为(债务承担合同)、生效裁决等。可见,债务承担是债务移转的下位概念。

第四,债务承担分为免责的债务承担和并存的债务承担。转让普通债务的,适用《民法典》规定的债务承担规则;转让票据、公司债券等特殊债务的,适用特别法规定。

二、免责的债务承担

(一) 免责的债务承担的概念和生效要件

免责的债务承担,是指原债务人将某项债务全部转让给承担人,由承担人取代原债务人地位,使原债务人脱离债的关系。免责的债务承担的生效要件如下:

1. 所移转的债务具有可移转性。现行法虽未规定哪些债务不具有可移转性,但学理和实务通常认为下列债务不具有可移转性:(1) 根据性质不得转让的债务。例如演出合同中约定由特定演员完成演出行为的债务,雇佣合同中约定雇员负有的竞业禁止义务等。(2) 按照当事人约定不得转让的债务。依据合同自由原则,双方当事人就不具有人身专属性的某项债务也可以约定不得转让。(3) 依照法律规定不得转让的债务。例如承揽合同中承揽人完成主要工作的义务、建设工程合同中承包人完成建设工程主体结构的施工义务等。

2. 原债务人与承担人之间订立有效的债务承担协议。债务承担协议的有效要件包括:(1) 原债务人和承担人在缔约时须有相应的缔约能力。原债务人和承担人是自然人的,原则上均应具有完全民事行为能力。原债务人和承担人是法人或非法人组织的,依据法律对所转让债务是否要求特殊资格判断其是否具有相应的缔约能力。
(2)原债务人和承担人就转让债务达成合意且意思表示真实。现行法对债务承担是否有偿未作限定,因此该意思表示可以是有偿转让债务,也可以是无偿转让债务。
(3)债务承担协议内容不违反法律或违背公序良俗。

3. 须经债权人同意。《民法典》第551条规定:"债务人将债务的全部或者部分转移给第三人的,应当经债权人同意。债务人或者第三人可以催告债权人在合理期限内予以同意,债权人未作表示的,视为不同意。"因债权人并未参与该合同的订立,为避免债权人因新债务人资力不足或信用不佳而受到损害,因此须取得债权人同意该合同方能生效。

4. 法律、行政法规规定转让债务应当办理批准等手续生效的,应当遵循其规定(《民法典》第502条)。

(二) 免责的债务承担的效力

1. 债务由原债务人移转给承担人。债务承担合同生效后,承担人即取得债务人地位,原债务人丧失债务人地位。承担人应当向债权人履行债务,并承担债务不履行的责任。债权人无权要求原债务人履行债务,原债务人对承担人的清偿能力也不负担保义务。

2. 抗辩的援用。《民法典》第553条规定:"债务人转移债务的,新债务人可以主张原债务人对债权人的抗辩;原债务人对债权人享有债权的,新债务人不得向债权人主张抵销。"承担人既然取代了原债务人的地位,原债务人所能向债权人主张的抗辩事由,承担人也可以援用。但应注意,因原债务人与债权人互负债务而享有的抵销权,承担人不得援用,因为债务承担仅导致债务移转给承担人而承担人并未取得对债权人之债权。如果允许承担人援用原债务人享有的抵销权,则无异于承认承担人可处分原债务人的债权。

3. 与主债务有关的从债务移转给承担人。《民法典》第554条规定:"债务人转移债务的,新债务人应当承担与主债务有关的从债务,但是该从债务专属于原债务人自身的除外。"一并移转的从债务包括:利息债务;违约金债务;从给付义务和附随义务等。

4. 诉讼时效中断。《诉讼时效司法解释》第17条第2款规定:"债务承担情形下,构成原债务人对债务承认的,应当认定诉讼时效从债务承担意思表示到达债权人之日起中断。"债务承担并未产生新的债务,被转让债务在转让前后具有同一性,因此债务承担并不导致新的诉讼时效起算,而仅导致诉讼时效中断。

三、并存的债务承担

(一) 并存的债务承担的概念和生效要件

并存的债务承担,又称债务加入、重叠的债务承担,是指原债务人并不脱离债的关系,而由第三人加入到债的关系之中,与原债务人共同承担债务。并存的债务承担由原债务人与承担人订立债务承担合同,该债务承担合同的生效要件与免责的债务承担合同的生效要件基本相同,惟要件3"应当经债权人同意"存在差异。依《民法典》第552条的规定,并存的债务承担合同的生效要件3应为"通知债权人,或者第三人向债权人表示愿意加入债务,债权人未在合理期限内明确拒绝"。因为在此情形下,原债务人与债权人之间的债务清偿关系并未发生变化,承担人加入到债的关系中使债权人受偿的可能性增大,对债权人有利,因此该债务承担合同无须债权人同意即可生效。

（二）并存的债务承担的效力

1. 承担人取得债务人地位,原债务人也不丧失债务人地位,二者共同对债权人负清偿责任。《民法典》第552条规定:"债权人可以请求第三人在其愿意承担的债务范围内和债务人承担连带债务。"

2. 抗辩的援用。原债务人对债权人的抗辩,第三人也可主张。第三人援用此类抗辩事由的,不影响原债务人对该抗辩事由的援用。原债务人与第三人订立债务承担合同产生的抗辩事由,第三人不得以此来对抗债权人。

3. 与主债务有关的从债务是否移转给第三人。因《民法典》第552条规定原债务人与第三人承担连带债务,因此第三人对与主债务有关的从债务也负连带清偿责任。在此情形下,并非原债务人将从债务移转给第三人,因为原债务人对该从债务仍负清偿责任。

4. 诉讼时效中断。因原债务人与第三人承担连带债务,对于连带债务人中的一人发生诉讼时效中断效力的事由,应当认定对其他连带债务人也发生诉讼时效中断的效力(《诉讼时效司法解释》第15条第2款)。

第四节　合同权利义务的概括移转

一、合同权利义务概括移转的概念

合同权利义务的概括移转,是指原合同当事人一方将合同权利义务一并移转给第三人,由第三人概括继受权利义务的现象。转让权利义务的一方称为让与人,接受权利义务的一方称为承受人。例如甲与乙订立买卖合同,其后甲将交货请求权和付款义务一并移转给丙。

第一,合同权利义务的概括移转的发生原因,包括当事人之间的法律行为和法律规定。前者称为意定概括移转,后者称为法定概括移转。意定概括移转的发生系基于当事人的意思,其为合同自由原则的体现,往往为商事交易行为。法定概括移转的发生基于企业的分立、合并等法定原因,其通常是因主体地位的变化而发生。

第二,合同权利义务的概括移转,可以是某合同的全部权利义务由让与人移转给承受人,也可以是某合同的部分权利义务由让与人移转给承受人。在全部移转的情形下,承受人取代让与人的合同当事人地位,成为新的当事人,让与人完全退出合同关系。在部分移转的情形下,承受人加入到合同关系之中,让与人未退出合同关系,二者依约定或法律规定共同享有权利和承担义务。

第三,合同权利义务的概括移转虽不导致给付内容的变化,但清偿方式有可能发生变化。合同权利义务的概括移转包含了债权让与和债务承担两方面的内容,债权和债务本身并无变化,这在全部移转的情形下并无疑义。但在部分移转的情形下,虽然债权和债务的内容仍然不变,但由单一之债变为多数人之债,由让与人和承受人负按份或连带清偿责任。

二、合同权利义务概括移转的类型

（一）意定概括移转

意定概括移转,又称约定合同承受,是指让与人与承受人通过合同承受协议将合同权利义务由让与人移转给受让人的现象。《民法典》第555条规定:"当事人一方经对方同意,可以将自己在合同中的权利和义务一并转让给第三人。"该条即为对意定概括移转的规定。

（二）法定概括移转

法定概括移转,是指依据法律规定导致合同权利义务概括移转的现象。具体包括以下情形:企业合并、分立;买卖不破租赁;继承;营业转让;等等。

三、合同权利义务概括移转的效力

（一）意定概括移转的效力

《民法典》第556条规定:"合同的权利和义务一并转让的,适用债权转让、债务转移的有关规定。"依此规定,涉及债权让与的部分适用债权让与的有关规定,涉及债务承担的部分适用债务承担的有关规定。

（二）法定概括移转的效力

法定概括移转的效力类推适用《民法典》第556条,即分别适用债权让与和债务承担的有关规定。法律对法定概括移转的效力有特殊规定的,依照其规定。

第七章 合同的权利义务终止

第一节 清 偿

一、清偿的概念和性质

清偿,是指债务人一方依债的本旨,正确、适当地履行了债务,从而使债权人的债权得以实现并使债务归于消灭的现象。《民法典》第557条第1款第1项规定,"债务已经履行"构成债权债务的终止事由。对于清偿的性质,应结合清偿的内容、有关规则的衔接等因素加以判断。

第一,清偿的内容是创作行为、提供劳务、不作为的,清偿为事实行为。在技术开发合同、约稿合同、雇佣合同、保密合同等合同中,债务人清偿行为的内容体现为创作行为、提供劳务、不作为等事实行为。此类清偿不以意思表示为要素,且对债务人的民事行为能力不作要求。

第二,清偿的内容是代订合同、完成交易的,清偿为法律行为。在委托合同、行纪合同等合同中,债务人清偿行为的内容体现为代订合同、完成交易等法律行为。例如委托人委托受托人从第三人处购买一套房屋。此类清偿要求债务人实施一个或若干个法律行为,其以意思表示为要素,且要求清偿人具有相应的民事行为能力。

第三,清偿的内容是交付货物、支付价款的,清偿性质的界定与是否采用物权行为理论相关。在买卖合同、互易合同、赠与合同等合同中,债务人清偿行为的内容体现为交付货物、支付价款。在采用物权行为理论的语境下,此类移转动产占有的行为是独立的法律行为,对意思表示、民事行为能力均有相应的要求;在不采用物权行为理论的语境下,此类行为是事实行为。

二、清偿抵充

(一)清偿抵充的概念和意义

清偿抵充,是指债务人对债权人负担数宗同种类债务,而债务人的履行不足以清偿全部债务时,决定以该履行抵充某宗或某几宗债务的现象。例如甲公司对银行负有3项债务,分别为500万元、300万元和100万元,甲公司向银行一次性偿还了200

万元,但未说明是清偿哪项债务。此种情形下便需要适用清偿抵充规则加以解决。在债务人对债权人负担数宗同种类债务的场合下,如果债务人的履行不足以清偿全部债务,由于各项债务利息的有无及高低、担保的有无及范围、履行期限、违约责任等方面存在差异,该履行被用于抵充哪项债务对当事人的利益影响重大,清偿抵充规则即为解决该问题而设。

(二) 清偿抵充的方式

清偿抵充的方式适用下列顺序:

1. 约定抵充。债权人与债务人对清偿的债务或者清偿抵充顺序有约定的,依其约定。该约定可以在合同成立时或清偿时进行。

2. 指定抵充。《民法典》第560条第1款规定:"债务人对同一债权人负担的数项债务种类相同,债务人的给付不足以清偿全部债务的,除当事人另有约定外,由债务人在清偿时指定其履行的债务。"该指定行为是行使形成权的行为,无须取得债权人的同意。

3. 法定抵充。《民法典》第560条第2款规定:"债务人未作指定的,应当优先履行已经到期的债务;数项债务均到期的,优先履行对债权人缺乏担保或者担保最少的债务;均无担保或者担保相等的,优先履行债务人负担较重的债务;负担相同的,按照债务到期的先后顺序履行;到期时间相同的,按照债务比例履行。"《民法典》第561条规定,债务人在履行主债务外还应当支付利息和实现债权的有关费用,其给付不足以清偿全部债务的,除当事人另有约定外,应当按照下列顺序履行:(1) 实现债权的有关费用;(2) 利息;(3) 主债务。

第二节 合同解除

一、合同解除的概念和意义

合同解除,是指合同有效成立后,当具备合同解除条件时,因当事人一方或双方的意思表示使合同关系归于消灭的现象。

第一,合同解除体现了对合同严守原则的变通和合同自由原则。在合同有效成立后的某些场合下,因客观情况变化或对方当事人严重违约,导致合同履行成为不可能或不必要,使得当事人订立合同时所追求的合同目的无法实现,此时通过合同解除使当事人从合同关系中解脱出来即成为必要。还有些场合下,在合同有效成立后双方当事人的意愿发生变化,均不欲继续维持合同关系,此时也应允许当事人双方达成合意使合同关系归于消灭。

第二,合同解除的对象是有效成立的合同。合同不成立、无效、被撤销、被拒绝追认的,不存在解除的问题。合同解除并非因为合同内容违反法律强制性规定或当事人意思表示有瑕疵，而是因为发生了合同订立时所未有的特殊情况，法律允许当事人从合同关系中解脱出来。

第三，合同解除必须具备解除条件。因合同解除是在特殊场合下对合同严守原则的变通，故必须存在特定事由即解除条件时当事人才有权解除合同。解除条件分为法定解除条件和约定解除条件，前者由法律规定，后者由当事人约定。如果不存在此两类解除条件，但当事人协商一致，也可以解除合同。

第四，合同解除必须有当事人的解除行为。欲使合同被解除，必须有当事人的解除行为，法院或仲裁机构不得在当事人未行使解除权或未达成解除协议的情形下，主动依职权解除合同。

第五，合同解除的后果是使合同关系归于消灭。合同被解除后，债权人不能再依合同约定请求债务人履行给付义务，但债务人仍须履行附随义务。合同解除虽导致合同关系归于消灭，但并非使当事人之间不存在任何权利义务关系，而是依据法律规定或当事人约定发生相关法律后果。

二、合同解除的要件

（一）法定解除的要件

法定解除，是指法律规定的解除条件具备时，解除权人行使解除权解除合同。

1. 须具备法定解除事由。《民法典》第563条第1款规定了法定解除事由：

（1）因不可抗力致使不能实现合同目的。不可抗力作为一种当事人意志以外的客观原因，导致合同不能履行，在此情形下如果仍将当事人束缚于合同关系中，显然违背公平原则，因此法律赋予当事人以合同解除权。

（2）在履行期限届满前，当事人一方明确表示或者以自己的行为表明不履行主要债务。该项包括预期违约和实际违约两种情形，两者均为拒绝履行的表现形式。债务人拒绝履行是严重的违约行为，其以明示或默示的意思表示表明将不履行合同主要债务，因此法律未要求债权人对其再进行催告，而赋予债权人直接解除合同的权利。

（3）当事人一方迟延履行主要债务，经催告后在合理期限内仍未履行。当事人依据该项解除合同的，催告程序是必经程序，而不允许未经催告直接解除合同。有权催告的当事人仅限于非违约方，违约方即使对非违约方享有债权，也不享有基于催告而产生的合同解除权。

（4）当事人一方迟延履行债务或者有其他违约行为致使不能实现合同目的。该项规定因根本违约而产生的合同解除权。当事人一方的违约行为构成根本违约的，对方当事人可无须经过催告直接解除合同。

（5）法律规定的其他情形。该兜底规定主要包括以下情形：因情势变更、不安抗辩权产生的解除权；法律规定的任意解除权；典型合同的解除权等。

2. 须享有解除权的当事人行使解除权。

(1) 解除权人。依《民法典》第 563 条的表述,解除权人是"当事人",但在不同场合下享有解除权的当事人范围并不相同。首先,因不可抗力解除合同的,双方当事人均享有解除权。其次,因当事人一方的违约行为解除合同的,非违约方享有解除权。法定解除主要作为一种违约救济方式,由非违约方享有解除权为当然之理,如果赋予违约方解除权,则无异于承认违约方一方面实施违约行为而另一方面可通过解除合同从合同关系中解脱出来,显然有悖于违约救济的基本理念。再次,违约方不享有解除权,即该条规定之"当事人"原则上应解释为非违约方。[①] 最后,因法律规定的其他情形解除合同的,由法律规定的解除权人享有解除权。例如《保险法》第 15 条规定保险合同中的投保人享有解除权。

(2) 行使解除权的程序。首先,应当以通知的方式行使解除权,合同自通知到达对方时解除;通知载明债务人在一定期限内不履行债务则合同自动解除,债务人在该期限内未履行债务的,合同自通知载明的期限届满时解除(《民法典》第 565 条第 1 款)。因解除权为形成权,当事人行使解除权无须取得对方同意,而仅依其单方意思表示即可产生解除合同的效果。现行法对通知的方式未作限定,原则上口头或书面通知均无不可。当事人一方未通知对方,直接以提起诉讼或者申请仲裁的方式依法主张解除合同,人民法院或者仲裁机构确认该主张的,合同自起诉状副本或者仲裁申请书副本送达对方时解除(《民法典》第 565 条第 2 款)。其次,对方对解除合同有异议的,任何一方当事人均可以请求人民法院或者仲裁机构确认解除行为的效力(《民法典》第 565 条第 1 款)。为避免法律关系长期悬而未决,对方如有异议应当在一定期限内提出。有约定异议期限的,应在该期限内提出异议并向法院起诉;无约定异议期限的,应在解除通知到达之日起 3 个月内提出异议并向法院起诉(参照《合同法解释(二)》第 24 条)。再次,应当在除斥期间内行使解除权。《民法典》第 564 条规定:"法律规定或者当事人约定解除权行使期限,期限届满当事人不行使的,该权利消灭。法律没有规定或者当事人没有约定解除权行使期限,自解除权人知道或者应当知道解除事由之日起一年内不行使,或者经对方催告后在合理期限内不行使的,该权利消灭。"《民法典》第 563 条第 2 款规定:"以持续履行的债务为内容的不定期合同,当事人可以随时解除合同,但是应当在合理期限之前通知对方。"最后,法律、行政法规规定解除合同应当办理批准等手续生效的,应当遵循其规定(《民法典》第 502 条)。

(二) 约定解除的要件

约定解除,是指当事人约定的解除条件具备时,解除权人行使解除权解除合同。

1. 须具备约定解除条件。约定解除事由由当事人双方约定,反映了依据双方意思表示以何者作为合同解除条件。《民法典》第 562 条第 2 款规定:"当事人可以约定

---

① 《九民纪要》第 48 条指出,某些情形下违约方享有解除权,但《民法典》未采此规定。

一方解除合同的事由。解除合同的事由发生时,解除权人可以解除合同。"当事人可将具体违约行为或其他事由约定为解除条件。当事人将具体违约行为约定为解除条件的,约定解除即具有违约救济的性质,即当事人约定在哪些违约行为发生时可适用合同解除予以救济。例如约定卖方迟延交货3天或买方迟延付款3天以上的,对方有权解除合同。如果当事人将非违约事由约定为解除条件,则该约定解除与违约救济无关,而是当事人基于合同自由原则进行的某种利益安排。例如约定如果交货前标的物市价上涨10%的,买方有权解除合同。

2. 须享有解除权的当事人行使解除权。

(1)解除权人。当事人可以约定由一方或双方享有解除权。当事人将非违约事由约定为解除条件的,约定解除权由一方或双方享有均无不可。当事人将具体违约行为约定为解除条件的,合同通常约定由非违约方享有解除权。

(2)行使解除权的程序。行使约定解除权的程序与行使法定解除权的程序基本相同。

(三)协议解除的要件

协议解除,又称合意解除,是指当事人通过订立解除协议使合同关系归于消灭。

1. 当事人双方订立解除协议,且该协议有效成立。《民法典》第562条第1款规定:"当事人协商一致,可以解除合同。"解除协议本身为一个独立的合同,当事人双方应当遵循合同订立的程序并具备合同有效要件。解除协议生效时原合同被解除。

2. 无须提起诉讼或申请仲裁。现行法并未要求当事人以诉讼或仲裁的方式进行协议解除,故当事人在诉讼外或诉讼程序之中实施协议解除均无不可。

三、合同解除的效力

协议解除的效力由当事人在解除协议中约定。约定解除的效力亦可由当事人约定,无约定的,准用法定解除的效力。依据《民法典》第566条、第567条的规定,法定解除的效力如下:

(一)尚未履行的,终止履行

合同解除导致合同权利义务终止,因此合同解除后尚未履行的债务归于消灭,债权人无权要求债务人履行该债务。

(二)已经履行的,根据履行情况和合同性质,当事人可请求恢复原状、采取其他补救措施

所谓根据履行情况,是指应依据已经履行的内容是否适合恢复原状以决定当事人是否享有恢复原状请求权。所谓根据合同性质,是指应区分继续性和与非继续性合同以决定适用恢复原状抑或采取其他补救措施。对于恢复原状、采取其他补救措施,当事人既可以择一行使,也可以同时主张。当事人可基于合同履行的具体情况选择行使一个或多个请求权,但其主张的利益不得超过其所受损失的范围。

(三) 合同解除不影响当事人要求赔偿损失的权利

合同解除后的赔偿损失为违约赔偿,赔偿范围为履行利益,包括:订约支出的必要费用、因相信合同能履行而支出的必要费用和可得利益损失等。应注意的是,合同解除与赔偿损失在下列场合不能并用:(1) 协议解除的,当事人不得在解除协议达成后,另行主张赔偿损失,但另有约定的除外。当事人协议解除合同的,已就有关损失的赔偿或分担在解除协议中作出了约定,因此当事人不得在履行解除协议之外又要求赔偿损失。(2) 因不可抗力解除合同的,如果双方对解除均无过错,则双方都不负赔偿损失责任。不可抗力是当事人意志以外的客观原因,因其致使合同目的不能实现而解除合同的,当事人双方均不具有可归责性,故应各自负担自身损失,不得要求对方赔偿。(3) 非违约方解除合同后,未采取合理措施防止损失发生或扩大的,其无权就该部分损失要求违约方赔偿。(4) 非违约方通过终止履行、恢复原状或采取其他补救措施足以保护其利益的,则不应适用赔偿损失。

(四) 合同解除不影响违约责任的承担

合同因违约解除的,解除权人可以请求违约方承担违约责任,但是当事人另有约定的除外。例如合同中存在违约金条款或定金条款,非违约方解除合同后仍可依据该条款要求违约方承担违约责任。

(五) 合同解除不影响原合同中结算、清理条款的效力

结算条款,是指约定结算方式、结算期限等与结算有关内容的合同条款。清理条款,是指约定就合同权利义务予以清除或处理的主体、范围、期限、方式等事项的合同条款。此类条款在合同解除后仍然有效,以作为了结当事人权利义务的依据。

(六) 合同解除对担保关系的影响

《民法典》第 566 条第 3 款规定:"主合同解除后,担保人对债务人应当承担的民事责任仍应当承担担保责任,但是担保合同另有约定的除外。"依此规定,主合同解除后,担保人的担保责任原则上并不消灭。担保人担保的对象是"债务人应当承担的民事责任",即债务人承担的恢复原状、采取其他补救措施、赔偿损失等后果。担保人的担保责任范围仍受担保合同中约定担保范围的限制。担保合同就合同解除对担保关系影响另有约定的,依其约定。

第三节 抵 销

一、抵销的概念

抵销,是指在双方互负债务的场合下,依一方或双方的意思表示,使双方债务全部或部分归于消灭的现象。例如甲对乙负有 500 万元借款债务,乙对甲负有 100 万元咨询费债务,两债务均已到期,甲可通过行使抵销权,仅对乙实际偿还 400 万元。抵销包括法定抵销和合意抵销。法定抵销,是指符合法律规定的要件时,依一方当事人的意思表示使双方所负债务全部或部分归于消灭的现象。在法定抵销中,抵销人享有并用以抵销的债权,称为主动债权或抵销债权;相对人享有的被抵销债权,称为被动债权或受动债权。合意抵销,是指依据双方当事人的合意订立抵销合同,使双方所负债务全部或部分归于消灭的现象。

二、法定抵销

（一）法定抵销的要件

依据《民法典》第568条第1款的规定,法定抵销的要件如下:

1. 须双方当事人互负有效存在的债务。在适用抵销的场合下,双方当事人相互负有有效存在的债务,即双方互享债权、互负债务。

2. 须主动债权已届清偿期。债权清偿期届至的,债权人才有权现实地请求债务人履行债务,如果主动债权清偿期尚未届至也允许用于抵销,将不恰当地剥夺债务人的期限利益。

3. 须双方当事人互负债务的标的物种类、品质相同。(1) 可用于抵销的仅为种类物之债。(2) 标的物种类、品质不同的债务即使价值相同,也不得抵销。例如市价100万元的木材和市价100万元的钢材不得抵销,因为二者虽市价相同,但其销路、利润等因素均存在差异。(3) 履行地点、履行方式等因素存在差异的,不影响抵销。现行法仅要求标的物种类、品质相同,对涉及履行的其他因素未作要求。

4. 须双方当事人互负债务非不得抵销的债务。不得抵销的债务包括:(1) 依照法律规定不得抵销的债务。例如《合伙企业法》第41条规定,合伙人发生的与合伙企业无关的债务,相关债权人不得以其债权抵销其对合伙企业的债务。(2) 依照性质不得抵销的债务。例如不作为债务、提供劳务的债务等。(3) 当事人约定不得抵销的债务。该规定是合同自由原则在抵销领域的体现,故当事人应受该约定的拘束。

（二）法定抵销的方式

1. 抵销权人。依《民法典》第568条第1款的规定,抵销权人是"任何一方",即互负债务的双方当事人之任何一方。

2. 应当以通知的方式行使抵销权,通知自到达对方时生效(《民法典》第568条第2款)。因抵销权为形成权,当事人行使抵销权无须取得对方同意,而仅依其单方意思表示即可产生抵销的效力。现行法对通知的方式未作限定,原则上口头或书面通知均无不可。

3. 抵销不得附条件或者附期限(《民法典》第568条第2款)。抵销制度的价值本为简化法律关系、提高履行效率,如果允许当事人的抵销行为附条件或者附期限,反而导致法律关系更为复杂、双方的权利义务处于不确定的状态。

4. 对方有异议的,可以请求法院确认抵销的效力。有约定异议期限的,应在该期限内提出异议并向法院起诉;未约定异议期限的,应在抵销通知到达之日起3个月内提出异议并向法院起诉(参照《合同法解释(二)》第24条)。

(三) 法定抵销的效力

1. 双方当事人互负的债务依抵销数额消灭。双方当事人互负债务数额相同的,两项债务均归于消灭。双方当事人互负债务数额不同的,数额少的债务归于消灭,数额多的债务仅依抵销数额消灭而余额不消灭。

2. 抵销具有溯及力。抵销的溯及力,是指抵销行为的效力溯及至符合抵销要件的最初发生之时。例如双方互负债务于5月1日符合抵销要件,但当事人于8月1日才行使抵销权,则抵销效力溯及至5月1日起发生,其后的利息不予计算。

3. 诉讼时效中断。如果双方当事人互负数额相同债务因抵销而均归于消灭,不存在诉讼时效中断的问题。但如果双方当事人互负债务数额不同,则残存债务的诉讼时效发生中断。如果数额多的债务人行使抵销权,其抵销行为构成"部分履行",故引起诉讼时效中断;如果数额少的债务人行使抵销权,其抵销行为构成"对部分债权主张权利",诉讼时效中断的效力及于剩余债权。

三、合意抵销

(一) 合意抵销的要件

依据《民法典》第569条的规定,合意抵销的要件如下:

1. 须双方当事人互负有效存在的债务。与法定抵销不同的是,如果多个当事人之间存在循环债务,亦可通过多方当事人的意思表示进行合意抵销。例如甲欠乙100万元、乙欠丙100万元、丙欠甲100万元的场合下,虽不可适用法定抵销,但可以合意抵销。

2. 双方当事人互负的债务是否到期对适用合意抵销没有影响。现行法对适用合意抵销的债务是否已届清偿期未作要求。一方或双方债务未届清偿期的,亦可适用合意抵销,因为未届清偿期的债务人可依其意思放弃期限利益。

3. 双方当事人互负债务的标的物种类、品质可以不相同。无论双方互负债务的标的物种类、品质是否相同,均可适用合意抵销。如果双方互负债务的标的物种类、品质相同,当事人本可单方行使抵销权,但其却与对方订立抵销合同,这是当事人以行为放弃了抵销权,故订立抵销合同后不得再主张行使抵销权。前述法定抵销要件4中规定的"不得抵销的债务"中,除依照法律规定不得抵销的债务外,其他两类债务亦可适用于合意抵销。

(二) 合意抵销的方式

当事人合意抵销的,应当订立抵销合同。当事人在抵销合同中约定涉及抵销的有关事项。抵销合同是双务、诺成、不要式合同,可适用此类合同的相关规则。与法定抵销不同的是,抵销合同可以附条件或附期限,因为抵销合同依据双方的意思订立,故附条件或附期限不会造成单方面强制对方接受的不公平结果。

(三) 合意抵销的效力

抵销合同生效时发生抵销的效力,双方债务消灭的数额、是否具有溯及力等具体后果由抵销合同约定。双方当事人合意抵销部分债务的,残存债务的诉讼时效中断,此与法定抵销类似。

第四节 提 存

一、提存的概念

提存,是指债务人由于债权人原因而无法履行债务,将标的物提交提存部门而消灭债权债务关系的制度。作为提存标的物的财产称为"提存物",向提存部门提交提存物的当事人称为"提存人"(债务人),应当从提存部门领取提存物的当事人称为"被提存人"(债权人、提存受领人)。提存制度的意义在于,在因债权人原因而导致债务人无法正常履行债务的场合下,通过提存使债务人从债权债务关系中解脱出来,从而保护无过错债务人的利益。在多数场合下,债务人履行债务须有债权人的受领行为才能完成。如果债权人无正当理由拒绝受领或因其他原因不能受领,债权人虽应承担受领迟延的责任,但债务人的债务并未消灭。如果仍然要求债务人随时准备履行,甚至在债务人陷于迟延履行后要求其承担责任,对债务人而言甚不公平。

二、提存的要件

(一) 须有合法的提存原因,且该原因导致债务人难以履行债务

依《民法典》第570条第1款,提存的原因包括以下四种:

1. 债权人无正当理由拒绝受领。债务人依法定或约定要求向债权人履行债务时,如果债权人无正当理由拒绝受领,将导致债务人无法完成履行行为,故债务人在此情形下可予以提存。

2. 债权人下落不明。所谓下落不明,是指债务人不能依正常方法确知债权人的住所,或者虽知道债权人的住所但债权人处于无音讯的状态而无法联系债权人。例如债权人分立、合并或者变更住所没有通知债务人,债权人失踪等。

3. 债权人死亡未确定继承人、遗产管理人,或者丧失民事行为能力未确定监护人。因债权人死亡未确定继承人或丧失民事行为能力而无法受领给付,导致债务人不能确知何人为新债权人或代理人,故债务人在此情形下可予以提存。

4. 法律规定的其他情形。例如《提存公证规则》第5条规定的提存原因还包括:债权人延迟受领债之标的;债权人不在债务履行地又不能到履行地受领;债权人不清、地址不详等。

（二）须标的物适于提存

所谓标的物适于提存，是指标的物的性质适合于由提存部门保管且保管费用不至于过高的。《提存公证规则》第7条规定，下列标的物可以提存：（1）货币；（2）有价证券、票据、提单、权利证书；（3）贵重物品；（5）担保物（金）或其替代物；（6）其他适宜提存的标的物。标的物不适于提存或者提存费用过高的，债务人依法可以拍卖或者变卖标的物，提存所得的价款（《民法典》第570条第2款）。例如体积过大或具有特殊危险的物品、易于毁损灭失的物品、需采取特殊保管方法且保管费用过高的物品。

三、提存的方式

（一）提存人与提存部门

提存人是债务人，具体包括：债务人本人、债务人的代理人、代为清偿的第三人。提存部门，是国家设立的办理提存相关事务的机构。在现行法体系下，提存部门主要是公证机关。当事人提存，须到公证机关办理提存公证。提存公证是公证处依照法定条件和程序，对债务人或担保人为债权人的利益而交付的债之标的物或担保物（含担保物的替代物）进行寄托、保管，并在条件成就时交付债权人的活动（《提存公证规则》第2条）。

（二）提存的成立

《民法典》第571条规定："债务人将标的物或者将标的物依法拍卖、变卖所得价款交付提存部门时，提存成立。提存成立的，视为债务人在其提存范围内已经交付标的物。"因提存规则的本质是债务人将标的物交给第三人（提存部门）保管，故原则上自标的物交付时提存关系成立。

（三）提存后的通知义务

《民法典》第572条规定："标的物提存后，债务人应当及时通知债权人或者债权人的继承人、遗产管理人、监护人、财产代管人。"以清偿为目的的提存或提存人通知有困难的，公证处应自提存之日起7日内，以书面形式通知提存受领人，告知其领取提存物的时间、期限、地点、方法（《提存公证规则》第18条第2款）。提存受领人不清或下落不明、地址不详无法送达通知的，公证处应自提存之日起60日内，以公告方式通知（《提存公证规则》第18条第3款）。

四、提存的效力

（一）债务人的债务消灭

《民法典》第557条第1款第3项规定提存是债权债务终止的原因之一，对此应解释为提存导致债务人的债务消灭，而并不导致债权人的债权消灭。《合同法解释

(二)》第 25 条第 2 款规定:"提存成立的,视为债务人在其提存范围内已经履行债务。"该款是将提存拟制产生清偿的效果,但该效果仅作用于债务人一方,而不能由此推导出债权人的债权亦归于消灭的结论。

(二) 债权人的提存物领取请求权

1. 债权人可以随时领取提存物(《民法典》第 574 条第 1 款)。债权人收到提存通知后,可在提存部门正常工作时间的任意时间点领取提存物,但不得超过法定最长时间限制。提存受领人领取提存标的物时,应提供身份证明、提存通知书或公告,以及有关债权的证明,并承担因提存所支出的费用。

2. 债权人对债务人负有到期债务的,在债权人未履行债务或者提供担保之前,提存部门根据债务人的要求应当拒绝其领取提存物(《民法典》第 574 条第 1 款)。如果债权人的债权受到同时履行抗辩权或先履行抗辩权的限制,债权人须履行自己的债务后才能领取提存物。

3. 债权人有权领取提存物在提存期间所产生的孳息(《民法典》第 573 条)。提存的存款单、有价证券、奖券需要领息、承兑、领奖的,公证处应当代为承兑或领取,所获得的本金和孳息在不改变用途的前提下,按不损害提存受领人利益的原则处理。无法按原用途使用的,应以货币形式存入提存账户(《提存公证规则》第 22 条第 2 款)。

4. 提存费用由债权人负担(《民法典》第 573 条)。提存费用包括:提存公证费、公告费、邮电费、保管费、评估鉴定费、代管费、拍卖变卖费、保险费,以及为保管、处理、运输提存标的物所支出的其他费用。

5. 提存物领取请求权的时间限制。债权人领取提存物的权利,自提存之日起 5 年内不行使而消灭,提存物扣除提存费用后归国家所有(《民法典》第 574 条第 2 款)。

(三) 提存物的风险负担

《民法典》第 573 条规定:"标的物提存后,毁损、灭失的风险由债权人承担。"所谓由债权人负担该风险,是指如果提存物在提存部门毁损、灭失且不可归责于提存部门,不仅债务人的债务仍归于消灭,而且债权人仍须对债务人负有对待给付义务。例如甲乙买卖一幅名画,甲依法将名画提存,但在提存期间名画因火灾意外烧毁,则甲的债务消灭而乙仍须向甲支付价金。

(四) 提存人对提存物的取回权

《民法典》第 574 条第 2 款规定:"债权人未履行对债务人的到期债务,或者债权人向提存部门书面表示放弃领取提存物权利的,债务人负担提存费用后有权取回提存物。"《提存公证规则》第 26 条第 3 款规定,提存人取回提存物的,视为未提存。因此产生的费用由提存人承担。提存人未支付提存费用前,公证处有权留置价值相当的提存标的。

第五节 免　　除

一、免除的概念

免除,是指债权人放弃其债权,使债务人的债务归于消灭的现象。《民法典》第575条规定"债务人在合理期限内拒绝"导致债务不消灭,因此免除是双方行为。债权人与债务人须就免除债务达成合意,债务人在合理期限内未拒绝的,推定为债务人同意被免除债务;债务人在合理期限内拒绝的,则因未达成合意而导致免除行为未成立。此外,免除是处分行为、无偿行为、不要式行为和无因行为。

二、免除的要件

(一) 免除行为人须对债权享有处分权

如果免除行为人不享有债权或虽享有债权但处分权受到限制,免除行为不发生免除的效力。

(二) 免除行为人须具有相应的民事行为能力

免除行为人是自然人的,应具有完全民事行为能力。因免除行为单方面导致债权人财产减少,故作为债权人的无民事行为能力人和限制民事行为能力人不得实施,其监护人也不得实施,但为被监护人的利益除外(《民法典》第35条第1款)。免除行为人是法人或其他组织的,不得存在法律禁止该组织实施免除行为的情形,且该组织应依法定程序作出相关决议。

(三) 免除行为人须向债务人作出免除其债务的意思表示,且意思表示真实

该意思表示是有相对人的意思表示,自到达债务人时起生效。该意思表示应当包含免除债务人债务的内容,其未必直接出现"免除"字眼,但应具有债权人抛弃债权、债务人的债务消灭等内容。

(四) 免除不得损害第三人的合法权益

免除虽然直接导致债权人和债务人之间的权利义务发生变动,但如果免除行为涉及第三人的利益,在某些场合下也受到限制。例如甲对乙享有A债权,甲以A债权为标的设立权利质权以担保丙之B债权,甲如果对乙免除A债权,将损害丙的利益,故在此场合下不得免除。

三、免除的方式

(一) 免除应以明示或者默示的意思表示作出

免除的意思表示通常以明示形式作出,但某些场合下也可以默示形式作出。因免除是不要式行为,故免除的意思表示形式并无特定要求。行为人以明示形式实施

免除行为的,通常表现为向债务人发出书面或口头通知。行为人以默示形式实施免除行为的,表现为其实施某种积极行为,该行为中包含有免除的意思。例如债务履行期限届满时,债权人当面向债务人销毁债权证书。

（二）免除可以附条件或附期限

因免除是行为人处分自己权利的法律行为,故可以附条件或附期限,以实现行为人的某种特殊动机。例如债权人向债务人表示,如果能提前1个月还款,部分利息予以免除。

四、免除的效力

（一）被免除的债务消灭

《民法典》第575条规定,债权人可以免除债务人部分或者全部债务。债权人部分免除的,该债务部分消灭;债权人全部免除的,该债务整体消灭。对债权人而言,其所享债权也发生部分或全部消灭。

（二）被免除债务的从债务消灭

从债务原则上因主债务被免除而消灭,包括利息债务、担保债务、违约金债务等。但债权人明确表示从债务不消灭,且依从债务的性质可以独立存在的,则该从债务不消灭。例如债权人表示债务人迟延履行的债务予以免除,但因该迟延履行所产生的违约金仍须支付。

（三）债务人可请求债权人返还债权凭证

债务因免除而消灭的,债务人有权请求债权人返还债权证书、欠条等债权凭证。

第六节 混 同

一、混同的概念

债法领域的混同,是指债权和债务同归于一人,致使债权债务消灭的现象。混同作为一种导致债权债务消灭的法律事实,性质上属于事件而非行为。在债务人受让债权的场合下,虽存在债权让与行为,但混同并非指该行为,而是指因债权让与导致债权和债务同归于一人的结果事实。

二、混同的原因

《民法典》第576条规定,混同的原因是"债权和债务同归于一人"。具体包括以下两类情形：

（一）概括承受

概括承受,是指因债权人和债务人的主体存续发生变化,而导致一方的权利义务全部由另一方承受的现象。具体包括：企业合并、债权人继承债务人财产、债务人继承债权人财产等。

（二）特定承受

特定承受，是指就某一特定债权，债权人和债务人的身份归于一人。具体包括：债权人将债权转让给债务人、债务人将债务转让给债权人等。

三、混同的效力

（一）债权债务消灭

《民法典》第576条规定，混同的效力是"债权债务终止"。因混同而消灭的债务，既包括主债务，也包括利息债务、担保债务等从债务。在保证人取得主债权的场合下，保证债权因混同而消灭，但主债权不消灭。

（二）涉及第三人利益的，债权债务不因混同而消灭

如果债权债务涉及第三人利益，为保护第三人合法权益，该债权债务不因混同而消灭。具体包括以下两类情形：

1. 债权是第三人权利的标的。例如甲公司对乙公司享有A债权，甲以A债权为标的设立权利质权以担保丙之B债权，其后甲乙两公司合并，为保护丙的担保利益，A债权不因混同而消灭，丙仍有权主张就A债权优先受偿。

2. 具有流通性的证券化债权。例如在票据权利转让的场合下，票据背书转让给前手票据债务人（出票人、承兑人等），票据权利不因混同而消灭，可以继续流通。又例如公司取得本公司发行的公司债券，债券权利不因混同而消灭，可以继续流通。

第八章 违约责任

第一节 违约责任概述

一、违约责任的概念和特征

违约责任,是指合同当事人不履行合同义务或其履行不符合约定或法律规定时,对另一方当事人所应承担的民事责任。大陆法系传统民法通常采用"债务不履行责任"概念,违约责任是债务不履行责任的下位概念,债务不履行责任除包括违约责任外,还包括不履行非合同债务产生的责任。违约责任具有以下几方面特征:

(一)违约责任以有效合同的存在为前提

违约责任的产生时间是合同有效成立之后:合同有效成立但尚未生效,当事人违反附随义务的,可产生违约责任;合同生效后,当事人违反给付义务所产生的违约责任是违约责任的最常见形态;合同权利义务终止后,当事人违反后合同义务的,亦可产生违约责任。

(二)违约责任是合同当事人违反合同义务所产生的民事责任

当事人违反合同义务的行为即为违约行为,其形态可大致分为两类:不履行、履行不符合约定或法律规定。不履行是指当事人完全未履行其合同义务的行为,例如拒绝履行、不能履行等。履行不符合约定或法律规定是指当事人虽有履行其合同义务的行为,但其履行行为在履行期限、标的物数量、标的物质量等方面不符合约定或法律规定,例如迟延履行、部分履行、瑕疵给付等。

(三)违约责任具有相对性

首先,违约当事人应对自己的违约行为承担违约责任。承担违约责任的主体只能是合同当事人,合同关系以外的第三人因不负有合同义务,不能成为承担违约责任的主体。其次,因第三人原因造成当事人违约的,该当事人仍应承担违约责任。违约责任被局限在合同当事人之间发生,如果基于第三人的原因造成当事人一方违约,承担违约责任的主体仍为该当事人而非第三人。最后,违约当事人向对方当事人承担违约责任,而非向国家或第三人承担。承担违约责任的对象是合同关系中的对方当事人,而非有关国家机关或第三人,此与行政责任和刑事责任存在明显差异。

(四) 违约责任主要具有补偿性

违约责任的主要功能是补偿非违约方因违约方的违约行为给其造成的损失,通过违约责任的承担使非违约方的财产达到未发生违约行为时的状态。因此,违约金、违约损害赔偿等责任的承担,原则上均应以填补非违约方的损失为基本标准。但在某些特殊场合下,基于特定的立法目的,法律规定适用惩罚性赔偿或惩罚性违约金。这些规则的功能着眼于对违约方实施违约行为的惩罚,而非对非违约方损失的填补,只能在有明确法律规定或当事人约定的场合下方能适用。

(五) 违约责任的内容、形式可以由当事人事先约定

所谓事先约定,是指在违约行为尚未发生时,当事人可在合同中就违约责任的有关事宜予以约定。例如约定违约金条款、违约损害赔偿的计算方法等。因合同关系是相对法律关系,基于合同自由原则允许当事人就违约行为所导致的权利义务变动依据当事人意思作出安排,以此约束当事人的行为并使非违约方由此获得救济。

(六) 违约责任是财产责任

违约责任形式限于违约金、损害赔偿等财产责任形式,不包括赔礼道歉等非财产责任形式。其理在于,合同之债是一种财产法律关系,当事人的违约行为给非违约方造成的损失体现为财产权益的丧失或减少,须适用财产责任形式才能对非违约方起到补偿作用,而赔礼道歉等非财产责任形式在性质上不能实现违约责任的补偿功能。

二、违约责任的归责原则

违约责任的归责原则,是指据以确定违约责任由责任人承担的最终决定性标准。违约责任的归责原则体现了违约责任制度的基本价值取向,并直接影响违约责任具体规则的内容。《民法典》第577条规定:"当事人一方不履行合同义务或者履行合同义务不符合约定的,应当承担继续履行、采取补救措施或者赔偿损失等违约责任。"该条是对违约责任的基本规定。依此规定,违约责任的归责原则是无过错责任原则。对于无过错责任原则,可从以下几方面理解:

第一,不以违约方的主观过错为违约责任的构成要件。所谓无过错责任,并非是指要求违约方无过错,而是说不以过错为要件,即无论违约方是否有过错均不影响违约责任的成立。对违约方而言,无过错责任是一种比过错责任更为严格、苛刻的责任,故其又称严格责任,其能够更有力地约束违约方的行为,更好地防范违约行为的发生。对非违约方而言,无过错责任能提供更有力的违约救济,更为有效地保护非违约方的合法权益。

第二,非违约方主张违约方承担违约责任时,无须举证证明违约方有过错。违约方也不能通过举证证明自己没有过错予以免责。法院在认定违约责任是否成立时,也无须对违约方是否具有过错作出判定。

第三,无过错责任并非绝对责任,违约方有权依法定、约定免责事由主张免责

虽然无过错责任不允许违约方以自己无过错为由予以免责,但无过错责任不是绝对责任或结果责任,违约方有权依不可抗力等法定、约定免责事由予以免责。

第四,虽然违约方过错不是违约责任的构成要件,但违约方和非违约方的过错影响损害赔偿的范围。现行法虽然确立了无过错责任原则是违约责任的归责原则,但其内涵主要是指违约责任的成立不考虑违约方是否具有过错,而并非意味着当事人双方的过错对责任的承担不产生任何影响。

第二节　违约责任的形式

一、违约金

（一）违约金的概念和分类

违约金,是指合同约定或法律规定的,当事人一方违约时应支付给对方的一定数量的金钱。违约金的常见分类如下:

1. 惩罚性违约金与赔偿性违约金。惩罚性违约金,是指违约方除须支付违约金外,其因违约所应承担的损害赔偿、强制实际履行等责任不受影响。惩罚性违约金的功能是对违约方进行惩罚和制裁,而非对非违约方的损害进行填补。赔偿性违约金,是指违约金只是当事人双方预先估计的损害赔偿总额,非违约方不能就违约金与强制实际履行等责任双重请求。赔偿性违约金的功能是对非违约方的损害进行填补,违约金的数额是当事人事先对违约行为造成损害的预估。

2. 法定违约金与约定违约金。法定违约金,是指法律针对某些有名合同中的违约行为规定的违约金。例如《中华人民共和国电信条例》第 34 条第 1 款规定的电信用户逾期不交纳电信费用的,按照所欠费用每日加收 3% 的违约金。约定违约金,是指由当事人约定的违约金。约定违约金是合同自由原则在违约责任领域中的体现,实践中,绝大多数违约金为约定违约金。

（二）违约金责任的构成要件

1. 存在有效的合同关系。当事人主张对方承担违约金责任的,以合同有效成立为前提。合同不成立、无效或被撤销的,当事人不能主张违约金责任。合同被依法解除的,因违约金条款并不失效,故可以成立违约金责任。

2. 合同约定有违约金条款或者具备适用法定违约金的情形。《民法典》第 585 条第 1 款规定,当事人约定违约金的数额有两种方式:一是直接约定一个固定金额,例如违约金 20 万元;二是约定一种违约金的计算方法,例如约定"迟延付款 1 至 30 天的,每天违约金按迟延金额的 0.1% 计算,迟延付款 30 天以上的,每天违约金按迟延金额的 0.2% 计算"。

3. 有违约行为存在。违约方实施何种违约行为时非违约方可主张违约金责任,应依据法律规定或当事人约定予以确定。如果违约金条款未就违约行为的形态作出约定,且依据合同解释的方法也无法确定违约金系针对何种形态的违约行为,原则上违约方实施任何形态的违约行为均应承担违约金责任。

(三)违约金数额调整规则

《民法典》第585条第2款规定:"约定的违约金低于造成的损失的,人民法院或者仲裁机构可以根据当事人的请求予以增加;约定的违约金过分高于造成的损失的,人民法院或者仲裁机构可以根据当事人的请求予以适当减少。"该规定的目的在于,防止违约金条款成为一方压榨另一方和获取暴利的工具,避免违约金数额与违约损失额差异悬殊,以实现公平原则的要求。

1. 约定的违约金低于造成的损失的,当事人可以请求人民法院或者仲裁机构予以增加。对于增加违约金数额的具体方法,《合同法解释(二)》第28条规定:(1)增加后的违约金数额以不超过实际损失额为限。(2)增加违约金以后,当事人又请求对方赔偿损失的,人民法院不予支持。因增加后的违约金数额已经能够完全填补非违约方损害,因此非违约方不能在增加违约金以后又请求对方赔偿损失。

2. 约定的违约金过分高于造成的损失的,当事人可以请求人民法院或者仲裁机构予以适当减少。对于减少违约金数额的具体方法,《合同法解释(二)》第29条规定:(1)当事人主张约定的违约金过高请求予以适当减少的,人民法院应当以实际损失为基础,兼顾合同的履行情况、当事人的过错程度以及预期利益等综合因素,根据公平原则和诚实信用原则予以衡量,并作出裁决。(2)"过分高于"的标准:当事人约定的违约金超过造成损失的30%的,一般可以认定为"过分高于造成的损失"。

二、损害赔偿

(一)损害赔偿的概念和特征

损害赔偿,是指违约方因违约行为给对方造成损失,依法律规定或合同约定应承担赔偿对方当事人所受损失的责任。损害赔偿责任具有以下特征:

第一,损害赔偿是以金钱赔偿的方式填补非违约方的损失。损害赔偿作为一种金钱赔偿的责任形式,优点是对于各类损害均能适用,简便易行且适用成本较低;缺点是对各类损害的计算可能有失精准,且仅为间接填补而非直接排除损害,可能会与补偿目的有所出入。

第二,损害赔偿以补偿性为原则,以惩罚性为例外。损害赔偿的主要功能是填补非违约方的损失,因此损害赔偿的数额原则上应当等于因违约行为给非违约方造成损失的总和。仅在某些特殊场合下,基于特定的立法目的且有明确法律规定的,才能适用惩罚性赔偿,对违约方课以高于违约损失的赔偿数额。

(二)损害赔偿责任的构成要件

1. 有违约行为存在。损害赔偿适用于各种形态的违约行为,包括不能履行、拒绝履行、迟延履行、不完全履行等。换言之,违约方不履行或不按要求履行任何合同义务(主给付义务、从给付义务、附随义务等),均有可能产生损害赔偿责任。

2. 非违约方受有损害。《民法典》第584条规定:"损失赔偿额应当相当于因违约所造成的损失。"在违约损害赔偿领域内,损害主要是指财产损害或财产损失,而不涉及非财产损害,但在侵权责任与违约责任竞合的场合下有可能发生非财产损害赔偿的问题。

3. 违约行为与非违约方所受损害之间具有因果关系。对于因果关系的判断标准,通说采相当因果关系说。该说认为,某一原因仅在现实发生某结果,还不能确定有因果关系,须依一般观念,有同一原因存在通常就能发生同一结果,才能认定具有因果关系。

(三)损害赔偿责任范围确定的原则

1. 完全赔偿原则。完全赔偿原则,是指因违约方的违约行为使非违约方产生的全部损失都应当由违约方负赔偿责任。《民法典》第584条规定:"当事人一方不履行合同义务或者履行合同义务不符合约定,造成对方损失的,损失赔偿额应当相当于因违约所造成的损失,包括合同履行后可以获得的利益;但是,不得超过违约一方订立合同时预见到或者应当预见到的因违约可能造成的损失。"依据完全赔偿原则,损害赔偿的范围主要包括两类损失:(1)实际损失,即因违约行为造成非违约方现有财产的直接减少。包括:订约费用的支出因违约得不到补偿、非违约方履行合同义务而未获得对价、因标的物瑕疵造成的损失、因迟延履行造成的利息损失等。(2)可得利益损失,即因违约行为造成非违约方本应当获得的利益而实际未能获得。包括各类利润,例如差价利润、租金利润等。

2. 完全赔偿原则的例外——惩罚性赔偿。在某些场合下,法律规定违约方的损害赔偿数额大于非违约方的违约损失,超出违约损失的赔偿数额体现了对违约方的惩罚和制裁。例如经营者对消费者提供商品或者服务有欺诈等违法行为的,依照《消费者权益保护法》《中华人民共和国食品安全法》(以下简称《食品安全法》)等法律的规定承担损害赔偿责任。

(四)完全赔偿原则的限制规则

完全赔偿原则是确定损害赔偿责任范围的基本标准,其还须受到下列规则的限制:

1. 可预见性规则,是指损失赔偿额不得超过违约方订立合同时预见到或者应当预见到的因违约可能造成的损失(《民法典》第584条)。该规则的作用在于,防止赔偿范围被拉伸至因果关系链条上的过远端,避免违约方就无法预测的损害承担赔偿责任。例如借款人迟延偿还10万元借款1个月,贷款人主张该款在此1个月内用于购买股票本可赚取20万元利润,依据可预见性规则,贷款人不得就此超出借款人预见范围的利润要求赔偿。

2. 减轻损失规则,是指当事人一方违约后,对方应当采取适当措施防止损失的扩大;没有采取适当措施致使损失扩大的,不得就扩大的损失请求赔偿(《民法典》第591条第1款)。非违约方应当采取适当措施防止损失扩大的义务被称为减损义务,其性质为不真正义务。该规则是协作履行原则和诚实信用原则的要求,其功能是防止非违约方在违约行为发生时消极应对以造成不必要的损失。例如在保管合同中,寄存人交付的保管物有瑕疵或者按照保管物的性质需要采取特殊保管措施但寄存人未告知保管人,导致保管人因此受损失的,保管人应针对保管物的瑕疵或性质采取合理的补救措施以防止损失扩大。

3. 过失相抵规则,是指在非违约方对损失的发生或扩大也有过错时,可以减轻或免除违约方的赔偿责任(《民法典》第592条第2款)。该规则是公平原则和诚实信用原则在损害赔偿领域的体现,其功能在于因多种原因造成损失的情形下合理确定违约方的赔偿数额。例如甲将汽车交给修车行修理,未准确说明故障的部位及表现,修车行修理时亦未审慎检查导致车辆故障加重。

4. 损益相抵规则,是指非违约方基于导致损失的同一原因而获得利益时,应将所得利益从损害赔偿额中予以扣除。该规则是禁止得利精神的体现,其功能是防止非违约方因违约行为既有损失又得到利益的情形下,单纯只计算损失而违反完全赔偿原则。例如乙以100万元向甲购买一批建筑用钢材,但甲向乙交付的钢材因质量严重不合格不能用于合同约定的建设施工,乙遂将该批钢材以残次品的市场价格出售得到30万元,乙向甲要求赔偿的数额应扣除这30万元。《买卖合同司法解释》第23条规定了损益相抵规则:"买卖合同当事人一方因对方违约而获有利益,违约方主张从损失赔偿额中扣除该部分利益的,人民法院应予支持。"

三、强制履行

(一) 强制履行的概念和性质

强制履行,又称继续履行,是指违约方不履行合同义务时,相对方有权请求法院强制违约方按合同约定的标的履行义务,而不得以支付违约金或赔偿金的方式代替履行。《民法典》第579条规定了金钱债务的强制履行,第580条规定了非金钱债务的强制履行。对于强制履行的性质,我国现行法将其规定为违约责任的形式,而大陆法系传统民法通常将其称为第二次给付义务。虽然从行为外观来看,强制履行仍然是要求债务人按合同约定的标的履行义务,但其适用是发生在债务人违约之后,是非违约方借助国家公权力强制债务人作出某种行为,故债务人的行为已不是单纯履行合同义务而是承担民事责任。

(二) 强制履行的构成要件

1. 有违约行为存在。当事人一方未支付价款、报酬、租金、利息等金钱债务,或者不履行非金钱债务或者履行非金钱债务不符合约定的,均可适用强制履行。强制履行通常适用的违约行为形态包括：拒绝履行、迟延履行、部分履行等。

2. 非违约方请求违约方继续履行合同义务。现行法未将实际履行原则规定为合同履行的原则，而是赋予非违约方请求违约方继续履行的违约责任请求权。《民法典》第579条、第580条均表述为"对方可以请求"，故非违约方对是否要求违约方继续履行合同义务享有选择的权利，法院或仲裁机构不得主动依职权裁决违约方继续履行合同义务。

3. 违约方具有履行合同义务的能力。如果由于自然原因或法律规定违约方构成不能履行，则非违约方不能请求违约方继续履行合同义务，而只能请求其承担损害赔偿、支付违约金等违约责任。

（三）不适用强制履行的情形

金钱债务不存在不能履行的问题，故金钱债务总能适用强制履行的责任形式。对于非金钱债务，《民法典》第580条第1款规定下列情形不适用强制履行：

1. 法律上或者事实上不能履行。如果违约方构成法律上的不能履行或事实上的不能履行，非违约方请求其继续履行合同义务是没有意义的，因此在此情形下非违约方只能主张其他的违约责任形式。

2. 债务的标的不适于强制履行或者履行费用过高。（1）债务的标的不适于强制履行，是指依据债务标的性质不宜强制债务人实际履行合同义务。例如委托合同中受托人处理受托事务的义务、演出合同中表演人的表演义务等因具有人身专属性，不适于直接强制债务人继续履行，也不能由他人代替履行。《民法典》第581条规定："当事人一方不履行债务或者履行债务不符合约定，根据债务的性质不得强制履行的，对方可以请求其负担由第三人替代履行的费用。"（2）履行费用过高，是指虽然债务标的适于强制履行，但因履行费用过高而导致债务人产生不合理的负担，以致适用强制履行将违背诚实信用原则和公平交易的一般原则。例如一艘油轮因暴风雨沉入海中，尽管打捞该游轮是可能的，但打捞费用远远超过所运石油的价值，托运人不能要求承运人实际履行运输合同。有判决认为，如果违约方继续履约所需的财力、物力超过合同双方基于合同履行所能获得的利益，则非违约方要求继续履行合同的诉讼请求不应支持。①

3. 债权人在合理期限内未要求履行。该"合理期限"不是诉讼时效期间或除斥期间。一般认为，该合理期限是权利失效期间。债权人未在该期间内要求债务人继续履行的，即丧失请求债务人继续履行的权利，而只能请求债务人承担损害赔偿或支付违约金等责任形式。法律设置该合理期限的理由在于，债务人履行义务往往需要特别的准备，如果债权人在得知债务人违约后长时间未请求债务人继续履行，债务人有合理理由相信债权人不再主张继续履行，故如果债权人希望债务人继续履行应在

---

① 参见"新宇公司诉冯玉梅商铺买卖合同纠纷案"，载《最高人民法院公报》2006年第6期。

其得知违约事实后的合理期限内尽快主张。

应当注意的是,《民法典》第 580 条第 2 款规定:"有前款规定的除外情形之一,致使不能实现合同目的的,人民法院或者仲裁机构可以根据当事人的请求终止合同权利义务关系,但是不影响违约责任的承担。"依此规定,在一方违约而又不适用强制履行责任,致使合同目的不能实现的情形下,为打破合同"僵局",当事人(包括违约方)可请求人民法院或者仲裁机构作出终止合同关系的裁判,由此创设了"裁判终止"这一合同之债的消灭方式。

四、标的物瑕疵的补正

(一)标的物瑕疵补正的概念和性质

标的物瑕疵的补正,是指标的物有瑕疵的,非违约方有权合理选择要求违约方承担修理、重作、更换等形式的责任。《民法典》第 582 条规定的责任形式包括修理、重作、更换、退货、减少价款或者报酬。修理,是指针对标的物瑕疵进行修理,以消除该瑕疵并使标的物具有合同约定的使用价值。例如对不能正常制冷的空调进行修理。重作,是指在承揽、建设工程等合同中,债务人交付的工作成果不合格,由债务人重新制作工作成果。例如裁缝店交付的西服不符合约定款式,裁缝店依约定款式重新制衣。更换,是指将已交付的标的物替换为种类相同且质量符合合同约定的物。例如将存在印刷错漏的书籍予以更换。"退货"是指解除合同,"减少价款或者报酬"是指减价,此两者为另外两种独立的违约救济措施。

(二)标的物瑕疵补正的构成要件

1. 标的物存在瑕疵。标的物瑕疵的补正主要适用于瑕疵给付的场合,而不适用于拒绝履行、迟延履行等违约形态。适用瑕疵补正的标的物不限于动产,也包括房屋等不动产。

2. 对该违约责任没有约定或者约定不明确,依照《民法典》第 510 条的规定仍不能确定。如果对该违约责任合同有明确约定(如违约金),或者能够通过补充协议、合同有关条款或交易习惯确定该违约责任,应当优先适用这些违约救济措施。

3. 违约方已将标的物交付给非违约方。在违约方交付的标的物存在瑕疵的情形下,非违约方有两种选择:一是可以拒绝接受标的物或者解除合同;二是接受标的物并要求对方承担违约责任。在前者情形下,因非违约方尚未取得标的物的占有,不存在适用标的物瑕疵的补正的问题;在后者情形下,因非违约方已接受存在瑕疵的标的物,则可以适用修理、重作、更换的方式来补正标的物的瑕疵。

4. 非违约方应合理选择补正方式。所谓合理选择,是指非违约方应根据标的的性质以及损失的大小在修理、重作、更换中选择最合适的补正方式。例如电视遥控器存在瑕疵,买方要求更换遥控器是合理的,而要求更换并无瑕疵的电视主机则是不合理的。

五、减价

（一）减价的概念和性质

减价，即"减少价款或者报酬"的简称，是指债务人交付的标的物有瑕疵的，非违约方有权选择在接受不完全履行的基础上，减少对方价款或报酬。例如卖方交付的家具稍有破损，买方同意接收但以约定价款的九折付款。《民法典》第582条将减价与标的物瑕疵的补正规定于同一条之中，将二者均定位为采取补救措施的范畴。

（二）减价的构成要件

1. 标的物存在瑕疵。该要件与标的物瑕疵的补正要件1相同。

2. 对该违约责任没有约定或者约定不明确，依照《民法典》第510条的规定仍不能确定。该要件与标的物瑕疵的补正要件2相同。

3. 非违约方同意接受违约方的不完全履行。减价责任的适用以非违约方同意接受违约方的不完全履行为前提，如果非违约方拒绝接受标的物或者解除合同，则不存在减价的问题。

4. 非违约方应当提出合理的减价要求。该要件有两层含义：一是非违约方应根据标的性质以及损失的大小在减价、标的物瑕疵的补正和解除合同（退货）中作出合理选择。二是非违约方要求减少的价款或报酬数额应当合理。减价数额也应当根据标的性质、损失大小等因素确定，其应与标的物瑕疵所造成的损害具有对应性。双方当事人不能就减价数额达成合意的，由法院或仲裁机构依据上述因素作出裁决。

5. 价款或报酬是否已支付在所不问。无论价款或报酬是否已支付，均不影响非违约方减价权的行使。

六、定金责任

（一）定金的概念和特征

定金，是指为担保债权实现或基于其他目的，一方当事人在合同履行前向对方当事人给付一定数额的金钱。在学理及实务上，定金的种类包括：订约定金、成约定金、解约定金和违约定金等。本节仅讨论违约定金。定金具有以下特征：

第一，定金既是一种债的担保方式，也是一种违约责任形式。《民法典》第586条规定，当事人可以约定一方向对方给付定金作为债权的担保。因该条规定于合同编第八章"违约责任"，故现行法系将定金定位为既是一种担保方式，也是一种违约责任形式。定金作为一种违约责任形式，主要体现为定金罚则的适用。《民法典》第587条规定："给付定金的一方不履行债务，或者履行债务不符合约定，致使不能实现合同目的的，无权请求返还定金；收受定金的一方不履行债务，或者履行债务不符合约定，致使不能实现合同目的的，应当双倍返还定金。"

第二，定金合同是从合同、要式合同、实践合同。相对于受担保合同而言，定金合同是从合同,二者在成立、效力、消灭等方面应遵循从随主规则。定金合同是要式合同,应当以书面形式订立。定金合同是实践合同,自实际交付定金时成立(《民法典》第 586 条第 1 款)。

第三,定金的数额由当事人约定,但受到法律限制。《民法典》第 586 条第 2 款规定,定金的数额由当事人约定;但是,不得超过主合同标的额的 20%,超过部分不产生定金的效力。实际交付的定金数额多于或者少于约定数额的,视为变更约定的定金数额。

(二)定金责任的构成要件

1. 定金合同已有效成立,且为违约定金。如果因当事人未实际交付定金或其他原因导致定金合同未有效成立,不能适用定金罚则。只有违约定金适用定金罚则才是承担违约责任的形式,虽然其他种类的定金也存在当事人丧失定金或双倍返还定金的问题,但其系基于其他目的而与违约责任无关。

2. 有违约行为存在。违约方实施何种形态的违约行为时非违约方可主张定金责任,应依据定金合同的约定予以确定。当事人既可以约定定金责任仅适用于某一种形态的违约行为(例如约定定金责任专门适用于瑕疵给付),也可以约定定金责任适用于任何形态的违约行为。如果定金合同未就违约行为的形态作出约定,且依据合同解释的方法也无法确定定金系针对何种形态的违约行为,原则上违约方实施任何形态的违约行为均应承担定金责任。

(三)定金与违约金的关系

依据《民法典》第 588 条规定,定金与违约金的关系可从以下两方面理解:

1. 当事人既约定违约金,又约定定金的,一方违约时,对方可以选择适用违约金或者定金条款。换言之,违约定金与违约金原则上不能并用,因为违约定金与违约金均以填补违约损失为目的或均以惩罚违约方为目的,二者功能具有一致性,故原则上不能并用。

2. 定金不足以弥补一方违约造成的损失,对方可以请求赔偿超过定金部分的损失。在此情形下,因约定的定金数额小于违约造成的损失,故允许非违约方就超出的数额部分向违约方请求赔偿,以实现充分补偿的目的。

第三节　违约责任的免责事由

一、法定免责事由

(一)一般适用的法定免责事由:不可抗力

1. 不可抗力的概念和要素。不可抗力,是指不能预见、不能避免且不能克服的客观情况(《民法典》第 180 条第 2 款)。不可抗力是一般适用的法定免责事由,即因不抗力导致当事人违约的,根据不可抗力的影响,部分或者全部免除违约方的责任,但法律另有规定的除外。例如因地震导致建设工程合同的施工人不能依约完成施工行为,施工人的违约责任被免除。不可抗力须具备以下要素:(1)不能预见,是指当事人在订约时不能合理预见到该客观情况的发生。(2)不能避免,是指该客观情况的发生具有必然性,无法以人力避免其发生。(3)不能克服,是指当事人尽到最大努力仍不能防止该客观情况造成损害,无法不受该客观情况影响而正常履行合同义务。(4)客观情况,是指独立存在于人的行为之外,既非当事人的行为所派生,也不受当事人意志影响的客观事实。该客观情况不能是因债务人自身原因造成违约的情形,例如债务人因患急病而无法履行合同义务。

2. 不可抗力的类型。(1)自然灾害。如台风、海啸、地震、火山爆发、泥石流、龙卷风等自然灾害,均为典型的不可抗力。(2)国家行为。国家行使立法、行政、司法等公权力导致债务人违约的,如果该国家行为具备上述"三个不能"要素,其也构成不可抗力。例如政府发布对某国的禁运命令,导致与该国公司订立的货运合同不能履行。(3)社会异常事件。如战争、武装冲突、恐怖袭击、骚乱、罢工等。因这类事件导致正常的社会生活遭受严重影响,如仍苛责债务人依约履行合同义务,显然不近情理。

3. 不可抗力的效力。依据《民法典》第590条的规定,不可抗力的效力如下:(1)因不可抗力不能履行合同的,根据不可抗力的影响,部分或者全部免除责任,但法律另有规定的除外。(2)主张免责的当事人负有及时通知义务、提供证明义务。当事人一方因不可抗力不能履行合同的,应当及时通知对方,以减轻可能给对方造成的损失。所谓及时通知,是指应基于客观情形以最快的速度通知,实践中亦可在合同中约定具体的通知期限。主张免责的当事人还应当在合理期限内提供发生不可抗力的证明。该证明应由有权出具相关证明的机构作出,例如气象部门、公安机关、公证机关等。所谓合理期限,应结合不可抗力的影响、取得证明的时间、双方当事人所在地的远近等因素确定。(3)不可抗力免责的例外情形:法律另有规定的除外。具体包括:① 金钱债务不因不可抗力免责。金钱债务不存在不能履行的问题,而且债务人的金钱通常存于银行或其他金融机构,不可抗力几无可能对其造成损害,故当事人不能以不可抗力为由免除金钱债务的违约责任。② 当事人迟延履行后发生不可抗力的,不能免除责任。如果当事人已经构成迟延履行,其后发生的不可抗力与迟延履行之间当然不存在因果关系,故当事人不能以不可抗力为由免责。③ 单行法规定不可抗力全部或部分不构成免责事由。例如《民用航空法》第124条规定,因发生在民用航空器上或者在旅客上、下民用航空器过程中的事件,造成旅客人身伤亡的,承运人的免责事由是"旅客的人身伤亡完全是由于旅客本人的健康状况造成"。

(二) 适用于有名合同的特殊法定免责事由

例如《民法典》第893条规定,"寄存人未将保管物需要采取特殊保管措施的情况告知保管人"是保管人对保管物受损承担损害赔偿责任的免责事由。又例如《民用航空法》第 125 条第 2 款规定,"由于行李本身的自然属性、质量或者缺陷造成损害"是承运人对旅客行李毁灭、遗失或者损坏承担责任的免责事由。

二、约定免责事由(免责条款)

(一)免责条款的概念

免责条款,是指当事人在合同中事先约定的,旨在限制或免除其将来的违约责任的条款。基于合同自由原则,当事人可以在不违反法律强制性规定的前提下,通过合同条款约定违约责任的免责事由。

(二)免责条款的无效事由

基于合同自由原则,免责条款的内容主要由当事人约定。但因为免责条款对合同关系及非违约方的权益有重大影响,法律基于公序良俗、某些权利的特别保护等立法政策对免责条款的内容设有若干限制。免责条款的无效事由具体如下:

1. 造成对方人身损害的(《民法典》第 506 条第 1 项)。例如客运合同约定,在运输期间旅客发生人身伤亡,如果承运人没有过错则不承担赔偿责任。此类免责条款无效的理由在于,生命健康权是自然人最基本、最重要的民事权利,法律给予特殊保护。如果允许免除一方当事人对另一方当事人人身伤害的责任,则无异于纵容当事人利用合同对另一方当事人的生命进行摧残,这与保护公民人身权利的宪法原则相违背。

2. 因故意或者重大过失造成对方财产损失的(《民法典》第 506 条第 2 项)。例如买卖合同约定,卖方交付货物后对买方的任何损失概不负责。该规则的理由在于,因行为人的故意或重大过失造成对方财产损失的,行为人的主观过错严重,其行为背离了法律的基本价值而应受法律的谴责,故对此类责任不得免除。

3. 以格式条款形式订立免责条款,提供格式条款一方不合理地免除或者减轻其责任、加重对方责任、限制或者排除对方主要权利的(《民法典》第 497 条第 2 项、第 3 项)。

第二分编 典型合同

第九章 买卖合同

第一节 买卖合同概述

一、买卖合同的概念和特征

（一）买卖合同的概念

买卖是商品交换最普遍的形式，也是一种典型的有偿合同关系。买卖合同是出卖人转移标的物的所有权于买受人，买受人支付价款的合同（《民法典》第595条）。买卖合同只产生债的法律效力，并不发生物权变动的结果。根据《民法典》第646条、第647条的规定，法律对其他有偿合同的事项未作规定时，参照适用买卖合同的规定；易货交易等移转标的物所有权的合同，也参照适用买卖合同的规定。

（二）买卖合同的特征

1. 买卖合同是有偿合同。买卖合同的实质是标的物所有权的有偿转让，即出卖人移转标的物的所有权于买受人，买受人向出卖人支付价款。此为买卖合同的重要特征，并区别于以慷慨给予为内涵的赠与合同。

2. 买卖合同是双务合同。在买卖合同中，买受人和出卖人都享有一定的权利，并承担一定的义务，并且双方权利和义务总体上存在对应关系。

3. 买卖合同是诺成合同。买卖合同自双方当事人意思表示一致时成立，并不以一方当事人标的物的交付或作出一定行为作为合同的成立要件。

4. 买卖合同是不要式合同。买卖合同的成立并不需要具备一定的形式要件，但法律另有规定者除外。

（三）买卖合同的内容

买卖合同的内容一般包括标的物名称、数量、质量、价款、履行期限、履行地点和方式、包装方式、检验标准和方法、结算方式、合同使用的文字及其效力等条款（《民法典》第 596 条)。其中,标的物名称、数量、价款是买卖合同成立的必备条款。

第二节　买卖双方的权利与义务

一、出卖人的义务

1. 交付标的物并移转标的物所有权的义务。出卖人应当履行向买受人交付标的物或者交付提取标的物的单证,并转移标的物所有权的义务(《民法典》第 598 条)。交付通常表现为标的物直接占有的转移。通常占有的转移发生在出卖人和买受人之间,当然出卖人也可以指定第三人交付,或者双方约定向第三人交付。出卖人的交付义务,其目的并非仅在转移所有权,还包括占有的转移、风险转移等一系列内容。就交付形态而言,出卖人既可以现实交付,也可以通过简易交付、指示交付或占有改定的观念交付方式履行义务。除交付义务之外,出卖人还承担转移标的物所有权的义务。就动产的所有权转移而言,《民法典》第 224 条规定以交付为生效要件,并且不区分一般动产和特殊动产。对于不动产而言,出卖人需协助办理登记,依法登记后则发生物权变动的法律效果。

2. 交付有关单证和资料的义务。出卖人应当按照约定或者交易习惯向买受人交付提取标的物单证以外的有关单证和资料(《民法典》第 599 条)。提取标的物单证以外的有关单证和资料,主要包括保险单、保修单、普通发票、增值税专用发票、产品合格证、质量保证书、质量鉴定书、品质检验证书、产品进出口检疫书、原产地证明书、使用说明书、装箱单等(《买卖合同司法解释》第 4 条)。

3. 按时交付标的物的义务。出卖人应当按照约定的期限交付标的物。约定交付期间的,出卖人可以在该交付期间内的任何时间交付(《民法典》第 601 条)。当事人没有约定标的物的交付期限的,可以协议补充;约定不明确的,债务人可以随时履行,债权人也可以随时请求履行,但是应当给对方必要的准备时间(《民法典》第 510 条、第 511 条第 4 项)。

4. 按照约定的地点交付标的物。出卖人应当按照约定的地点交付标的物,没有约定交付地点或者约定不明确,可以与买受人协议补充;不能达成补充协议的,按照合同有关条款、合同性质、合同目的或者交易习惯确定。仍不能确定的,适用下列规定:(1) 标的物需要运输的,出卖人应当将标的物交付给第一承运人以运交给买受人;(2) 标的物不需要运输,出卖人和买受人订立合同时知道标的物在某一地点的,出卖人应当在该地点交付标的物;不知道标的物在某一地点的,应当在出卖人订立合同时的营业地交付标的物(《民法典》第 603 条)。

5. 按照约定的包装方式交付标的物的义务。对包装方式没有约定、约定不明确并且依据《民法典》第 510 条的规定仍不能确定的,应当按照通用的方式包装;没有通用方式的,应当采取足以保护标的物且有利于节约资源、保护生态环境的包装方式(《民法典》第619条)。

6. 标的物瑕疵担保义务。

(1) 标的物权利瑕疵担保义务。出卖人就交付的标的物,负有保证第三人对该标的物不享有任何权利的义务,但是法律另有规定的除外(《民法典》第612条)。买受人订立合同时知道或者应当知道第三人对买卖的标的物享有权利的,出卖人不承担这一义务(《民法典》第613条)。买受人有证据证明第三人对标的物享有权利的,可以中止支付相应的价款,但是出卖人提供适当担保的除外(《民法典》第614条)。

(2) 标的物质量瑕疵担保义务。出卖人应当按照约定的质量要求交付标的物。出卖人提供有关标的物质量说明的,交付的标的物应当符合该说明的质量要求。当事人对标的物的质量要求没有约定或者约定不明确,依据《民法典》第510条的规定仍不能确定的,适用第511条第1项的规定;出卖人交付的标的物不符合质量要求的,买受人可以依据第582—584条的规定请求承担违约责任。值得注意的是,当事人约定减轻或者免除出卖人对标的物瑕疵承担的责任,因出卖人故意或者重大过失不告知买受人标的物瑕疵的,出卖人无权主张减轻或者免除责任(《民法典》第615—618条)。

二、买受人的义务

1. 支付价款的义务。买受人应当按照约定的数额和支付方式支付价款。对价款的数额和支付方式没有约定或者约定不明确的,适用《民法典》第510条、第511条第2项和第5项的规定(《民法典》第626条)。买受人还应当按照约定的地点支付价款。对支付地点没有约定或者约定不明确,依据《民法典》第510条的规定仍不能确定的,买受人应当在出卖人的营业地支付;但是,约定支付价款以交付标的物或者交付提取标的物单证为条件的,在交付标的物或者交付提取标的物单证的所在地支付(《民法典》第627条)。此外,买受人应当按照约定的时间支付价款。对支付时间没有约定或者约定不明确,依据《民法典》第510条的规定仍不能确定的,买受人应当在收到标的物或者提取标的物单证的同时支付(《民法典》第628条)。

2. 及时检验并通知的义务。

(1) 买受人收到标的物时应当在约定的检验期间内检验。没有约定检验期间的,应当及时检验(《民法典》第620条)。买受人及时检验并通知的义务属于不真正义务,出卖人无权请求买受人履行该义务。买受人不在法定期间履行检验并通知义务的,即使标的物存在物的瑕疵,买受人也丧失了请求出卖人承担违约责任的权利。买受人检验通知期间为不变期间,不发生中止、中断或延长。买受人请求出卖人承担违约责任的诉讼时效期间,可以中止或中断。

(2) 当事人约定检验期间的,买受人应当在检验期间内将标的物的数量或者质量不符合约定的情形通知出卖人。买受人怠于通知的,视为标的物的数量或者质量符合约定。当事人没有约定检验期间的,买受人应当在发现或者应当发现标的物的数量或者质量不符合约定的合理期间内通知出卖人。买受人在合理期间内未通知或者自收到标的物之日起2年内未通知出卖人的,视为标的物的数量或者质量符合约定;但是,对标的物有质量保证期的,适用质量保证期,不适用该2年的规定。出卖人知道或者应当知道提供的标的物不符合约定的,买受人不受前两款规定的通知时间的限制(《民法典》第621条)。此外,前述"合理期间"的认定,应当综合当事人之间的交易性质、交易目的、交易方式、交易习惯、标的物的种类、数量、性质、安装和使用情况、瑕疵的性质、买受人应尽的合理注意义务、检验方法和难易程度、买受人或者检验人所处的具体环境、自身技能以及其他合理因素,依据诚实信用原则进行判断(《买卖合同司法解释》第12条)。

(3) 当事人约定的检验期间过短,根据标的物的性质和交易习惯,买受人在检验期间内难以完成全面检验的,该期间仅视为买受人对外观瑕疵提出异议的期间(《民法典》第622条第1款)。对于隐蔽瑕疵,则不能适用该约定期间。

(4) 当事人对检验期间未作约定,买受人签收的送货单、确认单等载明标的物数量、型号、规格的,推定买受人已经对数量和外观瑕疵进行检验,但是有相关证据足以推翻的除外(《民法典》第623条)。

第三节 买卖合同的风险负担

买卖合同的风险负担,指买卖合同生效后、合同履行完毕前,因不可归责于双方当事人的事由致使标的物毁损或灭失时,应由哪一方当事人承担价金风险的问题。就风险发生的时间而言,买卖标的物的毁损、灭失须发生在合同生效之后、消灭之前。若买卖合同无效或者不成立,标的物毁损灭失的问题就不在买卖合同风险负担规则的射程之内。就风险发生的原因而言,买卖标的物的毁损、灭失须不可归责于双方当事人,而是由于不可抗力、意外事件或第三人的原因所导致的。如果合同当事人对标的物的毁损、灭失具有过错,即具有可归责事由,则应按违约或者侵权处理。

就标的物而言,无论买卖的标的物是种类物还是特定物,买卖合同均存在风险负担的问题。但是,只有特定物的买卖才存在风险负担移转的问题,种类物买卖的风险恒定地由出卖人承担,不可能转移给买受人。如果当事人对风险负担没有约定,标的物为种类物,出卖人未以装运单据、加盖标记、通知买受人等可识别的方式清楚地将标的物特定于买卖合同,买受人主张不负担标的物毁损、灭失风险的,人民法院应予支持(《买卖合同司法解释》第11条)。

一、风险负担及其移转规定

买卖合同风险负担的移转采"交付主义"。标的物毁损、灭失的风险,在标的物交付之前由出卖人承担,交付之后由买受人承担,但是法律另有规定或者当事人另有约定的除外(《民法典》第604条)。出卖人按照约定将标的物运送至买受人指定地点并交付给承运人后,标的物毁损、灭失的风险由买受人承担,但是当事人另有约定的除外。交付指买卖标的物占有的移转,现实交付、简易交付、指示交付和占有改定在风险负担移转上的功能等同。风险负担的移转与买卖标的物所有权的移转无关,也即只要标的物已完成交付,即使买受人尚未取得标的物的所有权,风险也移转由买受人承担。

不过,如果出卖人的交付构成根本违约,买受人有权拒绝接受标的物或者解除合同,此时风险不会发生移转,依然由出卖人承担。也即,因标的物不符合质量要求,致使不能实现合同目的,买受人可以拒绝接受标的物或者解除合同。买受人拒绝接受标的物或者解除合同的,标的物毁损、灭失的风险由出卖人承担(《民法典》第610条)。同时,标的物毁损、灭失的风险由买受人承担的,不影响因出卖人履行债务不符合约定,买受人请求其承担违约责任的权利(《民法典》第611条)。此外,出卖人按照约定未交付有关标的物的单证和资料的,不影响标的物毁损、灭失风险的转移。

二、风险负担及其移转规则的具体适用

《民法典》第607条第2款规定,当事人没有约定交付地点或者约定不明确,标的物需要运输的,出卖人将标的物交付给第一承运人后,标的物毁损、灭失的风险由买受人承担。此时标的物需要运输的含义,指标的物由出卖人负责办理托运,承运人系独立于买卖合同当事人之外的运输业者的情形(《买卖合同司法解释》第8条)。同时,出卖人根据合同约定将标的物运送至买受人指定地点并交付给承运人后,标的物毁损、灭失的风险由买受人负担,但当事人另有约定的除外(《买卖合同司法解释》第9条)。

三、例外规则

采交付主义的风险负担转移规则也存在例外。除试用买卖中标的物在试用期内毁损、灭失的风险由出卖人承担之外,还存在其他例外情形:

(1) 运输在途标的物的风险负担及其移转。出卖人出卖交由承运人运输的在途标的物,除当事人另有约定外,毁损、灭失的风险自合同成立时起由买受人承担(《民法典》第606条)。出卖人出卖运输在途标的物,在合同成立时知道或者应当知道标的物已经毁损、灭失却未告知买受人的,合同成立时不发生风险转移的效果(《买卖合同司法解释》第10条)。

（2）因买受人的原因致使标的物未按期交付或者买受人迟延提货的,标的物毁损、灭失的风险自违反约定时起由买受人承担。《民法典》第605条规定,因买受人的原因致使标的物未按照约定的期限交付的,买受人应当自违反约定时起承担标的物毁损、灭失的风险。同时,《民法典》第608条还规定,出卖人按照约定或者依据《民法典》第603条第2款第2项的规定将标的物置于交付地点,买受人违反约定没有收取的,标的物毁损、灭失的风险自违反约定时起由买受人承担。在商品房买卖情形中,买受人接到出卖人的书面交房通知,无正当理由拒绝接收的,房屋毁损、灭失的风险自书面交房通知确定的交付使用之日起由买受人承担,但法律另有规定或者当事人另有约定的除外(《最高人民法院关于审理商品房买卖合同纠纷案件适用法律若干问题的解释》第8条第2款)。此外,出卖人根本违约,买受人拒绝接受货物或者解除合同的,标的物毁损、灭失的风险由出卖人承担(《民法典》第610条)。

第四节　特种买卖合同

一、分期付款买卖

分期付款买卖,指买受人将应付的总价款在一定期限内至少分三次向出卖人支付(《买卖合同司法解释》第27条第1款)。分期付款买卖合同约定出卖人在解除合同时可以扣留已受领价金,出卖人扣留的金额超过标的物使用费以及标的物受损赔偿额,买受人有权请求返还超过部分。当事人对标的物的使用费没有约定的,人民法院可以参照当地同类标的物的租金标准确定(《买卖合同司法解释》第28条)。分期付款的买受人未支付到期价款的数额达到全部价款的1/5,经催告后在合理期限内仍未支付到期价款的,出卖人可以请求买受人支付全部价款或者解除合同。出卖人解除合同的,可以向买受人请求支付该标的物的使用费(《民法典》第634条)。

二、凭样品买卖

凭样品买卖合同,指出卖人交付的标的物应当与样品及其说明的质量相同的买卖合同类型。当事人应当封存样品,并可以对样品质量予以说明。凭样品买卖的买受人不知道样品有隐蔽瑕疵的,即使交付的标的物与样品相同,出卖人交付的标的物的质量仍然应当符合同种物的通常标准(《民法典》第635条、第636条)。

合同约定的样品质量与文字说明不一致且发生纠纷时当事人不能达成合意,样品封存后外观和内在品质没有发生变化的,应当以样品为准;外观和内在品质发生变化,或者当事人对是否发生变化有争议而又无法查明的,应当以文字说明为准(《买卖合同司法解释》第29条)。出卖人与买受人按照约定封存的样品及关于样品的质量说明,均为出卖人交付标的物的质量标准。若出卖人交付的标的物不符合封存的样品及其文字说明,出卖人构成瑕疵给付,应承担违约责任。

三、试用买卖

试用买卖,指出卖人与买受人约定在买卖合同成立时出卖人将标的物交付给买受人试用或者检验,若买受人在试用期内认可该买卖,则买卖合同自认可时生效的特殊买卖。试用买卖的特殊性在于合同已经成立但尚未生效,该买卖合同附生效条件,自买受人认可时生效。但是并非所有的试用都构成试用买卖合同,下列情形不属于试用买卖合同:约定标的物经过试用或者检验符合一定要求时,买受人应当购买标的物;约定第三人经试验对标的物认可时,买受人应当购买标的物;约定买受人在一定期限内可以调换标的物;约定买受人在一定期限内可以退还标的物(《买卖合同司法解释》第 30 条)。

标的物的试用期间,通常由试用买卖的双方当事人约定。在试用期内,买受人可以选择购买标的物,也可以拒绝购买。试用期间届满,买受人对是否购买标的物未作表示的,视为购买。试用买卖的买受人在试用期内已经支付部分价款或者对标的物实施出卖、出租、设立担保物权等行为的,视为同意购买。试用买卖的当事人对标的物使用费没有约定或者约定不明确的,出卖人无权请求买受人支付(《民法典》第 637—639 条)。

买受人享有认可权,但须在试用期内行使。试用期由当事人协商确定,当事人没有约定且无法依据《民法典》第 510 条的规定确定的,由出卖人确定。认可行为是一项单方法律行为,可以通过口头或书面方式明示认可;也可以通过实施特定行为表示认可,即《民法典》第 638 条第 2 款规定的"支付部分价款"和"出卖、出租和设定担保物权"等非试用行为;还可以单纯沉默的方式表示认可,即《民法典》第 638 条第 1 款规定的"试用期间届满,买受人对是否购买标的物未作表示的,视为购买"。买受人也可以拒绝认可,此时买卖合同确定不发生效力。买受人拒绝认可后,应当返还标的物,但无须支付标的物在试用期间的使用费。拒绝认可的意思,通常应以明示的方式表示。但买受人向出卖人返还标的物,也可推定为买受人表示拒绝的意思。

四、保留所有权买卖

当事人可以在买卖合同中约定买受人未履行支付价款或者其他义务的,标的物的所有权属于出卖人(《民法典》第 641 条第 1 款)。出卖人对标的物保留的所有权,未经登记,不得对抗善意第三人(《民法典》第 641 条第 2 款)。保留所有权买卖并非指买卖合同附条件,而是标的物所有权的变动附条件。出卖人虽然交付了标的物,但是标的物所有权的转移有赖于特定条件的成就,通常是买受人支付全部价款时标的物的所有权才转移。我国所有权保留制度在于保障价金请求权的直接实现,并排除了不动产的所有权保留。

（一）出卖人的取回权

1. 出卖人享有取回权的情形。《民法典》第642条规定，当事人约定出卖人保留合同标的物的所有权，在标的物所有权转移前，买受人有下列情形之一，造成出卖人损害的，除当事人另有约定外，出卖人有权取回标的物：(1) 未按照约定支付价款，经催告后在合理期限内仍未支付；(2) 未按照约定完成特定条件；(3) 将标的物出卖、出质或者作出其他不当处分。出卖人可以与买受人协商取回标的物；协商不成的，可以参照适用担保物权的实现程序。取回的标的物价值明显减少的，出卖人有权请求买受人赔偿损失。

2. 出卖人取回权的阻却情形。当买受人已经支付标的物总价款的75%以上的，或者是第三人已经善意取得标的物所有权或者其他物权的，出卖人不享有取回权（《买卖合同司法解释》第26条）。

（二）买受人的回赎权

买受人行使回赎权的前提，是在合理回赎期限内消除出卖人取回标的物的事由（《民法典》第643条第1款）。回赎期限由买卖双方约定，或者由出卖人指定。

（三）出卖人的转售权

如果买受人在回赎期限内没有回赎标的物，出卖人可以以合理价格将标的物出卖给第三人（《民法典》第643条第2款前句）。法律规定以合理价格转售，旨在避免转售损害买受人的利益。此时，第三人取得所有权当无特别限制。转售所得价款扣除买受人未支付的价款以及必要费用后仍有剩余的，应当返还买受人；不足部分由买受人清偿（《民法典》第643条第2款后句）。

第十章 供用电、水、气、热力合同

第一节 供用电、水、气、热力合同概述

一、供用电、水、气、热力合同的概念

随着经济的迅速发展与人民生活水平的显著提高,电、水、气、热力成为与民生息息相关的必需品。供用电、水、气、热力合同是一种特殊买卖合同,指一方提供电、水、气、热力供另一方利用而另一方支付价款的合同。我国《民法典》合同编第十章规定了供用电、水、气、热力合同,其中提供电、水、气、热力一方为供应人,合同相对方为利用人。在立法技术方面,《民法典》主要针对供用电合同作出规定,供用水、供用气、供用热力合同则参照适用供用电合同的有关规定(《民法典》第656条)。

二、供用电、水、气、热力合同的特征

(一)主体的特殊性

供用电、水、气、热力合同具有公共利用的性质,供应方通常为特定主体。利用人则具有广泛性、分散性和普遍性的特征。该类合同具有公益性、公用性、继续性的特征,并且供应人通常具有垄断地位,利用人无法自主选择。为了使所有的利用人可以与供应人平等地订立合同,享有利用电、气、水、热力资源的权利,《民法典》第648条第2款规定供应人负有强制缔约义务,不得拒绝利用人合理的缔约要求。

(二)客体的公益性

电、水、气、热力等作为一种基础资源性物品,在现代生活中发挥着举足轻重的作用。供用电、水、气、热力合同中所提供的标的物具有特殊性,与普通的物不同。电、水、气、热力是客观存在的,不易以有形的外观显现或者无法以通常的方式进行保存,一般被视为有体物进行交易。供用电、水、气、热力合同的目的不只是为了让供应方获得利益,更主要的是为了满足人民生活的需要,甚至与社会公共利益相关。公共供用企业并非纯粹以营利为目的的企业,而是以提升公共生活水平等公益事业为企业经营目标。

(三)合同的继续性

供用电、水、气、热力合同属于继续性供给合同,即双方当事人约定于一定或者不定的期间内,一方当事人向相对方连续供给定量或不定量的一定种类及品种的物,相

对方按一定的标准支付价款的合同。对于电、水、气、热力的供应均非一次性能够完成的,而是一个持续性的过程。供应人在供应系统正常的情况下应当持续向利用人供应,不得中断;利用人在合同约定的时间内,享有连续利用电、水、气、热力的权利。同时作为继续性合同,即使费用的收取或供给分期,其收取并非作为若干独立合同,而是作为一个独立的合同存在。

（四）合同一般以格式条款订立

作为供应人的公共机构或组织,在与利用人订立合同时不可能一一与之单独订立,为提高效率和降低交易成本,供应人通常会采取格式条款来缔结合同。正是由于利用人为不特定人,供应人单独与利用人进行协商会产生巨大的工作量,格式条款的运用可以减轻其负担。由于格式合同由供应人提供,由此可能带来损害利用人权益的问题。供用电、水、气、热力的企业和公司在制定格式条款时,可能存在减轻自己责任、要求利用人承担不合理的义务,抑或制定免除自己责任的免责条款。此时利用人可适用《民法典》第496—498条对格式条款的特别规定来保护自身所享有的合法权利。

第二节　供用电合同

一、供用电合同的概念

供用电合同是供电人向用电人供电,用电人支付电费的合同(《民法典》第648条第1款)。由于电力供应在实践中具有典型性和普遍性特征,在供应人与利用人签订供用水、气、热力合同时,若无法律明确规定,且当事人又无约定或约定不明时,当事人之间的权利义务关系参照适用供用电合同的有关规定(《民法典》第656条)。

供用电合同主要包括两种类型。其一是生产经营性供用电合同,其二是生活消费性供用电合同。供用电合同的主体为供电人和用电人,其中供电人是指依法成立的供电企业或者依法取得供电营业资格的非法人单位,即电网企业成立的售电公司。实践中,物业或开发商并非业主的供电人,仅承担代为收取并缴纳电费的职责。

二、供用电合同的内容

《民法典》第649条规定,供用电合同的内容包括供电的方式、质量、时间,用电容量、地址、性质,计量方式、电价、电费的结算方式,供用电设施的维护责任等条款。具体而言,供用电合同一般包括如下条款:

（一）供电的方式、质量、时间

自合同生效后,供电人应当履行合同义务,按照国家标准为用户供电,电的频率、电压和供电的可靠性应当符合法定和约定的标准。

（二）用电容量、地址、性质

供用电合同的履行地点可以由当事人进行约定,没有约定或者约定不明确之时,履行地点为供电设施的产权分界处(《民法典》第 650 条)。通常,供电设施的产权分界处也是划分供电设施所有权归属的分界点,分界点电源侧的供电设施归供电人所有,分界点负荷侧的供电设施归用电人所有。

(三) 计量方式、电价、电费的结算方式

计量方式即计算用电人使用电量的方式,供电人通常会以安装用电计量装置的措施来计算电量。《中华人民共和国电力法》(以下简称《电力法》)第 31 条规定:"用户应当安装用电计量装置。用户使用的电力电量,以计量检定机构依法认可的用电计量装置的记录为准。"在我国,供电行业具有垄断性,电价采取国家统一定价。《电力法》第 35 条规定:"本法所称电价,是指电力生产企业的上网电价、电网间的互供电价、电网销售电价。电价实行统一政策,统一定价原则,分级管理。"关于电费的结算方式,供电企业应当按照国家核准的电价和用电计量装置的记录向用户计收电费(《电力法》第 33 条第 1 款)。通常情形下,供电企业应当按照用电人使用的电量进行收费,若合同双方有特殊的结算方式,按约定结算。

(四) 供用电设施的维护责任

供用电设施是发电设施、变电设施和电力线路设施及有关辅助设施的统称。一般情况下供用电设施应当由供电企业维护,若供电合同双方对供用电设施维护另有约定的,按照其约定。

三、供用电合同的效力

(一) 供电人的义务

1. 强制缔约义务。向社会公众供电的供电人,不得拒绝用电人合理的订立合同要求(《民法典》第 648 条第 2 款)。《电力法》第 26 条第 1 款规定:"供电营业区内的供电营业机构,对本营业区内的用户有按照国家规定供电的义务;不得违反国家规定对其营业区内申请用电的单位和个人拒绝供电。"为了使用电人可以平等地与供电人订立合同,并及时满足用电人的用电需求,供电人负有强制缔约义务。对于用电人合理的订立合同要求,供电企业应当及时作出安排和回应,不得随意拖延或拒绝。

2. 按照国家规定的供电质量标准和约定安全供电。合同订立后,供电人应当按照合同的约定向用电人供电。由于电力供应关系到用电人的生命与财产安全,因此国家一般会对电力供应制定相关的质量标准。在电力供应的过程中,用电人各自的用电需求不同,此时应当在用电合同中对用电时间、用电设备等作出特别的约定,供电人则应当采用特定的用电设备保障用电的安全可靠。

供电人未按照国家规定的供电质量标准和约定安全供电,造成用电人损失的,应当承担赔偿责任(《民法典》第 651 条)。若供电人违反此项义务给用电人造成损失,应当承担的赔偿责任,包括直接损失和供用电合同履行后的可得利益,但不能超过订立该供用电合同时预见或应当预见因违反合同所可能造成的损失。

3. 中断供电时的及时通知义务

《民法典》第 652 条规定:"供电人因供电设施计划检修、临时检修、依法限电或者用电人违法用电等原因,需要中断供电时,应当按照国家有关规定事先通知用电人。"保障电力的正常供应是供电人的义务。但在一些特殊的情况下,供电人需要对供电设施进行检修或依法限电,可能暂时性地中断供电。依法中断供电之前,应当及时通知用电人。若未及时通知,用电人对断电无任何准备措施,就可能会导致用电设备的损害、企业生产的停止等,造成用电人的损失。如果中断供电时未履行事先通知义务,造成了用电人的损失,并且用电人的损失与供电人的断电具有直接的因果关系时,供电人应当承担赔偿责任。

4. 事故断电时的及时抢修义务

因自然灾害等原因断电,供电人应当按照国家有关规定及时抢修(《民法典》第653 条)。不可抗力、意外事故或人为破坏等原因均可能导致供电中断,供电人应当自知道事故发生或接到事故发生通知时起立即查找事故发生地点,并投入相关设备进行快速修复,使供电设施以最快速度恢复正常供电状态,将损失降到最低。未及时抢修,造成用电人损失的,应当承担赔偿责任(《民法典》第 653 条)。

(二) 用电人的义务

1. 支付电费的义务

供用电合同作为一种双务有偿合同,用电人支付电费是其首要义务。用电人应当按照国家有关规定和当事人的约定及时支付电费。用电人逾期不支付电费的,应当按照约定支付违约金。经催告用电人在合理期限内仍不支付电费和违约金的,供电人可以按照国家规定的程序中止供电(《民法典》第 654 条第 1 款)。

2. 安全用电的义务

用电人应当按照国家有关规定和当事人的约定安全、节约和计划用电。用电人未按照国家有关规定和当事人的约定安全用电,造成供电人损失的,应当承担赔偿责任(《民法典》第 655 条)。用电设施处于稳定安全的状态,是用电人安全用电的前提。对于用电线路、用电设备以及保险装置等,用电人必须遵照法律规定,不得随意拆换,以保障用电安全。当用电设施出现故障需要进行维修时,一般情况下需要委托供电人或者专业维修人员进行维修,用电人不得随意进行维修。若用电人未按照国家有关规定和当事人的约定安全用电,可能会给供电人造成损失,在此情形下用电人应当承担赔偿责任。

3. 容忍和协作义务

供电人提供电力供用电人使用时,需要用电人的配合。在供电过程中,可能会由于各种意外事故的发生需要对用电设备采取检修、断电、限电等措施。面对供电人为了避免危险发生所采取的必要手段时,用电人负有容忍义务,不能随意排除妨害。同时,当供电人检修供电设施需要用电人配合时,用电人还负有协作义务。

第十一章 赠与合同

第一节 赠与合同概述

赠与合同是赠与人将自己的财产无偿给予受赠人,受赠人表示接受赠与的合同(《民法典》第657条)。转让财产的一方称作赠与人,接受财产的一方称为受赠人。

赠与合同是最为重要的无偿合同,提供了适用于无偿合同的基本规则。赠与合同是移转财产权利的合同、有名合同、诺成合同、不要式合同、单务合同、无偿合同。赠与在我国民法体系中被设计为合同结构,是一项双方民事法律行为。赠与的要约经承诺后,赠与合同方可成立;受要约人拒绝承诺的,赠与合同则不能成立。通常,赠与合同是单务合同,但可以附义务。赠与附义务的,受赠人应当按照约定履行义务(《民法典》第661条)。

第二节 赠与合同的效力

一、赠与人的义务

赠与合同以财产归于受赠人占有为直接目的,赠与人的主要义务是依照合同约定的方式交付赠与物并移转赠与物的所有权。赠与的财产依法需要办理登记或者其他手续的,应当办理有关手续(《民法典》第659条)。经过公证的赠与合同或者依法不得撤销的具有救灾、扶贫、助残等公益、道德义务性质的赠与合同,赠与人不交付赠与财产的,受赠人可以请求交付(《民法典》第660条第1款)。

二、赠与人的责任

1. 损害赔偿责任。应当交付的赠与财产因赠与人故意或者重大过失毁损、灭失的,赠与人应当承担损害赔偿责任(《民法典》第660条第2款)。

2. 瑕疵担保责任。赠与合同为无偿合同,即便赠与的财产有瑕疵,赠与人通常无须承担责任。但存在两种例外情形:其一,附义务赠与时,赠与的财产有瑕疵的,赠与人在附义务的限度内承担与出卖人相同的责任。其二,赠与人故意不告知瑕疵或者保证无瑕疵,造成受赠人损失的,应当承担赔偿责任(《民法典》第662条)。此处的"保证无瑕疵"并不包括保证赠与财产具有某种特定品质;"造成受赠人损失"指受赠人信赖利益的损失,不包括赠与物无瑕疵时受赠人可得利益的损失。

第三节　赠与合同的终止

一、赠与人的任意撤销权

1. 任意撤销权的行使要件。通常,在赠与财产的权利转移之前,赠与人可以撤销赠与。赠与人行使任意撤销权须满足以下两个条件:其一,撤销须发生在赠与财产的权利移转之前。具体表现为下列情形:赠与动产的,尚未交付;交付部分动产的,仅能对未交付的部分行使任意撤销权;赠与不动产的,尚未办理过户登记手续,不论该不动产是否交付。其二,该赠与合同未经公证,并且不属于救灾、扶贫等社会公益、道德义务性质的赠与。针对不得撤销的赠与合同,若赠与人不交付赠与财产,受赠人可以请求交付;赠与财产因赠与人故意或者重大过失毁损、灭失的,赠与人应当承担损害赔偿责任。

2. 赠与人行使任意撤销的法律效果。自赠与人撤销的通知到达受赠人时,即发生撤销赠与的效力。赠与合同自始或仅向将来消灭,赠与人不再承担赠与的义务。但赠与人行使任意撤销权之前已经部分交付的动产,赠与人不得请求返还。赠与人有过失的,应当承担缔约过失责任,赔偿受赠人因此所受的信赖利益损失。

二、赠与合同的法定撤销

在具备法定撤销事由时,赠与人或者其继承人、法定代理人在法定期间内可以行使撤销权。此时,赠与合同自始无效,撤销权人有权要求受赠人返还赠与的财产。行使法定撤销权的事由有三种情形,其一是受赠人严重侵害赠与人或赠与人近亲属的合法权益;其二是受赠人对赠与人有扶养义务而不履行;其三是受赠人不履行赠与合同约定的义务。赠与人的撤销权,自知道或者应当知道撤销事由之日起1年内行使(《民法典》第663条)。

因受赠人的违法行为致使赠与人死亡或者丧失民事行为能力的,赠与人的继承人或者法定代理人可以撤销赠与。赠与人的继承人或者法定代理人的撤销权,自知道或者应当知道撤销事由之日起6个月内行使(《民法典》第664条)。须注意的是,赠与人的继承人、法定代理人行使撤销权仅限于赠与人因受赠人的违法行为死亡或者丧失民事行为能力的情形。撤销权人撤销赠与的,可以向受赠人请求返还赠与的财产(《民法典》第665条)。

三、不再履行赠与义务

赠与人的经济状况显著恶化,严重影响其生产经营或者家庭生活的,可以不再履行赠与义务(《民法典》第666条)。但是对于已经履行的部分,赠与人不得请求返还。

第十二章 借款合同

第一节 借款合同概述

一、借款合同的概念和特征

借款合同是借款人向贷款人借款,到期返还借款并支付利息的合同。出借方称为贷款人,接受货币的一方称为借款人。借款合同分为金融机构借款合同,以及自然人、法人和非法人组织之间以资金融通为目的的民间借贷合同。借款合同具有如下法律特征:

(一) 诺成性

借款合同之成立,因借款合同的种类不同而存在差异。金融机构借款合同,在当事人协商一致时成立并生效。金融机构借款合同,并不以借款的交付为成立和生效要件,而是呈诺成合同的特征,除非当事人之间就借款交付存在特约。与此不同,自然人之间的借款合同自贷款人提供借款时成立(《民法典》第 679 条)。自然人之间,除就借款的主要内容达成一致以外,还需实际提供贷款,即借款交付时合同才成立和生效。

(二) 要式性

借款合同应当采用书面形式,但是自然人之间借款另有约定的除外(《民法典》第 668 条)。通常,借款合同应当采取书面形式,未采用书面形式时推定合同关系不成立。但是自然人之间的借款合同具有特殊性,可以不采用书面形式。

(三) 双务性

借款合同具有双务性,其中贷款人负有提供借款的义务,而借款人负有返还本金并支付利息的义务(《民法典》第 667 条)。贷款人负有提供借款的义务,同时享有收取利息的权利;借款人取得贷款的同时有返还本金并支付利息的义务。金融机构借款合同为有偿合同,但自然人之间的借款一般为无偿合同。借款合同利息未约定的,视为没有利息;利息约定不明且不能达成补充协议,则按照当地或者当事人的交易方式、交易习惯与市场利率等因素确定利息;自然人间借款利息约定不明的,视为没有利息(《民法典》第 680 条)。

二、借款合同的分类

根据贷款人类型的不同,借款合同分为金融机构借款合同和民间借贷合同。银行等金融机构作为贷款人与其他法人组织、非法人组织及自然人间订立的借款合同,统称为金融机构借款合同。依据贷款人性质的不同,金融机构借款合同又可分为两种,即商业银行作为贷款人的合同和中国人民银行作为贷款人与商业银行等金融机构缔结的再贷款合同。这两种借款合同的目的不同,前者在于营利,后者属于中央银行作为金融业管理机构的宏观调控手段。与金融机构借款合同不同,民间借贷合同指自然人、法人、其他组织之间及其相互之间进行资金融通的合同,即非金融机构作为贷款人向借款人出借一定数额的货币,借款人按照约定归还借款与利息的合同。金融机构借款合同与自然人之间的借款合同的区别,除贷款主体的差异外,主要体现为二者在法律性质上的差异:金融机构借款合同具有诺成性、要式性、双务性与有偿性的特征,而自然人之间的借款合同则呈现实践性、非要式性和无偿性的特点。

第二节 借款合同的订立

一、如实告知义务

订立借款合同时,借款人应当按照贷款人的要求提供与借款有关的业务活动和财务状况的真实情况(《民法典》第669条)。借款人负担的如实告知义务包括两项:其一是与借款有关的业务活动,其二为借款人的财务状况,即指借款人自身的资产状况,包括其盈利能力、负债状况、固定资产和流动资产状况等。了解借款人的资产状况有助于贷款人评估借款人的债务偿还能力,同时借款人的资产将构成偿还贷款的一般责任财产。

二、禁止高利放贷

《民法典》第680条第1款规定,禁止高利放贷,借款的利率不得违反国家有关规定。法定利率的公布、实施由中国人民银行总行负责。金融机构在中国人民银行总行规定的浮动幅度内,以法定利率为基础自行确定的利率为浮动利率。金融机构确定浮动利率后,需报辖区中国人民银行备案。关于民间借贷的利率,约定的利率超过合同成立时一年期贷款市场报价利率4倍的,人民法院不予支持(《民间借贷司法解释》第25条第1款)。所谓一年期贷款市场报价利率,指中国人民银行授权全国银行间同业拆借中心每月发布的一年期贷款市场报价利率(《民间借贷司法解释》第25条第2款)。超出的利息,当属约定无效,法院亦不予支持当事人就超出利息的诉讼请求。

第三节　借款合同的效力

一、贷款人的权利与义务

（一）到期收回贷款与按期收取利息

借款人应当按照约定的期限返还借款。对借款期限没有约定或者约定不明确，依据《民法典》第510条的规定仍不能确定的，借款人可以随时返还；贷款人可以催告借款人在合理期限内返还（《民法典》第675条）。就利息而言，借款人应当按照约定的期限支付利息。借款合同的贷款人可以要求借款人返还到期借款并按期收取利息，在还款期限约定不明时，贷款人还享有催告权即催告借款人在合理期限内返还的权利。

（二）检查、监督贷款使用情况

贷款人按照约定可以检查、监督借款的使用情况。借款人应当按照约定向贷款人定期提供有关财务会计报表或者其他资料（《民法典》第672条）。贷款人有权了解借款使用情况，但不得干预借款人的正常经营活动。

（三）解除借款合同等权利

借款人未按照约定的借款用途使用借款的，贷款人可以停止发放借款、提前收回借款或者解除合同（《民法典》第673条）。借款用途是借款合同当事人约定的重要内容，在金融机构借款时更是如此。借款人擅自改变借款用途的，将增加贷款人的借款风险，导致借款难以收回，甚至可能不符合国家政策对资金流向的规定。

（四）按照约定提供借款

贷款人负有按约向借款人提供借款的义务，不得拖延提供借款的期限，否则应承担违约责任。值得注意的是，借款合同的内容本应由借贷双方当事人自由约定，借款人自愿接受预扣利息也应是合同自由的表现，但这样会导致借款合同双方权利义务的不平等。因此，《民法典》第670条规定，贷款人应当按照约定向借款人提供足额的贷款，不得预先将借款的利息在本金中扣除；如果利息预先在本金中扣除的，应当按照实际借款数额返还借款并计算利息。

二、借款人的权利与义务

（一）借款人的权利

（1）按照约定的日期、数额要求贷款人提供贷款

借款人有权利要求贷款人按照约定的时间、数额提供贷款。在金融机构借款合同中，贷款人未按照约定的日期、数额提供借款造成借款人损失的，应当赔偿损失。贷款人的损失赔偿范围应与借款人因违约所受的损失，包括合同履行后可以获得的

利益相一致,但是不得超过贷款人在订立合同时应当预见的损失。

(2) 借款展期

按期还款是借款合同的当然之意,但实践中仍然存在继续借款的现实需求。那么,借款人可以在还款期限届满之前向贷款人申请展期,双方当事人可以协商确定延期或者分期还款。借款人申请展期,应当在借款期限届满前提出,并征得贷款人的同意(《民法典》第678条)。在性质上,借款展期属于合同履行期限的变更。

(3) 提前还款的权利

借款人有权提前偿还借款,提前还款并不能视为违约,其原因在于提前还款并不损害贷款人的利益。相反,提前还款还有助于诚信的建立,增加资金的流动性。如果当事人对提前还款有特别约定,借款人应当按照约定对贷款人进行补偿。借款人提前还款后,应当按照实际借款期间计算利息,除非当事人另有约定(《民法典》第677条)。

(二) 借款人的义务

(1) 按照约定的时间和数额收取借款

在金融机构借款合同中,收取借款是借款人的义务,借款人未按照约定的日期、数额收取借款,依然需要按照约定的日期与数额支付利息。借款人未按约定收取借款时,贷款人受有利息的损失。如果未约定收取借款的日期的,贷款人可以在合理期限内催告收取,借款人逾期不收取时应当承担贷款人所受的损失。

(2) 按照约定用途正确使用借款、接受贷款人监督检查的义务

在金融机构借款合同中,借款人有义务按照约定的借款用途使用借款,并负有在使用借款过程中接受贷款人检查和监督的义务。

(3) 按照约定的日期、利率返还借款本金及支付利息

借款人应当按照约定的期限返还借款。若当事人对还款期限未作出约定或者约定不明,事后可就此补充协议。若无法达成补充协议,应根据合同有关条款与交易习惯确定还款期限。否则,贷款人可催告借款人于合理期限内还款,但应给借款人必要的准备时间。对于利息的支付,借款人应当按照约定的期限支付利息。对支付利息的期限没有约定或者约定不明确,依据《民法典》第510条的规定仍不能确定,借款期间不满1年的,应当在返还借款时一并支付;借款期间1年以上的,应当在每届满1年时支付,剩余期间不满1年的,应当在返还借款时一并支付(《民法典》第674条)。

第十三章 保证合同

第一节 保证合同概述

债的担保分为人的担保和物的担保,其中人的担保,是指以人的信誉设立的担保,即保证。保证是指债务人以外的第三人为债务人履行债务而向债权人所作的一种担保方式。当债务人不履行到期债务或者发生当事人约定的情形时,通常以保证人的全部责任财产担保债务的履行。《民法典》新增保证合同为有名合同,规定保证合同是为保障债权的实现,由保证人和债权人约定,当债务人不履行到期债务或者发生当事人约定的情形时,保证人履行债务或者承担责任的合同(《民法典》第681条)。在保证法律关系中,为债务人履行债务而作担保的第三人,称为保证人;被担保履行债务的债务人,称被保证人。保证具有如下特征:

1. 从属性

保证合同是主债权债务合同的从合同。保证的从属性是指保证附从于主合同,保证因主合同的存在或将来存在为前提。保证的从属性,通常表现在以下几个方面:

(1) 存续上的从属性。保证以主合同的有效成立为其存在的前提,以主合同的存续为存续条件。主合同不成立的,保证合同也不能成立;主合同成立后无效或被撤销,保证合同也无效。保证债务的发生,自保证合同成立时产生,但保证人实际履行保证债务,以债务人不履行到期债务或者发生当事人约定情形为条件。此外,保证随主合同债务的消灭而消灭。

(2) 移转、变更和消灭上的从属性。保证的目的是确保债权的实现,所担保的债权移转时,保证也应当随之移转。不过,所担保债权的转移应当通知保证人,此时保证人对受让人承担相应的保证责任;未经通知,该转让对保证人不发生效力(《民法典》第696条第1款)。在保证人与债权人约定禁止债权转让的情形下,如果债权人未经保证人书面同意转让债权,保证人对受让人不再承担保证责任(《民法典》第696条第2款)。此外,债权人和债务人可以经保证人书面同意,协商变更主债权债务合同内容,加重债务,否则保证人对加重的部分不承担保证责任(《民法典》第695条第1款)。

2. 单务性和无偿性

在保证合同中,保证人承担保证债务,而债权人无须支付相应的对价或负担任何保证合同义务,这体现出保证合同的单务性和无偿性。当然,专业的保证人,如担保银行、担保公司等,在为债务人提供保证的时候会收取一定的报酬,但仅反映出保证人与债务人之间的有偿委托关系,而非保证合同的有偿性。

3. 要式性

《民法典》第685条规定,保证合同应以书面形式订立。书面订立的保证可以单独的保证合同形式作出,也可在主合同中增设保证条款。

第二节　保证合同的内容

一、保证人资格

保证是为债务人履行债务所作的担保,保证人必须是主合同债权人和债务人以外的第三人。凡具有相应权利能力和行为能力的自然人、法人和其他组织,都可作为保证人。不过,《民法典》第683条规定,下列法人或其他组织不得充当保证人:

1. 机关法人。机关法人主要承担行政职能,其经费来源于财政拨款。如果机关法人的财产用于清偿所保证的债务,就会影响机关法人履行职责,因此不得充当保证人。经国务院批准,为使用外国政府或者国际经济组织贷款而进行转贷款时,机关法人在此例外情况下可以担任保证人。

2. 以公益为目的的非营利法人、非法人组织。此类法人或组织以开展公益事业为目的或者非以营利为目的,例如学校、幼儿园、医院等。此类法人或非法人组织的财产或活动经费主要来自财政拨款或捐助,担任保证人与其从事公益活动的目的不符。

3. 企业法人的分支机构、职能部门。此类组织并非独立的民事主体,不能担任保证人。不过,如果是法人授权的,企业法人的分支机构、职能部门可以在授权范围内为他人提供保证。

以机关法人或者以公益为目的的非营利法人、非法人组织担任保证人的,保证合同无效。此时,保证人应当按照过错程度承担相应的民事责任。

二、保证范围

保证范围,即确保履行主债务的范围,也是保证人承担保证责任的范围。保证范围通常由当事人约定,没有约定则适用法定保证范围。《民法典》第691条规定了法定保证范围,即在当事人没有特约的情况下,保证的范围就是对全部主债务提供担保,具体包括:(1)主债权,即保证合同成立时债权人对债务人享有的全部债权。(2)利息,包括法定利息和约定利息。利息应当是保证合同成立之前已经存在,保证合同成立后的利息不在保证担保的范围内,除非当事人另有约定。(3)违约金。

(4)损害赔偿金。(5)实现债权的费用,即诉讼费、仲裁费、拍卖费等为实现债权而支出的合理费用。

三、保证方式

保证方式,即保证人承担保证责任的方式。《民法典》第686—688 条规定了保证的两种方式,即一般保证和连带保证。同时,为对保证提供担保,《民法典》第689 条规定了反担保。此外,《民法典》还规定了最高额保证和共同保证这两种特殊保证形式。

(一)一般保证

1. 一般保证的内涵。当事人在保证合同中约定,债务人不能履行债务时,由保证人承担保证责任的,为一般保证(《民法典》第687 条第1 款)。在一般保证中,保证人承担保证责任的前提是债务人客观上缺乏履行能力,经强制执行完毕后债务仍不能清偿,也即,债权人不能直接要求保证人承担保证责任,而须先通过诉讼途径向主债务人追偿。只有主债务人的财产被强制执行后仍不足清偿债务的,对于不足部分才能要求保证人承担。

2. 一般保证的推定。当事人在保证合同中对保证方式没有约定或者约定不明的,按照一般保证承担保证责任(《民法典》第686 条第2 款)。当事人在保证合同中约定了保证人在债务人不能履行债务或者无力偿还债务时才承担保证责任等类似内容,具有债务人应当先承担责任的意思表示的,应当认定为一般保证(《担保制度司法解释》第25 条第1 款)。

3. 一般保证中保证人的先诉抗辩权。保证人在主合同纠纷未经审判或仲裁,并且就主债务人财产强制执行仍不能履行债务之前,有权拒绝向债权人承担保证责任,此即一般保证人的先诉抗辩权(《民法典》第687 条第2 款)。下列情形为先诉抗辩权的阻却事由:(1)债务人下落不明,且无财产可供执行。(2)人民法院已经受理债务人破产案件。(3)债权人有证据证明债务人的财产不足以履行全部债务或者丧失履行债务能力。(4)保证人书面表示放弃先诉抗辩权。当然,先诉抗辩权在本质上是一种延缓性的抗辩权,并不能免除保证人的保证责任。

(二)连带责任保证

1. 连带责任保证的内涵及判断标准。当事人在保证合同中约定保证人和债务人对债务承担连带责任的,为连带责任保证。连带责任保证的债务人不履行到期债务或者发生当事人约定的情形时,债权人可以请求债务人履行债务,也可以请求保证人在其保证范围内承担保证责任(《民法典》第688 条)。在连带保证中,当债务人没有按约定履行债务时,债权人可向债务人或保证人中的任何一人要求其履行债务或承担保证责任。在连带保证中,保证人无先诉抗辩权。结合《民法典》第686 条一般保证的推定方式,连带保证的成立应当以当事人的约定为前提。当事人对连带保证的约定,既可以书面载明连带保证,也可以从保证人对主债务承担连带责任来判断,甚至还可以从是否享有先诉抗辩权等当事人的意思中判断。

2. 债权人的选择权。在连带责任情形下,债权人可以自由选择先向债务人或者先向保证人主张债权,也可以一并请求债务人和保证人履行债务或承担保证责任。

（三）反担保

保证人在承担保证责任后,可向债务人追偿。为了保证保证人的追偿权和代位权,《民法典》规定了反担保制度,以督促债务人履行对保证人的债务。就反担保人而言,既可以是债务人自己,也可以是债务人之外的第三人。不过,《民法典》第689条明确将反担保的担保主体限定为债务人,也即由债务人提供抵押或者质押;其他第三人提供物的担保或者保证不能称之为民法典意义上的反担保。

（四）最高额保证

最高额保证是指保证人与债权人约定在最高债权额限度内,就一定期间内连续发生的债权提供担保(《民法典》第690条第1款)。最高额保证应当采取书面形式,所担保的债权是一定期间内连续发生的债权。在最高额保证合同签订前已经存在的债权,保证合同的双方当事人可以约定将其纳入最高额保证的范围。最高额保证所担保的债权是不特定的,但是有一个最高额限制,所发生的债权通常是相同性质的。当实际发生的债权额超过最高限额的,保证人仅在最高额度内承担保证责任;实际发生的债权额未超过最高限额的,保证人以实际发生的债权额为限承担保证责任。

（五）共同保证

对同一债务,可以由单一保证人提供保证,也可以由多人提供保证。同一债务有两个以上保证人的,保证人应当按照保证合同约定的保证份额承担保证责任。没有约定保证份额的,债权人可以请求任何一个保证人在其保证范围内承担保证责任(《民法典》第699条)。涉及多数人对同一债务进行保证时,存在数个保证人之间的内部份额划分和相互追偿问题。

共同保证的成立,须是数人对同一债务人的同一债务履行提供担保。共同保证并不要求数个保证人之间有意思联络,也不要求数个保证人同时签订保证合同。但是必须满足"同一债务人的同一债务",否则就可能只是数个单一保证的聚集现象。根据保证人承担保证责任的不同,可分为按份共同保证和连带共同保证。保证人与债权人约定按照份额承担保证责任的是按份共同保证,此时各保证人在保证份额内承担保证责任并可向债务人追偿。如果没有约定保证份额,或者约定对全部债务承担保证责任,此时为连带共同保证。值得注意的是,同一债务有两个以上保证人,保证人之间相互有追偿权,债权人未在保证期间内向部分保证人行使权利,导致其他保证人在承担保证责任后丧失追偿权,其他保证人主张在其不能追偿的范围内免除保证责任的,人民法院应予以支持(《担保制度司法解释》第29条第2款)。

四、保证期间

（一）保证期间的内涵

保证期间是确定保证人承担保证责任的期间，不发生中止、中断和延长（《民法典》第692条第1款）。保证期间指的是保证人承担保证责任的时间范围，超出该期间后保证人也就不承担保证责任。在性质上，保证期间为除斥期间，与保证合同的诉讼时效期间相区别。一般保证的债权人在保证期间届满前对债务人提起诉讼或者申请仲裁的，从保证人拒绝承担保证责任的权利消灭之日起，开始计算保证债务的诉讼时效；连带责任保证的债权人在保证期间届满前请求保证人承担保证责任的，从债权人请求保证人承担保证责任之日起，开始计算保证债务的诉讼时效（《民法典》第694条）。《民法典》对保证合同的诉讼时效期间予以规定，意味着该期间届满而债权人不行使保证责任请求权的，其权利将不受法律保护。而保证期间届满，债权人不行使保证责任请求权的，债权人将丧失该项权利。通常，保证合同诉讼时效届满前，保证期间已届满。

（二）保证期间的类型

1. 约定保证期间。保证期间可由当事人约定，但是约定的保证期间早于主债务履行期限或者与主债务履行期限同时届满的，视为没有约定。当约定期限截止日超过主债务履行期限届满日时，实际的保证期间从主债务履行期限届满之日起算，通常短于约定保证期间。

2. 法定保证期间。当事人对保证期间没有约定或约定不明时，根据《民法典》第692条第2款的规定，保证期间为主债务履行期限届满之日起6个月。值得注意的是，若当事人合意排除法定期间，此时应当视为没有约定，仍然为主债务履行期限届满之日起6个月。《民法典》第692条第3款进一步规定，债权人与债务人对主债务履行期限没有约定或者约定不明确的，保证期间自债权人请求债务人履行债务的宽限期届满之日起计算。

第三节　保证的法律效力

一、主合同变动对保证责任的影响

（一）主债权债务合同变更对保证责任的影响

当事人变更合同内容是合同自由的表现之一。不过，当主债权债务内容发生变化时，势必会影响到保证责任的范围。对此，《民法典》第695条规定，债权人和债务人未经保证人书面同意的，协商变更主债权债务合同内容，减轻债务的，保证人仍对变更后的债务承担保证责任。加重债务的，保证人对加重部分不承担保证责任。可见,如果保证人书面同意债权人和债务人变更合同内容的,保证人可就变更后的内容承担保证责任。但是未经保证人书面同意的,不能加重保证人的保证责任。此外,债权人和债务人变更主债权债务合同的履行期限,未经保证人书面同意的,保证期间也不受影响。

(二) 债权让与对保证责任的影响

通常,当主债权让与时,保证责任不受影响。不过,保证人为债务人提供保证是对债务人财产和信用评估的结果,不能单纯地视为一项针对财产的担保。鉴于此,债权人转让全部或者部分债权,未通知保证人的,该转让对保证人不发生效力(《民法典》第696条第1款)。也即,未通知保证人,并不影响债权让与本身的效力,只是债权让与的效力不及于保证人。此时,保证也依然有效,只不过仍然针对原债权人承担保证责任。值得注意的是,如果保证人与债权人已约定禁止债权转让,此时债权人未经保证人书面同意转让债权的,因丧失债权人资格而不能要求保证人承担保证责任(《民法典》第696条第2款)。此时,若保证人承担保证责任的,可以主张不当得利的返还。

(三) 债务承担对保证责任的影响

债权人未经保证人书面同意,允许债务人转移全部或者部分债务的,保证人对未经同意转移的债务不再承担保证责任,除非当事人另有约定(《民法典》第697条第1款)。如果债务承担在发生时并未获得保证人的书面同意,事后保证人书面进行追认的,此时应视为保证人不再承担原保证责任,而是提供了新的保证。此外,当第三人加入债务时,因未加重保证人的责任,因此保证人的保证责任并不受影响(《民法典》第697条第2款)。

二、保证人的追偿权、代位权和抗辩权

(一) 保证人的追偿权。

保证人承担保证责任后,除当事人另有约定外,有权在其承担保证责任的范围内向债务人追偿,享有债权人对债务人的权利,但是不得损害债权人的利益(《民法典》第700条)。在保证人承担保证责任后,主债务人成为保证责任承担的受益人,此时保证人应有权追偿其为主债务人的利益而承担的责任。保证人行使追偿权须满足两项条件,其一是保证人已经承担保证责任,其二是债务人因保证人承担保证责任而免责。

(二) 保证人的代位权

保证人的代位权旨在确保追偿权的实现,是指保证人在承担保证责任后,取代债权人地位行使主债权的权利。保证人的代位权实质上是债权的法定转移,保证人清偿债务后,受让了债权人的债权。《民法典》第700条同时使用保证人"向债务人追偿"和"享有债权人对债务人的权利"的表述,事实上构成代位权和追偿权的竞合,保

证人可以择一行使。

（三）保证人的抗辩权

《民法典》第701条规定，保证人可以主张债务人对债权人的抗辩。此时的抗辩内容，是源自债务人对债权人的抗辩，包括权利阻却的抗辩、权利消灭的抗辩和权利阻止的抗辩。即便债务人放弃抗辩，保证人仍然有权向债权人主张抗辩。此外，债务人对债权人享有抵销权或者撤销权的，保证人可以行使抗辩权，并在相应的范围内拒绝承担保证责任。

三、保证合同无效后的法律效果

《民法典》第682条规定，主债权债务合同无效的，保证合同无效，但法律另有规定的除外。保证合同被确认无效的，债务人、保证人、债权人有过错的，应当根据其过错各自承担相应的民事责任。

（一）主债权债务合同有效，但保证合同无效

保证合同无效时，并不因此影响到主债权债务合同的效力。此时，保证人、债务人、债权人应当按照各自的过错承担民事责任。例如，在保证人不具备保证资格而签订保证合同时，保证人或债权人因其过错承担保证合同无效后的法律责任。

（二）主债权债务合同无效，且保证合同无效

主债权债务合同无效时，保证合同也无效。此时保证合同可能因本身效力瑕疵而无效，也可能因主合同无效而导致无效。就后者而言，保证合同是因担保合同的从属性而无效。此时，当保证人知道主债权债务合同无效，但仍然提供保证时，应当按其过错承担保证责任。

第十四章 租 赁 合 同

第一节 租赁合同概述

租赁合同是一项有偿的意定之债。出租人不向租赁人转移其标的物的所有权,但须交付标的物的占有。租赁合同是一项古老的典型合同,是出租人将租赁物交付承租人使用、收益,承租人支付租金的合同。租赁合同的内容一般包括租赁物的名称、数量、用途、租赁期限、租金及其支付期限和方式、租赁物维修等条款(《民法典》第704条)。

租赁合同有别于买卖合同,主要在于租赁的标的物为现存之物且无须转移标的物的所有权。由于租赁合同是有偿合同且租赁期限相对较长,因此也有别于借用合同。不过,租赁合同并非永续性。《民法典》第705条规定:"租赁期限不得超过二十年。超过二十年的,超过部分无效。租赁期限届满,当事人可以续订租赁合同;但是,约定的租赁期限自续订之日起不得超过二十年。"当租赁期限超过6个月的,租赁合同应当采用书面合同。若当事人未采用书面形式,无法确定租赁期限的,则视为不定期租赁。总体上,租赁合同具有有名合同、诺成合同、双务合同、有偿合同、继续性合同等特征。

第二节 租赁双方的义务

一、出租人的义务

1. 出租人的适租义务。出租人应当按照约定将租赁物交付承租人,并在租赁期限内保持租赁物符合约定的用途(《民法典》第708条)。

2. 租赁物的维修义务。出租人应当履行租赁物的维修义务,除非当事人另有约定。在租赁物需要维修时,承租人可以请求出租人在合理期限内维修。出租人未履行维修义务的,承租人可以自行维修,只不过维修费用由出租人负担。因维修租赁物影响承租人使用的,应当相应减少租金或者延长租期。因承租人的过错致使租赁物需要维修的,出租人不承担维修责任(《民法典》第713条)。

二、承租人的义务

1. 适当使用租赁物的义务。承租人应当按照约定的方法使用租赁物,对租赁物的使用方法没有约定或者约定不明确,通常应当根据租赁物的性质使用。如果承租人按照约定的方法或者根据租赁物的性质使用租赁物,致使租赁物受到损耗的,承租人不承担赔偿责任。但是承租人未按照约定的方法或者根据租赁物的性质使用租赁物,致使租赁物受到损失的,出租人可以解除合同并请求赔偿损失(《民法典》第709—711条)。

2. 妥善保管租赁物的义务。承租人应当妥善保管租赁物,因保管不善造成租赁物毁损、灭失的,应当承担赔偿责任(《民法典》第714条)。

3. 支付租金的义务。承租人负有支付租金的义务,且应当按照约定的期限支付租金。对支付租金的期限没有约定或者约定不明确的,除非有支付惯例,否则租赁期限不满1年的,应当在租赁期限届满时支付;租赁期限1年以上的,应当在每届满1年时支付,剩余期限不满1年的,应当在租赁期限届满时支付(《民法典》第721条)。但是,承租人在一些特殊情形下可以主张减少租金或者不支付租金。例如,因不可归责于承租人的事由,致使租赁物部分或者全部毁损、灭失的或者因第三人主张权利,致使承租人不能对租赁物使用、收益的,承租人可以请求减少租金或者不支付租金(《民法典》第723条、第729条)。在后一种情况下,第三人主张权利的,承租人应当及时通知出租人。

4. 租赁物返还义务。租赁期限届满,承租人应当返还租赁物。返还的租赁物应当符合按照约定或者根据租赁物的性质使用后的状态(《民法典》第733条)。

第三节　租赁合同的特别规则

一、租赁合同的解除权

(一) 任意解除权

在不定期租赁合同也即未约定租赁期限的租赁合同中,双方当事人享有任意解除权。不定期租赁合同包括三种情形:(1)没有约定租赁期限的租赁合同。当事人对租赁期限没有约定或者约定不明确的,通常视为不定期租赁。此时,当事人可以随时解除合同,但是应当在合理期限之前通知对方(《民法典》第730条)。(2)租赁期限6个月以上,但合同未采用书面形式的,被视为不定期租赁(《民法典》第707条)。(3)租赁期限届满,承租人继续使用租赁物且出租人没有提出异议的,原租赁合同继续有效,但是租赁期限为不定期(《民法典》第734条第1款)。在上述不定期租赁合同中,双方当事人均享有任意解除权,均可以随时解除合同。需注意的是,出租人解除合同时,应当在合理期限之前通知承租人。

(二) 法定解除权

除不定期租赁合同当事人双方均享有任意解除权以外,出租人或承租人还享有法定解除权。

1. 在下列情形中,出租人享有法定解除权:(1) 承租人未按照约定的方法或者租赁物的性质使用租赁物,致使租赁物受到损失的(《民法典》第711条)。(2) 房屋租赁合同中,承租人擅自变动房屋建筑主体和承重结构或者扩建,在出租人要求的合理期限内仍不予恢复原状的(《城镇房屋租赁合同解释》第6条)。(3) 承租人未经出租人同意转租的(若出租人知道或者应当知道承租人转租,但在6个月内未提出异议的,视为出租人同意转租,即出租人的法定解除权消灭)(《民法典》第716条第2款、第718条)。(4) 承租人无正当理由未支付或者迟延支付租金的,出租人可以请求承租人在合理期限内支付;承租人逾期不支付的,出租人可以解除合同(《民法典》第722条)。

2. 在下列情形中,承租人享有法定解除权:(1) 因租赁物部分或者全部毁损、灭失,致使不能实现合同目的的,承租人可以解除合同(《民法典》第729条)。(2) 租赁物危及承租人的安全或者健康的,即使承租人订立合同时明知该租赁物质量不合格,承租人仍然可以随时解除合同(《民法典》第731条)。(3) 因出租人原因致使租赁物无法使用的,如租赁物被司法机关或者行政机关依法查封,或者租赁物权属有争议,又或者租赁物具有违反法律、行政法规关于使用条件强制性规定情形时,承租人可以解除合同(《民法典》第724条)。

二、买卖不破租赁

租赁物在承租人依据租赁合同占有期限内发生所有权变动的,不影响租赁合同的效力(《民法典》第725条)。"买卖不破租赁"是对债的相对性原则的突破,使得租赁权具有对抗第三人的效力,也即"租赁权物权化"。《城镇房屋租赁合同解释》第14条也明确规定,租赁房屋在租赁期限内发生所有权变动,承租人请求房屋受让人继续履行原租赁合同的,人民法院应予支持。就"买卖不破租赁"而言,须满足三项构成要件。一是租赁合同合法有效;二是出租人已将租赁物交付给承租人且为承租人占有;三是租赁期限内,租赁物的所有权因买卖、赠与、继承、遗赠、抵押权实现等原因发生变动。"买卖不破租赁"的法律效果是新的所有权人法定承受该租赁合同,即债权债务法定转移至新的所有权人。这一债权物权化倾向的现象并未改变租赁权的债权本质,租赁效力的特殊性仅在于债权效力的强化。"租赁权物权化",意味着租赁权可以对抗后设立的物权。当抵押权设立前抵押财产已出租并转移占有的,原租赁关系也不受该抵押权的影响(《民法典》第405条)。

《城镇房屋租赁合同解释》第14条同时规定了"买卖不破租赁"规则的三种例外

情形:其一是房屋在出租前已设立抵押权,因抵押权人实现抵押权发生所有权变动的;其二是房屋在出租前已被人民法院依法查封的;其三是当事人另有约定的。此三种情形均不适用"买卖不破租赁"规则。

三、转租

承租人在维持与出租人租赁合同关系的同时,还可以将租赁物的全部或者一部分出租给第三人(次承租人)使用、收益,同时第三人向承租人(转租人)支付租金。租赁物的转租分为经出租人同意的转租和未经出租人同意的转租两种情形。

1. 承租人经出租人同意,可以将租赁物转租给第三人。承租人转租的,承租人与出租人之间的租赁合同继续有效。若第三人造成租赁物损失的,承租人应当赔偿损失(《民法典》第716条第1款)。承租人经出租人同意将租赁物转租给第三人,转租期限超过承租人剩余租赁期限的,超过部分的约定对出租人不具有法律约束力,但是出租人与承租人另有约定的除外(《民法典》第717条)。

2. 承租人未经出租人同意,将租赁物转租给第三人的,出租人应当在知道或应当知道转租后6个月内表示异议,否则视为出租人同意转租(《民法典》第718条)。

承租人拖欠租金的,次承租人可以代承租人支付欠付的租金和违约金,但是转租合同对出租人不具有法律约束力的除外。次承租人代为支付的租金和违约金,可以折抵次承租人应当向承租人支付的租金;超出其应付的租金数额的,可以向承租人追偿(《民法典》第719条)。

四、房屋承租人的优先购买权

(一)优先购买权的适用条件

房屋承租人的优先购买权是指,出租人出卖租赁房屋时,应当在出卖之前的合理期限内通知承租人,承租人享有以同等条件优先购买的权利(《民法典》第726条第1款)。在租赁期限内,出租人出卖房屋、拍卖房屋、与抵押权人协议用租赁的房屋折抵债务时,承租人享有在同等条件下优先于第三人购买的权利。同等条件一般指在价款、付款方式、担保条件等方面与第三人相同。即便是出租人与抵押权人协议折价、变卖租赁房屋偿还债务,也应当在合理期限内通知承租人,此时承租人在同等条件仍然享有优先购买权(《城镇房屋租赁合同解释》第15条)。出租人出卖房屋时,应在合理期限内通知承租人。出租人履行通知义务后,承租人应在15日内明确表示购买,否则视为承租人放弃优先购买权。在拍卖情形下,也即出租人委托拍卖人拍卖租赁房屋的,应当在拍卖5日前通知承租人。承租人未参加拍卖的,视为放弃优先购买权(《民法典》第726条第2款、第727条)。但是,房屋共有人行使优先购买权或者出租人将房屋出卖给近亲属的除外。

（二）房屋承租人主张优先购买权的排除情形

在有些情形下，承租人主张优先购买房屋的，人民法院不予支持：(1) 房屋共有人行使优先购买权的。尤其在出卖共有份额时，房屋承租人并不享有房屋的优先购买权，并不存在与房屋共有人优先购买权相冲突的情形；(2) 出租人将房屋出卖给近亲属，包括配偶、父母、子女、兄弟姐妹、祖父母、外祖父母、孙子女、外孙子女的；(3) 出租人履行通知义务后，承租人在15日内未明确表示购买的；(4) 第三人善意购买租赁房屋并已经办理登记手续的。

（三）对房屋承租人优先购买权的救济

如果出租人出卖租赁房屋未在合理期限内通知承租人或者有其他妨害承租人行使优先购买权情形的，承租人可以请求出租人承担损害赔偿责任，但出租人与第三人订立的房屋买卖合同的效力不受影响（《民法典》第728条）。

五、租赁合同中的风险负担

在租赁合同存续期间，承租人有妥善保管租赁物的义务。因承租人保管不善而造成租赁物毁损、灭失的，承租人应当承担损害赔偿责任。但是，因不可归责于承租人的事由，致使租赁物部分或者全部毁损、灭失的，适用租赁合同的风险负担规则。此时，承租人可以请求减少租金或者不支付租金；因租赁物部分或全部毁损、灭失，致使不能实现合同目的的，承租人还可以解除合同（《民法典》第729条）。

租赁合同的风险负担规则有别于合同的违约责任，前者的确定机制是"利益之所在，即风险之所在"。与买卖合同所采取的"交付主义"的风险转移原则不同，因不可归责于双方当事人的事由致使租赁物全部或部分毁损、灭失的风险负担采"物主承担风险原则"，也即由所有权人（出租人）承担。双方当事人也可以约定风险负担规则，也即对于有效合同双方均未违约时的风险负担，应以约定优先。租赁合同中已有约定的，应从其约定，即便该项约定与"物主承担风险原则"不一致，仍然应当遵从约定并优先适用。

第十五章　融资租赁合同

第一节　融资租赁合同概述

一、融资租赁合同的概念

融资租赁合同是出租人根据承租人对出卖人、租赁物的选择,向出卖人购买租赁物并提供给承租人使用,承租人支付租金的合同(《民法典》第735条)。融资租赁合同是商品经济高度发展的产物,是买卖和租赁两种合同内容融为一体的特殊形态,涉及出卖人、出租人和承租人三方当事人,具有融资和担保的经济功能。融资租赁以租赁形式(融物)达到融资的目的,是企业实现融资的重要工具,兼具便捷融资、轻监管、轻税收等优势。融资租赁的本质在于出租人融通资金让承租人使用标的物,有别于一般租赁中出租人取得租赁物的所有权后再通过租赁物获取收益。但是,并非冠以融资租赁之名就成立融资租赁合同。当事人以虚构租赁物等方式订立融资租赁合同掩盖非法目的的,融资租赁合同无效。对于名为融资租赁合同,但实际不构成融资租赁法律关系的,应按照其实际构成的法律关系处理。

二、融资租赁合同的特征

1. 融资租赁合同主体是由出卖人、出租人和承租人三方结合而成。融资性租赁交易的法律结构较为特别,与一般租赁合同并不相同。出租人根据承租人的要求,向出卖人购买租赁物后提供给承租人使用,受领物品的承租人认为受领的物品符合合同约定的,由出租人履行交付义务,将价款支付给出卖人。承租人在使用租赁物后,支付租金给出租人。

2. 融资租赁合同是一种融买卖合同和租赁合同为一体的典型合同。对承租人而言,只需支付少量的租金就能对租赁物使用和收益,无须花费巨资就能满足对租赁物长期使用的需求;对于出租人而言,可以通过稳定的租金获得利润。除购买价款之外,出租人无须承担租赁物的保管和维修义务,甚至不必承担租赁物的毁损和灭失风险,此外还能以租赁物获得"担保"的保障。

3. 融资租赁合同是以融资为目的、以融物为手段的信贷合同。融资租赁合同与传统租赁合同、借款合同等相区别的主要原因在于,出租人按照承租人的要求一次性购买了特定要求的标的物,从而实现了承租人资金不足而需要融资的目的,实现了融资和融物的结合。

4. 融资租赁合同中的出租人为从事融资租赁业务的租赁公司。考虑到融资租赁交易具有融资性,只有从事融资租赁业务的租赁公司才能成为融资租赁合同的出租人,才有从事融资租赁交易并订立融资租赁合同的资格。尽管《民法典》未对从事融资租赁业务的主体资格作具体规定,但融资租赁合同的融资功能决定了经金融管理部门批准许可经营的公司才能成为融资租赁的出租人,而一般的自然人、法人或其他组织不具有出租人主体资格。

第二节 融资租赁合同的权利义务内容

一、出卖人的权利义务

对出卖人而言,通常需要先向承租人交付标的物,之后才享有向出租人收取价款的权利。融资租赁的特殊之处在于,出卖人直接将租赁物交付给承租人而非出租人,承租人在收到租赁物时应通知出租人向出卖人付款。此时,出卖人也就享有收取价款的权利。

出租人根据承租人对出卖人、租赁物的选择订立买卖合同,出卖人则负有按照约定向承租人直接交付标的物的义务(《民法典》第 739 条)。在融资租赁合同中,承租人是真正的"买受人",除了享有选择租赁物的权利外,实际上负担了除支付价款外的买受人的其他义务。在这样一种特殊的合同结构中,出卖人负担向承租人交付租赁物的义务。出卖人不履行合同义务时,承租人可要求出卖人承担违约责任(《民法典》第 741 条)。此外,出卖人还需承担租赁物的瑕疵担保责任。

二、出租人的权利义务

1. 部分情形下享有租赁物的所有权

融资租赁合同当事人可以约定租赁期限届满后租赁物的所有权归属,在对租赁物的归属没有约定或者约定不明确,依据《民法典》第 510 条的规定仍不能确定的,租赁物的所有权归出租人享有(《民法典》第 757 条)。因此,《民法典》第 745 条规定,出租人对租赁物享有所有权的,若未登记则不得对抗善意第三人。显然,虽然此时出租人是租赁物的所有权人,但在效力上存在不能对抗善意第三人的情形,也即,若进行了登记,与完整的所有权无异;若未登记,此时的出租人所有权具有不稳定性,无法对抗善意第三人。

如果当事人没有明确约定租赁物的所有权归属,并不能推定归出租人所有。例如,在当事人约定租赁期限届满承租人仅需向出租人支付象征性价款的情形下,应视为约定的租金义务履行完毕后租赁物的所有权归承租人(《民法典》第759条)。当然,在融资租赁合同无效时,当事人对租赁物的归属没有约定或者约定不明确的,租赁物应当返还给出租人。但是,因承租人原因致使合同无效,出租人不请求返还或者返还后会显著降低租赁物效用的,租赁物的所有权归承租人,由承租人给予出租人合理补偿(《民法典》第760条)。如果当事人约定租赁期限届满租赁物归出租人所有的,因租赁物毁损、灭失或者附合、混合于他物致使承租人不能返还的,出租人有权请求承租人给予合理补偿(《民法典》第758条第2款)。

2. 解除合同的权利

承租人未经出租人同意,将租赁物转让、抵押、质押、投资入股或者以其他方式处分的,出租人可以解除融资租赁合同(《民法典》第753条)。此外,承租人不支付租金、经催告后在合理期限内仍不支付的,出租人有权请求承租人支付全部租金,也有权解除合同并收回租赁物(《民法典》第752条)。出租人既要求承租人支付全部租金又要求解除合同的,裁判机构应当告知其作出选择[《最高人民法院关于审理融资租赁合同纠纷案件适用法律问题的解释》(以下简称《融资租赁合同解释》)第10条第1款]。

融资租赁合同因租赁物交付承租人后意外毁损、灭失等不可归责于当事人的原因解除的,出租人可以请求承租人按照租赁物折旧情况给予补偿(《民法典》第756条)。因买卖合同解除、被确认无效或者被撤销而解除,出卖人及租赁物系由承租人选择的,出租人有权请求承租人赔偿相应损失。出租人的损失已经在买卖合同解除、被确认无效或者被撤销时获得赔偿的,承租人不再承担相应的赔偿责任(《民法典》第755条)。

3. 出租人负有向出卖人支付价款和向承租人交付租赁物等义务

在融资租赁合同的构造中,出租人是支付价款的义务人,以满足承租人融资的目的。出租人向出卖人支付价款,并将租赁物的使用和收益权交由承租人享有,同时享有向承租人收取租金的权利。在融资租赁结构中,出租人负有的交付义务极为特别,是一种由出卖人完成的交付,也即,承租人告知出租人受领了租赁物时,视为出租人已经履行了交付义务。

4. 其他特殊权利和义务

出租人不得与出卖人变更买卖租赁物合同中与承租人有关的内容,除非经过了承租人的同意(《民法典》第744条)。出租人有按照承租人要求选定出卖人和租赁物的义务,即便租赁物后续不符合使用目的,出租人也无须承担责任,但是承租人依赖出租人技能确定租赁物或者出租人干预选择租赁物的除外(《民法典》第747条)。

此外,因租赁物造成第三人损害的,出租人享有免责权。也即,承租人占有租赁物期间,租赁物造成第三人的人身伤害或财产损害的,出租人不承担责任(《民法典》第749条)。由于出租人的作用主要在于提供融资服务,租赁物则由承租人直接占有或控制,因此出租人享有免责权。也即,无论是由于使用或保管租赁物不当而造成第三人人身或财产损失的情况,还是由于租赁物本身的瑕疵导致第三人损害的情形,出租人均不承担责任。

三、承租人的权利义务

1. 支付租金的义务

支付租金是承租人所负担的主要义务。融资租赁合同中出租人所收取的租金,既不同于一般租赁合同中的租金,也不同于买卖合同中的价金。出租人所收取的租金一方面是为了收回其为购买租赁物所支出的全部或部分费用,另一方面要获取一定的利润(《民法典》第746条)。融资租赁合同的租金应当与出租人购买租赁物支付的价款本息和可得利益相当,只不过这一价款采取分期付款的方式履行。显然,租金具有融资性特质,租金并非融物的对价而为融资的对价。

承租人承担支付租金的义务具有如下特点:(1)承租人对出卖人索赔时,不影响其支付租金的义务,但承租人依赖出租人的技能确定租赁物或者出租人干预选择租赁物的,承租人可以请求减免相应租金(《民法典》第742条)。(2)承租人占有租赁物期间,租赁物毁损、灭失的,出租人有权请求承租人继续支付租金,法律另有规定或者当事人另有约定的除外(《民法典》第751条)。(3)因承租人违约而由出租人回收标的物时,承租人不能以标的物的被收回为由拒绝履行支付租金的义务。

承租人不按照约定支付租金时,出租人可催告承租人支付。经出租人催告,承租人在合理期限内仍不支付租金的,出租人可采取以下两种救济措施:(1)请求承租人支付到期和未到期的全部租金(加速到期)。承租人负有依约定按期支付租金的义务,对于未到期的租金,出租人无权请求承租人支付,此为承租人享有的一项期限利益。但是,当承租人不依约定按时支付租金,并且经催告仍逾期支付时,则承租人的期限利益丧失,出租人不仅有权请求承租人支付已到期的租金,而且可请求承租人支付未到期的全部租金。(2)解除合同,收回租赁物。承租人经催告在合理期限内仍不支付租金的,出租人可以解除合同并收回租赁物。在出租人对于租赁物享有所有权的情形下,该所有权具有担保其租金债权实现的功能,那么出租人在因承租人违约而解除合同时,可以收回租赁物(《民法典》第752条)。但是,在当事人约定租赁期限届满租赁物归承租人所有的情形下,如果承租人已经支付大部分租金但无力支付剩余租金,此时出租人解除合同而收回租赁物,收回的租赁物的价值超过承租人欠付的租金以及其他费用的,承租人可以要求相应返还(《民法典》第758条第1款)。

2. 妥善保管、使用、维修租赁物的义务。《民法典》第750条第1款规定承租人应当妥善保管、使用租赁物,其原因在于出租人作为租赁物的所有权人享有在租赁期限届满时收回租赁物的期待利益,因此承租人应当妥善保管和使用。同时,与一般租赁合同不同,融资租赁合同具有较强的融资性,租金是承租人融资的对价,那么出租人需履行购买租赁物的义务,而承租人则应当履行维修租赁物的义务。因此,在占有租赁物期间,由承租人而非出租人承担维修租赁物的义务(《民法典》第750条第2款)。

3. 依法拒绝受领租赁物情形下的及时通知义务。承租人依法拒绝受领租赁物时,应当及时通知出租人(《民法典》第740条)。承租人迟延通知或无正当理由拒绝受领租赁物造成出租人损失的,出租人有权向承租人主张损害赔偿(《融资租赁合同解释》第3条)。

4. 享有相当于买受人的权利。在出卖人向承租人交付租赁物时,承租人享有与受领标的物有关的买受人的权利(《民法典》第739条)。(1)租赁物严重不符合约定的,或者出卖人未在约定的交付期限或合理期限内交付租赁物,经承租人或出租人催告,在催告期满后仍未交付的,承租人享有拒绝受领租赁物的权利(《民法典》第740条第1款)。(2)当承租人依法定原因拒绝受领租赁物时受有损失,或者受领后发现租赁物存在质量瑕疵,又或者因出卖人的其他违约行为产生损失的,承租人对出卖人可行使索赔权(《民法典》第741条)。

5. 其他权利义务内容。当出租人无正当理由收回租赁物,或无正当理由妨碍、干扰承租人对租赁物的占有和使用,又或因出租人的原因致使第三人对租赁物主张权利,又或有不当影响承租人对租赁物占有和使用的其他情形时,承租人还有权请求出租人赔偿损失(《民法典》第748条第2款)。

事实上,当租赁物不符合约定且出租人实施了下列行为之一时,承租人有权要求出租人承担相应的赔偿责任:(1)在承租人选择出卖人、租赁物时,利用自己的专业技能、经验判断对承租人提供帮助,并对租赁物的选定起决定作用的;(2)直接干预或要求承租人按照出租人意愿选择出卖人或者租赁物的;(3)擅自变更承租人已经选定的出卖人或者租赁物的。

此外,在因出卖人未交付、迟延交付租赁物或租赁物质量存在严重瑕疵而被承租人索赔后,出租人有权向出卖人追偿。出租人有下列情形之一,致使承租人对出卖人行使索赔权利失败的,承租人有权请求出租人承担相应的责任:(1)明知租赁物有质量瑕疵而不告知承租人;(2)出租人怠于行使只能由其对出卖人行使的索赔权利,造成承租人损失的,承租人有权请求出租人承担赔偿责任(《民法典》第743条)。

第十六章 保理合同

第一节 保理合同概述

一、保理合同的概念

保理合同是指应收账款债权人将现有的或者将有的应收账款转让给保理人,保理人提供资金融通、应收账款管理或者催收、应收账款债务人付款担保等服务的合同(《民法典》第761条)。

应收账款是权利人因提供一定的货物、服务或设施而获得的要求义务人付款的权利以及依法享有的其他付款请求权。中国人民银行2022年实施的《动产和权利担保统一登记办法》第3条列明了应收账款的具体形式,明确规定应收账款包括现有的和未来的金钱债权,但不包括因票据或其他有价证券而产生的付款请求权,以及法律、行政法规禁止转让的付款请求权。应收账款作为一项债权,商业银行和商业保理公司可以应收账款转让为基础提供综合性金融服务。《民法典》"保理合同"一章针对"应收账款的转让+金融服务"进行法律技术设计,以满足我国经济和对外贸易的发展需求。

保理本质上是以应收账款转让为基础的金融服务。保理业务通常由两个合同构成,其一为债权人和保理商之间的保理合同,其二为债权人和债务人之间的基础合同。构成保理合同法律关系,应具备下述要件:(1)保理商是依法律规定并经批准开展保理业务的金融机构或商业保理公司。对于无保理资质的单位与债权人签订保理合同,只要不属于《民法典》规定的合同无效的情形,当事人依意思自治形成借贷法律关系;(2)债权人将因基础合同产生的应收账款转让给保理商,保理法律关系以债权转让为前提;(3)债权人与保理商应当签订书面保理合同;(4)保理人应当提供融资、债权管理或催收、付款担保等一项或多项服务。[①]

二、保理合同的特征

(一)保理合同为要式合同

保理合同的内容一般包括业务类型、服务范围、服务期限、基础交易合同情况、应

---

① 参见李超编著:《保理合同纠纷裁判规则与典型案例》,中国法制出版社2017年版,第3页。

收账款信息、保理融资款或者服务报酬及其支付方式等条款(《民法典》第762条第1款)。保理合同的内容丰富,既非单纯的应收账款转让,也不同于其他有名合同。尽管《民法典》第469条第1款规定当事人订立合同可以采用书面形式、口头形式或者其他形式,但鉴于保理合同涉及的内容和法律关系较为复杂,《民法典》第762条第2款进而规定保理人和债权人应当采用书面形式订立保理合同。也即,保理合同必须具备书面形式,呈现要式合同的特征。

(二)保理合同是一种混合合同

保理业务的出现是全球贸易快速发展的结果,是解决企业融资需求的一种方式。保理以应收账款转让为基础,但是远比传统的债权让与制度复杂。《民法典》关于保理合同的规定是债权转让基础上的特殊规定,其第769条明确说明:"本章没有规定的,适用本编第六章债权转让的有关规定。"当然,保理业务的细分还是对传统债权让与制度的债权转让范围、通知方式、追索权的行使等产生了重大冲击。① 究其本质,保理合同是债权转让与其他典型合同相叠加的一种特殊合同形式。保理合同所附债权让与以外的内容,当事人对相关权利义务有约定时从其约定,无约定时可准用借款、委托、担保等最相类似有名合同的规定。②

(三)保理合同须有债权让与的合意

《国际保理公约》《联合国国际贸易中应收款转让公约》等均把应收账款转让作为保理的前提。债权人将现有的或者将有的应收账款转让给保理人,乃保理合同的核心内容。该债权让与的合意本质上是一项负担行为,而应收账款让与文书则具有处分行为的性质,两者有所区别。保理合同中应收账款转让的合意与作为处分行为的债权让与相区别,保理合同也不以债权让与的有效为前提。显然,保理合同仅具有债权让与的合意,让与他人债权或将来债权的行为是否有效不会影响保理合同自身的效力。

第二节 保理合同的效力

一、保理当事人的权利和义务

保理人有必要对应收账款债权人和应收账款债务人之间的基础合同进行审查,检查合同内容是否合法以及应收账款债务人的信用状况。应收账款债权人应当按照保理人的要求,提供与应收账款基础交易合同有关的业务活动和财务状况的真实情况,以及相关基础交易合同的单证和资料。在应收账款债权人将应收账款全部或部

---

① 参见方新军:《关于民法典合同法分则的立法建议》,载《交大法学》2017年第1期。
② 参见李宇:《保理合同立法论》,载《法学》2019年第12期。

分转让给保理商之后,应收账款债权人应当协助保理商办理登记。应收账款债务人则应承担基础合同中的到期付款责任,除非当事人另有约定。

应收账款债务人接到应收账款转让通知后,应收账款债权人和债务人无正当理由协商变更或者终止基础交易合同,对保理人产生不利影响的,对保理人不发生效力(《民法典》第765条)。该条所称"正当理由",主要指市场需求变化、价格波动以及正常的经营决策等情形。基础交易合同的变更不影响保理人的合同权利内容,除非应收账款债权人和债务人因"正当理由"协商变更或终止基础交易合同。

二、虚构应收账款对保理合同效力的影响

应收账款债权人与债务人虚构应收账款作为转让标的,与保理人订立保理合同的,应收账款债务人不得以应收账款不存在为由对抗保理人(《民法典》第763条)。实践中,在签订保理合同后,保理人向债权人提供融资,尔后向债务人请求履行债务时会出现应收账款不存在,或者应收账款债权人与债务人虚构应收账款的情形。在此种情形下为了保护保理人的权益,《民法典》规定应收账款虚构并不影响保理合同的效力。当然,保理人也应对应收账款尽合理审查义务,在保理人明知应收账款属于虚构的情形下,债务人可以此为由不履行债务。

三、约定金钱债权不得转让的效力

关于约定金钱债权不得转让的效力问题,《民法典》保理合同部分并未专门规定,但当事人约定金钱债权不得转让的,不得对抗第三人(《民法典》第545条第2款)。如果债权人不遵守约定将权利转让给第三人,使第三人接受了转让的权利的,该转让行为有效,第三人成为新的债权人。转让行为造成债务人利益损害的,原债权人应当承担违约责任。①

如果应收账款的债权人与债务人之间约定债权禁止转让或者限制转让,保理人和应收账款债权人仍然签订了保理合同,那么按照债权让与的一般规则,债务人也不得对抗保理人。当事人之间的特约仅仅对基础合同的双方当事人具有约束力,并不能对抗保理人。保理人不受基础合同中特约禁止或者限制转让条款的影响,与保理人应谨慎审核基础交易合同的义务之间也并不矛盾。

四、应收账款的转让通知

我国《民法典》第546条第1款规定:"债权人转让债权,未通知债务人的,该转让对债务人不发生效力。"尽管该条将通知主体确定为债权人,但有学者认为应通过目

---

① 参见韩世远:《合同法总论》(第四版),法律出版社2018年版,第604页。

的性扩张对法律漏洞进行补充,允许受让人也作为让与通知的主体。①

针对债权让与的通知人有不同的立法理念。一是认为应当由受让人通知;二是认为由让与人通知;三是认为法律对此未作强制性或者限制性规定,出让人或受让人均可单独通知债务人,或者出让方与受让方可以一起通知债务人,只不过在受让人通知时必须提出取得债权的证据。债权让与的通知主体仅限于让与人,固然可以最大程度地防范虚假通知和保护债务人,但是此种规定过于限定,易构成法律漏洞,可以通过目的性扩张予以填补,允许受让人也作为让与通知的主体,从而有利于灵活地解决实际中的问题。②

保理人应向应收账款债务人发出应收账款转让的通知的,应表明保理人身份并附有必要凭证(《民法典》第764条)。《民法典》将保理人确定为通知主体时,还从保护债务人履行安全的角度考虑,要求保理人此时应提出取得债权的证据,也即表明身份并附有必要凭证。否则,债务人可以拒绝履行。

尤其应当注意的是,在隐蔽保理的情形中,应收账款的转让并不通知债务人且债务人继续向让与人履行债务。如果让与人事后不将应收账款转让的情况通知债务人,势必对保理人不利。因此,《民法典》第764条规定让与通知可以由受让人向债务人作出,同时受让人应当向债务人提供证据以证明其取得了债权。此外,债权转让与保理并未割裂,应收账款债权转让通知书为保理合同的附件,成为保理合同项下的权利义务内容。债务人对应收账款债权转让通知书的确认,应视为接受保理合同相关条款的约束。

第三节 保理的类型及特殊规则

一、有追索权保理和无追索权保理

以保理商是否承担债务人的风险为标准,保理可分为有追索权保理和无追索权保理,这一区分也是保理最重要的区分方式。

（一）有追索权保理

有追索权保理是指保理商无须查明债务人的信用状况,且不承担应收账款债务人不能付款的风险,即在债务人不能付款的情况下有权直接向债权人追偿。有追索权的保理又称回购型保理,指保理商不承担为债务人核定信用额度和提供坏账担保的义务,仅提供包括融资在内的其他金融服务。无论应收账款因何种原因不能收回,保理商都有权向债权人追索已付融资款项并拒付尚未收回的差额款项,或者要求债

---

① 参见韩世远:《合同法总论》(第四版),法律出版社2018年版,第613页。
② 参见朱广新:《合同法总则研究》(下册),中国人民大学出版社2018年版,第491页。

权人回购应收账款。① 基于有追索权保理的特征,《民法典》第 766 条规定,当事人约定有追索权保理的,保理人可以向应收账款债权人主张返还保理融资款本息或者回购应收账款债权,也可以向应收账款债务人主张应收账款债权。该条授予保理人选择权,保理人既可以向债权人追索或要求回购,也可以向债务人主张债权,还可以向两者同时主张。但该条同时规定:"保理人向应收账款债务人主张应收账款债权,在扣除保理融资款本息和相关费用后有剩余的,剩余部分应当返还给应收账款债权人。"这一规定表明,保理人所受利益也应当以"保理融资款本息和相关费用"为限。即便保理人向债权人和债务人同时主张,也应当秉持这一标准。

关于有追索权保理的性质,存在让与担保和间接给付两种不同的观点。间接给付指债权人受领一项他种给付,经给付人与债权人合意,由债权人取得就该给付的变价而生的利益,从而发生债务清偿的效力。相对于间接给付中债权人负有的变价义务,让与担保中的债权人对担保财产有变价权但无变价义务。《民法典》第 766 条将保理人对应收账款债务人享有的权利限定为对融资款本息的优先受偿权而非全额应收账款债权,从权利实现的角度对有追索权保理的法律性质作了立法选择,即应收账款的转让仅是有追索权保理交易的表象,其实质在于担保融资款本息的清偿,是一项债权让与担保。

(二) 无追索权保理

无追索权保理是指在债务人不能偿还债务的情形下,除非有特殊情形,保理人不得向债权人追索已付保理融资款或要求回购应收账款。无追索权保理又称买断型保理,指保理商根据债权人提供的债务人核准信用额度,在信用额度内承购债权人对债务人的应收账款并承担坏账担保责任。债务人因发生信用风险未按照基础合同约定按时足额支付应收账款时,保理商不能向债权人追索。《民法典》第 767 条规定:"当事人约定无追索权保理的,保理人应当向应收账款债务人主张应收账款债权,保理人取得超过保理融资款本息和相关费用的部分,无需向应收账款债权人返还。"当然,无追索权保理并非在任何情况下均无追索权,在一些特殊情况下,例如不可抗力等情形下无追索权保理的保理商仍有权追索。

二、公开保理和隐蔽保理

以是否将应收账款转让的事宜通知债务人为标准,保理可分为公开型保理与隐蔽型保理。公开型保理也称为明保理,是指将债权转让的事宜通知债务人,对债务人产生约束力的保理。隐蔽型保理又称暗保理,即债权人与保理人签订合同之后,保理商或债权人都未将应收账款转让的情况通知债务人。在隐蔽型保理中,仅约定期限届满或者特约事由出现时,保理人才将应收账款转让情况通知债务人。显然,隐蔽型

---

① 参见李超编著:《保理合同纠纷裁判规则与典型案例》,中国法制出版社 2017 年版,第 44 页。

保理合同中,应收账款债务人通常不直接向保理人付款,而是仍然向原债权人付款,然后再由债权人向保理人付款。不过,在隐蔽型保理中,不通知债务人也并非绝对。当债务人已将债务履行完毕但债权人不向保理人履行债务时,保理人也可以将应收账款转让的情况通知债务人,只不过此时保理人无权要求债务人向其履行债务。

三、融资保理、管理或催收保理、付款担保保理

以保理人是否提供贸易融资为标准,保理可被分为融资保理与非融资保理。融资保理即是保理商应债权人的申请,在受让尚未到期的应收账款后,按照保理合同的约定向债权人支付一定比例的融资款项。融资保理可进一步区分为到期保理与预付保理。应收账款债权人将应收账款转让给保理人时,双方当事人也可以基于非融资的目的订立保理合同,此时保理人提供应收账款管理、应收账款催收或应收账款债务人付款担保中的一项或多项服务。

除此之外,保理还可以分为国内保理与国际保理、单保理(由一家保理机构单独为买卖双方提供保理服务)和双保理(由两家保理机构分别为买卖双方提供保理服务)、商业保理与银行保理、现有债权保理与未来债权保理等类型。

第四节 双重保理的清偿顺序

由于债权让与是让与人与受让人之间的内部约定,因此让与人将债权让与受让人后,因缺少公示性还可能向他人进行重复让与。保理的基础是应收账款债权人将现有的或者将有的应收账款转让给保理人,那么也存在双重保理的问题。不过,由于普通的债权让与通常不存在债权转让登记的情形,而保理中存在应收账款登记的情形,导致双重保理情形下保理人的受偿顺序具有特殊性。

一、应收账款转让登记时的双重保理受偿顺序

应收账款的登记指的是当事人在中国人民银行征信中心"动产融资统一登记公示系统"进行的登记,但是登记并非保理合同的生效要件,而是保理商出于防范风险的需要而证明应收账款转让情况的公示手段。当有多个保理人与应收账款债权人就同一应收账款订立多个保理合同时,应收账款转让登记的保理人优先于未作登记的保理人受偿。《民法典》第768条确定了双重保理情形下"登记优先"的清偿顺序:"应收账款债权人就同一应收账款订立多个保理合同,致使多个保理人主张权利的,已经登记的先于未登记的取得应收账款。"不过,双重保理中适用"已登记的先于未登记"的受偿顺序的前提是,债务人尚未履行债务。如果债务人已向未登记应收账款转让的保理人履行债务,已登记应收账款转让的保理人就不能再要求债务人履行债务。此外,当两个以上的应收账款转让均已经登记的,则按照登记时间的先后顺序取

得应收账款。

二、应收账款转让未登记时的双重保理受偿顺序

双重保理的情形下,也可能同普通债权让与一样,均未对应收账款转让进行登记。相较于普通债权让与,《民法典》第768条除了对双重保理中应收账款登记情形下的受偿顺序进行规定外,还对其他情形下的受偿顺序进行了明确规定。该条规定:"均未登记的,由最先到达应收账款债务人的转让通知中载明的保理人取得应收账款;既未登记也未通知的,按照保理融资款或者服务报酬的比例取得应收账款。"显然,在双重保理中,如果应收账款转让均未登记,此时按让与通知的到达时间确定受偿顺序。如果应收账款转让既未登记又无让与通知时,《民法典》规定保理人应按照融资款比例或服务报酬比例进行受偿。

第十七章　承揽合同

第一节　承揽合同概述

一、承揽合同的概念和特征

承揽合同，是指承揽人按照定作人的要求完成工作并交付工作成果，定作人给付报酬的合同(《民法典》第770条)。其中，完成工作并将工作成果交付给对方的一方当事人为承揽人，接受工作成果并向对方给付报酬的一方当事人为定作人。承揽合同包括加工合同、定作合同等类型，是以一定工作的完成为目标的合同。承揽合同的内容一般包括承揽的标的、数量、质量、报酬、承揽方式、材料的提供、履行期限、验收标准和方法等条款。承揽合同具有以下特征：

(一)承揽合同以完成一定工作为目的

承揽合同中，承揽人应当按照与定作人约定的标准和要求完成工作并交付工作成果(成果为无形财产时不要求交付)，定作人的主要目的则是取得承揽人完成的工作成果，而非工作过程。承揽合同的这一特征决定了工作成果是衡量履行的标准，仅付出劳务而无工作成果时承揽人无权要求定作人给付报酬。

(二)承揽人完成工作的独立性

定作人与承揽人之间订立承揽合同，一般是基于对承揽人的能力、技术等的信任。定作人看重的是承揽人的工作能力和工作条件，只有承揽人自己完成主要工作才符合定作人的要求。在一定情形下，承揽人如将其主要义务交由第三人来完成，应当就第三人所完成的工作成果向定作人负责。

(三)定作物的特定性

承揽合同多属个别商订的合同，定作物往往具有一定的特定性，定作物的最终成果必须符合定作人提出的特别要求。定作物既可以是传统的物，也可以是无形财产。定作人对定作物的规格、数量、材质等都有特定要求，承揽人应当按照定作人的要求完成工作成果。通常，定作物具有特定性，不是一般的种类物，而是需要承揽人按照定作人的要求通过自身的技能来完成。

(四)承揽合同为双务合同、诺成合同和不要式合同

承揽人负有完成工作并向定作人交付工作成果的义务，定作人负有向承揽人支

付报酬的义务,两项义务互为对价关系,因此承揽合同为双务合同、有偿合同。承揽合同的双方当事人意思表示一致,承揽合同即可成立,为诺成合同。此外,承揽合同无须采用特定的形式或者以公证为要件,为不要式合同。

二、承揽合同的种类

依承揽具体内容的不同,承揽合同可以分为以下几种类型(《民法典》第770条第2款):

1. 加工合同。加工合同是指定作人向承揽人提供原材料,承揽人以自己的技能、设备和工作为定作人进行加工,并将符合定作人要求的成品交付给定作人,定作人接受该成品并向承揽人支付报酬的合同。加工材料由定作人提供,承揽人须按照定作人的要求进行加工,同时收取加工费。

2. 定作合同。定作合同与加工合同的主要区别在于材料的提供方不同。定作合同是指承揽人自备原料,按定作人的要求以自己的技术、设备和工作以该原料制作特定产品,定作人接受该产品并向承揽人支付报酬的合同。

3. 修理合同。修理合同是指承揽人为定作人修理损坏的物品,以自己的技术和劳动修理至定作人要求的状态并归还给定作人,定作人接受工作成果并支付报酬的合同。修理合同的目的是修复已损坏的物品,而非创造新物品。

4. 复制合同。复制合同是指承揽人依定作人的要求,依定作人提供的样品重新制作成若干份,定作人接受该复制品并向承揽人支付报酬的合同。承揽人依照定作人的不同要求可以采取不同的方式进行复制,如对文稿的复印、雕像的模仿塑造等。

5. 测试合同。测试合同是指承揽人依定作人的要求,利用自己的技术和仪器设备,对定作人指定的项目进行测试,定作人接受其成果并向承揽人支付报酬的合同。

6. 检验合同。检验合同是指承揽人按照定作人的要求,对定作人提出需要检验的内容,以自己的设备、仪器、技术等进行检验,定作人接受检验结论并向承揽人支付报酬的合同。

第二节　承揽合同的效力

一、对于承揽人的效力

(一) 受领、妥善保管和合理利用定作人提供的材料的义务

在承揽合同的典型形态中,由定作人提供材料,承揽人则负有受领定作人提供的材料的义务、妥善保管的义务、不得擅自更换材料的义务和合理利用材料的义务(《民法典》第775条)。由于承揽合同需满足定作人的要求,那么在技术性高或者有特定要求的情况下,定作人还应提供技术图纸或相关技术要求,对此承揽人应妥善保管

和合理利用。

（二）材料不符合约定或技术要求不合理时的通知义务

对于定作人提供的材料，经检验发现不符合约定的，承揽人应当及时通知定作人更换、补齐或者采取其他补救措施（《民法典》第775条第1款）。对于定作人提供的图纸或技术要求，承揽人发现不合理的，应当及时通知定作人（《民法典》第776条）。

（三）承揽人自行提供材料的义务

承揽合同约定由承揽人自行提供材料的，承揽人应当提供符合合同约定的材料，定作人有权检验承揽人提供的材料是否符合约定。合同对材料的标准没有约定的，可以按照定作物的性质和定作的目的来决定。承揽人对自己提供的材料应负担与买卖合同中的出卖人相同的瑕疵担保义务（《民法典》第646条）。同样，如果依定作物的性质应当由定作人对材料进行检验，而定作人未在合理期限内对承揽人提供的材料进行检验或怠于通知的，则视为材料的质量符合约定（《民法典》第621条）。

（四）以自己的设备、技术和劳力完成主要工作的义务

1. 承揽人应以自己的设备、技术和劳力完成承揽工作。承揽合同建立在定作人信任承揽人具备完成工作的条件和能力的基础上，承揽人应当以自己的设备、技术和劳力完成主要工作，但当事人另有约定的除外。所谓主要工作，指对工作成果的质量起决定性作用的部分；若承揽人的技术在承揽工作中不起决定性作用，工作成果属于一般人均可完成的工作，此时主要工作主要指承揽人在数量上完成大部分的工作。经定作人同意时，承揽人可将其承揽的主要工作交由第三人完成；未经定作人同意时，承揽人也可以将辅助工作交由第三人完成，从而形成次承揽法律关系。根据合同的相对性原则，承揽合同的承揽人，应就次承揽人的工作向定作人负责。不过，承揽人未经定作人同意，将其承揽的主要工作交由第三人完成的，定作人有权解除与承揽人之间的合同（《民法典》第772条第2款、第773条）。

2. 承揽人应在合理期限内完成承揽工作。承揽合同成立后，承揽人应开始着手工作，不得拖延。合同对于开始期限另有约定的，从其约定。承揽人着手工作前，发现定作人提供的图纸或技术要求不合理的应及时通知定作人。因定作人怠于答复等原因造成承揽人损失的，应当赔偿损失（《民法典》第776条）。对开展和完成工作的期限有约定的，承揽人应当在约定的期限内完成工作。当事人对期限没有约定的，可由当事人双方协议补充；无法达成补充协议的，按照交易习惯确定；没有交易习惯的，定作人可请求承揽人及时开展工作。

3. 承揽人完成的工作成果应当符合约定。承揽人应当严格遵守承揽合同的约定完成工作，形成工作成果。承揽人仅开展承揽工作而未形成工作成果的，不属于适当履行了合同义务。承揽人交付的工作成果不符合质量要求的，定作人可以合理选择要求承揽人承担修理、重作、减少报酬、赔偿损失等违约责任（《民法典》第781条）。

因承揽工作成果的瑕疵所产生的违约责任,构成要件包括:(1)工作成果存在瑕疵。(2)在工作成果无须交付的情况下,瑕疵必须在工作完成时存在;在工作成果必须交付的情况下,瑕疵必须在交付前存在。(3)非因定作人指示或其所提供材料而生的瑕疵。

(五)接受定作人检验、监督的义务

承揽人在工作期间,应当接受定作人必要的监督检验。当然,定作人不得因监督检验妨碍承揽人的正常工作(《民法典》第779条)。定作人在检验、监督承揽人工作中,对于承揽人工作中存在的不符合合同约定的行为,可以要求承揽人及时修正,承揽人不得拒绝。

(六)承揽人交付工作成果及必要的技术资料、质量证明的义务

承揽人不仅应按照合同约定完成工作,还要将完成的工作成果交付给定作人,并且应当按照合同约定的方式和地点履行,经定作人验收合格后合同才履行完毕。工作成果的交付可以采取承揽人送交、定作人自提以及运输部门或邮政部门代交等各种方式,交付地点则可以参照适用《民法典》第603条对于买卖合同的相关规定。但按照合同约定的承揽工作的性质不需要特别交付的,例如维修房屋、粉刷墙壁等,则承揽人完成工作之日即为交付之日。

1. 工作成果为动产时的工作成果所有权归属。一般情形下,定作人订立承揽合同的目的是取得工作成果的所有权,但也需要分情况予以说明。通常,定作人提供材料,此时经承揽人工作所完成的工作成果的所有权归定作人。即便承揽人以自己的同种类材料代替,定作人仍然取得工作成果的所有权。例外情况下,当承揽人提供材料时,承揽人完成的工作成果归承揽人所有,当事人之间须转让成果的所有权。

2. 工作成果为不动产时,无论材料由何方提供,均由定作人取得工作成果的所有权。承揽人向定作人交付工作成果时,还应当交付该工作成果的必要的技术资料和质量证明(《民法典》第780条)。

(七)保密、剩余材料返还等义务

承揽人应当按照定作人的要求保守秘密,未经定作人许可,不得留存复制品或者技术资料。定作人提供材料的场合,承揽人完成工作后剩余材料的,应予返还。

(八)共同承揽人的连带责任

两个或两个以上承揽人共同完成一项工作时,共同承揽人应对其给定作人造成的损失承担连带赔偿责任,除非当事人另有约定(《民法典》第786条)。共同承揽人应为完成承揽工作的多个承揽人,并不包括次承揽关系。若共同承揽人对责任的划分有约定,该责任划分协议仅为内部约定,不得对抗定作人,除非定作人参与制定并同意各承揽人的约定对自己有约束力。

二、对于定作人的效力

(一) 支付报酬的义务

定作人取得承揽人的工作成果，应当及时向承揽人支付报酬，包括承揽人的工作报酬、承揽人提供材料时的材料费、定作人提供材料时或其迟延接收时承揽人的保管费用等。定作人迟延交付报酬的，应向承揽人支付迟延期间的利息。定作人未向承揽人支付报酬或材料费等价款时，承揽人对完成的工作成果享有留置权，但当事人另有约定的除外(《民法典》第783条)。

(二) 定作人的协助义务

承揽合同的顺利履行是双方当事人互相协助的结果，承揽工作中定作人有协助的义务，此为诚实信用及协作履行等原则的当然体现(《民法典》第778条)。定作人不履行协助义务致使承揽合同不能完成的，承揽人可以催告定作人在合理期限内履行义务，期限届满仍未履行的，承揽人可以解除合同(《民法典》第778条)。

(三) 受领工作成果的义务

定作人受领义务的履行，以承揽人完成的工作成果符合合同约定的标准为前提。定作人在受领工作成果的同时，有义务对工作成果进行验收。在验收不合格的情形下，定作人可以拒绝受领。同时，验收本身并不能作为承揽人免责的理由，也不能被认为是定作人对承揽人追究责任权利的放弃。如工作成果依其性质在短期内难以发现瑕疵，或者是工作成果存在隐蔽瑕疵的，定作人仍可于验收后的一定期限内请求承揽人承担责任。此外，定作人如无正当理由受领迟延的，承揽人可请求其受领并支付相应的报酬和费用，包括违约金、保管费用等。定作人同时应承担因其受领迟延而发生的工作成果的风险负担责任。

(四) 定作人的中途变更权

承揽合同成立后，当事人一方原则上无权予以变更。但是，鉴于承揽合同主要是为了满足定作人的特殊需求，如果需求发生了变化，那么应当允许定作人中途随时变更承揽工作的要求，否则在不能满足定作人需求时会造成资源的浪费。也即，定作人的中途变更权无须经承揽人同意。不过，因定作人中途变更承揽工作要求给承揽人造成损失的，定作人应当赔偿损失(《民法典》第777条)。承揽人已经按照原合同要求完成部分工作的，定作人应当支付该部分的工作报酬；材料由承揽人提供的，定作人应当支付所耗材料的价款；因更改要求所增加的费用，定作人应当予以支付。此外，定作人还应赔偿因合同变更而产生的人工费等其他损失。

第三节　承揽合同中的风险负担

一、定作材料意外毁损灭失的风险负担

因不可归责于双方当事人的事由导致定作材料毁损、灭失的,此时需确定风险负担规则。通常,材料由定作人提供后交由承揽人占有,但是标的物毁损、灭失风险一般由所有权人负担,当事人另有约定的除外。因此,定作材料的意外毁损、灭失风险负担,需要区分材料的所有权是否转移给承揽人。如果材料的所有权发生了移转,承揽人应当承担风险,且还需向定作人支付约定的材料费;如果材料的所有权仍然归属于定作人,那么材料的意外毁损、灭失风险由定作人承担。

二、工作成果的风险负担

工作成果的风险负担,是指承揽人业已完成的工作成果,因不可归责于双方当事人的事由毁损或灭失的,由此造成的损失由谁来承受。在定作人自始即可取得工作成果所有权的承揽合同中,定作人负担工作成果毁损、灭失的风险,除非当事人另有约定。若承揽人取得工作成果的所有权,尔后当事人之间须进行财产所有权的转移,此时应参照适用买卖合同标的物毁损、灭失风险负担的有关规定进行分担。需要实际交付的,交付前的风险由承揽人承担,交付后由定作人承担;无须实际交付的,工作成果完成前的风险由承揽人承担,完成后的风险由定作人承担。当然,当事人另有约定或法律另有规定的除外。

第四节　承揽合同的终止

一、因约定或者协议而终止

当事人可以约定承揽合同的期限,期限届满时合同当然终止。双方当事人也可以协议解除合同,合同因当事人达成协议而终止。

二、因解除而终止

承揽合同中,存在几种特殊的解除情形:(1)定作人的任意解除权。在承揽人完成工作成果之前,定作人可以随时解除承揽合同,造成承揽人损失的,应当赔偿损失(《民法典》第787条)。(2)未经定作人同意,承揽人将承揽合同的主要工作交由第三人完成的,此时定作人享有法定解除权(《民法典》第772条第2款)。(3)定作人不履行协助义务,导致承揽工作不能完成的,经催告后定作人逾期不履行的,承揽人可以解除合同(《民法典》第778条)。

第十八章 建设工程合同

第一节 建设工程合同概述

建设工程合同是承包人进行工程建设,发包人支付价款的合同,包括勘察合同、设计合同和施工合同。建设工程合同本质上是承揽合同的一种,可适用承揽合同的有关规定(《民法典》第 808 条)。与承揽合同相比,建设工程合同具有一定的特殊性,并呈现出如下法律特征:

1. 合同的标的物一般仅限于基本建设工程。建设工程合同的标的物主要是作为基本建设工程的各类建筑物、地下设施附属设施的建筑,以及对线路、管道、设备进行的安装建设。

2. 合同的主体应具备相应的条件。建设工程合同的双方当事人的主体资格受到限制,其中经批准建设某项工程的法人为发包人,勘察、设计、建筑、安装的法人为承包人。承包人未取得建筑施工企业资质,或者超越资质等级,又或者没有资质的实际施工人借用有资质的建设施工企业名义的,建设工程施工合同无效。但在建设工程竣工前取得相应资质等级的,当事人请求按照无效合同处理的,法院不予支持(《建设工程施工合同解释(一)》第 4 条)。

3. 具有较强的国家管理因素。建设工程合同的订立和履行具有较强的国家干预因素,尤其是国家重大建设工程合同,应当按照国家规定的程序和国家批准的投资计划、可行性研究报告等文件订立(《民法典》第 792 条)。大型水利设施、大型体育场馆等国家重大建设工程项目,涉及国计民生,且建设标的复杂、建设成本高,通常在项目建设前需要全面调查研究。建设单位通常需要具备相应的资质,并且项目也应当受到财政部门的监督和审查。

4. 建设工程合同具有要式性。《民法典》第 789 条规定,建设工程合同应当采用书面形式。政府部门制定了标准的建设工程合同范本,当事人订立建设工程合同时通常可以选择相关的合同范本作为参照。

第二节 建设工程合同的订立与分类

对于建设工程合同的订立,法律规定该类合同的签订采用招标、投标形式。《民法典》第790条规定,建设工程的招标投标活动应当遵循"公开、公平、公正"原则。建设工程必须进行招标而未招标或者中标无效的,建设工程施工合同无效(《建设工程施工合同解释(一)》第1条第1款第3项)。根据《民法典》第791条第1款的规定,建设工程合同主要采取两种形式:其一,发包方与承包方就整个建设工程从勘察、设计到施工签订总承包协议,由承包方对整个建设工程负责。其二,由发包方分别与勘察人、设计人、施工人签订勘察、设计、施工合同,实行平行发包。各承包方分别对建设工程的勘察、设计、建筑、安装阶段的质量、工期、工程造价等与发包方产生债权、债务关系。建设工程合同分为下列几种类型:

一、建设工程勘察、设计合同

勘察、设计合同是勘察合同和设计合同的总称,指工程的发包人或承包人与勘察人、设计人之间订立的,由勘察人、设计人完成一定的勘察设计工作,发包人或承包人支付相应价款的合同。根据《民法典》第794条,勘察、设计合同的内容一般包括提交勘察或设计基础资料和概预算等文件的期限、质量要求、费用及其他协作条件等条款。就责任内容而言,可以区分发包人责任和勘察人、设计人的责任。

(一) 发包人的责任

勘察、设计合同签订后,发包人应按照合同约定全面、准确、及时提供勘察、设计所需的资料、工作条件等,不得随意更改勘察、设计内容。因发包人变更计划,提供的资料不准确,或者未按照期限提供必需的勘察、设计工作条件,造成勘察、设计的返工、停工或者修改设计,发包人应当按照勘察人、设计人实际消耗的工作量增付费用(《民法典》第805条)。

(二) 勘察人、设计人的责任

《民法典》第800条规定,勘察、设计的质量不符合要求或者未按照期限提交勘察、设计文件拖延工期,给发包人造成损失的,应继续完善勘察、设计,减收或者免收勘察设计费并赔偿损失。就违约责任而言,其一是继续履行,即由勘察人、设计人继续完善勘察、设计;其二为减收或免收勘察、设计费,以补偿相对人的损失;其三为损害赔偿。勘察人、设计人因违约行为造成发包人损失的,应当赔偿其损失。

二、建设工程施工合同

建设工程施工合同是指发包方(建设单位)和承包方(施工人)为完成商定的施工工程,约定由施工单位完成建设单位交给的施工任务,建设单位则按照规定提供必要条件并支付工程价款的合同。由于建设工程施工合同涉及的内容较多,《民法典》第795条规定了施工合同的内容,包括工程范围、建设工期、中间交工工程的开工和竣工时间、工程质量、工程造价、技术资料交付时间、材料和设备供应责任、拨款和结算、竣工验收、质量保修范围和质量保证期、相互协作等条款。

因施工人的原因致使建设工程质量不符合约定的,施工人应当在合理期限内无偿修理或者返工、改建。经过修理或者返工、改建后,造成逾期交付的,施工人应当承担违约责任(《民法典》第801条)。

三、建设工程监理合同

建设工程监理合同是指建设单位与取得了监理资质证书的监理公司、监理事务所等监理单位签订的,为委托监理单位承担监理业务而明确双方权利义务关系的协议。从性质上看,建设工程监理合同属于委托合同,但是立足于工程建设的整体环节,建设工程监理合同又被规定在建设工程合同中。并非所有的建设工程都需要建设工程监理合同,但对于重点工程、外商项目等,国家强制实行建设监理。鉴于建设工程监理合同的性质,《民法典》第796条规定,在建设工程监理合同没有约定时,发包人与监理人的权利和义务以及法律责任,依照《民法典》合同编关于委托合同以及其他有关法律、行政法规的规定。显然,这有别于《民法典》第808条规定在建设工程合同章节没有规定时,适用承揽合同相关规定的规定。

第三节 建设工程合同的一般效力

一、承包人的义务

(一) 承包人的容忍义务

承包人有义务接受发包人对工程进度和工程质量的必要监督,对发包人的检查,承包人应予以支持和协助(《民法典》第797条)。发包人检查的内容主要包括两项:一是对工程进度进行检查;二是对工程质量进行检查,即发包方代表或监理工程师在不妨碍承包人正常作业的情况下,有权随时检查工程施工行为、工程材料或设备质量。如果发包人的检查影响到工程的正常作业,承包人有权在说明理由的基础上予以拒绝。

(二) 承包人的通知义务

《民法典》第798条确认了承包人的通知义务,即在隐蔽工程隐蔽前,承包方应及时通知发包人进行检查,以确定工程质量是否符合合同约定和法律规定的要求。怠于通知或未及时通知造成的损失,由承包人承担。在发包人没有及时检查的情况下,承包人也不能自行检查后将工程隐蔽,但承包人可以顺延工程日期,并有权请求赔偿停工、窝工等损失。

二、发包人的义务

(一) 提供相关材料、设备、场地等的协助义务

发包人的协助是建设工程合同得以顺利履行的重要保证,发包人负有应当按照合同的约定提供相关材料、设备、场地、资金、资料等的协助义务。建设工程合同中,对材料和设备的供应方式往往有明确规定,除法律、法规规定必须由发包人供应的外,均可由双方自行约定物资供应方式。承包人对建设工程采取包工不包料或者包工半包料的方式的,则发包人应负责材料和设备的全部或者部分供应。发包人提供场地,是指发包人负责办理正式工程和临时设施所需土地使用权的征用、民房的拆迁、施工用地和障碍物拆除等许可证。发包人应按期完成这些工作,为承包人提供符合合同要求的施工场地,否则构成违约。发包人需按照合同的约定,在开工前或施工过程中提供建设资金。如果不按照约定时间和支付方式提供工程价款的,需承担相应责任。此外,由于技术资料是建设工程顺利进行的技术保障,发包人应当按照合同的要求,及时全面地提供相关的技术资料,不得无故拖延或者隐匿。

若发包人未按照约定的时间和要求提供原材料、设备、场地、资金、技术资料,承包人可以顺延工程日期,并有权请求发包人赔偿停工、窝工等损失(《民法典》第803条)。因发包人的原因致使工程中途停建、缓建的,发包人应当采取措施弥补或者减少损失,赔偿承包人因此造成的停工、窝工、倒运、机械设备调迁、材料和构件积压等损失和实际费用(《民法典》第804条)。此外,如果发包人提供的主要建筑材料、建筑构配件和设备不符合强制性标准或者不履行协助义务,致使承包人无法施工,且在催告的合理期限内仍未履行相应义务的,承包人可以解除合同(《民法典》第806条第2款)。

(二) 对工程的验收义务

《民法典》第799条规定,建设工程竣工后,发包人应及时对工程进行验收。其验收依据如下(《民法典》第799条第1款):(1) 施工图纸及说明书。项目工程中一般都需经过勘察、设计、建筑安装诸阶段,建筑安装的施工通常以设计的图纸为依据。但在施工过程中,施工人往往会根据实际情况对设计图纸进行修正。因此,设计图纸与施工图纸不一致的,验收时以施工图纸为准。施工图纸及说明书是建设工程合同的重要组成部分,是对承包人施工条款的具体化,也是工程验收时的重要依据。(2) 国家颁发的施工验收规范。(3) 国家颁发的建设工程质量检验标准。

建设工程必须经过验收并由发包人正式接收后,方可投入使用。工程的验收是发包人对承包人所承建工程的质量符合合同约定和法律规定的标准的确认。建设工程未经竣工验收,发包人擅自使用后,又以使用部分质量不符合约定为由主张权利的,人民法院不予支持;但是承包人应当在建设工程的合理使用寿命内对地基基础工程和主体结构质量承担民事责任(《建设工程施工合同解释(一)》第14条)。

当事人对建设工程实际竣工日期有争议的,按照以下情形分别处理:(1)建设工程经竣工验收合格的,以竣工验收合格之日为竣工日期;(2)承包人已经提交竣工验收报告,发包人拖延验收的,以承包人提交验收报告之日为竣工日期;(3)建设工程未经竣工验收,发包人擅自使用的,以转移占有建设工程之日为竣工日期(《建设工程施工合同解释(一)》第9条)。另外,当事人约定,发包人收到竣工结算文件后,在约定期限内不予答复,视为认可竣工结算文件的,按照约定处理。承包人请求按照竣工结算文件结算工程价款的,人民法院应予支持(《建设工程施工合同解释(一)》第21条)。

(三)支付价款并接收建设工程的义务

发包人在对建设工程进行验收后,在扣除一定的保证金后,应当将剩余工程的价款按约定方式支付给承包人。同时发包人应与承包人办理移交手续,正式接收该项建设工程。

1. 给付工程价款是发包人应承担的主要合同义务。《民法典》第793条规定,即使建设工程施工合同无效,但是建设工程经验收合格的,可以参照合同关于工程价款的约定折价补偿承包人。建设工程施工合同无效,且建设工程经验收不合格的,分不同情形处理:(1)修复后的建设工程经验收合格的,发包人可以请求承包人承担修复费用。(2)修复后的建设工程经验收不合格的,承包人不能请求参照合同关于工程价款的约定补偿。当然,若发包人对因建设工程不合格造成的损失有过错的,应当承担相应的责任。但需要注意的是,因承包人的过错造成建设工程质量不符合约定,承包人拒绝修理、返工或者改建,发包人可以请求减少支付工程价款(《建设工程施工合同解释(一)》第12条)。

2. 工程价款的结算依据。当事人签订的建设工程施工合同与招标文件、投标文件、中标通知书载明的工程范围、建设工期、工程质量、工程价款不一致,一方当事人请求将招标文件、投标文件、中标通知书作为结算工程价款的依据的,人民法院应予支持(《建设工程施工合同解释(一)》第22条)。发包人将依法不属于必须招标的建设工程进行招标后,与承包人另行订立的建设工程施工合同背离中标合同的实质性内容,当事人请求以中标合同作为结算建设工程价款依据的,人民法院应予支持,但发包人与承包人因客观情况发生了在招标投标时难以预见的变化而另行订立建设工程施工合同的除外(《建设工程施工合同解释(一)》第23条)。当事人对欠付工程价款利息计付标准有约定的,按照约定处理;没有约定的,按照中国人民银行发布的同期同类贷款利率计息。利息的计算起始日,为应付工程价款之日(《建设工程施工合同解释(一)》第26条、第27条)。

3. 当事人对建设工程的计价标准或者计价方法有约定的,按照约定结算工程价款。若因设计变更导致建设工程的工程量或者质量标准发生变化,当事人对该部分工程价款不能协商一致的,可以参照签订建设工程施工合同时当地建设行政主管部门发布的计价方法或者计价标准结算工程价款(《建设工程施工合同解释(一)》第19条第1款、第2款)。当事人约定按照固定价结算工程价款时,若一方当事人请求对建设工程造价进行鉴定的,人民法院不予支持(《建设工程施工合同解释(一)》第28条)。

4. 支付工程款的时间。当事人约定有支付工程款时间的,从其约定。没有约定或者约定不明的,建设工程已实际交付之日为交付之日;工程未交付的,为提交竣工结算文件之日;建设工程未交付,工程价款也未结算的,为当事人起诉之日(《建设工程施工合同解释(一)》第27条)。

若发包人未按照约定支付价款,承包人可以催告发包人在合理期限内支付价款。发包人逾期不支付的,除根据建设工程的性质不宜折价、拍卖外,承包人可以与发包人协议将该工程折价,也可以请求人民法院将该工程依法拍卖。建设工程的价款就该工程折价或者拍卖的价款优先受偿(《民法典》第807条)。优先受偿的主体,既可以是与发包人订立建设工程施工合同的承包人,也可以是装饰装修工程的承包人。承包人建设工程价款优先受偿的范围通常依照国务院有关行政主管部门关于建设工程价款范围的规定确定。但承包人不得就逾期支付建设工程价款的利息、违约金、损害赔偿金等主张优先受偿(《建设工程施工合同解释(一)》第40条)。同时,建设工程的承包人的优先受偿权优于抵押权和其他债权(《建设工程施工合同解释(一)》第36条)。此外,除建设工程质量合格,承包人可以请求其承建工程的价款就工程折价或者拍卖的价款优先受偿之外,未竣工的建设工程质量合格的,承包人也可以请求其承建工程的价款就其承建工程部分折价或者拍卖的价款优先受偿(《建设工程施工合同解释(一)》第38条、第39条)。不过,发包人与承包人约定放弃或者限制建设工程价款优先受偿权时,不得损害建筑工人利益,发包人根据该约定主张承包人不享有建设工程价款优先受偿权的,人民法院不予支持(《建设工程施工合同解释(一)》第42条)。

第十九章 运输合同

第一节 运输合同概述

一、运输合同的概念和特征

运输合同,是指承运人将旅客或者货物从起运地点运输到约定地点,旅客、托运人或者收货人支付票款或者运输费用的合同(《民法典》第 809 条)。运输合同区别于委托合同和雇佣合同,本质上是一种提供劳务或者服务的合同。

运输合同具有以下特征:

1. 运输合同原则上为双务有偿合同。承运人负有按约定期限、约定路线将旅客或货物运送到约定地点的义务(《民法典》第 811 条、第 812 条),旅客、托运人或收货人负有按约定支付票款或运费的义务(《民法典》第 813 条前段),运输合同体现出对价有偿的特征。

2. 运输合同多为格式合同。运输合同多为由承运人提供的、为了重复使用而预先拟定的格式合同。通常,承运人是公共交通的垄断方,运输合同条款由承运人提前印制,旅客或托运人在订立合同时只能同意或不同意,几无商榷余地。当然,并不排除部分运输合同不采用格式合同的形式,而由双方协商订立。

3. 公共运输的承运人负有强制缔约义务。运输合同为人们的生活或生产所需,特别是公共运输面向社会公众,承运人的运输行为体现出公益性。有鉴于此,《民法典》第 810 条规定,从事公共运输的承运人不得拒绝旅客或托运人通常、合理的运输要求。也即,法律对公共运输的承运人课以强制性承诺义务,若无特殊事由不得拒绝订立合同。

二、运输合同的分类

运输合同范围广泛且种类繁多,采用不同的标准可对运输合同作不同的分类:

1. 以运输对象为标准,可将运输合同分为旅客运输合同和货物运输合同。

2. 以运输工具为标准,运输合同可分为铁路运输合同、公路运输合同、航空运输合同、水上运输合同、海上运输合同及管道运输合同等。

3. 以承运人数为标准,运输合同可分为单一运输合同、单式或多式联合运输合同。

第二节 旅客运输合同

旅客运输合同,是承运人将旅客及其行李安全运输到目的地,旅客为此支付运费的协议。旅客运输合同的运输对象既可以是合同的一方当事人,也可以是第三人。对于运输对象而言,无须具备完全民事行为能力。此外,旅客运输合同通常还包括运送旅客行李的合同内容。承运人运输旅客的同时,必须按照约定随同运输旅客一定数量的行李;对于超过规定数量的旅客的行李,旅客得凭客票办理托运(《民法典》第817条)。

一、旅客运输合同的成立

旅客运输合同自承运人向旅客交付客票时成立,但在一些特殊情况下,旅客运输合同并非自承运人向旅客交付客票时起成立,而是按照当事人约定或交易习惯确定合同成立时间(《民法典》第814条)。例如,公共交通运输通常是先上车后买票,那么自旅客上车时旅客运输合同即成立,检票时合同生效。

二、旅客运输合同的效力

(一) 旅客的义务

1. 支付票款的义务。票款是承运人承运的对价,支付票款是旅客的主要义务(《民法典》第813条)。

2. 按客票记载的时间、班次、座位号乘坐的义务。旅客因自己的原因不能按照客票记载的时间乘坐的,应当在约定的时间内办理退票或者变更手续。逾期办理的,承运人可以不退票款,并不再承担运输义务(《民法典》第816条)。旅客无票乘坐、超程乘坐、越级乘坐或者持失效客票乘坐的,应当补交票款,承运人可以按照规定加收票款;旅客不支付票款的,承运人可以拒绝运输。实名制客运合同的旅客丢失客票的,可以请求承运人挂失补办,承运人不得再次收取票款和其他不合理费用(《民法典》第815条)。

3. 按照约定的限量和品类携带行李的义务。旅客在乘坐运输工具时,有权按照与承运人之约定,免费携带一定数量的行李。超过限量或者违反品类要求携带行李的,应当办理托运手续(《民法典》第817条)。

4. 旅客不得随身携带或在行李中夹带易燃、易爆、有毒、有腐蚀性、有放射性以及有可能危及运输工具上人身和财产安全的危险物品或者其他违禁物品。旅客违反该规定的,承运人可以将违禁物品卸下、销毁或送交有关部门。旅客坚持携带或夹带违禁物品的,承运人应当拒绝运输(《民法典》第818条)。

（二）承运人的义务

1. 重要事项的告知义务。承运人应当严格履行安全运输义务，向旅客及时告知安全运输应当注意的事项。旅客对承运人为安全运输所作的合理安排应当积极协助和配合。遇有不能正常运输的特殊情形和重要事由，承运人应当及时告知旅客并采取必要的安置措施(《民法典》第819条)。

2. 按照客票运输的义务。承运人应当按照有效客票记载的时间、班次和座位号运输旅客。承运人迟延运输或者有其他不能正常运输情形的，应当及时履行告知和提醒义务；由此造成旅客损失的，承运人应当承担赔偿责任，但是不可归责于承运人的除外(《民法典》第820条)。

3. 安全运送义务。承运人应当严格履行安全运输义务，对在运输过程中旅客的伤亡承担赔偿责任；但是，伤亡是旅客自身健康原因造成的或者承运人证明伤亡是旅客故意、重大过失造成的除外。对于按照规定免票、持优待票或者经承运人许可搭乘的无票旅客所遭受的损害，并不因为其所享受的优惠而减轻或免除承运人的赔偿责任(《民法典》第823条)。在运输过程中旅客自带物品毁损、灭失，承运人有过错的，应当承担损害赔偿责任。旅客托运的行李毁损、灭失的，则适用货物运输的有关规定(《民法典》第824条)。

4. 救助义务。承运人在运输过程中，应当尽力救助患有急病、分娩、遇险的旅客(《民法典》第822条)。

（三）旅客运输合同的变更和解除

1. 因旅客自身原因导致的变更或解除。旅客运输合同成立后，旅客因自己的原因不能按照客票记载的时间乘坐的，可以在法定或约定的时间内变更或解除合同，即变更客票或办理退票手续。旅客逾期办理退票或变更手续的，承运人可以不退票款，并不再承担运输义务(《民法典》第816条)。

2. 因承运人的原因导致的变更或解除。(1)因承运人迟延运输导致的变更或解除。承运人迟延运输的，应当根据旅客的要求安排改乘其他班次或退票(《民法典》第820条)。(2)承运人擅自改变服务标准引起的合同变更。承运人在擅自降低服务标准时，应当根据旅客的请求退票或者减收票款，而在擅自提高服务标准时则不得加收票款(《民法典》第821条)。

第三节　货物运输合同

货物运输合同是指承运人将托运人交付运输的货物运送到约定地点，托运人支付运费的合同。货物运输合同在承运人将货物交付给收货人后履行完毕，也即承运人将货物运输到目的地时合同义务并未完结，只有将货物交付给收货人后，其义务才告履行完毕。此外，托运人自己可以是收货人，双方也可以约定第三人为收货人。在第三人为收货人的情况下,货物运输合同属于为第三人利益订立的合同,但是第三人在中止运输等权利上又存在一定的特殊性。

一、托运人的权利和义务

(一) 托运人的权利

1. 有权要求承运人按照合同约定期限或合理期限将货物安全运输到约定地点(《民法典》第811条)。

2. 在承运人将货物交付收货人之前,托运人可以要求承运人中止运输、返还货物、变更到达地或者将货物交给其他收货人(《民法典》第829条)。

(二) 托运人的义务

1. 如实申报的义务。托运人办理货物运输,应当向承运人准确表明收货人的名称或姓名或凭指示的收货人,以及货物的名称、性质等有关货物运输的必要情况。因托运人申报不实或者遗漏重要情况,造成承运人损失的,托运人应当承担赔偿责任(《民法典》第825条)。

2. 托运人对需要办理审批、检验手续的货物运输,应将办完有关手续的文件提交承运人(《民法典》第826条)。

3. 妥善包装的义务。如果合同中对包装方式有约定,托运人有按照约定方式包装货物的义务。如果合同中对包装方式没有约定或约定不明确,托运人应当按照通用的方式包装。没有通用方式的,托运人应当采取足以保护标的物且利于节约资源、保护生态环境的包装方式。如果托运人违反其妥善包装义务,承运人可以拒绝运输(《民法典》第827条)。

4. 托运危险物品时的特殊义务。托运人托运易燃、易爆、有毒、有腐蚀性、有放射性等危险物品的,应当按照国家有关危险物品运输的规定对危险物品妥善包装,做出危险物品标志和标签,并将有关危险物品的名称、性质和防范措施的书面材料提交承运人。托运人违反上述规定的,承运人可以拒绝运输,也可以采取相应措施以避免损失的发生,因此产生的费用由托运人承担(《民法典》第828条)。

5. 支付运费的义务。托运人应当及时支付运费及有关费用。如果货物运输合同约定由收货人支付运输费用,该合同为第三人履行的涉他合同。不过,当收货人不支付运输费用时,承运人应当依据合同的相对性,要求托运人承担违约责任。

二、承运人的权利和义务

(一) 承运人的权利

1. 收取运费及有关费用的权利。所谓有关费用,包括对危险物品采取措施所产生的费用,以及收货人逾期提货产生的保管费用等。

2. 留置权。托运人或收货人不支付运费、保管费以及其他运输费用的,承运人对相应的运输货物享有留置权,但当事人另有约定的除外(《民法典》第836条)。

3. 危险物品的处理权。托运人负有对危险物品妥善包装、做出危险物品的标志和标签等项义务,若托运人违反此类义务,承运人可以拒绝托运,也可以采取相应的措施,以避免损失的发生,因此产生的费用由托运人承担(《民法典》第828条)。

4. 货物提存权。收货人不明或者收货人无正当理由拒绝受领货物的,承运人依法可以提存货物(《民法典》第837条)。

(二) 承运人的义务

1. 安全运输的义务。承运人在运输途中应注意运输安全,防止事故发生。对于运输过程中货物的毁损、灭失,承运人应当承担赔偿责任,但是承运人证明货物的毁损、灭失是因不可抗力、货物本身的自然性质或者合理损耗以及托运人、收货人的过错造成的,不承担赔偿责任(《民法典》第832条)。货物的毁损、灭失的赔偿额,当事人有约定的,按照其约定;没有约定或者约定不明确的,依据国家标准、行业标准、通常标准或符合合同目的的特定标准确定;仍不能确定的,按照交付或者应当交付时货物到达地的市场价格计算。法律、行政法规对赔偿额的计算方法和赔偿限额另有规定的,依照其规定(《民法典》第833条)。

2. 通知提货的义务。货物运输到达后,承运人知道收货人的,应当及时通知收货人,收货人应当及时提货。

3. 交付货物的义务。收货人接到提货通知之后,向承运人出示提货凭证,承运人应当交付货物。

三、收货人的权利和义务

(一) 收货人的权利

1. 提取货物的权利。在货运合同约定由收货人提货的场合,收货人享有提取货物的权利,并须出示有关证件。

2. 检验货物的权利。收货人提货时应当按照约定的期限检验货物。对检验货物的期限没有约定或约定不明确,应当在合理期限内检验货物。收货人在约定的期限或合理期限内对货物的数量、毁损等未提出异议的,视为承运人已经按照运输单证的记载交付的初步证据(《民法典》第831条)。

3. 请求损害赔偿的权利。运输过程中货物毁损、灭失的,收货人对承运人享有损害赔偿请求权,但承运人证明货物的毁损、灭失是因不可抗力、货物本身的自然性质或合理损耗以及托运人、收货人的过错造成的,不承担损害赔偿责任(《民法典》第832条)。

(二) 收货人的义务

1. 及时提货及支付逾期提货费用的义务。收货人应当及时提货,逾期提货时应当向承运人支付保管费等费用。

2. 验收货物的义务。收货人不及时验收货物,或者验收了但没有及时提出异议的,视为承运人已经按照运输单证的记载交付的初步证据。

第四节　多式联运合同

联运合同是两个或两个以上的承运人,以相同或不同的运输方式进行运输的合同。单式联运的权利义务关系较为明确,《民法典》主要在第834条规定了责任分配方式,也即两个以上承运人以同一运输方式联运的,与托运人订立合同的承运人应当对全程运输承担责任;损失发生在某一运输区段的,与托运人订立合同的承运人和该区段的承运人承担连带责任。多式联运合同则是联运经营人与托运人订立的,约定以两种或两种以上的不同运输方式,采用同一运输凭证将货物运输至约定地点的合同。因涉及两种或以上的运输方式且较为复杂,《民法典》专节对多式联运合同进行了规定。

多式联运单据是多式联运合同的证明,也是多式联运经营人接受和交付货物的凭证。多式联运经营人收到托运人交付的货物时,应当签发多式联运单据。按照托运人的要求,多式联运单据可以是可转让单据,也可以是不可转让单据(《民法典》第840条)。多式联运合同的经营人是与托运人相对应的联运合同的一方当事人,负责履行或组织履行多式联运合同,对全程运输享有承运人的权利,承担承运人的义务(《民法典》第838条)。多式联运经营人可以与参加多式联运的各区段承运人就多式联运合同的各区段运输约定相互之间的责任;但是,该约定不影响多式联运经营人对全程运输承担的义务(《民法典》第839条)。货物的毁损、灭失发生于多式联运的某一运输区段的,多式联运经营人的赔偿责任和责任限额,适用调整该区段运输方式的有关法律规定。货物毁损、灭失发生的运输区段不能确定的,多式联运经营人应当按照《民法典》合同编第十九章关于承运人赔偿责任和责任限额的规定负赔偿责任(《民法典》第842条)。虽然多式联运合同的各承运人以相互衔接的运送手段承运,但是联运经营人对托运人承担全部责任,各区段的承运人的责任分配仅为内部关系。不过,因托运人托运货物时的过错造成多式联运经营人损失的,即使托运人已经转让多式联运单据,托运人仍然应当承担赔偿责任(《民法典》第841条)。

第二十章 技 术 合 同

第一节 技术开发合同

技术开发合同是当事人之间就新技术、新产品、新工艺、新品种或者新材料及其系统的研究开发所订立的合同。通常,技术开发合同应当采用书面形式,并分为委托开发合同和合作开发合同两种类型。当事人之间就具有实用价值的科技成果实施转化订立的合同,参照适用技术开发合同的有关规定(《民法典》第851条)。

一、委托开发合同当事人的义务

委托开发合同是一方当事人按照另一方的要求完成研究开发工作,另一方当事人接受开发成果并支付报酬的合同。委托开发合同针对的是待开发或需加以完善的技术成果,开发人是以自己的名义和技术完成开发任务。

(一) 委托人的义务

1. 委托人应按照约定支付研究开发经费。通常,当开发经费不足时,由委托人补充支付;开发经费有剩余时,开发人应当予以返还。同时委托人还应当按约定支付报酬,并与研究开发的投入相区别。

2. 提供技术资料材料和研发要求,并完成协作事项的义务。技术材料是研发的基础,而完成协作事项是研发目标的保障。

3. 接受研究开发成果。

(二) 研究开发人的义务

《民法典》第853条规定,研究开发人应当按照约定制定和实施研究开发计划,合理使用研究开发经费,按期完成研究开发工作,交付研究开发成果,提供有关的技术资料和必要的技术指导,帮助委托人掌握研究开发成果。如果委托开发合同的当事人违反约定,造成研究开发工作停滞、延误或者失败的,应当承担违约责任(《民法典》第854条)。

二、合作开发合同当事人的义务

合作开发合同是两个或两个以上当事人共同投资、共同研究、共享成果和共担风险的研究开发工作协议。双方当事人的义务包括:

1. 应当依照合同约定投资。双方的投资内容非常宽泛,不仅包括资金、设备和场地的投资,还包括技术投资。

2. 依合同约定的分工参与研究开发工作并相互协作配合的义务。参与研究开发工作可以采取多种形式,既可以分别承担部分研发任务,也可以由各方派出研发人员共同参与全部或者部分的研发。合作开发合同的目的也在于优化各方力量,相互之间的协作配合程度也是研究开发成功与否的关键。

三、技术开发合同的风险负担

囿于现有技术水平和技术困难,技术开发难免存在失败的风险。技术开发合同中的风险,是指因不可归责于双方当事人的原因(如出现无法克服的技术困难)而研究开发失败,由此产生的损失。技术开发合同的风险,首先按约定进行承担。双方当事人在订立合同时,应当就技术开发风险进行约定,既可以约定由其中一方当事人承担,也可以约定由双方分担。当事人没有约定或者约定不明确,还可以协议补充。若无法达成补充协议的,通常根据合同具体情况由双方当事人合理分担。当事人一方发现上述可能致使研究开发失败或者部分失败的情形时,应当及时通知另一方并采取适当措施减少损失。如果当事人没有及时通知并采取适当措施,致使损失扩大的,应当就扩大的损失承担责任(《民法典》第858条)。

四、技术成果的归属

(一)专利申请权的归属及权利分享

1. 委托开发完成的发明创造成果,如果可以申请专利的,申请专利的权利一般归属于研究开发人,但当事人另有约定的除外。研究开发人取得专利权的,委托人可以依法实施该项专利,并且在相同条件下享有优先受让的权利(《民法典》第859条)。对于履行委托开发合同所取得的技术秘密成果,研究开发人不得在向委托人交付研究开发成果之前,将研究开发成果转让给第三人(《民法典》第861条)。如果是不可申请专利或虽可申请专利,但当事人不欲申请专利的情形,在没有相同技术方案被授予专利前,一般当事人各方均有使用、转让、收益的权利。当然,当事人另有约定的,从其约定。

2. 在合作开发合同中,如可申请专利,当事人可约定申请专利的权利归其中一方或几方所有,没有约定的则申请专利的权利属于各方当事人共有。如果一方当事人放弃申请专利的权利,另一方当事人可以单独申请或者由其他各方共同申请。但是,申请人取得专利权的,放弃专利申请权的一方可以免费实施该专利。如果一方当事人不同意申请专利,则另一方当事人不得申请专利。当事人一方转让其共有的专利申请权的,其他各方享有以同等条件优先受让的权利(《民法典》第860条)。

（二）职务技术成果的归属

职务技术成果是当事人完成法人工作任务或主要利用法人资源完成的技术成果。《民法典》并未规定对完成职业技术成果的个人给予奖励或者报酬，因此个人只能根据约定或者法人内部规定获得相应的奖励或报酬。

第二节　技术转让合同和技术许可合同

技术转让合同，是指合法拥有技术的权利人，将现有特定的专利、专利申请、技术秘密的相关权利让与他人所订立的合同，包括专利权转让、专利申请权转让、技术秘密转让等合同类型。技术许可合同，是指合法拥有技术的权利人，将现有特定的专利、技术秘密的相关权利许可他人实施、使用所订立的合同，包括专利实施许可、技术秘密使用许可等合同。技术转让合同和技术许可合同中关于提供实施技术的专用设备、原材料或者提供有关的技术咨询、技术服务的约定，属于合同的组成部分（《民法典》第862条、第863条）。因此发生的纠纷，按照技术转让合同或者技术许可合同处理。此外，集成电路布图设计专有权、植物新品种权、计算机软件著作权等其他知识产权的转让和许可，参照适用《民法典》合同编第二十章第三节"技术转让合同和技术许可合同"的有关规定（《民法典》第876条）。

技术转让合同和技术许可合同可以约定实施专利或者使用技术秘密的范围，但是不得限制技术竞争和技术发展（《民法典》第864条）。此处的"范围"，是指合同当事人约定的对实施专利技术或使用非专利技术的合理限制，主要包括技术许可合同性质、使用期间、使用地区、实施方式等内容。

一、技术转让和许可合同的效力

（一）许可人或让与人的义务

1. 许可受让人实施专利或向受让人转让技术秘密。专利实施许可合同的许可人应当按照约定许可被许可人实施专利。技术秘密转让合同的让与人和技术秘密使用许可合同的许可人应当保证技术的实用性、可靠性。技术转让合同的让与人和技术许可合同的许可人应当保证自己是所提供技术的合法拥有者，并保证所提供的技术完整、无误、有效，能够达到约定的目标（《民法典》第870条）。受让人或者被许可人按照约定实施专利、使用技术秘密侵害他人合法权益的，由让与人或者许可人承担责任，但是当事人另有约定的除外（《民法典》第874条）。让与人或许可人未按照约定转让或许可的，应当返还部分或者全部使用费，并应当承担违约责任。实施专利或者使用技术秘密超越约定的范围的，违反约定擅自许可第三人实施该项专利或者使用该项技术秘密，应当停止违约行为，承担违约责任（《民法典》第872条）。

2. 向受让人提供技术资料和技术指导。专利实施许可合同的许可人应当按照约定交付实施专利有关的技术资料,提供必要的技术指导。技术秘密转让合同的让与人和技术秘密使用许可合同的许可人应当按照约定提供技术资料,进行技术指导(《民法典》第866条、第868条第1款)。

3. 保密义务。技术秘密转让合同的让与人和技术秘密使用许可合同的许可人应当承担保密义务,违反约定的保密义务的,应当承担违约责任。此处的保密义务,不限制让与人或者许可人申请专利,但是当事人另有约定的除外。

(二)被许可人或受让人的义务

1. 按照约定实施专利技术或技术秘密。技术秘密转让合同的受让人和技术秘密使用许可合同的被许可人应当按照约定使用技术,专利实施许可合同的被许可人应当按照约定实施专利,不得许可约定以外的第三人实施该专利,并按照约定支付使用费(《民法典》第867条)。受让人实施专利或者使用技术秘密超越约定的范围的,未经让与人同意擅自许可第三人实施该专利或者使用该技术秘密的,应当停止违约行为,承担违约责任(《民法典》第873条)。

2. 支付费用。技术秘密转让合同的受让人和技术秘密使用许可合同的被许可人应当支付使用费。受让人或被许可人未按照约定支付使用费的,应当补交使用费并按照约定支付违约金;不补交使用费或者支付违约金的,应当停止实施专利或者使用技术秘密,交还技术资料,承担违约责任(《民法典》第873条)。

3. 保密义务。技术转让合同的受让人应当按照约定的范围和期限,对让与人提供的技术中尚未公开的秘密部分,承担保密义务。技术秘密转让合同的受让人和技术秘密使用许可合同的被许可人应当承担保密义务。受让人、被许可人违反约定的保密义务的,应当承担违约责任。

二、后续改进技术成果的权益分配

后续改进,是指在技术合同有效期内,一方或双方对专利或技术秘密所作的革新与改良。当事人可以在合同中明确约定新技术成果的归属或分享方案,但该约定不得阻碍技术的进步和发展。没有约定或者约定不明确的,双方当事人可以达成补充协议。达不成补充协议的,可以依据有关技术转让合同后续改进技术成果的归属和分享习惯确定。仍不能确定的,后续改进的技术成果归完成该项改进技术的当事人所有,共同完成的则双方共有,其他各方无权分享(《民法典》第875条)。

第三节　技术咨询合同和技术服务合同

一、技术咨询合同中双方当事人的主要义务

技术咨询合同,是当事人一方以技术知识为对方就特定技术项目提供可行性论证、技术预测、专题技术调查、分析评价报告等所订立的合同。

（一）技术咨询合同中委托人的义务

技术咨询合同的委托人应当按照约定阐明咨询的问题，提供技术背景材料及有关技术资料、数据。委托人未按照约定提供必要的资料和数据，影响工作进度和质量时，仍然应当支付报酬。委托人应当接受受托人的工作成果，支付报酬。不接受或者逾期接受工作成果的，支付的报酬不得追回，未支付的报酬应当支付（《民法典》第879条、第881条第1款）。

（二）技术咨询合同中受托人的义务

技术咨询合同的受托人应当按照约定的期限完成咨询报告或者解答问题，所提出的咨询报告应当达到约定的要求。未按期提出咨询报告或者提出的咨询报告不符合约定的，应当承担减收或者免收报酬等违约责任（《民法典》第880条、第881条第2款）。对受托人正常开展工作所需费用的负担没有约定或者约定不明确的，由受托人负担（《民法典》第886条）。

二、技术服务合同中双方当事人的主要义务

技术服务合同，是当事人一方以技术知识为对方解决特定技术问题所订立的合同。

（一）技术服务合同中委托人的义务

技术服务合同的委托人主要承担两项义务，其一是应当按照约定提供工作条件，完成配合事项。达成技术服务合同的服务目标，需要委托人明确所要解决问题的要点，提供相关材料，同时还需要委托人配合受托人提供图纸、数据等材料。其二是接受工作成果并支付报酬。委托人不履行合同义务或者履行合同义务不符合约定，影响工作进度和质量，以及不接受或者逾期接受工作成果的，委托人仍然需要支付报酬。在此种情形下，委托人未支付的报酬应当支付，之前支付的报酬也不得向受托人追回（《民法典》第882条、第884条第1款）。

（二）技术服务合同中受托人的义务

技术服务合同中，受托人应当按照约定完成服务项目，解决技术问题，保证工作质量，并传授解决技术问题的知识。受托人未按照约定完成服务工作的，应当承担免收报酬等违约责任（《民法典》第883条、第884条第2款）。对受托人正常开展工作所需费用的负担没有约定或者约定不明确的，由受托人负担（《民法典》第886条）。

三、新技术成果的归属和风险负担

（一）成果归属

在技术咨询合同、技术服务合同履行过程中，哪一方当事人完成新技术成果，该项成果就归属于哪一方当事人。也即，受托人利用委托人提供的技术资料和工作条

件完成的新的技术成果,属于受托人,委托人利用受托人的工作成果完成的新的技术成果,属于委托人。当然,双方当事人另有约定的,按照其约定(《民法典》第885条)。

(二) 风险负担

技术咨询合同中,如果委托人按照受托人符合约定要求的咨询报告和意见作出决策,由此造成的损失由委托人承担,但是当事人另有约定的除外(《民法典》第881条第3款)。

第二十一章 保管合同

第一节 保管合同概述

一、保管合同的概念

保管合同,是指保管人保管寄存人交付的保管物,并返还该物的合同。寄存人到保管人处从事购物、就餐、住宿等活动,将物品存放在指定场所的,视为保管,但是当事人另有约定或者另有交易习惯的除外(《民法典》第888条)。其中,保管物品的一方当事人称为保管人或受寄托人,其保管的物品称为保管物,交付物品保管的一方当事人称为寄存人或寄托人。保管结束后,通常保管人应将保管物原物返还给寄托人,但是保管人保管货币的,可以返还相同种类、数量的货币;保管其他可替代物的,可以按照约定返还相同种类、品质、数量的物品(《民法典》第901条)。

二、保管合同的特征

保管合同是实践合同,除双方当事人达成合意之外,还需交付保管物才生效,但是当事人另有约定的除外。由于保管需要保管人现实占有保管物,因此原则上指示交付和占有改定都不能成立保管合同。

保管合同是当事人相互提供帮助或者服务部门为他人提供服务的一种形式,因此保管合同以无偿为原则,但有时是有偿合同。判断保管合同有偿还是无偿,首先依据双方当事人之间的约定。没有约定的,双方当事人能够达成补充协议确定,依该补充协议。达不成补充协议的,按照交易习惯确定。仍不能确定的,该保管合同视为无偿合同(《民法典》第889条第2款)。需要注意的是,即使是在无偿的保管合同中,寄存人仍须负担支付保管人为保管所支出的必要费用和有益费用的义务,因此保管合同通常都是双务合同。此外,保管合同以物品的保管为目的,须转移标的物的占有,但不发生保管物所有权的转移。

三、消费保管合同

保管合同有一般保管合同和消费保管合同之分。所谓消费保管合同,也称不规则保管合同,是指以代替物为保管物,约定将保管物的所有权转移于保管人,而将来由保管人以同种类、品质、数量的物返还的保管合同。其特点在于以可代替物作为保管物,且移转保管物的所有权。例如,以金钱为保管物的,只要将金钱交给保管人,就推定消费保管合同成立,保管物的所有权即发生转移。而以金钱以外的代替物作为保管物的,消费保管合同的成立也应当具备以下条件:(1)须将保管物交付于保管人;(2)须约定将保管物的所有权转移于保管人,并由保管人以种类、品质、数量相同的物返还。

通常,保管人占有某物并维持原状,不得使用或者许可第三人使用保管物。但需要注意的是,消费保管合同并不以返还原物为义务。同时,消费保管合同和消费借贷合同具有共性,如均以代替物作为标的物,且均须转移标的物的所有权,并且都约定返还种类、品质、数量相同的物。但两者之间也存在区别,前者以保管为目的,后者以借用人对于借用物的利用或消费为目的;前者虽兼有为保管人的利益,但主要为寄存人的利益,而后者则为借用人的利益。

第二节 保管合同的效力

一、保管人的义务

(一)给付保管凭证的义务

寄存人向保管人交付保管物的,保管人应当给付保管凭证,但是另有交易习惯的除外(《民法典》第891条)。保管凭证的给付,并非保管合同的书面形式,仅是证明保管合同存在的凭证。

(二)妥善保管的义务

保管人应尽善良管理人的注意,妥善保管保管物。当事人可以约定保管场所或者方法,除紧急情况或者为维护寄存人利益外,保管人不得擅自改变保管场所或者方法。保管期间,因保管人保管不善造成保管物毁损、灭失的,保管人应当承担赔偿责任。在有偿保管中,保管人所尽的注意义务比善良管理人的义务更重,无论是否具有过失,只要保管物毁损或灭失的,均应承担赔偿责任。而在无偿的保管合同中,保管人只有在故意或者有重大过失时,才应对保管物的毁损、灭失负赔偿责任。当保管物的毁损、灭失是由于保管人自身的侵权行为所致时,将产生侵权责任和违约责任的竞合。

(三)亲自保管的义务

保管人不得将保管物转交第三人保管,但是当事人另有约定的除外。保管人违反上述规定,将保管物转交第三人保管,造成保管物损失的,应当承担赔偿责任(《民法典》第894条)。所谓"亲自保管",包括保管人自己保管,也包括保管辅助人辅助保管人保管,但由此造成的损失由保管人承担赔偿责任。当事人约定由第三人代为保管的,保管人并非仅对第三人选任和指示的过失承担责任,而应当继续承担损害赔偿责任。

(四) 不得使用或许可他人使用保管物的义务

保管人不得使用或者许可第三人使用保管物,但是当事人另有约定的除外(《民法典》第895条)。保管人有权占有保管物,但不得使用保管物,也不能让第三人使用,但经寄存人同意或基于保管物的性质必须使用(例如保管物的使用属于保管方法的一部分)的情形除外。如果保管人擅自使用或者许可第三人使用保管物,保管人应当向寄存人支付对价。保管人应当就由此造成的损失承担赔偿责任。

(五) 危险通知的义务

危险通知,是指保管物存在因第三人或自然原因可能会灭失的危险情形时,保管人应当通知寄存人。在保管物受到意外毁损、灭失或者保管物的危险程度增加时,保管人也应及时将有关情况通知寄存人。第三人对保管人提起诉讼或者对保管物申请扣押的,保管人应当及时通知寄存人(《民法典》896条第2款)。

(六) 返还保管物的义务

在法定或约定的事由出现时,保管人应当将保管物返还给寄存人。《民法典》规定了保管人返还保管物的三种情形。(1) 寄存人可以随时领取保管物。当事人对保管期限没有约定或者约定不明确的,保管人可以随时请求寄存人领取保管物。约定保管期限的,保管人无特别事由,不得请求寄存人提前领取保管物(《民法典》第899条)。(2) 保管期限届满或者寄存人提前领取保管物的,保管人应当将原物及其孳息归还寄存人(《民法典》第900条)。保管人保管货币的,可以返还相同种类、数量的货币。保管其他可替代物的,可以按照约定返还相同种类、品质、数量的物品(《民法典》第901条)。通常,返还地点为保管地,保管人并无送交的义务,除非当事人另有约定。

二、寄存人的义务

(一) 支付保管费和偿还必要费用的义务

寄存人应当按照约定向保管人支付保管费。在无偿保管合同中,寄存人也应当向保管人支付保管保管物所支出的必要费用。此项必要费用以维持保管物的原状为原则,包括防腐、防火等费用。保管合同为有偿时,寄存人应当按照约定向保管人支付保管费,该保管费为保管人为保管行为的报酬。对于有偿合同的保管人因保管物所支出的必要费用,寄存人也应予以偿还,除非当事人另有约定。寄存人未按照约定支付保管费或者其他费用的,保管人对保管物享有留置权(《民法典》第903条)。有偿保管合同中,寄存人还应当按照约定的期限支付保管费。当事人对支付期限没有约定或者约定不明确的,可以达成补充协议。双方当事人没有达成补充协议,且按合同有关条款、合同性质、合同目的或者交易习惯不能确定的,应当在领取保管物的同时支付(《民法典》第902条)。

(二) 告知、声明义务

寄存人交付的保管物有瑕疵,或者根据保管物的性质需要采取特殊保管措施的,寄存人应当将有关情况告知保管人。寄存人未告知上述内容,致使保管物受损失的,保管人不承担赔偿责任。保管人因此遭受损失的,除保管人知道或者应当知道并且未采取补救措施外,寄存人应当承担赔偿责任(《民法典》第893条)。

寄存人寄存货币、有价证券或者其他贵重物品的,应当向保管人声明,由保管人验收或者封存。如果寄存人未声明上述内容的,在该物品毁损或灭失后,保管人可以按照一般物品予以赔偿(《民法典》第898条)。

第三节　保管合同的终止

保管合同可能因返还保管物、承受保管物或保管物灭失等原因而终止。

(一) 返还保管物

保管合同以保管保管物为目的,保管人将保管物返还于寄存人时,保管合同终止。但是,返还保管物的原因有多种,既包括保管目的实现时的返还,也包括保管目的未实现时的合同解除效果。就后者而言,存在下述几种不同情形:其一,保管人和寄存人可以协商一致,终止保管合同,保管人返还保管物。其二,虽然保管合同为继续性合同,但是寄存人可以随时解除合同,使保管合同终止。就任意解除权而言,《民法典》合同编区分了寄存人和保管人,同时也区分了约定保管期限的保管合同和没有约定保管期限的保管合同。《民法典》第899条规定,寄存人可随时领取保管物,表明不论保管期限是否约定或是否明确,寄存人均可随时终止保管合同。当事人对保管期限没有约定或约定不明确时,保管人则可以随时要求寄存人领取保管物;而在保管期限明确的情形下,保管人不能提前终止保管合同,除非保管人有特别事由。

(二) 承受保管物或保管物的灭失

保管物的所有权由保管人受让时,如发生继承、赠与等事由,保管合同原则上归于消灭。此外,保管物灭失时,保管合同也告终止。

第二十二章 仓储合同

第一节 仓储合同概述

仓储合同,又称仓储保管合同,是指双方当事人约定由保管人(仓管人)为存货人储存、保管货物,存货人为此支付仓储费的协议。仓储物是指仓储合同的标的物,是保管人堆藏和保管的对象。接受仓储物并予以堆藏和保管的一方为仓管人,将仓储物交由保管人储存的一方为存货人。仓储物为动产,保管人对仓储物不仅要提供场地存放,还要加以保管。虽然仓储合同与保管合同在《民法典》中是不同的有名合同,但是两者联系密切,当《民法典》对仓储合同没有规定时,可适用保管合同的规定。仓储合同具有如下特征:

(一)仓管人是有仓储设备的专门从事仓储保管业务的主体

仓储合同的保管人可以是法人,也可以是个体工商户、合伙或者其他组织,但是必须具有仓储设备,是专门从事仓储业务的民事主体。仓储设备,是指能够满足储藏和保管仓储物需要的设施,既包括房屋、有锁之门等外在表征的设备,也包括可供堆放木材、石料等原材料的地面。以仓储为常业的仓管人,通常具备仓储条件,对于特殊物品,例如,保管人储存易燃、易爆、有毒、有腐蚀性、有放射性等危险物品的,应当具备相应的保管条件(《民法典》第906条第3款)。

(二)仓储合同为诺成性合同

仓管人以从事仓储为业,在保管的物品入库前通常会有履行准备,若认定仓储合同为实践合同,存货人承担缔约过失责任对保管人极为不利。因此《民法典》第905条明确规定,仓储合同自仓管人和存货人意思表示一致时成立,是典型的诺成性合同。

(三)仓储合同是双务、有偿、不要式合同

仓储合同是一项双务、有偿合同,合同当事人在合同成立后互负对待给付义务,即仓管人提供仓储服务,存货人给付相应的报酬等费用。《民法典》并未要求采取书面形式,故仓储合同为不要式合同。至于仓储合同的保管人于接受仓储物时应存货人的请求而应填发并交付仓单或者其他凭证的规定,是仓储合同成立之后保管人应承担的义务,并非仓储合同的书面合同形式。

第二节　仓储合同双方的权利和义务

一、仓管人的权利和义务

（一）仓管人的主要权利

1. 报酬请求权。仓储合同是有偿合同,仓管人对存货人或者仓单持有人享有报酬请求权。仓管人因堆藏和保管仓储物所产生的必要费用,原则上包含在报酬中,不得另行请求偿还,除非当事人另有约定。此外,仓储空间的修缮、仓储设备的保养等费用,由仓管人自行承担。

2. 请求存货人或仓单持有人提取仓储物的权利。保管人请求存货人或仓单持有人提取仓储物的权利,包括下列情况:(1) 当事人对储存期限没有约定或者约定不明确的,保管人可以随时请求存货人或者仓单持有人提取仓储物,但是应当给予必要的准备时间(《民法典》第914条)。(2) 仓储合同约定了储存期限,储存期限届满后,存货人或者仓单持有人不提取仓储物的,保管人可以催告其在合理期限内提取。逾期不提取的,保管人可以提存仓储物(《民法典》第916条)。

3. 仓单缴还请求权。存货人或仓单持有人提取仓储物时,仓管人享有请求存货人或仓单持有人出示仓单和缴还仓单的权利。

4. 损害赔偿请求权。(1) 储存易燃、易爆、有毒、有腐蚀性、有放射性等危险物品或者易变质物品的,若存货人未说明且造成损害,仓管人有权请求存货人赔偿损失。(2) 保管人可以催告存货人或者仓单持有人,请求及时处置危及其他仓储物的安全和正常保管的问题仓储物。当存货人或仓单持有人怠于或拒绝及时、适当处置且造成保管人的人身和财产损害时,仓管人有权请求存货人赔偿损失。(3) 存货人或仓单持有人应提取仓储物却不提取时,仓管人有权就此受到的损失请求赔偿。

（二）仓管人的主要义务

1. 出具仓单的义务。存货人交付仓储物的,仓管人应当向存货人给付仓单等凭证,即在存货人交付仓储物时,仓管人应当给付仓单、入库单等凭证(《民法典》第908条)。仓单是提取仓储物的凭证,是指仓管人应存货人的请求而签发的一种有价证券,也是存货人证明货已交存并提取仓储物的凭证。仓单应当记载下列事项:(1) 存货人的姓名或者名称和住所;(2) 仓储物的品种、数量、质量、包装及其件数和标记;(3) 仓储物的损耗标准;(4) 储存场所;(5) 储存期限;(6) 仓储费;(7) 仓储物已经办理保险的保险金额、期间以及保险人的名称;(8) 填发人、填发地和填发日期(《民法典》第909条)。仓单上所载明的权利与仓单是不可分离的,因此仓单应当具有以下两个方面的效力:一是受领保管物的效力。保管人一经填发仓单,持单人即可凭单受领保管物。第二,背书具有转移保管物所有权的效力。存货人或者仓单持有人在仓单上背书并经保管人签字或者盖章的,可以转让提取仓储物的权利(《民法典》第910条)。此外,仓单的持有人可以请求保管人将保管的货物分割为数部分,并分别填发仓单,也即仓单的分割,其目的是便于存货人处分仓储物。通常,分割仓单时,原仓单被仓管人收回,分割所支出的费用则由存货人支付。

2. 接收、验收的义务。仓管人应当按照合同的约定,接收存货人交付储存的仓储物。仓管人不能按照合同约定的时间、品类、数量接受仓储物入库的,应承担违约责任。同时,仓管人应当按照约定对入库仓储物进行验收。验收包括实物验查和样本验查。仓储物有包装的,验收时应以外包装或仓储物标记为准;无标记的,以存货人提供的验收资料为准。仓管人未按规定的方法、期限验收,或者验收不准确的,应承担相应的损失。仓管在接收仓储物时发现有仓储风险的,应妥善暂存,并在有效验收期限内通知存货人处理,暂存期间所发生的损失和费用由存货人负担。仓储物验收时保管人未提出异议的,视为存货人交付的仓储物符合合同约定的条件。保管人验收后,发生仓储物的品种、数量、质量不符合约定的,保管人应当承担赔偿责任(《民法典》第907条)。

3. 及时通知的义务。《民法典》第907条规定,仓管人验收时发现入库仓储物与约定不符合的,应当及时通知存货人。此外,仓管人的通知义务主要是危险通知义务,也即仓储物有变质或者其他损坏情形时的通知义务。例如,仓管人发现仓储物发生变质或者价值减少的变化,应及时通知存货人或者仓单持有人。危及其他仓储物的安全和正常保管的,仓管人应当催告存货人或者仓单持有人作出必要的处置。情况紧急时,仓管人可以作出必要的处置,但事后应当将该情况及时通知存货人或者仓单持有人(《民法典》第913条)。

4. 妥善保管义务。仓管人应当按照合同约定的储存条件和保管要求,妥善保管仓储物。妥善保管也意味着亲自保管,除非存货人同意,否则不得将仓储物交由第三人保管。仓管人也不得使用或者许可第三人使用仓储物,因此造成的损失应当由仓管人承担赔偿责任。《民法典》第917条规定,储存期内,因保管不善造成仓储物毁损、灭失的,仓管人应当承担赔偿责任。仓管人能证明因仓储物的性质、包装不符合约定或者超过有效储存期造成仓储物变质、损坏的,不承担赔偿责任。

5. 容忍义务。根据存货人或者仓单持有人的要求,仓管人应当同意其检查仓储物或者提取样品(《民法典》第911条)。此为保管人的容忍义务或容许义务,因存货人或仓单持有人的请求而发生,其内容包括容许检点仓储物、容许提取样品等。

6. 返还仓储物的义务。存货人或者仓单持有人可以随时提取仓储物,仓管人应当履行返还仓储物的义务,但通常要给仓管人必要的准备时间。

二、存货人的权利和义务

（一）存货人的主要权利

1. 检查仓储物或提取样品的权利。仓管人根据存货人或者仓单持有人的要求，应当同意其检查仓储物或者提取样品。

2. 转让提取仓储物的权利。仓单是提取仓储物的凭证。存货人或者仓单持有人在仓单上背书并经仓管人签字或者盖章的，可以转让提取仓储物的权利。

3. 损害赔偿请求权。仓管人验收后，发生仓储物的品种、数量、质量不符合约定的，仓管人应当承担赔偿责任。储存期内，因保管不善造成仓储物毁损、灭失的，仓管人应当承担赔偿责任。

（二）存货人的主要义务

1. 支付报酬的义务。仓储合同是有偿合同，存货人应当给付相应的报酬等费用。

2. 提示说明义务。储存易燃、易爆、有毒、有腐蚀性、有放射性等危险物品或者易变质物品的，存货人应当向仓管人说明货物的性质和预防危险、腐烂的方法，提示有关的保管、运输等技术材料，并采取相应的预防措施。存货人违反该义务的，仓管人有权拒收该货物；仓管人因接受该货物造成损害的，存货人应承担损害赔偿责任。

3. 提取仓储物的义务。双方当事人对储存期限没有约定或者约定不明确的，仓管人可以随时请求存货人或者仓单持有人提取仓储物，此时存货人应当履行相关义务。储存期限届满，存货人或者仓单持有人应当凭仓单、入库单等提取仓储物。逾期提取的，应当加收仓储费。

第二十三章 委托合同

第一节 委托合同概述

委托合同,是委托人与受托人约定,由受托人处理委托人事务的合同。委托他方处理事务的,为委托人;允诺为他方处理事务的,为受托人。

一、委托合同的法律特征

(一)委托合同是以为他人处理事务为目的的合同

委托合同是受托人以特定的社会技能提供劳务完成一定任务的合同。委托的目的在于处理委托事务,此为委托合同与他种劳务合同的主要区别所在。无论是财产上的行为抑或非财产上的行为,委托人自己的事务还是第三人的事务(须自己处理的事务除外),只要该事项不违反法律、行政法规的禁止性规定,不违背公序良俗,且不属于在性质上不能由他人处理的事务,委托人都可以委托他人处理。

(二)委托合同的订立通常以委托人和受托人之间的相互信任为前提

委托人之所以选定某人作为受托人为其处理事务,是以他相信受托人能够处理好委托事务为基础。若委托人和受托人无信任基础,委托合同一般难以成立。

二、委托与委托合同的类型

(一)委托的类型

1. 直接委托和间接委托。直接委托是指受托人以委托人的名义从事有关委托事务,由此产生的法律效果直接归属于委托人的委托。间接委托是指受托人以自己的名义从事有关委托事务的民事行为,其产生的法律效果直接或间接归属于委托人的委托。

2. 单独委托、共同委托与另行委托。单独委托是指在委托关系中,受托人为一人的委托。共同委托是指受托人为两人以上,共同处理同一委托事务的委托。《民法典》并未规定共同委托中委托方的数量,但规定了受托人须两人以上,并且多个受托人须共同处理委托事务,对委托人承担连带责任(《民法典》第932条)。那么,如果各个受托人单独处理委托事务,不能视为共同委托;并且当委托人先后将委托事务交由两个以上的受托人处理,此时构成另行委托。另行委托与共同委托的区别在于,另行委托中的委托人和两个受托人分别存在于两个相互独立的委托关系之中,委托人和两个受托人分别处在两个委托合同之下;而共同委托中的委托人和数个受托人存在于一个委托关系之中,委托人和数个受托人处在一个委托合同之下,数个受托人对委托人承担连带责任。在另行委托中,并不以受托人同意为构成要件。也即,未经受托人同意,另行委托的效力不受影响。

3. 亲自委托与转委托。通常,受托人应当亲自处理委托事务。但是,经委托人同意,受托人可以转委托。转委托又称复委托,是指受托人经委托人同意,将委托人委托的部分或全部事务转由第三人处理,在委托人与第三人之间直接发生委托合同关系的行为。转委托包括以下两种情况:(1) 经委托人同意或追认的转委托。对于受托人所进行的转委托,委托人同意的,委托人可以就委托事务直接指示次受托人,由次受托人直接就委托事务向委托人负责。委托关系所生的权利义务也自然在委托人和次受托人之间产生,委托人应向该次受托人支付报酬、发布指示、预付费用、赔偿损失,该次受托人也本着诚信原则,尽力勤勉地履行义务。(2) 未经委托人同意或者追认的转委托。受托人所为的转委托未报知委托人或虽报知但委托人未同意的,该转委托的第三人应视为受托人的履行辅助人。转委托的第三人处理事务的行为,应视为受托人自己的行为。因而,在未经同意的转委托中,因第三人的处理事务行为给委托人造成损失的,应视为受托人的行为所造成的损失。受托人应对未经同意的转委托的第三人的行为承担责任。《民法典》第 923 条作出例外规定,在紧急情况下受托人为了委托人的利益而进行的转委托,应当视其为委托人同意的转委托。此种情况下,受托人仅就其对次受托人的选任和指示承担责任。

(二) 委托合同的类型

1. 无偿委托合同与有偿委托合同。以受托人有无报酬为区分标准,委托合同可分为无偿委托合同和有偿委托合同。受托人没有报酬的委托合同,为无偿委托合同,反之为有偿委托合同。当然,无偿委托合同也有别于单纯的好意施惠,前者负有合同上的义务,存在法律拘束。区分无偿的委托合同和有偿的委托合同,其法律意义在于受托人承担赔偿责任时的义务程度不同。《民法典》第 929 条第 1 款规定,在有偿的委托合同中,因受托人的过错造成委托人损失的,委托人可以请求赔偿损失。受托人只要存在过错,就应当对委托人承担损害赔偿责任。对于无偿委托,受托人仅在处理事务时具有重大过失或故意,才应承担损害赔偿责任。此外,《民法典》第 929 条第 2 款还规定了受托人超越权限时的损害赔偿责任。无论是有偿还是无偿委托,受托人在处理委托事务时,有一定的权限范围。当超越该权限而处理事务时,受托人若给委托人造成损失,则不论有无过错,均应对委托人承担损害赔偿责任。

2. 特别委托合同与概括委托合同。以受托人权限范围为区分标准,委托合同可分为特别委托合同和概括委托合同。《民法典》第 920 条规定,委托人可以特别委托受托人处理一项或者数项事务,也可以概括委托受托人处理一切事务。所谓一切事务,是指各种可能发生的事项。在概括委托中,委托人笼统地将委托事项委托给受托人,并体现出概括和抽象的特征。但对于委托人具有极为重要的利害关系的事务,仍然需要通过特别委托来实现。

三、委托合同的识别

(一)委托合同与代理

委托合同不同于代理,但委托合同中受托人往往被授予代理权,因而很容易将两者混淆。委托与代理的区别在于:

1. 产生方式不同。委托通过订立委托合同而产生,需要合同当事人产生合意。而代理既可以通过委托而产生,也可以通过法定或指定的方式或单方授权而产生,此时无须当事人产生合意。

2. 法律效果不同。委托合同关系是委托人与受托人之间的权利义务关系,对于委托合同外的第三人不产生效力。而代理涉及代理人、被代理人和第三人。代理人享有代理权,其代理行为对第三人产生效力。

3. 行为性质不同。委托合同中,受托人处理委托事务的行为既可以是法律行为,也可以是事实行为,而代理行为只能是法律行为。

(二)委托合同与承揽合同

委托合同与承揽合同的区别在于:

1. 合同目的不同。承揽合同的订立目的在于获得承揽人的工作成果,而委托合同的目的在于完成委托事务。通常,承揽人完成合同中规定的工作成果之后才能取得报酬,而委托人应当预付处理委托事务的费用。受托人为处理委托事务垫付的必要费用,委托人应当偿还该费用并支付利息(《民法典》第921条)。

2. 行为性质不同。委托合同的受托人处理委托事务的行为既可以是法律行为也可以是事实行为,而承揽合同中承揽人的行为只能是事实行为。

第二节 委托合同中的主要义务

一、受托人的义务

(一)注意义务

在有偿的委托合同里,受托人负有善良管理人的注意义务。而在无偿的委托合同中,只有因受托人的故意或者重大过失造成委托人损失的,委托人才可以请求赔偿损失,也即受托人仅具有轻过失时,不承担损害赔偿责任。因此,在有偿委托中,受托人若欠缺注意,即为有过错,对于委托人因此所受的损害应负赔偿责任。在无偿的委托合同里,受托人仅就故意或重大过失而给委托人带来的损失承担责任。

（二）依委托人的指示处理委托事务的义务

受托人应当按照委托人的指示处理委托事务。需要变更委托人指示的，应当经委托人同意；因情况紧急，难以和委托人取得联系的，受托人应当妥善处理委托事务，但是事后应当将该情况及时报告委托人（《民法典》第922条）。可见在委托合同中，受托人的基本义务是依委托人的指示处理委托事务。指示的内容包括合同订立的指示、履约方式的指示等。未遵从指示并造成委托人损失的，受托人应当承担损害赔偿责任。受托人依委托人指示处理委托事务有以下含义：(1) 当委托人有指示时，应尽可能地按照委托人的指示来处理委托事务。(2) 受托人在非紧急情况下，也可以变更指示，只不过此种变更符合委托人的利益，在委托人事后追认的情况下，仍然具有效力。受托人在紧急情况下，并且难以和委托人取得联系的，受托人应当妥善处理委托事务。在此种情形下，受托人可能为了委托人的利益，直接变更委托人的指示。(3) 受托人在紧急情况下变更指示后，负有报告义务（《民法典》第922条）。虽然在变更时，受托人无法与委托人取得联系，但是应当在变更后及时报告委托人。因受托人怠于报告而给委托人造成损失的，受托人应负赔偿责任。

（三）亲自处理委托事务的义务

《民法典》第923条规定，受托人应当亲自处理委托事务。经委托人同意，受托人可以转委托。转委托经同意或者追认的，委托人可以就委托事务直接指示转委托的第三人，受托人仅就第三人的选任及其对第三人的指示承担责任。转委托未经同意或者追认的，受托人应当对转委托的第三人的行为承担责任；但是，在紧急情况下受托人为维护委托人的利益需要转委托的除外。之所以要求受托人亲自处理委托事务，意在防止出现受托人有负委托人信任致委托人利益受损的情形。若委托人同意转委托，法律当然无禁止的必要。此外，若有紧急情况发生，受托人于不得已事由之下，也可以转委托。

共同委托中的受托人对委托人承担连带责任。但是负连带责任的受托人必须是委托人所委托的共同处理委托事务的人，若委托人分别委托不同受托人处理不同事务，则各受托人就各自处理的事务向委托人负责，并不产生连带责任。

（四）报告义务

受托人应当按照委托人的要求，报告委托事务的处理情况。委托合同终止时，受托人应当报告委托事务的结果（《民法典》924条）。据此，受托人的报告义务可以分为在委托合同履行过程中的报告义务和在委托合同终止时的报告义务。

（五）财产转交义务

受托人处理委托事务取得的财产，应当转交给委托人（《民法典》第927条）。此项财产，包括金钱、物品、孳息和权利等。受托人处理事务取得的财产，指受托人从委托人处或第三人处取得的财产。不论是以委托人名义还是以受托人自己名义取得的，受托人均应将其交给委托人。受托人负有的财产转交义务，委托人可以随时请求履行。同时,委托人还可以向第三人让与请求受托人交付财产的权利。

二、委托人的义务

(一) 支付费用的义务

《民法典》第 921 条规定,委托人应当预付处理委托事务的费用。受托人为处理委托事务垫付的必要费用,委托人应当偿还该费用及其利息。由此可知,不论委托合同是否有偿,委托人都有支付费用的义务。委托人履行支付费用的义务有两种方式:一是预付费用,二是偿还费用。(1) 委托人应当向受托人预付处理委托事务的费用。预付费用是为委托人利益而使用,与委托事务的处理并不成立对价关系。非经约定,受托人并无垫付费用的义务。正因为预付费用是为了委托人的利益,因此受托人并无申请法院强制委托人预付费用的权利。但在委托合同为有偿合同的场合,因委托人拒付费用以致影响受托人基于该合同应获得的收益或给受托人造成损失时,受托人有权请求赔偿。(2) 受托人无须为委托人垫付费用,一旦垫付则委托人负有偿还费用的义务。委托人偿还的费用一般应限于受托人为处理委托事务所支出的必要费用及其利息。

(二) 支付报酬的义务

受托人完成委托事务的,委托人应当按照约定向其支付报酬(《民法典》第 928 条第 1 款)。委托合同是无偿时,委托人自然无支付报酬的义务。如果当事人之间没有约定报酬,但依习惯或者委托的性质应当由委托人支付报酬的,委托人应支付报酬。对于因不可归责于受托人的事由,致委托合同解除或委托事务不能完成的,系属委托合同中的风险负担问题。对于此时的风险,若有约定,从其约定。若没有约定,则根据《民法典》第 928 条第 2 款的规定由双方当事人合理负担,即委托人应当向受托人支付相应的报酬。因可归责于受托人的事由而致委托合同终止或委托事务不能完成时,受托人无报酬请求权。若报酬是分期给付的,对于在委托人不履行债务之前已支付的报酬,受托人无须返还。报酬的标的和数额,由双方当事人自行约定。报酬的标的不限于金钱,也可包括有价证券或其他给付,但当事人无约定时,应给付金钱报酬。对于支付报酬的时间,为受托人完成委托事务后。因此,受托人不得以委托人未付报酬为由,就受托事务的处理行使同时履行抗辩权。

(三) 赔偿受托人损失的义务

受托人处理委托事务时,因不可归责于自己的事由受到损失的,可以向委托人要求赔偿损失(《民法典》第 930 条)。委托人经受托人同意,可以在受托人之外委托第三人处理委托事务,因此给受托人造成损失的,受托人可以向委托人要求赔偿损失(《民法典》第 931 条)。

第三节　隐名代理与间接代理

一、隐名代理

通常,代理人应当以被代理人的名义从事代理活动,以自己的名义从事法律行为不符合一般代理的构成要件,但是仍然发生代理效果。为此,《民法典》第925条规定了隐名代理,即受托人以自己的名义,在委托人的授权范围内与第三人订立合同,第三人在订立合同时知道受托人与委托人之间的代理关系的,该合同直接约束委托人和第三人;但是,有确切证据证明该合同只约束受托人和第三人的除外。

二、间接代理

(一)委托人的介入权

《民法典》第926条第1款规定,受托人以自己的名义与第三人订立合同时,第三人不知道受托人与委托人之间的代理关系的,受托人因第三人的原因对委托人不履行义务,受托人应当向委托人披露第三人,委托人因此可以行使受托人对第三人的权利。此为间接代理中委托人的介入权,在性质上为形成权。不过,第三人与受托人订立合同时如果知道该委托人就不会订立合同的,此时不产生委托人的介入权。显然,委托人的介入权包括三项构成要件:(1)受托人因第三人原因对委托人不履行义务。(2)受托人向委托人披露了第三人。如果拒绝披露,受托人应当向委托人承担违约责任。(3)排除第三人与受托人订立合同时如果知道该委托人就不会订立合同的情形。

(二)第三人的选择权

《民法典》第926条第2款在承认了委托人的介入权的同时,也承认了第三人的选择权。当受托人因委托人的原因对第三人不履行义务时,受托人应当向第三人披露该委托人,第三人因此可以选择受托人或者委托人作为相对人从而主张其权利。第三人的选择权为形成权,一旦行使了选择权,即通过单方意思与委托人或受托人建立了债权债务关系。同时,第三人选择向委托人主张权利的,委托人可以向第三人主张其对受托人的抗辩以及受托人对第三人的抗辩(《民法典》第926条第3款)。

第四节　委托合同的终止

一、委托合同终止的原因

委托合同终止的原因包括一般原因和特殊原因。委托合同终止的一般原因是指

一般合同共同适用的终止原因,特殊原因则是指导致委托合同终止特有的原因,主要包括以下两种情况:

(一) 当事人一方任意解除合同

委托人或者受托人可以随时解除委托合同。因解除合同造成对方损失的,除不可归责于该当事人的事由外,无偿委托合同的解除方应当赔偿因解除时间不当造成的直接损失,有偿委托合同的解除方应当赔偿对方的直接损失和合同履行后可以获得的利益(《民法典》第933条)。因此,委托人和受托人均享有合同解除权和损失赔偿请求权。其中,要注意以下三点:(1) 委托人或受托人可以随时行使合同解除权,无须说明理由;(2) 委托人或受托人一方行使合同解除权无须经得对方同意,为单方意思表示;(3) 在包括委托要素的合同中,当事人并不享有任意解除权。

(二) 当事人一方死亡、终止,或受托人丧失民事行为能力

委托人死亡、终止或者受托人死亡、丧失民事行为能力、终止的,委托合同终止。但当事人另有约定或者根据委托事务的性质不宜终止的除外(《民法典》第934条)。委托人与受托人一方死亡或终止的,委托合同丧失了赖以成立的信任基础。若受托人丧失了民事行为能力,则不能继续处理委托事务,委托合同也应当终止。在上述情形下,委托合同当然终止,无须当事人主张。上述情形并不必然导致委托合同的终止,当事人另有约定的从其约定。此外,根据委托事务的性质不宜终止的,委托合同在上述情形下也不必然发生终止的后果。

二、委托合同例外不终止时的法律后果

因委托人死亡或者被宣告破产、解散,致使委托合同终止将损害委托人利益的,在委托人的继承人、遗产管理人或者清算人承受委托事务之前,受托人应当继续处理委托事务(《民法典》第935条)。此时,由于委托事务无人处理,委托人的利益极可能受到损害,因此法律赋予受托人继续处理委托事务的权利。因受托人死亡、丧失民事行为能力或者破产、解散,致使委托合同终止的,受托人的继承人、遗产管理人、法定代理人或者清算人应当及时通知委托人。因委托合同终止将损害委托人利益的,在委托人作出善后处理之前,受托人的继承人、遗产管理人、法定代理人或者清算人应当采取必要措施(《民法典》第936条)。所谓"必要措施",主要是对委托事务的消极保存行为。通常,由于继承人等与委托人之间并无委托关系,此项必要措施并不包括对委托事务的积极处理行为。

第二十四章　物业服务合同

第一节　物业服务合同概述

一、物业服务合同的概念和法律性质

（一）物业服务合同的概念

物业服务合同是物业服务人在物业服务区域内，为业主提供建筑物及其附属设施的维修养护，环境卫生和相关秩序的管理维护等物业服务，业主支付物业费的合同（《民法典》第937条第1款）。

在建筑物区分所有权制度下，物业被区分为若干专有部分与共有部分，使得每一个业主在日常生活中既要处理因专有权而产生的与其他业主之间的互动关系，同时还要处理因共有权而产生的与其他业主之间的合作关系。物业在法律和物理上的分割，使得业主对物业进行日常管理变得更为复杂与烦琐。在区分所有建筑中，业主人数众多且公共事务繁杂，绝大多数区分所有的建筑都是由专业的物业服务企业进行管理的。业主和物业服务人通过物业服务合同规范双方的权利义务关系。《民法典》新增物业服务合同为有名合同，既呈现出我国民事立法关照现实生活的一面，也说明了物业服务合同本身的典型性和复杂性。

（二）物业服务合同的法律性质

1. 物业服务合同具有集体协议性质

在《民法典》出台之前，我国《合同法》并未就物业服务合同作出规定，学界就其性质存在争议。一种观点认为"将物业管理合同归入委托合同较为合适"[1]。在持此种观点的学者看来，物业服务企业与业主之间存在典型信赖关系，且核心内容为物业服务人向业主提供物业服务劳动关系，因而本质上与委托合同属于同一范畴。也有人认为"物业服务合同虽然性质上属于委托合同，但属于一种特殊的委托合同，不能将其与一般的委托合同相混淆"[2]。另一种观点认为，物业服务合同应被归入无名合同范畴。《民法典》的颁布，将物业服务合同确定为一种独立的有名合同。事实上，物

---

[1] 参见谭玲、胡丹缨：《物业管理相关问题再探析》，载《现代法学》2006年第6期。
[2] 参见王利明：《物业服务合同立法若干问题探讨》，载《财经法学》2018年第3期。

业服务合同作为一种独立的有名合同，是全体业主和物业服务人之间达成的一项集体协议。物业服务合同对业主和物业服务人之间的物业服务内容进行具体规范，以确定当事人之间的权利义务内容。

2. 物业服务合同与委托合同的区别

物业服务合同与委托合同之间的区别，主要体现在如下几个方面。其一，物业服务合同不以显著信赖关系为缔结基础，仅依赖于一般商业信赖而存续。随着我国物业服务市场的持续发展，物业服务逐步朝着专业化、规范化、优质化方面发展。业主选择物业服务人时，通常并非基于特殊信赖关系，而只是基于一般商业信赖而选择与之合作。与之不同的是，委托合同的缔结与存续高度依赖当事人之间的信赖，尤其是委托人与受托人均享有合同任意解除权，反映了作为委托合同存续基础的特殊信赖关系。其二，物业服务合同侧重于内部事务管理，而委托合同偏向于外部事务处理。在物业服务合同项下，物业服务人的主要职责是代业主管理物业，通常不会超出物业服务区而代业主与他人交往。然而在委托合同场景下，受托人往往基于委托人授权而开展委托事务，以弥补委托人对外交往不足的困境。其三，在物业服务合同中，物业服务人径直以自己名义开展活动。而在委托合同中，受托人既可以自己名义也可以委托人的名义开展事务。

二、物业服务合同的法律特征

物业服务合同具有以劳务为标的、诺成性、双务性和要式性等法律特征。

1. 物业服务合同是以劳务为标的的合同。物业服务合同以特定的服务为内容，物业服务人的主要义务为提供物业合同约定的劳务服务，如房屋维修、设备保养、治安保卫、清洁卫生、园林绿化等。在合同内容上，物业服务合同本质上是一种事务处理合同，并混有其他典型合同的内容。

2. 物业服务合同是诺成合同。物业服务合同自建设单位或业主委员会与物业服务企业就合同条款达成一致意见即可成立，无须以物业服务的实际交付为要件。

3. 物业服务合同是有偿的继续性合同。物业服务人包括物业服务企业和其他物业管理人。物业服务人通常是从事物业服务相关活动的法人，依据物业合同收取与服务相匹配的物业管理费用。物业服务合同不仅是有偿合同，还是一种继续性合同，也即不能通过一次给付来完成合同内容，而是继续性地实现债的内容。

4. 物业服务合同是双务合同。根据物业服务合同的内容，物业服务合同主体包括物业服务人、建设单位、业主委员会或业主在内的各方当事人。物业服务合同为双务合同，物业服务人收取业主所支付的物业服务费，同时也应当向业主提供与之相应的物业服务。

5. 物业服务合同是要式合同。物业服务合同的内容具有综合性、涉及面广、合同履行期相对较长等特点，因此《民法典》第938条第3款规定应当采用书面形式。《物业管理条例》第 21 条、第 34 条第 1 款也明确规定包括前期物业服务合同在内的物业服务合同均应以书面形式订立。

三、物业服务合同的分类

物业服务合同的类型,依当事人构成不同可分为前期物业服务合同与普通物业服务合同。依物业类型不同,又可分为居住物业服务合同、办公物业服务合同、商业物业服务合同、工业物业服务合同以及其他类型物业服务合同等。

(一)前期物业服务合同与普通物业服务合同

所谓前期物业服务合同,是指在前期的物业管理阶段,即在物业区域内的业主、业主大会选聘物业服务企业之前,房地产开发建设单位或公有住房出售单位与物业服务企业之间订立的约定由物业管理企业对前期物业管理项目进行管理的书面协议。通常,前期物业服务合同包含有多项格式条款,并且作为物业服务人的当事人一般是物业建设单位。《民法典》第 939 条规定:"建设单位依法与物业服务人订立的前期物业服务合同,以及业主委员会与业主大会依法选聘的物业服务人订立的物业服务合同,对业主具有法律约束力。"《民法典》第 940 条同时规定:"建设单位依法与物业服务人订立的前期物业服务合同约定的服务期限届满前,业主委员会或者业主与新物业服务人订立的物业服务合同生效的,前期物业服务合同终止。"可见,在普通物业服务合同订立之前,建设单位依法可以与物业服务人订立前期物业服务合同,该合同对业主具有约束力。《物业管理条例》第 23 条第 2 款规定,物业买受人在与建设单位签订物业买卖合同时,应当对遵守临时管理规约予以书面承诺。由于该项承诺,业主概括承受前期物业合同中的权利义务内容。而普通物业服务合同是指业主委员会或者业主与新物业服务人订立的物业服务合同,以区别于前期物业服务合同。在普通物业服务合同中,物业服务人的对方当事人是全体业主。需注意的是,有时业主在接受物业之后,并不选择与其他物业服务人另行订立物业服务合同,而选择继续适用由物业建设人订立的前期物业服务合同,此时即发生合同的概括承受,前期物业服务合同即转变为普通物业服务合同。

(二)居住物业服务合同与商业物业服务合同

针对住宅小区签订的物业服务合同是住宅物业服务合同,针对办公物业签订的物业服务合同是办公物业服务合同,针对生产车间等场所签订的物业服务合同为工业物业服务合同。如此种种,不一而足。基于不同物业类型签订的物业服务合同,在法律规则的适用上具有一致性,只是合同内容存在较大差异。

第二节 物业服务合同的订立

一、物业服务合同当事人

依《民法典》第937条的规定,物业服务合同当事人包括物业服务人与业主。在订立前期物业合同时,作为当事人一方的是物业建设人,例如商品房开发商。在订立普通物业服务合同时,全体业主亲自参与合同订立实属少见,多数时候是由经选举产生的业主委员会代表业主订立合同。由此可见,物业服务合同的订立主体与当事人存在分离的情况。无论是前期物业服务合同,或是普通物业服务合同,通常作为合同当事人的业主并非合同订立主体。针对如何确保合同内容符合业主意思,以及如何防止合同内容偏离业主的利益需求,现行法作出了某些回应。例如《民法典》第940条规定:"建设单位依法与物业服务人订立的前期物业服务合同约定的服务期限届满前,业主委员会或者业主与新物业服务人订立的物业服务合同生效的,前期物业服务合同终止。"该条赋予业主对前期物业服务合同的任意解除权,彼时即使前期物业服务合同载明的期限未届满,只要由业主选举出的业主委员会另行订立新的物业服务合同且生效的,该前期物业服务合同即提前终止。

《民法典》第940条将物业服务合同一方当事人确定为业主委员会或业主,此时应理解为全体业主。其理由在于:第一,《民法典》第278条第1款第4项规定,"选聘和解聘物业服务企业或者其他管理人",应当由业主共同决定。既然选聘与解聘物业服务企业或其他管理人的意思应由业主全体作出,那么全体业主也应视为物业服务合同的当事人,物业服务合同就不应视为单一业主和物业服务人员签订的合同,而是一项集体协议。第二,物业服务内容主要指向业主共有部分,即物业服务主要向全体业主提供。第三,业主应当按照约定向物业服务人支付物业费(《民法典》第944条第1款)。物业服务人已经按照约定和有关规定提供服务的,业主不得以未接受或者无须接受相关物业服务为由拒绝支付物业费,这表明全体业主被法律概括性认定为物业服务合同的一方当事人。

二、物业服务合同主要内容

物业服务合同是规范物业服务各当事人权利义务内容的协议。《民法典》第938条第1款、第2款规定,物业服务合同的内容一般包括服务事项、服务质量、服务费用的标准和收取办法、维修资金的使用、服务用房的管理和使用、服务期限、服务交接等条款。物业服务人公开作出的有利于业主的服务承诺,也为物业服务合同的组成部分。

1. 服务事项。明确物业服务人的具体职责范畴,包括了对建筑物的维护、业主需求、共同生活秩序的维持等各项服务内容。

2. 服务质量。在物业服务合同中明确物业服务相应的标准或要求，既有利于约束物业服务人，提高服务效率和服务水平，也有利于业主按照明确的参考标准对物业服务人进行监督。

3. 服务费用的标准和收取办法。服务费用的标准即明确物业服务费用的总额、构成及各单项费用收费的依据和参考标准。收取办法即明确物业服务费用是按年交纳、按季交纳还是按月交纳，是分别交纳还是汇总交纳，以及交纳的具体时间等。

4. 维修资金的使用。物业服务合同应明确维修资金的缴存方式、管理途径、如何使用及统筹安排等。

5. 服务用房的管理和使用。服务用房是指在房地产开发建设中按照规定建设，由建设单位一并随物业转让给业主集体，供物业服务人办公或提供服务的场所，其使用办法和管理方式须在合同中一并明确。

6. 服务期限。物业服务合同的服务期限，是指当事人履行合同的期限，对服务起止时间的约定要明确具体。未规定期限的，为不定期物业服务合同。

7. 服务交接等条款。物业服务合同到期或因故提前终止时，原物业服务人需与新选聘的物业服务人做好交接工作，明确物业及物业资料的交接等内容。

第三节　物业服务合同的履行

一、物业服务人的主要义务

（一）亲自服务义务

《民法典》第 941 条规定："物业服务人将物业服务区域内的部分专项服务事项委托给专业性服务组织或者其他第三人的，应当就该部分专项服务事项向业主负责。物业服务人不得将其应当提供的全部物业服务转委托给第三人，或者将全部物业服务支解后分别转委托给第三人。"按照此规定，物业服务人可以将部分专项服务事务转托他人处理，并对此事务处理结果对业主负责。但转托内容应有所限制，即物业服务人既不得将其负担的物业服务内容整体性地转托他人代为处理，也不得将其负担的物业服务内容分割成数块后全部转托他人代为处理。《民法典》第 941 条所确立的物业服务人亲自服务义务，旨在保护业主基本的商业信赖。业主选择与特定物业服务人合作是出于某种信赖，若物业服务人将其负担的物业服务内容全部转托他人代为处理，实质上等同于替换了业主的信赖对象，与物业服务合同的信赖基础不符。

值得注意的是，与《民法典》第 923 条规定的"委托合同中受托人转委托需经委托人同意或追认"不同，物业服务人依《民法典》第 941 条将部分物业服务内容转托他人时，原则上无须经业主同意，也无须业主追认。显然，物业服务合同下当事人之间信赖关系为一般信赖,要弱于委托合同中的信赖关系。

(二)妥善服务义务

依照《民法典》第942条第1款的规定,物业服务人应当按照约定和物业的使用性质,妥善维修、养护、清洁、绿化和经营管理物业服务区域内的业主共有部分,维护物业服务区域内的基本秩序,采取合理措施保护业主的人身、财产安全。该款规定确立了物业服务人提供物业服务时的质量要求,本质上是诚实信用原则在物业服务合同下的具体体现。不过,该条规定虽然确立了物业服务人妥善服务义务,但内容过于概要,并且未规定物业服务人违反此义务后的法律后果。鉴于实践中物业服务范围广泛、内容繁杂,且各地居住生活习惯迥异,还有赖于行业规范与地方性规范等补充《民法典》有关物业服务合同的内容。

(三)适度服务义务

《民法典》第942条第2款规定,对物业服务区域内违反有关治安、环保、消防等法律法规的行为,物业服务人应当及时采取合理措施制止、向有关行政主管部门报告并协助处理。该款规定了物业服务人的适度服务义务,也即在面对物业服务区内存在的违反治安、环保、消防等法律法规的行为时,物业服务人有义务采取一定的"合理"措施予以制止。若物业服务人彼时难以采取合理措施予以制止,则应向有关行政主管部门报告并协助处理。物业服务人适度服务义务表明,物业服务人本质上为私法主体,其不得越位行使应当由国家机关行使的权力。采取"合理措施",既划定了物业服务人行为的边界,也确立了物业服务人员职责的上限。

(四)透明性服务义务

《民法典》943条规定,物业服务人应当定期将服务的事项、负责人员、质量要求、收费项目、收费标准、履行情况,以及维修资金使用情况、业主共有部分的经营与收益情况等以合理方式向业主公开并向业主大会、业主委员会报告。该条规定确立了物业服务人透明性服务义务,业主有权知悉物业服务的具体情况。

二、业主的主要义务

(一)物业费缴纳义务

《民法典》第944条第1款规定,业主应当按照约定向物业服务人支付物业费。物业服务人已经按照约定和有关规定提供服务的,业主不得以未接受或者无须接受相关物业服务为由拒绝支付物业费。依据该款规定,按期足额缴纳物业费是业主承担的主要合同义务;未接受或无须接受相关物业服务,业主也不得以此作为拒不支付物业费的抗辩理由。此外,在司法实务中,依《物业管理条例》第41条第1款的规定,业主与物业使用人约定由物业使用人交纳物业服务费的,从其约定,业主负连带交纳责任。

（二）特殊活动告知与协助义务

《民法典》第 945 条规定，业主装饰装修房屋的，应当事先告知物业服务人，遵守物业服务人提示的合理注意事项，并配合其进行必要的现场检查。业主转让、出租物业专有部分、设立居住权或者依法改变共有部分用途的，应当及时将相关情况告知物业服务人。该条确立了业主从事特殊活动的告知义务。一方面，业主计划装修装饰房屋前应告知物业服务人，并配合其进行必要检查。另一方面，业主出租、转让专有部分，或者设立居住权、依法改变共有部分用途的，应及时告知物业服务人。业主将装饰装修房屋等情况告知物业服务人，便于物业服务人采取妥善的方式进行管理，也有利于保障其他业主的权益。

三、物业费的催缴与抗辩

物业费的缴纳事关物业服务人与业主双方利益，《民法典》对物业服务人的催缴和业主的抗辩作了规定。

第一，当业主违反约定逾期拒不支付物业费时，物业服务人可以催告其在合理期限内支付；逾期仍不支付的，物业服务人可以提起诉讼或者申请仲裁（《民法典》第 944 条第 2 款）。也即，物业服务人既可以催告业主在合理期限内补缴，也可以通过诉讼或仲裁等途径催缴。同时，水电热气等物资供应往往关乎业主基本生活权益，且水电热气等物资供应是业主与水电热气供应商之间的合同关系内容，物业服务人员不得采取停止供电、供水、供热、供燃气等干预合同的方式催缴物业费（《民法典》第 944 条第 3 款）。

第二，《最高人民法院关于审理物业服务纠纷案件适用法律若干问题的解释》第 2 条规定，物业服务人违反物业服务合同约定或者法律、法规、部门规章规定，擅自扩大收费范围、提高收费标准或者重复收费，业主以违规收费为由提出抗辩的，人民法院应予支持。业主请求物业服务人退还其已经收取的违规费用的，人民法院应予支持。

第四节　物业服务合同的终止

一、物业服务合同中的解聘和续聘

（一）物业服务合同到期前的解聘

第一，《民法典》第 940 条规定，建设单位依法与物业服务人订立的前期物业服务合同约定的服务期限届满前，业主委员会或者业主与新物业服务人订立的物业服务合同生效的，前期物业服务合同终止。该条规定确立了前期物业服务合同到期前的解聘规则，并且授予业主任意解除权，允许业主通过另行订立物业服务合同的方法提前终止前期物业服务合同。事实上,前期物业服务合同并非由业主参与订立,因此应由业主自由抉择是否继续履行该合同。

第二,《民法典》第946条规定,业主依照法定程序共同决定解聘物业服务人的,可以解除物业服务合同。决定解聘物业服务人的,应当提前60日书面通知物业服务人,但是合同对通知期限另有约定的除外。解除物业服务合同造成物业服务人损失的,除不可归责于业主的事由外,业主应当赔偿损失。

《民法典》第946条中业主方的任意解除权是物业服务合同的一项特殊规定,重在保护业主利益。该条确立了普通物业合同到期前的解聘规则,同时授予了业主任意解除权。相较于前期物业服务合同中的任意解除权,一般物业合同中的任意解除权存在下述程序要求。(1)解聘决定应由业主按法定程序共同作出;(2)解聘决定应提前60日书面通知物业服务人,即物业服务人收到书面通知60日后解聘决定方可生效;(3)业主解除合同造成物业服务人损失的,应对其赔偿,但不可归责于业主的事由除外。当然,根据《民法典》第565条第1款的规定,物业服务人对业主解除合同行为有异议的,可以请求人民法院或仲裁机构确认解除行为的效力。

(二)物业服务合同到期后的续聘

物业服务期限届满前,业主依法共同决定续聘的,应当与原物业服务人在合同期限届满前续订物业服务合同(《民法典》第947条第1款)。同时,物业服务期限届满后,业主没有依法作出续聘或者另聘物业服务人的决定,物业服务人继续提供物业服务的,原物业服务合同继续有效,但是服务期限为不定期。当事人可以随时解除不定期物业服务合同,但是应当提前60日书面通知对方(《民法典》第948条)。结合上述两条规定,物业服务合同当事人在合同到期后的法律关系应分为两种情形:第一,若业主在合同到期前决定续期的,则应提前与物业服务人续订物业服务合同。第二,若业主在合同到期未作出续期决定或另聘物业服务人决定,且物业服务人继续提供服务的,则原物业服务合同自动转为不定期物业服务合同。彼时双方当事人均可随时解除之,但应提前60天书面通知对方。

关于是否续聘,物业服务人也能自行决定。物业服务期限届满前,物业服务人不同意续聘的,应当在合同期限届满前90日书面通知业主或者业主委员会,但是合同对通知期限另有约定的除外(《民法典》第947条第2款)。显然,物业服务期届满前,物业服务人和业主一样,均有权选择不同意续聘,只不过对通知期限有所限制。该条规定,物业服务人应当在合同期限届满前90日书面通知业主或业主委员会,但当事人也可以在合同中约定通知期限。

二、物业服务合同终止后的后合同义务

(一)物业服务人退出交接义务

物业服务所牵涉的事务繁杂,因此在物业服务合同终止后,物业服务人仍需承担相应的义务。《民法典》第949条第1款规定:"物业服务合同终止的,原物业服务人应当在约定期限或者合理期限内退出物业服务区域,将物业服务用房、相关设施、物业服务所必需的相关资料等交还给业主委员会、决定自行管理的业主或者其指定的人,配合新物业服务人做好交接工作,并如实告知物业的使用和管理状况。"此处物业服务人所负的后合同义务包含退出义务和交接义务。由于业主对物业享有建筑物区分所有权,物业服务人与业主终止合同后也无权继续提供服务,而是应当退出服务。原物业服务人对新物业服务人员的交接义务,则以诚实信用原则为基础。此外,《民法典》第949条第2款还规定:"原物业服务人违反前款规定的,不得请求业主支付物业服务合同终止后的物业费;造成业主损失的,应当赔偿损失。"

(二) 物业服务人继续服务义务

物业服务合同终止后,物业服务人履行的退出义务仍然存在例外规定。《民法典》第950条规定:"物业服务合同终止后,在业主或者业主大会选聘的新物业服务人或者决定自行管理的业主接管之前,原物业服务人应当继续处理物业服务事项,并可以请求业主支付该期间的物业费。"也即,物业服务合同的终止,并不意味着物业服务人应当马上退出,当新物业服务人或者决定自行管理的业主接管之前,原物业服务人仍有继续服务义务。当然,当需要物业服务人在物业服务合同终止后继续提供服务时,物业服务人也有权请求业主支付相应物业费。

第二十五章 行 纪 合 同

第一节 行纪合同概述

一、行纪合同的概念和特征

(一) 行纪合同的概念

行纪是指以自己的名义为他人的利益考虑,为动产的买卖或其他商业上的交易,而接受报酬的营业。称行纪者,必为一种营业,营业活动之外的交易只能适用委托合同的规定。行纪合同,指的是行纪人以自己的名义为委托人从事贸易活动,委托人支付报酬的合同(《民法典》第951条)。接受委托的一方为行纪人,而另一方则为委托人。

(二) 行纪合同的法律特征

1. 行纪合同主体的限定性。行纪合同的委托人可以是自然人,也可以是法人或其他组织。但是,行纪人只能是经批准经营行纪业务的法人、自然人或其他组织。未经法定手续批准或核准经营行纪业务的法人、自然人或其他组织不得经营行纪业务,不能成为行纪合同的行纪人。

2. 行纪人以自己的名义为委托人从事贸易活动。行纪人在为委托人从事贸易活动时,须以自己的名义进行。行纪人与第三人订立合同的,行纪人对该合同直接享有权利、承担义务(《民法典》第958条第1款)。此时,委托人并非该法律行为的当事人,不享有权利也不负有义务,行纪人也无披露委托人的义务。

3. 行纪人为委托人的利益从事贸易活动。行纪人与第三人直接发生法律关系,但法律后果要转归委托人承受。因此,在行纪人与第三人为法律行为时,应当充分考虑委托人的利益。

4. 行纪合同的标的是行纪人为委托人成立一定的法律行为。行纪合同中行纪人为委托人从事贸易活动,与第三人为法律行为,该法律行为的成立和实施是委托人与行纪人订立行纪合同目的所在。

5. 行纪合同是双务、有偿、诺成合同和不要式合同。行纪人负有为委托人买卖或从事贸易活动的义务,而委托人负有给付报酬的义务;同时,行纪人为委托人从事贸易活动,可以从委托人处获得报酬,即为有偿合同;行纪合同只需双方当事人意思表示达成合意即告成立,无须以货物交付等行为或特别的形式作为合同的生效要件,因而其为诺成、不要式合同。

二、行纪合同与其他合同的区别

(一) 行纪合同与委托合同

虽然行纪合同与委托合同都以双方当事人间的信任为基础,并以行纪人或受托人提供劳务为委托人处理事务为目的,但二者有以下区别:(1) 行纪合同为有偿合同,而委托合同既可以是有偿合同,也可以是无偿合同;(2) 行纪合同的行纪人必须以自己的名义从事委托事务,而委托合同分为直接委托和间接委托,直接委托中受托人以委托人的名义从事委托事务,间接委托中受托人以自己的名义从事委托事务;(3) 行纪合同仅适用于贸易活动,行纪人为商事主体且设立需要进行登记。委托合同的适用领域以及主体不受此限,受托人既可以是商事主体,也可以是民事主体,既可以从事贸易活动,也可以从事非贸易活动。

(二) 行纪合同与经纪合同

经纪并不是严格意义上的法律概念,经纪一词多在商事领域使用,如保险经纪人、期货经纪公司、证券经纪业务等,《民法典》并未对此作出相关规定。通常,经纪人是指在经济活动中,以收取佣金为目的,为促成他人交易而从事居间、行纪或者代理等经纪业务的自然人、法人和其他经济组织。依据合同内容,经纪合同具体表现为委托合同、行纪合同或中介合同。

第二节 行纪合同当事人的权利与义务

一、委托人的主要义务

(一) 支付报酬的义务

行纪人完成或者部分完成委托事务的,委托人应当向其支付相应的报酬。报酬是行纪人为行纪行为的对价,其数额应由双方当事人约定。行纪人的报酬,在习惯上多以其所为交易的价额依一定的比率提取。一般认为,行纪行为的作出,为委托人支付报酬的条件。行纪人仅与第三人订立了合同,尚无权请求报酬。行纪人因其过失致使不能向委托人交付委托卖出物的价金或买进的物品的,丧失报酬请求权。如果行纪人和第三人间订立的合同因有瑕疵或其他法定原因,如受欺诈胁迫、乘人之危等,而导致该合同被撤销的,相当于行纪人未履行行纪行为,也不得请求报酬。但是,当第三人违约且对其债务不履行予以损害赔偿,或委托人同意用其他物替代履行的,行纪人可将行纪行为的履行结果转交委托人,并得以请求委托人支付报酬。当然,行纪人和委托人对行纪报酬另有约定的,依其约定。此外,行纪人全部完成或部分完成委托事务,委托人逾期不支付报酬的,行纪人对委托物享有留置权,但是当事人另有约定的除外(《民法典》第959条)。

(二) 及时受领义务

行纪人按照约定买入委托物,委托人应当及时受领(《民法典》第957条第1款)。在行纪合同履行过程中,在行纪人按照行纪合同的约定买入委托物之后,应当将委托物及时交付给委托人,此时委托人应当及时受领。经行纪人催告,委托人无正当理由拒绝受领的,此时增加了行纪人的管理负担,因此行纪人可以依法提存委托物。

委托物不能卖出或者委托人撤回出卖,经行纪人催告,委托人不取回或者不处分该物的,行纪人依法可以提存委托物(《民法典》第957条第2款)。所谓取回,是指委托人受领委托物,使该物脱离于行纪人的占有。所谓处分,包括事实上的处分和法律上的处分。所谓卖出,是指行纪人以出卖人的地位,以该委托出卖之物为标的物,与第三人订立买卖合同的情形。至于该物是否交付及移转所有权,在所不问。那么,不能卖出的情形,是指行纪人未能在约定的或依习惯可确定的期限内,与第三人订立买卖合同而出卖该物。至于不能卖出的原因,则在所不问。所谓撤回出卖,是指委托人不再委托行纪人出卖该物的意思表示,本质类似于任意撤销。此外,委托人取回或处分委托物,应当在合理的期限内进行。

二、行纪人的权利和义务

(一) 行纪人的权利

1. 介入权。《民法典》第956条第1款规定,行纪人卖出或者买入具有市场定价的商品,除委托人有相反的意思表示外,行纪人自己可以作为买受人或者出卖人。行纪人的介入,是指行纪人自己为出卖人或买受人,而不另与第三人成立买卖合同的情形。委托出卖或买入的物品为有市场定价的有价证券或其他商品,且委托人未作出反对行纪人介入的意思表示,并且行纪人尚未实行委托的贸易活动时,介入权才能行使。如果行纪人已经与第三人完成交易行为,则基于该交易行为所发生的权利义务,行纪人负有将其移转于委托人的义务,且履行效果已经归属于委托人,此时无再行使介入权的意义。介入权为形成权,一经行使就在委托人和行纪人之间成立了买卖合同。于此情形,行纪合同并不消灭,并且行纪人仍有权依据行纪合同关于报酬的约定,请求委托人支付报酬(《民法典》第956条第2款)。不过,在性质上不得行使或禁止行使介入权的,通常交易行为无效。至于报酬标准,无约定时,可按委托人指示行纪人为出卖或买入时的市场价格确定。

2. 报酬请求权和留置权。《民法典》第959条规定,行纪人完成或者部分完成委托事务的,委托人应当向其支付相应的报酬。具体来讲,行纪人以完成行纪事务为营业内容,在接受委托人委托完成行纪事务之后,如无特别约定,均可向委托人请求支付报酬。行纪人部分完成委托事务，委托人应当向其支付相应的报酬。行纪报酬的数额，由双方约定或者根据习惯予以确定。此外，根据《民法典》第959条后段的规定，委托人逾期不支付报酬的，行纪人对委托物享有留置权。如果当事人之间没有约定不得留置，在行纪人合法占有委托物且委托人没有正当理由拒绝支付行纪报酬时，行纪人可以行使留置权。

3. 提存委托物的权利。根据《民法典》第957条的规定，行纪人按照约定买入委托物，委托人应当及时受领。经行纪人催告，委托人无正当理由拒绝受领的，行纪人依法可以提存委托物。委托物不能卖出或者委托人撤回出卖，经行纪人催告，委托人不取回或者不处分该物的，行纪人依法可以提存委托物。因此，当发生下列两种情形之一，行纪人即可提存委托物：(1) 委托人无正当理由拒绝受领委托物；(2) 委托人不取回或者不处分委托物。

(二) 行纪人的义务

行纪人与第三人订立合同的，行纪人对该合同直接享有权利、承担义务，委托人与第三人则不产生直接的权利义务关系(《民法典》第958条第1款)。由于行纪人是买卖合同的当事人，因此应由行纪人承担合同的义务。当第三人不履行义务致使委托人受到损害时，行纪人应当承担赔偿责任，但行纪人与委托人另有约定的除外(《民法典》第958条第2款)。行纪人的主要义务包括下述内容：

1. 直接履行义务。行纪人直接取得行纪法律行为所产生的权利，负担该法律行为所产生的义务。当相对人不履行义务时，由行纪人对该相对人主张权利。还需注意的是，行纪人在相对人不履行基于经济活动而产生的债务时，应对委托人承担继续履行或不履行的责任。第三人不履行义务致使委托人受到损害的，行纪人应当承担赔偿责任，但是行纪人与委托人另有约定的除外(《民法典》第958条第2款)。

2. 负担行纪费用的义务。行纪费用，是指行纪人在处理委托事务时所支出的费用。行纪费由行纪人负担，除非当事人另有约定(《民法典》第952条)。事实上，在行纪实务中，双方当事人多把行纪费用包含在报酬之内，不单独计算行纪费用。

3. 妥善保管委托物的义务。行纪人占有委托物的，应当妥善保管委托物(《民法典》第953条)。所谓妥善保管委托物，是指行纪人应尽善良管理人的注意。当然，除非委托人另有指示，行纪人并无为保管的委托物办理保险的义务。因此，只要尽到善良管理人的注意，行纪人对保管物的毁损、灭失不负损害赔偿责任。

4. 合理处分委托物的义务。委托物交付给行纪人时有瑕疵或者容易腐烂、变质的，经委托人同意，行纪人可以处分该物；和委托人不能及时取得联系的，行纪人可以合理处分(《民法典》第954条)。行纪人违反对委托物的合理处分义务的，应承担违约责任，并赔偿对委托人所造成的损害。

5. 价格遵守义务。为符合委托人的利益,行纪人应当遵从委托人的价格指示从事贸易活动。委托人对价格有特别指示的,行纪人不得违背该指示卖出或者买入。行纪人低于委托人指定的价格卖出或者高于委托人指定的价格买入的,应当经委托人同意;未经委托人同意,行纪人补偿其差额的,该买卖对委托人发生效力。行纪人高于委托人指定的价格卖出或者低于委托人指定的价格买入的,可以按照约定增加报酬。没有约定或者约定不明确,依据本法第510条的规定仍不能确定的,该利益属于委托人(《民法典》第955条)。

第二十六章　中　介　合　同

第一节　中介合同概述

中介合同,又称居间合同,是指中介人向委托人报告订立合同的机会或者提供订立合同的媒介服务,委托人支付报酬的合同(《民法典》第961条)。提供、报告订约机会的居间,称为报告中介;提供订立合同媒介服务的中介,称为媒介中介。在中介合同中,报告订约机会或提供交易媒介的一方为中介人,给付报酬的一方为委托人。需要注意的是,中介人与经济活动中的"经纪人"相似,但本质有别。经纪人并非严格的法律术语,在性质上可能是中介人、行纪人或者是代理人。中介合同有别于行纪合同,中介人非以自己的名义签订合同,而行纪人是以自己的名义从事经济活动。由于中介人仅报告订约机会或提供订约媒介服务,并非为委托人的事务直接从事民商事活动,因此中介合同也有别于委托合同。中介合同具有如下特征:

1. 中介合同是一方当事人为他方报告订约机会或为订约媒介的合同

在中介合同中,中介人为委托人提供服务,这种服务表现为报告订约的机会或为订约的媒介。所谓报告订约的机会,是指受委托人的委托,寻觅及提供可与委托人订立合同的相对人,从而为委托人订约提供机会。所谓为订约媒介,是指介绍双方当事人订立合同,中介人斡旋于双方当事人之间,促使双方达成交易。

2. 中介合同为有偿、诺成、不要式合同

中介人以收取报酬的中介活动为常业,中介合同中的委托人需向中介人给付一定报酬,作为对中介人活动的报偿。通常,中介合同双方当事人意思表示一致,合同即告成立,且无须采用特定的形式,因此为诺成、不要式合同。

3. 中介合同的委托人一方的给付义务的履行有不确定性

在中介合同中,中介人的活动实现中介目的促成合同成立的,委托人才会履行支付报酬的义务(《民法典》第963条第1款)。不过,中介人能否实现中介目的具有不确定性,委托人给付义务的履行也具有不确定性。

第二节　中介合同当事人的主要义务

一、中介人的主要义务

（一）报告订约机会或者媒介订约的义务

报告订约机会或媒介订约是中介人的主要义务。中介人应当就有关订立合同的事项向委托人报告。在媒介中介中，中介人应将有关订约的事项据实报告给各方当事人。无论中介人是同时接受合同当事人双方的委托，还是仅接受委托人一方委托的，中介人都负有向双方报告的义务。

（二）忠实义务

中介合同的中介人就自己所为的中介活动有忠实义务，包括如实报告义务、媒介妥适相对人义务和调查义务。(1) 如实报告义务。中介人应当就订立合同的事项向委托人如实报告(《民法典》第962条第1款)。如实报告应当体现出客观性，中介人应客观反映交易情况，就交易标的的具体事项据实向委托人报告。(2) 媒介妥适相对人义务。中介人不得将无缔约能力或者明显没有履行能力的当事人介绍给委托人。(3) 调查义务。《民法典》并未直接规定中介人负有法定调查义务，但是调查与忠实义务密不可分，中介人只有经过调查才能履行忠实义务。通常，中介人对于缔约事项、相对人的履行能力及缔约能力，应尽善良管理人的注意义务，以使委托人知悉有关信息。

中介人故意隐瞒与订立合同有关的重要事实或者提供虚假情况，损害委托人利益的，不得请求支付报酬并应当承担损害赔偿责任(《民法典》第962条第2款)。中介人的此项故意，表现为故意隐瞒与订立合同有关的重要事实，或者提供虚假情况，并且导致委托人受有损失。委托人受损的利益，通常为履行利益，即委托人欲缔结合同的利益。事实上，非因上述两项原因，导致中介人未促成合同成立的，中介人也无报酬请求权，也无须为此承担损害赔偿责任。

（三）保密义务

对于委托人所提供的信息、成交机会以及后来的订约情况，中介人负有向其他人保密的义务。对于委托人要求中介人保密的其他信息，诸如不得将自己的商号告知相对人等，中介人同样负有保密义务。

（四）尽力义务

所谓尽力义务，是指中介人在从事中介活动的过程中，应像善良管理人那样尽力而为。报告中介人的任务在于报告订约机会给委托人，媒介中介人的任务除向委托人报告订约信息外，还应尽力促使将来可能订约的双方当事人达成合意。

（五）负担中介活动费用的义务

中介人促成合同成立，中介活动的费用由中介人负担（《民法典》第963条第2款）。中介人作为中介合同的一方主体，若欲为委托方了解相关的订约信息、商业信息、资信状况、信誉度、知名度等情况，必定会有一定的费用支出。对于此费用的支出，若委托方和中介人未明确约定，应当由中介人承担。通常，中介人支出的中介活动的费用已计入中介报酬内。

二、委托人的主要义务

（一）支付报酬的义务

在中介合同中，委托人的主要义务是支付报酬。中介人促成合同成立的，委托人应当按照约定支付报酬。对中介人的报酬没有约定或者约定不明确，依据《民法典》第510条的规定仍不能确定的，根据中介人的劳务合理确定。因中介人提供订立合同的媒介服务而促成合同成立的，由该合同的当事人平均负担中介人的报酬（《民法典》第963条第1款）。

1. 支付报酬的前提。根据《民法典》第963条第1款的规定，委托人支付报酬的前提是"中介人促成合同成立的"。中介人促成合同成立，作为中介人报酬请求权的前提。实际上，中介人促成合同成立主要在于因中介人的中介活动促成了合同的缔结，与中介合同中的履行瑕疵无关。中介人促成合同成立时，委托人的合同目的已经实现，当然应按照合同约定支付报酬。应当注意的是，若中介人已经履行了合同义务，却因中介人的过错之外的因素导致合同目的不能实现的，委托人仍需向中介人支付报酬。合同目的成就与中介人是否履行义务无因果关系，若非因中介人过错导致合同目的不能实现，委托人不能拒绝支付报酬，已经支付报酬的也不能请求返还。

2. 报酬金额的确定。委托人支付的报酬，一般采约定报酬制。《民法典》第963条第1款中规定，对中介人的报酬没有约定或者约定不明确，依据《民法典》第510条的规定仍不能确定的，根据中介人的劳务合理确定。也即，有约定的从约定，如果没有约定或约定不明确的，应当依照《民法典》第510条的规定确定，即协议补充。不能达成补充协议的，应当按照中介合同相关条款或者交易习惯确定。此外，当约定报酬额远超过中介人所提供的劳务的价值，从而导致显失公平时，人民法院可以根据委托人的申请酌情降低报酬额。

3. 报酬权利人的确定。中介人有请求报酬的权利，但在媒介中介中，可能存在两个或以上的当事人。也即中介人为双方或多方提供中介服务，又或者数个中介人受同一委托人就同种事务委托。（1）若属报告中介，先向委托人报告订约信息并促成其订立合同者，享有收取中介报酬的权利。（2）若为媒介中介，因中介人提供订立合同的媒介服务而促成合同成立的，由该合同的当事人平均负担中介人的报酬（《民法典》第963条第1款第3句）。如果委托人与相对人之间所成立的合同可归功于某个中介人时,仅该中介人享有收取中介报酬的权利;如果是数中介人同心协力,但不能确定哪一中介人对交易的达成起了决定性作用时,视分别委托还是整体委托予以支付。(3)若交易双方各自委托中介人,此时委托人和交易相对人应分别对自己所委托的中介人支付相应的中介报酬。

(二)委托人"跳单"的法律后果

《民法典》第965条专门规定委托人在接受中介人的服务后,利用中介人提供的交易机会或者媒介服务,绕开中介人直接订立合同的,应当向中介人支付报酬。该条款主要针对中介领域的"跳单"现象,即出卖人与买受人利用中介人提供的资源跳过中介而私自签订买卖合同的行为。相较于《合同法》,该条属于新增条款,加大了对中介人的保护。"跳单"的构成要件有两项:(1)委托人利用中介人提供的交易机会或者媒介服务。委托人可能委托单一或者多个中介,跳单所达成的合同需与中介人提供的机会或服务相关。(2)绕开中介订立合同。委托人首先应当是订立了合同,同时签订该合同时排除了中介人的最终参与。

(三)支付必要中介费用的义务

中介人进行中介活动所支出的必要费用,一般包含于报酬之中。在中介成功时,中介活动的必要费用由中介人自己负担(《民法典》第963条第2款),但是在未促成合同成立时,中介人可以按照约定请求委托人支付从事中介活动支出的必要费用。

中介活动以促成主合同成立为目标,但是中介人在提供中介服务时可能付出了大量的劳动,此时需要弥补中介人从事中介活动所支付的必要费用。不过,《民法典》第964条仅规定中介人可以按约定请求支付必要费用,明确了中介人享有必要费用请求权的依据在于约定,改变了《合同法》关于中介人享有的法定费用请求权的规定。

第二十七章 合伙合同

第一节 合伙合同概述

一、合伙合同的概念

《民法典》第967条规定,合伙合同指两个以上合伙人为了共同的事业,订立的共享利益、共担风险的协议。合伙合同是全体合伙人意思表示一致的产物,规定了有关经营、收益和风险等事项。为了追求共同的目的,各合伙人通过合伙合同来明确各项权利与义务内容。民事合伙与商事合伙不同,前者侧重合伙合同及合伙内部关系,而后者主要指合伙企业。[①] 不同于商事合伙所具有的营利性、组织性和独立主体的特征,民事合伙究其本质仅仅是一种合同关系,各合伙人不能以合伙的名义独立对外参与活动,享受民事权利、履行民事义务及承担民事责任。

二、合伙合同的法律特征

(一) 合伙合同是诺成合同

合伙合同只需合伙人达成合意,基于合伙目的而订立合同。合伙合同是一种诺成合同,不以现实的给付为成立要件。合伙合同的成立也不以书面形式为要件,是一种不要式契约。不过,鉴于合伙事务的重要性,当事人订立合伙合同时通常采取书面形式,并在合伙合同中明确具体的权利义务内容。

合伙人之间可以口头约定合伙协议,也可以对合伙约定的事项进行变更。也正是因为民事合伙具有的组织松散性、不要式性,所以会带来一系列合伙纠纷问题。事实上,通过口头约定建立的合伙关系,与借贷、雇用等法律关系的界限难以划定,因此通常需要以"经营中是否存在利润分配方案""合伙经营情况"等内容来辅助认定合伙关系。

(二) 合伙以经营共同事业为目的

由于民事合伙的目的并非旨在交易,而是为了追求共同的事业。各国立法对合伙合同经营的共同事业范围的规定不尽一致,有的国家法律规定合伙合同的经营事

---

① 参见王利明:《论民法典对合伙协议与合伙组织体的规范》,载《甘肃社会科学》2019年第3期。

业的范围限于以营利为目的的事业;有的国家则没有对此加以限制,只要不违背公共秩序和善良风俗,不论其从事的事业是营利的还是公益的,均可以成为合伙合同的目的。[①]《民法典》第967条规定:"合伙合同是两个以上合伙人为了共同的事业目的,订立的共享利益、共担风险的协议",显然我国的民事合伙合同并未要求以营利为目的。

(三)合伙合同当事人的权利义务一致

合伙合同是以经营共同事业为目的,各合伙人的权利义务具有一致性。如《民法典》第970条第2款规定,合伙人有共同参与合伙事务执行的权利等。同时,各个合伙人也都承担着共同的义务,如出资的义务(《民法典》第968条)、承担经营亏损的义务(《民法典》第972条)等。

(四)合伙人有出资义务,但并非互为对价

合伙合同本质上是一种共同行为,其目的旨在经营合伙事业。某一合伙人履行其出资义务不是为了换取其他合伙人的对待给付或使履行出资义务,而是为了形成合伙财产、从事合伙经营。在一方不履行出资义务时,其他合伙人不能主张双务合同中的同时履行抗辩权,从而拒绝履行自己的出资义务。否则,合伙财产难以形成,合伙事业和合伙目的也难以实现。在此种情形下,其他合伙人仍然可以依据合伙合同的约定向不履行出资义务的合伙人主张违约责任。

(五)合伙合同可含有组织规则的内容

民事合伙并非一种单纯的合同关系,也具有组织体的特性。合伙合同的成立也可能成为后续形成组织体的基础,从而发挥组织规则的功能。在合伙组织中,虽然法律并未要求其像公司一样订立章程,但要求合伙组织的成立必须有合伙合同,而且各个合伙人也应当按照合伙合同履行权利义务,如对内履行出资等义务、对外承担责任,等等。可见,合伙合同在合伙组织中发挥了类似于公司章程的组织规则作用。在对内责任方面,合伙人违反合伙合同需要承担双重责任,一方面对其他合伙人承担债务不履行的责任,另一方面还需要对合伙组织体承担相应的责任。

第二节 合伙合同的效力

一、合伙人的出资义务

《民法典》第968条规定,"合伙人应当按照约定的出资方式、数额和缴付期限,履行出资义务。"该条明确了合伙人可以约定各自的出资义务,并将出资义务分解为出资方式、出资数额和缴付期限三要素。

[①] 参见史尚宽:《债法各论》,中国政法大学出版社2000年版,第690页。

(一) 出资方式

合伙出资不一定以金钱为必要,物权、债权、知识产权、劳务等均可作为出资内容。需要说明的是,合伙合同确定的出资方式必须合法。合伙合同一旦确定了合伙人的出资方式,合伙人就必须按照合伙合同确定的方式进行出资。针对金钱以外的出资,通常需要评估作价,或者由全体合伙人协商确定,或者由全体合伙人委托法定评估机构进行评估。

(二) 出资数额

各合伙人的出资数额并不要求相同,但需要确定。同时,各合伙人的实缴额与合伙合同约定可能不一致,实缴额会直接影响到合伙人的利润分配和亏损分担。出资数额确定以后,出资合伙人必须在约定的时间缴清自己的出资数额。合伙人的实际出资构成合伙财产的一部分,但对于未履行出资的请求权是否构成合伙财产存在争议。不过,既然承认合伙财产的独立性,那么将来的出资请求权,应认为构成合伙财产。①

(三) 缴付期限

缴付期限也即出资的日期,合伙人必须在合伙合同约定的期限内缴清自己的出资。此外,合伙人除有特别约定之外,无增加出资的义务。因损失导致合伙财产减少的,合伙人也无补充义务。合伙人不履行出资义务的,也即未按照约定缴足出资的,应当依照合伙合同的约定承担违约责任。

二、合伙的财产关系

合伙财产是指由合伙人的出资加上合伙收益而组成的财产。《民法典》第969条第1款对合伙财产进行了规定,即合伙人的出资、因合伙事务依法取得的收益和其他财产,属于合伙财产。

(一) 合伙人对合伙财产的管理和使用

合伙人之间结成合伙关系的目的是为了经营共同的事业,且各合伙人对合伙财产共同共有。在合伙存续期间,合伙财产由全体合伙人不分份额地为了合伙事业而共同管理和使用。《民法典》第969条第2款规定,合伙合同终止前,合伙人不得请求分割合伙财产,也即,合伙财产属于特别财产,供经营合伙目的事业所用,是全体合伙人所共有的财产,如合伙人分割合伙财产则有碍合伙事业的进行。因此,在合伙合同存续期间,即便以全体合伙人的名义也不得分割合伙财产,除非终止合伙合同。

(二) 合伙财产的转让

除合伙合同另有约定外,合伙人向合伙人以外的人转让其全部或者部分财产份额的,须经其他合伙人一致同意(《民法典》第974条)。合伙人在全体合伙人的同意

---

① 参见史尚宽:《债法各论》,中国政法大学出版社2000年版,第696页。

之下转让全部合伙财产的,此时合伙人是否退伙存在争议。不过,合伙人不能不占合伙股份,合伙人的股份与其地位不可分离。合伙人将合伙份额全部转让给第三人时,可认为合伙人地位转移,受让人代替让与人成为新的合伙人。只不过,让与人对于让与之前合伙所负债务,除由受让人承担而经债权人同意之外,仍应承担债务。合伙人让与一部分合伙财产,且经全体合伙人同意时,此时原合伙人不失去合伙人地位,而第三人被认为是新加入的合伙人。①

三、合伙事务执行

合伙事务执行是指合伙人在合伙经营中如何处理合伙事务。合伙事务执行既包括对合伙事务的决策权,也包括对合伙事务的执行权;既包含对合伙内部关系的处理,也包含对合伙外部关系的处理。

(一) 合伙事务执行的基本规则

《民法典》第970条第1款规定,合伙人就合伙事务作出决定的,除合伙合同另有约定外,应当经全体合伙人一致同意。同时,《民法典》第970条第2款也规定,合伙事务由全体合伙人共同执行。

(二) 合伙执行人以及合伙监督

针对合伙事务的执行人,《民法典》第970条第2款、第3款规定,按照合伙合同的约定或者全体合伙人的决定,可以委托一个或者数个合伙人执行合伙事务。在这种情况下,其他合伙人不再执行合伙事务,但是有权监督执行情况。当合伙人分别执行合伙事务时,执行事务合伙人拥有执行异议权,即执行事务合伙人可以对其他合伙人执行的事务提出异议;提出异议后,其他合伙人应当暂停该项事务的执行。

(三) 执行事务的报酬

合伙人不得因执行合伙事务而请求支付报酬,但是合伙合同另有约定的除外(《民法典》第971条)。也即,合伙人执行事务的报酬需由合伙合同约定,没有约定则为无偿。

四、合伙利润分配和亏损承担办法

《民法典》第972条规定,合伙的利润分配和亏损分担,首先应当按照合伙合同的约定办理;若合伙合同没有约定或者约定不明确,则由合伙人协商决定;协商不成的,由合伙人按照实缴出资比例分配、分担;无法确定出资比例的,由合伙人平均分配、分担。显然,关于合伙的利润分配办法和亏损分担办法,《民法典》采取了统一的依序分配和分担规则。其一,合伙的利润分配和亏损办法均以合伙合同的明确约定为先,可能存在按出资比例分配、按人数平均分配,又或者以其他方式分配的情形,此时当事

---

① 参见史尚宽:《债法各论》,中国政法大学出版社2000年版,第704页。

人应当按照合同的明确约定进行处理。当然,如果全体合伙人对利润分配办法和亏损办法重新达成一致,也可以按新约定执行,但只产生对内效力。其二,如果合伙人在合伙合同中没有约定利润分配和亏损承担办法,可以由全体合伙人协商决定何种方案。其三,合伙人之间协商不成的,则由合伙人按照实际缴纳的出资比例进行分配和分担,通过实缴资金比例来确定各自的利润或亏损。其四,在无法确定实缴出资比例的情况下,由合伙人平均分配和分担。

五、合伙债务

(一) 合伙债务与合伙人责任

合伙非法人,并非债务的主体,合伙债务在法律上为合伙人的债务。对此,学说上又有分担主义和连带主义两种观点。持分担主义的观点认为,合伙人就合伙债务,仅按损失分担的比例分担合伙债务。不过,连带主义的观点更为合理。也即,合伙债务是合伙人的共同债务,合伙人对合伙债务承担连带责任。《民法典》也未明确先以合伙财产清偿,因此合伙人的责任也非补充责任。各合伙人除负有共同债务之外,连带负有与合伙债务同一内容的个人债务,也即合伙人除了以合伙财产负有限责任债务之外,还负以自己的全部财产为担保的无限责任,从而保障合伙债权人的利益。[1]

(二) 承担连带责任时的内部追偿权

合伙人的个人责任与合伙共同债务紧密相关。就合伙人的个人责任而言,当合伙财产不足以清偿合伙债务时,合伙人对于不足部分承担连带责任。同时,《民法典》第973条还规定,合伙人对外承担连带赔偿责任,且对外清偿合伙债务超过自己应当承担份额时,有权向其他合伙人追偿。显然,该条在连带责任的基础上,进而规定了合伙人的内部追偿权。合伙人对合伙债务承担连带责任,并且对于超过承担份额部分可以向其他合伙人追偿。

此外,合伙人的债权人不得代位行使合伙人依照法律和合伙合同所享有的权利(《民法典》第975条)。显然,合伙债务并不使得债权人享有合伙人在合伙合同中的权利,但是这种限制也存在例外,即当合伙人享有利益分配请求权时,合伙人的债权人可以代位行使合伙人的该项权利。

第三节 合伙合同的解除与终止

一、合伙合同的解除

合伙合同的解除,是指合伙合同当事人一方或者双方依照法律规定或者当事人

---

[1] 参见史尚宽:《债法各论》,中国政法大学出版社2000年版,第707—708页。

的约定,依法解除合伙合同的行为。根据《民法典》第 976 条第 2 款、第 3 款的规定,合伙合同解除的事由包括以下两种情况:其一,合伙合同约定的经营期限届满,全体合伙人一致协议解除合同;其二,合伙合同为不定期合伙合同,这种情况下合伙人可以随时解除合同。从上述规则中可以发现,合伙人可以在合伙合同中约定经营期限,也可以不约定经营期限,只不过经营期限是否约定影响了解除权的行使。

若合伙人对合伙期限没有约定或者约定不明确,也可以依据《民法典》第 510 条进行协议补充,以此来明确合伙期限。否则,没有约定或约定不明的合伙合同将被视为不定期合伙合同。此外,如果合伙期限届满,合伙人继续执行合伙事务,而其他合伙人没有提出异议的,原合伙合同继续有效。此种情况下,合伙从有期限变为不定期合伙。《民法典》第 976 条第 3 款进而规定,在上述两种不定期合伙合同中,合伙人可以随时解除合伙合同,但是应当在合理期限之前通知其他合伙人。

二、合伙合同的终止

合伙合同的终止,是指因发生法律规定或当事人约定的情况,合伙合同当事人之间的权利义务关系消灭,从而使合伙合同的法律效力终止。根据《民法典》第 977 条的规定,合伙合同终止的情况包括合伙人死亡、丧失民事行为能力或者终止三种情况。但合伙合同另有约定或者根据合伙事务的性质不宜终止的,则合伙合同继续有效。

按照《民法典》第 978 条的规定,合伙合同终止后,合伙财产在支付因终止而产生的费用以及清偿合伙债务后有剩余的,应当按照顺序予以分配。首先,按照合伙合同的约定进行分配;其次,合伙合同没有约定或者约定不明确的,由合伙人协商分配;再次,协商不成的,由合伙人按照实缴出资比例分配、分担;最后,无法确定出资比例的,由合伙人平均分配、分担。

第三分编 准 合 同

第二十八章 无 因 管 理

第一节 无因管理概述

一、无因管理的概念和性质

无因管理,是指没有法定或约定的义务,为了他人的利益,自愿管理他人的事务或为他人提供服务的行为。《民法典》第121条规定:"没有法定的或者约定的义务,为避免他人利益受损失而进行管理的人,有权请求受益人偿还由此支出的必要费用。"管理他人事务的人称为管理人;事务被管理的人称为本人或受益人。因无因管理产生的债权债务关系为无因管理之债,管理人负有适当管理等义务,本人负有向管理人偿付必要费用的义务。无因管理的性质是事实行为。

无因管理包括适法的无因管理和不适法的无因管理。适法的无因管理,是指管理事务的方法符合本人明示或推定的意思,管理的效果也符合本人的利益。《民法典》第979条第1款规定的"符合受益人真实意思的"管理行为即属适法的无因管理。对于适法的无因管理,适用无因管理的一般规则,管理人有权请求本人偿付管理事务所需的必要费用。不适法的无因管理,又称不当无因管理,是指管理人虽有为本人管理事务的意思,但管理事务的方法违背本人明示或推定的意思,管理的效果也不符合本人的利益,即所谓"好心办坏事"的情形。《民法典》第979条第2款规定的"不符合受益人真实意思的"管理行为即属不适法的无因管理。例如甲在屋前草地上种植了若干株珍稀草药。在甲外出期间,邻居乙见甲门前杂草丛生,出于好意为其修剪,但因不认识草药而将其也误作杂草清除。对于不适法的无因管理,法律通常加重管理人的责任、限制管理人对本人的请求权甚至规定管理人对本人负有损害赔偿责任。

二、无因管理制度的功能

(一) 鼓励善行

在现代社会生活中,个人事务原则上由自己处理而禁止他人干预,但在某些场合,因各种原因本人无法处理自己的事务而面临财产或人身受损的危险,此时他人施以援手对本人事务加以管理,其行为既符合本人的利益,也合乎道德准则的要求。无因管理制度赋予管理人向本人请求偿付必要费用的请求权,有利于鼓励此类帮助他人的善行。

(二) 平衡本人与管理人之间的利益关系

管理人为本人管理事务,使本人获得财产或人身上的利益,管理人为实施管理行为支出一定费用而受有损失。本人虽可以未向管理人授权为由排除委托代理规则的适用,但在具备一定条件的前提下仍有必要由法律作适当干预,以平衡双方之间的利益关系。另外,无因管理在客观上有利于提高财产的利用效率、促进社会整体财富的增加,法律赋予管理人以债权人地位对社会整体利益具有裨益。

(三) 对意思自治原则的补充功能

依据意思自治原则,民事主体的个人事务和权利义务的变动,应当依据民事主体的自主意思加以决定。如果民事主体对个人事务不能亲自处理而需要交由他人处理,一般需要通过适用代理、委托合同等制度予以完成。但在某些场合下,如果严格遵循意思自治原则而不允许在未经授权的情况下主动处理他人事务,会导致他人的财产或人身利益受到损失,因此无因管理制度可以在一定程度上弥补意思自治原则的不足。

第二节　无因管理的构成要件

一、管理他人事务

(一) 管理

所谓管理,是指处理事务的行为,包括处理、管领、保存、利用、改良及提供各种帮助、服务等。管理行为本身可以是事实行为,例如拾得他人耕牛予以照看、饲养;也可以是法律行为,例如购买材料、雇用民工修缮他人房屋。在一般场合下,管理人管理他人事务时不能擅自处分他人财产,而应将行为限于管理、保存等行为样态,以防止借无因管理之名侵害他人合法权益。在某些特殊场合下,如果为维护本人利益,对本人财产予以处分是必需的,则管理人处分本人财产亦可构成适法的无因管理,但该处分财产的行为应以必要为限。例如为防止他人西瓜腐烂变质而低价出售。

（二）他人事务

所谓事务,是指有关人们生活利益且适于为债务目的的一切事项,包括财产性事务和非财产性事务。事务应当是能够引起法律关系变动的、且性质上适于管理的有关事项,如果是法律调整对象之外的事项或依性质不适于由他人管理的事务,则不满足该要件。管理下列事务的,不构成无因管理:(1) 纯粹道德上、宗教上、生活上的事务,例如接待邻居的访客。(2) 违法的或违反公序良俗的事务,例如主动为小偷看管赃物。(3) 单纯的不作为。(4) 须本人亲自实施的人身性事务,例如结婚、离婚等。

二、管理人具有为他人利益而管理的意思

（一）管理意思

所谓管理意思,是指管理人主观上确有为他人谋取利益、避免损失的意思。该管理意思不同于合同等法律行为中的意思表示;后者作为法律行为的要素,其内容指向当事人的具体权利义务;管理意思本身并不包含无因管理之债的内容,而仅要求为他人利益的主观认识。

（二）为他人利益

1. 管理人是否为他人利益实施管理行为,可从主客观两方面予以考察。在主观上,管理人应具有为他人谋取利益、避免损失的意图,而非单纯为自己的利益或具有其他目的。在客观上,管理人应将实施管理行为所得的财产或利益归属于本人,而非由管理人自己享有。在一般场合下,管理人应负举证责任,证明实施管理行为系为他人利益。

2. 客观上是他人事务,管理人主观上误认为自己事务而管理,是否成立无因管理?例如甲误将乙的牛当作自己的牛加以饲养。在此情形下,因行为人不具有为他人利益的意思,不构成无因管理。对他人因此所获的利益,行为人可依据不当得利请求返还。

3. 管理人主观上既有为他人利益的目的,同时也有为自己利益的目的,客观上自己也因管理行为而受益,是否成立无因管理?例如为防止邻居房屋倒塌危及自己的房屋,而对邻居房屋予以修缮。在此情形下,管理人兼有为他人利益和为自己利益的主观意思,仍可成立无因管理。但如果管理人单纯为自己利益而管理他人事务,即使本人因管理行为而受益,也不构成无因管理。

4. 管理人为他人利益实施管理行为,但不知本人具体为何人或对本人存在误解,均不影响无因管理的成立。例如甲发现他人房屋起火,但并不知房主是谁,而雇佣人员奋力扑救,可成立无因管理。又例如甲发现他人房屋起火,误以为该房屋是好友乙所有,而奋力救火,但实际上该房屋是丙(跟甲有仇)所有,仍成立无因管理。

三、管理人没有法定或约定义务

无因管理之"无因",是指管理人对本人没有法定或约定义务。如果基于法律规定或合同约定管理人对他人负有一定义务,管理人为履行该义务而管理他人事务,由于并非"无因",故不构成无因管理。管理人的下列行为不构成无因管理:(1)管理人负有法定义务而实施管理行为。例如监护人管理被监护人的事务、被宣告失踪人的财产代管人管理失踪人的事务等。(2)管理人负有约定义务而实施管理行为。例如受托人依据委托合同管理委托人的事务、行纪人依据行纪合同管理委托人的事务等。负有法定义务或约定义务的管理人管理他人事务的,不能依据无因管理要求本人偿付必要费用,而应依据法律规定或合同约定由相关当事人负担管理行为所支出的费用。

第三节 无因管理之债的效力

一、无因管理之债的主体

无因管理之债的主体是管理人和本人。与不当得利之债的主体具有单向性不同,无因管理之债中的管理人和本人各自既享有债权也负有债务。管理人对本人享有费用偿付请求权,负有适当管理、通知、报告与计算等义务;本人享有请求管理人适当管理、交还管理所得利益等权利,负有偿付必要费用的义务。

二、无因管理之债的客体

无因管理之债的客体是管理人应当向本人(或本人应当向管理人)作出的给付行为。依据债务的不同性质,该给付行为的形态亦不相同,具体包括:支付金钱(偿付必要费用义务)、交付实物或移转权利(报告及计算义务)、提供劳务(适当管理义务)等。

三、无因管理之债的内容

(一)管理人的义务

1. 适当管理义务。所谓适当管理义务,是指管理人应不违反本人的意思,并依有利于本人的方法而实施管理行为。(1)本人的意思包括明示的意思和推定的意思。例如瓜农甲以卖瓜为生,在甲外出时,乙为防止熟瓜腐烂造成损失而将其出售。虽然甲并未明示这批瓜用于出售,但乙的管理行为符合甲的推定意思。应注意的是,《民法典》第979条第2款规定:"管理事务不符合受益人真实意思的,管理人不享有前款规定的权利;但是,受益人的真实意思违反法律或者违背公序良俗的除外。"依此规定,如果本人的真实意思与依常理所推定的意思相反,管理人依据推定意思实施管理行为构成适当管理。例如将自杀者送医院抢救、为本欲逃税者代缴税款等。在此情形下,因本人的真实意思与法律、道德伦理相悖,且与本人的根本利益不相一致,故管理人不应依据本人的真实意思而为管理行为。(2) 有利于本人的方法,是指管理事务的方式、管理的结果有利于本人,而不损害本人的利益。《民法典》第981条规定:"管理人管理他人事务,应当采取有利于受益人的方法。中断管理对受益人不利的,无正当理由不得中断。"管理方法是否有利于本人,应依据管理人实施管理行为时的具体情形以客观标准判断,而不能以管理人或本人的主观意愿为标准。例如甲因心脏病发作昏迷,乙将其送往大医院救治,但甲脱险后认为将自己送往小诊所即可。在此情形下,依客观标准判断,乙所采取的管理方法是适当的。

2. 通知义务。依据《民法典》第982条的规定,通知义务的要求如下:(1) 管理人管理他人事务,能够通知受益人的,应当及时通知受益人。换言之,管理人开始实施管理行为时,应将开始管理的事实通知本人。管理人履行通知义务以能够通知和有必要通知为前提。(2) 管理的事务不需要紧急处理的,应当等待受益人的指示。本人受通知后就是否同意未作表示的,管理人应暂停管理行为,等待本人作出是否同意的意思表示以决定是否有权继续管理行为。但在此期间内,管理人因紧急情况为避免本人损失而实施管理行为的,仍构成无因管理。

3. 报告与计算义务。所谓报告与计算义务,是指管理人应将管理的有关情况及时报告本人,并将因管理事务所得利益予以计算后移转给本人。(1) 报告义务。管理人应将实施管理行为后的有关情况及时报告本人,使本人能够及时了解自己事务被处理的最新状况。《民法典》第983条规定:"管理结束后,管理人应当向受益人报告管理事务的情况。"管理人履行报告义务以能够报告和有必要报告为前提。在管理行为结束时,管理人应向本人报告管理事务的过程及结果。(2) 计算义务。管理人应将因管理事务所得利益予以计算后移转给本人,该利益包括金钱、实物及其孳息、财产权利等。管理人将该利益移转给本人的时间,一般为管理行为结束时,但如果在管理过程即能够移转且此时移转对本人有利,则管理人在管理行为结束之前也应将该利益移转给本人。

(二) 管理人的权利

1. 必要费用请求权。《民法典》第979条第1款规定,适法的无因管理人可以请求受益人偿还因管理事务而支出的必要费用。必要费用包括:(1) 管理人为实施管理行为而直接支出的费用。例如为本人代缴的水电费、为保管本人财物而支付的保管费用等。(2) 管理人为实施管理行为而负有的债务。负债清偿请求权,是指管理人在管理事务过程中以自己的名义负担债务的,其有权要求本人直接向债权人清偿。例如甲以自己的名义租用丙的房屋,用以存放乙的财物但尚未支付租金,甲有权请求乙直接向丙支付租金。

2. 损失补偿请求权。《民法典》第 979 条第 1 款规定,管理人因管理事务受到损失的,可以请求受益人给予适当补偿。例如管理人因实施管理行为受伤而支出的医疗费、因实施管理行为造成的误工费等。但应注意,此类实际损失并非当然全部由本人负偿付义务。如果管理人对造成损失具有过错(如因违反操作规程而受伤),应依据管理人的过错程度和原因力大小适当减轻本人的偿付义务。如果管理人对造成损失没有过错,且该损失大于本人因管理行为所受利益,应依据公平原则由管理人和本人分担损失。

3. 不适法的无因管理是否享有必要费用偿付请求权和损失补偿请求权?依据《民法典》第 980 条的规定,在不适法的无因管理的情形下,受益人享有管理利益的,管理人有权在受益人获得的利益范围内主张必要费用偿付请求权和损失补偿请求权。

4. 管理人对本人不享有报酬请求权。对于管理人是否有权以无因管理为由请求本人支付一定报酬,多数立法对此未作明文规定,在学理上亦存在争议。我国现行法未规定管理人享有报酬请求权。

第二十九章 不当得利

第一节 不当得利概述

一、不当得利的概念和性质

不当得利,是指没有合法根据,使他人受损失而自己获得利益的法律事实。《民法典》第122条规定:"因他人没有法律根据,取得不当利益,受损失的人有权请求其返还不当利益。"取得不当利益的人称为受益人或得利人;受到损失的人称为受损人或受害人。

对于不当得利的性质,通说为事件说。不当得利制度的关注重点不是形成不当得利的过程,而是当事人保有利益的正当性。应当区分导致不当得利发生的原因与不当得利这两个不同的法律事实。不当得利这一法律事实系指后者,即受益人在没有合法根据的前提下取得利益。该得利事实本身不以当事人的意志为要素,故其性质为事件。

二、不当得利制度的功能

(一)矫正欠缺合法原因的财产移转

在民法领域,无论何种财产(物权、债权、知识产权等)的移转都必须具有合法原因才能得到法律的认可和保护。受益人在欠缺合法原因的情形下取得利益,有悖于法律对财产移转的基本要求,故法律设置不当得利等制度予以调整。不当得利制度的基本功能在于矫正欠缺合法原因的财产移转,而非对受益人进行制裁,故其不以受益人具有过错为要件,此与一般侵权责任差异显著。因此,在因自然事件、受损人的行为、第三人的行为等原因导致受益人取得利益的情形下,虽然受益人并无过错且亦未实施违法行为,也仍须适用不当得利制度以实现其矫正功能。

(二)保护财产权益的合法归属

某些不当得利的发生,是由于受益人实施了侵权行为或违约行为所致。例如行为人未取得他人同意而将其肖像用于商业广告;保管人违反合同约定将保管物出租以赚取租金。在此类场合中,受益人是侵权人或违约方,受损人是被侵权人或非违约方,受益人向受损人返还不当得利具有保护合法权益的功能。

(三) 辅助其他规则的适用

由于合同法和侵权法规则的有限性,不当得利制度在某些场合下具有补充作用。如果案件事实同时具备不当得利请求权和违约责任、侵权责任的构成要件,则构成请求权竞合,对受损人的救济亦非不利。

第二节 不当得利的构成要件和类型

一、不当得利的构成要件

(一) 一方获得利益

该要件中的利益可分为积极利益和消极利益,且该利益仅指财产利益而不包括精神利益。积极利益,是指受益人的财产被直接增加。具体情形包括:取得财产权利(所有权、他物权、债权、知识产权等);财产权利的效力或范围扩张(如抵押权顺位被提前、抵押权的担保范围被扩大);取得财产权利以外的利益(如占有)。消极利益,是指受益人的财产本应减少而未减少。具体情形包括:应支出的费用而未支出(如因计算错误而少交水电费);应负担的债务而未负担(如抚养他人子女,使该他人本应负担的抚养义务未负担);物权应受限制而未受限制(如某房屋上本应设定抵押权而未设定);债务消灭(如债务被免除但原因行为无效)。

(二) 他方受到损失

要件中的损失可分为积极损失和消极损失。积极损失,是指受损人现有财产的直接减少(如甲的羊误入乙的羊圈)。此类损失既包括财产权利或利益的丧失,也包括财产权利或利益在某方面受到限制(如效力减弱或范围缩小)。消极损失,是指本应增加的财产未增加(如自己的房屋被他人擅自出租)。此类损失中本应增加的财产,不以必然增加为条件,只要通常可增加或者增加该财产属受损人的权利内容即可。

(三) 受益和受损之间具有因果关系

该要件要求受损人受到损失是由于受益人受益造成的,即一方受损与另一方受益具有法律上的关联性。对于该因果关系的判断标准,学界素有争议,大致可分为两派意见。第一派意见"统一说"主张对不当得利因果关系作统一的解释,具体包括直接因果关系说和非直接因果关系说两种观点。直接因果关系说认为,受益和受损之间须具有直接因果关系,即受益和受损系基于同一原因事实而发生。如果受益和受损是由两个不同的原因事实造成的,即使二者之间有牵连关系,也不构成因果关系。例如乙向甲购买水泥修缮丙的房屋,当乙无资力支付价款时,甲不得请求丙返还不当得利。在此情形下,丙受益和甲受损系基于两个不同的原因事实:甲已将水泥所有权移转给乙,丙受益是因为乙的财产与丙的财产附合所致;甲受损是因为乙违约所致。非直接因果关系说认为,受益和受损之间不以有直接因果关系为限,即使受益和受损是基于两个不同的原因事实所致,但如果社会观念认为二者有牵连关系,则应认定二者之间具有因果关系。依该说,在上例中丙受益和甲受损具有因果关系。第二派意见"非统一说"(类型化说)与不当得利之类型化学说相联系,主张应根据给付型不当得利与非给付型不当得利的基本分类,对各种类型不当得利的因果关系作个别判断。从现行法规定来看,并未要求受益和受损必须基于同一原因事实而发生。

(四) 没有合法根据

如果当事人取得一定利益但不存在任何被法律认可的原因,该得利即具有不正当性,须适用不当得利等制度予以矫正。没有合法根据的时间标准应为受损人行使不当得利返还请求权时。受益人取得利益时没有合法根据,且其后也未具备合法根据的,当然满足该要件;受益人取得利益时没有合法根据,但其后具备合法根据的,不满足该要件;受益人取得利益时有合法根据,但其后丧失合法根据的,满足该要件。

二、不当得利的类型

(一) 给付型不当得利

给付型不当得利,是指给付人在欠缺给付原因的情形下实施给付行为,导致受益人无法律上的原因而获得利益。给付型不当得利具体包括以下情形:

1. 给付目的自始不存在。是指一方为履行自己的义务而向受益人作出给付行为,但该义务自始就不存在。主要包括两种情形:(1) 非债清偿(狭义)。是指没有任何法律上的债务而以清偿为目的向不享有债权的人作出的给付行为。引起非债清偿的原因很多,可能是基于给付人的误解,也可能是给付人有意为之,其都有可能构成不当得利。例如,甲向乙定作一套高级红木家具,价款 80 万元,约定 1 年后交货。订立合同后甲向乙支付了 10 万元预付款。1 年后乙依约向甲交货,甲忘记已支付 10 万元预付款,遂向乙支付 80 万元。(2) 基于不成立、无效或被撤销的合同作出给付。不成立、无效或被撤销的合同不能产生合同义务,当事人误以为合同已有效成立而作出相应的清偿,因欠缺合法根据而构成不当得利。例如甲乙订立买卖合同后,甲依约向乙支付了 20 万元价款,在乙交货之前,该合同被确认自始无效。因金钱为一般等价物,甲向乙支付的 20 万元已由乙取得所有权,甲只能请求乙返还同等数额的金钱。

2. 给付目的嗣后不存在。是指当事人实施给付行为时具备合法根据,但其后该合法根据丧失,受益人因给付而获得的财产构成不当得利。主要包括以下几种情形:(1) 作出给付后合同被解除。在合同解除有溯及力的场合下,当事人在合同解除前作出的给付因合同解除而丧失合法根据,接受给付的一方获得的利益有可能构成不当得利。例如专利权转让合同解除后,专利权已变更登记在受让人名下的,受让人应协助转让人将专利权变更登记到转让人名下。(2) 作出给付后合同被撤销。可撤销合同在被撤销前已经有效成立,当事人在合同被撤销前作出的给付因合同被撤销而丧失合法根据,接受给付的一方获得的利益有可能构成不当得利。例如当事人依据定金合同向对方交付10万元定金,其后定金合同因存在胁迫事由而被当事人撤销。(3)附解除条件的合同中,作出给付后解除条件成就。例如甲赠与乙5万元作为读研的学费,并约定如果2年内乙不能考上研究生则赠与失效,结果乙未能考上。

3. 给付目的未达成。是指当事人为实现将来的某种目的而作出给付行为,但其后该目的并未达成,受益人因给付而获得的财产构成不当得利。例如附生效条件的合同中,债务人预计条件将成就而履行合同义务,结果条件并未成就。又例如债权人以受清偿为目的向债务人交付付款收据,但其后债务人并未清偿债务。

应当注意的是,依据《民法典》第985条的规定,在下列情形下,当事人在无给付义务的前提下作出给付行为或基于其他原因,接受给付的一方虽然获得利益但不构成不当得利:(1)为履行道德义务进行的给付。例如在收养关系成立后,养子女对其生父母不负有法定赡养义务。如果养子女为尽道德义务仍向其生父母支付赡养费,对于已支付的费用,不得以不当得利为由请求返还。(2)债务到期之前的清偿。债务人在履行期限届至之前享有期限利益而不必履行债务,但如果债务人此时主动提前作出给付,且债权人接受,亦可达成清偿效果。在此情形下,因债权人接受给付具有合法根据,故其因给付获得的利益不构成不当得利。(3)明知无给付义务而进行的债务清偿。一方明知自己无给付义务而向对方交付财产,可解释为其具有赠与的意思;如果对方接受该财产,可解释为其具有受赠的意思,故双方就赠与合同达成合意,该情形是当事人双方以行为订立了赠与合同。

(二)非给付型不当得利

非给付型不当得利,是指受益人基于给付以外的原因获得利益。这种类型的不当得利不是基于给付人的意思和给付行为而发生,具体包括以下情形:

1. 基于受益人行为而发生的不当得利。此类不当得利是因受益人侵害他人的合法权益而发生,受益人的行为通常构成侵权行为或违约行为。例如擅自使用他人肖像获得广告收益;承租人未取得出租人同意擅自转租,赚取租金差价。

2. 基于受损人行为而发生的不当得利。此类不当得利是在受损人不具有给付意思的情形下实施某种行为,而使受益人获得利益。例如误将他人的牲畜当作自己的牲畜予以饲养。

3. 基于第三人行为而发生的不当得利。例如甲向乙借钱为丙装修房屋,其后甲无力还款。

4. 基于自然事件而发生的不当得利。例如甲乙鸡舍相邻,甲的鸡在乙鸡舍串门时偶然下蛋2枚。

5. 基于法律规定而发生的不当得利。例如在添附的场合下,一方可基于法律规定取得添附物的所有权,对于另一方因此受到的损失,取得所有权的一方如果没有获得利益的合法根据,应通过折价等形式将所得利益返还给另一方。

第三节　不当得利之债的效力

一、不当得利之债的主体

不当得利之债的主要效力是在当事人之间产生返还财产的关系。在一般场合下,债权人是受损人,债务人是受益人。在某些场合下,转得人也负有返还不当得利的义务。转得人,是指自受益人处受让利益的第三人。《民法典》第988条规定:"得利人已经将取得的利益无偿转让给第三人的,受损失的人可以请求第三人在相应范围内承担返还义务。"依此规定,如果转得人从受益人处无偿取得其所得利益,且受益人因此而免负返还义务,则转得人对受损人负有返还义务。例如甲的羊误入乙的羊圈,乙将该羊赠给丙,丙对甲负有返还义务。

二、不当得利之债的客体

不当得利之债的客体是债务人应当向债权人作出的给付行为。该给付行为是返还一定的财产利益,其具体方式如下:

(一) 返还原财产

返还不当得利的方式以返还原财产为原则。受益人因给付或非给付获得的利益包括动产的占有、不动产的登记、债权的取得、知识产权的登记等。返还原财产的具体方式应按照利益的属性及其权利变动的要求,将该财产移转给受损人(债权人)。对于动产的占有,应以交付的方式返还;对于不动产的登记,应以变更登记的方式返还;对于债权的取得,应以交付债权凭证或其他方式(如票据背书)返还;对于知识产权的登记,应以变更登记的方式返还;对于用益物权或担保物权的取得或效力扩张,应以注销登记或变更登记等方式返还。

(二) 折价返还

返还不当得利的方式在不能或不宜采取返还原财产的情形下适用折价返还。例如所得利益是劳务、物(非消耗物)的使用、物(消耗物)的消费、侵害他人人格权(姓名、肖像等)而获利等。折价数额原则上应当依据客观的交易价格予以确定。对于折价数额计算的时间标准,应当以折价返还请求权成立时为准。

三、不当得利之债的内容

(一) 受益人负有返还不当得利的义务

1. 善意受益人的返还义务。善意受益人,是指该受益人在取得利益时不知道也不应当知道其取得利益没有合法根据。具体而言:(1) 获得的利益已不存在的,不负返还义务。《民法典》第986条规定:"得利人不知道且不应当知道取得的利益没有法律根据,取得的利益已经不存在的,不承担返还该利益的义务。"(2)获得的利益尚存在的,返还范围以实际所得利益为限。依据《民法典》第986条的精神,善意受益人仅须返还原财产,而无须折价返还。

2. 恶意受益人的返还义务。恶意受益人,是指该受益人在取得利益时知道或者应当知道其取得利益没有合法根据。《民法典》第987条规定:"得利人知道或者应当知道取得的利益没有法律根据的,受损失的人可以请求得利人返还其取得的利益并依法赔偿损失。"具体而言:(1)自始恶意,即受益人在取得利益时即知道没有合法根据。受益人应将全部利益予以返还,而不论返还时该利益是否仍然存在。如果返还全部利益后受损人还有损失,受益人还应承担损害赔偿责任。(2)嗣后恶意,即受益人在取得利益时不知道没有合法根据,经过一段时间后才知道没有合法根据。如果在受益人知情之前所得利益已不存在,受益人不再负返还义务;如果受益人知情后该利益仍然存在,其应当返还自其知情之时起的现存利益。自受益人知情之时起给受损人造成的其他损失,受益人应承担损害赔偿责任。

(二)受损人享有不当得利返还请求权

1. 不当得利返还请求权是债权请求权。受损人可依据所得利益的性质请求受益人返还原财产或折价返还。该请求权适用债权请求权的一般规则,如债的保全、债的担保、债权让与、诉讼时效等。返还不当得利请求权的诉讼时效期间,从当事人一方知道或者应当知道不当得利事实及对方当事人之日起计算(《诉讼时效司法解释》第6条)。

2. 不当得利返还请求权与其他请求权可发生竞合。(1)不当得利返还请求权与合同法上请求权的竞合。例如保管人擅自出租保管物获得租金。(2)不当得利返还请求权与侵权责任请求权的竞合。例如受益人擅自使用他人的商标权获得利益。(3)不当得利返还请求权与物权法上请求权的竞合。例如受益人无权占有他人不动产或动产,或者基于无效、被撤销合同取得他人不动产之登记利益或动产之占有利益,物权人既可依据物权请求权请求返还原物、排除妨害,也可以行使不当得利返还请求权。

第五编 人格权

<< 第一章 人格权总论
<< 第二章 具体人格权
<< 第三章 人格权的保护

第一章 人格权总论

第一节 人格权和人格权法概述

一、人格权的概念和特征

(一) 人格的概念

人格权中的人格(personality)一词源于拉丁文 Persona。在罗马法学家的表述中,Persona 有多种含义,罗马法上的人格多指自然人的身份和法律地位。现代民法中,人格也被赋予不同含义:民事权利能力意义上的人格,意味着一种抽象和平等的法律地位或主体资格,是成为民事主体、取得权利和承担义务的资格或前提;人格权意义上的人格,是指人的生命、健康、姓名、肖像、名誉等与其自身不能分离的要素或特征的总和,其核心价值是人格自由与人格尊严。

(二) 人格权的概念

《民法典》人格权编并没有直接揭示人格权的内涵,只是在第 990 条规定了人格权的外延包括生命权、身体权、健康权、姓名权、名称权、肖像权、名誉权、荣誉权、隐私权及基于人身自由、人格尊严产生的其他人格权益。在理论上,人格权可以定义为:民事主体对其人格要素享有利益并排除他人侵害的权利。人格权的概念有以下几层含义:

第一,人格权的主体包括自然人、法人及非法人组织。自然人作为人格权主体从来没有疑义,但对于法人、非法人组织能否成为人格权主体则有争议。这种争议主要源于法人的"团体人格"与人格权所体现的人格尊严、人格自由价值的疏离。《民法典》人格权编中明确规定,法人和非法人组织享有名称权、名誉权。

第二,人格权的客体为人格要素。关于人格权的客体,有学者认为是"人格利益"[1];有学者认为是"人格要素",如生命、身体、健康、姓名、肖像、名誉等。[2] 我们认为,人格上的利益通常构成人格权的内容,而客体是权利义务的指向,人格权以构成人格的诸要素为客体更为适当。

---

[1] 参见谢怀栻:《论民事权利体系》,载《法学研究》1996 年第 2 期。
[2] 参见马俊驹:《人格和人格权理论讲稿》,法律出版社 2009 年版,第 99 页。

第三,人格权旨在维护人格自由和人格尊严。《民法典》第990条第2款规定:"除前款规定的人格权外,自然人享有基于人身自由、人格尊严产生的其他人格权益。"该规定既是对该条第1款所列举的各项具体人格权的兜底性补充,也揭示了人格权的本质。不过,人身自由更侧重于身体外部的自由,与人格自由的内涵与外延并不完全相同。

(三) 人格权的特征

1. 人格权为绝对权

人格权法律关系的义务主体是权利人之外的所有不特定的第三人。当权利人的人格权益受到侵害时,权利人得行使停止侵害、排除妨碍、消除危险、消除影响、恢复名誉等请求权,以排除第三人的侵害。

2. 人格权为专属权

人格权以人格要素为客体,而人格要素乃人之为人的不可缺少的元素,故人格权具有极强的人身专属性。《民法典》第992条规定:"人格权不得放弃、转让或者继承。"这体现了人格权与财产权的主要区别。人格权因其专属性而不能转让,但因人格权受到侵害而引起的已经被债权化的损害赔偿请求权则可以转让。①

3. 人格权具有法定性

人格权具有法定性的特征,亦即人格权的类型与内容,原则上由法律加以规定。我国学界和司法实践中曾经出现了诸如"祭奠权""贞操权"等称谓,因为立法并未规定这些权利,所以它们并非人格权。但法律没有将某种人格利益上升为人格权,并不意味着其不受法律保护,它仍然通过人格权保护的一般规定(《民法典》第990条第2款)得到保护。当立法者认为某项人格利益有必要上升为权利时,则可通过立法使其成为一项具体人格权。

二、人格权和其他权利的区别

(一) 人格权与财产权

关于财产权与人格权的区分,我国通说采取的标准是金钱价值的有无或是否具有直接的财产内容。具有金钱价值和直接的财产内容是财产权的基本特征,人格权则相反。但这种区分标准正在遭遇挑战,因为人格权中也存在诸如姓名权、肖像权等权利客体(人格标识)可以被商业化利用,从而为权利主体带来财产利益的情形。尽管如此,人格权与财产权还是分属于不同体系,有着不同的规范属性,如财产权大多可以被自由转让、继承、放弃,且通常并不包含精神利益,而人格权则并不能被转让、继承或放弃,且其包含的利益首要的仍为精神利益。

---

① 参见〔日〕五十岚清:《人格权法》,〔日〕铃木贤、葛敏译,北京大学出版社2009年版,第9页。

(二) 人格权与身份权

人身权与财产权是民事权利的基本分类。人身权包含人格权与身份权。身份权是指基于权利人的特定身份而产生的权利,如父母对未成年子女享有的亲权(或监护权)。在客体的人身属性及专有属性上,人格权与身份权是相似的,但二者存在如下区别:

第一,客体不同。人格权的客体为人格诸要素,如生命、健康、姓名、肖像等。身份权的客体应为身份关系,如配偶关系、父母子女关系。

第二,产生基础不同。身份权的产生以特定的身份关系的存在为前提,如亲权以父母子女关系的存在为前提;人格权以人格的存在为前提。

第三,作用不同。人格权旨在维护和促进权利主体的人格尊严及人身自由,而身份权则旨在维护权利主体的身份利益。

第四,主体范围不同。人格权不仅可以由自然人享有,也可以由法人、非法人组织享有,如法人可以享有名称权;而身份权因其主要是基于身份关系产生,只能由自然人享有。

(三) 人格权与基本权利

《中华人民共和国宪法》(以下简称《宪法》)规定了诸如人身自由权、受教育权、劳动权、人格尊严不受侵犯等各项基本权利,这些基本权利与人格权有联系也有区别。

二者的联系表现在:宪法上的基本权利的价值体系对人格权具有指导意义,民法上人格权的保护应当符合宪法基本权利的价值体系。除此之外,通说认为宪法上的基本权利对于平等私人之间的关系具有间接效力,亦即基本权利经由民法的概括条款或不确定的概念适用于私法关系。

二者的区别在于:第一,二者的约束对象不同。宪法上的基本权利除了具有防御功能,还有客观规范功能。① 国家是宪法上公民基本权利的义务主体,负有义务创造充分的条件保障公民基本权利的实现,如通过制定《中华人民共和国义务教育法》《未成年人保护法》等法律、兴办学校等措施保障公民的受教育权的实现。而民法上的人格权则约束平等的民事主体,如他人未经权利人同意,不得使用其姓名或肖像。通说认为,宪法上的基本权利不能直接适用于平等民事主体之间的关系。第二,宪法上的基本权利是赋予公民的,一般不包括法人或非法人组织;而人格权的主体既包括自然人,也包括法人及非法人组织。

三、人格权的分类

依据不同的标准,可以对人格权进行不同的划分:

---

① 参见王泽鉴:《人格权法:法释义学、比较法、案例研究》,北京大学出版社2013年版,第90页。

(一) 具体人格权与一般人格权

具体人格权是指《民法典》人格权编中规定的、具有特定名称和具体内涵的人格权,如生命权、身体权、健康权、姓名权、肖像权、名誉权、隐私权、荣誉权等。这些权利的内容、保护的限度等都由法律明确规定。

具体人格权的确立虽有助于明确每项人格权的内容及权利边界,但仍然难免挂一漏万,所以在人格权的保护上,仍需要在具体人格权之外规定兜底性的保护条款。我国民法上的一般人格权是指在具体人格权之外,以人身自由、人格尊严等抽象人格利益为内容的、具有高度概括性的权利。《民法典》第 109 条规定:"自然人的人身自由、人格尊严受法律保护。"第 990 条第 2 款规定:"除前款规定的人格权外,自然人享有基于人身自由、人格尊严产生的其他人格权益。"上述规定,即是对一般人格权的确认。一般人格权在性质上属于"框架权",即概括性、兜底性的权利,旨在弥补具体人格权对人格利益保护的不足。

(二) 物质性人格权、标表性人格权、精神性人格权

物质性人格权是指自然人对于物质性人格要素享有的具体人格权。物质性人格要素是指人作为一种生命有机体的存在,主要包括生命、身体、健康等要素。这些人格要素是基础性或内在性的,承载着"人之为人"的根本利益,对于自然人人格的维护具有决定性意义。物质性人格权主要是指生命权、身体权、健康权等权利。

标表性人格权是指民事主体对其姓名、名称、肖像等人格标识所享有的人格权。标表性人格权的客体在一定程度上可以借助介质而外在于人身,如肖像、姓名等。正是因为这种属性,标表性人格要素能被进行商业化利用,如明星授权他人将自己的姓名、肖像使用到商品上,并获得交易对价,标表性人格权因而具有了"商品化"的功能。

精神性人格权是指民事主体对精神性人格要素享有的人格权。精神性人格要素是指与权利主体的荣辱感、羞耻心等精神状态密切相关的要素,如名誉、隐私等,精神性人格权因而是指名誉权、隐私权等权利。

(三) 自然人的人格权与法人、非法人组织的人格权

这是根据享有人格权的主体所作的分类,两者的差异在于:

第一,范围不同。自然人作为人格权的主体享有广泛的人格权,如生命权、身体权、健康权、肖像权、隐私权等;而法人、非法人组织作为主体享有的人格权较为有限,不能享有与自然人人身密切相关的人格权,如生命权、身体权等。

第二,内容不同。自然人的人格权主旨在于维护自然人的精神利益,因而当其被侵害时,权利人可以主张精神损害赔偿;而法人、非法人组织因其不具备自然人的自然属性,其人格权的实质内容是财产利益,若受侵害,不得请求精神损害赔偿。

四、人格权立法概述

(一) 人格权立法的历史演进

在罗马法中,已经产生了作为主体概念意义上的"人格",但在罗马法时代并不存在现代的人格权概念,罗马法所保护的人格要素限于自由人的生命和身体、尊严。罗马法上对上述人格要素的保护主要是通过阿奎利亚法之诉与侵辱之诉实现的。

人格权的概念和系统化的人格权理论出现于19世纪末期。德国学者葛莱斯首次提出了人格权与主体资格的界分,并区分了人格权与其他私法上的权利。受其影响,1794年的《普鲁士一般邦法》在第一编第六章第1条以下规定了各种具体人格权,如身体、自由、名誉等。《德国民法典》虽被认为是大陆法系国家民事立法的标杆,但是由于各种原因并没有规定一般意义上的人格权,只是在第823条关于侵权责任的规定中提到了对生命、身体、健康、自由等人格法益的保护。德国对人格权的保护,主要通过20世纪50年代以来司法续造的"一般人格权"概念实现。《法国民法典》也是以财产权为核心构建民法典,未设关于人格权的具体规范,但《法国民法典》第1382条宽泛的侵权责任一般条款为人格权益的保护奠定了基础。通过对民法典的修订和判例的确认,当代法国民法已形成包括姓名权、肖像权、隐私权、身体完整权等在内的人格权保护体系。

大陆法系中较早在民法典中设立现代人格权制度的是《瑞士民法典》。《瑞士民法典》第28条规定了人格不受侵犯及人格权被侵犯后的救济措施,第29条和第30条是关于姓名权的规定。但《瑞士民法典》并没有系统规定各项具体人格权,只是确立了比较完善的人格权救济体系。

晚近制定民法典的国家普遍重视对人格权的保护。1960年的《埃塞俄比亚民法典》在第一章第二节用二十几个条文规定了人格权,1991年的《加拿大魁北克民法典》、2009年的《罗马尼亚民法典》也用十几个条文规定了人格权。可见,人格权保护在当代各国民事立法中越来越受重视。

(二) 人格权立法的发展趋势

1. 人格权保护模式的演变。囿于时代的局限性,早期大陆法系的民法典基本以财产权立法为中心,对于人格权主要通过侵权责任或侵权之债的规则予以消极的保护。随着社会的进步,人格权的重要性逐渐凸显,晚近制定民法典的国家对人格权不再局限于消极的侵权保护,而是通过积极确权的立法方式予以保护。

2. 人格权财产利益的承认。在传统的大陆法系的民法体系中,人格权是被作为与财产权截然不同的权利而存在,它以精神利益的保护为核心。随着技术的进步与市场经济的发展,人格要素的商业化利用日渐普遍,使得某些人格权中的财产利益被凸显和放大。人格权的商业化利用也带来了对人格权权能认知的改变。传统观点认为,人格权的权能主要表现为消极地防御侵害,但商业化利用带给了人格权权能新的内容——积极的使用,如授权第三人使用肖像、姓名等人格标识,因此《民法典》人格权编对某些人格标识的许可使用作了专门规定。但是,这种变化并未改变人格权的本质。

3. 人格权类型体系的扩张。随着经济社会的发展与进步,越来越多的人格权益得到立法确认而上升为人格权,如身体权、隐私权、个人信息权等。

4. 人格权救济制度的完善。一方面,侵害人格权的精神损害赔偿被广泛认可,其区别于财产损害赔偿的抚慰功能得到凸显;另一方面,侵害可商业化利用的人格权的财产损害赔偿的方式也呈现多元化趋势,如德国司法实践赋予受害人可以在实际损害、侵权人侵权获利、拟制的许可使用费等三种损害赔偿方式之间自由选择,有利于保护被侵权人的利益。

(三) 我国人格权立法的发展

1986 年颁布的《民法通则》第五章"民事权利"中第 98—103 条的内容即为人格权,涵盖了生命健康权、姓名权、肖像权、名誉权、荣誉权和婚姻自由权等人格权。这是我国民事立法上第一次全面、系统地规定人格权。如此以正面确权的方式规定人格权的立法模式在世界范围内也属少见,凸显了人格权在民事权利体系中的地位。

《民法通则》实施后,最高人民法院在审判中通过司法解释不断完善我国人格权保护的规则,其中《民通意见》(1988 年,已失效)、《最高人民法院关于审理名誉权案件若干问题的解答》(1993 年,已失效)、《最高人民法院关于审理名誉权案件若干问题的解释》(1998 年,已失效)、《最高人民法院关于确定民事侵权精神损害赔偿责任若干问题的解释》(2001 年,已被修正,以下简称《精神损害赔偿解释》)、《最高人民法院关于审理人身损害赔偿案件适用法律若干问题的解释》(2003 年,已被修正,以下简称《人身损害赔偿解释》)是比较重要的几个关于人格权保护的司法解释,为我国人格权立法的完善奠定了基础。

在总结我国人格权立法和司法实践经验的基础上,《民法典》以独立一编系统规定了我国人格权保护制度。《民法典》人格权编第一章以"提取公因式"的立法技术确立了人格权保护的一般规则,如人格权的保护范围、人格权的权利属性、人格权的保护路径、可商业化利用的人格要素的使用方式等。从第二章开始,规定了各项具体人格权,如生命权、身体权、健康权、姓名权、肖像权、名誉权、隐私权等。《民法典》人格权编还对人格权益保护的新兴领域问题作了规定,如第二章对与人体基因及人体胚胎有关的科研活动的规范、第六章对个人信息权益的保护等,体现了鲜明的时代特色。

第二节 一般人格权

一、德国法上的一般人格权

一般人格权是源自德国法的概念,其产生的背景在于《德国民法典》并未承认一般意义上的人格权。在德国的传统民法上,对于人格权益的保护只限于侵权法保护,而且只能对某些人格权益,如生命、身体、健康、自由(《德国民法典》第 823 条)及名誉(《德国民法典》第 823 条第 2 款合并《德国刑法典》第 185 条的侮辱、诽谤罪)、信用(《德国民法典》第 824 条)等利益予以保护,在人格权益的保护上并不完整,造成了诸多法律漏洞,一般人格权在此意义上担当了漏洞填补——对人格利益予以保护的使命。

一般人格权的概念诞生于 1954 年的"读者来信案",是德国司法续造的产物。德国司法实务以《德国基本法》第 1 条第 1 款的人格尊严条款与第 2 条第 1 款的人格自由条款为基础在每个个案中根据其所涉的人格利益领域,作出对具体人格利益的保护的判决。在这个意义上,一般人格权并非通常意义上的民事权利,它本身并无具体权利内容,属于典型的"框架性"权利;在实际适用时,需要结合具体个案,将一般人格权具体化为各种受保护的范围,如肖像、名誉、隐私、信息自主、自我表达等。① 所以,它在实践上的意义只是明确承认了各种人格法益应该得到法律的保护这一原则。一般人格权目前已经被纳入《德国民法典》第 823 条规定的"其他权利",由此,那些未被《德国民法典》明确列举的人格权益便可以通过"一般人格权"获得保护。

二、我国法上的一般人格权

在汉语语义上,一般人格权与具体人格权相对,所以我国学者也在具体人格权之外使用了一般人格权的称谓,但它与德国法上的一般人格权并非同一概念。

(一)一般人格权的发展历史与现状

我国《民法通则》曾在"民事权利"一章中单设一节规定了各种具体人格权,如姓名权、肖像权、名誉权等,从而实现对各项常见的具体人格利益的保护。在这个意义上,我国并不需要通过一般人格权去为各种具体人格权的形成和发展提供规范基础。然而,《民法通则》在具体人格权之外,并未设置人格利益保护的一般规定,这样必然带来一个问题,即对于具体人格权不能涵盖的人格权益(例如隐私、人身自由)应如何

---

① 参见王泽鉴:《人格权法:法释义学、比较法、案例研究》,北京大学出版社 2013 年版,第 67 页。

保护。2001年《精神损害赔偿解释》(已被修正)第1条尝试对上述问题进行了突破,该条第1款第3项提到了"人格尊严权、人身自由权",第2款规定:"违反社会公共利益、社会公德侵害他人隐私或者其他人格利益,受害人以侵权为由向人民法院起诉请求赔偿精神损害的,人民法院应当依法予以受理。"这些内容均涉及了具体人格权所不能涵盖的人格利益,为这些人格利益的保护提供了实践经验。相比《民法典》第990条第1款规定的各项具体人格权,第990条第2款属于人格权保护的一般条款,或者一般人格权的规定。因此,我国法上的一般人格权是指在具体人格权之外,以人格自由、人格尊严等抽象人格利益为内容的,具有高度概括性特点的权利。[①]

(二) 一般人格权的内容及特征

从《民法典》第990条第2款的内容来看,一般人格权的内容主要是人身自由、人格尊严。

作为一般人格权的人身自由并非仅指身体的自由,而应当作扩大解释,以人格自由阐释其内容。它是指经过高度概括、高度抽象的人格不受拘束、不受控制的状态[②],主要包括保持人格自由及发展人格自由等内容。

人格尊严是人之成为人的最重要的伦理价值体现,是一般人格权概念的核心。它强调的是主体对自己尊重和被他人尊重的统一。如超市工作人员怀疑受害人偷盗超市东西而强行对其进行搜身,便是对受害人的人格尊严的侵犯。

一般人格权具有以下特征:

1. 抽象性。作为一般人格权的内容的人格自由、人格尊严本身就是十分抽象的概念,它们涵盖了非常丰富的人格利益的内容。在个案中,人格自由和人格尊严的具体内容将被填充和实现。

2. 兜底性。从一般人格权与具体人格权的关系出发,一般人格权主要是用来补充具体人格权无法涵摄的人格利益,因而从这个意义而言,一般人格权在人格利益的保护上具有兜底性。

3. 价值导向性。一般人格权以人格自由与人格尊严为核心内容及价值取向,而人格自由与人格尊严是人的伦理价值的终极体现,这就意味着一般人格权对人格利益的保护具有价值导向性。

(三) 一般人格权的功能

1. 填补具体人格权保护的漏洞

我国法上的一般人格权在概念及功能上与德国法上的一般人格权并不相同。我国《民法典》人格权编已经详细地规定了各项具体人格权,所以我国民法上的一般人

---

① 参见王利明:《人格权重大疑难问题研究》,法律出版社2019年版,第227页。
② 参见杨立新:《人格权法》,法律出版社2015年版,第123页。

格权并不具有如同德国法上一般人格权的派生各项具体人格权的功能,或者作为各项具体人格权产生的规范基础的功能。我国法上的一般人格权更多的是填补具体人格权保护的漏洞,将具体人格权所不能涵盖的人格利益通过一般人格权予以保护,在法律性质上将其界定为人格权保护的一般条款更为妥当。如在倪某、王某诉国贸中心惠康超级市场侵害名誉权纠纷案①中,原告虽以名誉权被侵害为由提起诉讼,但被告并非侵害原告的名誉权,只能通过一般人格权规范对原告的人格尊严加以保护。

2. 宪法上基本权利价值的输入通道

我国《宪法》规定了广泛的公民基本权利类型,如人身自由权、受教育权、劳动权等。这些基本权利的义务主体主要是国家,并不能直接适用于平等的民事主体之间。尽管如此,基本权利所宣扬的价值可以通过民法的抽象概念或原则被输入到民法之中,这被称为宪法基本权利的第三人间接效力。民法上的一般人格权即有此功能,它以人格自由、人格尊严等抽象人格利益为精神内核,能将与其精神内核相似的宪法基本权利的价值输入到民法中,规范平等当事人之间的权利及义务。例如,在"齐玉苓诉陈晓琪等以侵犯姓名权的手段侵犯宪法保护的公民受教育的基本权利纠纷案"中,最高人民法院曾经对该案作出了"以侵犯姓名权的手段,侵犯了齐玉苓依据宪法规定所享有的受教育的基本权利,并造成了具体的损害后果,应承担相应的民事责任"的批复。② 其实,受教育权属于宪法上的基本权利,并不属于民事权利,对其采用侵权保护的手段与受教育权作为宪法权利的属性相悖(因此该批复后来被废除)。但受教育权所涵摄的价值便是促进民事主体人格自由的充分发展,它的规范价值可以被一般人格权吸纳。

第三节 人格权的内容

一、人格权内容概述

人格权概念从其诞生之初就被赋予强烈的伦理价值——以实现人的尊严与人的自由发展为中心,塑造了人格权维系精神利益而非财产利益的权利品格,奠定了大陆法系国家人格权、财产权分野的基础。但晚近以来,借助于强大的技术媒介和手段,某些人格要素的财产价值得到了释放:名人或明星的肖像、姓名、声音等被广泛地用在商品、广告媒体上,用以推销商品或服务;公众人物将其不为所知的经历通过传记或媒体公之于众,吸引大量公众的关注,背后蕴含着财产交易的链条;名人或明星通

---

① 参见北京市朝阳区人民法院(1992)朝民初字第1761号民事裁定书。
② 《最高人民法院关于以侵犯姓名权的手段侵犯宪法保护的公民受教育的基本权利是否应承担民事责任的批复》(法释〔2001〕25号)(已失效)。

过授权他人使用自己的姓名、肖像、声音等人格标识获取可观的收入。这些现象宣示了某些人格要素的使用能够为权利主体带来财产价值。有学者将之称为"人格权的商业化利用"或"人格权的商品化"。所以,当代民法上的人格权被认为既包含了精神利益,也包含了财产利益。

二、人格权中的精神利益

人格权以人格要素为客体,如生命、身体、健康、名誉等,这些客体通常并不具有直接的财产价值,首要体现的是人格尊严、人格自由、人格发展等价值,因而人格权首先维系的是权利人的上述精神利益。当人格权被侵犯时,权利人的人格尊严等精神利益首当其冲地遭受侵害。因而在人格权益遭到侵害时,法律赋予了权利人对侵权人主张精神损害赔偿的权利。

三、人格权中的财产利益

(一) 人格要素的商业化利用

标表性人格权的客体,如姓名、肖像等人格要素(人格标识)可以被用于商品或服务的推广,从而为权利人带来财产收益,此即"人格权的商品化"(实为人格标识的商品化)。它依赖于科技的发展和商品经济的推动。首先,技术的发展提供了物质媒介,使得某些人格要素能"脱离"主体而被使用到商品上,获得了一定的"外在性",或者说形式上相对独立于主体,如摄影技术、数码技术的发明与运用,使得人的肖像能被固定在胶片或其他介质上并被广泛地运用到商品之上。其次,在商品社会,名人或明星良好的社会声誉、知名度、品行或修养、甚至极高的颜值等因与顾客的喜好相连而附着了巨大的商业价值,商家愿意邀请他们为自己的商品或服务代言,并为此支付经济对价。

人格标识的商业利用给人格权带来了冲击——人格要素只包含精神利益的传统观念受到挑战。各国最先通过学说、判例作出了回应。如在 Paul Dahlke 案[①]中,德国法院首先承认肖像中包含财产价值,可以许可他人有偿使用;使用权能也具有财产权性质,以至于当第三人未经许可使用肖像时,被授权人可以依据不当得利主张返还。之后,德国法院也肯定了其他诸如姓名、声音等人格特征具有财产价值。美国通过1953 年的海伦实验室公司诉塔斯基口香糖公司(Haelan Laboratories, Inc. v. Topps Chewing Gum. Inc)案[②]也认可了,在隐私权之外,个人的肖像具有一种公开的价值,即授

---

① BGH vom 8. 5. 1956.
② 202 F. 2d 866(2d Cir. 1953).

权他人排他使用其肖像的权利。

（二）人格权财产利益的实现方式——许可使用

人格权本身具有专属性，不能转让和继承，所以，"人格权的商品化"的主要方式为许可第三人使用其人格标识。《民法典》第993条规定："民事主体可以将自己的姓名、名称、肖像等许可他人使用，但是依照法律规定或者根据其性质不得许可的除外。"所以，人格标识许可使用是标表性人格权商业化利用的主要方式。生命、身体、健康等物质性人格要素和名誉、隐私等精神性人格要素，原则上不得许可他人使用。

1. 人格标识许可使用的方式

许可使用主要有三种方式：普通许可使用、排他许可使用及独占许可使用。普通许可是指被许可人根据自己取得的人格标识的使用权可以与其他被许可人以及人格权主体以同样的方式使用人格标识。在普通许可的方式下，人格权主体自己可以以被许可方式相同的方式使用人格标识，也可以再次授权第三人以相同方式使用人格标识，被许可人只是债权人，不具有排除第三人使用的效力。排他性许可则是指人格权主体不得再将人格标识许可给被许可人之外的第三人以被许可方式相同的方式使用，但人格权主体仍然可以以被许可方式相同的方式使用人格标识。独占许可使用则比排他许可使用更进一步，人格权主体不仅不能再授权第三人，甚至自己也不能再以被授权相同方式使用人格标识。在演艺领域，艺人常将自己的肖像与姓名的使用权独占性地许可给经纪公司，由后者负责其人格标识的商业化运作。在这种情况下，被许可人可以再次将人格权人的人格标识许可给第三人使用。

2. 人格标识许可使用合同的内容

人格标识的许可使用一般应当签订书面的许可使用合同。合同一般应当包括以下条款：（1）许可使用的人格标识的类型及使用方式。（2）许可使用的类型，即属于普通许可、排他许可抑或独占许可。权利人与被许可人应当明确约定许可使用的类型，这将决定着被许可人的权利的强度。（3）许可使用的地域范围、期限。权利人对人格标识的商业化利用的许可一般都有一定期限和地域的限制，被许可人只能在该期限及地域范围内使用。（4）付酬标准和办法。权利人与被许可人应当明确约定被许可人使用人格标识的对价或者报酬的计算标准、支付方式、期限等。（5）违约责任。权利人与被许可人应当明确约定违约责任，明确一方当事人违反合同时，需要承担的法律责任。

《民法典》第1021条规定："当事人对肖像许可使用合同中关于肖像使用条款的理解有争议的，应当作出有利于肖像权人的解释。"该条关于肖像的许可使用的规定，也可以类推适用于其他人格标识如姓名、名称、声音等商业化利用的情形。

3. 人格标识许可使用合同的解除

人格标识许可使用合同作为非典型合同，其解除首先应当适用《民法典》合同编关于合同解除的一般规定，如协议解除及法定解除的规定。除此之外，作为许可使用合同的标的物的人格要素具有一定的人身属性及伦理属性,关系到人格权主体的人格独立、自由等价值的实现,为了更好地保护人格利益,在人格权许可使用合同的解除方面,《民法典》第1022条规定了特殊的解除事由:"当事人对肖像许可使用期限没有约定或者约定不明确的,任何一方当事人可以随时解除肖像许可使用合同,但是应当在合理期限之前通知对方。当事人对肖像许可使用期限有明确约定,肖像权人有正当理由的,可以解除肖像许可使用合同,但是应当在合理期限之前通知对方。因解除合同造成对方损失的,除不可归责于肖像权人的事由外,应当赔偿损失。"据此,在未约定许可使用期限的情形下,双方当事人被赋予了任意解除权;在约定许可使用期限的情形下,人格权主体被赋予了单方解除权。该条规定也可以类推适用于其他人格标识,如姓名、名称、声音等。

(三)人格权财产利益的保护模式

比较法上,关于人格权财产利益的保护模式主要有两种:

第一种为"二元保护模式"。在这种模式下,人格权财产利益的保护被分配给独立于人格权之外的财产权,从而形成财产权与人格权的并立体系。在"二元保护模式"中,人格权以精神利益保护为内容,其财产收益权能则由独立的财产性权利保护。该模式以美国法上的公开权为代表。所谓公开权,是通过司法判例创造的以保护个人对其姓名、肖像、声音等个人形象特征的控制、商业使用为内容的权利。[1] 它与隐私权等其他权利并驾齐驱,分辖着对人格要素财产利益及非财产利益(精神利益)的保护。公开权在性质上为财产权,可以自由转让及继承。

第二种为"一元保护模式"。与第一种模式截然相反,这种模式并不是将人格权中的财产利益分割出来独立地予以保护,而是塑造精神利益与财产利益合二为一的人格权的保护模式。在"一元保护模式"下,人格权同时包含精神利益和财产利益,两者虽然不同,但财产利益不能完全脱离人格权而独立成为一项权利。这种模式以德国等大陆法系国家的立法为代表。

"二元保护模式"与"一元保护模式"的区别在于如何看待人格权中财产利益与精神利益规范的差异。"二元保护模式"更强调两者差异的不可调和性,认为人格权所包含的财产利益的规范重点是商业化利用,彰显的是经济利益,强调的是积极支配,法律对这种财产利益的规范已非人格权所能统辖,它对应一项独立的财产权。"一元保护模式"则认为两者的差异并非不可调和,财产利益是人格权能中经济部分不断扩张的体现,并未突破人格权的基本属性。[2]《民法典》人格权编采纳的是"一元保护模式"。

---

[1] 参见王泽鉴:《人格权法:法释义学、比较法、案例研究》,北京大学出版社2013年版,第264页。
[2] 参见姚辉:《关于人格权商业化利用的若干问题》,载《法学论坛》2011年第6期。

第二章 具体人格权

第一节 生命权、身体权、健康权

一、生命权

(一) 生命权的概念和特征

生命权是以自然人的生命安全和生命尊严利益为内容的权利。生命是最重要的人格要素，以生命为客体的生命权因而在人格权乃至民事权利体系中具有最高的地位。《民法典》第1002条规定："自然人享有生命权。自然人的生命安全和生命尊严受法律保护。任何组织或者个人不得侵害他人的生命权。"生命权具有如下特征：

第一，权利主体为自然人。这是自然人专属的人格权，法人或其他组织不享有该项人格权。

第二，生命权具有固有性、专属性。生命是人之为人的物质基础，故它的固有性与专属性不容改变，不允许被商品化或商业化利用。

第三，生命权的救济方式具有特殊性。生命权一旦被侵害，受害人将丧失生命，这种损害不具有可恢复性，不可能采取恢复原状的救济措施。生命权被侵害，也将导致受害人权利主体资格的丧失，故在法律上可以主张救济的权利主体变为死者的近亲属。

(二) 生命权的内容

生命权的基本内容为生命维护权。它是指当生命安全受到他人不法行为的威胁或侵害时，权利主体可以主张停止侵害、排除妨碍等请求权，以维护生命的存在和延续。

通说认为，生命不能被自由支配，故权利人不能对侵害自己生命权的行为作出同意，这也是现代大多数国家立法所持的观点——生命不能成为处分权的客体，受害人同意他人侵害自己生命的行为是违法或者违背善良风俗的，故并不能阻却侵害行为的违法性或者构成侵权责任的抗辩事由。

对于安乐死的合法性，各国立法的立场并不一致。安乐死是指一种安详而免除痛苦的死亡，或经由一种方法或行动让一个人无痛苦地死亡，以解除当事人生前难以承受的痛苦。安乐死属于患者对生命权被剥夺的同意行为。基于上述生命不能成为处分权的客体的观点,大多数国家都认为安乐死是违法的,实施安乐死的行为人可能面临刑事处罚。我国也是如此。但也有部分国家和地区承认了安乐死的合法性(如荷兰、比利时、瑞士和美国俄勒冈州等)。

二、身体权

(一) 身体权的概念和特征

身体权是自然人维护其身体完整和行动自由的权利。《民法典》第1003条规定:"自然人享有身体权。自然人的身体完整和行动自由受法律保护。任何组织或者个人不得侵害他人的身体权。"据此,身体权以保护自然人的身体完整的利益与行动自由的利益为主要内容。前者是指权利主体对身体的各项组成部分,如头、躯干、器官、毛发等的完整性享有的利益,任何破坏身体完整性的侵权行为都为对身体权的侵犯。如未经权利人同意,将其头发剪去,便是侵犯了权利人的身体完整利益,构成了对身体权的侵害。后者则指权利人对其行动自由享有的利益。对权利主体的行为或自由的任何不当侵害行为,如讨债公司将债务人强行羁押即构成对身体活动自由的侵犯。身体权具有以下特征:

第一,主体为自然人。身体权是自然人专属的人格权,法人或其他组织不享有该项人格权。

第二,与生命权一样,身体权具有固有性、专属性,不允许被商品化或商业化利用。

第三,内容的有限支配性。身体权是一种有限的支配权[1],在法律允许以及不违背公序良俗的限度内,权利人有权对其身体的个别部分加以处分,或者同意他人对其身体部分的侵害,该同意可以阻却侵害行为的违法性。例如,患者对医生切除某个患病器官的诊疗行为的同意是有效的,可以阻却医疗行为的违法性。再比如,权利人为救治他人而捐献自己的某个器官。但是,如果对身体某个部分的处分或对他人实施侵害身体权的同意违反了法律的强制性规定或违背公序良俗,则将被禁止或并不能阻却侵害行为的违法性。

(二) 身体权的内容

1. 身体完整维护权

自然人对自己的身体完整性享有保持的权利。身体的完整性不仅包括自然人的组织和器官的完整性,也包括与自然人人身结合在一起的假牙、假肢等的完整性。未经自然人同意,擅自分离其身体的一部分的,构成对身体权的侵害。

---

[1] 参见王利明:《人格权重大疑难问题研究》,法律出版社2019年版,第404页。

2. 身体组织有限支配权

不同于生命权的客体生命不能被处分,在法律允许以及不违背公序良俗的限度内,权利人有权对其身体的个别部分加以处分,或者同意他人对其身体部分的侵害,如捐献身体器官等。

3. 行动自由权

通说认为,人身自由权是一项独立的人格权。但《民法典》第1003条将"行动自由"纳入身体权的保护范围,第1011条对行动自由的保护作了具体规定,即"以非法拘禁等方式剥夺、限制他人的行动自由,或者非法搜查他人身体的,受害人有权依法请求行为人承担民事责任",从而呈现了独具特色的身体权内容构造。

(三) 器官捐献

器官捐献是指自然人自愿、无偿地捐献自己的器官、血液、骨髓、角膜等身体组成部分。器官捐献虽然涉及对捐献者的身体完整利益的破坏,但因为基于前述的自然人对其身体权有限的处分权,并且器官捐献符合公序良俗,所以各国对器官捐献都持肯定态度。根据《民法典》第1006条的规定,器官捐献应当满足以下要件:

第一,捐献者应当是完全民事行为能力人。无民事行为能力人或限制民事行为能力人因为意思能力的欠缺,不能作出捐献器官的有效意思表示。

第二,须出于捐献者自由、真实的意思表示。如果捐献者是受到欺诈、胁迫等作出的意思表示,则该意思表示不具有法律效力。《民法典》第1006条第3款规定,自然人生前未表示不同意捐献的,该自然人死后,其配偶、成年子女、父母可以共同决定捐献。它限定了自然人死后其他主体同意捐赠死者器官、血液等身体部分的条件,包括死者生前未拒绝捐赠;同意的主体只限于配偶、成年子女、父母这三类具有完全民事行为能力的近亲属;上述主体必须共同决定捐赠。

第三,自然人同意捐献的,应当采用书面形式或者有效的遗嘱形式。

与器官捐献相对,以任何形式买卖人体细胞、人体组织、人体器官、遗体的行为均违背公序良俗,因而都应被认定为无效。

三、健康权

(一) 健康权的概念和特征

健康权是自然人维护其身体生理机能的正常运转和正常心理状态的权利。《民法典》第1004条规定:"自然人享有健康权。自然人的身心健康受法律保护。任何组织或者个人不得侵害他人的健康权。"健康权是以权利主体的身体健康、心理健康利益为内容的权利。身体健康主要指生理机能的正常运转,心理健康则指心理的正常或良好的状态。

与生命权一样,健康权的主体为自然人,并具有固有性、专属性,不允许被商业化利用。

（二）健康权与生命权、身体权的关系

健康权、生命权、身体权三项权利既有联系，也有区别。生命权是健康权、身体权的基础和前提，生命权丧失，则身体权、健康权将不复存在。

这三项权利之间也存在区别。就生命权与健康权而言，生命具有不可恢复性，健康则具有可恢复性。侵害生命权将导致自然人主体资格的消灭，直接的受害人无法主张权利，只能由其近亲属或继承人主张相关权利；而侵害健康权，受害人的民事主体资格不受影响。当然，对健康权的严重侵害可能威胁生命权。就健康权与身体权的关系而言，健康权侧重于对主体的身体健康及心理健康的维护，身体权则侧重于对身体完整性的维护，侵害身体权未必侵害健康权。

（三）健康权的内容

1. 健康维护权

作为健康权的基本权能，当自然人的健康受到不法侵害或有遭遇到不法侵害的危险时，自然人得主张停止侵害请求权、排除妨害请求权。

2. 健康利益有限支配权

基于公序良俗，法律不能一般地赋予权利主体健康利益支配权。但在患者接受具有侵袭性的诊疗行为或者参与临床试验（研制新药、医疗器械或者发展新的预防和治疗方法）等场合，都关涉到本人对相关行为的同意即健康利益的支配问题。上述情形下，医疗机构等单位的行为都以医疗为目的，符合公序良俗的要求，因而法律应允许权利主体对自己的健康利益予以处分。医疗机构等单位在获得权利主体同意的情况下，可以进行侵袭性诊疗行为或临床试验。权利主体的有效同意应当具备以下要件：（1）权利主体应当具备同意能力。通常，若权利主体不具备同意能力，如年幼的儿童或处于昏迷状态的患者，则应当由其监护人或近亲属作出同意的表示。（2）医疗机构等单位应当对权利主体尽到如实告知义务。若权利主体不具备同意能力，则应当向其监护人或近亲属履行如实告知义务，告知的内容主要包括治疗方案的风险、替代方案、试验目的、用途和可能产生的风险等。（3）同意应当采用书面形式。

第二节 姓 名 权

一、姓名权的概念和特征

姓名权是指自然人依法决定、使用、变更或者许可他人使用自己的姓名的权利。姓名权具有以下特征：

第一，权利主体是自然人。法人或非法人组织虽然也用名称作为识别符号，但在法律上其为名称权的客体，并非姓名权的客体。

第二，权利客体是姓名。姓名原则上由姓、名两部分组成。姓名即自然人的姓氏

和名字,姓氏通常代表家族归属,名(或字)则为个人称谓。姓名的主要功能是识别功能,即将不同的自然人区别开来,避免个人身份的混淆。作为姓名权的客体应当是指本名,亦即根据《中华人民共和国户口登记条例》(以下简称《户口登记条例》)被户籍管理机关登记在户口簿以及被记载在身份证上的姓名,它是自然人的法定符号与标志。除了本名之外,自然人可能还有笔名、艺名、网名等用来标识自己的符号,他们原则上均不属于姓名权的客体。但根据《民法典》第 1017 条的规定,具有一定社会知名度,被他人使用足以造成公众混淆的笔名、艺名、网名、译名、字号、姓名和名称的简称等,参照适用姓名权和名称权保护的有关规定。姓名权属于标表性人格权。姓名权的客体具有可支配性,且能进行商业化利用,表现为权利人自己利用或授权第三人利用,从而为权利主体带来财产利益。

姓名权不同于署名权。署名权是作者在作品上署名以表明作者身份的权利,是著作人身权的一项重要内容。署名权包含署名或不署名的决定权、署名方式(真名、笔名等)的决定权等内容。署名权与姓名权均有可能涉及自然人的姓名,但姓名权侧重于对自然人自主使用自己的姓名、防止身份混淆利益的保护,署名权则侧重于保护作者与作品之间的事实上的关联关系。如甲将乙创作的作品署上自己的姓名发表,甲的行为侵害了乙的署名权;若甲在自己创作的作品上假冒乙署名,则应定性为侵害姓名权。

二、姓名权的内容

(一) 姓名决定权

自然人不仅有权自主决定自己的正式姓名,而且有权决定艺名、笔名、化名等表征身份的称号。自然人出生后,其姓名一般由其父母确定。就姓氏而言,一般随父姓或母姓。《全国人民代表大会常务委员会关于〈中华人民共和国民法通则〉第九十九条第一款、〈中华人民共和国婚姻法〉第二十二条的解释》(已失效)中指出,公民原则上随父姓或者母姓符合中华传统文化和伦理观念,符合绝大多数公民的意愿和实际做法。同时,考虑到社会实际情况,公民有正当理由的也可以选取其他姓氏。这一立法解释的精神被《民法典》第 1015 条第 1 款所吸收,即"自然人应当随父姓或者母姓,但是有下列情形之一的,可以在父姓和母姓之外选取姓氏"。这些例外情况包括:选取其他直系长辈血亲的姓氏;因由法定扶养人以外的人扶养而选取扶养人姓氏;有不违背公序良俗的其他正当理由。另外,《民法典》第 1015 条第 2 款规定,少数民族自然人的姓氏可以遵从本民族的文化传统和风俗习惯。

(二) 姓名变更权

自然人有权依法变更自己的姓名。《户口登记条例》第 18 条第 1 项规定:"未满十八周岁的人需要变更姓名的时候,由本人或者父母、收养人向户口登记机关申请变更登记。"据此,即使是未成年人也可以通过向户口登记机关申请变更姓名的登记。

自然人变更姓名的,变更前实施的民事法律行为对其仍然具有法律约束力。

(三) 姓名使用权

姓名使用权是指自然人自己使用姓名及许可他人使用其姓名的权利。前者指自然人有权自主决定是否使用姓名、如何使用姓名;后者指自然人有权许可他人在特定情形或场合使用其姓名,如明星授权商家在其产品上使用自己的姓名。未经权利人同意,擅自使用他人姓名的,构成对姓名权的侵害,主要包括盗用和假冒行为。如甲用其拾得的乙的身份证办理信用卡,即是侵害了乙的姓名权。实践中常见的冒名顶替行为,也涉及对被冒名人姓名权的侵害。

三、对笔名、艺名、网名等身份符号的保护

笔名、艺名、网名等身份符号虽然不同于姓名,但在满足一定条件时,也具有与姓名相同的功能。如一些著名艺人日常使用的是艺名而非真名,以至于对于公众而言,用于识别该艺人的符号不再是其真名而是艺名。因此,《民法典》第1017条规定:"具有一定社会知名度,被他人使用足以造成公众混淆的笔名、艺名、网名、译名、字号、姓名和名称的简称等,参照适用姓名权和名称权保护的有关规定。"根据这一规定,笔名、艺名、网名等受法律保护的条件包括:(1) 笔名、艺名、网名等具有一定社会知名度。在相关公众的认识里,该笔名、艺名、网名等已经与特定自然人建立起了同一性的关联。(2) 他人对笔名、艺名、网名等的使用行为足以导致公众混淆。所谓混淆,是指使相关公众产生错误认识,将使用人误认为该笔名、艺名、网名等的原初使用者。对他人知名的笔名、艺名、网名等的使用通常以"搭便车"、获取不当利益为目的,故应受到姓名权保护规则的规制。

第三节 名 称 权

一、名称权的概念和特征

名称权是指法人及非法人组织对其识别符号即名称所享有的权利。法人和非法人组织的名称与自然人姓名的基本功能相同,即识别功能,将此法人或非法人组织与彼法人或非法人组织予以区别。名称权具有以下特征:

第一,名称权的主体是法人或非法人组织。

第二,名称权的客体是名称。名称与字号或商号存在一定区别。以企业名称与字号或商号的区别为例,根据《企业名称登记管理规定》,企业的名称由字号(或者商号)、行业或者经营特点、组织形式及企业所在地省(包括自治区、直辖市)或者市(包括州)或者县(包括市辖区)行政区划名称这四部分组成。字号或商号是名称的核心构成部分。

第三,名称权具有较强的财产权属性。虽然名称权与自然人的姓名权非常类似,但姓名权的主要功能是对精神利益的保护,而名称权凸显的是财产利益,名称权被侵害时,权利主体遭受的主要是财产损失。依据《保护工业产权巴黎公约》的规定,公司的名称权是工业产权保护的对象之一。

二、名称权的内容

名称权主要包含以下内容:

第一,名称决定权。法人、非法人组织得自主决定自己的名称,但名称的确定应受到一定的限制。如依据《企业名称登记管理规定》,企业名称在登记范围内具有较强的排他性,在登记主管机关辖区内不得取与已登记注册的同行业企业名称相同或者近似的名称。另如,企业名称中不得使用损害国家尊严或者利益、损害社会公共利益或者妨碍社会公共秩序的文字与符号,不得使用或者变相使用政党、党政机关、群团组织名称及其简称、特定称谓和部队番号,不得使用外国国家(地区)、国际组织名称及其通用简称,不得使用含有淫秽、色情、赌博、迷信、恐怖、暴力内容或含有民族、种族、宗教、性别歧视内容的文字与符号,不得违背公序良俗或者可能有其他不良影响、可能使公众受骗或产生误解。

第二,名称使用权。法人或非法人组织有权自己使用其名称,也有权许可其他法人、非法人组织在特定情形下使用其名称。未经权利人同意,擅自使用其名称的,构成对权利人名称权的侵犯。

第三,名称变更权。法人或非法人组织享有依法变更自己名称的权利。法人或非法人组织变更名称,应当办理登记。名称变更前实施的民事法律行为对其仍然具有法律约束力。

第四,名称转让权。法人或非法人组织有权转让其名称。但对于企业名称权是否可以单独转让抑或是应当随着企业营业一同转让,各国或地区的规定并不完全相同。依据我国相关法律,企业名称可以随企业或企业的一部分一并转让,可见我国立法不允许企业名称单独转让。

第四节 肖 像 权

一、肖像权的概念和特征

(一) 肖像的概念和特征

肖像是通过影像、雕塑、绘画等方式在一定载体上反映的特定自然人可被识别的外部形象。自然人的外部形象需要经过再现或转化后才能成为肖像。当自然人的外部形象包括面部特征被完全显现时,即属于典型的肖像。如果未展示出全部的面部特征或仅展示面部之外的特征,是否可以构成"肖像"?《民法典》第1018条第2款规定:"肖像是通过影像、雕塑、绘画等方式在一定载体上所反映的特定自然人可以被识别外部形象。"据此,肖像构成的核心是"可被识别的外部形象",亦即肖像并不局限于传统的"以面部为中心"的构成,而是采取"可识别性"的标准。这意味着即使未展示出全部面部要素或者展示的是面部之外的体貌特征(如姿态、发型等),只要足以使得公众能识别出特定的权利人,也构成肖像权中的肖像。

肖像具有如下特征:(1)肖像来自自然人的外部形象。该外部形象不限于五官构成的外貌形象,也包括其他具有可识别性的外形。(2)肖像由自然人外部形象经过某种艺术形式的转化或再现而形成,是一种视觉形象。(3)肖像的呈现需要依赖于一定的物质载体。肖像的物质载体的形态多样,包括影像、雕塑、绘画等。

(二)肖像权的概念与特征

肖像权是指以自然人肖像上的精神利益和财产利益为内容的排他性权利。肖像权具有以下特征:

第一,肖像权的主体是自然人。法人、非法人组织不享有肖像权。

第二,肖像权属于标表性人格权。肖像权的客体是通过影像、雕塑、绘画等方式在一定载体上反映的特定自然人可被识别的外部形象,具有外在性、可支配性,且能进行商业化利用。

第三,精神利益是肖像权的核心内容。肖像权在商业社会中显现出财产利益的一面,但作为体现人格尊严价值的人格权类型之一,肖像权承载的核心利益仍然是精神利益,对肖像权的保护的重点在于对自然人的人格尊严的保护。

二、肖像权的内容

肖像权主要包含以下内容:

第一,肖像制作权。所谓制作是指自然人自己或许可他人通过摄像、雕塑、绘画等方式再现自己形象,从而使其外部形象转化为肖像,它是肖像使用、传播的前提条件。肖像制作权即自然人自己或许可他人以特定方式再现自己形象的权利。他人若未经许可制作权利人的肖像,不论是否予以公布,均构成对肖像权的侵害。

第二,肖像公开权,即权利人决定是否公开肖像以及以何种方式公开肖像的权利。公开实质上是肖像使用的一种表现形式,只是其使用不一定以营利为目的而已。[①] 肖像的公开权类似于作品的发表权。公开的方式有多种,如发表、使用、发行、展览等。未经权利人同意公开权利人的肖像,构成侵权。《民法典》第1019条第2款规定:"未经肖像权人同意,肖像作品权利人不得以发表、复制、发行、出租、展览等方式使用或者公开肖像权人的肖像。"

第三,肖像使用权。肖像权作为标表性人格权,能够借助一定的物质载体与主体分离,被主体支配和进行商业化利用,如授权商家使用其肖像。作为使用权的内容,

---

① 参见王泽鉴:《人格权法:法释义学、比较法、案例研究》,北京大学出版社2013年版,第141页。

既包括权利人自己使用,也包括许可或授权他人使用。他人未经同意,擅自使用权利人的肖像,构成对肖像权的侵犯。①

第四,肖像尊严维护权。《民法典》第 1019 条第 1 款规定:"任何组织或者个人不得以丑化、污损,或者利用信息技术手段伪造等方式侵害他人的肖像权。"对肖像的任何丑化或污损、伪造行为构成对权利人人格尊严的侵害,权利人可以主张停止侵害、赔礼道歉等请求权。

三、肖像权与近似权利之间的关系

(一) 肖像权与著作权的关系

肖像的再现需要一定的载体,如摄影、雕塑、绘画等,这些载体生成的过程中往往涉及艺术创作,因而将产生另外一项权利——著作权。例如甲委托乙为其拍摄一组艺术照,作为摄影作品,根据《著作权法》的规定,该组照片上将产生著作权。且根据《著作权法》的规定,若甲与乙没有明确约定,则照片的著作权归属于乙。当涉及肖像权人与著作权人之间的关于作品的发表、出版、复制、展览等权利行使与肖像使用的关系时,主要根据当事人之间的约定决定。若当事人之间没有明确约定,则需要根据委托的目的、著作权人使用的方式、肖像权人是否获得报酬等因素综合确定著作权人权利行使的界限。一般情况下,从肖像权作为人格权的价值位阶高于著作权的角度而言,不能解释为肖像权人对其肖像的发表或出版等有默示的授权。如果是第三人使用该作品,则既涉及作品的使用,也涉及肖像的使用,需要征得著作权人与肖像权人的同意。

(二) 肖像权与表演者形象权

《著作权法》规定了表演者权来保护表演者对其表演创作的传播权。表演者权中包含了一项针对表演形象的权利,即保护表演形象不受歪曲的权利。表演者可以阻止他人对其形象的篡改、歪曲或以其他不正当方式使用。实践中,他人未经许可将表演者塑造的表演形象用到产品或服务上,侵害的是表演者权还是肖像权?表演者权对表演者形象的保护侧重于对表演者声誉的保护,其关注点在于表演形象不受歪曲而不是肖像的使用及其商业利益,故不考虑该表演形象是否属于肖像;若从表演者形象中可以识别出肖像权本人,则可以认定为对表演者肖像权的侵犯。

四、肖像的合理使用

肖像权是自然人对其肖像的制作、公开、使用的权利,第三人未经权利人同意,不

---

① 《民法通则》第 100 条规定:"公民享有肖像权,未经本人同意,不得以营利为目的使用公民的肖像。"据此在肖像权侵权的构成中,须满足"以营利为目的"这一条件。如此规定,背离了肖像权保护的根本立法意旨,即保护自然人对其外部形象再现与使用的自我决定权、维护其人格尊严,故《民法典》人格权编未予保留。

得制作、公开或使用其肖像。但肖像权可能面临与其他权益的冲突,如涉及公共利益需要使用权利人肖像时,如果仍要取得权利人的同意,则不符合公共利益实现的要求。因此,法律确立了肖像合理使用制度,亦即在若干情形下,虽未经权利人同意,对其肖像的使用并不构成侵权。

构成肖像合理使用应当满足以下要件:(1)使用的非营利性,即对权利人肖像的使用不能以营利为目的;(2)使用的必要性,即只有在为达到某种目的而有必要使用时,才成立合理使用;(3)使用的范围,即只能在符合目的的适当范围内使用。

根据《民法典》第1020条的规定,合理使用的情形包括:(1)为个人学习、艺术欣赏、课堂教学或者科学研究,在必要范围内使用肖像权人已经公开的肖像;(2)为实施新闻报道,不可避免地制作、使用、公开肖像权人的肖像;(3)为依法履行职责,国家机关在必要范围内制作、使用、公开肖像权人的肖像;(4)为展示特定公共环境,不可避免地制作、使用、公开肖像权人的肖像;(5)为维护公共利益或者肖像权人合法权益,制作、使用、公开肖像权人的肖像的其他行为。

五、肖像的许可使用

肖像作为可商业化利用的人格标识,能够通过授权给第三人使用,为权利人带来财产利益。肖像的商业利益主要通过授权第三人使用实现。肖像权人与第三人需要签订肖像许可使用合同,约定肖像的使用范围、使用方式、使用期限及对价等事项。肖像许可使用合同中就肖像使用的范围、方式等约定有争议的,应当作出有利于肖像权人的解释。

当事人对肖像许可使用期限没有约定或者约定不明确的,任何一方当事人可以随时解除肖像许可使用合同,但是应当在合理期限之前通知对方。当事人对肖像许可使用期限有明确约定,肖像权人有正当理由的,可以解除肖像许可使用合同,但是应当在合理期限之前通知对方。因解除合同造成对方损失的,除不可归责于肖像权人的事由外,应当赔偿损失。

第五节　名誉权、荣誉权

一、名誉权的概念和特征

(一)名誉的概念

从语义角度分析,名誉是指名声。① 进入法学研究视域后,名誉有不同的诠释。从宏观上说,对名誉概念的界定的一个分水岭在于,名誉是否包括主观名誉或内部名

---

① 参见《辞海》(增补本),上海辞书出版社1983年版,第248页。

誉。主观名誉是指名誉感,即对人格价值的自我评价;客观名誉或外部名誉则是社会大众对主体人格价值的评价。通说认为,作为名誉权客体的名誉应仅指客观名誉。[①] 对于客观名誉或外部名誉,主要分歧在于其统摄了哪些要素,如有人将财富、家世、道德品质、信用等都归于名誉的概念之下,有人则将名誉的内容限定在人格价值方面,凸显名誉的伦理价值。我们认为名誉是对特定主体的人格价值的一种社会评价,这些人格价值包括道德品质、素养、才能、资质、信用、情操、声望等。

(二) 名誉权的概念和特征

名誉权是指自然人、法人或非法人组织维持其名誉而不受他人侵害的权利。名誉权旨在保护民事主体所享有的公正的社会评价不受非法侵害。名誉权具有以下特征:

第一,普适性。名誉权的主体不限于自然人,还包括法人及非法人组织。在这一点上,名誉权与前述的生命权、姓名权、肖像权等人格权不同,后者的权利主体只能是自然人。

第二,非财产性。与姓名权、肖像权等标表性人格权不同,名誉权的客体名誉一般并不具有被商业化利用的价值,不能成为商品化的客体并为权利主体带来财产收益,其对权利主体而言主要体现的是精神利益。

第三,防御性。名誉权的基本内容是获得和维持名誉利益,该利益具有对世性,可以排除任何第三人的侵害。与姓名权、肖像权相比,名誉权并不包含积极支配权能而仅具消极防御权能。

二、名誉权与相近概念的区别

(一) 名誉权与商誉权

商誉权是民事主体对其在工商业活动中所创造的商誉享有利益而不受他人非法侵害的权利。商誉即商业信誉和商业声誉,是对商事主体在其生产、流通和与此相联系的经济行为中逐渐形成的关于其经济能力、生产能力、经营状况等的综合评价。从商誉的评价指数来看,商誉主要是涉及商主体经营质素的衡量,且是基于其良好的经济能力的积极评价。[②]

商誉权与名誉权有共同之处,如都体现为对特定主体的社会评价,都具有人格属性,专属于特定主体。但商誉权具有自身特点:第一,商誉权表征出来的主要是一种财产上的利益,在现代化商业运作过程中,商誉可以直接被评估为货币价值而资产化,其无形财产性日益明显;而名誉权更多地凸显的是人格或精神利益,不具有直接的财产内容。第二,商誉可以连同商主体的营业一同转让,而名誉则具有强烈的专属性。

[①] 参见杨立新:《人身权法论》(修订版),人民法院出版社2002年版,第586—587页。
[②] 参见吴汉东、胡开忠:《无形财产权制度研究》(修订版),法律出版社2005年版,第458页。

（二）名誉权与信用权

法律上的信用是指民事主体所具有的偿付债务的能力而在社会上获得的相应的信赖和评价。一些学者将信用纳入名誉之中，认为对人格价值的评价包括信用的评价。《德国民法典》没有确立名誉权，但是在第 824 条确立了对信用权的侵权保护规则。关于信用权的性质，我国学界观点不一：或者认为信用权是一种独立的人格权①；或者认为信用就其本质属于主体名誉的一部分，"信用权"不是独立的人格权②；或者认为信用权属于无形财产权③。

信用与商誉不同，其虽可以作为评估对象，但它不具有商誉那样的财产价值确定性和等价交换性，不能用金钱来确定和衡量，它的财产性较之其精神或人格属性为弱。所以，信用属人格权的内容较妥当。至于属于独立人格权还是属于名誉权的一部分，则依对名誉的理解不同而不同。《民法典》人格权编并没有将信用权作为独立的人格权类型，而是置于名誉权之下予以保护。

三、侵害名誉权的认定

（一）名誉权侵权构成要件

《民法典》第 1024 条第 1 款规定："民事主体享有名誉权。任何组织或者个人不得以侮辱、诽谤等方式侵害他人的名誉权。"据此，侵害民事主体的名誉权须具备以下构成要件：

1. 被侵害人须为特定的人。名誉权侵权的受害人须是特定的人。特定的人不限于某个人，也可以是一定范围的人。这里的被侵害人既可以是自然人，也可以是法人或非法人组织。如果侵权人指名道姓地指出了受害人，即可以确定受害人为特定的人。若侵权人并未指名道姓，而是采取影射的方式暗指某人，根据其描述的情节、时间及空间等足得认定为某人时，也符合被侵害人为特定人的要件。④

2. 行为人实施了侵害他人名誉的行为。侵害他人名誉的行为方式包括侮辱、诽谤以及其他方式。（1）侮辱。侮辱是指故意以暴力或其他方式贬低他人人格。从行为方式而言，侮辱的方式包括：暴力行为，如往他人身上泼洒污物；言语的侮辱，如使用贬低其人格的脏话对他人进行谩骂、讥讽和嘲笑；文字侮辱，如使用文字、图形等方式对他人人格进行贬损。（2）诽谤。诽谤是指以书面、口头等方式捏造事实并予以传播、贬损他人名誉的行为。诽谤的构成，强调对虚构事实的传播，即捏造、歪曲事实而后传播；如果传播的事实是真实的，即使导致他人社会评价降低，也并不构成侵害

---

① 参见杨立新、尹艳：《论信用权及其损害的民法救济》，载《法律科学（西北政法学院学报）》1995 年第 4 期。
② 参见张新宝：《名誉权的法律保护》，中国政法大学出版社 1997 年版，第 49 页。
③ 参见吴汉东：《论信用权》，载《法学》2001 年第 1 期。
④ 参见王泽鉴：《人格权法：法释义学、比较法、案例研究》，北京大学出版社 2013 年版，第 154 页。

名誉权。(3) 其他方式。除侮辱、诽谤外，比较常见的侵害名誉权行为还有新闻报道失实、不当评论等。新闻报道失实是指新闻报道因违背了依据真实的要求而与客观事实不符；不当评论是指对某一事物的评析与推断超出了公允、正当的范畴，对此可从评论人的动机、所采用的评论方式、对公众的影响等方面予以认定。

3. 侵害人存在过错。侵害人实施侵害他人名誉的行为多是故意为之，如故意捏造事实予以传播或恶意作出不当评论，但也存在过失侵害他人名誉权的情形，如报社或新闻媒体对虚假的新闻未尽到合理审查义务，致使其刊出后造成他人名誉受损。

4. 他人名誉受贬损。名誉是对主体的品行、才干、功绩等方面社会评价的总和，因此若要认定某一行为构成侵害名誉权，须有主体的社会评价被降低的后果，亦即公众在知悉被传播的事实或评论后，对主体人格价值的评价有所降低。

5. 行为人侵犯他人名誉的行为与权利人的名誉贬损之间存在因果关系。

(二) 名誉权侵权认定的特殊规则

1. 新闻报道未尽审查义务的判断标准

新闻媒体若报道了虚假的新闻或信息，致使受害人的名誉受到贬损，应当承担侵害名誉权的民事责任。但是由于新闻媒体担负着舆论监督职能，加之其职业的特殊性，在判断新闻报道的名誉权侵权是否成立时，需要平衡受害人的名誉利益保护与公共利益保护之间的关系。因此，《民法典》第1026条规定，新闻报道的名誉权侵权的成立以新闻媒体未对他人提供的严重失实内容尽到合理审查义务为要件。具体而言，需结合以下几个方面考量新闻媒体是否尽到合理审查义务：(1) 内容来源的可信度；(2) 对明显可能引发争议的内容是否进行了必要的调查；(3) 内容的时限性；(4) 内容与公序良俗的关联性；(5) 受害人名誉受贬损的可能性；(6) 核实能力和核实成本。

2. 政府官员、公众人物的名誉权保护

名誉权的保护，往往涉及主体名誉利益保护与公共利益（如舆论监督利益等）维护的冲突，在认定名誉权侵权时，应在相互冲突的利益之间寻求平衡。各国通常的做法是对政府官员涉及公众利益方面事项的名誉权保护予以一定限制。如美国法上确立了"实质上恶意原则"：禁止政府官员向涉及其职务行为的具有诽谤性的不真实言论请求损害赔偿，除非他能够证明这种言论具有"实质上的恶意"，即明知虚假或者不计后果地漠视真伪。

对于公众人物，各国普遍采取的立场是对其名誉权的保护并不一概予以限制，而是在个案中对名誉权利益与其他公共利益的价值进行特别权衡。如日本采纳"个别比较衡量论"，根据个案对新闻报道的社会利益与个人利益所遭受的损害予以比较权衡，保护利益较大者。德国也是通过法益衡量方式解决这种利益冲突，法院依比例原则，个案决定何项基本权利在何种范围内需作何种程度的让步或优先受保护。

四、荣誉权

(一) 荣誉权的概念和特征

荣誉是指自然人因对国家和社会有较大贡献、突出表现而获得国家或有关组织授予的光荣称号或嘉奖,荣誉权即自然人享有的荣誉不受非法剥夺和其他形式侵害的权利。

荣誉是名誉的一种特殊(符号化)表现形式,荣誉权与名誉权都承载着维护权利主体所获得的外部评价的人格利益。但与一般意义的名誉权比较,荣誉权有以下特征:(1)荣誉权的客体是某项荣誉,即国家或有关组织给予权利主体的光荣称号或嘉奖;名誉权的客体是权利主体所获得的社会评价。前者来自特定的组织,是"有形"的;后者来自社会大众,是"无形"的。(2)荣誉权需要经过有关机关或组织授予荣誉称号而取得,故并非普遍享有,名誉权则是人人享有的人格权。(3)荣誉权可以依法被剥夺,而名誉权则不能以任何方式被剥夺。(4)侵害荣誉权的方式主要是非法剥夺、诋毁、贬损他人的荣誉;侵害名誉权的方式主要是诽谤、侮辱。

(二) 荣誉权的内容

1. 荣誉维护权

《民法典》第1031条第1款规定,民事主体享有荣誉权。任何组织或者个人不得非法剥夺他人的荣誉称号,不得诋毁、贬损他人的荣誉。

2. 荣誉记载的更正权

《民法典》第1031条第2款规定,获得的荣誉称号应当记载而没有记载的,民事主体可以请求记载;获得的荣誉称号记载错误的,民事主体可以请求更正。

第六节 隐 私 权

一、隐私和隐私权的概念

(一) 隐私的概念

1. 隐私的界定

定义隐私,需要分别界定"隐"和"私"的含义。

"私"是指私人的领域,包括私人的身体、私人的信息、私人的生活空间、私人的亲密关系等与个人人格、个性发展密切联系的范畴,它强调与公共领域的分离。私人领域本身并不是绝对排除任何披露,如果某些私密的信息或关系仅向特定范围内的特定人披露,仍然不会影响其私的属性的确定。根据《民法典》第1032条第2款的规定,私的外延包括私密空间、私密活动、私密信息。

"隐"是指私密性,即《民法典》第1032条第2款所称"安宁"和"不愿为他人知晓"。它强调合理的隐私期待,即在法律、法规、社会行为规范、文化传统或道德价值取向对隐私的判定标准的基础上,结合主体的某些特异性综合判定主体的隐私期待是否合理。① 私密性是一个主客观相结合厘定的概念,既非完全依据客观对象所呈现出来的秘密或隐匿的外观或状态,也不能完全依据主体的不愿公开的主观心理判定是否构成隐私。作为隐私要素的私密性也存在程度之分,按照领域理论,个人生活领域可以划分为隐秘领域、秘密领域、私人领域,将其置于同心圆模型之中,离圆心越近的生活领域,如隐秘领域,越不会与他人的生活领域发生重叠,其私密性程度越高,越是排除他人的干涉与侵犯。

2. 隐私与个人信息

隐私的客体中包括具有私密性的私人信息,而《民法典》人格权编也在隐私权一章中列明了对"个人信息"的保护,由此产生了作为个人信息保护客体的个人信息和作为隐私权保护客体的私密性的私人信息的区分问题。

作为隐私权客体的私人信息首先应当符合隐私或私密性的特征,而个人信息并不强调其私密性或隐秘性,而是强调其可识别性,即通过个人信息能够直接或间接识别本人的特性。在这个意义上,并非所有的个人信息都能称得上隐私,如姓名、电话号码、年龄、职业等。② 但是有的个人信息,如某些医疗信息、犯罪记录等却同时也符合隐私的要素。

(二) 隐私权的概念和特征

《民法典》人格权编并没有明确对隐私权作出界定。我国学者对隐私权概念的界定大同小异,如将其界定为自然人享有的对其个人与公共利益无关的私人信息、私人活动和私人空间等私生活安宁利益自主进行支配和控制,他人不得侵扰的具体人格权。③ 或者将其界定为自然人对其个人隐私的自主权利。④ 隐私权概念的界定主要与两个方面的内容相关:第一,隐私权是否包括对个人信息(尤其是不具有私密性的个人信息)的保护。《民法典》人格权编明确规定了对个人信息的保护,所以应将不具有隐私性的个人信息的保护从隐私权中剥离。为此,《民法典》第1034条第3款规定,个人信息中的私密信息,适用有关隐私权的规定;没有规定的,适用有关个人信息保护的规定。第二,关于隐私权的权能属性。传统理论认为隐私权的权能主要表现为消极地排除他人干扰,以保证权利主体的独处和安宁;而现代隐私权理论则认为,隐私权的权能除了消极地排除他人干扰之外,还包括对隐私的积极控制,如对其进行利用的权能。综上,隐私权是指自然人享有的对其个人的、与社会公共利益无关的私密空间、私密活动和私密信息等进行控制与支配,并排除他人干扰的权利。

---

① 参见王泽鉴:《人格权法:法释义学、比较法、案例研究》,北京大学出版社2013年版,第230页。
② 参见〔日〕五十岚清:《人格权法》,〔日〕铃木贤、葛敏译,北京大学出版社2009年版,第169页。
③ 参见杨立新:《人格权法》,法律出版社2015年版,第259页。
④ 参见张红:《人格权各论》,高等教育出版社2016年版,第508页。

隐私权具有以下特征:(1)隐私权的主体为自然人,不包括法人或非法人组织。(2)隐私权的客体为隐私,亦即私人生活安宁及私密空间、私密活动、私密信息等。(3)隐私权的权能除了排除第三人对隐私的干涉和侵犯外,还包括主体对隐私的支配与控制,如对隐私的商业化利用。隐私权的客体隐私,尤其是私密信息在现代社会也具有一定商业价值,可以为主体带来财产收益,如公众人物出版自传向公众展示其不为人知的私生活。除了商业利用外,隐私权的积极权能还体现在权利主体可以自主地决定是否公开隐私,公开的方式、使用的方式等。

二、隐私权与其他权利的关系

(一)隐私权与名誉权

我国民事立法在较长一个时期内并未确立隐私权的独立地位。最高人民法院在《民通意见》中,曾将侵害隐私权的行为列为侵害名誉权的行为。然而,隐私权与名誉权是完全不同的两项人格权:(1)隐私权的主体只能是自然人,法人或非法人组织不能享有隐私权;而名誉权的主体既可以是自然人,也可以是法人或非法人组织。(2)隐私权的客体是隐私,包括私密空间、私密活动、私密信息等;名誉权的客体是名誉即主体获得的社会评价。(3)隐私权侧重于保护权利人对私人领域的自主利益,而名誉权侧重于保护权利人的品行、德行、名声等人格价值在社会上的评价。[①] (4)侵害隐私权的方式主要包括未经权利人同意刺探、侵扰、泄露、公开他人的秘密或侵入他人的私生活空间等,而侵害名誉权的方式主要是诽谤、侮辱。名誉权的侵权行为以虚假信息或不当评论被公开为前提,而隐私权的侵权并不以公开为必要。(5)侵害隐私权的行为人散布、公开的是权利人的私密的信息,因而属于事实,并非捏造的虚假信息;而侵害名誉权,公开或散布的是虚假或捏造的信息。

(二)隐私权与知情权

知情权作为一项公民权利,通常维系着公共利益。隐私权与知情权之间会产生一定的冲突,如为了监督官员,民众需要了解其私生活领域中的某些信息或关系,这可能涉及官员的隐私权的领域。

通说认为,相比普通公众,官员或公众人物的隐私权受到更多的限制,这主要是因为他们通常与公共利益或其他利益相联系,如公众人物的新闻价值等,基于对这些利益的维系,应当限制其隐私权保护的程度。另外,官员和公众人物有着广泛的社会影响力和关注度,其自愿将自己暴露于大众面前,获得了比普通大众更多的利益,因此,其隐私保护受到更多限制是其应当付出的代价。尽管如此,当面临官员和公众人物的隐私权与公众的知情权冲突的情形,在进行利益平衡时,仍然不能绝对地牺牲公众人物的隐私权,而需要结合个案情况,通过比例原则和合目的性原则来协调隐私权

---

① 参见王泽鉴:《人格权法:法释义学、比较法、案例研究》,北京大学出版社2013年版,第225页。

与知情权之间的关系。[1]

三、隐私权的内容

(一) 隐私维护权

权利人享有的禁止其他组织或者个人未经同意以刺探、侵扰、泄露、公开等方式侵害其隐私的权利。这是隐私权的首要权能,体现了隐私权的消极防御性质。

(二) 隐私控制权

它主要是指权利人对于自己的私生活空间、私人信息等有权决定是否公开以及以什么样的方式予以公开的权利。

(三) 隐私利用权

它是指权利人通过对自己的隐私进行商品化利用从而获取财产收益的权利。如公众人物将自己的隐私记录予以出版以获取版税收入。

四、侵害隐私权行为

(一) 侵扰他人私生活

在没有合法授权的情况下,行为人未经权利人同意实施的以下行为构成对他人私生活的侵扰:(1) 进入、拍摄、窥视他人的住宅、宾馆房间等私密空间;(2) 拍摄、窥视、窃听、公开他人的私密活动;(3) 拍摄、窥视他人身体的私密部位;(4) 以电话、短信、即时通信工具、电子邮件、传单等方式侵扰他人的私人生活安宁。

(二) 获取、公开私密信息

行为人未经合法授权或权利人同意处理他人的私密信息,如擅自获取、删除、公开、买卖他人的私密信息等构成对权利人隐私权的侵犯。

(三) 其他侵害隐私权的行为

如侵害权利人对自己私密情事是否予以公开的自主决定权、侵害权利人对隐私商业化利用的权利等,均构成对隐私权的侵害。

第七节 个人信息保护

一、个人信息保护概述

随着计算机与网络技术的发展,在个人信息的提取、存储、利用中的侵权行为越来越频发,公开售卖个人信息、泄露个人信息、违法使用个人信息等现象时有发生。在这一背景下,众多国家、地区都制定了专门对个人信息予以保护的法律。我国也一

---

[1] 参见张红:《人格权各论》,高等教育出版社2016年版,第529页。

直重视对个人信息的保护,制定了关于个人信息保护的专门规章,如工信部 2013 年通过的《电信和互联网用户个人信息保护规定》;在若干法律文件中也设有对个人信息保护的条款,如 2012 年制定的《全国人民代表大会常务委员会关于加强网络信息保护的决定》(以下简称《关于加强网络信息保护的决定》)、2013 年修正的《消费者权益保护法》、2016 年全国人大常委会通过的《中华人民共和国网络安全法》等。在此基础上,《民法典》在总则部分第五章"民事权利"中确立了对个人信息保护的一般条款(第 111 条):"自然人的个人信息受法律保护。任何组织或者个人需要获取他人个人信息的,应当依法取得并确保信息安全,不得非法收集、使用、加工、传输他人个人信息,不得非法买卖、提供或者公开他人个人信息。"《民法典》人格权编在第六章细化了《民法典》第 111 条的规定,为个人信息的保护提供了明确的指引。2021 年通过的《中华人民共和国个人信息保护法》(以下简称《个人信息保护法》)进一步细化、完善了《民法典》关于个人信息保护的规定。

二、个人信息的概念和特征

个人信息是以电子或者其他方式记录的能够单独或者与其他信息结合识别特定自然人的各种信息,包括自然人的姓名、出生日期、身份证件号码、生物识别信息、住址、电话号码、电子邮箱、健康信息、行踪信息等,但经匿名化处理后的信息除外。个人信息具有以下特征:

第一,个人性。个人信息的权利主体为自然人,不包括法人、非法人组织。它包括自然人的姓名、性别、年龄、婚姻、家庭、住址、联系方式等。

第二,可识别性。通过个人信息能够直接或间接指向特定的权利主体。《关于加强网络信息保护的决定》第 1 条规定,国家保护能够识别公民个人身份和涉及公民个人隐私的电子信息。这强调了个人信息的可识别性。《民法典》第 1034 条第 2 款、《个人信息保护法》第 4 条第 1 款关于个人信息概念的界定中都将可识别性作为其重要属性。

个人对其个人信息的权利内容主要在于对个人信息的控制和自我决定的利益,未经权利主体的同意,他人不得擅自收集、公开、使用个人信息,亦即法律对个人信息的保护建立在个人对信息的控制理论及知情同意规则的基础之上。但关于个人信息的利益属性,我国民法学界有不同观点。有的学者认为,其应当属于个人信息权[①];有的则认为,《民法典》第 111 条、《民法典》人格权编关于个人信息保护的条文只是规定个人信息应受法律保护,没有使用"个人信息权"的表述,未将个人信息当作一项具

---

① 参见杨立新主编:《中华人民共和国民法总则要义与案例解读》,中国法制出版社 2017 年版,第 413 页。

体的人格权①;还有学者认为,应将个人信息利益归入一般人格权范畴。② 本书赞同第一种观点。

三、个人信息的分类

（一）一般个人信息与敏感个人信息

根据个人信息与私人生活的关联性,可以将个人信息区分为一般个人信息和敏感个人信息。《欧盟个人数据保护指令》(95/46/EC)采取了类似的分类方式。《个人信息保护法》也专门规定了敏感个人信息的处理规则。我国将敏感个人信息界定为:一旦泄露或者非法使用,容易导致自然人的人格尊严受到侵害或者人身、财产安全受到危害的个人信息。各行业敏感个人信息的具体内容根据接受服务的个人信息主体意愿和各自业务特点确定。通常,敏感个人信息可以包括生物识别、宗教信仰、特定身份、医疗健康、金融账户、行踪轨迹等信息,以及不满14周岁未成年人的个人信息。一般个人信息则是指敏感个人信息之外的个人信息。

这种区分的意义在于对不同信息类型给予不同程度的法律保护。敏感个人信息因为与个人的人格尊严、人格自由发展等利益相关联,获得比较高程度的保护,赋予主体更高的控制权,对敏感个人信息的收集和使用应经过当事人的单独同意;且只有在具有特定的目的和充分的必要性,并采取严格保护措施的情形下,个人信息处理者方可处理敏感个人信息。对于一般个人信息的保护程度则较弱,个人对信息的控制权也受到更多限制。

（二）公开的个人信息与非公开的个人信息

公开的个人信息是指依据法律规定或者个人意愿已经被社会以各种形式所知悉的个人信息。③ 如律师在网上公布的个人联系方式。所谓非公开的个人信息,是指权利人不愿意公开的个人信息。

这种区分的意义在于它们受法律保护的程度不同。对于已经公开的个人信息可以视为权利主体同意他人进行利用,权利人对信息的控制权受到限制,如《民法典》第1036条第2项规定,除非权利人明确拒绝或者处理该信息侵害其重大利益,合理处理该权利人自行公开的或者其他已经合法公开的信息是法律允许的,无须取得权利人同意;而对于非公开的个人信息的收集和使用原则上须经权利人同意。

四、个人信息保护与隐私权的联系与区别

个人信息保护与隐私权既存在关联,也存在区别。

---

① 参见王利明主编:《中华人民共和国民法总则详解》(上册),中国法制出版社2017年版,第456页。
② 参见李承亮:《个人信息保护的界限——以在线评价平台为例》,载《武汉大学学报(哲学社会科学版)》2016年第4期。
③ 参见王利明:《人格权重大疑难问题研究》,法律出版社2019年版,第667页。

二者的关联性体现在,个人信息保护与隐私权存在交叉领域,有的国家通过扩大隐私权的内涵与外延保护个人信息,以美国为典型。美国法将隐私权从个人自我独处的消极权利逐步转变为个人自主决定以及对于个人信息的控制这种积极权利,从而使得个人信息落入隐私权的保护范围。在这个意义上,隐私权的保护范围直接决定了个人信息保护是否具有独立性。

但它们也存在差异:一是客体不同。个人信息保护的客体为自然人的具有可识别性的个人信息;隐私权的客体为私密空间、私密活动、私密信息。即使两者都包含了个人信息,但是在个人信息保护中的个人信息并不强调其私密性,而是以可识别性为特征,而隐私权下的私人信息则以私密性为要素。二是立法目的不同。个人信息旨在保护主体对个人信息的控制权,即主体有权控制自己的信息,包括控制个人信息的公开、使用的方式,授权他人使用个人信息,以及排除他人干涉等;而隐私权则主要旨在保护自然人私密的生活状态及私人事务的不受非法披露及内心的安宁,侧重于对人格尊严的保护。正是因为这种差异,欧洲大多数国家并不是通过已有的隐私保护法,而是另行制定个人信息保护法来保护个人信息,将其独立于隐私权之外。

五、个人信息的权益内容

(一) 信息控制权

权利人得自主决定是否公开、提供个人信息,排斥他人对个人信息的非法收集和利用。在信息社会,为使个人得自由发展其人格,法律确认个人对自身信息的控制权,使个人得自主决定是否、何时、以何种方法处理个人信息。它包含两个方面的内容:一方面是个人对其信息享有排除他人不法搜集、利用的权利;另一方面是个人也享有支配、处分个人信息的自由。不过,个人对信息的控制权在现代社会也并非绝对毫无限制,它同样存在被限制的可能性,因为这里同样存在与公共利益平衡和协调的问题。在必要且没有超出合理限度的前提下,信息主体应当容忍对其信息自主权的限制。但是,对于涉及个人隐秘或私密领域的敏感个人信息,则应当赋予主体更高的信息控制权,除非经权利主体单独同意,不得被收集、使用或以其他方式被处理。

(二) 信息知情权

个人对其个人信息的处理享有知情权。除法律规定的情形之外,权利人可以依法向信息处理者查阅或者复制其个人信息。

(三) 信息更正权

权利人发现信息记录有错误或者不完整的,有权提出异议并要求及时采取更正、补充等必要措施。

(四) 信息删除权

权利人发现信息处理者违反法律、行政法规的规定或者双方的约定处理其个人信息或者具备《个人信息保护法》第47条第1款规定的其他情形的,有权请求信息处理者及时删除。

（五）信息利用权

权利人有权决定使用自己的信息以及授权第三人使用其个人信息。

六、个人信息处理者的义务

（一）征得信息主体或者其监护人同意

信息控制的核心和基础是信息主体的知情同意。所以，除非法律、行政法规有特别规定，否则对个人信息的处理，如收集、公开、使用等均要获得主体同意。如果信息主体不具备同意能力，无法判断信息使用的性质及后果，则应当由其监护人作出同意表示。《民法典》第1036条第1项规定，在该自然人或者其监护人同意的范围内合理处理个人信息，行为人不承担民事责任。但在一些例外情形，对个人信息的处理无须取得信息主体的同意。如《民法典》第1038条第1款规定，未经自然人同意，不得向他人非法提供其个人信息，但是经过加工无法识别特定个人且不能复原的除外。《个人信息保护法》第13条明确列举了以下几种同意例外的情形：(1) 为订立、履行个人作为一方当事人的合同所必需，或者按照依法制定的劳动规章制度和依法签订的集体合同实施人力资源管理所必需；(2) 为履行法定职责或者法定义务所必需；(3) 为应对突发公共卫生事件，或者紧急情况下为保护自然人的生命健康和财产安全所必需；(4) 为公共利益实施新闻报道、舆论监督等行为，在合理的范围内处理个人信息；(5) 依照《个人信息保护法》规定在合理的范围内处理个人自行公开或者其他已经合法公开的个人信息。

同意的形式包括明示同意和默示同意，针对敏感信息的收集、公开、使用等处理行为必须得到单独、明示同意。所谓明示同意，是指信息主体通过书面声明或主动作出肯定性动作，对将其个人信息进行特定处理作出明确授权的行为。肯定性动作包括个人信息主体主动作出声明（电子或纸质形式）、主动勾选、主动点击"同意""注册""发送"等。

除了形式要求外，同意还应当满足信息主体具备同意能力，同意的意思表示真实，不得违反法律、行政法规的强制性规定或违背公序良俗的要求。

基于个人同意处理个人信息的，个人有权撤回其同意。

（二）公开处理信息的规则

这属于法律为信息处理者设定的告知义务。《个人信息保护法》第17条规定，个人信息处理者在处理个人信息前，应当以显著方式、清晰易懂的语言真实、准确、完整地向个人告知下列事项：(1) 个人信息处理者的名称或者姓名和联系方式；(2) 个人信息的处理目的、处理方式，处理的个人信息种类、保存期限；(3) 个人行使相关权利的方式和程序。如果个人信息处理者通过制定个人信息处理规则的方式告知前述事项，处理规则应当公开。告知义务旨在更好地实现权利人对个人信息的自主权，因为只有充分了解同意所针对的事项,权利人才能作出有效的同意。

(三) 保证其收集、存储的个人信息的安全

信息处理者应当采取技术措施和其他必要措施,确保其收集、存储的个人信息的安全,防止信息泄露、篡改、丢失;发生或者可能发生个人信息泄露、篡改、丢失的,应当及时采取补救措施,按照规定告知自然人并向有关主管部门报告。除非个人信息经过处理无法识别特定个人且不能复原,否则未经信息主体同意,信息处理者不得向他人非法提供个人信息。

(四) 合规审计

个人信息处理者应当定期对其处理个人信息遵守法律、行政法规的情况进行合规审计。此为个人信息处理者应履行的公法义务,违者应依法承担相应的行政法律责任(《个人信息保护法》第54条、第66条)。

第三章 人格权的保护

第一节 人格权请求权

一、人格权请求权的概念

人格权请求权,是指民事主体在其人格权受到侵害或有受侵害之虞时,得请求加害人为一定行为或者不为一定行为,以消除侵害或危险状态的权利。人格权请求权是人格权人享有的救济性请求权,旨在排除他人对人格权的非法侵害,回复人格权的圆满状态。正因为这一功能,人格权请求权与人格权同在,不受诉讼时效的限制。

我国法律没有明确规定人格权请求权的成立要件及具体内容,但通说认为,人格权请求权作为绝对权派生的请求权,其性质和成立要件与物权请求权相似。

二、人格权请求权的成立要件

人格权请求权针对侵害人格权的行为而设。因为人格权请求权旨在排除对人格权的侵害或妨害,因此与侵权损害赔偿请求权不同,人格权请求权的行使并不要求权利人受到了实际损害,也并不要求侵害人有过错。具体而言,人格权请求权的成立要件有二:

(一)他人行为构成了对人格权的侵害或存在侵害危险

前者是指他人的行为已经对权利人的人格权构成了侵害,如擅自使用他人姓名、故意传播虚构事实损坏他人名誉;后者指虽然尚未造成实际侵害,但存在侵害人格权的客观风险,如从事污染环境、可能侵害权利人健康权的生产活动。

(二)侵害或妨害具有不法性

只有针对不法行为,权利人才能行使人格权请求权,否则,权利人负有容忍的义务。关于侵害人格权行为不法性的判定,须考量以下两个问题:

1. 人格权与其他权益的冲突

人格权的保护常与其他权益发生冲突,如名誉权的保护与舆论监督、文艺批评自由等权益发生冲突。因此,在判断是否构成违法的侵害或妨害时,需要考量人格权保护与其他相互冲突的权益关系之间的平衡;必要时,人格权保护须让位于更高的价值保护诉求。例如在霍某与中国电影集团公司等名誉权纠纷上诉案中①,法院确认被告创作的电影存在诸多虚构情节,但认为应允许艺术家有较大的艺术创作自由和空间,即对受害人的名誉保护与文艺创作自由两种利益进行了比较和权衡,将天平倾向了后者。但并非所有的人格权益保护都面临这个问题,主要是精神性人格权与标表性人格权的保护涉及与其他权益保护的冲突。具体如何平衡,需要综合考虑行为人和受害人的职业、影响范围、过错程度以及行为的目的、方式、后果等因素。

2. 违法性的阻却——人格要素的合理使用

《民法典》第999条规定:"为公共利益实施新闻报道、舆论监督等行为的,可以合理使用民事主体的姓名、名称、肖像、个人信息等;使用不合理侵害民事主体人格权的,应当依法承担民事责任。"该条是关于人格要素合理使用的规定。合理使用制度源于著作权法,是指以一定方式使用作品可以不经著作权人的同意,也不向其支付报酬。据此,人格权法上的合理使用是指在法律规定的条件下,无须征得人格权主体的同意,也不必向其支付报酬,基于正当目的而使用他人人格要素的行为。人格要素的合理使用将阻却侵害行为的违法性的构成,行为人未经同意使用权利人的人格要素并不构成侵权。人格要素的合理使用须满足以下条件:

第一,合理使用的对象为民事主体的姓名、名称、肖像、个人信息等标表性人格要素。生命、身体、健康、隐私等物质性和精神性人格要素因为与主体的人格尊严等联系紧密,不在合理使用的范围内。

第二,人格要素使用的目的是为了维护公共利益或公序良俗。为了促进公共利益的实现,在必要情况下,可以不经权利人同意,使用诸如其姓名、名称、肖像、个人信息等人格要素,如为了新闻报道而使用权利人肖像等。

第三,人格要素的合理使用限于实施新闻报道、舆论监督等行为,排除商业使用的情形。合理使用属于无偿使用,是权利人对公共利益的服从或牺牲,若允许在商业活动中无偿使用他人的人格要素以获取利益或扩大影响,则与合理使用的初衷相违背。例如未经同意在商业电影中以特写方式使用他人肖像,即不构成合理使用。

第四,对人格要素的合理使用应当遵循比例原则。合理使用应当限定在必要的范围内,否则将构成对人格权的侵犯。例如日本法在关于肖像权的合理使用从而阻却行为违法性的认定中强调三个要件:实施的公益性、目的的公益性、手段的相当性。② 手段的相当性就是比例原则的体现。是否满足比例原则,应从人格要素被使用的比例、使用的方式、使用的必要性、与实现使用目的之间的关系等方面综合考量。

---

① 参见北京市高级人民法院(2007)高民终字第309号民事判决书。
② 参见〔日〕五十岚清:《人格权法》,〔日〕铃木贤、葛敏译,北京大学出版社2009年版,第138页。

三、人格权请求权的内容

(一) 停止侵害

停止侵害请求权是指当人格权受到了不法侵害时,权利人得请求侵害人停止其侵害行为的请求权。停止侵害请求权针对的是已经实际发生且侵害状态仍然在持续的行为。通过该请求权的行使,能够有效地遏制侵害行为,防止损害后果的扩大。

(二) 消除危险

消除危险请求权是指人格权有受到不法侵害之虞时,权利人得向侵害人请求消除危险的请求权。与前述停止侵害请求权不同,消除危险请求权主要针对尚未实际发生但存在发生可能性的侵害行为。

(三) 消除影响、恢复名誉、赔礼道歉

消除影响请求权、恢复名誉请求权主要针对不法侵害名誉权的行为。侵害人的行为造成权利人名誉的损害的,权利人得请求侵害人在影响所及的范围内将权利人的名誉恢复到如同侵害行为未发生时的状态。赔礼道歉则是权利人请求侵害人对其侵害人格权的行为公开认错,表示歉意。赔礼道歉也有助于消除侵权行为的后果和影响。

行为人因侵害人格权承担消除影响、恢复名誉、赔礼道歉等民事责任的,应当与行为的具体方式和造成的影响范围相当。行为人拒不承担上述民事责任的,人民法院可以采取在报刊、网络等媒体上发布公告或者公布生效裁判文书等方式执行,由此产生的费用由行为人负担。

第二节 人格权侵权损害赔偿

一、人格权侵权损害赔偿的概述

(一) 人格权侵权损害赔偿的成立要件

人格权侵权损害赔偿是人格权侵权责任的主要形式,此项侵权责任的成立,首先需要确定个案适用的归责原则——过错责任原则抑或是无过错责任原则。若适用过错责任原则,则其构成要件为违法行为、损害、因果关系、过错;若适用无过错责任原则,则其构成要件为损害、因果关系。

一般而言,侵害他人生命权、健康权、身体权等物质性人格权益的,有可能适用无过错责任原则,如高度危险作业、饲养动物致害等造成的人身损害。除此之外,大部分人格权侵权的情形都适用过错责任原则。

(二) 人格权侵权损害赔偿与人格权请求权的区别

人格权侵权损害赔偿与人格权请求权均是对人格权的救济,但两者存在以下区别：

第一，功能不同。人格权请求权旨在排除侵害人对人格权的非法侵害或妨害，回复权利人对人格要素的圆满支配。人格权侵权损害赔偿旨在填补权利人因人格权侵害行为遭受到的损害。

第二，成立要件不同。人格权请求权的行使并不要求行为人存在过错，亦即不论行为人是否有过错，针对违法的侵害或妨害行为，权利人均可以行使人格权请求权。人格权侵权损害赔偿若发生在适用过错责任原则的情形，则只有当行为人存在过错，权利人才可以主张侵权损害赔偿。另外，人格权请求权的行使通常并不要求造成实际损害，而侵权损害赔偿行使的前提条件便是侵害行为造成了实际损害。

第三，适用诉讼时效的差异。人格权请求权并不受诉讼时效的限制；人格权侵权损害赔偿请求权作为债权请求权，应适用诉讼时效。

二、人格权侵权损害赔偿的内容

人格权侵权损害赔偿的内容主要包括财产损害赔偿与精神损害赔偿。

（一）财产损害赔偿

1. 赔偿实际损失

侵害人格权造成权利人财产损害的，权利人可以主张实际损失的赔偿。《民法典》第1179条规定，侵害他人造成人身损害的，应当赔偿医疗费、护理费、交通费、营养费、住院伙食补助费等为治疗和康复支出的合理费用，以及因误工减少的收入。造成残疾的，还应当赔偿辅助器具费和残疾赔偿金；造成死亡的，还应当赔偿丧葬费和死亡赔偿金。

权利人因姓名、肖像等人格标识的商业化利用权益被侵害遭到财产损害的，得依据《民法典》第1182条的规定主张实际损失的赔偿。

2. 赔偿侵权获利

根据《民法典》第1182条的规定，侵害他人人身权益造成财产损失的，按照被侵权人因此受到的损失或者侵权人因此获得的利益赔偿。以侵权人的获利作为损害赔偿的方式，主要适用于对姓名、名称、肖像等人格标识的"商业利用"型侵权行为。对上述人格标识的使用并不以占有权利客体为必要，而且第三人擅自使用后，权利主体往往难以证明自己的实际损害，若仍然固守"无损害即无赔偿"的原则，对权利人不公平，也放纵了侵权行为。上述规定突破了以受害人的实际损失作为赔偿依据的侵权损害赔偿的传统规则，减轻了受害人的举证负担，强化了人格权的保护，且有利于预防和遏制对人格标识的侵权行为。

就实际损失与获利赔偿这两种损害赔偿方式的适用顺序，根据《民法典》第1182条的规定，权利人可以自由选择。这改变了原来《侵权责任法》第20条的规定——侵权获利赔偿的适用以"被侵权人的损失难以确定"为条件，对权利人更为有利。

(二) 精神损害赔偿

人格权被侵害,受害人除了遭受财产损失外,也可能遭受精神或心理上的痛苦,亦即精神损害。根据《民法典》第1183条第1款的规定,侵害自然人人身权益造成严重精神损害的,被侵权人有权请求精神损害赔偿。

1. 精神损害赔偿的特征

第一,精神损害赔偿的请求权主体限于自然人。通说认为,精神损害赔偿以请求权人感知精神痛苦为前提,故法人和非法人组织的人格权益遭受侵害,不能主张赔偿精神损害。

第二,精神损害赔偿的主要功能是精神抚慰。不同于财产损害赔偿旨在填平受害人因人格权侵权遭受的损害,精神损害赔偿旨在通过损害赔偿的形式使得受害人的精神或心理痛苦得到抚慰与减轻。

第三,精神损害赔偿的请求权原则上不可转让。因为精神损害赔偿区别于财产损害赔偿的属性,权利人因人格权被侵害后对赔偿义务人所能主张的精神损害赔偿请求权原则上不得让与或者继承,但赔偿义务人已经以书面方式承诺给予金钱赔偿,或者赔偿权利人已经向人民法院起诉的除外。

第四,精神损害赔偿请求权可与违约责任一并主张。《民法典》第996条规定:"因当事人一方的违约行为,损害对方人格权并造成严重精神损害,受损害方选择请求其承担违约责任的,不影响受损害方请求精神损害赔偿。"

2. 精神损害赔偿数额的确定标准

精神损害不像财产损害,无法用金钱计算与评价,故精神损害赔偿的数额也无法采用客观的计算标准确定,它受制于法官的自由裁量,带有较大的主观性。根据《精神损害赔偿解释》第5条的规定,精神损害的赔偿数额根据以下因素确定:(1) 侵权人的过错程度,法律另有规定的除外;(2) 侵权行为的目的、方式、场合等具体情节;(3) 侵权行为所造成的后果;(4) 侵权人的获利情况;(5) 侵权人承担责任的经济能力;(6) 受理诉讼法院所在地的平均生活水平。

第三节　死者人格利益的保护

一、自然人死亡后人格利益的称谓

自然人死亡后,其权利能力消灭,不再是权利主体,不能再享受任何权利。所以,对死者而言,不能称其享有人格权,而称之为死者的姓名、肖像、名誉、隐私等。2001年《精神损害赔偿解释》(已被修正)较早地明确了这一点,其第3条使用的便是死者的姓名、名誉、肖像、隐私等表述。《民法典》第994条承继了此种称谓。

二、死者人格利益保护的请求权主体

死者丧失了权利能力,也不再是诉讼主体。《民法典》第 994 条规定:"死者的姓名、肖像、名誉、荣誉、隐私、遗体等受到侵害的,其配偶、子女、父母有权依法请求行为人承担民事责任;死者没有配偶、子女且父母已经死亡的,其他近亲属有权依法请求行为人承担民事责任。"所以,当死者的姓名、肖像、名誉、隐私等遭受侵害时,其配偶、子女、父母是请求权人,列其配偶、父母和子女为原告,他们以自己的名义,而非以死者的名义请求侵权人承担侵权责任。若没有配偶、子女并且父母已经死亡的,其他近亲属为请求权人,列其他近亲属为原告。

三、侵害死者人格利益的情形

侵害死者人格利益的情形主要包括:

(1) 以侮辱、诽谤、贬损、丑化或者违反社会公共利益、社会公德的其他方式,侵害死者的姓名、肖像、名誉、荣誉;

(2) 非法披露、利用死者隐私,或者以违反社会公共利益、社会公德的其他方式侵害死者的隐私;

(3) 非法利用、损害遗体、遗骨,或者以违反社会公共利益、社会公德的其他方式侵害遗体、遗骨。

(4) 擅自使用死者的姓名、肖像等获取财产利益。

第六编　婚姻家庭

- 第一章　导论
- 第二章　结婚
- 第三章　婚姻的人身效力
- 第四章　婚姻的财产效力
- 第五章　婚姻关系的终止
- 第六章　父母子女关系和其他家庭关系
- 第七章　收养
- 第八章　父母子女间的权利义务

第一章 导 论

第一节 家庭和家庭法

一、家庭的含义

在社会学中,家庭是由那些自认为有血缘、婚姻、收养关系的成员组成的社会生活单位。① 在法学上,家庭是一个规范性概念,它与社会学意义上的家庭可能存在重叠,并且社会学意义上家庭概念的变迁也会影响规范意义上家庭概念的调整,但二者并不完全相同。虽然有的国家在实定法上对家庭的概念进行了定义(如《乌克兰家庭法典》第3条),但我国《民法典》婚姻家庭编并未规定何为家庭。通说认为,家庭是指以婚姻关系、血缘关系等亲属关系为纽带形成的、以永久共同生活为目的而同居的社会生活单位。

民法中的家庭图像是随着现代家庭的结构和功能的转变而转变的。纵观民法法系,相较于其他部分,家庭法的修订更为频繁。现代民法所呈现出的家庭形象至少具有以下三个方面的特征:

首先,与家庭规模日趋萎缩的趋势相一致,家庭法所调整的家庭关系范围逐渐缩小。它所呈现的是以核心家庭为基础的小家庭图像,而不再是大家族形象。

其次,妇女和未成年子女的人格得到普遍承认,基于夫权和父权制的传统家庭已不复存在,妻子和子女的人格不再被丈夫吸收,丈夫不对子女和妻子享有任何的支配权。

最后,家庭中的角色分配不再固定,相当大部分内容的权利义务可以由当事人意思自治确定,即使针对未成年人,法律也强调应尊重其意愿。与此同时,国家对于家庭中弱者的保护不断加强。

二、家庭法的含义、性质及其在民法典中的地位

所谓家庭法,是指有关婚姻和其他特定家庭关系的私法规范的总称。我国自清

---

① 参见〔美〕詹姆斯·M.汉斯林:《社会学导引——一条务实的路径》,林聚任等译,上海人民出版社2014年版,第653页。

末修律以来,多称其为亲属法。中华人民共和国成立后,受苏联的影响,学界多将其称为婚姻法或者婚姻家庭法。在实定法层面,自 1950 年《婚姻法》颁布以来,一直使用婚姻法的称谓,这一称谓存在明显的婚姻中心主义色彩。虽然在 2001 年《婚姻法》修订时学者多主张对该法名称予以调整,但立法机关出于在编纂民法典时一并修改之考虑并未作出调整,直至 2020 年《民法典》颁布,家庭法才以"婚姻家庭编"的面目出现。与家庭法相关联的概念是身份法。身份法被认为是与财产法相对的概念,而家庭法被认为是最为典型的身份法。身份法这一用语表明家庭法中的权利义务主要是基于身份所确立的,绝大部分规范属于强制性规范。

从规范内容看,家庭法主要包含婚姻法、亲子关系法和其他家庭关系法三个部分。对于监护是否应当属于家庭法的调整范围,存在两种不同的意见。一种意见认为,监护是对自然人行为能力不足的补足,故应当置于民事主体部分进行处理,属于民法总则的调整范围。另外一种意见则认为,监护主要是对家庭法上抚养欠缺的补足,故而应当置于家庭法部分进行处理。在《民法典》编纂过程中,多数学者认为应当在婚姻家庭编规定监护的内容,但最终立法者选择延续现有立法模式,只在《民法典》总则编规定监护的内容。由于我国采纳大监护的概念,监护中的权利义务关系与家庭法中的权利义务关系可能存在重叠。

即使是在有民法典的大陆法系国家,家庭法也并非均置于民法典之中。尤其是在苏联等社会主义国家,存在大量家庭法典与民法典并存的现象。这一实定法上并存模式之理念基础在于,婚姻家庭具有独立性,因而家庭法也应当具有独立性。自 1918 年《俄罗斯联邦户籍登记、婚姻、家庭和监护法典》以来,就形成了这一立法传统。不过,此种并存现象并非大陆法系所特有的现象,埃塞俄比亚、菲律宾等国家亦采纳此种立法模式。

就我国而言,1950 年《婚姻法》的颁布标志着婚姻家庭关系脱离民法的调整范围。[①] 1954 年、1962 年、1979 年三次民法起草均将家庭法排除在民法典之外。但伴随着我国民法理论继受对象向传统大陆法系转移,家庭法回归民法典已成共识。2001 年第四次民法典编纂时,家庭法正式回归民法典,2015 年启动的第五次民法典编纂延续了这一立场。

在潘德克顿体例中,家庭法采用了不同于财产法的立法构造,其并非根据法律后果的相似性,而是根据社会生活事实的相似性。[②] 但家庭法与债法和物权法之间存在密切的关联。

家庭法属于私法,但家庭法一定程度上亦呈现出公法化趋势。当然,如果承认公法和私法之外尚存在社会法域,则家庭法的相当领域在性质上已经属于社会法的范

---

① 参见张新宝、张红:《中国民法百年变迁》,载《中国社会科学》2011 年第 6 期。
② 参见王泽鉴:《民法总则》,北京大学出版社 2009 年版,第 21 页。

畴。这其中主要涉及对家庭中弱者权益的保护。我国《民法典》第 1041 条第 3 款,亦特别规定了对妇女、未成年人和老年人的保护。这种变化反映了家庭的社会化倾向。在这一进程中,家庭的诸多功能逐渐显现出来,家庭也不再被视为纯粹私人的领域。《中华人民共和国妇女权益保障法》(以下简称《妇女权益保障法》)、《中华人民共和国老年人权益保障法》(以下简称《老年人权益保障法》)、《未成年人保护法》等典型的社会法与作为私法的《民法典》婚姻家庭编相互交织,共同对家庭进行规范调整。

除此之外,家庭法在性质上的另一特性表现为家庭法不仅是实体法,也融合了大量程序法的内容,例如结婚、离婚、收养都涉及程序法的内容。虽然私法自治在家庭法中呈现出扩张的趋势,但由于家庭与社会密切相连,家庭法上的多数行为都需要国家机关的介入,这些介入反映在家庭法上的法律行为需要履行特定的程序,符合特定的形式。

民法的概念和规则主要是由财产法提供的,家庭法虽然存在一定的特殊性,但是仍然需要借助于这一套概念和规则体系。即便是形式上作为家庭法抽象化一般规则的民法总则,其核心仍然是从财产法的规则中进行提取公因式操作的,尤其是作为这种提取公因式技术典范的法律行为制度。买卖合同被认为是双方法律行为的典型,而遗嘱则被认为是单方法律行为的典型。即便被作为家庭法中法律行为典型的结婚行为,其能否从法律行为中获得有效的解释,也一直存在争议。不过,作为债法与物权法基础的"当事人之间有效的相对性效力(inter partes)和可对抗任何人的绝对效力(inter omnes)的区分"[1]在家庭法中仍然是有意义的。由于个体人格在家庭法中获得了普遍承认,家庭法中所呈现的平等的人与人之间的结构使得债法在家庭法中的适用空间进一步扩大。不过,需要强调的是,我国合同采纳了狭义的合同概念,家庭法中的协议被排除在外。《民法典》颁布之前,《合同法》第 2 条对此语焉不详。《民法典》合同编对此进行了完善,明确了婚姻家庭领域协议可以依照其性质参照适用合同编的规定。同样,由于家庭财产法与物权法的密切关联,物权法在家庭法中同样存在较大的适用空间。这也是在《法国民法典》中,家庭财产法被置于财产法的重要原因。这是因为,"这部分内容原本就是财产法的内容,只是以亲属为媒介"[2]。

在人格权法层面,根据《民法典》第 1001 条的规定,对自然人因婚姻家庭关系等产生的身份权利的保护,适用《民法典》总则编、婚姻家庭编和其他法律的相关规定;没有规定的,参照适用第四编人格权保护的有关规定,由此确立了家庭法中身份权对人格权保护规范的参照适用。例如,家庭法上的身份权应参照适用《民法典》第 992 条的规定,不得放弃、转让或者继承。不过,人格权与身份权在构造和性质上存在巨

---

[1] 参见〔德〕克劳斯-威廉·卡纳里斯:《民法总则的功能及其作用的限度》,陈大创译,载《中德私法研究》2014 年总第 10 卷,北京大学出版社 2014 年版,第 88 页。
[2] 陈棋炎、黄宗乐、郭振恭:《民法亲属新论》(修订十版),台湾三民书局 2011 年版,第 19 页。

大的差异,不宜一概参照适用。

在民法总则层面,法律在一些地方明确排除了部分规范在婚姻家庭领域的适用。例如,根据《民法典》第196条第3项的规定,支付抚养费、赡养费或扶养费的请求权即被排除在外。即使法律没有明确规定排除,亦应考察婚姻家庭关系的特殊性质,进行个别化考量。如除该三项请求权外,婚姻家庭领域的其他请求权是否适用诉讼时效,应根据请求权的具体性质来判断。同样,婚姻家庭领域的法律行为因其性质,通常情形下属于《民法典》第161条第2款所规定的不得代理情形。总体而言,无论是溢出家庭法的适用或者类推适用,都不能违反由婚姻家庭的基本原则所确立的价值秩序。这一价值秩序反映了婚姻家庭法的伦理特性。

第二节　家庭法的基本原则

一、概述

家庭法的基本原则是家庭法价值秩序的外显,凸显了家庭法在民法体系中的特殊性。对于家庭法究竟应包含哪些原则,学说上有不同的见解。但从《民法典》婚姻家庭编的具体规定来看,应包含婚姻自由、一夫一妻、男女平等和保护妇女、未成年人和老年人合法权益四项原则。这些原则兼具立法指导、行为指引和裁判适用三方面的功能。但这些原则并非都属于概括条款,只有最后一项原则,尤其是其中的最有利于未成年人利益原则才是具有完整裁判功能的原则,其他的原则只是体现了一般性的法律思想。

至于《民法典》第1042条规定的其他所谓禁止性原则,多为对这些原则的反面解释。《民法典》第1043条规定:"家庭应当树立优良家风,弘扬家庭美德,重视家庭文明建设。夫妻应当互相忠实,互相尊重,互相关爱;家庭成员应当敬老爱幼,互相帮助,维护平等、和睦、文明的婚姻家庭关系。"这一规定属于倡导性规范,而不属于基本原则。根据《婚姻家庭编司法解释(一)》第4条的规定,当事人仅以该条为依据提起诉讼的,人民法院不予受理;已经受理的,裁定驳回起诉。

二、婚姻自由原则

婚姻自由是《民法典》第5条所规定的自愿原则在婚姻家庭领域的具体化,是自愿原则(意思自治原则)的次级原则。婚姻自由原则包含结婚自由和离婚自由两项内容。结婚自由涵盖是否结婚的自由和与谁结婚的自由。从其反面来看,婚姻自由意味着禁止包办、买卖婚姻和其他干涉婚姻自由的行为,也意味着不能将婚姻作为交易的客体,不能借婚姻索取财物。

婚姻自由并不是绝对的,无论是结婚自由还是离婚自由都是受到一定限制的。

婚姻自由受限于《民法典》所规定的结婚要件。同样,离婚自由也应以符合《民法典》所确立的法定要件为前提。

与婚姻自由关联的是作为具体人格权的婚姻自主权。根据《民法典》第110条第1款的规定,自然人享有婚姻自主权。婚姻自主权是一项以精神自由为内核的人格权。① 如果行为人通过限制人身自由的方式干涉婚姻自由,则同时构成对自然人身体权的侵害。根据《民法典》第1003条的规定,行动自由属于身体权的范畴。

三、一夫一妻原则

一夫一妻原则是现代婚姻法的基本内核。在我国法上,其意指自然人只能有一个配偶,而不能同时拥有两个以上的配偶。一夫一妻原则意味着禁止重婚。在民法上,重婚是指具有两个同时被法律所承认的婚姻关系。按照我国现行法,重婚不仅指两个以上登记婚,也包括存在两个以上被法律所承认的事实婚以及同时存在登记婚和被法律所承认的事实婚等共三种情形。需要注意的是,有配偶者与他人同居并非直接违反一夫一妻原则,但该行为构成对婚姻义务的违反,会产生一定的法律后果。

四、男女平等原则

《民法典》第4条规定:"民事主体在民事活动中的法律地位一律平等。"家庭法中的男女平等原则是民法上平等原则的具体化,属于次级原则。婚姻并不产生人格吸收效果,夫妻双方在结婚后仍然保持独立的人格,这种人格独立是双方平等的前提。男女平等主要反映在婚姻法中。《民法典》第1055条规定,夫妻在婚姻家庭关系中的地位平等。从行为规范的角度来看,平等原则要求夫妻双方互相尊重对方人格,不得通过婚姻侵犯对方人格尊严。

地位平等意味着双方在权利的享有和义务的承担上是平等的。婚姻家庭关系由于其较强的伦理属性和公序良俗关联性,以类型法定为基本原则。法律在确定各种类型家庭关系中的权利义务时,以地位平等原则为基本导向。家庭关系类型法定并不排除夫妻双方可通过意思自治来调整彼此间的权利义务,地位平等意味着双方应通过平等协商的方式来实现婚姻家庭生活的目的。一方不得将自己的意志强加给另外一方。

地位平等并不排斥对妇女的特殊保护。《民法典》第1041条第3款规定了保护妇女、未成年人和老年人的原则。弱者保护原则所体现的实质平等观只是对形式平等观的修正,形式上的平等仍然是基础。地位平等并不意味着双方权利的绝对均等,尤其是在承担诸如照顾未成年子女、家务等方面义务的绝对均等。夫妻双方可以通过协商的方式来确定具体义务的承担。

---

① 参见王利明:《人格权法研究》(第二版),中国人民大学出版社2012年版,第356—357页。

男女平等原则在亲子关系中亦有体现,它要求父母应当平等对待子女,不得歧视女儿。

五、保护妇女、未成年人和老年人合法权益

民法以抽象的人格为前提,但现代民法之转向愈加注意对弱者的保护,出现了"从契约到身份的返祖现象"。① 在家庭法中,弱者保护原则具有普遍的意义。虽然现代家庭法以个人权利义务的方式构造,但是其中仍然包含了家庭团结这一深层次理念,尤其是注意对弱者的保护。在家庭中,妇女、未成年人和老年人往往处于相对弱势的地位。《妇女权益保障法》《未成年人保护法》和《老年人权益保障法》对这三类人的具体保护进行了细致的规定。《民法典》亦在制度设计上体现了对这三类人的保护。例如,根据《民法典》第1082条的规定,女方在怀孕期间、分娩后1年内或者终止妊娠后6个月内,男方不得提出离婚。又例如,根据《民法典》第1087条第1款的规定,离婚时,夫妻的共同财产由双方协议处理;协议不成的,由人民法院根据财产的具体情况,按照照顾子女、女方和无过错方权益的原则判决。

这其中最为重要的是对未成年人利益的保护,表现为未成年人利益最大化原则。《民法典》第1044条第1款规定:"收养应当遵循最有利于被收养人的原则……"这一规定实际上是未成年人利益最大化原则的具体化。未成年人利益最大化原则不仅反映在亲子关系法中,而且反映在婚姻法中。例如,根据《民法典》第1076条第2款的规定,协议离婚的,双方应当对子女抚养问题形成一致意见。实践中,有法院以双方未就子女抚养问题形成一致意见,违背未成年人利益最大化原则为由,驳回当事人的离婚请求。

未成年人利益最大化原则具有重要的裁判意义,无论是确定直接抚养权归属,还是确定探望权的行使方式、时间,抑或是确定抚养费数额,均应适用这一原则。至于何为未成年人利益最大化应依个案判断,并按照《最高人民法院关于进一步深化家事审判方式和工作机制改革的意见(试行)》的规定,合理引入家事调查机制。

第三节 亲　　属

一、概述

亲属有血缘意义上的亲属、事实上(社会意义上)的亲属和法律意义上的亲属的区分。法律意义上的亲属,是指特定自然人之间基于婚姻、血缘等原因产生的社会关系。法律意义上的亲属部分属于血缘意义上的亲属,部分属于事实上的亲属。但并

---

① 参见谢鸿飞:《现代民法中的"人"》,载《北大法律评论》(2000)第3卷第2辑,法律出版社2001年版,第132页。

不是所有血缘意义上或者事实上的亲属都属于法律意义上的亲属。法律只调整他们中间的一部分。伴随着传统大家族思维的式微,家庭法所调整的亲属范围日趋狭窄。

二、亲属的类型

关于亲属的类型,比较法及学理上有不同的意见,主要分歧在于是否将配偶纳入亲属范围。《民法典》第 1045 条第 1 款明确规定,亲属包括配偶、血亲和姻亲,采纳了广义的亲属概念。

配偶系指因婚姻所生亲属关系,夫妻互称配偶。如前所述,在传统以婚姻法为核心的家庭法构造中,配偶关系处于核心地位。

血亲,系指基于血缘而形成的亲属关系,又分为自然血亲和拟制血亲。所谓自然血亲,是指具有自然血统关系的亲属。伴随着人类辅助生殖技术的发展,自然血统之认定于父系和母系有所差异。父系采遗传关系,通过遗传规律确定。而母系血缘则以出生关系确定。"拟制血亲,谓本无血统关系,法律拟制视同有血统关系之血亲。"①拟制血亲主要有两类:一是通过收养而建立的拟制血亲(《民法典》第 1111 条),二是继父母通过对未成年的继子女进行抚养教育而建立的拟制血亲(《民法典》第 1072 条第 2 款)。后者为我国法之特色。

姻亲,是指除配偶外,以婚姻关系为基础的亲属关系。在比较法上,法律所调整的姻亲范围日益狭窄,通常仅指配偶的血亲、血亲的配偶和配偶的血亲的配偶。我国《民法典》未规定姻亲关系的任何权利义务,但仍可能具有一定的法律意义。例如,根据《民诉法解释》第 85 条的规定,当事人的近姻亲可以当事人近亲属的名义作为诉讼代理人。

除了这一分类外,除配偶外的亲属还可以分为直系亲和旁系亲。直系亲是指与自己或者配偶存在所出或所从出的关系。除此之外则为旁系亲。直系亲又分为直系血亲和直系姻亲,旁系亲亦可分为旁系血亲和旁系姻亲。此外,亲属按照其辈分差异可以分为同辈亲、长辈亲和晚辈亲。此二分类方法亦为我国实定法所采纳。例如《民法典》第 1128 条第 1 款即使用了直系晚辈血亲的概念,第 1015 条第 1 款第 1 项使用了直系长辈血亲的概念,第 1048 条使用了直系血亲和旁系血亲的概念。

三、亲等

亲等是用以确定亲属之间亲疏远近关系的数值。亲等越小,往往表明亲属关系越近。历史上主要存在罗马法和寺院法两种计算方法。罗马法的计算方法因其计算较为科学,为当今主流的计算亲等方法。而寺院法相比于罗马法,在旁系血亲的亲等计算上更为复杂,被逐步淘汰。然而,我国在民法典编纂中考虑法律继受问题,未采

---

① 参见史尚宽:《亲属法论》,中国政法大学出版社 2000 年版,第 51 页。

用学者呼吁较高的罗马法的计算方法，而是沿用了世代法的计算方法。

按照世代法的计算方法，一辈为一代。在计算直系亲的亲等时，以自己或者配偶为一代，从自己往上或者往下数，与父母、子女、儿媳、女婿、岳父母、公婆、继父母为两代，以此类推。在计算旁系亲的亲等时，以自己或者配偶为一代，数至自己、配偶的同源祖先，以高者确定。例如，兄弟之间数至同源祖先为父母，两边均为两代，故而其亲等为两代。又例如，妯娌之间的亲等计算应先从自己配偶数至同源祖先，即双方丈夫的父母，双方丈夫与其父母的亲等为两代，故妯娌之间的亲等为两代。

四、近亲属与家庭成员

《民法典》第 1045 条第 2 款和第 3 款对近亲属和家庭成员的概念进行了界定。根据第 2 款的规定，配偶、父母、子女、兄弟姐妹、祖父母、外祖父母、孙子女、外孙子女为近亲属。这一规定沿用了《民通意见》第 12 条的规定。需要注意的是，近亲属的概念为我国部门法所普遍使用，除《民法典》以外，《民事诉讼法》《中华人民共和国行政诉讼法》（以下简称《行政诉讼法》）、《中华人民共和国刑法》（以下简称《刑法》）、《中华人民共和国刑事诉讼法》（以下简称《刑事诉讼法》）、《中华人民共和国反家庭暴力法》（以下简称《反家庭暴力法》）、《老年人权益保障法》《中华人民共和国公证法》《中华人民共和国海关法》《中华人民共和国道路交通安全法》（以下简称《道路交通安全法》）等都采用了近亲属的用语。不同的部门法对于近亲属的界定存在一定的差异，《刑事诉讼法》第 108 条第 6 项对近亲属进行了界定，将其范围限定在"夫、妻、父、母、子、女、同胞兄弟姊妹"。在法律适用时，《民法典》第 1045 条第 2 款对近亲属的界定仅在私法范围内发生效力。

根据《民法典》第 1045 条第 3 款的规定，配偶、父母、子女和其他共同生活的近亲属为家庭成员。可见，家庭成员的范围小于近亲属。家庭成员的概念在《民法典》被个别使用。例如，《民法典》第 1079 条第 3 款第 2 项将虐待、遗弃家庭成员作为法定的离婚事由。第 1091 条第 4 项将虐待、遗弃家庭成员作为离婚损害的事由。在《民法典》之外的其他私法领域，这一概念亦有被使用。例如，《保险法》第 62 条规定："除被保险人的家庭成员或者其组成人员故意造成本法第六十条第一款规定的保险事故外，保险人不得对被保险人的家庭成员或者其组成人员行使代位请求赔偿的权利。"《农村土地承包法》第 16 条第 2 款规定："农户内家庭成员依法平等享有承包土地的各项权益。"是否适用《民法典》婚姻家庭编对家庭成员的界定应当结合具体的规范文义、体系及其立法旨意来确定。例如，《农村土地承包法》所言家庭成员仅指尚在农户内的家庭成员。

第二章 结 婚

第一节 婚姻的概念

不同时期、不同学科对于婚姻有不同的定义。例如,在社会学上,可以将其界定为"一个群体内被许可的配偶安排,通常采取某种仪式(婚礼)来表明这对夫妇新的身份"。① 在人类学中,较为流行的定义是"婚姻是一个男人和女人的结合,女人所生的孩子是他们法律上的子女"。② 这一定义在现在看来可能并不能被普遍接受,且不论在特定部族中存在的多偶制,已逐渐为当今社会所接纳的同性婚姻对这一定义也形成了根本性冲击。

中国古代典籍中对于婚姻即有不少定义。如《白虎通·嫁娶》中载:"婚姻者何谓也?昏时行礼,故谓之婚也。妇人因夫而成,故曰姻"。从这一定义中不难发现,婚姻通"昏姻",意指双方在黄昏时举办的仪式。更具影响力的记载是《礼记·昏义》所载——"婚礼者,将合二姓之好,上以事宗庙,而下以继后世也"。这一概念凸显了古代婚姻的宗法特性。

《民法典》并未就婚姻的概念进行界定,但是可以从其具体规定中归纳出婚姻的某些核心特征。一般而言,可将婚姻界定为:一男一女得到法律承认的伴侣生活类型。但是,这一界定同样存在问题,因为即使双方不具有共同生活的目的,亦不能径直主张婚姻不成立或者否认其效力。婚姻无效的情形具有封闭性,不应适用《民法典》第146条第1款关于通谋虚伪意思表示的规定。从《民法典》第1079条第3款所采感情破裂主义来看,婚姻的概念中似乎应包含感情这一要素。但在规范上,并不能以双方是否存在感情来判断婚姻是否存在。

对婚姻本质的理解会直接影响具体规则的确立和法律适用。在当代法上对于婚姻本质的理解大体上分为团体主义和个人主义两种立场。在团体主义立场下,婚姻虽然并没有被抽象为独立的民事主体,但其也并不是纯粹的契约,至少具有合伙的法律特性。而在个人主义立场下,婚姻的本质就是契约,只不过其内容受到法律的诸多

---

① 参见〔美〕詹姆斯·M.汉斯林:《走进社会学:社会学与现代生活》(第11版),林聚任、解玉喜译,电子工业出版社2016年版,第346页。
② See Royal Anthropological Institute of Great Britain and Ireland, *Notes and Queries on Anthropology*, London: Routledge and K. Paul, 1951, p.111.

强制。从全球范围来看,启蒙运动以来的个人主义立场确实有力地推动了婚姻法的变革,为意思自治渗入婚姻法提供了理论基础。在大陆法系,个人主义婚姻观的渗入意味着婚姻法将建立在民法财产法所提供的概念和规则体系之上。然而,当代婚姻法的发展并没有完全朝着个人主义的方向迈进,将其完全认定为一种有名合同。婚姻作为伦理实体这种团体主义的观念对于规则的确立和法律适用仍然具有一定的影响力,婚姻大量内容仍然被排除在意思自治之外。

第二节 结婚行为

一、婚约

婚约是男女双方达成的以将来缔结婚姻为内容的约定。我国自1950年《婚姻法》以来一直未对婚约进行调整。民法典编纂过程中虽然有学者主张规定婚约问题,但并未被采纳。反对规定婚约最为重要的理由在于,若承认婚约的效力,会一定程度上助长买卖婚姻或者借婚姻索取财物的现象。

虽然《民法典》未规定婚约问题,但是实践中出现了与婚约相关的纠纷。即使是在婚约受法律调整的国家,也通常不承认其人身效力。法律不能强制一方履行婚约缔结婚姻。实践中与婚约相关的纠纷主要是与婚约相关的财产纠纷。《民事案件案由规定》亦增设了"婚约财产纠纷"。与婚约相关的财产纠纷主要涉及彩礼返还和特殊情形下的损害赔偿责任。

就彩礼返还纠纷而言,"彩礼是中国社会几千年婚姻博弈形成的规则,自古以来具有聘定的意义"[①],不能将所有情形下所给付的彩礼均视为借婚姻索取财物,仍需要在公序良俗的框架下考虑民间习惯的适用问题。根据《婚姻家庭编司法解释(一)》第5条的规定,当事人请求返还按照习俗给付的彩礼的,如果查明属于以下情形,人民法院应当予以支持:(1) 双方未办理结婚登记手续;(2) 双方办理结婚登记手续但确未共同生活;(3) 婚前给付并导致给付人生活困难。适用上述第(2)(3)种情形的规定,应当以双方离婚为条件。关于彩礼(聘礼)返还有不当得利说、附条件赠与说或附义务赠与说等多种学说。[②] 该条司法解释的构造并非基于法理,而是以解决实际问题为出发点的法政策判断。需要强调的是,该条司法解释中的"彩礼"具有特定含义,不应将双方恋爱期间所为赠与视为彩礼适用该条规定,而应适用《民法典》合同编关于赠与合同的规定。该条所规定的当事人亦不局限于缔结婚姻的双方,可能包括给予或者接收彩礼的双方当事人亲属。此外,该条中的返还并非一定指向全额返还,而

---

① 金眉:《论彩礼返还的请求权基础重建》,载《政法论坛》2019年第5期。
② 参见陈棋炎、黄宗乐、郭振恭:《民法亲属新论》(修订十版),台湾三民书局2011年版,第90—92页。

需由法院进行具体的个案考量。例如双方虽然办理结婚登记手续,也在一起共同生活过,但是共同生活的时间较短,此时法院可酌情判决返还数额。

婚约虽然不受法律调整,不能将其认定为法律行为,但是在此过程中可形成特殊的信赖关系,如果一方滥用这种信赖关系,如故意实施欺诈,则应承担相应的侵权责任。

二、婚姻的成立

与其他双方法律行为一样,婚姻的成立以当事人形成结婚的合意为前提。此处,法律存在特定的形式要求,亦即双方必须亲自到婚姻登记机关作出结婚的意思表示。结婚原则上应当适用《民法典》关于意思表示的一般性规定。根据《民法典》第1049条的规定,结婚的男女双方应当亲自到婚姻登记机关申请结婚登记。双方在私下所作出的结婚的意思表示因不符合这一形式而导致法律行为不成立。《民法典》第135条虽未规定违反形式的法律后果,但从《民法典》第490条合同形式补正规则所使用的表述来看,亦采纳不成立说。[1]

由于结婚属于高度人身性行为,属于《民法典》第161条第2款所规定的依其性质不得代理的法律行为,故《民法典》第1049条规定双方应当亲自到婚姻登记机关作出结婚的意思表示。同样,结婚因其高度人身性,"法律的确定性在此高于个人的形成自由"[2],故不得附条件或者期限。

第三节 结婚的条件

一、结婚的主体条件

结婚的主体条件是指意欲缔结婚姻的双方所必须具备的能力或者资格。由于婚姻涉及自然人的身份上的一般性地位,与自然人实施财产法上法律行为的效果存在巨大的差别,故而对其资格要求甚为严格,特别规定了主体年龄要件、主体血缘要件、主体婚姻状态要件和主体性别要件。违反主体资格条件将导致婚姻无效。

就主体年龄要件而言,根据《民法典》第1047条的规定,结婚年龄,男不得早于22周岁,女不得早于20周岁。从比较法来看,《民法典》所规定的法定婚龄相对较高。需要注意的是,根据《婚姻家庭编司法解释(一)》第10条的规定,如果在申请确认婚姻无效时,年龄已经符合法定婚龄,无效婚姻被补正,婚姻的效力从双方均符合法定婚龄时产生。之所以采纳与民事行为能力不同的年龄,主要是基于晚婚晚育的政策

---

[1] 参见陈甦主编:《民法总则评注》(下册),法律出版社2017年版,第976页。
[2] 〔德〕本德·吕特斯、〔德〕阿斯特丽德·施塔德勒:《德国民法总论》(第18版),于馨淼、张姝译,法律出版社2017年版,第265页。

考量。在早婚中,由于双方的婚恋观和世界观尚未成熟,后期婚姻不稳定的比例更高。

就主体血缘要件而言,根据《民法典》第1048条的规定,直系血亲或者三代以内的旁系血亲禁止结婚。此处所言血亲包括法律所承认的自然血亲和拟制血亲。从规范目的上看,禁止血亲结婚主要是为了优生优育之政策考量,也包含了社会伦理因素。因此,即使上述血亲关系因收养而根据《民法典》第1111条第2款消灭,双方仍然属于该条意义上的血亲,属于禁婚亲的范围。如果继父母和继子女因抚养教育形成了《民法典》第1072条第2款意义上的血亲关系,在该关系解除之前,双方属于禁婚亲范围。但是,继父母或者继子女与他们其他的亲属之间只存在姻亲关系,不存在结婚的血缘障碍。至于因收养而形成的血亲关系,在收养关系解除后是否属于禁婚亲的范围,比较法上存在两种立法例。我国《民法典》并没有将收养关系解除后的双方列入禁婚亲范围。在解释上,既然收养关系已经解除,双方已经不属于法律上的血亲,亦不存在自然血缘下的优生优育考量,在法律无特别规定时,应予排除。

就主体婚姻状态要件而言,双方在缔结婚姻时应当不存在被法律所承认的婚姻。被法律所承认的婚姻不仅包括登记婚,也包括1994年2月1日之前形成且为当时法律所承认的事实婚姻。双方不存在婚姻状态的典型情形包括已经离婚、丧偶、婚姻被确认无效或者被撤销。在自然人配偶被宣告死亡场合,根据《民法典》第51条的规定,婚姻关系自宣告死亡之日起消除。

就主体性别要件而言,我国尚不承认同性婚姻,故而意欲缔结婚姻的双方必须是一男一女。《民法典》第1046条和第1049条明确规定了结婚的主体为男女双方。

除此之外,结婚应适用《民法典》第144条和第145条第1款关于民事行为能力的规定,即使双方当事人到达了结婚年龄,但因行为能力缺失亦不符合结婚的主体资格要件。

二、结婚的形式条件

《民法典》第1049条规定:"要求结婚的男女双方应当亲自到婚姻登记机关申请结婚登记。符合本法规定的,予以登记,发给结婚证。完成结婚登记,即确立婚姻关系。未办理结婚登记的,应当补办登记。"进行登记是结婚的形式要件。未办理结婚登记的,婚姻不发生效力,双方属于同居状态。但是根据《婚姻家庭编司法解释(一)》第7条的规定,未依据《民法典》第1049条规定办理结婚登记而以夫妻名义共同生活的男女,提起诉讼要求离婚的,应当区别对待:(1) 1994年2月1日民政部《婚姻登记管理条例》(已失效)公布实施以前,男女双方已经符合结婚实质要件的,按事实婚姻处理。(2) 1994年2月1日民政部《婚姻登记管理条例》(已失效)公布实施以后,男女双方符合结婚实质要件的,人民法院应当告知其补办结婚登记。未补办结婚登记的,依据该解释第3条规定处理。有关结婚登记的程序主要规定在《婚姻登记条例》《婚姻登记工作规范》和《民政部关于贯彻执行〈婚姻登记条例〉若干问题的意见》中。

《民法典》将《婚姻法》第8条规定的"取得结婚证,即确立夫妻关系"修改为"完成结婚登记,即确立婚姻关系",明确了婚姻生效的时间是登记完成时。《民法典》沿用了《婚姻法》所规定的补办登记制度,一定程度上缓和了登记主义的严苛性。根据《婚姻家庭编司法解释(一)》第6条的规定,男女双方依据《民法典》第1049条规定补办结婚登记的,婚姻关系的效力从双方均符合《民法典》所规定的结婚的实质要件时起算。故而,补办结婚登记具有溯及既往的效力。但是这种溯及力不得损害外部善意第三人的利益。例如,一方的财产不能因为补办登记而溯及成为夫妻共同财产而部分免于善意第三人的执行。

婚姻登记属于具体行政行为中的行政确认行为,因而如果登记存在错误,当事人应当通过提起行政复议和行政诉讼寻求救济。根据《婚姻家庭编司法解释(一)》第17条第2款的规定,当事人以结婚登记程序存在瑕疵为由提起民事诉讼,主张撤销结婚登记的,告知其可以依法申请行政复议或者提起行政诉讼。例如,被冒名结婚的当事人即可以登记错误为由,要求撤销结婚登记。不过,实践中面临的问题在于,如果行政机关不主动改变其行政行为,由于行政复议申请期限和行政诉讼时效均较短,当事人将面临难以寻求救济的难题。根据《中华人民共和国行政复议法》第9条的规定,公民、法人或者其他组织认为具体行政行为侵犯其合法权益的,可以自知道该具体行政行为之日起60日内提出行政复议申请;但是法律规定的申请期限超过60日的除外。因不可抗力或者其他正当理由耽误法定申请期限的,申请期限自障碍消除之日起继续计算。又根据《行政诉讼法》第46条的规定,公民、法人或者其他组织直接向人民法院提起诉讼的,应当自知道或者应当知道作出行政行为之日起6个月内提出。法律另有规定的除外。因不动产提起诉讼的案件自行政行为作出之日起超过20年,其他案件自行政行为作出之日起超过5年提起诉讼的,人民法院不予受理。在实践中,如果当事人一直未发现婚姻登记错误,或者在借用证件进行结婚登记的场合,往往已经超过行政复议的申请期限或者行政诉讼时效,导致婚姻登记错误不能被纠正。不过,一种可能的解释路径是将申请撤销登记行政机关拒不撤销理解为行政机关拒不履行法定职责,以此时间点作为申请行政复议期限和行政诉讼时效的起算点。①

---

① 参见吴美来、詹亮:《用虚假身份登记结婚后下落不明的行政诉讼救济》,载《人民司法(案例)》2016年第11期。

第四节　无效和可撤销婚姻

在婚姻效力瑕疵体系上,我国民法采纳了无效和可撤销的二元体制,与法律行为的效力瑕疵体系保持了一致。不过,考虑到婚姻的特殊性,《民法典》婚姻家庭编就婚姻无效和可撤销规定了特殊的事由。在此情形下,应当认定这些事由具有封闭性,原则上不适用《民法典》总则编关于法律行为无效和可撤销的一般性规定。根据《婚姻家庭编司法解释(一)》第17条第1款的规定,当事人以《民法典》第1051条规定的三种无效婚姻以外的情形请求确认婚姻无效的,人民法院应当判决驳回当事人的诉讼请求。于可撤销情形,应作同样理解。

一、无效婚姻

1. 婚姻无效事由

根据《民法典》第1051条的规定,无效婚姻事由包括重婚、有禁止结婚的亲属关系和未到法定婚龄三种情形。这三种情形实际上均是对前述结婚主体资格的违反。

就重婚而言,民法上的重婚认定区别于刑法上的重婚认定,只有存在两个被法律所承认的婚姻时才构成民法上的重婚。如前所述,民法上的重婚包含登记婚之间的重婚、登记婚与法律所承认的事实婚之间的重婚以及法律所承认的事实婚之间的重婚三种形态。需要注意的是,即使后婚配偶处于善意状态,也不影响婚姻无效的认定,后婚善意配偶只能依据《民法典》第1054条第2款的规定主张损害赔偿。

有禁止结婚的亲属关系,是指在结婚时存在法律所禁止的直系血亲和三代以内的旁系血亲关系。在拟制血亲场合,如果收养关系或者通过抚养教育所形成的继父母子女关系已经解除,则不应认定存在本项事由。

就未到法定婚龄而言,同样是指在结婚时双方未到达法定婚龄。如果当事人通过违法篡改出生日期等方式取得了婚姻登记,双方的婚姻同样无效。根据《民法典》第15条的规定,有其他证据足以推翻出生证明、户籍登记或者其他有效身份登记记载的出生时间的,以该证据证明的时间为准。婚龄的计算同样应以该时间为准。

2. 无效婚姻的补正

对于前述无效婚姻事由,如果在申请确认无效时,上述事由已经消失,根据《婚姻家庭编司法解释(一)》第10条的规定,无效的婚姻被补正。所谓上述情形消失包括:重婚状态已经消失(如配偶死亡、离婚)、双方已经符合法定结婚年龄、双方已经不存在禁婚亲障碍以及民事行为能力恢复。效力补正的溯及力止于婚姻无效情形消失时。

3. 请求确认婚姻无效的主体

与一般的民事法律行为的当然无效相比,婚姻无效采用起诉确认制度,通过司法介入明确当事人之间的人身关系。根据《婚姻家庭编司法解释(一)》第 9 条的规定,有权依据《民法典》第 1051 条规定向人民法院就已办理结婚登记的婚姻请求确认婚姻无效的主体,包括婚姻当事人及利害关系人。其中,利害关系人包括:(1) 以重婚为由的,为当事人的近亲属及基层组织;(2) 以未到法定婚龄为由的,为未到法定婚龄者的近亲属;(3) 以有禁止结婚的亲属关系为由的,为当事人的近亲属。所有类型中所指利害关系人均包括近亲属,这是由于近亲属与当事人之间往往存在密切的家庭关系,且婚姻的效力可能会影响他们在继承法上的利益。对于重婚而言,其与公共利益相关联,刑法上亦对重婚予以制裁,故而将其主体扩展至基层组织。

4. 确认婚姻无效的程序

确认婚姻无效并不适用民事诉讼特别程序,而应当适用诉讼一般程序。根据《婚姻家庭编司法解释(一)》第 15 条的规定,利害关系人依据《民法典》第 1051 条的规定,请求人民法院确认婚姻无效的,利害关系人为原告,婚姻关系当事人双方为被告。夫妻一方死亡的,生存一方为被告。根据该司法解释第 11 条的规定,人民法院受理请求确认婚姻无效案件后,原告申请撤诉的,不予准许。对婚姻效力的审理不适用调解,应当依法作出判决。涉及财产分割和子女抚养的,可以调解。调解达成协议的,另行制作调解书;未达成调解协议的,应当一并作出判决。根据该司法解释第 16 条的规定,人民法院审理重婚导致的无效婚姻案件时,涉及财产处理的,应当准许合法婚姻当事人作为有独立请求权的第三人参加诉讼。需要注意的是,当事人不服法院关于婚姻无效的判决,可以提起上诉。

5. 确认婚姻无效的期限

确认婚姻无效正是为了变动既有的婚姻关系,而非确认婚姻关系不存在,因而属于形成之诉,其期限属于除斥期间。但我国民法并没有一般性规定确认婚姻无效的期间。

二、可撤销婚姻

1. 婚姻可撤销事由

根据《民法典》第 1052 条第 1 款和第 1053 条第 1 款的规定,婚姻可撤销事由包括胁迫和患有重大疾病不如实告知两类。这两类事由本质上均属于意思表示瑕疵的范畴。从体系解释的角度来看,法律就此两种意思表示瑕疵情形进行特别规定,意味着排除了对《民法典》总则编其他意思表示瑕疵情形的适用。例如,根据《民法典》第 147 条的规定,基于重大误解实施的民事法律行为,行为人有权请求人民法院或者仲裁机构予以撤销。在婚姻场合,即使一方存在重大误解,也不能适用该条规定,要求撤销婚姻。同样,《民法典》第 146 条规定的虚伪表示,第 151 条规定的乘人之危致显失公平亦无适用空间。同样,除"患有重大疾病"以外的其他欺诈亦不应构成婚姻撤销之理由。

就胁迫而言,根据《婚姻家庭编司法解释(一)》第18条第1款的规定,行为人以给另一方当事人或者其近亲属的生命、身体、健康、名誉、财产等方面造成损害为要挟,迫使另一方当事人违背真实意愿结婚的,可以认定为《民法典》第1052条所称的"胁迫"。这与《民法典》第150条所规定的胁迫含义是一致的。胁迫成立需要满足四项要件,即胁迫的故意、胁迫行为、胁迫的非法性以及因果关系。值得探讨的是,如果行为人以损害自己的生命、身体健康等权利相要挟,是否构成胁迫呢?本书认为,此种情形虽然无法被上述司法解释的文义所涵盖,但从民法规定胁迫制度的规范目的——保护精神自由、确保意思表示真实——来看,应将其纳入胁迫的范围。《民法典》婚姻家庭编并未特别规定第三人胁迫的问题,鉴于相对人胁迫和第三人胁迫均属于对自由意志的暴力干涉,在法律上应作相同评价。

就患有重大疾病不如实告知而言,其本质上属于欺诈。这是因为,根据《民法典》第1053条第1款的规定,患有重大疾病的一方在结婚前负有如实告知的义务,如其不如实告知即构成消极欺诈(故意隐瞒)。如果相对方结婚前已经知道另外一方患有重大疾病,本身并没有因此陷入错误认识,则不能认定为欺诈。至于何谓重大疾病,则存在从受欺诈方主观视角理解与从客观理性第三人的角度理解两种判断标准。如采主观说,受欺诈人在缔结婚姻时的意思往往难以探知,在因果关系确定上存在困难,故客观说更为合理,可避免过分扩大可撤销婚姻范围的风险。因此,何谓重大疾病,应当根据婚姻的本质,依据一般社会观念来确定,如关于性交、生殖能力、遗传病、传染病以及会对共同生活造成重大影响的其他疾病均应纳入。① 与胁迫不同,不能从《民法典》第1053条第1款的文义中解释出第三人欺诈亦构成婚姻可撤销的理由。在此情形中,可能存在的情形是一方消极欺诈和第三人积极欺诈或者一方已经尽到告知义务但另外一方因第三人积极欺诈而陷入错误认识。在第一种情形中,可直接通过适用《民法典》第1053条第1款的规定,认定为欺诈,而无须考虑第三人欺诈的问题。在第二种情形中,如果一方已经知道或者应当知道第三人实施欺诈行为而不采取其他行动,可以认定为违反了告知义务,从而成立欺诈。

2. 请求撤销婚姻的主体

与请求确认婚姻无效不同,由于婚姻可撤销情形涉及的是当事人本人的意思自治,应由本人决定是否撤销,故而享有撤销权的主体是受欺诈方,且该撤销权属于专属权,不能与主体相分离。

3. 请求撤销婚姻的程序

根据《民法典》第1052条第1款的规定,撤销婚姻应当以形成之诉的方式进行,向人民法院起诉。《民法典》颁布后,婚姻登记机关不再具有撤销婚姻的权力。婚姻关系涉及人的身份地位,应由法院介入来查明事实,审查是否符合撤销的条件,明确

---

① 参见高凤仙:《亲属法:理论与实务》,台湾五南图书出版公司2017年版,第65—66页。

法律关系。

4. 请求撤销婚姻的期间

婚姻撤销权为形成权,其行使期间为除斥期间。根据《民法典》第1052条第2款、第3款和第1053条第2款的规定,其行使期间为1年。对于婚姻可撤销的两种情形,其起算方法存在一定的差异。就胁迫情形而言,除斥期间自胁迫行为终止之日起算。而对于患有重大疾病不如实告知情形而言,除斥期间自受欺诈方知道或者应当知道撤销事由之日起算。在被非法限制人身自由的场合,应当自被非法限制人身自由的一方恢复人身自由之日起算。

在婚姻撤销场合,与其他除斥期间一样,不适用诉讼时效中止、中断或者延长的规定。与一般撤销权的除斥期间不同,依据《婚姻家庭编司法解释(一)》第19条第2款的规定,受胁迫或者被非法限制人身自由的当事人请求撤销婚姻的,不适用《民法典》第152条第2款的规定。亦即,此种情形不受5年最长权利行使期间的限制。

三、婚姻被确认无效或者被撤销的法律后果

1. 婚姻自始消灭

我国虽然采用了二元制的婚姻效力瑕疵体系,但却为二者规定了相同的法律效果。根据《民法典》第1054条第1款的规定,无效的或者被撤销的婚姻自始没有法律约束力,当事人不具有夫妻的权利和义务。易言之,无论是婚姻被确认无效还是被撤销,婚姻溯及既往地消灭。但是在婚姻被确认无效或者被撤销前,婚姻是有效的。根据《婚姻家庭编司法解释(一)》第20条的规定,《民法典》第1054条所规定的"自始没有法律约束力",是指无效婚姻或者可撤销婚姻在依法被确认无效或者被撤销时,才确定该婚姻自始不受法律保护。根据《婚姻家庭编司法解释(一)》第21条的规定,人民法院根据当事人的请求,依法确认婚姻无效或者撤销婚姻的,应当收缴双方的结婚证书并将生效的判决书寄送当地婚姻登记管理机关。

2. 财产分割

在婚姻被确认无效或者被撤销之后,双方处于同居状态。同居不属于法律所规定的两性生活类型。根据《婚姻家庭编司法解释(一)》第3条第1款的规定,当事人提起诉讼仅请求解除同居关系的,人民法院不予受理;已经受理的,裁定驳回起诉。

对于同居期间所得的财产,根据《民法典》第1054条第1款的规定,应当首先由当事人协议进行分割,在协议不成时才由法院根据照顾无过错方的原则进行分割。需要强调的是,这里分割的是双方的共同共有财产,而非个人财产。根据《婚姻家庭编司法解释(一)》第22条的规定,被确认无效或者被撤销的婚姻,当事人同居期间所得的财产,除有证据证明为当事人一方所有的以外,按共同共有处理。此处实际上设定了与婚姻相同的共有财产推定规则。但法律特别强调因重婚而导致婚姻无效情形下的财产分割不得损害合法配偶的利益,此时应当首先划分同居所得财产中在性质

上属于合法婚姻共同财产的部分。

3. 父母子女关系

根据《民法典》第1054条第1款的规定,在婚姻被确认无效或者被撤销时,当事人所生的子女,适用《民法典》关于父母子女的规定。在我国,婚生子女和非婚生子女享有同等的权利。《民法典》第1071条对此进行了明确规定:"非婚生子女享有与婚生子女同等的权利,任何组织或者个人不得加以危害和歧视。不直接抚养非婚生子女的生父或者生母,应当负担未成年子女或者不能独立生活的成年子女的抚养费。"父母的婚姻状态不会影响父母子女关系本身。父母对于未成年子女仍然负有抚养、教育和保护的义务。成年子女对父母仍然负有赡养、扶助和保护的义务。

4. 婚姻被确认无效或者被撤销对第三人的效力

由于婚姻形成了可被第三人善意信赖的外观,在婚姻被确认无效或者被撤销的情况下不应牺牲善意第三人的利益。易言之,婚姻的某些效力仍然对善意第三人予以维持。例如,一方根据《民法典》第1060条在家庭日常生活需要范围内对夫妻共同财产的处分不属于无权处分,而属于有权处分,无须适用《民法典》第311条规定的善意取得制度。

4. 无过错方的损害赔偿请求权

根据《民法典》第1054条第2款的规定,在婚姻被确认无效或者被撤销的情形下,无过错方有权请求损害赔偿。所谓无过错方是指善意信赖婚姻不存在无效法律障碍或者可撤销事由的一方。善意之判断应遵从理性第三人之标准。赔偿应以另外一方存在过错为前提,如双方均不存在过错,例如双方均不知道彼此存在法律所禁止结婚的亲属关系,则不生损害赔偿问题。过错方应当赔偿无过错方。此处的损害赔偿既可能包含财产损害也可能包含精神损害。就前者而言,主要指向因信赖婚姻有效而产生的信赖利益损失,如为缔结婚姻而支付的费用。就后者而言,主要指向因婚姻自主权受损所生精神抚慰金。

第三章　婚姻的人身效力

第一节　夫妻人身方面权利义务的性质

婚姻作为一种两性生活类型，一旦生效就会概括性地在当事人之间产生权利义务。这些权利义务根据其内容的不同，可以分为纯粹人身性的权利义务和包含财产内容的权利义务。当然其中的某些权利义务既可以反映为人身性的，也可以反映为财产性的。最典型者如夫妻之间的扶养义务，既可以是人身性照顾，也可以是扶养费给付。

这种分类的意义在于，对于纯粹人身性的权利义务，违反义务并不会导致强制执行。对这些纯粹人身性的权利义务进行强制执行既不现实，也与这些权利义务存在的规范旨意相背离。而对于婚姻效力中的财产内容，则具有强制执行力。但需要强调的是，无论是纯粹性的权利还是包含财产内容的人身财产权均属于专属权的范畴，不能被让与。纯粹人身性的权利义务涉及婚姻的本质，夫妻双方不能通过协议予以排除。

婚姻在人身方面所产生的权利义务往往具有双向性，亦即夫妻双方均享有请求对方为或者不为一定行为的权利。在双方人格独立和地位平等的大前提下，在夫妻之间，这些权利义务是以请求权而非支配权的形态存在的，故而除法律有特别规定外，原则上不属于侵权所保护的客体，不能向第三人主张损害赔偿。

值得注意的是，《民法典》婚姻家庭编第三章第一节"夫妻关系"中的一些规定实际上并不是因婚姻所生的权利义务。例如，《民法典》第1056条规定了"夫妻双方都有各自使用自己姓名的权利"。自然人的姓名权属于具体人格权，而非身份权。夫妻各自使用自己的姓名意味着婚姻不会对夫妻双方的姓名权产生任何影响，既不会对夫妻双方的姓氏产生影响，也不会对夫妻双方的名字产生影响，夫妻双方仍然独立地享有自己的姓名权，体现了婚姻不消解人格的基本理念。又如，《民法典》第1057条规定："夫妻双方都有参加生产、工作、学习和社会活动的自由，一方不得对另一方加以限制或者干涉。"该条是对夫妻人身自由权的规定。与《民法典》第1056条相似的是，该条所规定的夫妻人身自由权实际上并不是婚姻的效果，而是属于人格权的范畴（《民法典》第109条、第990条和第1003条）。与《民法典》第1056条不同的是，夫妻的人身自由权与婚姻的效果存在一定的关联。婚姻所形成的家庭照顾义务形成对该条所规定的人身自由的限制。因而对该条的理解必须综合考虑《民法典》第1058条和第1059条的规定。投身于直接照顾家庭成员,尤其是承担家务劳动时,通常意味着在职业投入上的削减。质言之,夫妻一方在选择参加生产、工作、学习或者社会活动时,必须考虑其所承担的家庭义务,但并不能因此认为人身自由权来源于婚姻。

此外,《民法典》第1055条规定的"夫妻在婚姻家庭中地位平等",第1058条所规定的"夫妻双方平等享有对未成年子女抚养、教育和保护的权利,共同承担对未成年子女抚养、教育和保护的义务"同样不属于夫妻间的权利义务。前者是一项原则,后者实际上与双方是否结婚并无直接关联。在"夫妻关系"一节中,只有夫妻间相互扶养的义务中包含了人身性内容。但从婚姻的本质以及相关规定中尚可以得出共同生活(同居)义务、忠实义务和体谅合作义务。违反这些义务虽然不会被强制执行,也不会一般性地产生损害赔偿请求权,但是法律在离婚制度中规定了一些与违反这些义务相关的后果。

第二节 夫妻具体的人身权利义务

一、同居义务

共同生活义务,又称同居义务,是指夫妻双方有义务共同生活。《民法典》婚姻家庭编在"家庭关系"章"夫妻关系"节并没有规定同居义务。但同居涉及婚姻的本质,《民法典》第1064条第2款将"共同生活型债务"列为夫妻共同债务,其正当化基础正是本项义务的外化。《民法典》第1079条第3款第4项将因感情不和分居满2年作为离婚的法定事由,反面印证了同居乃婚姻所形成的法定义务。

同居义务的外延不仅包含双方有发生性关系的义务,也包括双方有共同居住和共同料理家务的义务。夫妻双方可以自由协商同居义务的实现方式,但双方所达成的协议并不具有履行力。双方虽然客观上分居,但却并不具有分居的意思时,不宜认定为对同居义务的违反。

同居义务具有排他性,与他人同居不仅是违反同居义务,也是违反忠实义务。如前所述,作为纯粹人身性义务,同居义务不能够被强制执行。根据最高人民法院的裁判立场,强行与配偶发生性关系一般不构成强奸罪,但是如果婚姻关系处于特殊情形中(如离婚诉讼中),则可构成强奸罪。① 有学者认为,在民法角度亦应认为在双方仍有同居义务时,强行与配偶发生性关系不构成侵权。② 本书认为,婚姻并不消灭自然人的人格,夫妻双方享有性自主权,配偶有尊重其人格权的义务。《民法典》第1043

---

① 参见中华人民共和国最高人民法院刑事审判第一庭、第二庭编:《刑事审判案例》,法律出版社2002年版,第359—364页。
② 参见杨立新:《人格权法》,法律出版社2011年版,第639页。

条第2款明确规定,夫妻之间应当互相尊重。强行发生性关系违反了这一义务,不应将其从侵权法的保护范围中排除。

夫妻双方有权确定婚姻住所,不过婚姻住所在我国法上并无特殊的意义。根据《民法典》第1050条的规定,男女双方可以约定女方可以作为男方家庭成员,男方也可以成为女方家庭的成员。一般将这一规定解释为夫妻可以确定共同的住所。

二、忠实义务

忠实义务是一夫一妻原则的本质要求。忠实义务在法律上主要体现为配偶不得重婚或者与他人同居。《民法典》第1042条第2款明确规定:"禁止重婚。禁止有配偶者与他人同居。"违反忠实义务需要包含主观意志,如果配偶与他人同居是出于胁迫,而非其主观意愿,并不构成对忠实义务的违反。《民法典》第1079条第3款第1项将重婚或者与他人同居作为离婚的法定事由,第1091条第1项、第2项将重婚或者与他人同居作为离婚损害赔偿的法定情形。除了重婚和与他人同居之外,违反忠实义务尚包含其他情形,如"配偶一方在与第三人的关系中的放荡或者越轨行为、感情联系和保持爱情书信等"。① 其他违反忠实义务的行为并不是离婚的法定列举情形,但是可作为双方感情破裂的证据。同样其他违反忠实义务的行为原则上不构成《民法典》第1091条第5项所言重大过错,除非这些行为在程度上与重婚或者同居相当。

三、人身方面的扶养义务

从《民法典》第1059条的规范构造不难看出,不宜将扶养局限于给付扶养费,否则《民法典》第1059条第1款并无存在的必要。因此,扶养应作广义理解,既包括扶养费的给付,也包含其他形态。婚姻的共同体本质要求夫妻之间相互帮助、互相关爱而不仅仅是金钱的给付,因而扶养应包含经济上扶养、生活上照料和精神上慰藉的义务。不过,人身性的扶养与经济性的扶养之间存在一定的关联,如果夫妻一方已经通过生活照料方式履行扶养义务,则另一方不能再主张扶养费给付,或者至少应当减少扶养费给付的主张金额。

与其他人身性义务相同的是,人身性的扶养同样不能够被强制执行,配偶只能根据《民法典》第1059条第2款主张扶养费给付。但是扶养费给付并不是不履行扶养义务的责任形态。如果长期性地不履行扶养义务,则可能构成遗弃。根据《刑法》第261条的规定,遗弃需要以缺乏独立生活能力为要件,而扶养义务的违反并不以此为要件。在夫妻一方长期不履行扶养义务构成遗弃时,则可能产生多重法律效果。首先,根据《民法典》第1079条第3款第2项的规定,遗弃是法定的离婚事由。其次,根

---

① 〔葡〕威廉·德奥利维拉、〔葡〕弗朗西斯科·佩雷拉·科埃略:《亲属法教程》,林笑云译,法律出版社2019年版,第330页。

据《民法典》第1081条及《婚姻家庭编司法解释(一)》第64条的规定,军人一方的遗弃行为可以作为非军人一方配偶提出离婚的法定事由。再次,根据《民法典》第1091条第4项的规定,遗弃配偶是离婚损害赔偿的法定事由。最后,按照《民法典》第1125条第1款第3项的规定,遗弃是继承权丧失的法定事由。即使程度上尚不构成遗弃,同样可以产生一定法律效果。不履行扶养义务属于一种过错,根据《民法典》第1087条第1款的规定,人民法院在分割夫妻共同财产时,应当考虑无过错方的利益。事实上,这些法律效果不仅局限于婚姻家庭法,还辐射到其他领域。例如,根据《民法典》第663条第1款第2项的规定,对赠与人有扶养义务而不履行构成撤销赠与的法定情形。又例如,根据《民法典》第1130条第4款的规定,有扶养能力和有扶养条件的继承人,不尽扶养义务的,分配遗产时,应当不分或者少分。

四、合作和体谅义务

婚姻形成共同生活体,处于此共同体中的夫妻双方应当彼此合作,互相体谅。根据《民法典》第1043条第2款的规定,夫妻之间应当相互关爱、互相帮助。夫妻间的合作与体谅义务意味着夫妻实施行为时应当考虑其配偶以及其他家庭成员的利益,双方应当以协商的方式确定彼此在履行家庭义务时的分工,共同决定涉及家庭重大利益的事项。违反合作和体谅义务的典型是《民法典》第1079条第3款第3项规定的有赌博、吸毒等恶习屡教不改的情形。其他违反合作与体谅义务的情形可能会被认定为感情破裂。

第四章　婚姻的财产效力

第一节　扶养费给付

一、扶养费给付的要件

根据《民法典》第 1059 条第 2 款的规定，需要扶养的夫妻一方，在另一方不履行扶养义务时，有要求给付扶养费的权利。夫妻间扶养费给付义务涉及婚姻的本质，夫妻双方不能通过协议予以免除。请求给付扶养费需要满足以下条件：

1. 被扶养人有受扶养的需要

何为扶养需要，现行法并未对此进行界定。《民法典》第 1075 条第 2 款在规定弟、妹对兄、姐的扶养义务时，使用了"缺乏劳动能力又缺乏生活来源"的表述。然而，夫妻之间的扶养能否参照这一标准不无疑问。我国台湾地区司法观点认为，夫妻之间的扶养不以受扶养人无谋生能力为要件，仅需满足不能维持生活要件即可。[1] 附加缺乏劳动能力要件的不合理性在于，夫妻一方并不是因为缺乏劳动能力而产生扶养需要，与此相对，夫妻一方可能具有劳动能力，但是因为照顾家庭和子女等原因无法外出就业从而产生扶养需要。

更为重要的是，夫妻之间的扶养关系不同于祖父母、外祖父母与孙子女、外孙子女以及兄、姐与弟、妹之间的扶养关系。夫妻、父母子女处于所谓核心家庭范围，他们具有普遍意义上的帮助和扶助关系。这些义务构成这些关系的本质。在比较法上，瑞士法即作了明显的此种区分。按照《瑞士民法典》第 328 条的规定，生活充裕的人，对于如不能得到其经济帮助就会陷入穷困的直系血亲尊亲属和直系血亲卑亲属，有帮助的义务；父母、子女（间）和配偶、登记的同性伴侣（间）的帮助义务，不受影响。日本学者中川善之助在参考瑞士民法的基础上，区分了夫妻、亲子之间的生活保持义务与其他亲属间的生活扶助义务。所谓生活保持义务，系指扶养为身份关系本质上不可或缺之要素，维持对方生活即在保持自己生活，而生活扶助义务是指在一方无力生活时，他方有扶养余力之情形下所负之偶然的外部受领生活扶助。[2] 按照这一分

---

[1] 参见王泽鉴：《民法概要》（第二版），北京大学出版社 2011 年版，第 572 页。
[2] 参见〔日〕中川善之助：《新订亲族法》，转引自林秀雄：《亲属法讲义》，台湾元照出版公司 2018 年版，第 371—372 页。

类,夫妻之间的扶养义务在性质上属于前者。夫妻间扶养义务的确定必须考虑家庭共同体及夫妻双方的个人生活情况。① 这两者之间的明显区分实际上表明,此处扶养需求并不以经济上的客观贫困为前提。

2. 扶养人的扶养能力

通说认为,扶养义务的发生以扶养人有扶养能力为前提。但是,对扶养能力的理解却存在一定的分歧。一种意见认为,如果按照前述生活保持义务之立场,扶养义务方"即使是最后的一片肉、一粒米也要分而食之"。② 如此一来,不能从扶养人是否有足够的财力来理解扶养能力。即使夫妻一方财力不足,只要另外一方处于更劣势状况,在满足其他要件的情况下,其仍有支付扶养费的义务。相反的意见则认为,即使是针对生活保持义务,仍需要满足给付扶养费之后尚有维持基本生活需要之财力。③ 本书认为,前一观点更为合理,其理由在于,生活保持义务本身即意味着相当程度的牺牲,即使自身陷入不能维持基本生活之境地,仍应作出牺牲。易言之,自身不能维持基本生活只是减轻扶养义务的要件,而不能作为免除扶养义务的理由。④

3. 不履行扶养义务

"不履行扶养义务"应作狭义理解。如前所述,扶养包含多重形态。在实践中,最为常见的形态包括照顾另外一方的起居、协助其完成工作等。照顾配偶负有法定扶养义务的亲属亦应认定为履行了夫妻间的扶养义务。如果配偶一方全职在家照顾共同的子女,此时是否能作为履行了夫妻间的扶养义务呢?根据《民法典》第1058条的规定,夫妻双方平等享有对未成年子女抚养、教育和保护的权利,共同承担对未成年子女抚养、教育和保护的义务。按照这一规定,如果一方承担了绝大部分或者全部照顾子女的义务,实际上是减轻了另外一方的投入,可以视为履行了对夫妻的扶养义务。不过,如果宽泛地理解扶养义务,则可能产生这样的问题:夫妻一方承担了抚养共同子女的全部费用,是否意味着履行了对另外一方的扶养义务?这必然会涉及对《民法典》第1058条与第1067条第1款关系的理解。事实上《民法典》第1058条所规定的共同抚养不宜认定父母双方在对子女的抚养费给付上形成了连带债务人关系,父母一方承担全部抚养费用后不能根据《民法典》第1058条的规定及参照第519条的规定,对另外一方进行追偿。夫妻双方仍然是分别向子女承担抚养费给付义务。一方只能依据不当得利或者无因管理要求另外一方返还。此时不能认为支付子女抚养费的一方履行了对另外一方的扶养义务。

此处的"不履行扶养义务"主要是指除支付扶养费以外的其他扶养义务。这些扶

---

① 参见〔德〕迪特尔·施瓦布:《德国家庭法》,王葆莳译,法律出版社2010年版,第83页。
② 参见房绍坤、范李瑛、张洪波:《婚姻家庭与继承法》(第五版),中国人民大学出版社2018年版,第76页。
③ 参见余延满:《亲属法原论》,法律出版社2007年版,第525—526页。
④ 参见高凤仙:《亲属法:理论与实务》,台湾五南图书出版公司2005年版,第425页。

养义务往往因为具有人身性而不能被强制执行。《民法典》第1059条第2款并不是债务不履行的损害赔偿责任,相反它是扶养费给付请求权的要件。如果一方已经通过诸如承担家务或者协助另外一方工作的方式履行了扶养义务,则另外一方不享有扶养费给付请求权。

二、扶养费的确定

如前所述,具体的扶养义务应根据夫妻双方的具体情况来确定,不存在完全客观的标准。在人身损害中,采用扶养人标准来客观计算被扶养人生活费。[①] 而在夫妻间扶养费给付的情形中,并不采用这一标准。具体扶养费的确定需要同时考虑扶养一方的经济状况和被扶养一方的扶养需求进行综合判定。按照生活保持标准,被扶养一方的生活水平应当大致相当。这并不表明双方的经济状况相当,而只是表明双方的生活水平相当。按照生活保持标准,扶养费的支付既可能高于当地年均生活消费支出,也可能低于当地年均生活消费支出。

如果夫妻一方超出生活保持义务给付超额的扶养费,通常认为其并不包含返还的意图,可以将超额部分视为对另外一方的赠与,并且这种赠与因与道德义务相关联,而属于《民法典》第658条第2款所规定的不得撤销的赠与。即使双方离婚,给付超额扶养费的一方也不得主张返还。

夫妻中扶养的一方和被扶养的一方的收入状况在扶养费数额的确定中并不是决定性因素。扶养费并不一定从夫妻一方的收入中支出,也可能从其他财产中支出,尤其是从其个人财产中支出,即使这些个人财产是婚前形成的。在特定情况下,亦可能从其婚内分配所得的共同财产中进行支付。按照《民法典》第303条的规定,夫妻双方自然可以在婚内协商分割夫妻共同财产。在双方达不成一致意见时,一方可以请求法院分割。参照《民法典》第1066条的规定,如果本人产生了重大需求,可以要求分割夫妻共同财产,另外一方自然可以用分割所得的财产给付扶养费。《民法典》第1062条第2款规定:"夫妻对共同财产,有平等的处理权。"由于扶养与日常生活需要之间存在重叠,如果夫妻一方直接用夫妻共同财产支付了相应的费用,不宜认定为另外一方支付了相应的扶养费。这是因为,夫妻双方在共同财产分割前处于共同共有的状态,不存在用份额支付扶养费的情况。

扶养费并不一定以金钱的方式给付,在特定情形下也可以实物(如提供住房等)的方式支付。扶养费既可以定期给付,亦可一次性给付。实践中,对于尚未发生的费用应如何给付,应按照其性质予以区别。对于扶养费中的生活费,法院通常会酌定具体数额,而对于其中的医疗费、护理费等其他部分,法院通常只会确定承担的比例。不过,根据《民诉法解释》第218条的规定,赡养费、扶养费、抚养费案件,裁判发生法

[①] 参见周宏:《被扶养人生活费的认定和计算方法》,载《人民司法(应用)》2016年第19期。

律效力后,因新情况、新理由,一方当事人再行起诉要求增加或者减少费用的,人民法院应作为新案受理。按照这一规定,即使法院确定了具体的数额或者支付方式,嗣后亦可再次主张进行调整。

第二节 家事代理

一、概述

所谓家事代理,是指夫妻一方在家庭日常生活需要范围内具有特定的代理权,其实施的法律行为或者准法律行为的效力及于夫妻双方。家事代理权是婚姻的效果之一,与夫妻双方实行何种财产制并无关联。《民法典》第1060条对此作了明确规定。之所以将家事代理权作为婚姻的财产效力,是因为家事代理的范围指向财产法上的法律行为和准法律行为。

家事代理权制度的产生源于"男主外,女主内"时期妻子无完整人格但又需要料理家务的现实需求,又被称为钥匙权(Schlüsselgewalt)。① 在男女平权之后,其规范功能发生了很大的变化。家事代理权之规范基础主要是为了维护家庭的团结,本质是扶养义务的外化,同时还体现了维护生活便利的考量。② 由于扶养法上的请求权不能成为债权人代位的对象,家事代理权规范在客观上实现了对交易相对方的保护的效果。③

与《民法典》总则编所规定的代理制度相比,家事代理最大的特点在于夫妻一方实施法律行为的效果不是归属于另外一方,而是归属于夫妻双方,形成连带责任。关于家事代理的性质,存在委任说、法定代理说、特种代理说等多种学说,主流的观点支持特种代理说。④

二、家庭日常生活需要

民法规定日常家事代理权是"因家庭日常生活需要而实施的民事法律行为",但是何为家庭日常生活需要,法律并没有明确规定,因此厘清家事代理权的第一个步骤在于解释"家庭日常生活需要"的范围。由于不同夫妻之间经济、社会地位等存在较大差异,因此"家庭日常生活需要"的标准对于不同家庭而言存在差异。通说认为,不

---

① 参见王战涛:《日常家事代理之批判》,载《法学家》2019年第3期。
② 参见蒋月主编:《婚姻家庭与继承法》(第三版),厦门大学出版社2014年版,第124页。
③ 参见杨大文、龙翼飞、夏吟兰:《婚姻家庭法学》(第三版),中国人民大学出版社2013年版,第104页。
④ 参见杨大文主编:《婚姻家庭法》(第一版),中国人民大学出版社2000年版,第148页;杨晋玲:《夫妻日常家务代理权探析》,载《现代法学》2001年第2期;史浩明:《论夫妻日常家事代理权》,载《政治与法律》2005年第3期。

宜将其范围设置得过于狭窄。① 因此，可以采取首先对家庭日常生活需求进行较大范围的界定，然后进行必要的限制，将明显不属于家庭日常生活需求范围的交易活动排除在外的方法。② 实践中，通常将以下行为排除在外：其一，不动产交易和与家庭财产状况不符的大额交易行为；其二，金融投资行为，如购买股票等；其三，人身专属性法律行为；其四，形成权的行使。

三、日常家事代理权的对外效力与对内效力

夫妻一方行使家事代理权对夫妻双方发生法律效力。此处的"法律效力"应理解为《民法典》第518条意义上的连带债权债务关系。在负担行为场合，形成夫妻双方共同债务，由夫妻双方承担连带责任。③ 此时无须考虑交易第三方的状态，即使交易第三方不知道交易对象存在合法的婚姻关系或者不知道该交易行为是基于日常家事代理权而从事的行为，其效果也当然由夫妻双方承担。家事代理权的行使对象也包含处分行为，夫妻一方在家事代理权范围内的处分不属于无权处分。

根据《民法典》第1060条第1款但书的规定，夫妻一方可以与第三人约定该债务系专属性债权债务，从而排除家事代理权的适用。此种情形下，即使该债务属于家庭日常生活范围内亦不会产生连带债权债务关系。同样，在夫妻另一方的同意下，从事交易的夫妻一方当事人也可以与第三人约定该交易的法律后果由夫妻另一方承担。

对外而言，夫妻双方基于日常家事代理权所从事的负担行为，其法律后果当然由夫妻双方共同承担；夫妻一方因实施家事代理所取得的财产，亦应归属双方共同所有。日常家事代理权本身就是以满足夫妻共同生活需求为目的而设立的，配偶一方在从事相应交易活动时，本身就是秉持着由配偶双方共同获得其所有权的目的而实施的④，并且其所支付的对价往往也是夫妻共同财产。

对内而言，夫妻双方对于日常家事代理权所产生的债务的承担并非是完全均等的划分，而是要根据夫妻双方各自经济实力、家庭劳动的承担等多种因素共同判断。⑤ 虽然夫妻双方存在连带债权债务关系，但基于家庭扶养的特殊考量，不应完全适用《民法典》所规定连带债权人和连带债务人的内部规则。

四、日常家事代理权的限制

（一）对日常家事代理权限制的形态及方式

家事代理权作为婚姻的效果，与扶养义务不同，法律允许以意思表示的方式进行

---

① 参见陈棋炎、黄宗乐、郭振恭：《民法亲属新论》（修订十版），台湾三民书局2011年版，第150页。
② 参见[德]迪特尔·施瓦布：《德国家庭法》，王葆蒔译，法律出版社2010年版，第88页。
③ 参见马忆南：《婚姻家庭继承法学》（第三版），北京大学出版社2014年版，第83页。
④ 参见[德]迪特尔·施瓦布：《德国家庭法》，王葆蒔译，法律出版社2010年版，第98—99页。
⑤ 参见陈棋炎、黄宗乐、郭振恭：《民法亲属新论》（修订十版），台湾三民书局2011年版，第151页。

限制排除,彰显对私人自治的尊重。就限制的形态而言,既可以对一方日常家事代理权进行完全的限制,即排除代理权;也可以进行部分的限制,即仅就部分事项不得行使日常家事代理权。就限制的形式而言,《民法典》第 1060 条第 2 款只列明夫妻之间对一方家事代理权的限制,此种限制形态应理解为夫妻内部协议限制日常家事代理权,至于协议的具体形式在所不问。但该款规定并未言明,夫妻一方可否依单方行为限制另外一方的日常家事代理权。从尊重意思自治的角度来看,理应承认这种限制。

(二) 限制日常家事代理权的效果

对日常家事代理权的限制同样应区分其内部效果和外部效果。就外部效果而言,在夫妻双方以约定或者夫妻一方直接对另外一方以需要受领的单方意思表示进行限制时,如欲对第三人发生效力,应以善意第三人应知或者明知为前提。在夫妻一方直接向第三人作出限制另外一方日常家事代理权的单方意思表示时,这种限制直接对第三人发生效果。在夫妻内部,不管夫妻一方以何种形式对另外一方的家事代理权进行限制,均对另外一方产生效力。如果第三人不知夫妻内部的限制而使作出限制的一方承担了连带清偿责任,其有权根据夫妻内部的限制向另外一方进行追偿。

五、日常家事代理中的"表见代理"

在夫妻一方日常家事代理权被排除、超越日常家事代理权或者日常家事代理权终止后实施的行为能否类推适用表见代理,存在不同的意见。一种意见认为,原则上不存在表见代理的适用空间。原因在于日常家事代理权设置的首要目的并非是对交易第三方信赖利益的保护。在考虑日常家事代理权的相关效力时,由于肯定其效力时,无须考虑交易第三方是否知道婚姻关系的存在或者是否用于家庭日常生活需求,其效力都当然归属于夫妻双方共同承担;因此在一方当事人滥用日常家事代理权或超越其限制时,也无须考虑第三人是否知道。这与表见代理制度的核心存在显著区别。① 日本学者认为,作为交易第三方的相对人,尽到审慎注意义务,满足善意第三人的要件时,是符合表见代理的构成要件的,因此可以适用表见代理制度以保护交易第三人的合法利益。②

表见代理制度具有强烈的权利外观属性,以保护交易相对人的利益和交易安全为目的。随着民法学的不断发展,表见代理制度的适用范围在不断扩张。③ 日常家事代理权并非一般的民事代理权,其设置的目的在于维持夫妻间家庭日常生活的需求,便利夫妻共同生活,以保护夫妻关系为核心,而非以保护信赖利益为目的。④ 但是,如

---

① 参见〔德〕迪特尔·施瓦布:《德国家庭法》,王葆莳译,法律出版社 2010 年版,第 95—96 页。
② 参见〔日〕我妻荣、〔日〕有泉亨:《日本民法·亲属法》,夏玉芝译,工商出版社 1996 年版,第 66—67 页。
③ 参见梁慧星:《民法总论》(第五版),法律出版社 2017 年版,第 246 页。
④ 参见缪宇:《走出夫妻共同债务的误区——以〈婚姻法司法解释(二)〉第 24 条为分析对象》,载《中外法学》2018 年第 1 期。

完全不保护善意第三人的信赖利益亦属不公,只不过在善意的认定上应当更为严谨。

第三节 法定夫妻财产制

一、概述

夫妻财产制是指"规范夫妻相互间财产关系的制度"。① 法定财产制因此又被称为狭义上的夫妻财产关系。夫妻财产制不仅指向积极财产,也指向消极财产(债务)。

根据作用的差异,夫妻财产制可以分为法定财产制和约定财产制。法定财产制为任意性规范,并不具有强制性,当事人可以约定财产制排除。就法定财产制而言,其立法理念有一体主义和别体主义两种理念。前者主要指向共同制,后者主要指向分别制。不过,从比较法来看,并没有完全的、绝对的分别财产制和绝对共同制。例如在作为分别财产制典型的西班牙加泰罗尼亚和英国英格兰和威尔士,法院对于夫妻的财产也有一定的调整权限。同样,作为一般共同制典型的《荷兰民法典》,也划出了属于个人的特别财产。多数法定财产制立法例实际上是两种主义的折中,只不过所偏向的程度有所差别。在以协力共享为前提的立法倾向下,存在两种立法技术,一种是通过债权工具来实现共享,另外一种是通过物权工具来实现共享。② 前者典型如德国所采增益共同制,后者典型如婚后所得共同制。

在法定财产制内部,又可以区分为通常的法定财产制和非常的法定财产制。非常的法定财产制是指法律规定特定情形下应适用的财产制,主要指向分别财产制。我国法上不存在非常的法定财产制。

我国的法定夫妻财产制为婚后所得共同制。在积极财产部分,包括三个方面:一是财产性质的划分,二是对夫妻双方在共同财产上的权利义务的确定,三是共同财产的分割。在消极财产部分,包括三个方面:一是债务性质的划分,二是债务的清偿规则,三是内部的追偿规则。无论是在积极财产部分还是消极财产部分都存在一定的举证责任分配规则。

二、财产性质的划分

在婚后所得共同制下,共同财产与个人财产的性质划分是其核心内容。《民法典》第1062条第1款和第1063条对此进行了列举加概括式规定。在性质不明时,应当推定为共同财产。财产性质的划分决定了双方权利的行使范围和分割的范围。共同财产与个人财产划分包含两项基本标准——时间标准和来源标准。前者指向财产

---

① 王泽鉴:《民法概要》(第二版),北京大学出版社2011年版,第523页。
② 参见贺剑:《论婚姻法回归民法的基本思路——以法定夫妻财产制为重点》,载《中外法学》2014年第6期。

的取得时间是在婚姻关系存续期间还是在婚前或者婚姻关系终止之后。例如,根据第1062条第1款的规定,共同财产原则上是婚姻关系存续期间所得财产。

来源标准指向财产取得是基于一方或者双方在婚姻关系存续期间的时间及精力(脑力劳动及体力劳动)还是基于其他来源。来源标准的基本理念在于婚姻虽然不会产生人格吸收,但是在夫妻协力理念下,婚后双方的时间和精力都应当归属于共同体。基本的判断步骤是先进行时间标准判断,再进行来源标准判断。不过,我国法律亦为这两项标准设定了例外。

(一) 共同财产的范围

1. 工资、奖金和其他劳务报酬

工资、奖金和其他劳务报酬是劳动所得最为典型的形态,主要是基于劳动关系所取得的各类报酬。除此之外,尚包括其他情形,最为典型者如国家公务员依据《公务员法》所取得的工资、奖金和其他劳务报酬,军人依据《中华人民共和国兵役法》所取得的工资、奖金和其他劳务报酬。工资有广义和狭义之分。广义的工资包括基本工资和辅助工资。基本工资具有常规性、结构性、固定性、等级性等特征,而辅助工资则包括奖金、津贴和补贴等形式。[①] 至于劳务费、佣金等基于民事法律关系所形成的报酬[②]应归属于劳务报酬的范围。现实生活中夫妻一方劳动收入所得并非单纯以传统的工资和奖金形式表现,还可能表现为其他形式,如股票期权。

2. 生产、经营、投资的收益

生产、经营的收益,是指夫妻在法律允许的范围内,从事生产、经营活动所取得的实物或金钱收入,所囊括的不仅包括因生产、经营所得的劳动性收入,也包括资本性收入;个人财产原则上不随着婚姻关系的缔结而改变,但若有投资行为,无论在婚前还是婚后,均是夫妻共同财产。[③]因此,"投资收益"既包括个人财产也包括共同财产所产生的投资收益,区别于最高人民法院《婚姻家庭编司法解释(一)》第26条所规定的孳息和自然增值,投资收益中至少应包含一方的脑力或者体力劳动投入。

《婚姻家庭编司法解释(一)》第26条将孳息、增值和投资收益作为不同类型进行处理,孳息和自然增值的收益仍为一方个人财产,投资收益属于夫妻共同财产。

3. 知识产权的收益

知识产权中的人身权部分,例如著作权中的署名权,不因婚姻而受影响。但是由知识产权取得的经济利益,则属于夫妻共同财产。[④]《婚姻家庭编司法解释(一)》第

[①] 参见王全兴:《劳动法》(第四版),法律出版社2017年版,第339—341页。
[②] 参见关怀、林嘉主编:《劳动法》(第五版),中国人民大学出版社2016年版,第152页。
[③] 参见最高人民法院民事审判第一庭编著:《最高人民法院婚姻法司法解释(二)的理解与适用》,人民法院出版社2015年版,第152—153页。
[④] 参见吴高盛主编:《〈中华人民共和国婚姻法〉释义及实用指南》,中国民主法制出版社2014年版,第80页。

24 条对本项中的"知识产权的收益"进行了细化解释,即在婚姻关系存续期间,实际取得或者已经明确可以取得的财产性收益。

4. 继承或者受赠的财产

继承或者受赠的财产属于前述来源标准的例外。除非遗嘱或者赠与合同确定只归一方,否则继承或者受赠的财产属于共同财产。实践中,争论最多的是父母出资所购买房屋的性质。根据《婚姻家庭编司法解释(一)》第 29 条的规定,当事人结婚前,父母为双方购置房屋出资的,该出资应当认定为对自己子女个人的赠与,但父母明确表示赠与双方的除外。当事人结婚后,父母为双方购置房屋出资的,依照约定处理;没有约定或者约定不明确的,按照《民法典》第 1062 条第 1 款第 4 项规定的原则处理。依此规定,如果一方父母在当事人结婚后出资购买房屋并登记在自己子女名下,可以推定其具有只赠与自己子女的意思。此处的父母出资购房仅指一方父母全资出资购房,如果该方父母只是出资首付款,仅该首付款及其相应增值属于该方个人财产。增值的计算应以该首付款在总购房成本中的比例为基准。

根据《婚姻家庭编司法解释(一)》第 81 条的规定,婚姻关系存续期间,夫妻一方作为继承人依法可以继承的遗产,在继承人之间尚未实际分割,起诉离婚时另一方请求分割的,人民法院应当告知当事人在继承人之间实际分割遗产后另行起诉。易言之,即使在婚姻关系存续期间尚未实际取得遗产,但已经可以确定取得,也就是说即使是在婚姻关系终止后才实际取得,仍应认定为夫妻共同财产。

5. 其他应当归共同所有的财产

根据《婚姻家庭编司法解释(一)》第 25 条的规定,婚姻关系存续期间,下列财产属于《民法典》第 1062 条规定的"其他应当归共同所有的财产":(1)一方以个人财产投资取得的收益;(2)男女双方实际取得或者应当取得的住房补贴、住房公积金;(3)男女双方实际取得或者应当取得的基本养老金、破产安置补偿费。根据该司法解释第 80 条的规定,离婚时夫妻一方尚未退休、不符合领取基本养老金条件,婚后以夫妻共同财产缴纳基本养老保险费,养老金账户中婚姻关系存续期间个人实际缴纳部分及利息属于夫妻共同财产。

(二)个人财产的范围

1. 一方婚前的财产及不转化原则

根据时间标准,一方婚前的财产属于夫妻一方的个人财产。已经按照时间标准或者来源标准确定为夫妻个人财产的财产不会因为婚姻关系的存续而转化为夫妻共同财产。《婚姻家庭编司法解释(一)》第 31 条规定:"民法典第一千零六十三条规定为夫妻一方的个人财产,不因婚姻关系的延续而转化为夫妻共同财产。但当事人另有约定的除外。"

2. 个人财产的孳息和自然增值

《婚姻家庭编司法解释(一)》第 26 条规定:"夫妻一方个人财产在婚后产生的收

益,除孳息和自然增值外,应认定为夫妻共同财产。"该条司法解释中的孳息在概念的内涵和外延上已经明显区分于民法上的孳息。这里所说的"孳息",是指那些脑力和体力投入可以忽略不计情形下所取得的孳息。就自然增值而言,与孳息或者投资收益不同,自然增值本身即属于个人财产价值本身,并未与财产价值相分离。如果个人财产的增值包含了夫妻一方或者双方的投资或者经营行为,则其应当归属于投资收益而非自然增值。

3. 一方因受到人身损害获得的赔偿或补偿

人身损害泛指人格权和身份权的损害。赔偿或者补偿不仅局限于民事上的赔偿或者补偿。例如,夫妻一方因工伤通过工伤保险所获得的赔偿或者补偿亦应认定为个人财产。与此类似的是,如果夫妻一方因人身权受损,依据《中华人民共和国国家赔偿法》所获得的赔偿亦应认定为本项意义上的赔偿。如果夫妻一方以共同财产购买了商业保险,因人身损害获得了保险金,这部分保险金虽然不属于狭义上的赔偿和补偿,但是由于其主要用于受害人的治疗、生活等特定用途,具有人身性质,应当认定为个人财产。对于残疾赔偿金而言,应参照《婚姻家庭编司法解释(一)》第71条对军人复员费和自主择业费的处理模式,考虑婚姻关系的存续年限,将其中的部分残疾赔偿金作为夫妻共同财产。

4. 遗嘱或者赠与合同中确定只归一方的财产

遗嘱既包括遗嘱继承,也包括遗赠。从尊重立遗嘱人意思的规范目的出发,立遗嘱人可以就此问题作出单独的指示。立遗嘱人可以指示夫妻一方通过法定继承所获得的财产只归其本人所有。赠与合同是指《民法典》第657条所规定的赠与合同。与此类似的是,保险合同或者信托合同将夫妻一方指定为受益人本身就表明了投保人或者委托人与受益人之间的特定关系,应当认定为个人财产。

5. 一方专用的生活用品

在一方专用生活用品的认定上应同时满足两项要求:首先,财产在性质上属于生活用品。其次,该项财产应为一方专用,具有较强的个人化特征,而非家庭共同生活用品,但并不意味着该项财产本身不能以法律行为转让。最为典型的一方专用生活用品如衣物、化妆品、饰品等。值得讨论的是,是否应当将价值较大的财产排除在外。从立法工作者的解读来看,不宜将价值较大但归属于一方专用的财产认定为个人财产,这违背了夫妻双方取得该财产的意愿。① 不过,多数学者对此持反对意见。②

6. 其他应当归一方的财产

除《民法典》第1063条所明确列举的四类个人财产外,"其他应当归一方的财产"

---

① 参见黄薇主编:《中华人民共和国民法典释义》(下册),法律出版社2020年版,第1999页。
② 参见孟令志、曹诗权、麻昌华:《婚姻家庭与继承法》,北京大学出版社2012年版,第135页;蒋月主编:《婚姻家庭与继承法》(第三版),厦门大学出版社2014年版,第151页。

的典型情形如:

其一,尚未实际取得的财产性收益或者明确可以取得的财产性收益为夫妻一方的个人财产。

其二,根据《婚姻家庭编司法解释(一)》第30条的规定,军人的伤亡保险金、伤残补助金、医药生活补助费属于个人财产。

其三,根据《婚姻家庭编司法解释(一)》第71条,复员费和自主择业费中的特定部分可能为个人财产。如果军人一方配偶在结婚时已经取得复员费和自主择业费,应优先适用时间标准,将其定性为个人财产。

其四,参照一方专用的生活用品,对于从事职业活动所必需的用品应为夫妻一方的个人财产。

其五,对于工龄买断款,应参照《婚姻家庭编司法解释(一)》第71条对军人复员费和自主择业费的处理模式,将一方领取的买断工龄款总额按具体年限均分出年平均值(其具体年限为人均寿命70岁与一方参加工作时实际年龄之差),以夫妻婚姻关系存续年限乘以年平均值,所得数额为夫妻共同财产,其余则为个人财产。

其六,一方获得的奖牌、奖杯等具有高度的人身属性的财产,具有重要的纪念意义,应当认定为其个人财产。

三、夫妻对共同财产的权利

《民法典》第1062条第2款规定:"夫妻对共同财产,有平等的处理权。"平等处理权是完整性的财产权利,不局限于"处分权",具有占有、使用、收益、处分的权能。根据《民法典》第1060条的规定,夫妻一方因家庭日常生活需要而实施的民事法律行为,对夫妻双方发生效力,但是夫妻一方与相对人另有约定的除外。夫妻之间对一方可以实施的民事法律行为范围的限制,不得对抗善意相对人。《婚姻家庭编司法解释(一)》第28条规定:"一方未经另一方同意出售夫妻共同所有的房屋,第三人善意购买、支付合理对价并已办理不动产登记,另一方主张追回该房屋的,人民法院不予支持。夫妻一方擅自处分共同所有的房屋造成另一方损失,离婚时另一方请求赔偿损失的,人民法院应予支持。"该规定实际上是《民法典》第311条善意取得规范的具体化。除房屋以外的其他物权,应直接适用第311条的规定。

《民法典》第1066条规定了特定情形下夫妻共有财产的分割请求权。婚姻关系存续期间,有下列情形之一的,夫妻一方可以向人民法院请求分割共同财产:(1)一方有隐藏、转移、变卖、毁损、挥霍夫妻共同财产或者伪造夫妻共同债务等严重损害夫妻共同财产利益的行为;(2)一方负有法定扶养义务的人患重大疾病需要医治,另一方不同意支付相关医疗费用。该规定实际上是《民法典》第303条关于共有物分割规定中"重大理由"概念的具体化。根据《民法典》第303条的规定,共同共有人在共有的基础丧失或者有重大理由需要分割时可以请求分割。

除此之外,在法律无特殊规定时,夫妻双方对特定共同财产的权利义务(准共有情形)应适用或者参照适用《民法典》物权编的规定。

四、债务性质的划分

与财产性质的划分相似,婚后所得共同制亦包含了对债务性质的划分。从《民法典》第1064条的规定来看,其同时采纳了时间标准以及债务形成原因标准(不是民法上的债因)。在婚前以及婚姻关系终止后所形成的债务为夫妻个人债务,在婚姻关系存续期间所形成的债务则应根据其形成原因来具体判断其为共同债务还是个人债务。由于共同债务和个人债务互相排斥,因而只需界定共同债务的范围即可。根据第1064条的规定,下列三类债务应当被认定为夫妻共同债务。

(一) 因共同意思表示所负的债务

夫妻双方共同签字或者夫妻一方事后追认等共同意思所负的债务,属于夫妻共同债务。此处的共同签字应指双方共同承担连带清偿责任的签字,而非双方承担按份责任或者补充责任的签字。"事后追认"的方式可以是口头或者书面形式。

如果从行为人作出的积极行为推知其意思表示内容,亦应认定为追认。例如夫妻双方共同或者分别作出能够推断出共同负债的行为。需要指出的是,若配偶另一方借款时未共同签字,也没有事后口头或书面的追认,但之后有主动还款的行为,可以推定为配偶另一方作出了借款的意思表示,该债务应当认定为夫妻共同债务。但单纯知情沉默原则上不能认定为"事后追认"。

事实上,在婚后"共同债务"即"连带债务"的前提下,所有根据《民法典》婚姻家庭编之外的规范形成的连带债务都应当认定为夫妻共同债务,不仅局限于共同意思表示这一种类型。

(二) 为家庭日常生活需要所负的债务

夫妻一方在婚姻关系存续期间以个人名义为家庭日常生活需要所负的债务,属于夫妻共同债务,其法理基础在于家事代理权。因而此处家庭日常生活需要的判断应与前述家事代理权中的判断一致,其核心是必要性。一般而言,家庭日常需要的支出是指通常情况下必要的家庭日常消费,主要包括正常的衣食消费、日用品购买、子女抚养教育、老人赡养等各项费用,是维系一个家庭正常生活所必需的开支。值得注意的是,家庭日常生活需要不仅局限于共同生活体意义上的家庭,还包括其他形态,最为典型的是对不在一起生活的亲属承担法定扶养义务所形成的债务。

夫妻一方处理家庭日常生活需要时,可以自己的名义、配偶一方的名义以及夫妻双方的名义进行,债权人在实施法律行为时是否知道直接负债方背后存在配偶在所不问。夫妻双方可约定对另一方的日常家事代理权进行限制,但该限制不得对抗善意第三人。如第三人收到限制的通知抑或存在明知或者应知情况,则即使属于客观意义上的家庭日常生活需要范围,亦不得认定为夫妻共同债务。

（三）用于夫妻共同生活、夫妻共同生产经营所负的债务

根据《民法典》第 1064 条第 2 款的规定，夫妻一方在婚姻关系存续期间以个人名义超出家庭日常生活需要所负的债务，原则上不属于夫妻共同债务；但是，债权人如果可以证明该债务用于夫妻共同生活、共同生产经营或者基于夫妻双方共同意思表示的除外。在判断顺序上，这一类型的夫妻共同债务应处于最后顺位，只有在无法满足前两种标准的情况下，才按照该款规定进行判定。"共同生产经营"属于因加利目的而形成的债务，而"共同生活"主要是为消费所形成的债务，二者共同指向家庭共同利益。"共同生活""共同生产经营"只是一种外在的形式，其内核是家庭共同利益。形成债务的债因在本类型夫妻共同债务的判断中仅具有边缘意义。家庭共同利益的判断应遵从经济获益可能性标准，不应局限于现实获益情况。

"夫妻共同生活"与前述"家庭日常生活需要"之间关系比较明确。"家庭日常生活需要"必然属于"夫妻共同生活"范畴。"夫妻共同生活"包括但不限于家庭生活，债权人需要举证证明的夫妻共同生活的范围，指的就是超出家庭日常生活需要的部分。[①] 二者的具体区分应根据案件发生所在地生活水平、夫妻双方的经济状况等具体情况进行判断。单纯地以数额大小来判断在司法实践中仅仅是一种起到辅助作用的判断方式，除去数额大小的判断，还应该有具体的判断标准。

从"共同生产经营"的文义来看，其指向夫妻双方共同参与生产经营活动这一显见类型，亦即，夫妻双方共同参与到生产经营活动的决策及实施中，至于夫妻是以股东、员工、合伙人还是其他身份参与到生产经营活动中在所不问。例如，夫妻双方根据《民法典》第 56 条的规定，参与到"两户"生产经营活动中所负的债务应当认定为夫妻共同债务。

在上述显见类型之外，实践中争论较大的是只有夫妻一方参与的生产经营活动所形成的债务性质应如何认定。此时，应结合夫妻另外一方是否知情、夫妻双方是否从中获益等因素综合考量，对"共同生产经营"进行扩张解释。更具争议的案件是夫妻一方在生产经营活动中对外担保所形成的债务性质。司法实践中一般认为，应当根据夫妻一方是否从对外担保中获取经济利益来区分以夫妻一方名义所承担的保证债务是个人债务还是夫妻共同债务。[②]

在侵权责任等特殊场合，不应孤立考量债务对家庭共同利益的影响，而应结合侵权行为发生的具体场合。如果侵权行为与生产经营活动密切相关，则由此形成的侵权之债存在被认定为夫妻共同债务的可能，典型者如出租车司机交通肇事所生债务。

[①] 参见程新文、刘敏、方芳、沈丹丹：《〈关于审理涉及夫妻债务纠纷案件适用法律有关问题的解释〉的理解与适用》，载《人民司法（应用）》2018 年第 4 期。
[②] 参见最高人民法院民一庭：《夫妻一方对外担保之债不属于夫妻共同债务》，载最高人民法院民事审判第一庭编：《民事审判指导与参考》2016 年第 1 辑（总第 65 辑），人民法院出版社 2016 年版，第 118 页。

五、债务的责任财产范围及内部追偿

《民法典》第 1089 条规定了离婚时的夫妻共同债务偿还规则,即夫妻共同债务应当共同清偿,共同财产不足清偿或者财产归各自所有的,由双方协议清偿,协议不成的由人民法院判决。不过这一规定并未明确共同债务的责任财产是否包含双方的个人财产。同样,《民法典》也未规定个人债务的责任财产范围。《婚姻家庭编司法解释(一)》第 35 条规定:"当事人的离婚协议或者人民法院生效判决、裁定、调解书已经对夫妻财产分割问题作出处理的,债权人仍有权就夫妻共同债务向男女双方主张权利。一方就夫妻共同债务承担清偿责任后,主张由另一方按照离婚协议或者人民法院的法律文书承担相应债务的,人民法院应予支持。"第 36 条规定:"夫或者妻一方死亡的,生存一方应当对婚姻关系存续期间的夫妻共同债务承担清偿责任。"虽然该两条规定已经删除了连带债务的表达,但无论是立法工作者还是最高人民法院对《民法典》的解读均认可连带债务说①,与当下"夫妻共同债务就是连带债务,夫妻双方应当负连带清偿责任"的通说相一致。故而,夫妻双方应当根据《民法典》第 178 条的规定,向债权人承担连带清偿责任。从上述《民法典》第 1089 条的规定不难看出,在对夫妻共同财产进行清偿时存在清偿顺序的限制,即应先用夫妻共同财产清偿,再以夫妻个人财产清偿,这与一般的连带债务清偿有所差异。

根据《婚姻家庭编司法解释(一)》第 35 条第 2 款的规定,一方就夫妻共同债务承担清偿责任后,主张由另一方按照离婚协议或者人民法院的法律文书承担相应债务的,人民法院应予支持。如果在婚姻关系存续期间,一方以个人财产清偿了共同债务,应从共同财产或者从另外一方的个人财产中获得相应份额的补偿。

根据《最高人民法院关于人民法院民事执行中查封、扣押、冻结财产的规定》第 12 条第 3 款的规定,个人债务的债权人可以代位提起析产之诉,相当于承认了可以用共同财产来清偿个人债务。个人债务应先以个人财产清偿,再用共同财产清偿。用共同财产清偿个人债务的一方应当补偿共同财产或者在共同财产分割时少分相应份额的财产。

第四节 约定夫妻财产制

一、概述

约定财产制与法定财产制相对,是指夫妻双方通过协议的方式排除法定财产制

---

① 参见黄薇主编:《中华人民共和国民法典释义》(下册),法律出版社 2020 年版,第 2068 页;最高人民法院民法典贯彻实施工作领导小组主编:《中华人民共和国民法典婚姻家庭编继承编理解与适用》,人民法院出版社 2020 年版,第 318 页。

适用所形成的财产关系。按照法律干涉夫妻双方意思自治的程度差异,可以分为选择式约定财产制和自由约定式夫妻财产制。于前者,法律已经确定夫妻财产制的类型及内容,夫妻双方只能从中进行选择,典型者如德国。于后者,法律允许夫妻双方自由约定夫妻财产关系,不作类型限制。从我国《民法典》第1065条的规定来看,我国实际采用了自由约定式。

二、夫妻财产约定的内容

根据《民法典》第1065条第1款的规定,男女双方可以约定婚姻关系存续期间所得的财产以及婚前财产归各自所有、共同所有或者部分各自所有、部分共同所有。此为积极财产的约定。在自由约定式模式下,男女双方既可以就整体财产制进行约定,如约定双方实行一般共同制,也可以就部分财产的归属进行约定,约定部分财产共同所有,部分财产分别所有。但一方将个人财产约定归另外一方所有并不是夫妻财产约定,而是《民法典》第657条意义上的赠与合同。根据《婚姻家庭编司法解释(一)》第32条的规定,婚前或者婚姻关系存续期间,当事人约定将一方所有的房产赠与另一方或者共有,赠与方在赠与房产变更登记之前撤销赠与,另一方请求判令继续履行的,人民法院可以按照《民法典》第658条的规定处理。同样,夫妻财产约定不同于婚内财产分割协议。婚内财产分割协议应根据客体差异适用或者类推适用《民法典》第304条的规定。其本质是对共有财产的分割,二者在法律行为的内容上存在差异。除此之外,男女双方还可以就消极财产(债务)进行约定,约定双方具体的债务承担方式及比例。夫妻财产约定中的权利义务应当清晰明确,否则不能产生排除法定财产制适用的效果。

三、夫妻财产约定的形式

根据《民法典》第1065条第1款的规定,夫妻财产约定应当采用书面形式。由于夫妻之间存在亲密关系,书面形式除具有备证意义外,其警示功能更为重要。

书面形式的认定应参照适用《民法典》第469条第2款、第3款关于合同中书面形式的规定,不局限于双方签订的书面协议书,亦包含信件、电报、电传、传真等其他可以有形地表现所载内容的形式。以电子数据交换、电子邮件等方式能够有形地表现所载内容,并可以随时调取查用的数据电文,视为书面形式。当然,形式要求更高的公证协议亦可。

如前所述,违反法定形式要求应采用不成立说。故而,如双方未采取书面形式订立夫妻财产约定,应认定夫妻财产约定不存在。

四、夫妻财产约定的时间

《民法典》第1065条第1款并没有对夫妻财产约定的时间进行限制。并且,从文义上来看,第 1 款第 1 句使用的是"男女双方",而非"夫妻双方",在解释上应认为既可以在婚前进行约定,也可以在婚姻关系存续期间进行约定。但不包含婚姻关系终止后的约定。需要注意的是,如果双方的婚姻关系被撤销或者被确认无效,双方约定所依赖的婚姻关系自始消灭,约定自始不生效力,但是不得对抗善意第三人。

五、夫妻财产约定的效力

约定财产制具有排斥法定财产制的效力。《民法典》第 1065 条第 2 款规定:"夫妻对婚姻关系存续期间所得的财产以及婚前财产的约定,对双方具有法律约束力。"从该条的文义中,尚不明确的是,此处所言的约束力究竟是物权约束力还是债权约束力。实践中对夫妻就个别财产的归属进行约定应认定为夫妻财产约定还是赠与合同存在认识上的分歧,导致裁判中分歧严重。就财产中最为典型的物权而言,其争论本质实际上是约定是否会发生物权变动效力,是否属于《民法典》第 209 条和第 224 条中的"法律另有规定的除外",亦即,该条是否属于不动产登记和动产交付的例外。从《民法典》第 1065 条第 3 款的规定来看,实际上承认了夫妻约定分别所有对于知道该情况的债权人具有约束力。这与物权法中的登记对抗原理是一致的。在夫妻内部,承认其直接发生财产变动实际上并不存在实质障碍,只需确定物权效力时辅之以不得对抗善意第三人的要求即可。

第五章　婚姻关系的终止

第一节　概　　述

与其他法律关系一样，婚姻作为一种法律关系必然会终止。导致婚姻终止的事由主要包括离婚和一方死亡。一方死亡后，法律关系中的主体不存在，权利义务无所依。但需要强调的是，本章所论婚姻关系的终止并不表明婚姻自始不存在。有学者认为，此处消灭的是身份关系，而婚姻契约关系并不因此消灭①，相关第三人仍然可以请求确认婚姻无效。

就死亡所导致的婚姻关系终止而言，其包括自然死亡和宣告死亡。根据《民法典》第51条的规定，被宣告死亡的人的婚姻关系，自死亡宣告之日起消除。《民法典》已经废除死亡宣告上的顺序限制，在其他利害关系人申请死亡宣告而配偶反对死亡宣告时，亦会产生婚姻消除的效果。

根据《民法典》第51条的规定，在死亡宣告被撤销时，婚姻关系自撤销死亡宣告之日起自行恢复。但是，其配偶再婚或者向婚姻登记机关书面声明不愿意恢复的除外。自行恢复意味着婚姻关系自始未被中断，即使是在一方被宣告死亡期间亦发生效力。如被宣告死亡的一方在此期间再婚，亦应认定为重婚，除非其配偶在其再婚之前已经再婚。此处的配偶再婚包括配偶再婚后其后婚配偶死亡、与后婚配偶离婚等情形。如果后婚被撤销或者被确认无效，应考察其意愿，亦即此处的再婚应理解为再婚行为。再婚行为表明其已不愿意恢复婚姻关系。但是，在胁迫情形下，其并无再婚意愿，此时婚姻关系应自行恢复。法律要求向婚姻登记机关作书面声明而非向被宣告死亡一方作书面声明，是为了明晰双方的婚姻关系，维护婚姻登记的公示作用。

虽然在死亡宣告被撤销时，婚姻关系自行恢复并具有溯及力，但是这种恢复不得对抗善意第三人。例如，在无其他继承人又无遗嘱的情况下，善意的配偶将夫妻双方的共同财产处分的，不构成无权处分，被宣告死亡的一方配偶不得以无权处分为由要求返还。

就离婚而言，其意指"男女双方面向将来地消灭婚姻关系"。② 按照《民法典》的

---

① 参见林秀雄：《亲属法讲义》，台湾元照出版公司2018年版，第165页。
② 王泽鉴：《民法概要》（第二版），北京大学出版社2011年版，第534页。

规定,我国离婚方式包括协议离婚和诉讼离婚两种方式。协议离婚以双方形成离婚合意为前提,如不能形成离婚合意,只能进行诉讼离婚,而不能进行协议离婚。

第二节 协议离婚

一、协议离婚的实质要件

根据《民法典》第1076条第1款的规定,夫妻双方自愿离婚的,应当签订书面离婚协议,并亲自到婚姻登记机关申请离婚登记。由于协议离婚为法律行为,需要具备行为能力,且身份行为不能被法定代理,对于无民事行为能力人或者限制民事行为能力人而言,只能进行诉讼离婚而不能进行协议离婚。根据《婚姻家庭编司法解释(一)》第62条的规定,无民事行为能力人的配偶有《民法典》第36条第1款规定的行为,其他有监护资格的人可以要求撤销其监护资格,并依法指定新的监护人;变更后的监护人代理无民事行为能力一方提起离婚诉讼的,人民法院应予受理。又根据《婚姻登记条例》第12条第2项的规定,办理离婚登记的当事人属于无民事行为能力人或者限制民事行为能力人的,婚姻登记机关不予受理。如婚姻登记机关在审查时未发现行为能力欠缺情况而给予错误登记,离婚登记应当予以撤销。

协议离婚需要双方形成离婚协议,离婚协议不仅应表明双方离婚的合意,还应就子女抚养、财产以及债权债务等事项协商达成一致意见。如不能就这些事项达成一致意见同样应当提起诉讼离婚。由于离婚的合意属于身份法律行为,不宜处于不稳定状态,故不得附条件或者期间。需要强调的是双方在婚姻关系存续期间所形成的以离婚为条件的财产分割协议在离婚前并未生效。根据《婚姻家庭编司法解释(一)》第69条的规定,当事人达成的以协议离婚或者到人民法院调解离婚为条件的财产以及债务处理协议,如果双方离婚未成,一方在离婚诉讼中反悔的,人民法院应当认定该财产以及债务处理协议没有生效,并根据实际情况依照《民法典》第1087条和第1089条的规定判决。当事人依照《民法典》第1076条签订的离婚协议中关于财产以及债务处理的条款,对男女双方具有法律约束力。登记离婚后当事人因履行上述协议发生纠纷提起诉讼的,人民法院应当受理。又如前所述,夫妻双方在离婚协议中就债务问题的约定不得对抗债权人。

《民法典》关于法律行为效力瑕疵的规定原则上可以适用于离婚协议中的财产部分。《婚姻家庭编司法解释(一)》第70条规定:"夫妻双方协议离婚后就财产分割问题反悔,请求撤销财产分割协议的,人民法院应当受理。人民法院审理后,未发现订立财产分割协议时存在欺诈、胁迫等情形的,应当依法驳回当事人的诉讼请求。"离婚协议中就子女抚养所形成的协议不妨碍当事人嗣后再次提起诉讼。在重大误解场合,应适用《民法典》第152条第1款第1项所规定的90日除斥期间,而非适用《民法典》第1052条第2款的规定。但是即使离婚协议中的财产分割部分存在效力瑕疵，亦不应影响双方离婚行为的效力，双方的婚姻关系并不会因此恢复。

离婚协议对子女抚养费用的约定不妨碍子女在必要时向父母任何一方提出超过协议原定数额的合理要求(《民法典》第1085条第2款)。又根据《婚姻家庭编司法解释(一)》第57条的规定，父母双方协议变更子女抚养关系的，人民法院应予支持。

离婚协议应当采用书面形式，以警示当事人慎重对相关内容进行约定。

二、协议离婚的程序

根据《民法典》第1076条第1款的规定，协议离婚的，双方应亲自到婚姻登记机关申请离婚登记。按照《婚姻登记条例》第11条的规定，办理离婚登记应当出具下列证件和证明材料：有效的身份证明；双方的结婚证；双方当事人共同签署的协议书。

《民法典》新增了协议离婚等待期(又称为冷静期)的规定。根据《民法典》第1077条的规定，婚姻登记机关在对这些材料进行审查并询问当事人之后应当记录在案。从婚姻登记机关收到申请之日起30日内，任何一方不愿意离婚的，可以向婚姻登记机关撤回离婚登记申请。一方撤回后，冷静期的计算失效。如双方意欲离婚需要重新提交离婚申请。

在冷静期(即从离婚申请之日起30日内)届满后30日内，双方应当亲自到婚姻登记机关申请发给离婚证。如未在这30日期限内申请，则视为撤回离婚申请。双方需重新提起离婚申请。根据《民法典》第1078条的规定，在冷静期届满后婚姻登记机关查明双方确实是自愿离婚，并已经对子女抚养、财产以及债务处理等事项协商一致的，予以登记，发给离婚证。

第三节 诉 讼 离 婚

一、概述

诉讼离婚与协议离婚相对，是指双方无法就自愿离婚、子女抚养、财产以及债务处理等事项形成一致意见，而诉请法院要求判决离婚。根据《民法典》第1079条第1款的规定，夫妻一方要求离婚的，可以由有关组织进行调解或者直接向人民法院提起离婚诉讼。如前所述，对于无民事行为能力人或者限制民事行为能力人，只能由其法定代理人代为提起离婚诉讼或者由其配偶提起离婚诉讼。需要注意的是，有关组织的诉前调解并不是法定的前置程序，调解所形成的不离婚协议也不具有法律约束力，对当事人的诉权没有形成任何限制。当事人可以不经过诉前调解而直接向人民法院起诉离婚。

二、判决离婚的原因

所谓判决离婚的原因是指法院据以判断双方是否应当离婚的理由。纵观离婚法的发展,在判决离婚的理由上经历了从过错主义到破裂主义的转变。破裂主义的核心在于双方婚姻关系是否已经无可挽回地破裂。从《民法典》第1079条的规定来看,我国并非完全采用破裂主义,而是采用了以破裂主义为基础,并辅之以一定的过错情形的混合主义。一旦认定感情确已破裂或者符合特定的过错情形,法院就应当准予离婚。此为绝对主义的立场,亦即,法官在此没有自由裁量权。根据《婚姻家庭编司法解释(一)》第63条的规定,在符合法定离婚原因时,即使无过错方不同意离婚,也不能因为过错方有过错而判决不准离婚。

1. 特定过错情形

根据《民法典》第1079条第3款第1—3项的规定,我国的过错情形包括重婚或者与他人同居,实施家庭暴力或者虐待、遗弃家庭成员,有赌博吸毒等恶习屡教不改。

如前所述,家庭法上的重婚是指存在两段以上被法律同时承认的婚姻。同居是指与异性共同生活,是否以夫妻名义在所不问。同居不等同于与异性发生性关系,但可能被认定为其他导致感情破裂的情形。依据《反家庭暴力法》第2条的规定,家庭暴力是指家庭成员之间以殴打、捆绑、残害、限制人身自由以及经常性谩骂、恐吓等方式实施的身体、精神等侵害行为。需要注意的是,由于特定过错情形中采绝对主义,法院无自由裁量权,故而此处家庭暴力的认定不宜过分扩大解释,一些精神暴力和经济暴力情形应作为其他导致夫妻感情破裂的情形,由法院具体裁量判断。此处的家庭暴力不仅指对配偶一方的家庭暴力,亦包含对《民法典》第1045条意义上的家庭成员实施家庭暴力。根据《婚姻家庭编司法解释(一)》第1条的规定,持续性、经常性的家庭暴力,可以认定为《民法典》第1042条、第1079条、第1091条所称的"虐待"。遗弃是指对家庭成员拒不履行法定扶养义务。无论是实施家庭暴力还是虐待、遗弃家庭成员,均需要造成一定的损害后果,否则不构成法定的离婚过错情形。

就赌博、吸毒等恶习而言,并不是实施行为即符合法定过错情形,而是同时需要满足屡教不改要件。第3项中的"等"还包括其他情形,如嫖娼。

2. 关系破裂情形

1950年《婚姻法》未明确判决离婚的标准究竟为关系破裂还是感情破裂。此后1953年《中央人民政府法制委员会有关婚姻问题的若干解答》(已失效)、1963年《最高人民法院关于贯彻执行民事政策几个问题的意见》和1979年《最高人民法院关于贯彻执行民事政策法律的意见》(已失效)在关系破裂和感情破裂两种表述间摇摆,1980年《婚姻法》最终确立了感情破裂主义,并延续至今。《民法典》第1079条第3款第4项和第4款、第5款作为关系破裂的规定实际上是感情破裂的客观推定,并且这种推定是不能被反驳的。关系破裂的主要形态为分居。三种分居形态可作为判决离婚的原因。

其一,因感情不和分居满 2 年。此种情形适用需同时满足两项要件:首先,分居必须是基于感情不和;其次,分居状态已经持续 2 年。在判定是否存在分居时,不仅应当考察作为"体素"的客观分居状态,更应该考察作为"心素"的主观意愿。如果夫妻双方因为某些客观原因分居,例如住院治疗、特殊工作等,不宜认定为分居。"感情不和"可以表现为双方拒绝共同生活,而非客观原因不能共同生活。双方短暂的接触不宜认定为分居的中断。

其二,一方被宣告失踪,另外一方提起离婚诉讼的。根据《民法典》第 40 条的规定,自然人下落不明满 2 年的,利害关系人可以向人民法院申请宣告该自然人为失踪人。夫妻一方的失踪状态客观上形成了分居状态,且另外一方又提起离婚,表明其主观意愿,足以推定其感情已经破裂。

其三,经人民法院判决不准离婚后,双方又分居 1 年,一方再次提起离婚诉讼的。此种情形中,法院判决不准离婚后双方仍然不愿意共同生活,继续分居 1 年,同样足以推定其感情已经破裂。

3. 其他导致夫妻感情破裂的情形

《民法典》1079 条第 3 款第 5 项规定了"其他导致夫妻感情破裂的情形"这一兜底条款。如果已经满足前述特定过错情形和关系破裂情形要件,法院无须再就双方是否存在感情破裂进行实质审查。对于夫妻感情破裂的实质审查,法院具有一定的自由裁量权。在具体的认定中,应从婚姻基础、婚后感情、离婚原因、夫妻关系现状和有无和好的可能等方面综合分析。《最高人民法院关于人民法院审理离婚案件如何认定夫妻感情确已破裂的若干具体意见》(已失效)具体列举了 13 种典型感情破裂情形,其中与现行法不冲突且未被现行法所吸收的情形包括:(1) 一方有生理缺陷,或其他原因不能发生性行为,且难以治愈的;(2) 婚前缺乏了解,草率结婚,婚后未建立起夫妻感情,难以共同生活的;(3) 婚前隐瞒了精神病,婚后经治不愈,或者婚前知道对方患有精神病而与其结婚,或一方在夫妻共同生活期间患精神病,久治不愈的;(4) 一方欺骗对方,或者在结婚登记时弄虚作假,骗取结婚证的;(5) 双方办理结婚登记后,未同居生活,无和好可能的;(6) 包办、买卖婚姻,婚后一方随即提出离婚,或者虽共同生活多年,但确未建立起夫妻感情的;(7) 一方与他人通奸,经教育仍无悔改表现,无过错一方起诉离婚,或者过错方起诉离婚,对方不同意离婚,经批评教育、处分,或在人民法院判决不准离婚后,过错方又起诉离婚,确无和好可能的;(8) 一方被依法判处长期徒刑,或其违法、犯罪行为严重伤害夫妻感情的。

另根据《婚姻家庭编司法解释(一)》第 23 条的规定,夫以妻擅自中止妊娠侵犯其生育权为由请求损害赔偿的,人民法院不予支持;夫妻双方因是否生育发生纠纷,致使感情确已破裂,一方请求离婚的,人民法院经调解无效,应依照《民法典》第 1079 条第 3 款第 5 项的规定处理。

三、诉讼离婚的特别限制

基于婚姻中特定当事人的保护以及稳定婚姻关系、节约诉讼资源的考量,法律对诉讼离婚设置了三项限制。

1. 现役军人的配偶起诉离婚

根据《民法典》第1081条的规定,现役军人的配偶要求离婚,应当征得军人同意,但是军人一方有重大过错的除外。此项限制并不针对诉权,现役军人的配偶仍然可以向法院提起诉讼,要求法院进行裁判。此项限制的对象是非军人一方,至于军人一方提起离婚诉讼则不受限制。根据《婚姻家庭编司法解释(一)》第64条的规定,此处的重大过错是指《民法典》第1079条第3款前3项规定及军人有其他重大过错导致夫妻感情破裂的情形。

2. 对女方的特殊保护

根据《民法典》第1082条的规定,女方在怀孕期间、分娩后1年内或者终止妊娠后6个月内,男方不得提出离婚;但是,女方提出离婚或者人民法院认为确有必要受理男方离婚请求的除外。男方在此期间提起诉讼的,因不符合起诉的消极条件,人民法院应裁定不予受理。

该条规定属于对女方的特殊保护,故而不限制女方,女方仍然可以提起离婚诉讼。"确有必要受理男方离婚请求的"是指人民法院经过审查发现具有特殊的情形,如女方所怀并非男方子女。

3. 对诉讼离婚间隔期间的限制

根据《民事诉讼法》第127条第7项的规定,判决不准离婚和调解和好的离婚案件,判决、调解维持收养关系的案件,没有新情况、新理由,原告在6个月内又起诉的,不予受理。但是需要注意的是,如果是原诉被告提起诉讼,则不受该规定的限制。同样,该限制不适用于在此期间内有新情况、新理由,所谓新情况、新理由是指在这一期间内出现了前述法定的判决离婚理由。在原告撤诉或者按撤诉处理的离婚案件场合,根据《民诉法解释》第214条第2款的规定,应比照《民事诉讼法》第127条第7项的规定,裁定不予受理。

四、诉讼离婚的程序

我国尚未制定专门的家事程序法,诉讼离婚应依照《民事诉讼法》的规定进行。相比一般的民事诉讼,离婚诉讼中的特殊规则主要体现在以下几个方面:

其一,在诉讼管辖上,除适用《民事诉讼法》第22条所确立的一般性地域管辖规则外,《民诉法解释》还确定了离婚诉讼中地域管辖的特殊规则。根据《民诉法解释》第12条的规定,夫妻一方离开住所地超过1年,另一方起诉离婚的案件,可以由原告住所地人民法院管辖。夫妻双方离开住所地超过1年,一方起诉离婚的案件,由被告经常居住地人民法院管辖;没有经常居住地的,由原告起诉时被告居住地人民法院管辖。《民诉法解释》第13—17条还对涉外婚姻的地域管辖进行了特别规定。

其二,在诉讼代理方面,根据《民事诉讼法》第65条的规定,离婚案件有诉讼代理人的,本人除不能表达意思的以外,仍应出庭;因特殊情况无法出庭的,必须向人民法院提交书面意见。又根据《民诉法解释》第234条的规定,无民事行为能力人的离婚诉讼,当事人的法定代理人应当到庭;法定代理人不能到庭的,人民法院应当在查清事实的基础上,依法作出判决。

其三,离婚诉讼必须进行诉讼调解。《民法典》第1079条第2款明确规定,人民法院审理离婚案件,应当进行调解;如果感情确已破裂,调解无效的,应当准予离婚。根据《民事诉讼法》第101条第1款第1项的规定,调解和好的离婚案件中,当事人调解达成协议的,人民法院可以不制作调解书。又根据《民诉法解释》第145条第2款的规定,人民法院审理离婚案件,应当进行调解,但不应久调不决。又根据该解释第147条第2款的规定,离婚案件当事人确因特殊情况无法出庭参加调解的,除本人不能表达意志的以外,应当出具书面意见。又根据该司法解释第148条第2款的规定,无民事行为能力人的离婚案件,由其法定代理人进行诉讼。法定代理人与对方达成协议要求发给判决书的,可根据协议内容制作判决书。

其四,在开庭审理环节,根据《民事诉讼法》第137条的规定,离婚案件当事人申请不公开审理的,可以不公开审理,以有效保护当事人的隐私。

其五,根据《民事诉讼法》第151条第4款的规定,宣告离婚判决,必须告知当事人在判决发生法律效力前不得另行结婚。

其六,根据《民事诉讼法》第154条第3项的规定,离婚案件中一方当事人死亡的,终结诉讼。

其七,在再审程序上,根据《民事诉讼法》第209条的规定,当事人对已经发生法律效力的解除婚姻关系的判决、调解书,不得申请再审。这主要是为了维护身份关系的稳定,保护后婚配偶的利益。

第四节　婚姻关系终止的法律效力

一、身份关系终止

在夫妻一方死亡时,或离婚登记完成时,或法院作出离婚判决或者调解书生效时,男女双方的婚姻关系终止。至于姻亲关系,域外立法例上存在消灭主义和不消灭主义两种模式,我国主流学说采消灭主义。根据《民法典》第1084条的规定,婚姻身份关系的终止不影响父母子女关系,但影响对子女的抚养方式。通常情况下,由双方共同直接抚养变为一方直接抚养,另外一方间接抚养。不直接抚养的一方应当给付扶养费。后文将在父母子女关系部分分述之。

二、夫妻财产制终止

婚姻关系终止后，无论是法定财产制还是约定财产制均终止，双方应当进行清算，分割夫妻共同财产并清偿夫妻共同债务。就夫妻共同财产的分割而言，虽然共同财产的分割指向的是财产集合体，但最终也会落实到特定财产的具体分割上。与普通的共同共有财产分割不同的是，《民法典》第1087条第1款对共有关系终止时夫妻共同财产的分割确定了特殊的规则，即在双方协议不成的情况下，由人民法院根据财产的具体情况，按照照顾子女、女方和无过错方权益的原则判决。除此之外，依据《民法典》第1092条的规定，夫妻一方隐藏、转移、变卖、毁损、挥霍夫妻共同财产，或者伪造夫妻共同债务企图侵占另一方财产的，在离婚分割夫妻共同财产时，对该方可以少分或者不分。离婚后，另一方发现有上述行为的，可以向人民法院提起诉讼，请求再次分割夫妻共同财产。

在具体财产的分割上，相关司法解释规定了一些具体规则。这些规则不仅适用于离婚时，亦可类推适用于夫妻一方死亡时的共同财产分割。根据《民法典》第1153条第1款的规定，夫妻共同所有的财产，除有约定的外，遗产分割时，应当先将共同所有的财产的一半分出为配偶所有，其余的为被继承人的遗产。

就股票、债券等分割而言，根据《婚姻家庭编司法解释（一）》第72条的规定："夫妻双方分割共同财产中的股票、债券、投资基金份额等有价证券以及未上市股份有限公司股份时，协商不成或者按市价分配有困难的，人民法院可以根据数量按比例分配。"

就对以一方名义在有限责任公司的出资额的分割而言，根据《婚姻家庭编司法解释（一）》第73条的规定，人民法院审理离婚案件，涉及分割夫妻共同财产中以一方名义在有限责任公司的出资额，另一方不是该公司股东的，按以下情形分别处理：（1）夫妻双方协商一致将出资额部分或者全部转让给该股东的配偶，其他股东过半数同意，并且其他股东均明确表示放弃优先购买权的，该股东的配偶可以成为该公司股东；（2）夫妻双方就出资额转让份额和转让价格等事项协商一致后，其他股东半数以上不同意转让，但愿意以同等条件购买该出资额的，人民法院可以对转让出资所得财产进行分割。其他股东半数以上不同意转让，也不愿意以同等条件购买该出资额的，视为其同意转让，该股东的配偶可以成为该公司股东。用于证明前述股东同意的证据，可以是股东会议材料，也可以是当事人通过其他合法途径取得的股东的书面声明材料。

就对以一方名义在合伙企业中的出资的分割而言，根据《婚姻家庭编司法解释（一）》第74条的规定，人民法院审理离婚案件，涉及分割夫妻共同财产中以一方名义在合伙企业中的出资，另一方不是该企业合伙人的，当夫妻双方协商一致，将其合伙企业中的财产份额全部或者部分转让给对方时,按以下情形分别处理:(1) 其他合伙人一致同意的,该配偶依法取得合伙人地位;(2) 其他合伙人不同意转让,在同等条件下行使优先购买权的,可以对转让所得的财产进行分割;(3) 其他合伙人不同意转让,也不行使优先购买权,但同意该合伙人退伙或者削减部分财产份额的,可以对结算后的财产进行分割;(4) 其他合伙人既不同意转让,也不行使优先购买权,又不同意该合伙人退伙或者削减部分财产份额的,视为全体合伙人同意转让,该配偶依法取得合伙人地位。

就对以一方名义设立的个人独资企业中的财产分割而言,根据《婚姻家庭编司法解释(一)》第75条的规定,夫妻以一方名义投资设立个人独资企业的,人民法院分割夫妻在该个人独资企业中的共同财产时,应当按照以下情形分别处理:(1) 一方主张经营该企业的,对企业资产进行评估后,由取得企业资产所有权一方给予另一方相应的补偿;(2) 双方均主张经营该企业的,在双方竞价基础上,由取得企业资产所有权的一方给予另一方相应的补偿;(3) 双方均不愿意经营该企业的,按照《个人独资企业法》等有关规定办理。

就对夫妻共同财产中的房屋分割而言,根据《婚姻家庭编司法解释(一)》第76条的规定,双方对夫妻共同财产中的房屋价值及归属无法达成协议时,人民法院按以下情形分别处理:(1) 双方均主张房屋所有权并且同意竞价取得的,应当准许;(2) 一方主张房屋所有权的,由评估机构按市场价格对房屋作出评估,取得房屋所有权的一方应当给予另一方相应的补偿;(3) 双方均不主张房屋所有权的,根据当事人的申请拍卖、变卖房屋,就所得价款进行分割。又根据该司法解释第77条的规定,离婚时双方对尚未取得所有权或者尚未取得完全所有权的房屋有争议且协商不成的,人民法院不宜判决房屋所有权的归属,应当根据实际情况判决由当事人使用。当事人就前述房屋取得完全所有权后,有争议的,可以另行向人民法院提起诉讼。对于夫妻一方婚前签订不动产买卖合同,以个人财产支付首付款并在银行贷款,婚后用夫妻共同财产还贷,不动产登记于首付款支付方名下的房产的分割而言,根据《婚姻家庭编司法解释(一)》第78条的规定,夫妻一方婚前签订不动产买卖合同,以个人财产支付首付款并在银行贷款,婚后用夫妻共同财产还贷,不动产登记于首付款支付方名下的,离婚时该不动产由双方协议处理。依前述规定不能达成协议的,人民法院可以判决该不动产归登记一方,尚未归还的贷款为不动产登记一方的个人债务。双方婚后共同还贷支付的款项及其相对应财产增值部分,离婚时应根据《民法典》第1087条第1款规定的原则,由不动产登记一方对另一方进行补偿。

除此之外,财产分割还适用《民法典》第304条关于共同共有物的一般分割原则。无论是在协议离婚还是诉讼离婚中,当事人都可能基于各种原因未处理部分共同财产。在离婚后,仍然有权要求分割,并且该分割请求权不受诉讼时效的限制(《婚姻家庭编司法解释(一)》第83条)。与此不同,当事人依据《民法典》第1092条的规定主张再次分割夫妻共同财产的,受3年诉讼时效的约束。诉讼时效从当事人发现上述事由时起算(《婚姻家庭编司法解释(一)》第84条)。

婚姻关系终止时的共同债务清偿并无特殊性,应按照前述夫妻共同债务清偿规则进行。

三、离婚补偿请求

根据《民法典》第1088条的规定,夫妻一方因抚育子女、照料老年人、协助另一方工作等负担较多义务的,离婚时有权向另一方请求补偿,另一方应当给予补偿。具体办法由双方协议;协议不成的,由人民法院判决。需要注意的是,该请求权的产生不以双方实行分别财产制为前提,其实质是对一方配偶职业能力丧失的弥补,但补偿数额的确定应结合具体情形予以考量。例如,双方共同财产的分配情况,另外一方配偶的经济状况。从该条的文义来看,离婚补偿请求只能在离婚时一并提出,而不能在离婚后主张。本项请求权具有高度人身性,不能被处分或者继承。

四、离婚帮助请求

根据《民法典》第1090条的规定,离婚时,如果一方生活困难,有负担能力的另一方应当给予适当帮助。具体办法由双方协议;协议不成的,由人民法院判决。离婚经济帮助请求权以离婚使一方生活困难为前提。一方生活困难应采客观标准,以当地生活水平为判断基准。如果一方已经从共同财产分割中获得了足额的生活保障,则不能再请求帮助。是否处于困难状态,应以离婚作为确定的时间点。一方在离婚后出现生活困难的,不能主张本项请求权。与离婚补偿请求权相同,根据第1090条的文义,本项请求只能在离婚时主张而不能嗣后主张。具体数额的核算应当公平合理,综合考量配偶恢复生活水平的可能时间以及另外一方配偶的负担能力。配偶一方尚有其他扶养义务人,放弃扶养而使自己陷入贫困时不能主张离婚经济帮助。需要注意的是,对于《最高人民法院关于适用〈中华人民共和国婚姻法〉若干问题的解释(一)》(已失效,以下简称《婚姻法解释(一)》)第27条第2款"一方离婚后没有住处的,属于生活困难"的适用需要结合该方的经济状况。如果该方有经济能力,但拒不租赁或者购买房屋,不应适用该款。参照《婚姻法解释(一)》第27条第3款的规定,经济帮助的形式不仅局限于金钱,亦可以通过提供住房等方式进行。

五、离婚损害赔偿请求

根据《民法典》第1091条的规定,有下列情形之一,导致离婚的,无过错方有权请求损害赔偿:(1)重婚;(2)与他人同居;(3)实施家庭暴力;(4)虐待、遗弃家庭成员;(5)有其他重大过错。离婚之损害可以分为离因损害和离婚损害两种。前者指上述情形所形成的侵权责任,而后者指因离婚所产生的损害。例如,实施家庭暴力可能侵害一方的健康权、身体权,此时应按照《民法典》人格权编和《民法典》侵权责任编的相关规定确定其责任。该条实际上是因重大过错导致离婚进而形成的损害赔偿。故而,可能同时并存两种损害赔偿。

就承担离婚损害赔偿责任的主体而言,根据《婚姻家庭编司法解释(一)》第87条第1款的规定,承担《民法典》第1091条规定的损害赔偿责任的主体,为离婚诉讼当事人中无过错方的配偶。故而,当事人不能依据该条向第三人(例如,与配偶重婚的第三人,与配偶同居的第三人)主张离婚损害赔偿。

就损害赔偿的范围而言,根据《婚姻家庭编司法解释(一)》第86条的规定,《民法典》第1091条规定的"损害赔偿",包括物质损害赔偿和精神损害赔偿。涉及精神损害赔偿的,适用《精神损害赔偿解释》的有关规定。实践中,极少法院判决物质损害赔偿,主要是精神损害赔偿。

就损害赔偿的要件而言,应包含离婚和重大过错两项要件。根据《婚姻家庭编司法解释(一)》第87条第2款和第3款的规定,人民法院判决不准离婚的案件,对于当事人基于《民法典》第1091条提出的损害赔偿请求,不予支持。在婚姻关系存续期间,当事人不起诉离婚而单独依据《民法典》第1091条提起损害赔偿请求的,人民法院不予受理。质言之,离婚损害赔偿必须以离婚为要件。就重大过错而言,第1091条所列举的四项重大过错在解释上应与前述判决离婚理由中的法定过错情形作相同判断。至于其他重大过错,在判断上应与所列举的四项情形过错程度相当。例如,故意欺诈配偶致使配偶错误抚养子女,多次与他人发生不正当性关系。

就离婚损害赔偿请求提起的时间而言,根据《婚姻家庭编司法解释(一)》第88条的规定,人民法院受理离婚案件时,应当将《民法典》第1091条等规定中当事人的有关权利义务,书面告知当事人。在适用《民法典》第1091条时,应当区分以下不同情况:(1)符合《民法典》第1091条规定的无过错方作为原告基于该条规定向人民法院提起损害赔偿请求的,必须在离婚诉讼的同时提出。(2)符合《民法典》第1091条规定的无过错方作为被告的离婚诉讼案件,如果被告不同意离婚也不基于该条规定提起损害赔偿请求的,可以就此单独提起诉讼。(3)无过错方作为被告的离婚诉讼案件,一审时被告未基于《民法典》第1091条规定提出损害赔偿请求,二审期间提出的,人民法院应当进行调解;调解不成的,告知当事人另行起诉。双方当事人同意由第二审人民法院一并审理的,第二审人民法院可以一并裁判。又根据《婚姻家庭编司法解释(一)》第89条的规定,当事人在婚姻登记机关办理离婚登记手续后,以《民法典》第1091条规定为由向人民法院提出损害赔偿请求的,人民法院应当受理。但当事人在协议离婚时已经明确表示放弃该项请求的,人民法院不予支持。

第六章　父母子女关系和其他家庭关系

第一节　父母子女关系

在身份法上,身份的确立是确定彼此间权利义务的前提。按照形成方式的不同,父母子女关系可分为自然血缘所形成的父母子女关系和拟制所形成的父母子女关系两类。后者又可分为继父母通过抚养教育事实拟制而成的父母子女关系以及通过收养法律行为拟制而成的父母子女关系。由于收养内容较为复杂,后文将列单章详述。

一、自然血缘中的母亲

《民法典》并未规定何者为母,但通说认为孕出者为母。[①] 在人类辅助生殖技术下,提供卵子的一方可能与孕育子女的一方相分离,此时仍应以孕生母亲为母亲。母亲的身份通常以出生医学证明记载为准,但有相反证据亦可推翻。

二、基于婚姻关系的父亲

基于婚姻关系所形成的父亲身份包含两类情形:第一类是婚姻关系所形成的婚生推定;第二类是婚姻关系中因同意实施人类辅助生殖而取得的父亲身份。婚生推定父亲规则的规范目的已经发生重大调整,维护血统或者确保婚生子女的优先地位都不再是其目的,确保未成年子女稳定的生活环境、保护既已形成的抚养关系才是其基础。我国法律虽未明确规定婚生推定规则,但实践中均予以承认。并且,从《民法典》第1073条的规定来看,意欲否认的往往正是婚生推定形成的父亲,这可以从反面印证我国实际上是承认婚生推定规则的。根据《婚姻家庭编司法解释(一)》第40条的规定,婚姻关系存续期间,夫妻双方一致同意进行人工授精的,所生子女应视为婚生子女,父母子女间的权利义务关系适用《民法典》的有关规定。与婚生推定不同,这一类基于婚姻所形成的父亲身份是不允许否定的。

---

① 参见王洪:《论血缘主义在确定亲子关系时的修正与限制》,载《现代法学》1999年第4期;杨立新:《论婚生子女否认和非婚生子女认领及法律疏漏之补充》,载《人民司法(应用)》2009年第17期。

三、非婚生情形中的父亲

非婚生情形中的父亲身份需要通过法定的确认程序确认,主要依据在于潜在的父亲与子女之间的遗传关系。根据《民法典》第1073条第1款的规定,对亲子关系有异议且有正当理由的,父或者母可以向人民法院提起诉讼,请求确认或者否认亲子关系。此处的父应包括子女潜在的父。将潜在的父或者母纳入提起亲子关系确认诉讼的主体实际上并不会对未成年人的既有家庭关系产生实质性损害。但是"一味地追求血缘真实,而忽略当事人在常年共同生活中形成的亲情,损坏当事人现存的家庭模式和现实生活利益。裁判者应当极力避免产生如此消极的裁判效果"①。故而《民法典》第1073条第1款设置了正当理由要件,实际上赋予了法院限制潜在的父母提起诉讼的权利。在非婚生子女确认中,应以婚生推定的否认为前提,如果子女法律上的父亲未提出否认之诉,则潜在的生父不能提起确认之诉。此时子女并不是非婚生子女而是婚生子女。此时,如潜在的生父提起确认之诉,法院可通过解释"正当理由"要件保护法律上的父亲与子女的关系。根据《婚姻家庭编司法解释(一)》第39条的规定,父或者母启动亲子关系的确认或者否认程序,必须提供必要的证据予以证明。在一方已经提供必要证据的情况下,另一方没有相反证据又拒绝做亲子鉴定的,人民法院可以认定确认或者否认亲子关系一方的主张成立。

需要强调的是,在非婚生子女父亲身份的确认中,依赖于亲子鉴定报告的遗传关系并不具有完全决定性。例如,在女方未经男方同意擅自使用男方精子或者受精卵生育子女时,即使男方与该子女之间存在遗传关系,也不宜确认其父亲身份。

四、基于抚养教育事实所形成的父母子女关系

基于抚养教育事实所形成的父母子女关系主要是指《民法典》第1072条第2款所规定的继父母因抚养教育未成年的继子女所形成的拟制父母子女关系。不过,实践中亦对其他特定情形下基于抚养教育事实所形成的父母子女关系进行保护,例如在子女被错抱的情况下,应承认对其进行抚养教育的父母的法律地位。法律并未明确规定抚养教育应如何界定,从我国司法实践的状况来看,是否共同生活,抚养教育是否达到一定期限,是否支付相关费用都只是法院在判定有抚养教育关系的继父母子女关系是否成立的参考因素之一。在这些通常因素之外,法院还使用了诸如双方感情是否深厚、被抚养人的主观意愿等浮动性更强的标准。

---

① 最高人民法院民事审判第一庭编著:《最高人民法院婚姻法司法解释(三)理解与适用》,人民法院出版社2015年版,第57页。

第二节　其他家庭关系

《民法典》婚姻家庭编在"家庭关系"章规定兄弟姐妹之间，祖父母外祖父母与孙子女外孙子女之间的扶养权利义务。广义的扶养既包括同辈之间的扶养，也包括长辈对晚辈的抚养和晚辈对长辈的赡养。除扶养关系，他们之间的关系还反映在监护法以及收养法上。例如，根据《民法典》第27条第2款的规定，在未成年人的父母已经死亡或者没有监护能力的情况下，祖父母、外祖父母是第一顺位的监护人，兄、姐是第二顺位的监护人。又例如，根据《民法典》第1096条的规定，监护人送养孤儿的，应当征得有抚养义务的人的同意。根据《民法典》第1108条的规定，配偶一方死亡，另外一方送养未成年子女的，死亡一方的父母有优先抚养的权利。特定情形下还应承认他们之间的其他权利义务，例如孙子女、外孙子女主要由祖父母、外祖父母实际抚养的，应承认祖父母、外祖父母有探望孙子女、外孙子女的权利。①

值得注意的是，这些家庭成员之间的扶养义务与是否担任监护人没有必然关系，即使不担任监护人，亦应承担扶养义务。此外，他们之间的扶养同样应具备扶养成立的一般性要件，如受扶养人存在扶养需求。与父母子女之间的扶养义务不同，兄弟姐妹之间，祖父母、外祖父母与孙子女、外孙子女之间的扶养采生活扶助义务标准，而非生活保持义务标准。在均符合扶养成立要件时，应承认祖父母、外祖父母、兄、姐处于同一扶养义务人顺序。同样，应承认祖父母、外祖父母、弟、妹处于同一受扶养权利人顺序。

一、祖父母、外祖父母与孙子女、外孙子女之间的扶养

此处所言的祖父母、外祖父母、孙子女、外孙子女是指血亲意义上的而非姻亲意义上的，只有血亲之间才可能形成扶养权利和义务。需要强调的是，即使继父母和继子女根据《民法典》第1072条第2款的规定形成了有扶养教育关系的拟制血亲关系，也仅在父母子女之间产生法律关系，而不会像收养一样，产生近亲属之间的权利义务（《民法典》第1111条）。此外，在《收养法》（已失效）颁布之前，对于已经形成的祖父母收养他人作为孙子女的情形，参考《最高人民法院关于贯彻执行民事政策法律若干问题的意见》（已失效），应作为养父母和养子女处理，不属于《民法典》第1074条所规定的祖父母与孙子女。

---

① 《第八次全国法院民事商事审判工作会议（民事部分）纪要》第3条："祖父母、外祖父母对父母已经死亡或父母无力抚养的未成年孙子女、外孙子女尽了抚养义务，其定期探望孙子女、外孙子女的权利应当得到尊重，并有权通过诉讼方式获得司法保护。"

(一) 祖父母、外祖父母对于孙子女、外孙子女的抚养

根据《民法典》第1074条第1款的规定,祖父母、外祖父母对于孙子女、外孙子女的抚养义务需要满足两项要件。首先,祖父母、外祖父母本身需要有负担能力,如果祖父母、外祖父母本身就缺乏生活来源也没有劳动能力,不应承担对孙子女、外孙子女的抚养义务。其次,需要以孙子女、外孙子女的父母已经死亡或者无力抚养为前提。父母是子女的第一顺位扶养人。只有在父母已经自然死亡、父母已被宣告死亡或者父母客观上欠缺抚养能力的情况下,孙子女、外孙子女才能向祖父母、外祖父母主张抚养请求权。

(二) 孙子女、外孙子女对于祖父母、外祖父母的赡养

根据《民法典》第1074条第2款的规定,孙子女、外孙子女对于祖父母、外祖父母的赡养义务需要满足两项要件。首先,孙子女、外孙子女本身需要有负担能力,如果孙子女、外孙子女本身就缺乏生活来源也没有劳动能力,不应承担对祖父母、外祖父母的赡养义务。但是,与弟、妹对兄、姐的扶养不同,此处并不要求孙子女、外孙子女由祖父母、外祖父母抚养长大。其次,需要祖父母、外祖父母的子女已经死亡或者无力赡养。祖父母、外祖父母的子女不仅包括孙子女、外孙子女的父母,还包括其叔、伯、姑、舅、姨等其他子女。祖父母、外祖父母的子女是其第一顺位的扶养义务人。当然,如果还有其他第一顺位的有扶养能力的扶养义务人,如配偶,亦不应由孙子女、外孙子女承担赡养义务。如果祖父母、外祖父母放弃对第一顺位扶养义务人的扶养请求,则其不能向孙子女、外孙子女主张赡养。同样,此处的第一顺位扶养义务人无力抚养是指客观上无力扶养。

二、兄弟姐妹之间的扶养

根据《民法典》继承编第1127条第5款的规定,兄弟姐妹,包括同父母的兄弟姐妹、同父异母或者同母异父的兄弟姐妹、养兄弟姐妹、有扶养关系的继兄弟姐妹。此处所称的兄弟姐妹与《民法典》继承编所规定的兄弟姐妹范围存在一定的区别,这种区别主要在于有扶养关系的继兄弟姐妹。即使继父母对继子女有《民法典》第1072条第2款意义上的抚养教育,形成了拟制的父母子女关系,但继兄弟姐妹之间也不会形成拟制的兄弟姐妹关系,继兄弟姐妹之间是姻亲关系,并不具有相互扶养的义务。但是,如果继兄、姐对继弟、妹进行了扶养,那么继兄、姐对继弟、妹有权根据《民法典》第1075条第2款的规定要求扶养。

(一) 兄、姐对弟、妹的扶养

与父母对子女的抚养不同,兄、姐对弟、妹的扶养是有一定条件的。根据《民法典》第1075条第1款的规定,主要有两项要件。首先,兄、姐自身有负担能力。如兄、姐本身并没有扶养能力,则不负担扶养义务。其次,兄、姐对弟、妹的扶养以父母死亡或者父母无力抚养为前提。父母是子女的第一顺位抚养义务人。此处的父母死亡包

括自然死亡和宣告死亡，无力抚养仅指客观上无力抚养。如果父母主观上拒绝抚养，则子女可以根据《民法典》第1067条第1款的规定，要求父母给付抚养费。对于成年的不能独立生活的弟、妹，在没有在先顺位的扶养义务人或者在先顺位的扶养义务人没有扶养能力时，兄、姐同样对其具有扶养义务。

（二）弟、妹对兄、姐的扶养

根据《民法典》第1075条第2款的规定，弟、妹对于兄、姐的扶养同样是有条件的，主要包含三项要件。首先，弟、妹负担扶养义务的前提是其由兄、姐扶养长大。如果弟、妹并非由兄、姐扶养长大而是由父母抚养长大，则其不负担扶养义务。这里的扶养指主要由其扶养，对父母抚养弟、妹提供偶尔的帮助并不构成此处的扶养。其次，与兄、姐扶养弟、妹相同的是，弟、妹对于兄、姐的扶养必须以其自身具有负担能力为前提。最后，兄、姐必须缺乏劳动能力又缺乏生活来源。与《民法典》第1067条第2款规定的"缺乏劳动能力或者生活困难"不同，此处要求更为严格，要求同时具备劳动能力欠缺和生活来源欠缺两项要件。

第七章 收 养

第一节 概 述

在我国,收养是指自然人按照法律规定的条件和程序,在自己与他人子女之间建立亲子关系的法律行为。如前所述,收养是通过法律行为来建立拟制血亲关系。收养行为同时关涉三方法律主体,其中:收养他人为自己子女的人,被称为收养人;被他人收养的未成年人为被收养人;将自己子女或者由自己监护的儿童送给他人收养的自然人或者社会组织,为送养人。收养不同于事实上的抚养,根据《民法典》第1107条的规定,孤儿或者生父母无力抚养的子女,可以由生父母的亲属、朋友抚养;抚养人与被抚养人的关系不适用《民法典》婚姻家庭编"收养"一章的规定。

收养关系的成立不仅需要有效的收养协议,还需要满足法定的形式要件。不满足法定形式要件的收养被称为事实收养。按照法不溯及既往原则,在收养行为发生时,当时的法律和司法解释有不同规定的,应适用当时的规定。依据收养的效力差异,即养子女与生父母之间的法律关系是否完全终止,可以分为完全收养和不完全收养,《民法典》采完全收养模式。根据被收养人的年龄,可以分为成年收养和未成年收养,但我国仅承认未成年收养。

根据《民法典》第1044条第1款的规定,收养应当遵循最有利于被收养人的原则,保障被收养人和收养人的合法权益。该原则是收养法的基本原则。针对实践中仍存在的借收养买卖未成年人的情况,《民法典》婚姻家庭编"一般规定"章强调"禁止借收养名义买卖未成年人"。

第二节 收养的成立

一、被收养人

按照最有利于被收养人的原则,应当对被收养人的范围进行限制。《民法典》第1093条规定的可以被收养的未成年人主要包括:丧失父母的孤儿、查找不到生父母的未成年人和生父母有特殊困难无力抚养的子女三种。需要注意的是,《民法典》删除了《收养法》第4条规定的被收养的未成年人须"不满十四周岁"的年龄限制。易言之,只要是未成年人,就可以成为被收养的对象。

未出生的胎儿不能成为被收养的对象,《民法典》第 16 条的规定不适用于收养的情形。"丧失父母的孤儿"是指父母均已经自然死亡或者被宣告死亡的未成年人。根据《民法典》第 52 条的规定,被宣告死亡的人在被宣告死亡期间,其子女被他人依法收养的,在死亡宣告被撤销后,不得以未经本人同意为由主张收养行为无效。

"查找不到生父母的未成年人"是指经过查找,生父母仍然不明的未成年人。就"生父母有特殊困难无力抚养的子女"而言,根据《民政部关于规范生父母有特殊困难无力抚养的子女和社会散居孤儿收养工作的意见》,主要包含四种情形:(1)生父母有重大疾病;(2)生父母有重度残疾;(3)生父母被判处有期徒刑或无期徒刑、死刑;(4)生父母存在其他客观原因无力抚养子女,经乡镇人民政府、街道办事处证明。根据《民法典》第 1099 条和第 1103 条的规定,收养三代以内旁系同辈血亲的子女或者继父母收养继子女的,不受"生父母有特殊困难无力抚养子女"的条件的限制。

二、送养人

关于送养人的法律地位存在两种观点。三方主体说认为,送养人和被收养人、收养人法律地位一样,是收养法律关系的当事人之一。① 两方主体说认为,收养关系的当事人只有被收养人和收养人,送养人是以未成年被收养人的法定代理人的身份进入收养关系的。② 本书认为,三方主体说更为合理。根据《民法典》的规定,可以作送养人的个人和组织包括:

1. 未成年人的监护人。根据《民法典》第 1094 条第 1 项的规定,孤儿的监护人可以作为送养人。除此之外,根据《民法典》第 1095 条的规定,在未成年人生父母尚在,但由于"不具备完全民事行为能力",且"可能严重危害该未成年人"时,未成年人的监护人也可以作为送养人。但根据《民法典》第 1096 条的规定,此时监护人送养需要得到有抚养义务的人的同意。对于监护人不愿意继续履行监护职责、坚持送养的,可按照《民法典》总则编中关于监护主体变更的相关要求,变更监护人,由符合资格且愿意承担监护职责的个人或组织作为未成年人的监护人。

2. 儿童福利机构。根据民政部《儿童福利机构管理办法》第 2 条的规定,"儿童福利机构"指的是"民政部门设立的,主要收留抚养由民政部门担任监护人的未满 18 周岁儿童的机构",包括按照事业单位法人登记的儿童福利院和设有儿童部的社会福利院等。根据民政部《儿童福利机构管理办法》第 9 条的规定,儿童福利机构能够送养的未成年人包括以下五类:无法查明父母或者其他监护人的儿童;父母死亡或者宣

---

① 参见陈苇主编:《婚姻家庭继承法学》(第三版),中国政法大学出版社 2018 年版,第 168 页。
② 参见杨大文主编:《亲属法与继承法》,法律出版社 2013 年版,第 197 页;房绍坤、范李瑛、张洪波编著:《婚姻家庭与继承法》(第五版),中国人民大学出版社 2018 年版,第 126 页。

告失踪且没有其他依法具有监护资格的人的儿童;父母没有监护能力且没有其他依法具有监护资格的人的儿童;人民法院指定由民政部门担任监护人的儿童;法律规定应当由民政部门担任监护人的其他儿童。

3. 有特殊困难无力抚养子女的生父母。如前所述,对于生父母是否属于"有特殊困难无力抚养子女",应根据《民政部关于规范生父母有特殊困难无力抚养的子女和社会散居孤儿收养工作的意见》进行认定。根据《民法典》第1097条的规定,生父母送养子女,应当双方共同送养。生父母一方不明或者查找不到的,可以单方送养。又根据《民法典》第1108条的规定,配偶一方死亡,另一方送养未成年子女的,死亡一方的父母有优先抚养的权利。

根据《民法典》第1099条和第1103条的规定,收养三代以内旁系同辈血亲的子女或者继父母收养继子女的,送养人不受"生父母有特殊困难无力抚养子女"条件的限制。

三、收养人

根据《民法典》第1098条的规定,对于收养人的限制包括:

1. 收养人无子女或者只有一名子女。根据《民法典》第1100条第1款的规定,无子女的收养人可以收养两名子女;有子女的收养人只能收养一名子女。

2. 收养人有抚养、教育和保护被收养人的能力。根据《民法典》第1105条第5款的规定,民政部门应当对收养人的具体能力进行评估和认定。

3. 未患有在医学上认为不应当收养子女的疾病。这里的"疾病",一般认为主要包括精神疾病和传染性疾病两种。[①] 具体的判断,应当以疾病是否会影响未成年人的成长为标准。

4. 无不利于被收养人健康成长的违法犯罪记录。"不利于被收养人健康成长的违法犯罪记录",可参照《未成年人保护法》第22条的规定进行判断,例如收养人是否曾长期忽视未成年人照管需求、拒不履行照管责任,是否有吸毒、酗酒、赌博等严重不良习性或者有多次违法行为,是否因具有性侵害、虐待、暴力伤害等严重侵害未成年人的违法犯罪记录而被禁止从事密切接触未成年人行业相关工作,是否具有其他不适宜担任收养人的情形等。

5. 年满30周岁。法律设置年龄要求是为了确保收养人心智足够成熟,有抚养未成年人的能力。

就上述限制的排除适用而言,根据《民法典》第1103条的规定,继父母收养继子女不受上述条件的限制。此外,根据《民法典》第1099条第2款的规定,华侨收养三代以内旁系同辈血亲的子女可以不受上述第1项条件的限制。又根据《民法典》第

[①] 参见雷明光主编:《中华人民共和国收养法评注》,厦门大学出版社2016年版,第105页。

1100 条第 2 款的规定,收养孤儿、残疾未成年人或者儿童福利机构抚养的查找不到生父母的未成年人,同样不受上述第 1 项条件的限制。

除上述一般性限制外,法律还对特定情形下的收养人条件进行了特别限制:

1. 根据《民法典》第 1101 条的规定,有配偶者收养子女,应当夫妻共同收养。在共同收养情形中,夫妻双方都必须满足一般性要求。

2. 根据《民法典》第 1102 条的规定,无配偶者收养异性子女的,收养人与被收养人的年龄应当相差 40 周岁以上。

四、收养协议

根据《民法典》第 1104 条的规定,收养人收养与送养人送养,应当双方自愿。此处的自愿可以理解为双方应当就收养形成合意。此外,根据《民法典》第 1105 条第 3 款的规定,收养关系当事人愿意签订收养协议的,可以签订收养协议。此处的收养协议实际上是指书面的收养协议。由此可见,收养协议并非一定要采用书面形式,但收养协议本身是不可欠缺的。又根据该条第 4 款的规定,收养关系当事人各方或者一方要求办理收养公证的,应当办理公证,但协议公证并不是收养必备的成立或者生效要件。但是根据《民法典》第 1109 条的规定,涉外收养时为明确各方当事人的权利义务,必须订立书面收养协议。

收养协议是指收养人和送养人就收养问题形成的协议。收养协议是具有身份性质的双方法律行为,应适用《民法典》总则编民事法律行为的一般性规定。根据《民法典》第 1113 条第 1 款的规定,违反《民法典》总则编关于民事法律行为效力规定的收养行为无效。例如,根据《民法典》第 144 条的规定,如收养人本身欠缺民事行为能力,则收养无效。值得探讨的是,收养协议是否适用《民法典》总则编关于意思表示瑕疵的规定。易言之,在一方存在欺诈、胁迫、重大误解、乘人之危致显示公平时,是否应当赋予受欺诈方、受胁迫方、重大误解方、受损害方以撤销权,原则上应予以承认,但是已经形成较为稳定的收养关系、撤销会严重损害子女利益的除外。

收养协议具有身份性,属于《民法典》第 161 条第 2 款所规定的依照其性质不得代理的法律行为,应由当事人本人亲自实施。因收养涉及重大人身利益,法律关系不应处于不稳定状态,收养协议属于《民法典》第 158 条和第 160 条规定的依其性质不得附条件和附期限的法律行为。

在我国法上,合同并非总则意义上的概念,而是合同法中的概念,协议是合同的上位概念。收养协议并非《民法典》合同编中的合同。但是,根据《民法典》第 464 条第 2 款的规定,在《民法典》婚姻家庭编中没有规定的,收养协议可以根据其性质参照适用《民法典》合同编的规定。

与一般的民事法律行为不同,根据《民法典》第 1104 条的规定,收养 8 周岁以上未成年人的,应当征得被收养人的同意。同意要件是为了保护未成年人的自决权。

违反该规定的收养无效。

根据《民法典》第1110条的规定,收养当事人可以在收养协议中明确保密义务。如果其他人知道保密约定,应尊重该约定,不得向第三人泄漏有关信息,否则可能承担侵权责任。

第三节 收养的程序

一、登记机关

根据《中国公民收养子女登记办法》第2条的规定,中国公民在中国境内收养子女或者协议解除收养关系的,办理收养登记的机关是县级人民政府民政部门。《中国公民收养子女登记办法》第3条对登记机关的地域管辖问题进行了细化规定。根据《民法典》第1109条第2款和《外国人在中华人民共和国收养子女登记办法》第9条第2款的规定,外国人在中国收养子女的,应当到被收养人常住户口所在地的省、自治区、直辖市人民政府民政部门办理收养登记。

二、登记程序

(一)申请

根据《中国公民收养子女登记办法》第4条的规定,收养关系当事人应当亲自到收养登记机关办理成立收养关系的登记手续。夫妻共同收养子女的,应当共同到收养登记机关办理登记手续;一方因故不能亲自前往的,应当书面委托另一方办理登记手续,委托书应当经过村民委员会或者居民委员会证明或者经过公证。该办法第5、6条分别对收养人和送养人应提交的材料进行了详细规定。

如果是外国人在华收养子女,根据《民法典》第1109条的规定,外国人在中华人民共和国收养子女,应当经其所在国主管机关依照该国法律审查同意。收养人应当提供由其所在国有权机构出具的有关其年龄、婚姻、职业、财产、健康、有无受过刑事处罚等状况的证明材料,并与送养人签订书面协议,亲自向省、自治区、直辖市人民政府民政部门登记。证明材料应当经收养人所在国外交机关或者外交机关授权的机构认证,并经中华人民共和国驻该国使领馆认证,但是国家另有规定的除外。

又根据《外国人在中华人民共和国收养子女登记办法》第4条的规定,外国人在华收养子女,应当通过所在国政府或者政府委托的收养组织向中国政府委托的收养组织转交收养申请并提交收养人的家庭情况报告和证明。

(二)审查评估和公告

根据《民法典》第1105条第5款的规定,县级以上人民政府民政部门应当依法进行收养评估。登记机关不仅应当进行形式审查和公告,而且应当对收养是否合法进行实质评估。

根据《民法典》第 1105 条第 2 款的规定,收养查找不到生父母的未成年人的,办理登记的民政部门应当在登记前进行公告。公告的目的在于督促未成年人的生父母或者监护人认领未成年人。根据《中国公民收养子女登记办法》第 7 条第 2 款规定,公告期限为 60 日。

就外国人在华收养子女而言,根据《外国人在中华人民共和国收养子女登记办法》第 6 条和第 7 条的规定,省、自治区、直辖市人民政府民政部门应当对送养人提交的证件和证明材料进行审查,对查找不到生父母的弃婴和儿童公告查找其生父母;认为被收养人、送养人符合收养法规定条件的,将符合收养法规定的被收养人、送养人名单通知中国收养组织并转交相关材料。中国收养组织对外国收养人的收养申请和有关证明进行审查后,应当在省、自治区、直辖市人民政府民政部门报送的符合收养法规定条件的被收养人中,参照外国收养人的意愿,选择适当的被收养人,并将该被收养人及其送养人的有关情况通过外国政府或者外国收养组织送交外国收养人。外国收养人同意收养的,中国收养组织向其发出来华收养子女通知书,同时通知有关的省、自治区、直辖市人民政府民政部门向送养人发出被收养人已被同意收养的通知。

(三) 登记

民政部门在完成前述审查评估和公告程序后,进行登记并发给收养证书。根据《民法典》第 1105 条第 1 款的规定,收养关系自登记之日成立。又根据《民法典》第 1106 条的规定,收养关系成立后,公安机关应当按照国家有关规定为被收养人办理户口登记。在外国人在华收养子女的情形中,根据《外国人在中华人民共和国收养子女登记办法》第 11 条第 2 款的规定,收养登记机关应当将登记结果通知中国收养组织。

第四节　收养的效力

收养欲产生法律规定的效力,必须满足法律规定的条件。在判断收养是否有效时,除需适用婚姻家庭编的规定外,还可能涉及适用总则编的规定。依据《民法典》第 1113 条第 1 款的规定,有总则编关于民事法律行为无效规定情形或者违反婚姻家庭编规定的收养行为无效。例如,如果收养人与送养人以虚假的意思表示实施收养行为,该收养行为依《民法典》第 146 条第 1 款的规定无效。无效的收养行为自始不产生效力。

一、亲属关系

根据《民法典》第 1111 条的规定,自收养关系成立之日起,养父母与养子女间的权利义务关系,适用《民法典》关于父母子女关系的规定;养子女与养父母的近亲属间的权利义务关系,适用《民法典》关于子女与父母的近亲属关系的规定。养子女与生父母以及其他近亲属间的权利义务关系,因收养关系的成立而消除。事实上,收养意味着未成年子女与生父母及其他近亲属关系的完全切断,这种切断不仅体现在婚姻家庭法领域,也体现在其他私法和公法领域。例如,养子女与生父母及其他近亲属之间不再相互具有继承权。这与继父母通过抚养教育继子女所形成的拟制血亲关系存在明显的区别。但如前文所述,收养关系成立后,《民法典》第1048条所规定的禁婚亲规则仍然适用。

需要注意的是,由于我国采完全收养原则,收养所产生的生父母方近亲属关系完全消除规则不能通过收养协议予以排除。同样,养父母方的近亲属不能以未经其同意为由,主张不产生近亲属关系。

二、养子女的姓名

收养关系成立后,父母的姓名决定权转移给养父母,养父母可在不违反法律规定的情况下变更养子女的姓名。但根据《民法典》第1112条的规定,经当事人协商一致,也可以保留原姓氏。该规定实际上是《民法典》第1015条第1款第3项"有不违背公序良俗的其他正当理由"的具体化。

第五节 收养关系的解除

一、解除形式

与自然血亲形成的父母子女关系不同,法律允许解除收养关系。根据当事人是否形成合意,可以分为协议解除和单方诉讼解除。

(一)协议解除

协议解除存在两种情况:

首先,根据《民法典》第1114条第1款的规定,收养人在被收养人成年以前,不得解除收养关系,但是收养人、送养人双方协议解除的除外。养子女8周岁以上的,应当征得本人同意。

其次,根据《民法典》第1115条的规定,养父母与成年养子女关系恶化、无法共同生活的,可以协议解除收养关系。

与收养关系成立相同的是,根据《民法典》第1116条的规定,当事人协议解除收养关系的,应当到民政部门办理解除收养关系登记。根据《中国公民收养子女登记办法》第10条的规定,收养登记机关收到解除收养关系登记申请书及有关材料后,应当自次日起30日内进行审查;对符合收养法规定的,为当事人办理解除收养关系的登记,收回收养登记证,发给解除收养关系证明。

(二) 单方诉讼解除

单方诉讼解除同样存在两种情况：

首先，在被收养人成年以前，根据《民法典》第 1114 条第 2 款的规定，收养人不履行抚养义务，有虐待、遗弃等侵害未成年养子女合法权益行为的，送养人有权要求解除养父母与养子女间的收养关系。送养人、收养人不能达成解除收养关系协议的，可以向人民法院提起诉讼。此时，享有解除权的是送养人和收养人，其权利行使方式是提起形成权之诉。

其次，在被收养人成年以后，根据《民法典》第 1115 条的规定，养父母与成年养子女关系恶化、无法共同生活的，可以协议解除收养关系。不能达成协议的，可以向人民法院提起诉讼。此时，享有解除权的是被收养人和收养人，其权利行使方式同样是提起形成权之诉。

根据《民事诉讼法》第 101 条第 1 款第 2 项的规定，调解维持收养关系的案件，人民法院可以不制作调解书。根据该法第 127 条第 7 项的规定，判决、调解维持收养关系的案件，没有新情况、新理由，原告在 6 个月内又起诉的，不予受理。又根据该法第 154 条第 4 项的规定，解除收养关系案件的一方当事人死亡的，诉讼终结，此时收养关系仍然存在。根据《民诉法解释》第 355 条第 1 款第 3 项的规定，如果当事人申请司法确认收养关系解除的调解协议，人民法院应裁定不予受理。

二、收养关系解除的法律效果

(一) 亲属关系的消除和恢复

根据《民法典》第 1117 条的规定，收养关系解除后，养子女与养父母以及其他近亲属间的权利义务关系消除，与生父母以及其他近亲属间的权利义务关系自行恢复。但是，成年养子女与生父母以及其他近亲属间的权利义务关系是否恢复，可以协商确定。在成年养子女与生父母协商确定恢复父母子女间的权利义务关系时，成年养子女与生父母的其他近亲属间的权利义务关系，自然也随之恢复。

(二) 养父母对生父母的补偿请求权

根据《民法典》第 1118 条第 2 款的规定，生父母要求解除收养关系的，养父母可以要求生父母适当补偿收养期间支出的抚养费；但是，因养父母虐待、遗弃养子女而解除收养关系的除外。

(三) 养父母对成年子女的补偿请求权和生活费给付请求权

根据《民法典》第 1118 条的第 1 款的规定，收养关系解除后，经养父母抚养的成年养子女，对缺乏劳动能力又缺乏生活来源的养父母，应当给付生活费。因养子女成年后虐待、遗弃养父母而解除收养关系的，养父母可以要求养子女补偿收养期间支出的抚养费。

第八章　父母子女间的权利义务

第一节　概　　述

20世纪又被称为儿童权利的世纪，在此背景下，以父母权利为基础的亲子关系法构造被彻底颠覆，子女权利成为亲子关系的出发点。未成年子女利益最大化原则是确立和解释父母子女关系规范的基准。

父母与子女之间的法律关系内容是极为广泛的，跨越公法和私法两个领域。《民法典》第26条对父母子女关系作了概括性规定："父母对未成年子女负有抚养、教育和保护的义务。成年子女对父母负有赡养、扶助和保护的义务。"由于我国采纳了大监护的立法模式，父母亦被涵盖在监护主体之中，并且当然成为未成年子女的监护人，而不需要任何的指定(《民法典》第27条第1款)。同样，子女亦有可能成为父母的监护人(《民法典》第28条第2项)。虽然父母子女关系的部分内容可以被监护法所涵盖，例如根据《民法典》第35条前两款的规定，监护人应当按照最有利于被监护人的原则履行监护职责。监护人除为维护被监护人利益外，不得处分被监护人的财产。未成年人的监护人履行监护职责，在作出与被监护人利益有关的决定时，应当根据被监护人的年龄和智力状况，尊重被监护人的真实意愿。此项规定与父母对子女的抚养和保护义务存在内容上的重叠。但是，监护法的内容不能有效涵盖所有父母子女关系的内容，监护法本身并不包含狭义扶养法的内容，即使父母或者子女的监护资格被撤销，亦应承担抚养费或者赡养费给付义务(《民法典》第37条)。监护也不包含探望、姓名决定、子女返还等内容。此外，由于父母子女关系属于宪法所保护的对象(《宪法》第49条第3款)，父母或者子女在监护法上亦具有特殊的地位，根据《民法典》第38条的规定，被监护人的父母或者子女被人民法院撤销监护人资格后，除对被监护人实施故意犯罪的外，确有悔改表现的，经其申请，人民法院可以在尊重被监护人真实意愿的前提下，视情况恢复其监护人资格，人民法院指定的监护人与被监护人的监护关系同时终止。

总体而言，相对于子女对父母的权利义务，父母对子女的权利义务的范围更为广泛。在子女成年后，扶养法成为父母子女关系法的核心。

第二节　父母与未成年子女间的权利义务

一、父母对未成年子女的抚养

最为广义的抚养相当于域外法所使用的亲权或者父母照顾的概念。在我国法上,抚养与教育、保护并列,包含除教育和保护以外的其他一切人身和财产照顾义务。促进子女人格的健全发展,是抚养义务的核心。抚养义务的外延极其广泛,不仅包括抚养费给付(即最为狭义的抚养义务),还应包括对子女进行实际的生活照顾。由于照顾行为具有人身性,不能被强制执行,故而《民法典》第1067条第1款规定:"父母不履行抚养义务的,未成年子女或者不能独立生活的成年子女,有要求父母给付抚养费的权利。"此处父母不履行抚养义务实际上是指父母不履行除抚养费给付以外的其他形态的抚养义务,抚养费给付并不是不履行抚养义务的民事责任。

(一) 抚养和直接抚养

按照父母具体抚养的形态,抚养可以分为直接抚养和间接抚养。根据《民法典》第1058条的规定,夫妻双方平等享有对未成年子女抚养、教育和保护的权利,共同承担对未成年子女抚养、教育和保护的义务。父母对未成年子女的抚养义务与父母双方的婚姻状态无关,即使父母处于离婚状态(《民法典》第1084条)或者父母从未进入婚姻状态(《民法典》第1071条),其对子女均有抚养的义务。在父母共同生活的情况下,通常是父母共同直接抚养。而在父母离婚或者未婚的父母双方未在一起共同生活的情况下,通常是父母一方直接抚养,另外一方间接抚养。作为例外,根据《婚姻家庭编司法解释(一)》第48条的规定,在有利于保护子女利益的前提下,父母双方协议轮流直接抚养子女的,人民法院应予支持。

(二) 直接抚养权的归属

离婚后,子女和非婚生子女的直接抚养权归属判定应适用相同的规则。就离婚后子女抚养权的归属而言,根据《民法典》第1084条第3款的规定,离婚后,不满2周岁的子女,以由母亲直接抚养为原则。已满2周岁的子女,父母双方对抚养问题协议不成的,由人民法院根据双方的具体情况,按照最有利于未成年子女的原则判决。子女已满8周岁的,应当尊重其真实意愿。

对于不满2周岁的子女,《婚姻家庭编司法解释(一)》第44条规定了由母亲直接抚养的例外情形:(1) 母亲患有久治不愈的传染性疾病或者其他严重疾病,子女不宜与其共同生活;(2) 母亲有抚养条件不尽抚养义务,而父亲要求子女随其生活;(3) 因其他原因,子女确不宜随母亲生活。除此之外,依该司法解释第45条的规定,在不影响子女健康成长的前提下,父母双方亦可以协议不满2周岁子女由父亲直接抚养。

对于已满2周岁的子女,《婚姻家庭编司法解释(一)》第46条规定了一些法院在父母双方均要求直接抚养时的裁判考量因素:(1)一方已做绝育手术或者因其他原因丧失生育能力;(2)子女随一方生活时间较长,改变生活环境对子女健康成长明显不利;(3)一方无其他子女,而另一方有其他子女;(4)子女随一方生活,对子女成长有利,而另一方患有久治不愈的传染性疾病或者其他严重疾病,或者有其他不利于子女身心健康的情形,不宜与子女共同生活。此外,依据该司法解释第47条的规定,如果父母抚养子女的条件基本相同,但子女单独随祖父母或者外祖父母共同生活多年,且祖父母或者外祖父母要求并且有能力帮助子女照顾孙子女或者外孙子女的,可以作为父或者母直接抚养子女的优先条件予以考虑。

就直接抚养权的变更而言,依据《婚姻家庭编司法解释(一)》第57条的规定,父母双方可以协议变更。如果父母一方要求变更,为维护未成年人稳定的生活环境,原则上不予支持,除非存在正当的理由。依该司法解释第56条的规定,正当理由包括但不限于:(1)与子女共同生活的一方因患严重疾病或者因伤残无力继续抚养子女;(2)与子女共同生活的一方不尽抚养义务或有虐待子女行为,或者其与子女共同生活对子女身心健康确有不利影响;(3)已满8周岁的子女,愿随另一方生活,该方又有抚养能力。

就非婚生子女的直接抚养权归属而言,应类推适用《民法典》第1084条第3款及上述司法解释的规定。

(三)抚养费的确定和变更

根据《民法典》第1071条第2款和《民法典》第1085条的规定,不直接抚养子女的一方应当承担部分或者全部抚养费用。负担费用的多少和期限的长短,由父母双方协议,协议不得损害未成年子女的利益;协议不成的,由人民法院判决。抚养费包括子女的生活费、教育费和医疗费等费用。《婚姻家庭编司法解释(一)》对离婚后的子女抚养问题进行了细致的规定。其他情形下的子女抚养亦可以参照适用该规定。该司法解释第49条第1款规定:"抚养费的数额,可以根据子女的实际需要、父母双方的负担能力和当地的实际生活水平确定。"其中最为核心的因素是子女的抚养需求和父母的抚养能力。当地的一般生活水平只具有参考意义,父母抚养费数额的确定并不是客观的,应当考虑父母和子女的具体状况。《婚姻家庭编司法解释(一)》第49条第2款就有固定收入情况下抚养费占收入的比例进行了规定:"有固定收入的,抚养费一般可以按其月总收入的百分之二十至三十的比例给付。负担两个以上子女抚养费的,比例可以适当提高,但一般不得超过月总收入的百分之五十。"第3款就父母无固定收入情形中的抚养费数额进行了规定:"无固定收入的,抚养费的数额可以依据当年总收入或者同行业平均收入,参照上述比例确定。"但是,完全客观化的同行业平均收入或者当地年均消费支出不具有决定性,确定抚养费的根本依据仍然是生活保持义务。即使父母的收入低于当地最低标准,其仍然有义务从中给付一部分抚养费。又根据该条第 4 款的规定,"有特殊情况的,可以适当提高或者降低上述比例"。这实际上表明抚养费的确定应当考虑具体情况,上述比例并不具有完全的强制性。

根据《民法典》第 1085 条第 2 款规定,即使有相关协议和判决,子女仍可在必要的时候向父母提出超出原定数额的合理要求。《婚姻家庭编司法解释(一)》第 58 条规定,当原定数额不足以维持当地实际生活水平或是因子女患病、上学实际所需增加以及有其他正当理由需要增加抚养费时,父母应当随之增加抚养费。虽然审判实践往往基于未成年人利益最大化原则,在适用该条时较为宽松,但是在变更时应考量其他因素。① 同时父母在因收入明显减少、长期患病或丧失劳动能力、无经济来源等原因而无力给付或无力按原数额给付时,可适当减少抚养费。②

二、父母的教育和保护义务

根据《民法典》第 1068 条的规定,父母有教育、保护未成年子女的权利和义务。教育、保护首先是父母的义务,未成年子女有受父母教育、保护的权利。其次,教育、保护未成年子女也是父母的权利,其他人不得干涉。

教育是指父母依照法律和道德的要求,采取适当的方法对未成年子女进行管教,对其行为进行必要的约束,保护子女的身心健康成长。③ 当然,伴随着家庭功能的变化,父母对子女的一部分教育权利已经转移给国家。父母必须依照法律的规定,保障未成年子女接受义务教育。父母应当为未成年子女的教育提供必要的条件,尤其是提供经济上的支持,承担相应的教育费用。教育费用的承担需要综合考量父母的抚养能力和未成年子女的抚养需求。

父母对子女的教育应以无暴力教育为原则,父母不能通过体罚、变相体罚或者其他对子女身心造成严重损害的方式来实施教育。根据《未成年人保护法》第 16 条的规定,未成年人的父母或者其他监护人应当履行下列监护职责:(1) 为未成年人提供生活、健康、安全等方面的保障;(2) 关注未成年人的生理、心理状况和情感需求;(3) 教育和引导未成年人遵纪守法、勤俭节约,养成良好的思想品德和行为习惯;(4) 对未成年人进行安全教育,提高未成年人的自我保护意识和能力;(5) 尊重未成年人受教育的权利,保障适龄未成年人依法接受并完成义务教育;(6) 保障未成年人休息、娱乐和体育锻炼的时间,引导未成年人进行有益身心健康的活动;(7) 妥善管理和保护未成年人的财产;(8) 依法代理未成年人实施民事法律行为;(9) 预防和制止未成年人的不良行为和违法犯罪行为,并进行合理管教;(10) 其他应当履行的监护职责。

---

① 参见郭晓娟、张忠星:《变更抚养费应符合法定条件》,载《人民司法(案例)》2015 年第 22 期。
② 参见最高人民法院民事审判第一庭编:《婚姻家庭案件审判指导》,法律出版社 2018 年版,第 363 页。
③ 参见胡康生主编:《中华人民共和国婚姻法释义》,法律出版社 2001 年版,第 90—91 页。

保护是指父母对未成年子女人身和财产的保护,避免其利益被不法侵害。在侵害发生时,父母有义务采取必要的救助措施,防止损害扩大,并以法定代理人身份积极维护子女的权益。人身保护主要是指:父母应保护未成年子女的身心健康,为子女提供良好的生活环境,并采取必要的安全保护措施预防人身危险的发生。财产保护则是指父母有义务按照善良管理人的标准采取必要的措施妥善保管子女的财产,防止财产被侵吞或者流失。

父母未妥当履行其教育、保护未成年子女的义务可能会导致国家的干预或者介入。父母对未成年子女的教育、保护可被侵权所涵盖,如果父母未履行其教育、保护义务已经达到《民法典》第 36 条第 1 款所规定的严重程度,则其监护资格被剥夺,但不影响其支付子女教育费用义务的承担。

根据《民法典》第 1068 条的规定,未成年子女造成他人损害的,父母应当依法承担民事责任。此处的民事责任主要指向《民法典》第 1188 条规定的监护人责任。《民法典》第 1188 条规定:"无民事行为能力人、限制民事行为能力人造成他人损害的,由监护人承担侵权责任。监护人尽到监护职责的,可以减轻其侵权责任。有财产的无民事行为能力人、限制民事行为能力人造成他人损害的,从本人财产中支付赔偿费用;不足部分,由监护人赔偿。"当然,如果父母已经被撤销监护资格,则不适用该条规定。

三、父母的姓名决定权

"姓名体现社会上对某个人的联想及认知。"①姓名权是指别己于人的权利,是重要的具体人格权。然而,子女在出生时,不具备自我决定姓名的能力。此时,应由父母决定子女的姓名。子女成年具备完全行为能力以后,可以自己行使《民法典》第 1012 条规定的姓名变更权,变更自己的姓名。

父母应当共同协商确定子女的姓名,姓名的确定除不得违背公序良俗外,亦应遵守法律的限制性规定。根据《民法典》第 1015 条的规定,自然人应当随父姓或者母姓,但是有下列情形之一的,可以在父姓和母姓之外选取姓氏:(1) 选取其他直系长辈血亲的姓氏;(2) 因由法定扶养人以外的人扶养而选取扶养人姓氏;(3) 有不违背公序良俗的其他正当理由。少数民族自然人的姓氏可以遵从本民族的文化传统和风俗习惯。父母不能违反该规定选择其他姓氏。

根据《婚姻家庭编司法解释(一)》第 59 条的规定,父母不得因子女变更姓氏而拒付子女抚养费。父或者母擅自将子女姓氏改为继母或继父姓氏而引起纠纷的,应当责令恢复原姓氏。

---

① 王泽鉴:《人格权法:法释义学、比较法、案例研究》,北京大学出版社 2013 年版,第 116 页。

四、父母的探望权

根据《民法典》第 1086 条的规定,离婚后,不直接抚养子女的父或者母,有探望子女的权利,另一方有协助的义务。行使探望权利的方式、时间由当事人协议;协议不成的,由人民法院判决。父或者母探望子女,不利于子女身心健康的,由人民法院依法中止探望;中止的事由消失后,应当恢复探望。实际上,父母对子女的探望不应局限于离婚情形,亦应扩展至父母一方不与子女共同生活的其他情形,如父母婚姻状态下分居的情形、父母双方未婚且未共同生活的情形。

探望权在外延上应作宽泛解释,泛指父母与子女之间的交往和接触。故而双方通过电话、电子邮件、即时通信工具等方式联络亦应属于探望权的范畴。探望权在性质上属于不可被强制执行的权利,不能将未成年子女强制交由父母探望。这违背探望权的本质。实际上,探望权不仅是父母的权利,也是父母的义务。父母与未成年子女保持联络在一般情况下有利于未成年子女的利益。[①] 如果父母长期不与未成年子女接触,其实际上无法履行前述抚养、教育和保护的义务。

五、父母的住所决定权和子女返还请求权

父母有权决定子女的住所,但是决定住所时应当考虑子女的利益,尤其是子女的生活环境稳定和教育问题。在子女被他人非法带离住所时,父母可以向其主张子女返还。在一方直接抚养而另外一方间接抚养的情况下,另外一方违反探望权行使的约定或者判决,带离或者隐藏子女的,直接抚养的一方有权要求另外一方交还子女。又根据《精神损害赔偿解释》第 2 条的规定,非法使被监护人脱离监护,导致亲子关系或者近亲属间的亲属关系遭受严重损害,监护人向人民法院起诉请求赔偿精神损害的,人民法院应当依法予以受理。

第三节 父母与成年子女间的权利义务

一、父母对不能独立生活的成年子女的义务

父母对不能独立生活的成年子女亦有抚养的义务,在其不履行抚养义务时,成年子女可以要求其给付抚养费。但是,父母并不是成年子女的第一顺位监护人。根据《民法典》第 28 条第 1 项的规定,无民事行为能力或者限制民事行为能力的成年人的第一顺位监护人是配偶。在父母不担任成年子女监护人的情况下,其对不能独立生活的成年人只有抚养法上的义务。其与成年人的配偶处于同一扶养义务人顺位。

[①] 参见〔德〕迪特尔·施瓦布:《德国家庭法》,王葆莳译,法律出版社 2010 年版,第 386 页。

根据《婚姻家庭编司法解释(一)》第41条的规定,尚在校接受高中及其以下学历教育,或者丧失、部分丧失劳动能力等非因主观原因而无法维持正常生活的成年子女,可以认定为《民法典》第1067条规定的"不能独立生活的成年子女"。父母对已满18周岁的接受大学及其以上学历教育的子女是否应当给付抚养费,实践中存在一定的分歧。如果子女是连续接受教育,确无独立生活能力,应予以支持,但子女应体谅父母的状况。

至于抚养费的具体确定和变更,应参照前述父母对未成年人的抚养费给付规则。

二、成年子女对父母的赡养、扶助和保护义务

（一）赡养、扶助和保护

根据《民法典》第26条第2款的规定,成年子女对父母负有赡养、扶助和保护的义务。赡养义务是法定的义务,子女不能与父母通过协议的方式免除该义务。根据《民法典》第1069条的规定,子女对父母的赡养义务不因父母婚姻状况的变化而终止。子女也不能以放弃继承或者父母订立了遗嘱为由不履行赡养义务。与抚养义务相似,赡养义务同样有广义和狭义之分。《老年人权益保障法》第14条第1款规定："赡养人应当履行对老年人经济上供养、生活上照料和精神上慰藉的义务,照顾老年人的特殊需要。"此为广义的赡养,而狭义的赡养仅指经济上的供养。《民法典》第1067条第2款所规定的成年子女不履行赡养义务是指不履行其他形态的赡养义务。生活上的照料和精神上的慰藉都不能被强制执行。

扶助义务是指成年子女应为父母提供必要的帮助,保护义务则是指成年子女应保护父母的人身和财产安全。此两项内容可为广义的赡养所涵盖。例如,根据《老年人权益保障法》第17条的规定,赡养人有义务耕种或者委托他人耕种老年人承包的田地,照管或者委托他人照管老年人的林木和牲畜等,收益归老年人所有。该规定实际上指向了扶助义务,但也可以被认为是生活照料的方式。

需要强调的是,如果父母处于无民事行为能力或者限制民事行为能力的状态,在其监护人并非成年子女的情况下,监护人是第一顺位的保护义务人。如果此时父母给他人造成损害,应由监护人而非成年子女承担责任。

（二）赡养费给付义务的要件

父母对成年子女的赡养费给付请求权需要满足两项要件。首先,成年子女不履行其他形态的赡养义务。其次,父母缺乏劳动能力或生活困难。《老年人权益保障法》将老年人的范围限制为"六十周岁以上的公民",但是子女对父母的赡养义务不应以年龄为限,而是以"缺乏劳动能力或者生活困难"为要件,易言之,即使父母年龄未满60周岁,亦可能存在赡养需求。缺乏劳动能力是指父母因年老、疾病、残疾等原因无法从事体力或者脑力劳动,丧失或部分丧失劳动能力的情况。生活困难是指父母无法以自己的收入或者财产维持生活。需要注意的是,这里的生活困难是客观上的

被动生活困难,而不是主观所致生活困难。生活困难往往是伴随缺乏劳动能力而产生的,但二者并不需要同时存在。易言之,只需要满足其中一项要件即可。尤其是在父母虽然生活不困难,但缺乏劳动能力时,子女仍需按照该条规定给付扶养费。只是在此种情形中,子女给付父母的赡养费数额可酌情降低。同样,对于虽有劳动能力但客观上生活困难的父母,子女仍然需要履行赡养义务,给付赡养费保证父母的基本生活。

(三) 赡养费的确定

与抚养费的确定相类似,赡养费的确定同样不存在客观标准,而是需要综合考量作为赡养义务人的子女的赡养能力和作为赡养权利人的父母的赡养需求,当地一般生活水平仅具有参照意义。赡养费的计算同样需要以生活保持义务而非生活扶助义务为标准。

第七编　继　　承

<< 第一章　继承和继承法概述
<< 第二章　法定继承
<< 第三章　遗嘱继承和遗赠
<< 第四章　遗产的处理

第一章 继承和继承法概述

第一节 继承概述

一、继承的概念

继承,是指自然人自然死亡或被宣告死亡时,按照法律规定或遗嘱安排将其生前所有、死亡时遗留的财产移转给他人的一种法律制度。在现代社会,继承仅指财产继承,即以死者生前的财产为继承对象的继承,并不包括身份继承。

二、继承的本质

继承制度以财产私有制为前提和基础。其实质是根据被继承人的意愿实现财产的移转。在被继承人立有合法有效遗嘱或签订有合法有效遗赠抚养协议时,遗嘱或遗赠抚养协议的内容直接体现被继承人的意愿,此为遗嘱继承。在被继承人未立有合法有效遗嘱时,立法者根据一般社会生活观念和人的一般自然情感通过法律法规间接地推定被继承人的意愿,此为法定继承。"法定继承本质上乃是对被继承人处分其私有财产的意愿的最普遍、最一般的推定。也可以说,法定继承是'推定的遗嘱'。"[1]同时,立法对遗嘱自由原则的限制以及在法定继承中继承人的范围和顺序的认定,也体现了被继承人生前抚养义务的延续。

三、继承的方式与顺序

(一)继承的方式

根据继承人取得被继承人财产的方式,继承可以分为遗嘱继承和法定继承。

遗嘱继承,是指按照被继承人所立的合法有效遗嘱继承被继承人遗产的继承方式。遗赠同样需要通过遗嘱方式完成。法定继承,是指由法律直接规定继承人的范围、顺序、遗产分配规则的继承方式。前者的继承依据是有效的遗嘱,后者的继承依据是法律规定。

---

[1] 陈益民:《谈法定继承与遗嘱继承的统一》,载《政法论坛》1986年第5期。

（二）继承的顺序

《民法典》第 1123 条规定："继承开始后,按照法定继承办理;有遗嘱的,按照遗嘱继承或者遗赠办理;有遗赠扶养协议的,按照协议办理。"据此,遗赠抚养协议优先适用,遗嘱继承或遗赠次之,法定继承再次之。

四、继承的开始

（一）继承开始的时间

《民法典》第 1121 条第 1 款规定："继承从被继承人死亡时开始。"这里的死亡包括自然死亡和宣告死亡。被宣告死亡的,人民法院宣告死亡的判决作出之日视为其死亡的日期;因意外事件下落不明被宣告死亡的,意外事件发生之日视为其死亡的日期。

被宣告死亡时间与自然死亡时间不一致的,被宣告死亡所引起的法律后果仍然有效,但自然死亡前实施的法律行为与被宣告死亡引起的法律后果相抵触的,则以其实施的法律行为为准。例如被宣告死亡的人订立的遗嘱与宣告死亡后果不一致的,以遗嘱为准。

（二）死亡推定制度

《民法典》第 1121 条第 2 款规定："相互有继承关系的数人在同一事件中死亡,难以确定死亡时间的,推定没有其他继承人的人先死亡。都有其他继承人,辈份不同的,推定长辈先死亡;辈份相同的,推定同时死亡,相互不发生继承。"

所谓"其他继承人",是指活着的继承人。所谓推定"长辈先死亡",是指晚辈在继承了长辈的遗产后死亡。

第二节 继承法概述

一、继承法的概念和性质

继承法是调整因自然人死亡而发生的继承关系的法律规范的总称。

继承法是私法。继承法调整自然人私的财产移转关系,故属于私法。

继承法是财产法。在现代社会,身份继承基本已被废止,只承认财产继承。在法定继承中,虽然继承人范围和顺序的确定主要以一定的亲属或家庭关系为基础,但其要解决的仍是财产移转问题;在遗嘱继承中,根据遗嘱进行财产移转,基本不以身份关系为前提。因此,继承法就其本质而言,属于财产法。但是,婚姻家庭领域的财产关系并非商品关系,不具有交易的性质,因此,该财产法又有其特殊性,"实为财产法与亲属关系之融合,以之为亲属关系上之财产法,较为妥当"①。

继承法是实体法。继承法规定继承的开始、继承关系的主体、继承人的权利义务、继承权的客体、遗产的分配等民事实体权利义务内容。

二、我国继承法的基本原则

(一) 保护私有财产继承权原则

《民法典》第 124 条规定:"自然人依法享有继承权。自然人合法的私有财产,可以依法继承。"第 1120 条规定:"国家保护自然人的继承权。"首先,凡自然人死亡时遗留的个人合法财产,继承人可以依法继承。其次,被继承人的遗产尽可能由继承人或受遗赠人取得,一般不收归国家。再次,继承人的继承权和受遗赠人的受遗赠权不得被非法剥夺。继承人只有在具有法定事由的情况下,才丧失继承权。继承人没有明确表示放弃继承权的,即视为接受,不得按放弃继承权处理。最后,自然人依其继承权应当继承的财产受到非法侵害时,得请求依法予以保护。

(二) 继承权平等原则

首先,同一顺序的继承人,无论辈份、年龄、职业、政治状况,都平等地继承被继承人的遗产。

其次,婚生子女、非婚生子女、养子女、形成扶养关系的继子女在继承关系中地位平等。在我国,非婚生子女享有与婚生子女同等的权利,任何组织或者个人不得歧视。自收养关系成立之日起,养父母与养子女间的权利义务关系,适用关于父母子女关系的规定;养子女与养父母的近亲属间的权利义务关系,适用关于子女与父母的近亲属关系的规定。继父或者继母和受其抚养教育的继子女间的权利义务关系,适用关于父母子女关系的规定。因此,婚生子女、非婚生子女、养子女、形成扶养关系的继子女在继承关系中地位平等。

再次,《民法典》第 1126 条规定:"继承权男女平等。"在确定法定继承人的范围与顺序时,男女平等;在法定继承时,同一顺序的继承人在继承遗产的份额上,男女平等;在代位继承与转继承时,男女平等;在继承权丧失的条件与后果上,男女平等;在遗嘱应为缺乏劳动能力又没有生活来源的继承人保留必要的遗产份额问题上,男女平等。

(三) 概括继承与限定继承原则

1. 概括继承原则

概括继承,是指继承人对被继承人生前财产权利义务的总括继受。继承人不得选择只继承权利,不承担义务。

《民法典》第 1159 条规定:"分割遗产,应当清偿被继承人依法应当缴纳的税款和

---

① 史尚宽:《继承法论》,中国政法大学出版社 2000 年版,第 14 页。

债务;但是,应当为缺乏劳动能力又没有生活来源的继承人保留必要的遗产。"第1162条规定:"执行遗赠不得妨碍清偿遗赠人依法应当缴纳的税款和债务。"

首先,继承人中有缺乏劳动能力又没有生活来源的人的,即使遗产不足以清偿债务,也应为其保留适当遗产,然后再清偿债务。

其次,各继承人之间在遗产未分割前为共有关系,故其对外承担连带责任,对内按照其遗产分配比例承担按份责任。

2. 限定继承原则

限定继承,又称有限责任继承,是指继承人仅以所继承的财产为限对被继承人的债务承担清偿责任。

《民法典》第1161条规定:"继承人以所得遗产实际价值为限清偿被继承人依法应当缴纳的税款和债务。超过遗产实际价值部分,继承人自愿偿还的不在此限。继承人放弃继承的,对被继承人依法应当缴纳的税款和债务可以不负清偿责任。"

《民法典》第1163条规定:"既有法定继承又有遗嘱继承、遗赠的,由法定继承人清偿被继承人依法应当缴纳的税款和债务;超过法定继承遗产实际价值部分,由遗嘱继承人和受遗赠人按比例以所得遗产清偿。"遗产已被分割而未清偿债务时,如果既有法定继承又有遗嘱继承和遗赠,首先由法定继承人用其所得遗产清偿债务、缴纳所欠税款;不足清偿时,剩余的债务由遗嘱继承人和受遗赠人按比例以所得遗产偿还。如果只有遗嘱继承和遗赠,由遗嘱继承人和受遗赠人按比例以所得遗产偿还。

第三节 继承法律关系

一、继承法律关系概述

继承法律关系有广义和狭义之不同理解。广义上的继承法律关系,是指继承法律规范调整的社会关系,是因被继承人死亡而在继承人、受遗赠人、继承参与人等相互之间,以及他们与继承人以外的其他民事主体之间所发生的权利义务关系。[1] 狭义上的继承法律关系,是指由继承法规范调整,因被继承人死亡而发生的继承人之间、继承人与其他公民之间的财产方面的权利义务关系,包括法定继承法律关系和遗嘱继承法律关系,不包括遗赠法律关系、酌情分得遗产法律关系和遗赠抚养协议关系。[2] 本书认为,继承仅限于法定继承和遗嘱继承,遗赠和遗赠抚养协议虽然规定于继承编,但本质上并非继承。继承权的享有者也仅限于法定继承人和遗嘱继承人,受遗赠

---

[1] 参见陈苇主编:《婚姻家庭继承法学》,中国政法大学出版社2011年版,第281页。
[2] 参见马忆南:《婚姻家庭继承法学》(第四版),北京大学出版社2019年版,第246页。

人和遗赠扶养人享有的并非继承权。故狭义说更为合理。

继承法律关系，是指由继承法所调整的，因自然人死亡而发生的继承人之间以及继承人与他人之间在财产继承上的民事权利义务关系。自然人死亡这一事件，是继承法律关系发生的民事法律事实。继承法律关系是继承关系经由法律调整后产生的权利义务关系。

二、继承人

继承人，是指在法定继承或遗嘱继承中对被继承人的遗产享有继承权的人。包括法定继承人和遗嘱继承人。

法定继承人，是指依法律规定享有继承权，能取得被继承人遗产的继承人。法定继承人的范围和顺序由法律直接规定。

遗嘱继承人，又叫指定继承人，是指因遗嘱而取得继承权的继承人。[①] 依现行立法，被继承人只能在法定继承人的范围内通过遗嘱指定继承人。

（一）继承能力

继承能力，又称继承权利能力，是指能够享有继承权的法律资格。

继承人必须是继承开始时尚生存的人。由于被继承人的权利和义务在继承开始时概括、当然地移转于继承人，因此，继承人必须在继承开始时具有民事权利能力，即是尚生存的人。继承开始时，已经死亡的人，其民事权利能力已经消灭，继承能力便不存在，不能作为继承人。

关于胎儿的继承能力，我国立法采法定解除条件说，即承认胎儿具有继承能力，但若其出生时为死体，则溯及于继承开始时丧失继承能力。《民法典》第16条规定："涉及遗产继承、接受赠与等胎儿利益保护的，胎儿视为具有民事权利能力。但是，胎儿娩出时为死体的，其民事权利能力自始不存在。"

现行立法在继承人的范围中仅规定了自然人，故国家、法人和非法人组织并不具有继承能力。国家、集体可以作为受遗赠人。无人继承又无人受遗赠的遗产，归国家所有，用于公益事业；死者生前是集体所有制组织成员的，归所在集体所有制组织所有。

（二）遗产承受人

遗产承受人，泛指一切承受死者遗产的人。其范围广于继承人，包括继承人、受遗赠人、遗赠抚养协议的扶养人和酌情分得遗产的人，还包括无人继承又无人受遗赠时接受遗产的国家和集体。

[①] 参见马忆南：《婚姻家庭继承法学》（第四版），北京大学出版社2019年版，第251页。

三、继承权

(一) 继承权的含义与性质

继承权,是指自然人因法律规定或遗嘱指定而享有的承受被继承人财产权利和义务的权利。包括客观意义上的继承权和主观意义上的继承权。

1. 客观意义上的继承权与主观意义上的继承权

客观意义上的继承权,又称为继承期待权,是指继承开始前推定的继承人法律上的地位,即自然人将来在继承开始时,依照法律的规定或遗嘱的指定而接受被继承人遗产的资格。如子女从出生之日起,即为其父母的法定继承人,有在将来父母死亡时继承遗产的权利。法定继承人的继承期待权来自其与被继承人之间的亲属关系;遗嘱继承人的继承期待权来自被继承人所立的有效遗嘱的指定。

此种继承权,既非对继承财产为现实支配的地位,亦非确定不变的地位。推定继承人对被继承人的财产并无任何的权利。客观意义上的继承权仅为一种"继承期待",实难谓为权利,不发生被侵害的问题。

主观意义上的继承权,又称为继承既得权,是指在继承开始后,原享有客观意义上继承权的继承人对被继承人留下的遗产已经拥有的事实上的权利,实属财产权。此种继承权同继承人的主观意志相联系,是可以行使的现实的权利,继承人可以接受,也可以放弃。对于已经接受的继承权,继承人也可以转让给他人。

客观意义上的继承权是主观意义上的继承权的前提与基础。客观意义上的继承权向主观意义上的继承权转化应当具备以下条件:(1)被继承人已经死亡;(2)被继承人留有遗产;(3)继承人没有丧失或被剥夺继承权。

现行立法采当然继承主义,在继承开始的瞬间,只要符合转化条件,客观意义上的继承权就转化为主观意义上的继承权,依法推定的继承人就转化为现实的继承人,被继承人的遗产就变成了继承人的财产或共同财产。因此,主观意义上的继承权仅为一种过渡性的权利。

2. 继承权的性质

通说采概括的单一权利说,即认为继承权是继承人概括地承受被继承人的财产权利和义务的一种法律地位。其概括性体现在,被继承人死亡时的全部财产法律关系,统一、概括地归属于继承人,专属于被继承人的除外。

继承权虽然主要发生在具有一定身份关系的亲属之间,即继承权一般以一定的身份关系为前提,但此种作为前提的人身关系并非继承权本身,亦非继承权性质的决定因素。由于在现代社会,继承仅指财产继承,故继承权应为财产权,而非身份权。

(二) 继承权的取得

继承权一般以婚姻关系、血缘关系为基础。有基于婚姻关系而取得的,如配偶有相互继承遗产的权利;有基于血缘关系而取得的,如父母、子女、祖父母、外祖父母、兄弟姐妹的继承权;有基于扶养关系而取得的,如养子女与养父母之间、有扶养关系的继子女与继父母之间的继承权。此外,丧偶儿媳对公婆、丧偶女婿对岳父母尽了主要赡养义务的,其作为第一顺序的法定继承人,也是因扶养关系而取得继承权。

此外,法定继承权的取得还以被继承人死亡为条件;遗嘱继承权的取得还以被继承人立有有效遗嘱和立遗嘱人死亡为条件。

(三) 继承权的丧失

继承权的丧失,有广义和狭义两种理解。广义的继承权丧失,除继承权的剥夺外,还包括继承权的取消和不分遗产。所谓继承权的剥夺,是指依照法律规定,在发生法定事由时取消继承人继承被继承人遗产的资格。所谓继承权的取消,是指被继承人生前用遗嘱的方式自由处分自己的财产,改变法定继承人的范围、顺序和份额,或者把遗产赠与他人。在附义务的遗嘱继承中,如果继承人没有正当理由,不履行遗嘱中所附义务,经人民法院判决亦可取消其接受附义务部分遗产的权利。所谓不分遗产,是指在遗产分配中,对有扶养能力和扶养条件而不尽扶养义务的继承人,可以不分给遗产。狭义的继承权丧失,仅指继承权的剥夺。现行立法采狭义之理解,本书从之。

1. 继承权丧失的法定事由

(1) 故意杀害被继承人。只要继承人对被继承人有故意杀害的行为,无论出于何种动机,无论采取何种手段,无论既遂或未遂,无论是否被追究刑事责任,都丧失继承权。继承人过失或正当防卫或者故意伤害致被继承人死亡的,不应丧失继承权。

(2) 为争夺遗产而杀害其他继承人。继承人杀害行为的动机应为争夺遗产,无论既遂或未遂,无论直接故意或间接故意,也无论是否对其处以刑罚,都丧失继承权。否则,不应剥夺。

(3) 遗弃被继承人,或者虐待被继承人情节严重。遗弃是指继承人对没有劳动能力又没有生活来源的被继承人拒不履行扶养义务。如果被继承人有独立生活能力,继承人不尽扶养义务也属于不合法、不道德,但不构成遗弃。虐待是指继承人对被继承人进行身体上或者精神上的摧残和折磨。[①] 虐待需要情节严重,可以从实施虐待行为的时间、手段、后果和社会影响等方面认定。如长期性、经常性的虐待,手段比较恶劣,社会影响比较坏,可以认定为情节严重。虐待被继承人情节严重的,不论是否追究刑事责任,均可认定其丧失继承权。

(4) 伪造、篡改、隐匿或者销毁遗嘱,情节严重。伪造遗嘱,是指继承人以被继承人的名义制作假的遗嘱。继承人在被继承人未立有遗嘱时伪造遗嘱,或继承人将被继承人所立遗嘱予以隐藏并另行制作遗嘱,均属之,后者同时构成隐匿遗嘱。篡改遗嘱,是指继承人对被继承人所立遗嘱的内容进行改动。无论基于何种动机,无论改动

[①] 参见马忆南:《婚姻家庭继承法学》(第四版),北京大学出版社2019年版,第259页。

后的内容对改动者是否有利,均属之。隐匿遗嘱,是指继承人将其控制的被继承人所立遗嘱予以隐藏,不对外声明和提交。销毁遗嘱,是指继承人将被继承人所立遗嘱加以毁灭、破坏,意在阻碍被继承人依其意愿对其财产进行处分的意志的实现。继承人因过失致被继承人的遗嘱毁损的,不属于这里的销毁遗嘱的情形,如不小心将墨水碰撒在遗嘱上。继承人教唆他人伪造、篡改、隐匿或者销毁遗嘱的,构成教唆行为,若属情节严重,也应丧失继承权。

继承人伪造、篡改、隐匿或者销毁遗嘱,侵害了缺乏劳动能力又无生活来源的继承人的利益,并造成其生活困难的,应当认定为"情节严重"。

(5) 以欺诈、胁迫手段迫使或者妨碍被继承人设立、变更或者撤回遗嘱,情节严重。其实质是继承人干扰被继承人依自己意愿处分财产的意志,也会侵害其他继承人的合法权益,违反社会道德和法律,故令其丧失继承权。

2. 继承权丧失的效力

(1) 继承权丧失的类型。继承权的丧失一般分为绝对丧失与相对丧失。继承权的绝对丧失,又称终局丧失,是指继承权因法定事由的出现而当然丧失,毫无挽回之余地。继承权的相对丧失,又称非终局丧失,是指继承权因法定事由的出现而当然丧失,但依法律之规定,若获得被继承人的宽宥,则其继承权可以恢复。依《民法典》第1125条前两款之规定,继承权绝对丧失之情形包括:故意杀害被继承人;为争夺遗产而杀害其他继承人。继承权相对丧失之情形包括:遗弃被继承人,或者虐待被继承人情节严重;伪造、篡改、隐匿或者销毁遗嘱,情节严重;以欺诈、胁迫手段迫使或者妨碍被继承人设立、变更或者撤回遗嘱,情节严重。

(2) 继承权丧失的确认。现行立法采当然丧失主义,即只要存在前述继承权丧失的法定事由,继承人就当然丧失继承权,无须被继承人再作出剥夺其继承权的意思表示,也无须经过其他法定程序。当事人就某个继承人是否丧失继承权发生争议时,可以提起确认之诉,要求人民法院对其是否丧失继承权作出确认。提起确认之诉的主体可以是其他继承人,也可以是继承人以外的其他利害关系人或有关单位。

(3) 继承权丧失的时间效力。继承权丧失的效力是使继承人失去继承被继承人遗产的资格,即其不再为继承人。即使继承权丧失的法定事由发生于被继承人死亡后,或者继承权的丧失是在继承开始后由人民法院的判决予以确认,均溯及继承开始之时发生效力。

(4) 继承权丧失的对人效力。继承权的丧失,仅指继承人对特定被继承人的继承权的丧失,对继承人的其他被继承人不发生效力。继承权的丧失,对继承人的直系晚辈血亲发生效力,即其直系晚辈血亲不得代位继承。继承权的丧失,不得对抗善意第三人。丧失继承权的继承人处分被继承人遗产的,为保护第三人的合法权益,得适用善意取得制度之规定。

3. 丧失继承权的宽宥制度

《民法典》第1125条第2款规定:"继承人有前款第三项至第五项行为,确有悔改表现,被继承人表示宽恕或者事后在遗嘱中将其列为继承人的,该继承人不丧失继承权。"

可被宽宥的具体情形:(1)遗弃被继承人的,或者虐待被继承人情节严重的;(2)伪造、篡改、隐匿或者销毁遗嘱,情节严重的;(3)以欺诈、胁迫手段迫使或者妨碍被继承人设立、变更或者撤回遗嘱,情节严重的。在故意杀害被继承人和为争夺遗产而杀害其他继承人之情形,不存在宽宥制度之适用,即使被继承人以遗嘱将遗产指定由该继承人继承,该遗嘱亦无效,该继承人丧失继承权。

宽宥的形式可以是明示或默示,明示的形式如被继承人明确作出宽恕的情感通知,默示的形式如被继承人事后订立的遗嘱仍然将其列为遗嘱继承人。

(四)继承权的行使与放弃

1. 继承权的行使

继承权的行使,是指继承人实现自己继承权的各种行为。继承开始时,客观意义上的继承权在符合条件的情形下转化为主观意义上的继承权,从而具有行使的可能性。继承人单独或与其他继承人共同占有、管理被继承人的遗产,参与分割遗产,在继承权受到侵害后请求法律予以保护,均属于继承权的行使。

2. 继承权的放弃

继承权的放弃,是指继承人在继承开始后、遗产处理前对其享有的继承资格予以抛弃的法律行为。

(1)放弃继承权的时间和方式。《民法典》第1124条第1款规定:"继承开始后,继承人放弃继承的,应当在遗产处理前,以书面形式作出放弃继承的表示;没有表示的,视为接受继承。"

继承人应当在继承开始后,遗产处理前为放弃的意思表示。遗产分割后表示放弃的不再是放弃继承权,而是放弃所有权。继承人放弃继承应当以书面形式向遗产管理人或者其他继承人表示。在诉讼中,继承人向人民法院以口头方式表示放弃继承的,人民法院要制作笔录,由放弃继承的人签名。

(2)放弃继承权的限制。继承人因放弃继承权,致其不能履行法定义务的,放弃继承权的行为无效。若只是致其不能履行其他约定义务,则放弃有效。

(3)放弃继承权的效力。放弃继承权的效力,追溯到继承开始的时间,即其于继承开始时,不为继承人。继承人放弃继承权的,不发生代位继承。放弃继承不得附条件或附期限,否则放弃无效。

(4)放弃继承权的撤销。继承人作出放弃继承权的意思表示后不能撤销。遗产处理前或在诉讼进行中,继承人对放弃继承反悔的,由人民法院根据其提出的具体理由,决定是否承认。遗产处理后,继承人对放弃继承反悔的,不予承认。

(五) 继承权的保护

虽然继承人因被继承人的死亡而当然地继承被继承人的一切财产,但其仅为观念上的取得,而实际上继承人是否现实地支配所继承的财产尚有发生纠纷的可能。继承权纠纷一词并不能清楚地表明继承权受侵害时继承人享有的权利。"实际上继承人在继承权受侵害时享有的是继承回复请求权。"①

继承恢复请求权,又称继承回复请求权、遗产诉权、遗产请求权、返还遗产请求权、遗产回复诉权或者恢复继承请求权,是指合法继承人请求确认其继承人的地位和请求恢复到继承开始时状态的权利,包括请求确认继承人资格的权利和请求返还遗产的权利。②

继承恢复请求权是一种概括性的请求权。继承人在向侵害人请求返还遗产时,无须举证证明自己对遗产范围内的各项财产具有何种具体的权利,仅须举证证明被继承人生前享有的财产权利和自己享有继承权即可,亦即,"继承人得就被继承人死亡时留下的全部财产权利,包括性地向遗产占有人请求回复"。③

继承恢复请求权的行使在程序法上表现为以确认之诉为前提的给付之诉。由于继承权是以身份权为前提,继承人请求确认其继承权实际上是请求确认其特定身份,故确认继承权的请求权不适用诉讼时效之规定;而恢复对遗产的权利的请求权则应适用诉讼时效之规定。④

四、遗产

关于遗产的范围,学者间认识不一。有的认为,遗产仅指积极财产。有的认为,凡不具备人身性质的债权、债务,均为遗产。有的学者认为,遗产"虽为继承法的核心概念之一,却不宜从正面界定遗产的范围"⑤。现行立法采概括式对遗产进行了界定。《民法典》第1122条规定:"遗产是自然人死亡时遗留的个人合法财产。依照法律规定或者根据其性质不得继承的遗产,不得继承。"据此,凡被继承人死亡时遗留下的依法可转移的合法的财产均属于遗产,包括财产权利(积极财产)和财产义务(消极财产)。

(一) 财产权利

具体而言,除专属于被继承人的权利外,物权、债权、知识产权中的财产权、占有以及撤销权等形成权,均可成为继承法律关系的客体。如公民的收入;房屋、储蓄和生活用品;林木、牲畜和家禽;文物、图书资料;法律允许公民所有的生产资料;著作

---

① 郭明瑞:《论继承法修订应考虑的因素》,载《四川大学学报(哲学社会科学版)》2018年第1期。
② 参见郭明瑞、房绍坤:《继承法》(第二版),法律出版社2004年版,第80页。
③ 马忆南:《婚姻家庭继承法学》(第四版),北京大学出版社2019年版,第266页。
④ 参见郭明瑞:《论继承法修订应考虑的因素》,载《四川大学学报(哲学社会科学版)》2018年第1期。
⑤ 江平主编:《民法学》,中国政法大学出版社2007年版,第793页。

权、专利权中的财产权利;商业秘密;等等。

《民法典》第1153条规定:"夫妻共同所有的财产,除有约定的外,遗产分割时,应当先将共同所有的财产的一半分出为配偶所有,其余的为被继承人的遗产。遗产在家庭共有财产之中的,遗产分割时,应当先分出他人的财产。"

不属于遗产的有以下情形:(1)专属于被继承人的权利,是指与被继承人人身或身份不可分离的人身权或财产权利,如知识产权中的人身权、抚养费请求权等。(2)被继承人享有的家庭承包方式的土地承包经营权。但承包人应得的承包收益,依照继承法的规定继承。《继承编司法解释(一)》第2条规定:"承包人死亡时尚未取得承包收益的,可以将死者生前对承包所投入的资金和所付出的劳动及其增值和孳息,由发包单位或者接续承包合同的人合理折价、补偿。其价额作为遗产。"林地承包的承包人死亡,其继承人可以在承包期内继续承包。(3)特许物权。包括依《矿产资源法》《渔业法》《水法》等规定取得的采矿权、渔业权、狩猎权和水权等自然资源用益物权。

被继承人因被致害死亡而生之损害赔偿请求权,应当具体分析:(1)被继承人因致害产生抢救、治疗等费用时,因此对加害人的债权显然应为继承法律关系客体。(2)死亡赔偿金是对死者近亲属的赔偿,不属于遗产。(3)被继承人死亡后,其亲属应得的抚恤金,不属于遗产。(4)被害人当场死亡的,无产生精神损害的可能性,也无精神损害赔偿请求权能否为继承权客体的问题。被继承人非当场死亡时即可能产生精神损害,精神损害抚慰金的请求权,不得让与或者继承,但赔偿义务人已经以书面方式承诺给予金钱赔偿,或者赔偿权利人已经向人民法院起诉的除外。

(二)债务

被继承人的债务,是指被继承人生前以个人名义欠下的、完全用于被继承人个人需要的债务。首先,应当是生前欠下的,故丧葬费不属于继承人的债务;其次,应当是以个人名义欠下的;再次,是用于被继承人个人需要欠下的,否则无论是否是以被继承人名义欠下的,均属家庭共同债务,应以家庭共同财产清偿。

不论是公法上的债务还是私法上的债务,作为的债务还是不作为的债务,主债务还是保证债务,都可以成为继承法律关系的客体。但具有人身性质的债务,或专属于被继承人之债务,如给付抚养费的债务等,则因被继承人的死亡而消灭,不移转于继承人。

依限定继承原则,继承人仅以遗产实际价值为限清偿被继承人依法应当缴纳的税款和债务。超过遗产实际价值部分,继承人自愿偿还的不在此限。继承人放弃继承的,对被继承人依法应当缴纳的税款和债务可以不负清偿责任。

(三)法律关系和法律地位

被继承人财产法上的法律关系和诉讼法律地位,是否属于继承法律关系的客体,存在争议。本书认为,被继承人财产法上的法律关系和诉讼法律地位,实质上都属于权利的移转或者权利和义务的概括移转,故符合条件时,属于继承法律关系的客体。

被继承人财产法上的法律关系,不以被继承人的地位、身份、人格为基础的,在被继承人死亡时均移转于继承人。如因租赁而形成的出租人地位、因买卖而形成的出卖人的地位、股份有限公司和有限责任公司的股东法律地位等皆可成为继承法律关系的客体。但合伙企业等因具有人合性和共益性,合伙人的法律地位通常不属于继承法律关系的客体。

诉讼法律地位是否可以继承,依诉讼标的性质而定。若诉讼标的为被继承人专属的法律关系(如婚姻关系、收养关系等),其诉讼地位不能继承,但诉讼费上的权利义务仍得为继承法律关系的客体;若诉讼标的并非被继承人专属的法律关系,继承人有权承受其诉讼法律地位。

第二章 法定继承

第一节 法定继承概述

一、法定继承的概念和性质

法定继承,又称无遗嘱继承,是指由法律直接规定继承人的范围、顺序、遗产分配原则或比例的继承方式。

法定继承是法律在被继承人未立合法有效遗嘱时对其财产进行处理而构建的制度,其实质是法律以推定的形式来确定被继承人的财产处理意愿。故在适用顺序上,遗赠抚养协议和遗嘱继承优先于法定继承。

法定继承对继承人的范围、顺序、遗产分配原则等进行推定的根据一般是血缘关系、婚姻关系和收养关系,并严格限制在有扶养关系的家庭成员的范围内。此类规定多为任意性规范,如果被继承人立有合法有效遗嘱,则该任意性规范可以被排除,但法律另有规定的除外。如果并无合法有效遗嘱,则此类规定具有强行性,即任何人不得改变法律规定的继承人的范围、顺序和遗产分配原则。

二、法定继承的适用范围

法定继承属于在没有遗赠抚养协议和遗嘱时对被继承人意思进行推定,故其适用具有劣后性。在被继承人生前未立遗嘱,也未订立遗赠扶养协议,或者被继承人生前订立的遗赠抚养协议失去法律效力时,适用法定继承。另外,《民法典》第1154条规定:"有下列情形之一的,遗产中的有关部分按照法定继承办理:(一)遗嘱继承人放弃继承或者受遗赠人放弃受遗赠;(二)遗嘱继承人丧失继承权或者受遗赠人丧失受遗赠权;(三)遗嘱继承人、受遗赠人先于遗嘱人死亡或者终止;(四)遗嘱无效部分所涉及的遗产;(五)遗嘱未处分的遗产。"

第二节 法定继承人的范围和顺序

一、法定继承人的范围

现行立法以血缘关系、婚姻关系和收养关系为原则,以扶养和赡养关系为例外,确定法定继承人的范围。包括配偶、子女、父母、兄弟姐妹、祖父母、外祖父母、尽了主要赡养义务的丧偶儿媳或丧偶女婿。

(一) 配偶

配偶相互之间享有继承对方遗产的权利,为配偶之间权利义务关系的内容之一,且其继承权不因性别不同而有差异。配偶一方死亡后另一方再婚的,有权处分所继承的财产,任何人不得干涉。

配偶相互之间的继承权以存在合法有效的婚姻关系为条件。无效婚姻或可撤销婚姻被确认无效或被撤销后,溯及自始无效,当事人之间不产生夫妻间的权利义务关系,故相互之间不产生继承权。至于事实婚姻,法律承认其效力的,男女双方可互称配偶,相互之间享有继承权,否则不能互称配偶,相互之间不享有继承权。在夫妻一方死亡前,已经离婚的前妻或前夫,不能称为配偶,相互之间不享有继承权。

(二) 子女

子女与被继承人有最亲近的直系血亲关系,而且有极为密切的人身关系和财产关系,父母死亡后,子女当然有继承其遗产的权利。子女,包括婚生子女、非婚生子女、养子女、有扶养关系的继子女,都平等地享有继承权。

收养孙子女也是收养关系的一种,养孙子女与养子女是同样的收养关系,故养孙子女同样享有继承权。

死后过继,属于立嗣,是宗祧继承的遗俗。过继子的产生,既非死者生前意志的体现,又未在死者生前对其尽过任何义务,也无法履行法律所要求的收养手续,应不允许其以继承人身份继承死者的遗产。生前过继,若与过继父母形成收养关系,按照养子女的规定享有继承权;否则,不能享有继承权,但如果与被继承人生前形成过某种扶养关系,依法可以分得适当的遗产。

被收养人对养父母尽了赡养义务,同时又对生父母扶养较多的,生父母死亡时,养子女虽对生父母的遗产不享有继承权,但在符合条件时可以分得生父母适当的遗产。

继父母与继子女之间形成了扶养教育关系时,构成拟制血亲关系,继子女对继父母遗产享有继承权。没有形成事实上的扶养关系时,互相不享有继承权。继子女继承了继父母遗产的,不影响其继承生父母的遗产。

(三) 父母

父母是子女直系血亲尊亲属中最亲近的人,包括生父母、养父母和有扶养关系的继父母。子女被他人收养的,其与生父母间的权利义务关系即行消灭,生父母对被他人收养的子女的遗产不享有继承权。有扶养关系的继父母继承了继子女遗产的,不影响其继承生子女的遗产。

(四) 兄弟姐妹

兄弟姐妹是与被继承人血缘关系最亲近的旁系血亲。兄弟姐妹,包括同父母的兄弟姐妹、同父异母或同母异父的兄弟姐妹、养兄弟姐妹、有扶养关系的继兄弟姐妹。

养子女与生子女之间、养子女与养子女之间,系养兄弟姐妹,可以互为第二顺序继承人。被收养人与其亲兄弟姐妹之间的权利义务关系,因收养关系的成立而消除,不能互为第二顺序继承人。继兄弟姐妹之间的继承权,因继兄弟姐妹之间的扶养关系而发生。没有扶养关系的,不能互为第二顺序继承人。继兄弟姐妹之间相互继承了遗产的,不影响其继承亲兄弟姐妹的遗产。

（五）祖父母、外祖父母

具有自然血缘关系的祖父母、外祖父母,因收养关系而形成的养祖父母、养外祖父母,以及因事实上的扶养关系而形成的继祖父母、继外祖父母对孙子女、外孙子女的遗产具有法定继承权。

（六）尽了主要赡养义务的丧偶儿媳或丧偶女婿

对公婆尽了主要赡养义务的丧偶儿媳、对岳父母尽了主要赡养义务的丧偶女婿,无论其是否再婚,依《民法典》第1129条的规定可作为第一顺序继承人,并且不影响其子女代位继承。对被继承人生活提供了主要经济来源,或在劳务等方面给予了主要扶助的,应当认定其尽了主要赡养义务或主要扶养义务。

二、法定继承人的顺序

法定继承人的顺序,又称法定继承人的顺位,是指法律规定的法定继承人继承遗产的先后次序。并非所有的法定继承人均可同时继承遗产,能否实际继承到遗产,必须依据法律所规定的先后顺序来认定。

《民法典》第1127条第1款、第2款规定:"遗产按照下列顺序继承:（一）第一顺序:配偶、子女、父母;（二）第二顺序:兄弟姐妹、祖父母、外祖父母。继承开始后,由第一顺序继承人继承,第二顺序继承人不继承;没有第一顺序继承人继承的,由第二顺序继承人继承。"《民法典》第1129条规定:"丧偶儿媳对公婆,丧偶女婿对岳父母,尽了主要赡养义务的,作为第一顺序继承人。"

代位继承人属于代自己父母之位参与继承,故为被继承人的第一顺序继承人。涉及遗产继承的,胎儿视为具有民事权利能力,故其为被继承人的第一顺序继承人。但是胎儿娩出时为死体的,其民事权利能力自始不存在,其继承的份额应由被继承人的继承人继承。

第三节 代位继承与转继承

一、代位继承

（一）代位继承的含义

代位继承,又称间接继承、代袭继承或承祖继承,是指被继承人的子女或兄弟姐妹先于被继承人死亡,由其死亡的子女的直系晚辈血亲或兄弟姐妹的子女继承其应继承的遗产份额的制度。《民法典》第1128条第1款、第2款规定:"被继承人的子女先于被继承人死亡的,由被继承人的子女的直系晚辈血亲代位继承。被继承人的兄弟姐妹先于被继承人死亡的,由被继承人的兄弟姐妹的子女代位继承。"先于被继承人死亡的子女或兄弟姐妹,称为被代位继承人或被代位人;被继承人的死亡的子女的直系晚辈血亲或者被继承人的死亡的兄弟姐妹的子女,称为代位继承人。代位继承仅限于法定继承。遗嘱继承和遗赠不适用代位继承,因为遗嘱继承人先于被继承人死亡的,遗嘱不生效力,仍须按照法定继承办理。

(二) 代位继承的条件

1. 被代位继承人为被继承人的子女或兄弟姐妹

被代位继承人仅限于被继承人的子女或兄弟姐妹,其他旁系血亲、直系长辈血亲和被代位继承人的配偶均无代位继承的权利。这里的子女包括亲生子女、养子女和有扶养关系的继子女。

2. 被代位继承人先于被继承人死亡

如果被继承人的子女或兄弟姐妹在被继承人死亡之后、遗产分割前死亡,适用转继承而非代位继承。

3. 被代位继承人并未丧失继承权

继承人丧失继承权的,其直系晚辈血亲不得代位继承。如该代位继承人缺乏劳动能力又没有生活来源,或者对被继承人尽赡养义务较多,可以适当分给遗产。

4. 代位继承人为被代位继承人的直系晚辈血亲

在被代位继承人为被继承人的子女时,代位继承人为被代位继承人的直系晚辈血亲。被继承人的孙子女、外孙子女、曾孙子女、外曾孙子女都可以代位继承,代位继承人不受辈数的限制。被继承人的养子女、已形成扶养关系的继子女的生子女可代位继承;被继承人亲生子女的养子女可代位继承;被继承人养子女的养子女可代位继承;与被继承人已形成扶养关系的继子女的养子女也可以代位继承。被继承人子女的形成扶养关系的继子女不能代位继承。

丧偶儿媳对公婆、丧偶女婿对岳父母,无论其是否再婚,尽了主要赡养义务而作为第一顺序继承人,不影响其子女作为被代位继承人的直系晚辈血亲进行代位继承。

在被代位继承人为被继承人的兄弟姐妹时,代位继承人仅限于被代位继承人的子女,并非所有的直系晚辈血亲。

(三) 代位继承的法律效果

《民法典》第1128条第3款规定:"代位继承人一般只能继承被代位继承人有权继承的遗产份额。"据此,代位继承只能继承被代位人应得的遗产份额,即使代位继承人为两人以上,也无权要求与和被代位人处于同一顺序的其他法定继承人平分遗产。但是,代位继承人缺乏劳动能力又没有生活来源,或者对被继承人尽过主要赡养义务的,分配遗产时,可以多分。

二、转继承

(一)转继承的含义

转继承,又称转归继承、连续继承或再继承,是指被继承人死亡后,继承人没有表示放弃继承,并在尚未实际接受遗产前死亡,该继承人的继承人代其实际接受其有权继承的遗产。该死亡之继承人称为被转继承人;该死亡之继承人的继承人称为转继承人。《民法典》第1152条规定:"继承开始后,继承人于遗产分割前死亡,并没有放弃继承的,该继承人应当继承的遗产转给其继承人,但是遗嘱另有安排的除外。"

被转继承人后于被继承人死亡,应认为在被继承人死亡时被转继承人的继承权已经实现,被继承人的遗产就变为了被转继承人的财产或其与其他继承人共有的财产。继承开始后,受遗赠人表示接受遗赠,并于遗产分割前死亡的,其接受遗赠的权利转移给他的继承人。

(二)转继承的条件

1. 被转继承人在继承开始后、遗产分割前死亡

如果被转继承人在继承开始前死亡,则适用代位继承;如果被转继承人在遗产分割后死亡,则前一个继承关系已经结束,对其遗产直接适用继承制度,不适用转继承。

2. 被转继承人生前没有丧失或放弃继承权

转继承以被转继承人具有继承权为必备要件,如果被转继承人没有继承权,则不能参与遗产的分割,自无转继承之适用。

(三)转继承的法律效果

被转继承人有权分得的遗产由其继承人承受。被转继承人留有遗嘱的,由遗嘱继承人继承;没有有效遗嘱的,则由其法定继承人继承。

(四)转继承与代位继承的区别

1. 发生的事实根据不同

转继承是基于被转继承人后于被继承人死亡的事实而发生,代位继承是基于被代位继承人先于被继承人死亡的事实而发生。

2. 适用范围不同

转继承既可适用于法定继承,也可以适用于遗嘱继承;代位继承只能适用于法定继承,而不能适用于遗嘱继承。

3. 被转继承人和被代位继承人范围不同

被转继承人可以是被继承人的一切法定继承人,被代位继承人仅限于被继承人的子女或兄弟姐妹。

4. 转继承人和代位继承人范围不同

转继承人可以是被转继承人的一切继承人,包括法定继承人和遗嘱继承人。在被代位继承人为被继承人的子女时,代位继承人为其子女的直系晚辈血亲;在被代位继承人为被继承人的兄弟姐妹时,代位继承人为其兄弟姐妹的子女。

5. 法律后果不同

转继承人代替被转继承人实际接受其有权继承的遗产,代位继承人则有权继承被代位继承人应继承的遗产份额。

第三章 遗嘱继承和遗赠

第一节 遗　　嘱

一、遗嘱概述

(一) 遗嘱的含义与特征

遗嘱是遗嘱人生前在法律允许的范围内,按照法律规定的方式处分其个人财产或者处理其他事务,并在其死亡时发生效力的单方法律行为。遗嘱具有如下特征:

1. 遗嘱是单方法律行为

遗嘱依遗嘱人的单方意思表示而作出,无须向特定相对人表示,也无须他人为相应的受领或同意的意思表示。遗嘱继承人或受遗赠人是否知道或接受,均不影响遗嘱的生效。

2. 遗嘱是处分行为

遗嘱人通过遗嘱使相关财产依其意思发生权利变动,并非使自己或他人负担一定的义务,故属于处分行为。当然,这种处分属于预先处分,并非立即发生权利变动。

3. 遗嘱是要式行为

遗嘱非依法定方式作成,不生遗嘱的效力。遗嘱是否符合法定方式,以遗嘱设立之时为准,执行时是否与法定方式相符,在所不问。

4. 遗嘱是死因行为

遗嘱只有在遗嘱人死后才能发生法律效力,具有法律上的执行力。遗嘱人在死亡前可随时变更或撤销遗嘱。

5. 遗嘱是本人独立实施的行为

遗嘱必须由遗嘱人依其本人真实意愿独立自主作出,不许他人代理。在代书遗嘱中,代书人并无独立意思之表示,并非遗嘱人的代理人,仅为遗嘱人口述内容的如实记录者,属于民法中的使者。

(二) 遗嘱的内容

遗嘱的内容,是指遗嘱人在遗嘱中表示的处分其财产及相关事务的意思。

由于"成就处分遗产的自由远比成就合同自由更加具有人性关怀的意义"[①]，现行立法对遗嘱自由原则予以认可并加以贯彻。根据遗嘱自由原则，遗嘱人在法律允许的范围内可以自主、自愿地确定遗嘱的内容。

遗嘱的内容一般包括：指定继承人、受遗赠人；指定遗产的分配顺序、方法或份额；规定遗嘱继承人、受遗赠人的附加义务；指定遗嘱执行人；指定遗嘱信托的受托人和受益人等。

遗嘱作为一种单方意思表示，在解释时采意思主义原则，旨在探求遗嘱人的内心真实意思。应依遗嘱的记载或录音及其他一切情事判断其内容，根据遗嘱上下文采纳最符合遗嘱人意思的解释。

遗嘱的记载或录音中有不明确或矛盾的部分，从整个记载或录音中能合理推断遗嘱人的意思的，应认定其有效。遗嘱的记载或录音中有错误，但根据明确的事实足以判断遗嘱人的真意时，应以合于遗嘱人真意者为其遗嘱内容而发生效力。遗嘱的记载或录音不明确或矛盾，且依其记载或录音本身亦无法为合理的解释，即使有其他证据能确认遗嘱人的真意，亦应认定其无效。遗嘱的内容如果因增减、涂改而变更的，遗嘱人应当在增减、涂改处另行签名或按指印，否则，遗嘱变更的部分不发生效力。

二、遗嘱的效力

（一）遗嘱的成立

遗嘱的成立，是指遗嘱因具备了法定的成立要件而被认为是客观存在。

遗嘱成立要件，是指法律规定成立遗嘱所必不可少的事实要素。符合成立要件，则认为遗嘱已经在客观上存在；不符合成立要件，则认为遗嘱根本不存在，自无后续的有效和生效可言。首先，遗嘱的意思表示须由遗嘱人作出，即遗嘱为被继承人所立。这是对法律行为主体的要求。其次，遗嘱人须作出遗嘱的意思表示，即其意思表示须对其死后财产及相关的事务作出安排。

（二）遗嘱的有效

1. 遗嘱人立遗嘱时须具有遗嘱能力

遗嘱能力，即遗嘱人的行为能力，是指公民依法享有的订立遗嘱的意思能力。完全民事行为能力人具有订立遗嘱的行为能力，限制民事行为能力人和无民事行为能力人订立的遗嘱无效。无民事行为能力人或者限制民事行为能力人所立的遗嘱，即使其本人后来具有完全民事行为能力，仍属无效遗嘱。遗嘱人立遗嘱时具有完全民事行为能力，后来成为无民事行为能力人或者限制民事行为能力人的，不影响遗嘱的效力。

[①] 马新彦、卢冠男：《民法典编纂中继承法编几个问题的探讨》，载《当代法学》2017年第3期。

2. 遗嘱须是遗嘱人的真实意思表示

如果遗嘱人在订立遗嘱时受到外部影响,致使遗嘱内容并非其真实意思的体现,则遗嘱的效力也会受到影响。

(1)受欺诈、胁迫所立的遗嘱无效。一般法律行为若因受欺诈、胁迫而订立,则在效力上属于可撤销的法律行为。受欺诈、胁迫所立的遗嘱的效力则有所不同。《民法典》第1143条第2款规定:"遗嘱必须表示遗嘱人的真实意思,受欺诈、胁迫所立的遗嘱无效。"

(2)伪造的遗嘱无效。伪造的遗嘱,即假遗嘱,是指他人假借遗嘱人的名义作成的遗嘱。其因完全不能体现遗嘱人的意思而无效。

(3)遗嘱被篡改的,篡改的内容无效。被篡改的遗嘱,是指遗嘱人所立遗嘱的内容被他人作了修改、删减或补充,从而部分改变了遗嘱人的真实意思。《民法典》第1143条第4款规定:"遗嘱被篡改的,篡改的内容无效。"

3. 遗嘱的内容不得违反法律、行政法规的强制性规定

遗嘱内容违反法律、行政法规的强制性规定的,遗嘱无效。

4. 遗嘱的形式符合法律规定

现行立法对不同的遗嘱类型规定了不同的形式要求,违反该形式要求,遗嘱无效。如口头遗嘱必须是在危急情况下,且不能以其他方式订立遗嘱时才能采用,否则口头遗嘱无效。

(三)遗嘱的生效

1. 一般规则

遗嘱自遗嘱人死亡时发生效力。

2. 附条件与附期限的遗嘱

现行立法对此并未规定。一般认为,基于私法自治,遗嘱人在遗嘱中对遗嘱的生效时间可以附条件或附期限。附停止条件的遗嘱以停止条件成就时为其生效时间,若指定的继承人于条件成就前死亡,遗嘱不生效。①附始期的遗嘱以所附期限届至为其生效时间。②

3. 遗嘱不生效

遗嘱不生效,是指合法有效的遗嘱因成立以后的事由不能发生效力。主要情形包括:遗嘱指定的继承人或受遗赠人先于遗嘱人死亡;遗嘱继承人或受遗赠人放弃或被剥夺了继承权或受遗赠权;遗嘱人死亡时遗嘱中处分的财产已不属于遗产;附解除条件的遗嘱在遗嘱人死亡之前,解除条件成就。

---

① 参见陈苇主编:《外国继承法比较与中国民法典继承编制定研究》,北京大学出版社2011年版,第360页。
② 参见杨立新:《民法典继承编草案修改要点》,载《中国法律评论》2019年第1期。

4. 遗嘱无效

遗嘱无效,是指已经成立的遗嘱因违反法定有效要件而不受法律保护。主要情形包括:遗嘱人在立遗嘱时欠缺遗嘱能力的;遗嘱被伪造的;遗嘱被篡改的;遗嘱处分了国家、集体或他人所有的财产的;遗嘱未为胎儿及特殊主体保留必要的遗产份额的。

遗嘱无效,可以是全部无效,也可以是部分无效。《民法典》第1141条规定:"遗嘱应当为缺乏劳动能力又没有生活来源的继承人保留必要的遗产份额。"遗嘱人未保留缺乏劳动能力又没有生活来源的继承人的遗产份额,遗产处理时,应当为该继承人留下必要的遗产,所剩余的部分,才可参照遗嘱确定的分配原则处理。继承人是否缺乏劳动能力又没有生活来源,应当按遗嘱生效时该继承人的具体情况确定。

(四)附义务的遗嘱

附义务的遗嘱,是指遗嘱人在遗嘱中规定继承人或受遗赠人接受遗产应当履行一定义务的遗嘱。遗嘱所附义务的内容,不必有金钱的价值;可以是积极的作为,也可以是消极的不作为;可以是为遗嘱人的利益,也可以是为第三人利益。义务只能由遗嘱继承人或受遗赠人承担;必须是可能实现的;不得违反法律和社会公共利益;不得超过遗嘱继承人或受遗赠人所取得的遗产利益。

《民法典》第1144条规定:"遗嘱继承或者遗赠附有义务的,继承人或者受遗赠人应当履行义务。没有正当理由不履行义务的,经利害关系人或者有关组织请求,人民法院可以取消其接受附义务部分遗产的权利。"取消后,由提出请求的继承人或受益人负责按遗嘱人的意愿履行义务,接受遗产。

三、遗嘱的类型

(一)公证遗嘱

公证遗嘱由遗嘱人经公证机构办理。根据《遗嘱公证细则》第6条之规定,遗嘱公证应当由两名公证人员共同办理,由其中一名公证员在公证书上署名。因特殊情况由一名公证员办理时,应当有一名见证人在场,见证人应当在遗嘱和笔录上签名。

下列人员不能作为遗嘱见证人:(1)无民事行为能力人、限制民事行为能力人以及其他不具有见证能力的人;(2)继承人、受遗赠人;(3)与继承人、受遗赠人有利害关系的人。继承人、受遗赠人的债权人、债务人,共同经营的合伙人,也应当视为与继承人、受遗赠人有利害关系的人,不能作为遗嘱的见证人。此外,不能书写者、无了解遗嘱人口授内容的能力者、无认识笔记为正确的能力者,均属于事实上的缺格者。

(二)自书遗嘱

自书遗嘱,又称亲笔遗嘱,是指遗嘱人生前亲手书写的遗嘱。自书遗嘱由遗嘱人亲笔书写,签名,注明年、月、日。公民在遗书中涉及死后个人财产处分的内容,确为死者真实意思的表示,有本人签名并注明了年、月、日,又无相反证据的,可按自书遗嘱对待。

（三）代书遗嘱

代书遗嘱，又称代笔遗嘱，是指由遗嘱人口述遗嘱内容，他人代为书写制作而成的遗嘱。代书遗嘱应当有两个以上见证人在场见证，由其中一人代书，并由遗嘱人、代书人和其他见证人签名，注明年、月、日。

（四）打印遗嘱

打印遗嘱，是指由操作人通过计算机记载遗嘱内容，经由打印机输出而形成打印件，遗嘱人在该打印件上签名并记载日期的遗嘱。打印遗嘱应当有两个以上见证人在场见证。遗嘱人和见证人应当在遗嘱每一页签名，注明年、月、日。

（五）录音录像遗嘱

录音遗嘱，是指以录音磁带或其他电子储存介质记录遗嘱人处分其遗产的语言的遗嘱。录像遗嘱，是指以录像制品记录遗嘱人处分其遗产的语言和图像的遗嘱。录像遗嘱包括声音和画面，可以更全面地反映订立遗嘱时的环境、被继承人的精神和身体状况。以录音录像形式立的遗嘱，应当有两个以上见证人在场见证。遗嘱人和见证人应当在录音录像中记录其姓名或者肖像，以及年、月、日。

（六）口头遗嘱

口头遗嘱，又称口授遗嘱，是指遗嘱人用口头表述的遗嘱。遗嘱人在危急情况下，可以立口头遗嘱。口头遗嘱应当有两个以上见证人在场见证。危急情况解除后，遗嘱人能够用书面或者录音录像形式立遗嘱的，所立的口头遗嘱无效。

四、遗嘱的撤回与变更

《民法典》第1142条第1款规定："遗嘱人可以撤回、变更自己所立的遗嘱。"遗嘱的撤回，是指遗嘱人依法改变原先所立遗嘱的全部或部分内容，使其全部或部分不发生效力的行为。遗嘱的撤回包括全部撤回和部分撤回，部分撤回又称为遗嘱的变更。遗嘱人撤回或变更遗嘱时，须具有遗嘱能力，须是遗嘱人的真实意思表示，须由遗嘱人本人亲自作出，须依法定的方式和程序进行。

（一）遗嘱人另立遗嘱

遗嘱人另立遗嘱，且在新的遗嘱中明确声明撤回或变更原来所立的遗嘱。遗嘱被撤回的，被撤回的原遗嘱作废，以新设立的遗嘱为遗嘱人的真实意思表示，并以其认定遗嘱的效力；遗嘱被变更的，以变更后的遗嘱内容为遗嘱人的真实意思表示，并以其确定遗嘱的效力。

（二）遗嘱人立有数份遗嘱

遗嘱人立有数份遗嘱，内容相抵触的，以最后的遗嘱为准。

值得说明的是，公证遗嘱并不具有更强的效力，现行立法以时间的先后来确定最终作为继承依据的遗嘱。

(三) 遗嘱人实施与遗嘱内容相反的行为

立遗嘱后,遗嘱人实施与遗嘱内容相反的民事法律行为的,视为对遗嘱相关内容的撤回。如遗嘱人生前的行为与遗嘱的意思表示相反,而使遗嘱处分的财产在继承开始前灭失,部分灭失或所有权转移、部分转移。

(四) 遗嘱人故意破毁或涂销遗嘱

遗嘱人故意破毁或涂销遗嘱,或者在遗嘱中注明废弃意思的,其遗嘱视为被撤回。因遗嘱人的过失、第三人的行为或不可抗力破毁或涂销遗嘱时,不发生撤回的效力。

(五) 遗嘱人撤回遗嘱后未立新的遗嘱

遗嘱人在遗嘱撤回后未再立新的遗嘱的,应视为未立遗嘱,适用法定继承。

五、遗嘱的执行

遗嘱的执行,是指遗嘱生效后为实现遗嘱的内容所必须完成的行为和程序。遗嘱一般由遗嘱执行人来执行。遗嘱执行人,是指根据遗嘱人的生前指定或法律规定而实现遗嘱内容的个人或者组织。遗嘱执行人同时也是遗产管理人,旨在确保遗嘱人的遗嘱依法得以完全实现,同时确保遗产的分割得以顺利进行。

(一) 遗嘱执行人的确定

遗嘱人可以在遗嘱中指定遗嘱执行人或委托他人指定遗嘱执行人。遗嘱人未指定遗嘱执行人,或指定的遗嘱执行人不能执行、不愿执行的,遗嘱人的法定继承人为遗嘱执行人。在没有遗嘱中指定的遗嘱执行人,也没有法定继承人能执行遗嘱时,由遗嘱人生前住所地的民政部门或者村民委员会担任遗嘱执行人。

(二) 遗嘱执行人的职责

遗嘱执行人应当严格依照遗嘱人的意愿,忠实勤勉地执行遗嘱,使遗嘱内容得以实现。遗嘱执行人在执行遗嘱的职责范围内,视为继承人的代理人。遗嘱执行人的职责内容、辞任、解任、共同执行,准用遗产管理人的规定。

第二节 遗嘱继承

一、遗嘱继承的概念和特征

遗嘱继承是法定继承的对称,又称指定继承或意定继承,是指按照被继承人所立的合法有效遗嘱继承被继承人遗产的继承方式。立遗嘱的被继承人为遗嘱人,遗嘱指定的继承遗产的人为遗嘱继承人。遗嘱继承以存在合法有效的遗嘱为前提,继承人范围、继承遗产的种类和份额按照遗嘱人的遗嘱内容来确定。遗嘱继承因直接体现了被继承人的真实意愿,故其在适用上优先于法定继承。

二、遗嘱自由原则

遗嘱自由,是指被继承人生前通过设立遗嘱的方式处分自己财产的自由。现行立法确立了遗嘱自由原则,允许公民用遗嘱的方式处理自己的遗产,可以变更法定继承人的顺序和应继份额,甚至可以取消法定继承人的继承权,将遗产遗赠给法定继承人以外的公民、国家或者集体组织。《民法典》第1133条规定:"自然人可以依照本法规定立遗嘱处分个人财产,并可以指定遗嘱执行人。自然人可以立遗嘱将个人财产指定由法定继承人中的一人或者数人继承。自然人可以立遗嘱将个人财产赠与国家、集体或者法定继承人以外的组织、个人。自然人可以依法设立遗嘱信托。"

当立法者需要在被继承人意愿、扶养义务的承担、法律法规的强制性规定和公序良俗之间作出平衡时,遗嘱自由原则即应受到一定的限制。典型的限制如必留份制度。必留份,是指遗嘱应当为缺乏劳动能力又没有生活来源的继承人保留必要的遗产份额。

特留份制度是大陆法系存在的对遗嘱自由原则的一种限制。特留份,是指被继承人通过遗嘱设立遗嘱继承时,必须依法留给继承人的,不得自由处分的遗产份额。特留份是对被继承人行使权利、处分自己遗产的法律限制,如果遗嘱人通过遗嘱排除了特留份权利人的继承权,则遗嘱中处分特留份遗产的部分无效。除法律特别规定外,被继承人不得剥夺继承人的特留份。我国现行立法规定了"必留份"制度,并未规定"特留份"制度。

三、遗嘱继承的适用条件

在符合下列条件时,适用遗嘱继承:(1)没有遗赠扶养协议或遗赠扶养协议失去法律效力。如果存在有效的遗赠扶养协议,则优先适用遗赠扶养协议。(2)被继承人立有合法有效的遗嘱。如果没有遗嘱,则无从适用遗嘱继承;如果遗嘱无效,则适用法定继承;如果遗嘱部分无效,则有效部分适用遗嘱继承,无效部分适用法定继承。(3)遗嘱继承人后于被继承人死亡。若遗嘱继承人先于被继承人死亡,则遗嘱不生效力,适用法定继承。(4)遗嘱继承人未丧失继承权,也未放弃继承。如果遗嘱继承人丧失继承权,或遗嘱继承人放弃继承,则遗嘱不生效力,适用法定继承。

第三节 遗 赠

一、遗赠的概念和特征

(一)遗赠的含义

遗赠,是指遗嘱人采用遗嘱的形式将其遗产中财产权利的部分或全部赠给国家、集体组织或法定继承人以外的其他人,在遗嘱人死后发生法律效力的单方法律行为。

通过设立遗嘱而遗赠财产的自然人称为遗赠人,接受遗赠的人称为受遗赠人,遗嘱中指定赠与的财产称为遗赠财产或遗赠物。

1. 遗赠与遗嘱继承

两者最大区别在于主体范围不同。遗嘱继承人只能是法定继承人中的一人或数人,即均属自然人;受遗赠人是国家、集体或法定继承人以外的人,不限于自然人。

2. 遗赠与赠与

遗赠属于单方法律行为,必须以遗嘱形式进行,旨在处分其死后遗留的财产,在遗赠人死后发生效力。赠与属于双方法律行为,无须以遗嘱形式进行,旨在处分生前财产,在生前即发生效力。

(二) 遗赠的特征

1. 遗赠必须以遗嘱的方式进行

遗赠要发生法律效力,必须具备遗嘱的有效要件。

2. 遗赠是单方法律行为

遗赠人通过遗嘱将其个人财产赠给受遗赠人时,无须征得受遗赠人的同意。受遗赠人可以接受,也可以放弃,均不影响遗赠本身的效力。

3. 遗赠是死因行为

遗赠在遗赠人死亡后才发生法律效力。

4. 遗赠是无偿法律行为

遗赠人通过遗嘱将其个人财产无偿移转给受遗赠人。遗赠人可以对遗赠附加义务,但其并不构成遗赠的对价,不影响其本身的无偿性。

5. 受遗赠人是法定继承人以外的人

受遗赠人可以是国家、集体组织或其他自然人,不得是法定继承人,否则适用遗嘱继承即可。胎儿也可以为受遗赠人。受遗赠人若是法人,须在继承开始时即存在;设立中的法人,亦可成为受遗赠人。

二、遗赠的适用条件

在符合下列条件时,适用遗赠:(1) 没有遗赠扶养协议。如果存在有效的遗赠扶养协议,则优先适用遗赠扶养协议。(2) 遗赠人立有合法有效的遗嘱。此为遗赠的前提。(3) 受遗赠人后于遗赠人死亡。受遗赠人先于遗赠人死亡的,遗嘱涉及该遗赠部分不生效力,遗嘱该部分所处分的财产适用法定继承。(4) 受遗赠人未丧失受遗赠权。受遗赠人故意杀害遗赠人的,丧失受遗赠权。(5) 受遗赠人明确表示接受遗赠。《民法典》第1124条第2款规定:"受遗赠人应当在知道受遗赠后六十日内,作出接受或者放弃受遗赠的表示;到期没有表示的,视为放弃受遗赠。"据此,受遗赠人接受遗赠的意思表示,可以以明示的方式作出,也可以以作为推定的方式作出,如为遗赠履行的请求;受遗赠人放弃遗赠的意思表示,还可以以不作为的方式作出。遗赠的接受或放弃,不得附条件或期限;遗赠的接受与放弃,不得撤回。继承开始后,受遗赠人表示接受遗赠,并于遗产分割前死亡的,其接受遗赠的权利转移给他的继承人。受遗赠人在遗赠人死亡之前作出接受或放弃受遗赠的意思表示,不生任何效力。遗赠人就受遗赠人放弃受遗赠定有期限者,从其意思。

三、遗赠的效力

(一)受遗赠人接受或放弃遗赠的效力

受遗赠人接受遗赠的,遗赠的效力溯及继承开始时已发生。受遗赠人一旦接受,不得再为放弃,亦不得撤回其接受遗赠的意思表示。遗赠附有义务的,继承人或者受遗赠人应当履行义务。没有正当理由不履行义务的,经利害关系人或者有关组织请求,人民法院可以取消其接受附义务部分遗产的权利。

受遗赠人放弃遗赠的,溯及于继承开始时不发生效力;遗赠的财产仍为遗嘱人的遗产,除遗赠人在遗嘱中已设候补受遗赠人外,适用法定继承。执行遗赠不得妨碍清偿遗赠人依法应当缴纳的税款和债务。

(二)遗赠无效

设立遗赠的遗嘱违反了法定的遗嘱的实质要件和形式要件,则该遗赠当然全部或部分无效。

(三)遗赠不生效

在下列情形下,遗赠不生效:(1)受遗赠人先于遗赠人死亡或消灭的。(2)受遗赠人丧失受遗赠权的。(3)遗赠物已不属于遗产或发生灭失、变造的。若遗赠人生前已对遗赠物进行处分,则其已不属于遗产;如果遗赠物因不可抗力而灭失,遗赠当然因标的物不存在而不生效力;若遗赠物因他人行为而灭失、占有丧失或变造,但取得对他人的权利,该权利应推定为遗赠的标的,遗赠并未失其效力。(4)受遗赠人放弃遗赠的。

第四节 遗赠扶养协议

一、遗赠扶养协议的概念与特征

(一)遗赠扶养协议的概念

《民法典》第1158条规定:"自然人可以与继承人以外的组织或者个人签订遗赠扶养协议。按照协议,该组织或者个人承担该自然人生养死葬的义务,享有受遗赠的权利。"

遗赠扶养协议,是指遗赠人与扶养人之间订立的关于扶养人承担遗赠人生养死葬义务、遗赠人的财产在其死后转归扶养人所有的协议。遗赠人同时是被扶养人,扶养人同时是受遗赠人。扶养人可以是自然人,也可以是社会组织,但作为扶养人的自然人应是法定继承人以外的人,即所有的法定继承人,不论其是否为被继承人的法定扶养人,均不能成为遗赠扶养协议中的扶养人。当然,也有学者认为应当将扶养人的范围扩大至没有法定扶养义务的法定继承人。① 此外,由国家或者集体组织供给生活费用的烈属和享受社会救济的自然人,两者之间不具有遗赠扶养协议关系,其遗产仍应准许合法继承人继承。

(二)遗赠扶养协议的特征

1. 遗赠扶养协议是双方法律行为

遗赠扶养协议经由遗赠人和扶养人双方合意而成立,在符合有效要件时具有法律效力,任何一方均应遵守协议,不得单方面解除协议。

2. 遗赠扶养协议是双务、有偿法律行为

当事人互负对待给付义务,扶养人负有对遗赠人生养死葬的义务,遗赠人负有移转其财产给扶养人的义务。有偿性并不要求两者的义务必须价值相等。

3. 遗赠扶养协议兼具生前行为与死因行为

遗赠扶养协议在遗赠人生前即有法律效力,扶养人即有扶养的义务,故属于生前行为。遗赠人的财产必须等到遗赠人死亡后才能转移给扶养人,故属于死因行为。

4. 遗赠扶养协议在适用上具有优先性

继承开始时,先按遗赠扶养协议办理,再按遗嘱继承、法定继承顺序办理。《继承编司法解释(一)》第3条规定:"被继承人生前与他人订有遗赠扶养协议,同时又立有遗嘱的,继承开始后,如果遗赠扶养协议与遗嘱没有抵触,遗产分别按协议和遗嘱处理;如果有抵触,按协议处理,与协议抵触的遗嘱全部或者部分无效。"

(三)遗赠扶养协议与遗赠

前者是双方法律行为,后者是单方法律行为;前者是双务、有偿法律行为,后者是单务、无偿法律行为;前者兼具生前行为与死因行为,后者为死因行为;前者是合同行为,后者是遗嘱行为。

二、遗赠扶养协议的效力

遗赠扶养协议一经签订即具有法律效力,对双方当事人都有约束力。扶养人应当按照协议履行自己的扶养义务,在遗赠人生前对其给予生活上的照料和扶助;在遗赠人死后负责办理丧事。任何一方当事人都不能随意变更或解除协议。

扶养人或集体组织与公民订有遗赠扶养协议,扶养人或集体组织无正当理由不履行,致协议解除的,不能享有受遗赠的权利,其支付的供养费用一般不予补偿;遗赠人无正当理由不履行,致协议解除的,应偿还扶养人或集体组织已支付的供养费用。

---

① 参见李昊:《民法典继承编草案的反思与重构》,载《当代法学》2019年第4期。

第四章 遗产的处理

一、遗产的管理

（一）继承开始的通知

继承开始后，知道被继承人死亡的继承人应当及时通知其他继承人和遗嘱执行人。继承人中无人知道被继承人死亡或者知道被继承人死亡而不能通知的，由被继承人生前所在单位或者住所地的居民委员会、村民委员会负责通知。

人民法院在审理继承案件时，如果知道有继承人而无法通知的，分割遗产时，要保留其应继承的遗产，并确定该遗产的保管人或保管单位。

（二）遗产的保管义务

存有遗产的人，应当妥善保管遗产，任何组织或者个人不得侵吞或者争抢。因保管不善导致遗产受损的，应当承担损害赔偿责任。所谓存有遗产的人，是指被继承人死亡时占有死者遗产的人，可以是其法定继承人，也可以是其他亲友，还可以是死者生前所在单位等。

（三）遗产管理人

遗产管理人，是指负责保存和管理遗产的人。被继承人死亡后，遗产转化为继承人或受遗赠人的财产，故遗产管理人是代理继承人或受遗赠人管理其应继承或受遗赠遗产之人。

1. 遗产管理人的产生与指定

《民法典》第1145条规定："继承开始后，遗嘱执行人为遗产管理人；没有遗嘱执行人的，继承人应当及时推选遗产管理人；继承人未推选的，由继承人共同担任遗产管理人；没有继承人或者继承人均放弃继承的，由被继承人生前住所地的民政部门或者村民委员会担任遗产管理人。"第1146条规定："对遗产管理人的确定有争议的，利害关系人可以向人民法院申请指定遗产管理人。"遗产管理人应当为完全民事行为能力人，应当具有管理能力，且愿意履行管理职责。[①]

2. 遗产管理人的职责

（1）清理遗产并制作遗产清单。遗产清单的内容主要应包括被继承人生前所有

[①] 参见杨立新、刘德权、杨震主编：《继承法的现代化》，人民法院出版社2013年版，第13页。

的不动产、动产、知识产权、股权等财产的数量和价值;被继承人生前所享有的不具有人身专属性的债权;因被继承人死亡所获得的保险金、赔偿金、补偿金、抚恤金等;被继承人生前享有的受法律保护的网络虚拟财产等;被继承人生前所欠债务和应缴纳的税款;被继承人之丧葬费用及继承费用;其他被继承人财产上的负担;有争议或诉讼过程中的债权债务。①

利害关系人对清单内容有争议的,可以诉请人民法院裁定;有独立诉讼标的的,亦可提起诉讼或者仲裁,并持有效裁判文书,请求遗产管理人更改。

(2) 向继承人报告遗产情况。遗产管理人应当向继承人报告遗产的范围、遗产的占有状态、债权债务信息、法律关系和诉讼法律地位状态等。

(3) 采取必要措施防止遗产毁损。遗产管理人负有保管遗产的义务。除为了保存遗产实施的必要行为外,遗产管理人不得处分其保管的遗产。如遗产管理人可以采取必要的变卖、修缮等措施以保存遗产,又如遗产管理人延续必要的营业行为等。

(4) 处理被继承人的债权债务。遗产管理人应以公告或通知的方式告知债权人申报债权。遗产管理人在清偿被继承人依法应当缴纳的税款和债务时,以他的遗产实际价值为限。超过遗产实际价值部分,继承人自愿偿还的不在此限。遗产分割前,应当支付丧葬费、遗产管理费,清偿被继承人的债务,缴纳所欠税款;但应当为缺乏劳动能力又没有生活来源的继承人保留适当的遗产。

债务清偿顺序:首先,支付继承费用,包括管理遗产、分割遗产和执行遗嘱而支出的必要费用;其次,支付所欠职工的工资、生活费;再次,缴纳所欠国家税款;复次,清偿享有物上担保的债权;最后,清偿普通债权。

(5) 按照遗嘱或者依照法律规定分割遗产。在清偿债务、交付遗赠物后仍有积极遗产的,遗产管理人应当依继承法或有效遗嘱之规定,将剩余财产移交给继承人、受遗赠人或有权酌情分得遗产的人。

(6) 实施与管理遗产有关的其他必要行为。

3. 遗产管理人的民事责任

《民法典》第1148条规定:"遗产管理人应当依法履行职责,因故意或者重大过失造成继承人、受遗赠人、债权人损害的,应当承担民事责任。"

4. 遗产管理人的报酬请求权

《民法典》第1149条规定:"遗产管理人可以依照法律规定或者按照约定获得报酬。"遗产管理人为继承人以外的人的,应有权请求与其所执行职务相当的报酬,且该报酬应列入继承费用优先受清偿。

---

① 参见郭明瑞:《论继承法修订应考虑的因素》,载《四川大学学报(哲学社会科学版)》2018年第1期。

二、遗产的分割

遗产的分割,是指两个以上的继承人共同继承遗产时,将继承财产按各自应继份予以分配,从而消灭遗产共有关系的法律行为。继承开始之时,遗产归属于继承人;遗产未分割的,即为共同共有。

(一) 遗产分割的原则

继承人应当本着互谅互让、和睦团结的精神,协商处理继承问题。遗产分割的时间、办法和份额,由继承人协商确定。协商不成的,可以由人民调解委员会调解或者向人民法院提起诉讼。

1. 充分发挥遗产的效用

遗产分割应当有利于生产和生活需要,不损害遗产的效用。不宜分割的遗产,可以采取折价、适当补偿或者共有等方法处理。人民法院在分割遗产中的房屋、生产资料和特定职业所需要的财产时,应依据有利于发挥其使用效益和考虑继承人的实际需要,兼顾各继承人利益的原则进行。

2. 保留胎儿继承份额

《民法典》第1155条规定:"遗产分割时,应当保留胎儿的继承份额。胎儿娩出时是死体的,保留的份额按照法定继承办理。"应当为胎儿保留的遗产份额没有保留的,应从继承人所继承的遗产中扣回。为胎儿保留的遗产份额,如胎儿出生后死亡的,由其继承人继承;如胎儿娩出时是死体的,由被继承人的继承人继承。

(二) 遗产分割请求权

遗产分割请求权,是指共同继承人请求分割遗产的权利。其性质为形成权。遗产的共同共有以分割为目的,不以共有关系的存续为目的。因此,共同继承人得通过遗产分割请求权,消灭该财产共有关系。

(三) 遗产继承的份额

法定应继份,是指在法定继承中,当法定继承人为二人以上时,各法定继承人依法应当继承的遗产份额。具体分配规则如下:

1. 平均分配

在没有法律特别规定时,同一顺序继承人继承遗产的份额,一般应当均等。遗嘱继承人依遗嘱取得遗产后,仍有权依照法定继承之规定取得遗嘱未处分的遗产。

2. 特殊情况下的不均等分配

对生活有特殊困难的缺乏劳动能力的继承人,分配遗产时,应当予以照顾。对被继承人尽了主要扶养义务或者与被继承人共同生活的继承人,分配遗产时,可以多分。有扶养能力和有扶养条件的继承人,不尽扶养义务的,分配遗产时,应当不分或者少分。

继承人有扶养能力和扶养条件,愿意尽扶养义务,但被继承人因有固定收入和劳动能力,明确表示不要求其扶养的,分配遗产时,一般不应因此而影响其继承份额。有扶养能力和扶养条件的继承人虽然与被继承人共同生活,但对需要扶养的被继承人不尽扶养义务,分配遗产时,可以少分或者不分。

人民法院对故意隐匿、侵吞或者争抢遗产的继承人,可以酌情减少其应继承的遗产。

3. 协商的不平均分配

继承人协商同意的,也可以不均等分配。此为意思自治原则之体现。

(四) 遗产分割的效力

因遗产分割而分配给继承人的财产,视为在继承开始时业已归属各继承人,遗产分割不过是宣告或认定已有的状态。因此,遗产分割的效力应溯及继承开始之时。遗产分割后,各共同继承人之间应当承担相互担保责任,如对遗产的权利瑕疵和品质瑕疵担保责任、对债务人资力的担保责任;各共同继承人对被继承人的债务承担连带责任,共同继承人协议将该债务划归特定继承人承受的,应经债权人同意,否则对债权人不生效力。夫妻一方死亡后另一方再婚的,有权处分所继承的财产,任何组织或者个人不得干涉。

三、酌情分得遗产权

酌情分得遗产权,是指法定继承人以外的自然人,由于与被继承人生前形成过某种扶养关系,依法可以分得适当遗产的权利。《民法典》第1131条规定:"对继承人以外的依靠被继承人扶养的人,或者继承人以外的对被继承人扶养较多的人,可以分给适当的遗产。"

酌情分得遗产权的主体为继承人以外的依靠被继承人扶养的缺乏劳动能力又没有生活来源的人,或者继承人以外的对被继承人扶养较多的人。血缘关系在决定能否取得酌情分得遗产权的问题上是无关紧要的,起决定作用的是某种程度的扶养义务的存在。

可以分给适当遗产的人,分给他们遗产时,按具体情况可多于或少于继承人。酌情分得遗产权的行使不得损害特留份人所应依法取得的遗产特留份额。

酌情分得遗产权人,在继承开始后,可向遗产管理人请求酌给遗产;如果死者无继承人而遗产转归国家或集体经济组织,可从接受遗产的国家或集体经济组织那里取得应酌情分得的遗产份额。

依照《民法典》之规定可以分给适当遗产的人,在其依法取得被继承人遗产的权利受到侵犯时,本人有权以独立的诉讼主体资格向人民法院提起诉讼。但在遗产分割时,明知而未提出请求的,人民法院一般不予受理;不知而未提出请求,在2年以内起诉的,人民法院应予受理。

四、无人承受遗产的处理

《民法典》第1160条规定:"无人继承又无人受遗赠的遗产,归国家所有,用于公益事业;死者生前是集体所有制组织成员的,归所在集体所有制组织所有。"遗产因无人继承收归国家或集体组织所有时,按法律规定可以分给遗产的人提出取得遗产的要求的,人民法院应视情况适当分给遗产。

第八编　侵权责任

<< 第一章　侵权责任与侵权责任法概述
<< 第二章　侵权责任的归责原则
<< 第三章　侵权责任的构成要件
<< 第四章　数人侵权的侵权责任
<< 第五章　侵权责任的免除和减轻事由
<< 第六章　侵权责任的承担方式
<< 第七章　监护人责任
<< 第八章　用人者责任
<< 第九章　网络侵权责任
<< 第十章　违反安全保障义务的侵权责任
<< 第十一章　教育机构的侵权责任
<< 第十二章　产品责任
<< 第十三章　机动车交通事故责任
<< 第十四章　医疗损害责任
<< 第十五章　环境污染和生态破坏责任
<< 第十六章　高度危险责任
<< 第十七章　饲养动物损害责任
<< 第十八章　建筑物和物件损害责任

第一章 侵权责任与侵权责任法概述

第一节 侵权责任的概念和分类

一、侵权责任的概念和特征

侵权责任,是指民事主体因自己或者应由其负责之人的侵权行为或因特定事件致使他人民事权益遭受侵害而应承担的民事法律后果。

侵权责任具有以下基本特征:

(一) 侵权责任是违反法定义务产生的民事责任

首先,侵权责任是民事责任的一种基本类型(另一种基本类型是违约责任)。就其本质而言,侵权责任是行为人违反民事义务而应承担的一种不利法律后果,符合民事责任的基本特征,适用《民法典》总则编中关于民事责任的一般性规定。

其次,侵权责任是违反法定义务而产生的民事责任。民法的目的和基本任务是确认和保护民事权利,法律禁止侵害他人民事权益,违反此项法定义务(不作为义务)即产生侵权责任。

(二) 侵权责任以存在侵权行为(或存在致害事件)这一事实为前提

侵权责任产生的基础是侵权行为(或致害事件),没有侵权行为(或致害事件)便不存在侵权责任,侵权责任是行为人或其他责任主体对侵权行为(或致害事件)依法应当承担的法律后果。

(三) 侵权责任的形式具有多样性

侵权责任制度旨在为受害人提供法律救济,其责任承担方式具有多样性:如侵权行为已经造成损害,主要采取损害赔偿的责任形式;如尚未造成损害但已有发生损害之虞,主要采取停止侵害、排除妨碍、消除危险等责任形式。对于侵害人格权的行为,还可适用消除影响、恢复名誉、赔礼道歉等责任形式。

二、侵权责任与侵权行为之债

在传统的大陆法系民法中,侵权行为作为债产生的法定原因之一,通常被规定于民法典债编中,因侵权行为产生的侵权行为之债受债法的调整,只有在学理研究中才存在所谓"侵权行为法"。我国则不然,1986年颁布的《民法通则》创立了"权利—义务—责任"的规范模式,侵权行为所生法律后果不再被理解为一种债的关系,而是一种民事责任即"侵权责任"。2009年颁布的《侵权责任法》仍然延续了这一立法传统。对此,《民法典》采取了兼容立场:一方面将侵权行为作为一种债的发生原因(《民法典》第118条第2款),另一方面仍保留"侵权责任"的称谓并将其独立成编(《民法典》第120条、第七编)。根据《民法典》第1164条的规定,侵权责任编调整因侵害民事权益产生的民事关系。在此类民事关系中,侵权人对受害人承担侵权责任,其责任形式既包括损害赔偿,也包括停止侵害、排除妨碍、消除危险等形式(《民法典》第1167条)。因此,不同于传统大陆法系国家的立法例,我国民法中的侵权责任,并不限于侵权行为之债。若侵权责任的承担方式为损害赔偿,侵权人须向受害人支付一定数额的赔偿金,内容上与债务难以区分。通说认为,在区分债务和责任的前提下,债务为第一性义务,责任是违反第一性义务(债务)的法律后果。据此,侵权损害赔偿本属债务范畴,债务违反方能成立侵权责任。

三、侵权责任的分类

根据不同的标准,通常将侵权责任分为以下几类(以损害赔偿责任为主要视角):

(一)一般侵权责任和特殊侵权责任

根据责任的成立是否以行为人具有过错为要件,侵权责任可以分为一般侵权责任和特殊侵权责任。

一般侵权责任,是指行为人因过错侵害他人民事权益而应承担的侵权责任。特殊侵权责任,是指行为人侵害他人民事权益,无论其是否具有过错,依法律的规定均应承担的侵权责任。

在一般侵权责任中,依据行为人过错来归责;而在特殊侵权责任中,归责的依据不是行为人过错,而是高度危险作业等特殊归责事由。正因为二者存在着本质上的区别,其具体的制度设计也呈现出若干差异。首先,构成要件不同。一般侵权责任的构成要件是侵权行为、损害事实、因果关系和过错,特殊侵权责任的构成要件是侵权行为、损害事实和因果关系。其次,举证责任内容不同。一般侵权责任需要受害人证明行为人具有过错,通常采取"谁主张,谁举证"的原则,例外情形下采取过错推定的方式;而特殊侵权责任的成立不要求过错的证明,受害人举证的内容限于损害事实和因果关系。最后,免责和减轻责任事由不同。一般侵权责任的免责和减轻责任事由较为宽泛;而特殊侵权责任的免责、减轻责任事由较为严格。

(二)自己责任与替代责任

根据行为主体和责任主体是否一致,侵权责任可分为自己责任和替代责任。

自己责任,指行为人对自己行为或者自己所有、占有、管理的物致使他人民事权益遭受损害而承担的侵权责任。替代责任,指对他人行为致人损害而承担的侵权责任。

自己责任与替代责任,除了直接向受害人承担侵权责任的主体不同外,还存在以下差别:首先,归责原则不同。自己责任既可以适用过错责任原则,又可以适用无过错责任、公平责任。而替代责任基于当事人之间的某种特殊关系产生,通常适用无过错责任,例外情况下被侵权人对同一损害的发生或者扩大存在过错时,可以减轻其责任。其次,是否具有追偿权不同。在自己责任的场合,侵权行为人就是最终责任承担者,不得再向第三人追偿;而替代责任将本应由侵权行为人直接向受害人承担的赔偿责任转由替代责任人承担,故其并非最终责任,替代责任人在承担责任后通常可依法向侵权行为人追偿。

(三) 连带责任、按份责任与补充责任

根据当事人之间内外部权利义务关系的不同,可以将多数人侵权责任分为连带责任、按份责任与补充责任。

1. 连带责任

连带责任,是指当侵权责任人为数人时,数个侵权责任人中的任何一人均负有承担全部侵权责任的义务,其中一人承担全部侵权责任后,该责任归于消灭。连带责任的结构可以划分为外部关系和内部关系。外部关系即赔偿责任人与赔偿权利人之间的赔偿关系,连带责任人中的每一个人均负有向受害人承担全部赔偿责任的义务,受害人可以自行选择请求一个或者数个连带责任人承担赔偿责任。内部关系即数个赔偿责任人之间的责任分担、追偿关系,一个或数个责任人在向受害人承担侵权责任后,可就其超额赔偿部分向其他责任人追偿。

所谓"连带",是以受害人和责任人的外部关系为视角,任何一个责任人均应承担全部责任,超过其份额的履行实际上是代替其他责任人承担,由此加重了责任人的风险负担,所以连带责任必须以法律规定或当事人约定为适用前提(《民法典》第178条第3款),不得随意将多数人责任认定为连带责任。此外,当事人亦不得任意约定其他性质的责任承担方式,以规避法定连带责任的适用,责任人之间关于内部份额的约定对外不发生效力。

2. 按份责任

按份责任,是指当侵权责任人为数人时,各自按照其过错程度或原因力大小对受害人承担相应责任。各侵权责任人仅对因自己行为产生的损害承担赔偿责任,受害人不得请求一人或者数人承担全部赔偿责任。

按份责任的实质是数个侵权行为人共同促成了损害后果的发生,因此每一行为人都应承担相应的责任,该相应的责任即份额责任。份额的确定标准实际上是侵权行为人承担责任的原因。一般认为,在以过错作为责任构成要件的场合,较为妥当的是以过错的大小为标准进行衡量;而在不以过错作为责任构成要件的场合,以原因力的强弱为标准更为客观。

3. 补充责任

补充责任,是指当侵权责任人为数人时,由先顺位的责任人承担责任,仅在先顺位的责任人的财产不足以填补受害人的损害时,才由后顺位的责任人对不足部分予以补充承担的责任形态。

关于侵权补充责任的适用范围,学者之间看法不一。第一种观点认为,补充责任只适用于第三人侵权时安全保障义务人以及教育机构的责任承担。① 第二种观点认为,除了前两种情形外,其还适用于第三人侵权时被帮工人和见义勇为受益人的责任分担。② 第三种观点认为,在无民事行为能力人、限制民事行为能力人有财产的情况下,监护人亦承担补充责任。③ 本书赞同第一种观点。首先,对法律的解释适用应该尊重文义,《民法典》侵权责任编只规定了两种适用补充责任的情形:一是第1198条第2款规定的安全保障义务人的补充责任。二是第1201条规定的教育机构的补充责任。其次,替代责任排除了补充责任的适用余地。因为依据替代责任原理,一旦替代责任的要件具备,受害人即可直接要求替代责任人承担责任,无须以先向被替代责任人主张救济为前提,也就不存在责任承担的先后顺位问题。监护人责任本身就是一种替代责任,因此其不可能再是补充责任。最后,被帮工人、见义勇为受益人并非承担补充责任。从性质而言,被帮工人、受益人仅对受害人给予补偿,而非承担赔偿责任,前者是中性评价,后者是否定性评价,不可相提并论。从范围而言,被帮工人基于救济目的而对受害人公平给予补偿,受益人根据受益状况、见义勇为人的受损情况、双方经济实力等予以适当补偿,均非按补充责任承担与过错、原因力相适应的责任。

关于侵权补充责任的承担,通说认为"相应的补充责任"是指在先顺位的责任人不能承担赔偿责任时,补充责任人按照其过错程度承担相应责任的补充责任形态。④

第二节 我国侵权责任法的沿革

一、从改革开放到《民法通则》的颁布

1978年改革开放后,我国开始重建社会主义法制。1979年2月2日,最高人民法院制定并颁布《最高人民法院关于贯彻执行民事政策法律的意见》(已失效),该意见在第二部分"关于财产权益纠纷问题"中对人身损害赔偿、财产损害赔偿以及未成年人侵权责任等问题进行了规定。1984年8月30日,最高人民法院在总结审判经验的

---

① 张新宝:《我国侵权责任法中的补充责任》,载《法学杂志》2010年第6期。
② 杨立新主编:《侵权行为法》,复旦大学出版社2005年版,第250页。
③ 王利明、周友军、高圣平:《中国侵权责任法教程》,人民法院出版社2010年版,第466页。
④ 杨立新:《侵权责任法》,北京大学出版社2014年版,第165页;郭明瑞:《补充责任、相应的补充责任与责任人的追偿权》,载《烟台大学学报(哲学社会科学版)》2011年第1期。

基础上,制定并颁布《最高人民法院关于贯彻执行民事政策法律若干问题的意见》(已失效),该意见在第九部分"损害赔偿问题"中对过错责任、共同侵权、动物致害责任、有毒物品致害责任、侵害财产及人身的损害赔偿等作出了规定。

1986年颁布的《民法通则》,是我国第一部完整的民事法律规范,对传统大陆法系的民事立法体例进行了创新。首先,《民法通则》采取了民事责任与债分离的立法模式,规定侵权行为所产生的法律后果是民事责任,而不是侵权之债。其次,侵权行为的责任形式不限于损害赔偿,而是建立了多元化的侵权责任承担方式。再次,在保护范围上,《民法通则》对过错责任作了较为宽泛的规定,未将侵权法的保护对象区分为权利与利益,也没有对过错与违法性要件加以区分。最后,《民法通则》分别对国家赔偿责任、产品责任、高度危险致害责任、环境污染责任、地面施工致害责任、物件致害责任以及动物致害责任等无过错责任或过错推定责任作出了规定。

二、从《民法通则》到《侵权责任法》

《民法通则》颁布实施后,为了适应民事审判的需要,最高人民法院颁布了一系列民事司法解释,其中包括大量的侵权责任规范。首先,最高人民法院对《民法通则》进行整体性解释,颁布了《民通意见》,对侵权行为和侵权责任作了更加细化的规定。其次,最高人民法院颁布了《最高人民法院关于审理名誉权案件若干问题的解答》(已失效)、《最高人民法院关于审理名誉权案件若干问题的解释》(已失效)等侵权领域的司法解释。在这些司法解释中,对于侵权责任制度而言最为重要的莫过于《人身损害赔偿解释》以及《精神损害赔偿解释》。尽管这两个司法解释仅适用于特定的领域,但它们确立和完善了侵权法的许多重要规则与制度。

2009年颁布的《侵权责任法》,是我国侵权责任立法史上具有里程碑意义的事件。首先,《侵权责任法》的颁布施行,意味着在立法上,侵权法与债法真正地实现了分离,《侵权责任法》成为我国侵权领域的基本法。至此,我国形成了以《侵权责任法》为基本规范,以《中华人民共和国产品质量法》(以下简称《产品质量法》)、《消费者权益保护法》《食品安全法》《道路交通安全法》等单行法为特别规范的侵权法律规范体系。① 其次,《侵权责任法》对侵权行为共同适用的规则与制度作了较为系统的规定。该法第一章至第三章对侵权法的保护范围、归责原则体系、多数人侵权责任、减责与免责事由、连带责任与按份责任、责任承担方式、损害赔偿的范围等共性问题作出了详细规定,使得我国侵权责任制度更加完善。

三、从《侵权责任法》到《民法典》侵权责任编

《侵权责任法》颁布施行后,为适应侵权民事纠纷审判实际的需要,最高人民法院

---

① 程啸:《中国侵权法四十年》,载《法学评论》2019年第2期。

相继颁布了若干侵权法方面的司法解释。① 这些司法解释对铁路运输人身损害赔偿责任、环境侵权责任、食品药品侵权责任、利用信息网络侵害人身权益的侵权责任、医疗损害责任、海洋自然资源与生态环境损害赔偿责任等特殊侵权责任中的构成要件、减免责事由、责任的承担、诉讼主体等问题作了详细的规定,进一步推动侵权责任法向更加细致的方向发展。

《民法典》侵权责任编主要是在总结《侵权责任法》立法和实施经验的基础上编纂而成的。与《侵权责任法》相比,《民法典》侵权责任编的体系结构在绝大部分内容上都没有变化,只是根据社会发展出现的新情况和新问题,对一些侵权责任规则和制度作了必要的补充和完善,如公平责任规则、精神损害赔偿制度、网络侵权责任制度、机动车交通事故责任规则以及生态环境损害责任制度等。

第三节　侵权责任法的功能

一、侵权责任法功能概述

侵权责任法的功能,是指侵权责任法在调整社会关系的过程中通过自身的运行所发生的作用。《侵权责任法》第1条规定:"为保护民事主体的合法权益,明确侵权责任,预防并制裁侵权行为,促进社会和谐稳定,制定本法。"有的学者据此认为侵权责任法的功能包含补偿功能、预防功能和惩罚功能。② 有的学者则认为惩罚功能难以与侵权责任法相兼容,侵权责任法的功能仅包括补偿功能和预防功能。③ 实际上,侵权责任法的功能不是一成不变的,"侵权行为法的功能在其历史发展中迭经变迁,例如赎罪、惩罚、威吓、教育、填补损害及预防损害等,因时而异,因地区不同,反映着当时社会经济状态和伦理道德观念"④。因此,讨论侵权责任法的功能必须着眼于其运行的社会经济背景。

现代侵权责任法的功能仅包括填补损害和预防损害。私法的基本要求是意思自治,尽量排斥国家力量对私人领域的干预。只有侵权行为超过侵权责任法规定的限

---

① 例如:《最高人民法院关于审理铁路运输人身损害赔偿纠纷案件适用法律若干问题的解释》《最高人民法院关于适用〈中华人民共和国侵权责任法〉若干问题的通知》《最高人民法院关于审理道路交通事故损害赔偿案件适用法律若干问题的解释》等。

② 王利明:《侵权责任法研究》(上卷),中国人民大学出版社2010年版,第104页;杨立新:《〈中华人民共和国侵权责任法〉精解》,知识产权出版社2010年版,第26页;张新宝:《侵权责任法》(第四版),中国人民大学出版社2016年版,第6页;曾世雄:《损害赔偿法原理》,中国政法大学出版社2001年版,第7页。

③ 程啸:《侵权责任法教程》(第三版),中国人民大学出版社2017年版,第14—20页;周友军:《侵权法学》,中国人民大学出版社2011年版,第8—10页;王泽鉴:《侵权行为》(第三版),北京大学出版社2016年版,第15页。

④ 王泽鉴:《侵权行为》(第三版),北京大学出版社2016年版,第15页。

度而成为犯罪行为,才由《刑法》通过惩罚教育的方式进行规制。因此,侵权责任法通过填补损害保护法益,而不通过惩罚侵权行为保护法益。《民法典》就故意侵害知识产权(第1185条),明知产品存在缺陷仍然生产、销售或未采取补救措施(第1207条)、故意违法损害生态环境(第1232条)规定了惩罚性赔偿制度;《消费者权益保护法》《产品质量法》等法律中也针对相关的侵权行为设置了惩罚性赔偿制度。这些惩罚性赔偿规范对行为人具有一定的惩罚警示作用,但其威慑力与惩罚力远远比不上公法中的规范,并且这类规范数量少,属于例外性规定,其真正目的是通过惩罚性赔偿制度实现预防损害的功能。

二、我国侵权责任法的功能

(一)填补损害功能

填补损害,是指侵权法通过一系列的制度安排,将受害人遭受的损失转由他人承担,从而起到填补受害人损失的效果。填补损害系基于公平正义的理念,旨在使受害人的损害能获得实质、完整、迅速的填补,使受害人的民事权益恢复到损害未发生时应处的状态。

侵权责任法的填补损害功能建立在"损害原则上由受害人自我负担,只有具备充分理由方能转由加害人负担"的理念之上。原则上,除非有充分理由将损害移转他人负担,否则个人应自行承担不幸事件的后果。因此,侵权法的规范条文系以受害人自我负担损害为原则,以加害人负担损害为例外,具体规定行为人于何种情形下就其何种行为向何人承担何种责任。

侵权责任法的填补损害功能,是通过使侵权行为人承担侵权责任的形式实现的,而行为人侵权责任的确定与受害人的损失存在关联。一般而言,填补损害遵循全面赔偿原则,即"损失多少、赔偿多少",旨在恢复原状,也即通过损害赔偿,使受害人的利益回复到损害未发生时应处的状态,受害人不得因侵权事实的发生而获得超过未受侵害时所应得的利益。

填补损害的实现途径有两种:损害转移与损害分散。

1. 损害转移

损害转移,是指通过侵权责任法,将受害人的损失转嫁给行为人,使其承担损害赔偿的侵权责任,以填补受害人的损害。损害转移的关键在于寻求责任成立的正当性基础。近代各国在自由主义思想的基础上确立了以"过错"为核心的侵权法体系,侵权人之所以要对其行为造成的损害结果承担责任,其原因在于行为时的主观故意或者过失,在主观上具有可责难性。进而,侵权人需要对受害人所遭受的损失承担侵权责任,这就使得侵权人的财产通过损害赔偿的方式转移到受害人处,受害人遭受的损失得到填补,而侵权人的财产因此流失。

2. 损害分散

损害分散,是指先将损害内部化,即先由行为人承担侵权责任,然后再通过价格机制或者保险机制将损害分散于全社会。随着科技革命的不断深入,现代侵权法面临着比传统侵权法更加复杂而艰巨的任务,它必须给一个充斥各种危险活动的社会提供一个高效可行的赔偿机制。较之于传统侵权法,现代侵权法不仅仅建立在单纯的单个民事主体之间的矫正正义之上,而且向更加宏观意义上的社会分配正义发展。因此,现代社会以来,损害分散的思想逐渐受到人们的重视,损害可先加以内部化由制造危险活动的行为人承担,再经由商品或者服务的价格机能、保险制度等加以分散,由多数人承担。① 较之于损害转移,损害分散具有很大的优势,一方面通过将损害转由社会上的多数人承担,能够更好地实现损害填补的功能,另一方面加害人不至于因为巨额赔偿而陷入个人破产、生活无以为继的窘境。

(二) 预防损害功能

预防损害的功能,指侵权法通过其建立的各种责任规范以及救济手段,使得人们认识到实施侵权行为将会带来不利后果,以此达到吓阻侵权行为的目的,从而预防损害的发生。损害一旦发生,对其进行救济必然要花费成本,从这个角度看,损害预防胜于损害填补。预防功能可以分为特殊预防和一般预防。特殊预防是相对侵权行为人而言的,通过使其承担侵权法所规定的不利后果,防止其再次实施类似行为;而一般预防是相对社会上第三人而言的,通过让其他人看到行为人对侵权行为造成的损害要负担责任这一法律上的不利益,起到警示、抑制的作用。就预防损害的发生而言,一般预防比特殊预防显得更加重要。

第四节 侵权责任法的保护范围

一、侵权责任法保护范围概述

法律调整社会关系,利益是法律的核心与本体。现代法律强调诸法分置,不同的部门法调整不同类型的社会关系,体现着不同的社会利益。对侵权责任法而言,只有在其保护范围内的社会利益才能受其调整。

(一) 侵权责任法保护范围的立法模式

侵权责任法保护范围的立法模式,就大陆法系而言有两种:一是概括式,即在侵权责任法中规定一个关于侵权行为的一般条款。《法国民法典》是此类立法模式的典型代表。此种模式基于"不得加损害于他人"的自然法理念设置原则性条款,保护的客体并不区分权利和利益。二是列举式,即在侵权责任法中具体列举受其保护的权

---

① 王泽鉴:《侵权行为》(第三版),北京大学出版社2016年版,第8页。

益范围。《德国民法典》是此类立法模式的典型代表。此种立法模式因受历史法学派的影响,遵循"法不禁止即自由"的理念,以若干条款具体列举保护的范围。

这两种立法模式各有其优缺点。概括式可以高度概括侵权责任法保护的范围,并且为侵权责任法的发展留出空间。但其范围过于宽泛,不能精准确定民事权益的边界,给法律适用带来难题。列举式清晰地列举了侵权责任法保护的范围,并在此基础上对各自的成立要件进行类型化,使侵权责任法能够得到精准适用。但是立法者的有限理性不能穷尽所有权利,不可能就将来社会所需提前进行完全周延的考量,事无巨细地规定各种应受法律保护的权利。社会在不断发展,新的需求也不断涌现,必然会出现当初所规定的权利类型及其内容不能满足社会需求的情形。

(二) 我国侵权责任法保护范围的立法模式

《民法典》侵权责任编采取的是法国式的概括立法模式。《民法典》第1164条规定:"本编调整因侵害民事权益产生的民事关系。"该条文仅设有一个原则性条款,不具体列举保护的范围,而是将侵权责任法的保护范围统称为"民事权益"。

虽然我国侵权责任立法不区分权利和利益,但通说认为在解释适用上仍应借鉴德国的立法模式,在保护程度上区分权利和利益,并以此为基础设置不同的侵权责任成立要件。我们赞同这种观点,因为概括式的立法模式导致侵权责任法的保护范围过于广泛,未能提供精准的判断基础,影响法律的可预见性。为了妥当适用侵权责任法,更好地协调法益保护和行为自由的关系,将民事权益区分为权利和利益是必要的。

二、民事权利与民事利益

侵权责任法保护的民事权益包括民事权利和民事利益。从本质上来说权利和利益并无二致,权利不过是被法律所确认的具体的利益。但二者受保护的程度不同。民事权利由法律明文创设,立法上较为成熟,其内涵和外延相对清楚,在法律上有其名分,受到法律完整的保护。民事利益的内涵和外延相对模糊,具有不确定性,尚未发展成为一种独立的权利类型,现行法律仅在某种程度上予以保护。

(一) 民事权利

民事权利是侵权责任法的主要保护对象。就其内涵而言,民事权利包含着两个面向:一是权利所指向的客体为能够满足人需求的特定利益,民法在类型化的基础上分设不同的民事权利,各自体现不同的特定利益;二是该特定利益受法律上强制力的保护,即在其遭受侵害时能得到法律上的强力救济。

根据效力上的差异,可将民事权利分为绝对权和相对权。绝对权的效力及于所有人,以不特定的第三人为义务人。人格权、知识产权、物权是典型的绝对权。侵权责任法的保护范围及于绝对权,学界对此基本不存异议;至于相对权是否属于侵权责任法的保护范围,则存在争议。相对权的效力仅及于特定人,债权是典型的相对权。

相对权仅存在于特定当事人之间,缺乏必要的公示方式,其存在与否外人难以知晓,故一般而言相对权不属于侵权责任法的保护范围。但通说认为,故意违背善良风俗侵害债权的,应负侵权责任。

(二) 民事利益

民事利益,是指除民事权利外应受法律保护的私法上的利益。其内涵和外延还具有较大的模糊性,立法者对民事利益的认识尚不够清晰,因此未将其上升为权利。并非所有的利益均具有保护的必要性,只有那些正当的、有价值的利益,才能得到法律的保护。也并非所有正当的、具有价值的利益均受侵权责任法的调整。一项私法上的利益要受到侵权责任法的调整,需要具备一定的属性,学者对此认识不一。有的学者认为受侵权法调整的利益需具备合法性、私人性和可救济性这三项特征。[1] 有的学者认为该利益必须是私法上的利益,具有绝对性、排他性、可补救性。[2] 有的学者认为该利益应具备主体性、历史性、社会性。[3]

受侵权责任法保护的民事利益应具有合法性、可救济性、私人性,应无疑问。不合法的利益受到法律的否定评价,不具有保护的价值;不具有可救济性的利益不存在可以提供救济的方法,没有提供保护的可能性;不具有私人性的利益不能称其为民事利益,不属于民法的调整范围。至于绝对性和排他性,则不应作为民事利益得到侵权责任法保护的条件。在民事权利中,相对权在一定条件下受到侵权责任法的保护,故也没有理由将相对利益排除在保护范围之外。况且在行为人知道或应当知道他人享有某项私人利益,仍故意以社会所不容许的方式加以侵害时,法律应该提供救济。

我国民法等相关法律及司法解释已确认的受侵权责任法保护的民事利益包括:

1. 人身利益。主要包括:(1) 死者的姓名、肖像、名誉、隐私、遗体和遗骨(《民法典》第 185 条、第 994 条和第 1007 条,《精神损害赔偿解释》第 3 条);(2) 具有人身意义的特定物上的人格利益(《民法典》第 1183 条第 2 款,《精神损害赔偿解释》第 1 条);(3) 夫妻之间的人身利益(《民法典》第 1091 条);(4) 其他人格利益。

2. 财产利益。主要包括:(1) 商业秘密(《中华人民共和国反不正当竞争法》第 9 条);(2) 占有(《民法典》第 458 条);(3) 纯粹经济损失(例如《产品质量法》第 44 条第 2 款后半段因产品缺陷造成的损害赔偿责任,《证券法》第 85 条证券市场虚假陈述给投资者造成的损害赔偿责任等)。

---

[1] 程啸:《侵权责任法教程》(第三版),中国人民大学出版社 2017 年版,第 48 页。
[2] 王利明:《侵权责任法研究》(上卷),中国人民大学出版社 2010 年版,第 92—98 页。
[3] 张新宝:《侵权责任法》(第四版),中国人民大学出版社 2016 年版,第 3—5 页。

第二章 侵权责任的归责原则

第一节 侵权责任归责原则概述

一、侵权责任归责原则的含义

侵权法上所称的归责,是指将受害人的损害依法律上的价值判断而决定由何人承担侵权赔偿责任。侵权责任归责原则,是指行为人或侵权人因自己的行为或者由其负责的他人行为或者由其管理的物件致使他人民事权益遭受损害后,确定其应承担侵权责任的依据。侵权责任归责原则是侵权责任法的基石,决定着侵权责任法的规范体系和具体内容。

侵权责任承担的逻辑起点是"所有人自负其责",受害人须自己承担自己所遭受的损害,倘若需要将受害人的损害转由他人承担,则需要存在特别的事由。所谓"特别干预的理由",就是侵权法上所讲的"归责事由"或"归责原则"。

从侵权责任归责原则的历史发展来看,其经历了由单一归责原则向多元归责原则发展的过程,每一个归责原则的确立都与当时的社会经济生活密切相关,反映了当时的社会思潮和法律价值取向。概括来说,归责原则经历了三个时期,即结果责任时期、过错责任时期、过错责任与无过错责任并行时期。

二、我国侵权责任的归责事由与归责原则

在侵权归责的过程中涉及归责事由和归责原则两个概念,前者是指那些能够导致受害人损害转由行为人承担的法律上的原因;后者是指确定归责事由所依据的基本原则。

近代民法上出现了过错责任,从过错责任的角度来看待归责事由和归责原则,可以将二者等同,行为人的主观过错是其承担侵权责任的归责事由,过错责任原则也是确认其归责事由的基本原则。而在无过错责任的场合,无过错本身却不是行为人承担侵权责任的归责事由,无过错责任主要是基于工业社会给人们的生命安全带来的危险而产生的,故又称危险责任。其中关于各种不同危险源的特别规定,就是各种不同的归责事由。

（一）归责事由

1. 主观归责事由，即依据行为人主观上是否具有过错，确定其是否应承担侵权责任。行为人只有在行为时主观上具有故意或过失，才应负侵权责任。过错是我国侵权法中最基本的归责事由，过错责任原则也是我国侵权法最基本的归责原则。以过错作为归责事由的侵权责任类型有两类：一是过错责任；二是过错推定责任。

2. 客观归责事由，即不依据行为人主观上是否具有过错来确认侵权责任的承担，而应求诸于其他事由。主要的事由有：（1）危险。因持有特定危险事物而享受利益者，对因此危险所产生的损害负赔偿责任。（2）控制力。在替代责任中，替代责任人虽无主观上的过错，也要对与之有特定关系的人的侵权行为承担侵权责任，其归责事由不是有过错而是其具有的控制力。（3）公平。在有些情况下，行为人没有主观上的过错，且不能适用无过错责任，但法律基于公平的考量，仍令行为人承担一定的侵权责任。以前两者为归责事由的责任属于无过错责任，以第三者为归责事由的是公平责任。

（二）归责原则

关于我国侵权法采取的归责原则，比较有代表性的观点有四种：第一，认为侵权法仅有一个归责原则，即过错责任原则；第二，认为侵权法应以过错责任原则和无过错责任原则作为归责原则；第三，认为我国侵权法归责原则包括过错责任原则、无过错责任原则和公平原则；第四，认为归责原则包括过错责任原则、严格责任原则、公平责任原则和无过错责任原则。

实际上，严格责任是英美法上使用的侵权责任术语，而无过错责任是大陆法上使用的侵权责任术语，二者含义基本相同。具有实质意义的争论仅存在于两个方面：第一，过错推定是否可以独立作为侵权法的归责原则。第二，除过错责任和无过错责任外，公平责任是否构成独立的归责原则。本书认为，我国侵权法的归责原则仅包含过错责任原则，过错推定责任仅为过错责任的一种适用方式，而无过错责任与公平责任则属于过错责任的例外情形。

首先，过错推定不是独立的归责原则。过错推定无非是在立法技术上进行了举证责任的倒置，令行为人自己证明主观上不存在过错，但本质上仍以行为人具有过错作为责任基础，与过错责任原则的责任基础完全一致，并无独立的可能性。

其次，无过错责任为过错责任原则的例外。所谓原则，是指具有普遍适用性的一般准则。法律包括法律原则和法律规则，原则是抽象的，规则是具体的。在区分归责原则和归责事由的语境中，过错作为侵权责任的归责原则，在法无明文规定适用其他特殊规则的情形下，具有适用上的普遍性，亦即过错本身既是归责原则，又是归责事由。但无过错责任本身不是归责原则，仅是具体法律规则中所确定的非过错归责事由而已。虽然《民法典》将无过错责任（第1166条）与过错责任（第1165条第1款）均置于"一般规定"中，但二者具有明显的差别，无过错责任的适用必须以法律明文规定为前提,其本身并不是普遍的原则而只是一种例外性的特殊规则(为行文方便,下文仍将无过错责任纳入归责原则视域下论述)。

再次,公平责任也不是独立的归责原则。《民法通则》颁布后,一些学者认为公平责任是侵权责任的归责原则。① 但《侵权责任法》第 24 条将《民法通则》第 132 条规定的"分担民事责任"改为"分担损失"后,学者普遍认为公平责任不是侵权法的归责原则,而是一种损失分担规则。② 首先,依文义解释,《民法典》第 1186 条的定位是损失分担规则,而非侵权责任成立的归责原则。其次,立法工作机构对《侵权责任法》第 24 条的说明指出:"从理论层面看,无过错即无责任是承担侵权责任的基本原则,既然当事人对损害的发生都没有过错,行为人就不应承担责任,而只能是分担损失。从实践层面看,让无过错的当事人承担责任,他们比较难以接受。"③ 由此可见,公平责任承担的给付义务不能称之为责任,仅为分担损失而已。最后,从侵权法体系化的角度来看,公平责任作为一种损失分担规则,被规定于《民法典》侵权责任编的"损害赔偿"一章,说明其仅是在特殊情形下为填补受害人损失而设置的特殊规则,不可与"一般规定"中的过错责任相提并论。

第二节 过错责任原则

一、过错责任原则的概念和特点

过错责任原则,也称过失责任原则,是指以行为人的主观过错为承担责任的必要条件、无过错即无责任的侵权归责原则。《民法典》第 1165 条第 1 款规定:"行为人因过错侵害他人民事权益造成损害的,应当承担侵权责任。"

过错责任原则具有以下特点:(1) 以过错作为侵权责任的构成要件,行为人只有在具有主观过错的情形下才承担侵权责任。(2) 以过错作为损害转移的正当性基础,无过错即无责任。(3) 遵循"谁主张,谁举证"的原则,受害人须对行为人主观上存在过错负举证责任。当然,在举证责任倒置的特殊场合,行为人应自证其没有过错,倘若行为人不能证明其没有过错,则推定其具有过错。(4) 过错决定侵权责任的成立与否。在多数人侵权中,行为人承担的侵权责任与其过错程度相适应。

---

① 参见刘士国:《论侵权损害的公平责任原则》,载《法律科学(西北政法学院学报)》1989 年第 2 期;孔祥俊:《论侵权行为的归责原则》,载《中国法学》1992 年第 5 期;王利明:《侵权行为法归责原则研究》,中国政法大学出版社 1992 年版,第 114 页。
② 参见王利明:《侵权责任法研究》(下卷),中国人民大学出版社 2011 年版,第 265 页;曹险峰:《论公平责任的适用——以对〈侵权责任法〉第 24 条的解释论研读为中心》,载《法律科学》2012 年第 2 期。
③ 全国人大常委会法制工作委员会民法室编:《〈中华人民共和国侵权责任法〉条文说明、立法理由及相关规定》,北京大学出版社 2010 年版,第 93 页。

二、过错责任原则的适用

(一) 过错责任原则的适用范围

过错责任原则适用于一般侵权行为,在法律没有特别规定适用无过错责任或公平责任的场合,均适用过错责任原则。在具体适用时分为两个部分:其一,根据过错的有无确定责任成立与否;其二,在多数人侵权责任中,根据过错程度的大小确定侵权责任的大小。

(二) 过错责任原则的适用方法

过错责任原则的适用方法遵循"谁主张,谁举证"的诉讼法理,通常由受害人对行为人具有主观上的过错进行举证证明,同时承担举证不能的不利法律后果。

三、过错推定责任

(一) 过错推定责任的概念与特点

过错推定责任,是指行为造成损害事实时,行为人不能证明自己没有过错的,推定其具有过错并承担相应的侵权责任。《民法典》第1165条第2款规定:"依照法律规定推定行为人有过错,其不能证明自己没有过错的,应当承担侵权责任。"

过错推定责任具有以下特点:(1) 过错推定是过错责任原则适用中的一种特殊情形,它仍然以过错作为归责的正当性基础。不可将其与过错责任原则相提并论,更不可能将其视为侵权责任法的归责原则。(2) 过错推定责任采取"举证责任倒置"的方式。从损害事实推定行为人具有过错,免除受害人的举证责任。而行为人想要推翻法律预设的推定,就要证明自己主观上没有过错,否则推定其具有过错。(3) 过错推定仅适用于特殊侵权行为。过错推定并未遵循"谁主张,谁举证"的基本法理,而是将举证不能的风险转由行为人承担,对行为人而言是一种较重的责任,不宜被滥用,须由法律对其适用范围作出严格规定。《民法典》第1165条第2款本身不构成独立的请求权基础,过错推定责任要依据法律的特殊规定方可予以适用。

(二) 过错推定责任的适用

从《民法典》侵权责任编的规定来看,过错推定责任的适用范围为:教育机构对无民事行为能力人的损害责任(第1199条);医疗损害中的过错推定责任(第1222条);动物园饲养动物的损害责任(第1248条);建筑物、构筑物或者其他设施及其搁置物、悬挂物脱落、坠落的损害责任(第1253条);堆放物倒塌、滚落或者滑落的损害责任(第1255条);公共道路物品堆放、倾倒、遗撒的损害责任(第1256条);林木折断、倾倒或者果实坠落的损害责任(第1257条);公共场所施工未设标志的损害责任(第1258条第1款);窨井等地下设施的损害责任(第1258条第2款)。

第三节　无过错责任

一、无过错责任的概念和特点

无过错责任,又称无过失责任,是指不以行为人主观过错作为承担责任的必要条件的侵权责任,即不问行为人主观上是否具有过错,只要行为人的行为造成损害,就应承担民事责任。无过错责任具有以下特征:

1. 无过错责任不以行为人主观上具有过错作为责任的成立要件。所谓"无错"并非要求行为人主观上不具有过错,而是行为人主观上可能有过错也可能没有过错,是否具有过错对责任的成立而言无关紧要。

2. 受害人在请求行为人承担侵权责任时,对加害人主观上是否具有过错不负举证责任,行为人也不得以自己不具有过错为由进行抗辩。

3. 无过错责任并非结果责任,行为人也有权依据法律规定的免责事由进行抗辩。只不过与过错责任相比,其免责事由的范围受到严格的限制。

4. 无过错责任,尤其是以危险为归责事由的无过错责任中,通常存在赔偿的最高限额。其目的在于适当限制无过失责任承担者的责任范围,以减轻其负担。

5. 无过错责任对行为人而言是一种加重责任,应由法律对其适用范围加以严格的限制。因而无过错责任只适用于法律特殊规定的场合,即法有明文规定时方可适用。

二、无过错责任的理论基础

无过错本身并不能解释无过错责任的正当性基础,无过错责任的责任基础应当诉诸法定的归责事由。关于无过错责任的理论基础,主要有以下几种观点:

(一)危险源创设说

具有危险性的特定活动将受害人暴露于特定危险之中,理应将受害人的损害归咎于创设危险源的危险活动者。但是,如果危险活动者是在符合法律规范的前提下从事相关危险活动,则已经属于法律体系内所容许的风险,甚至部分危险活动可能还具有追求公共利益的目的,倘若此时仍将所有风险转嫁给危险活动者承担,势必会加重危险活动者的负担,进而将不利于相关危险行业的发展。因此,法律对从事危险行业的主体的责任规定了最高限额,以期使危险活动者能够根据自身经济状况,合理评估预期损害与预期利益,达到救济损害与追求社会利益最大化的平衡。

(二)危险控制与风险防范能力说

面对危险活动带来的风险,能够参与风险分配的当事人无非危险活动者和潜在的受害人,但实际上能够及时采取措施防范风险的主体是危险活动者,其原因不仅在于危险活动者创设了危险源,对危险的特质具有更加真切全面的了解,还在于危险活动者具有更多防范风险的技能及知识。因此,向处于优势地位的危险活动者分配更多的风险责任是比较适当的。

(三)危险活动获利说

危险活动者为了自身利益从事危险活动,进而大幅度增加了让他人暴露于风险中的概率。于此情形,使获得更多社会资源的危险活动者承担责任,实际上是将双方的利益分配经由法律调整重新回到公平的状态。

三、无过错责任的适用

(一)无过错责任的适用范围

无过错责任只适用于部分特殊侵权行为。根据《民法典》第1166条的规定,只有在法律规定的情况下,才能适用无过错责任,这样的规定有如下的具体范围:监护人替代责任(第1188条、第1189条);用人单位替代责任(第1191条);个人提供劳务致人损害责任(第1192条第1款);产品责任(侵权责任编第四章);环境污染和生态破坏责任(侵权责任编第七章);高度危险责任(侵权责任编第八章);饲养动物损害责任(侵权责任编第九章,第1248条除外)。

(二)无过错责任的适用方法

无过错责任不考虑行为人对损害的发生是否具有过错,因此免除了受害人对行为人过错的举证责任。其具体适用规则为:第一,由受害人对侵权行为、损害事实和因果关系负举证责任;第二,被告可以根据法律规定的免责事由进行抗辩,例如主张损害是因为受害人故意或重大过失导致的,但不得以自己主观上不具有过错为由主张减轻或免除责任。

第四节 公平责任

一、公平责任的概念

公平责任,又称衡平责任,是指在当事人双方对损害的发生均无过错,法律又无特别规定适用无过错责任,让一方当事人承担损失有违公平时,根据民法公平原则,由行为人对受害人的财产损害给予适当的补偿,当事人合理分担损失的一种责任类型。《民法典》第1186条规定:"受害人和行为人对损害的发生都没有过错的,依照法律的规定由双方分担损失。"与过错责任原则针对行为人主观过错而具有的道德非难性、无过错责任针对危险而具有的分散风险性不同,公平责任旨在根据受害人的损失程度与当事人的经济负担能力来公平分配已经造成的损害,其实与侵权责任的构成无关,故不属于归责原则范畴。

二、公平责任的适用规则

在司法实践中,公平责任的适用出现了适用类型扩张化、适用条件模糊化、赔偿范围任意化、赔偿金额随意化等混乱局面,导致《侵权责任法》规定的公平责任适用泛化,几乎成为各类损害救济的兜底性条款。有鉴于此,通说认为应当严格限制公平责任的适用范围,该观点被立法者采纳。根据《民法典》第1186条的规定,公平责任的适用必须有法律的明文规定。这种立法上的重大变化,必然要求司法裁判立场的转变,在双方当事人对损害均无过错,又不属于适用无过错责任的场合,法官不得基于"现实因素"的考量任意适用公平责任。

在公平责任中,关于分担数额,法律有规定的,依照法律规定的标准确定;法律没有规定的,由法官根据实际情况加以确定。对于后者,法官应考虑的基本因素是受害人的损害事实和双方当事人的经济状况。

三、公平责任的适用范围

(一)因自然原因引起的危险,紧急避险人的责任

紧急避险通常涉及多方当事人,在不同情形下,责任承担者应依据不同的理由承担相应的赔偿责任。若危险是由自然原因引起的,该损失就只能由受害人自行承担。若紧急避险人因避险而受益,而受害人又不存在过错,却让受害人承担全部损失,这显然有失公平。于此情形下,紧急避险人应给予受害人适当补偿。

(二)见义勇为时受益人的责任

因保护他人民事权益使自己受到损害的,由侵权人承担民事责任,受益人可以给予适当补偿。没有侵权人、侵权人逃逸或者无力承担民事责任,受害人请求补偿的,受益人应当给予适当补偿。

(三)完全民事行为能力人陷入无意识状态造成他人损害且没有过错时的责任

完全民事行为能力人因自己的行为暂时没有意识或者失去控制造成他人损害的,适用一般过错责任原则。于此情形下,如果行为人对自己的行为暂时没有意识或者失去控制没有过错,依过错责任原则,其对因此给他人造成的损害,不承担侵权责任。但是若受害人也是无过错的,而行为人又有较受害人更好的经济条件,却由受害人自己承担无辜的损失,同样有违公平原则。因此,须根据行为人的经济状况对受害人予以适当补偿。

(四)从建筑物中抛掷物品或者从建筑物上坠落的物品造成他人损害的责任

从建筑物中抛掷物品或者从建筑物上坠落的物品造成他人损害的,应由造成损害的侵权人承担责任。若难以确定具体的侵权人,由受害人自行承担损害后果有失公平。我国法律规定,此时应由可能加害的建筑物使用人给予受害人补偿。

第三章 侵权责任的构成要件

第一节 侵权责任构成要件概述

侵权责任的构成要件，是指因行为人的行为或其他原因致使他人民事权益遭受损害，依照法律应当承担侵权责任所必须具备的法定条件。只有符合法定条件，行为人才具备对他人承担侵权责任的基础。我国侵权法在体系上将侵权责任分为一般侵权责任和特殊侵权责任，前者以行为人过错作为归责原则，后者以危险、公平等作为具体归责事由，并在此类型化的基础上设置不同的构成要件。

一、一般侵权责任的构成要件

关于一般侵权责任的成立要件，由于对过错和不法之间关系认识的不同，存在不同的立法例。大陆法系主要有两种立法模式：法国民法采取损害事实、因果关系和过错三要件说。德国民法采取行为的违法性、损害事实、因果关系和过错四要件说。究其原因，法国法系基于理性的自然法观念，将过错作为赔偿责任的基础，只要行为人侵害他人民事权益具有过错，就意味着该行为违反了注意义务，从而将违法性包含于过错之中。德国法则认为从过错要件中并不能必然推导出该行为是否具有违法性，行为的违法性应根据行为本身的性质加以判断。

我国一般侵权责任的构成要件采三要件说还是四要件说，素有争议。有的学者主张四要件说，认为违法的行为不一定是有过错的行为，过错要件并不能包含不法要件。[1] 有的学者认为从现行立法来看，侵权责任法在过错责任中采纳了三要件说，将违法性要件排除在外，以过错的概念吸收了违法性的概念。[2] 实际上，《民法典》侵权责任编并未规定违法性要件，之所以学说及实务之前均以四要件为通说，主要是顾及

---

[1] 参见张新宝：《侵权责任法》（第四版），中国人民大学出版社2016年版，第25页；杨立新：《〈中华人民共和国侵权责任法〉条文解释与司法适用》，人民法院出版社2010年版，第28页及以下；周友军：《侵权法学》，中国人民大学出版社2011年版，第100页及以下；程啸：《侵权责任法教程》（第三版），中国人民大学出版社2017年版，第91页及以下；马俊驹、余延满：《民法原论》（第四版），法律出版社2010年版，第1002页。

[2] 参见王利明：《我国〈侵权责任法〉采纳了违法性要件吗？》，载《中外法学》2012年第1期；龚赛红：《关于过错与违法性的再探讨——兼论医疗损害侵权责任的构成要件》，载《北京化工大学学报（社会科学版）》2002年第1期。

侵权法解释适用的精准性而借鉴德国法的结果。本书赞同三要件说,理由如下:

首先,我国没有违法性与过错相区分的实证法基础。关于一般侵权责任的构成要件见于《民法典》第1165条第1款,该条规定:"行为人因过错侵害他人民事权益造成损害的,应当承担侵权责任。"这是典型的三要件的立法模式,并未提及违法性要件。

其次,我国不存在侵权责任泛化的立法困境。我国虽然借鉴法国三要件的立法模式,但仍然与法国法存在明显不同。根据《民法典》第1165条第1款的规定,加害行为的直接后果不是损害,而是民事权益遭受侵害,损害是民事权益遭受侵害的直接后果,这不同于《法国民法典》第1382条中"行为—损害"的结构。我国侵权法通过"侵害民事权益"这一特殊要求,起到限制侵权责任范围的功能。

最后,随着过错客观化的发展,已无区分过错和违法性的必要。所谓过错客观化,指对违反义务的判断不再以行为人的主观标准,而以社会一般善良人的标准加以判断。在法国,过错是指在客观上为社会所无法接受的行为,已经不再是主观及道德上的可非难性。[①] 过错的概念已经包括了违法性的判断。德国法虽然区分违法性与过错为不同的构成要件,但对违法性判断采取行为不法说后,违法性系指行为人违反法规范上的客观注意义务,实际上与客观化的过错概念难以区分。我国实证法上本就未提及违法性要件,加之对过错的判断亦采取客观化的标准,更无将违法性作为独立构成要件的必要。

二、特殊侵权责任的构成要件

特殊侵权责任,系指不以行为人过错为归责原则,而是以危险、公平等具体事由进行归责而产生的责任类型。其中,以危险作为具体归责事由的是无过错责任,以公平作为具体归责事由的是公平责任,二者均不以行为人过错为必要,因此在构成要件上仅包括损害事实和因果关系。

第二节 民事权益侵害与损害

一、加害行为

(一)加害行为的概念和特征

加害行为,是指民事主体在其意志支配下所实施的侵害他人民事权益的行为。加害行为具有以下特征:

1. 加害行为是事实行为。事实行为与法律行为的根本区别在于,前者的法律效

---

① 参见陈聪富:《侵权行为法原理》,台湾元照出版公司2018年版,第258页。

果根据法律的直接规定产生,后者的法律效果依据当事人的意思表示产生。加害行为属于事实行为,《民法典》总则编中关于法律行为的规则对其不能适用。

2. 加害行为是侵害他人民事权益的行为。作为侵权法规制对象的加害行为必须是对他人民事权益造成侵害的行为,没有对他人民事权益造成侵害的行为,不属于侵权责任法的调整范围。

3. 加害行为是在人的自主意识支配下实施的行为。一方面,加害行为应与单纯的思想活动相区别;另一方面,加害行为须在人的自主意识支配下实施。不受人的意识所支配的行为,不具有可归责性。但是,行为人故意使自己陷入意识不清状态从而侵害他人民事权益的除外。

(二) 加害行为的类型

根据加害行为的表现形态的差异,可以将其分为作为与不作为两类。

1. 作为与不作为的区分

作为,是指行为人表现于外的积极身体动作。大多数的侵权责任都是由积极为引起的,例如伤害他人人身、诋毁他人名誉、毁损他人财物等。不作为,是指行为人没有任何积极作为,即行为人消极地不实施某种行为。例如见他人落水呼救而无动于衷、面对他人求助而不予理睬等。

因积极作为损害他人民事权益,得成立侵权责任。因不作为损害他人民事权益,原则上不成立侵权责任。其原因有二:第一,现代民法奉行意思自治原则,若不作为也得成立侵权责任,那么将毫无行为自由可言;第二,不作为导致损害的案件中因果关系的判断较为困难,例如见孩童落水而无人施救,若旁观者众多,究竟谁的不作为与损害事实有因果关系,实难判断。因此,不作为构成侵权必须要有坚实的理论支持。随着道德对法律的渗透以及道德标准的提高,各国立法普遍认为在例外情形下,不作为可以成立侵权责任,不作为侵权的成立以违反某种法定作为义务为前提。

2. 不作为与作为义务的违反

不作为表现为没有外在的积极行为,因而只在一些特殊情况下才可被诉请承担侵权责任,这种特殊的情形就是作为义务的来源。作为义务的来源主要有以下几种:

(1) 基于法律规定担负的义务,即由法律的强行性规范、禁止性规范明文规定的作为义务。例如由于产品质量不合格未采取相应措施、在公共场所施工未设安全措施、对饲养的动物管理不善等原因所导致的侵权责任,均是违反法定作为义务产生的责任。

(2) 基于合同担负的义务。当事人约定了特定的作为义务,对此作为义务的违反可以产生侵权责任。例如运输公司未尽到保护乘客安全的义务以致乘客受伤。在这样的场合,订立合同的目的不但无法实现,而且还会导致自己遭受侵害,此时产生违约责任和侵权责任的竞合,当事人可以选择其一进行救济。

(3) 基于先行行为担负的义务。先行行为是指由行为人先期已经实施的,使某种由法律保护的合法权益处于遭受严重损害的危险状态的行为。在这样的场合,行为人负有采取有效措施排除危险或防止危害结果发生的特定作为义务。

(4)基于职业或业务担负的义务。如果从事特定业务活动的人在其职业或业务活动中,违反了特定职业、业务所要求的特定操作惯例,也就违反了注意义务。

二、民事权益被侵害

《民法典》第1165条第1款在描述一般侵权责任时强调"侵害他人民事权益造成损害",这表明并非行为人造成的所有损害都可以获得赔偿,只有侵害他人享有的、受法律保护的民事权益而产生的损害才能获得侵权法的救济。

民事权益受侵害与损害是两个不同的概念。大多数情况下,民事权益受侵害即造成损害,例如驾车将他人撞伤的行为,既侵害了该行人的生命权,也造成了损害。有的行为虽然侵害了他人的民事权益,却不会因此产生损害。例如在他人门口堆放杂物、堵塞通道的行为,虽然侵害了他人房屋的所有权,但并没有造成实际损害,仅构成妨害。但若在他人经营场所的门口堆放杂物、堵塞通道致使其无法营业,则不仅侵害了他人房屋的所有权,还造成了经济上的损失。民事权益被侵害与损害的明确区分,是准确适用各种侵权责任承担方式的前提。

三、损害

(一)损害的概念和特征

损害,是指受害人所遭受的某种不利后果,包括财产损害和非财产损害,非财产损害又包括人身损害和精神损害。这种消极影响通常表现为财产的减少、利益的丧失、名誉的毁损、精神痛苦等。侵权责任法中的损害,具有以下特征:

1. 损害是民事权益遭受侵害的后果。民事权益遭受侵害,是权利人获得法律救济的前提条件。倘若没有侵害他人民事权益,即使他人受到不利影响,也不能认定为法律意义上的损害。例如,商家因同行正当竞争导致部分顾客流失,营业收入减少,即不属于侵权法上的损害。

2. 损害具有确定性。所谓的确定性是指损害是真实发生的而非主观臆测的,这与财产损害可以确定具体数额是两个不同的概念。非财产损害不可以用金钱加以衡量,但是其一经发生,损害就真实客观地存在。

3. 损害具有可救济性。可救济性有两层含义:其一,损害须达到一定严重程度,具备进行救济的必要性。对于轻微损害,原则上应自行承受,无须诉诸法律救济。其二,损害须可以通过某种方法进行补救,无法补救的不利益(如某些机会的丧失)不属于损害范畴。但并不是说所有的损害都可以用金钱计量,精神损害即为适例。

(二) 损害的分类

1. 财产性损害和非财产性损害

依据损害是否可以通过金钱加以衡量,可以将损害分为财产性损害和非财产性损害。

财产性损害,是指具有财产价值、能够通过金钱加以衡量的损害;非财产性损害,是指人的精神痛苦、身体痛苦等不具有财产价值、难以用金钱加以衡量的损害。

区分财产性损害和非财产性损害的意义在于:(1) 赔偿原则不同。财产性损害贯彻完全赔偿原则,使受害人的财产状况恢复到未受侵害时的状态;而非财产性损害则不能用金钱加以衡量,不适用完全赔偿原则,赔偿额度只能依据法律的规定加以计算。(2) 承担侵权责任的形式不同。我国侵权责任法规定了多种责任承担的方式,财产性损害一般使用损害赔偿的方式,而非财产性损害还可以使用其他方式,例如名誉受损可以使用恢复名誉的方式。(3) 计算方式不同。财产性损害按照损失发生时的市场价格或者其他合理方式计算;而非财产性损害具有较强的主观性,其计算也只能采用主观的方法。

2. 所受损害和所失利益

财产性损害可以进一步区分为所受损害和所失利益。

所受损害,是指侵权行为致使受害人既有财产的积极减少;所失利益,是指侵权行为妨害受害人新财产的取得。① 所谓"妨害受害人新财产的取得"是指受害人在侵权行为发生时尚未取得,但倘若侵权行为未发生,受害人预期可以取得的财产利益。例如甲违反交通规则撞上乙驾驶的出租车,导致乙身体受伤,支出医药费若干元,出租车维修费用若干元,无法工作损失营业收入若干元。其中医药费和维修费属于既有财产的积极减少,为所受损害;而无法工作导致的营业收入的减少属于妨碍新财产的取得,为所失利益。

区分所受损害和所失利益的意义在于:(1) 因果关系的认定存在差异。在所受损害的场合,侵权行为与损害之间的因果关系较为明确;而在所失利益的场合,二者之间的因果关系并不十分明朗,需要谨慎认定。(2) 确定性程度不同。所受损害是既存利益的减少,范围确定;而所失利益是妨碍新财产的取得,"新财产"是将来预期可以取得的财产,因其尚未实际取得,具有不确定性。

3. 直接损害与间接损害

根据因果关系的远近,可以将损害分为直接损害与间接损害。

直接损害,是指侵权行为对民事权益本身所造成的损害;间接损害,指因受害人民事权益遭受侵害而衍生出的其他损害。例如前例交通事故案,医药费系人身权受侵害所产生的损害,为直接损害;维修费系车辆所有权受侵害产生的损害,为直接损

---

① 参见王泽鉴:《损害赔偿》,北京大学出版社2017年版,第70页。

害;而营业收入的损失系因身体遭受侵害后无法营业产生的损害,为间接损害。

区分直接损害和间接损害的意义在于:(1)因果关系的远近程度不同。直接损害涉及的是侵权责任成立的因果关系,而间接损害涉及的是侵权责任范围的因果关系。前者系侵权行为直接导致民事权益遭受损害,而后者系民事权益遭受损害后衍生出来的新的损害。(2)是否考虑假设因果关系不同。在直接损害中,因其已经实际地造成损害事实,一般不考虑假设因果关系。而对间接损害的赔偿,应斟酌假设因果关系进行综合评价。例如甲损毁乙经营的小吃店,但即便没有甲的侵权行为,该小吃店也必然因为两周后发生的强地震而毁损。小吃店本身所遭受的损害为直接损害,应予以赔偿。因小吃店毁损不能营业的收入损失,为间接损害,需要斟酌两周后发生强烈地震这一情形加以综合衡量,原则上强地震发生后的营业损失不予赔偿。

第三节 因 果 关 系

一、因果关系的概念和特征

因果关系,是指侵权行为与损害结果之间的引起与被引起的关系。侵权责任法上的因果关系具有以下特征:

1. 因果关系具有客观性。原因和结果客观地存在于自然界和人类社会中,是独立于人的意志之外、不以人的意志为转移的客观现象。

2. 因果关系具有规范性。侵权法上因果关系的目的在于解释与归责,重点在寻求归责的可能性,受到人的主观价值的影响,具有立法政策上的考量。

3. 因果关系具有时间性与相对性。时间性是指在一个具体的因果关系中,原因在前结果在后。相对性是指在事物发展的因果长链中,一种现象在这个具体的因果关系中是原因,但是在另一个具体的因果关系中可能是结果。研究侵权法上的因果关系只是截取因果链条中的相对片段,研究特定现象之间的因果关系。

4. 因果关系具有多样性。原因和结果的关系错综复杂,有一因多果、同因异果、多因一果、异因同果、多因多果、复合因果等多种表现形式。因此,在损害事实是由包括行为人的行为等多种原因综合导致的场合,就需要根据具体行为的原因力的表现,正确界定行为人的行为对损害事实的发生所起的作用。

二、责任成立的因果关系与责任范围的因果关系

责任成立的因果关系,是指侵权行为与民事权益受侵害之间的因果关系;责任范围的因果关系,是指民事权益受侵害与损害事实之间的因果关系。二者涉及不同的考量因素,前者考量的是侵权行为与民事权益受侵害之间引起与被引起的关系,后者考量的是民事权益受侵害本身与损害等具体的不利后果之间引起与被引起的关系。

责任成立的因果关系决定着侵权责任的成立与否,责任范围的因果关系决定着责任成立后责任的形式以及责任大小的问题。例如,冒用他人姓名上大学的行为,与受害人的姓名权被侵害之间,存在的因果关系属于责任成立的因果关系,决定着责任成立与否。而姓名权受侵害与姓名权被侵害后产生的各种损失,例如失去上学机会、无法办理毕业证、不能被用人单位录用等,则属于责任范围的因果关系,决定着责任承担的形式和责任范围的大小。

三、因果关系的判断

关于因果关系的判断,法律无明文规定,学者之间有不同观点。

(一) 条件说

条件说,又称为等值说,该学说认为凡属于结果发生的条件都是原因,凡是原因对结果的发生都具有相同的效力。条件关系采用"若无,则不"的方法进行检验判断。若得出"无此行为,则不生此损害"的结论,就足以认定该行为是损害发生的必要条件,行为和损害事实之间存在条件关系。反之,若得出"无此行为,则损害也必然发生"的结论,就不能够认定存在条件关系。

条件说的功能在于排除与损害事实完全没有关系的事实,起到过滤器的作用,具有一定的价值,但该理论也存在缺陷。一方面,混淆了原因和条件。将条件等同于原因,必然会不当扩大侵权责任的适用范围。另一方面,凡是原因对结果都具有相同的效力,在以原因力作为侵权责任基础的情形中,不利于确定侵权人的赔偿数额。

(二) 相当因果关系说

相当因果关系说,是指按照社会一般观念,若行为通常会导致损害发生,就认为行为与损害之间具有因果关系;若通常不会导致损害发生,则认为行为和损害之间缺乏相当性,不具有因果关系。

相当因果关系的判断分为两个阶段:一是条件关系的判断,二是相当性的判断。将条件关系和相当性结合起来判断就是:无此行为,必不生此种损害;有此行为,通常足生此种损害者,是为有因果关系。在相当因果关系中,比较有争议的问题是:应当以何时何人的标准来判断该行为是否增加了损害发生的盖然性。通说认为均应采客观的标准进行判断,即以行为人的行为所造成的客观存在的事实为观察的基础,并就此客观存在的事实,依照社会一般人的观念判断,若行为通常均会引发与此客观事实同样的损害事实,就与结果具有相当性。

相当因果关系说能够合理限制侵权责任的范围,不至于使其牵涉过广,因此一经提出便受到重视,渐成通说。但相当性的判断在实践中缺乏确定性,留给法官较大的自由裁量空间。

(三) 法规目的说

德国法上关于因果关系的判断,原采相当因果关系说,后来基于相当因果关系说难以合理界定损害赔偿范围,而发展出法规目的说。法规目的说,是指侵权责任的成立与否应探究侵权责任规范的目的加以认定。换言之,被害人须为该法规所欲保护的当事人,其所遭受的损害种类与损害发生方式也是该法规所欲保护的损害种类与损害发生方式,否则行为人不承担侵权责任。关于法规目的说的运用,德国法上著有判例:被告为加油站,其员工在深夜出售汽油给持有塑料牛奶瓶的加害人,该加害人以该汽油焚烧原告的房屋。原告主张,塑料牛奶瓶并非法律所许可的汽油容器,被告员工违反法令,使得加害人获得汽油,以致原告房屋被焚毁,故被告须对此承担侵权责任。但法院判决认为,法律禁止塑料瓶作为汽油容器,目的在于避免汽油泄露,以保证汽油运送与储存的安全,与防止行为主体损害他人民事权益无关,故被告虽然违反法令,但与原告之损害并无因果关系,因而无须承担侵权责任。[1]

本书认为,在因果关系的认定上,"条件说"实不足采,而"相当因果关系说"和"法规目的说"均有其合理之处。一般情形下判断行为和损害之间具有相当因果关系即可归责,特殊情形下还需要进一步探索该种损害是否属于规范目的所涵盖的范围之内,倘若受到侵害的民事权益不为该特定规范所保护,即便行为和损害之间具有相当因果关系,也不能将损害归责于行为人。[2]

四、复数因果关系

现实中常常出现多个原因与结果相关联的情形,即产生所谓的"复数因果关系"。通常可以将复数因果关系分为聚合因果关系、共同因果关系、择一因果关系和假设因果关系。

(一)聚合因果关系

聚合因果关系,也称"竞合的因果关系",是指多个行为导致损害的产生,即使不考虑其他行为,其中任何一个行为也都能够造成全部损害。聚合因果关系具有两个显著特征:第一,数个行为或事实同时导致损害。所谓的"同时",是指损害产生时间的同一,而非行为发生时间的同一;第二,数个行为均足以造成全部损害。例如:甲、乙二人分别向丙的水杯中投毒,其分量均足以致死,乙喝水后中毒死亡。在聚合因果关系中,数行为均与损害具有因果关系,行为人应承担连带责任。

(二)共同因果关系

共同因果关系,是指每一行为均不足以导致部分或全部损害,数个行为结合共同导致了损害。共同因果关系具有两个显著特征:第一,数个行为均不足以单独造成损害,即如果不是有其他行为的加入,根本就不会产生损害或不会产生全部损害;第二,数个行为结合共同造成了同一损害,即造成了不可分的损害。若该损害可以进行分

---

[1] 参见陈聪富:《侵权行为法原理》,台湾元照出版公司2018年版,第382页。
[2] 参见王泽鉴:《损害赔偿》,北京大学出版社2017年版,第100页。

割,则无适用共同因果关系加以判断的必要。例如:甲、乙二人分别向丙的水杯中投毒,其分量均不足以致死,但二人投毒的分量结合后足以致死,乙喝水后中毒死亡。甲、乙二人的行为结合共同促成损害结果的产生,适用《民法典》第1172条,能够分清甲、乙各自投毒剂量的,按各自的份额承担侵权责任;不能分清的,平均承担侵权责任。

(三)择一因果关系

择一因果关系,也称替代因果关系,是指数个行为中部分行为导致了损害,但无法确定究竟哪个或哪些行为才是导致损害的原因。此时,所有行为人承担连带责任。择一因果关系具有以下三个主要特征:第一,损害发生时存在数个行为;第二,数个行为中的部分行为导致了损害;第三,无法确定具体导致损害结果发生的原因。择一因果关系本质上并非因果关系的问题,之所以在不能确定具体侵权人时,令行为人承担连带责任,是出于举证责任方面的考量。例如甲、乙、丙三人向河对岸投石取乐,其中的一块石子导致丁头部受伤,但无法查明究竟是何人的行为导致损害。在此情形,应认定甲、乙、丙三人承担连带责任。但依《民法典》第1170条的规定,行为人可以通过举证证明具体侵权人而使自己免责。

(四)假设因果关系

假设因果关系,是指加害人的行为已经导致损害,但是即便没有该行为,该损害也会因为之后的原因而发生。在假设因果关系中,对于损害的产生存在两个原因:第一个是现实地发生并导致损害事实的真实原因,第二个是如果发生将会导致同一损害的假设原因。通说认为,真实原因与损害事实之间具有因果关系,而假设原因在损害产生时并未真实发生,与损害之间不存在因果关系。

假设因果关系虽与侵权责任成立的因果关系无关,但与损害赔偿的范围存在关联,法官可以基于政策性考量,将假设因果关系作为减轻侵权人责任的事由。[①] 例如,行为人纵火烧毁甲之房屋,不久该地发生强烈地震,导致周围房屋几乎全部毁损。房屋被烧毁属于直接损害,房屋被毁损后的用益属于间接损害。行为人对直接损害承担侵权责任,不需要考虑假设因果关系,而间接损害则需要考虑假设因果关系,原则上行为人须对纵火毁损房屋之后强地震发生之前的房屋用益损失进行赔偿,对强地震发生之后的房屋用益损失不予赔偿。

五、不作为侵权的因果关系

不作为侵权的因果关系采相当因果关系说,先判断条件关系,再判断相当性。条件关系同样采用"若无,则不"法则,但在具体适用上与作为侵权存在差异,作为侵权是抽去违法的作为,即所谓"剔除说",而不作为侵权则是添加缺失的作为,即所谓"替代说"。若行为人履行了作为义务,民事权益就不会受侵害,那么行为和权益受侵害

---

① 参见程啸:《侵权法教程》(第三版),中国人民大学出版社2017年版,第106页。

之间即存在因果关系。

通说认为,在不作为侵权致人损害的场合,仅需要证明行为人对受害人负有作为义务,以及该义务的不履行与损害的发生之间存在高度的盖然性即可。但实际上这种高度盖然性也很难证明。虽然作为侵权的因果关系判断也是一种基于可能性的判断,但一般而言,在避免损害发生的可能性上,作为侵权相比于不作为侵权要更容易确定。因为作为和不作为是两种不同的行为状态,对于已发生的事实,判断其没有发生时所出现的可能性,要比判定没有发生的事实在其发生时所出现的可能性的确定性更高。因此,不作为侵权因果关系的认定更为复杂。

第四节 过 错

一、过错的概念和性质

过错,是指侵权行为人主观上具备的可责难性,系对行为人通过其违法行为所表现出来的主观状态的法律评价。倘若行为人主观上不具备可非难性,就不存在将客观损害事实归责于行为人的基础。

关于过错的性质,较为流行的学说有两种,即主观说与客观说。主观说建立在个人意志自由的基础之上,认为过错在本质上是行为人在实施侵权行为时所具有的、应受非难的主观心理状况;客观说认为过错的本质并非在于行为人所具有的应受非难的心理状态,而在于其行为本身所具有的违法性,当行为违反了某种法定的标准时即具有过错。

本书认为,过错的本质是行为人在实施侵权行为时具有的一种应受非难的主观意志状态,但在判断标准上是主观和客观的辩证统一。只有经由行为人外在违法行为表现出来的可责难的心理状态才能称之为过错。一方面,过错由人的主观心理状态决定,行为人的心理状态不同,过错就呈现出内容上的差异,行为必须在过错的心理状态下作出才具有可责难性;另一方面,行为人的心理状态须经一定的外在行为表示后才具有观察的客观基础,仅存在于内心的心理状态不可能成为侵权法所规制的对象。

二、过错的形式

根据行为人对其行为后果的意识状态的差异,可以将过错分为故意和过失。

(一)故意

故意可分为直接故意与间接故意。前者是指行为人已经预见到自己的行为会产生损害他人民事权益的结果,仍然积极追求该结果的产生;后者是指行为人已经预见到自己的行为可能会产生损害他人民事权益的结果,但放任该结果的产生。

直接故意与间接故意区别在于：在认识因素上，前者是行为人明知自己的行为必然会产生损害他人民事权益的结果，后者是行为人明知自己的行为可能会产生损害他人民事权益的结果，即认识到行为与损害的发生只是具有或然性；在意志因素上，前者是行为人希望这种结果的产生，即积极行为促成损害事实的产生，后者是行为人放任结果的发生，即对阻碍损害结果发生的障碍不加以排除，也不采取措施阻止损害事实的产生，而是听之任之。应当指出的是，与刑法不同，直接故意和间接故意在侵权法上的法律后果相同，因此区分二者的意义甚微。

(二) 过失

依据内容上的差异，可以将过失分为疏忽的过失和轻信的过失。前者是指行为人对其行为所导致的损害事实应当预见而没有预见；后者是指行为人已经预见其行为将导致损害事实，但轻信可以避免。

1. 疏忽的过失

行为人应当预见到自己的行为可能会导致损害事实的发生，却因为疏忽大意没有预见。预见义务，或称注意义务，可能来源于法律的规定，或者职务、业务的要求，或者是公共生活的准则。在意志因素上，行为人当然不希望损害事实发生，但是与轻信过失不同的是，行为人并没有采取相应的措施来阻碍损害的发生。

2. 轻信的过失

行为人已经预见到自己的行为可能会导致损害他人民事权益的结果，却轻信能够避免。倘若行为人于行为时没有预见到自己的行为可能会导致损害事实，则属于疏忽的过失或者意外事件；倘若行为人预见到自己的行为必然会导致损害事实，则属于故意的范畴。在意志因素上，行为人之所以继续实施侵权行为，是因为其轻信能够避免损害的发生。所谓"轻信"，指行为人过高地估计了可以避免损害事实发生的有利条件，而过分地低估了行为导致损害发生的可能性程度。

三、过错的判断标准

(一) 故意的判断标准

故意是一种典型的可归责的心理状态，在侵权责任法领域，故意表现为行为人对他人民事权益主动、积极的侵害。对故意的判断应聚焦于行为人自身是否"明知"损害后果的发生，是否积极追求或者放任损害的发生。

(二) 过失的判断标准

1. 主观标准与客观标准的争论

在侵权责任法理论上，过失的判断应采主观标准还是客观标准，存在争议。主观过失标准说认为，过失系对行为人主观上的非难，是对行为人自身的无价值判断，因此应该采取主观的判断标准，即针对行为人这一具体的行为实施主体进行个案判断。客观过失标准说认为，过失判断的标准是客观的，应当依据行为人所从事的职业、所属的年龄阶段、所处的地点等确定其所处的阶层,并以该阶层中一般人的能力来认定行为人的过失。过失的认定并不取决于具体行为人的个人能力和实际情况,而是取决于行为人所属阶层中一般人所具有的能力和情况。

2. 过失客观化

过失客观化,是指以一个正常理性人应有的注意程度判断行为人是否尽到了注意义务。从比较法上看,世界各国基本都采取了客观的过失标准。在英美法上,过失的认定采用"合理人标准",即客观标准。而在大陆法系,法国采取"善良家父标准",德国采取"善良管理人标准",均为客观标准。由此可见,客观过失标准说是各国侵权责任法发展的共同趋势。这一立场可值赞同。原因在于,现代社会民法多关注社会交往中的安全与信赖,这就要求注意义务的客观化。例如,在道路交通领域,某人只要取得机动车驾驶证,就负担着一般化的行车注意义务,不能以其驾驶年限较短、技术尚不熟练为由主张降低自己的注意义务。

我国通常将过失分为一般过失和重大过失,有时法律基于某些考虑对一些人设置了较高的注意义务,当行为人违反这种较高的注意义务,没有违反一般人的注意义务时,为一般过失。当行为人未尽到一般人的注意义务时,为重大过失。

3. 汉德公式

近年来经济学中成本与收益的分析模式逐渐受法学研究者的重视,在具体的利益衡量中借助法的经济学分析来判断过失之有无。根据著名的汉德公式,如果被告预防损失的成本要低于给他人造成损失的成本,此时被告就有义务采取预防措施;如果没有采取预防措施导致损害的发生,被告就具有过失。如果用 P 表示概率、用 L 表示损害、用 B 表示预防的成本,过失责任就取决于 B 是否小于 P 乘以 L。汉德公式将过错的判断分解为预防成本、预期损害与损害发生概率三个因素,看似与传统观点相偏离,实则异曲同工。

第四章　数人侵权的侵权责任

第一节　共同加害行为

一、共同加害行为概述

共同加害行为，也称"狭义的共同侵权行为"，是指数人共同不法侵害他人民事权益造成损害的情形。《民法典》第1168条规定："二人以上共同实施侵权行为，造成他人损害的，应当承担连带责任。"其中的"共同"究系何意，学界存在不同的看法。主观说认为，共同实施侵权行为应当理解为共同故意实施，即二人以上的行为人彼此间存在意思联络，共同故意实施侵权行为造成他人损害。① 据此，"共同"仅指共同故意。客观说认为，共同实施侵权行为的数人间不须有意思联络，只要数人的行为在客观上发生同一损害结果，就成立共同加害行为。据此，"共同"的含义包括共同故意、共同过失以及故意与过失的结合行为。② 上述学说争议的焦点，在于是否承认共同过失的存在。

本书认为，对"共同"的理解应采主观说，理由如下：一方面，承认共同过失不符合个人责任原则。③ 个人责任原则，是指个人仅就自己行为造成的损害承担责任，就他人行为所造成的损害，不承担责任。《民法典》第1168条的表述是"共同实施侵权行为""造成他人损害"，也即共同加害行为只要造成他人损害，不管是造成同一损害还是造成不同损害，数人均应承担连带责任。而在共同侵权行为造成不同损害的场合，若令具有共同过失的数人承担连带责任，即是为他人的行为负责，不符合侵权法的基本原理。另一方面，承认共同过失不符合侵权责任编的体系解释原理。《民法典》第1171条和第1172条的表述是"分别实施侵权行为""造成同一损害"。对比《民法典》第1168条不难看出，侵权责任编已经对共同故意和共同过失作了更为科学细致的区分，第1171条和1172条就是对存在客观关联的数人侵权进行规制④，已将共同过失

---

① 参见程啸：《论〈侵权责任法〉第八条中"共同实施"的涵义》，载《清华法学》2010年第2期。
② 参见全国人大法工委民法室：《〈中华人民共和国侵权责任法〉条文解释与立法背景》，人民法院出版社2010年版，第46页；曹险峰：《数人侵权的体系构成——对侵权责任法第8条至第12条的解释》，载《法学研究》2011年第5期。
③ 参见周友军：《侵权法学》，中国人民大学出版社2011年版，第184页。
④ 参见程啸：《侵权责任法》（第二版），法律出版社2015年版，第347—348页。

纳入该规制范围。在此立法安排下,就不应再将共同过失解释进共同加害行为的涵射范围,否则会造成法律适用上的混乱。

二、共同加害行为的构成要件

(一) 客观构成要件

1. 加害主体为二人以上

顾名思义,共同加害行为的行为主体须为二人以上。否则,只能成立单独侵权行为。共同加害人可以是自然人,也可以是法人或非法人组织。因我国并未建立民事责任能力制度,故共同加害人是否为完全民事行为能力人,应在所不问。

2. 每一个加害人的行为都符合侵权责任的客观构成要件

共同侵权行为是单独侵权行为的扩张,只有在每一个加害人的行为均符合一般侵权的客观构成要件时,始能成立共同加害行为。首先,共同加害行为中的每一个加害人均实施了加害行为。该加害行为可以是作为,也可以是不作为。其次,共同加害行为侵害他人的民事权益,造成损害。需要注意的是,共同加害行为中存在数人的数个行为,并不要求这些行为产生同一损害。在产生不同损害的场合,因为行为人之间存在共同意志,这些损害当然应归由共同加害人承担。最后,每一个加害人的加害行为均与受害人的民事权益受侵害存在因果关系。但对于共同加害行为,受害人不必单独证明每个加害人的行为都与损害之间存在因果关系,只需要证明共同行为与损害之间存在因果关系即可。

(二) 主观构成要件

共同实施加害行为的数人之间存在共同故意。所谓共同故意,是指二人以上明知且意欲协力导致损害结果发生的心理状态。[①] 数个行为人在实施加害行为的过程中存在主观上的联络,具有共同追求的目标,并且在客观上为了达到此目的而为共同行为。

三、共同加害行为的责任承担

根据《民法典》第1168条的规定,共同加害行为的加害人对他人损害应当承担连带责任。这意味着,在对外的责任承担上,共同加害人承担连带责任,赔偿权利人享有自由选择权,有权要求任何一个赔偿义务人承担全部赔偿责任,也有权要求赔偿义务人中的一人或多人承担部分的赔偿责任,赔偿义务人不得拒绝。在对内的责任承担上,各赔偿义务人之间依然贯彻个人责任原则,依照其过错以及原因力的大小承担相应的责任。任何一个赔偿义务人在承担责任后,可就超过其责任份额的部分向其他赔偿义务人追偿。根据《人身损害赔偿解释》第2条的规定,赔偿权利人起诉部分

[①] 参见程啸:《侵权责任法教程》(第三版),中国人民大学出版社2017年版,第136页。

共同侵权人的,人民法院应当追加其他共同侵权人作为共同被告。赔偿权利人在诉讼中放弃对部分共同侵权人的诉讼请求的,其他共同侵权人对被放弃诉讼请求的被告应当承担的赔偿份额不承担连带责任。责任范围难以确定的,推定各共同侵权人承担同等责任。人民法院应当将放弃诉讼请求的法律后果告知赔偿权利人,并将放弃诉讼请求的情况在法律文书中叙明。

第二节　共同危险行为

一、共同危险行为的概念

共同危险行为,又称"准共同侵权行为",是指二人以上实施危及他人人身安全或财产安全的危险行为,仅其中的一人或数人的行为实质上造成他人的损害,但又无法确定实际侵害人的情形。《民法典》第1170条规定:"二人以上实施危及他人人身、财产安全的行为,其中一人或者数人的行为造成他人损害,能够确定具体侵权人的,由侵权人承担责任;不能确定具体侵权人的,行为人承担连带责任。"例如,几个厨师在酒店厨房里吸烟且随地扔烟头,其后引致酒店着火,但却无法确定是由何人所扔烟头导致的火灾,这几个厨师扔烟头的行为就是共同危险行为。

共同危险行为与共同加害行为虽然在侵权行为人数上都是二人以上,但二者仍然存在区别。首先,共同危险行为的损害结果是共同危险行为人中的一人所造成的,而共同加害行为的损害结果是由所有行为人共同造成的。其次,共同危险行为中,行为和损害结果的因果关系不能确定,而共同加害行为中行为和损害结果的因果关系是可以确定的。再次,共同危险行为中,各行为人的行为在时间和地点上要求一致,而共同加害行为的时间和地点则没有此要求。[①] 最后,共同危险行为无法确定实际造成损害的行为人,而共同加害行为中,造成损害的行为人是确定的。

二、共同危险行为的构成要件

在共同危险行为中,各行为人对损害结果的发生并不存在意思联络(否则构成共同加害行为),故其构成要件主要指客观要件。

(一) 存在数个共同危险行为人

共同危险行为中必定存在数个参与实施危险行为的主体,即存在数个共同危险行为人(二人以上)。共同危险行为人可以是自然人,也可以是法人或非法人组织。需要指出的是,共同危险行为中虽然存在数个行为人,但是因为共同危险行为中存在的是择一的因果关系,无法判定造成损害结果的直接行为,也就无法查明直接责任

[①] 参见黄立:《民法债编总论》,中国政法大学出版社2002年版,第291页。

人。因此在共同危险行为中,无法确定具体的侵权者。所谓"无法确定",是指行为人的范围已经明确,但是具体的侵权人究竟为范围内的何人无法查明。

（二）二人以上实施了危险行为

共同危险行为的成立要求行为主体实施了危险行为。一方面,二人以上所作出的行为需要有造成他人危险的可能,即行为具有风险性。行为在客观上一旦作出,就产生了导致损害发生的风险。另一方面,危险行为在形式上可以是作为,也可以是不作为。

（三）共同危险行为导致他人损害

损害是侵权损害赔偿的一般要件,共同危险行为责任也不例外,但损害结果是由于共同危险行为中某一个或某几个人的行为所导致,而非全部人所致。他人所受损害既包括人身损害,也包括财产损失。

三、共同危险行为的责任承担

共同危险行为人的责任分为外部责任和内部责任。就外部关系而言,根据《民法典》第1170条的规定,共同危险行为人应承担连带责任。就内部关系而言,如果能够确定责任大小,则承担按份责任;不能确定责任大小,则平均承担责任。承担超过自己份额的责任者,有权向其他责任人追偿。

第三节　教唆、帮助行为

一、教唆、帮助行为的概念

教唆、帮助行为即教唆、帮助他人实施侵权行为。教唆行为是指对他人进行劝导、说服,或者通过刺激、利诱、怂恿等方法使被教唆者实施某种侵权行为的行为。帮助行为是指通过提供工具、指示目标或言语激励等方式,从物质上或精神上帮助他人实施侵权行为的行为。

教唆、帮助行为不同于共同加害行为。在共同加害行为中,各行为人都实施了直接的侵权行为,而教唆、帮助行为中的教唆者和帮助者并没有直接实施侵权行为,只是劝诱、怂恿第三人实施侵权行为,或是为第三人实施侵权行为提供帮助。

二、教唆、帮助行为的构成要件

（一）教唆行为的构成要件

1. 教唆人和被教唆人

教唆行为中存在两个行为主体:一是故意使他人产生实施侵权行为决意的人,即教唆人;二是具体实施侵权行为侵害他人民事权益造成损害的人,即被教唆人(或称行为人)。

2. 教唆行为

一方面,教唆行为表现为积极的作为,不作为不成立教唆行为。教唆行为的具体手段多种多样,如劝说、利诱、授意、怂恿、刺激、威胁等。教唆可以通过书面、口头或其他形式进行,可以直接教唆或通过他人间接教唆,可以一人教唆或多人共同教唆。

另一方面,教唆人主观上具有教唆他人实施侵权行为的故意。这里的故意包括直接故意和间接故意,即教唆人明知或应知自己的教唆行为会使被教唆人产生加害意图并实施加害行为而仍然进行教唆,且对加害行为的发生持希望或放任的态度。需要注意的是,教唆人的故意系针对加害行为的发生,而不必针对损害结果。

3. 加害行为

一方面,被教唆人实施了侵权行为。如果被教唆人仅仅在教唆之下产生了侵权意图,但并未将其付诸实践,则侵权行为不能成立,教唆人也不需要对其教唆行为承担侵权责任。

另一方面,被教唆人实施侵权行为是因为受到教唆人的教唆。换言之,教唆人的教唆与侵权行为人的侵权行为具有客观因果关系。对此可以从两个层面理解:一是被教唆人实施的侵权行为正是教唆的内容;二是被教唆人实施侵权行为的决意由教唆人所引起。

(二) 帮助行为的构成要件

1. 帮助人与被帮助人

帮助行为中存在两个行为主体:一是故意帮助他人实施侵权行为的人,即帮助人;二是具体实施侵权行为侵害他人民事权益造成损害的人,即被帮助人(或称行为人)。

2. 帮助行为

一方面,帮助行为通常为积极的作为。消极的不作为,只有在不作为者具有作为义务并与直接实施侵权行为的人具有共同故意的情形下,才构成帮助行为。帮助行为的方式,既包括直接帮助,也包括间接帮助。

另一方面,帮助行为多出于故意,且在一般情况下对方也知道帮助人的帮助行为。但在特殊情况下,过失行为也可能构成帮助行为。如果帮助人出于过失为加害人提供帮助,且帮助人的行为在客观上也对加害行为起到了辅助作用或者是被加害人所利用,则同样构成帮助行为。至于加害人是否知道帮助人提供了帮助,并不影响帮助行为的成立。

3. 因果关系

帮助行为不同于教唆行为。教唆行为只能是作为,而帮助行为也可以是不作为。教唆行为的内容是唆使他人实施某种具体的侵权行为,教唆人属于造意人,在侵权行为的发生中起主要作用;而帮助行为的内容仅是从物质或精神上为他人实施侵权行为提供帮助,帮助者在侵权行为实施过程中只起辅助作用。如果没有教唆行为则侵权行为不会发生,但没有帮助行为侵权行为未必不发生。因此,需要帮助行为与损害结果之间具有因果关系,否则帮助人不承担侵权责任。

三、教唆、帮助行为的责任承担

关于教唆、帮助行为的侵权责任,我国立法并未将二者予以区分,而是统一规定于《民法典》第1169条。

1. 教唆人与被教唆人、帮助人与被帮助人均为完全民事行为能力人的,教唆人、帮助人与行为人承担连带责任。

2. 教唆人、帮助人为完全民事行为能力人,行为人为无民事行为能力人或者限制民事行为能力人的,由教唆人、帮助人承担侵权责任。该无民事行为能力人、限制民事行为能力人的监护人未尽到监护职责的,应当承担相应的责任。所谓"相应的责任",并非指连带责任或补充责任,而是按份责任,即监护人有多少过错,就应在其过错范围内承担多大的责任。

第四节 无意思联络的数人侵权行为

一、无意思联络的数人侵权行为的概念

无意思联络的数人侵权行为,是指二人以上没有进行意思联络,分别实施侵权行为造成同一损害的行为。无意思联络的数人侵权行为属于数人侵权中的分别侵权,原则上承担按份责任,但是也存在着承担连带责任的例外。

根据《民法典》第1171条和第1172条的规定,无意思联络的数人侵权行为可以分为两种类型:一是因果关系结合型的无意思联络数人侵权。根据《民法典》第1172条的规定,二人以上分别实施侵权行为造成同一损害,而且任何一个人的行为都不足以造成全部损害时,能够确定责任大小的,各自承担相应的责任;难以确定责任大小的,平均承担赔偿责任。在能够确定责任大小时,应综合考虑各行为人的行为对损害后果的原因力和各自的过错程度来确定责任分担。二是因果关系聚合型的无意思联络数人侵权。根据《民法典》第1171条的规定,二人以上分别实施侵权行为造成同一损害,每个人的侵权行为都足以造成全部损害的,行为人承担连带责任。例如设计单位对某建筑物的设计存在重大问题,足以导致建筑物倒塌;施工单位在施工中偷工减料,也足以导致建筑物倒塌。若该建筑物发生倒塌,则设计单位和施工单位应对此承担连带责任。

二、无意思联络数人侵权行为的构成要件

（一）数人侵权

无意思联络的数人侵权中，行为主体必须是二人以上。这里的行为人既可以是自然人，也可以是法人、非法人组织。此外，各个侵权行为人之间的侵权行为是分别实施的，如果不是分别实施，而是共同实施，则按照其他有关数人侵权的规定承担责任。

（二）造成同一损害

造成同一损害是无意思联络的数人侵权行为的成立前提。如何认定同一损害？有学者主张"同一损害"是指损害的性质和内容具有关联性。[1] 有学者主张"同一损害"是指事实上的唯一损害，并不可分。[2] 也有学者主张"同一损害"是指同一因果关系造成的损害。[3] 本书赞同最后一种见解。

（三）因果关系

《民法典》第1171条和第1172条对无意思联络的数人侵权的两种类型分别确立了不同的责任承担规则，其区分基础便是二者在因果关系上的不同形态。

《民法典》第1171条规定的是因果关系聚合型的无意思联络数人侵权。聚合因果关系，是指多个行为导致损害的产生，即使不考虑其他行为，其中任何一个行为也都能够造成全部损害。聚合因果关系具有两个显著特征：第一，数个行为或事实同时导致损害。所谓的"同时"，是指损害产生时间的同一，而非行为发生时间的同一。第二，数个行为均足以造成全部损害。所谓"足以"造成全部损害，是指各个侵权行为都与全部损害具有相当因果关系。[4]

《民法典》第1172条规定的是因果关系结合型的无意思联络数人侵权。结合因果关系，又称为共同因果关系，是指每一行为均不足以导致部分或全部损害，数个行为结合在一起共同导致了损害。共同因果关系具有两个显著特征：第一，数个行为均不足以单独造成损害，即如果不是有其他行为的加入，根本就不会产生损害或不会产生全部损害；第二，数个行为结合共同造成了同一损害，即造成了不可分的损害。若该损害可以进行分割，而数行为又是单独实施的，此时并无适用共同因果关系加以判断的必要。

---

[1] 参见全国人大常委会法制工作委员会民法室编著：《中华人民共和国侵权责任法解读》，中国法制出版社2010年版，第54页。
[2] 参见王利明、周友军、高圣平：《中国侵权责任法教程》，人民法院出版社2010年版，第397页；张新宝：《侵权责任法》（第四版），中国人民大学出版社2016年版，第49页。
[3] 参见程啸：《侵权责任法》（第二版），法律出版社2015年版，第273页。
[4] 同上书，第838页。

三、无意思联络数人侵权行为的责任承担

（一）连带责任

根据《民法典》第1171条的规定,二人以上分别实施侵权行为造成同一损害,每个人的侵权行为都足以造成全部损害的,行为人承担连带责任。

（二）按份责任

根据《民法典》第1172条的规定,二人以上分别实施侵权行为造成同一损害,能够确定责任大小的,各自承担相应的责任;难以确定责任大小的,平均承担责任。

第五章　侵权责任的免除和减轻事由

第一节　受害人过错

一、受害人过错的概念

受害人过错,又称混合过错或者过失相抵,是指当受害人对于损害的发生或者损害结果的扩大也具有过错时,依法减轻赔偿义务人的损害赔偿责任。例如,甲在高层施工时不慎推落墙砖,恰好砸中来监察施工的乙,由于乙未按规定佩戴安全帽,导致乙被砸伤致死,此即属于受害人过错的情形。根据《民法典》第1173条的规定,被侵权人对同一损害的发生或者扩大有过错的,可以减轻侵权人的责任。

受害人过错作为减轻责任事由是基于对公平的考量而设。当受害人因侵权人的侵权行为而遭受损害时,受害人对于该损失的发生或者扩大同样也具有过错的,如令侵权人赔偿全部损失,有违公平原则,故应依据受害人的过错程度对损害赔偿范围进行一定调整。

二、受害人过错的适用

受害人过错作为减轻责任事由,不仅适用于过错责任的情形,也适用于无过错责任的情形。但是当受害人过错适用于无过错责任时,在某些场合仅受害人具有重大过失方可减轻侵权人的责任,例如《民法典》第1239条、第1240条和第1245条规定的高度危险物损害责任、高度危险活动损害责任与饲养动物损害责任,以及《中华人民共和国水污染防治法》第96条第3款规定的水污染损害责任。

第二节　受害人故意

一、受害人故意的概念

受害人故意,是指受害人明知自己的行为会对自身造成损害,而希望或者放任此种结果的发生。根据《民法典》第1174条的规定,损害是因受害人故意造成的,行为人不承担责任。需要注意的是,只有在行为人虽然有在先的行为,但是该行为并未实际给受害人造成损害,损害完全是因为受害人的故意造成的,即受害人故意的行为是损害发生的唯一原因之时,行为人才能免责。例如,甲正常行驶在高速公路上,乙从隐蔽处突然蹿出并冲向甲车,致使甲车避让不及将乙撞死。事后查获乙的遗书,内称自己身患绝症,一意寻死。此时受害人乙的死亡完全是因为乙自己的故意造成的,所以甲可以免责。另外,如果损害是由于受害人的故意造成,但行为人对损害的发生也有故意或者重大过失,则应适用《民法典》第1173条过失相抵的规定。

二、受害人故意的适用

受害人故意作为免责事由,既可以适用于过错责任的情形,也可以适用于无过错责任的情形。《民法典》第1174条一般性地规定了受害人故意作为免责事由,同时在一些特定的无过错责任中,例如民用核设施责任(第1237条)、民用航空器致害责任(第1238条)、高度危险物致害责任(第1239条)、高度危险活动致害责任(第1240条)和饲养动物致害责任(第1245条)中,都明确将受害人故意作为免责事由加以规定。

第三节　第三人过错

一、第三人过错的概念

第三人过错,是指当事人之外的第三人对被侵权人损害的发生或扩大具有过错,此时的过错包括故意和过失。这里的第三人是指与被告不存在任何隶属关系的人。如果用人单位的工作人员在工作过程中因过错造成他人损害,用人单位应对工作人员造成的损害承担替代责任,不能以其工作人员作为第三人提出抗辩。

二、第三人过错的适用

根据《民法典》第1175条的规定,损害是因第三人造成的,第三人应当承担侵权责任。第三人过错可以分为两种情形:

1. 第三人过错是造成损害的唯一原因

在过错责任(含过错推定责任)的情形下,如果被告能够证明损害完全是由第三人过错行为所造成,则被告可以免责,而由第三人来承担侵权责任。在无过错责任的情形下,如果损害完全是第三人过错行为所造成,一般被告也可以免责,而由第三人来承担侵权责任。但是,《民法典》规定以下几种情形下第三人过错不能作为无过错责任的免责事由:第一,被告首先承担责任。根据《民法典》第1204条的规定,即便产品的缺陷是由于运输者、仓储者等第三人的过错所致(如运输中被污染、损坏),因产品的缺陷造成他人损害的,产品的生产者、销售者也不能因此免责,而应当承担赔偿责任,只是赔偿之后有权向第三人进行追偿。第二,被告与第三人共负不真正连带责任,受害人自主选择由谁承担责任。例如《民法典》第1233条规定,因第三人的过错污染环境、破坏生态的,被侵权人可以向侵权人请求赔偿,也可以向第三人请求赔偿。先选择由侵权人赔偿的,侵权人赔偿后,有权向第三人追偿。《民法典》第1250条规定,因第三人的过错致使动物造成他人损害的,被侵权人可以向动物饲养人或者管理人请求赔偿,也可以向第三人请求赔偿。先选择动物饲养人或者管理人赔偿的,动物饲养人或者管理人赔偿之后有权向第三人追偿。第三,被告与第三人共负连带责任,受害人自主选择由谁承担责任。根据《民法典》第1242条的规定,即便是高度危险物为第三人非法占有而造成受害人损害的,如果所有人、管理人不能证明对防止他人非法占有尽到高度注意义务,所有人、管理人要与非法占有人承担连带责任,不得免责。

2. 第三人过错是造成损害的部分原因

如果损害是第三人过错与被告过错共同导致的,则构成多数人侵权,应区分情况判定侵权责任:第一,如果第三人与被告构成共同加害行为、共同危险行为以及需承担连带责任的无意思联络数人侵权,则第三人与被告应对原告承担连带责任;第二,如果第三人与被告构成需承担按份责任的无意思联络数人侵权,则第三人与被告应对原告承担按份责任。

第四节 自甘风险

一、自甘风险的概念

自甘风险,是指受害人自愿参与具有人身危险的活动,并因此遭受损害的情形。将自甘风险作为侵权责任的免责事由,最早产生于英美法的判例,后为各国普遍接受。

我国《民法通则》和《侵权责任法》都没有将"自甘风险"作为侵权责任的免责事由。《民法典》第1176第1款规定:"自愿参加具有一定风险的文体活动,因其他参加者的行为受到损害的,受害人不得请求其他参加者承担侵权责任;但是,其他参加者对损害的发生有故意或者重大过失的除外。"由此我国实证法确立了自甘风险免责制度。所谓文体活动,是指多人参与的文化活动和体育活动,具有大众性、竞赛性的特征,是我国群众活动的一种典型形式。

二、自甘风险与受害人同意

自甘风险和受害人同意存在相同之处,加害人都可以通过主张受害人对损害的发生提前知晓而请求减轻或者免除责任。二者的区别在于:首先,自甘风险的适用范围被严格限定,而受害人同意则没有适用范围的限制。依照《民法典》第1176第1款前半句的规定,自甘风险的适用范围为因参加文体活动而产生的损害,对非文体活动的损害,加害人不能援引此条进行抗辩。其次,自甘风险是过失侵权的免责事由,受害人同意作为免责事由则针对故意侵权的情形。依照《民法典》第1176第1款后半句的规定,加害人对损害的发生有故意或者重大过失时,不可以此为由提出抗辩。可见,加害人主观上须为一般过失时才可以免责,否则按照一般侵权责任处理。最后,自甘风险中危险的实现具有不可预测性,而受害人同意中损害的发生是确定的。在文体活动中,由于其多人参与的性质,风险是确定存在的,但是其是否实现是不能被预测的,参与者主观上也不会积极追求损害的发生。而受害人同意则不同,受害人对于损害结果有着清醒的认识,其对于损害的发生是积极追求的,并且作出了同意损害发生的意思表示。

三、自甘风险的适用

我国民法对于自甘风险的适用有着严格限制。

(一) 受害人自愿参加文体活动而遭受损害

依照《民法典》第1176条第1款前半句的规定,加害人以受害人自甘风险进行抗辩适用于受害人自愿参加文体活动发生损害的情形。一方面,受害人参加文体活动系出于其自己的意愿。受害人"自愿参加活动"的意思表示可能通过明示或者默示方式表达。"明示自甘风险"指受害人通过签订免责协议或者相关文件来表示自己自愿参加。"默示自甘风险"指可以通过受害者的行为来推定其自愿参加活动而承担风险,如活动进行中受害人自动参与进来。应当以社会大众的通常认知来判断受害人是否对风险的可能发生存在认识,如某些体育竞技中身体对抗在所难免,参与者虽然没有明确表示自己愿意承担风险,但是其参与比赛的行为可以被推定为一种默示的自愿。另一方面,侵权责任源于文体活动中受害人直接参与的活动行为,如体育活动的竞赛或是文化活动中的游戏等,如果受害人非因活动本身而遭受损害,不能认为加害人可以援引"自甘风险"的规定进行抗辩,如参与活动路途中遭遇交通事故,或是在活动中与他人发生口角而产生肢体冲突进而发生损害。

(二) 加害人为活动的其他参与者

能够主张"自甘风险"进行抗辩的主体限于活动的其他参与者,非活动的参与者不能以"自甘风险"为由主张免除责任。文体活动中危险的发生是不确定的,活动的参与者既可能是危险的承受者,同样也是危险的创造者。这也是活动参与者造成损害时,可以主张"自甘风险"进行抗辩的原因。

(三) 活动的组织者承担侵权责任

根据《民法典》第1176条第2款的规定,活动组织者的责任适用《民法典》第1198条至第1201条的规定。值得注意的是,加害人以"自甘风险"为由主张免除责任,同样可以对承担侵权责任后的活动组织者进行抗辩,即活动的组织者是责任最终的承担主体。

第五节 自助行为

一、自助行为的概念

自助行为,是指特殊情况下,权利人为了保护自己的权利,对他人的财物采取扣留等措施的行为。《民法典》第1177条规定:"合法权益受到侵害,情况紧迫且不能及时获得国家机关保护,不立即采取措施将使其合法权益受到难以弥补的损害的,受害人可以在保护自己合法权益的必要范围内采取扣留侵权人的财物等合理措施;但是,应当立即请求有关国家机关处理。受害人采取的措施不当造成他人损害的,应当承担侵权责任。"自助行为的规定未见于《民法通则》和《侵权责任法》,直到《民法典》才首次被纳入立法。

二、自助行为的适用条件

(一)合法权益受到侵害

自助行为的适用对象为权利人的合法权益,如食客在餐厅就餐后,未付饭钱便欲离开,餐厅为保障此项债权的实现,可以实行自助行为。若是非法利益,如赌债,则没有自助行为适用的可能。

(二)情况紧急且不能寻求公力救济

自助行为的方式为扣留等措施,具有强制性,一旦滥用即有可能导致社会失序,因此必须严格限制,只有在时间紧迫来不及请求公力救济时,方可实行自助行为。同时,若是不采取自助行为,权利也没有受损害的可能,则也不能实行自助行为。

(三)采取合理的方式

所谓合理的方式,是指与遭受损害相适应的方式。如食客逃单,餐厅不能对食客进行殴打来强迫付款。

(四)及时报告

为了防止自助行为遭到滥用,受害人在采取自助行为后,应当立即报告国家机关。

三、措施不当的侵权责任

依照《民法典》第1177条第2款的规定,受害人采取的措施不当造成他人损害的,应当承担侵权责任。若是受害人的行为超过了限度,则按照一般侵权行为的规定承担责任。

第六章　侵权责任的承担方式

第一节　侵权责任承担方式概述

一、侵权责任承担方式的含义

侵权责任承担方式，是指侵权责任人依法承担侵权责任的具体形式。《民法典》第179条第1款具体规定了十一种民事责任的承担方式。除了修理、重作、更换、继续履行和支付违约金与侵权责任无关外，其他均属承担侵权责任的方式。

在大陆法系国家，侵权行为的法律后果通常是损害赔偿。作为债的一种类型，侵权损害赔偿的具体方法包括金钱赔偿和恢复原状两种。所谓恢复原状，是指重建赔偿权利人受侵害权益的原貌，如同损害事故没有发生。所谓金钱赔偿，是指给付金钱以填补赔偿权利人所蒙受的损害，如同损害事故没有发生。[①] 我国民法规定的侵权责任承担方式，已非损害赔偿所能涵盖。

二、侵权责任的主要承担方式

1. 停止侵害。停止侵害是指被侵权人要求侵权人停止正在实施过程中的侵害行为。例如侵权人在被侵权人住宅的窗户对面架设摄像机拍摄被侵权人的日常活动，侵害被侵权人的隐私权，停止侵害就是要求侵权人拆除该摄像机。该方式可以适用于权利遭受持续性侵害的场合，对于尚未发生或者已经停止的侵权行为，则不得适用。停止侵害的作用在于及时制止侵害行为，防止损害后果的发生或扩大。

2. 排除妨碍。排除妨碍是指侵权人的侵害行为已经使得被侵权人无法行使或者难以正常行使其权利，被侵权人可以要求侵权人将妨碍权利实施的有关障碍予以排除。例如甲未经允许将自己的汽车停在乙的停车位上，致使乙无法停车，此时乙可以要求甲将他的车移走。所要排除的妨碍必须是不正当的妨碍，妨碍行为是违法的，且对被侵权人的权利行使造成了持续性的不利影响。如果侵权人拒绝被侵权人的排除妨碍请求，被侵权人可以请求人民法院责令侵权人排除妨碍。

3. 消除危险。消除危险是指侵权行为虽然尚未对他人的权利造成实际损害，也

[①] 参见曾世雄：《损害赔偿法原理》，中国政法大学出版社2001年版，第148页。

没有产生现实的持续侵害或妨碍,但是却存在着造成他人权利受损害或受妨害的现实危险,被侵权人有权要求侵权人消除这一危险。例如《民法典》第286条第2款规定:"业主大会或者业主委员会,对任意弃置垃圾、排放污染物或者噪声、违反规定饲养动物、违章搭建、侵占通道、拒付物业费等损害他人合法权益的行为,有权依照法律、法规以及管理规约,请求行为人停止侵害、排除妨碍、消除危险、恢复原状、赔偿损失。"

4. 返还财产。我国法律中作为侵权责任方式之一的返还财产是指返还原物。例如甲依约借用乙的摩托车,期满不愿归还,乙可以要求甲返还。可以请求返还财产的人,一般是财产的所有权人、合法占有人或合法使用人。返还财产的前提是该财产还存在,如果原物已经灭失,则权利人只能要求赔偿损失。另外,权利人只能针对非法占有人提出返还财产,而不能要求合法占有人返还,例如善意取得的情形。

5. 恢复原状。恢复原状主要是针对财产遭受损害的情况。在被侵权人的财产遭受侵权人侵害后,可以通过修理、重作、更换等方式使受损的财产恢复到被损坏前的状况。采用恢复原状的方式必须符合一定条件:一是受到损坏的财产仍然存在且恢复原状有可能;二是恢复原状有必要,即受害人认为恢复原状是必要的且具有经济上的合理性。

6. 赔偿损失。赔偿损失是指侵权人因侵权行为造成他人损害的,应向被侵权人支付一定数额的金钱或给付同样的物来弥补被侵权人所遭受的损害。赔偿损失是最普遍适用的民事责任方式,包括人身损害赔偿、财产损害赔偿和精神损害赔偿。在我国,赔偿损失不仅包括赔偿被侵权人各项权益的价值的损失,也可以用于支付被侵权人恢复原状的相应费用。

7. 赔礼道歉。赔礼道歉是指侵权人以口头形式或书面形式向被侵权人公开认错、表达歉意。赔礼道歉仅适用于那些给被侵权人造成精神损害的侵权行为,如侵害名誉权、肖像权、隐私权等人格权,或者侵害死者的肖像、隐私、名誉等人格利益,又或者侵害著作权等一些包含明显精神利益的权利。赔礼道歉应由侵权人主动履行,如其拒不履行,则法院可以把判决书的内容在媒体上予以公开,强制执行赔礼道歉。由此支出的费用,应由侵权人承担。

8. 消除影响、恢复名誉。消除影响是指侵权人在其给被侵权人的人格权利造成不良影响的范围之内,消除此不利后果。恢复名誉是指侵权人使被侵权人的名誉权恢复到未曾遭受侵权人的侵权行为侵害时的状态。

三、侵权责任承担方式的适用

根据《民法典》第179条第3款的规定,承担民事责任的方式,可以单独适用,也可以合并适用。但是该条只明确了各种责任承担方式是否可以并用的问题,并未就何种情形应适用何种责任承担方式作出规定。对此,有学者认为可以从具体方式上分类适用:损害赔偿型责任方式,包括赔偿损失、恢复原状、赔礼道歉、消除影响、恢复名誉;非损害赔偿型责任方式,包括停止侵害、排除妨碍、消除危险、返还财产。① 有学者认为可以从其功能上分类适用:第一类是防御型责任,即停止侵害、排除妨碍、消除危险,目的是排除正在进行的妨碍或者即将发生的妨碍。第二类是补救型责任,包括赔偿损失、返还财产、恢复原状、赔礼道歉、恢复名誉和消除影响。这一类责任针对的是已经造成的损害,宗旨在于使其回复至侵害发生前的状态。② 有的学者认为责任承担方式与归责原则紧密相连。赔偿损失和恢复原状一般适用过错责任,法律有特别规定的,适用过错推定或者无过错责任;停止侵害、排除妨碍、消除危险与返还财产适用无过错责任;赔礼道歉、消除影响、恢复名誉适用过错责任。③ 本书认为,在侵权责任的承担方式中,停止侵害、排除妨碍、消除危险、返还财产、赔礼道歉、消除影响、恢复名誉等责任承担方式,主要适用于侵权行为危及他人人身或财产安全情形,体现为绝对权请求权。赔偿损失及恢复原状则主要适用于行为人给受害人造成损害的情形。

第二节　财产损害赔偿

一、财产损害赔偿的概念

《民法典》侵权责任编将侵权损害区分为财产损害与非财产损害。财产损害是指能以金钱加以计算的损害,非财产损害是指不能以金钱加以计算的损害。④ 财产损害赔偿,是指侵害他人民事权益并造成财产损害时,侵权行为人应该向被侵权人承担的赔偿义务。财产损害赔偿可以分为人身伤亡的财产损害赔偿与侵害其他民事权益的财产损害赔偿。前者是指侵害他人生命权、身体权、健康权而造成他人死伤时,侵权人就被侵权人遭受的人身伤亡损害而承担赔偿义务;后者是指侵害其他人身权益或他人财产而造成财产利益损失时,侵权人应承担的赔偿义务。⑤

按照上述分类,《民法典》第 1179 条规定的是人身伤亡的财产损害赔偿,第 1182 条规定的是侵害其他人身权益的财产损害赔偿,第 1184 条规定的是侵害他人财产的财产损害赔偿。关于损害赔偿的支付方式,《民法典》第 1187 条规定,损害发生后,当事人可以协商赔偿费用的支付方式。协商不一致的,赔偿费用应当一次性支付;一次性支付确有困难的,可以分期支付,但是被侵权人有权请求提供相应的担保。

---

① 参见刘家安:《侵权责任方式的类型化分析》,载《广东社会科学》2011 年第 1 期。
② 参见程啸:《侵权责任法》(第二版),法律出版社 2015 年版,第 654 页。
③ 参见魏振瀛:《侵权责任方式与归责事由、归责原则的关系》,载《中国法学》2011 年第 2 期。
④ 参见王泽鉴:《损害赔偿》,北京大学出版社 2017 年版,第 128 页。
⑤ 参见程啸:《侵权责任法》(第二版),法律出版社 2015 年版,第 678 页。

二、人身伤亡的财产损害赔偿

《民法典》第1179条规定:"侵害他人造成人身损害的,应当赔偿医疗费、护理费、交通费、营养费、住院伙食补助费等为治疗和康复支出的合理费用,以及因误工减少的收入。造成残疾的,还应当赔偿辅助器具费和残疾赔偿金;造成死亡的,还应当赔偿丧葬费和死亡赔偿金。"

(一) 人身损害的一般赔偿范围

加害人的侵权行为造成了人身损害,需要为受害人承担治疗和康复支出的合理费用,以及因误工减少的收入。具体包括医疗费、护理费、交通费、营养费、住院伙食补助费等必要支出。除此之外,依照《人身损害赔偿解释》第10条第2款的规定,还包括受害人本人及其陪护人员实际发生的住宿费和伙食费。

(二) 致人伤残的赔偿范围

加害人的侵权行为造成了人身损害并致人伤残,除了赔偿一般损失外,还需要额外对受害人支付辅助器具费和残疾赔偿金。所谓辅助器具费,是指受害人因残疾造成身体功能、肢体的部分或者全部缺失,需要配置器具以供补偿功能缺失的费用。根据《人身损害赔偿解释》第13条的规定,残疾辅助器具费按照普通适用器具的合理费用标准计算。伤情有特殊需要的,可以参照辅助器具配制机构的意见确定相应的合理费用标准。辅助器具的更换周期和赔偿期限参照配制机构的意见确定。而所谓残疾赔偿金,则是指受害人因侵权行为产生残疾后果而请求加害人支付的赔偿金。残疾赔偿金的本质是受害人因残疾造成劳动能力的减少与丧失,从而导致受害人生活收入来源的减少与丧失,受害人因此向加害人请求金钱赔偿从而弥补这一部分的损失。根据《人身损害赔偿解释》第12条的规定,残疾赔偿金根据受害人丧失劳动能力程度或者伤残等级,按照受诉法院所在地上一年度城镇居民人均可支配收入或者农村居民人均纯收入标准,自定残之日起按20年计算。但60周岁以上的,年龄每增加1岁减少1年;75周岁以上的,按5年计算。受害人因伤致残但实际收入没有减少,或者伤残等级较轻但造成职业妨害严重影响其劳动就业的,可以对残疾赔偿金作相应调整。可见,"受害人的残疾与其劳动就业之间关系"是确定残疾赔偿金数额的变量因素。

(三) 致人死亡的赔偿范围

加害人的侵权行为造成了人身损害并致人死亡,除了赔偿一般损失外,还需要额外对受害人支付丧葬费和死亡赔偿金。所谓丧葬费是指因受害人死亡,为其办理丧葬所应支付的费用。根据《人身损害赔偿解释》第14条的规定,丧葬费按照受诉法院所在地上一年度职工月平均工资标准,以6个月总额计算。所谓死亡赔偿金,指受害人因侵权行为死亡,加害人应当支付的金钱。死亡赔偿金的计算应当综合死者的年龄和收入状况综合计算。根据《人身损害赔偿解释》第15条的规定,死亡赔偿金按照受诉法院所在地上一年度城镇居民人均可支配收入或者农村居民人均纯收入标准，按 20 年计算。但 60 周岁以上的，年龄每增加 1 岁减少 1 年；75 周岁以上的，按 5 年计算。但是，在存在多个受害人死亡的情况下，可以统一赔偿金的标准。根据《民法典》第 1180 条的规定，因同一侵权行为造成多人死亡的，可以以相同数额确定死亡赔偿金，这一项规定被称之为"同命同价条款"。实践中，例如交通事故、矿难事故等各种重特大人身伤亡事故中，依据《民法典》第 1180 条的规定，可以以相同数额确定死亡赔偿金。

三、侵害其他人身权益的财产损害赔偿

所谓其他人身权益，是指除了生命权、身体权和健康权以外的人身权益，包括姓名权、名称权、名誉权、荣誉权、肖像权、隐私权、人身自由权、人格尊严权、婚姻自主权、监护权等人身权利与人格利益。《民法典》第 1182 条规定："侵害他人人身权益造成财产损失的，按照被侵权人因此受到的损失或者侵权人因此获得的利益赔偿；被侵权人因此受到的损失以及侵权人因此获得的利益难以确定，被侵权人和侵权人就赔偿数额协商不一致，向人民法院提起诉讼的，由人民法院根据实际情况确定赔偿数额。"

对于侵害人身权益所造成的财产损失，应按照以下路径确定赔偿金额：(1) 受害人受到的损失。(2) 加害人因侵害行为获得的利益。例如某企业未经某明星的允许在其商品包装上使用该明星的肖像，因而节省了一笔本应支付的代言费，这笔代言费就可以视为该企业因侵权行为所获得的利益。(3) 在受害人损失和加害人获益难以确定的情况下，被侵权人和侵权人可以就赔偿金额进行协商。(4) 协商不成的，由人民法院按照实际情况进行确定。考虑的因素包括加害人的主观过错程度，以及受害人损害的实际情况等。

四、侵害财产性权益的财产损害赔偿

(一) 损害赔偿范围

侵害财产权益所造成的损害可分为直接损害和间接损害。一般而言，一切财产上不利的变动均属于财产损害，既包括财产的积极减少，也包括财产的消极不增加。[1]

1. 直接损害。直接损害也称所受损害，是被侵权人现有财产的毁损、灭失，此项损失理应由侵权人承担。

直接损害包括积极财产的减少，例如物品毁损灭失或者物品损坏带来的技术性贬值和交易性贬值。财产一旦被损毁后，一定会导致其价值的减少，自不待言。直接损害还包括消极财产的增加，受害人为了维修财产以期恢复原状，为此欠付的维修费

---

[1] 参见曾世雄：《损害赔偿法原理》，中国政法大学出版社 2001 年版，第 132 页。

用,同样属于所遭受的直接损害。例如甲损坏了乙的电脑,乙因送电脑维修而产生的交通费用,也属于直接损害的部分。

2. 间接损害。间接损害也称所失利益,是指被侵权人因财产权益遭到侵害,从而使得本应该获得的利益丧失。间接损害不是现有财产的减少,而是被侵权人基于财产而可能产生的利益的减少。例如出租车被人撞坏后,在维修期间,其经营者无法营运而遭受经济损失。认定因侵权行为所丧失的可得利益,一般需要考虑以下标准:(1)须为能够预见或者已经预见的利益;(2)须为可以期待、必然能够得到的利益;(3)利益的丧失是侵权行为所导致的。

(二)损害赔偿的计算方法与支付方式

关于侵害财产的财产损害赔偿的计算方法,根据《民法典》第1184条的规定,侵害他人财产的,财产损失按照损失发生时的市场价格或者其他合理方式计算。

第三节 非财产损害赔偿

一、非财产损害的概念

非财产损害,我国立法称之为"精神损害",是指与财产变动无关的生理上或者心理上痛苦的损害。[1] 非财产损害通常是因为侵害非物质的客体如个人情感(疼痛与痛苦、名声等)而产生的,其价值很大程度上取决于受害人的主观情势。我国《民法典》第1183条第1款规定:"侵害自然人人身权益造成严重精神损害的,被侵权人有权请求精神损害赔偿。"同条第2款规定:"因故意或者重大过失侵害自然人具有人身意义的特定物造成严重精神损害的,被侵权人有权请求精神损害赔偿。"

对精神损害予以赔偿,是各国立法通例。在一些发达国家,甚至支持巨额精神损害赔偿。侵权法的核心是将交换正义具体化,然而对非物质损害的填补不可能是同质性的,无论是生理还是心理的痛苦,作为个人的感受依附于个人生活,已经发生之后不可能再回复到恰似从未发生的境地,无法从交换正义的逻辑上进行填补。因此,精神损害赔偿只能是通过金钱对损害进行的间接填补与他样填补。[2]

二、精神损害赔偿适用范围

依照《民法典》及《精神损害赔偿解释》的相关规定,精神损害赔偿的适用范围包括:

1. 侵害生命权、健康权、身体权、姓名权、肖像权、名誉权、荣誉权、人格尊严权、

---

[1] 参见曾世雄:《损害赔偿法原理》,中国政法大学出版社2001年版,第293页;王泽鉴:《民法学说与判例研究》(第二册),北京大学出版社2009年版,第178页。

[2] 参见曾世雄:《损害赔偿法原理》,中国政法大学出版社2001年版,第311页。

人身自由权;违反社会公共利益、社会公德侵害他人隐私或者其他人格利益。受害人的近亲属因受害人的人身权益遭到侵害而产生精神痛苦,也可以主张精神损害赔偿。

2. 侵害监护权。即非法使被监护人脱离监护,导致亲子关系或者近亲属间的亲属关系遭受严重损害。

3. 侵害死者的人格利益。自然人死亡后,侵权人以侮辱、诽谤、贬损、丑化或者违反社会公共利益、社会公德的其他方式,侵害死者姓名、肖像、名誉、荣誉;侵权人非法披露、利用死者隐私,或者以违反社会公共利益、社会公德的其他方式侵害死者隐私;侵权人非法利用、损害遗体、遗骨,或者以违反社会公共利益、社会公德的其他方式侵害遗体、遗骨等,导致死者近亲属遭受精神痛苦。

4. 侵害特定物。具有人格象征意义的特定纪念物品,因故意或重大过失的侵权行为而永久性灭失或者毁损。

三、精神损害赔偿数额的确定

精神损害赔偿的数额,应当根据侵权人的过错程度,侵权行为的目的、方式、场合等具体情节,侵权行为所造成的后果,侵权人的获利情况,侵权人承担责任的经济能力,以及受诉法院所在地平均生活水平综合考量后确定。

第四节 惩罚性赔偿

一、惩罚性赔偿的概念

前述各类损害赔偿均属于填补性赔偿,与此相对的概念是惩罚性赔偿。所谓惩罚性赔偿,又称报复性赔偿,是指为惩罚侵权行为人而令其支付超出实际损害的赔偿金的特殊侵权损害赔偿方式。我国现行法上的惩罚性赔偿制度是在借鉴英美惩罚性赔偿制度的基础上发展而形成的,最早引进惩罚性赔偿制度的立法是1994年实施的《消费者权益保护法》(已被修正)第49条。《民法典》第179条第2款规定:"法律规定惩罚性赔偿的,依照其规定。"这一规定为《民法典》各编及民事特别法引入惩罚性赔偿提供了依据。

惩罚性赔偿的目的不是为了补偿受害人所受损失,而是为了惩罚不法行为人并威慑其他可能实施类似不法行为的人。换言之,处于平等地位的一方当事人可以向另一方施加一种惩罚,颠覆了私法上损害赔偿制度与不当得利制度的结构与原则。[1]

---

[1] 参见朱广新:《惩罚性赔偿制度的演进与适用》,载《中国社会科学》2014年第3期。

因此,有学者认为我国民法不应该引进惩罚性赔偿制度。① 本书认为,惩罚性赔偿实质上是授予私人一种惩罚特权,以弥补公法在维持公共利益上的缺漏,在损害的预防方面可发挥积极作用;但同时应认识到,引入惩罚性赔偿与民法基本理念有所背离,故在其适用范围上应谨慎对待。

二、惩罚性赔偿的适用

(一) 惩罚性赔偿的适用范围

惩罚性赔偿制度在某种程度上与侵权责任法的价值取向相冲突,因此其适用应受到严格的限制,仅在法律有明文规定时方可予以适用。《民法典》侵权责任编明文规定适用惩罚性赔偿的情形主要有:第1185条规定的知识产权惩罚性赔偿;第1207条规定的对生产者、销售者的惩罚性赔偿;第1232条规定的环境污染、环境破坏的惩罚性赔偿。

除《民法典》明确规定的适用惩罚性赔偿的情形外,《消费者权益保护法》《食品安全法》《专利法》等法律中也设有惩罚性赔偿的规定。

(二) 惩罚性赔偿的数额

《民法典》侵权责任编规定惩罚性赔偿的条文均使用"相应的惩罚性赔偿"的表述。关于"相应的"应作何种理解,本书认为,法律对惩罚性赔偿金的数额有具体规定的,应该依据法律的规定加以适用;在法律没有明文规定的情况下,应该结合行为人的主观过错、财产状况以及损害的严重程度进行综合性的考量。

---

① 参见孙效敏、张炳:《惩罚性赔偿制度质疑——兼评〈侵权责任法〉第47条》,载《法学论坛》2015年第2期;金福海:《惩罚性赔偿不宜纳入我国民法典》,载《烟台大学学报(哲学社会科学版)》2003年第2期。

第七章 监护人责任

第一节 监护人责任的概念和特征

一、监护人责任的概念

监护人责任又称法定代理人责任,指无民事行为能力人或者限制民事行为能力人造成他人损害时,其监护人依法应当承担的侵权责任。我国《民法典》第1188条第1款第1句规定:"无民事行为能力人、限制民事行为能力人造成他人损害的,由监护人承担侵权责任。"

二、监护人责任的特征

我国民法上的监护人责任制度,具有以下特征:

(一)监护人责任是一种替代责任

监护人责任中,监护人是为他人的行为承担责任。监护人责任中的侵权行为人和责任承担者并非同一人,行为人是被监护人,而最后承担行为不利后果的却是监护人,此时便产生了行为人和责任人的分离。此时有两种情况:第一,被监护人直接造成他人损害。被监护人造成的损害本应该由其本人承担,但是由于其在民法上被认为不具备或不完全具备责任能力,因此,将责任转移由监护人承担。这样规定实际上也是对受害人的一种保护,因为现实中被监护人多数不具备经济能力,并没有足够财力来支付赔偿金。第二,若是监护人将被监护人委托给受托人看管,被监护人没有直接处于监护人的看管下,此时造成的损害,其责任依然由监护人承担。受托人存在过错的,承担相应的责任(《民法典》第1189条)。

(二)监护人责任是一种无过错责任

关于监护人责任的归责原则,存在不同立法主张。本书认为,我国的监护人责任采用的是无过错责任。首先,即使有监护人减轻责任的情形,所指也是责任的部分免除,而非完全免除。《民法典》第1188条第1款第2句规定:"监护人尽到监护职责的,可以减轻其侵权责任。"该规定系部分减少监护人的责任,而非完全免除监护人的责任,监护人并没有因尽到监护义务而使得自己脱离责任主体的地位。其次,即便被监护人自己有财产可以支付赔偿费用，监护人的责任并未因此消失。根据《民法典》第 1188 条第 2 款的规定，有财产的无民事行为能力人、限制民事行为能力人造成他人损害的，从本人财产中支付赔偿费用。如果有不足的部分，监护人依然需要赔偿。最后，即使存在监护人委托他人看管被监护人的情形，最终的责任主体也依然是监护人。我国《民法典》第 1189 条前段规定："无民事行为能力人、限制民事行为能力人造成他人损害，监护人将监护职责委托给他人的，监护人应当承担侵权责任。"该条后半段规定，即使被监护人事实上不处于监护人的看管之下，而是由受托人实际承担看管和保护的职责，此时监护人也依然是责任承担的主体，只有在受托人存在过失时，受托人才须承担相应责任。但此时并不意味着监护人可以免责，监护人所承担的责任只是因受托人的过错而得以减轻。

第二节　监护人责任的构成要件

监护人责任为替代责任和无过错责任，被监护人的行为造成他人损害，即成立监护人责任。因此，在判断监护人是否应承担监护人责任时，主要应考察监护人与被监护人之间是否存在监护关系、被监护人的行为是否造成他人损害。

一、存在监护关系

监护人承担监护人责任的基础是监护关系。监护人资格的确定由法律规定，监护关系除了法律上的规定之外，现实生活中存在着事实监护的情况。事实监护是指不具备法定监护资格的行为人看管、照顾无民事行为能力人或者限制民事行为能力人的事实关系，这种情况也应当认为是监护关系，可以成立监护人责任。

二、被监护人造成他人损害

（一）被监护人为无民事行为能力人或限制民事行为能力人

监护人责任的行为主体为被监护人，主要包括无民事行为能力人及限制民事行为能力人。根据《民法典》第 20 条和第 21 条的规定，无民事行为能力人包括未满 8 周岁的未成年人、不能辨认自己行为的成年人、8 周岁以上不能辨认自己行为的未成年人。根据《民法典》第 18 条、第 19 条和第 22 条的规定，限制民事行为能力人包括已满 8 周岁不满 16 周岁的未成年人、已满 16 周岁但是不以自己的劳动收入为主要的生活来源的未成年人、不能完全辨认自己行为的成年人。

（二）被监护人的行为造成了第三人的损害

被监护人的行为须造成了除自己和监护人以外的第三人的损害。对第三人的损害包括财产损害和人身损害。

三、因果关系

被监护人的行为与损害结果之间存在因果关系,方可成立监护人责任。在对因果关系进行判断时,应适用一般侵权的因果关系判断规则。因果关系的举证责任由受害人承担。

被监护人的侵权行为如果不是导致第三人损害的唯一原因,并不当然由监护人承担责任,要结合具体情况来分析。如被监护人受到他人的教唆和帮助,则由教唆者和帮助者来承担责任,监护人无须担责。但教唆者或者帮助者也可能属于需要监护的未成年人,此时应当由行为人的监护人承担责任。

第三节 监护人责任的承担与减轻

一、监护人和被监护人之间的责任承担

依照我国立法,在确定监护人是否需要承担责任时,需要先考虑被监护人是否拥有自己的财产。《民法典》第1188条第2款规定:"有财产的无民事行为能力人、限制民事行为能力人造成他人损害的,从本人财产中支付赔偿费用;不足部分,由监护人赔偿。"被监护人拥有自己的财产,应当以其财产优先赔偿;被监护人没有财产或者财产不足以承担赔偿责任时,监护人方须承担补充的损害赔偿责任。

二、监护人与受托人之间的责任承担

监护人将被监护人交由他人(非监护人)看管和照顾在现实生活中十分常见。对此,《民通意见》第22条曾规定,监护人可以将监护职责部分或者全部委托给他人。因被监护人的侵权行为需要承担民事责任的,应当由监护人承担,但另有约定的除外;被委托人确有过错的,负连带责任。《民法典》第1189条则规定:"无民事行为能力人、限制民事行为能力人造成他人损害,监护人将监护职责委托给他人的,监护人应当承担侵权责任;受托人有过错的,承担相应的责任。"可见,现行立法实现了受托人的连带责任向按份责任的转变,减轻了受托人的责任负担。这是因为,受托人不享有监护关系产生的权利,若令其承担和监护人同等的责任,这对于受托人而言是不公平的,也不符合权利义务对等的民法精神。

三、监护人责任的减轻

(一) 监护人已尽到监护职责

《民法典》第 1188 条第 1 款第 2 句规定:"监护人尽到监护职责的,可以减轻其侵权责任。"监护人可以尽到监护义务为由而主张免除部分责任,但在实践中,"监护人尽到监护职责"这一事实较难认定。

(二) 被侵权人存在过错

在被侵权人对同一损害的发生或扩大存在过错时,也可以适用《民法典》第 1173 条的规定,减轻监护人的侵权责任。

第八章 用人者责任

第一节 用人者责任概述

一、用人者责任的概念和类型

用人者责任有两层含义:狭义的用人者责任指雇主责任,即因提供劳务者提供劳务时实施侵权行为造成他人损害,用人者应当承担侵权责任。广义的用人者责任则指提供劳务者在为用人者提供劳务时自己遭受损害或者造成他人损害,用人者应当承担的侵权责任。《民法典》第1191条、第1192条对用人者责任作了规定。

(一) 用人单位责任

用人单位责任是指用人单位的员工因执行工作任务而造成他人损害,由用人单位承担的侵权责任。《民法典》第1191条第1款第1句规定:"用人单位的工作人员因执行工作任务造成他人损害的,由用人单位承担侵权责任。"用人单位通过其工作人员执行工作任务而获得利益,且对提供劳务者的工作具有掌控力,提供劳务者也是在用人单位的要求下,根据用人单位的指示来活动。可见,提供劳务者的行为并非完全出自其个人意志,因此用人单位应该对提供劳务者所造成的侵权损害负责。

(二) 劳务派遣的用工单位责任

劳务派遣的用工单位责任是指派遣单位根据派遣协议,将工作人员派至用工单位工作,在此期间被派遣者造成他人损害的,由用工单位承担的侵权责任。《民法典》第1191条第2款规定:"劳务派遣期间,被派遣的工作人员因执行工作任务造成他人损害的,由接受劳务派遣的用工单位承担侵权责任;劳务派遣单位有过错的,承担相应的责任。"劳务派遣期间,由接受劳务派遣一方对被派遣的工作人员进行指示、管理和监督,所以应由接受劳务派遣的单位对被派遣的人员因执行工作任务造成他人的损害承担侵权责任。

(三) 个人劳务关系的侵权责任

个人劳务关系的侵权责任指在个人之间形成的劳务关系中,提供劳务一方造成他人损害或者自己权益受损,接受劳务一方应当承担的侵权责任。《民法典》第1192条第1款第1句和第3句规定:"个人之间形成劳务关系,提供劳务一方因劳务造成他人损害的,由接受劳务一方承担侵权责任。""提供劳务一方因劳务受到损害的,根据双方各自的过错承担相应的责任。"个人劳务关系是社会生活中常见的一种用人关系,如雇请保姆照看幼童、修缮房屋聘请他人帮工。个人劳务关系的特点是法律关系双方主体都是自然人,双方存在民事合同关系。个人劳务关系的侵权责任中,接受劳务一方承担的是无过错责任。提供劳务一方因劳务原因遭受损害的,用人者与提供劳务者按照过错分担损失。

二、用人者责任的特征

用人者责任具有以下特征:

(一)用人者责任是替代责任

用人者责任中侵权行为人和责任承担人的分离表明了用人者责任的替代责任这一特征。在现行立法的体系下,无论是单位用人还是个人之间的劳务关系用人,承担赔偿责任的主体均不是直接造成损害的行为主体。

(二)用人者责任是无过错责任

用人者责任是一种无过错责任,即无论用人者主观上是否存在过错,都应该对提供劳务者所造成的损失承担责任。此处所谓的"无过错责任"仅指用人者的主观状况,对于提供劳务者而言,其行为是否构成侵权行为则需要根据一般侵权的构成要件予以判定。若是行为人主观上没有过错,则不构成侵权,也就不会成立用人者责任。但是,用人者责任制度中并非所有的情况都适用无过错责任,个别情况下依然存在过错责任的情形。如劳务派遣单位存在过错的,需依照其过错承担责任,又如提供劳务一方因劳务受到损害时,此时也不再适用无过错责任,而是根据双方各自的过错承担相应的责任。

(三)用人者与提供劳务者之间需存在特定关系

用人者承担提供劳务者所造成损害的侵权责任,其根据是用人者和提供劳务者之间存在特定的关系。《民法典》条文所列的用人关系中,用人者拥有对提供劳务者选任和指挥的权利,自然也有监管的义务。确定是否适用用人者责任,需先判明双方是否存在上述的特定关系。

三、用人者责任的归责原则

比较法上,用人者责任存在过错推定责任和无过错责任两种归责原则。用人者过错推定责任,即提供劳务者因工作而实施了侵权行为,即推定用人者存在过错,除非用人者证明自己无过错,否则将承担侵权责任。德国、日本等国家和地区采取该种归责原则。用人者无过错责任,即只要提供劳务者因工作实施了侵权行为,用人者都需要承担责任,而不考虑其是否在选任、监督和指挥上存在过错。采取无过错责任的有法国、比利时、西班牙、英国、美国等国。

我国民法对用人者责任采取无过错责任,从2003年《人身损害赔偿解释》(已被修正)第9条到原《侵权责任法》第34条和第35条,再到《民法典》第1191条和第1192条的规定,都体现了这一立场。

第二节 用人者责任的构成要件

一、侵权行为人是工作人员、提供劳务一方

侵权行为人是工作人员有两层含义:一是指行为人是用人单位的工作人员,二是指行为人是在用工单位工作的劳务派遣人员。提供劳务一方是指在个人劳务关系中提供劳务的自然人。

(一)用人单位的工作人员

"用人单位"本属劳动法上的概念,《民法典》第1191条中"用人单位"指的是除了个人以外的一切组织,包括国家机关、事业单位、社会团体、企业和个体经济组织等,并不要求其享有民法规定的法人资格。换言之,除了自然人之外,任何民法意义上的主体都可以认定为"用人单位"。[①] 所谓工作人员,既包括用人单位的正式员工,也包括临时在单位工作的员工。用人单位的工作人员的认定,不以签订劳动合同为条件。

(二)用工单位的工作人员

用工单位的工作人员,指劳务派遣关系中,由劳务派遣单位派遣至接受派遣单位的工作人员。劳务派遣是指劳务派遣单位与接受劳务派遣的单位签订劳务派遣协议后,将工作人员派遣到用工单位工作。在劳务派遣的法律关系中,工作人员与派遣单位存在劳动关系,与接受劳务派遣的单位存在劳务关系。此时的工作人员虽然与派遣一方存在劳动合同关系,但是事实上受到接受派遣一方(即用工单位)的管理和监督。

(三)提供劳务一方

提供劳务一方指的是在个人之间形成的劳务关系中提供劳动服务的自然人。提供劳务一方与工作人员不同,工作人员与其所属的单位之间为劳动关系,由劳动法调整;而提供劳务一方与接受劳务一方之间为平等的民事法律关系,由民法调整。需要注意的是,个人之间形成的劳务关系并非一定是有偿的,《人身损害赔偿解释》第4条规定:"无偿提供劳务的帮工人,在从事帮工活动中致人损害的,被帮工人应当承担赔偿责任。被帮工人承担赔偿责任后向有故意或者重大过失的帮工人追偿的,人民法院应予支持。被帮工人明确拒绝帮工的,不承担赔偿责任。"

[①] 参见程啸:《侵权责任法》(第二版),法律出版社2015年版,第408页。

二、工作人员、提供劳务一方因执行工作任务或者提供劳务造成损害

并非提供劳务者所有的侵权行为均会构成用人者责任,只有当提供劳务者因为执行工作任务或者提供劳务活动中所实施的侵权行为造成损害方构成用人者责任。至于何种情况可以认定为"执行工作任务或者提供劳务",参照2003年《人身损害赔偿解释》(已被修正)第9条第2款的规定,即:雇佣活动,是指从事雇主授权或者指示范围内的生产经营活动或者其他劳务活动。雇员的行为超出授权范围,但其表现形式是履行职务或者与履行职务有内在联系的,应当认定为从事雇佣活动。

第三节　用人者责任的承担

一、用人单位的责任承担

用人单位独立承担侵权责任。《民法典》第1191条第1款第1句规定,用人单位的工作人员因执行工作任务造成他人损害的,由用人单位承担侵权责任。此时,用人者责任一旦成立,则由用人单位承担责任,实施侵权行为的工作人员无须向遭受损害的第三人承担责任。

二、劳务派遣的责任承担

劳务派遣期间用工单位的工作人员实施侵权行为的,用工单位承担无过错责任;派遣单位存在过错的,依照其过错程度承担责任。根据《民法典》第1191条第2款的规定,劳务派遣期间,被派遣的工作人员因执行工作任务造成他人损害的,由接受劳务派遣的用工单位承担侵权责任;劳务派遣单位有过错的,承担相应的责任。用工单位承担民事责任后,可以按照《民法典》合同编有关规定向派遣单位主张违约责任。

三、接受劳务一方的责任承担

接受劳务一方在提供劳务一方实施侵权行为时,独立承担责任。《民法典》第1192条第1款第1句规定:"个人之间形成劳务关系,提供劳务一方因劳务造成他人损害的,由接受劳务一方承担侵权责任。"接受劳务一方仅对提供劳务一方因劳务对他人造成的损害承担赔偿责任。

四、工作人员、提供劳务一方的责任承担

在用人者责任中,提供劳务者实施侵权行为后并非不承担任何后果。根据《民法典》第1191条第1款第2句和第1192条第1款第2句的规定,用人单位、接受劳务一方承担侵权责任后,可以向有故意或者重大过失的工作人员或者提供劳务一方追偿。

可见,工作人员、提供劳务一方在自己存在故意或重大过失的情形下,须承担侵权责任。

第四节 提供劳务一方受害的侵权责任

一、用人单位的工作人员遭受损害

1. 用人单位的工作人员因工作遭受损害适用工伤保险制度,用人单位不承担损害赔偿责任。《人身损害赔偿解释》第3条第1款规定:"依法应当参加工伤保险统筹的用人单位的劳动者,因工伤事故遭受人身损害,劳动者或者其近亲属向人民法院起诉请求用人单位承担民事赔偿责任的,告知其按《工伤保险条例》的规定处理。"即遭受损害的工作人员不能直接主张用人单位承担责任。

2. 用人单位的工作人员因第三人侵权行为遭受损害,除可获得工伤保险赔偿外,还可以向第三人主张侵权责任。《人身损害赔偿解释》第3条第2款规定:"因用人单位以外的第三人侵权造成劳动者人身损害,赔偿权利人请求第三人承担民事赔偿责任的,人民法院应予支持。"

二、提供劳务一方遭受损害

（一）提供劳务一方因劳务遭受损害

《民法典》第1192条第1款第3句规定:"提供劳务一方因劳务受到损害的,根据双方各自的过错承担相应的责任。"根据《人身损害赔偿解释》第5条第1款的规定,被帮工人明确拒绝帮工的,被帮工人不承担赔偿责任,但可以在受益范围内予以适当补偿。

（二）提供劳务一方因第三人行为遭受损害

《民法典》第1192条第2款规定:"提供劳务期间,因第三人的行为造成提供劳务一方损害的,提供劳务一方有权请求第三人承担侵权责任,也有权请求接受劳务一方给予补偿。接受劳务一方补偿后,可以向第三人追偿。"该规定确认了提供劳务一方向接受劳务一方主张侵权赔偿的权利(接受劳务一方无论是否有过错,都应当承担侵权责任),强化了对受害人的法律救济。

第五节 定作人责任

一、定作人责任的概念

定作人责任是指承揽人因从事承揽活动造成他人或自己损害的,定作人依法应承担的侵权责任。我国先前的《侵权责任法》和《合同法》均未曾对承揽人的侵权行为及其责任承担作出规定,2003年《人身损害赔偿解释》(已被修正)第10条对定作人责任作出了规定。《民法典》第1193条规定:"承揽人在完成工作过程中造成第三人损害或者自己损害的,定作人不承担侵权责任。但是,定作人对定作、指示或者选任有过错的,应当承担相应的责任。"

二、定作人责任的构成要件

(一) 行为主体为承揽人

定作人责任中,行为主体须为独立的承揽人。承揽关系与用人者责任中的劳务关系不同,劳务关系中一方的给付为劳务,承揽关系中一方交付的是劳动成果,定作人与承揽人之间不存在劳务关系。

(二) 定作人存在过错

根据《民法典》第1193条第2句的规定,定作人对定作、指示或者选任有过错的,应当承担相应的责任。由于承揽人独立从事承揽加工活动,其受定作人指示与监督程度较低,只有当定作人的过错对承揽人的活动存在影响时,才可使定作人依照其过错程度承担责任。

(三) 承揽人在承揽工作中造成损害

根据《民法典》第1193条第1句的规定,须承揽人在完成工作过程中造成他人或自己损害,否则不成立定作人责任。若非在完成承揽工作中造成的损害,应适用一般侵权责任的规定。

(四) 定作人过错与损害结果之间具有因果关系

一般认为,需要存在双重因果关系,方可成立定作人责任。一是定作人的过错与承揽人的工作之间存在因果关系,二是承揽人因过错指示进行的承揽工作与损害之间具有因果关系。上述两项因果关系须同时满足,才可成立定作人责任。[1] 定作人在承揽活动中存在过错,不一定直接导致承揽人实施侵权行为,如定作人指示上虽有过失,但是承揽人实施的侵权行为不因过失指示而发生,此时因为承揽人过失的介入,已经中断了定作人过失和损害结果之间的因果关系,所以不能认定由定作人承担责任。

三、定作人责任的承担

根据《民法典》第1193条的规定,承揽人在完成工作过程中造成第三人损害或者自己损害的,由承揽人承担侵权责任或损害结果;定作人在定作、指示或选任工作上存在过错的,依照其过错程度承担责任。

---

[1] 参见王泽鉴:《特殊侵权论——定作人责任》,载最高人民法院民事审判第一庭编:《民事审判指导与参考》2005年第2集(总第22集),法律出版社2005年版,第57页。

第九章 网络侵权责任

第一节 网络侵权责任的概念

网络侵权责任是指网络用户、网络服务提供者利用网络侵害他人民事权益造成损害而承担的侵权责任。根据《民法典》第1194条的规定,网络用户、网络服务提供者利用网络侵害他人民事权益的,应当承担侵权责任。网络用户指使用互联网的任何民事主体,无论其是自然人、法人还是其他组织,都可以成为互联网的用户。网络服务提供者包括网络技术服务提供者和网络内容服务提供者。[1] 网络技术服务提供者主要是指提供接入、缓存、信息存储空间、搜索以及链接等类型服务的网络主体,例如提供接入服务的中国移动、提供信息储存空间服务的阿里云、提供搜索服务的百度搜索等;网络内容服务提供者是指通过网络技术直接向网络用户提供各种信息服务的网络主体,如网易新闻、公众号运营者。《民法典》第1194—1197条中所说的"网络服务提供者"仅指网络技术服务提供者,而不包括网络内容服务提供者(网络内容服务提供者的侵权行为应适用一般侵权的规定)。

网络侵权有其特殊性,不能仅适用一般侵权行为规则寻求救济,我国《侵权责任法》在立法时参考了美国《千禧年网络版权保护法案》(Digital Millennium Copyright Act of 1998)中的"避风港原则"(the safe harbor principle)和"红旗原则"(the red flag principle),并为《民法典》侵权责任编所沿袭。

第二节 通知规则下的网络侵权责任

一、通知规则下网络侵权责任的概念

网络侵权的通知规则,也被称作"通知—移除"规则,指民事权益在互联网上遭到侵害的人,有权向网络技术服务提供者发出侵权通知,网络技术服务提供者在接到通知后应当及时采取删除、屏蔽、断开链接等必要措施。网络技术服务提供者未采取合

---

[1] 参见全国人大常委会法制工作委员会民法室编著:《中华人民共和国侵权责任法解读》,中国法制出版社2010年版,第180页。

理的措施而导致损失扩大的,应当就扩大部分的损失承担连带责任。网络侵权的通知规则又有着"避风港规则"的比喻,因为即使网络侵权行为发生,网络技术服务提供者只要在接到通知后采取必要措施,便可以此免责。

有关网络侵权的通知规则,在我国最早见于2000年最高人民法院颁布的《最高人民法院关于审理涉及计算机网络著作权纠纷案件适用法律若干问题的解释》(已失效),之后颁布的《信息网络传播权保护条例》也作了规定。《侵权责任法》第36条第2款曾规定:"网络用户利用网络服务实施侵权行为的,被侵权人有权通知网络服务提供者采取删除、屏蔽、断开链接等必要措施。网络服务提供者接到通知后未及时采取必要措施的,对损害的扩大部分与该网络用户承担连带责任。"该条规定确认了被侵权人享有通知权,但却对通知的内容、证据的提交以及涉嫌侵权人的反通知没有进一步的规定。《民法典》侵权责任编在此基础上进一步完善了通知规则。

二、通知规则下网络侵权责任的构成要件

(一) 网络用户利用网络实施侵权行为

网络用户利用互联网平台实施侵害他人民事权益的行为,以侵害他人标表性、尊严性人格权(如肖像权、名誉权、隐私权)为典型。此外,还有侵害他人知识产权等侵权行为。

(二) 受害人发出通知

网络用户利用网络服务实施侵权行为的,权利人有权通知网络服务提供者采取删除、屏蔽、断开链接等必要措施。通知应当包括构成侵权的初步证据及权利人的真实身份信息。网络用户认为自己的民事权益受侵害时,当然希望及时阻止损害的发生或扩大,但因其不享有网络平台的操作权限,无法直接删除网络平台中所载侵权内容,故需要向网络技术服务提供者发出删除侵权内容的通知,再由网络技术服务提供者采取相关措施。该通知应当包括构成侵权的初步证据及权利人的真实身份信息,以便网络服务提供者核实证据,并防止恶意通知导致网络用户利益受损。

通知可以采取书面形式,也可以采取口头形式。根据《信息网络传播权保护条例》第14条的规定,除了个人真实身份信息以外,通知的内容还应当包含以下内容:(1) 权利人的姓名(名称)、联系方式和地址;(2) 要求删除或者断开链接的侵权作品、表演、录音录像制品的名称和网络地址;(3) 构成侵权的初步证明材料。

(三) 网络服务提供者未及时采取措施

网络服务提供者所采取的措施是指中止侵权内容的继续存在、传播,并且防止损害后果继续发展。《民法典》第1195条第1款列举了删除、屏蔽、断开链接三种措施。"及时"是指在现有技术水平下可以采取相应措施的合理期间。根据《最高人民法院关于审理利用信息网络侵害人身权益民事纠纷案件适用法律若干问题的规定》(以下简称《利用信息网络侵害人身权益纠纷规定》)第4条的规定,应当根据网络服务的类

型和性质、有效通知的形式和准确程度、网络信息侵害权益的类型和程度等因素综合判断网络服务提供者采取的删除、屏蔽、断开链接等必要措施是否及时。若网络技术服务提供者在采取相关措施后，侵权行为人仍然继续实施侵害行为，网络技术服务提供者可以注销其账号以防止损害的继续发生。

三、反通知规则

反通知规则是指网络技术服务提供者在接到通知后，为了避免因错误通知造成损失，应当向网络用户转送主张权利者发来的通知，网络用户如果有异议，可以向网络技术服务提供者提出抗辩的规则。根据《民法典》第1196条的规定，网络用户接到转送的通知后，可以向网络服务提供者提交不存在侵权行为的声明。声明应当包括不存在侵权行为的初步证据及网络用户的真实身份信息。在网络服务提供者接到声明后，应当将该声明转送发出通知的权利人，并告知其可以向有关部门投诉或者向人民法院提起诉讼。网络服务提供者在转送声明到达权利人后的合理期限内，未收到权利人已经投诉或者提起诉讼通知的，应当及时终止所采取的措施。

赋予网络用户反通知的权利，是《民法典》对通知规则的完善。因为发出通知的权利人有可能是错误甚至是恶意通知，如果网络技术服务提供者直接依据权利人的通知对网络用户的权利进行限制，而不给予其抗辩的机会，这对网络用户而言有失公平，甚至可能导致有人恶意利用通知规则从事不法行为。在"通知—反通知"规则下，网络技术服务提供者实际上扮演了一个居中的角色，但是其只能在自己负责的网络平台上筛选内容，而没有对内容是否合法进行审核的权利(《民法典》第1196条第2款规定，当权利人和网络用户产生争议时，可以向有关部门投诉或者向人民法院提起诉讼以解决争议)。如果网络技术服务提供者是电子商务平台，根据《中华人民共和国电子商务法》第44条的规定，电子商务平台经营者在接到双方通知后，应当对通知进行公示。

四、通知规则下网络侵权责任的承担

根据《民法典》第1195条第2款的规定，网络服务提供者接到通知后，应当及时将该通知转送相关网络用户，并根据构成侵权的初步证据和服务类型采取必要措施；未及时采取必要措施的，对损害的扩大部分与该网络用户承担连带责任。首先，所谓"损害的扩大部分"，是指网络技术服务提供者在接到通知后，没有及时(即在合理时间内)采取必要措施而产生的部分损失。如果网络技术服务提供者在自己的技术范围内采取必要措施后损失依然在扩大，则其无须对该部分损失承担责任。

五、错误通知的侵权责任

错误通知的侵权责任,是指权利人故意利用通知规则造成网络用户正当权益损害的,应当承担的侵权责任。从效果上看,通知可以使网络用户在平台上发布的内容被删除或者是被屏蔽,网络用户可能因此遭受财产损失或声誉损失,网络服务提供者也可能遭受损失。因此,必须防止利用通知规则来实现侵权目的的行为,保护网络用户的合法权益。《民法典》第1195条第3款规定,权利人因错误通知造成网络用户或者网络服务提供者损害的,应当承担侵权责任。法律另有规定的,依照其规定。

第三节 知道规则下的网络侵权责任

一、知道规则下网络侵权责任的概念

网络侵权的知道规则,又被称为"红旗规则",是指网络技术服务提供者知道或者应当知道网络用户利用其网络服务侵害他人民事权益,未采取必要措施的,应当与网络用户承担连带责任。

二、知道规则下网络侵权责任的构成要件

(一) 网络用户利用网络服务实施侵权行为

网络用户的行为是否构成侵权,需要通过一般侵权的构成要件来判断。首先,网络用户通过网络技术实施了侵权行为;其次,其侵权行为给对方造成了损害;再次,侵权行为和损害之间具有因果关系;最后,网络用户主观具有过错。

(二) 网络服务提供者对侵权事实知情

对知道规则下网络技术服务提供者的侵权责任,《侵权责任法》第36条仅规定了"明知"的情形,《民法典》第1197条则规定,"知道"状态包括"明知"和"应知"。《利用信息网络侵害人身权益纠纷规定》第6条规定:"人民法院依据民法典第一千一百九十七条认定网络服务提供者是否'知道或者应当知道',应当综合考虑下列因素:(一)网络服务提供者是否以人工或者自动方式对侵权网络信息以推荐、排名、选择、编辑、整理、修改等方式作出处理;(二)网络服务提供者应当具备的管理信息的能力,以及所提供服务的性质、方式及其引发侵权的可能性大小;(三)该网络信息侵害人身权益的类型及明显程度;(四)该网络信息的社会影响程度或者一定时间内的浏览量;(五)网络服务提供者采取预防侵权措施的技术可能性及其是否采取了相应的合理措施;(六)网络服务提供者是否针对同一网络用户的重复侵权行为或者同一侵权信息采取了相应的合理措施;(七)与本案相关的其他因素。"

(三) 网络技术服务提供者未采取必要措施

网络技术服务提供者在知晓网络用户的侵权情况后负有作为义务,即应当对侵权行为采取必要的措施。

三、知道规则下网络侵权责任的承担

根据《民法典》第1197条的规定,网络技术服务提供者知道或应当知道网络用户利用其网络侵害他人民事权益而没有采取必要措施的,应当与网络用户承担连带责任。

第十章　违反安全保障义务的侵权责任

第一节　违反安全保障义务侵权责任概述

一、违反安全保障义务侵权责任的概念

违反安全保障义务的侵权责任，是指宾馆、商场、银行、车站、娱乐场所等经营场所、公共场所的经营者、管理者或者群众性活动的组织者违反其负有的保障他人人身安全、财产安全的注意义务所应承担的侵权责任。经营场所、公共场所包括以公众为对象进行商业性经营的场所以及对公众提供服务的场所，例如宾馆、商场、银行、车站、机场、码头、公园、餐厅、娱乐场所等。群众性活动是指面向社会公众举办的参加人数较多的活动，例如展览、游园、庙会、演唱会、音乐会、人才招聘会、体育比赛活动等。

二、安全保障义务的性质和特征

安全保障义务主要是一种法定义务。《民用航空法》《中华人民共和国铁路法》《中华人民共和国公路法》《建筑法》《中华人民共和国消防法》(以下简称《消防法》)等法律对特定主体的安全保障义务设有明确规定。《侵权责任法》第37条曾规定公共场所的管理人、群众性活动的组织者为安全保障义务主体，《民法典》第1198条对安全保障义务主体进行了扩张，明确了经营者、管理者或者群众性活动的组织者这三类主体负有安全保障义务。安全保障义务也可能来源于合同关系，可以被当事人约定为主给付义务，也可能表现为附随义务。因此，在违反安全保障义务的情形下可能发生违约责任和侵权责任的竞合。

安全保障义务的一个重要特征是义务主体具有特定性。安全保障义务是注意义务的一种，但和一般的注意义务不同。注意义务可以作为判断所有的民事主体是否存在过失的标准，而安全保障义务仅仅适用于经营场所、公共场所的经营者、管理者或者群众性活动的组织者。

第二节　违反安全保障义务侵权责任的构成要件

一、责任主体为安全保障义务人

（一）经营场所、公共场所的经营者和管理者

《民法典》第1198条第1款采取不完全列举的方式定义经营场所和公众场所，即"宾馆、商场、银行、车站、机场、体育场馆、娱乐场所等经营场所、公共场所"。经营场所和公共场所一般具有非封闭性，不可能拒绝顾客或公众的进入，其经营者、管理者或基于利益与风险的关系，或基于管理权与控制力，对入场者负有安全保障义务。

（二）群众性活动的组织者

群众性活动类型繁多，主要包括：（1）体育比赛活动；（2）演唱会、音乐会等文艺演出活动；（3）展览、展销等活动；（4）游园、灯会、庙会、花会、焰火晚会等活动；（5）人才招聘会、现场开奖的彩票销售等活动。群众性活动的组织者即组织该类活动的自然人、法人或其他组织。

二、安全保障义务主体没有尽到保障义务

关于安全保障义务的内容，法律有明确规定的，依其规定。如《消防法》第20条规定："举办大型群众性活动，承办人应当依法向公安机关申请安全许可，制定灭火和应急疏散预案并组织演练，明确消防安全责任分工，确定消防安全管理人员，保持消防设施和消防器材配置齐全、完好有效，保证疏散通道、安全出口、疏散指示标志、应急照明和消防车通道符合消防技术标准和管理规定。"

如果法律对安全保障义务的内容未作具体规定，则应当按照理性人标准来要求义务人，即要求经营场所、公共场所的经营者和管理者、群众性活动的组织者尽到同业者应当达到的通常注意程度。

安全保障义务人违反保障义务的表现是消极的不作为。如果安全保障义务人是积极地追求损害的发生，并且实施了侵权行为，则按照一般侵权的规定承担责任。

三、他人遭受损害

所谓"他人"，指的是除经营场所、公共场所的经营者、管理者和群众性活动的组织者，以及他们的工作人员之外的第三人。如果是工作人员遭受损害，则并不适用安全保障义务责任的规定，受害者应当适用工伤保险制度或是用人者责任的规定来寻求救济。

四、他人遭受的损害和未尽安全保障义务之间存在因果关系

损害必须与经营场所、公共场所的经营者、管理者和群众性活动的组织者没有尽

到安全保障义务之间存在因果关系。若是他人在场所内因其他原因遭受损害,则不属于安全保障义务责任调整的范围。

第三节 违反安全保障义务的责任承担

一、自己责任

《民法典》第1198条第1款规定:"宾馆、商场、银行、车站、机场、体育场馆、娱乐场所等经营场所、公共场所的经营者、管理者或者群众性活动的组织者,未尽到安全保障义务,造成他人损害的,应当承担侵权责任。"他人的损害是由于安全保障义务人未尽到义务而造成,而非第三人造成,此时安全保障义务人应当承担侵权责任。

二、补充责任

根据《民法典》第1198条第2款的规定,因第三人的行为造成他人损害,经营者、管理者或者组织者未尽到安全保障义务的,承担相应的补充责任。经营者、管理者或者组织者承担补充责任后,可以向第三人追偿。具体而言:第一,经营者、管理者或者组织者承担相应的补充责任,是指在其过错范围内承担相应的补充责任,而非就第三人没有赔偿的部分承担全部责任。第二,经营者、管理者或者组织者承担赔偿责任,以自身存在过错,即未尽到安全保障义务为前提。

第十一章　教育机构的侵权责任

第一节　教育机构侵权责任概述

一、教育机构侵权责任的概念

教育机构侵权责任是指无民事行为能力人、限制民事行为能力人在幼儿园、学校或者其他教育机构学习、生活期间受到人身损害的,幼儿园、学校或者其他教育机构依法应当承担的侵权责任。

无民事行为能力人、限制民事行为能力人在幼儿园、学校或者其他教育机构学习、生活期间,教育机构负有教育、管理和安全保障的职责,如果无民事行为能力人或限制民事行为能力人在此期间遭受人身损害,且教育机构没有尽到相关职责,则应当由教育机构承担侵权责任。

二、教育机构侵权责任的特征

（一）受害人为无民事行为能力人或限制民事行为能力人

我国的教育机构侵权责任制度将受害人的范围限定为无民事行为能力人和限制民事行为能力人。完全民事行为能力人在教育机构学习、生活期间遭受损害的,其请求权基础就不是《民法典》第1199—1201条,而应通过一般侵权或者其他特殊侵权的规定寻求救济。

（二）受害人所遭受损害为人身损害

教育机构侵权责任所保护的是无民事行为能力人和限制民事行为能力人的人身权益,而不是财产权益；无民事行为能力人和限制民事行为能力人的财产权益受到侵害可适用一般侵权和其他特殊侵权规则。

（三）教育机构侵权责任适用过错责任原则

根据《民法典》第1199—1201条的规定,无民事行为能力人在幼儿园、学校或者其他教育机构学习、生活期间受到人身损害的,幼儿园、学校或者其他教育机构应当依过错推定规则承担侵权责任；限制民事行为能力人在学校或者其他教育机构学习、生活期间受到人身损害的,学校或者其他教育机构应当承担过错侵权责任；无民事行为能力人或者限制民事行为能力人在幼儿园、学校或者其他教育机构学习、生活期间,受到幼儿园、学校或者其他教育机构以外的第三人侵害遭受人身损害的,幼儿园、学校或者其他教育机构应当承担过错侵权责任(补充责任)。

第二节 教育机构侵权责任的构成要件

一、受害人为无民事行为能力人或限制民事行为能力人

根据《民法典》的相关规定,无民事行为能力人和限制民事行为能力人包括未成年人、不能辨认自己行为的成年人和不能完全辨认自己行为的成年人。一般而言,在教育机构侵权责任制度下所指的无民事行为能力人和限制民事行为能力人是未成年学生,但也不排除不能辨认或不能完全辨认自己行为的成年人(如智力障碍者)。

二、受害人在幼儿园、学校或其他教育机构学习、生活期间遭受人身损害

所谓"学习、生活期间",指的是学生在学校学习生活,处于学校等教育机构的监督和管控之下的时间。因此,除了日常的学习、生活,学校在一般上课时间外组织的户外活动,如出游、野炊等集体外出活动,也属于"学习、生活期间"。

三、教育机构未尽到教育、管理职责

教育机构是否尽到教育、管理职责是判定其过错的根据。至于教育机构负有哪些教育、管理职责,可参酌教育部发布的《学生伤害事故处理办法》第9条的规定,即:因下列情形之一造成的学生伤害事故,学校应当依法承担相应的责任:(1)学校的校舍、场地、其他公共设施,以及学校提供给学生使用的学具、教育教学和生活设施、设备不符合国家规定的标准,或者有明显不安全因素的;(2)学校的安全保卫、消防、设施设备管理等安全管理制度有明显疏漏,或者管理混乱,存在重大安全隐患,而未及时采取措施的;(3)学校向学生提供的药品、食品、饮用水等不符合国家或者行业的有关标准、要求的;(4)学校组织学生参加教育教学活动或者校外活动,未对学生进行相应的安全教育,并未在可预见的范围内采取必要的安全措施的;(5)学校知道教师或者其他工作人员患有不适宜担任教育教学工作的疾病,但未采取必要措施的;(6)学校违反有关规定,组织或者安排未成年学生从事不宜未成年人参加的劳动、体育运动或者其他活动的;(7)学生有特异体质或者特定疾病,不宜参加某种教育教学活动,学校知道或者应当知道,但未予以必要的注意的;(8)学生在校期间突发疾病或者受到伤害,学校发现,但未根据实际情况及时采取相应措施,导致不良后果加重的;(9)学校教师或者其他工作人员体罚或者变相体罚学生,或者在履行职责过程中违反工作要求、操作规程、职业道德或者其他有关规定的;(10)学校教师或者其他工作人员在负有组织、管理未成年学生的职责期间,发现学生行为具有危险性,但未进

行必要的管理、告诫或者制止的;(11)对未成年学生擅自离校等与学生人身安全直接相关的信息,学校发现或者知道,但未及时告知未成年学生的监护人,导致未成年学生因脱离监护人的保护而发生伤害的;(12)学校有未依法履行职责的其他情形的。

第三节 教育机构侵权责任的承担

一、自己责任

根据《民法典》第1199条和第1200条的规定,教育机构没有尽到教育、管理职责时,直接由教育机构承担责任。

二、补充责任

根据《民法典》第1201条的规定,因教育机构以外的第三人造成学生人身损害的,由第三人承担侵权责任;教育机构存在过错的,承担相应的补充责任;教育机构承担补充责任后,可以向第三人追偿。教育机构以外的第三人是指幼儿园、学校或者其他教育机构的教师、学生和其他工作人员以外的人员。教育机构承担补充责任,意味着教育机构此时享有先诉抗辩权,只有当直接侵权行为人不能赔偿或者不能完全赔偿时,才由教育机构对第三人不足清偿的部分承担相应的责任。而且,补充责任的承担以教育机构未尽到管理职责为前提。

第十二章 产品责任

第一节 产品责任概述

一、产品责任的概念

产品责任有狭义、广义之分。狭义的产品责任是指产品因存在缺陷致人损害,致害产品的生产者、销售者等依法对受害人承担的侵权责任。广义的产品责任,还包括造成产品缺陷的运输者、仓储者依法承担的侵权责任。

二、产品责任的性质

产品责任是一种特殊的侵权责任,不同于合同法中标的物的瑕疵担保责任,因为产品责任不以侵权人和被侵权人之间存在合同关系为前提。适用瑕疵担保责任的前提是双方之间存在合同关系,因为合同的相对性限制了两方主体,此种情况下消费者如果因瑕疵产品遭受损害,只能依照合同法的有关规定,向出卖人主张承担责任;而《民法典》第1202条则赋予了消费者直接请求生产者赔偿的权利,只要产品致人损害,消费者可以请求参与产品生产到销售环节的不同主体赔偿。因为消费者在产品的整个生产环节中处于销售链条的最后一环,若因产品的缺陷而遭受损害,难以证明产品的缺陷的制造者,此时产品责任的适用能够让消费者突破合同相对性的束缚,更便捷地获得赔偿。

三、产品责任的归责原则

产品责任属于无过错责任。根据《民法典》第1202条和第1203条第1款的规定,只要因产品缺陷而发生致人损害的结果,生产者和销售者就应当承担侵权责任,无论其是否存在过错。

过错责任原则在产品责任制度中也得到了体现。通常情况下,产品生产出来后并不是直接就能到达销售地面向公众,从生产到销售的过程中需要经过货运和仓储环节,上述环节中也有可能导致产品缺陷的产生。因此,《民法典》中设置了运输者和仓储者承担过错责任的条款(《民法典》第1204条)。但是运输者和仓储者并不直接向受害方承担责任,而是由生产者和销售者承担侵权责任后,再向运输者或仓储者追偿。

第二节 产品责任的构成要件

一、产品存在缺陷

（一）产品的概念

根据《产品质量法》第 2 条第 2 款的规定，产品是指经过加工、制作，用于销售的产品。产品责任中的产品需要满足以下条件：首先，产品是经过人的加工和制作的物品。未经过加工和制作的物品并非产品责任中所定义的产品，如从山上摘取的野果、河中捕捞的鱼虾，虽然可以进入市场流通，但不属于产品。其次，产品的用途是用于销售。对"用于销售"应当作扩大解释，只要产品进入市场流通即可认为其符合"用于销售"这一要件。最后，产品限于动产，不包括不动产。《产品质量法》第 2 条第 3 款明确规定，"建筑工程不适用本法规定"，《民法典》侵权责任编第十章也专章规定了建筑物、构筑物或者其他设施等不动产致人损害的侵权责任，因此，不动产致人损害并不在产品责任的调整范围之内。总而言之，产品责任中的产品除了普通产品之外，还包括食品、药品、消毒药剂、医疗器械、血液、农产品、汽车等特殊产品，但是不包括建筑工程、动物、核设施、核产品、电力、人体器官和信息产品等。

（二）缺陷的认定

根据《产品质量法》第 46 条的规定，所谓产品的缺陷，是指产品存在危及人身、他人财产安全的不合理的危险；产品有保障人体健康和人身、财产安全的国家标准、行业标准的，是指不符合该标准。因此，在判断产品是否存在缺陷时，首先应当依照的标准为该产品的国家标准和行业标准。其次，如果该产品所属的行业不存在统一标准，则应当考察该产品是否存在危及人身、财产安全的不合理危险。最后，即便产品在出厂时符合国家的法定标准，但是依旧存在危及人身、财产安全的不合理危险，也应当认为该产品为缺陷产品，责任主体也不能因此而免除责任。[①] 就产品缺陷的举证而言，受害人只需要提供初步证据证明产品存在问题，则可初步认为产品存在缺陷，生产者和销售者如果不能提出反证，则产品缺陷成立。[②]

（三）缺陷产品的补救

根据《民法典》第 1206 条第 1 款的规定，产品投入流通后发现存在缺陷的，生产者、销售者应当及时采取停止销售、警示、召回等补救措施。由于主客观原因，部分产品出厂时存在缺陷在所难免；产品进入市场后，也可能因性能变化导致新的缺陷。因此，法律规定了生产者、销售者对缺陷产品的补救义务。警示是为了保障消费者的知

---

① 参见张新宝：《侵权责任法》（第二版），中国人民大学出版社 2010 年版，第 216 页。
② 参见程啸：《侵权责任法教程》（第三版），中国人民大学出版社 2017 年版，第 236 页。

情权和选择权,同时使得公众了解产品的缺陷情况,避免损害的发生;停止销售和召回是为了避免缺陷产品的买受人、使用人遭受损害。召回有主动召回和强制召回两种情况,无论是哪一种情况,其前提条件都是产品产生了新的缺陷,不以发生损害结果为召回的条件。

二、缺陷产品造成受害人民事权益的损害

此为产品损害赔偿责任的必要条件。此处的损害既包括对财产的损害,也包括对人身的损害。前者仅限于缺陷产品以外的其他财产的损害,不包括缺陷产品本身的损害。受害人不仅可以是产品的购买人、使用人,也可以是购买人和使用人以外的其他人。

三、产品缺陷与受害人的损害之间存在因果关系

一般而言,只要被侵权人能够证明存在初步因果关系,即产品缺陷与损害之间存在关联性,除非生产者、销售者能举证证明不存在因果关系,否则产品责任成立。

第三节 产品责任的承担与免责

一、产品责任的承担主体

根据《民法典》第1202条、第1203条第1款及《产品质量法》的相关规定,产品责任的承担主体主要是生产者和销售者。

(一)在外部关系上,产品的生产者和销售者承担责任

受损害的消费者可以向生产者和销售者中的任何一方主张赔偿责任。根据《民法典》第1202条,因产品存在缺陷造成他人损害的,生产者应当承担侵权责任。但是对于消费者而言,若因产品缺陷而遭受损害,查明生产者并向其求偿存在较大困难,因此,尽管产品的缺陷可能并非销售者造成的,但法律赋予受害者直接向销售者求偿的权利。

(二)在内部关系上,有过错一方承担责任

根据《民法典》第1203条第2款和第1204条的规定,产品从生产到销售的整个过程中,对产品缺陷造成损害存在过错的主体需要承担终局责任,生产者或销售者任何一方承担责任后,可以向有过错的一方追偿。例如,产品缺陷由生产者造成的,销售者赔偿后,有权向生产者追偿;因销售者的过错使产品存在缺陷的,生产者赔偿后,有权向销售者追偿。此外,根据《民法典》第1204条的规定,因运输者、仓储者等第三人的过错使产品存在缺陷,造成他人损害的,应先由产品的生产者或销售者向缺陷产品的受害人赔偿,生产者或销售者在实际赔偿之后方有权向缺陷产品运输者、仓储者

等第三人追偿。

二、产品责任的承担方式

（一）基于绝对权请求权的侵权责任

根据《民法典》第1205条的规定，因产品缺陷危及他人人身、财产安全的，被侵权人有权请求生产者、销售者承担停止侵害、排除妨碍、消除危险等侵权责任。该请求权的主张不以损害发生为条件。

（二）损害赔偿责任

根据《产品质量法》第44条的规定，因产品存在缺陷造成受害人人身伤害的，侵害人应当赔偿医疗费、治疗期间的护理费、因误工减少的收入等费用；造成残疾的，还应当支付残疾者辅助器具费、残疾赔偿金以及由其扶养的人所必需的生活费等费用；造成受害人死亡的，并应当支付丧葬费、死亡赔偿金以及由死者生前扶养的人所必需的生活费等费用。因产品存在缺陷造成受害人财产损失的，侵害人应当恢复原状或者折价赔偿。受害人因此遭受其他重大损失的，侵害人应当赔偿损失。

（三）惩罚性赔偿责任

根据《民法典》第1207条的规定，明知产品存在缺陷仍然生产、销售，或者没有依据《民法典》第1206条规定采取有效补救措施，造成他人死亡或者健康严重损害的，被侵权人有权请求相应的惩罚性赔偿。相较于《侵权责任法》第47条有关产品责任惩罚性赔偿的规定，《民法典》增设了适用惩罚性赔偿规定的一类情形，即生产者和销售者在产品投入流通后发现产品存在缺陷的，若没有及时采取《民法典》第1206条所规定的补救措施，也须承担惩罚性赔偿责任。

三、产品责任的免责事由

产品责任是无过错责任，侵权人一般不得以自己无过错为由而主张免责，但《产品质量法》第41条第2款为生产者规定了以下三种免责事由：生产者能够证明未将产品投入流通的；产品投入流通时，引起损害的缺陷尚不存在的；将产品投入流通时的科学技术水平尚不能发现缺陷存在的。上述免责事由应由生产者负举证责任。

第十三章　机动车交通事故责任

第一节　机动车交通事故责任概述

一、机动车交通事故责任的概念

机动车交通事故责任，是指因机动车发生交通事故造成他人人身伤亡、财产损失，相关主体依法应当承担的侵权责任。《道路交通安全法》第119条第5项对交通事故的定义为"车辆在道路上因过错或者意外造成的人身伤亡或者财产损失的事件"，车辆包括机动车和非机动车，《民法典》侵权责任编仅规范机动车交通事故所产生的侵权责任。

根据《民法典》第1208条的规定，机动车发生交通事故造成损害的，依照道路交通安全法律和《民法典》的有关规定承担赔偿责任。调整机动车交通事故责任的主要法律规范是《道路交通安全法》，《民法典》侵权责任编主要是对机动车交通事故侵权责任的承担主体作出规定。

二、机动车交通事故责任的归责原则

机动车交通事故责任归责原则的规定见于《道路交通安全法》。《道路交通安全法》第76条区分机动车交通事故发生的不同情况确立不同的归责原则。

第一，机动车之间发生的交通事故责任适用过错责任原则。机动车之间发生交通事故的，由有过错的一方承担赔偿责任；双方都有过错的，按照各自过错的比例分担责任。

第二，机动车与非机动车驾驶人、行人之间发生的交通事故责任适用无过错责任。机动车与非机动车驾驶人、行人之间发生交通事故，非机动车驾驶人、行人没有过错的，由机动车一方承担赔偿责任；有证据证明非机动车驾驶人、行人有过错的，根据过错程度适当减轻机动车一方的赔偿责任；机动车一方没有过错的，承担不超过10%的赔偿责任。交通事故的损失是由非机动车驾驶人、行人故意碰撞机动车造成的，机动车一方不承担赔偿责任。

第二节　机动车交通事故责任的构成要件

一、致害物为机动车

根据《道路交通安全法》第119条第3项的规定,机动车是指以动力装置驱动或者牵引,上道路行驶的供人员乘用或者用于运送物品以及进行工程专项作业的轮式车辆。因此,机动车包括各种汽车、电车、电瓶车、摩托车、拖拉机和轮式专用机械车。

二、致害原因为道路交通事故

根据《道路交通安全法》第119条第1项的规定,道路是指公路、城市道路和虽在单位管辖范围但允许社会机动车通行的地方,包括广场、公共停车场等用于公众通行的场所。之所以要求机动车必须在道路上行驶方构成机动车交通事故责任,是因为机动车只有在道路上行驶时才有造成他人损害的危险。所谓机动车"行驶在道路上",实际上就是指机动车在道路上处于使用或运行状态。

三、他人因机动车交通事故遭受损害

受害者包括行人、非机动车驾驶人和其他机动车上的人员,也包括本机动车上的人员。损害包括人身伤亡和财产损失。机动车交通事故与损害之间应具有因果关系,即机动车行驶在道路上的危险得以现实化,从而造成了他人的损害。

第三节　机动车交通事故责任的承担

一、责任主体

综合《民法典》侵权责任编第五章的规定和相关司法解释,机动车交通事故责任主体的认定规则如下:

1. 所有人、管理人驾驶机动车致害

机动车所有人、管理人驾驶机动车造成非机动车驾驶人、行人损害时,应承担侵权责任。所有人、管理人为数人的,承担连带责任。

2. 所有人、管理人与使用人分离的机动车致害

因租赁、借用等情形机动车所有人、管理人与使用人不是同一人时,发生交通事故造成损害,属于该机动车一方责任的,由机动车使用人承担赔偿责任;机动车所有人、管理人对损害的发生有过错的,承担相应的赔偿责任。机动车所有人或者管理人在下列情形下构成"过错":知道或者应当知道机动车存在缺陷,且该缺陷是交通事故

发生原因之一的;知道或者应当知道驾驶人无驾驶资格或者未取得相应驾驶资格的;知道或者应当知道驾驶人因饮酒、服用国家管制的精神药品或者麻醉药品,或者患有妨碍安全驾驶机动车的疾病等依法不能驾驶机动车的;其他应当认定机动车所有人或者管理人有过错的。

3. 转让中的机动车致害

当事人之间已经以买卖或者其他方式转让并交付机动车但是未办理登记,发生交通事故后造成损害,属于该机动车一方责任的,由受让人承担赔偿责任。被多次转让但未办理移转登记的机动车发生交通事故造成损害,属于该机动车一方责任的,由最后一次转让并交付的受让人承担赔偿责任。采取分期付款方式购车,出卖方在购买方付清全部车款前保留车辆所有权的,购买方以自己名义与他人订立货物运输合同并使用该车运输时,因交通事故造成他人财产损失的,出卖方不承担民事责任。

4. 挂靠经营机动车致害

以挂靠形式从事道路运输经营活动的机动车发生交通事故造成损害,属于该机动车一方责任的,由挂靠人和被挂靠人承担连带责任。

5. 擅自驾驶他人机动车致害

未经允许驾驶他人机动车发生交通事故造成损害,属于该机动车一方责任的,机动车使用人应当承担赔偿责任。机动车所有人或者管理人有过错的,承担相应的赔偿责任,但是法律另有规定的除外。

6. 拼装或已达到报废标准的机动车致害

以买卖或者其他方式转让拼装或者已经达到报废标准的机动车,发生交通事故造成损害的,由转让人和受让人承担连带责任。拼装车、已达到报废标准的机动车或者依法禁止行驶的其他机动车被多次转让,并发生交通事故造成损害的,由所有的转让人和受让人承担连带责任。

7. 盗窃、抢劫或者抢夺的机动车致害

盗窃、抢劫或者抢夺的机动车发生交通事故造成损害的,由盗窃人、抢劫人或者抢夺人承担赔偿责任。盗窃人、抢劫人或者抢夺人与机动车使用人不是同一人,发生交通事故造成损害,属于该机动车一方责任的,盗窃人、抢劫人或者抢夺人与机动车使用人承担连带责任。

8. 非营运机动车无偿搭乘人损害

非营运机动车发生交通事故造成无偿搭乘人损害,属于该机动车一方责任的,应当减轻其赔偿责任,但是机动车使用人有故意或者重大过失的除外。实务中,好意搭乘行为发生事故,搭乘人请求精神损害赔偿的,法院不予支持。①

---

① 参见最高人民法院民事审判第一庭编:《民事审判指导与参考》2008 年第 4 集(总第 36 集),法律出版社 2009 年版,第 120 页。

9. 套牌机动车致害

套牌机动车发生交通事故造成损害,属于该机动车一方责任的,套牌机动车的所有人或者管理人应承担赔偿责任;被套牌机动车所有人或者管理人同意套牌的,应当与套牌机动车的所有人或者管理人承担连带责任。

10. 驾驶培训机动车致害

接受机动车驾驶培训的人员,在培训活动中驾驶机动车发生交通事故造成损害,属于该机动车一方责任的,驾驶培训单位应承担赔偿责任。

11. 试乘机动车致害

机动车试乘过程中发生交通事故造成试乘人损害,提供试乘服务者应承担赔偿责任。试乘人有过错的,应当减轻提供试乘服务者的赔偿责任。

二、保险责任与侵权责任

根据《民法典》第1213条的规定,机动车发生交通事故造成损害,属于该机动车一方责任的,先由承保机动车强制保险的保险人在强制保险责任限额范围内予以赔偿;不足部分,由承保机动车商业保险的保险人按照保险合同的约定予以赔偿;仍然不足或者没有投保机动车商业保险的,由侵权人赔偿。根据《最高人民法院关于审理道路交通事故损害赔偿案件适用法律若干问题的解释》第13条第2款的规定,被侵权人或者其近亲属请求承保交强险的保险公司优先赔偿精神损害的,人民法院应予支持。

根据《民法典》第1216条的规定,机动车驾驶人发生交通事故后逃逸,该机动车参加强制保险的,由保险人在机动车强制保险责任限额范围内予以赔偿;机动车不明、该机动车未参加强制保险或者抢救费用超过机动车交通事故责任强制保险责任限额,需要支付被侵权人人身伤亡的抢救、丧葬等费用的,由道路交通事故社会救助基金垫付。道路交通事故社会救助基金垫付后,其管理机构有权向交通事故责任人追偿。

第十四章　医疗损害责任

第一节　医疗损害责任概述

一、医疗损害责任的概念

医疗损害责任是指因医疗机构或者其医务人员在诊疗活动中的过错导致患者遭受损害，或是因缺陷医疗产品或者输入不合格的血液导致患者遭受损害，医疗机构依法承担的侵权责任。"医疗损害责任"一词首见于《侵权责任法》，《侵权责任法》颁行前，对于因医疗纠纷产生的责任的法律适用一直处于"医疗事故责任"和"医疗过错责任"的二元状态。①

医疗损害责任属于侵权责任，但医疗关系也会产生合同责任。一方面，患者在医疗机构诊疗期间因医疗机构的过错行为而导致自身权利受到侵害的，医疗机构一方的行为构成侵权行为，应当对患者承担侵权责任。另一方面，患者和医疗机构之间就诊疗活动也成立医疗服务合同关系，所以在患者因医疗机构一方的过错而发生损害时，可以认为医疗机构一方存在违约行为，患者可以主张违约责任。

二、医疗损害责任的归责原则

根据《民法典》第1218条的规定，医疗损害责任适用过错责任原则，即患者在诊疗活动中受到损害的，医疗机构仅于自身或是医务人员存在过错时方承担侵权责任。考虑到医疗活动的专业性，出于保护患者权益的目的，《民法典》第1222条对于医疗损害责任中的过错认定作了特殊的规定，即原则上受害人就医疗机构的过失负有举证责任，但在特定情形下，推定医疗机构存在过错。

值得注意的是，在医疗产品或者输入不合格的血液致人损害的情形下，根据《民法典》第1223条的规定，医疗机构或是药品上市许可持有人、生产者、血液提供机构承担的是无过错责任，该条规定实际上是产品责任在医疗损害案件中的体现。

---

① 参见程啸：《侵权责任法教程》（第三版），中国人民大学出版社2017年版，第274页。

第二节 医疗损害责任的构成要件与免责事由

一、医疗损害责任的构成要件

（一）医疗机构或者其医务人员对患者实施了诊疗行为

根据《医疗机构管理条例》的规定，医疗机构是指经县级以上地方人民政府卫生行政部门审查批准，并取得设置医疗机构批准书的，从事疾病诊断、治疗活动的医院、卫生院、疗养院、门诊部、诊所、卫生所(室)以及急救站等机构。医务人员指经过考核和行政部门审批取得医疗行业从业资格的专业卫生技术人员；除此之外，还包括从事医疗管理、后勤服务等工作的人员。患者指接受医疗机构或者其医务人员诊疗服务的人。诊疗行为是指医疗机构或者其医务人员借助医学知识、专业技术、科学设备以及药物等专业手段，为患者提供紧急救治、检查、诊断、治疗、手术、护理、保健、医疗整形、医疗美容服务以及为此服务的后勤和管理等维护患者生命健康活动的总和。如果是不具备医疗机构资质的机构或者不具备医务人员资格的个人对患者进行诊疗，便构成非法行医，因此造成的损害不属于医疗损害，受害人应当依据一般侵权的规定寻求救济。

（二）患者在医疗活动中遭受损害

医疗损害责任中的损害是指医疗机构或者其医务人员对患者实施诊疗行为过程中侵害患者的生命权、身体权和健康权所造成的损害，包括财产损害和精神损害，前者如因错误治疗造成身体伤害的后续治疗所支出的费用，后者如因健康受损产生的精神痛苦。医疗机构或者其医务人员在履行医疗职责过程中，为挽救患者生命、维护患者健康，依照医疗规程对患者身体实施必要的手术或药物治疗而造成的损害（如截肢、药物副作用），不构成医疗损害。个别医务人员以给患者诊治为由推销无疗效药物或者进行不必要的医疗检查所造成的患者经济损失，也不属于医疗损害范畴。

（三）医疗机构或者其医务人员的医疗行为与患者遭受损害的事实之间存在因果关系

患者遭受的损害须由医疗机构或者其医务人员的不合理医疗行为造成，才能成立医疗损害责任。根据《最高人民法院关于审理医疗损害责任纠纷适用法律若干问题的解释》（以下简称《医疗损害责任解释》）第4条的规定，"患者依据民法典第一千二百一十八条规定主张医疗机构承担赔偿责任的，应当提交到该医疗机构就诊、受到损害的证据。患者无法提交医疗机构或者其医务人员有过错、诊疗行为与损害之间具有因果关系的证据，依法提出医疗损害鉴定申请的，人民法院应予准许。医疗机构主张不承担责任的，应当就民法典第一千二百二十四条第一款规定情形等抗辩事由承担举证证明责任"。

(四) 医疗机构或者其医务人员存在过错

医疗过错的判定存在三种标准:

1. 是否违反说明及取得同意的义务

根据《民法典》第 1219 条的规定,医务人员在诊疗活动中应当向患者说明病情和医疗措施。需要实施手术、特殊检查、特殊治疗的,医务人员应当及时向患者具体说明医疗风险、替代医疗方案等情况,并取得其明确同意;不能或者不宜向患者说明的,应当向患者的近亲属说明,并取得其明确同意。医务人员未尽到上述义务,造成患者损害的,医疗机构应当承担赔偿责任。所谓"特殊检查、特殊治疗",主要包括:有一定危险性,可能产生不良后果的检查和治疗;由于患者体质特殊或者病情危笃,可能对患者产生不良后果和危险的检查和治疗;临床试验性检查和治疗;收费可能对患者造成较大经济负担的检查和治疗。但根据《医疗损害责任解释》第 17 条的规定,医务人员虽然违反说明及取得同意的义务,但未造成患者人身损害,患者请求医疗机构承担损害赔偿责任的,不予支持。

说明及取得同意义务的适用也存在例外。根据《民法典》第 1220 条的规定,因抢救生命垂危的患者等紧急情况,不能取得患者或者其近亲属意见的,经医疗机构负责人或者授权的负责人批准,可以立即实施相应的医疗措施。对于"不能取得患者或者其近亲属意见",应当作客观不能的解释,即不能取得患者或者其近亲属的意见,只能由医疗机构及其医务人员自行判断是否救治。根据《医疗损害责任解释》第 18 条的规定,因抢救生命垂危的患者等紧急情况且不能取得患者意见时,下列情形可以认定为《民法典》第 1220 条规定的不能取得患者近亲属意见:(1) 近亲属不明的;(2) 不能及时联系到近亲属的;(3) 近亲属拒绝发表意见的;(4) 近亲属达不成一致意见的;(5) 法律、法规规定的其他情形。上述情形,医务人员经医疗机构负责人或者授权的负责人批准立即实施相应医疗措施,患者因此请求医疗机构承担赔偿责任的,不予支持;医疗机构及其医务人员怠于实施相应医疗措施造成损害,患者请求医疗机构承担赔偿责任的,应予支持。

2. 是否违反诊疗义务

根据《民法典》第 1221 条的规定,医务人员在诊疗活动中未尽到与当时的医疗水平相应的诊疗义务,造成患者损害的,医疗机构应当承担赔偿责任。换言之,判断医疗机构及其医务人员是否存在过错,以行为人是否尽到与诊疗行为发生时的医疗水平相应的注意义务为一般标准。

3. 是否存在过错推定的情形

除上述法定义务外,在特定情形下可以推定医疗机构存在过错。根据《民法典》第 1222 条的规定,推定医疗机构存在过错的情形包括:(1) 违反法律、行政法规、规章以及其他有关诊疗规范的规定。所谓"法律、行政法规、规章"是指全国人大及其常委会、国务院以及国务院各部委颁布的规范性法律文件;"诊疗规范"指由卫健委、国家中医药管理局制定或认可的与诊疗活动有关的技术标准、操作规程等规范性文件以及与医疗事业有关的全国性行业协会或学会颁布的各种标准、规程、规范、制度等。(2)隐匿或者拒绝提供与纠纷有关的病历资料。(3)遗失、伪造、篡改或者违法销毁病历资料。根据《民法典》第1225条和《医疗损害责任解释》第6条第1款的规定,医疗机构及其医务人员应当按照规定填写并妥善保管门诊病历、住院志、体温单、医嘱单、检验报告、医学影像检查资料、特殊检查(治疗)同意书、手术同意书、手术及麻醉记录、病理资料、护理记录、出院记录以及国务院卫生行政主管部门规定的其他病历资料。

二、医疗损害责任的免责事由

除《民法典》第1174条、第1175条所规定的一般免责事由外,《民法典》第1224条还规定了医疗损害责任的三项特殊免责事由:(1)患者或者其近亲属不配合医疗机构进行符合诊疗规范的诊疗;但是医疗机构或者其医务人员也有过错的,应当承担相应的赔偿责任。(2)医务人员在抢救生命垂危的患者等紧急情况下已经尽到合理诊疗义务。(3)限于当时的医疗水平难以诊疗。对于上述免责事由,医疗机构负有举证责任。

第十五章　环境污染和生态破坏责任

第一节　环境污染和生态破坏责任概述

一、环境污染和生态破坏责任的概念

环境污染和生态破坏责任，是指侵权人因污染环境、破坏生态而依法应当承担的侵权责任。根据《环境保护法》第2条的规定，法律意义上的"环境"指的是影响人类生存和发展的各种天然的和经过人工改造的自然因素的总体，包括大气、水、海洋、土地、矿藏、森林、草原、湿地、野生生物、自然遗迹、人文遗迹、自然保护区、风景名胜区、城市和乡村等与人类生活有关的环境。生态环境指的是自然界中所有自然环境要素的总和。

《侵权责任法》以"环境污染责任"规制环境侵权行为，《民法典》仍然将环境侵权责任作为特殊侵权责任的一种，但用"环境污染和生态破坏责任"替代"环境污染责任"，扩大了环境侵权责任制度的调整范围，并完善了相关规则。

二、环境污染和生态破坏责任的归责原则

环境污染和生态破坏责任适用无过错责任，是各国规制环境侵权行为的通常做法。根据《民法典》第1229条的规定，侵权人污染环境或者破坏生态的，无论其是否有过错，都应当承担侵权责任，即环境污染和生态破坏责任不以行为人存在过错为要件。环境污染和生态破坏责任适用无过错责任归责原则，有利于促使企业法人等民事主体履行环保法律义务，同时有利于保护环境污染和生态破坏责任的受害者。

第二节　环境污染和生态破坏责任的构成要件

一、行为人实施了污染环境、破坏生态的行为

污染环境的行为，包括大气污染、水污染、环境噪声污染、固体废物污染、海洋环境污染和放射性污染等公害行为。污染环境行为不以违反或超出排污标准为必要，排污标准只是环保行政部门的执法依据，并不影响侵权责任的成立。《最高人民法院

关于审理环境侵权责任纠纷案件适用法律若干问题的解释》(以下简称《环境侵权责任解释》)第1条第2款规定,侵权人以排污符合国家或者地方污染物排放标准为由主张不承担责任的,人民法院不予支持。破坏生态行为,是指以过度采挖、乱砍滥伐、过度放牧、毁林造田、不合理引进物种等方式破坏生态构成与功能的行为。

二、受害人因环境污染、生态破坏遭受损害

受害人因环境污染、生态破坏遭受的损害包括人身损害,例如因饮用水受污染导致身体疾病;也包括财产损失,例如工作物因枯死绝收。

三、侵害行为与损害之间存在因果关系

根据《民法典》第1230条的规定,环境污染、生态破坏责任实行因果关系推定,被侵权人无须证明侵害行为与损害之间存在因果关系,行为人应当就其行为与损害之间不存在因果关系承担举证责任。对于环境污染、生态破坏责任的因果关系,通常需要采取技术手段予以取证和检测,一般受害者没有能力承担举证责任,将举证责任分配给侵权人,降低了受害者获得救济的难度。《环境侵权责任解释》第7条规定,侵权人举证证明下列情形之一的,人民法院应当认定其污染环境、破坏生态行为与损害之间不存在因果关系:(1) 排放污染物、破坏生态的行为没有造成该损害可能的;(2) 排放的可造成该损害的污染物未到达该损害发生地的;(3) 该损害于排放污染物、破坏生态行为实施之前已发生的;(4) 其他可以认定污染环境、破坏生态行为与损害之间不存在因果关系的情形。但根据《环境侵权责任解释》第6条的规定,被侵权人根据《民法典》第七编第七章的规定请求赔偿的,应当提供证明以下事实的证据材料:(1) 侵权人排放了污染物或者破坏了生态;(2) 被侵权人的损害;(3) 侵权人排放的污染物或者其次生污染物、破坏生态行为与损害之间具有关联性。

第三节 环境污染和生态破坏责任的承担

一、责任主体

根据《民法典》第1229条的规定,因污染环境、破坏生态行为造成他人损害的,侵权人应当承担侵权责任,这是我国对环境污染和生态破坏责任主体的一般规定,也是"谁污染,谁负责"的具体体现。同时,根据《民法典》第1233条的规定,因第三人的过错污染环境、破坏生态的,被侵权人可以向侵权人请求赔偿,也可以向第三人请求赔偿。侵权人赔偿后,有权向第三人追偿。根据《环境侵权责任解释》第5条第2款、第3款的规定,被侵权人请求第三人承担赔偿责任的,人民法院应当根据第三人的过错程度确定其相应赔偿责任。侵权人以第三人的过错污染环境、破坏生态造成损害为

由主张不承担责任或者减轻责任的,人民法院不予支持。该规定加重了侵权人的责任负担,体现了对被侵权人的特殊保护。

二、数人承担责任

根据《民法典》第1231条的规定,两个以上侵权人污染环境、破坏生态的,承担责任的大小,根据污染物的种类、浓度、排放量,破坏生态的方式、范围、程度,以及行为对损害后果所起的作用等因素确定。根据相关司法解释,数人环境污染责任的承担可分为两种情形。

(一)两个以上侵权人共同实施污染环境、破坏生态行为造成损害

根据《环境侵权责任解释》第2条的规定,两个以上侵权人共同实施污染环境、破坏生态行为造成损害,被侵权人可以请求侵权人承担连带责任。此种情形下构成共同侵权,侵权人应承担连带责任。

(二)两个以上侵权人分别实施污染环境、破坏生态行为造成同一损害

1. 聚合的因果关系

根据《环境侵权责任解释》第3条第1款的规定,两个以上侵权人分别实施污染环境、破坏生态行为造成同一损害,每一个侵权人的污染环境、破坏生态行为都足以造成全部损害,被侵权人可以请求侵权人承担连带责任。

2. 共同的因果关系

根据《环境侵权责任解释》第3条第2款的规定,两个以上侵权人分别实施污染环境、破坏生态行为造成同一损害,每一个侵权人的污染环境、破坏生态行为都不足以造成全部损害,能够确定责任大小的,各自承担相应的责任;难以确定责任大小的,平均承担责任。

3. 累积的因果关系

根据《环境侵权责任解释》第3条第3款的规定,两个以上侵权人分别实施污染环境、破坏生态行为造成同一损害,部分侵权人的污染环境、破坏生态行为足以造成全部损害,部分侵权人的污染环境、破坏生态行为只造成部分损害的,被侵权人可以请求足以造成全部损害的侵权人与其他侵权人就共同造成的损害部分承担连带责任,并对全部损害承担责任。

三、环境污染和生态破坏责任的惩罚性赔偿责任

《民法典》第1232条规定,侵权人违反法律规定故意污染环境、破坏生态造成严重后果的,被侵权人有权请求相应的惩罚性赔偿。成立环境污染和生态破坏责任的惩罚性赔偿责任,需要以侵权行为人故意为要件。请求惩罚性赔偿的主体被限定为"被侵权人",此时因破坏生态环境而造成了公共利益受损,国家机关能否作为诉讼主体主张惩罚性赔偿?根据《民事诉讼法》第58条的规定,对污染环境等损害社会公共

利益的行为,法律规定的机关(如人民检察院)和有关组织可以向人民法院提起诉讼。

四、生态环境修复责任

生态环境修复责任是指在生态环境遭到损害(破坏)后,侵权行为人通过适当方式使生态环境全部恢复或者部分恢复的侵权责任承担方式。生态环境修复责任是《民法典》在环境侵权责任方面的立法创新,也是《民法典》第9条中所规定的绿色原则在侵权责任编中的体现。

根据《民法典》第1234条的规定,违反国家规定造成生态环境损害,生态环境能够修复的,国家规定的机关或者法律规定的组织有权请求侵权人在合理期限内承担修复责任。侵权人在期限内未修复的,国家规定的机关或者法律规定的组织可以自行或者委托他人进行修复,所需费用由侵权人负担。根据相关司法解释的规定,生态环境修复费用包括制定、实施修复方案的费用,修复期间的监测、监管费用,以及修复完成后的验收费用、修复效果后评估费用等;生态环境不能修复或者不能完全修复时,可以准许行为人采用替代性修复方式并承担必要费用。

五、环境损害公益诉讼

《民法典》第1235条规定,违反国家规定造成生态环境损害的,国家规定的机关或者法律规定的组织有权请求侵权人承担赔偿责任。赔偿的具体内容包括:(1)生态环境受到损害至修复完成期间服务功能丧失导致的损失;(2)生态环境功能永久性损害造成的损失;(3)生态环境损害赔偿调查、鉴定评估等费用;(4)清除污染、修复生态环境费用;(5)防止损害的发生和扩大所支出的合理费用。

第十六章　高度危险责任

第一节　高度危险责任概述

一、高度危险责任的概念

高度危险责任,是指从事高度危险作业造成他人损害,相关主体依法应当承担的侵权责任。《民法典》第1236条规定,从事高度危险作业造成他人损害的,应当承担侵权责任。该条是高度危险责任的一般条款。

二、高度危险责任的分类

根据《民法典》的规定,高度危险责任可以分为以下几类:(1)高度危险物品致害责任,包括民用核设施致害责任(第1237条)、民用航空器致害责任(第1238条)和高度危险物致害责任(第1239条、第1241条、第1242条);(2)高度危险活动致害责任,主要是高空、高压、地下挖掘活动或者使用高速轨道运输工具致害责任(第1240条);(3)高度危险区域致害责任,主要是高度危险区域管理人的责任(第1243条)。

三、高度危险责任的构成要件

根据《民法典》第1236条的规定,从事高度危险作业造成他人损害的,应当承担侵权责任。因此,高度危险责任属于无过错责任,其构成要件为:

(1)行为人实施了高度危险作业行为。高度危险作业,是指对周围环境具有高度危险的作业,例如:使用民用核设施、民用航空器和高速轨道运输工具,从事高空、高压、地下挖掘活动,占有或者使用易燃、易爆、剧毒、高放射性等高度危险物等。

(2)受害人因高度危险作业遭受损害。受害人的损害包括人身损害和财产损害。高度危险作业与受害人损害之间须存在因果关系,即受害人的损害是由高度危险作业本身所固有的危险所造成的。

四、高度危险责任的赔偿限额

《侵权责任法》第77条规定:"承担高度危险责任,法律规定赔偿限额的,依照其规定。"《民法典》第1244条在该条规定的基础上增加了但书规定,"但是行为人有故意或者重大过失的除外",即当受害人能够证明行为人的故意或者重大过失时,可以排除最高赔偿限额条款的适用。

第二节　民用核事故致害责任

一、民用核事故致害责任的概念

根据《民法典》第1237条的规定,民用核事故致害责任指因民用核设施或者运入运出核设施的核材料发生核事故造成他人损害时,民用核设施的营运单位应当承担的侵权责任。

二、民用核事故致害责任的构成要件

(一) 民用核设施、核材料或者放射性核废料发生核事故

根据《中华人民共和国民用核设施安全监督管理条例》(以下简称《民用核设施安全监督管理条例》)第2条的规定,民用核设施包括:核动力厂(核电厂、核热电厂、核供汽供热厂等);核动力厂以外的其他反应堆(研究堆、实验堆、临界装置等);核燃料生产、加工、贮存及后处理设施;放射性废物的处理和处置设施;其他需要严格监督管理的核设施。

核材料是指核工业及核科学研究中所专用,为核工业所需的特殊原料。根据《中华人民共和国核材料管制条例》第2条的规定,核材料包括铀—235,含铀—235的材料和制品;铀—233,含铀—233的材料和制品;钚—239,含钚—239的材料和制品;氚,含氚的材料和制品;锂—6,含锂—6的材料和制品;其他需要管制的核材料。铀矿石及其初级产品,不属于该条例管制范围。已移交给军队的核制品的管制办法由国防部门制定。

放射性核废料则是指在核燃料生产、加工和核反应堆用过的不再需要的并具有放射性的核材料。

根据《民用核设施安全监督管理条例》第24条第5项的规定,"核事故"是指核设施内的核燃料、放射性产物、废料或运入运出核设施的核材料所发生的放射性、毒害性、爆炸性或其他危害性事故,或一系列事故。

(二) 核事故造成他人损害

核事故造成他人损害,是指因使用核设施、核材料或者放射性核废料发生核事故而造成的财产和人身损害。因核事故造成的环境损害,适用环境污染和生态破坏责任规则。

三、民用核事故致害责任的承担

根据《民法典》第1237条的规定,民用核事故致害责任的主体为民用核设施的营

运单位。核电站或者核设施的营运者是在中华人民共和国境内,依法取得法人资格,营运核电站、民用研究堆、民用工程实验反应堆的单位或者从事民用核燃料生产、运输和乏燃料贮存、运输、后处理且拥有核设施的单位。

若民用核设施、核材料或者放射性核废料的运营单位为多个主体,能够确定责任份额的,依照其责任份额承担责任;不能确定责任份额时,多个运营单位之间承担连带责任。

四、民用核事故致害责任的免责事由

根据《民法典》第1237条的规定,民用核事故致害责任的免责事由为:

(一)战争、武装冲突、暴乱等情形

核设施因其特殊用途,在战时具有重要作用,也可能成为被打击的目标。在《关于核损害的民事责任的维也纳公约》中,就规定了核事故责任可因军事冲突等情况免责。对此,《侵权责任法》仅列举了"战争"这一种免责情形,而《民法典》增加了武装冲突和暴乱两种情形。

(二)受害人故意

受害人的故意同样也是核事故致害责任的免责事由,受害人故意造成核事故指受害人故意破坏核设施或者放任自己受到核辐射等情况。

第三节 民用航空器致害责任

一、民用航空器致害责任的概念

民用航空器致害责任是指,因民用航空器的使用和运营造成他人损害时,民用航空器的经营者所应当承担的侵权责任。根据《民法典》第1238条的规定,民用航空器造成他人损害的,民用航空器的经营者应当承担侵权责任,但是能够证明损害是因受害人故意造成的,经营者不承担责任。

民用航空器造成乘客或货物托运人的人身或财产损害的,乘客或货物托运人可以向民用航空器经营者主张承担侵权责任。同时,民用航空器经营者和乘客、货物托运人之间存在合同关系,若民用航空器造成损害,乘客或货物托运人可以根据《民法典》合同编中违约责任的规定向民用航空器经营者请求赔偿。民用航空器造成地面第三人损害的,根据《民用航空法》第157条第1款的规定,地面第三人可向民用航空器的经营者主张侵权责任。

二、民用航空器致害责任的构成要件

(一)民用航空器运营中发生事故

根据《民用航空法》第5条的规定,民用航空器指除用于执行军事、海关、警察飞

行任务外的航空器。

关于"运营"的界定,除民用航空器的起飞与降落过程外,根据《民用航空法》第124条和第125条第1款的规定,民用航空器的运营状态还包括旅客上、下民用航空器的这一过程。如果民用航空器还负责托运货物,依照《民用航空法》第125条第5款的规定,此时的运营状态还包括托运行李、货物处于承运人掌管之下的全部期间。

(二)事故造成他人损害

民用航空器运营中发生的事故,需要造成他人的人身或者财产损害。"他人"包括民用航空器内的乘客、工作人员,也包括托运货物和行李的托运人,以及地面的第三人。

三、民用航空器致害责任的承担

根据《民法典》第1238条的规定,民用航空器致害责任的承担主体,是民用航空器的经营者。根据《民用航空法》第158条的规定,以下民事主体可被视为民用航空器的经营者:(1)损害发生时使用民用航空器的人。但民用航空器的使用权已经直接或者间接地授予他人、本人保留对该民用航空器的航行控制权的,本人仍被视为经营人。(2)经营人的受雇人、代理人。(3)民用航空器登记的所有权人应当被视为经营人,除非在判定其责任的诉讼中证明经营人是他人,并依法使该人成为诉讼当事人之一。

四、民用航空器致害责任的免责事由

根据《民法典》第1238条和《民用航空法》第124条、第125条、第160条的规定,对下列情形,民用航空器经营者不承担责任:(1)受害人故意造成的损害;(2)乘客本人的健康状况导致的损害;(3)行李本身的自然属性、质量或者缺陷造成的损害;(4)战争或者武装冲突造成的损害;(5)有关国家机关依法剥夺民用航空器的使用权。

第四节 高度危险物致害责任

一、高度危险物致害责任的概念

高度危险物致害责任,指易燃、易爆、剧毒、高放射性、强腐蚀性、高致病性等高度危险物造成损害时,有关民事主体应当承担的侵权责任。

二、高度危险物致害责任的构成要件

(一)民事主体占有或者使用高度危险物

《民法典》第1239条采不完全列举的方式将高度危险物定义为:具有"易燃、易

爆、剧毒、高放射性、强腐蚀性、高致病性"等性质的物品。

占有是指民事主体对物的实际控制,可分为合法占有和非法占有。根据《民法典》第1242条第1句的规定,高度危险物致害责任中的占有人应包括非法占有人。

当高度危险物的所有人和使用人发生分离时,应当由高度危险物的使用人承担侵权责任。高度危险物必须附带上人的因素,即需要经过被人占有或者使用这一环节,才有可能成立高度危险物致害责任。自然状态下的高度危险物即便是因其高度危险性造成了损害,也不能认为成立高度危险物致害责任。①

（二）高度危险物因其自身危险造成他人损害

一方面,高度危险物必须是因为自身的特性而造成损害,方才成立高度危险物致害责任。如被打包的易燃物品因跌落致人损害,而非因易燃物品的燃烧导致损害,此时受害人可依照一般侵权的规定寻求救济。

另一方面,高度危险物造成的损害须是除占有人或者使用人之外的第三人的损害,其造成占有人或是使用人的损害,不成立高度危险物致害责任。

三、高度危险物致害责任的承担

（一）高度危险物合法占有人、使用人的责任

根据《民法典》第1239条的规定,高度危险物的占有人和使用人是一般情况下高度危险物致害的责任主体。从体系解释来看,《民法典》第1242条规定了"非法占有人"的责任,因此,第1239条中的占有人应理解为"合法占有人"。

（二）高度危险物所有人、管理人的责任

根据《民法典》第1241条、第1242条第2句的规定,遗失、抛弃高度危险物造成他人损害的,由所有人承担侵权责任。所有人将高度危险物交由他人管理的,由管理人承担侵权责任;所有人有过错的,与管理人承担连带责任。所有人、管理人不能证明对防止非法占有高度危险物造成他人损害尽到高度注意义务的,其与非法占有人承担连带责任。高度危险物的所有人承担责任,是因为所有人对于高度危险物具有保管和妥善处置的义务,遗失和抛弃行为系高度危险物的所有人对于上述义务的违反,是故应当承担连带责任。所有人将高度危险物的占有转移给管理人后,管理人则承担了对高度危险物的保管和妥善处置义务。而所谓所有人存在过错,即所有人将物品交给管理人时没有履行告知义务,或是在选择管理人时没有尽到审查义务等,此时若是高度危险物致人损害,所有人与管理人应承担连带责任。

（三）高度危险物非法占有人的责任

根据《民法典》第1242条第1句的规定,非法占有高度危险物造成他人损害的,由非法占有人承担侵权责任。"非法"一词应当理解为侵夺他人占有的行为具有违法

---

① 参见程啸:《侵权责任法》(第二版),法律出版社2015年版,第608页。

性,而不能解释为恶意占有。因为侵夺他人占有的行为本身即非正当。

四、高度危险物致害责任的减轻与免除事由

根据《民法典》第1239条的规定,占有人或者使用人应当承担侵权责任,但是能够证明损害是因受害人故意或者不可抗力造成的,不承担责任。被侵权人对损害的发生有重大过失的,可以减轻占有人或者使用人的责任。

第五节　高度危险活动致害责任

一、高度危险活动致害责任的概念

高度危险活动致害责任,是指从事高空、高压、地下挖掘活动或者使用高速轨道运输工具造成他人损害时,经营者应当承担的侵权责任。我国《民法典》第1240条列举了四种高度危险活动的情形,分别为:高空活动、高压活动、地下挖掘活动和使用高速轨道运输工具。

二、高度危险活动致害责任的构成要件

（一）从事高空、高压、地下挖掘活动或者使用高速轨道运输工具

从事高空、高压、地下挖掘活动或者使用高速轨道运输工具的事实构成高度危险活动的前提。

高空活动也被称作高空作业或高处作业,一般认为高于地面一定高度进行作业即可认定为高空作业。

高压活动是指涉及高压生产的活动,包括高压电和高压容器等情况。依照《供电营业规则》第6条第1款的规定,高压供电为10、35(63)、110、220千伏。依照《特种设备安全监察条例》第2条第1款中对于高压的标准,符合涉及生命安全、危险性较大两个特点的压力容器,可以看作是高压容器。

地下挖掘活动指在地面以下一定深度进行挖掘和施工工作的活动,如地下勘测、采集和地铁修建等活动。

使用高速轨道运输工具指通过高速轨道进行运输活动,如高速铁路、地铁、城轨等。何为"高速"实际上也没有一项统一的标准,应当依据一般社会观念来确定。[①]

（二）从事的高度危险活动造成他人损害

从事的高度危险活动需要造成他人损害。损害结果包括财产损害和人身损害。

---

① 参见王利明:《侵权责任法研究》(下卷),中国人民大学出版社2011年版,第598页。

即便损害没有发生,但是因为高度危险活动而造成了危险状态,依照《民通意见》(已失效)第154条的规定,有受害之虞的相关主体仍然可以要求侵权人承担相应的侵权责任。高度危险活动中的"他人"与高度危险物致害责任中的"他人"一样,指除经营者之外的第三人。

三、高度危险活动致害责任的承担

依照《民法典》第1240条第1句前段的规定,从事高空、高压、地下挖掘活动或者使用高速轨道运输工具造成他人损害的,经营者应当承担侵权责任,即高度危险活动的责任主体为经营者,其为对高度危险活动享有控制能力并且通过该活动获利的民事主体。

四、高度危险活动致害责任的减轻与免除事由

依照《民法典》第1240条第1句后段和第2句的规定,能够证明损害是因受害人故意或者不可抗力造成的,不承担责任。被侵权人对损害的发生有重大过失的,可以减轻经营者的责任。与《侵权责任法》第73条对经营者减轻责任的规定不同,《民法典》对于其减轻责任的主观要求是受害人的重大过失而非一般过失。

第六节　高度危险区域致害责任

一、高度危险区域致害责任的概念

高度危险区域致害责任,是指受害人因未经许可进入高度危险活动区域或者高度危险物存放区域而受到损害时,高度危险活动区域或者高度危险物存放区域的管理人应当承担的侵权责任。

二、高度危险区域致害责任的构成要件

(一)受害人未经许可进入高度危险活动区域或者高度危险物存放区域

高度危险活动区域是指高度危险事件波及的特定区域。高度危险物存放区域指的是存放高度危险物的特定区域。受害人须是未经许可进入上述特定区域,方才成立高度危险区域致害责任,如受害人应邀采访或是参观而受到损害则不属于未经许可范围。

(二)管理人未采取足够安全措施或未尽到充分警示义务

《民法典》第1243条后段规定,管理人能够证明已经采取足够安全措施并尽到充分警示义务的,可以减轻或者不承担责任。相较于《侵权责任法》第76条的规定,除了要求管理人尽到充分的警示义务之外,《民法典》还要求管理人采取了足够的安全

措施。如果管理人只是履行了警示义务而没有采取必要的安全措施,也成立高度危险区域致害责任。

三、高度危险区域致害责任的承担

根据《民法典》第1243条的规定,高度危险活动区域或者高度危险物存放区域的管理人是承担高度危险区域致害责任的民事主体。

第十七章 饲养动物损害责任

第一节 饲养动物损害责任概述

一、饲养动物损害责任的概念

饲养动物损害责任,是指饲养的动物造成他人损害时,动物饲养人或者管理人应当承担的侵权责任。所谓的"饲养动物",指能够被人所占有和控制的动物,一般而言,动物致人损害时应当处于被人饲养的状态,非被人饲养的动物造成的损害,无法适用《民法典》侵权责任编中所规定的"饲养动物损害责任"。此外,饲养动物损害责任中,动物致人损害必须是出于动物的本性,如系故意利用动物造成他人损害,也不适用"饲养动物损害责任"。

二、饲养动物损害责任的归责原则

我国对于饲养动物损害责任采取了多元的归责原则。

(一)一般情形下饲养动物造成他人损害的,适用无过错责任

根据《民法典》第1245条、第1246条的规定,存在饲养的动物造成他人损害,或是违反管理规定、未对动物采取安全措施造成他人损害的情况时,动物饲养人或者管理人应当承担侵权责任。可见,动物饲养人或者管理人承担的是无过错责任。

(二)特殊情形下饲养动物造成他人损害的,适用过错推定责任

根据《民法典》第1248条的规定,动物园的动物造成他人损害的,动物园应当承担侵权责任,但是能够证明尽到管理职责的,不承担侵权责任。作为饲养动物专业机构,动物园本应负担更高的注意义务和安全保障义务,之所以对动物园的动物致害责任采用过错推定责任,减轻动物园的责任负担,主要是为了保障国家动物园和其他公益性动物园的运行及动物保护事业发展。

第二节 饲养动物损害责任的构成要件

一、致人损害的动物是饲养动物

所谓的饲养动物,指的是能够被人占有和控制的动物,例如家畜、家禽等。之所

以强调"饲养",是为了要与"野生"相区分。野生动物致人损害的,一般由受害人自己承担损失。值得注意的是,根据《民法典》第1249条的规定,遗弃、逃逸的动物在遗弃、逃逸期间造成他人损害的,由动物原饲养人或者管理人承担侵权责任。动物即使脱离了原饲养人和管理人的控制范围,但由于原饲养人和管理人对于动物脱离控制而处于自由状态没有尽到应有的饲养和管理职责,因而仍须承担责任。

二、饲养的动物造成了他人的损害

一方面,须他人受到损害。饲养的动物造成的损害包括人身损害和财产损害。前者如恶狗伤人,后者如烈马毁物。同时,动物造成损害的情形,还包括动物之间因打斗造成的损害,即饲养的动物将其他人饲养的动物咬伤,同样成立饲养动物损害责任。

另一方面,被侵权人所遭受的损害是由于该饲养动物所特有的危险引发的独立动作所致。饲养动物致害或基于动物的本性,或由于其受到外界刺激后的自然反应。如果动物的饲养人、管理人或第三人通过发出指令的方式促使饲养动物致人损害,动物只是其致人损害的工具,则不构成饲养动物损害责任这种特殊侵权责任,而应适用一般侵权责任的规定。

第三节　饲养动物损害责任的承担与减免事由

一、责任承担

（一）动物饲养人或管理人承担责任

根据《民法典》第1245条前半句的规定,饲养的动物造成他人损害的,动物饲养人或者管理人应当承担侵权责任。

所谓动物饲养人,是指对动物享有占有利益,且拥有控制力的民事主体。一般而言,动物饲养人就是动物的所有人,但动物饲养人不仅包括动物的所有人,还包括动物的占有人等其他主体。饲养动物的所有人和实际占有人不是同一民事主体时,侵权责任应当由实际占有人承担,因为被饲养的动物在致人损害时处于占有人的控制下,占有人负有看管义务。只有当所有人因未告知动物的特殊习性而导致动物致害时,所有人才应依照其过错承担责任。

动物管理人,指对动物进行管理和控制的民事主体。动物管理人对于动物负有管理和控制的义务,上述义务可以是法定义务,也可以是非法定义务。法定义务如动物园的管理部门依法负有管理、照顾动物的义务;非法定义务如因保管合同而照看动物。

根据《民法典》第1249条的规定,遗弃、逃逸的动物在遗弃、逃逸期间造成他人损害的,由动物原饲养人或者管理人承担侵权责任。遗弃、逃逸动物虽然脱离了饲养人和管理人的管领,但是饲养人和管理人对动物负有的管理义务并没有因为遗弃和逃逸而丧失,因此仍须承担侵权责任。如果动物被遗弃或者逃逸,后又因被收留或领养而存在新的饲养人或者管理人,此时动物已经不再处于遗弃或者逃逸状态,新的饲养人或管理人因为收留和领养这一事实而产生了管理义务,若是该种情况下动物造成损害,应当由新的饲养人和管理人承担侵权责任。

(二) 第三人承担责任

根据《民法典》第 1250 条的规定,因第三人的过错致使动物造成他人损害的,被侵权人可以向动物饲养人或者管理人请求赔偿,也可以向第三人请求赔偿。动物饲养人或者管理人赔偿后,有权向第三人追偿。确立动物的饲养人或管理人与第三人之间的不真正连带责任,有利于受害人及时获得救济。

二、责任减轻或免除事由

根据《民法典》第 1245 条、第 1246 条的规定,饲养的动物造成他人损害,动物饲养人或者管理人能够证明损害是因被侵权人故意或者重大过失造成的,可以不承担或者减轻责任;违反管理规定,未对动物采取安全措施造成他人损害的,动物饲养人或者管理人能够证明损害是因被侵权人故意造成的,可以减轻责任。但《民法典》第 1247 条规定,禁止饲养的烈性犬等危险动物致人损害的,即便被侵权人对于损失的发生具有故意或重大过失,也不能免除或减轻动物饲养人或者管理人责任。

第十八章 建筑物和物件损害责任

第一节 建筑物和物件损害责任概述

建筑物和物件损害责任,是指建筑物、构筑物、道路、林木等人工物造成他人损害时,责任人应当承担的侵权责任。物件损害责任历史久远,罗马法就规定了"倒泼和投掷责任"与"堆置和悬挂物件的责任",并将其作为准私犯的一种。我国最早在《民法通则》的第125条和第126条分别对地面施工致人损害和建筑物或者其他设施以及建筑物上的搁置物、悬挂物致人损害的情形划定了责任范围,将物的所有人、管理人作为物件致人损害的责任承担主体。《侵权责任法》沿用了《民法通则》对于物件致人损害责任的一般规定,除了列举出不同的物件损害责任,还增加了物件的"使用人"作为责任的主体。《民法典》依旧在侵权责任编中设置了"建筑物和物件损害责任"一章,采取列举的方式对建筑物及物件致人损害作出规定。

第二节 建筑物、构筑物或者其他设施倒塌致害责任

一、建筑物、构筑物或者其他设施倒塌致害责任的概念

建筑物、构筑物或者其他设施倒塌致害责任,是指因建筑物、构筑物或者其他设施倒塌,而导致他人人身损害或财产损害,建设单位、施工单位或是存在过错的责任主体应当承担侵权责任。《民法典》第1252条与第1253条都是规范建筑物、构筑物或者其他设施等物体致人损害的侵权责任,区别在于第1253条规定的是相关物的脱落、坠落致人损害的责任,而第1252条规定的是相关物倒塌致人损害的责任。这是因为建筑物、构筑物或者其他设施及其搁置物、悬挂物发生脱落、坠落并非是建筑物本身存在的缺陷所致,更多的是所有人、管理人或是使用人在物的建成完毕之后,没有尽到管理义务而导致的损害发生。

二、建筑物、构筑物或者其他设施倒塌致害责任的归责原则

(一)建设单位和施工单位适用过错责任原则(过错推定责任)

在《侵权责任法》第86条中,建设单位和施工单位承担的是无过错责任,《民法

典》对此作出了修改。根据《民法典》第1252条第1款第1句的规定,建筑物、构筑物或者其他设施倒塌造成他人损害的,由建设单位与施工单位承担连带责任,但是建设单位与施工单位能够证明不存在质量缺陷的除外。即建筑物、构筑物或者其他设施一旦因倒塌而造成他人损害,除非建设单位和施工单位能够证明自己对于建筑物、构筑物或者其他设施的施工符合质量要求,不存在缺陷,否则承担责任。现实中,需要通过出具验收合格的证明等文件,来举证建筑物等符合质量要求。

(二)所有人、管理人、使用人或者第三人适用过错责任原则

根据《民法典》第1252条第2款的规定,因所有人、管理人、使用人或者第三人的原因,建筑物、构筑物或者其他设施倒塌造成他人损害的,由所有人、管理人、使用人或者第三人承担侵权责任。此时受害人需要就所有人、管理人、使用人或者第三人存在过错负举证责任。

三、建筑物、构筑物或者其他设施倒塌致害责任的构成要件

(一)建筑物、构筑物或者其他设施发生倒塌

倒塌是指建筑物、构筑物或者其他设施整体或部分发生倾倒、坍塌。

(二)建筑物、构筑物或者其他设施的倒塌造成他人损害

第一,他人遭受人身或财产损害;第二,建筑物、构筑物或者其他设施的倒塌和受害人损害之间存在因果关系。

(三)建设单位与施工单位、所有人、管理人、使用人或者第三人存在过错

上述主体的过错主要表现为过失。对建设单位与施工单位实行过错推定,由其就建筑物、构筑物不存在质量缺陷负举证责任;所有人、管理人、使用人或者第三人存在过错则按一般举证规则由受害人负举证责任。

四、建筑物、构筑物或者其他设施倒塌致害责任的承担

(一)建设单位和施工单位承担责任

1. 根据《民法典》第1252条第1款第1句的规定,建筑物、构筑物或者其他设施倒塌造成他人损害的,建设单位和施工单位承担连带责任,但是建设单位与施工单位能够证明不存在质量缺陷的除外。若是建设单位和施工单位中一方能够证明建筑物、构筑物或者其他设施不存在质量问题,即可免除双方的责任。

2. 根据《民法典》第1252条第1款第2句的规定,建设单位、施工单位赔偿后,有其他责任人的,有权向其他责任人追偿。其他责任人主要包括勘察单位、设计单位、监理单位以及勘察、设计、监理单位以外的责任人。

(二)所有人、管理人、使用人或者第三人承担责任

根据《民法典》第1252条第2款的规定,因所有人、管理人、使用人或者第三人的原因,建筑物、构筑物或者其他设施倒塌造成他人损害的,由所有人、管理人、使用人

或者第三人承担侵权责任。上述主体并非承担连带责任,而是由存在过错者承担责任。

第三节 建筑物、构筑物或者其他设施及其搁置物、悬挂物脱落、坠落致害责任

一、建筑物、构筑物或者其他设施及其搁置物、悬挂物脱落、坠落致害责任的概念

建筑物、构筑物或者其他设施及其搁置物、悬挂物脱落、坠落致害责任,是指因建筑物、构筑物或者其他设施及其搁置物、悬挂物的脱落或者坠落,导致受害人遭受了人身或者财产损害,物的所有人、管理人或者使用人应当承担的侵权责任。根据《民法典》第1253条第1句后段和第2句的规定,所有人、管理人或者使用人不能证明自己没有过错,应当承担侵权责任。所有人、管理人或者使用人赔偿后,有其他责任人的,有权向其他责任人追偿。

建筑物指由人类修建,供人类居住、生产、进行社会活动的物体,主要指房屋,如住宅楼、学校教学楼、商场大楼、影剧院等。构筑物指的是由人类建造,没有可供人们使用的内部空间的物体,如桥梁、水塔、堤坝等。其他设施则指不独立于建筑而为人类生活服务的重要设施,如楼梯间、地下停车场等设施。建筑物、构筑物或者其他设施的搁置物、悬挂物则是指搁置或者悬挂在建筑物之上,但是又不是建筑物建筑时所设计的组成部分,因其物理特性而有危险的物品,比如临街商铺的广告招牌、商场悬挂的灯笼等。

二、建筑物、构筑物或者其他设施及其搁置物、悬挂物脱落、坠落致害责任的构成要件

(一)建筑物、构筑物或者其他设施及其搁置物、悬挂物发生脱落、坠落

"脱落"指的是建筑物、构筑物或者其他设施的某一构成部分与原物脱离而下落;"坠落"指放置于建筑物、构筑物或者其他设施上的物品离开原物下坠。建筑物、构筑物或者其他设施及其搁置物和悬挂物的脱落与坠落,只能是由于物的所有人、管理人或者使用人的管理不当或是其他原因的过失而发生的事实。① 若是行为人故意将搁置物或是悬挂物抛落致人损害,则应依据故意侵权的有关规定对受害人进行救济。

(二)建筑物、构筑物或者其他设施及其搁置物、悬挂物的脱落、坠落造成他人损害

第一,他人遭受损害,包括人身损害和财产损害。第二,损害是由于建筑物、构筑物或者其他设施及其搁置物、悬挂物脱落、坠落而非其他原因(如故意抛落)造成的。

---

① 张新宝:《侵权责任法》(第二版),中国人民大学出版社2010年版,第295页。

(三) 所有人、管理人或者使用人不能证明自己没有过错

物件损害责任适用过错推定责任。根据《民法典》第 1253 条第 1 句的规定,建筑物、构筑物或者其他设施及其搁置物、悬挂物发生脱落、坠落造成他人损害,所有人、管理人或者使用人不能证明自己没有过错的,应当承担侵权责任。

三、建筑物、构筑物或者其他设施及其搁置物、悬挂物脱落、坠落致害责任的承担

(一) 所有人、管理人或者使用人承担责任

由于建筑物、构筑物的权属关系比较复杂,因此我国所规定的建筑物、构筑物或者其他设施及其搁置物、悬挂物脱落、坠落致害责任主体的范围较大。根据《民法典》第 1253 第 1 句后段,因脱落和坠落物造成他人损害的,由所有人、管理人或者使用人承担责任。所谓所有人即对建筑物、构筑物及其他设施享有所有权的民事主体。所谓管理人,则应当区分两种情况,第一种是管理人和所有人发生重合,即建筑物、构筑物的所有人也承担管理职责,此时管理人即是所有人。第二种情况则是指不享有建筑物、构筑物及其他设施的所有权,但是依照法律、法规、行政命令或是合同约定而对建筑物、构筑物及其他设施负有管理责任的民事主体。所谓使用人,则是指在所有人和管理人之外的,依照合同约定而对建筑物、构筑物及其他设施有权使用的民事主体,如承租人。使用人不承担建筑物、构筑物及其他设施的建设或是管理责任,但使用人的行为也有可能成为建筑物、构筑物或其他设施及其搁置物、悬挂物发生脱落、坠落的原因。

(二) 其他主体的赔偿责任

根据《民法典》第 1253 条的第 2 句的规定,所有人、管理人或者使用人赔偿后,有其他责任人的,有权向其他责任人追偿。如在某商场的建筑过程中,因施工单位的过错而导致广告牌没有完全安装牢固,后广告牌脱落而使人受伤,此时并非建筑物的所有人、管理人或是使用人的过错,这些民事主体承担民事责任后,有权向施工单位追偿。

第四节　建筑物中抛掷物品或者建筑物上坠落物品致害责任

一、建筑物中抛掷物品或者建筑物上坠落物品致害责任的概念

建筑物中抛掷物品或者建筑物上坠落物品致害责任,是指因从建筑物中抛掷物品或者从建筑物上坠落物品而造成他人损害时,相关民事主体依法应当承担的侵权责任。

二、建筑物中抛掷物品或者建筑物上坠落物品致害责任的构成要件

（一）物品从建筑物中被抛掷或者从建筑物上坠落

物品从建筑物中被抛掷一般系有人故意为之，如从高层住宅内向窗外抛掷空瓶等废物；物品从建筑物上坠落则既可能由于人的过失（如移动花钵时不慎推落），也可能由于其他原因（如饲养的动物触动）。

（二）从建筑物中抛掷或者坠落的物品造成他人的损害

第一，他人遭受损害，包括人身损害和财产损害。第二，损害与建筑物中物品的抛掷或建筑物上物品的坠落之间存在因果关系。

三、建筑物中抛掷物品或者建筑物上坠落物品致害责任的承担

（一）由侵权人承担责任

如果能够确定直接责任人，应由抛掷物品或者导致物品坠落之人承担责任。前者属一般侵权责任，后者属建筑物、构筑物或其他设施及其搁置物、悬挂物发生脱落、坠落致人损害责任范畴，二者均适用过错责任原则。

（二）由可能致害的建筑物使用人承担补偿责任

根据《民法典》第1254条第1款的规定，从建筑物中抛掷物品或者从建筑物上坠落的物品造成他人损害的，由侵权人依法承担侵权责任；经调查难以确定具体侵权人的，除能够证明自己不是侵权人的外，由可能加害的建筑物使用人给予补偿。所谓建筑物使用人指的是在侵权行为发生时建筑物的实际使用人；有加害可能的使用人，指使用人在损害发生时有可能发生该行为，除非能提出反证，如损害发生时使用人不在建筑物内，或是抛掷物、坠落物并非使用人所有。存在加害可能的建筑物使用人对受害人给予补偿，而不是承担连带责任。在侵权行为人得以确定时，承担损失的其他使用人有权向侵权行为人追偿。

（三）由建筑物管理人承担责任

根据《民法典》第1254条第2款的规定，物业服务企业等建筑物管理人应当采取必要的安全保障措施防止高空抛物或者落物情形的发生；未采取必要的安全保障措施的，应当依法承担未履行安全保障义务的侵权责任。

第五节　堆放物倒塌、滚落或者滑落致害责任

一、堆放物倒塌、滚落或者滑落致害责任的概念

堆放物倒塌、滚落或者滑落致害责任，是指因堆放物的倒塌、滚落或滑落而造成他人损害，堆放人依法应当承担的侵权责任。

二、堆放物倒塌、滚落或者滑落致害责任的构成要件

（一）堆放物发生倒塌、滚落或者滑落

《侵权责任法》第88条仅规定了堆放物倒塌造成他人损害这一种情况，《民法典》侵权责任编将堆放物的"滚落"和"滑落"两种情况也纳入了立法。

（二）堆放物因倒塌、滚落或者滑落造成他人损害

他人的损害包括人身损害和财产损害。损害与堆放物倒塌、滚落或者滑落之间须存在因果关系。

（三）堆放人不能证明自己没有过错

堆放物倒塌、滚落或者滑落致害责任采取过错推定，若堆放人能够证明自己对堆放物倒塌、滚落或者滑落致害不存在过错，则无须承担责任。

三、堆放物倒塌、滚落或者滑落致害责任的承担

堆放物倒塌、滚落或者滑落致害责任的主体为堆放人。根据《民法典》第1255条的规定，堆放物倒塌、滚落或者滑落造成他人损害，堆放人不能证明自己没有过错的，应当承担侵权责任。

第六节　公共道路堆放、倾倒、遗撒妨碍通行的物品致害责任

一、公共道路堆放、倾倒、遗撒妨碍通行的物品致害责任的概念

公共道路堆放、倾倒、遗撒妨碍通行的物品致害责任，是指因在公共道路上堆放、倾倒、遗撒妨碍通行的物品，而导致他人损害时，行为人或公共道路管理人依法应当承担的侵权责任。

二、公共道路堆放、倾倒、遗撒妨碍通行的物品致害责任的归责原则

（一）堆放、倾倒、遗撒的行为人适用无过错责任

根据《民法典》第1256条第1句的规定，在公共道路上堆放、倾倒、遗撒妨碍通行的物品造成他人损害的，由行为人承担侵权责任。即无论堆放、倾倒、遗撒的行为人是否存在过错，只要其堆放、倾倒、遗撒的行为造成了他人的损害，就应当承担侵权责任。公共道路的功能是为公众提供通行的便利，应确保通行安全，行为人的上述行为具备危险性质，所以应当适用无过错责任。[①]

[①] 程啸：《侵权责任法》（第二版），法律出版社2015年版，第647页。

(二) 公共道路管理人适用过错责任(过错推定)

根据《民法典》第 1256 条第 2 句的规定，公共道路管理人不能证明已经尽到清理、防护、警示等义务的，应当承担相应的责任。公共道路需要维护和管理，公共道路管理人也有义务对路况进行检查，因此，一旦道路上出现不利于出行安全的情况，公共道路管理人就应该及时排除障碍。若是因为公共道路上堆放、倾倒、遗撒妨碍通行的物品造成他人损害，可以推断管理人没有尽到注意义务，如果管理人不能提出反证，则应当承担责任。

三、公共道路堆放、倾倒、遗撒妨碍通行的物品致害责任的构成要件和责任承担

(一) 构成要件

第一，行为人在公共道路上堆放、倾倒、遗撒妨碍通行的物品；第二，在公共道路上堆放、倾倒、遗撒妨碍通行的物品造成他人损害。

(二) 责任承担

1. 行为人承担侵权责任

《侵权责任法》第 88 条规定的责任主体是"有关单位或者个人"，《民法典》第 1256 条将"有关单位或者个人"修改为"行为人"。在公共道路上堆放、倾倒、遗撒妨碍通行物品的行为人对其行为承担侵权责任，行为人可以是自然人、法人或是其他非法人组织。

2. 公共道路管理人依照其过错程度承担侵权责任

公共道路管理人承担的责任为过错责任，这并不意味着公共道路管理人要为事故的全部损失承担责任，公共道路管理人在该责任中违反的是注意义务，因此，其只是依照过错承担相应的责任，而非与行为人承担连带责任。

第七节　林木折断、倾倒或果实坠落致害责任

一、林木折断、倾倒或果实坠落致害责任的概念

林木折断、倾倒或果实坠落致害责任，是指因林木折断、倾倒或者果实坠落等而造成他人损害，林木的所有人或者管理人依法应当承担的侵权责任。

有关林木折断致害责任的规定最早见于《侵权责任法》第 90 条，但该条仅规定了林木折断致人损害这一种情况，而早于《侵权责任法》出台的 2003 年《人身损害赔偿解释》(已被修正)第 16 条第 1 款第 3 项则规定了树木倾倒、树木折断、果实坠落三种情况。《民法典》第 1257 条对此三种情形作了规定。

二、林木折断、倾倒或果实坠落致害责任的构成要件与责任承担

（一）构成要件

首先,存在林木折断、倾倒或者果实坠落的事实;其次,因林木折断、倾倒或者果实坠落等事实造成他人损害,包括人身损害和财产损害;最后,林木的所有人或者管理人不能证明自己没有过错。

（二）责任承担

根据《民法典》第1257条的规定,因林木折断、倾倒或者果实坠落等事实造成他人损害,林木的所有人或者管理人不能证明自己没有过错的,林木的所有人或者管理人应承担侵权责任。

第八节 地下施工及地下设施致害责任

一、地下施工及地下设施致害责任的概念

地下施工及地下设施致害责任,是指因在公共场所或者道路上挖坑、修缮安装地下设施造成他人损害或窨井等地下设施造成他人损害,施工人、管理人依法应当承担的侵权责任。

二、地下施工及地下设施致害责任的归责原则

地下施工及地下设施致害责任适用过错责任原则(过错推定责任)。

首先,根据《民法典》第1258条第1款的规定,在公共场所或者道路上挖掘、修缮安装地下设施等造成他人损害,施工人不能证明已经设置明显标志和采取安全措施的,应当承担侵权责任。

其次,根据《民法典》第1258条第2款的规定,窨井等地下设施造成他人损害,管理人不能证明尽到管理职责的,应当承担侵权责任。

三、地下施工及地下设施致害责任的构成要件与责任承担

（一）构成要件

首先,存在在公共场所或者道路上挖掘、修缮安装地下设施等地下施工或放置窨井等地下设施的事实;其次,他人遭受人身或财产损害;再次,损害与地下施工或地下设施的放置存在因果关系;最后,施工人不能证明已经设置明显标志和采取安全措施,或管理人不能证明已尽到管理职责。

（二）责任承担

1. 施工人不能证明已经设置明显标志和采取安全措施的,应当承担侵权责任。
2. 管理人不能证明尽到管理职责的,应当承担侵权责任。